16.

Die Evangelische Landeskirche in Baden
im »Dritten Reich«

Veröffentlichungen des Vereins für Kirchengeschichte
in der Evangelischen Landeskirche in Baden

Band XLIII

Verlag Evangelischer Presseverband für Baden e.V. Karlsruhe
1991

Die Evangelische Landeskirche in Baden im »Dritten Reich«

Quellen zu ihrer Geschichte

Im Auftrag des Evangelischen Oberkirchenrats Karlsruhe
herausgegeben von Hermann Rückleben
und Hermann Erbacher

Band I: 1931–1933

Verlag Evangelischer Presseverband für Baden e.V. Karlsruhe
1991

CIP-Titelaufnahme der Deutschen Bibliothek

Die Evangelische Landeskirche in Baden im »Dritten Reich«:
Quellen zu ihrer Geschichte / im Auftr. des Evang.
Oberkirchenrats Karlsruhe hrsg. von Hermann Rückleben und
Hermann Erbacher. – Karlsruhe : Verl. Evang. Presseverb. für
Baden.
NE: Rückleben, Hermann [Hrsg.]

Bd. 1. 1931–1933–1991
(Veröffentlichungen des Vereins für Kirchengeschichte
in der Evangelischen Landeskirche in Baden ; Bd. 43)
ISBN 3-87210-332-6
NE: Verein für Kirchengeschichte in der Evangelischen Landeskirche in
Baden: Veröffentlichungen des Vereins...

ISSN 0722-6683
ISBN 3-87210-332-6
© Evangelischer Presseverband für Baden e.V., Karlsruhe
Fotosatz: Evang. Oberkirchenrat Karlsruhe
Herstellung: Druckerei Schneider GmbH, Offset- und Buchdruck, Karlsruhe

Zum Geleit

Nahezu vier Jahrhunderte haben die evangelischen Landeskirchen in Deutschland unter ihrem jeweiligen Landesfürsten, ihrem summus episcopus, Wohltaten für Wohlverhalten erwartet und erhalten. Dieses Bündnis von Thron und Altar endete abrupt nach dem 1. Weltkrieg. Aber die Frage bleibt: Haben die Kirchen damals Vollmacht für ihre Verkündigung und ihren Dienst gewonnen? War es nicht vielmehr so, daß sie mit der in der Weimarer Reichsverfassung garantierten Freiheit wenig anzufangen wußten? Der gestürzte Thron hinterließ eine Lücke, die auch in der Kirche ein Vakuum schuf. Dem Altar fehlte für viele die zu verehrende Obrigkeit. Die evangelischen Landeskirchen verharrten weithin im nationalkonservativen Schmollwinkel und trugen somit zur inneren Instabilität der Weimarer Republik bei.

In den ausgehenden zwanziger und beginnenden dreißiger Jahren unseres Jahrhunderts taten dann Arbeitslosigkeit und in ihrem Gefolge politische Radikalisierung ein übriges. Und dann erschien er, der 'Führer' mit messianischem Anspruch. Er versprach nicht nur Arbeit und Brot für 6 Millionen Notleidende. Er verkündete die Einheit von national und sozial. Das war die eine große Versuchung. Die Kirche hoffte auf die fällige Versöhnung von Arbeiterschaft und Kirche, aber sie blieb, aufs Ganze gesehen, großbürgerlich. Dazu kam die gefährlichste Versuchung für die Kirche: daß viele den Nationalsozialisten glaubten, die vorgaben, auf dem Boden des 'positiven Christentums' zu stehen. So pendelte sich eine Grundstimmung ein zwischen Verzweiflung und Hoffnung.

Ein hoher Prozentsatz der evangelischen Pfarrerschaft Deutschlands hat mit dem neuen Programm sympathisiert. Der völkische Aufbruch schien vielen die Erweckung zu sein, um die sie gebetet hatten. Die 'Deutschen Christen' – der Name war Bekenntnis und Programm zugleich – haben Adolf Hitler als gottgesandten Führer gepriesen. Sie deuteten nationale Geschichte zur göttlichen Offenbarung um. Sie verleugneten die biblische Wahrheit, daß Gott allein durch seinen Sohn Jesus Christus zu uns redet.

In Baden gehen die Uhren zwar nicht anders als anderswo, aber vieles geschieht milder und gerade darum nicht weniger verhängnisvoll. Die hier vorgelegte Publikation ist längst fällig – nicht nur um historische Quellen einem größeren Forscherkreis zugänglich zu machen, sondern vor allem um unsere Gefährdungen heute zu begreifen. Das ist unsere Versuchung bis zur Stunde: Immer wieder überlagern verbreitete Grundstimmungen den Gehorsam gegen Jesus Christus und gegen sein Wort; sie gewinnen normierende Kraft für das Leben und Denken der Christen; sie werden religiös-christlich überhöht und verzerren Zeugnis und Dienst der Kirche. So entsteht immer wieder aufs neue die 'babylonische Gefangenschaft der Kirche'.

Wer diese Quellen studiert, entdeckt viel Kleinmut, Anpassung und Unfreiheit bis in die Verlautbarungen und Entscheidungen des Evangelischen Oberkirchenrats hinein.

Ich wünsche allen, die sich mit diesen Dokumenten beschäftigen, daß sie von Bonhoeffers Sätzen nicht loskommen, in denen sich für die Zeit damals u n d heute Gericht und unaufgebbare Hoffnung festmachen:

„Unsere Kirche, die in diesen Jahren nur um ihre Selbsterhaltung gekämpft hat, als wäre sie ein Selbstzweck, ist unfähig, Träger des versöhnenden und erlösenden Wortes für die Menschen und für die Welt zu sein... Es ist nicht unsere Sache, den Tag vorauszusagen – aber der Tag wird kommen –, an dem wieder Menschen berufen werden, das Wort Gottes so auszusprechen, daß sich die Welt darunter verändert und erneuert. Es wird eine neue Sprache sein, vielleicht ganz unreligiös, aber befreiend und erlösend, wie die Sprache Jesu, daß sich die Menschen über sie entsetzen und doch von ihrer Gewalt überwunden werden, die Sprache einer neuen Gerechtigkeit und Wahrheit, die Sprache, die den Frieden Gottes mit den Menschen und das Nahen seines Reiches verkündigt."[*)]

Karlsruhe, August 1991

Dr. Klaus Engelhardt
Landesbischof

---

[*] D. Bonhoeffer, Widerstand und Ergebung, Neuausgabe München 1977, S. 328

Inhalt

		Seite
Zum Geleit		V
Verzeichnis der Abkürzungen		XI
Verzeichnis der Quellen		XIV
Einleitung, Publikationsgrundsätze		1

I Aufmarsch der 'Evang. Nationalsozialisten' in Baden seit 1931
   A Programme, Organisation   7
   B Pfarrer Hermann Teutsch   37
   C Trennung der Evang. Nationalsozialisten von der
       Kirchlich-Positiven Vereinigung   42
   D Die Rolle der NSDAP, besonders aber die des Gauleiters
       Robert Wagner, bei der Gründung einer eigenen Fraktion
       der Evang. Nationalsozialisten sowie im Vorfeld
       der Wahlen zur Landessynode   81

II Landessynodalwahl 10. Juli 1932
   A Politische Betätigung der Geistlichen   87
       1. Die Liberalen   88
       2. Kirchlich-Positive Vereinigung   94
       3. Landeskirchliche Vereinigung   119
       4. Religiöse Sozialisten   122
   B Extreme Positionen
       1. Pfarrer Emil Streng/Waldwimmersbach   129
       2. Weitere Exponenten und Ereignisse im Vorfeld
          der Juli-Wahl   151
       3. Fahnen, Wimpel, Uniformen ...   154
       4. 'Religiös-sozialistische' Pfarrer Martin Heinrich
          (Heinz) Kappes und Kaspar Johann (Hans) Löw   157
   C Wahltermin, Wahlrecht, Wahlkampf   162
   D Kirchenpolitische Parteien   167
       1. Die Liberalen   168
       2. Kirchlich-Positive Vereinigung   184
       3. Landeskirchliche Vereinigung   206
       4. Religiöse Sozialisten   212
       5. Kirchliche Vereinigung für positives Christentum
          und deutsches Volkstum   260
   E Wahlergebnis:
       Kommentare, Hoffnungen und Erwartungen   301

		Seite

F   Bildung der neuen Kirchenregierung
1. Antrag auf Änderung der Kirchenverfassung   324
2. Landessynode und Kirchenregierung im Spiegel der kirchlichen Presse   353
3. Stimmen zur allgemeinen kirchlichen Lage   369
4. Reaktionen auf die Schrift von Prof. Knevels 'Der Nationalsozialismus am Scheidewege'   398

III   Organisation, Anspruch und Auftreten der 'Vereinigung für positives Christentum und deutsches Volkstum'   403
A   Pfarrstellenbesetzung in Heidelberg   424
B   "Himmelan" − Organ der 'Evang. Nationalsozialisten Badens'   436

IV   Die Badische Landeskirche zur Zeit der Machtergreifung
A   Kirchliche Stimmen zum Jahreswechsel 1932/33   456
B   Krise des kirchlichen Liberalismus?   468
C   (Partei-)Politische Betätigung der Geistlichen − Aktivitäten der Evang. Nationalsozialisten bis Ende März 1933   475
D   Hakenkreuzfahnen und NS-Uniformen in Gottesdiensträumen?   506

V   Verbot der Religiösen Sozialisten in Baden
A   Reaktionen auf die im März 1933 einsetzenden Repressalien gegen KPD und SPD   512
B   'Bund religiöser Sozialisten', SPD-Mitgliedschaft, Religiöse Sozialisten in kirchlichen Gremien   525

VI   Antisemitische bzw. antijudaistische Tendenzen
A   Im Vorfeld des Boykotts vom 1. April 1933   547
B   Juden und Judenchristen im Spiegel der kirchlichen Presse, April−September 1933   550
C   Die Kirchenleitung vor der Judenfrage   572
D   Aufnahme von Juden in die Evang. Landeskirche in Baden   587
E   Einzelschicksale − Interventionen   591

VII   Konsolidierung der 'Evang. Nationalsozialisten' bzw. Glaubensbewegung Deutscher Christen, Gau Baden (seit 1933)
A   Theologische und weltanschauliche Maximen der 'Evang. Nationalsozialisten ...'   597

			Seite
	B	Anschluß der 'Liberalen' an die 'Evang. National-sozialisten ...'	621
	C	Irritationen innerhalb der 'Evang. Nationalsozialisten ...'	648
	D	Organisation der 'Evang. Nationalsozialisten ...'	662
VIII		'Kirchlich-Positive' und 'Evang. Nationalsozialisten'	672
IX		Badische Stimmen zu Reichskirche und Reichsbischof	727
X		'Führerprinzip' und Verfassungsänderung in der Badischen Landeskirche	789

Chronologisches Verzeichnis der Dokumente	851
Verzeichnis der Personen	874
Ortsregister	887

Verzeichnis der Abkürzungen

AG	Arbeitsgemeinschaft
Anh.	Anhang
Anl.	Anlage
Ap.	Apologia
APU	Altpreußische Union
AT	Altes Testament
Bad. PfVBl.	Badische Pfarrvereinsblätter
BDM	Bund deutscher Mädel
Beil.	Beilage
Bez.KR	Bezirkskirchenrat
Bez.Syn.	Bezirkssynode
BK	Bekennende Kirche
BRS	Bund Religiöser Sozialisten
CA	Confessio Augustana
CVJM	Christlicher Verein junger Männer
CSVD	Christlich Sozialer Volksdienst
D.	Doktor der Theologie – h.c.
DC	Deutsche Christen
DEK	Deutsche Evangelische Kirche
DNV	Deutschnationale Volkspartei
Dok.	Dokument
DV	Deutsche Volkspartei
EC	[Jugendbund für] Entschiedenes Christentum
EV(D)	Evangelischer Volksdienst
Evang. K' u. Volksbl.	Evangelisches Kirchen- und Volksblatt
Evang. NS	Evangelische Nationalsozialisten
Evang. OKR/EOK	Evangelischer Oberkirchenrat
Evang. Volksbl.	Evangelisches Volksblatt
Erw. OKR	Erweiterter Oberkirchenrat
GA	Generalakten
Gen.	Genosse
Gestapo	Geheime Staatspolizei
GLA	[Badisches] Generallandesarchiv [Karlsruhe]
GO	Grundordnung der Evangelischen Landeskirche in Baden
hektogr.	hektographiert
hds.	handschriftlich

HJ	Hitlerjugend
Hptl.	Hauptlehrer
Hrsg.	Herausgeber
IM	Innere Mission
KBez.	Kirchenbezirk
KGR	Kirchengemeinderat
KGVBl.	(kirchliches) Gesetzes- und Verordnungsblatt
KLV	Kirchlich-Liberale Vereinigung
KPräs.	Kirchenpräsident
korr.	korrigiert
KPD	Kommunistische Partei Deutschlands
KPBl.	Kirchlich-Positive Blätter
KPV	Kirchlich-Positive Vereinigung
KR	Kirchenrat
KReg.	Kirchenregierung
Krs.Ltr.	Kreisleiter
KV	Kirchenverfassung
LB	Landesbischof
Lic.	Lizentiat der Theologie
LKA	Landeskirchliches Archiv [Karlsruhe]
LKBl.	Landeskirchliche Blätter
LKR(at)	Landeskirchenrat
LLtr.	Landesleiter
LSyn.	Landessynode
LSynd.	Landessynodaler
lt.	laut
L(K)V	Landeskirchliche Vereinigung
LWahlLtr.	Landeswahlleiter
masch.	maschinenschriftlich
Ms.	Manuskript
MtsBl.	Monatsblätter [für die Kirchlich-Positive Vereinigung]
N.N.	Name u. Vorname unbekannt
NS	Nationalsozialismus, Nationalsozialisten
NSBO	Nationalsozialistische Betriebszellen-Organisation
NSDAP	Nationalsozialistische Deutsche Arbeiterpartei
NSDStB	Nationalsozialistischer Deutscher Studentenbund
NSLB	Nationalsozialistischer Lehrerbund
NSV	Nationalsozialistische Volkswohlfahrt
NT	Neues Testament
o.D.	ohne Datum(-sangabe)
OrgLtr.	Organisationsleiter
Ogruf.	Ortsgruppenführer

OKR(at)	Oberkirchenrat
o.O.	ohne Ort(-sangabe)
PA	Personalakten
paraph.	paraphiert
Pfr.	Pfarrer
Pg.	Parteigenosse
Prot.	Protokoll
RB	Reichsbischof
Rds.	Rundschreiben
RL	Religionslehrer
RLtg.	Reichsleitung [der Deutschen Christen]
RLtr.	Reichsleiter [der Deutschen Christen]
RMdI	Reichsministerium des Innern
RS, Rel.Soz.	Religiöse Sozialisten
RU	Religionsunterricht
RV	Reichsverfassung
SA	Sturmabteilung
SD	Sicherheitsdienst
SpA	Spezialakten
SPD	Sozialdemokratische Partei Deutschlands
SS	Schutzstaffel
SdtschBl.	Süddeutsche Blätter [für Kirche und freies Christentum]
Theol. Erkl.	Theologische Erklärung
USchla	Untersuchungs- und Schlichtungsausschuß der Reichsleitung
UU	Unionsurkunde

Verzeichnis der Quellen

Archivalien (im Landeskirchlichen Archiv Karlsruhe)

GA – Generalakten

GA 966	Landesbischof. I, 1933–1979
GA 1235	Runderlasse des EOK (und des Landesbischofs). III, 1932–1933
GA 3206	Judenfrage. I, 1919–1952
GA 3477/ 3478/3479	Sitzungsprotokolle des EOK. III–V, 1931–1933
GA 3574	Die evangelische Presse. I, 1910–1935
GA 3995	Politische Betätigung der Geistlichen. I, 1906–1935
GA 4135	Wahlen zur Landessynode 1932. 1932
GA 4656	Volkskirchliche Vereinigungen; Volkskirchenbund religiöser Sozialisten. 1919–1933
GA 4892	Kirchenregierung, Sitzungsprotokolle. VIII, 1932–1934
GA 4913	Reichskirche (Sammlung von Presseausschnitten). 1933
GA 4920	Reichsbischof der DEK. 1933–1942
GA 4928	Glaubensbewegung Deutsche Christen (Sammlung von Presseausschnitten). 1933–1947
GA 5199	Parteipolitische Demonstrationen in der Kirche. I, 1931–1949
GA 5705	Verschiebung der Wahlen zur Landessynode. 1932
GA 5741	Kirchenregierung, Sitzungsprotokolle. VII, 1927–1931
GA 5888	Aufnahme in die Landeskirche. I, 1933–1956
GA 7653	Rundschreiben des Prälaten (ab 1.7.1933: des Landesbischofs). 1929–1965
GA 8087/ 8088/8089	Fraktion der DC in der Landessynode. I–III, 1932–1933
GA 8090	Reichsleitung Deutsche Christen. 1933
GA 8091	Deutsche Christen, NS-Pfarrerbund, Rundschreiben und Varia. 1931–1932
GA 8092	Wahlkampf zur Landessynode am 10. Juli 1932, Akten der DC-Fraktion
GA 8093	Besonderes aus der Wahlkampfzeit 1931/32, Deutsche Christen. 1931–1932
GA 10768/ 10769/10770	Deutsche Christen. I–III, 1932–1933
Bestand	„Evang. Sozial- und Presseamt"
Nachlässe:	Dürr, Karl (mit Register) Kappes, Heinz Voges, Fritz (= GA 8087–8093 und 10768–10770)

Publikationen

(die in der Landeskirchlichen Bibliothek Karlsruhe vorhandenen sind mit ihrer Signatur versehen)

Badische Pfarrvereinsblätter / Bad. PfVBl. Mitteilungsblatt des Evang. Pfarrvereins in Baden e.V. Karlsruhe. (1.1892 ff.) 40.1931–42.1933. – Z 104.

Der Deutsche Christ. Deutsche Christen, Gau Baden. Freiburg. 1934, 1–12. Fortsetzung:

Der Deutsche Christ. Sonntagsblatt (weiterer Untertitel wechselnd). Hrsg.: „Deutsche Christen", Gau Baden. Freiburg. 2.1934, Nr. 16 – 9.1941, Nr. 22 (Erscheinen eingestellt). – Z 117 – Vorgänger: Kirche und Volk. – 3.1935, Nr. 31 – 5.1937, Nr. 23 mit dem Untertitel: „Die Reichskirche".

Evangelisches Volksblatt. Organ des Evang. Volksbundes für Baden. Zell i.W. 28.1920–47.1939 (Erscheinen eingestellt). – Z 108 – Vorgänger: Badische Arbeiterzeitung. Mannheim. 1.1892–27.1919.

Evangelischer Gemeindebote für Leopoldshafen. 1.1930–4.1933. – Y 140.

Evangelisches Kirchen- und Volksblatt / Evang. KuVolksbl. Sonntagsblatt für Baden. [Organ der Kirchlich-Positiven.] Karlsruhe. 1860–1941 (Erscheinen eingestellt). – Z 101.

Evangelisch-kirchliche Nachrichten für die Vertreter der Kirchengemeinden. [Hrsg.:] Kirchliche Pressestelle Baden, Karlsruhe. 1932–1934 (Lücken). – Z 133.

Der Führer. Das Hauptorgan der NSDAP Gau Baden. (Später zugleich: Der badische Staatsanzeiger.) Karlsruhe. 1.1927–19.1945.

Gesetzes- und Verordnungsblatt für die Vereinigte Evang.-prot. Kirche Badens / KGVBl. Karlsruhe. 1861 ff. – Z 218.

Himmelan
 s. Sonntagsgruß Himmelan!

Kirche und Volk. Sonntagsblatt der Deutschen Christen. Konstanz, später: Freiburg. 1.1933, Nr. 14 – 2.1934, Nr. 15. – Z 117 – Vorgänger: Sonntagsgruß Himmelan! – Fortsetzung: Der Deutsche Christ.

Kirchlich-Positive Blätter für Baden und Hessen / KPBl. Karlsruhe. 34.1921–52.1939 (Erscheinen eingestellt; ab 48.1935 hrsg. im Auftr. der Bad. Bekenntnisgemeinschaft). – Z 102 – Vorgänger: Korrespondenzblatt für die Evang. Konferenz in Baden, 1.1887 ff. – Z 102.

Landeskirchliche Blätter / LKBl. Monatsschrift der Landeskirchlichen Vereinigung in Baden. Mannheim. 1919–1934, Nr. 1 (Erscheinen eingestellt). – Z 44 – Vorgänger: Korrespondenzblatt der Landeskirchlichen Vereinigung, 1.1897 ff. – Z 44 – [Versuch, über den Parteien zu stehen].

Monatsblätter für die Kirchlich-Positive Vereinigung. Beilage des Korrespondenzblattes für die Evang. Konferenz in Baden; später: der Kirchlich-Positiven Blätter. Karlsruhe. 1918–1934 (Erscheinen eingestellt). – Z 102.

Der Religiöse Sozialist / RS. Mannheim. 13.1931–15.1933, Nr. 11 (Erscheinen eingestellt). – Z 71 (nur als Mikrofilm verleihbar) – Vorgänger: Sonntagsblatt des arbeitenden Volkes, 7.1925–12.1930 – davor: Der Bote aus Kurpfalz, 1916–1919; Christliches Volk, 1919/20; Christliches Volksblatt, 1920–1924. – Z 71 (nur als Mikrofilm verleihbar).

Sonntagsgruß Himmelan! Ein christl. Wegweiser. Konstanz. 1.1896– 37.1933, Nr. 13. – Z 117 – Fortsetzung: Kirche und Volk.

Süddeutsche Blätter für Kirche und freies Christentum / SdtscheBl. Im Auftr. der Kirchl.-liberalen Vereinigung in Baden hrsg. Heidelberg. (1.1860 ff. u.a.T.) 59.1918–74.1933, Okt. (Erscheinen eingestellt). – Z 33.

Verhandlungen der Landessynode der Vereinigten evang.-prot. Landeskirche Badens / LSyn. Karlsruhe. – Z 203.

Volksfreund. Mittelrhein. Wochenblatt. Hrsg.: Sozialdemokrat. Partei Badens. Karlsruhe. (1.1880–) 53.1933 (Erscheinen eingestellt).

Einleitung

Ein Fazit hat der jüngst verstorbene Kirchenhistoriker Scholder speziell im Blick auf die Eingliederung der badischen Landeskirche in die Reichskirche und ihre Rücknahme bereits gezogen, indem er von einer „Sonderstellung" Badens in der Geschichte des Kirchenkampfes spricht.*⁾ Wir, die Herausgeber, wollen dieses Urteil weder bestätigen noch korrigieren, nicht einmal überprüfen, sondern weiteres Material zu dem zentralen Thema vorlegen.

In der Zielsetzung gehen wir mit unserem Stuttgarter Kollegen, Gerhard Schäfer,**⁾ weithin konform, der in seiner württembergischen Kirchenkampf-Dokumentation das Material präsentiert hat, das der damaligen Kirchenleitung vorlag und Grundlage ihrer Entscheidungen war. Unter diesem Aspekt wurden u.a. auch sämtliche badischen Kirchenzeitungen der Jahre 1931 ff. durchgesehen und ggf. wiedergegeben. Ereignisse von lokal (kirchen-)historischer Bedeutung wurden nur berücksichtigt, falls sie Reaktionen der Kirchenleitung zur Folge hatten.

Thematische Ein- bzw. zeitliche Abgrenzung: Die Herausgeber sind sich bewußt, daß sie mit dem Einstieg im Jahre 1932 nahezu ahistorisch – für eine Darstellung undenkbar! – handeln, bedeutet die Wahl dieses Datums schließlich den bewußten Verzicht auf Wiedergabe nahezu aller Ereignisse des kirchlichen Parlamentarismus, einsetzend mit dem Inkrafttreten der KV im Jahre 1919. Die z.T. leidvollen Erfahrungen, die der badischen Kirchenleitung in ungebrochener personeller Tradition – Kirchenpräsident Wurth - stets präsent waren, haben gewiß, analog zum staatlichen Bereich, die Hinwendung zum Führerprinzip begünstigt.

---

*   K. Scholder, Baden im Kirchenkampf des Dritten Reiches, in: Oberrheinische Studien Bd. II, S. 223-241, Karlsruhe 1973

**   G. Schäfer, Die Evangelische Landeskirche in Württemberg und der Nationalsozialismus – Eine Dokumentation zum Kirchenkampf Bd. I, Stuttgart 1971

Völlig verzichtet werden mußte auch auf Wiedergabe des theologischen bzw. politischen Werdegangs der Hauptakteure. Noch spärlicher als Schäfer*⁾ können wir etwa auf ihre geistige Herkunft eingehen.

Im Grunde fehlt eine ausführliche Dokumentation bzw. Darstellung**⁾ der kirchlichen Verhältnisse in der Weimarer Republik. Nur dann könnten z.B. derart wichtige Fragen beantwortet werden, warum etwa der 'positive' Kirchenpräsident Wurth von den späteren DC in Baden erbittert bekämpft, während sein 'positiver' Kollege, Prälat Kühlewein, *einstimmig* von allen Landessynodalen – einschließlich der Religiösen Sozialisten! – getreu dem Führerprinzip zum Landesbischof gewählt wurde. Ferner mußte durchweg Beschränkung auf das "Geschichtsmächtige"***⁾ geübt werden, d.h. unter zuweilen schmerzlichem Verzicht auf Ideen und Planungen, die nicht zur Ausführung gelangten.

Der überwiegende Teil des Materials ist Provenienz Evangelischer Oberkirchenrat bzw. Kirchenregierung. Für die sog. Kampfzeit stand überdies der Nachlaß des Landesleiters der DC und späteren Oberkirchenrats Fritz Voges zur Verfügung, für die nachfolgende Opposition, die badische Bekenntnisbewegung, das Schriftgut ihres Leiters, Karl Dürr.

Die Aktivitäten der Religiösen Sozialisten konnten innerhalb des selbstgesteckten Rahmens nur während des letzten Jahres ihres Bestehens wiedergegeben werden. Naturgemäß 'endet' der Nachlaß eines ihrer Führer, des Jugendpfarrers Heinz Kappes, mit dem Verbot vom 18.7.1933. Der 'Fall' Erwin Eckert dagegen, wie wohl noch in einigen Marginalien des Jahres 1932 virulent, wurde von den Hrsg. ausgeklammert, nicht zuletzt, weil seine Dienstenthebung bereits im Dezember 1931 stattgefunden und sein Schicksal de facto ein Einbeziehen der gesamten kirchlichen Ereignisse (s.o.) während der Weimarer Republik erforderlich gemacht hätte.

---

* Schäfer, a.a.O., Bd. I, S. 71 konstatiert: „Schon lange vor der Gründung des NS-Pfarrerbundes hatten sich in Württemberg Gruppen zusammengefunden, die eine völkische Erneuerung und damit verbunden eine Erneuerung der Kirche anstrebten."

** Einiges findet sich in der Dissertation E. Lorenz, Reaktionen der evangelischen Kirche auf die Entwicklung der sozialistischen Arbeiterbewegung, Mannheim 1890-1933. 1976

*** K. D. Schmidt, Arbeiten zur Geschichte des Kirchenkampfes, Bd. 13, S. VI

Publikationsgrundsätze

Die Herausgeber beschränken sich im Grunde auf eine Publikation von Quellen. Verbindende Texte erscheinen lediglich, wenn sie zum Verständnis des kausalen bzw. temporalen 'Konnexes' unumgänglich sind. Oberstes Ordnungsprinzip ist die Chronologie - und zwar in einem doppelten Sinne.

a) Chronologie der zentralen kirchlichen Ereignisse in Baden, einsetzend mit der Fraktionsgründung der 'Vereinigung für positives Christentum und deutsches Volkstum' am 12. Mai 1932. Nächstfolgender zeitlich herausragender Fixpunkt sind die Synodalwahlen vom 10. Juli 1932.

b) *Innerhalb* der einzelnen Hauptabschnitte gilt ebenfalls das chronologische Prinzip. Zeitliche Rückblenden, aber auch Vorgriffe in bezug auf den vorausgehenden bzw. folgenden *Haupt*abschnitt sind natürlich unvermeidlich — andernfalls wären sachthematische Zusammenhänge nicht zu überschauen bzw. gingen verloren. Gleiches gilt für die Unterabschnitte, z.B. Hauptabschnitt VI 'Antisemitische bzw. antijudaistische Tendenzen' kann sich nicht auf den Judenboykott vom 1. April 1933 und die unmittelbar darauffolgenden Tage beschränken, sondern blendet bis 1931 zurück und umfaßt zugleich sämtliche kirchlichen Reaktionen bis Ende des Jahres 1933. Darüber hinaus wird die Problematik badische Landeskirche/Judentum — voraussichtlich[*] — noch dreimal in Hauptabschnitten anklingen: 1935 anläßlich der Rassegesetzgebung, bei dem Reichspogrom 1938 sowie den Deportationen 1940 bzw. 1942 ff.

c) Aus Gründen der Übersichtlichkeit wurden — abweichend von dem streng-chronologischen Prinzip unter Buchst. b — *Vorgänge*, d.h. ein bis X Schreiben zu demselben Thema, innerhalb eines Haupt-bzw. Unterabschnitts im Bedarfsfalle zusammengefaßt und ggf. mit einem (Unter-) Titel versehen.

Hauptabschnitt: II Landessynodalwahl 10. Juli 1932

Unterabschnitt: D Kirchenpolitische Parteien

Vorgang: 1 Die Liberalen

---

[*] Das einschlägige Material ist derzeit noch nicht völlig überschaubar.

Die Herausgeber sind sich bewußt, daß bereits die Entscheidung zur Publikation einer Quelle eine subjektive Auswahl beinhaltet. Da jedoch nicht jedes beschriebene Stück Papier veröffentlicht werden kann, müssen einige Kriterien festgelegt werden, um größtmögliche Objektivität auf geringstem Raum zu garantieren.

1. Nur spezifisch badische Quellen werden veröffentlicht − 'landfremdes' Material erscheint lediglich, wenn es für das Verständnis von ersterem unverzichtbar ist.

2. Auf umfangreichere badische Materialien, die bereits allgemein zugänglich publiziert wurden, wird lediglich verwiesen. Wie aber ist es mit Auszügen aus den Synodalprotokollen oder auch dem kirchlichen Gesetzes- und Verordnungsblatt zu halten? Sind diese genuin badischen Periodika überall dort greifbar, wo man sich für die badische Quellenpublikation interessieren könnte? Letztendlich wird man nur dort mit Verweisungen arbeiten können, wo badische Quellen in überregionalen Publikationen, z.B. in den 'Arbeiten zur Geschichte des Kirchenkampfes' bereits veröffentlicht sind.

3. Mehrfachüberlieferungen bleiben selbst bibliographisch unberücksichtigt.

4. Der Variantenreichtum bei einzelnen Ereignissen (z.B. fünf Flugblätter einer kirchlichen Partei zu den Landessynodalwahlen am 10. Juli 1932) erfordert ebenfalls radikale Kürzungen. Bei nahezu identischen Texten sind Hinweise ausreichend. In jedem Falle müssen jedoch bei dem o.a. Beispiel Anzahl und Fundort aller Flugblätter angegeben werden, nicht zuletzt um die Intensität der Wahlvorbereitungen aufzuzeigen.

5. Theologische Erörterungen, etwa in kirchlichen Zeitschriften, die die politischen Ereignisse lediglich tangieren, können nur in Ausnahmefällen berücksichtigt werden.

6. Kirchenhistorisch bereits aufgearbeitete Themen werden bibliographisch belegt.

7. Kürzungen der Hrsg. − durch 3 Punkte ausgewiesen − sind u.a. unvermeidlich, weil der Grundsatz, in einem Schreiben nur einen Betreff abzuhandeln, zu Beginn der 30er Jahre keineswegs Allgemeingut war. Kürzungen in der Vorlage werden in der Anm. gekennzeichnet.

8. Schema, der Wiedergabe: In der Regel erscheinen Absender, Adressat und Thematik in 'Fettdruck'. Optisch abgesetzt folgen Ort, Datum, Fundstelle und Überlieferungsform.

9. Abweichend von Aktenpublikationen wird weithin auf die Wiedergabe von Briefkopf, Registraturbehelfen und Kanzleivermerken ebenso verzichtet wie auf Anrede und Grußformel.
10. Sperrungen bzw. Unterstreichungen im Original werden *kursiv* wiedergegeben.
11. Ergänzungen und Zusätze der Herausgeber stehen in eckigen Klammern.
12. Druck- und (Recht-)Schreibfehler werden korrigiert, stilistische Mängel dagegen nicht.
13. Korrekturen in Entwürfen bzw. Konzepten werden — abweichend etwa von Quelleneditionen — im Apparat nur insoweit berücksichtigt, wie sie inhaltlich von Bedeutung sind.

Unser Dank gilt Frau Dr. Gisela Rückleben/Karlsruhe für das Korrekturlesen auf den verschiedenen Entstehungsstufen der Arbeit.

Die Herausgeber

I Aufmarsch der 'Evang. Nationalsozialisten' in Baden seit 1931

A Programme, Organisation

1 Pfr. Voges: „Staat und Kirche — ihre Trennbarkeit und Untrennbarkeit" — eine programmatische politische Studie

Eggenstein 1931; LKA GA 8093, Nr. 1 — korr. Konzept

„Vorwort

Ich habe lange gerungen mit diesem Thema. Stoff zu dem Problem Staat und Kirche ist über genug vorhanden, so daß kaum etwas Neues geboten werden kann, wenn von juristischer oder historischer Seite oder gar auch von konventionell theologischer Seite hierzu etwas gesagt wird. Ich glaube mich deshalb für berechtigt, dieses Problem in eine wohl nicht mehr allzu ferne Zukunft hinein zu projizieren. Ich tat es gewissenshalber als Christ und Nationalsozialist.

Adolf Hitler sagt in seinem Buch 'Mein Kampf' vom Staat, 'daß er keinen Zweck, sondern ein Mittel darstellt. Er ist wohl die Voraussetzung zur Bildung einer menschlichen Kultur, allein nicht die Ursache derselben.' Und Emanuel Hirsch zeigt in 'Staat und Kirche'[*]) die Selbstbegrenzung des Staats gegenüber Gewissen und Geist. Es ist nicht von ungefähr, daß in unsern Tagen sich die Stimmen mehren, die die Unfruchtbarkeit eines omnipotenten Staatsgedankens aufweisen. Hegel und Schelling sind eben doch weithin überwunden, und die derzeitige Reichsregierung tut auf ihre Art und Weise ein übriges, dem Staatsgedanken des vorigen Jahrhunderts den Garaus zu machen. Mit der Anwendung des Artikels 48 der Reichsverfassung — heute noch auf politischem und wirtschaftlichem Gebiet, morgen vielleicht schon übergreifend auf die religiös-sittlichen Gebiete — ist der Bogen so stark überspannt, daß er, d.h. der Staat, zerbrechen wird. Freilich wird wieder ein Staat erstehen, jedoch in einem anderen Leibe und mit einem anderen Gesicht.

Der moderne Staat, so wie er sich uns heute noch offenbart, wurzelt im volksfremden Boden, im römischen Gesetz und im Bürger- und Menschheitswahn der französischen Revolution. Es ist kein Blut und Leben in ihm.

---

[*] E. Hirsch, Staat und Kirche im 19. und 20. Jahrhundert, Göttingen 1929

Darum auch heute das Auseinanderbrechen dieses Staates und das Widereinanderstreiten aller gegen alle. Es ist doch nicht zu bestreiten, daß das Volk gegen den Staat steht und das doch keineswegs allein aus einer gewissen Verbitterung und Verbissenheit heraus, etwa wegen allzu drückender Last. Wer die Dinge so ansieht, der schaut eben noch aus der Froschperspektive eines gewissen bürgerlichen Ressentiments heraus. Nein, dieser Staat steht sich selbst im Weg. Es trifft aber letztlich die Schuld nicht allein den Staat, sondern auch unser ganzes Parteiwesen. Wie ist es doch entstanden? Auf der einen Seite durch das Entgegenkommen des Staates, den Bürger mitreden und mittun zu lassen an dem Wohl und Wehe der Gesamtheit (allgemeine Menschenrechte 1776 und 1789). Auf der andern Seite durch 'die automatische Seite der Demokratie. Die Abstimmung entscheidet endgültig über das, was der einzelne Bürger zu wollen hat, was nicht zu wollen unpatriotisch ist.' (Hirsch, S.21). Da der einzelne im Grunde nun nichts mehr zu wollen hat, seine Ohnmacht gegen die Allmacht des Staates fühlt, so sucht er in dem Zusammenschluß der Massen seinen Willen und Wunsch dem Staat gegenüber fühlbar werden zu lassen. So entstanden Parteien.

Aber diese Parteien, selbst blutleer und raschestens einem Bonzen- und Banausentum verfallen, haben ihre Hauptaufgabe, dem Staat völkische Kraft zu schenken, nie erkannt, geschweige denn ausgeführt. So stand das Volk auch hier außerhalb des Staates. Daher die wachsende Staatsverdrossenheit während der letzten 50 Jahre. Daß 1914 das Volk noch einmal geschlossen aufstand, liegt nicht begründet in der Liebe zum Staat oder in der Anweisung der Parteien. Hier brach doch elementar das Urbewußtsein des Proleten wie des Intellektuellen durch, daß sie zueinander gehören unlöslich verbunden durch Bande des Bluts und des Bodens.

Das kommende Reich wird aus allen diesen Erfahrungen heraus sich bemühen müssen, den Staatsgedanken wieder mit Leben und Blut des Volkes zu füllen. Das Volkstum selbst wird in erster Linie stehen. Staat ist immer etwas Sekundäres. Wir können es mit Hitler (S.434) auch so ausdrücken: 'Wir haben schärfstens zu unterscheiden zwischen dem Staat als Gefäß und der Rasse als Inhalt. Dieses Gefäß hat nur dann einen Sinn, wenn es den Inhalt zu erhalten und zu schützen vermag.' Aus dieser Feststellung ergibt sich dann zwangsläufig das Verhältnis von Staat und Kirche zueinander. Doch davon später.

Ebenso wie der Staat von heute inmitten eines Wandlungsprozesses steht so auch die Kirche. Nur, daß die Kirche – und [man] wird das ohne Überhebung sagen dürfen trotz gegenteiligen Geschreis – die Zeichen der Zeit eher und besser verstanden hat als der Staat. Wir sagen, daß der Staat mit all seiner Betriebsamkeit auf politischem, wirtschaftlichem, sozialem Gebiet sich kaum das Verständnis der Massen erringen konnte.

Er war dem Menschen in seiner unvölkischen Bürokratie Welten fern geworden. Das ist doch ganz anders bei der Kirche — auch bei der evangelischen Kirche. Hier stand die Kirche immer und immer in engster Fühlungnahme mit dem Volk. Die geschichtliche Gerechtigkeit erfordert diese Feststellung. Auch in der von den Religiös-Sozialisten viel verlästerten 'Wilhelminischen Ära' stand doch die Hirtentreue der evangelischen Geistlichkeit gegenüber der ihr anvertrauten Herde oben an. Volksnot und Volkssorge lag der Kirche allemal am Herzen und wenn sie über manche Sünde kein offenes Wort sagte — sofern das überhaupt je geschehen ist —, so lag das nicht an ihr, sondern an den übermächtigen staatlichen Kräften liberaler Prägung, deren Nutznießer eben gerade die größten Geiferer gegen die Kirche sind — die Sozialisten. Ihnen steht es doch am allerwenigsten zu, den Stab[*]) über die angeblich volksfremde Kirche zu brechen, denn sie haben es mit marxistischer Lügenbeutelei verstanden, Massen gegen ihre Mutterkirche aufzuhetzen, ebenso wie der Liberalismus die intellektuelle Schicht losriß vom kirchlichen Heimatboden. Es wäre doch interessant festzustellen, wo die erste Auflehnung gegen die Kirche einsetzte. War es nicht allemal dort, wo das Kreuz von Golgatha in reiner Verkündigung zum Ärgernis einer liberalen und marxistischen Welt wurde?! Und wehe dem Geistlichen, und dreimal wehe der evangelischen Kirche, wenn sie es in dieser Zeit der freiesten Demokratie der Welt wagte, ein offenes Wort zu reden! Ein krampfhaftes Geschrei über kirchliche Reaktion und Volksverrat wäre die unmittelbare Folge, während schon im Hintergrund der Büttel 'Artikel 48' lauerte.

Dennoch geht die Kirche unbeirrbar ihren Weg immer mehr dorthin, wo das deutsche Volk steht. Ja, das ist ihre Wandlung, daß sie das Volk auch rassenmäßig erkennen lernt. Was ist es, was den Deutschen zum Deutschen hintreibt? Was ist es, was uns zum Volk hat werden lassen? Doch in aller erster Linie die Blutsverbundenheit. Gerade der arische Mensch ist beseelt vom Gemeinschaftssinn, ist sich bewußt, daß in der Hingabe des eigenen Lebens für die Existenz der Gemeinschaft die Krönung allen Wirkens liegt. Das zu wissen, ist nötig und heilsam auch für unsere Kirche, ist zu wissen nötig gerade in einer Zeit, da unser Volk durch volksfremde Einflüsse unter Zerrissenheit und Spaltung leidet. Wir würden uns als Kirche versündigen wider den Geist des Volkes, wider die 2 Millionen des Weltkrieges, wider eine bald zweitausendjährige Geschichte des deutschen Volkes, wenn wir die rassen- und blutmäßige Bindung des Volkes übersehen wollten. Gerade der der Kirche eigentümliche Dienst, den die Bibel im Blick auf den Heiland umreißt mit den Worten:

---

* Vorlage: „Staat"

'ihn jammerte des Volkes' (Matth.9), heißt eben: Engste Gemeinschaft mit dem Volk! Und zwar mit dem Volk, in das wir hineingeboren sind. Unsere deutsch-evangelischen Landeskirchen sind eine göttliche Setzung in das deutsche Volk und haben deswegen in allererster Linie Aufgaben und Pflichten zu erfüllen an diesem Volk. An dieser klaren Bestimmung kann sich kein Geistlicher vorbeiwinden. Das hindert jedoch keineswegs auch den anderen Befehl, den wir den Missionsbefehl nennen, zu erfüllen. Es wird immer so sein: 'Das Eine tun, und das Andere nicht lassen!'

Weil es aber so ist, daß Dienst am und für das Volk das Heiligste und das Letzte für den Staat wie für die Kirche ist, so offenbart sich hier sofort die Untrennbarkeit beider Gebilde. Die Klammer, ja das gemeinsame Fundament ist das Volk, dem zu dienen, das zu führen und zu leiten beide geschaffen sind. Daraus ergibt sich die Gleichberechtigung beider Mächte. Der nationalsozialistische Staat muß die Tatsache anerkennen, will er nicht die unseligen Kämpfe zwischen Kirche und Staat, die die Jahrhunderte durchhallten, wieder aufleben lassen. Wehe dem Staat, der seine Omnipotenz der Kirche gegenüber geltend machen wollte! Er würde dann seiner Eigenart der Kirche ureigenstes Prinzip mit rauher Hand zerstören. Er müßte die Liebe vernichten oder – Märtyrer schaffen. Und wehe einer Kirche, die nach Vorherrschaft strebte, sie würde dem Staat das Rückgrat brechen und damit das Volk seiner wesentlichsten Stütze berauben. Zudem darf eine christliche Kirche nie vergessen, daß über ihrem Haupte ein Damoklesschwert, das ernste Wort Christi, steht: 'Mein Reich ist nicht von dieser Welt.' Es ist ein Ruhmestitel der deutsch-evangelischen Landeskirche, daß sie zu allen Zeiten dieser Warnung sich stets bewußt gewesen ist und ihre Grenze gegenüber dem Staat nie überschritten hat.

Diese Einigung beider Gebilde muß erreicht werden durch Verträge, Konkordate genannt, die für beide Vertragsgegner völkerrechtliche Bindungen haben müssen. Das kommende Reich wird sich bewußt sein müssen, daß das deutsche Volk zu 2/3 Evangelische zählt und daß daher der Vertragsabschluß zwischen Staat und evangelischer Kirche dieselbe Sicherungen erhalten muß, wie die Verträge, die zwischen Staat und internationaler römischer Kirche abgeschlossen werden. Das ist eine Mindestforderung an den kommenden Staat. Gerade, wenn er bewußt national sein will, so wird er die schmachvolle Zurücksetzung der evangelischen Kirche durch ein schwarz-rotes System wieder gut machen müssen. Es gilt auch hier des deutschen Volkes Wohl!

Aus dem eben Gesagten ergibt sich aber auch, daß Staat wie Kirche ihres eigentümlichen Dienstes am Volke zu pflegen und zu hüten haben. Ist das Fundament wohl gemeinsam, so ist der Oberbau doch verschieden. Um im Bild zu bleiben, kann man es auch wohl so zeichnen: Auf dem gemeinsamen Fundament erheben sich verschiedene Gebäude, die Kirche als ein gotisches zum Himmel strebendes Gotteshaus, der Staat als ein Werk- und Wehrhaus. Der Staat hat die natürlichen Voraussetzungen zu schaffen, die für das Volk unumgänglich sind, um sein irdisches wie überirdisches Glück zu sichern. Die Kirche dagegen hat den einzelnen wie dem Volk als Gesamtheit das Evangelium von Jesus Christus zu verkünden, das allein Versöhnung und Erlösung bringt. Daß jedes Gebilde sich sein Haus selbst zimmert, wie es seinem innersten Wesen entspricht, ist klar, nur daß sie sich nicht gegenseitig Luft und Licht wegnehmen dürfen und jederzeit Rücksicht zu nehmen haben auf das gemeinsame Fundament, auf das Volk. Es wird nicht angängig sein, daß volksfeindliche Stimmungen sich im Haus der Kirche regen, wie wiederum es unvereinbar mit den Belangen des Volkes ist, wenn der Staat sich kirchenfeindlicher Politik hingäbe. Man kann es auch so ausdrücken, wenn man auf den Personenkreis beider Mächte hinsieht: *Volksbewußte Geistliche* und *christliche Volksführer*!

Um Einzelheiten zu nennen, die von jeder Macht allein ausgeführt werden müssen, so sei vorneweg zu erinnern an die kirchliche wie staatsbürgerliche Erziehung. Es ist nicht Sache des Staates, die Lehrpläne wie das Maß des Religionsunterrichtes zu bestimmen, wie es nicht Angelegenheit der Kirche ist, in die staatsbürgerliche Erziehung und Unterweisung der Jugend einzugreifen. Ob dabei zurückgegriffen wird auf die Simultanschule oder auf die Konfessionsschule ist eine Frage sekundärer Art, obwohl ich der Auffassung bin, daß die Konfessionsschule dem Staat wie der Kirche in erhöhtem Maße das zukommen läßt, was beiden gebührt. Die Erziehung und Heranbildung der Theologiestudenten, wie die Berufung der Theologieprofessoren, hat allein von der Kirche aus zu erfolgen. Der Staat hat angesichts der volksbildenden Bedeutung der Theologie der Kirche die Universitäten zur Verfügung zu stellen. Der Staat muß dagegen treuen Dienst der Geistlichen am deutschen Volk fordern. Auch muß das kirchliche Steuerwesen unter der Aufsicht des Staates stehen. Es muß der Grundsatz herrschen, daß über allen Trennungsfragen das Einigende steht, das Volk.

So auch bei der Dotationsfrage. Es muß gelingen, diese schwierige Frage aus dem Gehege stachliger Gesetze und Verträge herauszuwinden und die Dotation der Kirche zu gewähren, nicht allein weil sie juristisch gesehen einen Anspruch darauf hat, sondern weil der Staat sich moralisch verpflichtet fühlt, der Kirche, die doch Arbeit an der deutschen Volksseele tut, ihr hierfür auch die Mittel zu gewähren. Die Kirche wird um so freudiger ihren Dienst am Volke vollziehen, weil sich gerade eben in der zukünftigen Vertretung des Volkes, im Ständeparlament, ganz andere Möglichkeiten der Einwirkung auf Volk und Staat ergeben als bisher geschehen konnte durch die demokratisch-undemokratischen Parteien und Parlamente.

So wird das neue Reich all die Hemmungen und Trennungen zwischen Staat und Kirche zu überwinden wissen, weil sich der Staat bewußt ist, daß die Kirche die Liebe in dieser Welt erhält, während die Kirche sich dessen klar ist, daß dem Staat das Schwert zur Gerechtigkeit in die Hand gegeben ist. Angesichts des drohenden Ansturms der zersetzenden bolschewistischen Kräfte auf politischem, sittlichem und kulturellem Gebiet wird die Frage nicht mehr so lauten dürfen: 'Staat und Kirche, ihre Trennbarkeit und Untrennbarkeit?', sondern beide werden sich bewußt sein, daß sie in einer Einheitsfront dem deutschen Volk zu dienen haben."

2 Pfr. [H.] Teutsch u. Pfr. Rössger: Grundsätze evang.-ns. Pfarrer. Auseinandersetzung mit dem 'Evangelischen Volksdienst'

o.O., 1931; Bl. Bund NS-Pfarrer 1. Folge 1931: LKA GA 8092 Nr. 19 – masch. hektogr.

„Vorspruch

Diese in Form eines 'politischen Orientierungsdienstes' erscheinenden Blätter wollen alle diejenigen Amtsbrüder umfassen, die einmal sich in unserer nationalsozialistischen Pfarrer-Gruppe zusammengefunden haben, zum andern sich zur großen Idee des Nationalsozialismus bekennen. Mit unserer Standesgruppe wollen wir nicht die Zahl der bereits vorhandenen 'Pfarrerbünde' vermehren. Vielmehr ist unser Zusammenschluß ein Stück der Vorarbeit, die den kommenden nationalsozialen Staat, der ein ständisch gegliederter sein wird, zum Ziel hat. Mit dieser Tendenz wissen wir uns darum auch nicht mit dem Vorwurf belastet, statt homines religiosi homines politici zu sein. Wir verstehen, wenn um einer äußeren kirchlichen Einheit willen der Evangelische Oberkirchenrat in jenem uns bekannten Erlaß den Pfarrern in ihrer parteipolitischen Betätigung größte Zurückhaltung empfiehlt. Aber wir stellen dazu die Frage: Ist das große Wollen der nationalsozialistischen Freiheitsbewegung nur auf die verfemte 'Parteipolitik' zu bringen? Wir nationalsozialistischen Pfarrer verwahren uns auf jeden Fall dagegen, als 'Auch-politiker' mit einem Kommunisten Eckert auf ein- und dieselbe 'politische' Linie gestellt zu werden. Es ist naiv, wenn einer meint, daß in dem gegenwärtigen Entscheidungskampf zwischen christlichem Glauben und bolschewistischem Unglauben die Kirche sich in der Rolle einer Zuschauerin gefallen könne. So wenig es eine 'privatisierte Gläubigkeit' (Gogarten) gibt, so wenig auch privatisiertes deutsch-evangelisches Chri-

stentum. Es ist heute ebenso undeutsch wie unchristlich, so 'hochreligiös' zu sein, daß man das Sterben seines Volkes mitansehen kann. Um was es heute letzten Endes geht, zeigt u.a. auch die kleine, aber bemerkenswerte Begebenheit bei der letzten nationalsozialistischen Versammlung, die Pfr. und Pg. Teutsch in Lahr abhielt. Lahr hat während vieler Jahre zahllose nationalsozialistische Vorträge gehabt, ohne daß Kommunisten anwesend gewesen wären. Als ein Pfarrer sprach, war die Kommune zum ersten Mal unter Führung eines Stadtrats anwesend. Hier glaubte Moskau, toben zu dürfen; konnte man doch mit der christlichen Anständigkeit der Versammlung rechnen! Ein warmgehaltener Werberuf an jeden Volksgenossen, wo er auch stehe, wenn er sich nur auf nationalsozialen Boden stelle, wurde von der Kommune mit dem Ruf quittiert: wir verzichten darauf! Nur die anwesende S.A. hielt die Kommune im Schach. Es ist heute deutlich genug: die Fronten sind geklärt und Blindheit ist's, wenn Christen meinen, der Kirche könne heute eine klare Stellungnahme erspart bleiben. Darum können wir uns auch nicht zu der Kommentierung bekennen, die die 'Kirchlich positiven Blätter' in Nr. 15.d.J.*) zu dem bereits genannten oberkirchenrätlichen Erlaß gegeben haben. Zwar ist dem beizupflichten, daß '...es**) bedenklich sei, ... der Pfarrer sei für die ganze Gemeinde da, ... hüten ... daß er Andersdenkenden keinen Anstoß gibt!' Aber was will der Schluß besagen: '... daraus folgt, daß der Pfarrer die Hand ganz von der Politik zu lassen hat?' Wir meinen: wenn der Pfarrer nach jenem Artikel der Kirchlich positiven Blätter das sagen soll, worin er 'Sachverständiger' ist, dann gehört u.E. dazu, daß er die Zeichen der Zeit sieht und im Gesicht der Gegenwart zu lesen versteht, und das um so mehr, als ein sehr großer Teil unseres gutgläubigen braven Kirchenvolks keine Ahnung hat von dem Entweder-Oder, um das es heute geht!
Pfarrer Senn schreibt einmal: Wenn der Bolschewismus den roten Hahn auf die Gotteshäuser setzt, dann mögen zu deren Schutz sich die vor die Kirchen stellen, die das Konkordat gemacht haben: Mutatis mutandis: Wenn das 'christliche' Zentrum mit Hilfe des Bolschewismus in Deutschland kirchliche 'Parität' zu Fall bringt, dann wird es umsonst sein, an die schwarzrote Dankbarkeit zu appellieren, darum weil man 'procul negotiis' so hübsch 'politisch' neutral geblieben war. Wir meinen: wenn man schon von der Notwendigkeit einer Kirchenpolitik überzeugt ist, um wieviel mehr dann auch von der Notwendigkeit einer christlich-nationalen-sozialen 'Politik' in dem Volk, dem wir auch als Volkskirche angehören! Um diese geht es; um diese ist's uns nationalsozialistischen Pfarrern zu tun. Um die unsichtbare Kirche, um die Gemeinschaft der Gläubigen und Heiligen, um die Gemeinde Jesu, um

---
* 16. August 1931
** Auslassungen in der Vorlage

die Herde des großen Hirten ist uns nicht bange. Sie wird auch dann da sein, wenn in unserem Vaterland der Bolschewismus zur Macht gekommen sein wird und sein kirchliches Zerstörungswerk treibt. Aber um die Volkskirche in ihrer Empirie ist's uns zu tun, weil sie heute bedrängt ist wie selten. Es ist Gottes Wille, daß diese empirische Kirche teil hat an der Profangeschichte des Volkes, das sie umfaßt, und nur blinde Geschichtslosigkeit kann es wagen, das enge Verflochtensein zwischen Welt- und Kirchengeschichte nicht sehen zu wollen und sich seinen heute freilich unbequemen Folgerungen zu entziehen. Praktisch gesprochen: es ist freilich leichter, einer kleinen kirchlichen Gemeinschaft in ihrem Stündlein mit dem Wort zu dienen, als tausenden todgezeichneten S.A.Leuten in einem Feldgottesdient das große Wort der Rechtfertigung zu sagen, um deretwillen sie u.U. auch den tödlichen Kampf mit der bolschewistischen organisierten Gottlosigkeit und öffentlichen Gemeinheit mit gutem Gewissen führen dürfen.

Ein Wort zur Kirchenpolitik in unserer nationalsozialistischen Pfarrergruppe. Mehr als eine Zuschrift verlangte, daß eine Zugehörigkeit zu ihr abhängig zu machen sei von dem Bekenntnis des Pfarrers zu dem reformatorisch-biblischen Christentum. Es hat auch nicht an dem ernsthaften Versuch gefehlt, zu der kommenden Synodalwahl 1932 mit einer eigenen nationalsozialistischen Liste aufzutreten. Bei der Gründung unserer Gruppe in Karlsruhe ist von beidem Abstand genommen worden. Wir sind der Meinung, daß in dem großen nationalsozialistischen Kampf gegen den bolschewistischen Unglauben wie auch gegen das nationallose ultramontane Rom nationalsozialistische Pfarrer um ihrer empirischen Kirche willen unbeachtet ihrer kirchenpolitischen Zugehörigkeit zusammenzustehen haben. Die Unterschiede zwischen positiv und liberal sind da und werden auch weiterhin bestehen; aber sie arten auf dem Boden des Nationalsozialismus nicht zu einem Gegensatz derart aus, daß die Kirche in ihrem Kampf gegen jene Fronten geschwächt wird. Grundsätzlich freilich bleibt das Wort unseres Gauleiters, mit dem er seine Stellung zu der kirchenpolitischen Frage kennzeichnete: 'Der Nationalsozialismus ist ein Feind des Liberalismus in jeder Form'. Es wird auch dem Nationalsozialisten schwer werden, sich derjenigen kirchenpolitischen Gruppe zu verschreiben, die auf der letzten Landessynode in manchem gemeinsame Sache machte mit den religiösen Sozialisten (d.h. Marxisten), die auch auf ihrem diesjährigen Landesfraktionstag in Pforzheim verzichtete, zu dem Fall Eckert eine positive Stellung einzunehmen, d.h. praktisch sich für die Duldung des Marxismus innerhalb der Kirche aussprach. Ob es möglich ist, auf die Dauer einen 'Unterschied zwischen politischem und kirchlichem Liberalismus' aufrecht zu erhalten, ob es den liberalen Amtsbrüdern und Parteigenossen gelingt, ihre Fraktion zu einer antimarxistischen Haltung zu bewegen, wird sich in der Zukunft erweisen müssen. Es ist auch kein Zufall, daß von den Halbhundert Pfarrern, die sich heute bereits offen zum Nationalsozialismus bekennen, der weitaus größte Teil auf biblisch-reformatorischem Boden steht.

Unsere Stellung zum Volksdienst

Der Name 'Evangelischer Volksdienst' scheint den Anspruch erheben zu wollen, die politische Vertretung des evangelischen Teils in unserem Volk zu sein. Wir evangelischen Nationalsozialisten stellen dem ein deutliches Nein entgegen, ja wir sehen im Volksdienst unseren politischen Gegner. Nicht um seines christlich-sozialen Programmes willen, sondern um der Tatsache, daß der Volksdienst [sich] unter Verrat des nationalen Gedankens auf die Seite der verantwortungslosen Erfüllungspolitik gestellt hat und zum Büttel eines schwarz-roten Systems geworden ist (Wahl des marxistischen Dissidenten Löbe zum Präsidenten des Reichstages!). Was der E.V. unter nationalem Kurs verstand, zeigte sich bei einer der ersten Abstimmungen im Reichstag: die Abgeordneten des E.V. halfen, das Mißtrauensvotum der nationalen Opposition niederzustimmen und ermöglichten so zusammen mit den Marxisten, den Zentrumsjesuiten und dem übrigen Bürgerbrei das Weiterregieren des Erfüllungskabinetts Brüning, dessen unsoziale Notverordnungen heute Volk und Staat an den Abgrund bringen. Als verschiedene Abgeordnete nur unter der Bedingung für die Notverordnung stimmen wollten, wenn sofort von der Fraktion des E.V. ein Mißtrauensvotum gegen Wirth und Curtius eingebracht würde, da brachte es der Abgeordnete Simpfendörfer fertig, den Zentrumskanzler Brüning um seinen Rat zu fragen! Damit ist offenkundig erwiesen, daß der E.V. sich im Schlepptau des katholischen Zentrums befindet. Und von Prof. Strathmann wissen wir außerdem, daß er seine schweren Anschuldigungen, die er in seinem Heft 'Nationalsozialistische Weltanschauung' gegen unsere Bewegung erhoben hat, teilweise aus dem Buch des Jesuiten Nötges entnahm. Unser Parteigenosse Pfr. Teutsch/Leutershausen hatte als Volksdienstmann umsonst um die Wahrung einer entschieden evangelisch-nationalen Linie gekämpft. Sein Platz war dort nicht mehr möglich. Wir lassen seinen Brief an den Landesvorstand des E.V. folgen, der seinen Austritt aus dieser Partei rechtfertigt.

An den Landesvorstand des Evangelischen Volksdienstes

Als evangelische Christen müssen wir verbunden bleiben, politisch trennt uns eine unüberbrückbare Kluft. In dem Werturteil über Revolu-

tion, das ganze Novembersystem, das Zentrum und Brüning, die Sozialdemokratie, den Nationalsozialismus gehen wir total auseinander.
1. Für mich ist die Revolution vom November 1918 nicht eine gegebene Tatsache, mit der ich mich stillschweigend für alle Zeiten abfinde, sondern schurkischer Verrat (Erzberger und Scheidemann sind die beiden sprechenden Namen). Biblisch ausgedrückt: Die Revolution gehört zu den Ärgernissen, die es nach des Heilandes Wort geben *muß*, damit die Guten im Kampf mit ihnen erstarken.
2. Die ganze Luderei und Lumperei der Novemberlinge bis auf den heutigen Tag will ich nie und nimmer als ungeschehen betrachten. Die wird und muß, wenn des heiligen Gottes Stunde schlägt, ihren furchtbaren, aber gerechten Lohn finden.
3. Mein Werturteil über das Zentrum: Vor dem Kriege, zur Zeit des schwarz-blauen Blockes, kämpfte ich in der christlichen Gewerkschaft Schulter an Schulter mit aufrichtigen christlichen Katholiken. Stöcker war auch hierin mein Vorbild. (Übrigens ist auch Stöcker trotz seiner wahren Freundschaft von den Zentrumswählern verraten worden.) Hätte unser Stöcker die Politik des Zentrums während des Krieges, bei uns nach der Revolution, erlebt, er hätte seine Stellung zu diesem Zentrum des Erzbergergeistes radikal revidiert, so radikal wie ich und mit mir viele Evangelische. Noch heute bin ich mir stets bewußt, daß einmal *eine Herde* sein wird, daß also auch eine ehrlich gemeinte, gemeinsame christliche Front sich bildet gegenüber den 'Pforten der Hölle' des Antichristentums.

Bevor das aber eintritt, *muß das Zentrum* operiert sein, muß es gründlich umlernen. Viele Evangelische halten das für gänzlich unmöglich. Ich nicht. Siehe Spanien und Italien. Das Zentrum spürt auch in Deutschland ein Zähneklappern und Knieschlottern. Es hat seinen Höhepunkt überschritten und wird bei der nächsten Wahl seine Schlüsselstellung verlieren. Es muß, ob es will oder nicht, mit den in den Tod gehaßten Nationalsozialisten in die Regierung. Dabei müssen sie herunter von ihrer Höhe. Gut so! Ich habe kein Mitleid. Auch das Zentrum muß ernten, was es glaubte, ungestraft säen zu können. Bausch hat wiederholt betont: 'Wir müssen uns mit dem Zentrum gut stellen, sonst erreichen wir nichts'. Ich suche hier vergeblich die selbständige Volksdienst-Linie. Jeder weiteren Äußerung enthalte ich mich. Mein fundamentaler, erster Satz in der *Fraktion im Reichstag war: 'Ein Zentrum, das mit der materialistischen, atheistischen Sozialdemokratie Geschäfte macht, darf nie und nimmer unsere Unterstützung finden.* 'Wir hatten es in der Hand, das Zentrum von links los und nach rechts zu bugsieren. Hätten wir ihm klipp und klar erklärt: Nur unter der Bedingung sofortiger Loslösung von der Sozialdemokratie in Preußen und im Reich könnt ihr auf unsere Unterstützung rechnen, dann wäre die Entwicklung anders gegangen. Wer hat den richtigen Kurs dem Zentrum gegenüber, die Reichstagsfraktion des C.S.V.D. oder ich? Ich brauche wahrlich meinen Kurs nicht zu ändern. Ich habe auf einer Vorstandssitzung in Karlsruhe die Begründung für meinen Kurs gegeben und dabei meine geheimsten Gedanken offengelegt mit dem Erfolg, daß Schmechel mich abtun wollte mit der höhnischen und geringschätzigen Bemerkung: 'Stimmungs- und Gefühlspolitik!' Seit jenem Augenblick weiß ich, daß die Kluft, die uns trennt, unüberbrückbar ist. Meine innerste Einstellung zum Zentrum wurde übrigens – daran muß ich erinnern – von Freund Einwächter im 'Evangelischen Volksdienst' veröffentlicht zum allergrößten Ergötzen des Badischen Beobachters, der alsbald seine Randglossen ausgiebig dazu gab und damit schloß: 'bei guter Führung kann aus der E.V.D. etwas werden', d.h. also unter der Führung von Teutsch nicht. Auf diese Zensur des Badischen Beobachters bin ich stolz. Nur dann, wenn wir zur Taubeneinfalt die Schlangenklugheit dem so gerissenen Zentrum gegenüber lernen, und das Zentrum zu seiner absoluten Schlangenklugheit die Taubeneinfalt, können wir mit ihm gemeinsam Politik treiben. Dem Zentrum gegenüber ist äußerste Vorsicht am Platz. In Brüning sieht die Reichstagsfraktion und Ihr vom Landesvorstand den feinen durchgeistigten, aufrichtigen, frommen Katholiken, der weit vom Zentrum zu distanzieren ist. Ich sehe in Brüning den Jesuitenzögling, der, weil er so fein und geistig so bedeutend ist, doppelt und dreifach gefährlich ist. Er ist der Mann des Vertrauens des Prälaten Kaas. Dieser hat ihm das Zeugnis gegeben: 'Das edelste Pferd in meinem Stall ist Reichskanzler Brüning.' Wenn ich ihn im Reichstag sitzen sah, hatte ich jedesmal den unmittelbaren starken Eindruck: Der wird vom Papst in Rom mit beiden Händen gesegnet. Hinter dem Brüning steht fürbittend die ganze katholische Welt. Der holt sich seine ganze politische Weisheit direkt an der Quelle, beim Papst. Wie können wir Evangelischen nach all dem, was das Zentrum uns angetan und antut, dem Brüning Vertrauen entgegenbringen! Wie hat Bausch den Brüning in den Himmel gehoben! Welche Lobeshymnen Simpfendörfer auf ihn gesungen! Nein, da empört sich alles in mir. Nicht ich habe dem E.V.D. die Treue gebrochen. Nein, ich fühle mich aufs bitterste getäuscht vom E.V.D. Auf Einzelheiten will ich heute nicht eingehen. Seite um Seite könnte ich füllen. Nur auf den Hauptvorwurf muß ich nochmals zu sprechen kommen. Ihr werft mir vor, ich hätte in der Fraktion nicht 'sachlich' mitgearbeitet an der Herausbildung des Volksdienst-Kurses, ich hätte nur, als er da war, opponiert. Darauf muß ich erwidern, daß da kein Kurs mehr gemeinsam gefunden werden mußte, der war vollständig schon vorhanden. Ich habe nur jeden Tag mehr gestaunt über den Kurs. Als dann die wichtige Abstimmung über die Notverordnung und das Mißtrauensvotum gegen Brüning bevorstand, und die Reichstagsfraktion diktierte, jeder müsse dem Fraktionszwang sich beugen und für die Notverordnung und gegen das Mißtrauensvotum stimmen, da mußte ich reden. Ich habe meine Ansicht und Stellung ausführlich begründet. Wie eine Bombe wirkten meine Ausführungen über Zentrum und Brüning. Simpfendörfer erwiderte mir im Tone echtesten Vorwurfs: 'Freund Teutsch, Du hast mir mit dem eben Gesagten ins tiefste Herz weh getan.' Ein anderer meinte: 'So was wollen wir nicht mehr hören.' Ich aber wußte in jener Stunden, daß ich hier nichts mehr zu wirken habe. Wenn man sich im C.S.V.D. so bis ins tiefste Herz getroffen fühlt bei einer freimütigen, scharfen Kritik am Zentrum und Brüning, wie groß und innig muß da die Freundschaft zu beiden sein! Das Lied war aus. Ich aber lag nachts ohne Schlaf und sagte mir: Nun arbeitest du schon Jahre lang in den Evangelischen Volksvereinen mit dem Ziel, eine geschlossene evangelische Front herzustellen und hast dich dem E.V.D. angeschlossen, weil er das gleiche Ziel zu verfolgen behauptete – und jetzt steht der C.S.V.D. an der Seite des Zentrums! Diese bittere Enttäuschung kann man mir, wie es scheint, im E.V.D. überhaupt nicht nachfühlen. Will es auch nicht. Ich habe noch auf den E.V.D. in Baden gehofft. Der hat sich auch auf meine Seite gestellt und in scharfen Sätzen sich an die Reichstagsfraktion gewandt, mir auch ein Telegramm nach Berlin geschickt des Inhalts: 'Festbleiben, stehen geschlossen hinter dir!' Metzger, Einwächter. Einige Tage darauf, ein fast völliger Umfall! Was habe ich mit dem Landesvorstand alles erlebt! Ein Kapitel für sich, über das ich jetzt noch schweige. In Freiburg wurde von meinem Freund, Pfarrer Gorenflo, gefragt, ob der Kurs von Pfarrer Teutsch im Volksdienst tragbar sei. Die Antwort lautete: 'Nein!' Und zwar haben Bausch, Julius Bender und Einwächter diese Antwort gegeben. Damit war Schluß. Wer wagt es, mir den Vorwurf zu machen, ich habe es zum Bruch getrieben?

Zum Schluß. Wir Christen spüren, daß es mit Riesenschritten der letzten radikalen Scheidung der Geister entgegen geht, daß zwei Fronten sich herausbilden: christlich und antichristlich. Der C.S.V.D. hätte wissen *müssen*, daß er als Vorkämpfer der klaren christlichen Front niemals dem Dissidenten Löbe seine Stimme geben durfte. So urteilt überall der einfache, unverbogene Sinn unseres evangelischen Volkes. Vor einigen Tagen war der Leiter einer städtischen Gemeinschaft bei mir und sagte mir: 'Seit der Löbewahl habe ich mich vom Volksdienst gelöst. Die Quittung wird kommen.' In hochtönenden Worten wurde immer wieder versichert, daß im V.D. kein Fraktionszwang, sondern Gewissensfreiheit, d.h. Freiheit bei der Abstimmung garantiert werde. Wie es damit bestellt ist, darf ich nicht unerwähnt lassen. Vor der Abstimmung über Notverordnung und Mißtrauensvotum hieß es: 'Jeder muß für die Notverordnung und gegen das Mißtrauensvotum stimmen. Keiner darf sich der Abstimmung entziehen.' Das ist doch Fraktionszwang in brutalster Form. Als ich dann erklärte, ich müsste gegen die Fraktion stimmen, führten sie den Beschluß herbei, ich müsse dann während der Abstimmung hinausgehen. So sieht die garantierte Freiheit der Abstimmung in Wahrheit aus! Auch bei anderen Abstimmungen wurde beweglich Klage geführt, daß es verheerend und katastrophal wirke, wenn wir auseinanderfielen. Nach einer Gebetsstunde mit Berliner Brüdern, an der ich mit anderen Abgeordneten des C.S.V.D. teilnahm, fragte ich die Brüder, ob sie es verheerend fänden, wenn wir in der Fraktion nicht einheitlich stimmten. Da antworteten Dr. Spiecke und Pfarrer Schnebel: 'Wir können gar nicht sagen, wie wir uns gefreut haben, daß ihr *nicht* einheitlich abgestimmt, sondern Freiheit gegeben habt.' Ich habe in der Fraktionssitzung erklärt: Wir kommen doch aus den verschiedensten Gruppen und Parteien. Wenn wir nicht ohne ein Atom von Verärgerung und Verstimmung einander Freiheit der Abstimmung gewähren, wollen wir die Bude zumachen. Dann können wir niemals daran denken, die Gegensätze unter den Parteien zu überbrücken. – Vor der Abstimmung über die Notverordnungen haben übrigens eine Anzahl von Abgeordneten des C.S.V.D. erklärt: Wir stimmen nur unter der Bedingung mit der Fraktion, wenn noch heute vom C.S.V.D. ein Mißtrauensvotum gegen Wirth und Curtius eingebracht wird. Simpfendörfer bekam den Auftrag, dieses Mißtrauensvotum bei Löbe abzugeben.

Aber statt es zu tun, ging er mit Hartwig zu Reichskanzler Brüning und fragte den um seinen Rat und Meinung. Ist das noch selbständige Politik? oder nicht vielmehr der Beweis völliger Abhängigkeit von Brüning? Wegen des Mandats wage ich daran zu erinnern, daß man vor Gründung des E.V.D. mit mir als dem Vorsitzenden des Evangelischen Volksbundes Fühlung nahm. Man hat damals anscheinend gewußt, warum. Ich verdanke das Mandat doch auch den Mitgliedern der Evangelischen Volksvereine, nicht nur dem E.V.D.

[H.] Teutsch"

3 Pfr. Rössger: „Unsere Tagung in Freiburg", 2. Nov. 1931. Bericht; Pfr. Voges: „Ein Wort zu den Kirchenwahlen 1932"; Pfr. Sauerhöfer: „Christentum und Obrigkeit"

Nov. 1931; Bl. Bund NS-Pfarrer 2. Folge: LKA GA 8093 Nr. 4 – masch. hektogr.

„Am 2. November fand im 'Fürstenberger Hof' unsere erste Oberländer Zusammenkunft statt, bei der wir die Freude hatten, unseren Führer Pg. Teutsch unter uns zu sehen. 16 Amtsbrüder waren der Einladung

gefolgt. Ein besonderes Thema war nicht vorgesehen. Gleichwohl wurde eine Frage lebhaft erörtert, die in der vorigen Nummer unserer Blätter angeschnitten war: Sollen wir zur Synodalwahl 1932 eine eigene nationalsozialistische Liste aufstellen oder nicht? Für die wenigen Befürworter war als maßgebender Grund hauptsächlich der namhaft gemacht worden, daß der parlamentsfeindliche Nationalsozialismus gegen eine parlamentarisch-demokratisch verfaßte Kirche sich wenden müsse, daß die alten Gegensätze positiv und liberal überholt seien und durch eine nationalsozialistische Front eine entscheidende Mehrheit gegen die religiösen Sozialisten gebildet werden könne. Der weit größere Teil der Amtsbrüder sprach sich gegen eine eigene Liste aus. Es wurde angeführt, daß in obigem Fall auch der Volksdienst eine eigene Liste präsentieren und damit Parteipolitik hemmungslos in die Kirche hineingetragen würde, daß alle Richtungen kirchenpolitischer Gruppen theologisch-dogmatisch fundiert wären und es gar nicht möglich wäre, eine solche Bindung einer nationalsozialistischen Kirchengruppe maßgebend sein zu lassen, wie ja auch noch kein Programm oder Losung, unter der ein Wahlfeldzug geführt werden könne, namhaft gemacht worden war. Die Stellung der Schriftleitung zu dieser Frage ist die gleiche, wie die in der vorigen Nummer skizzierte, welche auch die der Mehrheit unserer Pfarrerbundmitglieder zu sein scheint. Doch soll auch die gegenteilige Ansicht zum Wort kommen. Wir bitten, wenn möglich, sich zu den Listenfrage bis spätestens zur nächsten Freiburger Tagung (9. Dezember), wenn auch nur kurz, auf einer Karte äußern zu wollen und besonders überzeugende Gründe ins Feld zu führen.
Die auf großer geistiger Höhe sich bewegenden Ausführungen unseres Pfarrerbundreferenten Pg. Hauptlehrer Gärtner/Meissenheim hinterließen in uns allen einen unauslöschlichen Eindruck: wir spürten: das ist die nationalsozialistische Idee in ihrer reinsten Ausprägung, wie auch in ihrer praktischen Auswirkung. Es sprach ein zuversichtlicher Glaube aus dem Gesagten. Wie viele Pg. sehen die Linien des Nationalsozialismus in der gleichen Klarheit und Bestimmtheit?
Und doch tut uns Klärung so not! Wie verlautet, soll in Bälde der Bund der Deutschkirche in der Heidelberger Stadthalle einen Vortragsabend veranstalten – man höre: unter der Flagge der N.S.D.A.P. Noch steht die Stellungnahme unserer Gauleitung dazu aus; aber es ist uns nicht zweifelhaft, wie sie lauten wird. Wir fragen: was hat der Nationalsozialismus mit der Deutschkirche zu tun? Hat Hitler nicht ausdrücklich betont, daß das Dogma der christlichen Kirchen unangetastet bleibt? Soll der Nationalsozialismus der Versuchsboden sein für allerlei religiöse Experimente? Und das noch in einem Zeitpunkt, wo wir erstens noch nicht einmal die politische Macht haben und zum andern auf dem besten Wege sind, die Mehrheit des evangelischen badischen Kirchen-

volks für unsere Bewegung zu gewinnen, namentlich auch nachdem sich der Evangelische Bund grundsätzlich auf den Boden des Nationalsozialismus gestellt hat, wo wir auch Hoffnung haben dürfen, daß über die alten kirchlichen Richtungen von positiv und liberal hin die Front gegen den religiösen Sozialismus eine einmütige sein wird, nachdem auf der Freiburger Landestagung der kirchlich liberalen Vereinigung, wie verlautet, eine bindende Zusage an unsere Pg. gegeben wurde, in dem Sinn, die Lösung von dem religiösen Sozialismus künftig zu vollziehen. Vor mir liegt das Heft von Schulz-Hausmann: 'Der Heiland vom Hackenkreuz ist unser deutscher Gott', das leider auch im Karlsruher 'Führer' ausgelegt war. Eine Kostprobe mag zeigen, ob dieses 'Evangelium' sich mit dem 'positiven Christentum' des Art. 24 unseres Programms vereinigen läßt. Wir lesen da unter anderem: 'Wir glauben an den großen Helden, der aus der heiligen Liebe hervorgeht. Wir glauben an unser himmlisches Vaterland, dessen Königin die heilige Liebe ist, die uns den großen Helden schenkt. Wir bitten die heilige Liebe, bitten die Himmelskönigin, sie möge auch die Königin unseres irdischen Vaterlandes sein (!), damit wir Helden werden. Laß deine Burg uns bauen und nimm uns an zu deiner Ritterschaft hier und drüben. Heilige Maria, Mutter Gottes, Königin unseres himmlischen Vaterlandes, sei auch unseres irdischen Vaterlandes Königin (!), die uns den großen Helden schenkt. Und du, großer Held, Heiland vom Hackenkreuz, gib uns Kraft zum Leben und zum Sterben! Wir sprechen das deutsche Glaubensbekenntnis stehend mit gefalteten Händen. Zum deutschen Gebet beugen wir das Knie, die gefalteten Hände vor der Brust. Bei den Worten: Und du großer Held... erheben wir uns und breiten die Arme zum Himmel. Dann die linke an dem Gürtel, die rechte Hand empor: Heil! Und nochmals empor: Marienheil!!! Wir fragen, ist es möglich, daß bei dieser Deutschkirche noch evangelische Pfarrer zu finden sind?'

Ein Wort zu den Kirchenwahlen 1932 von Pfr. Voges/Eggenstein

Die Götzen unserer Zeit, Partei, Parlament und Demokratie sind ins Wanken geraten. Ein Prophet, ein Mann von Gott begnadet, auch wenn er Katholik ist, hat den Befehl Gottes vernommen und erfüllt nun in hartem Ringen den göttlichen Auftrag an seinem Volk. Wer Adolf Hitlers 'Mein Kampf' gelesen hat, noch mehr: wer ihn selber gehört hat, wird sich dem Eindruck – auch als Gegner – nicht entziehen können, daß dieser Mann nicht von sich aus redet. Er ist berufen, die nationale, völkische Wiedergeburt und damit auch die sittliche und religiöse Erneuerung unseres Volkes einzuleiten. Und unter den zornigen, harten Reden dieses politischen Reformators bricht nun der Götzenwahn einer liberal-marxistischen Zeit zusammen.

Der Christ hätte allen Grund, angesichts dieses Wirkens aufzujubeln oder zumindesten aufzuhorchen, daß dem Materialismus ein Paroli geboten wird, daß dem Bolschewismus und der Gottlosenbewegung endlich ein kampfgemutes Heer entgegentritt und daß müde und zaggewordene Bürgerseelen zur Tatbereitschaft entflammt werden. Wer nur einmal einen S.A. Aufmarsch miterlebt hat, der weiß, daß dieser nationalsozialistischen Bewegung, die nicht zur Partei erstarrte, zwei Begriffe, die unserem Volk durch den individualistischen Liberalismus und durch den materialistischen Marxismus geraubt wurden, wieder zu neuem Leben wurden: Gehorsam und Opfer! Der Christ, der da weiß, daß schon sehr häufig auf die Zeit politischen Suchens und Sehnens eine Zeit religiöser Erfüllung folgte, hätte allen Grund, sich in den Dienst dieser Volksbewegung zu stellen, um dem mannigfachen noch wirren Suchen den rechten Weg zum rechten Ziel zu weisen. Das religiöse Sehnen des erwachenden chinesischen Nationalsozialismus lobt man, das Suchen nach Gott innerhalb der nationalsozialistischen Bewegung glaubt man zumindesten bezweifeln, wenn nicht sogar mit einer Handbewegung abtun zu müssen! Und in dieser, häufig zwar nur künstlich geschaffenen Gegnerschaft, weil man als Christ glaubt, gegen eine völkische Bewegung Stellung nehmen zu müssen – eine Einbildung, an der nur Deutsche kranken können! – in dieser Gegnerschaft, in der der Christ nun verharrt, übersieht er sehr häufig, daß er einen Pakt schließt mit den Götzen unserer Zeit: 'Partei, Parlament und Demokratie!' Ein lebendiges Beispiel ist die Verfassungs- und Parlamentsgeschichte der badischen Landeskirche seit 1919, und das abstruseste Gebilde in ihr ist die religiös-sozialistische Partei oder Gruppe, die vor allem demokratischen Speichellecken überhaupt Christus und Kirche vergißt (siehe Genosse Eckert!). Aber auch alle anderen Parteien, die Positiven, die Liberalen und die 'Mittelpartei', sind stramm gestanden, wenn der Popanz 'Demokratie' erschien. Draußen auf dem Land bei den Wahlreden tat man wohl entrüstet ob des Hineinschlitterns der Kirche in die politische Drecklinie, aber sobald man drinnen im Rondell des Landtagsgebäudes saß, fühlt man sich wohl, ein wenig politisch zu 'dreckeln'. Aber unvoreingenommene Tribünenbesucher konnten sich dann und wann des grausigen Eindrucks nicht erwehren: 'Tanz auf dem Vulkan!' Man redete von Christus und seiner Kirche wohl, aber man verriet den Herrn xmal und schändete die Kirche, immer nämlich dann, wenn bei einer armseligen Abstimmung die Mehrheit herausgepowert wurde. Doch genug der herben Kritik! Die Fehler sind gemacht worden wohl zum Schaden unserer Kirche, aber doch niemals in der Absicht, unserer Kirche damit zu schaden.
Ist die Gesinnung aber eine solche und hat man die Fehlerquelle entdeckt, so sollte man doch an die Arbeit gehen und den Brunnen zu-

decken, ehe jemand hineingefallen ist. M.a.W. will man der Kirche dienen und nutzen – und das will man doch – so hat man Schluß zu machen mit dem Hauptübel, an dem unsere evangelische Kirche krankt und sterben kann: mit dem Parlamentarismus. Wir waren bisher immer der Meinung, von dieser Erkenntnis – die von den Spatzen bereits von den Dächern gepfiffen wird – seien auch die positive und die liberale Gruppe, die Vorstände und Führer eben dieser Parteien zutiefst durchdrungen, so daß sie es nicht wagen könnten, im Jahre 1932 zu einem 'kirchlichen Wahlkampf' (feines Wort!!) aufzurufen. Aber fehlgeschlossen! Aus mehr oder minder nicht stichhaltigen Gründen soll gewählt werden. Nach außen hin wird die Begründung drapiert mit juristischen Spitzfindigkeiten; von den versteckten und geheimgehaltenen Absichten redet man nicht, denn sie sind allzu menschlich begründet im Ehrgeiz.

Und nun wagt man eben doch, an den Wahlkampf heranzugehen, obwohl man weiß, daß im nächsten Jahr die politischen Leidenschaften unseres Volkes zur Genüge aufgestachelt werden müssen bei der Preußen-Reichspräsidenten- und evtl. Reichstagswahl, obwohl man weiß, daß gerade unsere badische Landeskirche kaum noch eine politische Belastung zu ertragen vermag. Ist das nicht eine Versündigung an dem Wesen der Kirche? Will man denn nicht sehen, daß unser Volk zum Erbrechen genug hat von Parlamentarismus – gerade vom kirchlichen – und von Demokratie? Mit einem gewissen Neid stellt man bei uns die straffe Führung in der katholischen Kirche, die nicht abhängig ist von billigen Mehrheitsbeschlüssen, fest.

Nun, man hat die Macht innerhalb der Landessynode, geordnete, kirchliche, unparlamentarische Verhältnisse zu schaffen, wenn man nur bei den drei bürgerlich-kirchlichen Gruppen will. Ihr habt die Macht, so nützt sie auch und schafft damit das Recht und das Richtige für unsere Kirche! Wartet nicht auf das Recht und vernachlässigt darüber die Macht! Wo ein Wille, da ist auch ein Weg! Und wenn ihr Angst habt, dem unchristlichen Geist des Parlamentarismus innerhalb der Kirche den Todesstoß zu versetzen, weil ihr vielleicht das hysterische Geschrei einer Kirchenpartei 'in Schönheit und Würde' fürchtet, so verlängert die Landessynode auf mindestens drei Jahre und laßt alles beim Alten! Aber verschont uns mit der Wahl.

Sollte diese Mahnung und Bitte ungehört verhallen, so zum Schluß eine ernste Warnung an Positiv, Liberal und Mitte! Wir Nationalsozialisten lassen uns nicht vor einen Karren spannen! Cavete consules...!

Nachwort der Schriftleitung: Was Pg. Voges von der Parlamentsnot schreibt, an der unsere Kirche krankt, dürfte unser aller Zustimmung finden. Auch die vorgeschlagene Hilfe scheint mir das Rechte, ja das vorerst einzig Mögliche zu sein: Verschiebung der Wahlen auf mehrere

Jahre. Bis dahin wird dem Nationalsozialismus in Deutschland die Führung zugefallen sein. Dann wird – analog den Vorgängen von 1919, nur im umgekehrten Sinne – aus der veränderten Zeit als reife Frucht die Ächtung des kirchlichen Parlamentarismus herausspringen. Wer aber mag jetzt schon sagen, wie dann der Modus vivendi unserer Kirche auszusehen hat? Wird es dabei ganz ohne 'Parlamentarismus abgehen? Ich sehe in dem Parlamentarismus weder etwas Christliches noch etwas Unchristliches. Wird das reformierte Element in unserer evangelischen Kirche ohne weiteres verzichten auf 'das protestantische Urrecht des Wählens?' Der Hinweis des Pg. Voges auf 'die straffe Führung der katholischen Kirche' ist darum unzulänglich, weil wir keinen göttlichen Primat eines Stellvertreters Christi als letzte unwidersprechbare Autorität kennen. Auch gibt es nichts Widerspenstigeres als evangelische Pfarrer. Aber berechtigt ist der Schrei nach fester Führung. Wie kann sie erreicht werden? Stapel schreibt in '6 Kapitel über Christentum und Nationalsozialismus' für uns richtungweisend: Die Kirche muß den Primat Gottes vor der irdischen Nation behaupten und kann die Nation nicht als absoluten Wert anerkennen... Der Anspruch, daß die Religion (d.h. das Christentum) einen höheren Wert darbietet, als ihn die Nation darzustellen vermag, ist also nur von einer dogmatischen (!) Position aus möglich. Die Historisierung und Kulturisierung des Christentums bedeutet ein Hinabziehen des Christentums (und der Kirche, d.R.) in den Widerstreit der Kulturwerte. Erst die dogmatische Position verleiht der Kirche eine metaphysische Würde gegenüber dem Staat und der Nation...' Diese dogmatische Position sehe ich besonders in einer evangeliumsgemäßen Lehrnorm, die für die Kirche bindend sein müßte, in einem festen Bekenntnis, das einen unwidersprechbaren Glaubensinhalt behauptet, in einem verantwortlichen Landesbischofstum auf Lebenszeit, in der Abschaffung der für jeden Pfarrer unwürdigen Pfarrwahlen etc., Forderungen, die unmittelbar aus dem Autoritätsgeist des Nationalsozialismus herausgeboren sind. Aber wo verficht man solche Ziele? Bei den Religiösen Sozialisten sicher nicht. Daß die Mittelpartei keine Parlamentspartei mehr sein will, scheint Pg. Voges noch nicht bekannt zu sein. Bleiben also nur die positive und liberale Gruppe. Zwischen ihnen wird die Auseinandersetzung über jene Punkte gehen müssen. Sind in beiden Gruppen christliche Männer mit warmer nationalsozialistischer Gesinnung, werden sie es in der Hand haben, daß 'parlamentarische' Arbeit der Kirche nicht zur Schmach gereicht. Gerade die Geschichte der landeskirchlichen Mittelpartei zeigt, daß es nicht so einfach ist, die alten Gegensätze zu überbrücken und den Parlamentarismus zu beseitigen. Wollten wir eine eigene kirchenpolitische Gruppe auftun, so ist zu fragen, ob wir nicht gerade dadurch in die Sünde hineinkommen, die wir eben vermieden wissen möchten. Darin sind wir uns einig: Wir lassen uns vor keinen Wagen spannen! Noch besser ist: wir ringen selbst um die Führung in unserer Gruppe und tragen Sorge, daß die kirchenpolitische Atmosphäre entgiftet werde.

Christentum und Obrigkeit
von Pfr. Pg. Sauerhöfer/Gauangelloch

Vorbemerkung der Schriftleitung: Noch einmal im Auszug ein gutes Wort zu Römer 13, das bekanntlich vom Volksdienst als stärkstes Argument unserer nationalsozialistischen Haltung gegenüber dem derzeitigen System entgegengehalten wird, darum es gilt, hier besonders klar zu sehen.
'Ein Vorwurf sei heute herausgegriffen, den man des öfteren zu hören bekommt: es sei unchristlich, die Obrigkeit zu bekämpfen. Man müsse vielmehr untertan sein der Obrigkeit, denn es ist keine Obrigkeit ohne von Gott.' Man glaubt, mit diesem Wort jeden Widerstand der nationalen Opposition gegen das heutige System ersticken zu können. Wie verhält es sich in Wirklichkeit mit diesem Bibelwort? Aus dem Zusammenhang von Römer 13 geht eindeutig hervor, daß die Obrigkeit für Paulus die Zusammenfassung der allgemeinen staatlichen Ordnung bedeutet im Gegensatz etwa zum Anarchismus, der die Auflösung jeder staatlichen Ordnung will. Die staatliche Ordnung hat das möglichst reibungslose Zusammenleben der Menschen zu regeln und ihm eine überpersönliche Sinngebung zu verleihen. Sie hat dieselbe Aufgabe im kleinen, wie die kosmische Ordnung in der gesamten Schöpfung; sie ist somit auch deren Abbild oder – wie Paulus sie nennt – eine schöpfungsgemäße 'Ordnung Gottes'. Der Christ wird sich nie gegen eine Obrigkeit wenden dürfen, die den Inbegriff dieser schöpfungsgemäßen Staatsordnung darstellt. Es kann naturgemäß in der Ebene der menschlichen Unzulänglichkeiten leicht der Fall eintreten, daß Obrigkeit und schöpfungsgemäße Staatsordnung auseinanderfallen, d.h., daß etwa die Obrigkeit nicht mehr das Schöpfungsgemäße und Gottgewollte in den Ordnungen des staatlichen Lebens zur Durchführung bringt, sondern menschlich-atheistisches Gedankengut. Im Sonderheft (Nr.9) der marxistischen 'Adolf Koch' Schule steht zu lesen: 'In unserer staatlich anerkannten (!!) Körperkulturschule verliert sich bald das anerzogene Schamgefühl. Unseren Weg gehen, heißt: an den Grundpfeilern des bürgerlichen Staates und der Gesellschaft rütteln; und schon heute wanken die Festen der bürgerlichen Gesellschaft: Ehe, Keuschheit, Familie!' – Die international-marxistische Schule stellt sich also bewußt gegen die schöpfungsgemäßen Gottesordnungen: Ehe, Familie, Nation.
Eine Obrigkeit, die diesen 'Atheismus' anerkennt, staatlich anerkennt, stellt sich damit selbst außerhalb der schöpfungsgemäßen organischen

Staatsordnung. Sie hat damit dann das Recht auf Autorität verloren. Der Christ hat in diesem Fall nicht nur das Recht, sondern sogar die Pflicht, gegen eine ihrem innersten Wesen ungetreue Obrigkeit zu opponieren. Dazu Beispiele: Christus im Gegensatz zu seiner jüdisch-theokratischen Obrigkeit; Petrus gegen das Verbot christlicher Rede: man muß Gott mehr gehorchen als den Menschen. Die Christen der ersten Jahrhunderte, die sich weigerten, dem Obrigkeitsbefehl einer heidnischen Kaiserverehrung zu folgen; Luthers Widerstand gegen Kaiser und Papst; die Haltung der katholischen Kirche gegen die liberal-atheistische Obrigkeit in Mexiko. Nach jenem Petruswort handeln wir nationalsozialistischen Christen, wenn das heutige System mit seiner Obrigkeit an den schöpfungsgemäßen Grundlagen unseres Volkslebens rüttelt oder auch nur rütteln läßt. Man halte uns nicht entgegen, in unserem Kampf handle es sich im Gegensatz zu den angeführten Beispielen nur um weltliche Dinge. Wir sagen: Wer sich an den weltlichen Gottesordnungen von Ehe, Familie und Volk vergreift, der vergreift sich auch an dem Schöpfer'."

4 NSDAP Gau Baden, Evang. Pfarrerbund: „Organisation des NS-Pfarrerbundes, Gau Baden"

Leutershausen, o.D.; LKA GA 8091 Nr. 4 – masch. hektogr.

„1. Der evangelische N.S.D.A.P. Pfarrerbund ist eine Unterorganisation der N.S.D.A.P. Gau Baden. In ihm sind alle badischen evangelischen Pfarrer zusammengeschlosssen, die Mitglied der N.S.D.A.P. sind. Nur solche Pfarrer können dem N.S.D.A.P. Pfarrerbund beitreten, die zuvor Mitglied der N.S.D.A.P. geworden sind.

2. Der evangelische N.S.D.A.P. Pfarrerbund untersteht der Organisationsabteilung 11 (Leiter: Gauleiter Robert Wagner, M.d.L.), Abteilung für Rasse und Kultur.

3. Die Verbindung zwischen N.S.D.A.P. und politischer Führung (Gauleiter der N.S.D.A.P.) wird durch den Referenten für die Pfarrerbünde hergestellt.

4. Die Gauleitung des N.S.D.A.P. Pfarrerbundes setzt sich zusammen:
    a) Gauleiter des N.S. Pfarrerbundes
    b) Referent der Gauleitung (Organisationsabteilung 11) für die Pfarrerbünde
    c) Schriftführer
    d) Kassenverwalter
    e) Schriftleiter der N.S.D.A.P. Pfarrerbundsblätter

5. Der Gau Baden des N.S.D.A.P. Pfarrerbundes ist in 28 Kirchenbezirke eingeteilt.

6. An die Spitze jedes Kirchenbezirks tritt ein Bezirksleiter des N.S. Pfarrerbundes.

7. Die Bezirksleiter sind zugleich Mitglied der politischen Bezirksleitung (Org.Abtl., Abtl. für Rasse und Kultur) des Amtsbezirkes, in dem sie ihren Wohnsitz haben."

5 NSDAP Gau Baden, Evang. Pfarrerbund – gez. Pfr. [H.] Teutsch: „Arbeitsanweisung für die Bezirksleiter des NS-Pfarrerbundes"

Leutershausen, o.D.; LKA GA 8091 Nr. 7 – Rds.

„1. Werbearbeit

Zu den wichtigsten Aufgaben des Bezirksleiters des Pfarrerbundes *gehört die Werbearbeit.* Wo der Bezirksleiter mit seinen Amtsbrüdern zusammentrifft, *muß er die Sprache auf den Nationalsozialismus bringen.* Bei solchen Debatten zeigt sich schon nach kurzer Zeit, wie die einzelnen Herren eingestellt sind. Es scheiden sich bei diesen Aussprachen erfahrungsgemäß meist sehr rasch die Geister. *Den Gegner unserer Bewegung wird der Bezirksleiter bei jeder Gelegenheit immer wieder angreifen und versuchen, ihn zum Bekenntnis zu nötigen, daß er sich mit dem Nationalsozialismus überhaupt noch nicht befaßt habe.* Wir stoßen immer wieder auf die Tatsache, daß die meisten, die heute noch kritisch dem Nationalsozialismus gegenüber stehen, diesen in seinem gewaltigen Schrifttum noch gar nicht kennen, vielleicht noch in keiner Versammlung waren und nur die Leitartikel bürgerlicher oder marxistischer Zeitungsschmocks nachbeten. Das gilt für den Pfarrer genau so wie für den Arbeiter. Die Sucht, mit Schlagworten zu operieren und recht gescheit über Dinge zu reden, von denen man nichts versteht oder mit denen man sich noch nie befaßt hat, ist in der heutigen Zeit demokratischer Geschwätzigkeit und Oberflächlichkeit beim Gebildeten genau so groß wie beim Ungebildeten.

Freunde unserer Bewegung wird der Bezirksleiter da, wo in seinem Bezirk schon eine Pfarrerbundzelle besteht, immer wieder zu den monatlichen Versammlungstagen einladen. Er wird sie zum Bezug nationalsozialistischer Zeitungen auffordern und ihnen wichtige nationalsozialistische Broschüren, Bücher und dergleichen zum Eigenstudium zur Verfügung stellen. Wenn gute Redner im Bezirk sprechen, wird er sie zum Besuch der Versammlung einladen. *Einzelbearbeitung ist die beste und sicherste Werbemethode.* Der Bezirksleiter wird immer *einige Mit-*

gliederanmeldescheine bei sich führen. Diese erhält er entweder bei der Ortsgruppe, bei der er selbst eingetragen ist oder auf Verlangen bei der Gauleitung in Karlsruhe. Am besten ist es, wenn der Geworbene sich bei der *Ortsgruppe seines Amtssitzes* oder, wenn dort noch keine besteht, bei der benachbarten Ortsgruppe eintragen läßt. Liegen besondere Gründe vor, dann kann der Geworbene auch bei der Gauleitung *als Gaueigenes Mitglied* eingetragen werden. In diesem Falle erfährt niemand etwas von seiner Mitgliedschaft. Er muß dann seinen Mitgliederbeitrag allmonatlich selbst an die Gaukasse abführen. *In jedem Falle hat aber der Bezirksleiter die Pflicht, die Personalien des neuen Parteimitgliedes sofort an den Schriftführer des N.S. Pfarrerbundes zwecks Aufnahme in die Pfarrerbundskartei zu melden.* Anschrift des Schriftführers: Pfarrer Krieger, Ottenheim im Amt Lahr.

2. Sprechabende

Der Bezirksleiter ruft die Mitglieder seiner Pfarrerbundzelle mindestens einmal im Monat zu einem Sprechabend zusammen. In diesem werden die Rundschreiben der Gauleitung bekannt gegeben, die Monatsblätter ausgeteilt. Diese Monatsversammlungen sollen der politischen Schulung im Sinne des Nationalsozialismus dienen, darüber hinaus sollen die den nationalsozialistischen Pfarrerbund besonders berührenden Grundfragen eingehend behandelt werden. In unserem Rundschreiben über die Pfarrerbundsblätter haben wir darüber nähere Ausführung gemacht.
Die Sprechabende können einfache Diskussionsabende sein. Die Monatsblätter werden genügend Stoff liefern. Der Bezirksleiter kann auch einen Parteigenossen mit einem Referat beauftragen. Wenn irgend möglich, sind solche Referate an den Schriftleiter des Pfarrerbundes weiterzuleiten, der sie evtl. weiteren Kreisen durch Abdruck in den Monatsblättern zugänglich macht. Im übrigen bleibt selbstverständlich die weitere Ausgestaltung der monatlichen Sprechabende den Herren Bezirksleitern überlassen.

3. Monatsberichte

Allmonatlich haben die Bezirksleiter einen ausführlichen *Tätigkeitsbericht in zweifacher Ausfertigung an den Schriftführer einzusenden* über
a) Eigene Tätigkeit (Sprechabende, Werbung und dergl.)
b) Stimmungsbild über den Bezirk
c) Evtl. gegnerische Tätigkeit (Wer ist Gegner? Welcher Partei gehören diese an? Arbeiten sie gegen den Nationalsozialismus? Mit welchen Gründen agitieren sie gegen die N.S.D.A.P. usw.?)

4. Arbeit innerhalb der Partei

Die Bezirksleiter des N.S. Pfarrerbundes sind zugleich Mitglieder der politischen Bezirksleitung des Amtsbezirkes, in dem sie ihren Wohnsitz haben. Die politischen Bezirksleiter werden durch die Gauleitung verständigt. In einer Aussprache zwischen den Bezirksleitern werden dann die Möglichkeiten einer gemeinsamen Arbeit geklärt werden. Die Bezirksleiter ebenso auch alle Pfarrerbundmitglieder werden sich zu Vorträgen *innerhalb geschlossener Sprechabende der verschiedenen Ortsgruppen bereithalten*. Rednerische Tätigkeit in öffentlichen, politischen Versammlungen der *N.S.D.A.P. wird weder von der Gauleitung der Partei noch von der Gauleitung des Pfarrerbundes verlangt*.

Über die Möglichkeit einer segenbringenden Arbeit des Pfarrerbundes innerhalb der Partei wird ein besonderes Rundschreiben Klarheit schaffen.

5. Zusammenarbeit mit dem Lehrerbund

Eine möglichst enge Zusammenarbeit mit den evangelischen Mitgliedern des N.S. Lehrerbundes ist erwünscht. Wir verweisen auf das Beispiel des Bezirkes Lahr (Ried), in dem seit Jahren nationalsozialistische Lehrer und Pfarrer hervorragend zusammenarbeiten. Den Bezirksleitern des Pfarrerbundes geht das nötige Adressenmaterial in Kürze zu."

6 NSDAP Gau Baden, Evang. Pfarrerbund — gez. Pfr. [H.] Teutsch: Organisationsfragen

Leutershausen, o.D.; LKA GA 8091 Nr. 2 — Rds.

„1. Mitgliederbeiträge betr.

Da uns für unsere Organisation keinerlei Geldmittel zur Verfügung stehen, sehen wir uns genötigt, zur Bestreitung der Ausgaben für die Monatsblätter, Rundschreiben, Portis und dergl. einen kleinen Mitgliederbeitrag für den Pfarrerbund zu erheben. Wir glauben, mit einem Beitrag von 1 Mark für das Vierteljahr auskommen zu können. Die Monatsblätter werden dann an unsere Mitglieder umsonst geliefert. Für den Rest dieses Jahres (September-Dezember) bitten wir unsere im Pfarrerbund organisierten Parteigenossen, einen Beitrag von 2 DM an die Gaukassenverwaltung des N.S.D.A.P. Pfarrerbundes abführen zu wollen. Selbstverständlich werden freiwillige höhere Beiträge und Spenden gerne entgegengenommen.

2. Mitgliederkarten

Wir werden in den nächsten Wochen eine besondere Mitgliederkarte für den N.S.D.A.P. Pfarrerbund herausgeben und an unsere Parteigenossen zum Versand bringen. Die Mitgliederkarte dient als Ausweis bei den Gautagungen des Pfarrerbundes.

3. Kassenverwaltung

Die Kassenverwaltung hat Pfarrer Kramer/Meißenheim (Amt Lahr) für den N.S.D.A.P. Pfarrerbund übernommen. Die Mitgliederbeiträge, freiwillige Spenden und dgl. sind auf das Postscheckkonto: Pfarrer Albert Kramer, Konto Nr. 75 360 Karlsruhe, zu überweisen.
Auf der Rückseite des Postabschnittes sind Name und Verwendung der Einzahlung zu vermerken (z.B. Beitrag: Sept.-Dez. oder freiwillige Spende usw.)

4. Quittierung der Beiträge

Quittung über die Beiträge geht den Bezirksleitern zur Aushändigung an die Mitglieder ihres Kirchenbezirks zu."

7 NSDAP Gau Baden, Evang. Pfarrerbund — gez. Pfr. [H.] Teutsch: Nominierung seiner Funktionsträger

Leutershausen, 18. September 1931; LKA GA 8091 Nr. 3 — Rds.

„1. Mit Wirkung vom 1. September habe ich die Gauleitung des Evang. Pfarrerbundes der NSDAP übernommen.
(Anschrift des Gauleiters: Hermann Teutsch, Pfarrer in Leutershausen, Amt Weinheim)
2. Zum Referenten der Gauleitung (Organisationsabteilung 11) für den Pfarrerbund wurde Pg. Gärtner, Bezirksleiter der NSDAP Lahr, ernannt. Pg. Gärtner übernimmt zugleich vorläufig das Amt eines Organisationsleiters des NSDAP Pfarrerbundes. Anfragen organisatorischer Art sind an ihn zu richten.
(Anschrift: Karl Gärtner, Meißenheim, Amt Lahr)
3. Mit Wirkung vom 1. September ernenne ich:
   a) zum Schriftführer: Pg. Pfarrer K. Krieger, Ottenheim, Amt Lahr
   b) zum Kassenverwalter: Pg. Pfarrer Albert Kramer, Meißenheim, Amt Lahr
   c) zum Schriftleiter der Pfarrerbundsblätter: Pg. Pfarrer Paul Rössger, Ichenheim, Amt Lahr

d) zu Bezirksleitern [in den Kirchenbezirken]
  Bretten: Pg. Pfarrer Daub, Kürnbach, Amt Bretten
  Eppingen: Pg. Pfarrer Spörnöder, Stebbach
  Karlsruhe-Land: Pg. Pfarrer Fritz Voges, Eggenstein
  Ladenburg-Weinheim: Pg. Pfarrer Hermann Teutsch, Leutershausen, Amt Weinheim (vorläufig)
  Lahr: Pg. Pfarrer Rössger, Ichenheim, Amt Lahr
  Lörrach: Pg. Pfarrer Paul Gässler, Wollbach, Amt Lörrach
  Mannheim: Pg. Vikar Sauerhöfer, Mannheim-Feudenheim
  Müllheim: Pg. Pfarrer Walter Teutsch, Obereggenen, Amt Müllheim
  Neckargemünd: Pg. Pfarrer E. Streng, Waldwimmersbach, Odenwald
  Weitere Ernennungen werden nach Fertigstellung der Pfarrerbundskartei in der 2. Folge der Pfarrerbundsblätter bekanntgegeben."

8 NSDAP Gau Baden, Evang. Pfarrerbund – gez. Pfr. [H.] Teutsch: Pfarrerbundsblätter[*]

Leutershausen, o.D.; LKA GA 8091 Nr. 5 – Rds.

„Der NSDAP Pfarrerbund gibt eine eigene Zeitschrift heraus unter dem Namen: 'Abwehr und Angriff', Monatsblätter des NSDAP Pfarrerbundes.[*]

Die Schriftleitung hat Pg. Pfarrer Paul Rössger/Ichenheim übernommen. Die Zeitschrift wird vorläufig in einem guten Abzugsverfahren hergestellt, da wir noch nicht über die nötigen Mittel verfügen, um sie drucken lassen zu können. Die erste Nummer ist bereits im Druck. Sie geht nach Erscheinen sofort allen Bezirksleitern zu, die sie an die Pfarrerbundsmitglieder zu verteilen haben. Die Monatsblätter sind zunächst nur für die Mitglieder des NS Pfarrerbundes bestimmt. Wir werden dafür Sorge tragen, daß einzelne, besonders bedeutsame Artikel im Führer erscheinen werden.

Die Monatsblätter sollen grundsätzliche Fragen behandeln wie: NSDAP und evangelische Kirche, Christentum, Altes Testament, Positives Christentum, (Programm), Rasse und Evangelium, Antisemitismus und Christentum u.a. Es soll auch Klarheit geschaffen werden über die Frage: Warum NS Pfarrerbund? Eine gründliche Aussprache soll eingeleitet werden über das Thema: 'Die Arbeit des NS Pfarrerbundes in der Partei'. Darüber hinaus soll die Monatsschrift alle Angriffe des

---

* Die Hrsg. konnten kein einziges Exemplar nachweisen.

Zentrums, des Evangelischen Volksdienstes, der religiösen Marxisten, kurz alle Angriffe, die irgendwie eine konfessionelle oder religiöse Grundlage haben, abwehren. Sie wird ferner alle protestantischen und katholischen Broschüren und dergl., die sich positiv geistig mit dem Nationalsozialismus auseinandersetzen, kontrollieren und besprechen. Wenn die Monatsblätter ein wirkliches Bindeglied zwischen den im Pfarrerbund organisierten Parteigenossen werden sollen, ist es notwendig, daß möglichst viele Mitglieder sich durch Beiträge daran beteiligen. Dringend notwendig ist es, daß Zeitungsartikel, Aufsätze in Zeitschriften, Broschüren und dergl., die von Freunden oder Gegnern unserer Bewegung geschrieben worden sind, von den Mitgliedern gesammelt und dem Schriftleiter zugeleitet werden. Die Pfarrerbundsblätter sollen bei den monatlichen Zusammenkünften der Pfarrerbundsmitglieder als Grundlage für die Aussprache dienen. Die Ergebnisse einer solchen Aussprache können schriftlich festgelegt und dem Schriftleiter zugeleitet werden, der sie wieder in den Monatsblättern verwertet.
Helft durch eure Arbeit mit, daß unsere Pfarrerbundsblätter zu einem wirksamen Kampfmittel für unsere Bewegung werden!"

9 NSDAP Gau Baden, Evang. Pfarrerbund — gez. Pfr. [H.] Teutsch: Mitgliederwerbung

Leutershausen, o.D.; LKA GA 8091 Nr. 6 — Rds.

„In unserem Rundschreiben an die Pfarrerbundsmitglieder vom 18.9.1931 haben wir eine Reihe von Bezirksleiterernennungen bekannt gegeben. Wir haben auch da Bezirksleiter ernannt, wo außer diesem *noch keine oder nur sehr wenige Pfarrer Mitglieder der NSDAP sind*. Gerade diesen Parteigenossen, die in ihrem Kirchenbezirk noch allein stehen, erwächst eine besonders hohe Aufgabe. Sie müssen in kürzester Zeit *durch intensive Werbearbeit sich selbst eine Pfarrerbundszelle* schaffen. In unserer Bewegung gibt es tausende von Fällen, wo ein alleinstehender SA Mann, ein schlichter Arbeiter, in wenigen Wochen oft unter schwierigsten Umständen eine blühende Ortsgruppe geschaffen hat. *Wir glauben nicht, daß sich unsere Pfarrerparteigenossen von irgend jemand in unserer Bewegung an Idealismus und freudigem Opfermut übertreffen lassen wollen*. Wir erwarten von jedem Bezirksleiter, daß er seine ganze Kraft einsetzt für das große Befreiungswerk Adolf Hitlers. Das Werk Martin Luthers ist gefährdet durch Marxisten und Römlinge, darüber hinaus steht unser Christentum in Gefahr, von den Schlammfluten des Bolschewismus hinweggespült zu werden. Allein der Nationalsozialismus hat den Mut, sich dem Ansturm des antichristlichen Untermenschentums entgegenzustellen, er allein hat auch jene Kraft des Glaubens, die von Gott stammt, an die Sendung des deutschen Menschen!

D.H. Kremers, der Verfasser der Broschüre: 'Nationalsozialismus und Protestantismus' schreibt am Schlusse seiner Ausführungen: 'Die deutsche Freiheitsbewegung erscheint uns wie ein Pfeil, entsandt von der Hand des Starken. Sollte dieser Pfeil zerbrochen oder abgelenkt werden und vor dem Ziele matt niederfallen – wir Deutsche hätten , fürchte ich – keinen zweiten zu versenden'. Ja, der Nationalsozialismus ist die letzte Kraftreserve unseres Volkes! Gelingt es den finstern Mächten, die seit Jahrzehnten am Leichentuche unseres deutschen Vaterlandes weben, die junge, hoffnungsfreudige Bewegung abzuwürgen, dann wird Deutschlands Ende gekommen sein!

Wenn es um Leben und Sterben eines ganzen Volkes geht, darf auch der evangelische Pfarrer im Kampfe nicht abseits stehen. Erinnern wir uns jener furchtlosen Kämpfer der Reformationszeit und der Freiheitskriege, die zu den besten unseres Standes gehörten! Auch von uns soll einmal die Geschichte sprechen können als von protestantischen Pfarrern, die das Gebot der Stunde erkannt und die Sache des Volkes zu der ihren gemacht haben."

10 Pfr. Rössger an Pfr. Voges: Sachliche und personelle Überlegungen unter 'Evang. Nationalsozialisten'

Ichenheim, 10. Dezember 1931; LKA GA 8093 Nr. 36

„Haben Sie herzlichen Dank für Ihre lieben Zeilen, die noch rechtzeitig ankamen, um nach Freiburg mitgenommen werden zu können. Es waren 26 Amtsbrüder anwesend, darunter etwa 8 Nichtmitglieder. Daß im Unterland nichts an Zusammenkünften steigt, wurde auf das allerenergischste abgelehnt! Nachdem Hitler von dieser Bewegung abgerückt ist, darf es nicht sein, daß sie sich in dem Nationalsozialismus Eingang zu verschaffen sucht. Es folgt eine Resolution dahingehend, daß – wenn [Pfr. Emil] Streng seine Extravaganzen nicht läßt – die Gauleitung seinen Ausschluß aus der NSDAP aussprechen wird –! worin wir uns alle einig waren! Zur Frage der Kirchenwahlen entschieden wir uns dahin, vorerst noch eine abwartende Stellung einzunehmen, vom Pfarrerbund aus Fühlung mit der Synode selbst zu nehmen, um eine Verschiebung der Wahl auf 1 Jahr zu erwirken. Sollte dies keinen Erfolg haben, dann sei noch Zeit, die Frage einer nationalsozialistischen Liste ins Auge zu fassen. Dazu etwas ganz Persönliches an Sie: Ich wundere mich über Ihre Stellung in dieser Frage – als Schwiegersohn meines väterlichen Freundes [Viktor] Renner! Ich bedaure sehr, daß unter uns nationalsozialistischen Pfarrern der Gedanke einer Sonderliste erwogen wird! Ist das ein Ideal, auf einer nationalsozialistischen Liste mit erzliberalen Leuten zusammenstehen zu müssen? Sehen Sie nicht, daß die Frage einer Sonderliste ja nur von liberalen Pfarrern erwogen wird, aus dem Grund, weil sie auf eine anständige Weise vom Liberalismus loskommen wollen und nicht zu den Positiven wollen. Wenn [Wilhelm] Stapels Linie Ihnen so zusagt, dann wäre Ihr Platz an der Seite der Positiven. Ich kann Ihnen jetzt schon versichern, daß ich mit manchem anderen nationalsozialistischen Freund, die positiv sind, bei einer Sonderliste einfach nicht mitmache! Ich hätte die Bitte, hier etwas zurückzuhalten. Am 'Bonzentum', daran Sie besonderen Anstoß zu nehmen scheinen, sind wir ja unter uns Positiven gesegnet; aber wo ist das nicht? Und da sind Männer, die ich persönlich gerade auch nicht schätze, aber ihre Verdienste muß ich anerkennen. – Der Wischer an Teutsch wurde auch verlesen und anerkannt, daß er nicht ganz unberechtigt ist. Sein eigener Laufener Bruder [Johann Friedrich Teutsch] sagte, daß er sich mehr dem Dienst widmen müßte, und daß [Klaus] Wurths Schreiben für ihn eine heilsame Korrektur wäre…"

11 Pfr. Rössger an Pfr. Voges: Abgrenzung gegenüber Deutschkirche und Liberalismus

Ichenheim, 17. Dezember 1931; LKA GA 8093 Nr. 37

„… Vorgestern habe ich [Pfr. Theodor] Schenk/Neulußheim auf dessen Brief an mich als den Schriftleiter beantwortet. Es war eine undankbare Aufgabe für mich, halbamtlich im Auftrag der Freiburger Tagung ihm sagen zu müssen, daß weder der Pfarrerbund noch die Gauleitung ein Interesse für seine deutschkirchlichen Ideen habe und daß er bei weiterer Propaganda in der NSDAP Gefahr laufe, sich wegen Disziplinlosigkeit von der Gauleitung maßregeln lassen zu müssen. Wir nehmen es hier gern auf uns, nun natürlich als finstere Orthodoxe gescholten zu werden! Aber wir sind der Meinung, daß – wenn an dem grünen Holz der nationalsozialistischen Kirchenleute nicht die Frucht allerstrengster Zucht wächst, an dem dürren der Plebs sie noch weniger wachsen kann. Ich kann hier nur auf der Linie stehen, die der Lutheraner [Wilhelm] Stapel - Herausgeber des feinen Heftes 'Deutsches Volkstum'- einnimmt. Alles andere hat für uns ein Gefahrsmoment in sich. Die NSDAP fängt ja nach gerade an, ein Sammelsurium von Meinungen und Meinünglein zu werden – wehe, wenn diese nationalsozialistische 'Säkularisierung' in unseren nationalsozialistischen Pfarrerbund – oder noch schlimmer – in die Kirche des 3. Reiches eindringt! Es fiel mir auch auf der letzten Freiburger Tagung auf, daß eine Reihe neuer Gäste – lauter erzliberale Herren, die man persönlich kennt! – sich einstellte. Ich bin nicht für Überspannung der kirchenpolitischen Gegensätze, aber es ist einfach erstunken und verlogen, wenn liberalerseits so getan wird, als gebe es heute die alten Unterschiede zwischen positiv und liberal nimmer. Ich könnte Ihnen aus meiner Erfahrung als Mitglied des

Bezirkskirchenrates, in welcher Eigenschaft ich auch bei Religionsprüfungen bei liberalen Kollegen herumkomme, haarsträubende Fälle trostlosesten Rationalismus erzählen. Die Herren, die noch vor 10 Jahren die Kirche aufbauen wollten mit den Kräften eines Liberalismus, die noch jetzt das 'überspitzte Urteil' gegen Eckert bedauern und die doch einmal scharenweise zum nationalsozialistischen Pfarrerbund stoßen werden, sind doch mit großer Vorsicht aufzunehmen.

Zu Strengs Karte: Wir wissen, wie lange schon Streng Mitglied der positiven Vereinigung ist! Meine Behauptung im Pfarrerblatt 2 steht zurecht. Warum gingen Schenk-Streng den Heidelberger Beobachter an um Aufnahme einer Anzeige über den deutsch-kirchlichen Vortrag in der Stadthalle?! Warum trägt ein Heft den Titel: Deutschkirche und Nationalsozialismus? Die Herren sollen doch ja nicht so tun, als ob sie nicht die NSDAP auserlesen hätten, ihren Wotanskult zu betreiben! [Karl] Gärtner hat Streng die nötige Antwort erteilt! Wenn die Nordbadener soviel Schneid haben, auch sich zu Bezirkstagungen aufzuschwingen, mögen sie auf der Hut sein, wenn die Herren Streng-Schenk ihre deutsch-kirchlichen Ideen loslassen! Kalt stellen wollen wir niemand – es sei denn querköpfige Deutschkirchler! Ich wäre Ihnen sehr dankbar, wenn auch Sie ein spectator und custos wären, der über Nordbaden etwas die Augen offen hält und uns hier im Ried rechtzeitig über Fälle berichtet, die nicht zum Schaden für Kirche und NS sich auswirken dürfen…"

12 Pfr. Rössger an Pfr. Voges: Vorwürfe gegen die AB-Gemeinschaft; Wahltaktische Überlegungen
Ichenheim, 22. Dezember 1931; LKA GA 8093 Nr. 38

"… Ihre Ausführungen über die Stellung des positiven Teils in unserer Kirche sind ganz meine Ansichten. Auch unterstreiche ich ganz besonders Ihr Urteil über die AB Gemeinschaft, die nach meiner Wahrnehmung der Dundenheimer Gemeinschaft (50%) schon längst nicht mehr auf dem Boden des Augsburger Bekenntnisses steht. Ich erfuhr das gestern wieder in der Kritik an meiner Predigt, in der ich über den ewigen Frieden sprechend u.a. auch Art.16 des Augsburger Bekenntnisses zitierte (… rechte Kriege führen). Die Gründungsformel der AB 1848 hatte damals ihr Recht: in der Kirche, soweit mit der Kirche, aber unabhängig von der Kirche! Heute wird ganz besonders das letzte betont. Es ist bezeichnend, wenn der Hardthauspapst[*] vor etwa 2 Jahren schrieb: Selbst wenn zugegeben werden muß, daß unter den jüngeren Pfarrern gläubige und erweckliche Prediger seien, so dürfe sich die Stellung der AB Gemeinschaft nicht ändern! (dem Sinne nach zitiert!) Sie haben recht: Die AB atomisiert die Volkskirche. Ihr Auswahlgedanke ist

---
[*] Hauptlehrer Albert Straßer, 1875–1940

wohl biblisch, wirkt aber durch manchen Reiseprediger einseitig betont zersetzend. Zudem ist AB verärgert, daß – nachdem sie durch den Volksdienst aus ihrer politischen Lethargie herausgebracht wurde – sie nun jetzt einsieht, auf das falsche Roß gesetzt zu haben. Ich halte es für eine Schuld der positiven Führung, unsere Stellung zur AB nicht offen genug präzisiert zu haben. Auch für einen Herrn wie Greiner ist die AB das keusche Blümlein 'Rührmichnichtan', vor dem der gelahrte Herr in Ehrfurcht erstirbt – weil er (besonders mit der *)Dundenheimer AB) eins gemeisam hat: handfeste bekehrte Frömmigkeit in Verbindung mit einer herzlichen Liebe zu angestammtem Erbe! Mehr will ich nicht sagen. Sehr richtig: Es muß verlangt werden, daß die Schriftleitung nicht ex lex steht. Was sagen Sie übrigens zu der letzten Nummer mit ihren 3 (!) Artikeln über 'Pfarrer und Politik'. Was *die* Herren unter 'Politik' verstehen! Betr. Wahl meine ich folgendes: Wir sollten die Kirchenwahlen als Nazis nicht so wichtig nehmen. Sie sind doch in erster Linie eine kirchliche und nicht staatspolitische Sache. Bin überzeugt, daß, wenn es zur Wahl kommt, die Positiven das Rennen machen, auch contra Religiöse Sozialisten! Wenn mancher 'noch nie kirchlich gewählt hat', sehe ich darin eine gewisse kirchliche Gleichgültigkeit. Lesen Sie und andere nationalsozialistische Freunde doch nur das Protokoll der letzten Generalsynode, dann ist ja ersichtlich, wer den Kampf gegen Eckert geführt hat. Ich habe es auch unserem positiven Lic. Rose in Freiburg übelgenommen, daß er in seinem (1/2) Artikel über die 1. Freiburger Tagung den 'Protestantismus als eine Religion bezeichnete, in der die verschiedensten Meinungen, selbst wenn sie religiös verschieden fundiert wären, Platz hätten'. Da hört sich doch alles auf! Ich wäre dafür, daß die NSDAP nicht zuviel in die Kirchenwahl hineinredete und – falls gewählt wird – ihren Parteigenossen die Anweisung gibt: wählt die kirchliche Liste, die euch die Gewähr gibt, daß der Kampf gegen den Marxismus energisch geführt wird. So hatten wir es ja seiner Zeit in Karlsruhe ausgemacht! und dabei sollte es bleiben. Ist erst der Nationalsozialismus politisch zum Sieg gekommen, fällt auch in der Kirche der Parlamentarismus auf den ersten Anhieb. Bis dahin müßten wir aber etwas zusehen. Mit Leuten wie Schmechel-Bender werden wir fertig; die Herren werden uns Nazis gegenüber heute schon sichtlich stiller! Die Frage: 'wollen wir eine Wahl?' haben wir nach meiner Meinung nicht als Nazis, sondern als Kirchenleute zu entscheiden. Und hier bleibt für uns Nazis nur der offizielle Weg übrig: Fühlungnahme mit Landeskirchenrat Bender insonderheit, vielleicht auch mit der liberalen Führung. Das war auch unsere Meinung in Freiburg. Wenn Sie schreiben: Eine Wahl

---

* Am Rand „vertraulich"

würde im Kirchenvolk nicht verstanden, so muß ich das bezweifeln. Gerade die Eckertsache der 2 letzten Jahre hat unsere Riedleute besonders zur Erkenntnis gebracht, daß durch Wahl hier ein Riegel vorgeschoben werden muß. Ich bin überzeugt, wenn gewählt wird, wählen meine 2 Gemeinden mit 90% positiv. Der nationalsozialistische Pfarrerbund fliegt nicht auseinander, weil wir zu 95% positive Leute sind; mag sein, daß ein paar liberale aus Verärgerung austreten, lassen wir sie!"

B Pfarrer Hermann Teutsch

13 N.N.: Pressestimmen zum Übertritt von Pfr. [H.] Teutsch zu den NS — lt. Evang. Volksdienst Nr. 25
LKBl. Nr. 15, 16. August 1931, S. 117

„Badische Zeitung (11.6.31): Das Herüber- und Hinüberwechseln von Abgeordneten ist bekanntlich seit 1918 keine Seltenheit. Dieser Wechsel aber hat seine ganz besonderen Reize. Man erinnere sich daran, mit welchen Aussprüchen gerade Teutsch für den Volksdienst eingetreten und aufgetreten ist! 'Wer nicht mit mir sammelt, der zerstreut' — 'Ihr seid das Salz der Erde, ihr seid das Licht der Welt' — 'Eine politische Rede habe ich nie gehalten und werde ich nie halten' — 'Ich werde den Herrn Christus in den Landtag tragen' — so hieß es unter Beifall der Andächtigen in den erbaulichen Werbestunden Teutschs... Wie es Teutsch seither als Volksdienstler für seine Aufgabe gehalten hat, den Herrn Christus in den Landtag und Reichstag zu bringen, diese Aufgabe nun aber in erstaunlich kurzer Zeit als beendet ansieht, so glaubt er, sie nun darin sehen zu müssen, 'den Nationalsozialismus mit evangelischem Geiste zu erfüllen'.

Über das erste öffentliche Auftreten von Herrn Pfarrer Teutsch im Rahmen einer nationalsozialistischen Versammlung am Sonntag, den 14. Juni, in Weinheim berichtet das Mannheimer Volksblatt (16.6.31): LAbg. Köhler rechnete es dem neuen Parteigenossen hoch an, daß er zu der Zeit, als er (Teutsch) noch badischer Landtagsabgeordneter des Volksdienstes war (also vom Oktober 1929 bis September 1930 [müßte Januar 1931 heißen! D. Schriftleitung]), stets mit ihm (Köhler) in Fühlung gestanden sei und ihn über alle, die NS berührenden Vorgänge und Regierungsmaßnahmen unterrichtet habe, so daß diese ihre Gegenmaßnahmen treffen konnte.

Und Pfarrer Teutsch bestätigt in seinen späteren Ausführungen, daß Köhler die Wahrheit gesprochen habe!... Interessant ist noch die Feststellung Köhlers, daß über das Reichstagsmandat des Pfarrer Teutsch

nicht die Wähler des Volksdienstes – die ihn doch damit betraut haben
– entscheiden, sondern Adolf Hitler; und der neue Parteigenosse verkündet mit großer Bewegung, daß er am 23. Juni 'nach München kommen dürfe'. Im übrigen brachten die Ausführungen Teutschs über seinen vollzogenen Übertritt jeden unvoreingenommenen Zuhörer zu der Überzeugung, daß die Übernahme eines Mandats des Volksdienstes durch Pfarrer Teutsch nicht hätte erfolgen dürfen, wenn...; denn dieser Mann war nie anders als Nationalsozialist."

14   EOK, Prot.: Entwurf eines Mahnschreibens an Pfr. [H.] Teutsch
Karlsruhe, 4. September 1931; LKA GA 3477

„... der Kirchenpräsident teilt den Entwurf eines an Pfarrer Teutsch in Leutershausen wegen seiner fortgesetzten politischen Betätigung zu richtendes Mahnschreiben mit."

15   EOK an Pfr. [H.] Teutsch: Ermahnung wegen politischer Tätigkeit
Karlsruhe, 2. Dezember 1931; LKA PA 4095 – korr. Konzept

„Als Sie im Sommer d.J. von dem 'Evang. Volksdienst', in dem Sie eine führende Stellung eingenommen hatten, zur NSDAP übertraten und alsbald sich als Werberedner für diese Partei betätigten, hat Ihr Verhalten zu vielfacher Kritik Anlaß gegeben. Der Herr Prälat hat Ihnen in einer Unterredung Ende Juli 1930 auch unter Hinweis auf den Erlaß der Kirchenregierung über die politische Betätigung der Geistlichen die großen Schwierigkeiten, die Ihnen und Ihrem Amt aus Ihrer Tätigkeit als politischer Redner erwachsen müssen, vorgelegt und dabei an Sie die Bitte gerichtet, das weitere Auftreten in politischen Versammlungen zu unterlassen oder doch mindestens einzuschränken. Sie versprachen, dieser Bitte nachzukommen. Sehr bald mußte ich aber wieder aus der Presse entnehmen, daß Sie erneut in Versammlungen der NSDAP gesprochen haben. Mit Erlaß vom 3.9.1931 Nr.15188 habe ich Sie ermahnt, Ihre Kräfte ganz Ihrem Pfarramt zuzuwenden, mußte aber leider feststellen, daß auch diese weitere Ermahnung fruchtlos geblieben ist. Aus dem in Ihrem Bericht vom 25. Nov. 1931 enthaltenen Verzeichnis der von Ihnen seit 1. Okt. 1931 abgehaltenen Versammlungen muß ich zu meinem schmerzlichen Bedauern ersehen, daß Sie im Oktober 15 Mal und im November 20 Mal außerhalb Ihrer Gemeinde geweilt und in politischen Versammlungen aufgetreten sind. Es mag sein, daß Sie unter Anspannung aller Kräfte und äußerster Ausnützung der Zeit es noch ermöglichen konnten, bei einer so vielgestaltigen auswärtigen Tätigkeit auch noch die eben notwendigen Amtshandlungen in Ihrer Gemeinde

vorzunehmen. Es ist aber unmöglich, daß Sie damit Ihr Pfarramt pflichtgemäß verwaltet haben, schon aus dem einfachen Grund, weil das ständige Herumreisen als Versammlungsredner Ihnen jede innere Sammlung, ohne die das geistliche Amt nicht ausgeübt werden kann, rauben muß. Daß dies auch tatsächlich geschehen ist, möchte ich z.B. daraus entnehmen, daß Sie es fertig brachten, sowohl am Samstag vor Buß- und Bettag im Ratskeller zu Achern wie am Buß- und Bettag selbst in Lichtenau in Werbeversammlungen für die NSDAP aufzutreten. Sie wissen sehr wohl, daß unsere Landeskirche seit Jahren um die Stille des Buß- und Bettages kämpft und Sie hätten sich unter keinen Umständen dazu bereit finden dürfen, sich an einem solchen Tag öffentlich in den politischen Kampf zu stellen. Aus dem erwähnten Verzeichnis der von Ihnen abgehaltenen Versammlungen ersehe ich weiter, daß Sie in all den Fällen, in denen Ihnen ein Urlaub nicht bewilligt wurde, jeweils noch nachts nach Hause zurückgekehrt sind und Sie sagen in Ihrem Bericht, daß Sie meist um zwei Uhr nachts erst zu Bette kommen. Auch diese Mitteilung hat mich mit ernster Sorge erfüllt. Denn, wenn es schon ganz ausgeschlossen ist, daß Sie bei der fortgesetzten auswärtigen Tätigkeit eine geistige und seelische Vertiefung finden können, so muß diese Tätigkeit auch Ihre körperliche Spannkraft derart herabmindern, daß es fraglich erscheinen mußte, daß Sie auch nach dieser Richtung hin Ihrem Amt gewachsen sind. Nachdem alle Ermahnungen und Bitten, sich unter Hintanstellung der politischen Tätigkeit ganz dem Ihnen übertragenen Pfarramt zu widmen, fruchtlos geblieben und auch die Anwendung der Urlaubsordnung bei der Art und Weise, wie Sie z.T. Ihre politische Tätigkeit betrieben haben, keinen vollen Erfolg bringen dürfte, sehe ich mich gezwungen, in Anwendung des § 127 Abs. 2 Ziff.13 KV, um Sie zur ordnungsmäßigen Versehung des Dienstes anzuhalten, Ihnen bis auf weiteres jedes Auftreten als Redner in politischen Versammlungen zu untersagen. Ich hoffe gerne, daß Sie die Gründe, die mich zu diesem Einschreiten bewegt haben, genügend würdigen und dem Verbot ohne Verzug nachkommen werden. Einem alsbaldigen entsprechenden Bericht sehe ich entgegen.
II. Nachricht... dem Evang. Dekanat Ladenburg-Weinheim
mit dem Ersuchen, einen Urlaub an Pfarrer Teutsch zwecks Teilnahme als Redner in politischen Versammlungen bis auf weiteres nicht zu gewähren."

16 Pfr. [H.] Teutsch an EOK: Rechtfertigung seiner politischen Tätigkeit
Leutershausen, 16. Dezember 1931; LKA PA 4095
„Auf obigen Erlaß darf ich folgendes erwidern:
Mein Wahlspruch ist das Wort aus dem Lieblingspsalm Luthers: 'Es ist gut auf den Herrn vertrauen und nicht sich verlassen auf Menschen; es

ist gut auf den Herrn vertrauen und nicht sich verlassen auf Fürsten.' Mit Wissen bitte ich nicht Menschen, für mich etwas zu tun. Ich habe in eigener Sache auch die Behörde noch nicht belästigen wollen. Wo ich beim Oberkirchenrat vorstellig wurde, geschah's für Andere. – Ich weiß schon seit geraumer Zeit, daß Novemberlinge 'christliche' und andere Novemberlinge, mich nicht nur in ihrer Presse, sondern auch bei der Behörde verleumdet haben. Ich glaube aber, die Behörde nicht aufklären zu müssen, weil ich überzeugt bin, daß sie Verleumdern das Ohr nicht leiht. Ich bin der Mann nicht, für den mich die Behörde hält. Weder braucht man mir auf die Finger zu sehen, noch 'hat der Löwe Blut gerochen'.

Ich war nicht im Kriege. Obwohl ich mich freiwillig zum Dienst mit der Waffe gemeldet, gab mich die Behörde nicht frei. Andere waren 4 1/2 Jahre an der Front – ich durfte daheim bleiben. Seit dem schmählichen Zusammenbruch habe ich nun den einen brennenden Wunsch, mit allen Kräften mitzuhelfen am Wiederaufbau. Dazu fühle ich mich gewissensmäßig verpflichtet. Ich kann nicht anders. Von der Gewissenspflicht, unter Einsatz der letzten Kraft Aufbauarbeit zu leisten, kann niemand, auch die Behörde nicht, entbinden. 'Vaterlandsliebe ist nicht ein behagliches Herdfeuer, sondern eine lodernde Flamme.' Dieses Wort des Freiherrn von Stein hat mich in der Tiefe der Seele gepackt und aufgerüttelt, als ich es zum erstenmal las. Seitdem werde ich es nicht los. Deshalb übernahm ich Pfingsten 1926 die Leitung der Evang. Volksvereine; deshalb ließ ich mich in den Landtag und Reichstag wählen. Aus keinem andern Grund.

Weil ich der felsenfesten Überzeugung bin, daß die wirksamste und fruchtbarste Aufbauarbeit im deutschen Volke die Reich-Gottes-Arbeit ist, treibe ich bewußt nur Reichgottesarbeit. Ohne die Hinkehr und Heimkehr zum heiligen, lebendigen Gott und zu dem, den Er uns als Retter und Heiland gesandt, Jesus Christus, gibt es für unser Volk keinen Aufstieg. Das immer wieder in den politischen Versammlungen zu betonen, werde ich nicht müde. Ich will meinem heißgeliebten deutschen Volke dienen mit der Lebenskraft des Christentums. Und ich will dem Nationalsozialismus das Wichtigste und Beste bringen: die erneuernde, heiligende Macht des Evangeliums. Weil ich weiß, daß die finstere, unheimliche Macht des Jesuitismus Tag und Nacht auf dem Plan ist, die gewaltig anwachsende Bewegung des Nationalsozialismus entweder sich dienstbar und gefügig zu machen oder sie zu vergiften, halte ich es für meine heilige Pflicht als evangelischer Christ und Pfarrer, zu mahnen und zu warnen vor Roms Macht und viel List. Daran darf mich auch hohe Behörde nie und nimmer hindern. Wehe, wenn wir den Nationalsozialismus sich selbst und Rom überlassen! Unter diesem Gesichtspunkt will meine politische Betätigung beurteilt sein.

Ich bin 55 Jahre alt und habe im April 1932 33 Dienstjahre. Mein Streben und Ringen geht nach Einheitlichkeit des Wesens. Ich will mich nicht für die Gottesdienste am Sonntag künstlich und mühsam zu einer gewissen geistlichen Höhe erheben und nach den Gottesdiensten in den Alltag hinabsinken. Nein, mein ganzes Leben, Werktag und Sonntag, soll ein vernünftiger Gottesdienst sein. Hohe Behörde macht mir zum Vorwurf, bei der intensiven politischen Betätigung könne von innerer Sammlung und gründlicher Vorbereitung überhaupt keine Rede mehr sein. Ich will unter der Kanzel genau so sein, wie auf der Kanzel und darum auf der Kanzel wie unter ihr. Ich will in politischen Versammlungen sein wie im Gottesdienst und darum im Gottesdienst wie in der Öffentlichkeit. Es bedarf keiner besonderen Vorbereitung, weil jede Stunde Vorbereitung sein muß. Noch nie habe ich mit größerer Freudigkeit gepredigt und den Pfarrdienst getan wie in den letzten Monaten, wo jede Stunde der Arbeit galt. Unser ganzes Leben soll Buße sein. Darum ist für mich der Samstag vor dem Bußtag auch Bußtag. Wer die Versammlung in Achern am Samstag vor dem Bußtag oder die in Lichtenau am Bußtag selbst besucht hat, weiß, daß ich zur Buße aufgerufen habe, wie es nach mir der Amtsbruder aus Scherzheim [Theodor Metzler] getan, bei dem die Behörde Erkundigungen einziehen kann. Die Versammlung hat von Anfang bis Schluß dem Bußtag Rechnung getragen. Die Begründung für das Redeverbot muß ich als irrig bezeichnen."

17 Pfr. Rössger an Pfr. Voges: Reaktion auf das Redeverbot für Pfr. [H.] Teutsch bei politischen Veranstaltungen
Ichenheim, 22. Dezember 1931; LKA GA 8093 Nr. 21

„Als novum: Teutsch hat vom Evang. Oberkirchenrat ein politisches Redeverbot erhalten: Das Schreiben des Präsidenten ist wohlwollend gehalten und hat seinen Grund in dienstlicher Vernachlässigung der Gemeinde Leutershausen, ohne daß freilich Einzelfälle geahndet worden wären. Die Teutsche Erwiderung, die ich auch zu Gesicht bekam, ist mehr 'gemüt'lich als widerlegend. Der Pfarrerbund ist angegangen worden, für seinen Führer Teutsch einzutreten. Ich schrieb aber Gärtner, daß vorerst bei der Gauleitung nichts geschehen solle, da vorerst nicht viel zu machen ist. Daß dies Verbot in dem Augenblick, da Eckert herausgehängt wurde, eine behördliche Verbeugung nach links ist, ist mehr wie offenkundig! Möglich, daß ich in Nr.3 nach Neujahr auf den Fall zu sprechen komme..."

18 Pfr. H. Teutsch an EOK: Bedauern über Redeverbot
Leutershausen, 4. Januar 1932; LKA PA 4095

„Obwohl ich Mühe habe, einigermaßen zu verstehen, welche Last der Verantwortung und Sorge in dieser verworrenen, wilden, radikal aus einanderstrebenden Zeit auf den Schultern hoher Behörde liegt und trotz des ernsten Bestrebens, meinerseits diese Last nicht zu vergrößern, kann ich beim besten Willen das mir diktierte Redeverbot für politische Versammlungen nicht als zu recht bestehend anerkennen, da die Begründung verfehlt ist. Ich bin jedoch willens, bis zur endgültigen Regelung der Angelegenheit das Redeverbot zu befolgen."

19 Aktenbemerkung: Vorladung Pfr. [H.] Teutsch beim EOK
Karlsruhe, 8. Juni 1932; LKA PA 4095

„Es erscheint Pfarrer Teutsch und erklärt:
Soweit ich mich erinnere, hat der Herr Präsident bei der Besprechung am 7.3. mir in Aussicht gestellt, daß ich nach Ostern wieder als Redner auftreten darf. Ich war daher der Meinung, daß ich nach Ostern wieder reden darf. Jedenfalls möchte ich bitten, das Verbot vom Dezember 1931 aufheben zu wollen. Ich werde künftighin meine Aufgabe darin erblicken, das Weltanschauliche und Religiöse des evangelischen Christentums im Nationalsozialismus herauszustellen und zu betonen. Sonst will ich politisch nicht auftreten."

20 KPräs. Wurth an Pfr. [H.] Teutsch: Aufhebung des Redeverbots
Karlsruhe, 10. Juni 1932; LKA PA 4095 – korr. Konzept

„Das gegen Sie mit Erlaß vom 2. Dezember 1931 Nr. 20458 ausgesprochene Verbot, in politischen Versammlungen als Redner aufzutreten, hebe ich hiermit auf, nachdem Sie erklärt haben, daß Sie künftighin im staatlich-politischen Leben Ihre Aufgabe darin erblicken, das Weltanschauliche und Religiöse des evangelischen Christentums im Nationalsozialismus herauszustellen, und ich deshalb annehmen darf, daß Sie sich von einem Auftreten in nur politischen Versammlungen fernhalten werden. Ich möchte Sie bitten, darauf bedacht zu sein, daß, wenn Sie sich für die genannte Aufgabe der NSDAP zur Verfügung stellen, dies nur in einem Ausmaß geschieht, das in keiner Weise den Dienst in Ihrer Gemeinde beeinträchtigt."

C Trennung der Evang. Nationalsozialisten von der Kirchlich Positiven Vereinigung

21 Pfr. Stupp: Überlegungen zur Reichspräsidentenwahl
Evang. KuVolksBl. Nr. 11, 13. März 1932, S. 86

„...Wem soll ich meine Stimme geben, Hindenburg, Hitler oder Düsterberg? So fragen heute viele und erwarten von der christlichen Presse eine Antwort. Eine Zeitung kann darauf eine eindeutige Antwort geben; ein Sonntagsblatt, das ein unpolitisches Blatt im Sinn der Parteipolitik ist, kann für keinen dieser drei Männer besonders eintreten und ihn den andern gegenüber hervorheben. Warum nicht? Weil sowohl in der Gefolgschaft Hitlers und Düsterbergs, als in der Gefolgschaft Hindenburgs solche stehen, die mit Ernst Christen sein wollen und ihre Entscheidung in ernster Verantwortung vor Gott gefällt haben und fällen. Unsere Gemeinschaft und unser Glaubensgrund muß so stark sein, daß er diese Spannung erträgt. Damit sind die Zuschriften der letzten Tage erledigt. Die einen gaben ihrer Enttäuschung Ausdruck, daß ich [*] nicht für Hindenburg eintrat, die andern drängten, daß ich mich für Hitler einsetze. Ich persönlich weiß, wen ich wählen werde, aber ich kann meine Entscheidung nicht zur Richtschnur für alle andern machen, wenigstens nicht in dieser Wahl. Geht es einmal um Christus und den Antichrist, dann ist die Frage eindeutig gestellt, dann kann es nur *eine* Antwort geben. Zwar schwingt diese Frage auch heute schon mit, aber sie ist noch nicht allen klar..."

22 B. [?]: „Evangelische, wehrt euch! Evangelische, seid auf der Hut!", Leserbrief

Evang. KuVolksBl. Nr. 12, 20. März 1932, S. 95

„So lauten die Überschriften von Aufsätzen, die in evangelischen Blättern erschienen sind.

Hierzu folgende Kundgebung: Große Dinge im Reiche sind nicht erst in letzter Zeit vorgegangen, sondern schon seit einer Reihe von Jahren. Wir leben schon längst im Zeichen der von dem inspirierten Zentrum gestützten Gegenreformation und deren Folgeerscheinungen, ohne daß von evangelischer Seite in kraftvoller Weise etwas dagegen unternommen worden wäre. Wenn die Evangelischen rechtzeitig ihre Pflicht erfüllt hätten, so wäre es nicht möglich gewesen, daß das Zentrum im Lande der Reformation alle Macht an sich gerissen hätte. Feige ist, wer Kämpfe und Leiden fürchtet. Der Gewissensmensch scheut sich nicht davor. Zum Kampfe gehört allerdings Einigkeit und Ausdauer, Erfordernisse, die in unserer Welt sehr spärlich in Erscheinung treten. Die deutschen Fürsten mußten nicht weichen, weil sie schlecht regiert, die Religion bekämpft oder zum Kriege gedrängt hätten, sondern weil sie lediglich ein Gegengewicht gegen ultramontane und marxistische Herr-

---

[*] Von März 1930 bis zur Verfügung der Reichspressekammer vom 12. Juli 1935, die die Behandlung politischer Fragen in der „kirchlich-konfessionellen Presse" verbot, schrieb Pfarrer Karl Stupp/Mühlbach (seit 1933 in Bretten) Woche für Woche eine Kolumne 'Aus Welt und Kirche' im Evang. Kirchen- und Volksblatt.

schaftsgelüste waren. 'Wir werden uns einschmeicheln wie die Lämmer; zur Macht gelangt, werden wir herrschen wie die Wölfe, und wenn wir verfolgt werden, so werden wir uns aufschwingen wie die Adler.' Das ist weder die Losung evangelischer noch deutschgesinnter katholischer Christen. Wie sich Feuer und Wasser scheiden, so scheiden sich evangelisches Christentum und Zentrum. Da gibt es keine Kompromisse. Evangelisches Christentum verlangt Liebe zur Wahrheit, Ordnung, zum Recht und zur Treue. Wir spüren aber allerorts nur Mächte, die mit der 'Maske' der Religion überall ihren eigenen Vorteil suchen. 'An ihren Früchten sollt ihr sie erkennen.' Ist es nötig, die heranreifenden Früchte zu schildern? Wir sehen sie täglich vor Augen. Ein von diesen Mächten zur Untreue gegen die Obrigkeiten erzogenes Volk hält niemand die Treue, auch seinen 'Lehrern' nicht. Denken wir an Spanien. Was der Mensch säet, das wird er ernten. Und da tritt der evangelische Volksdienst in Erscheinung, will evangelische Belange vertreten im Bunde mit den Gegnern des Protestantismus und merkt es nicht, daß er nur dazu auserkoren ist, deren Macht zu stärken. Offensichtlich halten es doch die Gegner des Protestantismus mit denjenigen Mächten, denen Religion 'Privatsache' ist. 'Sage mir, mit wem du gehst, und ich will dir sagen, wer du bist.' Die Religion dieser Mächte besteht in der Hauptsache in Menschenverherrlichung, Herrschsucht und Materialismus. Durch vornehme Rücksichten, gütiges Zureden und edle Vorbilder werden derartige Mächte nicht überwunden. Sie weichen nur hartem Druck. Wenn das evangelische Volk nicht dazu fähig ist, den nötigen Druck auszuüben, so ist keine Aussicht auf Erlösung von den niederziehenden Mächten vorhanden. Ein schlimmes Ende ist alsdann nur noch eine Frage der Zeit. Ein sich einkapselndes Kirchentum ist nicht imstande, die Erlösung herbeizuführen. Deutsches Kirchentum darf sich nicht dazu berufen fühlen, als Hüter und Förderer des jetzt herrschenden Pharisäertums und faulen Friedens aufzutreten. Das Wesen dieses Friedens ist lediglich ein zum Verfall drängender geistiger Fäulnisvorgang, von dem nur selbstsüchtige Machthaber Vorteil haben, die das Allgemeinwohl mit Füßen treten. Solche, die um jeden Preis den Frieden lieben, werden solchen Machthabern zum Spott. Wer nicht Kämpfer sein will, wird Beute. Kampf um edler Zwecke willen ist Edeltat. Vor Jahren schrieb ein Zentrumsmann unter anderem: 'Wir haben jetzt die Macht und werden dafür sorgen, daß die protestantische Scheinkultur verschwindet und die wahre Kultur an deren Stelle tritt' usw. Trotz dieser Macht ist bis jetzt die angesagte 'wahre Kultur' noch nicht in Erscheinung getreten, vielmehr gewinnt es den Anschein, als ob in absehbarer Zeit jeder Schein einer Kultur zum Verschwinden gebracht werde. In dieser verworrenen Lage scheint man auch die 'protestantische Scheinkultur' nicht ungern zu sehen. Wollen die Evangelischen nicht endlich einmal wieder eine Mission erfüllen, damit nicht noch einmal unsere Welt unter dem Einfluß internationaler Mächte an den Rand des Abgrundes taumelt?

Will der evangelische Volksdienst um einiger Brocken willen, die ihm von dem herrschenden Zentrum aus seiner Futterkrippe gnädigst gewährt werden, noch fernerhin diesen Vorspann leisten und für die Wirrnisse mitverantwortlich sein? Das ist doch der geheime Wunsch dieser Macht. Es wäre aber dann Zeit, daß der 'evangelische Volksdienst' einen anderen Namen annimmt, damit nicht noch mehr ehrliche Mitglieder der evangelischen Kirche dieser Nichtkämpferpartei Gefolgschaft leisten.

Auf zum Kampf mit geistigen Waffen!

Wir glaubten, dieser bedeutungsvollen evangelischen Stimme, die einem gepreßten Herzen Luft macht, den Raum in unserem Blatte nicht versagen zu dürfen, zumal sie mit Nachdruck auf eine bedenkliche Siegfriedsblöße im evangelischen Volksteil hinweist, dürfen aber auch auf der anderen Seite nicht verkennen, daß einzelne Vertreter des Evangelischen Volksdienstes bei verschiedenen Gelegenheiten kraftvoll und mutig für evangelisch-christliche Grundsätze eingetreten sind (vgl. Fastnachtsverbot, Protest gegen Zurücksetzung evangelischer Beamten im Staats- und Schuldienst durch Abg. Berggötz, Konkordatsforderungen). Der Name 'Evangelischer Volksdienst' freilich sollte nach allem, was man sonst über die Taktik dieser Bewegung hört, unter allen Umständen geändert werden. In Norddeutschland hat sie sich den Namen 'Christlich-sozialer Volksdienst' beigelegt.

Die Schriftleitung"

23 August K. [Kommunalpolitiker] an EOK: Beschwerde gegen den Leserbrief in Dok. 22
Nassig, 28. März 1932; LKA GA 3574

„Nachdem im evang. 'Kirchen- und Volksblatt' des evang. Schriftenvereins in Nr. 12 vom 20.ds.Mts. ein solcher Hetzartikel mit der Überschrift 'Evangelische wehrt euch' gestanden, so möchte ich bitten, dahin zu wirken, daß dort in die Schriftleitung, auch für 'Welt und Zeit', wieder Personen hinkommen, die mit wirklich 'geistigem und geistlichem' Denken befähigt sind. Wir sind schon seit 40 Jahren ununterbrochen Leser dieses Blattes und mußten schon längst feststellen, daß seit dem letzten Wechsel in der Schriftleitung Männer hingekommen, die von suggeriertem Parteigeist befallen sind und denen jedes selbständige 'geistliche' Denken abhanden gekommen ist.

Ich schlage vor, als befähigten Mann, für die Leitung dieses Blattes Herrn Pfarrer Fuchs, Grötzingen.
Als so langjähriger Leser erlaube ich mir ein solches Urteil über die Leitung eines 'kirchlichen' Blattes, das doch neutral sein soll...
N.B. Die hiesigen Nationalsozialisten haben in ihrem am Rathaus angebrachten Zeitungskasten diesen Artikel als Wahlagitation ausgehängt, was natürlich Ärgernis erregt."

24 EOK an August K.: Zurückweisung der Beschwerde in Dok. 23
Karlsruhe, 6. April 1932; LKA GA 3574

„Ich muß Ihnen anheimgeben, sich mit Ihrer Beschwerde über das 'Kirchen- und Volksblatt' direkt an die Schriftleitung desselben zu wenden, da mir gegenüber diesem Blatt keinerlei Aufsichtsrecht zusteht, und ich nicht in der Lage bin, auf die Ernennung des Schriftleiters irgendeinen amtlichen Einfluß auszuüben."

25 Pfr. Gorenflo: 'Evang. Nationalsozialisten' — Eine neue kirchenpolitische Gruppe?
MtsBl. Nr. 4, 3. April 1932, S. 15f

„In den letzten Monaten hat die Nationalsozialistische Deutsche Arbeiterpartei in mehreren deutschen Landeskirchen sich auch kirchenpolitisch betätigt. Zu Kirchenwahlen wurden eigene Listen aufgestellt. Damit haben evangelische Nationalsozialisten sich zu kirchenpolitischen Gruppen zusammengeschlossen, um in ihrem Sinn auf die Leitung der betreffenden Landeskirchen Einfluß auszuüben. Das ist eine Tatsache, mit der wir uns auseinandersetzen müsscn. Es gilt, die Frage, die damit brennend geworden ist, grundsätzlich zu durchdenken. Es fragt sich, ob wir aus einem Zusammenschluß evangelischer Nationalsozialisten zu kirchenpolitischer Betätigung einen Segen für unsere evangelische Kirche zu erwarten haben oder ob es für unsere Kirche in ihrem durch Gottes Wort vorgezeichneten Daseinszweck heilsamer wäre, wenn die Evangelischen unter den Nationalsozialisten, von der Bildung einer eigenen Kirchengruppe absehend, ihre Liebe zur Kirche im Rahmen der sonstigen vorhandenen Möglichkeiten betätigten.
Darüber kann man jetzt noch nichts sagen, könnte jemand einwenden, man muß zunächst abwarten, was für Männer auf dem Wege einer nationalsozialistischen Kirchengruppe sich zum Tragen der Verantwortung für unsere Kirche und Gemeinde zur Verfügung stellen und was für Ziele sie verfolgen werden. Man hüte sich vor der leidigen theologischen Konsequenzmacherei und freue sich, wo nur immer ein starker Wille zur Kirche sich zeigt!

Der Nationalsozialismus ist eine interkonfessionelle politische Bewegung, die ringt um eine Erneuerung unseres Volkes und Staates aufgrund der Persönlichkeit und des Programms Adolf Hitlers. Also interkonfessionell! Unser Hauptbedenken richtet sich gegen die Hoffnung, daß für unsere Kirche Heil zu erwarten sei von einer Seite her, deren Ausgangspunkt außerhalb unserer Kirche liegt. Für unsere Kirche kann Segen jedoch nur kommen von dem Herrn der Kirche her. Reformation, neues Leben gabs in der Kirche bisher immer nur da, wo 'der heilige Geist' Menschenkinder 'durch das Evangelium berufen, mit seinen Gaben erleuchtet, im rechten Glauben geheiligt und erhalten' hat – wie Luther sagt. Die Bildung nationalsozialistischer Kirchengruppen ist aber nicht durch das Evangelium angeregt worden, sondern ihre Wurzeln sind in einen ganz andersartigen Grund und Boden eingesenkt. Kirche und Nationalsozialismus liegen auf zwei ganz verschiedenen Ebenen, genau so wie das Reich Gottes und etwa – das Dritte Reich. Eine nationalsozialistische Kirchenpartei wäre ein kirchenartfremdes Gewächs. Jene beiden Ebenen haben nur *eine* Schnittlinie; das sind die Menschen, die evangelisch und zugleich nationalsozialistisch sind. Daß man in religiöser Hinsicht evangelisch und in politischer nationalsozialistisch eingestellt sein kann, ist Tatsache, die auch der politische Gegner des Nationalsozialimus zugeben muß; denn auch wenn er in dieser Verbindung eine Gefahr sieht, wird er doch nicht soweit gehen, deswegen das Bruderband zu zerschneiden, das ihn und einen evangelischen Nationalsozialisten verbindet. Allerdings in *einem* Punkt wird der nationalsozialistische Bruder stets bereit sein müssen, auf die Bedenken einzugehen und auf eine gewisse Gefahr sich aufmerksam machen zu lassen (die übrigens jede ernstlich geübte politische Betätigung mit sich bringt) – das ist der Vorrang des politischen über dem Glaubens-leben und die Vermengung beider Lebensgebiete. Unser evangelischer Glaube ist Welt-Anschauung; aber wie, wenn nun auch der Nationalsozialismus nicht mehr nur politische Überzeugung eines Menschen ist, sondern ihm zur Weltanschauung wird? Dann liegt der Zwang zur Entscheidung vor: entweder ich sehe Glaube und Kirche im Lichte nationalsozialistischer Weltanschauung und ordne dieser im praktischen Handeln jene unter oder aber ich ordne meine politische Überzeugung meiner biblisch-evangelischen Weltanschauung unter und gebe meinem Glauben den unbedingten Vorrang. Ein Ausweichen vor diesem Entweder – Oder ist nicht möglich; denn es ist ein und derselbe Mensch, der zum Glauben und zum politischen Handeln und Entscheiden berufen ist. Eine nationalsozialistische Kirchenpartei nun könnte nur von solchen Evangelischen befürwortet werden, bei denen das politische Denken und Wollen die treibende Kraft geworden ist, durch welche der unbedingte Wille zur unbedingten Unterordnung unter den absoluten Herrn der Kirche ver-

drängt wurde. Aber nur solche kirchenpolitische Arbeit, zu der die Anregung von Ihm her gekommen ist, kann für unsere Kirche ein Segen sein. Wenn irgendwo, dann muß hier das bedingungslos übergeordnete Prinzip das religiöse sein. Der Gedanke einer nationalsozialistischen Kirchengruppe erweist sich, wenn man ihn nach der grundsätzlichen Seite durchprüft, als eine Anerkennung der Lebensgrundlage und des Berufes der Kirche; eine Festlegung, mit der natürlich kein Urteil gesprochen ist über die guten Absichten solcher evangelischer Nationalsozialisten, die erwägen, ob sie den Versuch machen sollen, jenen Gedanken zu verwirklichen. Wir bitten diese Brüder jedenfalls, die Erwägung der grundsätzlichen Seite des Problems nicht zu versäumen.
Übrigens sind auch die praktischen Folgerungen, die sich ergeben würden, bedenklich. Man denke nur an Kirchenwahlen! Ist der Parlamentarismus schon an sich kirchenartfremder Natur, so käme nun noch hinzu, daß der Parteiapparat einer interkonfessionellen politischen Bewegung eingesetzt würde, um einer evangelischen Kirchengruppe zur Macht zu verhelfen – ein Schauspiel, das wir bei den 'Religiösen Sozialisten' zur Genüge genossen haben und das jeder einsichtige Liebhaber der Kirche ihr ersparen möchte. Und wer gibt eine Gewähr dafür, daß der Dienst, den eine weltlich-politische Partei einer Kirchengruppe erweist, ohne Gegenleistung geschehen wird, das ist ohne Zugeständnisse in der Aufstellung des Programms und der zu wählenden Persönlichkeiten? Es ist klar, daß sich das so gut wie nicht vermeiden ließe und damit eine Vermengung von politischer und kirchlicher Partei, eine Mischehe zwischen politischem und kirchlichem Wollen, zustandekäme, bei der die Kirche unter allen Umständen der leidtragende Teil sein muß.
Diese grundsätzlichen und praktischen Bedenken nehmen an Gewicht und Zahl zu, je gewissenhafter man die Frage durchdenkt auf Grund dessen, was wir aus der Bibel ersehen können über das Wesen und den Daseinszweck einer christlichen Kirche. Solch gewissenhaftes Durchdenken der Frage, das beseelt ist von dem rücksichtslosen, zu keinem Kompromiß sich hergebenden Willen, ganz allein dem Herrn der Kirche die Ehre zu geben – das wird mit Notwendigkeit verhindern, daß die zur Losung 'für Bibel und Bekenntnis' haltenden Glieder unserer evangelischen Landeskirche aufhören, in kirchenpolitischer Hinsicht vereint zu marschieren."

26 N.N.: „Rednermaterial für die Vereinigung für positives Christentum und deutsches Volkstum"
o.O., o.D.; LKA GA 8093 Nr. 2 – korr. Ms.

„Wie es zur Gründung einer eigenen Kirchenpartei kam.
a) Es ist einwandfrei nachgewiesen, daß zunächst das kirchliche Ziel der NS-Pfarrergruppe dieses war: Verschiebung der Wahl um ein bis

drei Jahre, um die Kirche in einer politisch erregten Zeit (Reichspräsidenten- und Preußenwahl, Hungerwinter 1931/32 usw.) nicht noch mehr politisch zu belasten als schon bisher (vgl. zweite Folge Pfarrerbundsblätter November 1931). Die Gründung einer Evang. Pfarrersgruppe im Juli 1931 erfolgte nicht aus machtpolitischen Gründen, sondern lediglich aus ideellen Gründen (Klärung der nationalsozialistischen Weltanschauung nach der religiösen Seite hin).

b) Als zu Anfang dieses Jahres die Frage, ob man wählen soll oder nicht, akut wurde und man innerhalb der Positiven und Liberalen Vereinigung sich für eine Wahl entschied (aus formaljuristischen und machtpolitischen Gründen heraus), da schien es dem nationalsozialistischen Pfarrerbund immer noch das Beste, innerhalb dieser beiden alten Kirchengruppen die nationalsozialistischen Belange wahrzunehmen. Nach dieser Richtung hin wurde gearbeitet.

c) Langsam jedoch verschob sich die Situation als D. [Hermann] Greiner, Ichenheim, der Schriftleiter der [Kirchlich] Pos[itiven] Blätter, mit Nadelstichen gegen die NSDAP vorging, und aus den noch versteckten Angriffen eine offene, scharfe Attacke wurde (Kirchendämmerung? - und Streit um [Günther] Dehn). Auf der Landestagung der Positiven (Mittwoch nach Ostern) wurde das Versprechen gegeben, die NSDAP in Schrift und Wort anzuhören. Am 12. April [1932] folgte eine Besprechung mit dem Landesvorstand der Positiven Vereinigung, die ergebnislos verlief, weil zunächst die drei Punkte des Pfarrerbundes: 1. Beseitigung Greiners, 2. Stellung von nationalsozialistischen Kandidaten in aussichtsreiche Stellen, 3. Zurückdämmung des zentrumähnlichen Volksdienstgeistes innerhalb der Positiven Vereinigung abgelehnt wurde. In einer weiteren Vorstandsbesprechung, an der Pg. [Paul] Rössger teilnahm, wurde die Angelegenheit wiederum auf die lange Bank geschoben, anscheinend in der Hoffnung, das nationalsozialistische Bestreben schachmatt zu setzen. Trotzdem bestand innerhalb des Pfarrerbundes noch das ernste Wollen, zu einer Einigung zu kommen. Mancherlei Aussprache mit LKR Bender und manche Briefe an ihn erzielten keine Klärung. Die Lage wurde gänzlich verworren, als Lic.D.Greiner die nationalsozialistische Erwiderung (durch Prof. [Heinrich] Brauß, Mannheim) nicht brachte, sondern sie lediglich kommentierte in der von ihm gewohnten gehässigen Art. Das war die Absage der Alten an das kommende Deutschland auch innerhalb der Kirche.

Nun galt es zu handeln! Der 12. Mai 1932 sah die Gründung einer eigenen kirchenpolitischen nationalsozialistischen Gruppe.

Wer trägt die Politik in die Kirche?

Nach Obengesagtem liegt die Schuld nicht bei der NSDAP. Politik ist lediglich und allein durch die alten Kirchengruppen in die Kirche hineingetragen worden, und zwar schon vor dem Krieg (Positiv gleich konservativ; liberal gleich rational[istisch]). In verschärftem Maße nach dem Kriege durch die Schaffung einer unseligen kirchenfremden parlamentarisch-demokratischen Verfassung.

Warum dennoch eine eigene Partei?
Weil die Einsicht in die kirchenpolitische Lage es gebietet, daß nur mit den jugendstarken Kräften der deutschen Freiheitsbewegung dem teuflischen Kirchenparlamentarismus der Garaus gemacht werden kann.

Was will unsere Vereinigung in der Kirche für die Kirche?
(Positives Christentum)

1.) NSDAP und Kirche im allgemeinen:
Der Nationalsozialismus ist nicht kirchenfeindlich (das Schlagwort der Religiösen Sozialisten: in der Kirche, für die Kirche, gegen die Kirche, kennt er nicht). Er ist, selbst wenn er kirchenfremd in seinem Leben geworden, doch für die Erhaltung der Kirchen, weil er gerade im politischen Kampf gegen die volkszersetzenden Mächte (Marxismus, Bolschewismus, Liberalismus und Jesuitismus) die volkserhaltende Kraft des Evangelium kennengelernt hat. (Hitler, 'Mein Kampf', § 24 des nationalsozialistischen Programms). Der Nationalsozialismus weiß es, daß das 'tiefste Thema der Weltgeschichte... bleibt der Konflikt des Unglaubens und des Glaubens'. (Goethe). Deshalb ist er *für* die Kirche als der Zeugin des Glaubens, nie gegen sie.

2.) Was ist dem evangelischen Nationalsozialismus die Kirche?
1. Es ist die von Gott durch den Heiligen Geist (Pfingsten) gegründete, durch das Wort (Heilige Schrift) lebendig bleibende institutio, deren Grund heißt: Jesus Christus. 'Darum stehe die Kirche auf demjenigen, in welchem ist ein recht Erkenntnis Christi, eine rechte Konfession und Bekenntnis des Glaubens und der Wahrheit.' (Ap[ologie] der C[onfessio] A[ugustana], Art.4). 'Es ist die lebendige Gemeinschaft, durch welche Christus allezeit die Menschheit aufnimmt in die Versöhnung und erhält in der Gnade.' Diese innere Gemeinschaft des Glaubens ist daher überzeitlich und überstaatlich (nicht international), sie ist monarchisch, weil nur Christus der Herr ist (Führerprinzip: Nur er ist der Meister!), nicht demokratisch. Hier liegt auch die Abgrenzung gegen die katholische Kirche, die in ihrer menschlichen Hierarchie (Papsttum), also in einer politisch-internationalen Bindung, die Gleichsetzung mit dem Reich Gottes vollzieht. 'Die unsichtbare Kirche kann nie höher stehen als die sichtbare!'

Ist aber nur Christus der Herr in der Kirche, so bedarf sie auch des Bekenntnisses zu ihm. Wir halten darum fest an der Heiligen Schrift Alten und Neuen Testaments, als der einzigen Verkündigung des Heiligen Gottes Willens, am Glaubensbekenntnis und an den Bekenntnisschriften der Väter (§ 2 KV) als der Norm der evangelischen Kirche. Ein Verlassen dieses Fundaments bedeutet Zerstörung der Kirchengemeinschaft, Atomisierung der Kirche, Gefahr der Sektenbildung.
2. Die innere Gemeinschaft des Glaubens muß sich aber in der Welt darstellen als äußere Gesellschaft, in der sowohl noch Ungebesserte als die Wiedergeborenen mit ihr noch anhangenden Schwachheit sind. Die Kirche tritt sichtbar nur in Erscheinung als Volkskirche Ecclesia visibilis est societas externa piorum et impiorum, qui Christo nomine dederunt (davon später).

Was hat die Kirche zu verkünden?
Da der einzige Grund der Kirche Jesus Christus ist, so beruht ihre Verkündigung allein auf ihm als dem Gottessohn. 'Wahrer Mensch und wahrer Gott!' Dieser Glaube schafft die Abgrenzung gegen liberalistische Entleerung, sozialistische Verdrehung und 'deutsch-kirchliche' Entstellung.
Dieser Glaube schafft die Einheit der Kirche, schafft auch die deutsch-evangelische Reichskirche, die zu erstreben ist. Er erfordert demgemäß eine straffe Lehrzucht. Das Evangelium darf bei der Verkündigung nicht zum Ausgangspunkt oder gar als Sprungbrett für irgendeine Privattheologie benutzt werden. Das Evangelium ist, bei aller Wahrung des Rechts der freien Schriftforschung, evangeliumsgemäß zu predigen.
'Wo das Wort bleibt, da bleibt auch die Kirche.' Evangelischer Glaube weiß sich mit der Kirche verwachsen.
Diese Voraussetzung erfordert das unbedingte Recht und die Pflicht der theologischen Lehrstuhlbesetzung allein durch die Kirche, Heranziehung eines religiös gegründeten, wohl durchgebildeten und gut kirchlich erzogenen Theologenstandes. 'Kirche und Glaube gehören zuhauf'. (Luther).

3.) Wie hat sich die Kirche zu gestalten?
Kirche ist nicht Staat. Es ist darum ein Unding, daß unsere Landeskirche nach der Revolution 1918 sich ihre Ausdrucksform schuf in engster Anlehnung an den parlamentarisch regierten Staat. Kirche ist Gemeinschaft und Anstalt zugleich, d.h. in ihr muß Charisma und Organisation gleichzeitig sein. Beides muß sich ergänzen und findet seine beste Lösung in der urchristlichen Darstellung: Bischof, Presbyter, Diakon und Gemeinde. Wie der Einzelgemeinde der Pfarrer vorsteht, so der

Landeskirche der Bischof. Es ist eine Unmöglichkeit, daß einer Kirche ein Parlamentspräsident vorgesetzt ist, der abhängig von irgendwelchen parteipolitischen Zufälligkeiten [ist]. Das zerstört jeglichen Gemeinschaftsgedanken. Ebenso hat das Kirchenparlament mit politischen Vorzeichen aufzuhören. Die Auswahl für eine Kirchenvertretung darf nicht nach den Praktiken eines demokratischen Staates geschehen, sondern muß in Wirklichkeit eine Auswahl, eine Auslese, sein. Darum Änderung des bestehenden Wahlrechts. (Es muß hier ein Wort gesagt werden über die Entstehung unserer jetzigen Kirchenverfassung.) Die Kanzeln sind dem Zugriff politischer Machtgelüste (Maifeier) gänzlich zu entziehen. Die Geistlichen haben sich in ihrem Seelsorgebezirk der Politik zu enthalten. Seelsorge, Wortverkündigung und Sakramentsverwaltung ist ihr vornehmster Beruf. Daß sie sich um die Geschehnisse innerhalb des deutschen Volkes kümmern, ist selbstverständlich.

Wie steht der Nationalsozialismus zur Pfarrerwahl?
Es ist in der jetzt bestehenden Form ein Hineinzerren des geistlichen Standes auf das parteipolitische Niveau, die Gefahr einer politischen Simonie. Darum fordert er die Änderung der Pfarrerwahl und Erennung und Bestätigung des Geistlichen nach Anhören der Gemeindewünsche durch den Landesbischof. (Württemberg).
[Die letzten sechs Zeilen sind später durchgestrichen worden.]

Einzelfragen

Nationalsozialismus und Altes Testament:
Ohne Zweifel ein schwieriges Kapitel. Es muß aber in Sprechabenden die Einsicht erreicht werden, daß das NT ohne das AT unverständlich bleibt. Gott redet in der Geschichte und erwählt sich hierzu ein Volk. Auf Gottes Offenbarung zu hören, waren im Altertum nur die Juden bereit. Daß sie sich dieser Gnade schließlich entzogen, ist ihre Sünde, die sie bis heute belastet. Von einer gesunden Ablehnung des jüdischen Geistes muß scharf getrennt bleiben die Anerkennung des AT, von der Luther in der Vorrede zu den Psalmen schreibt: 'Ja, du wirst auch dich selbst drinnen finden und das rechte γνῶθι σεαυτόν (d.i. erkenne dich selbst), dazu Gott selbst und alle Kreaturen.'
Luther sah auch im AT Gesetz und Evangelium (wie im NT); und die Aufhebung des Gesetzes für den Christen machte ihn nicht blind für die Tatsache, daß der 'alte Mensch' immer unter dem Gesetz bleibt, und daß der 'neue Mensch' gerade auch hierin die Freiheit der Liebe bestätigt.

Nationalsozialismus und Äußere Mission:
Aus dem Gesagten über die Kirche geht hervor, daß der Missionsbefehl Christi erfüllt werden muß. Gerade die Äußere Mission lehrt die Unterschiede der Rassen und Völker erkennen. Solange die Kirche Christi Kraft in sich hat, wird sie Mission treiben müssen. Äußere Mission ist der Prüfstein, ob noch Glaube vorhanden.

Nationalsozialismus, Gottlosenbewegung und Tannenbergbund:
Bei beiden ist das Ziel die Niederkämpfung und Ausrottung des christlichen Glaubens. Bei beiden geht es im Grunde nicht um einzelne Fragen der Wahrheit oder des Lebens, sondern um den Kern des christlichen Gottesglaubens.
a) Die Gottlosenbewegung kennt als höchstes nur die Klasse des Weltproletariats, der alles zu dienen hat. Sie bekämpft das Christentum und jeden Gottesglauben, weil sie in ihm das stärkste Hindernis für den Götzendienst sieht, den sie mit ihrer Klasse treibt.
b) Die deutschvölkische Bewegung des Tannenbergbundes kennt als höchstes nur die Rasse. Alle ihre Einzelforderungen sind aus diesem einen Glauben abgeleitet. Sie bekämpft das Christentum, weil sie in ihm das stärkste Hindernis sieht für einen solchen 'deutschen Gottesglauben', der sich nur nach den Forderungen der Rasse zu richten hat. In ihrem Haß gegen Christentum und Kirche finden sich beide zusammen. Bei beiden richtet sich der eigentliche Angriff gegen das erste Gebot: 'Ich bin der Herr, dein Gott'. Ihr eigentliches Ziel ist, den Glauben an Christus, den Herrn, zu verlieren, zu verdrängen und an seine Stelle den Glauben an die Klasse oder an die Rasse zu setzen.

Was will unsere Vereinigung in der Kirche für das Volk (deutsches Volkstum)?

Kirche und Volk:
Hier steht obenan das Wort: 'Gemeinnutz geht vor Eigennutz!' 'Kirche ist nicht bloß die zufällige lokale kultische Vereinigung, sondern eine vom Gottesgeist zu sittlichem Tun angetriebene Gemeinschaft von Menschen. Kirche ist das Volk Gottes, das nicht nur im *Kultus* zu Gott aufsieht, sondern auch dann, wenn es sich in der Welt umsieht. Man kann diesen erweiterten Begriff von Kirche schon aus ihrer Bezeichnung als communio sanctorum herauslesen. Die sancti, die in einer Gemeinschaft zusammengeschlossen sind, sind nach evangelischer Auffassung die fideles, die Gläubigen. Gläubig schließt aber nach Luther den Gedanken der sittlichen Persönlichkeit ein... die verborgene Glaubens-

gemeinschaft der communio sanctorum wirkt sich in sichtbarer Liebesgemeinschaft aus. Die Kirche redet also nicht bloß um die Welt herum, sondern will versuchen, sie umzugestalten. Wo Kirche ist, da ist das Streben vorhanden, Einfluß auf irdische Verhältnisse zu gewinnen.' – Es ist selbstverständlich, daß diese Umgestaltung in der unserer Landeskirche nächsten Umwelt einsetzt, an unserem Volk. Das ist göttliche Satzung. Zu den kulturellen und politischen Fragen unserer Zeit hat die Kirche ein Wort zu sagen.

Kirche und Staat:
Hierzu ist geradezu klassisch, was Luther über die 'Grenzen der weltlichen Obrigkeit' schreibt in dem zweiten Teil seiner Schrift 'Von weltlicher Obrigkeit'.

Nächstendienst am eigenen Volk:
Das Christentum soll tief hineingreifen in Familie, Schule, Wirtschaft, Kunst und Politik. Es muß gefragt werden: 'Was hat das Ewige dieser meiner Zeit und diesem an meinem Volk zu sagen?'

Es muß bekämpft werden:
a) Die Auswüchse des Sexuallebens durch ehrwürdige Kinderzucht
b) die Sonntagsentheiligung
c) die Zinsknechtschaft und die Auswüchse des Kapitalismus
d) der Marxismus (was bisher noch nie geschah!)
e) die Gewissensknebelung durch das System
f) die staatlich-humanitäre Wohlfahrt, die zum größten Teil nichts als Schmutzkonkurrenz der christlichen Wohlfahrt ist
g) der Kulturbolschewismus in Wort, Bild und Schrift
h) der unchristliche Pazifismus
i) die Herabwürdigung der Frau (§ 218)
k) die sinnlose Arbeitslosigkeit

Es muß gefordert werden:
a) Kirche ist und bleibt oberste Erzieherin (der völkische Staat wird zwar die Leitung des Schulwesens in seiner Hand behalten müssen, aber er weiß, daß er nur wachsen kann allein durch Christus)
b) Schaffung eines Konkordats, in dem die evangelischen Interessen nicht hinter die der katholischen Kirche zurückgestellt werden
c) Erstrebung einer einigen evangelischen deutschen Volkskirche mit einheitlichen Dogmen, Ordnung und Kirchengesangbuch
d) Sauberkeit der Presse, die das Gewissen der Menschen zu schärfen und den Gang der Ereignisse auch im Zeichen der Ewigkeit zu beleuchten hat

e) Belebung des Sports, der vaterländischen Bünde und der Gesang- und Kunstvereine
f) Die Kirche hat nicht die Aufgabe, die Jugend durch tausenderlei Vereinsarbeit zu zerreißen, sondern sie hat überbündischen Dienst an ihr zu leisten
g) Alle Erziehungsarbeit ist aber überflüssig ohne christliche Erziehung des Elternhauses. Hier haben die nationalsozialistischen Eltern ihre größte Pflicht zu erkennen. Wenn sie der Kirche die Treue halten, sich von ihrem Geist erfüllen lassen, in Wort und Tat Christus bekennen, so wird ein Geschlecht heranreifen, das würdig ist der großen Idee Hitlers: Dem Dritten Reich."

27 N.N.: „Kundgebung der Kirchlich-positiven Vereinigung", 25. Mai 1932

KPBl. Nr. 11, 5. Juni 1932, S. 82

„Die auf den 25. Mai in Karlsruhe zusammengetretene Mitgliederversammlung der Positiven, die aus allen Teilen des Landes außerordentlich stark besucht war, hat im Blick auf die kommenden Kirchenwahlen folgender *Kundgebung* einmütig zugestimmt:
Die Kirchlich-Positiven bedauern die Aufstellung einer nationalsozialistischen, d.h. einer staatspolitisch gebundenen Liste. Sie sehen in ihr einen dem Wesen der Kirche grundsätzlich artfremden Einbruch der weltlichen Parteipolitik in die Kirche. Die Kirche ist evangelisch-christliche Glaubensgemeinschaft. Sie steht als solche auf einer anderen und höheren Ebene als die staatliche Politik und ihre Parteien. Die Kirchlich-Positiven sind deshalb *Gegner jeder Politisierung der Kirche* und haben den kirchlich richtigen und kirchlich unaufgebbaren *Grundsatz der Überparteilichkeit* von jeher vertreten und bei sich selbst durchgeführt. Sie haben deshalb auch den vom 'Religiösen Sozialismus' erstmals vollzogenen Einbruch weltlich-politischer Bindung in den kirchlichen Lebensbereich bedauert und den 'Marxismus' in der Kirche entschlossen bekämpft. Daß sie von den übrigen kirchlichen Gruppen dabei bisher im Stich gelassen wurden und gezwungen waren, diesen Kampf allein zu führen, haben sie ernstlich beklagt.
Die Kirchlich-Positiven gedenken, ihren Grundsatz der Überparteilichkeit gegenüber der staatlichen Politik auch künftig festzuhalten. Sie werden ihre Reihen *allen Kräften offen halten, die – unabhängig von staatspolitischen Bindungen und unbeschadet ihrer persönlichen politischen Überzeugung – in der Kirche, für die Volkskirche auf der Grundlage des biblisch-reformatorischen Bekenntnis*ses *wirken wollen.*
Die Kirchlich-Positiven werden auch fernerhin sich dafür einsetzen, daß die Landeskirche *'Kirche'* werde und bleibe, und daß sie nicht entarte in

einen *Zweckverband* für Befriedigung der verschiedensten religiösen Bedürfnisse oder in einen *Sprechsaal* willkürlicher religiöser Anschauungen. In dieser verworrenen Zeit geht es mehr denn je um die Festhaltung der geoffenbarten christlichen Wahrheit und um die Auswirkung des bewußt-evangelischen Bekenntnisses im öffentlichen Leben. Die Kirchlich-Positiven wollen eine auf der ewigen Grundlage festgefügte Kirche, – ganz gottgebunden und christusgläubig, weltoffen und tatbereit, aber nicht erniedrigt zur Dienerin irdischer und zeitgebundener Interessen oder staatspolitischer Programme über Gesellschaftsordnung, Wirtschaftssysteme oder dergleichen mehr. Sie erstreben die Heraushebung der Kirchenleitung aus dem kirchlichen „Parlamentarismus" und die Stärkung der Kirchenführung.

Die Kirchlich-Positiven halten die Front *gegen kirchlichen 'Liberalismus' und erheben, in ihrem Gewissen gebunden, warnend und mahnend ihre Stimme gegen jegliche Politisierung der Landeskirche.*

Wer ein Ohr hat für diese Stimme, der trete ein in die kirchlich-positive Front, *treu der alten Fahne des biblisch und reformatorisch verstandenen 'positiven Christentums'.*"

28 Pfr. Greiner/Frankfurt a.M.: „Kirchendämmerung?" – Zerstörung der Kirche(n) durch Politisierung

KPBl. Nr. 6, 20. März 1932, S. 42–45

„Nur noch ein paar Monate trennen uns von den Kirchenwahlen, und noch sehen wir nicht klar, wie diesmal die Fronten der kirchenpolitischen Gruppen verlaufen. Die Zeiten des Zweiparteiensystems sind schon lange vorüber. Von den vier Gruppen, die vor sechs Jahren Wahlvorschläge aufstellten, ist die Landeskirchliche Vereinigung freiwillig ausgeschieden. Die damit zunächst geschaffene größere Klarheit in der Gruppierung wich alsbald neuer Unklarheit durch das Rätsel, das die NSDAP der Kirche aufgab. Werden die Nationalsozialisten – ihre Pfarrergruppe in Baden zählt etwa 60 Mitglieder, von denen ungefähr 10% 'liberal' sind – mit eigenen Listen hervortreten? Das war die Frage, an der nun lange genug herumgeraten worden ist, und die selbst von 'führenden' Parteimitgliedern bald mit Ja, bald mit Nein – taktische Erwägungen begünstigten wohl das Spiel – beantwortet wurde. Die Vorgänge in Hessen-Nassau und Thüringen legten zwar die Vermutung nahe, daß die NSDAP auch in den anderen Landeskirchen sich als kirchenpolitische Gruppe auftun werde, und schließlich will man doch auch, was man politisch sät, kirchenpolitisch ernten, aber Sicheres war nicht zu erfahren. Nun scheint ein von dem 'Religiösen Sozialisten' (Nr.10 vom 6. März) veröffentlichtes Rundschreiben des Schlesischen Gaues der NSDAP die bis dahin vergeblich gesuchte Klarheit zu bringen.

Da diesem Schriftstück — seine Echtheit vorausgesetzt - in gewissem Sinne kirchengeschichtliche Bedeutung zukommt, sei es unter dem Vorbehalt der freilich wenig wahrscheinlichen Möglichkeit, daß der 'Religiöse Sozialist' einer Mystifikation zum Opfer gefallen ist, auch hier abgedruckt (Sperrungen und Auslassungen von mir):

Nationalsozialistische Breslau, im Februar 1932
Deutsche Arbeiterpartei Bischofstr. 13, Fernruf 32101
Gau Schlesien
Rundschreiben Nr. 4/32.

Kirchenpolitisches Rundschreiben Nr. 1

An alle Untergliederungen der NSDAP im Gau Schlesien.
Richtlinien für Kirchenfragen.

Im Jahre 1932 finden die *Kirchenwahlen* für die evangelische Landeskirche der altpreußischen Union statt. *Sie sind für das kommende Dritte Reich von größter Bedeutung.*
Die Reichsleitung hat Aufstellung von Wahlvorschlägen mit dem Kennwort 'Evangelische Nationalsozialisten' zugelassen. Die Wahlbewegung soll so vor sich gehen, daß sie von den besonderen Fachberatern für Kirchenfragen *Hand in Hand mit den ordentlichen Parteileitungen* durchgeführt wird.

1. Organisation

Jeder Bezirk, jede Ortsgruppe, jede Kirchengemeinde hat so schnell wie möglich einen *Fachberater für Kirchenfragen* der vorgesetzten Dienststelle zu melden. Die Bezirke geben eine Aufstellung darüber an den Gau.
Die Aufgabe dieser kirchlichen Fachberater erstreckt sich außer der *Wahlvorbereitung* auch auf die *Überwachung der kirchlichen Gemeindeblätter.* Angriffe auf die NSDAP sind zu melden.

2. Kirchenpolitik

Ein *Wahlflugblatt* wird vorbereitet. *Grundsätze* in aller Kürze: Wir 'Evangelischen Nationalsozialisten' bauen unsere Landeskirche aus auf dem Grunde eines positiven Christentums im Geiste Martin Luthers. Deshalb
1. Ablehnung des liberalen Geistes der jüdisch-marxistischen Aufklärung
2. Überwindung der aus jüdisch-marxistischem Geist geborenen Humanität mit ihren Auswirkungen wie Pazifismus, Internationale, christliches Weltbürgertum usw.
3. Betonung eines kämpferischen Glaubens im Dienste des von Gott gegebenen deutschen Volkstums

4. Reinigung und Erhaltung der Rasse als eine von Gott für alle Ewigkeit gegebene Pflicht
5. Kampf gegen religions- und volksfeindlichen Marxismus und seine christlich-sozialen Schleppenträger aller Schattierungen
6. Neuer Geist für unsere amtlichen und privaten Stellen der Kirchenleitung. Die Leitung hat enttäuscht
   a) durch Abschluß eines Kirchenvertrags mit schwarz-roter Preußenkoalition (politische Klausel)
   b) durch Besetzung sehr vieler zentraler Stellen mit Persönlichkeiten einer in völkischer Beziehung unzuverlässigen Haltung
   c) durch einen Erlaß des Oberkirchenrats, der den SA-Männern den geschlossenen Kirchgang mit ihren Ehrenzeichen erschwert bzw. unmöglich macht
   d) durch unverständliche Zurückhaltung, wo es Pflicht der Kirche gewesen wäre, Front zu machen gegen die Fesselung der Justiz, die Gewissensknebelung der Beamten, den Youngplan und den Paneuropagedanken
7. Wir kämpfen für eine Vereinigung der kleinen evangelischen Landeskirchen zu einer starken *evangelischen Reichskirche*. Diese hat bei aller Wahrung konfessionellen Friedens ihre Kräfte reformatorischen Glaubens zum Besten des Reiches zu entwickeln. *Vorwürfe, wir wollten die Kirche politisieren, sind abzulehnen.* Wir handeln nicht als Partei, sondern folgen nur als evangelische Christen einem Glaubensruf Gottes, den wir in unserer Volksbewegung hören. Als treue Glieder unserer Kirche haben wir einen berechtigten Anspruch darauf, im kirchlichen Leben und der kirchlichen Verwaltung der Größe und inneren Stärke des Nationalsozialismus entsprechend berücksichtigt zu werden.

Bücher und Schriften von Pgg.
(Hier folgen Angaben über drei Schriften, die das Problem 'Nationalsozialismus und Christentum' im Sinne der NSDAP behandeln; daß eine davon im Verlag des Ostdeutschen Jünglingsbundes erschienen ist, zeigt, wie weit die Politisierung auch des CVJM schon vorgedrungen ist.)

3. Durchführung

1. Zunächst sind also die Fachberater für Kirchenfragen zu ernennen. Die Ortsgruppenleiter stellen darauf mit deren Hilfe fest, welche Pgg. starken Anteil an Kirchenfragen nehmen, insbesondere machen sie die Pgg. namhaft, die schon Mitglieder eines kirchlichen Verwaltungskörpers sind (Gemeindevertretung, Gemeindekirchenrat, Parochialverband, Kreis-, Provinzial-, Generalsynode). Bei den

Mitgliedern der beiden höheren Synoden ist anzugeben, welcher kirchenpolitischen Gruppe sie angehören.
2. Pfarrer und Pastoren, welche Pg. sind, sind unmittelbar dem Gau schnellstens zu melden.
3. Die Beteiligung an den Kirchenwahlen ist für jeden Pg. Pflicht.
4. Voraussetzung der Wahlbeteiligung ist die Eintragung in die kirchlichen Wahllisten. Die kirchlichen Fachberater besorgen die für die Anmeldung zur Wählerliste vorgeschriebenen Vordrucke vom Pfarramt. Jeder Ortsgruppenleiter dringt darauf, daß alle Pgg., deren Angehörige und Gesinnungsfreunde diese ausfüllen. Die auszufüllenden Anmeldungen bleiben im Gewahrsam der Ortsgruppenleiter bis 6 Wochen vor dem Wahltag. *Es heißt hier unauffällig, selbständig und schnell arbeiten.*
5. *Einheitslisten sind nicht ratsam, nur dann anzunehmen, wenn Sicherheit vorhanden ist, daß zwei Drittel Nationalsozialisten* nachher in den kirchlichen Körperschaften sitzen.
6. Gute Aufklärung über den Wahlgang bildet die kleine Druckschrift von (Name eines bekannten nationalsozialistischen Pfarrers und Verlagsangabe) 'Der Kampf um die Kirche und die Kirchenverfassung'. Sonst werden auch die Pfarrer Auskunft geben, aber *Vorsicht vor Gegnern unter ihnen!*
7. In der Beilage 'Deutsche Kulturpolitik' des 'Schlesischen Beobachters' werden fortlaufend Aufsätze über kirchliche Fragen erscheinen, vgl. dazu: 'Schlesischer Beobachter' vom 23. Januar 1932, Kube, Kirchenwahlen 1932, ein grundlegender Aufsatz. *Heil Hitler!*

Dr. Seifert, Leiter der Kulturabteilung beim Gau Schlesien

Wenn ich von den heutzutage unvermeidlichen und darum immer schon einkalkulierten juvenilen Ungezogenheiten absehe, so haben die Freunde auf meine wiederholten Warnungen vor der drohenden Gefahr einer Politisierung der Kirche eigentlich nur mit ungläubigem oder mitleidigem Lächeln reagiert: laßt ihn seine Marotte spazieren führen und den Teufel an die Wand malen, das legt sich mit der Zeit! Aber nun scheint es doch anders zu gehen. Angesichts dieses 'kirchenpolitischen Rundschreibens' der NSDAP besteht vielleicht die Möglichkeit, daß ich doch früher und schärfer als mancher andere gehört habe, was die Uhr geschlagen hat. Es macht mir wahrhaftig diesmal keine Freude, wieder einmal recht gehabt zu haben. Ich gäbe viel darum, wenn ich ins Unrecht gesetzt worden wäre oder noch würde. Denn, wenn das erste stimmt, daß die Kirche politisiert wird, dann stimmt ja auch das zweite, daß sie dadurch ruiniert wird, daß wir in die Zeit der Kirchendämmerung eingetreten sind.
Wie an einem Schulbeispiel läßt sich an diesem nationalsozialistischen Rundschreiben zeigen, was viele noch nicht begriffen haben: worin

nämlich die Politisierung der Kirche besteht und was sie eigentlich bedeutet.

Das ist natürlich noch keine Politisierung der Kirche, wenn ein paar Pfarrer sich als parteipolitische Propagandisten betätigen. Könnten sie sich dabei einmal selbst sehen, würden sie es von selbst unterlassen. Sie machen wirklich keine gute Figur. Weil sie sich aber nur im Spiegel ihres engsten Anhangs zu schauen vermögen, darum müßte ihnen die Kirchenbehörde insgesamt und nicht erst, wenn der Skandal da ist, diese geschmack-, takt- und würdelose Nebenbeschäftigung, worüber immer und in jedem Fall das Amt vernachlässigt wird und worunter Predigt, Unterricht und Seelsorge stets empfindlich zu leiden haben, generell verbieten, umso mehr, als dadurch das Ansehen der Kirche und des Pfarramtes, vor allem auch die Ehre des Wortes Gottes ernstlichst geschädigt wird. Die Kirchenbehörde lasse sich nicht vormachen, daß die Reichsverfassung ihr das nicht gestatte. So gewiß sie es in Einzelfällen tun kann, so gewiß das Einzelverbot, unbeabsichtigt, aber tatsächlich, diffamierend wirkt, so gewiß muß sie um der Gerechtigkeit willen sich zum Allgemeinverbot aufraffen. Die Zeit kommt, wo sie gar nicht mehr anders kann. Viel Unheil wäre vermieden worden, wenn sie gleich getan hätte, wozu sie über kurz oder lang gezwungen sein wird.

Aber, wann wird oder ist die Kirche politisiert? Wenn sie, womit die Sozialdemokratie unter dem Decknamen der 'Religiösen Sozialisten' schon vor einem Jahrzehnt den Anfang gemacht hat, und worin ihr nun die NSDAP unter der Firma 'Evangelische Nationalsozialisten' folgt, von weltlich-politischen Parteien für deren parteipolitischen Zwecke und Ziele reklamiert und ihre Verkündigung sowohl wie ihre Organisation und Arbeit weltlich-politischen Losungen oder Programmen – meist sind es ja nur Schlagworte – dienstbar gemacht wird. Das geschieht selbstverständlich immer und in jedem Fall in der Form, daß von diesen Parteiparolen behauptet wird, sie entsprächen genau dem rechtverstandenen 'Evangelium' oder 'positiven Christentum' oder 'reformatorischen Glauben'. Noch kein Usurpator hat je den Nachweis der Rechtmäßigkeit und Legalität seiner noch so rechtswidrigen und illegalen Übergriffe unterlassen. Praktisch vollzieht sich diese Politisierung der Kirche in der Zeit des noch unentschiedenen Ringens der politischen Parteien um die Vormacht in partiellen Einbrüchen weltlicher Parteipolitik in das kirchliche Leben. Am sichtbarsten tritt das bei den Kirchenwahlen aller Grade in Erscheinung. Die wesenhafte Unkirchlichkeit des kirchlichen Wahlsystems, der demokratisch-parlamentarisch aufgezogenen Kirchenverfassung überhaupt, wird durch die Möglichkeit derartiger schreiender Mißbräuche grell beleuchtet. Aber man vergesse darüber nicht die andern und nicht weniger bedenklichen Symptome: die parteipolitischen Sondergottesdienste der religiösen Sozialisten und der religiösen Nationalisten, sowie die wachsende Zahl der Pfarrer, die evangelische Verkündigung und Parteipropaganda nicht mehr auseinanderhalten können und das ihnen wochentags nicht von den Lippen kommende politische Lied auch sonntags auf der Kanzel anstimmen müssen; und dort ist es sicher ein garstig Lied! Die Kirchengeschichte lehrt, daß Pfarrer durchschnittlich weniger als Laien imstande sind, Gottesreich und Weltreich zu unterscheiden. Psychologisch und psychoanalytisch ist es auch einfach zu erklären, daß und warum gerade Pfarrer besonders leicht der alten Versuchung (vgl. die Versuchung Jesu in der Wüste) erliegen, den göttlichen Weg zum Reiche Gottes, den Weg des Glaubens und Hoffens, Leidens und Harrens, den Weg des Kreuzes, im politischen Kurzschlußverfahren in den menschlich-weltlichen Weg des Tuns und Wirkens, der Schauung und Verwirklichung, den Weg der Ehren, umzubiegen. Weltverbesserungspredigten sind leichter zu halten und werden lieber gehört als Herzensbekehrungspredigten. Sie helfen freilich gar nichts! Aber dabei läßt sich im Prophetenmantel oder in der Toga des Volkstribunen so herrlich unverbindlich und al fresco schwärmen oder poltern, und es sind immer nur 'die Andern', die nicht da sind, die man meint. Im andern Fall dagegen müßte man von den allerpersönlichsten Dingen, von Buße und Glaube, Bekehrung und Wiedergeburt, Rechtfertigung und Heiligung, Sünde und Vergebung, Tod und Erlösung ganz existentiell und pointillistisch reden, zuerst sich selbst und dann jedem einzelnen, der da ist, in seinem Hier und Jetzt das Wort vom Tod des alten und vom Leben des neuen Menschen sagen – und das ist und macht unbeliebt. Das nicht nur törichte, sondern geradezu unverantwortliche Schlagwort von der 'Entprivatisierung des Glaubens' hat dieser verheerten und verheerenden Entpersönlichung und Politisierung der Predigt auch noch so etwas wie eine 'theologische' Rechtfertigung gegeben. Sie ist freilich danach! Doch das sind gottlob immer noch nur vereinzelte Fälle, wenn sie auch gewiß nicht harmlos genommen werden dürfen. Von der Politisierung der Kirche im vollen Sinne des Wortes bekommt man erst einen Begriff und von den damit für die Kirche verbundenen Gefahren eine Vorstellung, wenn man das dafür geradezu klassische Beispiel ins Auge faßt, das dieses 'kirchenpolitische Rundschreiben' der NSDAP darbietet und das einen Vorgang ohnegleichen in der Geschichte der evangelischen Kirche darstellt. Die 'Reichsleitung' einer weltlich-politischen Partei, die sich im wesentlichen in den Händen nichtevangelischer Männer befindet, 'weist zu', d.h. wünscht oder verlangt die Aufstellung von Wahlvorschlägen mit einem weltlich-parteipolitischen Kennwort für die Kirchenwahlen in der größten evangelischen Landeskirche Deutschlands (die anderen werden auch noch drankommen) und überträgt die Durchführung dieser Wahlbewegung 'den ordentlichen Parteileitungen', also ebenfalls nichtkirchlichen

Instanzen. Alle 'Untergliederungen der NSDAP', interkonfessionelle Organe, die mit der evangelischen Kirche rein gar nichts zu tun haben, sollen dafür mobil gemacht werden. Und wozu? Nicht um der Kirche, sondern um des 'Dritten Reiches' willen, wie ausdrücklich gleich im ersten Absatz gesagt wird. Dem entsprechen denn auch die für die Wahl und das Wahlflugblatt 'in aller Kürze' aufgestellten 'Grundsätze'. Dafür wird zwar der 'Geist Martin Luthers' zitiert, aber offenbar ist er dieser Zitierung nicht gefolgt. Denn sämtliche sieben Grundsätze sind weltlich-politischer Natur und lassen auch nicht einen Hauch lutherischen Geistes verspüren. Luther hätte sie samt und sonders abgelehnt.
Die Staats-, Wirtschafts-, Sozial- und Kulturpolitik der NSDAP steht hier nicht zur Diskussion, wohl aber ihre Kirchenpolitik, und zwar weniger die 'äußere' als die 'innere'. Zu jener sagt Hitler in seinen 'Fünfundzwanzig Punkten' (dem am 22. Mai 1926 feierlich für 'unabänderlich' erklärten nationalsozialistischen Parteiprogramm): 'Wir fordern die Freiheit aller religiösen Bekenntnisse im Staat, soweit sie nicht dessen Bestand gefährden oder gegen das Sittlichkeits- und Moralgefühl der germanischen Rasse verstoßen. Die Partei als solche vertritt den Standpunkt eines positiven Christentums, ohne sich konfessionell an ein bestimmtes Bekenntnis zu binden'. Dieser Satz ist nicht nur von einer wunderlichen Unsicherheit, er hat auch, wie man sofort sieht, seine Fußangeln. Im 'Dritten Reich' würden die Kirchen ein erheblich geringeres Maß an Selbständigkeit, Glaubens- und Bekenntnisfreiheit genießen als unter der Weimarer Verfassung. Aber wir haben es hier zunächst nur mit der 'inneren' kirchlichen Politik der NSDAP zu tun, mit den Forderungen, die sie in dem Rundschreiben hinsichtlich ihrer Gestaltung und Verkündigung an die evangelische Kirche glaubt stellen zu dürfen. Wie kommt eigentlich eine weltlich-politische Partei, die Katholiken aller Art, Dissidenten jeder Schattierung (der Balte Rosenberg mit seinem heidnischen 'Mythus des zwanzigsten Jahrhunderts') und Protestanten jeder Färbung in sich vereinigt, dazu, derartige, tief in die innere Struktur der evangelischen Kirche einschneidende 'kirchenpolitischen Richtlinien' aufzustellen? Bei solcher Zusammensetzung hat sie dazu kein moralisches Recht. Und daß sie dafür auch alles andere als qualifiziert ist, beweist sie gerade mit diesem Rundschreiben selbst. Die evangelische Kirche fällt Hitler nicht in den Arm, wenn er für seine politischen Ziele, wie er neulich in Frankfurt gesagt hat, kämpft, 'solange es dem Herrn gefällt, mich kämpfen zu lassen'. Aber dann kann sie auch erwarten, daß Hitler sie den ihr aufgetragenen Kampf ohne seine Einmischung so kämpfen läßt, wie 'es dem Herrn gefällt'. Sie muß sich die Vermischung und Verwischung der beiderseitigen Kampffronten mit Nachdruck verbitten, sich mit aller Macht dagegen wehren, in den ihrem Wesen fremden und ihr Wesen zerstörenden politischen Kampf – einer-

lei unter welchem Vorwand – hineingezogen zu werden, und darauf bestehen, daß der ihr verordnete Kampf als ein Kampf nicht der Gewalt, sondern des Geistes respektiert wird. Das ist ein ganz anderer Kampf als der Hitlers, kein Kampf der Politik, sondern der Kampf des Glaubens. Die Kirche kämpft nicht für das 'Dritte Reich', überhaupt für kein Reich 'von dieser Welt', sondern für das ewige Reich Gottes. Deshalb kämpft sie gewiß auch gegen die 'liberale Aufklärung', aber nicht nur gegen die 'jüdisch-marxistische'. Deshalb kämpft sie auch gegen alle Sentimentalitäten, die mit der 'Humanität' getrieben werden, aber sie kennt auch eine legitim christliche Friedensgesinnung, die nichts mit dem üblichen 'Pazifismus' zu tun hat, den auch wir verwerfen, einen legitim christlichen Übernationalismus, der himmelweit verschieden ist von der ökumenisch genannten, aber 'international' und synkretistisch gedachten Verwässerung der kirchlichen Arbeit, zu deren entschiedensten Gegnern wir gehören, und auch ein legitimes christliches 'Weltbürgertum', das um die schöpfungsgemäße Einheit des Menschengeschlechts (Apostelgeschichte 17,26), trotz seiner durch die Sünde bewirkten Zertrennung, im Glauben weiß und die Hoffnung festhält, daß die endliche Erlösung sich auch hier als die Wiederbringung des Verlorenen erweisen wird. Der Kampf der Kirche kommt natürlich auch dem 'Volkstum' zugute, in dem sie steht und wirkt, aber er gilt primär dem Gottesvolk. Darum kann die Kirche in dem politischen Kampf für die 'Reinigung und Erhaltung der Rasse', ganz zu schweigen von dem biologischen Materialismus, der dahinter steht, nicht den ihr verordneten Kampf erkennen; denn die 'Rasse' ist für den biblisch orientierten Christen kein 'letzter' Wert, 'für alle Ewigkeit'. In der 'Ewigkeit' wird es keine Rassen mehr geben, so gewiß sie nicht ursprünglich mit der Schöpfung, sondern erst in der durch die Sünde gestörten Welt, nämlich nach der Sintflut, geworden sind. Der Kampf der Kirche ist gewiß auch ein Kampf gegen allen 'religionsfeindlichen Marxismus'; aber 'christlich-sozial', wenn dies Wort keine politische Parteimaxime, sondern eine bestimmte Gesinnung und Haltung bezeichnet, gilt der Kirche als notwendige Glaubensbezeugung. Und endlich fordert auch der Kampf der Kirche heute mehr denn je einen 'Neuen Geist' in der Kirchenleitung, aber weder einen 'völkischen' – denn auch das Volkstum ist kein eschatologischer Wert, Volkstümer gibt es erst seit dem Turmbau zu Babel, und in der Ewigkeit wird es keine mehr geben – noch einen partei- oder weltpolitischen, sondern den bibel- und bekenntnistreuen Geist der Väter unserer Kirche und vor allem den 'neuen, gewissen', den Heiligen Geist. Ob es wünschenswert oder notwendig war, einen Kirchenvertrag abzuschließen, darüber kann man verschiedener Meinung sein. Aber wenn sich die Kirche einmal dafür entschieden hat, dann kann und muß es ihr ganz einerlei sein, ob sie das Konkordat mit einer schwarz-roten oder einer schwarz-weiß-roten Staatsregierung und Parlamentsmehrheit tätigt. Nach Gottes Wort hat sie – einerlei, ob ihr das sympathisch ist oder nicht – jede verfassungsmäßig zustande gekommene Regierung und Volksvertretung als die staatliche Obrigkeit anzuerkennen, der auch sie in allen nicht ihr inneres Leben betreffenden Dingen zu gehorsamen hat.- Bei ihrer Stellenbesetzung hat die Kirche auf gar nichts anderes zu achten als darauf, daß sie Männer gewinnt, die die erforderlichen christlichen und kirchlichen Qualitäten besitzen. Das Parteibuch darf dabei keine Rolle spielen. – Der geschlossene Kirchgang uniformierter Parteigruppen ist immer eine Demonstration nicht für Gott, sondern für die Partei. Daß dafür der Gottesdienst der allerungeeignetste Ort ist, müßte doch einer Partei, die 'den Standpunkt eines positiven Christentums vertritt', sofort einleuchten. Deshalb, und weil so etwas auf politisch anders Denkende herausfordernd wirken muß, hat es der Berliner Oberkirchenrat mit Fug und Recht verboten. – Was in aller Welt hat die Kirche mit der sogenannten 'Fesselung der Justiz' und 'Gewissensknebelung der Beamten', mit dem 'Youngplan und dem Paneuropagedanken' zu tun? Wie käme sie dazu, dagegen 'Front zu machen', wo es sich dabei doch um inner- und außenpolitische Fragen handelt, die sie als Kirche nichts angehen. 'Christus kümmert sich nicht um die Politik'. Bei solchen Forderungen operiert man gern mit dem Gedanken, daß die Kirche das 'Gewissen des Volkes' sein müsse. Aber das ist eine längst als Finte erkannte Phrase. Ein Volk hat genau soviele Gewissen, als es gewissenhafte Glieder hat; denn das Gewissen ist eine rein persönliche und ganz individuelle Sache. Ein Kollektivgewissen gibt es nicht. Eine politische Partei versteht natürlich unter dem 'Volksgewissen' ganz naiv immer ihr Parteiprogramm und hätte gern, daß die Kirche Front macht. Das ist bei den religiösen Sozialisten nicht anders als bei den religiösen Nationalisten. Daß sich die Kirche darauf nicht einlassen kann, liegt auf der Hand. Sie kann und darf sich keiner Parteidoktrin verschreiben. Daran wird auch durch den Hinweis nichts geändert, daß man ja dabei 'nicht als Partei handle, sondern als evangelische Christen nur einem Glaubensruf Gottes folge, den wir in unserer Volksbewegung hören'. Diese Berufung auf den Gewissenszwang ist so abgebraucht, daß sie wirklich nicht mehr verfängt. Wer beruft sich denn heutzutage nicht auf den an ihn ergangenen 'Ruf Gottes'? Wer Bibel und Geschichte kennt, weiß aber auch, daß Gott nie durch eine 'Volksbewegung', sondern immer nur durch sein Wort und seinen Geist beruft. Volkes Stimme ist kaum jemals Gottes Stimme gewesen. Deshalb ist auch der Gedanke völlig abwegig, jedenfalls ganz unkirchlich, um nicht zu sagen kirchenfeindlich, daß eine interkonfessionelle weltlich-politische Partei als solche einen 'berechtigten Anspruch' darauf hätte, 'im kirchlichen Leben und der kirchlichen Verwaltung' ihrer 'Größe und inneren Stärke entsprechend berücksichtigt zu werden'. Wollte die Kirche diesen Anspruch anerkennen, dann hörte sie auf, 'Kirche' zu sein. Dann wäre sie günstigsten Falles eine parlamentarisch aufgezogene Protestantenkammer für ethische Kultur. In der Kirche Christi gilt nicht das Parteibekenntnis, sondern allein das Bekenntnis christlichen Glaubens. Darum ist es auch durchaus nicht die Aufgabe der Kirche, 'ihre Kräfte reformatorischen Glaubens zum Besten des Reiches zu entwickeln', sondern vielmehr die überschwängliche Kraft Gottes durch die Verkündigung des reinen Evangeliums zu entbinden, daß sie, im Glauben angeeignet, Menschen aus der Sünde rette, heilige und selig mache. Wo das geschieht, baut Gott sein Reich, und nur dadurch kann das Deutsche Reich gebaut werden. Die Kirche geht den umgekehrten Weg der Politik.

Es ist gar keine Frage: Politisierung der Kirche, selbst wenn sie wie hier von Seiten der NSDAP in durchaus kirchen- und sogar christentumsfreundlichem Sinne geschieht, bedeutet immer und überall und notwendig eine Entfremdung der Kirche von ihrer eigentlichen und einzigen Aufgabe der ihr wesentlichen Evangeliums-Verkündigung, eine verhängnisvolle Verkürzung und Verweltlichung ihres Auftrags und einen Mißbrauch ihrer Organisation. Sie wird dadurch auf relative und vorläufige, zufällige und eigenwillige, menschliche und irdische, eben politische, d.h. weltliche Ziele und Aufgaben festgelegt, wo sie es doch ihrer Bestimmung nach nur mit dem Unbedingten und Letzten, dem für immer und für Alle Gültigen, dem Himmlischen und Jenseitigen, mit Gott und der Ewigkeit zu tun hat.

Man täusche sich auch nicht über die geradezu vernichtenden Folgen. Weder die Landeskirche noch die Kirche Christi werden freilich daran zugrunde gehen. Diese kann ja nicht einmal von den Pforten der Hölle überwältigt werden. Und jene kann sehr wohl im Schatten einer den Staat regierenden Partei ein äußerlich blühendes Leben entfalten. Zunächst freilich wird die Kirche Kriegsgebiet werden, Kampfzone der sich um sie und die Vorherrschaft im Staat schlagenden und streitenden politischen Parteien. Wie viel sie dabei schon verliert, ist gar nicht auszudenken. Aber auch wenn der Sieg dann einer Partei zufällt und sie wieder Staatskirche wird in der Dienstbarkeit eines Parteiabsolutismus, neben dem der der absoluten Fürsten von einst ein Kinderspiel gewesen ist, dann wird sie zwar in dem Glanze strahlen, der von jedem staatlich monopolisierten Kultus ausgeht, aber 'Kirche' wird sie nicht mehr sein. Gottes Wort bleibt zwar ungebunden (2. Tim.2,9), aber in der politisch gebundenen Predigt der politisch gebundenen Landeskirche wird es nicht mehr sein. 'Draußen, ferne von dem Lager', steht dann die Hütte des Stifts (2. Mose 33,7). Schon heute, im Zeitalter der parteipolitischen Predigt, haben es die ernsten Christen gelernt, daß zwar außerhalb der

'Kirche' kein Heil, daß es aber nicht gerade die Landeskirche zu sein braucht, gar nicht mehr sein kann, wenn sie politisiert ist; daß man auch außerhalb des Schattens der Landeskirche doch im Schatten der 'Kirche' seines Glaubens leben kann. In dem Maße, wie die Landeskirche politisiert wird, verliert sie die Glieder, die ihr Salz sind. Das war immer so. Man studiere daraufhin die mittelalterliche Kirchen- und Ketzergeschichte. Auch die Reformation Luthers war ein Protest gegen die politisierte römische Kirche.

Kann das Verhängnis noch von der Landeskirche abgewendet werden? Die Aussichten sind gering. Unsere nachrevolutionären Kirchenverfassungen geben nicht nur keine Handhaben dagegen, sie fordern geradezu zur Politisierung der Kirche heraus. Die Verfassung der altpreußischen Union hat in den Anmeldungen zur Wählerliste sich eine bescheidene Sicherung gegen diesen Mißbrauch zu schaffen geglaubt. Wie diese Maßnahme 'unauffällig, selbständig und schnell' wirkungslos gemacht werden kann, wenn ein Parteiapparat zur Verfügung steht, lese man in Abschnitt 3 des nationalsozialistischen Rundschreibens nach. Wirksame kirchengesetzliche Bestimmungen zur Verhütung der ruinösen Politisierung der Landeskirche haben wir nicht. Und ein Appell an die Vernunft der politischen Parteien ist von vornherein aussichtslos.

Trotzdem: wer es mit der Landeskirche und seinem Volke gut meint, bittet darum und setzt alle Kraft dafür ein, daß uns dieses Unheil noch erspart bleibt. Kommt es dann doch, dann wissen wir, daß Gott die Landeskirche dahingegeben hat und die Stunde da ist, wo er seine Gemeinde auf einem andern Weg 'beruft, sammelt, erleuchtet, heiligt und bei Jesu Christo erhält im rechten einigen Glauben'. Das ist schmerzlich und hart für uns, die wir die Arbeit eines Manneslebens darauf verwendet haben, daß unsere Landeskirche 'Kirche' bleibe oder werde. Denn mit der Politisierung der Landeskirche ist dann ja auch unsere Vereinigung zerschlagen und muß auf anderer Ebene neu gebildet werden. Aber weder unsere noch unserer Väter Arbeit war und ist verloren. Was an ihr 'Werk des Herrn' ist, bleibt und folgt in die neue Form, 'sintemal wir wissen, daß unsere Arbeit nicht vergeblich ist in dem Herrn'."

29 Pfr. Rössger an Pfr. Voges: Entrüstung über den Artikel von Pfr. Greiner, vgl. Dok. 28

Meißenheim, 5. April 1932; LKA GA 8093 Nr. 40

„Herzlichen Dank für Ihre lieben Zeilen. Ja, der letzte Greinersche Artikel übersteigt alles Dagewesene. Dabei soll, wie ich höre, Landeskirchenrat Bender schon in Karlsruhe im Besitz des Konzeptes des Artikels gewesen sein. Derselbe Herr wurde auch am Donnerstag nach der Karlsruher Tagung von Kollege Kramer/Meißenheim vormittags 6 Uhr auf dem Dinglinger Bahnhof gesehen, wobei ersterer sich krampfhaft bemühte, unerkannt zu bleiben. Wir vermuten nun stark, daß er zu Greiner ging! Freund Gärtner speit Gift ob jenes unflätigen Artikels. Die Sachlage ist augenblicklich die, daß ich kaum glaube, daß wir mit Greiner zusammen in der positiven Vereinigung bleiben können, besonders nachdem auch der Volksdienst unter Berufung auf ihn in einem neuen Flugblatt uns angegriffen hat. Ist Ihnen dies Flugblatt bekannt? Ich stehe auf dem Standpunkt, daß wir als Mindestforderung am 12. in Karlsruhe verlangen müssen, daß Greiner die Schriftleitung niederlegt!!! Vielleicht gelingt es dann Bender, die positive Vereinigung, die ich um der vielen Freunde, die ich dort habe, immer noch liebe, zu retten. Dann können wir auch ein glänzendes positives Rennen machen unter verkappter nationalsozialistischer Weisung. Aber wie gesagt, ich habe sehr wenig Hoffnung, daß Bender den Greiner fallen läßt. Nun, dann solls eben sein; dann tragen nicht wir die Schuld. Auf alle Fälle werden wir gegen den taktisch geriebenen Bender sehr auf der Hut sein müssen und stramme 'Sicherheiten' schriftlich uns zubilligen lassen müssen. Auf unserem gestrigen Lahrer Pfarrkranz erzählte mir Pfarrer Doxi/Sulzbach, daß er an jenem Mittwochabend mit Bender und Mondon im Hospiz noch zusammengesessen sei und Bender fürchterlich Bauweh gehabt habe. Mondon, mein alter Dekan, der mich in meiner Gemeindearbeit und theologischen Stellung gut kennt, ein scharfer Gegner Greiners, habe Bender sehr zugesetzt, so daß Bender uns in weitestem Maße entgegenzukommen bereit gewesen wäre. – Als Name einer eigenen Gruppe fiel mir eben ein: 'Positiv-evangelische Vereinigung für nationalsoziales Christentum'. Mit dem ersten Wort begründen wir uns auch auf den 'Bibel- und Bekenntnisstandpunkt' wie die alte Gruppe, nur noch um 100% strammer, mit dem zweiten Wort könnten wir das aktivistische Moment – vor allem auch den bewußt antirömischen Standpunkt, den ich immer noch in unserer Kirche vermisse – betonen. Aber alles: nichts machen wollen, erzwingen wollen, sondern von Gott uns schenken lassen; dann streiten wir um so freudiger! Es empfiehlt sich, meinen Vorschlag *streng geheim* zu halten...

NB. Am 11.d.M. kommt Gauleiter Wagner nach Meißenheim, wo ich wegen der Liste mit ihm berate."

30 Pfr. Rössger: Tagesordnung für die Landesvorstandssitzung der 'Evang. Nationalsozialisten'
Ichenheim, 7. April 1932; LKA GA 8093 Nr. 43 – Rds.

„Vorerst vertraulich!
Heute kam vom Vorstand der positiven Vereinigung die förmliche Aufforderung, an der am 12.d.M. im Karlsruher Hospiz stattfindenden

Landesvorstandssitzung als nationalsozialistische Pfarrer teilzunehmen, die ich hiermit weitergebe. Die Aufforderung, schon um 11 Uhr mit Landeskirchenrat Bender eine Vorbesprechung mit uns abzuhalten, habe ich dahin berichtet, daß diese erst 1 1/2 Uhr stattfindet, weil wir nationalsozialistischen Pfarrer selbst uns erst um 10 Uhr im Hospiz zur vertraulichen Vorberatung treffen wollen, die bis 11 schwerlich fertig ist. Wir müssen zuvor untereinander zu restloser Klarheit dessen gekommen sein, was wir wollen. Ich nenne unverbindliche Forderungen:
1. Landesbischofstum durch Wahl als Fortsetzung alter badischer Geschichte (Führerprinzip!)
2. Schutz gegen rationalistische und liberale Verwässerung durch Lehrzucht. Hier gilt's positiver sein als die Positiven!
3. Vorgehen gegen Pfarrer, die in sexualibus und alkoholibus versagt haben, um der Sauberkeit unseres Amtes willen
4. Abschaffung der würdelosen Abhör und Änderung des Pfarrerwahlmodus
5. Beseitigung des kirchlichen Parlamentarismus durch Änderung des Wahlverfahrens
6. Einräumung einer Anzahl Sitze in der Synode! Wieviele?
7. Aktivierung der Kirche und besonders deren Leitung in Richtung auf Moskau und Rom
8. Wechsel in der Schriftleitung der positiven Blätter oder als Minimum: Stellung unter die Zensur des Landesvorstandes

Bitte weitere Vorschläge mitbringen, über die vorliegenden nachsinnen …"

31 Prof. Brauß: „Die große Illusion"

Mannheim, o.D.; LKA GA 8093 Nr. 23, masch. hektogr.

„So will ich die paar Sätze überschreiben, mit denen ich auf die in den 'Kirchlich-positiven Blättern' zum Thema 'Kirchendämmerung' gemachten Ausführungen erwidern will. Diese Sätze sollen ein Protest sein gegen Form und Inhalt jener Ausführungen. Darum wende ich mich gleich zu Anfang an den Vorsitzenden der positiven Vereinigung mit der Erklärung, daß ich aufhören werde, Leser unserer Blätter und Mitglied der Vereinigung zu sein, wenn weiterhin Aufsätze in solch unmöglicher Form und mit solchen Zielsetzungen erscheinen sollten. Das Luthertum in Ehren! Ich vertrete seit Jahren in der unterrichtlichen Praxis die Überzeugung, daß das Zeitalter der Orthodoxie für die große Sache der Reformation sachlich größtes geleistet hat. Wenn aber von diesem Zeitalter besonders die rabies selbstherrlicher Theologen übrig bleiben soll, dann danke ich dafür. Und wenn bei der Frühjahrskonferenz ein Diskussionsredner Form und Ton jenes Aufsatzes zu rechtfertigen suchte mit dem Hinweis auf den Ton im 'Führer', dann muß ich doch fragen, ob unsere Blätter weltliches Tageblatt und Kampforgan einer gehetzten und verfolgten Volksbewegung sind oder etwas anderes. Nein – so geht es wirklich nicht.

Es tut mir aufrichtig leid, daß ich so schreiben muß. Aber schließlich schreit das Tier, nach dem so oft getreten wird. Schon die Aufmachung, schon die Überschrift 'Kirchendämmerung' ist für einen Kirchenfreund ein Ärgernis. Weiß der Schriftleiter nichts davon, daß gewisse Leute im neudeutschen Vaterland mit viel Geschick, unter starkem Schutz alles zu sammeln und zu verwerten verstehen, was an negativen Dingen im evangelischen Lager vorhanden ist? Müssen denn diese Dinge unbedingt mit dem sensationellsten Namen bezeichnet werden? Ich weiß wohl, man wird mich der Mutlosigkeit zeihen und sagen, ich wollte Versteck spielen und den Tatsachen aus dem Wege gehen. Wer aber sagt, daß diese oder jene Schau der Dinge die richtige ist? Wer weiß denn wirklich den Weg und das Ziel? Also lasse man das Spielen mit den schlimmsten Begriffen, auch wenn man sie mit Fragezeichen versieht. Und schließlich soll einmal ein nicht unbedeutender Mann geschrieben haben: 'Ich habe alles, Macht, aber es frommt nicht alles!'

Aber, meinetwegen auch 'Kirchendämmerung'! Indes niemand und nichts schafft und fördert sie so sehr als der Standpunkt des Schriftleiters. Denn das, was er ideell unter Kirche versteht und was er idealiter der Kirche an Aufgaben zuweist, bewegt sich auf so engem Raum, daß ich nicht weiß, ob es überhaupt noch Raum, noch Zeit, überhaupt noch Geschichte noch Gewordenes ist, was hier Kirche genannt ist. Von einem weltfernen, lebensentrückten Gebilde mag man so reden, meinetwegen auch von einer Sekte oder einem christlichen oder unchristlichen Verein, nicht aber von der meinem geschichtlich gewordenen deutschen Volke unter übergeschichtlichen Voraussetzungen geschenkten und heute noch vorhandenen Volks- und Landeskirche. Um diese geht es jetzt ganz besonders. Erörterungen über das Verhältnis von corpus Christi zu empirischen Kirchenformen tun's heute nicht. Der Herr Schriftleiter weiß besser als ich, daß wir damit auch bei Luther nicht weiterkommen. Auch für ihn ist Kirche Gottesstiftung und nicht ein Gebilde derer, die mit Ernst Christen sein wollen. Darum auch sein Satz: 'Niemand sieht, wer heilig oder gläubig sei!' Darum aber auch die Unmöglichkeit der Menge, die Unchristen, ob sie gleich alle getauft und Christen heißen auch nur theoretisch trennen zu wollen von der 'Gemeinschaft der Heiligen'. Kirche ist immer eine geglaubte Größe, geglaubt auch für das Volk der Deutschen. Darum ist es Illusion, wenn in unseren Kreisen immer so getan wird, als wäre ein konkretes Gebilde diese oder jene Sammlung von Glaubenden die Kirche! Darum aber ist es ebenso sehr Illusion, wenn getan wird, als wäre die konkrete volkskirchliche Lage nicht Gottes Gabe und Aufgabe zugleich. An diesen Illusionen kranken wir, krankt unser Denken, krankt unser Handeln für das Ganze.

Und damit komme ich zum Entscheidenden. Wenn Kirche etwas von uns Unabhängiges und doch uns als dem Ganzen, der Menge der Unchristen Geschenktes ist, das seine 'Zeichen', seine Merkmale hat, wovon hier aber nicht geredet werden braucht, dann kann diese Kirche nicht tun, als lebte sie im berüchtigten luftleeren Raum, als gebe es kein Volkstum und dessen Nöte, als gäbe es keine Geschichte und deren Kämpfe heute, in diesem Augenblick. Wir tun aber weiterhin so und liefern uns damit der größten Illusion dieser Tage aus. Wir tun, als käme der 2. Artikel des Apostolikums vor dem ersten, wir tun, als gäbe es keine 4. Bitte, als gäbe es kein Gesetz, keine Ordnungen, keine überindividuellen Bindungen, darum auch die Angst eines anderen Diskussionsredners vor dem 'Gesetz' im kirchlichen Denken derer, die man kritisiert und bekämpft. Und bei all' den klugen Reden bleibt man brav im Individualismus und Subjektivismus, dem fromm-gottlosen Gebilde unseres Ichs stecken und bleibt vor allem taub für die unheimliche Sprache einer neuen Zeit. Es ist natürlich bequem zu sagen, Volkstümer gibt es erst seit dem Turmbau zu Babel. Und ich kann nur den Kopf schütteln über den Satz, daß Gott immer nur durch sein Wort und seinen Geist beruft. Als ob der Herr der Geschichte sich von uns vorschreiben ließe, in welchem Gewand er je und je über den Erdball schreiten müsse, um den Menschen zu zeigen, daß er Gott ist. Und als ob das spezielle neutestamentliche 'Berufen' das allgemeine 'Rufen' ausschlöße. Aber ich will mich in die verschiedenen Einzelheiten, die alle aus einer veralteten Grundhaltung stammen, nicht einlassen, sondern hier nur noch das zitieren, was in diesen Tagen einer auf der Tagung des Reichselternbundes gesagt hat: 'Das halbe Jahrtausend des Individualismus ist zu Ende. Die objektiven Lebensmächte brechen wieder durch. Die Stunde hat geschlagen, in der das Volkstum sein Recht wieder fordert. Das Volkstum kann aber nur als Gottesschöpfungsordnung begriffen werden. Diese Zeit gilt's zu begreifen. Wer das nicht kann oder will, ist reaktionär!'

So die Lage und so der Kampf! Wir haben ihn nicht geschaffen. Er ist uns verordnet, gewiß nicht ohne Schuld vergangener Jahrzehnte und gewiß nicht ohne Ziele für Volk und Kirche. Und da soll Neutralität der Weisheit letzter Schluß sein? Volk und Familie, Staat und Gesellschaft und Dinge, wie Freiheit und Gerechtigkeit im Großen und für das Ganze — sie sollen die Kirche Luthers unberührt lassen? Und für die Freiheitsbewegung dieses unseres Volkes eintreten, für das Recht des von Rom verführten und nun erwachenden Deutschen sich einsetzen, das soll 'Politisierung der Kirche' sein? Ich bin nicht für den Wahlreden haltenden

Pfarrer. Doch werden Ausnahmen, bei denen die vom Schriftleiter spöttisch erwähnten Bibelsprüche die Regel sein können, draußen in der konkreten Lage erwecklicher sein als manche Herzens- und Bekehrungspredigten. Nein − an dieser Politisierung stirbt die Kirche nicht. Sie hat häßliche Zeiten und häßlichere Kirchenpolitik ertragen, wo wahrlich nicht immer der Kampf des Geistes das Ideal gewesen war. Wohl aber kann die Kirche als Volkskirche an unserer Torheit, an unserer Illusion zerbrechen. Der Prophet der Deutschen, Luther, zeigte einen anderen Weg. Gibt es überhaupt ein Gebiet, irgendeine Not des Volkslebens, zu der Luther nicht Stellung genomen hat und für die er sich nicht verantwortlich gewußt hätte? Wie schlechte Jünger sind seine Anhänger, wie träge Organe seine Landeskirchen. Wie lange wird es noch dauern, bis wir das Diensthaus der bloßen Begriffswelt von ehedem verlassen, um gehorsam den Dienst der Stunde zu tun? Jawohl − aus Glauben um des allerletzenden Reiches willen. Aber sie glauben unseren Worten nicht recht, solange sie noch gutlebende Bourgeois in uns sehen können und solange sie hören, daß wohl ein Jeremia herzkrank geworden sei ob des nationalen Unglücks, daß wohl Jesus über seine Stadt geweint habe, während wir uns anschicken, Anwälte der politischen Neutralität zu bleiben:
Sie brach herein, die heil'ge Not, sie hat Gewalt am höchsten Gott."

32 Pfr. Rössger: Landesvorstandssitzung 'Evang. Nationalsozialisten', 18. April 1932, Bericht

Ichenheim, 20. April 1932; LKA GA 8093 Nr. 41 − Rds.

„Die gemeinsame Aussprache am 12. d.M. mit einem Teil des Landesvorstandes der kirchlich-positiven Vereinigung endete bekanntlich damit, daß der Vorsitzende Karl Bender das Versprechen abgab, unserer Bitte entgegenzukommen und im Einvernehmen mit den Bezirksleitern bei der Aufstellung der Landesliste uns mit 12−15 Sitzen zu berücksichtigen. Auf den 18.d.M. war wieder eine Landesvorstandssitzung nach Karlsruhe einberufen mit der Tagesordnung: Kirchlich-positive Vereinigung und die NSDAP. Ich nahm an, daß man nun Wege sucht, um das am 12. uns gegebene Versprechen in irgend einer Weise zu realisieren. Weit gefehlt! Zwar wurde das 'Recht' unseres Mitwirkens von Karl Bender, Östreicher, Renner sen. und jun. auch Rost, ehrlich verfochten. Auch die Laienvertreter Dittes und Müller waren nicht grundsätzlich gegen unser Mitmachen als Nationalsozialisten. Die Gegenseite wurde vertreten durch den anwesenden Schriftleiter D.Greiner, der seine beiden Trabanten J.Bender und Weber/Freiburg in einer Vorbesprechung gut eingepaukt hatte. Und nun ging die ganze unerquickliche Prinzipienreiterei wieder an, wie Ihr sie am 12. erlebt hattet. Man hielt uns entge-

gen: eine prinzipielle Frage dürfe nicht auf das Geleis der Taktik geschoben werden. Man verzichte auf das 'unsaubere taktische Wahlmanöver einer Einheitsliste mit verschiedenen kirchenpolitischen Zielen'. Die Situation verdichtete sich zu einer letzten Frage J.Renners an mich: 'Bleibt Ihr auf jeden Fall positiv, auch wenn etwa von liberaler Seite oder von Gauleiter Wagner eine nationalsozialistische Liste gebracht wird?' Meine Antwort: 'Das liegt an Euch, inwieweit Ihr uns Raum gebt!' ließ er nicht als eine grundsätzliche gelten. Ich schlug nun vor, daß ich durch unmittelbare Verhandlungen mit den 28 Bezirksvertretern das Versprechen vom 12. so realisiere, daß auf jede Bezirksliste ein nationalsozialistischer Kandidat komme. Weber wies das zurück und meinte: 'Wenn etwas gemacht würde, dann nicht durch Einzelaktion, sondern durch den Vorsitzenden.' Daraufhin fragte ich K.Bender, was er zu tun gedenke -! Und nun kam leider die 'lange Bank': Das könne er jetzt nicht sagen, auch sei alles zu müde. Ich gab mich damit nicht zufrieden, weil meine Freunde endlich einen positiven Bescheid wollten. Damit schloß die Sitzung. – Mein Eindruck ist der, den ich schon früher hatte: Auch ein K.Bender kuscht vor Greiner, der die Situation wieder einmal 'gerettet' hatte. Ich sage es noch einmal: An diesem Mann hängt es, ob man uns für unser nationalsozialistisches Wirken – und sei es auch nur unter der Hand – Raum gibt. Ich persönlich habe keine Hoffnung, da im Vorstand trotz der Sekundanz wohlmeinender Freunde K.Bender sich gegen das Aristokratentrio Greiner-Weber-Bender nie (!) durchsetzen wird! Ich sehe die Lage für uns als hoffnungslos an. Hitler sagt: 'Wo wir uns in einem Parlament nicht durchsetzen – raus!' Demnach bliebe für uns nur die eigene Liste (ohne politische Vorzeichen!). Wenn es dazu kommt, haben wir doch das erreicht: die Schuld dafür liegt bei den Altpositiven Greiner'scher Observanz! Wir haben verhandelt, solange es ging – aber man will (!) uns ja nicht! Ich will noch einmal an K.Bender schreiben, um ihm das klägliche Ergebnis plausibel zu machen, ohne mich irgendwie binden zu lassen. – Nun gilt's, an die Vorbereitung einer eigenen Liste – zumindest – zu denken. Das könnte nur so geschehen, daß sich der Pfarrerbund geschlossen dahinter stellte, der alsbald in Karlsruhe zusammentreten müßte. Nun kommt es noch darauf an, was die z.Z. tagende Synode hinsichtlich des Wahltermins beschließt. Wird erst im Herbst gewählt, dann eilt die Sache nicht, wenn aber im Juli, dann heißt es an die Arbeit:
1. Schulung von Rednern, die alle auf eine einheitliche Linie festgelegt werden und die wir in Stadt und Land schicken können
2. Umschau halten nach Männern, die wir auf unsere Listen setzen
3. Klares Programm
4. Mobilmachung der Gauleitung!
Alles in allem: Haben wir die Macht, alles wohl hinauszuführen? Bitte um Euer Urteil, wie Ihr die Lage bewertet! Möglichst bald!..."

33 Pfr. Spörnöder an Pfr. Voges: Getrennte Wahllisten?
Stebbach, 22. April 1932; LKA GA 8093 Nr. 42

„... Ist das nicht unwürdig, diese Behandlung der Nationalsozialisten? Ich sehe die einzige Lösung in der Aufstellung eigener Listen..."

34 Pfr. Rössger: Positiv—liberal—nationalsozialistisch: Abgrenzungen
Ichenheim, 10. Mai 1932; LKA GA 8093 Nr. 45 — Rds.

„Da Landestagung auf den 12.d.M. verschoben, ist folgende höchst nötige Orientierung noch möglich. Unsere positive Situation ist etwas verschlechtert durch eine aus 'Harmlosigkeit' geschehene Verhandlung Wagners mit dem dux der Liberalen (Spieß/Pforzheim), der darüber an Gärtner berichtete: 'Außer mir werden noch sehr viele andere kirchlich Liberale nationalsozialistisch stehen und es wird sich zeigen (wo?), daß die Nationalsozialisten nicht 'positiv' im Sinn der heutigen Führer der Positiven, sondern 'liberal' (oho!) in dem weiten Sinn sind, der mir vorschwebt. Wagner und ich geben uns die Hand darauf, daß wir — jeder in seinem (!) Sinne — dafür kämpfen, daß ... Parlamentarismus zu Ende geht!' So geht es am 12. auf keinen Fall! Wir haben heute durch eine klare Weisung Wagner zurechtgebogen, der am 12. bei uns stehen muß, wo er immer stand! Ich sage es wieder: Wir werden auch den leisesten Kompromiß ablehnen! Der Nationalsozialismus bejaht das Dogma! Ich war letzten Samstag/Sonntag in Mannheim, wo Brauß, Kiefer den Wahlaufruf samt Programm entwarfen. Die Situation ist die: Durch ein positives Programm gilt's aus der alten Fraktion möglichst viele zu uns zu ziehen: die nationalsozialistischen Parteigenossen sind allein schon durch die Organisation zu erfassen. Auf die einige Dutzend Liberale wird keine Rücksicht genommen! Der nicht Pg. Gorenflo schreibt mit Recht: Ich fürchte, der liberale Sauerteig innerhalb der nationalsozialistischen Pfarrergruppe wird unserer Kirche keine Hilfe sein! Also bitte Haltung —! Nun hat Wagner — leider ohne unsere Landestagung abzuwarten — durch ein Rundschreiben an die nationalsozialistischen Bezirksleiter in Baden bereits die neue Liste und den Gehorsam zu ihr angekündigt. Auch dies haben wir moniert. Doch ist nun so die Sache unaufhaltsam im Fluß! Eine Aussprache mit Bender in Mannheim ändert darum kaum noch etwas. Er könnte versprechen, selbst die badischen positiven Listen aufzustellen und NS-Leute hineinzubringen. Vielleicht ist auf der gestrigen positiven Landesvorstandssitzung ein Wechsel in der Schriftleitung vollzogen worden. Was dann? Ich erhalte vor dem 12. von Karl Bender auf jeden Fall noch Bescheid über Ergebnis: doch ist diese letzte gutgemeinte Hand wohl zu spät —! Wir können kaum noch zurück. Sei mit uns am 12. auf guter Wacht! Möglicherweise bin ich schon vormittags in Karlsruhe (Gauleiter Wagner): Eine Vorbesprechung unter uns empfiehlt sich!"

35   Pfr. W. Ziegler jun.: Offener Brief an Pfr. Greiner gegen den Artikel „Kirchendämmerung", vgl. Dok. 28

Karlsruhe, [nach dem 20. März 1932]; LKA GA 8093 Nr. 40a — Abschrift

„Ihr Artikel 'Kirchendämmerung' in Nr. 6 der 'Positiven Blätter' und ganz besonders Ihre Vorbemerkungen vor dem Artikel 'Volkskirche und Parteipolitik' in Nr. 9 haben mich mit großem Schmerz erfüllt. Nicht deshalb, weil Sie nicht mit vollen Segeln zur nationalsozialistischen Bewegung übergegangen sind, nicht deshalb, weil Sie in ernster Sorge um die Kirche und ihren Bestand als Volkskirche Ihre Bedenken anmeldeten und aufzeigten, welche Gefahr der Kirche und ihrer gottverordneten Aufgabe droht, wenn ihre Arbeit und ihre Verkündigung von andern Gesichtspunkten und Rücksichten bestimmt würde als allein vom Gehorsam gegenüber Gottes Wort, haben Ihre Ausführungen weh getan und bitter gekränkt, sondern deshalb, weil aus diesen Zeilen nicht eine Spur zu merken war, von dem, was die Heilige Schrift ἀγάπη nennt. Glauben Sie, daß man mit so liebloser Nur-Kritik der Kirche einen Dienst leisten kann? Glauben Sie, daß nun die Brüder im nationalsozialistischen Lager werden geneigt sein, auch nur im geringsten einzugehen auf das, was in Ihrem Artikel als ἀλήθεια anzuerkennen ist? Gewiß besteht die Gefahr, daß in der herzlichen Begeisterung nationalen Wollens und aus heißer Liebe zu Volk und Vaterland das Evangelium unter falscher Beleuchtung gesehen und der Kirche eine Stellung und eine Verkündigung zugemutet wird, gegen die sie sich eben aus Gebundenheit an das Evangelium wahren muß — ich sage, es besteht diese *Gefahr*, obwohl ich den Theologen im nationalsozialistischen Lager soviel Theologie zutraue, daß sie diese Gefahr sehen und ihr begegnen. — Aber ich möchte doch ernsthaft die Frage aufwerfen, ob diese Art, Brüder auf die *Gefahr* eines falschen Weges aufmerksam zu machen, die richtige und schriftgemäße ist. Man muß doch bedenken: da sind Menschen, die wollen Christen sein und sind Christen. Wenn man an ihnen um der Wahrheit willen etwas auszusetzen hat, gut, so soll man dieses tun, aber nach dem Wort ἀληθεύειν ἐν ἀγάπῃ . Und daß von der ἀγάπη im Sinne der Heiligen Schrift und von der Bruderliebe, wie sie besonders aus den Briefen des Apostels Johannes spricht, in den 'Positiven Blättern' in Sonderheit bei der Auseinandersetzung mit Brüdern, etwas mehr möge zu spüren sein, das ist die herzliche Bitte und der aufrichtige Wunsch meines Herzens und der Sinn dieser Zeilen."

36 Pfr. W. Ziegler jun. an LKR Bender: Kritik an dem Artikel „Kirchendämmerung", vgl. Dok. 28
Karlsruhe, 13. Mai 1932; LKA GA 8093 Nr. 40b – Abschrift

„... möchte ich Ihnen mitteilen, daß Herr D.Greiner den offenen Brief zurückgesandt hat mit folgender Bemerkung:
'An den Einsender zurück, da nach Form und Inhalt nicht geeignet zum Abdruck in den kirchlich-positiven Blättern.' Ich verstehe, daß es Herrn D.Greiner unangenehm ist, etwas zu veröffentlichen, was gegen seine Person geht; andererseits aber habe ich den Brief – übrigens nach ernsthafter Durchsprache mit Pfarrer Mondon und mit seiner lebhaften Billigung – zur Veröffentlichung abgeschickt, weil ich glaube, daß auch aus den eigenen Reihen, auch von denen, die die Austrittsbewegung nicht mitmachen, in aller Öffentlichkeit gegen die Art der bekannten Artikel Stellung genommen werden muß. Schweigt man in den eigenen Reihen zu dem, was D.Greiner in aller Öffentlichkeit unrecht getan hat, so erklärt man sich solidarisch mit diesem Unrecht, und das kann ich nicht. Ich weiß auch, daß viele in unserer Vereinigung sind, die gleich mir empört sind über diese Art Greiners. Wird dieser Stellungnahme auch öffentlich Ausdruck verliehen, so glaube ich, daß damit der positiven Vereinigung nur ein Dienst geleistet wird; und das war das Zweite, was ich mit meinem Schreiben wollte. Daß mein Schreiben nach Form und Inhalt irgendwie verletzend oder unhöflich wirkt, wird kein ruhiger Leser behaupten können. Ich habe mich bemüht, das, was um der Wahrheit und um unserer Vereinigung willen m.E. gesagt werden muß, in der denkbar schonendsten Form zum Ausdruck zu bringen.
Dankbar wäre ich, wenn Sie die Freundlichkeit hätten, mir Ihre Stellungnahme kurz mitzuteilen und bitte dringend darum, daß in dieser oder einer anderen Form in den Blättern zum Ausdruck gebracht werden kann, daß weite Kreise positiver Glieder diesen Ton der positiven Blätter aufs Schärfste verurteilen und ihm nicht mehr weiter zustimmen."

37 Pfr. Rössger an Pfr. Voges: Aufgaben des Landespropagandaleiters
Ichenheim, 17. Mai 1932; LKA GA 8093 Nr. 47

„Eiligen Dank für Deine lieben Zeilen! Du bist Landespropagandaleiter, der sich aus dem Pfarrerbund seinen Mitarbeiterstab ernennt, und zwar Leute, die bereits politisch und propagandistisch tätig waren, auch kirchenpolitisch interessierte Laien der Partei, die genügend propagandistische Erfahrung in der Durchführung eines Wahlkampfes besitzen (Kirchliche Ortsgruppenführer etc.). Aufgabenkreis:
a) Herstellung von Wahlflugblättern (in Verbindung mit dem Präses des programmatischen Ausschusses – Brauß)
b) Zusammenstellung von Rednermaterial für Pfarrer und Laien
c) Bearbeitung der weltlichen und kirchlichen Presse (kein Kampf gegen die Positiven)

d) Errichtung einer Lügenabwehrstelle, besonderes Achthaben auf die positiven Blätter (Mitarbeiter Sauerhöfer)
e) Schulung und Einsatz von Rednern (besonders für Städte!)

Der Landespropagandaleiter zeichnet verantwortlich für die Flugblätter. Habe eben von Brauß deren zwei angefordert: eines gegen die religiösen Sozialisten und eines gegen die Liberalen. Setze Dich darob betr. Unterzeichnung mit ihm ins Benehmen. Wolle bitte besonders auch sofort Dich an Punkt b) machen: Rednermaterial, d.h. entwerfe eine 'Predigtdisposition', die Richtlinien enthält und die wir für die Redner im Land vervielfältigen lassen. Schema etwa:

Warum es zu eigener Liste kam:
a) die Einigungstendenz des Nationalsozialimus,
b) die fruchtlosen Verhandlungen mit der positiven Vereinigung,
c) die Unfähigkeit der alten Fraktionsgliederung, eine lebendige Volkskirche zu schaffen.

Abgrenzung unserer Fronten gegen die anderen. Gelinde verfahren mit dem positiven Knaben (ich bat heute Landeskirchenrat Bender/Mannheim für einen anständigen Kampf Sorge tragen zu wollen). Erläuterung unseres Programms als Ausdruck unseres Wollens, das Dir nach Überarbeitung von mir zugehen wird. Also so etwa...! Den Rednerentwurf dann bitte an mich. Die Ablehnung der 'Deutschkirche' im Programm bleibt!! Nach Schenks blöder Ausführung erst recht! Bin fast täglich bei Gärtner, der die Parteimaschine bereits in Gang gebracht hat. Nimm viel persönliche Fühlung mit Wagner, wo Du meist das erfahren wirst, was mit ihm von hier im Ried aus verabredet wurde. Sodann das Wichtigste: Propaganda am Herzen Deines Schwiegervaters [V.Renner]!!"

38   Pfr. Scheuerpflug: „Die nationalsozialistischen Sonderlisten bei den Synodalwahlen"

MtsBl. Nr. 6, 5. Juni 1932, S.32

„Die nationalsozialistischen Sonderlisten bei den Synodalwahlen.
Am 12. Mai hat der Bund nationalsozialistischer Pfarrer Badens, der sich zu etwa fünf Sechstel aus positiven und meist unserer Kirchlich-positiven Vereinigung zugehörenden Geistlichen zusammensetzt, unter Mitwirkung und Billigung des nationalsozialistischen Gauleiters Wagner beschlossen, zu den am 10. Juli stattfindenden Landes-Synodalwahlen eigene Listen evangelischer Nationalsozialisten aufzustellen. Wenige Tage später kam von nationalsozialistischer parteiamtlicher Stelle in Berlin die Weisung, bei allen kommenden Kirchenwahlen in den deutschen evangelischen Landeskirchen mit eigenen Listen vorzugehen. Dies die Lage, mit der wir rechnen müssen, weil sie unabänderlich ist! Es ist unfruchtbar, den Gründen nachzugehen, die schließlich zu diesem Ergebnis führten. Persönliches und Sachliches wird bei den daran Beteiligten und dafür Verantwortlichen nicht immer reinlich zu scheiden sein.

Als gewiß aber darf gelten, daß es letztlich politische Erwägungen waren, die zur Aufstellung eigener nationalsozialistischer Listen für die bevorstehenden Synodalwahlen führten.
Das Programm dieser neuen kirchenpolitischen Gruppe liegt bis zur Stunde noch nicht vor. Soviel man hört, wird es ein klares Ja zu Bibel, Bekenntnis und Dogma im positiven Sinn – wie sich hierzu die kirchlich-liberal eingestellten Mitglieder des nationalsozialistischen Pfarrerbundes verhalten werden, ist noch nicht ersichtlich –, ferner eine Kampfansage gegen die Parlamentarisierung der Kirche und das Bestreben nach Erweiterung der Befugnisse des Kirchenpräsidenten (Landesbischofstum) enthalten. Daß sich ein solches oder ähnliches Programm von dem, was die kirchlich-positive Gruppe erstrebt, kaum unterscheidet, liegt auf der Hand. Um eines solchen Programms willen hätte sich also die Gründung einer neuen Gruppe kaum verlohnt. Daß sie trotzdem entstand, ist nur daraus zu verstehen, daß politische Anschauungen und Gebundenheiten aus dem Gebiet des Staatslebens nun auch auf das kirchliche Gebiet übertragen werden sollen. *Dabei ist es mitnichten so, als ob jetzt erst die Kirche ein klares Ja zum Volkstum finden müsse. Die positive Gruppe war auch dem Volkstum gegenüber stets 'positiv' eingestellt.* Es braucht auch nicht besonders gesagt zu werden, daß viele Kirchlich-positive auf politischem Gebiet die deutsche Freiheitsbewegung, wie sie sich im Nationalsozialismus verkörpert, durchaus bejahen und unterstützen. Der Dienst, den der Nationalsozialismus auf politischem Gebiet der erwachenden Nation erwiesen hat, steht gar nicht in Frage.
Aber darum geht es, daß die Kirche, auf deren Bänken Angehörige aller politischen Parteien sitzen, zu deren Altären Befürworter der *verschiedensten* politischen Richtungen schreiten, deren Pfarrstand das Vertrauen sämtlicher Gemeindeglieder braucht, um im Segen wirken zu können, freigehalten wird von der Politik. Gewiß lebt die Kirche nicht im luftleeren Raum, und je und je klopfte die Politik an ihre Pforten, am stürmischsten mit dem Auftreten der Religiösen Sozialisten. Aber kann man 'den Teufel durch Beelzebub austreiben'? Die Positiven waren stets die Rufer im Streit um die Entpolitisierung der Kirche, wenn sie auch in der grundsätzlichen Abwehr des kirchlichen Marxismus von den Liberalen wie von den nunmehr abtretenden Landeskirchlern nicht verstanden und oft genug im Stich gelassen wurden. Die Positiven haben nie das wahrhaft Religiöse bei den Religiösen Sozialisten abgelehnt, wenn es und wo es vorhanden war und zum Licht drängte. Aber sie paktierten niemals mit der Vermengung von weltlich-politischen Zielsetzungen mit den Ewigkeitsanliegen der Kirche.
Wir werden es auch künftig nie tun, wem gegenüber es auch sei! Die wichtigsten Verhandlungsgegenstände jeder Synode sind geistlich. Geistliches muß aber geistlich gerichtet werden. Das Hineintragen poli-

tischer Gesichtspunkte in die Volkskirche müßte diese letztlich sprengen, d.h. zur Parteikirche entwürdigen. Daß aber die Unterscheidung gelingen könnte: Geistliches aus dem Geist Gottes heraus zu richten, alles andere aber aus bestimmten politischen Überzeugungen heraus zu behandeln und verhandeln, glaubt ernstlich niemand. Das Beispiel der Religiösen Sozialisten schreckt!

Nicht die Sorge um den etwaigen Wahlausfall oder um den Einfluß der kirchlich-positiven Gruppe, sondern allein die Sorge um unsere heißgeliebte Kirche zwingt uns zur Abgrenzung gegenüber jeder politischen Richtung, die in ihr nach der Macht greift. Daß Glaubensbrüder, die im Innersten eins sind, auseinander gehen um des politischen Denkens und Wollens willen, wird zudem in weitesten Kreisen des Kirchenvolks nicht verstanden. Wir haben es nicht gewollt und nicht gesucht. *Die volle Verantwortung vor Gott tragen deshalb die Brüder, bei denen politische, d.h. aber weltbefangene Anschauungen den Vorrang gewannen über letzte Glaubensüberzeugungen."*

39 N.N.: „Programm der kirchlichen Vereinigung für positives Christentum und deutsches Volkstum"

VolksBl. f. Stadt u. Land Nr. 3, 15. Januar 1933, S. 21f

„*1. Unser Grund:*
Gemäß den reformatorischen Grundsätzen unserer Kirche, welche das Wort Gottes als einzige Richtschnur des Glaubens und Wandelns erkennt, den Herrn Christum allein als ihr Oberhaupt verehrt und nur im Glauben an ihn Gerechtigkeit und Seligkeit findet, bekennen wir uns zu dem Wort der Heiligen Schrift:
Einen anderen Grund kann niemand legen, außer dem, der gelegt ist, welcher ist *Jesus Christus*. Wir wissen uns daher auch eins mit allen Evangelischen, die sich zum biblischen Evangelium von Jesus Christus bekennen, dem eingeborenen Sohn Gottes als ihrem Herrn und die festhalten an dem Erbe unserer reformatorischen Väter.
Dies entspricht auch dem Verständnis des Art. 24 im Programm des Nationalsozialismus, der grundsätzlich auf dem Boden eines positiven Christentums steht, d.h. das Christentum anerkennt, wie es in unserem Volk geschichtlich geworden ist und heute noch da ist; und das Evangelium bejaht als eine objektive Lebensmacht.
Als Erben der Reformation, durchdrungen von der Überzeugung, daß der Bestand der Kirche nur möglich ist durch die Verbindung der Gegenwart mit den geschichtlichen Grundlagen der Kirche, bejahen wir

das Bekenntnis unserer Kirche, wie es in der Unionsurkunde vom Jahre 1821 und deren Erläuterung zu finden ist.

Erläuterung: Wir beziehen uns hierbei auf die in § 2 der Unionsurkunde genannten und durch die Erläuterung des § 2 von 1855 ausdrücklich als schriftgemäß und unverrückbare Grundlage der Kirche bestätigten Bekenntnisse allgemein christlicher und besonderer reformatorischer Prägung; unter ihnen besonders das apostolische Glaubensbekenntnis und die Augsburgische Konfession.

Dies entspricht auch dem nationalsozialistisch-kirchlichen Denken, wie es in Hitlers Buch 'Mein Kampf' seinen Ausdruck gefunden hat: 'Bemerkenswert ist der immer heftiger einsetzende Kampf gegen die dogmatische Grundlage der einzelnen Kirchen, ohne die auf dieser Welt von Menschen der praktische Bestand eines religiösen Glaubens nicht denkbar ist... Sollen die religiöse Lehre und der Glaube die breiten Schichten wirklich erfassen, dann ist die unbedingte Autorität des Inhalts dieses Glaubens das Fundament jeder Wirksamkeit... Der Angriff gegen die Dogmen an sich gleicht sehr stark dem Kampf gegen die allgemeinen gesetzlichen Grundlagen des Staates, und so wie dieser sein Ende in einer vollständigen staatlichen Anarchie finden würde, so der andere in einem wertlosen religiösen Nihilismus.'

Das heißt aber nun, daß die Kirche ihr Bekenntnis, das einen unwidersprechbaren Glaubensinhalt lehrt und bekennt, auch schützen muß. Darum fordern wir für die Kirche in einer alles Religiöse relativierenden Zeit, daß sie mit ihrem Bekenntnis auch ernst macht durch Schaffung und Anwendung einer klaren *Lehrnorm* für alle, die auf Kanzel und Katheder dem Evangelium zu dienen haben. Daher sind wir gegen eine 'bekenntnislose Kirche'. Ohne Herr über jemandes Glauben sein zu wollen, wird nur diejenige Kirche für die Gewissen der Menschen helfende und führende Autorität sein können, die es wagt, ihre Botschaft als absolute Wahrheit zu bekennen in ihrem Dogma.

2. *Unser Feld:*
Bei aller Einhaltung des Bekenntnisses unserer Kirche wollen wir sie aber doch hineingestellt wissen in die geschichtliche und organische Lebensverbundenheit mit dem deutschen Volk. Nicht in dem Sinne, als ob es gelte, eine 'Deutschkirche' zu schaffen oder einen 'Deutschgottesglauben' zu verkündigen, der seine Wurzeln nur im Volkstum sieht. Aber die Kirche hat die Lebenskräfte des biblischen Evangeliums dem gesamten Volk anzubieten, weil in keinem andern Heil ist. Darum muß *das Volk unser Feld* sein.

Für des Volkes Seele wollen wir uns verantwortlich wissen. Darum darf die Kirche nicht vorbei an dem Schicksal des Volkes. Sie darf keine Winkelkirche, kein 'Salz im Salzfaß' sein, sondern *Volkskirche* als eine Gemeinschaft deutscher evangelischer Christen.

Darum muß die Kirche auch ein Herz und ein Wort haben für die Lage des Volkes. 'Das Einstehen für dessen Lebensrecht und die moralische Unterstützung des gegenwärtigen deutschen Freiheitskampfes ist nichts Parteipolitisches, muß vielmehr von ihr als Recht und Pflicht bejaht werden', weil sie in *Volk und Volkstum eine Schöpfungsordnung Gottes* sieht.
Wohl kennt auch sie eine übernationale Verbundenheit aller glaubenden Christen auf Erden; aber der Boden, auf dem sie geschichtlich lebt, ist die deutsche Nation. Die Erhaltung von Volkstum und Nation ist ihr Gottes Gebot. Darum sind alle Gegner des Volkstums auch ihre Gegner, heute im besonderen alle das Lebensrecht des eigenen Volkes verneinender Pazifismus, aller volkszersetzender, freidenkerischer Marxismus und atheistischer Kommunismus sowie deren 'christlichen' und sozialen Schleppenträger aller Schattierungen.
Als Volkskirche bekennt sie sich auch zu den *sozialen Nöten* des Volkes und sieht die Möglichkeit zur Verwirklichung der großen Forderung 'Gemeinnutz geht vor Eigennutz' allein in der Bestätigung der Liebesgesinnung Jesu: 'Liebe deinen Nächsten wie dich selbst!' Der Nächste ist uns der Volksgenosse. Wir sehen in der rechtverstandenen Inneren Mission das lebendige Tatchristentum, das sich aber nicht nur in mitleidiger 'Wohltätigkeit' erschöpfen darf. Was nicht zur Tat wird, hat keinen Wert! Hier erweist sich positives Christentum in seiner reinsten Art. So ist unser Ziel: organische Verbindung von positivem Christentum und deutschem Volkstum!

3. *Unser Weg*
Dies Ziel suchen wir zu erreichen vor allem durch eine starke und klare Führung in der Kirche. Wir betonen auch in der Kirche bewußt den *Führergedanken:* Wir ersehnen seine Verwirklichung in der Schaffung cincs *Landesbischofstums* als die geschichtliche Fortsetzung dessen, was unsere badische Landeskirche vor dem Kriege besaß und was sie durch eine demokratische Verfassung von 1919 verlor. Ein kirchlicher Parlamentspräsident ist uns kein Ideal.

Darum fordern wir:
Im Innern Änderung der seit 1919 bestehenden Kirchenverfassung, die sich als unbrauchbar erwiesen hat. Sie ist die Hauptursache, daß aus den in unserer Kirche vorhandenen Richtungsunterschieden sich ein Parteiwesen entwickelt hat, das mit seinen Kämpfen unsere Kirche zerreißt und sie schwächt für nötigere Kämpfe nach außen. Sie ist auch der fruchtbare Boden für die Politisierung derselben, wie sie zielbewußt vom Marxismus her betrieben wird.

Von dem Grundsatz ausgehend, daß in der Kirche Autorität und nicht Majorität maßgebend sein muß, verfolgen wir als Ziel die Befreiung der

Kirche von den zersetzenden Parteikämpfen und ihre *wahre Entpolitisierung* durch Beseitigung des formaldemokratischen Parlamentsystems, das unserer Kirche wesensfremd ist.

Wir fordern weiter:
nach außen kraftvolle Aktivierung des protestantischen Geistes gegen alle evangeliumswidrigen Mächte der Zeit, gegen Gottlosigkeit, Unglaube und Unkultur aller Art. Gegenüber dem Staat völlige Freiheit für Glauben und Leben der Kirche, womöglich gesichert durch einen Staatsvertrag.

Wir erkennen es als ein Gebot der Stunde, die religiös-sittlichen Kräfte der gegenwärtigen großen deutschen Einigungs- und Freiheitsbewegung zu sammeln in der Form einer eigenen kirchlichen Gruppe evangelischer Nationalsozialisten, sie zu klären und zu stärken mit dem Ziel, dem letzten großen Reiche zu dienen, das nicht von dieser Welt.

Wir ringen um eine starke *deutsche evangelische Volksgemeinschaft* durch positives Christentum und deutsches Volkstum.

Wir arbeiten für einen Zusammenschluß der im 'Deutschen Evangelischen Kirchenbund' zusammengefaßten 29 deutsch-evangelischen Landeskirchen zu einer *deutschen evangelischen Reichskirche.*

Im dreihundertsten Jahre des Gedenkens an die große evangelische Tat des Königs Gustav Adolf werfen wir im Namen unseres Gottes das Panier auf."

D Die Rolle der NSDAP, besonders aber die des Gauleiters Robert Wagner bei der Gründung einer eigenen Fraktion der 'Evang. Nationalsozialisten' sowie im Vorfeld der Wahlen zur Landessynode

40 Pfr. [K.] Lehmann an Pfr. Voges: Einigungsversuch sämtlicher kirchenpolitischer Gruppen
Durlach, 20. Febr. 1932; LKA GA 8093 Nr. 39

„Eine besondere Bitte veranlaßt mich, heute Ihnen zu schreiben. Einige Freunde aus den verschiedenen kirchlichen Gruppen beabsichtigen, in nächster Zeit, wenn möglich am 2. März, in Karlsruhe eine Zusammenkunft herbeizuführen, in der versucht werden soll, in der gegenwärtigen verwirrten Lage ein gegenseitiges Verstehen und eine Klärung darüber herbeizuführen, wie wir als Glieder einer Kirche unserer kirchenpolitischen Verantwortung genügen wollen. Es ist nicht beabsichtigt, irgend eine politische Aktion zu unternehmen, sondern allein, uns dadurch, daß sich jeder ausspricht, kennenzulernen. Wir sind augenblicklich, wie mir scheint, so auseinandergerissen, außerdem bestehen solche Mißverständnisse, daß es einfach notwendig ist, um der gemeinsamen Aufgabe willen, sich einmal zu treffen.

Knevels in Heidelberg, mit dem ich vor allem die Sache durchgesprochen habe, nannte mir nun Ihren Namen und riet mir, Ihnen zu schreiben mit der Bitte, Sie möchten Ihren Namen zu einer Einladung geben, die zu einer solchen überparteilichen Zusammenkunft führen soll. Und zwar bitten wir um Ihren Namen, weil Sie, wie wir zu wissen glauben, der nationalsozialistischen Pfarrergruppe nahe stehen oder in ihr tätig sind. Ich wäre Ihnen sehr verbunden, wenn Sie mir umgehend Mitteilung machen wollten, ob ich Ihren Namen für diesen Zweck haben darf und ob Sie sich bereit erklären könnten, an dem genannten Tag nach Karlsruhe zu kommen. Mitunterschreiben soll noch: Knevels, Bürck/Steinen, Heinsius/Bretten, Boeckh/Karlsruhe und ich. Dann hätten wir sechs Unterschriften aus allen Lagern und auch eine Unterschrift eines Nichtorganisierten. Ich würde mich sehr freuen, wenn Sie dem Gedanken Ihre Zustimmung geben könnten. Ich glaube bestimmt, daß wir alle gefördert werden, wenn wir uns nur einmal vertrauensvoll und offen aussprechen. Höchste Zeit dazu ist es auf jeden Fall, wir werden sonst leicht hoffnungslos auseinandergerissen, und das darf um unserer Kirche willen nicht sein.

PS. Wen würden Sie noch zur Einladung vorschlagen aus Ihrem Kreis? Sollten am 2. März nur wenige kommen können, so müssen wir gleich nach Ostern den Plan wieder aufnehmen. Wichtig ist mir Ihre grundsätzliche Einstellung."

Urschriftliches Votum der 'Gaugeschäftsführung' der NSDAP
"Sehr geehrter Herr Pfarrer [Voges]!
Nach Rücksprache mit Gauleiter Wagner, sollen Sie zu dieser Besprechung *nicht* hingehen und selbstverständlich auch Ihren Namen nicht hergeben.
Heil Hitler! Der Gaugeschäftsführer"

41 Gaultr. Wagner an KPräs. Wurth: Intervention zugunsten von Pfr. [H.] Teutsch
Karlsruhe, 1. März 1932; LKA PA 4095

„... Seit einiger Zeit ist gegen den früheren Reichstagsabgeordneten, Herrn Pfarrer Teutsch, vom Oberkirchenrat ein Redeverbot ausgesprochen. Wie ich durch Herrn Teutsch unterrichtet bin, wird das Verbot damit begründet, daß Herr Teutsch seine kirchliche Gemeinde vernachlässigt haben soll. Ich kenne das Material, das zur Verhängung des Redeverbots geführt hat, nicht, ich habe auch kein Recht, mir ein Urteil über die Entscheidung des Oberkirchenrats zuzusprechen, jedoch weiß ich, daß Herr Pfarrer Teutsch in seiner Gemeinde sehr beliebt ist und nur ganz wenige politische Außenseiter der Gemeinde Leutershausen, die im wesentlichen nationalsozialistisch gesinnt ist, den Oberkirchenrat mit Material gegen Herrn Teutsch versehen haben können. Ich bin auch davon überzeugt, daß der Pfarrer Teutsch durch seine politische Rednertätigkeit dem Christentum und insbesondere der evangelischen Kirche viele Gleichgültige oder Abtrünnige wieder zugeführt hat. Es fiele mir nicht schwer, den Nachweis dafür zu erbringen. Damit aber bleibt es mir unverständlich, wie gegen Herrn Teutsch das ausgesprochene Redeverbot verhängt werden konnte und immer noch aufrecht erhalten wird. Die harte Maßnahme des Oberkirchenrats erscheint mir aber noch unerklärlicher, wenn ich mir vor Augen halte, daß bisher Angelegenheiten, die sowohl die evangelische Kirche, als auch die NSDAP berührten, stets in mündlicher Aussprache zur Zufriedenheit beider Teile erledigt werden konnten. Es unterliegt keinem Zweifel, daß der Oberkirchenrat auch über die Gauleitung der NSDAP auf Herrn Teutsch einwirken konnte; jedenfalls aber habe ich Oberkirchenrat Friedrich persönlich einmal gebeten, die Wünsche des Oberkirchenrats stets hierher gelangen zu lassen, wie umgekehrt Herr Friedrich jederzeit sich zur Aussprache über unsere Angelegenheiten empfohlen hielt. Angesichts dieser Tatsachen finde ich das Redeverbot gegen Herrn Pfarrer Teutsch umso befremdlicher. Es ergeht deshalb an Sie, sehr geehrter Herr Präsident, die Bitte der Gauleitung der NSDAP, die ich zugleich im Namen hunderttausender Nationalsozialisten in Baden ausspreche, das Verbot gegen Herrn Pfarrer Teutsch, in Versammlungen für die nationalsozialistische Freiheitsbewegung aufzutreten, unverzüglich aufzuheben. Ich glaube, diese Bitte umso mehr aussprechen zu dürfen, als auch der Reichspräsidentenwahlkampf, der über das Geschick unseres Volkes und nicht zuletzt auch über das Geschick der evangelischen Kirche mitentscheidet, ein Anlaß dazu sein sollte."

42 KPräs. Wurth an Gaultr. Wagner: Aufhebung des Redeverbots für Pfr. [H.] Teutsch
Karlsruhe, 7. März 1932; LKA PA 4095 – korr. Konzept

„... Was nun den Fall Teutsch betrifft, so hat Herr Pfarrer H. Teutsch heute vormittag persönlich erklärt, daß er vor den Feiertagen nicht mehr wünsche, in einer politischen Versammlung zu sprechen und dann nur auf sogenannten deutschen Abenden, d.h. wo mehr das Kulturelle zur Darstellung kommen soll. In den augenblicklichen Wahlkampf wolle er nicht eintreten. Das ihm s.Z. erteilte Redeverbot ist also jetzt schon gegenstandslos; es wird aber noch vor Ostern eine besondere Entschließung in dieser Sache an ihn ergehen. Es erübrigt sich wohl zu sagen, daß ich keinerlei Druck auf Herrn Pfarrer Teutsch ausgeübt habe und er in seinem Entschluß völlig frei war."

43 Pfr. Rössger: „Vertrauliche Voreinladung" zur Landestagung der 'Evang. Nationalsozialisten'
Ichenheim, o.D.; LKA GA 8093 Nr. 48, Rds. [Entwurf für Pfr. Voges?]
„Auf Weisung von Gauleiter Wagner findet am nächsten Dienstag, dem 10.d.M. [Mai] im Nebenzimmer des 'Löwenrachen' in der Kaiserpassage in Karlsruhe die entscheidende Landestagung des nationalsozialistischen Pfarrerbundes statt. Der programmatische Ausschuß (Pg. Brauß u.a.) werden bis dahin ein von Gauleiter Wagner sanktioniertes Programm mitbringen. Es wird so gehalten sein, daß es an Positivität dem nicht nachsteht, zu dem wir uns als Positive bisher bekannt haben. Nur unter einem solchen Programm haben wir Aussicht, unsere Sache fruchtbar zu vertreten. Da es nun anzunehmen ist, daß ein solch' Programm von Seiten liberaler nationalsozialistischer Kollegen, die in ziemlicher Anzahl (?) erwartet werden müssen, Gegenstand einer umstrittenen Diskussion wird, bitte ich Euch, da zu sein und unsere positive Führung in einer neuen evangelischen nationalsozialistischen Gruppe zu sichern. Die neue Liste darf keine Aufwärmung des alten landeskirchlichen Programms sein! Ich bitte also jetzt schon um ernsthafte Sekundanz! Pg. Gärtner u.a. werden dafür sorgen, daß an dieser Frage die Tagung parlamentarisch nicht versandet. Sollte es zu unüberwindlichen Schwierigkeiten kommen, bleibt nichts anderes übrig, als den nationalsozialistischen Pfarrerbund darüber aufzulösen und von uns nationalsozialistischen Positiven aus einen eigenen Weg zu gehen. Wir positiven Nationalsozialisten dürfen erwarten, daß auch die Linke um der neuen Liste genau wie wir Opfer bringen. Gauleiter Wagner wird auch anwesend sein und ist in obiger Sache ganz unserer Meinung!"

44 NSDAP Ortsgruppe Karlsruhe – gez. Pfr. Voges u. Dr. Dommer – an „sämtliche Sektionsführer": Vorbereitung der Landessynodalwahlen
Karlsruhe, 1. Juni 1932; LKA GA 8093 Nr. 58 – Rds.
„Die evangelischen Nationalsozialisten werden bei den Anfang Juli d.J. stattfindenden Wahlen zur evangelischen Landessynode mit einer eigenen Liste vorgehen. Die Wahlleitung für den Bezirk Karlsruhe hat der Erstunterzeichnete übernommen. In jeder Gemeinde, in Karlsruhe auch in jedem Kirchensprengel, wird zur Durchführung der Wahl ein Wahlausschuß aus mehreren evangelischen kirchentreuen Männern und Frauen gebildet, die zwar der NSDAP nicht in jedem Falle angehören, ihr aber wenigstens nahestehen sollen.
Die politische Partei beteiligt sich selbstverständlich an diesen Kirchenwahlen nicht. Im Einverständnis mit dem Gauleiter, Herrn Wagner, wollen Sie sich jedoch in der Weise zur Vorbereitung der Wahlorganisation zur Verfügung stellen, daß Sie an einer einleitenden Besprechung

am Freitag, dem 3.6.1932, 20 Uhr im 'Löwenrachen', hinteres Zimmer, teilnehmen. Um Ihr Erscheinen wird dringend gebeten. Bis zur Besprechung wollen Sie inzwischen innerhalb Ihrer Sektion Umschau nach etwa zehn geeigneten, vertrauenswürdigen, kirchentreuen, evangelischen Männern und Frauen aller Stände halten, die bei der Durchführung der Wahl voraussichtlich mitzuarbeiten bereit sind. Diese Personen müssen, wie gesagt, nicht unbedingt Parteimitglieder sein, sollen aber mit uns sympathisieren. Auch die nicht der evangelischen Konfession angehörenden Sektionsleiter werden bei der Besprechung erwartet und zugleich gebeten, einen ihnen geeignet erscheinenden evangelischen Vertrauensmann mitzubringen. Bei nicht vermeidbarer Verhinderung eines Leiters wolle unbedingt ein Stellvertreter entsandt werden."

45   LWahlltr. Pfr. Kramer an Pfr. Voges: Wahlvorbereitungen
Meißenheim, 6. Juni 1932; LKA GA 8093 Nr. 65

„... Redner können wir von hier aus keine zur Verfügung stellen. Sie selbst sind ja Propagandachef. Evtl. an Rose wenden! Soll Urlaub nehmen! Ein Artikel von Brauss erscheint im 'Führer' und den anderen Naziblättern. Er liegt zur Zeit Gauleiter Wagner vor. Selbst schreiben! Aber vor der Einreichung Herrn Gauleiter Wagner vorlegen!"

46   LWahlltr. Pfr. Kramer an Pfr. Voges: Propagandamaterial der 'Evang. Nationalsozialisten'
Meißenheim, 17. Juni 1932; LKA GA 8093 Nr. 47

„1. Sie sind verantwortlich für den Druck der Richtlinien, des Aufrufes und eines etwa notwendig werdenden Flugblattes. Sie erhalten in der Ausarbeitung des Aufrufes usw. vollkommen freie Hand. Wir verlangen lediglich, daß die zur Ausgabe kommenden Flugblätter usw. Herrn Gauleiter Wagner vorgelegt werden müssen. Erst, wenn Herr Wagner gegen die Drucklegung nichts einzuwenden hat, werden wir unsere Genehmigung erteilen.
2. Die Drucklegung ist von Ihnen zu überwachen. Wir bitten für eine wirkungsvolle Aufmachung besorgt zu sein.
3. Wegen der Höhe der Auflagen wollen Sie sich mit Herrn Pg. Ulzhöfer in Verbindung setzen. Ulzhöfer ist im Besitze der Voranschläge und soll den Versuch machen, aufgrund des Voranschlages von Esser/Bretten die Druckkosten bei Reiff herunterzusetzen. Nur Ulzhöfer ist berechtigt, abzuschließen, da er Vorsitzender des Finanzausschusses ist.
4. Die Drucksachen werden von der Druckerei an die Bezirkswahlleiter versandt. Diese müssen für Verteilung an die einzelnen Orte besorgt sein. Wir werden Ihnen die Anschriften der Bezirkswahlleiter mitteilen.

5. Die von Ihnen geforderten Drucksachen sind nicht mehr vorrätig. Sollten sie dieselben dringend benötigen, dann müßten wir dieselben erst wieder anfertigen lassen."

47 LWahlltr. Pfr. Kramer an Pfr. Voges: Druckerlaubnis durch Gaultr. Wagner
Meißenheim, 22. Juni 1932; LKA GA 8093 Nr. 4

„Herr Wagner schreibt, daß ohne sein Wissen wiederum an den von Ihnen am Dienstag vorgelegten Richtlinien Änderungen vorgenommen worden seien. Ich mache Sie nochmals auf die in meinem Briefe vom 17. gemachten Ausführungen aufmerksam, aus denen ausdrücklich hervorgeht, daß jedes Presseerzeugnis zuerst Herrn Wagner vorzulegen ist.
Wir vermissen ferner noch Ihre Wahlliste und die Reverse. Herr Gärtner lehnt es ab, am 8. Juli in Karlsruhe zu sprechen. Die Gründe wird er Ihnen demnächst selbst mitteilen."

48 LWahlltr. Pfr. Kramer an Pfr. Voges: „Evangelische Nationalsozialisten" innerhalb der NSDAP
Meißenheim, 28. Juni 1932; LKA GA 8092 Nr. 53

„Von verschiedenen Seiten wird darauf aufmerksam gemacht, daß zwischen den Positiven und uns leicht Verwechslungen vorkommen können und daß man daher nach einem deutlich unterscheidbaren Stichwort suchen müsse. Das deutlichste wäre, wenn, wie zuerst geplant, der Untertitel 'Evangelische Nationalsozialisten' geführt werden dürfte. Ich bitte Sie darüber mit Gauleiter Wagner Rücksprache zu nehmen. Ich selbst werde versuchen, per Telefon mit ihm in dieser Sache zu sprechen. Auf die sehr leicht mögliche Verwechslung, besonders auch bei der Auszählung der Stimmen, wird auch von den kirchlichen Kreiswahlleitern aufmerksam gemacht. Freiburg macht den Vorschlag, falls Wagner den früheren Titel nicht genehmigt: *Deutsch-Positiv*."

49 Gaultr. Wagner an Pfr. Voges: Kirchliche Veröffentlichungen in 'Der Führer'*)
Karlsruhe, 5. Juli 1932; LKA GA 8093 Nr. 20

„Sie haben gestern die Aufnahme der Richtlinien in den 'Führer' erbeten. Ich habe mir die Richtlinien inzwischen noch einmal durchgesehen. Dabei bin ich zu dem Ergebnis gekommen, daß es richtiger ist, die Richtlinien im 'Führer' nicht zu veröffentlichen. Ich werde Ihnen gelegentlich mündlich Auskunft geben.
Sie sagten mir gestern, daß Sie weitere Aufrufe zur Veröffentlichung der Presse schicken würden. Bis jetzt ist nichts eingegangen. Ein weiterer Aufruf könnte also jetzt frühestens in der Donnerstag-Ausgabe des 'Führer' erscheinen. Ich bitte, das nicht zu übersehen."

---

* Parteiamtliche Tageszeitung für den Gau Baden

II Landessynodalwahl 10. Juli 1932

A Politische Betätigung der Geistlichen

Über die Grenzen politischer Betätigung der Pfarrer wurde seit Bestehen der Weimarer Republik z.T. kontrovers diskutiert. Mitte 1931 sah sich die badische Kirchenregierung zu folgender Mahnung genötigt:

50 KReg., Beschluß 17. Juli 1931: Politische Zurückhaltung der Geistlichen
KGVBl. Nr. 9, 21. Juli 1931, S. 69

„Die Evangelische Kirchenregierung hat in ihrer Sitzung vom 17. Juli 1931 folgende Kundgebung an sämtliche Geistliche der Landeskirche beschlossen:
Die Not unseres Volkes fordert mehr denn je eine kraftvolle Verkündigung des Evangeliums von Jesus Christus, vor allem durch die Geistlichen unserer Kirche. Je schwerer die politischen und wirtschaftlichen Fragen dieser Tage werden und je länger wir einer Lösung derselben harren müssen, desto lauter und zuversichtlicher muß die evangelische Kirche die frohe Botschaft predigen, die ihr von ihrem Herrn anvertraut und befohlen ist. Dies Evangelium kann aber nicht in eine politische oder wirtschaftliche Regel gebannt oder damit identifiziert werden. Bei der Heftigkeit der gegenwärtigen politischen Gegensätze wird es daher ein starkes Anliegen aller Geistlichen sein müssen, sowohl im Gottesdienst wie in ihrem ganzen Verhalten alles zu vermeiden, was die Leidenschaften der Parteien verschärfen, die für das Evangelium noch offenen Ohren verstopfen und die Abneigung gegen die Kirche und ihre Diener vermehren könnte. Jeder Geistliche hat zu beachten, daß er für seine *ganze* Gemeinde da ist. Er ist nicht als Parteipfarrer berufen und am allerwenigsten zum politischen Agitator oder sozialen Reformer bestellt. Damit sind ihm bestimmte Grenzen auch in seiner politischen Betätigung gesetzt, die ihm aber für seine Darbietung der frohen Botschaft von Jesus Christus und für seine Liebesbetätigung innerhalb seiner Gemeinde wie in seinem ganzen Seelsorgeamt nur förderlich sein können. Jedenfalls sollten sich Geistliche hüten, als Wortführer politischer Parteien einander zu bekämpfen und dabei Methoden anzuwenden, die im Gegensatz zu Wort und Geist Jesu Christi stehen. Dadurch könnte dem Reich Gottes, unserer Kirche und dem hohen Amt, das sie zu verwalten hat, nur Schaden erwachsen.
Daher mahnen wir unsere Geistlichen eindringlich, in politischen Dingen größte Zurückhaltung zu beobachten, sich in allen Stücken als Nachfolger Jesu Christi zu erweisen und stets so zu reden und zu handeln, daß alles zur Ehre Gottes und zum Wohl unserer Kirche dient."

Die einzelnen Gruppierungen votierten wie folgt:

1. Die Liberalen

51   Pfr. M. Weiß: „Parteipolitische Betätigung der Geistlichen"[*]
Sdtsche Bl. Nr.4, April 1931, S.34 f.

„Die Stellung der Kirche im öffentlichen Leben ist total verändert. Die Reformatoren haben einst den Staat als Schutzherrn der Landeskirche bestellt. Ein Notbehelf, der aber vier Jahrhunderte überdauert hat. Heute steht die Kirche dem Staate *gegenüber*, weitgehend auf Selbsthilfe angewiesen, da im besten Fall Neutralität vom Staat zu erwarten ist. Wie ganz anders man noch vor 50 Jahren den Staat anschaute und empfand, wird aus einem oberkirchenrätlichen Bescheid vom Jahre 1878 ersichtlich: 'Der Staat, wie er gegenwärtig nach Vorgang von Hegel, Schleiermacher, Rothe u.a. aufgefaßt wird und sich tatsächlich immer mehr herausbildet, ist eine schöne, göttliche Ordnung, nicht mehr bloß ein Polizei- und Rechtsstaat, sondern der Organismus, innerhalb dessen sich das ganze menschliche Leben mit seinen verschiedenen Zweigen, Kräften und Tätigkeiten entfaltet und dem sich diese (auch die kirchlichen) in der Weise ein- und unterzuordnen haben, daß der Staat die Oberaufsicht über das Ganze führt und in der Leitung desselben das hohe Ziel verfolgt, alle wahren Interessen der Menschheit zu befriedigen und ihr Leben in einem edlen Gemeinwesen zur Darstellung zu bringen. Der Staat als solcher ist für jeden edlen Mann ein Gegenstand hoher Freude und Begeisterung, er ist in dem angegebenen Sinne (d.h. der Staat mit Einschluß der Kirche usw.) die allumfassende Form, in welcher das Gottesreich seine Verwirklichung auf Erden sucht.'
Mit dieser behaglichen, Vertrauen einflößenden Überdachung ist es gründlich vorbei. Ein Loslösungsprozeß ist im Gange. Ferner: Der Staat selbst ist umkämpft von widerspruchvollsten Kräften. Die Öffentlichkeit ist politisiert und parteibeherrscht. In die Werkstuben, Amtsstuben, und sogar Schulstuben hinein erstrecken sich die Begleiterscheinungen dieses Zustandes.
Es besteht keine Möglichkeit mehr, den politischen Dingen interesselos zuzusehen. Alle geistigen Grundfragen sind darin verwickelt. Wer mitentscheiden will, muß sich zur öffentlichen Kraftentfaltung entschließen. Die organisierten politischen Kräfte, die als starke Parteigebilde auftreten, kommen zu Einfluß und Geltung. Von selbst entsteht die Frage: Muß sich die evangelische Kirche nicht entschließen, in die politische Sphäre hineinzuwirken? Viele Stimmen aus dem Volke fordern evangelische Politik. Andere verhalten sich ablehnend. Die einen sagen:

---

[*] Auszug aus einem Vortrag in der Kirchlich-Liberalen Vereinigung Heidelberg.

'Als evangelische Christen haben wir die Verantwortung vor Gott und vor den Menschen, die Öffentlichkeit, den ganzen Umkreis des politischen Lebens durch die Lebenskräfte des Evangeliums zu beeinflussen.' Also Ruf Gottes! Politik aus dem Glauben. Die anderen erklären pessimistisch: 'Politik, auch evangelische Politik, ist ein trübes Geschäft, eigentlich ein Widerspruch in sich selbst, Berauschung der Seele mit weltlichen Giften, Verunreinigung, Verirrung ins Nebensächliche, Abfall von der großen, göttlichen Linie und Versinken in Machtwillen, Geltungssucht und Habgier.' Diese beiden Standpunkte umschließen ein überaus schweres Problem.

Als feststehende Mission der Kirche muß gelten, daß sie das gesamte menschliche und somit auch staatliche Leben mit christlichem Geiste zu erfüllen hat. Da aber die staatgestaltenden Instanzen in den Parlamenten gegeben sind, die ihrerseits wieder aus dem Kampfe der Parteien entspringen, so wird die Kirche durch Parteien und staatgestaltende Körperschaften wirken müssen, wenn sie ihren Zwecken und Zielen öffentliche Gestalt geben will. Hier liegt der gefährliche Punkt. Ist aber damit schon gegeben, daß sich die Kirche unmittelbar in staatliche Politik einmischen soll?

Vorsichtigerweise, weil sich bewußt der damit betretenen Gefahrenzone, haben manche den evangelischen Laien das parteipolitische Handeln vorbehalten. Die Geistlichen sollen hinter der Front bleiben. Die Frage muß grundsätzlich entschieden werden. Ist das politische Handeln auch dem Geistlichen zur Pflicht zu machen? Da nun einmal entschiedenerer Öffentlichkeitswillen des evangelischen Deutschland notwendig erscheint, wie steht es dann um die politische Stellung der geistlichen Führer der evangelischen Gemeinden?

Sein Recht als Staatsbürger ist dem Geistlichen kaum irgendwo ernstlich streitig gemacht worden. Die kirchlichen Behörden haben die Beteiligung des Geistlichen am politischen Leben nirgends als rundweg unstatthaft bezeichnet. Im Gegenteil! Es wird zugestanden, daß sein Eintreten in den politischen Kampf unter gewissen Umständen wünschenswert, ja unvermeidlich sei. Man denke an kulturpolitische Entscheidungen des Staates.

Der Geistliche handelt jedenfalls unvermeidlich parteipolitisch, wenn er sein Wahlrecht ausübt. Niemand wird es ihm verwehren, nach seiner politischen Überzeugung Stellung zu nehmen zu den öffentlichen Fragen und in seiner Weise staatgestaltend mitzuwirken. Es muß sogar mit allem Nachdruck gesagt werden, daß Geistliche, die nicht in der Zeit leben und nicht darin Bescheid wissen, die Menschen nicht verstehen und die Verhältnisse nicht religiös interpretieren können. Ebenso bestimmt muß allerdings daneben betont werden, daß sie nicht allein in der *Zeit* leben und den Hauptteil ihrer Kraft auf Ausgestaltung des äußeren Lebens verwenden dürfen.

Es gab Zeiten der Unsicherheit, wo es beruhigend zu wirken vermochte, daß Geistliche in die Parlamente einzogen und für einen Teil des Volkes als Garanten einer gemäßigten Entwicklung galten. Sogar die Kirchenbehörden haben es gern gesehen. Andererseits ist doch die Tatsache zu beachten, daß politisch aktive Geistliche immer seltene Ausnahmen geblieben sind. Kein Zufall, daß man die meisten, die sich in ein Parlament wählen ließen, nach einigen Jahren verschwinden sah. Oder sie zogen das geistliche Kleid aus. Warum? Teils haben sie selbst, teils ihre Parteien und Fraktionen es eingesehen, daß sie eben als Geistliche eigenartige Musikanten sind, deren Instrumente sich für die robusten Kompositionen des politischen Konzerts nicht glatt verwenden lassen. Man hat zuzeiten wohl gesagt: 'Gerade darum ist es gut, daß ein solcher Musikant dabei ist.' Aber die Erfahrung lehrt, daß ein Außenseiter den Einfluß nicht ungeschmälert festhalten kann, sondern auf die Dauer mißliebig wird. So weiß man nicht, ob er eines Tages mehr von sich ausgeht oder von den anderen abgedrückt wird.

Unleugbar gibt es eine *Spannung* zwischen geistlichem Beruf und parteipolitischer Tätigkeit, die je nach dem Grade der persönlichen Veranlagung des Geistlichen und der Art seines Auftretens weniger in die Erscheinung treten oder bis zur Unerträglichkeit sich steigern kann. Die Grenze zwischen dem Recht des Pfarrers als Staatsbürger und der 'der Gebundenheit an die von seinem Berufe ihm auferlegte *Zurückhaltung*' hängt mit den Umständen und mit seiner Persönlichkeit zusammen, kann also nicht starr festgelegt werden.

Woher die Spannung zwischen geistlichem Beruf und politischer Tätigkeit? Irgendwie machen sich da die Reibungen zwischen Politik und Moral, Gott und Welt, Seele und Leib, Ideal und Interesse geltend. Bei politischer Geschäftigkeit des Geistlichen werden sie besonders auffallend, weil er Verkünder des Evangeliums ist, das mit einem durch politische Überlegungen modifizierten 'Christentum' nichts zu tun hat. Er treibt Volksdienst und Staatsgestaltung nicht aus einer Partei heraus. Methode des Evangeliums ist selbstlose Belehrung, ehrliche Gewinnung um Gottes willen, nicht zur Verstärkung des eigenen Vorteils und einer weltlichen Position.

Der Blick des Geistlichen richtet sich auf das Leben der Seele, das immer und überall entscheidend ist. Er kennt kein Glück, das in bestimmter politischer Form unterbaut sein müßte. Politik ist Wille zur Macht, organisierter Kampf um die Herrschaft. Geistliche Aufgabe ist Seelsorge: Gestaltung des Lebens von der Seele aus, beständige Warnung vor dem Trug des Materiellen. 'Was hülfe es dem Menschen...' Jesu Worte bei der Versuchung sind bedeutsam als Ablehnung der Zumutung, den Weg des Dienstes an den Seelen mit den Praktiken politischer Überwältigung zu vertauschen. (Unsolide Versprechungen,

Schlagwörter, Instinktreizung.) Die Politik mit christlicher Sittlichkeit zu veredeln, wird eine dringende Pflicht bleiben. Man wird aber noch bei vielen Versuchen die Erfahrung machen, daß die in den Kampf um massive Ziele verstrickte Politik den reinen Aether des christlichen Lebensideals nicht zu verwerten vermag, ja oftmals geradezu als Hindernis ablehnt. Aus der rein technischen Kombination von Politik und Religion entstehen Bastardbegriffe wie *sacro egoismo*, die über den nackten Tatbestand hinwegtäuschen. Von gleicher Bedeutung wie die Übermittlung der christlichen Lehre ist die Pflege der kirchlichen Gemeinschaft, zu der der Geistliche berufen ist. Er darf nie vergessen, daß sein Amt ein Symbol für kirchliche und religiöse Gemeinschaft darstellt. Dazu aber muß er Vertrauensmann seiner Gemeinde sein. Die agitatorisch betätigte politische Einstellung zerreißt die Gemeinschaft. Nicht richten und sich spreizen! Immer Selbstprüfung und Demut! Der Pfarrer darf nichts zu tun haben mit Klassenpolitik, Klassendünkel und Klassenhaß. Er gehört allen und soll allen ein christlicher und brüderlicher Führer sein. Er weiß: 'Sie sind allzumal Sünder' und darf doch wieder allen sagen: 'Ihr seid alle Gottes Kinder durch den Glauben an Christus Jesus.' Die umfassenden erzieherischen Wirkungen der geistlichen Tätigkeit müssen sein gemeinschaftsbildend, gewissenschärfend, Gegensätze überbrückend, zügellose Weltlichkeit in die Schranken weisend. Er wird bei dieser Tätigkeit, wenn er sich nicht auf die feigen Mittel des Ausweichens einläßt (Schönreden, Verschleierung, weichliche Konzessionsmacherei usw.), auf reichliche Opposition stoßen und kann sein männliches Verlangen nach Kampf durchaus befriedigen, ohne daß er politischer Agitator wird.

Verflüchtigung und Verflauung des heutigen religiösen Lebens infolge Abflackerns der Glaubensenergie haben den Pfarrer vielfach in Nebengebiete abgezogen, ihm fremde Methoden in die Hände gespielt und sein Geltungsstreben verfälscht. Die Losung heißt: Zurück zur Sache! Der Pfarrer soll sich wissen als Diener Gottes und Pfleger der Kirche. Wenn er das recht ist, wird ihm auch der Gegner nicht den Respekt ganz versagen."

52 Pfr. Hugo Specht: „Politische Betätigung der Pfarrer"
SdtschBl. Nr. 8, Aug. 1931, S. 80

„Die Kirchenregierung hat eine Kundgebung an sämtliche Geistlichen der Landeskirche beschlossen, die am 21. Juli veröffentlicht worden ist [vgl. Dok. Nr.50] ...

Es ist zweifellos begrüßenswert, daß die Kirchenregierung sich mit einer solchen Kundgebung an ihre Pfarrer wendet angesichts der sehr intensiven parteipolitischen Betätigung verschiedener ihrer Geistlichen. Und es ist erfreulich, daß die Kirchenregierung die Form der Kundgebung gewählt hat und nicht die eines Gesetzes, durch das den Geistlichen die politische Betätigung überhaupt verboten werden würde.*) Wenn man trotzdem nicht mit ungeteiltem Herzen dieser Kundgebung zustimmen kann, so liegt das nicht an der *Tatsache* dieser Kundgebung, sondern an ihrem *Inhalt*. Man hat sehr stark den Eindruck, daß es sich hier um ein Kompromißwerk handelt und daß man die Regel: 'Eure Rede sei ja, ja und nein, nein, was darüber ist, ist vom Übel,' nicht befolgt hat. Man möchte mehr Klarheit in dieser Kundgebung verspüren und einen den Dingen überlegeneren Geist, als sich darin kundgibt. Daß politische, soziale und wirtschaftliche Fragen auch unter das Gericht des göttlichen Wortes gestellt werden müssen und daß das Gebot der Liebe zum Nächsten und des Gehorsams gegen Gott auch die Stellungnahme des Pfarrers in der Predigt zu politischen Fragen fordern kann und häufig genug fordern, davon spricht diese Kundgebung nicht. Sollte es wirklich die Meinung der Kirchenregierung sein, daß das Evangelium eine Angelegenheit ist, die sich neben dem Strom des Lebens abspielt, und daß man es von allen anderen Lebensfragen isolieren könne? Ein mutiges und offenes Wort, das ausdrücklich den Anspruch des Evangeliums auf die ganze Lebenswirklichkeit ausgesprochen hätte, das hätte in dieser Kundgebung nicht fehlen dürfen. So steckt ein ängstlicher Geist darin, und man vermißt eine klare und entschiedene Führung, die gerade jetzt so unendlich nötig wäre.

Bedenklich sind auch Einzelheiten. Wie gern hört man und stimmt man zu, wenn es heißt: 'Jeder Geistliche hat zu beachten, daß er für seine *ganze* Gemeinde da ist. Er ist nicht als Parteipfarrer berufen...' Aber wie erschrickt man, wenn es dann weiter heißt: 'und am allerwenigsten zum politischen Agitator und sozialen Reformer bestellt.' Wie kann man diese beiden Dinge zusammenstellen: Politischen Agitator und sozialen Reformer. Selbstverständlich unterstreichen wir, daß der Pfarrer am allerwenigsten zum politischen Agitator bestellt ist; aber daß auch das Gebiet der sozialen Reform ihm verbotenes Gebiet sein soll und daß er, wie aus dem Wortlaut hervorgeht, eher Parteipfarrer als sozialer Reformer sein dürfte, das ist einfach unmöglich. Hat Wichern umsonst gelebt, hat Naumann vergebens gekämpft, ist Söderblom unserer badischen Landeskirche völlig unbekannt geblieben? Dieser Satz in der Kundgebung ist so bedenklich, daß er den Wert des Ganzen illusorisch macht. Ich fürchte, diese Kundgebung wird das Gegenteil von dem erreichen, was sie erreichen soll. Die politischen Gegner eines Pfarrers werden erst

---

* „Womit nicht gesagt ist, daß ein striktes Verbot der parteipolitischen Betätigung nicht auch einmal vom kirchlichen Gesichtspunkt aus erforderlich sein könnte. (D.Verf.)"

recht aufpassen auf jede Äußerung inner- und außerhalb des Gottesdienstes, die irgendwie politisch gedeutet werden kann, und seine politischen Freunde werden nichts finden, was gegen diese Kundgebung verstößt. Mit Unklarheit gewinnt man heute weniger denn je.

53 N.N.: Kritik an dem Erlaß über 'Politische Zurückhaltung der Geistlichen', vgl. Dok. 50
MtsBl. Nr. 8, 2. Aug. 1931, S. 119f.

„Schade, daß auch diese Kundgebung unter mancherlei, an sich gewiß beherzigenswerten peripherischen Erwägungen um den Kern des Problems herumgeht und die Kraft nicht aufbringt, vom Wesen und von der Aufgabe der Kirche und des Pfarramts aus den Schritt zu tun, der schließlich doch einmal getan werden muß, wenn die evang. Kirche nicht auch noch den letzten Rest ihrer spezifischen Bedeutung verlieren will. Helfen wird darum diese Kundgebung nicht allzuviel, aber der Wille ist löblich. Außerordentlich bedenklich ist nur, daß die Mahnung zu größter Zurückhaltung in politischen Dingen auch wieder mit dem Satz begründet wird: der Pfarrer ist für seine ganze Gemeinde da. So unbezweifelbar richtig dieser Satz ist, so zweifelhaft sind die Konsequenzen dieser seiner Anwendung. Es könnte darnach eines Tages einer kommen und sagen: weil der Pfarrer für seine ganze Gemeinde da ist, darum muß er auch in der Predigt, bei der Sakramentsverwaltung und bei den Amthandlungen, nicht zuletzt auch in der Seelsorge Rücksicht nehmen auf die in seiner Gemeinde vorhandenen Schattierungen dessen, was man gemeinhin evang. Christentum oder Protestantismus nennt, und sich hüten, daß er „Andersdenkenden" keinen Anstoß gibt. Das aber wäre der Tod der Evangeliumsverkündigung. Weil der Pfarrer für die ganze Gemeinde da ist, hat er der ganzen Gemeinde ohne Ansehen der Person und der persönlichen Meinungen seiner Gemeindeglieder nichts anderes als das biblische Evangelium darzubieten. Wie er über Politik, sowie über die Zeit- und Wirtschaftsfragen denkt, interessiert niemand unter seiner Kanzel, selbst wenn er auf diesen Gebieten sachverständig wäre, was aber selten oder nie der Fall ist. Es gibt nichts fürchterliches als die gewöhnlich in den Predigteinleitungen ausgebreiteten pastoralen Dilettantismen über politische und wirtschaftliche Fragen. Am Radio erlebt man hier seine blauen Wunder. Der Prediger soll sich auf das beschränken, worin er Sachverständiger zu sein hat und worin man ihn gern als solchen anerkennt: auf das bekenntmäßig verstandene, theologisch begriffene biblische Evangelium. Das meint auch die Kundgebung, wenn sie es auch nicht gerade so ausdrückt. Aber daraus folgt, daß der Pfarrer die Hand ganz von der Politik zu lassen und keiner andern Norm und Rücksicht zu folgen hat als dem Bekenntnis der reformatorischen Kirche."

2. Kirchlich-Positive Vereinigung

54   Pfr. Kobe: „Warum Kirchenpolitik?"[*)]

MtsBl. Nr. 12/13, 29. Nov. 1931, S. 47f. u. 3. Jan. 1932, S. 2–4

„... Da *Kirchenpolitik* entsprechend dem Begriff Politik = Staatskunst als
die *Kunst der Kirchenleitung* bezeichnet werden kann, möchte ich, von einer Bestimmung des Begriffs 'Kirche' absehend, Ihre Aufmerksamkeit zunächst auf das lenken, was die heilige Schrift uns von der Kirche zu sagen hat. Es ist bekanntlich der *Epheserbrief*, der die Grundschrift für das, was im christlichen Sinne unter 'Kirche' zu verstehen ist, bildet. Hier gibt nun Paulus auch keine Begriffsbestimmung für die Kirche, sondern er redet von ihr und sieht sie förmlich in großartigen Bildern. Und zwar ist es im 1. Kapitel das *Bild des Leibes*, in dem sich ihm die Kirche darstellt, des Leibes, an dem der Herr Christus das Haupt ist, 'die Fülle des, der alles in allem erfüllet'. Also ein lebendiger Organismus, in dem der heilige Geist das unsichtbar wirkende lebendige Prinzip ist und die einzelnen zu Gliedern (Zellen!) dieses Leibes macht. Und im 2. Kapitel sieht Paulus die Kirche im Bilde des *heiligen Tempels*, der sich aufbaut aus lebendigen Steinen, also wieder ein lebendiges einheitliches Gebilde, das wie jenes erste nach oben, nun nach unten in seinem Grunde zusammengefaßt ist, nämlich in dem Eckstein Jesus Christus, der die Hauptlinie, die Lage und Form des Baus bestimmt, während die Apostel mit ihrem maßgebenden Zeugnis aus der Kraft des Geistes durch ihr Wort die Grundmauern bilden, die das Ganze tragen. So stellt sich uns die Kirche als der Organismus dar, durch den der auferstandene und verherrlichte Herr durch seinen Geist in Wort und Sakrament in die Sichtbarkeit dieser Welt hereinragt und in dieser Sichtbarkeit sein Werk treibt. Es ist ein Organismus, der aus Menschen gebildet ist und der sich auch irdisch-menschlicher Ordnungen bedient, damit er die Sache des erhöhten Herrn auf Erden treibe. Damit dürfte jene bekannte Unterscheidung von sichtbarer und unsichtbarer Kirche – unsichtbare = ideale Kirche, die Gegenstand unseres Glaubens ist, und sichtbare = organisierte, verfaßte, geschichtlich gewordene Kirche –, diese Unterscheidung, die mit ein Hauptgrund des Aneinandervorbeiredens in der Diskussion über die Kirche ist, wesentlich gemildert, wenn nicht zum Vorteil für unsere Diskussion überhaupt beseitigt sein. 'Natürlich hat die Kirche, wie alles Lebendige in dieser Welt, eine sichtbare und eine unsichtbare Seite, aber so wenig wie beim Menschen Leib und Seele auseinandergerissen werden dürfen, so wenig darf die unsichtbare Kirche von der sichtbaren getrennt werden' (Zoellner, 'Im Dienst der Kirche'). Hat man die Kirche, wiederum in einem Bilde, 'die Magd des Herrn' genannt, wie Luther: 'Ich hab sie lieb, die werte Magd' –, so wird man sich auch an der Ärmlichkeit ihrer äußeren Erscheinung nicht stoßen;

---
[*] „Vortrag auf der Herbstversammlung der Kirchlich-positiven Vereinigung"

auch die Magd ist nicht größer als ihr Herr, und der Leib Christi trägt auch heute noch die Merkmale an sich, die der Prophet an dem Knecht Gottes geschaut hat: 'Keine Gestalt noch Schöne'. So geben uns die Bilder, in denen der Apostel von der Kirche redet, ganz ähnlich dem Bilde, in dem der Herr selbst von dem Verhältnis zu den Seinen spricht: 'Ich bin der Weinstock, ihr seid die Reben', wenn auch keine Definition, so doch eine außerordentlich verständliche und auch für unsere heutigen Verhältnisse außerordentlich brauchbare Begriffsanschauung. Um einiges anzudeuten: In einem Leibe kann es krankhafte, den ganzen Organismus störende und zerstörende Gebilde geben, die es zu entfernen oder fernzuhalten gilt, soll nicht der ganze Körper der Zersetzung anheimfallen. Am Weinstock werden jedes Jahr die wilden Triebe abgeschnitten. An dem solidesten Bau können Risse entstehen, ja Mauern aus dem Lote weichen, die der Aufsicht und bessernden Hand der wachsamen Bauleute bedürfen. *Und diese Tätigkeit, diese Bemühung, diese Kunst, den Organismus Kirche gesund und, seiner Zweckbestimmung entsprechend lebendig, kräftig und dienstbar zu erhalten, das ist Kirchenpolitik.* Deswegen ist Kirchenpolitik im Grunde so alt, als die Kirche selbst ist, und wer ihre Geschichte schreiben wollte, müßte als älteste Quelle die Apostelgeschichte und die Apostelbriefe zu Rate ziehen; und es wird Kirchenpolitik geben, solange es eine Kirche gibt. Damit hätten wir also bereits die Antwort auf unsere Frage gegeben: 'Warum Kirchenpolitik?' – Freilich, die Frage birgt für uns jetzt noch ein anderes Anliegen, nämlich: *gibt es denn eigentlich eine Norm, eine Richtschnur für Kirchenpolitik*, und wie soll diese Norm gerade jetzt in der gegenwärtigen Lage der Kirche gehandhabt werden? – Dazu aber müssen wir zunächst wieder einen Blick auf das *Werden der Kirche* werfen.

Wir haben die Apostel mit ihrem vom Geist gewirkten Zeugnis von der Gottestat der Erlösung, die durch Jesum Christum geschehen ist, das wir kurz als das Zeugnis von dem für uns Gekreuzigten und Auferstandenen zusammenfassen können, mit Paulus die Grundmauern der Kirche genannt. Auf dieser Norm, die uns im Wort des Neuen Testaments als der Erfüllung des Alten erhalten ist, erhebt sich das Gebäude, die Kirche, selbst. Die Grundmauern bleiben wie der Eckstein unveränderlich, so daß Kirche immer nur das ist, was mit diesen Grundmauern in lebendiger Verbindung bleibt, von dieser Norm nicht abweicht, wie es ja auch nur ein, in seinem Kern unverwandelbares, echtes Christentum gibt, eben das apostolische, im Wort des Neuen Testaments klar bezeugte Christentum.

Nun hat aber die Kirche nicht etwa nur tote Buchstaben weitergegeben, wie sie z.B. heute noch die Nachkommen der alten Samaritaner in einer uralten Pergamentrolle der fünf Bücher Moses verehren. Sondern auf Grund des vom Geist gewirkten Worts besteht in der Kirche fort und fort die *'lebendige Stimme des Evangeliums'*, das Zeugnis von dem Herrn, das immer auch wie das Zeugnis der Apostel zugleich 'Bekenntnis' zu dem Herrn der Kirche ist. Die formgeschichtliche Forschung sucht ja selbst derartige Zeugnisse und Bekenntnisse, die Paulus und andere neutestamentliche Autoren in der Gemeinde vorgefunden und in ihren Schriften verwendet haben, festzustellen. In besonders bewegten Zeiten nun führte diese lebendige Stimme zum besonderen *Bekenntnis* unserer Kirche, das gewissermaßen die Arbeit der Kirche oder auch die Deutung des Wortes Gottes ist. So hat der Kampf der alten Kirche gegenüber dem übermächtigen ältesten Feind das *apostolische Glaubensbekenntnis* geboren, weil es nichts enthält, was nicht auch die Apostel bezeugt und bekannt hätten, und das so im organischen Zusammenhang mit der Grundmauer der Kirche steht. So war dann auch die Zeit der Reformation, und zwar aufgrund einer neuen Erkenntnis der alten biblischen Wahrheit, wiederum bekenntnisbildend für unsere Kirche, wie denn auch unsere Landeskirche in ihrer Verfassung insbesondere der *Augsburgischen Konfession* 'normatives Ansehen' ausdrücklich zuerkennt. Was wäre auch die eine Kirche ohne Bekenntnis, d.h. ohne den Ausdruck dessen, was sie will? Ein Sprechsaal für alle möglichen Meinungen, in dem jeder mit dem, was er verkündigt, immer nur seine persönliche Eigentümlichkeit verkündigt. Nicht als ob wir das Bekenntnis *über* das Wort Gottes stellen wollten, wie es gewiß auch schon vorgekommen ist und noch vorkommt, daß man geradezu Götzendienst mit ihm treibt, sondern das kirchliche Bekenntnis redet immer nur von nichts anderem als dem Worte Gottes. Weit entfernt, einem unevangelischen Gewissenszwang und einer Bindung an den Buchstaben der einzelnen Bekenntnissätze das Wort zu reden, möchte ich mich zur Hervorhebung des für unsere Kirche normativen Inhalts des Bekenntnisses eines Bildes bedienen, das einmal der sächsische Kirchenmann Ahlfeld in einer Synodalrede gebraucht hat: Das Bekenntnis ist wie eine Ellipse, ein in sich geschlossenes Ganzes, nicht etwa eine Vielheit von aneinandergereihten Gesetzesparagraphen, sondern ein Ganzes, das aber wie die Ellipse zwei Brennpunkte hat: den einen bildet das Bekenntnis *von der Notwendigkeit unserer Erlösung, daß wir alle Sünder und darum verlorene Menschen sind, die allein aus Gnaden um Christi willen durch den Glauben vor Gott gerecht und seine Kinder sind* – hier soll uns jedes Wort wichtig sein – (siehe den großen Hauptartikel Nr.4 des Augsburgischen Glaubensbekenntnisses), und den andern Brennpunkt bildet das Bekenntnis *zur heiligen Schrift, wie sie sich selbst auslegt,* und die die ewige Wahrheit und Richtschnur unseres Glaubens und Wandels bildet. *Von dieser Position aus gilt es, alles der Kirche Nichtentsprechende, Fremde, ihren Organismus Störende und Zerstörende fernzuhalten oder auszumerzen. Und von dieser Position aus gilt es wiederum, allen denen, die nach dem Dienst der Kirche fragen, und die sich diesen Dienst gefallen lassen, allen in Wahrheit Mühseligen und Beladenen, Hungernden und Dürstenden unserer Zeit das anzubieten und das zu geben, was sie zum Leben nötig haben.* Aber was kann die eigene Überzeugung, das Reden selbst mit Menschen- und Engelszungen von dem eigenen Wähnen und Erleben, das man gern 'tiefe Gläubigkeit' und 'aus dem Gewissen geredet' nennt, – was kann solches Reden einem Geschlechte helfen, das sich wie das unsrige nach einem autoritativen, das ist maßgebenden Wort sehnt? *Autoritativ reden in der Kirche kann nur der, der sich auf Gottes Wort berufen kann, das er redet, und der dabei in der Richtung des Bekenntnisses bleibt, das dieses Wort deutet. Also Gottes Wort auf der Grundlage des Bekenntnisses, – damit ist nun auch die Richtung bestimmt, in der Kirchenpolitik getrieben sein will,* zumal von Mitgliedern einer kirchlichen Vereinigung, die sich wie die unsrige ausdrücklich für Bibel und Bekenntnis einsetzen will. Damit ist nun auch unsere kirchenpolitische Stellung einem rein subjektivistisch orientierten *Liberalismus*, dem religiösen *Sozialismus* und dem erfreulicherweise sein Interesse an der Kirche anmeldenden *Nationalismus* gegenüber gegeben.

Das oben erwähnte Thema der Kirchlich-liberalen Vereinigung 'Warum kirchlich liberal?' beweist m.E. nicht, daß der kirchliche Liberalismus, wie man ihm auch schon nachgesagt hat, tot ist, im Gegenteil, daß er lebt und in seiner Weise die Kirche und an der Kirche bauen will, so seltsam das Fundament erscheint, auf dem er baut. Ich kann es mir nicht versagen und dem Autor nicht ersparen, zur Kennzeichnung der Lage, in der sich der Liberalismus befindet, und der Grundlage, auf der er baut, folgende Auslassung eines Führers der badischen Liberalen, des Heidelberger Privatdozenten Andreas Duhm, in seiner 'Antwort' auf 'Vier Fragen' im Wortlaut nach Nr. 9 der 'Süddeutschen Blätter' hier anzuführen: 'Man wird fragen, was habt ihr denn gefunden, was so viel mehr ist als das, was ihr bestreitet?' – Auf diese ganz mit Recht gestellte Frage könnte schon die Antwort genügen: Habt Geduld! Denn wenn vor dem Auffinden des Neuen das Alte aus dem Wege geräumt werden muß, und zwar unter Bekämpfung eines fanatisch kräftigen konservativen Widerstands von Theologen und Laien, dann kann sehr leicht in diesem Werdegang ein Augenblick des Übergangs sein, wo – gar nichts ist, d.h. wo wir auf der Fuge zwischen dem nicht mehr geltenden Alten und dem noch nicht geltenden, noch nicht klar dastehenden Neuen, also auf einem Nullpunkt stehen. Das rechtfertigt durchaus nicht, daß man so lange wenigstens das Alte festhält und weiter verkündigt, um dem Glaubenshungrigen doch etwas zu bieten. Dieser schwere Augenblick des Übergangs kann natürlich Jahrzehnte dauern! Man dürfte mithin dem Liberalismus nicht vorwerfen, daß er seit dem Beginn seiner Arbeit immer noch jenen Ersatz nicht dargeboten habe, wenn – es wirklich so wäre! Denn es ist nicht so, er hat längst Ersatz angeboten. Aber eine seit Jahrhunderten an den alten Glauben gewöhnte Welt hat sich noch nicht bereit gefunden, hat sich innerlich noch nicht darauf ein- und umgestellt, den Ersatz anzunehmen.' Und darüber wundert sich Duhm. Er sollte aber wissen, daß man besonders in Deutschland auf alles, was Ersatz heißt, aufgrund der Erfahrungen, die man damit gemacht hat, schlecht zu sprechen ist. Und nun gar Eckstein-, Fundamentersatz? – Und in Nr. 10 der 'Süddeutschen Blätter' stellt derselbe Wortführer A. Duhm folgende Fragen und gibt folgende Antworten: 'Warum ist die völkische Bewegung in ihrem größeren Teile heidnisch? Weil die Kirche nicht völkisch, überhaupt nicht deutsch ist! Und warum ist die sozialistische Bewegung gleich als atheistisch in Erscheinung getreten? Weil die Kirche nicht sozial war!' Wir vermissen da nur noch die Frage: Warum nehmen die Neuapostolischen und Adventisten und die Christengemeinschaft und die Gottlosen immer mehr zu? – und dazu die Antwort: Weil die Kirche überhaupt nicht christlich war, noch ist! Dafür aber bietet nun er seinen 'Kuß der ganzen Welt'! – Und da gibt es gar nicht wenige unter uns, die mit uns auf dem gleichen biblisch-bekenntnismäßigen kirchlichen Standpunkt stehen, die aber doch sagen: warum Kirchenpolitik? Man lasse uns mit Kirchenpolitik in Ruhe! Wir haben anderes zu tun! Es ist genug, wenn wir Gottes Wort rein und lauter verkündigen. Sehe jeder zu, wie er's treibe! – Aber hat nicht jedes Glied der Kirche auch eine Verantwortung für das Ganze? Und hat man schon wieder vergessen, daß man auch so wichtiges Material zum Bau der Kirche, wie z.B. die Lehrbücher, Katechismus, Biblische Geschichte oder das kirchliche Gebetbuch mit seiner Kirchenordnung, so wie wir sie noch und wieder haben – man mag die Form im Einzelnen preisgeben –, die aber doch ihrem Inhalt nach der Grundform unserer evangelischen Kirche entsprechen, auch der Kirchenpolitik zu verdanken haben? Was würden wohl dieselben Leute sagen, die heute der Kirchenpolitik so gram und müde sind, wenn sie etwa demnächst eine Biblische Geschichte als Lehrbuch in die Hand bekämen, die auf Grund der sogenannten Ergebnisse der wissenschaftlichen Forschung mit Zuhilfenahme der Religionsgeschichte und Religionspsychologie zustande gekommen wäre? – Ich meine, auch diese Erwägungen dürften eine Antwort auf die Frage geben: Warum Kirchenpolitik? – Daß es für die Kirche, die nach Beseitigung des Staatskirchentums ja auch nach der Reichsverfassung ihre Angelegenheiten selbständig ordnen soll, ein unwürdiger und unerträglicher Zustand ist, daß bei der Besetzung der theologischen Lehrstühle eine der Kirche gleichgültig oder gar unzweideutig unfreundlich gegenüberstehende Staatsregierung das entscheidende Wort zu reden hat – darüber brauche ich wohl in diesem Kreise kein Wort zu verlieren. Es wird dafür Sorge zu tragen sein, daß der kommende Vertrag zwischen

Staat und Kirche in dieser Beziehung der Kirche einräumt, was ihr so lange zum Unterschied von der katholischen Kirche vorenthalten worden ist. Das einzige große Hauptinteresse, das wir an dem in Aussicht stehenden Vertrag haben können, ist dies, daß unserer Kirche die Freiheit und Möglichkeit eingeräumt wird, ihre Aufgabe nach ihren lediglich nach Gottes Wort orientierten *Grundsätzen,* von denen sogar in der Weimarer Verfassung die Rede ist, in unserm Land an unserm Volk zu erfüllen. Nur muß die Kirche und ihre Leitung auch solche Grundsätze haben, und wenn sie sie hat − wir finden sie in den Grundgedanken ihres Bekenntnisses ausgesprochen −, sie auch handhaben. Und daß das geschehe, ist wiederum Aufgabe der Kirchenpolitik.

Es ist im Grunde auch nur auf eine Verkennung des Wesens und der Aufgabe der Kirche zurückzuführen, wenn ihr zu den miteinander ringenden Mächten des politischen und sozialen Lebens in Staat und Volk eine aktive Stellungnahme zugemutet wird, die die Kirche dann doch nur unter Außerachtlassung ihrer in ihrer Norm des göttlichen Wortes gegebenen Position vollziehen könnte. Woher kommt diese Zumutung, die, sowie ihr nicht stattgegeben wird, sich sofort in eine Feindschaft und Bekämpfung der Kirche auswirkt? − Sie rührt von der Meinung her, alles Übel, alle Not des Menschen könne durch eine Neuordnung und Neugestaltung der menschlichen Gesellschaftsverhältnisse ausgerottet werden, wobei die Erlösung von Gott her und die Versöhnung mit Gott, deren Predigt die Aufgabe der Kirche ist, keine oder doch nur eine nebensächliche Rolle spielt. Man macht der Kirche den Vorwurf, sie habe bis jetzt nichts getan zur Beseitigung der leiblichen Not, sie habe versagt, ja stehe sogar einer notwendig gewordenen Umgestaltung der Dinge im Wege, sei darum auch von Grund aus zu revolutionieren oder, wie es in Rußland geschieht, ganz zu beseitigen. So tritt an die Kirche die bekannte Zumutung heran: 'Sprich, daß diese Steine Brot werden!' Und wenn sie dann das zur Antwort gibt und geben muß, was schon ihr Haupt gesagt hat: 'Der Mensch lebt nicht von Brot allein' − womit zugegeben wird, daß der Mensch in der Welt von Brot lebt, und darum auch für dieses lebenswichtige Brot zu sorgen hat −, 'sondern von einem jeglichen Wort, das durch den Mund Gottes geht', so ist der *religiöse Sozialismus* bereit, sich mit seinen Forderungen nach jenem bekannten Vorgang auch auf Bibelworte zu berufen. Von dieser Seite her kann die Kirche nur insoweit auf Anerkennung rechnen, als sie den Bestrebungen des politischen Sozialismus Vorspanndienste leistet, innerpolitisch, wenn die kirchliche Gemeinschaft sich zu einem sozialen Wohltätigkeitsunternehmen umstellt, außenpolitisch, wenn sie den sogenannten Weltfrieden propagiert. Ein größerer Schade hätte der kirchlichen Gemeinschaft wohl nicht zugefügt werden können, als vonseiten des religiösen Sozialismus, der es fertig brachte, geradezu einen Keil in die Gemeinde zu treiben und sie zu scheiden in zwei nach ganz äußerlichen wirtschaftlichen und politischen Gesichtspunkten getrennte Lager, hier die Sozialisten, dort die Bürgerlichen. – Im Gegensatz zu diesem Sozialismus und Internationalismus marxistischer Ausprägung wirft nun der *Nationalismus* in seiner an und für sich durchaus berechtigten Sorge um den Bestand von Volk und Vaterland Panier auf. Indem er aber dem Volkstum und gar dem rassemäßigen Volkstum einen absoluten Wert beilegt, kommt auch er zu Forderungen an die Kirche, die sie nur unter Aufgabe ihrer in Gottes Wort gegebenen Norm erfüllen könnte. So nahe es nun auch liegen würde und so wünschenswert es wäre, so würde es doch zu weit führen, diesen Dingen jetzt im Einzelnen nachzugehen. Es kann sich für uns hier nur darum handeln, zu zeigen, daß auch hier allein eine nach der gegebenen Norm orientierte Kirchenpolitik die Gefahr, in der sich die Kirche in der gegenwärtigen Lage befindet, zu bannen imstande ist.

Die Lage der Kirche der Gegenwart ist insofern ähnlich der zu des Apostel Paulus Zeiten, als auch dort die Gefahr groß war, daß die *eine* nach dem Willen seines Herrn gewollte Kirche bei den Ansprüchen des jüdischen Nationalstolzes auf der einen Seite, dem griechischen Bildungs- und römischen Machtstolz auf der andern Seite, in nationale Kirche, in jüdische, judenchristliche und griechisch-römische, heidenchristliche, auseinanderfiel. Die 'Kirchenpolitik', die nun Paulus trieb, und zwar erfolgreich trieb, bestand darin, daß er bei aller Anerkennung der besonderen Vorzüge seines, des jüdischen Volkes, das Kreuz des Herrn in den drohenden Riß stellte. Vor Gott haben alle Ansprüche, die Menschen auf Grund besonderer Leistungen erheben wollen, ihre Berechtigung verloren; vor ihm sind alle, Juden und Heiden, in der gleichen Verdammnis. Und dem Kreuz gegenüber haben alle Menschen das gleiche schlechte Gewissen, finden dort aber auch alle ohne Unterschied Vergebung ihrer Sünde, Leben und Seligkeit. Ja Er, der Gekreuzigte, ist unser Friede (Eph.2,14), 'das ist hier nicht so gemeint, wie man es in charakteristischer Verkennung des ganzen Zusammenhangs vielfach ausgelegt hat, daß Christus der Friede ist zwischen Gott und uns (Röm.5,1), sondern so steht es hier, daß über alle Zerklüftungen hinweg, die hier auf Erden zwischen den großen Volksgemeinschaften und zwischen ihren geistigen Grundströmungen entstanden sind, er der Friede ist und seine Kirche sich als die *eine* über all die Verschiedenheiten hinweg durchsetzt, in welcher aus den Zweien, die damals die große Trennung in der Welt darstellten, *ein* neuer Mensch geschaffen und dadurch Frieden gemacht wurde' (cf. Zoellner, Die Kirche nach dem Epheserbrief, S.384). Und nun sagen wir: *Was Paulus seinerzeit zur Erhaltung und Gewinnung der Kirche getan hat, das gilt es auch heute zu tun, das Wort vom Kreuz laut werden zu lassen über allen Parteiungen der Menschen,*

Einzelner und ganzer Gemeinschaften. Wir haben ein evangelisches Kirchenbild aus der Reformationszeit von Lucas Cranach am Altar der Stadtkirche, Luthers Hauptpredigtkirche in Wittenberg: Luther predigt von der Kanzel, mit beweglicher Geste auf den rechts von ihm hochaufgerichteten Kruzifixus weisend, und ihm gegenüber eine auf das Wort merkende und auf das Kreuz schauende Gemeinde. Es ist dasselbe Kirchenbild, das Steinhausen als Vignette über den Galaterbrief in Menges Neuem Testament gezeichnet hat. Das ist auch heute noch das Idealbild der Kirche, der evangelischen Kirche. Ja, der eine große evangelische Hauptartikel von der Rechtfertigung durch den Glauben ist und bleibt der articulus stantis et cadentis ecclesiae.*⁾ – Daß die Kirche als Leib, an dem Christus das Haupt ist, ihre Aufgabe als sozialer Körper nicht vergessen darf, weil es wahren Glauben ohne tätige Liebe überhaupt nicht geben kann, daß sich die Kirche nicht über die Not ihrer Glieder erheben kann, sondern sich mit ihren Organen helfend und tragend *unter* dieselbe stellen muß, das alles ist in ihrem Wesen begründet. Aber auch das, daß sie ihre helfende und heilende Hand *immer zuerst an die Wurzel aller Not, d.h. an die religiöse und sittliche Not im Volke zu legen hat.* Auf der anderen Seite dürfen die Nationalisten überzeugt sein – sie sollen es auch an der Kirchenleitung erfahren –, daß eine Kirche wie die unsrige, die Martin Luther als ihren gottgesandten Propheten verehrt, auch ihre nationale Pflicht dem eigenen Volk und Volkstum gegenüber nicht verabsäumen wird. Auch der Kirchenpolitiker wird das Vermächtnis Luthers mit entsprechender Tat in Ehren halten: 'Für meine Deutschen bin ich geboren. Ihnen will ich dienen!'
Wie der Kirchenpolitiker Paulus seine die *eine* Kirche begründende, den 'Zaun abbrechende' und 'die Feindschaft tötende' Predigt von dem für uns Gekreuzigten auch durch seine ganze Lebenshaltung erwiesen hat, das zeigt 1.Kor.9: 'Den Juden bin ich worden als ein Jude, auf daß ich die Juden gewinne; denen, die ohne Gesetz sind, bin ich als ohne Gesetz worden. Ich bin jederman allerlei worden, auf daß ich allenthalben je etliche selig mache'. Das zeigt den Dienern am Wort, das die Kirche zu verkündigen hat, noch heute den rechten Weg, die rechte Kirchenpolitik, ohne die schließlich auch die kleinste Gemeinde nicht geleitet werden kann. Wer sich mit irgendeiner der sich bekämpfenden politischen Parteien, selbst wenn sie sich, einfache Leute irreführend, 'evangelisch' nennen sollte, identifiziert, der tut das Gegenteil von dem, was Paulus tut und rät, der richtet den Zaun auf, der doch abgebrochen sein sollte. 'Wir Sozialisten', – 'wir Nationalisten' – solche politischen Zusammenfassungen, wie man sie jetzt sogar in der Kirche, im Gemeindegottes-

---

* „D.h.: der Artikel, mit dem die Kirche steht und fällt."

dienst hören kann, sind geradezu Versündigungen am Geist der Gemeinde, in der es doch heißen sollte: 'Hier ist kein Jude noch Grieche, hier ist kein Knecht noch Freier, hier ist kein Mann noch Weib; denn hier sind allzumal Einer in Christo Jesu'. 'Wir Deutsche' – ja, aber nicht um unsere Ansprüche anzumelden, sondern um für die Gottesgabe unseres Volkstums zu danken und der Pflicht, die wir als Volk der Reformation und der Lutherbibel haben, zu gedenken. Unsre Kirche hat jetzt wohl Diener, von denen einige den Sozialisten Sozialisten und andere den Nationalisten Nationalisten sind, nur daß dieser Zustand dem kirchenpolitischen Beispiel Pauli nicht entspricht. In der ersten brüderlichen Begrüßungsansprache des derzeitigen Kirchenpräsidenten an die Pfarrer vor jetzt 7 Jahren findet sich auch in Erinnerung wohl an Röm. 12 die Mahnung: 'Haltet euch gerne zu den Niedrigen, auf daß der Dienst Christi geschehe an *allen*'. Das ist die Linie der Haltung des Apostels Paulus. Dazu aber hat man vonseiten derer, die sich mit besonderer Betonung zu den Mühseligen und Beladenen – selbst dieses wunderbare Heilandswort ist in der Sprache der religiösen Sozialisten zur Klassenbezeichnung erniedrigt worden – zu halten angeben, das Sichstellen auf den Boden des Sozialismus verlangt. Möge die Kirche und ihre Diener vor ähnlichen Zumutungen vonseiten des Nationalismus bewahrt bleiben. Wohin dieser Weg führt, zeigt das Beispiel Eckerts, der schließlich, abgesehen von seinen Charaktereigenschaften, das Opfer einer nicht vollziehbaren complexio oppositorum (Zusammenballung von Gegensätzlichem) geworden ist. Wie seinerzeit die Gründung der kirchenpolitischen Gruppe der religiösen Sozialisten, so würde auch die Gründung einer eigenen kirchlichen Gruppe der Nationalsozialisten zu einer neuen Zerklüftung führen zum Schaden der Kirche und ihres Dienstes an unserm Volke. Jesus hat sich bekanntlich allen politischen und rein auf das Irdische gerichteten Ansprüchen seiner Zeit versagt. Er versagt sich auch heute, wo nur immer sein Name und die nach ihm genannte Kirche solchen politischen und irdischen Interessen dienstbar gemacht werden soll. Neidlos dürfen wir Evangelische in all diesen politischen Beziehungen auf die äußere Uniformität und scheinbare Geschlossenheit der katholischen Kirche und ihre zielbewußte politische Vertretung schauen. Nur möchten wir uns in dem kirchenpolitischen Wegweiser Jesu an seine Jünger: 'Seid klug wie die Schlangen und ohne Falsch wie die Tauben' mehr die Beherzigung und Befolgung des ersten Teils dieses Satzes, wie der katholischen Kirche die des zweiten Teiles wünschen. –

Wir leben wieder einmal in einer Zeit des gespanntesten Wartens der Dinge, die da kommen sollen, des Hoffens hier, des Befürchtens dort. Hier die Hoffnung auf die baldige Aufrichtung des 'Dritten Reiches', eines Reiches der erneuerten nationalen Kraft und freien Selbständigkeit, dort dieselbe Hoffnung auf ein Reich der Verwirklichung der säkularisierten Begriffe von Freiheit, Gleichheit und Brüderlichkeit, auf ein Reich, in welchem 'Gerechtigkeit' wohnt, und dort auf das kommunistische Reich, in dem jene säkularisierten Begriffe nach dem Vorbilde Rußlands vollends dem Erdboden gleichgemacht sind und der Mensch das wird, was er nach jener Auffassung ist, nämlich Erde. Und zu alle dem die nicht zu überhörende Stimme Oswald Spenglers in seinem letzten Werk: 'Angesichts unseres Untergangsschicksals gibt es nur *eine* Lebenshaltung, die unser würdig ist: wir müssen tapfer den Weg gehen, den uns das Schicksal aufzwingt. Ohne Hoffnung, ohne Rettung, ohne die Möglichkeit, den Ablauf des Geschehens irgendwie günstig für uns beeinflussen zu können.' Und inmitten dieser Spannungen, Erwartungen und Befürchtungen steht die Kirche, die sichtbar-unsichtbare Kirche, der als Organisation das Wort des Herrn über den Tempel Jerusalems gilt: 'Es wird kein Stein auf dem andern bleiben', aber als Organismus, als Leib des Herrn und heiliges Heils des Herrn das andere: 'Die Pforten der Hölle sollen sie nicht überwältigen!' Im Gegensatz zu allem falschen, doch nur zeitlich bestimmten Optimismus und Pessimismus, soll die Kirche zu den wachend Wartenden gehören: 'Lasset eure Lenden umgürtet sein und eure Lichter brennen, und seid gleich den Menschen, die auf ihren Herrn warten', – 'Selig sind die Knechte, die der Herr, so er kommt, wachend findet', – 'Was ich aber euch sage, das sage ich allen: wachet!' – Wer will, der hört auch aus dieser Stimme die Mahnung zur Wachsamkeit in der Kirchenpolitik."

55 Pfr. Greiner: Angriffe gegen Religiöse Sozialisten, SPD u. KPD
KPBl. Nr. 2, 17. Jan. 1932, S. 13f.

„Der Vorstand des Bundes der Religiösen Sozialisten muß von einer seltsamen geistigen Struktur sein. Dieses Fünfmännerkollegium (Bernhard Göring, Heinrich Dietrich, Emil Fuchs, K. Rais, Georg Wünsch) hat in Nr.1 des 'Religiösen Sozialisten' unmittelbar hintereinander zwei Erklärungen zum Fall Eckert veröffentlicht, die so schwer miteinander zu vereinigen sind, daß man sie, wenn sie etwa ohne Unterschriften hinausgegangen wären, wohl kaum denselben Verfassern zugeschrieben hätte. In der ersten wird nämlich umständlich und ausführlich dargelegt, daß es schlechterdings unmöglich war, dem zur KPD abgeschwenkten Eckert seine Parteiämter als Geschäftsführer des Bundes und als Schriftleiter des Bundesorgans zu belassen, daß man vielmehr durch den Gang der Dinge und ihre eigene Logik einfach gezwungen war, sie ihm alsbald abzunehmen, weil sich seine Tätigkeit 'als Agitator für die kommunistische Partei' eben unter keinen Umständen mehr damit verträgt. In der zweiten Erklärung aber wird dem badischen Kirchenregiment ausge-

rechnet daraus ein sehr schwerer Vorwurf gemacht, daß es aus den gleichen Voraussetzungen die gleichen Folgerungen gezogen und aus ganz dem gleichen Grunde Eckert von seinem Amte entfernt hat. ...
Die Parteipropaganda nationalsozialistischer Pfarrer ist gewiß für die Kirche ebenso schwer zu tragen wie die der sozialdemokratischen. Wenn aber der religiös-sozialistische Bundesvorstand behauptet, die badische Landeskirche 'ertrage' sie ruhig und 'fördere' sie gar, so ist auch das einfach eine Verleumdung. Denkt man bei 'Landeskirche' an die kirchlichen Kreise, so brauche ich zur Entkräftung des religiös-sozialistischen Vorwurfs nur an die vielen Stimmen zu erinnern, die sich in diesen Blättern gegen pastorale Parteipolitik jeder Art erhoben haben, denen andere aus anderen Lagern zahlreich an die Seite zu stellen wären. Denkt man bei 'Landeskirche' an das Kirchenregiment, so steht fest, daß es von Anbeginn bis heute bemüht war, auch die nationalsozialistischen Parteiagitatoren unter den Pfarrern in ihre Schranken zu verweisen, und daß man es in besonderen Fällen auch nicht an energischem Einschreiten hat fehlen lassen. Daß diese Vorgänge nicht in die Öffentlichkeit dringen, ist die Folge davon, daß die nationalsozialistischen Pfarrer durchschnittlich ihrer Behörde ein erheblich größeres Maß an Ehrfurcht und Gehorsam entgegenbringen als die sozialdemokratischen, die immer gleich ein gewaltiges Geschrei erheben, wenn sie sich auf den Fuß getreten wähnen. Aber mir will scheinen, als sollten die religiösen Sozialisten die Allerletzten sein, die sich über parteipolitische Propaganda in der Kirche und durch Pfarrer aufregen. Denn wer hat denn diesen Unfug in die Pfarrerschaft und in die Kirche hineingetragen? Doch nur die sozialdemokratischen Pfarrer, und niemand sonst. Ehe sie auf der Bildfläche erschienen, hat niemals ein badischer Pfarrer daran gedacht, die Kanzel, den Gottesdienst überhaupt und die kirchliche Organisation im Ganzen zu parteipolitischen Zwecken zu mißbrauchen, oder gar, wie es leider heute noch unter den Augen der Kirchenregierung geschieht, parteipolitische Sondergottesdienste – etwas anderes sind doch die religiös-sozialistischen Friedens- und Maifeiern usw. in den Kirchen nicht – zu halten. Wenn denn das Kirchenregiment sich eines Versäumnisses schuldig gemacht haben soll, dann ist es sicher nicht das, was ihm die religiösen Sozialisten vorwerfen, sondern dies, daß es die sozialdemokratischen Kirchenwidrigkeiten nicht von Anfang an untersagt hat. Und wiederum wäre zu fragen: wie kommt der religiös-sozialistische Bundesvorstand dazu, den NSDAP-Pfarrern zur Last zu legen, was die SPD-Pfarrer mit der ihnen eigenen Rücksichtslosigkeit und Unbekümmertheit für sich beanspruchen? Wenn die religiösen Sozialisten darauf hinarbeiten, daß die evangelischen Kirchen – wie sie in ihrer ersten Erklärung in Fettdruck schreiben – 'dem sozialistischen

Aufbau dienen', mit welchem Recht wollen sie dann den Nationalsozialisten verwehren, nun auch ihrerseits die kirchlichen Konsequenzen ihres Programms zu ziehen und aus ihrer Gegnerschaft gegen den Marxismus heraus und zur Verhütung der Bolschewisierung der Kirche diese wirklich — wie die religiösen Sozialisten sagen — zu einem 'Instrument der faschistischen Reaktion' zu machen? Ich meine, an dieser wahnsinnigen Alternative könnte sogar ein religiös-sozialistischer Theologe erkennen, wohin diese Hineintragung weltlicher Parteipolitik in die Kirche diese führen muß. Es ist und bleibt aber die ungeheure geschichtliche Schuld des religiösen Sozialismus, mit der Politisierung der Kirche den Anfang gemacht zu haben, und er trägt auch die Verantwortung für das unheimliche Anschwellen dieser die Kirche ruinierenden Bewegung ganz allein. Denn warum sollte gerade die Sozialdemokratie ein Privileg auf den parteipolitischen Mißbrauch der Kirche haben?

Aber man predigt tauben Ohren, wenn man das religiösen Sozialisten predigt; denn sie wollen ja nichts anderes als die Kirche zerstören. Predigt man auch vergeblich, wenn man sich in dieser Sache an die eigenen Freunde wendet? Vielleicht darf ich für mich in Anspruch nehmen, daß ich, als keiner Partei hörig und keinem kirchlichen Amt angehörig, diejenige Distanz zu den hier aufgewirbelten Fragen habe, ohne die sie weder klar gesehen noch klar beantwortet werden können. Von diesem Standort, nicht des unbeteiligten, aber des unbefangenen Betrachters aus habe ich volles Verständnis dafür, wie man unter uns auf den Gedanken kommen kann: auf einen politischen Klotz gehört auch ein politischer Keil; laßt uns also den Marxismus in der Kirche, wo er nichts als unermeßlichen Schaden anrichtet, ebenso, wie er von der SPD-Organisation profitiert, mit Hilfe des Nationalsozialismus oder einer andern antimarxistischen Partei, von denen jede sicher dem Christentum näher steht als SPD und KPD, niederringen, dann wird die Kirche Segen davon haben. Aber je länger ich darüber nachdenke: das ist falsch gedacht. Man treibt den Teufel nicht mit Beelzebub aus. Und rufen wir erst die politischen Geister, sind wir dann auch gewiß, daß wir die Formel bereit haben, sie wieder dahin zu bannen, wohin sie gehören? Der umgekehrte Weg scheint mir der einzig gangbare: wir müssen, wenn unsere Kirche nicht unabsehbaren und irreparablen Schaden leiden, wenn sie nicht ganz und gar verweltlichen soll, sie um jeden Preis von aller Parteipolitik, das bedeutet praktisch vor allem: von jeder parteipolitischen Betätigung ihrer Pfarrer, freihalten und, soweit diese schon eingedrungen ist, davon radikal befreien. Vor allen Dingen müssen wir das, was man Kirchenpolitik nennt, und womit es die kirchlichen Gruppen, auch die unsere, zu tun haben, vor dem Zugriff der weltlichen Parteien bewahren. Schützen wir doch mit aller Kraft und ganzem Ernst unsere Vereinigung gegen die nicht nur eingebildete Gefahr ihrer Politisierung, vor allem dagegen, daß sie nicht den Fehler macht, um augenblicklicher taktischer und personeller (nicht: persönlicher) Erfolge willen, mit denen man der Kirche zu nützen und zu helfen hofft, mit politischen Parteien, heißen sie wie sie wollen, ein Bündnis einzugehen. Das würde zuerst einmal unsere Gruppe rettungslos aufspalten und das Manometer ihrer Kraft auf den Nullpunkt sinken lassen. Um eines Linsengerichtes willen wäre damit weiter der Väter Erbe vertan und auf lange hinaus die Geltung von Bibel und Bekenntnis in der Kirche wieder in Frage gestellt. Wir würden aber endlich auch als Totengräber der Kirche erfunden; denn an ihrer Politisierung stirbt die Kirche. Ist sie rechter Art und recht geführt, so rechnet sie nicht und darf sie nicht rechnen mit den Konstellationen des Augenblicks; sie kann und darf und muß sich Zeit lassen, d.h. sie braucht und soll sich um die Zeit nicht allzuviel kümmern. Je weniger sie sich um sie kümmert, umso sicherer arbeitet die Zeit für sie, für welche Wahrheit die Kirche Roms ein ansehnlicher Zeuge ist. Wenden wir nicht alle Kraft und allen Fleiß auf die Entpolitisierung der Kirche, dann wird verhängnisvolle Wirklichkeit, was heute noch nur ein wahnwitziger Gedanke ist, daß die Kirche hineingeworfen wird, nicht in den Kampf des Glaubens mit dem Unglauben – darin zu stehen und diesen Kampf in der vordersten Front auszufechten ist ihr göttlicher Beruf, darin zu siegen ihre göttliche Verheißung – sondern in den parteipolitischen Kampf zwischen Rechts und Links, den mit jenem andern zu identifizieren Verblendung wäre, und an dem die Kirche rettungslos zerbrechen müßte; denn dazu hat sie keinen Beruf und dafür keine Verheißung."

56   Pfr. Simon: „Die Politisierung der Kirche"
RS Nr. 21, 22. Mai 1932[*)], S.81

„Pfarrer D. Greiner, der Schriftleiter der 'Positiven Blätter' in Baden, schreibt am 17. Jan. in seinem Blatt:
'... Es ist und bleibt aber die ungeheure geschichtliche Schuld des religiösen Sozialismus, mit der Politisierung der Kirche den Anfang gemacht zu haben, und er trägt auch die Verantwortung für das unheimliche Anschwellen dieser die Kirche ruinierenden Bewegung (offenbar der Politisierung durch die NSDAP) ganz allein.'
Dieser Satz mit seiner starken Anschuldigung unserer Bewegung ist für den, der ihn schrieb, beschämend, einfach deshalb, weil er es besser wissen sollte, vielleicht sogar besser weiß, als er hier zugeben

---

* Nach seiner kirchenpolitischen Provenienz gehörte dieser Artikel zu II A, 4 – etwa ab Dok. 65. Als direkte Erwiderung auf Dok. 55 wurde er jedoch vorgezogen.

kann*). Glaubt Herr Greiner denn das selbst? Weiß er nicht, was jeder unserer Freunde und Genossen im letzten Dorf weiß,

> daß der religiöse Sozialismus, als er in Baden nach dem Krieg zum erstenmal in die Mitarbeit an der Kirche eintrat, *eine stark politisierte Kirche angetroffen* hat? Ja, daß er noch heute den Kampf gegen den Rechtskurs unserer Kirchenführer führen muß, um unsere Kirche vor der einseitigen Politisierung, wie sie Tatsache ist, zu bewahren?

Wir müssen uns vorweg darüber klar werden, was unter 'Politisierung' zu verstehen ist. Offenbar kann man darunter nicht das verstehen, daß die Kirche von ihrem Standort als Gemeinde Christi zu den politischen Fragen der Gegenwart ein Wort zu sagen hat. Dieses Wort, das der Kirche aufgetragen ist, wie einst den Propheten, die zu dem Volke Gottes Wort in seine Lage zu predigen hatten, ist Gottes Botschaft an unsere Zeit. Nur insofern die Kirche diese Botschaft in Wort und Tat verkündet, ist sie uns Licht der Welt, das sie sein soll. Aber diese Botschaft hat ein Wort zur Politik, zu den öffentlichen Verhältnissen zu sagen! Hat sie das nicht, dann ist das Wort erstarrt in alten Formen. Sagt sie aber dem gegenwärtigen Leben, was Gott ihm zu sagen hat, dann muß sie die Wirklichkeit kennen und in einer Sprache reden, in der das Wort verstanden wird. Beides sind Forderungen jedes echten Christenglaubens. Ihnen kann man den Vorwurf der Politisierung der Kirche nicht machen.

Diese Art 'Politisierung' der Kirche ist heute zu fordern und und sie wird auch gefordert unter dem Ruf nach verstärktem Öffentlichkeitswillen der Kirche.

Die Politisierung, die uns religiösen Sozialisten von Herrn Greiner vorgeworfen wird, ist eine andere. Sie besteht offenbar darin, daß die Kirche zu weltlichen und politischen Zwecken mißbraucht wird. Wie einst die Händler im Tempel zu Jerusalem ihre Geschäfte trieben, so mißbrauchen diejenigen, die die Kirche 'politisieren', die Kirche zu politischen und weltlichen Zwecken. Wenn jetzt die NSDAP Landessynodal-Listen aufstellt, dann können wir Greiner nur zustimmen: Das ist Politisierung der Kirche. Wie aber steht es mit dem Vorwurf, damit hätten wir religiösen Sozialisten den Anfang gemacht?

---

* „Anmerkung der Schriftleitung: Das Organ des Christlichen Volksdienstes hat in ernsten Ausführungen ebenfalls schon nachgewiesen, daß *gerade die rechtsstehenden Kirchenblätter es sind, die sich schwer am Kirchenvolk versündigt haben, indem sie seit langem in ihren Zeitspiegeln usw. Politik und zwar einseitige Rechtspolitik getrieben haben.* Vgl. z.B. Christl. Volksdienst 1931, Nr.12: 'Die Politik ist durch die einseitige Stellungnahme der Zeitspiegel-Schreiber für bestimmte Parteien schon seit Jahren in unsere Kreise hineingetragen worden... Man hat manchmal den Eindruck, daß die Zeitspiegel mehr im Geist der Partei geschrieben werden, mit der die Zeitspiegel-Schreiber sympathisieren, als im Geist des Evangeliums und der Gemeinschaftsbewegung, der sie dienen sollen'."

Als der Bund religiöser Sozialisten in Baden auftrat, erstmals im Jahre 1919, da fand er eine Kirche vor, die eben im Begriff war, über die Politisierung der Kirche in der Vergangenheit hinwegzukommen. *Erst nach der Revolution war es der Kirche überhaupt möglich, an eine Freiheit zu denken, die ihr gestattete, rein dem Evangelium zu dienen* und politische Nebenziele von sich zu weisen. Denn Politisierung ist ja nicht nur Parteipolitisierung. Es gibt auch eine Staatspolitisierung. Was aber war die Einrichtung des Landesbischoftums des Großherzogs anderes als 'Politik in der Kirche'? Welche evangeliumsgemäßen Gründe waren die Ursache zu dieser geschichtlichen Einrichtung? Wenn es bei uns auch nicht so war, wie man mir einmal aus der alten russischen Kirche erzählte, wo regelmäßig an Festtagen Gendarmen die Ordnung im Gottesdienst aufrecht erhielten und für Ruhe sorgten, so war *das* doch Tatsache, daß unsere Kirche aufs engste mit dem alten Staat verbunden war. Die Personalunion Landesherr = Landesbischof beweist das. Warum aber das? Aus *politischen* Gründen. Denn weder war der Landesherr stets eine christlich so hochstehende Persönlichkeit, noch auch besonders stark mit geistlichen Gaben ausgestattet, daß er deshalb an sich schon Landesbischof sein mußte – er war aber die politisch gesehen geeignetste Persönlichkeit. Also 'Politisierung der Kirche' schon lange vor 1918!

Aus dem Gesagten ergibt sich die Haltung der Kirche im Krieg, die eigentlich *eine Politisierung* war, d.h. ein Mißbrauch der Kirche und des Gottesdienstes zu weltlichen staatspolitischen Zwecken. Der krasseste Fall ist ja die bekannte Tatsache, daß Ende des Krieges die Behörden sich an die Pfarrer und Kirchenbehörden wandten, man möge von der Kanzel aus die Kriegsanleihe empfehlen. Sie wurde allzu schlecht gezeichnet. Damals haben nur ganz wenige Pfarrer dieser Anweisung nicht Folge geleiset. Die meisten taten es, und der gläubige Christ, der vielleicht angewidert von dem Hassen und Töten des Krieges am Sonntag im Gottesdienst Frieden und Trost suchen wollte, hörte auch hier das Lied: 'Durchhalten! Kriegsanleihe zeichnen!'

Die Kirche hat Gottes Wort zu verkündigen!

   Ja, Herr Greiner, darum kämpfen wir!

Hier finden Sie 'Politisierung der Kirche'. Die Feldgeistlichen mögen doch selbst davon erzählen, was sie gepredigt haben. Ich las nichts Gutes darüber in den Kriegserinnerungen fast aller, die in den letzten Jahren darüber geschrieben haben.

Also, so wird man einwenden: Hier galt doch als Bibelwort: Seid untertan der Obrigkeit, die Gewalt über euch hat! Oder das andere: Ehret den

König! Diesen Worten hat die Kirche allerdings treueste Befolgung angedeihen lassen. Aber ein anderes vergaß sie darüber, und nach ihm muß offenbar jenes beurteilt werden:

> Man muß Gott mehr gehorchen als den Menschen!

Das ist unsere Überzeugung, daß die Kirche im Krieg den Menschen – in diesem Fall der Obrigkeit – allerdings weit mehr gehorcht hat als Gott, als ihrem Herrn, der sagt: Stecke dein Schwert in die Scheide, denn wer das Schwert nimmt, wird durch das Schwert umkommen! Der die Sanftmütigen selig preist und dessen ganzem Geist das Morden und Hassen eines Krieges ins Gesicht schlägt. Warum hat die Kirche so gehandelt? Aus *politischen* Gründen. Sie aß das Brot des Staates. Sie sang sein Lied.

Es war leider nötig, diese alten Erinnerungen hier aufzufrischen. Herr Greiner, der sagt, die ungeheure geschichtliche Schuld des religiösen Sozialismus sei die Politisierung der Kirche, hat das offenbar vergessen.

Demjenigen, der jedoch meint, heute sei eine ganz andere Richtung in unserer Kirche zur Herrschaft gekommen, müssen wir zwei *Dokumente* vorhalten, die deutlicher als alles andere sagen, daß *auch heute* unsere badische Landeskirche durchaus nicht *frei* ist von jeder Politisierung. Die freundliche Haltung gegenüber den nationalsozialistischen Pfarrern könnte das wohl auch erweisen. Jetzt aber denke ich an den *Erlaß zur Fürstenenteignung*. Damals sagte die Kirchenbehörde: Sie könne aus religiösen und sittlichen Gründen eine solche Gewaltmaßregel, wie die Forderung der entschädigungslosen Fürstenenteignung sie darstelle, nicht billigen. Sie wolle zwar keine öffentliche Kundgebung veranstalten, sie erwarte aber von ihren Geistlichen, daß sie 'jedes Eintreten für die entschädigungslose Fürstenenteignung unterlassen'.

Hier spricht die Kirche wenigstens von sittlichen und religiösen Gründen. Aber welche religiösen Gründe, welche sittlichen, kann man anführen dafür, daß heute noch Wilhelm II. mit seinen über 200 Millionen an Grundbesitz der reichste Mann Deutschlands ist? Nicht lange nach ihm kommt sein Sohn, der Kronprinz, und so kommen alle die unzähligen Fürsten und Fürstchen, und das deutsche Volk zahlt, zahlt und hungert! Wir können darin keine religiösen Gründe sehen, wir können nicht erkennen, daß es dem Geiste des Evangeliums entsprach, damals einseitig den Pfarrern das Eintreten für die Fürstenenteignung zu verbieten.

Im Geiste Jesu wäre vielleicht eine Kundgebung an die Fürsten gewesen, die aus privaten Mitteln zum Leben noch immer genug hatten, dem armen Volk sein Vermögen zu lassen, das sie ja doch aus seiner Arbeit sich angeeignet haben!

Die Kirche hat sich damals anders entschieden. Warum? Es waren politische Gründe, weltliche Zwecke und Gebundenheiten, wenn man auch subjektiv den guten Willen anerkennt; tatsächlich kam hier die Gebundenheit der Kirche noch sieben Jahre nach dem Umsturz zum Ausdruck. Landesherrendienst stand ihr über Dienst Jesu, der sagt: Was ihr einem meiner *geringsten* Brüder tut, das tut ihr mir.
Weiter liegt vor mir ein oberkirchenrätlicher *Erlaß* vom 30. April 1928. Er wendet sich an alle Pfarrämter, Diasporapfarrämter und Pfarrvikariate. Sie möchten junge Badener *zum Eintritt in die Reichswehr* ermuntern, da der Zugang aus Baden selbst ungenügend sei. Dazu schreibt die Kirchenbehörde wörtlich: 'Es liegt aber nicht allein im Interesse der badischen Truppe, sondern auch im Interesse des Landes selbst, daß eine Reihe seiner Söhne eine ansprechende Versorgung erhalte und unser Land an der Wehrhaftigkeit unseres Reiches teilhabe'. Es folgen genaue Angaben über die Soldatenlaufbahn.
Warum hat die Kirchenbehörde diesen Erlaß an ihre Pfarrer gesandt? Religiös-sittliche Gründe? Der Erlaß selbst spricht nicht davon. Im Geiste Jesu? Werdet Soldaten!
Im Geiste Jesu wäre es, heute die Jugend zu dem Kreuzzug für den Frieden aufzurufen, endlich einen Friedenssonntag in der Landeskirche zur Einführung zu bringen.
Statt dessen macht die Kirche durch ihre Seelsorger Propaganda für die Reichswehr! Ihr, der Verkünderin des göttlichen Wortes, des Evangeliums vom Frieden ... ihr Anliegen ist es, daß 'Baden an der Wehrhaftigkeit des Landes teilhabe'. Warum? Aus *politischen,* weltlichen Gründen! Das Evangelium, die Seelsorge wird hier mißbraucht, um einem Lieblingsgedanken vieler Pfarrer und Kirchenleiter freien Lauf zu lassen und dafür zu werben: dem Lieblingsgedanken vom alten Macht- und Militärstaat!
Politisierung der Kirche? Hier sind nur Streiflichter! Sie sollen für Herrn Greiner genügen. Die Kirche ist bis heute politisiert, d.h. sie mißbraucht ihre Stellung zu weltlichen, politischen − in unserem Falle rechtspolitischen − Zwecken, die nicht selten den Zwecken des Reiches Gottes gerade entgegenstehen.
Wir religiösen Sozialisten wollten nicht, daß statt der reaktionären Politisierung der Kirche nun eine sozialdemokratische trete. Das ist einfach nicht wahr, auch wenn es von unseren Gegnern immer wieder behauptet wird. Aber wir fordern eine Politisierung, wie sie eingangs gezeigt ist. Wir fordern, daß die Kirche sich aus rein evangeliumsgemäßen Gründen von den Ketten der Vergangenheit befreie. Es ist uns nicht darum zu tun, daß die Kirche ein Parteidogma annehme, wenn wir verlangen, daß sie für den Frieden unter den Völkern eintrete und gegen den menschenmordenden Kapitalismus. Sondern wir wollen, daß die Wahrheit Christi

dadurch gewahrt bleibe. So wenig wie die Propheten zu ihrer Zeit zu den himmelschreienden Ungerechtigkeiten schweigen konnten, so wenig kann eine Kirche Christi − einfach weil sie Gottes Wort zu sagen hat, wenn sie es noch hat! − schweigen, wenn durch ungerechte und gottlose Verhältnisse Millionen Menschen an Leib und Seele zugrunde gerichtet werden, *Kirche, du mußt deine Stimme gegen dieses himmelschreiende Unrecht erheben, oder du gehst des Auftrages, den Gott seiner Kirche gegeben hat, verlustig.* Haß von Mensch zu Mensch soll der Pfarrer abstellen, aber jenen viel schrecklicheren von Nation zu Nation, von Klasse zu Klasse und Rasse zu Rasse − da soll das Evangelium schweigen?

Und wenn Freidenker, Parteisozialisten und wer es sonst noch sei, für diese Wahrheit auch kämpfen und Front machen gegen den Kapitalismus und seine Trabanten Krieg, Wohnungsnot und dergleichen mehr, so wäre es doch ein Zeichen seltsamer Verbohrtheit und Hochmutes, allein *deshalb* diese Wahrheit auszusprechen, auch wenn sie eine christliche Wahrheit ist, weil auch 'Ungläubige' sie sagen. Aber das ist der Standpunkt vieler Pfarrer. Sie wissen nicht, daß Zöllner und Sünder dem Himmelreich oft näher sind als sie selbst.

Die Grundwahrheiten des Sozialismus sind *uns* keine Parteiforderungen, sondern Gebote Christi. Wenn wir ihnen in der Kirche zum Durchbruch verhelfen wollen, wenn wir dafür auch jetzt bei den Kirchenwahlen kämpfen, so tragen wir damit keine Politik in die Kirche. Wir ringen vielmehr um Erneuerung der Kirche aus dem Geist eines lebendigen und gegenwartsnahen Glaubens heraus.

In diesem Sinne wollen wir ringen! Nicht staatliche Rücksicht und weltliche Verquickung, sondern das Gebot Jesu ist die Triebkraft unserer Bewegung!

'...Die ungeheure geschichtliche Schuld der Politisierung der Kirche', die müssen Sie, Herr Greiner, anderswo suchen! Wir gehen unsern Weg, ob wir auch noch so sehr verleumdet werden. Wir kämpfen, mögen wir auch noch so viel Undank ernten, um unsere Kirche vor dem Untergang, der ihr in der Politisierung (heute Nationalsozialisierung) droht, zu retten."

57 EOK, Prot.: Verwarnung für Pfr. Simon
Karlsruhe, 7. Juni 1932; LKA GA 3478

„Diasporapfarrer Simon in Stetten a.k.M. erhält wegen seines Artikels in Nr. 21 des Religiösen Sozialisten vom laufenden Jahr, in dem er dem Oberkirchenrat u.a. einseitige Begünstigung der nationalsozialistischen Pfarrer vorwirft, eine Verwarnung und hat die Kosten des Verfahrens zu tragen."

58 N.N.: „Politisierung des bad. 'Evang. Kirchen- u. Volksblattes'?"
LKBl. Nr. 5, 10. April 1932, S. 39

„Nicht abfinden aber wird sich der Volksdienst mit dem Skandal, den die Schriftleitung durch die immer stärkere Politisierung des Kirchen- und Volksblattes heraufbeschwört. Uns deucht, es würde der Schriftleitung gut anstehen, etwas mehr teilzunehmen an den Sorgen um das Schicksal der badischen Landeskirche infolge der Politisierung der Pfarrerschaft. Es würde der Schriftleitung gut anstehen, den Gründen nachzugehen, aus denen heraus der Volksdienst seit Jahr und Tag peinlich darauf hält, daß jeder Pfarrer in seinen Reihen die von der Kirchenregierung gebotene politische Zurückhaltung beobachtet. Sie hätte dann unterlassen, sich in die Namensfrage einer politischen Bewegung zu mischen, die sie nichts angeht. Sie hätte dann mehr Zeit behalten, sich der Abwehr gewisser modern-heidnischer Irrtümer zu widmen, die heute das evangelische Volk zersetzen.

Aber vielleicht ist es schon so weit, daß Erbauungsblätter wie das Kirchen- und Volksblatt gar nicht mehr Erbauungsblätter, sondern politische Kampfblätter sein wollen – dann dürfen sie sich aber nicht wundern, wenn sie nun in Zukunft in jeder Hinsicht als solche behandelt werden.

'Evang. Volksdienst', Nr. 13"

59 Pfr. Rost: Gegen die Kirchenpolitik der Religiösen Sozialisten
LSyn., 22. April 1932, S.44f.

„...Eins aber, meine Herren – (zu den Religiösen Sozialisten) –, dürfen Sie nicht vergessen: Sie sind für uns die große Enttäuschung. – Jawohl, lachen Sie nur, Herr Pfarrer! – Sie vor allem! (Auf Zwischenruf des Abgeordneten Kappes:) Das glaube ich, Ihr 'Wirklichkeitssinn' hat Sie da nicht betrogen. Aber unter uns gab es ein paar 'tumbe Toren', die gemeint haben, daß von dieser religiös-sozialistischen Bewegung aus noch einmal so etwas kommen könnte wie ein neuer Wind für die Kirche, wie ein Sturm, der Morsches zerbricht und Altes wegfegt. (Zwischenruf des Abgeordneten Kappes.) Und nun ist von diesem Sturm nichts zu spüren gewesen als ein böser Wind, an dem man sich erkälten konnte (Heiterkeit.)...

Sie dürfen nicht vergessen, daß wir eines von Ihnen gelernt haben in diesen sechs Jahren, in denen Sie in der Synode sitzen: die ungeheuere Gefahr, die eine politisierte Kirche bedeutet. Sie haben uns den Schleier von den Augen genommen, wir sind sehend geworden. Die Kirche hat

keinen politischen Auftrag. Auch keine politische Partei hat in diesem Sinn einen Auftrag an die Kirche. Sie haben gemeint, ihn zu haben. Das war eine Anmaßung. Wir haben sonst aus Ihrem ganzen Verhalten nur gesehen, daß Sie nicht imstande sind, erneuernde Kräfte ins kirchliche Volkstum hineinzutragen...
Wir haben aus alledem, was geschehen ist, das eine gelernt: wir möchten der Kirchenregierung die Arme stärken, soweit als wir irgendwie können. Diese Demokratisierung der kirchlichen Leitung machen wir keinen Schritt weiter mehr mit. Wir wollen sie stützen, daß sie wirklich handle aus der ihr gegebenen Berufung und Vollmacht heraus. Nur eine Kirchenregierung, die von innen her ganz stark ist, wird es fertigbringen, die Kirche so zu leiten, wie sie in einer so schweren, katastrophalen Zeit geleitet werden muß. (Beifall rechts)"

60 Pfr. J. Bender: „Zur Frage der Politisierung der Kirche"
KPBl. Nr. 10, 15. Mai 1932, S. 79

„Über Nacht ist der Kirche eine Gefahr entstanden, die in einer ganz anderen Weise das Gefüge der Kirche zu erschüttern droht, als die Gottlosenbewegung, die Gefahr der sogenannten Politisierung der Kirche. Die kirchliche Front, die gegen die von außen und mit reichlich plumpen Mitteln anstürmende Gottlosenbewegung geschlossen zu sein vermeinte, sieht sich plötzlich bis in die geistlich konform erscheinenden Gliederungen hinein aufgelöst in Gruppen, die trotz der gleichen religiösen Sprache einander nicht mehr verstehen können. Was trennt die, welche sich noch vor kurzem für unzertrennliche Brüder hielten, geeint durch das im Kampf und Leiden bewährte Bekenntnis der Väter zu Bibel und Bekenntnis? Die allgemein angeeignete Antwort heißt: die Politik, d.h. näher: die verschiedenartige politische Stellungnahme zu den Fragen von Volk und Staat. Der Schnelligkeit, mit der man diese Antwort fand, entspricht die Gewißheit des bereitgehaltenen Abwehrmittels: 'Die Politik muß heraus aus der Kirche!' Nur schade, daß niemand recht anzugeben weiß, wie das zu bewerkstelligen ist. Ja, je lauter die Parole: 'Die Politik heraus aus der Kirche!' erklingt, desto deutlicher ist der Ton innerlicher Verzweiflung aus diesem Ruf herauszuhören, weil es sich wie eine böse Ahnung auf die Gemüter legt, daß die so gestellte Aufgabe einfach unlösbar ist.
Klar ist, daß die Kirche durch die politische Entwicklung in 'Frage' gestellt ist. Nur kann die der Kirche heute gestellte Frage nicht einfach mit einer an die Adresse der politischen Parteien gerichteten Mahnung: 'Schiedlich − friedlich' beantwortet werden. Im Sturm der politischen Bewegung unsrer Tage wird solche Mahnung ungehört verhallen. Die Dinge sind zu weit gediehen.

Dem Rezept: hier die Kirche und dort die Politik, fehlt die heilsame Kraft, weil ihm *die Buße* fehlt. Diesem Rezept liegt doch die unausgesprochene Vorstellung zugrunde, daß alles gut wäre, wenn nur die Politik die Grenze nicht überschreiten wollte, die zwischen ihr und der Kirche gezogen ist. Diesseits der Grenze könnte dann die Kirche bleiben, wie sie ist, und jenseits der Grenze mag die Politik bleiben, wie sie ist. Wenn nur der Abstand gewahrt wird! Damit aber geschieht nichts anderes als *der Versuch, das Warnungssignal, das durch die ersten Vorpostengefechte zwischen Kirche und Politik gegeben ist, gründlich zu überhören.* Nein, wenn Kirche und Staat wieder in ein normales Verhältnis zueinander kommen sollen, dann muß sich die Kirche von den vordrängenden politischen Gewalten zur Besinnung auf ihr Wesen und ihren Auftrag führen lassen, das politische Denken und Handeln aber muß sich von der Kirche die ihm von Gott verordneten unumstößlichen Kriterien zeigen lassen.

Setzen wir beim letzteren ein. Dieselben politischen Bewegungen, die heute ihre Gefährlichkeit an der Kirche erweisen, werden solches morgen am Staate tun. Darum kann die Kirche sich nicht darauf beschränken, nur für sich selbst von diesen Bewegungen unangetastet zu bleiben. Die Kirche muß, weil sie die Aufgabe allein zu sehen vermag, wider die 'Gesetzlosigkeit' des heutigen politischen Denkens und Handelns zeugen. Ist die naive Meinung, im Evangelium den Schlüssel zur Lösung aller politischen Fragen zu besitzen, gefährlich, so nicht weniger die als lutherisch ausgegebene Lehre von der Eigengesetzlichkeit des politischen Lebens, sofern diese Eigengesetzlichkeit als normal und normativ betrachtet wird. Freilich, die Eigengesetzlichkeit als Charakteristikum der gefallenen Menschheit haftet allem an, woran Menschen beteiligt sind, nicht nur der Politik, auch dem kirchlichen Leben, der Ehe, der Wirtschaft. Aber das ist das Entscheidende, daß dem Volk, das im Dunkel der Eigengesetzlichkeit wandelt, das Licht des Evangeliums scheinet, das Licht, in dem eben die Eigengesetzlichkeit erkannt, als Sünde und Schuld erkannt und bekannt wird, das Licht, in dem die Vergebung Gottes uns als Hilfe erscheint. Es wäre eine Illusion, wenn wir meinten, das Leben in dieser Welt, das kirchliche wie das politische, über das Dunkel hinausheben zu können, aber es ist eine Sünde, sich im Dunkel aufs Dunkel zu versteifen und das Licht nicht aufzunehmen. – Es bleibt die Aufgabe der Kirche, zwar nicht die Welt zu bessern, das kann sie nicht, aber der Welt zu *sagen:* 'Siehe, *dein König* kommt zu dir, ein Gerechter und ein Helfer'. An dieser Botschaft *kann* die 'Polis' unseres Vaterlandes genesen. Soweit der König aufgenommen wird, soweit wird er verbindend und heilend durch die Reihen gehen. Wie die Wirkungen des im Glauben aufgenommenen Herrn etwa im politischen Leben aussehen, das kann weder vorausgesagt noch aufgezeigt werden, aber sie sind da, wo Glaube ist, und der Glaube zweifelt nicht. Der Glaube aber ist ein 'geschäftig' Ding. Politiker, die im Glauben stehen, sind so wenig fehl- und sündlos als Nichtpolitiker, aber sie überlassen sich nicht resigniert der eigengesetzlichen Strömung, sondern sie kämpfen – durch den Glauben. Was aber, so wird gefragt, ist dann ein wenn auch noch so leises Anzeichen für die fundamentale Verschiedenheit zwischen dem politischen Denken und Handeln hier und dort? Antwort: Das *Bekenntnis* des Glaubens, der die Welt überwunden hat. Die Kirche hat keine politische Partei zu rechtfertigen, – das Gericht steht allein bei dem, der recht richtet, aber sie hat unentwegt und unerschrocken in die Welt hineinzurufen: 'Was nicht aus dem Glauben kommt, ist Sünde, – und die Sünde ist der Menschen (in der Kirche wie im Staat) Verderben!' Eine Kirche, die aus Furcht oder Utilitätsgründen dem politischen Menschen das Evangelium von der sündenüberwindenden Gnade Gottes verschweigt und ihm dadurch den Mut zum Widerstand gegen die Eigengesetzlichkeit der Welt raubt, ist nicht mehr Kirche Gottes. Eine Kirche, die nicht in der konkreten Situation den Glauben an die Gnade Gottes als das einzige gute, heilsame, hoffnungsreiche Werk bezeugt, ist der Sichtbarkeit und ihren Maßstäben verfallen und gerichtet; eine Kirche, die sich solchen Glauben als Schwärmerei ausreden läßt, ist erst recht in die Schwärmerei geraten, denn sie kennt ihren Herrn nicht.

Noch einmal: Was zerstört die Kirche? Nicht die Politik an und für sich, sondern die ihre politische Arbeit bewußt abseits von Gott verrichtenden Politiker. Was zerstört das politische Leben unseres Volkes? Die Sprachlosigkeit der Kirche, die nicht den Mut hat, Buße und Gnade anzubieten allem Volk. Findet die Kirche *ihre* Sprache, dann wird sie zwar nicht äußeren Frieden haben, denn dann beginnt die Anfechtung von *allen Seiten*, dann beginnt der Kampf auf Leben und Tod, aber es wird ein guter Kampf sein, der zum ewigen Leben führt.

Die Kirche, von der wir da reden, sind wir selbst, die Kirche, die beharrt in der Anfechtung, ist die Kirche Jesu Christi. Er mehre seine Kirche unter uns!"

61 Pfr. Kobe: „Die Politisierung der Kirche"
KPBl. Nr. 12, 19. Juni 1932, S. 94f.

„Unter dieser Überschrift bringt der 'Religiöse Sozialist' in Nr. 21 vom 22. Mai einen 3 Spalten langen Leitartikel von Ludwig Simon, dem ein Satz *D. Greiners* in den 'Positiven Blättern' vom 17. Januar, also ein ganzes Tertial, keine Ruhe gelassen hat, bis er sich nun in einer an die 'blühendsten' Zeiten des Blattes unter Eckerts Leitung erinnernden

Weise darüber expektorierte. Der Satz Greiners lautete: 'Es ist und bleibt aber die ungeheure geschichtliche Schuld des religiösen Sozialismus, mit der Politisierung der Kirche den Anfang gemacht zu haben, und er trägt auch die Verantwortung für das unheimliche Anschwellen dieser die Kirche ruinierenden Bewegung ganz allein.' Aufs äußerste entrüstet über diese 'starke Anschuldigung' seiner Partei, sucht Simon den Nachweis dafür zu erbringen, *'daß der religiöse Sozialismus, als er in Baden nach dem Krieg zum erstenmal in die Mitarbeit an der Kirche eintrat, eine stark politisierte Kirche angetroffen habe'.* Er tut das, indem er all die Dinge anführt, die schon Eckert unzählige Male in seinem Blatt als Beweisstücke für die 'Rechtspolitik', die die Kirche getrieben habe, hat aufmarschieren lassen. Allein diese alten Requisiten sind inzwischen nicht beweiskräftiger geworden. Da muß in erster Linie das *Landesbischofstum* des Großherzogs herhalten, um die lächerliche Behauptung zu rechtfertigen: *'Erst nach der Revolution war es der Kirche überhaupt möglich, an eine Freiheit zu denken, die ihr gestattete, rein dem Evangelium zu dienen* und politische Nebenziele von sich zu weisen'. Es genügt wohl, diesen Satz niedriger zu hängen, um ihn der verdienten Verurteilung aller Kenner der tatsächlichen Verhältnisse preiszugeben.-
'Welche evangeliumsgemäßen Gründe waren die Ursache zu dieser geschichtlichen Einrichtung?' So fragt Simon. Er weiß also nicht, daß diese Einrichtung darauf zurückzuführen ist, daß Luther die Fürsten bat, sie möchten sich 'aus Liebe zu Gottes Wort' des Evangeliums annehmen, daß er diesen Gedanken bereits in seiner Schrift 'an den christlichen Adel deutscher Nation' vertreten hat, da für Luther das landesherrliche Amt kein bloßes Staatsamt, sondern ein Amt auch in der Kirche war, das der Landesherr als *Familienoberhaupt* mit Rechten und Pflichten auch nichtstaatlicher Natur auszuüben hatte. Wir wüßten nicht, was daran nicht 'evangeliumsgemäß' gewesen wäre, zumal für eine Zeit, für die die Welt eine Einheit ein 'unum corpus christianum' bildete, für die die Kirche als eine vom Staat verschiedene Verbandseinheit ein unbekannter Begriff gewesen ist. Wir wünschen die vergangene Form der Landeskirche als Staatskirche nicht mehr zurück, aber wir vergessen auch nicht, was evangelische Landeskirchen, die unsrige nicht ausgenommen, ihrem landesherrlichen Kirchenregiment zu verdanken haben. Das Band, das einst Kirche und Staat verbunden, ist auch nicht gelöst worden, in dem Bestreben, der Kirche 'evangeliumsgemäß', wie Simon sich ausdrückt, zu helfen, sondern in der stillen Hoffnung vieler, daß die evangelische Kirche nun, wo sie ihrer Stützen beraubt sei, bald dahinsinken würde. Dies zur Steuer der Wahrheit über die 'Entpolitisierung der Kirche' durch die Revolution.
Einen weiteren Beweis für die Politisierung der Kirche vor der die Kirche' befreienden' Revolution sieht Simon in ihrem *Verhalten während*

des Krieges, das er mit besonderem Nachdruck 'eine Politisierung' nennt, 'd.h. einen Mißbrauch der Kirche und des Gottesdienstes zu weltlichen staatspolitischen Zwecken'. Als den 'krassesten Fall' führt er dabei das Ansinnen der Staatsbehörden an die Kirchenbehörden und Pfarrer an, man möge von der Kanzel aus die *Kriegsanleihe* empfehlen. Daß es sich dabei um etwas ganz anderes gehandelt hat als um das, was man jetzt wünschen kann, daß die Kirche damit verschont bleibe, daß es sich damals um eine letzte Möglichkeit und Notwendigkeit der Rettung und Erhaltung unseres deutschen Vaterlandes gehandelt, das uns als von Gott gegebenes höchstes irdisches Gut lieb und teuer sein sollte, das sieht offenbar Simon so wenig wie ein Dittmann ein. Dieses Eintreten auch der Kirche und ihrer Diener für die letzten Staats- und Volksnotwendigkeiten ist nicht nur geschützt, sondern u.U. geradezu gefordert von 1. Tim. 5, 8: 'So jemand die Seinen, sonderlich seine Hausgenossen nicht versorgt, der hat den Glauben verleugnet und ist ärger denn ein Heide'. Gewiß, wir sind damals heftig angegriffen worden wegen unseres Eintretens für diese vaterländischen Notwendigkeiten, und noch heute tut es weh, wenn man an das alles zurückdenkt. Aber Simon soll wissen, daß sich ein alter Soldat seiner Wunden und Narben nicht schämt und nicht zu schämen braucht.

Es versteht sich von selbst, daß in einem solchen 'politischen' Sündenregister der Kirche der evangelische *Feldgeistliche* nicht fehlen darf, von dessen Predigten Simon 'nichts Gutes in den Kriegserinnerungen fast aller gelesen hat, die in den letzten Jahren darüber geschrieben haben'. Statt jeder möglichen Rechtfertigung des Dienstes am Wort im Kriege möchte ich kurz folgendes erzählen: Bei einer Feldgeistlichenbesprechung, wie sie der ehemalige Feld-Oberpfarrer des Westheeres, D. Goens, wiederholt abgehalten hat, berichtete in Valenciennes ein Amtsbruder, wie eines Sonntags auf seiner Feldkanzel ein Zettel lag mit der Angabe der Stelle: 'Wir möchten Jesum gern sehen'. Der Pfarrer ging auf diese Bitte ein, und bei einer der nächsten Predigtgelegenheiten fand er einen Zettel mit der Bemerkung: 'Da wurden die Jünger froh, daß sie den Herrn sahen'. Aber daneben lag ein anderer Zettel mit dem Wunsch: 'Bitte, reden Sie im Krieg nicht so viel vom Herrn Jesus!' – Und nun kommt es darauf an, wes Geistes Kind der ist, der gerade *sein* Feldgottesdiensterlebnis berichtet. Der eine, wie der Verlagsbuchhändler Lehmann in seinen Kriegserinnerungen, findet es deplaziert, daß der Feldgeistliche am 2. Sonntag nach Ostern (Misericordias Domini!) über 'Jesus, den guten Hirten' wie am Sonntag in der Kirche in der Heimat predigt, und ein anderer nimmt Anstoß daran, daß er auch in der Predigt an den Krieg erinnert wird! Und dabei sind doch Unzählige, gerade auch unter den Angehörigen der badischen Divisionen, heute noch dankbar für den Seelsorgedienst, der ihnen im Krieg im Felde wie

117

im Lazarett, durch pflichtbewußte evangelische Geistliche zuteil geworden ist. – Was wohl Simon im Felde gepredigt hätte? Und wie da das Urteil ausgefallen wäre? – Aber in diese Verlegenheit wäre er ja nie gekommen, da er den Kriegsdienst überhaupt als Ungehorsam gegen Gottes und des Herrn Wort ansieht, der gesagt habe: 'Stecke dein Schwert in die Scheide; denn wer das Schwert nimmt, soll durch das Schwert umkommen'.

Aber hier zitiert Simon falsch; er zitiert nämlich nicht nach Matth. 26, 52, sondern nach dem Lehrbuch der biblischen Geschichte Nr. 54, für das IV. Schuljahr bestimmt. Matth. 26, 52 heißt es: 'Stecke dein Schwert an *seinen Ort*', womit angedeutet ist, daß das Schwert 'seinen Ort' hat, an dem es rechtmäßig gebraucht wird, in Übereinstimmung mit dem Pauluswort: 'Die Obrigkeit trägt das Schwert nicht umsonst', wie ja auch der Zusatz Jesu: 'denn wer das Schwert nimmt usw.' das Walten des Schwertes voraussetzt. Doch über diesen Gedankenkomplex sich hier weiter auseinanderzusetzen, hat keinen Sinn. Simon schließt diesen Abschnitt von der Beteiligung der Kirche am Kriege mit den schnöden Bemerkungen: 'Warum hat die Kirche so gehandelt? Aus *politischen* Gründen. Sie aß das Brot des Staates. Sie sang sein Lied.' Erbärmlicher und unwahrer ist die Art, wie unsere evangelische Kirche die vaterländische Not unseres Volkes zu der ihrigen gemacht, auch von ausgesprochenen Kirchenfeinden nicht gedeutet worden, als mit diesen Unterstellungen.

Daß die Kirche aber auch nach dem Sturz der Monarchie 'nicht frei von Politisierung' sei, dafür werden von Simon vor allem zwei kirchenregimentliche Erlasse erwähnt, jener, der den Pfarrern das Eintreten für die *Fürstenenteignung* bei der bekannten Volksabstimmung verbot, und der vom 30. April 1928, der sich an die Pfarrämter wendet, sie möchten junge Badener zum *Eintritt in die Reichswehr* ermuntern, damit auch unser Land an der Wehrhaftigkeit unseres Reiches teilhabe und eine Anzahl seiner Söhne eine entsprechende Versorgung erhalte. Was den ersten dieser inkriminierten Erlasse anbelangt, muß Simon selbst zugeben, daß die Kirchenbehörde aus religiös-sittlichen Gründen so gehandelt habe, wie sie es getan. Dazu ist schon damals mit Recht geltend gemacht worden, daß jene geplante entschädigungslose Fürstenenteignung eine ganz einseitige und darum durchaus ungerechte Maßnahme gegen die einst regierenden deutschen Fürstenhäuser bedeutete, während die Neureichen und Kriegsgewinnler vom Zugriff des Staates verschont bleiben sollten. Noch mehr aber macht dem pazifistischen Sozialisten der Reichswehrerlaß der Kirchenbehörde zu schaffen, der nun offenbar auch noch einmal als Material für die Wahlpropaganda herhalten soll. Wir fragen: wer ist denn damals, 1928, an unsere Kirchenbehörde herangetreten mit dem Ansinnen, für die Reichswehr ein Wort

einzulegen? War das nicht die Staatsbehörde, die in Baden seit der Revolution durch die bekannte Koalition bestritten wird? Wie, wenn die Kirchenbehörde dem Ansinnen nicht stattgegeben hätte, wäre sie dann nicht erst recht als politisierend verdächtigt worden, indem sie nun der Staatsbehörde das verweigerte, was sie einer andern noch im Kriege gewährt hatte? Sie hat auch hier durchaus evangeliumsgemäß gehandelt nach dem Wort Jesu, dem man damals auch eine *politische* Falle stellen wollte: 'Gebet dem Kaiser, was des Kaisers ist, und Gott, was Gottes ist'. Emphatisch ruft Simon der Kirche zu: 'Kirche, du mußt deine Stimme gegen dieses himmelschreiende Unrecht erheben, oder du gehst des Auftrages, den Gott seiner Kirche gegeben hat, verlustig. Haß von Mensch zu Mensch soll der Pfarrer abstellen, aber jenen viel schrecklicheren von Nation zu Nation, von Klasse zu Klasse und Rasse zu Rasse – da soll das Evangelium schweigen?' – Nein, Herr Simon, dazu schweigt unsre Kirche nicht! Sondern sie legt mit *Verwahrung ein gegen jenen Vertrag von Versailles, den der Haß gegen die deutsche Nation diktiert,* und legt *Fürbitte* ein auch *für die Reichswehr, damit das Evangelium und das Deutschtum in Ostpreußen nicht dem Haß der polnischen Nation zum Opfer falle, und nicht einmal unseres Bruders Blut gegen uns zum Himmel schreie!*
Politisierung nennt also Simon in Gesinnungseinheit mit dem religiösen Sozialismus das, was in Wahrheit selbstverständliche Sorge um die Lebensnotwendigkeiten unseres Volkes ist. Diese Politisierung wird hoffentlich auch fernerhin der Leitung einer deutschen evangelischen Landeskirche eigen sein. Dazu aber bedarf sie u.E. nicht der Politisierung in dem Sinn, daß sie *neben* dem Evangelium oder gar *vor* dem Evangelium die Politik zum Gegenstand ihrer Sorge macht. – 'Lieben Deutschen, kauft, weil der Markt vor der Tür ist, sammelt ein, weil es scheint und gut Wetter ist, braucht *Gottes Gnaden und Wort*, weil es da ist. Wohlan, ihr lieben Deutschen, ich hab's euch genug gesagt, ihr habt einen Propheten gehört. Gott gebe uns, daß wir *seinem Worte folgen*, zum Lob und Dank unserm lieben Herrn für sein teures Blut, für uns so williglich dargestreckt, und behüte uns vor dem greulichen Laster der Undankbarkeit und Verpassung seiner Wohltat.' Martin Luther"

3. Landeskirchliche Vereinigung

62 Pfr. Schlusser: „Die Jahresversammlung der LKV, 29. Juni 1931 in Karlsruhe", Bericht
LKBl. Nr. 13, 19. Juli 1931, S. 99f.

„Offenbar der wichtigste Gegenstand unserer diesjährigen Beratung war der zweite Punkt der Tagesordnung: *Die kirchlichen Wahlen.* Unsere letztjährige Entschließung war außerhalb unserer Vereinigung mißdeutet worden. So mußten wir dieses Jahr dazu kommen, es völlig klar auszusprechen, wie wir zu dem Parlamentarismus unserer Kirche uns stellen. Wir mußten uns bei unserer diesjährigen Landesversammlung nochmals eingehend mit dieser wichtigen Frage befassen, nicht nur soweit sie die Landessynodal-, sondern auch soweit sie die Gemeindewahlen betrifft. Wir waren uns dabei ganz klar, daß unsere bisherigen Abgeordneten in der Landessynode in wichtigen Dingen mit ihrer Arbeit und mit ihrem Rat gedient haben, und daß z.B. für die Herausgabe eines neuen Gesangbuchs die Mitarbeit eines in liturgischem Wissen und Verstehen so hervorragenden Kenners wie Frommel unentbehrlich erscheint. Von der Entscheidung aber bei solcher Mitarbeit zum Wohl unserer Kirche sind wir ausgeschaltet, wenn wir keine eigenen Abgeordneten mehr in die Landessynode bringen. Auch für das Gemeindeleben ist es ein schwerer Verzicht, wenn wir auf unsere teilweise zahlreichen Abgeordneten verzichten. (In Heidelberg haben wir z.B. 28 von 100 Kirchenausschußmitgliedern und könnten uns bei der nächsten Wahl wohl ebenso viele, mindestens eine beträchtliche Zahl erwerben. *Wir verzichten freiwillig. Vielleicht sieht man an diesem Opfer, daß es uns ernst ist.* Anmerkung der Schriftleitung.) Mag sein, daß Parteien einzelne Leute aus unseren Reihen auf ihre Liste setzen, weil treue, kirchliche Persönlichkeiten, deren evangelische Gesinnung und Arbeit bekannt ist, nicht wohl beiseite gelassen werden können. Trotz dieser zu erwartenden ganzen und teilweisen Ausschaltung aus den kirchlichen Vertretungen wurde doch völlige Klarheit und unbedingte Entscheidung allgemein für unabweisbar betrachtet ohne Rücksicht auf irgend welchen eigenen Vorteil. Wir faßten daher den gegenüber dem vorjährigen noch weitergehenden Beschluß: 'Die Landeskirchliche Vereinigung wird sich an kirchlichen Wahlen zur Landessynode und örtlichen kirchlichen Vertretungen mit eigenen Listen nicht mehr beteiligen.' Der Antrag wird bei zwei Stimmenthaltungen einstimmig angenommen...

Zu dem in unserem Blatt Nr.11 S.83/84 aufgenommenen Antrag des Freiburger Kirchengemeinderats über Abschaffung der Urwahlen wird von einer Seite der Vorschlag gemacht, den uns nahestehenden Kirchengemeinderäten die Beschäftigung mit diesem Antrag zu empfehlen. In Verbindung damit kommt es zu einer Aussprache über unser ganzes heutiges Wahlsystem, das in großer Voreiligkeit dem politischen nachgebildet wurde. Beklagt wird, daß es schließlich eine kleine Zahl von Parteileuten ist, welche die Wahllisten aufstellen und daß man zumeist wählen muß, ohne die Persönlichkeiten zu kennen. Zuletzt wird ein

Antrag Soellner einstimmig angenommen: 'Die Landesversammlung begrüßt den Antrag des Freiburger Kirchengemeinderats als Anregung zu einer Abänderung des kirchlichen Wahlrechts. Denn die L.V. hat es immer als besonders schmerzlich empfunden, daß durch die Wahlkämpfe politische Zersplitterung in die Gemeinden hineingetragen werde. Jedoch hält sie die Frage einer Abänderung des kirchlichen Wahlrechts so lange nicht für spruchreif, als keine Vorschläge vorliegen.'

Endlich schien uns auch noch eine klare Aussprache am Platz über unsere heutige politische Uneinigkeit, vor allem über die politische Betätigung des Pfarrers. Der Vorsitzende Jundt brachte die in dieser Hinsicht bestehende Pflicht des Pfarrers in dem einfachen und verständlichen Satz zum Ausdruck: *'Wir müssen als Pfarrer unsere politische Neigung dem Dienst der Kirche zum Opfer bringen.'* Daneben wurde deutlich hervorgehoben, daß der Pfarrer Mitglied einer Partei sein, auch in Parteiversammlungen die Forderungen des christlichen Glaubens aufstellen und die Interessen der Kirche vertreten dürfe, auch gegen kirchenfeindliche Bewegungen auftreten müsse. Aber der Pfarrer soll nicht Parteiagitator sein. Die Mitglieder waren einig in der Annahme des folgenden Antrags Soellner: *'Die Landesversammlung würde ein kirchliches Gesetz warm begrüßen, durch das eine öffentliche politische Betätigung von Geistlichen im Dienst politischer Parteien unmöglich gemacht wird'.*"

63 N.N.: „Kundgebung über die parteipolitische Betätigung der Pfarrer"
LKBl. Nr. 15, 16. Aug. 1931, S. 116f.

„Über die parteipolitische Betätigung der Pfarrer hat die Badische Evangelische Kirchenregierung am 17. Juli folgende Kundgebung an sämtliche Geistliche der Landeskirche erlassen [vgl. Dok. Nr.50]...

Ansicht der Schriftleitung der Landeskirchlichen Blätter: Wenn die Kirchenregierung einfach verbieten würde, daß die Pfarrer in *öffentlichen politischen Versammlungen* sprechen, so wäre das klarer. Begriffe wie 'Zurückhaltung', 'zur Ehre Gottes', 'zum Wohl unserer Kirche' sind sehr dehnbar. Pfarrer wie Eckert, Teutsch und Streng werden für sich durchaus in Anspruch nehmen, daß sie das Wohl unserer Kirche und die Ehre Gottes im Auge haben, und vielleicht auch behaupten, daß sie zurückhaltend seien. Deshalb wird der von der Kirchenregierung verfolgte Zweck nur durch ein klares Verbot erreicht, das ja auch unsere Landesversammlung wünschte. Dem Satz der Positiven Blätter, daß ein Pfarrer ganz von der Politik die Hand lassen solle, können wir nicht zustimmen. Es kann unter Umständen sehr gut sein, sowohl für die betreffende Partei als auch für die Kirche, wenn Pfarrer sich in politischen Parteien betätigen und ihre Stimme innerhalb ihrer erheben. Voraussetzung dafür ist es, daß sie es wirklich als christliche Pfarrer tun. Jedenfalls kann man es keinem Menschen, auch dem Pfarrer nicht, verwehren, daß er in dieser entscheidungsschweren Zeit politisch Stellung nimmt und sich einer politischen Partei anschließt; nur muß er in dieser Partei, sobald er sich in ihr aktiv betätigt, die Grundsätze und Kräfte des Evangeliums wirksam zu machen suchen und darf auch nicht davor zurückscheuen, ihr das Wort der Buße zu sagen; d.h. auch wenn er Politik treibt, muß er Pfarrer bleiben. Für die Mehrzahl der Pfarrer wird es allerdings ratsam sein, sich ganz von Parteipolitik fernzuhalten."

4. Religiöse Sozialisten

Das publizistische Organ der Religiösen Sozialisten, das gleichnamige Sonntagsblatt, führt den Untertitel „Durch christlichen Glauben zu sozialistischem Kampf! Durch sozialistischen Kampf zu christlichem Glauben!"

64 Pfr. Kappes: „Pfarrer, Kirche und Politik"
Bad. PfVBl. Nr. 6/7, 4. Juli 1931, S. 83–86

„Das in der Überschrift angegebene *Problem der politischen Aktivität der Pfarrer* ist zu einem der brennendsten im Leben der Kirche geworden. Die von manchen Seiten vorgeschlagene allzu kurzschlüssige 'Lösung': Behörde und Synode sollen den Pfarrern jede politische Aktivität verbieten, kann mit Recht als erledigt angesehen werden. Hierzu fehlen Rechtsgrundlage und Möglichkeit. Der *thüringische Landeskirchenrat* beschritt den Weg einer 'Dienstanweisung über politische Betätigung des Pfarrers'. Es ist wohl anzunehmen, daß die nächste Tagung der Landessynode auch in Baden sich mit Anträgen zu beschäftigen haben wird, welche in diese Richtung gehen. Ich will hier darum zu jener Dienstanweisung keine Stellung nehmen. Meines Erachtens können Versuche zu einer gesetzlichen Regelung nur die *eine* Form sein, womit man dies schwere Problem der Lösung zuführt, aus welcher der Kirche kein Schaden erwächst. Die *andere* und zur Ergänzung unbedingt notwendige Form muß darin liegen, daß aus den politisch aktiven Pfarrern selbst ein *common sense* darüber sich bildet, wie sie als evangelische Pfarrer nach Form und Inhalt ihre politische Aktivität auffassen. Ohne diese innerliche Übereinstimmung der Pfarrer und die enge Fühlung der Kirchenbehörde mit der geistigen Macht dieses *common sense* kann eine

'Dienstanweisung' zu einem recht gefährlichen Werkzeug werden, da es gegen parteiische Handhabung nicht gesichert ist.

Eine prinzipielle Überlegung über *das Problem 'Protestantismus und politische Parteien'* ist notwendig. Es besteht Übereinstimmung darüber, daß die evangelische Kirche nie das politische Instrument eines evangelischen Zentrums zur Verteidigung ihrer 'kirchlichen Belange' und zur Durchsetzung ihrer evangelischen Weltanschauung auf dem Gebiet der Politik haben wird. Der Protestantismus hat nicht für die Macht der Kirche in oder gegenüber der Welt zu kämpfen, sondern für die christliche Welt überhaupt. Es muß anerkannt werden, daß grundsätzlich dieser Kampf von den verschiedensten Ausgangspunkten her geführt werden kann. Es muß feststehen, daß man zu diesem Ziel sowohl von einer konservativen wie von einer revolutionären Gesamtauffassung her vorstoßen kann. Kirchenbehörde und Kirchenvolk müssen anerkennen, daß *der evangelische Pfarrer in allen politischen Parteien* stehen kann, und daß eine Charakterisierung in der Richtung, daß a priori einzelne Parteien 'christlicher' seien als andere, aus dem Bewußtsein von Behörde und Kirchenvolk ausgeschaltet werden muß. Auf der Basis dieser allgemeinen Anerkennung muß *die besondere Funktion* herausgearbeitet werden, *welche der politisch aktive Pfarrer hat*. Die thüringische Dienstanweisung hebt nur eine formale Funktion hervor: 'die Pfarrer sollen streiten, als stritten sie nicht'. Die eigentliche Funktion der politisch aktiven Pfarrer liegt aber auf einer noch höheren Ebene. Sie sollen in ihrer *Unabhängigkeit* von Sonderinteressen aller Art, in ihrer *Gewissensgebundenheit* auch im politischen Leben an Gott, in ihrer *Verpflichtung zum Dienst* aus der Wahrheit an Volk und Menschheit sowohl in Kritik wie Vertiefung in *ihren eigenen Parteien* mitarbeiten, als auch *über diese hinausragen*, um die großen, durch die geschichtliche Situation und Gottes Willen bedingten *Ziele* in den Vordergrund zu stellen, welche jede politische Aktivität überhaupt erst sinnvoll und würdevoll machen. Ich glaube, daß in der heutigen politischen Situation unseres Volkes eine politische Aktivität gerade der Pfarrer *erforderlich* ist, damit durch die Erfüllung dieser Funktion dem politischen Kampf das Dämonische und Zerspaltende genommen wird und sein eigentlicher Sinn für das Bewußtsein gerade *der* anständigsten Volksgenossen wieder in den Vordergrund tritt, welche durch viele Erscheinungen des heutigen politischen Kampfes leider von der politischen Mitarbeit abgestoßen und ausgeschaltet werden. Das Maß der Verantwortlichkeit gerade des Pfarrers in seiner Partei und über sie hinaus ist das denkbar größte. *Der Pfarrer wird so zum Exponenten seiner Kirche im politischen Leben.* Und auch durch ihn wird die evangelische Kirche zur wirklichen *Volkskirche*, weil aus dem Mittelpunkt einer solchen Zielsetzung heraus ihr Kreis alle Parteien, deren Mitglieder doch noch heute zur Volkskirche gehören, umspannt, und ihre Radien durch alle Parteien hindurchgehen. *In dieser indirekten Wirksamkeit liegt die politische Aufgabe und Mächtigkeit der evangelischen Kirche.* Erfaßt die Kirche die Situation, findet sie in ihren Pfarrern die notwendige Hilfe, dann ist der Dienst der evangelischen Kirche universaler und wirkungsvoller, als wenn sie sich nur auf eine einzelne Partei stützt. Es scheint mir wirklich die höchste Zeit zu sein, daß die evangelische Kirche an die Lösung der ihr gestellten Aufgabe herantritt.

In der *badischen Kirche* traten in der Vergangenheit eigentlich nur die Pfarrer mit stärkerer politischer Aktivität hervor, welche auf der Seite der *konservativen* politischen Parteien kämpften. Es gab aber vor dem Krieg auch politische Pfarrer in den Parteien des *politischen Liberalismus:* bei den Nationalliberalen und Freisinnig-Demokraten der Richtung Naumanns. *Heute* stehen die politisch aktiven Pfarrer in *allen Parteien* von der SPD bis zur NSDAP, besonders auch im christlichen Volksdienst. Damit ist das oben gekennzeichnete Problem so aktuell geworden, daß es gelöst werden muß. Die Kirche muß hindurch. Sie kann nicht zurück.

Im Folgenden soll die *Form des Weges* gezeigt werden, auf welchem man m.E. an die Lösung des Problems herantreten muß:

1. Die Arbeitskreise der Pfarrer, welche in den einzelnen Parteien politisch aktiv und verantwortlich tätig sind (DN, NSDAP, ChrVD, DV, DSt, SPD usw.), bestimmen einen führenden, in der politischen Theorie und Praxis seiner Partei erfahrenen Pfarrer zu ihrem *Sprecher.*

2. Diese Sprecher treten zu *einer persönlichen,* mindestens auf zwei Tage zu bemessenden *Aussprache* zusammen. Diese Aussprache dient nicht nur dem persönlichen Kennenlernen, sondern vor allem auch der Vorbereitung einer Freizeit nach Ziffer 3. Es ist notwendig, daß die Diskussionsmethode auf einer solchen Freizeit gründlich erörtert und das wesentlichste Material an Literatur zur Kenntnis der Theorie und Praxis jeder einzelnen Partei zusammengestellt wird, damit ein Aneinandervorbeireden bei einer solchen Freizeit möglichst von vornherein verhindert wird.

3. *Diese Parteifreizeit* soll etwa eine Woche dauern, je nach der Anzahl der durch die beteiligten Parteien notwendigen Referate, die *von badischen Pfarrern* zu halten sind. Die Landeskirche wird als Oberkirchenrat und Kirchenregierung in der Rolle eines *'freundlichen Beobachters'* zu dieser Freizeit eingeladen. Der Kreis der teilnehmenden badischen Pfarrer wird bei dieser ersten Freizeit auf die

beschränkt, die wirklich politisch aktiv und verantwortlich tätig sind. Diese sollen aber möglichst *alle* erfaßt werden. Es ist zu wünschen, daß die Landeskirche durch einen finanziellen Zuschuß zu Reise und Aufenthalt die Durchführung dieser Freizeit erleichtert. Eine solche Freizeit hat *nicht* den Sinn, daß dort die Vertreter der einzelnen Parteien *parteipolitische Volksreden* gegen die anderen Parteien halten, *oder daß eine romantische Harmonisierung* der entgegengesetzten Parteirichtungen versucht wird. *Es sollen vielmehr die Referenten den Wahrheitsgehalt und die praktische Wirklichkeit ihrer Parteien möglichst klar zur Darstellung bringen und beides in Beziehung zur evangelischen Kirche und ihren Gegenwartsaufgaben setzen.*

Mir scheint, daß die *Kirchenführung ein Interesse in doppelter Hinsicht* an einer solchen Freizeit haben muß: 1. *orientiert* sie sich durch die Referate und Aussprache von verantwortlichen politischen Pfarrern über Praxis und Motive ihres politischen Kampfes; 2. erwächst ihr aus dem, was mit der Zeit aus dieser ersten Freizeit hervorgehen kann, ein *Instrument zur indirekten politischen Einwirkung auf alle Parteien* gerade dann, wenn es sich um wichtige kirchlich-politische Fragen handelt (z.B. Dotation, Konkordat, Religionsunterricht, Schule, Rechtsreform usw.). – Aber auch für den politischen Parteikampf im allgemeinen kann ein nicht unwichtiges Ergebnis solcher Aussprache darin liegen, daß mehr Kräfte der Wahrhaftigkeit und *bona fides* zur *Entgiftung* dieses Kampfes mobilisiert werden.

Bei allseitigem guten Willen können – müssen! – *diese Freizeiten ihre Fortsetzung* in weiteren Veranstaltungen finden. Sie können vielfachen Zwecken dienen: sachliche Orientierung der politisch inaktiven Pfarrer; der Vorbereitung zu kirchlichen Kundgebungen anläßlich besonderer politischer Situationen des Volkes; der sachlichen politischen Beeinflussung der kirchlichen Laien.

Meine Vorschläge haben den Tatbestand zur Voraussetzung, daß *die Kirchenführung bis jetzt die Dinge treiben ließ* und die verantwortlichen politischen Pfarrer bis jetzt nicht zu einem solchen 'Gespräch um den runden Tisch' zusammenbrachte. Da dies in der jetzigen Situation vielleicht nicht mehr möglich ist, muß die Initiative von unten her, nämlich von den Pfarrern aus ergriffen werden. Ich habe bei meiner Rede auf der Kehler Pfarrvereinstagung einen Vorstoß in dieser Richtung angekündigt. Ich habe in der Pfingstwoche selbst bei einer *pfälzischen Pfarrersfreizeit* mitgewirkt, welche die drei Themen behandelte 'Marxismus und Kirche', 'Christlicher Volksdienst und Kirche' und 'Nationalsozialismus und Kirche'. Jene Tagung litt unter mancherlei Mängeln, an denen die Veranstalter, der Sozialpfarrer Kopp-Rehborn und Pfarrer Lic. Groß-

Alt-Leiningen, nicht schuldig waren, welche aber durch die von mir vorgeschlagene Form der Vorbereitung durchaus beseitigt werden können.

Ich richte durch diesen Artikel, da mir die einzelnen Anschriften der zuständigen Amtsbrüder unbekannt sind, *die offizielle Bitte an die Kreise politisch tätiger Pfarrer in allen Parteien, daß sie mir baldigst* (bis zum 15. Aug.) *die Anschriften ihrer Sprecher mitteilen möchten, damit alles Weitere mit diesen behandelt werden kann.*

Ich bitte die Amtsbrüder in den verschiedenen Parteien, an diese Aufgabe heranzutreten im Bewußtsein davon, daß die Kirche, deren Amtsträger wir sind, ein Substrat ist für den lebendigen Christus, dem wir auch mit unsrer politischen Betätigung verpflichtet sind. So sind wir auch verantwortlich, daß über Form und Inhalt unsrer politischen Betätigung eine Klärung herbeigeführt wird. Nicht durch kirchenregimentliche Aufsicht kann letzten Endes verhindert werden, daß der Kirche kein Schade entsteht, sondern in erster Linie *durch den freiwillig von uns gebildeten kirchlichen common sense über Form und Inhalt unsrer politischen Betätigung."*

65 N.N.: Die politische Tätigkeit des „deutschnationalen" bad. KPräs. Wurth

RS Nr. 14, 5. April 1931, S. 65

„Beschimpfung der sozialistischen Führer – Tumulte – Flucht durch eine Hintertüre!

Unser Angriff gegen den Präsidenten der badischen Landeskirche, Wurth, wegen seiner parteipolitischen Tätigkeit als deutschnationaler Agitator hat den Herrn Präsidenten dazu veranlaßt, durch den evangelischen Pressedienst eine nach unseren Erkundigungen die Öffentlichkeit irreführende 'Berichtigung' weiterzugeben.

In dieser 'Berichtigung' muß der heutige Präsident zunächst zugeben, daß er 'unmittelbar nach der Revolution als Redner zu politischen Fragen aufgetreten ist, zunächst in Kirchen!!!, aber auch in zwei 'sozialdemokratischen' Versammlungen in Knittlingen und Bretten'.

'Damals', so fährt der Pressebericht des Herrn Präsidenten fort, 'ging es im politischen Kampfe um ganz andere Fragen wie heute, so vor allem um die Abschaffung des Religionsunterrichtes. Gegen den politischen Ansturm der antikirchlichen Kreise hat Pfarrer Wurth in rein sachlichen Ausführungen – ihre Sachlichkeit wurde auch von den Gegnern nicht bestritten – allerdings 'rücksichtslos' und mit mutiger Schärfe die religiösen und kirchlichen Belange und ihre Sicherstellung verfochten. Darin bestand die *gesamte politische Tätigkeit des jetzigen Kirchenpräsidenten.*'

Wir lassen im Wortlaut eine Erklärung der Knittlinger Genossen und Gesinnungsfreunde folgen, die an jener Versammlung, in der der Herr Präsident 'mit mutiger Schärfe die religiösen und kirchlichen Belange' verfochten hat, teilgenommen haben, folgen:

'Im Jahre 1919 sprach der damalige Pfarrer Wurth von Bretten in einer öffentlichen Versammlung im Saale 'Zur Linde' in Knittlingen, im Auftrage der Deutschnationalen Volkspartei. Thema: 'Wiederaufbau der christlichen Kirche'. Er beschuldigte darin die Sozialdemokratie der Kirchenfeindlichkeit und kam auch unter anderem auf den verlorenen Krieg und auf die *Revolution* zu sprechen. Er führte weiter aus:

> Die Schuld an dem Zusammenbruch sei der Unmoral und der Feigheit der Truppen zuzuschreiben. Dann erzählte er das Märchen von der Erdolchung der Front von hinten, wobei er die damaligen Volksbeauftragten, Ebert, Dittmann, Haase u.a. in gemeiner Weise in den Schmutz zog. Was selbstverständlich nicht fehlen durfte, war ein offenes Bekenntnis zu den alten Farben Schwarz-Weiß-Rot und zur Monarchie.

Die Anwesenden, in ihrer Mehrzahl *Kriegsteilnehmer*, konnten und wollten sich diese beschämenden, unwahren Anmaßungen nicht bieten lassen.

Es kam während des Versammlungsverlaufs des öfteren zu wüsten Tumulten und nur mit Mühe konnten die über diese Verleumdungen aufs höchste erregten Versammlungsteilnehmer zurückgehalten werden.

Nach Schluß der Versammlung wäre es vor dem Lokal noch zu Tätlichkeiten gekommen, wenn nicht der Wirt den damaligen Stadtpfarrer D. Wurth und seine Getreuen durch eine Hintertür hätte entweichen lassen.

Unsere Gewährsleute sind bereit, ihre Aussagen durch ihren Eid zu bekräftigen.

So sah die 'Rettung der kirchlichen Belange' durch die parteipolitische deutschnationale Agitation des damaligen Stadtpfarrers Wurth von Bretten aus, der wegen einer von den Nationalsozialisten gesprengten Versammlung des Gen[ossen] Pfarrer Eckert, die Würde und das Ansehen des Pfarrstandes herabgewürdigt dann sieht, wenn ein sozialistischer Pfarrer der nationalistischen Reaktion im Namen Christi entgegentritt.

Zu dem gleichen Thema schreibt *Dr. Dietz*, Karlsruhe:
Kirchenpräsident Wurth hat nach der verwaltungsgerichtlichen Verhandlung gegen Pfarrer Eckert vom 16. März lfd.Js. durch die kirchliche Pressestelle in der Öffentlichkeit zugegeben, daß er unmittelbar nach der Revolution 'öfters als Redner zu politischen Fragen aufgetreten ist, zunächst in Kirchen, aber auch in zwei sozialdemokratischen Versammlungen in Bretten und Knittlingen', und zwar auf dringendes Bitten seiner Freunde, auf öffentliche Einladung der Gegner und weil es sich damals 'im politischen Kampf um ganz andere Fragen wie heute handelte, so vor allem um die Abschaffung des Religionsunterrichts'.
Die letztere Begründung ist, wie allen Miterlebern der fraglichen Zeit erinnerlich ist, nichts als ein fadenscheiniges Mäntelchen, mit welchem damals die deutschnationalen Agitatoren der 'christlichen Volkspartei' nach Art der Herren Wurth und Mayer ihren Mißbrauch der Religion für politisch-agitatorische Zwecke zu begründen suchten,
> obwohl kein Mensch in Baden daran dachte, den Religionsunterricht in den Schulen abzuschaffen und insbesondere die Sozialdemokratische Partei in ihren Kundgebungen zur künftigen badischen Verfassung im 'Volksfreund' vom Winter 1918/19 *ausdrücklich erklärt hatte, daß sie gegen die Beibehaltung des Religionsunterrichts in den Schulen auch auf Grund des Erfurter Programms keine Einwendungen zu machen habe.*

Der Herr Kirchenpräsident Wurth hat offenbar den Herrn Pfarrer Wurth von Liedolsheim ganz vergessen, welcher *jahrelang vor dem Krieg und Revolution* als deutschnationaler, damals 'konservativer' Agitator in der badischen Hardt tätig war und insbesondere den nationalliberalen Landtagsabgeordneten Ludwig Reck von Eggenstein mit seinem giftigsten Hasse verfolgte, obwohl Reck ein positiv christlich eingestellter, im Bezirk hochangesehener und verdienter, auch reichlich 'patriotischer' Mann war, lediglich weil Reck sich zur Nationalliberalen Partei und nicht zur Konservativen Partei bekannte.
Die Teilnehmer der Wahlkämpfe jener Zeit erinnern sich noch sehr gut an die frommen und salbungsvollen Worte, mit denen der Herr Pfarrer Wurth von Liedolsheim seinen positiven Mitbruder in Christo, Reck, vor aller Welt mit *Gift und Galle* zu überschütten wußte, um ihn politisch schlecht und mißliebig zu machen. Insbesondere die alten nationalliberalen Mitkämpfer jener Zeit sind starr darüber, daß der Herr Kirchenpräsident Wurth heute gar nichts mehr von dem Herrn Pfarrer Wurth von Liedolsheim weiß und sich nur daran erinnert, daß er vor Jahren nur 'gegen den politischen Ansturm der anti-kirchlichen Kreise' tätig geworden ist. Auch die 'kirchlichen' Kreise erinnern sich seiner vorgeschilderten Tätigkeit sehr gut und mit Wehmut, denn wenn irgendetwas vor der Revolution und nach der Revolution das Ansehen der Religion in den

weitesten Volkskreisen untergraben konnte, so war es der Mißbrauch, welchen die kirchlichen Agitatoren, wie Herr Wurth und Mayer, für politische Agitationszwecke mit Religion und Kirche trieben. Das Disziplinarverfahren gegen Eckert wird weitere Veranlassung dazu geben, diesen Sachverhalt klarzustellen und die frühere agitatorische Tätigkeit des Herrn Kirchenpräsidenten der Vergessenheit zu entreißen.
Herr Präsident Wurth, Sie können nicht Richter sein — Sie sind Partei! Sie sind angeklagt! Sie haben durch bewußten Mißbrauch Ihrer Dienstgewalt einen politischen Gegner mundtot machen wollen und ihm Unrecht getan. — Ja, Sie haben durch Ihre 'Berichtigung' die Öffentlichkeit irreführen wollen!
Oder ist die von unseren Freunden gegebene Auskunft über ihr Verhalten nicht wahrheitsgetreu?
Wir verlangen eine Antwort, Herr Präsident, und möchten auf diese Antwort nicht so lange warten, wie auf Ihr Geständnis von der 'alten kleinen schwarz-weiß-roten Fahne', die am 18. Januar aus Ihrer Dienstwohnung im Oberkirchenratsgebäude zu Karlsruhe herausgehängt hat."

B Extreme Positionen

Bereits vor der Juli-Wahl 1932 — verstärkt naturgemäß in der 'heißen Wahlkampfphase' — wurden einige Stimmen von besonderer Radikalität laut. Indem wir diese extremen Positionen, sogar in ihrer äußersten Zuspitzung, dokumentieren, sind wir uns bewußt, daß wir auf die Darstellung der persönlichen Entwicklung dieser Akteure ebensowenig eingehen können wie auf die Resonanz, die sie fanden. Ausschlaggebend bleibt allein die Reaktion der Kirchenleitung.

1. Pfarrer Emil Streng/Waldwimmersbach

66 KReg., Prot.: NS-Agitationen
Karlsruhe, 27. Febr. 1931; LKA GA 5741

„Dr. Dietrich teilt mit, er habe gehört, eine Abteilung nationalsozialistischer Jugend aus Heidelberg sei von Pfarrer Streng in Waldwimmersbach vor der Kirche mit 'Heil' empfangen und die Fahne der Abteilung sei in der Kirche auf den Altar gelegt worden; sogar Schläger seien auf dem Altar gelegen. Streng sei aber nicht vom Amte suspendiert worden. Auch soll Pfarrer Streng angeordnet haben, daß die Schuljugend, sobald er im Ornat die Kirche betrete, sich erhebe und ihn mit dem Faschistengruß begrüße. Der Kirchenpräsident sagt eine genaue Untersuchung dieser Anschuldigung zu. Oberkirchenrat D. Rapp teilt mit, daß Streng dagewesen und vom Kirchenpräsidenten und ihm ernstlich ermahnt worden sei, sich aller politischen Unvorsichtigkeiten zu enthalten."

67 KReg., Prot.: NS-Symbole im Kirchengebäude
Karlsruhe, 11. März 1931; LKA GA 5741

„Dr. Dietrich fragt, wie es sich mit der Sache von Pfarrer Streng verhalte, die er in der letzten Sitzung zur Sprache gebracht habe.
Kirchenpräsident: Pfarrer Streng hat nach seinem Bericht keinen Sondergottesdienst für die Nationalsozialisten gehalten; die Fahnen wurden an der Kirche an die Wand gestellt. Am Volkstrauertag war der Altar allerdings mit Helm, Karabiner und Säbel geschmückt. Eine Entscheidung sei in der Sache noch nicht gefallen, weil der Rechtsreferent krank war.
Dr. Dietrich erwähnt, daß er nicht von Sondergottesdienst, sondern nur von Gottesdienst gesprochen habe, die Ausschmückung des Altars mit kriegerischen Emblemen müsse für die Zukunft unmöglich gemacht werden.
Der Kirchenpräsident erblickt im Helm usw. keine Parteizeichen, das Deutsche Reich habe ja immer noch eine Wehrmacht, wohl aber können Fahnen solche verkörpern. Ordnung werde durch eine allgemeine Entscheidung geschaffen. D. Holdermann findet die kriegerische Ausschmückung ungeheuerlich."

68 EOK an Pfr. Streng: Verbot von parteipolitischen Symbolen in kirchlichen Räumen
Karlsruhe, 20. März 1931; LKA GA 5199 – Durchschrift

„Von Ihrer Erklärung vom 3. d.M. betreffs Ausschmückung der Kirche, des Altars und der Zulassung von Fahnen in der Kirche nehme ich gerne Kenntnis insofern, als ich glaube annehmen zu dürfen, daß Sie sich von jeder parteipolitischen Handlung in der Kirche fernzuhalten gewillt sind. Es wird zwar behauptet, die Ausschmückung des Altars mit Helm, Säbel und Karabiner sei parteipolitisch zu bewerten. Ich sehe jedoch davon ab. Indes ist eine solche Ausschmückung weder in unserer noch in einer anderen Landeskirche üblich. Da diese Art der Ausschmückung nicht zu unserer kirchlichen Ordnung gehört, dazu auch liturgisch nicht wohl gerechtfertigt werden kann, hat eine solche Ausschmückung künftighin zu unterbleiben.
In den Zeitungen verbreiten Ihre politischen Gegner die Behauptung, daß bei einem Ihrer Gottesdienste der Aufgang zur Kanzel mit Hakenkreuzfahnentuch umwickelt gewesen und von der Kanzel eine schwarz-weiß-rote Fahne herabgegangen sei. Ich nehme an, daß dies falsch ist, andernfalls ersuche ich um Bericht.
Ihrer Bitte, um Nennung des Herrn, der dem Evang. Oberkirchenrat die unzutreffende Mitteilung gemacht hat, kann ich leider aus formalen Gründen nicht entsprechen.
Im übrigen ersuche ich Sie wiederholt und dringend, in und außerhalb der Kirche sich aller Reden und Handlungen zu enthalten, die die gegenwärtige kirchliche Spannung noch vergrößern könnte."

69 J.L.[?]: „Die Kirche ist für die Faschisten reserviert!"
RS Nr. 19, 10. Mai 1931, S. 85

„Felddienstübung – S.-A.-Platz-Konzert – Glockenläuten – Reservierter Militärgottesdienst – Faschistische Werbeversammlung.
Der Liebling des badischen Kirchenpräsidenten D.Wurth – Herr Pfarrer Streng in Waldwimmersbach – den der Präsident der Landeskirche durch zwei unwahre und irreführende 'Presseberichtigungen' in Schutz genommen hat, darf weiterhin die evangelische Kirche zur Hakenkreuzpropaganda mißbrauchen.
Er hat nicht nur in Heidelberg in der Pfarrei des Herrn Professor D.Frommel *eine Hakenkreuztrauung, bei der das Ehepaar durch das Spalier der zum Faschistengruß erhobenen Arme der S.A. Heidelberg zum Altar schritt,* gehalten, sondern am 25./26. April einen 'deutschen Tag' in seiner Gemeinde organisiert.
Der Oberkirchenbehörde war das bekannt, sie hat aber keinen Anlaß zum Einschreiten gesehen.

Unser Augenzeuge berichtet über diesen Tag folgendes:
In der Frühe exerzierten die Sturmabteilungen an den Ausgängen des Ortes. Um 9 Uhr Gottesdienst für die Gemeinde. Am Schluß des Gottesdienstes machte der Geistliche auf das *'Platzkonzert'* der S.A. am Nachmittag aufmerksam und forderte die Gemeinde auf, am Abend die von den Nationalsozialisten anberaumte politische Versammlung zu besuchen.
Um halb 11 Uhr fand ein *Gottesdienst für die 'politischen Freunde'* des Herrn Pfarrers statt. Er bemerkte bei der Abkündigung des Gemeindegottesdienstes, seine politischen Freunde seien so zahlreich von auswärts gekommen (etwa 500), *daß die Kirche für die Nationalsozialisten reserviert und daß für andere kein Platz in der Kirche sei!*
Um halb 11 Uhr läuteten alle Glocken zusammen, am Kircheneingang spielte zugleich die S.A.-Kapelle. Die Kirche war tatsächlich für die Faschisten reserviert! Die Abteilungen marschierten geschlossen in die Kirche. *Etwa zwanzig Hakenkreuzfahnen und Wimpel wurden in die Kirche getragen.* Der Zugang zu ihr wurde unserem Freund *durch die S.A.-Wache verweigert*; ja, beim Einzug der Nazileute wurde unserem Genossen, der ruhig unter den Zuschauern stand, von einem Spielmann der S.A.-Truppe mit dem Trommelschlägel gedroht!
Und den Genossen Pfarrer Eckert, der nie die Kirche zu solchen parteipolitischen Dingen mißbrauchte, der aus gewissensmäßigem Zwang die Nationalsozialisten in öffentlichen Volksversammlungen bekämpfte, hat derselbe Präsident, der den Herrn Pfarrer Streng in Schutz nimmt, gemaßregelt, seines Dienstes vorläufig enthoben und gegen ihn ein Dienstgericht mit dem Ziel der Amtsenthebung eingeleitet.

Das Verhalten des Präsidenten und des Oberkirchenrats zu diesem neuen Skandal beweist, wie recht der Genosse Eckert hatte, als er dem Präsidenten und dem Oberkirchenrat Einseitigkeit und Parteilichkeit in seiner Amtsführung vorwarf. J.L.

Wir sind auf die nächste 'Berichtigung' des Oberkirchenrats gespannt.
(Die Red.)"

70 EOK an Pfr. Streng: Nationalsozialistisch geprägte Amtshandlungen
Karlsruhe, 28. Mai 1931; LKA GA 5199 – Durchschrift

„Nach Kenntnisnahme Ihrer Bekundung bei Ihrer Vernehmung am 12. Mai 1931 zu den Vorwürfen, die in dem Artikel 'Die Kirche ist für die Faschisten reserviert!' im Religiösen Sozialisten Nr.19 vom 10. Mai 1931 erhoben sind, habe ich Ihnen folgendes mitzuteilen.

1. Die Trauung in Heidelberg:
   Ich halte es nicht für zulässig, daß bei einer Feier in einer evangelischen Kirche, gleichgültig ob dies eine Trauung oder eine andere kirchliche Feier ist, die Anwesenden bei bestimmten Vorgängen zum Gruß die Hand erheben. Ich nehme an, daß Sie gleicher Auffassung sind und ersuche Sie, was an Ihnen liegt dafür zu sorgen, daß gleiche Vorgänge künftighin unterbleiben. Ich stelle aber ausdrücklich fest, daß bei der Trauung in Heidelberg Sie weder die Ursache für die Handhebung waren, noch auch es ermöglichen konnten, diesen Gruß zu verhindern.

2. Der deutsche Tag in Waldwimmersbach:
   Nachdem auch anderen Vereinigungen und Gruppen die Abhaltung von Sondergottesdiensten gestattet ist, wird nichts dagegen einzuwenden sein, solche Gottesdienste für die NSDAP, wenn sie verlangt werden, abzuhalten, wobei selbstverständlich die für die Überlassung von Kirchen für Sondergottesdienste erlassenen Bestimmungen streng beachtet werden müssen, was in *dem* hier fraglichen Fall geschehen ist. Finden solche Sondergottesdienste statt, so sollte es ermöglicht werden, daß dadurch die Gemeindegottesdienste auch in der Zeit ihrer Abhaltung nicht berührt werden und daß für Sondergottesdienste der Charakter der Öffentlichkeit gewahrt bleibt. Auch war es nicht am Platze, am Schluß des Gemeindegottesdienstes auf das Platzkonzert der S.A. am Nachmittag aufmerksam zu machen. Die Verkündigungen in der Kirche haben sich ausschließlich auf kirchliche Angelegenheiten zu erstrecken.
   Von einer Erwiderung im 'Religiösen Sozialisten' habe ich abgesehen."

71 KReg., Prot.: Bestrafung von Pfr. Streng
Karlsruhe, 30. Okt. 1931; LKA GA 5741

„Über die politische Betätigung des Pfarrers Streng in Waldwimmersbach bzw. seinen Ungehorsam gegen die Verfügung des Oberkirchenrats anläßlich des Begräbnisses des Staatspräsidenten Wittemann läuten zu lassen, berichtet Oberkirchenrat Dr. Friedrich. Streng habe sein Verhalten damit begründet, daß er es nicht mit seinem evangelischen Gewissen habe vereinbaren können, zu Ehren eines Mannes läuten zu lassen, der ein Zentrumsmann schlimmster Sorte gewesen sei und in gegenreformatorischem Sinne gewirkt habe. Streng habe einen Verweis erhalten, im Vergleich zu anderen Fällen eine relativ hohe Strafe. Trotzdem ist Landeskirchenrat Dr. Dietrich mit dieser Strafe nicht einverstanden; sie sei zu mild, wenn man denke, welche Demonstration gegen die Behörde Streng sich erlaubt habe; zudem höre man noch, daß Streng sich seines Ungehorsams in politischen Versammlungen gerühmt habe. Derartiges dürfe nicht einreißen; die Erfüllung der behördlichen Anordnungen müsse erzwungen werden. Den Ausführungen des Dr. Dietrichs gegenüber erinnert der Rechtsreferent daran, daß Pfarrer Eckert sich in mehreren Fällen, z.B. bei der Anordnung des Gebets für den Großherzog und ferner für die verfolgten Christen* im Osten sich des glatten Ungehorsams schuldig gemacht habe. Im Vergleich zu der sehr glimpflichen Art, wie Eckert in diesen Fällen weggekommen sei, sei Strengs Strafe sehr hoch. – Geheimer Rat D. Bauer frägt, ob die Bestrafung Strengs auch dem Kirchengemeinderat Waldwimmersbach mitgeteilt worden sei; es sei nötig, daß die Gemeinde erfahre, in welchem Gegensatz ihr Pfarrer zu seiner Behörde steht. In letzterem Sinne äußert sich

---

* KGVBl. Nr.4, 8. April 1931, S. 35: „...In Nr.7 des 'Sonntagsblattes des arbeitenden Volkes' vom 16. Februar 1930 unterzog Pfarrer Eckert den *Aufruf des Oberkirchenrats und die Bitte für die im Osten verfolgten Christen* einer absprechenden Beurteilung. In der Verfügung vom 25. Februar 1930 Nr.3335 führt der Oberkirchenrat hierwegen am Schlusse aus: Wenn Christen im Osten schwere Leiden erdulden müssen und die letzten Ursachen dieser Leiden gottesfeindliche Motive seien, so sollte man annehmen, daß Eckert als Pfarrer einer evangelischen Kirche im Gebet für diese leidenden Brüder und Schwestern mit der Gemeinde sich zusammenfinden könne. Aber da er ja immer zuerst prüfe, ob die Einstellung seiner Kirche auch mit seinen politischen und wirtschaftlichen Ansichten übereinstimme, und, wenn er glaube, daß dies nicht der Fall sei, den Parteiagitator immer vor und über den Pfarrer stelle, wie dies auch in dem Urteil des Dienstgerichts vom 21. Juni 1929 gegen ihn zum Ausdruck komme, so brauche es nicht Wunder zu nehmen, daß er in dem Aufruf des Oberkirchenrats nichts anderes als eine religiöse und moralische Verbrämung eines kapitalistischen Kampfes gegen die Sowjetunion sehen könne. Weil es ihm nicht in die Linie passe, vermöge er nicht zu erkennen, welche ganz anders geartet Beweggründe für die Kirche entscheidend seien. Die Verfügung schließt mit folgenden Worten: 'In tiefer Besorgnis muß ich feststellen, daß Sie auch hier wieder, obwohl Sie als Diener der Kirche Ihren geistigen Standort allein nur im innerkirchlichen Gebiet zu nehmen haben, an kirchlichen Vorgängen Kritik üben von einer Richtung her, die mit den unwandelbaren und von menschlicher Willkür unbeeinflußbaren Aufgaben der Kirche in keinerlei Beziehungen steht'."

auch Landeskirchenrat Bender, der im übrigen ein strenges Zugreifen der Behörde in Ungehorsamsfällen fordert; die Autorität der Kirchenleitung müsse aufrechterhalten werden. Auch der Kirchengemeinderat müsse gehorchen. Im Vergleich zu den vom Rechtsreferenten angeführten anderen Ungehorsamsfällen habe aber Streng nicht schärfer bestraft werden können. In Zukunft müsse es sich die Kirchenbehörde zum Grundsatz machen, mit größter Strenge durchzufahren. Unter der gegenwärtigen politischen Zersetzung würde auch die Autorität untergraben.
Für die Ausführungen vom Geheimen Rat D. Bauer und Landeskirchenrat Bender ist der Rechtsreferent sehr dankbar, weist aber darauf hin, daß man früher anders geredet habe; da habe es doch immer geheißen, die Kirche ist kein Staat, kein Rechtsinstitut u.dgl. Auch erinnere er daran, wie sehr doch immer auch die Gewissensfrage hereinspiele. Schließlich wolle er nur feststellen, daß der Oberkirchenrat bei Streng die höchste Strafe verhängt habe. Vor einem Disziplinargericht wäre Streng wohl besser weggekommen. Trotz dieser Darlegungen des Rechtsreferenten ist Dr. Dietrich mit der Erledigung des Falles Streng nicht zufrieden; der Verweis werde keinen großen Eindruck machen. Wenn aber eine höhere Strafe nicht möglich sei, so müsse man wenigstens den Kirchengemeinderat von der Strafe in Kenntnis setzen und ihm in irgendeiner Form die Stellung der Kirchenregierung mitteilen. Demgegenüber stellt Oberkirchenrat Dr. Friedrich fest, daß es die Behörde bisher immer streng vermieden habe, dem Kirchengemeinderat, der nicht der Vorgesetzte des Pfarrers sei, von einer Bestrafung des Pfarrers Mitteilung zu machen. Wollte man dies tun, so würde man dem Pfarrerstand einen schlechten Dienst erweisen. Zudem liege im Fall Waldwimmersbach auch gar kein Beschluß des Kirchengemeinderats vor, der wohl auch bei der Kürze der damals zur Verfügung stehenden Zeit gar nicht hätte befragt werden können. Läge ein Beschluß des Kirchengemeinderates vor, so hätte man, wie der Prälat erklärt, ihm Mitteilung machen müssen, daß der Ungehorsam gegen die Behörde ungehörig sei. In diesem Falle sei aber die Gemeinde gar nicht beteiligt; Streng habe ganz von sich aus gehandelt. Er, der Prälat, sei grundsätzlich dagegen, ein Disziplinarurteil gegen einen Pfarrer dem Kirchengemeinderat zu eröffnen. Trotzdem stellt Landeskirchenrat Dr. Dietrich den Antrag, dem Kirchengemeinderat in Waldwimmersbach von der Bestrafung des Pfarrers Streng Mitteilung zu machen. Der Antrag wird von Geheimem Rat D. Holdermann unterstützt. Dagegen spricht sich Landeskirchenrat Bender, der anfänglich auch für eine Benachrichtigung des Kirchengemeinderates war, nunmehr dagegen aus; er habe die Strafenskala nicht genau gekannt, habe auch nicht gewußt, daß kein Kirchengemeinderatsbeschluß vorlag. Aber grundsätzlich müsse die Frage

noch einmal geprüft werden. Sollte es sich aber bewahrheiten, daß Streng sich in öffentlichen Versammlungen seines Ungehorsams gerühmt habe, so müsse ihm bemerkt werden, daß er sich damit in schärfstem Gegensatz zu seinen Amtspflichten gesetzt habe. Daß dies dem Pfarrer Streng auf alle Fälle gesagt werde, hält auch D.Holdermann für unbedingt nötig; unter der Voraussetzung, daß dies geschehe, wolle auch er auf die Forderung einer Mitteilung an den Kirchengemeinderat verzichten. In gleichem Sinne spricht sich nunmehr auch Dr.Dietrich aus. Sein Antrag auf eine Benachrichtigung des Kirchengemeinderats in Waldwimmersbach ist daher hinfällig. Dagegen wird beschlossen, bei Streng anzufragen, ob es zuträfe, daß er sich öffentlich mit seinem Ungehorsam gerühmt habe."

Am 17. Nov. 1931 beschloß der Evang. Oberkirchenrat, Streng „einzubestellen"; das Ergebnis:

72 EOK, Prot.: Anhörung von Pfr. Streng
Karlsruhe, 2. Dez. 1931; LKA GA 3477

„...Die Erklärung Strengs bezüglich des Vorwurfs, er habe sich seines Ungehorsams gerühmt, müsse namentlich was das gewählte Beispiel betreffe, zumindest als recht ungeschickt angesehen werden.
Was die Trauungen angehe, so sei sein Verhalten zwar formell in Ordnung; aber die politischen Festgottesdienste, von denen er an D.Dr.Frommel geschrieben habe, seien zu tadeln...
Soweit sich also Streng von den gegen ihn erhobenen Vorwürfen nicht ganz zu reinigen vermochte, wird ihm das Mißfallen der Behörde ausgesprochen."

73 Pfr. Streng an EOK: Benachrichtigung über staatliches Redeverbot; Stellungnahme des Dekans (29. Dez. 1931)
Waldwimmersbach, 28. Dez. 1931; LKA PA 1703a

„Weil die Gerüchte, es sei ein besonderes Redeverbot über mich verhängt worden, nicht verstummen wollten, habe ich eine diesbezügliche Anfrage an das Heidelberger Bezirksamt gerichtet, das mich daraufhin 'zwecks Besprechung dieser Anfrage' um einen Besuch ersuchte. Bei der gestrigen Vorsprache wurde mir von irgendeinem Beamten erklärt, daß die Versammlungen, in denen ich als Redner bestimmt bin, in Zukunft verboten seien, weil meine Reden 'verhetzend' wirken würden. Den Beweis für diese ungeheuerliche Behauptung blieb man mir schuldig. Das Verbot wurde von dem Ministerium des Innern erlassen.
Ich bezweifle, ob das Innenministerium das Recht hat, gegen einen Geistlichen in dieser Weise vorzugehen, ohne sich zuvor mit

Hohem Evangelischen Oberkirchenrat in Verbindung gesetzt zu haben. Meine Versammlungen waren immer von Kriminalbeamten überwacht. Wenn jemals eine Übertretung irgendeiner Notverordnung hätte festgestellt werden können, hätte mich dieser Staat ganz gewiß zur Rechenschaft gezogen. Der Kampf um die Rechte meiner Kirche ist den Herren vom Zentrum und der Sozialdemokratie unbequem geworden; deshalb wurde ich mundtot gemacht.
Bei dieser Gelegenheit ist es meine Pflicht, Hohen Evangelischen Oberkirchenrat darauf aufmerksam zu machen, daß ich infolge meiner politischen Tätigkeit auch nicht eine Stunde Dienst in meinen Gemeinden versäumt habe.
In Zukunft werde ich als Vorstandsmitglied des badischen Hauptvereins des Evangelischen Bundes in Versammlungen dieser kirchlichen Organisation den Kampf gegen Rom und Bolschewismus in unverminderter Schärfe weiterführen."

[Dekan Maier/Neckargemünd nimmt am 29. Dez. 1931 wie folgt Stellung:]
„Es wird dazu bemerkt, daß es ziemlich unmöglich geworden ist, Pfarrer Streng gegenüber den Maßnahmen staatlicher Behörden gegen ihn in Schutz zu nehmen. Er redet auch in dem vorliegenden Schreiben von 'diesem Staat', was darauf schließen läßt, daß er sich nicht scheut, auch als politischer Agitator Staatsbehörden und Minister mit Namensnennung öffentlich anzugreifen, was ihm wohl in der Form, in der es geschieht, als Volksverhetzung ausgelegt werden kann.
Auch die Art, wie derselbe den 'Kampf um die Rechte seiner Kirche' zu führen sich angewöhnt hat, dürfte des ungewöhnlich scharfen Kampftons wegen weder der Kirche noch der Sache des Evangelischen Bundes förderlich sein." [urschriftl. auf Dok. Nr.73]

———

Der Evang. Oberkirchenrat präzisiert seine Vorwürfe noch einmal in einem Schreiben an Streng vom 6. Jan. 1932 (LKA GA 3995). Streng antwortete am 20. Jan. 1932 (LKA PA 1703a) und der Evang. Oberkirchenrat insistierte am 13. Febr. 1932 (LKA GA 3995).

74 EOK: „Erklärung" zum Strafmaß für Pfr. Streng
Karlsruhe, 8. Jan. 1932; LKA GA 3995 – Konzept

„Der Vorstand des 'Bundes religiöser Sozialisten' hat in Nr.1 des 'Religiösen Sozialisten' vom 3.1.1932 eine Erklärung zur Verurteilung des früheren Pfarrers Eckert abgegeben.
In dieser Erklärung wird einmal gegen die badische Landeskirche der Vorwurf erhoben, daß sie 'die Gewaltpropaganda der nationalsozialisti-

schen Pfarrer nicht nur erträgt, sondern fördert.' *Diese Behauptung stellt eine grobe Unwahrheit dar, für die es dem Bund religiöser Sozialisten an jedem Beweis fehlt und fehlen muß.* Denn ein Beweis kann nicht dadurch erbracht werden, daß die Einstellung und Maßnahmen der Kirchenbehörden zu dem Verhalten nichtsozialistischer Pfarrer eine einseitige, unrichtige und gänzlich unvollständige Darstellung, wenn auch in noch so anspruchsvoller Zeitungsaufmachung, erfahren. Das müssen auch die Führer des Bundes und die Schriftleitung wissen, und die Unwahrhaftigkeit, die hier zu Tage tritt, ist eine umso verwerflichere, als sie als vermeintlich zugkräftiges Mittel in einem Kampf verwendet wird, der angeblich aus religiöser, ja sogar christlich-evangelischer Gebundenheit heraus erfolgen soll.

Die Kirchenbehörde ist bisher gegen jeden ihrer Geistlichen, der sich in ähnlicher oder gleicher Weise gegen die Ordnungen der Kirche vergangen hat, wie der frühere Pfarrer Eckert, eingeschritten und wird es in Zukunft weiterhin tun, auch wenn der Pfarrer der NSDAP angehört. Dem Bund der Religiösen Sozialisten darüber jedesmal Nachricht zu geben, ist die Kirchenleitung selbstverständlich nicht verpflichtet und lehnt es auch ab. Wenn durch das Vorgehen etwa gegen nationalsozialistische Pfarrer nicht ein solcher Rumor entstanden ist, wie es s.Z. durch Herrn Eckert und seine politische Partei heraufbeschworen wurde, so liegt das darin, daß diese Geistlichen sich bisher den Anordnungen der Kirchenbehörde gefügt haben und ihre politischen Freunde anscheinend darin, daß die Kirchenleitung pflichtgemäß nach dem Rechten sieht, keinen Anlaß zu einem Sturm gegen die Kirche finden konnten.

Es ist ebenso eine zu rein politisch-agitatorischen Zwecken aufgestellte unwahre Behauptung, daß die Landeskirche 'in erster Linie Schützerin bürgerlich-kapitalistischer Gesellschaftsordnung und Weltanschauung ist und sein will'. Die Kirche hat Reich-Gottesarbeit zu treiben, und das Reich Gottes kann in jeder Wirtschaftsordnung gebaut werden. Nur da, wo Gott als der Schöpfer Himmels und der Erde geleugnet wird und wo an seine Stelle der autonome Mensch tritt, wie zweifellos in gewissen Entartungen des Kapitalismus wie aber auch im derzeitigen Kommunismus in der Sowjetunion und in der III. Internationale, wird dieses Wirken der Kirche zu erdrücken versucht.

Eine Verschleierung, ja eine Verdrehung der wahren Tatsachen ist es weiterhin, daß in dieser Erklärung nichts Eindeutiges davon gesagt ist, daß die KPD programmatisch christentums- und kirchenfeindlich ist und daß auch Herr Eckert von diesem Programmpunkt keinerlei Befreiung erhielt und erhalten konnte und deshalb auch erklärt hat, daß er keinerlei christliche Propaganda in der Partei treiben kann und will, vielmehr ganz und gar auf dem Boden des Programms der KPD stehe und für sie in jeder Weise eintrete. Man muß eben die Tatsachen nehmen wie sie sind und sie nicht sich zurechtmachen für Werbezwecke oder damit gewisse Leute, die man nicht gerne verliert, bei der Stange bleiben. Schließlich ist auch bewußt oder unbewußt, in der Erklärung dem Irrtum Vorschub geleistet, als ob das Urteil irgendwie die Zugehörigkeit von Kommunisten zur Landeskirche verneint habe. Davon ist keine Rede. Die Kirche hat wohl Herrn Eckert unter Berücksichtigung des besonderen Falles seines Pfarramts entsetzt, ihn niemals aber aus ihren Mauern hinausgewiesen und wird das auch gegen andere Kommunisten nicht tun, die nach den Ordnungen der Kirche Gottes Wort hören und die Sakramente gebrauchen wollen."

75 EOK an Pfr. Streng: Moderates Auftreten als Redner des Evangelischen Bundes gefordert
Karlsruhe, 27. Jan. 1932; LKA GA 3995 – Durchschrift

„Von dem Herrn Minister des Innern ist mir bis heute eine Mitteilung dahingehend, daß alle Versammlungen, in denen Sie sprechen werden, in Zukunft polizeilich verboten werden sollen, nicht zugegangen. Eine Entscheidung darüber, ob ein solches Verbot rechtlich zulässig ist, liegt außerhalb meiner Zuständigkeit. Wie ich Ihrem Bericht entnehme, scheinen Sie zu beabsichtigen, in Versammlungen des Evangelischen Bundes weiterhin als Redner auftreten zu wollen. Dabei muß ich Sie aber darauf hinweisen, daß, wenn etwa die Polizei auch solche Versammlungen als unter das Redeverbot fallend ansieht und es deshalb zu Auseinandersetzungen zwischen Ihnen und der Polizeibehörde kommen sollte, die vielleicht gar tumultuarischen Charakter annehmen könnten, ich eine solche Situation, ganz gleichgültig, wer daran die Schuld trägt, für einen Geistlichen unserer Landeskirche für unmöglich erachte. So, wie heute die Verhältnisse noch liegen, würde die Landeskirche es schlechterdings nicht ertragen können, daß ihre Geistlichen in öffentlichen Konflikt zu den Polizeibehörden treten. Ich bitte Sie, dies bei Ihrem Verhalten beachten zu wollen."

76 Pfr. Streng an Dekanat: Urlaubsgesuch zu einer Führertagung der NSDAP; Stellungnahme des Dekans (11. Febr. 1932)
Waldwimmersbach, 11. Febr. 1932; LKA PA 1703a

„... bittet Unterzeichneter ergebenst um Urlaub von Montag, 15. bis Mittwoch, 17. Februar, weil er an einer Führertagung der NSDAP im Allgäu teilnehmen muß. Der Religionsunterricht wird von Dienstag auf nächsten Samstag vorverlegt, der Konfirmandenunterricht am Dienstag wird am Donnerstag nachgeholt. Weiterer Dienst kommt nicht in Betracht. Es ist das 1. Mal, daß Unterzeichneter aus politischen Gründen um Urlaub bitten muß. Die Zusammenkunft ist aber von allergrößter Bedeutung, und Unterzeichneter muß unter allen Umständen an ihr teilnehmen. Er bittet deshalb ergebenst, Evangelisches Dekanat wolle ihm den erbetenen Urlaub, der als Erholungsurlaub in Anrechnung gebracht werden kann, nicht versagen."

„Evangelischem Oberkirchenrat vorgelegt mit der Bitte um Weisung, wie derartig begründete Urlaubsgesuche grundsätzlich zu behandeln sind. Das vorliegende wurde vorerst nur bewilligt unter dem ausdrücklichen Vorbehalt der Genehmigung des Oberkirchenrats und kann darum, wenn diese Genehmigung nicht erteilt werden sollte, noch widerrufen werden."

77 Pfr. Streng an EOK: Beurlaubung für „bevorstehenden Freiheitskampf"; Beschluß des EOK (8. März 1932)
Waldwimmersbach, 2. März 1932; LKA PA 1703a

„Es ist damit zu rechnen, daß in einem bevorstehenden Freiheitskampf erfahrene Frontsoldaten Verwendung finden müssen. Auch mir wurde mein Platz bereits zugewiesen. Ich gestatte mir ganz ergebenst, jetzt schon Hohen Evangelischen Oberkirchenrat darauf aufmerksam zu machen, daß ich evtl. meine Gemeinde plötzlich verlassen muß, ohne noch Zeit zu finden, Hohen Evangelischen Oberkirchenrat um Genehmigung eines Urlaubs für unbestimmte Zeit zu bitten. Ich bitte ergebenst, diese Mitteilung streng vertraulich behandeln zu wollen und mir Nachricht zukommen zu lassen, daß ich für die Zeit, da mich das Vaterland braucht, vom badischen Kirchendienst beurlaubt bin."

„... auf Ihre Mitteilung vom 2.d.M. habe ich zu erwidern, daß ich, sobald Sie Ihre Stelle ohne Urlaub verlassen, unverzüglich disziplinär gegen Sie einzuschreiten gezwungen bin."

78 EOK an Pfr. Streng: Anschuldigungen der Staatsanwaltschaft Heilbronn
Karlsruhe, 26. April 1932; LKA PA 1703a – Konzept

„Die Württembergische Staatsanwaltschaft Heilbronn teilt mir durch Schreiben vom 18.4.1932 mit, daß sie gegen Sie unter diesem Tage Antrag auf Voruntersuchung wegen eines am 4.4.1932 in Neckarsulm begangenen Vergehens gegen das Republikschutzgesetz vom 25.3.1930 gestellt habe. Ich ersuche um alsbaldigen ausführlichen Bericht, welche Tatsachen diesem Vorgange zugrunde liegen."

79 Pfr. Streng an EOK: Rechtfertigung gegen die Vorwürfe in Dok. 78
Waldwimmersbach, 1. Mai 1932; LKA PA 1703a

„Am 4. April hielt ich in Neckarsulm eine Rede anläßlich der Reichspräsidentenwahl. In dieser Rede soll ich von einer 'Judenverfassung' geredet haben, soll gesagt haben, Brüning habe in Genf 'sein Maul nicht so weit aufgerissen wie in Berlin', soll Stresemann als 'Minister der deutschen und französischen Juden' bezeichnet haben, soll behauptet haben, 'Hindenburg sei der Repräsentant des verruchten Systems' und soll den Prälaten Kaas als einen 'Vaterlandsverräter' bezeichnet haben. Vor dem Untersuchungsrichter in Heilbronn konnte ich folgendes berichtigen: Als ich sagte, daß die Frickschen Schulgebete auf Veranlassung des Zentrumsministers Wirth vor den Staatsgerichtshof gezerrt und von diesem verboten wurden, weil sie dem 'Geist und Sinn nach nicht der Weimarer Verfassung entsprächen', stellte ich zum Schluß fest: Sie konnten 'dem Geist und Sinn nach der Weimarer Verfassung nicht entsprechen', denn die Schulgebete stammen von Christen, die Weimarer Verfassung aber wurde von einem Juden entworfen. Das Wort 'Judenverfassung' habe ich nicht gebraucht. Weiter habe ich gesagt, daß das deutsche Volk darauf gewartet habe, daß endlich in Genf Brüning klar erklärt, daß wenn die Feinde nicht abrüsten, wir aufrüsten. Diese klare Erklärung hat er nicht abgegeben. Die Rede, die Brüning in Königsberg gehalten hat, hätte er in Genf halten müssen. Den oben angeführten Ausdruck vom Maulaufreißen habe ich nicht gebraucht. Daß ich Stresemann als 'Minister der deutschen und französischen Juden' bezeichnet haben soll, ist Unsinn; denn für mich gibt es keine deutschen Juden. Ich habe gesagt: 'Stresemann war der Vertreter der jüdischen Hochfinanz.' Von Hindenburg habe ich gesagt, daß er der 'Exponent', nicht der Repräsentant des 'korrupten', nicht des verruchten Systems sei. Als ich auf die separatistischen Bestrebungen des Zentrums hinwies, kam ich natürlich auf den Prälaten Kaas zu sprechen. Dabei wies ich ausdrücklich hin auf das Buch von Professor Stark 'Zentrumspolitik und Jesuitenpolitik', sagte, daß nicht ich, sondern Stark dem Prälaten den Vorwurf des Landesverrats mache; denn Kaas habe folgende Glückwunschadresse an die Separatisten unterzeichnet: 'Der rheinischen Republik senden vom Moselstrande begeisterte Grüße Trierer Bürger aller Stände.' Hier wurde ich von dem aufsichtsführenden Polizeibeamten verwarnt, worauf ich ausdrücklich erklärte: Der Vorwurf des Landesverrats wird seit Jahren gegen den Prälaten erhoben, ohne daß er Strafantrag gestellt habe; auch ich muß ihm diesen Vorwurf machen; denn wer Separatisten beglückwünscht, begeht Landesverrat. – Es wurden noch weitere geringfügigere Behauptungen aufgestellt, die ich alle restlos widerlegen konnte. Mein Verteidiger, Rechtsanwalt Leonhard, Heidelberg, ist der unbedingten Ansicht, daß ich mich in keiner Weise gegen das Republikschutzgesetz vergangen habe. Beleidigung oder gar Verleumdung käme nicht in Frage. Ich war auf die Anzeige gefaßt. Als Verteidiger der evangelischen Kirche bin ich dem Zentrum zu gefährlich geworden. Nachdem es in Baden für mich das Redeverbot durchgesetzt hat, will es auch in Württemberg ein Redeverbot für mich erzwingen. Ich habe nichts anderes getan, als Kirche und Vaterland verteidigt."

80 Pfr. Streng an EOK: Haussuchung
Waldwimmersbach, 3. Mai 1932; LKA PA 1703a

„Am 14. April, nachmittags 4 Uhr erschien auf einem Lastkraftwagen das Überfallkommando von Heidelberg in Stärke von etwa 20 Mann unter Führung eines Wachtmeisters und des Polizeiinspektors Weyrauch. Etwa 10 Mann umstellten das Pfarrhaus, sperrten die Straße ab und hielten die Gemeinde, die eine drohende Haltung einnahm, vom Pfarrhaus fern. Der Inspektor und der Wachtmeister nahmen dann eine Untersuchung nach nationalsozialistischen Akten im Studierzimmer vor. Sie fanden natürlich gar nichts. Ich mußte dann mit dem Inspektor zu meinem nationalsozialistischen Jugendlandheim, das polizeilich geschlossen wurde. Der Polizei gelang es nicht, die Gemeinde zu beruhigen. Als ich sie dann aufforderte, vom Auto zurückzutreten und sich ruhig zu verhalten, gehorchte sie mir sofort.

Ich habe deshalb Hohem Evangelischen Oberkirchenrat keine Mitteilung über diesen Vorgang gegeben, weil ich das polizeiliche Einschreiten wirklich nicht ernst nehmen konnte."

Der Evang. Oberkirchenrat wurde daraufhin beim badischen Innenministerium vorstellig und erhielt folgende Antwort:

81 Der Minister d.I. an EOK: Rechtfertigung der Haussuchung
Karlsruhe, 27. Juni 1932; LKA PA 1703a

„Auf das gefl. Schreiben vom 6. Mai 1932 Nr. 7214 beehre ich mich nach eingehender Prüfung der Rechts- und Sachlage mitzuteilen, daß das Verhalten der mit der Durchsuchung bei Herrn Pfarrer Streng in Waldwimmersbach betrauten Polizeibeamten keinen Anlaß zu Beanstandungen gab. Aufgrund dieser Feststellungen darf ich darauf hinweisen, daß die Sachdarstellung, wie sie dem dortigen Schreiben vom 6. Mai 1932 zugrunde liegt, in wesentlichen Punkten von dem tatsächlichen Sachverhalt abweicht. Im einzelnen möchte ich folgendes bemerken:
Die hervorragende politische Betätigung des Herrn Pfarrers Streng in Waldwimmersbach im Rahmen der NSDAP und besonders der SA legte die Vermutung nahe, daß Herr Pfarrer Streng auch im Besitze solcher Ausrüstungsgegenstände der aufgelösten SA war, die nach der Verordnung des Reichspräsidenten vom 13. April 1932 zur Sicherung der Staatsautorität der polizeilichen Sicherstellung unterlagen. Eine polizeiliche Durchsuchung der Wohnung, die denn auch in Gegenwart des als

Zeuge zugezogenen Bürgermeisters Herbold von Waldwimmersbach von dem Polizeisekretär Knapp und Gendarmerieoberwachtmeister Rosewich vorgenommen wurde, ließ sich bei dieser Sachlage nicht vermeiden. Gegen diese Durchsuchung wurden von Herrn Pfarrer Streng keine Einwendungen erhoben; er war vielmehr mit der Durchsuchung, insbesondere auch mit der Durchsuchung seines Dienstzimmers einverstanden. Eine Absperrung des Pfarrhauses während der Durchsuchung wurde nicht vorgenommen. Ebenso unzutreffend wäre die Annahme, daß es wegen der bei Herrn Pfarrer Streng vorgenommenen Durchsuchung zu unliebsamen Auseinandersetzungen zwischen der Einwohnerschaft von Waldwimmersbach und der Polizei gekommen wäre.
Die beanstandete Durchsuchung bei Herrn Pfarrer Streng war nach den Umständen geboten. Das Verhalten der mit der Durchsuchung betrauten Beamten war korrekt und ließ insbesondere die durch die Stellung des Herrn Pfarrers Streng gebotene Rücksichtnahme nicht vermissen. Ich glaube daher, von weiteren Maßnahmen absehen zu sollen.
Zu der im Schlußsatz des dortigen Schreibens geäußerten Ansicht, wonach die Durchsuchung eines pfarramtlichen Dienstraums nur im Einverständnis mit der obersten Kirchenbehörde zulässig sei, gestattte ich mir zu bemerken, daß es für eine solche Annahme an jeder Rechtsgrundlage fehlen dürfte."

82 EOK an Pfr. Streng: „Hitlertag in Waldwimmersbach"
Karlsruhe, 25. Mai 1932; LKA PA 1703a – korr. Konzept

„In der letzten Sitzung der Kirchenregierung hat ein Mitglied derselben darauf hingewiesen, daß in Nr. 99 der Zeitung 'Hakenkreuzbanner' vom Montag, den 2. Mai 1932 auf Seite 3 sich folgende redaktionelle Mitteilung befindet:

> 'Hitlertag in Wald'hitlers'bach
> Waldwimmersbach. Am Himmelfahrts-Donnerstag, den 5. Mai, wollen sich die Parteigenossen in Wald'hitlers'bach ein Stelldichein geben. Leider ist es der hiesigen Ortsgruppe nicht möglich, die Verpflegung zu übernehmen; denn die wirtschaftlichen Verhältnisse in unserem armen Odenwalddörflein sind zu trostlos. Es muß sich also jeder, der kommt, sein Essen mitnehmen oder er muß im Gasthaus essen. Vormittags 11 Uhr ist für die Parteigenossen ein Sondergottesdienst mit Wimpelweihe. Dem Gottesdienst schließt sich die Trauung eines ehemaligen Mannheimer SS-Mannes an. Nachmittags 1 Uhr ist die Trauung eines Parteigenossen aus Ludwigshafen. Hoffentlich ist das noch immer geschlossene Landheim bis dorthin wieder geöffnet, damit die Hakenkreuzfahne über unserer Feier weht.

Herzlich willkommen, Ihr Jungscharen und Mädelsgruppen, Ihr ehemaligen Hitlerjungen und früheren SA- und SS-Männer, Ihr Frauen von der Frauenschaft und Ihr Parteigenossen!'

Ich ersuche um alsbaldigen Bericht über folgende Punkte:
1. Ist diese Nachricht in die genannte Zeitung auf Ihre unmittelbare oder mittelbare Veranlassung gekommen, haben Sie den Text verfaßt oder in welcher Weise sind Sie an der Abfassung beteiligt?
2. War der Gottesdienst vormittags 11 Uhr ein öffentlicher, d.h. für jeden Evangelischen zugänglich oder durften nur Angehörige der Partei oder ihrer Nebenorganisationen daran teilnehmen?
3. Sind die geweihten Wimpel nicht Abzeichen der NSDAP oder einer ihrer Nebenorganisationen und halten Sie es für zulässig, politische Fahnen oder ähnliche Abzeichen in der Kirche zu weihen?
4. Waren die Trauungen Teile des Gottesdienstes oder schlossen sie sich dem an sich abgeschlossenen Gottesdienst nur an? Lagen die erforderlichen Abmeldescheine vor und warum haben sich die Brautpaare nicht von ihrem zuständigen Pfarrer trauen lassen? Haben Sie die Brautpaare darauf hingewiesen, daß es besser wäre, sich von ihrem zuständigen Pfarrer trauen zu lassen?"

83 Pfr. Streng an EOK: „NS-Treffen in Waldwimmersbach"
Waldwimmersbach, 7. Juni 1932; LKA PA 1703a

„1. Die redaktionelle und auch parteiamtliche Mitteilung über das NS-Treffen in Waldwimmersbach am Himmelfahrtstag stammt von mir. Mein Bericht trug die Überschrift: 'NS-Treffen in Waldwimmersbach'. Die im 'Hakenkreuzbanner' veröffentlichte Überschrift: 'Hitlertag in Waldhitlersbach' stammt wohl von der Redaktion, [vgl. Dok. 84].
2. Der Gottesdienst für die Gemeinde fand von 10-11 Uhr, also zur üblichen Zeit, statt. Der Gottesdienst für die NS war für Parteigenossen. Andere durften nicht daran teilnehmen.
3. Die geweihten Wimpel sind Abzeichen der NSDAP. Ich halte sowohl die Wimpelweihe als auch die Abhaltung von nationalsozialistischen Sondergottesdiensten für zulässig. Im oberkirchenrätlichen Schreiben Nr. 19694 vom 6. Jan. d.J. 'Das dienstliche Verhalten des Pfarrers Streng betr.' heißt es ausdrücklich: 'Wenn die NSDAP besondere Gottesdienste wünscht, so können diese, solange solche politischen Gottesdienste noch zulässig sind, abgehalten werden...'. Der nationalsozialistische Sondergottesdienst wurde von Parteigenossen aus Mannheim, Heidelberg und Umgebung gewünscht, der Kirchengemeinderat gab hierzu seine einstimmige Genehmigung: er wurde nach dem Gemeindegottesdienst abgehalten. Ich habe also durchaus korrekt gehandelt.

4. Wegen Erkrankung des Bräutigams fand nur eine Trauung statt. Der betr. Bräutigam ist evangelisch und Chemiker in Ludwigshafen, die Braut stammt von Wiesbaden und ist katholisch. Ich habe in diesem Fall wie in all den anderen Fällen das Brautpaar gebeten, sich vom zuständigen Pfarrer trauen zu lassen. Das wurde abgelehnt. In diesem Fall erklärte die Braut, daß für sie dann nur eine katholische Trauung in Betracht komme. Der dann von mir angeforderte Entlaßschein vom Pfarramt Ludwigshafen liegt bei den Akten und kann zur Einsichtnahme zur Verfügung gestellt werden. Von der katholischen Braut war ein Entlaßschein nicht anzufordern. Die Trauung war nicht Teil des Gottesdienstes, sondern fand nachmittags 1 Uhr statt. Ich habe mir also auch in diesem Fall nichts zu schulden kommen lassen.

Zum Schluß gestatte ich mir, darauf hinzuweisen, daß die evangelischen Nationalsozialisten durch Aufstellung einer besonderen Liste für die Wahl zur Landessynode im Begriffe sind, die Landeskirche für die nationalsozialistische, also christlich-deutsche Weltanschauung zu gewinnen. Es dürfte aus diesem Grund gegen die Abhaltung der nationalsozialistischen Sondergottesdienste und Wimpelweihen, die ja in vielen evangelischen Kirchen Deutschlands vorgenommen werden, nichts einzuwenden sein."

84   Pfr. Streng: „Einweihung[*] unseres braunen Landheimes"
'Hakenkreuzbanner', o.D.; LKA PA 1703a, „z.d.A. 2. Juni 1932"

„Der Tag der Einweihung unseres Landheimes, auf den wir uns alle schon so lange gefreut hatten, liegt hinter uns, vor uns aber ragt ein Neuland der Tat.

In dem uns so lieb gewordenen Waldhitlersbach liegt in einem stillen Wiesengrund eine alte Mühle, die heute unser braunes Landheim ist. Dank der unermüdlichen Arbeit unseres verehrten Pfarrers Streng und allen Waldwimmersbachern, die Tag und Nacht arbeiteten, um das Werk zu vollenden, wurde der nationalsozialistischen deutschen Jugend hier ein Heim geschaffen, welches uns Heimat werden soll. Der schon so lang ersehnte Wunsch, ein eigenes Landheim zu haben, ist zur Wirklichkeit geworden, wie wir es kaum schöner erhofften. Nun wissen wir bei unseren Wanderfahrten durch die deutsche Natur, wohin wir unsere Schritte lenken, wo uns von weitem von einem braunen Haus eine

---

* Die Einweihung hatte bereits am 7./8. Nov. 1931 stattgefunden. LKA PA 1703

Hakenkreuzfahne grüßt und wissen, daß hier unser Heim ist, in dem wir für Stunden alle Sorgen der Großstadt vergessen dürfen.
Allen denjenigen, die die Einweihung unseres Landheimes miterleben durften, wird der Tag unvergeßlich bleiben. Schon am Samstagabend kamen von allen Teilen Nordbadens Mädelsgruppen, Hitlerjugend, SA und SS. Kaum faßte der große Saal im 'Adler' alle Menschen zum deutschen Abend, und mancher, der zu spät kam, mußte wieder umkehren. Gedichte, Lieder, Aufführungen verschiedener Jungmädelsgruppen trugen zur Unterhaltung des Abends bei, der mit der Überreichung von Einrichtungsgegenständen für unser Landheim seinen Abschluß fand.
Sonntagmorgen ist Festgottesdienst. Unmöglich kann die kleine Dorfkirche die vielen hundert Menschen fassen, und so können nur Abordnungen der einzelnen Organisationen dem Gottesdienst beiwohnen. Voll Gottvertrauen erklingt mächtig das Eingangslied 'Harre meine Seele, harre des Herrn'... auf die Weihe von 4 neuen Wimpeln der HJ und Mädelsgruppen stimmen Hunderte von jungen Menschen in das Lied ein 'Wir woll'n ein Neues bauen mit Händen stark und rein'. Es ist wie ein Gelöbnis unserer Jugend vor Gott, unser niedergetretenes, deutsches Vaterland wieder aufbauen zu helfen zu einem neuen dritten deutschen Reich. Der Gottesdienst fand seinen Höhepunkt in der Weihe der Heidelberger SS-Fahne. Nur selten im Leben werden Menschen von der tiefen, heiligen Feierlichkeit einer Stunde so ergriffen wie hier, während Pfarrer Streng über die gesenkte Fahne den Weihespruch sprach:
'Schwarz ist die Schande
Und schwarz ist die Not.
Schwarz ist die Trauer
Und schwarz ist der Tod –
Totenkopf auf schwarzem Feld!
Hitler muß siegen
Wenn SS auch fällt.'
Wie ein einstimmiger Schwur der Hingabe an die deutsche Freiheitsbewegung erklingt das Lied 'Ich hab' mich ergeben'. Gedämpft spielt die Orgel 'Ich hatt' einen Kameraden' und in stillem Gebet gedenken wir der Millionen Deutschen, die für uns im Weltkrieg ihr Leben gelassen haben. Wir spürten euren Geist unter uns weilen, ihr stillen, feldgrauen Soldaten und im Stillen gab euch Deutschlands Jugend das Versprechen, weiterzukämpfen im heiligen Kampf, bis unser Vaterland wieder groß und stark geworden ist. Den Höhepunkt fand der Gottesdienst in der Trauung eines Heidelberger SS-Mannes unter der neugeweihten *SS-Fahne*. Mit dem Deutschlandlied und der Aufforderung Pfarrer Strengs:
' Und nun laßt uns den Segen unseres Herrgotts vom Himmel erbitten für unser deutsches Vaterland' schloß der Gottesdienst. Allen denjenigen, die ihn miterleben durften, wird er ein Erlebnis bleiben und vielen

wird er die Gewißheit gegeben haben, daß Christenkreuz und Hakenkreuz zwei Begriffe sind, die sich ergänzen.
Nach der Gefallenen-Gedenkfeier am Kriegerdenkmal geht es hinunter zu unserem neuen Landheim. Marschieren dürfen wir nicht, denn das ist 'staatsgefährlich'. Auch uns Mädels sind die braunen Blusen verboten. Eine nach hunderten zählende Menge wohnte der Übergabe des neuen Heims an die nationalsozialistische Jugend durch Pfarrer Streng bei. Er erzählte, wie unter großen Opfern, die schon gebracht wurden und noch gebracht werden müssen, dieses Werk entstanden ist, allen Schwierigkeiten zum Trotz, die ihm in den Weg gelegt worden sind. Aber wir wollen uns mit dem Geschaffenen nicht begnügen. In dem angrenzenden Gebäude soll ein Heim für unsere allzeit kampfbereite SA geschaffen werden. Wenn wir alle mithelfen, wird auch dies gelingen. – Anschließend sprechen noch Ortsgruppenleiter Röhn und als Vertreterin der nationalsozialistischen weiblichen Jugend M.Klein, die unserem lieben Nazipfarrer Streng sowie allen, die mitgeholfen haben, den Dank der Jugend aussprechen. Mit der Aufforderung 'Die Fahne hoch!' erheben sich Hunderte von Händen gen Himmel und unter dem mächtigen Gesang unseres Horst Wessel-Liedes wird die Hakenkreuzfahne, ein Geschenk der Heidelberger SS, auf unserem Landheim gehißt. Ein 'Heil' auf unseren Führer Adolf Hitler und ein dreifaches 'Deutschland erwache!' schloß die feierliche Übergabe."

85 KReg., Prot.: NS-Symbole in Sondergottesdiensten
Karlsruhe, 17. Juni 1932; LKA GA 4892

„Der Rechtsreferent verliest aus der nationalsozialistischen Zeitung 'Hakenkreuzbanner' vom 2.5. d.J.einen Artikel aus Waldwimmersbach, wegen dessen LKRat Dr.Dietrich in der letzten Sitzung eine Anfrage gestellt hat. Als Antwort teilt OKRat Dr.Friedrich folgendes mit: Dem Pfarrer Streng, der sich als Verfasser des Artikels bekannt und über die fraglichen Vorgänge berichtet hat, wird das Nötige bemerkt werden. Es wird ihm eröffnet werden, daß es nicht angängig ist, mit kultischen Feiern eine solche Propaganda zu treiben. Sondergottesdienste nur für Parteigenossen unter Ausschluß anderer Gemeindeglieder seien nicht zulässig; ebenso sei es nicht zulässig, Fahnen, Wimpel oder andere Abzeichen, die eindeutig nur parteipolitische Embleme sind, in einem kirchlichen Gottesdienst und im Ornat zu weihen. Der Pfarrer, der das tue, erwecke den Anschein, als stelle sich die Kirche hinter eine politische Partei. – In der Aussprache macht LKRat Bender Mitteilungen über die Ordnung, in der der Gottesdienst verlaufen sei; und Dr.Dietrich teilt mit, es lägen Photographien vor, wonach dabei die Hakenkreuzfahne von der Kanzel herabgegangen habe und der Altar mit dem Stahlhelm geschmückt gewesen sei. Ähnlich sei es am Fronleichnam wieder gewesen. Hierzu erklärt der Rechtsreferent, daß letzterer Fall schon aufgegriffen sei. Weiter bemerkt Dr.Dietrich: Wenn der Rechtsreferent darauf hingewiesen habe, daß Sondergottesdienste auch von anderen Gruppen gehalten wurden und werden, so habe er dazu zu sagen, daß seines Wissens in einem Gottesdienst seiner Gruppe noch nie eine rote Fahne aufgehängt worden sei; etwas ganz anderes sei die rote Fahne mit dem schwarzen Kreuz; diese sei das religiöse Abzeichen einer kirchlichen, nicht einer parteipolitischen Gruppe. Dem Pfarrer Streng müsse mit aller Entschiedenheit eröffnet werden, wenn er sich nicht füge, so habe er die Konsequenzen zu tragen.

OKRat Dr.Friedrich, der von der Ausschmückung der Kirche mit Hakenkreuzfahne und Stahlhelm nichts gewußt hat, bittet LKRat Dr.Dietrich, ihm die erwähnten Photographien zu schicken. Zur Frage der Wimpelweihe bemerkt Geh.Rat D.Bauer, daß nur die Weihung in der Kirche verboten werden könne, sonstwo aber nicht; aber auch außerhalb der Kirche dürfe sie, wie der Kirchenpräsident hinzufügt, nur ohne Talar vorgenommen werden. Wegen der Sondergottesdienste verweist der Rechtsreferent auf § 9 Abs.2 K.V., wonach Sondergottesdienste zulässig sind, vorausgesetzt, daß sie religiösen Charakter haben; das letztere sei in Waldwimmersbach zweifellos der Fall gewesen; nur war es unzulässig, nichtnationalsozialistischen Gemeindegliedern den Zutritt zu versagen. Hierwegen könne Streng gefaßt werden, ebenso wegen der Weihe parteipolitischer Wimpel in der Kirche. Streng sei nun schon mehrfach gewarnt und gestraft; wenn er sich jetzt nicht füge, müsse er schließlich vor das Dienstgericht gestellt werden. Die Sache mit der Feier an Fronleichnam wird der Rechtsreferent klären."

86 EOK an Pfr. Streng: Ablehnung der Rechtfertigung in Dok. 83
Karlsruhe, 23. Juni 1932; LKA PA 1703a − korr. Konzept

„Von Ihrem Bericht vom 7. Juni 1932 ... habe ich Kenntnis genommen. Ihrer Auffassung aber, daß Sie sich sowohl bei der Veröffentlichung wie auch bei den Veranstaltungen am Donnerstag, den 5. Mai, einwandfrei und nach den Ordnungen der Kirche verhalten haben, vermag ich nicht beizutreten.

1. Ich muß es beanstanden, daß für kirchliche Veranstaltungen, wie es der Sondergottesdienst und die Trauung waren, in solch reklamenhafter Weise, wie dies in der in meinem Erlaß vom 25. Mai 1932 Nr.8386 angeführten Zeitungsnotiz geschehen ist, geworben wird. Wenn Sie auch für die Veränderung des Ortsnamens Waldwimmersbach in Waldhitlersbach nicht verantwortlich sind, so zeigt doch schon diese Abänderung, daß auch die Schriftleitung des 'Hakenkreuzbanner' das Empfinden hatte, daß hier eine kirchliche Feier

nicht um seiner selbst willen gehalten, sondern als Werbungsmittel für politische Zwecke verwendet wird. Um dies zu verdeutlichen, hat die Redaktion die Namensveränderung vorgenommen.
2. Wie ich Ihnen bereits im Erlaß vom 28. Mai 1931 Nr. 8253 eröffnet habe, müssen Sondergottesdienste den Charakter der Öffentlichkeit behalten. Es ist demnach unzulässig, Gottesdienste nur für die Angehörigen einer politischen Partei abzuhalten und andere evangelische Christen von der Teilnahme auszuschließen.
3. Weiterhin ist es unzulässig, Abzeichen wie Fahnen, Wimpel und dergl. einer staatlich-politischen Partei in der Kirche zu weihen. Durch einen solchen Weiheakt wird zum mindesten der Anschein erweckt, als würde sich die Kirche als solche mit einer bestimmten weltlich-politischen Partei identifizieren oder sich zu ihr bekennen und dementsprechend andere in ihren staatlichen, gesellschaftlichen und wirtschaftlichen Zielen entgegengesetzte Parteien, die ebenfalls auf dem Boden des Christentums stehen und die Kirche anerkennen, ja sogar fördern wollen, ablehnen. Im Einvernehmen mit der Kirchenregierung muß ich es deshalb grundsätzlich ablehnen, daß in kirchlichen Feiern, bei denen also ein Geistlicher nicht etwa nur als Mitglied einer politischen Partei, sondern als Pfarrer der Landeskirche fungiert, ... Fahnen oder andere Abzeichen einer politischen Partei geweiht werden.
4. Nach dem vorgelegten Bericht scheint die vorgenommene Trauung in den ordnungsmäßigen Formen vor sich gegangen zu sein; ich kann mich aber des Eindrucks nicht erwehren, daß gerade diese und auch andere Trauungen, die Sie in letzter Zeit bei Parteigenossen vorgenommen haben, etwas wie eine Art von Schaustellungen werden mit dem Nebenzweck politischer Werbung. Ich muß deshalb erneut an Sie die Bitte richten, solche Gesuche um Trauung von auswärtigen evangelischen Christen zurückhaltend zu behandeln. Wird auf der Trauung aber doch bestanden, so ist die Feier nicht in den Mittelpunkt einer politischen Tagung zu legen, sondern außerhalb politischer Veranstaltungen abzuhalten.

Nach diesen Darlegungen muß ich leider wiederum die Feststellung machen, daß Sie sich nicht an die Ordnungen der Kirche gehalten und Ihr Amt in einer nicht zu billigenden Weise parteipolitischen Bestrebungen dienstbar gemacht haben. Ich muß Ihnen deshalb erneut mein stärkstes Mißfallen aussprechen mit dem Bemerken, daß, wenn meine Ermahnungen auch weiterhin von Ihnen in den Wind geschlagen werden, ich im Dienststrafwege gegen Sie vorgehen werde."

Pfarrer Streng akzeptierte jedoch diesen Erlaß nicht, sondern opponierte schriftlich am 28. Juni 1932 (LKA PA 1703a). Auch zwei weitere

Schreiben des Evang. Oberkirchenrats – beide datieren vom 22. Juli 1932 – vermochten seine Haltung nicht zu ändern. Nach wie vor verteidigte er seine „Sondergottesdienste" als „Feldgottesdienste" und das „deutsche Glaubensbekenntnis" (LKA PA 1703a, Streng an Evang. Oberkirchenrat; Waldwimmersbach, 20. Juli 1932). Die Auseinandersetzung um diese beiden Themenkreise endete mit nachstehendem Erlaß des Evang. Oberkirchenrats:

87 EOK an Pfr. Streng: „Schärfste Mißbilligung" seiner Sondergottesdienste
Karlsruhe, 27. Juli 1932; LKA GA 3995 – Durchschrift

„Sondergottesdienste sind an und für sich zulässig, doch von sehr zweifelhafter Berechtigung. Zum mindesten aber müssen sie den Charakter eines christlichen Gottesdienstes tragen. Lieder wie 'Ich habe mich ergeben' und 'Deutschland über alles', so berechtigt sie als nationale Volkslieder sind, haben in einem christlichen Gottesdienst nichts zu tun. So gut wie Eingangslied und Lobvers hätten auch die anderen Lieder Ihres Sondergottesdienstes an Himmelfahrt aus dem Gesangbuch gewählt werden können.

Noch weniger ist das sog. deutsche Glaubensbekenntnis in einem christlichen Gottesdienst berechtigt. Der Glaube an das deutsche Volk ist kein religiöses Glaubensbekenntnis, sondern ein ausschließlich nationales, und der Glaube an die eigene Kraft widerspricht dem Evangelium und dem Christentum. Der Christ glaubt an Gottes Kraft und Gnade, nicht aber an die eigene Kraft. Das 'deutsche Glaubensbekenntnis' mag als politisches Bekenntnis seinen Sinn und seine Berechtigung haben. Im christlichen Gottesdienst hat es nichts verloren.

Ebenso wenig ist Ihre über Matth. 5,8 gehaltene Predigt eine christliche Predigt. Sie hat auch nicht die geringste Berührung mehr mit dem biblischen Evangelium, sondern ist nichts weiter als eine Verherrlichung des deutschen Herzens und widerspricht direkt wesentlichen Grundzügen des Evangeliums. Auch hat Jesus nirgends das Menschenherz verherrlicht, wie Sie es tun, wenigstens vom deutschen Herzen, und wie Sie es auch von Jesus behaupten. Im Gegenteil sagt er Matth. 7,11: Ihr, die ihr *arg* seid, und Joh. 3,3: Es sei denn, daß jemand von neuem *geboren* werde, kann er das *Reich Gottes nicht sehen*. Von diesem Geiste des Evangeliums ist in Ihrer vorgelegten Predigt auch nicht ein Hauch zu spüren. Es ist demnach ganz ausgeschlossen, daß durch derartige Predigten und Gottesdienste der Kirche Christi gedient und die Gemeinde unter Gottes Wort gestellt wird. Sie dienen im Gegenteil nur der Selbstverherrlichung und stehen im Widerspruch zum Wort vom Kreuz, das der Diener Christi in der Kirche zu verkündigen hat.

Ich muß Ihnen daher die schärfste Mißbilligung aussprechen und erwarte, daß Sie künftighin auch bei etwaigen Sondergottesdiensten sich

streng an das Evangelium und an die kirchliche Ordnung halten, andernfalls ich genötigt wäre, dienstgerichtlich gegen Sie einzuschreiten. Ich bemerke noch, daß es z.Z. Feldgottesdienste nicht gibt; und ferner daß Form und Inhalt etwaiger nationalsozialistischer Gottesdienste in Norddeutschland für uns nicht maßgebend sind. Wenn dort solche Gottesdienste nach Ihrer Art gehalten werden, so sind das gleichfalls Entgleisungen, aus denen Sie kein Recht für sich ableiten können.
Was Ihre Anfrage wegen der kirchlichen Weihe der Standarte betrifft, so ist an dem Grundsatz festzuhalten, daß die Weihe einer parteipolitischen Fahne nicht in der Kirche und im Gottesdienst stattzufinden hat. Denn sie hat mit der Kirche nichts zu tun, sondern ist eine reine politische Angelegenheit. Ich bin daher nicht in der Lage, Ihrer diesbezüglichen Bitte zu entsprechen.*)"

Mit Beschluß des Landgerichts Heilbronn vom 30. Dez. 1932 wurde das Verfahren gegen Pfr. Streng wegen „Vergehens gegen das Gesetz zum Schutze der Republik" (vgl. Dok. 78f.) durch die Verordnung des Reichspräsidenten „zur Erhaltung des inneren Friedens" (19. Dez. 1932) eingestellt.
Die Trennung Pfr. Strengs von der Evang.-prot. Landeskirche kündigte sich Ende November 1932 an. Zu diesem Zeitpunkt wurde bekannt, daß er in zerrütteter Ehe lebte. Acht Monate später wurde er vom Landgericht Heidelberg durch Scheidungsurteil von seiner „nichtarischen" Frau allein schuldig geschieden (5. Juli 1933). Um seiner Dienstenthebung zuvorzukommen, beantragte er seine „Zuruhesetzung" für den 1. Nov. 1933. Nachdem ihm auch noch die Unterschlagung von 1.018,-- RM – für „nationalsozialistische Zwecke" – nachgewiesen werden konnte, beschloß der 'Erweiterte Oberkirchenrat' am 5. Juni 1934: „... den Pfarrer Streng auf seinen Antrag unter Verzicht auf alle seine Rechte zu entlassen. Gnadenweise soll ihm eine andere laufende Unterstützung gewährt werden, bis er wieder eine auskömmliche Verdienstmöglichkeit gefunden hat."
Vom April 1934 bis Oktober 1938 war er mit „staatlicher Büchereitätigkeit" beauftragt, daraufhin erfolgte seine Umschulung zum Berufsberater beim Arbeitsamt Karlsruhe. Seit 6. März 1939 war er in dieser Funktion in Ravensburg tätig. Das letzte Schreiben der Akte Streng datiert vom 21. Juni 1939; er bezeichnet sich darin als „Vertreter des Berufsberaters" beim Arbeitsamt Ludwigsburg.

---

* Die NS-Frauenschaft Schwetzingen hatte Pfr. Streng um die „kirchliche Weihe ihrer Standarte" gebeten.
LKA PA 1703a Streng an Evang. Oberkirchenrat; Waldwimmersbach, 20. Juli 1932

2. Weitere Exponenten und Ereignisse im Vorfeld der Juli-Wahl

88   Pfr. Altensteig: „Schlageterfeier in Schönau i.W."
'Volksfreund' Nr. 118, 23. Mai 1932; LKA, Nachlaß Kappes Bd. 41

„Das nationalsozialistische Blatt Der Alemanne in Freiburg hat die am Pfingstmontag in Schönau im Wiesental am Grabe Schlageters stattgefundene Gedächtnisfeier zum Anlaß genommen, die mit der Überwachung beauftragten Gendarmen zu kritisieren und den Eindruck, den die polizeiliche Überwachung gemacht habe, als kläglich zu bezeichnen.
Die Pressestelle beim Staatsministerium stellt demgegenüber fest: 'Dem nationalsozialistischen Bezirksführer Blank aus Fahrnau war vom Bezirksamt Schopfheim vor der Feier eröffnet worden, daß die Gedächtnisrede des Pfarrers Altenstein aus Todtmoos keinen parteipolitischen Charakter tragen dürfe.
Daran hat sich der Redner nicht gehalten. Er widmete von seinen etwa 50 Minuten dauernden Ausführungen 5 Minuten dem Gedächtnis Schlageters; die übrige Zeit verwendete er zu politischen Darlegungen. Er sprach vom 'herrschenden System', kritisierte in scharfer Form die erlassenen Notverordnungen und bemerkte bezüglich des erfolgten Verbots der SA, daß man diese wohl verbieten könne, nicht aber den Geist, der in ihr lebe. Das Verbot der SA sei ein Zeichen dafür, daß dieses System am Ende sei. (Die anwesenden SA-Mitglieder der NSDAP redete er mit den Worten an: 'Ihr ehemaligen alten SA-Leute'.) Zum Schluß sagte Pfarrer Altenstein: 'Im Dritten Reich würden die Regierenden nicht gleichzeitig Bonzen sein.' Da sich infolge dieser politischen Rede eine starke Erregung geltend machte, eröffnete die Gendarmerie dem Bezirksführer Blank, daß die Feier auf dem Friedhof – Pfarrer Altenstein hatte beim Denkmal gesprochen – nicht stattfinden dürfe, da auch dort wahrscheinlich politische Reden gehalten würden. Es wurde lediglich Niederlegung der Kränze gestattet. Bei der später erfolgten kurzen polizeilichen Einvernahme erklärte Bezirksführer Blank, es tue ihm leid, daß sich Pfarrer Altenstein nicht an die Anordnungen gehalten habe, denn er (Blank) habe dem Vertreter des Bezirksamts Schopfheim versprochen, die Auflagen durchzuführen. Die vom Führer vorgenommene Kritik an den Maßnahmen der Gendarmerie ist deshalb unberechtigt. Zudem hat man Gedichte vorgetragen, und das bekannte Horst Wessel-Lied gesungen, was nicht genehmigt war, sich also auch darin gegen die Anordnungen des Bezirksamts Schopfheim vergangen."

Obwohl der Evang. Oberkirchenrat die Rede der betr. Pfarrer „angefordert hatte" (LKA GA 3478, Prot. Evang. Oberkirchenrat, 24. Mai 1932), findet die Angelegenheit in den Akten keine Fortsetzung.

89 KReg., Prot.: Ideologische Überfrachtung von Taufnamen
Karlsruhe, 17. Juni 1932; LKA GA 4892

„Was die Mitteilung Dr.Dietrichs betrifft, daß Pfr. Schenk in Neulußheim am 12. Juni d.J. die Zwillingsknaben des SA-Führers W. auf die Namen Adolf und Hermann unter Hinweis auf Adolf Hitler und Hermann den Cherusker getauft habe, so wird untersucht werden, ob der Pfarrer die Taufformel rite gebraucht und den genannten Hinweis etwa nur getrennt von der Taufformel gemacht habe oder ob der Hinweis an die Stelle der Taufformel trat, was Geheimer Rat D.Bauer wie auch der Rechtsreferent kaum glauben. Wäre dies wider Erwarten doch der Fall gewesen, so wäre die Taufe allerdings für ungültig zu erklären."

90 N.N.: Sarkastische Kritik an einer Taufhandlung
RS Nr. 26, 26. Juni 1932, S.103

„Am Sonntag, 12. Juni, wurden die Zwillinge des SA-Führers Jakob W. in *Neulußheim* getauft. Die Taufhandlung nahm der der Arbeiterschaft der ganzen Umgebung wohlbekannte *Pfarrer Schenk* von Neulußheim vor. Die Kinder erhielten die Namen *Adolf* und *Hermann*. Der Herr Hitler-Pfarrer taufte zuerst Adolf: 'Ich taufe dich im Namen des Vaters... Du erhältst den Namen Adolf nach dem großen Adolf, den unser Gott dem deutschen Volke geschickt hat'. Dann kam Hermann: 'Ich taufe dich im Namen des Vaters... Hermann, du erhältst den Namen nach dem ersten Befreier Deutschlands.' Im Kirchenhof hatte die SA von Neulußheim Aufstellung genommen und sang, als die Täuflinge die Kirche verließen, *Hitlerlieder*.

Wir fragen: Herr Kirchenpräsident, ist das die neueste Taufformel in der badischen evangelischen Landeskirche? Gibt es schon eine Nazi-Agende? Ist das das neueste 'positive Christentum'? Wie lange wollen Sie, Herr Kirchenpräsident, solche Mätzchen und Verdrehungen des Evangeliums Jesu, die dem christlichen Empfinden des *einfachen* und noch beim Verstande gebliebenen Mannes *zuwiderlaufen,* noch dulden? Aber — Herr Pfarrer Schenk ist ja kein religiöser Sozialist — kein 'sogenannter' Christ. Muß es denn noch soweit kommen, daß Tausende von Arbeitern *außerhalb* der Kirche zusammenkommen müssen, um zu beten, um das reine unverfälschte Gotteswort zu hören?

Du werktätiges Volk aber: Sorge bei den kommenden *Kirchen-Wahlen* dafür, daß die evangelische Kirche auf diese Weise nicht in den Abgrund gestoßen wird. Wählt nur die *zuverlässigsten Kämpfer* gegen den drohenden Faschismus und der heraufkommenden Reaktion in der Kirche! Das sind die *religiösen Sozialisten!*"

91 N.N.: „Nationalsozialistisches in der bad. Kirche"
RS Nr. 28, 10. Juli 1932, S. 110

„Nationalsozialistisches in der badischen Kirche.

„Der stellvertretende Präsident der badischen Landeskirche, Herr Oberkirchenrat Dr.Doerr, schickt uns ein Schreiben zu, das sich mit dem Artikel 'Die neueste positive Taufformel der Nazis' in Nr. 26 vom 26. Juni 1932 befaßt. Er schreibt, die Erhebungen, die angestellt wurden, hätten ergeben, 'daß an dem Vorwurf *nichts* wahr ist. Pfr. Schenk hat unter genauester Einhaltung der im Kirchenbuch II S.9 vorgeschriebenen Taufformel die Taufe vollzogen. Der Satz 'Du erhältst den Namen Adolf nach dem großen Adolf, den unser Gott dem deutschen Volk geschickt hat, und Hermann, du erhältst den Namen nach dem ersten Befreier Deutschlands' ist von Pfr. Schenk weder so noch anders gesprochen worden; diese Sätze sind glatt erfunden.' Das ganze Schreiben ist in einem außergewöhnlich scharfen Ton gehalten, wozu die Schriftleitung gar keinen Anlaß gegeben hat.

Wir haben nunmehr durch unseren Gewährsmann nochmals an Ort und Stelle in Neulußheim Erhebungen anstellen lassen. Dabei ist folgendes festgestellt worden: Die betreffende Taufe ist in der ganzen Aufmachung außergewöhnlich gewesen. Eine Zeugin teilt mit, die Taufkissen seien schwarz-weiß-rot mit aufgestecktem Hakenkreuz gewesen. Eine andere Zeugin, die selbst in der Kirche war, sagt aus, daß Pfr. Schenk in der kurzen Ansprache vor der Taufe auf die beiden Namen Adolf und Hermann zu sprechen kam. Der eine Knabe erhalte seinen Namen nach dem großen Adolf, den uns Gott geschenkt hat, der andere nach Hermann, dem Cherusker.

Nach unseren Erhebungen liegt also gar keine Ursache vor, daß der badische Oberkirchenrat den Bericht bzw. gewisse Sätze als glatt erfunden bezeichnet. Lediglich das ist richtigzustellen, daß die beanstandeten Worte nicht beim eigentlichen Taufvollzug selbst, sondern in der Taufrede, die der Taufhandlung vorausging, gefallen sind. Daß im übrigen der amtierende Pfarrer beim Taufvollzug die im Kirchenbuch vorgeschriebene Taufformel benützt hat, ist von uns gar nicht bestritten worden.

Der Oberkirchenrat aber möge, anstatt uns zu zürnen, wenn wir auf solche Dinge hinweisen, vielmehr aus unseren Berichten, die uns doch unaufgefordert aus der Bevölkerung zugehen, entnehmen, wie behutsam die Kirche und alle ihre Diener heute in einer Zeit der Hochspannung sein müssen, um Andersdenkenden *keinen Anstoß und kein Ärgernis* zu geben. Auch die nationalsozialistischen Pfarrer sollten sich des Wortes erinnern: 'Meidet allen bösen Schein'. Daß es daran offenbar doch da und dort sehr fehlt, zeigt uns ein Bild, das die Schriftleitung erhalten hat, und das den Schmuck des Kirchenaltars einer badischen Gemeinde bei einem nationalsozialistischen Sondergottesdienst zeigt."

3. Fahnen, Wimpel, Uniformen...

92 EOK an KGR Berwangen: Beflaggung der Kirche
Karlsruhe, 4. Mai 1932; LKA GA 5199 – korr. Konzept

„Das badische Bezirksamt Sinsheim teilt mir unterm 28.4.1932 mit, daß auf dem Turm der evang. Kirche zu Berwangen seit einigen Tagen eine Hakenkreuzfahne weht. Das Bezirksamt habe durch Vermittlung der Gemeinde den Versuch gemacht, die Hakenkreuzfahne mit Zustimmung der Kirchengemeinde herunternehmen zu lassen. Dabei soll Herr Dekan Bechdolf auf die Vorsprache eines Kirchengemeinderats geäußert haben, das Bezirksamt soll die Fahne selbst entfernen, wenn es daran Anstoß nehme.
Ich ersuche den Kirchengemeinderat um alsbaldigen eingehenden Bericht zur Sache. Ohne zu der Angelegenheit eine abschließende Stellung zu nehmen, möchte ich jetzt schon sagen, daß ich es nicht für zulässig erachte, an einer Kirche, die im Eigentum der Gesamtgemeinde steht und dieser zu dienen hat, Parteifahnen anzubringen, als welche die Hakenkreuzfahne heute anzusehen ist. Die Beflaggung der Kirche darf nur mit der Kirchenflagge oder mit den Landes- oder Reichsfarben geschehen. Wenn die Flagge noch nicht heruntergeholt ist, so ersuche ich den Kirchengemeinderat, um Weiterungen zu vermeiden, die Fahne alsbald einzuziehen."

93 EOK an Evang. Pfarramt Reichartshausen: NS-Wimpel
Karlsruhe, 1. Juli 1932; LKA GA 5199 – Durchschrift

„Wenn der Wimpel der nationalsozialistischen Mädchengruppe von Neckargemünd eine nationalsozialistische Parteifahne darstellt, was ich von hier aus nicht beurteilen kann, dann halte ich es nicht für zulässig, eine solche Fahne mit in einen allgemeinen Gottesdienst zu nehmen, weil dadurch eine parteipolitische Abgrenzung dieser Jugendgruppe von den anderen Gruppen geschaffen und in den Gottesdienst ein Zwiespalt hereingetragen werden kann. Ich empfehle deshalb, die Jugendgruppe darauf hinzuweisen und ihr nahezulegen, den Wimpel, wenn er als nationalsozialistische Fahne anzusehen ist, aus dem Gottesdienst wegzulassen. Dabei müßte selbstverständlich der Gruppe Gelegenheit geboten werden, den Wimpel in sicherer Weise während des Gottesdienstes zu verwahren."

94 EOK an Carl B.: Kirchliche Trauung
Karlsruhe, 5. Juli 1932; LKA GA 3995 – Durchschrift

„Wir kennen grundsätzlich in unserer Kirche keine nationalsozialistische, sozialistische oder andere parteipolitische Trauung, sondern nur

eine *kirchliche* Trauung. Denn die Trauung ist eine rein kirchliche Handlung, die mit Politik und darum auch mit politischen Parteien nichts zu tun hat.
Eine bestimmte Kleiderordnung bezüglich des Besuchs der Gottesdienste oder der kirchlichen Handlungen besteht z.Z. in unserer Kirche nicht. Daher haben wir auch keine Veranlassung, das Tragen einer bestimmten Uniform in der Kirche an sich zu verbieten, nachdem das Uniformverbot aufgehoben ist, obwohl immer beachtet werden muß, daß die SS-Uniform stets den Charakter einer gewissen politischen Demonstration trägt und deshalb jedenfalls nicht unter demselben Gesichtspunkt betrachtet werden darf wie das Tragen der Heeresuniform.
Unter allen Umständen aber muß die Kirche verlangen, daß die bei politischen Veranstaltungen üblichen Gebräuche wie Aufmarsch, Handerheben u.a. *im Gotteshaus* unterbleiben, da diese Dinge mit der kirchlichen Handlung nichts zu tun haben.
iese letzteren Bedingungen gelten in gleicher Weise, ob Sie sich in Eberbach oder in Waldwimmersbach trauen lassen. Da Herr Stadtpfarrer Paret bei Einhaltung der genannten Voraussetzung bereit ist, Sie auch in Eberbach zu trauen, so legen wir Ihnen nahe, sich in Ihrer Heimatgemeinde trauen zu lassen, wie dies üblich ist. Es steht Ihnen jedoch frei, den Ort der Trauung zu wählen, nachdem Herr Pfarrer Paret den Entlaßschein ausgestellt hat."

95 EOK an Evang. Pfarramt Konstanz: Trauung in Parteiuniform
Karlsruhe, 8. Juli 1932; LKA GA 5199 – Durchschrift

„Nach Aufhebung des Uniformverbotes kann eine verlangte kirchliche Trauung nicht verweigert werden, weil der Betreffende in Uniform erscheinen will. Dagegen muß unbedingt verlangt werden, daß alle bei politischen Versammlungen üblichen Gepflogenheiten, wie Aufmarsch, Handerheben u.a. im Gotteshaus unterbleiben und daß die Trauung streng nach dem Kirchenbuch vollzogen wird."

––––––––

Wie bereits Pfarrer Hermann Teutsch, so erhielt auch Pfarrer Fritz Voges letztendlich Redeverbot, freilich vom zuständigen Dekanat. Er berichtete darüber unverzüglich an Landeswahlleiter Kramer/Meißenheim:

96 Pfr. Voges an Pfr. Kramer: „Redeverbot"
Eggenstein, 26. Juni 1932; LKA GA 8092 Nr. 68 – Durchschrift

„I. Ich habe heute vom Dekanat Redeverbot erhalten. Den Brief (amtlich wie persönlich) teile ich Ihnen hier mit:

a) amtliches Schreiben

Evang. Dekanat Karlsruhe-Land Nr.580 Blankenloch, 25.6.32

Wahl zur Landessynode betr.

Wie die Zeitung meldet, haben Sie in Graben und Linkenheim (vielleicht auch in anderen Orten?) Wahlversammlungen abgehalten, und wie ich aus zuverlässiger Quelle höre, gedenken Sie am Montag auch hier eine solche abzuhalten.

Ich ersuche Sie dringend, von der Abhaltung solcher Versammlungen gänzlich Abstand nehmen zu wollen, da Versammlungen, bei denen ein auswärtiger Geistlicher als Gegner des Ortsgeistlichen auftritt, notwendig zur Zerrüttung des kirchlichen Lebens in den Gemeinden führen müssen.

Herrn Pfarrer Voges

in Eggenstein   Evang. Dekanat gez. G.Bähr

II. b) persönliches Schreiben: Blankenloch, 25.6.32

Herr Kollege! Mein Gewissen zwingt mich, diesem amtlichen Schreiben noch ein persönliches Wort beizufügen.

Ich gestehe, daß ich bisher nur den Genossen Kappes[*] einer solchen Handlungsweise für fähig gehalten habe. Muß ich Ihnen denn erst sagen, wie schwer Sie sich durch Ihr Vergehen an den Kollegen und Ihren Gemeinden versündigen, und daß Sie damit ihrem Gewissen eine Last auflegen, die Sie zu Tode drücken wird?

Es grüßt Sie einer, der Ihr Vorgehen empfindet wie einen Dolchstoß ins Herz.

gez. G.Bähr

Soweit die beiden Schreiben. Ich sollte heute abend in Knielingen reden. Um mich nicht ins Unrecht zu setzen, rede ich nicht. Heute abend erhebe ich bei dem Kreiswahlleiter gegen diese Bevormundung Beschwerde. Ich bitte, daß sofort auch von Ihnen eine Beschwerde an den Oberkirchenrat abgeht. Es wäre dies der erste Grund zur Wahlanfechtung. Ich bemerke auch, daß ich in keiner Wahlversammlung irgendeinen Ortsgeistlichen angegriffen habe. Da, wo zwischen Nationalsozialisten und

---

[*] Bei dem von Dekan G. Bähr vergleichsweise genannten Namen des „Genossen Kappes" handelte es sich um den nach dem Abtreten von Pfarrer Erwin Eckert – vgl. Balzer, Fr. Martin, Klassengegensätze in der Kirche. Erwin Eckert und der Bund der Religiösen Sozialisten Deutschlands, Köln 1973 – führenden Repräsentanten der 'kirchlichen Linken', dem Jugendpfarrer Martin Heinrich Kappes.

Pfarramt Unstimmigkeiten bestehen (etwa wegen Gemeindesaalverweigerung), habe ich unsere Leute aufs Strengste angewiesen, sich dem Ortspfarrer zu fügen. Ich habe immer und überall betont: 'Wir sind *für* die Kirche, nicht gegen sie!' In Teutsch-Neureut stand ich gegen Pfarrer Dr.Scheuerpflug, Pfarrer Askani und Pfarrer Kappes, in Rintheim gegen Pfarrvikar Kopp – Daxlanden.

III.

Freilich habe ich mit diesem System in der Kirche scharf abgerechnet, ohne aber je gegen Kirche und Behörde Stellung zu nehmen. Sollte ich ein definitives Redeverbot vom Oberkirchenrat erhalten, so werde ich mich zu fügen wissen, nicht aus Angst, sondern weil ich der Auffassung bin, daß, wenn ich Zucht und Ordnung verlange, ich sie auch auszuüben wissen müsse. Vielleicht schreiben Sie mir doch auch Ihre Ansicht. Heute abend rede ich mit meinem Schwiegervater [V. Renner] als dem Kreiswahlleiter. Unter Umständen gehe ich persönlich morgen zum Oberkirchenrat Dr.Friedrich – es lebe die kirchliche Demokratie!!

2. Wahltechnisches:

a) Die Reverse sind durch Herrn Dr. Dommer und Pfarrer Rössger geschickt worden.
b) Eine Kandidatenliste lege ich bei. Rechnungsrat Weber [beim Evang. Oberkirchenrat] ist gestrichen.
c) Anbei mein Wahlaufruf, der morgen gesetzt werden soll. Ich erwarte Ihre Genehmigung. Die Genehmigung Wagners kann ich erst am Mittwoch einholen, da er verreist ist.
d) Dies Plakat, von Wagner genehmigt, soll in Druck gehen, da Heidelberg bereits solche anfordert.
e) An den Richtlinien ist nichts geändert worden. Ich weiß nicht, wie Wagner zu dieser Behauptung kommt. Auf Wunsch Rössgers habe ich hinter 'starker Führung' das Wort 'Landesbischof' hinzugefügt. Wagner hat es gestrichen, und so unterblieb es."

----

4. 'Religiös-sozialistische' Pfarrer Martin Heinrich (Heinz) Kappes und Kaspar Johann (Hans) Löw:

97 EOK, Prot.: Pfr. Kappes als Wahlredner; Terminplan
Karlsruhe, 19. Febr. 1932; LKA GA 3478

„Von Jugendpfarrer Kappes, der neuerdings einen großen Teil seiner Zeit auf politische Agitationsreden verwendet, wird ein Verzeichnis über die von ihm in nächster Zeit beabsichtigten Reden einverlangt. Grundsätzlich ist man sich einig darin, daß Kappes nicht besser behandelt werden darf als Teutsch, der Redeverbot hat."

98 EOK, Prot.: Ausnahmegenehmigung für Pfr. [H.] Teutsch
Karlsruhe, 23. Febr. 1932; LKA GA 3478

„Der Kirchenpräsident teilt mit, daß ein Mann aus Ruit da war und ihm die Bitte*⁾ vorgetragen habe, man möge, nachdem Pfarrer Kappes ungehindert überall politisch-agitatorisch auftrete, es dem Pfarrer Teutsch, der Redeverbot habe, wenigstens ausnahmsweise gestatten, in Ruit zu sprechen."

99 EOK, Prot.: Beschwerden gegen Pfr. Löw
Karlsruhe, 1. Juli 1932; LKA GA 3478

„Pfarrer Löw, über den Beschwerden einliefen wegen sozialistischer Propaganda und Behandlung des § 218 im Religionsunterricht der Lessingschule, wurde das Geeignete bemerkt. Ein schriftlicher Bescheid soll aber noch ergehen."

100 EOK, Prot.: Maßregelung von Pfr. Löw
Karlsruhe, 29. Juli 1932; LKA GA 3478

„Aufgrund der Beschwerden über den Religionsunterricht des Pfarrer Löw in der Fichteschule soll dem Pfarrer Löw der Aufstieg mit seiner jetzigen Klasse in die nächst höhere unterbunden werden."

Für sein Engagement anläßlich der Besetzung einer Mannheimer Pfarrstelle hatte Kappes Anfang Februar 1932 eine „Verwarnung" erhalten, die in der Zeitschrift „Der Religiöse Sozialist" wie folgt kommentiert wurde:

101 N.N.: „Neue Sozialisten-Verfolgung in der bad. Landeskirche"
RS Nr. 9, 28. Febr. 1932, S.33

„Wie man in der badischen Landeskirche die Gerechtigkeit handhabt.
Bei den letzten Kirchenwahlen erhielten in Mannheim von 49059 Stimmberechtigten

die positive Vereinigung	4320
die Liberalen	3797
die religiösen Sozialisten	3161

Bei der letzten Unterschriftensammlung vor noch nicht einem Jahr stellte sich mehr als ein Viertel der Evangelischen hinter die *religiösen Sozialisten*.
Trotzdem hat man es dahin gebracht, daß die religiösen Sozialisten ihre beiden Pfarrstellen in Mannheim verloren.
Positive und Liberale haben die beiden Stellen unter sich verteilt.
Der Oberkirchenrat hat dieser Ungerechtigkeit zugestimmt.
Pfarrer Kappes, der in einer Protestversammlung in ernst mahnender, aber durchaus sachlicher und würdiger Weise diese Ungerechtigkeiten aufgedeckt hat, *ist dafür vom Oberkirchenrat bestraft worden!*

---

* Ein förmlicher Beschluß erfolgt nicht, vgl. Dok. 42.

Das ist der Geist der heutigen Kirchenleitung!
Das ist der Geist der Positiven und Orthodoxen!
Der Sozialist soll gut genug sein zum Kirchensteuerzahlen, aber seine Rechte in der Kirche werden mit Füßen getreten.
Wir behalten uns vor, auf diese sozialistenfeindlichen Machenschaften noch besonders zurückzukommen. Wir verweisen auf den Bericht über den Fall Kappes auf der nächsten Seite."

102 N.N.: „Pfr. Kappes wird bestraft"
RS Nr.9, 28. Febr. 1932, S.34

„Die religiösen Sozialisten von Mannheim hatten auf Donnerstag, 21. Januar, eine Protestkundgebung veranstaltet gegen die ungerechte Pfarrbesetzung, durch die an Stelle von zwei sozialistischen Pfarrern zwei bürgerliche Pfarrer gesetzt wurden. In dieser Protestkundgebung war *Pfarrer Kappes* der Hauptredner, der der Kirchenregierung den Vorwurf machte, daß sie bei der Besetzung der beiden Pfarreien verfassungswidrig gehandelt habe. Pfarrer Kappes hatte sich bei seiner Behauptung auf den § 61 der Kirchenverfassung gestützt, der bestimmt, daß die Kirchenregierung die Bedürfnisse der Gemeinde, die Interessen der Landeskirche und die Ansprüche der Bewerber zu prüfen habe. Dabei sind in Gemeinden mit mehreren Pfarreien auch die Wünsche starker Minderheiten (mehr als ein Viertel der Stimmberechtigten) in Erwägung zu ziehen. Von 49059 Stimmberechtigten hatte die positive Vereinigung 4320 Stimmen erhalten, die Liberalen 3797, die religiösen Sozialisten 3161. Der einzige Maßstab der Stärke einer Gruppe sind die Wahlziffern, und jeder unvoreingenommene Beurteiler der Verfassung muß zu dem Schluß kommen, daß die religiösen Sozialisten hier in Mannheim eine starke Minderheit und ihre Ansprüche auf eine Pfarrstelle in der Verfassung begründet sind. Anders denkt der Jurist im Oberkirchenrat, der den Tonfall auf das Wort Stimmberechtigte legt und in seiner Urteilsbegründung hervorhebt, daß die religiösen Sozialisten kein Viertel der Stimmberechtigten hätten. Er schreibt das, obwohl er weiß, daß nach dieser Berechnung weder die Positiven noch die Liberalen ein Anrecht auf eine Stelle haben. Denn keine dieser Gruppen hat ein Viertel der Stimmberechtigten hinter sich, aber trotzdem zu den vorhandenen sechs Pfarrstellen noch die siebente dazubekommen. Ja, der Jurist im Oberkirchenrat stellt diese Behauptung auf, obwohl er weiß, daß bei der letzten Unterschriftensammlung vor noch nicht einem Jahr hier in Mannheim sich mehr als ein Viertel der Evangelischen für die Ziele der religiösen Sozialisten mit Namensunterschrift ausgesprochen hat. Diese Einzeichnungslisten sind noch vorhanden und können jederzeit einge-

sehen werden. Aber in der Begründung des Urteils heißt es: 'Der Vorwurf des Verfassungsbruches ist unhaltbar, und Pfarrer Kappes hätte das auch erkennen müssen, wenn er die Verhältnisse und die Gesetzesbestimmung einigermaßen objektiv geprüft hätte, bevor er gegen seine Kirchenbehörde einen derart gravierenden Vorwurf erhob. Mit diesem unberechtigten Vorwurf hat er die Kirchenregierung (er hätte schreiben müssen: die positiven Mitglieder der Kirchenregierung) beleidigt und sich damit eines Dienstvergehens nach § 1 des Dienstgesetzes schuldig gemacht.'
Wie die positive Mehrheit zum gesetzlichen Minderheitenschutz steht, den sie als Verfassungsbestimmung veranlaßt hat, solange sie in der Minderheit war, zeigt ein Artikel in Nr. 4 der 'Kirchlich-positiven Blätter' vom 21. Februar 1932 unter der Überschrift: *'Hat es noch Sinn, von Volkskirche zu reden?'* Dort wird von einem fragwürdigen Minderheitenschutz gesprochen, 'der sich nicht auf den Schutz der bibel- und bekenntnistreuen Minderheiten in liberalen Gemeinden beschränkt, wie er ursprünglich gedacht war'. Also hier lassen die Positiven die Katze aus dem Sack und geben zu, was wir behaupten: Minderheitenschutz gibt es nur für die Positiven, aber nicht für die religiösen Sozialisten.
Pfarrer Kappes hat aber noch ein anderes Verbrechen begangen. Der Führer der Positiven ist Pfarrer Bender in Mannheim. Pfarrer Kappes führte in seiner Rede aus: 'In der Arbeiterstadt Mannheim nimmt man den religiösen Sozialisten die einzige Pfarrstelle, obwohl drei junge sozialistische Theologen sich gemeldet haben, und gegen keinen von diesen ein Vorwurf irgendwelcher Art erhoben werden konnte. Aber Herr Landeskirchenrat Bender wollte wohl seinen Wahlsekretär von 1926 hier haben! – Dieses Unrecht ist das Werk dieses Herrn Bender. Er ist auf die Verfassung als Mitglied der Kirchenregierung verpflichtet. Er brach die Verfassung. Er ist der Präsident auf dem Sessel des Kirchenpräsidenten.' Auch in den späteren Teilen seines Vortrags hat Pfarrer Kappes noch mehrfach auf Pfarrer Bender abgehoben, z.B. daß er gegen einen Friedenssonntag sei und daß er mit seiner Politik die Sozialisten treffen wolle. Die Begründung zur Strafe von Pfarrer Kappes unterstellt, daß diese Ausführungen nur gemacht worden sind, um den in Mannheim in einer zum größten Teil von Arbeitern und kleinen Angestellten bewohnten Gemeinde tätigen Pfarrer Bender in Mißkredit zu bringen. Das verstehen wir nicht. Wir nehmen doch an, daß Pfarrer Bender seinen Arbeitern und kleinen Angestellten es selbst sagt, daß er gegen die Sozialisten und gegen einen Friedenssonntag ist. Ob sie es allerdings verstehen, ist eine andere Sache.
Weiter heißt es in dem Urteil, daß es einer kirchlichen Gemeinschaft unwürdig sei, daß ihre Diener in beleidigender Weise an ihren Amts-

brüdern in der Öffentlichkeit Kritik üben. Wir sind so naiv und glauben, daß der Oberkirchenrat gegen jeden positiven Pfarrer vorgeht, der von heute ab einen religiös-sozialistischen Pfarrer beleidigt. So naiv sind wir allerdings nicht zu glauben, daß der Oberkirchenrat gegen sich selbst ein Strafverfahren einleitet, weil er die Tausende von religiösen Sozialisten mit ihren Pfarrern als nicht gleichberechtigt in der Kirche behandelt und damit einer Bewegung gegenüber eine Geringschätzung zeigt, die von allen als dauernde Beleidigung empfunden wird.

Das Urteil lautet: *Pfarrer Kappes wird wegen Verletzung seiner Dienstpflicht mit der Ordnungsstrafe der Verwarnung bestraft. Pfarrer Kappes hat die Kosten des Verfahrens zu tragen. Gegen die Entscheidung steht dem Bestraften die Beschwerde an die Kirchenregierung zu.*

Nun sind wir gespannt, welche Stellung die Kirchenregierung einnehmen wird, ob sie ebenfalls sich nur an die *formale* Seite halten wird oder ob sie für *inhaltliche* und *wahrhaftige Gerechtigkeit* eintreten wird. Denn Pfarrer Kappes hat ja nichts anderes verlangt, als daß in der Kirche ehrliche Gerechtigkeit gehandhabt wird."

Der Vorwurf, „brutale Gewaltmethoden" anzuwenden [vgl. Dok 145], führte zu einer heftigen Kontroverse.

103 KReg., Prot.: KPräs. Wurth weist Angriffe der RS gegen KPV zurück
Karlsruhe, 17. Juni 1932; LKA GA 4892

„Schließlich bringt der Kirchenpräsident noch einen Artikel im 'Religiösen Sozialisten' zur Sprache, in welchem Dr. Dietrich der Positiven Kirchenleitung 'brutale Gewaltmethoden' vorwirft, und weist diese Bemerkung entschieden zurück mit dem Bedauern, daß eine solche Bemerkung von einem Mitglied der Kirchenregierung kommen könne und daß er kein Mittel habe, sich dagegen zu wehren. – Hierzu bemerkt Dr. Dietrich, er könne sich keine größere Gewaltanmaßung denken, als wenn der Führer der größten Gruppe, der auch der Kirchenpräsident angehöre, den Religiösen Sozialisten das Lebensrecht in der Kirche abspreche. – Diese Bemerkung weist der Kirchenpräsident zurück mit dem energischen Hinweis darauf, daß er sich in seiner Stellung als Kirchenpräsident selbständig wisse und nicht als Exponent einer Gruppe bzw. ihres Führers. Und LKR Bender erklärt, die Bemerkung Dr. Dietrichs berichtigend, daß er in der Synode nur gesagt habe, die Vertretung der Anschauungen der religiösen sozialistischen Gruppe habe keinen Platz in der Kirche, wie er das Wesen der Kirche verstehe."

C Wahltermin, Wahlrecht, Wahlkampf

104 KGR Heidelberg an EOK: Antrag auf Verschiebung der LSyn.-Wahlen um ein Jahr
Heidelberg, 19. Jan. 1932; LKA GA 5705[*]

„Der Kirchengemeinderat Heidelberg hat im Hinblick auf die in einigen Monaten verfassungsgemäß fällig werdenden Wahlen zur Landessynode folgendes in Erwägung gezogen:
Im Zusammenhang mit der Reichspräsidentenwahl und den bevorstehenden ganz Deutschland tief berührenden preußischen Landtagswahlen sind leidenschaftliche Auseinandersetzungen und weittragende politische Entscheidungen zu erwarten. Der aufs höchste entfesselte Kampfwille der Parteien, verbunden mit der durch das wirtschaftliche Elend hervorgerufenen seelischen Depressionen und häufig ans Krankhafte grenzenden Überreiztheit bieten die unwillkommensten geistigen Voraussetzungen für kirchliche Volkswahlen. Keinesfalls sollte gerade in einem Zeitpunkt, wo alles und jedes in einer fast hoffnungslosen Gegensätzlichkeit erscheint, auch die zur Überbrückung berufene Kirche in eine öffentliche Erörterung ihrer inneren Spannungen und unterschiedlichen geistigen Strömungen eintreten. Denn wenn einmal gewählt werden soll, sind Auseinandersetzungen nicht zu umgehen, und es muß eine Belehrung darüber erfolgen, was die verschiedenen Gruppen wollen und warum sie es wollen.
Die weit überragende Mehrheit des Kirchenvolkes wird unseres Erachtens eine Verschiebung der Kirchenwahlen um mindestens ein Jahr nicht nur nicht als einen Eingriff in verfassungsmäßige Rechte beanstanden, sondern vielmehr für einen Akt der Klugheit halten, der die bereitwilligste Zustimmung finden wird, ebenso wie man zweifellos den maßgebenden Stellen einen Vorwurf machen wird, wenn, was sehr leicht der Fall sein kann, die Kirchenwahl politisiert und unübersehbare Verwirrung heraufbeschworen wird.
Wollte man den Weg größter Vorsicht einschlagen und dem erforderlichen verfassungsändernden Beschluß der Landessynode den breitesten Unterbau geben, so könnten die Kirchengemeinderäte der Landeskirche zuvor zur bestimmten Äußerung veranlaßt werden.
Der Kirchengemeinderat stellt daher den Antrag:
Die im Jahre 1932 fälligen Wahlen zur Landessynode sind im Hinblick auf die überaus ungünstigen Umstände dieses Jahres durch einen verfassungsändernden Beschluß der Landessynode vorerst auf ein Jahr zu verschieben."

---

* Diese Akte enthält ferner 83 Zustimmungen, durchweg von 'liberal' geführten Kirchengemeinden.

105 KReg., Prot.: Ablehnung des Antrags in Dok. 104
Karlsruhe, 26. Febr. 1932; LKA GA 4892

„Der Kirchenpräsident berichtet zunächst darüber, welche Aufnahme bis jetzt der Antrag des Kirchengemeinderats Heidelberg im Lande gefunden habe. Die Zahl der zustimmenden Äußerungen (22 bis jetzt) sei verhältnismäßig gering. Um so weniger könne daher die Kirchenregierung die gewünschte Verlängerung bei der Synode beantragen. Wohl seien es jetzt aufgeregte politische Wahlzeiten; aber wir wüßten ja nicht, ob nicht im nächsten Jahre die Verhältnisse noch schlechter sind; dann müßten wir uns Vorwürfe machen, daß wir dieses Jahr nicht gewählt haben. Auch sei es nicht gut, solche grundlegenden Bestimmungen der Verfassung zu ändern. Zudem sei auch die jetzige Synode in gewissem Sinne überaltert. – Ähnlich auch Landeskirchenrat Bender. Er habe unüberwindliche verfassungsrechtliche Bedenken dagegen, daß die Synode sich selbst ihr Leben verlängere. Anders läge die Sache, wenn z.B. durch 'höhere Gewalt' Neuwahlen unmöglich gemacht würden; dann läge wenigstens nirgends ein Dolus vor.
Man solle doch auch daran denken, wie viele wertvolle Persönlichkeiten im Laufe der Amtsdauer der jetzigen Synode ausgeschieden seien; so hätte z.B. die positive Fraktion jetzt keinen Juristen mehr. Im Interesse des kirchlichen Lebens dürfe die Synode nicht auf ein Niveau ohne Gefechtswert herabsinken. Der Landesvorstand der Positiven sei einmütig gegen eine Verlängerung der Amtsdauer der jetzigen Synode...
Der Antrag Bender: 'Die Kirchenregierung sieht von der Stellung eines Antrags auf Verlängerung der Amtsdauer der jetzigen Landessynode ab', wird mit sechs gegen drei Stimmen angenommen."

106 KGR Mannheim – gez. Dr. G. – an EOK: Verschiebung der LSynd.-Wahlen
Mannheim, 10. Mai 1932; LKA GA 4135

„Wir haben erfahren, daß als Wahltag für die Wahl der Landessynode der 3. Juli 1932 in Aussicht genommen ist. Wir bitten aus nachstehenden Gründen den Wahltermin wenn irgend möglich um 8 Tage verschieben zu wollen.
Da die Kosten für die Durchführung der Wahl soweit möglich beschränkt werden müssen, hat der Kirchengemeinderat beschlossen, die Aufstellung der Wählerliste den Gemeindehelferinnen zu übertragen. Sämtliche hiesige Gemeindehelferinnen nehmen an dem Aufbaukurs teil, für den die Prüfung am 30. Mai ds.Js. stattfindet. Vor Abschluß des Kurses und vor der Prüfung können die Gemeindehelferinnen, die noch ihre regelmäßigen Dienstgeschäfte uneingeschränkt zu besorgen haben, sich mit der Aufstellung der Wählerliste

nicht befassen. Die Arbeit erfordert immerhin eine gewisse Zeit und muß mit der notwendigen Gründlichkeit durchgeführt werden.

Das Zusammenfallen des Wahltages mit dem Jugendsonntag hat, namentlich in größeren Städten, abgesehen von der stimmungsmäßigen Beeinträchtigung der kirchlichen Jugendarbeit, verschiedene Nachteile zur Folge. Weder die Geistlichen noch die Kirchenältesten können sich den beiden ihnen gestellten Aufgaben so widmen, wie es ihre Pflicht und das Interesse der Kirche erfordern. Wir halten es deshalb für sehr wünschenswert, den Wahltag wenn irgend möglich um 8 Tage zu verschieben, so daß die Geistlichen und die berufenen Vertreter der Gemeinde am Jugendsonntag die Möglichkeit haben, auch den Nachmittag der Jugend zu widmen."

107 KReg., Prot.: Festsetzung des Wahltermins
Karlsruhe, 13. Mai 1932; LKA GA 4892

„Als Termin für die Neuwahlen zur Landessynode wird der 10. Juli bestimmt, und zwar lediglich mit Rücksicht auf den am 3. Juli zu haltenden Jugendsonntag. Die Festsetzung erfolgt mit allen gegen 1 Stimme, nachdem von verschiedenen Rednern betont worden war, daß es nicht angehe, lediglich wegen der von Mannheim erhobenen Bedenken eine Verschiebung vorzunehmen."

108 EOK an Kirchengemeinderäte und Kreiswahlleiter: Wählerlisten; Rechtsbelehrung
Karlsruhe, 30. Juni 1932; LKA GA 4135 – Rds.

„Aus Mitteilungen, die mir zugehen, muß ich entnehmen, daß bei der Aufstellung der Wählerlisten in manchen Gemeinden in eine Prüfung der Frage, inwieweit an sich stimmberechtigte Mitglieder der Landeskirche, insbesondere in Anwendung des § 10 Abs. 2 Ziff. 5, 6 und 7 KV vom Stimmrecht auszuschließen sind, überhaupt nicht oder nur ganz oberflächlich eingetreten worden ist. Aus diesem Grunde muß ich darauf hinweisen, daß es nicht in das Belieben der Kirchengemeinderäte (Kirchenvorstände) gestellt ist, ob sie die Frage nach dem Ausschluß vom Stimmrecht überhaupt aufwerfen und entscheiden wollen. Vielmehr ist die Rechtslage so, daß die Kirchengemeinderäte (Kirchenvorstände) *verpflichtet* sind, bei der Aufstellung der Wählerliste unter Verwendung der Kenntnisse über die persönlichen Verhältnisse der einzelnen im wahlfähigen Alter sind befindenden Gemeindemitglieder und unter Heranziehung der vorhandenen Kirchensteuerakten in gewissenhafter Weise zu prüfen, ob den für die Wählerliste infrage kommenden Gemeindemitgliedern das Stimmrecht zusteht.

Wird einem verheirateten Kirchenmitglied gemäß § 10 Abs. 2 Ziff. 7 KV das Stimmrecht entzogen, so hat das keineswegs ohne weiteres die Folge, daß auch der stimmberechtigten Ehefrau das Stimmrecht verloren geht und sie in die Wählerliste nicht aufzunehmen ist. Ist der Ehemann Lohn- oder Gehaltsempfänger und seiner daraus entspringenden Steuerpflicht, obwohl er dazu imstande gewesen wäre, nicht nachgekommen, so ist in der Regel die Ehefrau für diese Steuerschuld nicht haftbar, kann also mit ihr auch nicht in den Rückstand kommen. Aber selbst, wenn unter gewissen Voraussetzungen doch eine Haftbarkeit der Ehefrau eintreten könnte, so wird die Ehefrau doch in der Mehrzahl der Fälle eigenes Einkommen zur Bestreitung einer etwaigen Steuerschuld nicht haben und deswegen zur Zahlung nicht imstande sein. Die Voraussetzungen also, die § 10 Abs. 2 Ziff. 7 KV für die Entziehung des Stimmrechts fordert, dürften meistens nicht vorliegen. Soweit veranlagte Steuerpflichtige infrage kommen, muß vor Ausschließung der Ehefrau eine Entscheidung des Finanzamts darüber eingeholt werden, ob eine Steuerverpflichtung der Ehefrau für den Ehemann eingetreten ist. Ist ein katholischer Ehemann mit einer evangelischen Frau verheiratet und kommt er seiner Verpflichtung, die Hälfte der evangelischen Kirchensteuer zu entrichten, nicht nach, so ist zu beachten, daß sowohl nach Art. 15 Abs. 1 OKStG. wie nach Art. 12 Abs. 2 LKStG. die Ehefrau als Gesamtschuldnerin mit dem Ehemann für diese Steuer haftet. Hat die evangelische Ehefrau also eigenes Einkommen zu begleichen, so ist ihr das Stimmrecht zu entziehen, wenn sie dies nicht getan hat. Verfügt sie aber über kein eigenes Einkommen, so kann ihr das Stimmrecht nicht entzogen werden."

109 Volkskirchenbund evang. Sozialisten — gez. Dr. Dietrich — an EOK: Aktives kirchl. Wahlrecht
Mannheim, 30. Juni 1932; LKA GA 4135

„Von 38081 Wahlberechtigten sind hier in Mannheim-Stadt rund 9000 ausgeschlossen. Ich teile Ihnen das als dem stellvertretenden Kirchenpräsidenten mit, damit sofort Anweisung nach Mannheim ergeht, solches rigoroses Vorgehen zu unterbinden. Es sind Fälle bekannt, daß ein Mann seine RM 3,-- Kirchensteuer im Jahre 1930 nicht bezahlt hat, daher nicht in der Wählerliste steht, aber seit 1930 ohne Arbeit ist und sie deshalb einfach nicht bezahlen konnte. Aber nicht nur er, sondern seine Frau wird deshalb auch vom Wahlrecht ausgeschlossen. Der Willkür sind hier Tür und Tor geöffnet. Es sind mir Dörfer mit positiven Wählern bekannt, wo sämtliche Bewohner in die Wählerliste aufgenommen worden sind.

Ich teile Ihnen das mit und richte die ergebene Bitte an Sie, umgehend telegraphische Anweisung zu geben, daß
1.) alle Fälle aufs genaueste zu prüfen sind,
2.) Frauen und Kinder in ihrem Wahlrecht geschützt werden,
3.) die Auswirkungen der Wirtschaftskrise zu berücksichtigen sind.
Ich möchte nicht verfehlen, darauf hinzuweisen, daß mir schon so viel Material zur Verfügung steht, das genügt, um die Kirchenwahlen mit Erfolg anzufechten. Es sollte aber in letzter Minute noch gerettet werden, was gerettet werden kann, damit nicht die kirchlichen Wahlmethoden der öffentlichen Lächerlichkeit verfallen."

110 EOK an Volkskirchenbund evang. Sozialisten: Ausschluß vom kirchl. Stimmrecht
Karlsruhe, 2. Juli 1932; LKA GA 4135 – korr. Konzept

„Schon bevor Ihr obiges Schreiben [30. Juni 1932] einkam, habe ich, sobald mir Nachrichten darüber, daß möglicherweise die Ausschließung vom Stimmrecht verschiedenartig gehandhabt werden könnte und auch Ehefrauen vielleicht zu Unrecht ausgestoßen wurden, Veranlaßung genommen, in einem Runderlaß vom 30. Juni 1932 Nr. A 10207 die Gemeinden entsprechend zu verständigen. Ich nehme an, daß dieser Runderlaß auch Ihnen bereits zugegangen ist, füge aber fürsorglich noch eine Fertigung desselben bei."

111 Prälat Kühlewein: Wahrung der Würde des geistlichen Amtes im Wahlkampf
Karlsruhe, 3. Juni 1932; LKA GA 3478 – Rds.

„Im Hinblick auf die bevorstehenden Wahlen zur Landessynode ist es mir ein dringendes Anliegen, daß die kommenden Auseinandersetzungen in einer Weise geführt werden, die unserer Kirche und des Evangeliums, dem wir dienen, würdig ist. Der schwere Ernst unserer Zeit, die verworrene Lage unseres ganzen Volkes und nicht am wenigsten die Gefahr, in der unsere evangelische Kirche sich befindet, verlangen gebieterisch von uns, alles daran zu setzen, daß unserer Kirche nicht ein unabsehbarer Schaden erwachse. Es wäre verhängnisvoll, wenn in unserem Kirchenvolk der Eindruck entstünde, wir hätten Zeit und Lust, einander zu bekämpfen in einem Augenblick, wo unser Volk um seine Existenz ringt und es gilt, alle Kraft zusammenzufassen und unser notleidendes und gebeugtes Volk aufzurichten und mit den Lebenskräften des Evangeliums zu durchdringen.
Ich richte daher an unsere Geistlichen, besonders soweit sie sich an der Wahlpropaganda beteiligen, die dringende und herzliche Mahnung, sie möchten sich aller verbitternden und die Würde unseres Amtes ver-

letzenden Kampfesweise und ganz besonders aller persönlichen Angriffe enthalten, die positiven Ziele der Gruppen stets in den Vordergrund stellen und sich bei allen ihren Äußerungen in Wort und Schrift dessen bewußt bleiben, daß wir für Christus und sein Evangelium kämpfen.
Gott schenke dazu Weisheit und Gnade, damit das, was uns in unserer Kirche gegeben ist, nicht durch unsere Schuld zerstört, sondern die Kirche Christi erbaut und Gottes Ehre in allen Stücken verherrlicht werde."

112 Ausschuß des bad. Pfarrvereins: „Kirchenwahlen"
Bad. PfVBl. Nr. 6, 15. Juni 1932, S. 77f.

„Die bevorstehende Wahl zur Landessynode gibt Veranlassung, an den Beschluß der Hauptversammlung vom 11. September 1928 zu erinnern, der also lautet:
'Die Hauptversammlung des Pfarrvereins würdigt und begrüßt die Tendenz, des Antrag Lesers, das kirchenpolitische Leben zu entgiften und die Angehörigen des Pfarrstandes in ein ihnen angemessenes brüderliches Verhältnis zu bringen. Sie vermag zwar die Pfarrvereins-Blätter kirchenpolitischen Erörterungen nicht preiszugeben; doch soll in ihnen jeder Stimme zum Verstehen oder Frieden Raum gegeben werden. Sie fordert die Mitglieder des Pfarrvereins auf, bei Auseinandersetzungen in Parteiblättern auf friedliche Verhandlungen und gegenseitige Achtung Wert zu legen, des weiteren aber in den Kirchenbezirken das brüderliche Zusammenkommen auf Pfarrvereinsveranstaltungen und Pfarrkränzen noch mehr als bisher zu pflegen. *Auch wird der Vorstand des Pfarrvereins ermächtigt, zu gegebener Zeit die Mitglieder um Vermeidung von Ausschreitungen in den kirchenpolitischen Auseinandersetzungen dringend zu bitten.*'
Wir glauben, dieser Ermächtigung am besten dadurch zu entsprechen, daß wir das mahnende Rundschreiben unseres Herrn Prälaten vom 3. d.M. uns zu eigen machen und seinen Inhalt allen Amtsbrüdern, besonders denen, die es nicht gelesen haben, zur ernsten Beachtung auf Herz und Gewissen legen:..."

D Kirchenpolitische Parteien

1. Die Liberalen

113 Pfr. [K.] Lehmann: „Zur Wahl bereit?"
SdtschBl. Nr. 6, Juni 1932, S. 46-49

„Es ist wohl berechtigt, hinter das Wort: 'Zur Wahl bereit' zuerst ein dickes Fragezeichen, statt eines fröhlichen Ausrufezeichens zu setzen.

Denn ich glaube bestimmt, daß es den meisten ernsten und verantwortungsbewußten Gliedern der Kirche in allen Gruppen schwer fällt, in diesen Wochen aufwühlender politischer Wahlkämpfe sich auch noch für eine Kirchenwahl innerlich und äußerlich vorzubereiten. Zumal, wo uns jetzt noch eine Wahl zum Reichstag beschert wird. Es wäre mir heute viel leichter gefallen und näher gelegen, einige Sätze unter der Überschrift: 'Über den Unsinn der Kirchenwahlen' zu schreiben. Denn muß es nicht als Unsinn erscheinen, in einem Augenblick höchster Verwirrung der Geister eine Wahl und damit unvermeidlich einen Kampf innerhalb der Kirche und der Kirchenglieder hervorzurufen, in dem die Kirche vielleicht noch der einzige Ort ist und mindestens der Ort sein sollte, in dem die Menschen einmal nichts mehr von Parteien und gegenseitiger Bekämpfung und Uneinigkeit hören? ...

Und nun ein Wort zu den verschiedenen Gruppen und eine Begründung unserer Stellungnahme zu ihnen. Ich beginne mit dem *Bund der religiösen Sozialisten*. Es ist und war das Anliegen der in diesem Bund vereinigten evangelischen Christen, die Kirche und die evangelischen Gemeindeglieder daran zu erinnern, daß die Kraft des christlichen Geistes in allen Gebieten des Lebens lebendig werden müsse, daß die Kirche den wirtschaftlichen, politischen und sozialen Problemen gegenüber nicht neutral bleiben dürfe und daß ihr besonderes Bemühen sein müßte, den unter der Ungerechtigkeit der Welt und Menschen besonders leidenden und bedrückten Klassen zu helfen. Die religiösen Sozialisten in Baden haben eine schwere innere Erschütterung dadurch erlebt, daß ihr langjähriger Führer Eckert bei diesem Kampfe die innere Verbindung mit dem eigentlichen Mittelpunkt des Evangeliums verloren und im wahren Sinn des Wortes sich verrannt hat und von dem Rhythmus der Masse, der er zu dienen versuchte, verschlungen wurde. Das Schicksal ihres Führers sollte den religiösen Sozialisten zu einer ernsten Mahnung werden. In der Tat hat die Besinnung in ihrem Kreise auch eingesetzt. Aber die schwierige Lage unserer Brüder, die sich bemühten und bemühen, die durch schwere Schuld herbeigeführte Trennung zwischen Kirche und Proletariat aufzuheben, sollte uns nicht dazu verführen, jetzt hochmütig und allzu siegessicher von oben herunter diese ganze Richtung und Arbeit zu erledigen (ich denke an die Tonart verschiedener positiver Redner bei den letzten Synodalverhandlungen). Wir wollen nicht vergessen, daß alle in der Kirche durch diese Bewegung und ernste Arbeit auf jener Seite mancherlei gelernt haben und heilsam beunruhigt wurden oder beunruhigt werden sollten, und daß uns unser Verantwortungsbewußtsein und Blick für die Aufgabe der Kirche gegenüber dem wirtschaftlichen und sozialen Leben geschärft wurde. Unsere Kirche hat auch diese Bewegung notwendig gebraucht. Aber trotz allem bleibt unser *Nein* dieser Gruppe gegenüber bestehen: denn wir hielten und halten die Forderung für falsch, die Kirche solle sich auf irgendein in seinen Ergebnissen höchst fragwürdiges Wirtschaftssystem festlegen und für die Parole einer politischen Partei und einer Klasse einsetzen. Wir müssen ganz klar sehen, daß die Aufgabe der Kirche wichtiger, tiefer und weiter ist. Sie hat das Allheilmittel allen Menschen anzubieten: Jesus Christus und sein Evangelium: mit der Bitte, Gott möchte seinen heiligen Geist zu wahrer Liebe und zu guten segensvollen sozialen Gedanken geben. *Wie im einzelnen* aus dem Geiste und aus der Gesinnung Christi für die unter der Ungerechtigkeit leidenen Menschen und Klassen durch eine andere Wirtschaftsform gesorgt werden kann, kann nicht dogmatisch festgelegt werden. Darum darf man von der Kirche und von den Christen nicht verlangen, daß sie Sozialisten werden müssen.

Was sagen wir zu der *Vereinigung der evangelischen Nationalsozialisten in Baden?* Verstehen wir die nationalsozialistische Bewegung recht, so geht es ihr darum, in einer Zeit schwerster Bedrohung unserer nationalen Selbständigkeit und nationalen Eigenlebens den Wert der Nation und des Volkstums wieder neu zum Bewußtsein zu bringen. Es wird hier richtig gesehen, daß nach göttlicher Schöpferordnung ein Volk in seiner ganz bestimmten Eigentümlichkeit, also auch das deutsche Volk, seine besondere Aufgabe und seine Lebensberechtigung hat. Und es wird von der Kirche erwartet, daß sie mit ihren Kräften dem eigenen Volk zu dienen habe. Auch in dieser Bewegung kommen mancherlei vergessene Wahrheitsmomente zur Geltung und wird die Kirche daran erinnert, daß sie im eigenen Volk verwurzelt sein müsse. Aber auch dieser Bewegung gegenüber gilt unser Nein, soweit sie sich mit ihren Gedanken der Kirche bemächtigen und die Kirche ihrem Wollen dienstbar machen will. Unsere Kirche muß auch dieser Bewegung unabhängig gegenüberstehen. Denn sie dient ihrem eigenen Volk am besten, wenn sie rein und unverfälscht die im ewigen Evangelium anvertraute ewige, für alle Völker gültige Wahrheit verkündet, wenn sie gerade auch dieser Bewegung gegenüber, gegen alle Vergötzungen von Menschen und Parteidogmen *entschieden Stellung* nimmt und wenn sie klar und deutlich darauf hinweist, daß das wahre Heil eines Volkes nicht in seiner Natur, nicht in äußerer politischer Macht und Herrschaft, sondern allein in dem Gehorsam gegen Gottes Wort begründet ist. Die Kirche darf und kann sich auch nicht von dieser politischen Bewegung ihr Handeln vorschreiben lassen. Beiden Bewegungen also, die von rechts und links sich der Kirche zu bemächtigen suchen, kann die Kirche nur dienen, wenn sie ihre von Gott gegebene Aufgabe erfüllt, sie unter die Kritik der göttlichen Wahrheit stellt, und wenn sie nicht zuletzt dadurch mithilft, von dem weit verbreiteten Wahn zu befreien, als könne überhaupt aus der Politik, mit menschlichen Mitteln, jemals das Heil kommen. 'Fleisch und Blut können das Reich Gottes nicht ererben.'

Es wäre viel gewonnen, wenn in den offiziellen Verlautbarungen der *kirchlich-positiven Gruppe,* zu der wir uns jetzt wenden, endlich einmal der Vorwurf gegen die Liberalen verschwinden wollte, als ginge es uns nicht entscheidend um die Behauptung der Kirche und ihrer besonderen Aufgabe, als strebten wir darnach, die Kirche zu einem 'Sprechsaal oder Zweckverband religiöser Meinungen' herabsinken zu lassen und als wüßten wir nichts von dem eigentlich tragenden, allein gültigen Grund unserer evangelischen Kirche. (Derartige Kennzeichnungen des 'Liberalismus' lesen wir wieder in den 'kirchlich-positiven Blättern' und 'Monatsblättern' vom 5. Juni d.J. in deutlichem Hinweis auf die kommenden Wahlen.) Wir verstehen das Anliegen der positiven Vereinigung: Es ist ihr darum zu tun, daß die Grundlagen unserer Kirche und ihre eigentliche besondere Aufgabe, die durch die Jahrhunderte hindurch eigentlich immer die gleiche war, klar erkannt und erfüllt werde. Aber sind wir denn wirklich uneinig über die Grundlage unserer Kirche? Zweifeln wir den Satz an: 'Einen anderen Grund kann niemand legen, außer dem, der gelegt ist, welcher ist Jesus Christus'? Wollen die 'Liberalen' in der Kirche etwas anderes, als daß man 'die lebendige Stimme des Evangeliums hört' und daß Menschen von der Geisteskraft, die in Jesus Christus lebendig geworden ist, erfaßt werden? Ging es ihnen nicht darum, daß der *Kern* der verschiedenen Bekenntnisse und Dogmen, nämlich der Hinweis auf Jesus Christus, so wie er durch die Bibel uns nahegebracht wird, erkannt werden kann? Es kann wirklich bald nur noch als Ausfluß eines Wahlpropagandabedürfnisses angesehen werden, wenn bei der Wahlagitation mehr oder weniger verklausuliert die Behauptung aufgestellt wird, daß die 'Liberalen' von dem einen wahren Grund der Kirche nichts wüßten oder nichts wissen wollten. Diese Behauptung wirkt um so grotesker, als der jetzt verantwortliche Schriftleiter der 'Pos. Blätter', Herr Pfarrer Kobe aus Knielingen, in seinem Artikel 'Klare Fronten' ausdrücklich betont, daß es ihnen, den Positiven, ja auch wesentlich auf den unveränderlichen *Kern* des evangelischen Bekenntnisses ankomme, nämlich auf die biblische Wahrheit der Gottesoffenbarung der Erlösung, die in Jesus Christus geschehen ist. Das ist es doch eben, was die angeblich 'uferlos rein subjektivistisch' eingestellten Liberalen ja auch immer wieder betont haben. Und wir wollen froh sein, daß wir nach langen Kämpfen zwischen den Positiven und Liberalen weithin in beiden Lagern so weit sind, anzuerkennen, daß es nicht die Ausdrucksform ist, auf die es ankommt, sondern die dahinter stehende Sache. Alle Bekenntnisse – es gibt neben dem Apostolikum ja noch viele andere, – sind Versuche, das aus dem lebendigen Eindruck von Jesus und der Bibel gehörte Gotteswort auszusprechen. Also das in der Bibel und in

Jesus Christus lebendige, dem Gewissen sich bezeugende Gotteswort ist die Position, auf die wir, 'Positive' und 'Liberale', uns mit Gottes Hilfe stellen wollen! Aber nicht 'Gottes Wort auf der Basis des Bekenntnisses', wie Pfarrer Kobe in dem angeführten Aufsatz zwischendurch auf einmal wieder in innerem Widerspruch zu seinen sonstigen Ausführungen theologisch und logisch absolut unrichtig sagt. Das Gotteswort ist das Primäre. Aus dem gehörten Gotteswort wachsen die Bekenntnisse!
Es ist unser herzlicher Wunsch, daß wir endlich einmal aufhören wollten, uns gegenseitig absprechen oder nachweisen zu wollen, daß wir auf der rechten Position stehen. Nur mit einem großen inneren Unbehagen habe ich diese Sätze geschrieben, die einen Nachweis zu bringen versuchten, daß zwischen den Positiven und Liberalen in Bezug auf die Grundposition des Glaubens kein wesentlicher Unterschied festgestellt werden muß. Denn die Behauptung: 'wir sind positiv', 'wir stehen auf dem Boden der Schrift und der recht verstandenen Bekenntnisse', sollte uns doch immer wieder daran erinnern, daß auf dem Boden der Bibel und des Gotteswortes zu stehen keine Sache theoretischer Entscheidung ist, sondern eine höchst praktisch-ernste Angelegenheit. Wer steht denn in seinem Leben *praktisch* wirklich auf dem Boden des Gotteswortes? Wir sagen schon sehr viel, wenn wir gerade in Bezug auf die Frage, wie weit wir positiv sind, das Lutherwort uns zu eigen machen: 'Unser Leben ist nicht eine Gesundheit, sondern ein Gesundwerden, nicht ein Wesen, sondern ein Werden, nicht eine Ruhe, sondern eine Übung, wir sind es noch nicht, wir werden es aber.' Wir können nur *mehr* darum kämpfen und beten, daß wir positiv im evangelischen Sinn werden und ein zeugniskräftiges Bekenntnis durch unser Wort und Leben geben können. Darum wäre es eine Tat der Ehrlichkeit sowohl wie der Liebe, wenn unsere Brüder auf der Rechten das Wort 'positiv' endlich einmal aus der kirchenpolitischen Debatte verschwinden lassen wollten, damit sie sich auch nicht immer aus einer fast inneren Notwendigkeit darum bemühen müssen, den anderen zu zeigen, daß sie eher als 'negativ' anzusehen sind.
Nachdem ich den Gegensatz zwischen der positiven und liberalen Gruppe – wir wollen das Wort Partei möglichst meiden – nicht da sehen kann, wo ihn Herr Pfarrer Kobe und der Verfasser des Wahlaufrufs in den positiven Monatsblättern immer noch glaubt feststellen zu müssen, versuche ich noch in einigen Sätzen die Dinge anzudeuten, die *uns* für die Erhaltung und den Bau unserer Kirche besonders am Herzen liegen, so weit sie nicht schon bisher berührt wurden. Es soll unser Kennzeichen eine gewisse *Weitherzigkeit* bleiben, die aus dem Glauben an Gottes Regierung geboren ist. Wir halten es bei aller sachlichen Meinungsverschiedenheit anderen Gruppen gegenüber für grundfalsch und dem

Geist des Evangeliums widersprechend, diese mit irgendwelchen Gewaltmitteln zu bekämpfen. Wir wollen immer darauf achten, wie Gottes Stimme und Forderung auch in Bewegungen lebendig wird, die nicht gleich kirchliches Gepräge tragen. Wir wollen, daß die *Türen der Kirche* zur Welt und zu den Menschen *weitgeöffnet* werden, und sehen die Gefahr auftauchen, daß die Kirche in ihrem Kampf um ihre Erhaltung in die Gefahr gerät, sich sektenhaft zu verengen und ihre Hoffnung auf alle möglichen Machtmittel irdischer und menschlicher Art zu setzen, oft noch in heimlichem Neid gegen die katholische Kirche und ihre Machtentfaltung. Wir wollen, daß die Pfarrer, die den Gemeinden dienen und das Wort Gottes in dieser Welt und inmitten des Kampfes der Geister zu verkünden haben, eine gründliche theologische und Allgemeinbildung haben, und glauben, daß die Ausbildung an den staatlichen Universitäten dafür bis heute noch die beste Bildungsstätte ist und daß unvoreingenommene gründliche wissenschaftliche Arbeit, wie sie das Kennzeichen deutscher Universitätsbildung ist, die beste Hilfe für die Ausbildung der Evangelischen ist, die sich von Gott berufen glauben, sein Wort öffentlich zu verkündigen. Wir haben starke Bedenken gegen die Meinung, als wäre durch die Einführung des Landesbischofsamtes die Einheit und die klare Führung der Kirche besser gewahrt. Es wäre wohl notwendig, daß das Amt des Prälaten, der ja der erste Geistliche des Landes sein soll, stärker in den Vordergrund treten könnte. Aber entscheidend für das Leben der Kirche ist und bleibt die Arbeit in der Einzelgemeinde. Wer das Wesen und das Leben der Kirche wirklich kennen und feststellen will, fragt nicht in erster Linie nach guten Kundgebungen und Ordnungen von einer leitenden Stelle aus, sondern schaut danach, wie das Leben in den einzelnen Gemeinden pulsiert. *Die einzelne Gemeinde ist die Urzelle der Kirche*, die Landeskirche ist eigentlich nichts anderes, als die Zusammenfassung der in einem bestimmten Land liegenden einzelnen Gemeinden, in denen in evangelischer Weise das Wort Gottes verkündigt und nach dem Wort gelebt wird. Darum werden wir unsere ganze Aufmerksamkeit darauf richten und dafür kämpfen, daß durch die Kirchenverfassung den Lebensbedürfnissen, vor allem auch der inneren Einheit und dem Zusammenhalt der einzelnen Gemeinde Rechnung getragen wird. Wir wollen darum uns bemühen, daß das kirchliche Parteiwesen das Leben einer Gemeinde nicht zerstört und ausschlaggebend bestimmt und daß die Zugehörigkeit zu den örtlichen Vertretungen nicht, wie in den letzten Jahren, wesentlich oder gar nur vom Parteigesichtspunkt aus geregelt wird. Menschen, die lebendiges Interesse an dem Leben der Gemeinde zeigen, die innerlich und äußerlich mitarbeiten und mithelfen am Bestehen der Gemeinde und an der Verkündigung und Wirksamkeit der göttlichen Wahrheit, sind in erster Linie berufen, über das Wohl der Gemeinde und der Landes-

kirche zu bestimmen. Darum werden wir uns für eine gründliche Änderung der gegenwärtig geltenden Kirchenverfassung einsetzen.
Unsere Kirche braucht die Mitarbeit aller ernsten Gemeindeglieder, braucht eine gute Führung, die nicht unter der Frage nach der Parteizugehörigkeit, sondern unter der Frage nach der Eignung die ihr zur Verfügung stehenden amtlichen Arbeiter einsetzt; sie braucht *in diesem Augenblick* Menschen, die sich ernst besinnen, wie unsere Kirche heute am besten ihre Aufgabe erfüllen kann und die unvoreingenommen die Männer prüfen, die in der Landessynode wichtige Ratschläge und entscheidende Beschlüsse zum Wohl der Gesamtgemeinde und der einzelnen Gemeinde fassen sollen. So bitten wir am Ende: denkt nach, wäget und prüfet, damit jeder am 10. Juli seiner Kirche den Dienst tun kann in der Erfüllung seiner *Wahlpflicht* und zur Urne geht, nach ernster Vorbereitung in innerer Bereitschaft:
Zur Wahl bereit!"

114 N.N.: „Zu den Landeskirchlichen Wahlen"
SdtschBl. Nr. 6, Juni 1932, S. 50f.

„Durch den Evangelischen Preßverband geht folgender Bericht über die positive Mitgliederversammlung:
In der evangelischen Landeskirche sollen am 10. Juli d.J. die Abgeordneten der Landessynode, der kirchlichen Volksvertretung, gewählt werden. Die Abgeordneten der bisherigen Landessynode gehörten vier Gruppen an: den 'Positiven (32 Sitze), den 'Liberalen' (20 Sitze), den 'Religiösen Sozialisten' (8 Sitze), der 'Landeskirchlichen Vereinigung' (3 Sitze). Für die Neuwahl will die letztere keine Kandidaten mehr aufstellen, dafür wollen die 'Evangelischen *Nationalsozialisten*' eine *eigene Liste* bringen.
Die Kirchlich-Positive Vereinigung – die kirchliche Rechte – hat sich in ihrem Vorstand und in ihrem Landesausschuß mit der *neuen kirchenpolitischen Lage* befaßt, die das Auftreten einer nationalsozialisten Gruppe geschaffen hat. Darnach hat die auf den 25. Mai in Karlsruhe zusammengetretene Mitgliederversammlung der Positiven, die aus allen Teilen des Landes ganz außerordentlich stark besucht war, folgender Kundgebung einhellig zugestimmt:
Die Kirchlich-Positiven bedauern die Aufstellung einer nationalsozialistischen, d.h. einer staatspolitisch gebundenen Liste. Sie sehen in ihr einen dem Wesen der Kirche grundsätzlich artfremden Einbruch der weltlichen Parteipolitik in die Kirche. Die Kirche ist evangelisch-christliche Glaubensgemeinschaft. Sie steht als solche auf einer anderen und höheren Ebene als die staatliche Politik und ihre Parteien. Die Kirchlich-Positiven sind deshalb *Gegner jeder Politisierung der Kirche* und

haben den kirchlich richtigen und kirchlich unaufgebbaren *Grundsatz der Überparteilichkeit* von jeher vertreten und bei sich selbst durchgeführt. Sie haben deshalb auch den vom religiösen Sozialismus erstmals vollzogenen Einbruch weltlich-politischer Bindung in den kirchlichen Lebensbereich bedauert und den 'Marxismus' in der Kirche entschlossen bekämpft. Daß sie von den übrigen kirchlichen Gruppen dabei bisher im Stich gelassen wurden und gezwungen waren, diesen Kampf allein zu führen, haben sie ernstlich beklagt.
Die Kirchlich-Positiven gedenken, ihren Grundsatz der Überparteilichkeit gegenüber der staatlichen Politik auch künftig festzuhalten. Sie werden ihre Reihen *allen Kräften offen halten, die – unabhängig von staatspolitischen Bindungen und unbeschadet ihrer persönlichen politischen Überzeugung – in der Kirche 'für die Volkskirche auf der Grundlage des biblisch-reformatorischen Bekenntnisses' wirken wollen.*
Die Kirchlich-Positiven werden auch fernerhin sich dafür einsetzen, daß die Landeskirche 'Kirche' werde und bleibe, und daß sie nicht entarte in einen *Zweckverband* für Befriedigung der verschiedensten religiösen Bedürfnisse oder in einen *Sprechsaal* willkürlicher religiöser Anschauung. In dieser verworrenen Zeit geht es mehr denn je um die Festhaltung der geoffenbarten christlichen Wahrheit und um die Auswirkung des bewußt evangelischen Bekenntnisses im öffentlichen Leben. Die Kirchlich-Positiven wollen eine auf der ewigen Grundlage festgefügte Kirche – ganz gottgebunden und christusgläubig, weltoffen und tatbereit – aber nicht erniedrigt zur Dienerin irdischer und zeitgebundener Interessen oder staatspolitischer Programme über Gesellschaftsordnung, Wirtschaftssysteme oder dgl. mehr. Sie erstreben die Heraushebung der Kirchenleitung aus dem kirchlichen 'Parlamentarismus' und die Stärkung der Kirchenführung.
Die Kirchlich-Positiven halten die Front gegen *kirchlichen 'Liberalismus' und erheben in ihrem Gewissen gebunden mahnend und warnend ihre Stimme gegen jegliche Politisierung der Landeskirche.*
Wer ein Ohr hat für diese Stimme, der trete ein in die kirchlich-positive Front, *treu der alten Fahne, des biblisch und reformatorisch verstandenen 'positiven Christentums'.*
Zu diesen Sätzen der 'Kirchlich-Positiven Vereinigung' möchten wir einiges hinzufügen:
Die Kundgebung beginnt mit den Worten: 'Die Kirchlich-Positive Vereinigung – *die kirchliche Rechte...*' Sie vergißt ihren Lesern mitzuteilen, daß die neue Partei, soviel bis jetzt bekannt wird, sich nennt: '*Kirchliche Vereinigung für positives Christentum und deutsches Volkstum (evangelische Nationalsozialisten Badens).*'
Also sie erhebt auch den Anspruch, die kirchliche Rechte mitzuvertreten. Vielleicht wird gerade darum die Aufstellung der neuen Liste

besonders bedauert; denn vorher sagte einem ja jeder zweite positive Pfarrer in Baden: Die Nationalsozialisten sind auch für '*positives*' Christentum, also wählen sie mit uns. Von einem 'artfremden' Einbruch in die Kirche war da nicht die Rede. Wenn man nun so tut, als ob man von Anfang an diese neue Richtung abgelehnt hätte und sich andererseits ihr sofort als unentwegten Kämpfer gegen den 'Marxismus' empfiehlt, so verzeihe man uns unser Mißtrauen gegenüber dieser Erklärung. Wenn sich heute eine neue, staatspolitisch gebundene Gruppe in der Kirche zeigt, so scheint uns das nur das folgerichtige Ergebnis der seitherigen kirchlich-positiven Parteiherrschaft zu sein und des von der positiven Mehrheit mit einer ganz besonderen Schärfe betriebenen 'Parlamentarismus' in der Kirche. – Es ist ein besonderes Beispiel dieser kirchenpolitischen Kunst, daß man nun, offenbar auch unter dem Eindruck der Programmsätze der neuen Gruppe, zu sagen wagt: '*Wir erstreben die Heraushebung der Kirchenleitung aus dem 'kirchlichen Parlamentarismus' und die Stärkung der Kirchenführung.*' Das sagt diejenige kirchliche Partei, die in langen Synodalkommissionssitzungen durchsetzte, daß sowohl der Kirchenpräsident als der Prälat mit *einfacher* Stimmenmehrheit gewählt wird, und *beide* Stellen sofort für sich verlangte, die jeder Abänderung des Wahlrechts seither widerstrebte, die jede, aber auch jede Frage nach dem Götzen der parlamentarischen Zahl beurteilte und löste – solange sie die absolute Mehrheit hatte.

Noch ein Wort zu dem Satz, daß die 'Kirchlich-Positiven den 'Marxismus' in der Kirche entschlossen bekämpft' hätten. 'Daß sie von den übrigen Gruppen dabei bisher im Stich gelassen wurden und gezwungen waren, diesen Kampf allein zu führen, haben sie ernstlich beklagt.' Diese Betonung des Verlassenseins im Kampf gegen den religiösen Sozialismus, die sich in letzter Zeit, besonders in allen Verlautbarungen des positiven Führers, stereotyp wiederholt, macht sich in der Öffentlichkeit besonders gut. Daß man daneben auch 'die Front gegen *kirchlichen Liberalismus*' hält, hört sich im Wahlaufruf einer kirchlichen Partei geradezu schneidig an. Man findet ja als alter Frontsoldat diese strategischen Ausdrücke, gebraucht, wenn keine Kugeln, sondern nur noch 'Schlagworte' fliegen, nicht ganz geschmackvoll. Aber um im Bilde zu bleiben: Wie können wir denn aus unserer Stellung heraus und mit klingendem Spiel gegen die Religiösen Sozialisten stürmen, solang ein so schneidiger Gegner, wie die positive Gruppe, wider uns zu Feld liegt? Oder – mit einfacheren Worten: Wir überließen den Kampf gegen den religiösen Sozialismus, so wie ihn die positive Gruppe beliebte, durchaus ihr allein, weil uns die Art, wie der Redakteur der positiven Blätter und seine Freunde ihn führten, nicht zusagte. Es können nach unserer Meinung auch staatspolitische kirchliche Gruppen nur mit den Waffen des Geistes überwunden werden und nicht in der Weise, wie es im Kampf der positiven Richtung gegen Eckert und seine Freunde bisher geschah. Es scheint uns, daß genau so die Landeskirchliche Vereinigung empfand.

Zu unserer Stellung, wie sie auf der Landesversammlung am 26. Mai 1932 klar zum Ausdruck kam, nur ein paar Sätze:

1. Wir Kirchlich-Liberalen stehen ohne jede Einschränkung auf dem *Boden des Evangeliums* als der einzigen Grundlage evangelischen Glaubenslebens.
2. Wir fordern Ehrfurcht vor den reformatorischen *Bekenntnissen der Väter;* aber wir wollen die Erhaltung unserer badischen Landeskirche in ihrer geschichtlich gewordenen Form. Jedes Abgeben von dem in der *Unionsurkunde festgesetzten Bekenntnisstand* wird in uns entschlossene Gegner finden.
3. Wir sprechen der *positiven Richtung* in der Kirche *durchaus nicht die Berechtigung ab,* aber wir lehnen die seither geübte und mit allen Mitteln des *Parlamentarismus* angestrebte und ausgeübte *Parteiherrschaft* des seitherigen kirchlich-positiven Parteisystems ab.
4. Wir haben den *religiösen Sozialismus* darum abgelehnt, weil er das ideale Ziel, nämlich die religiöse und kirchliche Wiedergewinnung des Arbeiterstandes, durch die Verbindung mit dem politischen Marxismus zu erreichen suchte.
5. *Wir bedauern* auch die Aufstellung einer *neuen Liste, die staatspolitisch gebunden ist,* und *lehnen,* wie wir das immer taten, die *Vermischung von Religion und Politik ab.* Aber wir sehen den Grund für die Entstehung der politisch gefärbten Parteien auf dem Boden der Kirche in dem *Vorhandensein des tatsächlichen Parlamentarismus* in der badischen Landeskirche, zu dessen Beseitigung die positive Partei, trotz ihrer absoluten Stimmenmehrheit in der Synode, nie einen Schritt unternahm.
6. Wir halten für die *Urzelle kirchlichen Lebens* die evangelische *Gemeinde,* die in Wortverkündigung, Liebestat und heimatverwurzelter Sicht allein *in der Lage ist, unserem armen Volk in seiner Not den Dienst zu erweisen, den es von der Volkskirche erwarten kann;* darum wollen wir *die Rechte der Gemeinde gewahrt wissen* und wünschen keine Verstärkung des kirchlichen Konsistoriums."

115 Pfr. Steidle: „Unsere [KLV] Landesversammlung 1932", 26. Mai 1932

SdtschBl. Nr. 7, Juni 1932, S. 61f.

„In der Landesversammlung selbst hielt Pfarrer *Spies* sein ganz hervorragendes Referat über 'Die Lage unserer Kirche und die bevorstehenden Wahlen'. Der Grundgedanke seiner Ausführung war die Betonung der

Gemeinde als wichtigste Aufgabe unserer Kirche, ihre Stärkung und Achtung in ihrer Eigenart und ihren Interessen als oberster Grundsatz aller kirchlichen Organisation. Man könnte die Darlegungen des Redners in die kurze Fassung bringen: Sinn der Kirche muß es sein, daß sie der Gemeinde dient, nicht daß die Gemeinde Objekt kirchenbehördlicher (meist kirchenpolitischer) Maßnahmen wird, wie das immer mehr der Fall wurde. Auch die Bildung einer neuen kirchenpolitischen Gruppe wurde in dem Referat besprochen, die 'Kirchliche Vereinigung für positives Christentum und deutsches Volkstum (Evang. Nationalsozialisten Badens)'. Die Bildung dieser Gruppe kann nur bedauert werden, da sie eine weitere Verpolitisierung unserer Kirche bedeutet, die selbst äußerst politisch eingestellte Gemeindeglieder *nicht* wollen. Bei aller guten Absicht der neuen Gruppe kann sie erheblich verwirrend wirken, jedenfalls haben wir eine nicht geringe Zahl von Mitgliedern der NSDAP in unserer Vereinigung und viele solche, die der Bewegung nahestehen, die aber die Bildung der neuen Gruppe nicht billigen und sie auch nicht unterstützen. Den Kampf gegen den Parlamentarismus in der Kirche, wie ihn die neue Gruppe will, führt ja nun unsere zur kirchlichen Mitte gewordene liberale Vereinigung. ...Und wenn wir Wahlen erleben müssen, dann werden wir in guter Zuversicht unsere Pflicht tun."

116 N.N.: „Was wollen wir Kirchlich-Liberalen?"
SdtschBl. Nr. 8, Juli 1932, S. 65f.

„I. Wir Kirchlich-Liberalen stehen mit allen lebendigen Gliedern unserer Kirche auf dem *Grund des schlichten Evangeliums von der Gotteskindschaft* und sehen in *Jesus Christus unseren Herrn und Erlöser.*
Wir sind davon überzeugt, daß in der *Bibel* allein die Kräfte lebendig sind, die unserer kranken Zeit zu helfen vermögen.
In den *Bekenntnissen* ehren und bewahren wir die Glaubenszeugnisse der Väter als Wegweiser für Gegenwart und Zukunft.
Wir stehen dankbar in der *Freiheit,* zu der uns Christus befreit hat. Wir lehnen daher jeden *unevangelischen Gewissenzwang,* aber auch *jede Willkür* des Einzelnen ab.
II. Unsere Kirche soll *Volkskirche* sein und bleiben, in der *Alle* Heimatrecht haben, die sich zum evangelischen Glauben bekennen.
Die Urzelle der Kirche ist *die im Evangelium gewurzelte Gemeinde.* Sie soll in *weltoffenem* und *tatbereitem* Verständnis für alle Fragen und Nöte der Zeit *dem deutschen Volkstum* dienen. Das ist nur möglich, wenn alle Gemeindeglieder als *gleichberechtigte Mitarbeiter* anerkannt werden.
Den *Mühseligen und Beladenen* nach Möglichkeit zu helfen, ist allezeit heilige Pflicht der Gemeinde.

Wir wollen mit allen kirchlichen Richtungen *friedlich* zusammenarbeiten.
Wir lehnen die Parteiherrschaft *einer* Richtung ab.
Wir bekämpfen das Hereintragen *politischer* Maßstäbe und Methoden in das kirchliche Leben.
Wir sind gegen jeden *ungesunden Parlamentarismus* in der Kirche und fordern ein *Wahlverfahren* für die Landessynode, das sich auf der *Gemeinde* aufbaut.
Wir wollen die *Pfarrwahl* als Recht der Gemeinde erhalten wissen.
Wir lehnen alle *katholisierenden* (sog. hochkirchlichen) *Bestrebungen* in Gottesdienst und Verfassung ab.
Wir wollen keinen '*evangelischen Bischof*'.
Wir treten für die Erhaltung der bewährten *badischen Simultanschule* ein.
Wir fordern die Erhaltung der theologischen Fakultäten an den Universitäten und die Unabhängigkeit der theologischen Wissenschaft.
Wir sind in dieser Zeit höchster wirtschaftlicher Not *gegen jede weitere steuerliche Belastung* des Kirchenvolkes, bevor nicht die allerletzte *Sparmöglichkeit* erschöpft ist.
III. Wir hätten unseren Gemeinden die Beunruhigung dieses Wahlkampfs *gern erspart*, weil wir Evangelische *heute alle Kräfte zusammenfassen* sollten. Die Mehrheit der Synode hat alle dahingehenden Anträge schroff zurückgewiesen. Die Gruppen, die unbedingt *jetzt* die Wahl wollten, rechnen vielleicht mit Euerer *Wahlmüdigkeit!*
Evangelische Männer und Frauen!!
Gebt darauf am 10. Juli die Antwort!
Zeigt, daß Ihr die Schicksalsstunde Euerer Kirche versteht!
Wählt Alle die Liste der Kirchlich-Liberalen Vereinigung Badens!
Sie tritt ein für *glaubensstarke, brüderliche Weitherzigkeit!*
Sie ist der Hort *wahrer Evangelischer Freiheit!*
Sie tritt ein für das *Recht der Gemeinden* und den *Frieden der Landeskirche!*
Darum stärkt ihre Reihen und tut am Wahltag Euere Pflicht!"

117 Pfr. P. Jaeger: „Evangelische Kirchenwahlen"

SdtschBl. Nr. 8, Juli 1932, S. 67f.

„Nachdem der Versuch, dem evangelischen Kirchenvolke unseres Landes in dieser aufgeregten Zeit die Erregung kirchlicher Wahlen zu ersparen, an dem Widerspruche der einflußreichsten Gruppe in der Landessynode gescheitert ist, müssen diese Wahlen nun der Verfassung

gemäß stattfinden. Es kommt denen, die in dieser Sache unterlegen sind, und allen, die sonst guten Willens sind, nunmehr darauf an, daß wenigstens die Wahlen so durchgeführt werden, daß dadurch das Gemeindeleben nicht wieder auf Jahre hinaus erschüttert werde, wie vor 6 Jahren. Die Wunden von damals sind z.T. noch heute nicht verheilt. Daher kam ja der Wunsch, die Wahlen zu verschieben.
Wir 'Freunde evangelischer Freiheit', die wir uns in dankbarer Erinnerung an die Männer, die uns einst die herrliche evangelische Unbefangenheit des Denkens in der Kirche erkämpft haben, in der Öffentlichkeit noch einmal unter das alte Wort 'kirchlich-liberal' stellen, obgleich wir wissen, daß es dem Mißverständnis wehrlos preisgegeben ist, – wir 'Freunde evangelischer Freiheit' bekennen offen, daß wir die lebendige Spannung zwischen konservativen und vorwärtsdrängenden Elementen in der Kirche für notwendig und fruchtbar halten. Wir wissen, daß alle lebendige Bewegung in Natur und Geisteswelt, also auch in Christenheit und Kirche sich in *Polarität* vollzieht. Rechts und links *muß* sein; mit zwei rechten Händen könnten wir ebenso wenig schaffen wie mit zwei linken Händen. Und wir können nicht bloß rote oder bloß weiße Blutkörperchen in unseren Adern haben. Sie sind beide in ihrer Spannung notwendig. Um es ganz deutlich zu sagen: ich möchte nicht in einer Kirche leben, die aus lauter Liberalen besteht, und ebenso wenig in einer, die nur aus Konservativen besteht. Die vornehmste Forderung ist: ehrliche Klarheit. 'Ein jeglicher sei seiner Meinung gewiß' – ob er nun in der Kirche 'rechts' oder 'links' steht.
Denn vom christlichen Standort aus gesehen ruht die Stellung hüben und drüben irgendwie auf *Führung*. Der Verfasser dieser Zeilen, aus stark konservativem Elternhause hervorgegangen, weiß sich in ungebrochener Dankbarkeit und Pietät hingeführt zu der Freude evangelischer *Unbefangenheit* gegenüber dem unerschöpflichen Reichtum der christlichen Überlieferung, ihren Bekenntnissen und Zeugnissen. Diese Unbefangenheit, im Unterschied vom Lehrzwang, ist mit dem Worte 'liberal' gemeint. Andere sind anders geführt. Aber mir würde es unmöglich sein, auf die Kanzel, in die Volksschulen, in die Oberklassen der Mittelschulen, vor all die buntzusammengesetzten Vortragsauditorien zu treten, unter dem Verdacht: 'Das sagt er jetzt, weil es ihm so *vorgeschrieben* ist!' Das Wort des größten Apostels: 'Christus ist des Gesetzes Ende!' bedeutet das Ende auch jedes *Lehr*gesetzes: 'so und so *mußt* du denken!' Christus bedeutet das Ende solchen *Müssens* und den Anfang des herrlichen *Dürfens* in der Freiheit der Kinder Gottes, die aus der tiefsten Gebundenheit kommt: *aus der Unmöglichkeit, diese grausige Wirklichkeit zu ertragen ohne Jesus Christus.*
An Jesus Christus glauben, heißt für uns, in ihm die einzige Rettung sehen. In ihm selbst, – nicht in einer *Lehre* über ihn.

Was die 'Kirchlich-Liberalen', die *Freunde evangelischer Freiheit*, wollen, sagt uns in unsere erregte Zeit hinein am besten ein dem Streit Entrückter: der Mann, der sich gerade jetzt vor zwei Jahren zum Heimgang rüsten mußte, der große Freiburger Augenarzt, Geheimrat *Theodor Axenfeld*. In einem Brief vom 28. Mai 1930 sagt er: '... Die Not unserer Tage, der Kampf nach zwei Seiten, erfordern gebieterisch den Zusammenschluß all derer, die sich zu Christus bekennen. Dieser Erkenntnis entspringt die alle Länder der Erde durchziehende Bewegung, das Trennende der evangelischen Gruppen zurückzustellen, wie ja im Lauf der Zeit so manche Gegensätze zurückgetreten sind. Ich komme soeben von einer wissenschaftlichen Vortragsreise aus Japan zurück, habe aber dort auch erhebende Eindrücke gewonnen in christlich-japanischen Kreisen von der schlichten Frömmigkeit und Bekenntnistreue, nicht zu einer bestimmten geschichtlichen Formulierung, sondern zu Christus. *Das* war das Wesentliche, und wenn um diesen Mittelpunkt sich die verschiedenen Richtungen unserer Kirche scharen, so ist sie reich an Kräften aller Art. Das wünschen wir von Herzen, wir wollen in ihr mitarbeiten an der gemeinsamen großen Aufgabe und würden es auf das tiefste beklagen, wenn uns das unmöglich gemacht würde.'

Diese Worte des unvergeßlichen Mannes sind unter dem Ernst der Ewigkeit geschrieben. Axenfeld wußte, daß er schwer krank war. Neun Wochen später ist er heimgerufen worden. Die Schwester, die in einer der letzten Nächte bei ihm wachte, erzählte, daß er, der sonst so zurückhaltende Mann, in einer Stunde der Erleichterung zu ihr von seinem Herrn Christus in einem herrlich strömenden Bekenntnis gesprochen habe. Das war die stille Bestätigung, daß er das, was er in seinem Briefe gesagt hatte, von ganzem Herzen *meinte*.

Wir Freunde evangelischer Freiheit möchten in aller Schlichtheit bei diesem Ziele des verewigten Freundes: 'Konzentration auf Christus', nicht auf Lehrsätze *über* ihn, sondern *auf ihn selber,* als lebendige Gegenwart und Gewissensmacht, stehen. Wir werden darin bestärkt durch die Bücher des früheren amerikanischen Missionars *Stanley Jones,* die in den letzten Jahren das Aufsehen der gesamten christlichen Welt bewirkt haben. Er, der weit davon entfernt ist, ein 'Liberaler' zu sein, berichtet in eindringlichster Weise, wie die Inder, ein Fünftel der Erdbewohner, in ihren bedeutendsten Vertretern angefangen haben, 'das Christentum in westlicher Fassung' zu unterscheiden von 'Christus selbst'. *Ihn* wollen sie haben, in ihm sehen die klarsten Geister die Rettung, *die dogmatische Fassung des Westens* lehnen sie ab.

Das ist die unerwartete Bestätigung unserer Haltung in dieser Frage. Wir haben kein Verdienst dabei. Aber unsere helle Freude dürfen wir daran haben.

Wenn dieser Zug zu dem *untheologischen* Christus durch die östlichen Völker geht, – aus China und Japan wird Ähnliches berichtet – warum sollten nicht wir deutschen Evangelischen versuchen, die gleiche Haltung in unserer Kirche zur Geltung zu bringen?
Das ist es, was wir wollen. Und indem wir den nur an den Vater bindenden und dadurch befreienden Christus zur Geltung bringen wollen, rufen wir aus der Verwirrung der Meinungen auf zu dem, was nach dem Bericht der Evangelisten *Jesus selbst* unter *Glaube* verstanden hat. Nicht Lehren hinnehmen, mögen sie noch so ehrwürdig sein, sondern *den Vater beim Wort nehmen*.
Für diese Schlichtheit kämpfen wir, unbekümmert um alte und neue Zerrbilder, die man von uns entwirft. Und wir bitten alle, bei denen hierbei eine verwandte Saite mitklingt, uns dabei zu helfen. Aber in steter Bereitschaft, in den Andersdenkenden auf der Rechten, sofern sie mit uns in der Freude der Gotteskindschaft stehen wollen, die uns gegenübergestellten Brüder und Schwestern zu sehen – eine Haltung, in der die ganze *soziale* Forderung des Evangeliums eingeschlossen ist, die wir gar nicht ernst genug nehmen können.
Es haben sich in letzter Zeit erfreulicherweise die Stimmen gemehrt, die sich dem Hereinbrechen der Politik in die Kirche *entgegenstellen*. Inzwischen hat sich die Führung der deutschen Politik deutlich nach rechts gewendet. Wird man daraus im Kirchenvolk die Folgerung ziehen, auch die evangelische Kirche Badens 'müsse' deshalb einen Ruck 'nach rechts' machen, – nachdem man soeben beschlossen hat, das Politische *nicht* zur ausschlaggebenden Größe zu machen?
Wir fürchten uns nicht davor, dadurch in die Minderheit zu geraten. Wenn wir nur auf dem rechten Wege sind – zur Schlichtheit des Evangeliums. In diesem Sinne hoffen wir auf *evangelische* Kirchenwahlen."

118 Pfr. Höfer: „Bindung oder Freiheit?"
SdtschBl. Nr. 8, Juli 1932, S. 72

„Man betont uns Kirchlich-Liberalen gegenüber gern das Festhalten an den Bekenntnissen. Es liegt der stille Vorwurf drin: Ihr wollt Ungebundenheit, wir wollen Bindung. Wie stehts damit? Auch wir wissen, daß eine Kirche Bekenntnisse braucht. Sie sind richtunggebend. Auch wir wahren in ihnen durchaus das Erbe der Väter. Aber wir wollen nicht, daß man mehr aus ihnen macht, als die Väter wollten. Sie sollen nicht als Maßstab angesehen werden, nach dem Gott den Menschen mißt. Alle Bekenntnisse bleiben in ihrer Formulierung doch immer menschlich geredet und müssen in jeder Zeit wieder neu aus dem Geist Jesu heraus gelesen werden. Wo man ihren Buchstaben als heilsnotwendig hinstellt, setzt man einen katholischen Autoritätsglauben an die Stelle des reformatorischen Glaubensbegriffes. Glaube und Glaubensbekenntnis sind zweierlei Dinge, genau wie Inhalt und Gefäß, Wesen und Form. Es kann immer einmal geschehen, daß das Wesen die Form sprengt. Das soll unsere evangelische Kirche wissen und keinen Autoritätsglauben des Buchstabens zum Kerker für das lebendige Leben des Glaubens machen.

Es ist genau wie bei der heiligen Schrift, wo wir uns auf das freie und offene Schriftverständnis Luthers berufen gegenüber einem engen Biblizismus. Sie ist uns Gottes Wort, 'soweit sie Christum treibet'. Er ist der Herr, und nicht der Buchstabe. Darum steht unsere evangelische Kirche immer in der Spannung zwischen Autorität und Freiheit. Jede Überbetonung der einen auf Kosten der anderen führt zum Unrecht und zu einer Bedrohung des Glaubens.

Es ist erklärlich, daß aus diesem natürlichen Gegensatz heraus auch die veschiedene Einstellung zu vielen Fragen des praktisch-kirchlichen Lebens folgt. Das Recht der Gemeinde wird der kirchlich-liberalen Seite stärker am Herzen liegen; die positive Gruppe, insbesondere die extreme neue Gruppe für positives Christentum und deutsches Volkstum, sieht in der konsistorialen Zentralgewalt des Kirchenregiments das Heil oder erstrebt gar so etwas wie Diktatur eines Bischofs. Es werden hochkirchlich-liturgische Ziele der positiven Seite näher liegen als der liberalen, es wird auf der positiven Seite mehr Liebe für eine enge Konfessionskirche zu finden sein, auf der liberalen Seite mehr Neigung zur Volkskirche, auf der positiven mehr das Bestreben, sich vom übrigen Geistesleben scharf zu trennen, auf der liberalen mehr Weltoffenheit und mehr Wille, die Fühlung mit dem übrigen Geistesleben aufrechtzuerhalten. Die Freiheit der Wissenschaft wird für den Liberalen mehr Gewicht haben als für den Positiven, es wird die Konfessionsschule mehr Liebhaber auf der positiven Seite finden als auf der liberalen.

Aber jede Richtung braucht die andere und hat ihre Schranke an dem Recht der anderen. Und in einer Zeit, die auf der einen Seite nach schrankenloser Freiheit, auf der anderen nach strengster autoritärer Fesselung ruft, halten wir fest an dem Gedanken, daß nur aus einer lebendigen Vermählung zwischen Autorität und Freiheit die Kraft komme, mit den uns heute schier erdrückenden Lebensproblemen fertig zu werden. Nicht Bindung *oder* Freiheit, sondern Bindung *und* Freiheit – beides in lebendiger Vermählung –, so nur kann eine evangelische Kirche bestehen."

119 KLV: Wahlaufruf
o.O., o.D.: LKA GA 8093 Nr. 12

„Die evang. Kirchenwahl am 10. Juli bringt der badischen Landeskirche in der Landessynode eine *neue oberste Leitung,* die für die kirchlichen

Ausgaben und Einnahmen, für Ausbildung und Verwendung der Pfarrer, für Religionsunterricht und Gottesdienst und für die Anwendung von Gottes Wort auf alle menschlichen Dinge auf 6 Jahre hinaus maßgebend sein wird.

Um Einfluß in der Kirche bewerben sich *4 Gruppen.*

Zwei kommen von politischen Parteien her, sind *parteipolitisch gebunden* und deshalb in der Kirche *abzulehnen,* nämlich

die marxistischen Sozialisten (Volkskirchenbund evang. Sozialisten) und die nationalistischen Sozialisten (Kirchliche Vereinigung für positives Christentum und deutsches Volkstum, evang. Nationalsozialisten Badens).

Beide sind *für die Kirche verhängnisvoll,* weil sie die unseligen politischen Gegensätze und Gehässigkeiten aus dem bürgerlichen Leben des Volkes auch in die Kirche hineintragen, sich auf dem Boden der Kirche bekämpfen und die Kraft der Kirche lähmen werden.

Es ist nicht ausgeschlossen, daß sie parteipolitischen Weisungen Außenstehender folgen werden. Freunde einer *Volkskirche* können nicht mit ihnen gehen.

Zwei Gruppen kommen aus *innerkirchlicher Bewegung;* ihre herkömmlichen Namen sind *'Kirchlich-positive'* und *'Kirchlich-liberale'* Gruppe. Beide stehen, die eine gebundener, die andere freier, auf dem Boden von Bibel und Bekenntnis.

Seit 12 Jahren führt die positive Gruppe in der badischen Landeskirche infolge ihrer Mehrheit in der Synode:

Wohin ist durch ihre Vorherrschaft die Landeskirche gekommen?

Die Neigung zu katholischen Äußerlichkeiten hat sich ausgebreitet.

Die Fühlung zwischen Bildung und Kirche hat abgenommen.

Die Ausgaben sind übersteigert worden.

Die Auswahl und geistige Führung des Pfarrstandes ist nicht befriedigend.

Ein einseitiger, schädlicher Parteieinfluß der herrschenden Kirchenpartei hat sich breitgemacht.

Die hochnötige unparteiliche Haltung der Kirche gegenüber der staatsbürgerlichen Politik ist ins Wanken geraten.

Die Landeskirche als Volkskirche schwebt daher in großer Gefahr.

Die Kirchlich-liberale Gruppe tritt diesen Schäden und Auswüchsen entgegen.

Sie dringt auf Einschränkung der kirchlichen Ausgaben. Die Einsetzung eines Sparausschusses durch die letzte Synode ist ihr Verdienst.

Sie setzt sich zur Wehr gegen einseitige Parteiherrschaft in der Kirche.

Sie bekämpft das Eindringen parteipolitischer Einflüsse in die Kirche.

Sie sammelt und stärkt und erhält die wahre, freie Volkskirche.

Sie will in ihr Gemeinden, die verantwortungsbewußt, einig, tätig und selbständig sind.
Sie widerstrebt katholisierenden Neigungen.
Sie steht fest im Zentrum der evangelischen Wahrheit von der erlösenden Liebe Gottes.
Sie arbeitet unentwegt an der Stärkung und Ausbreitung des evangelischen und protestantischen Geistes im ganzen Kirchenvolk der badischen Heimat.
Drum, *Kirchenfreunde, Männer und Frauen wählt* bei einer Kirchenwahl *keine politischen Parteien,* gebt Eure Stimmen aber auch *nicht der positiven Gruppe,* die nicht verstanden hat, ihre bisherige Machtstellung zum Segen der Kirche zu gebrauchen,
wählt am 10. Juli Kirchlich-liberal."

2. Kirchlich-Positive Vereinigung

120 Pfr. [K.] Renner: „Was heißt 'Kirchlich Positiv'?"
MtsBl. Nr. 1, 4. Jan. 1931, S. 2f.

„Daß es uns Positiven mit unserer Bezeichnung nur nicht gehe nach dem Dichterwort: 'Denn, wo die Begriffe fehlen, stellt zur rechten Zeit ein Wort sich ein'. Daß wir nur nicht Worte im Munde führen, ohne genau zu wissen, was sie bedeuten! Es ist immer wieder eine Besinnung darüber anzuregen, was das heißen solle, daß wir uns Kirchlich-Positiv nennen!

Der erste Teil des Doppelwortes 'kirchlich' wird uns allerdings keine großen Schwierigkeiten bereiten, von ihm soll demzufolge auch erst unten die Rede sein. Das Hauptgewicht ruht vielmehr auf dem Worte 'positiv'. Versuchen wir es denn, zu einer Erklärung zu gelangen, indem wir Schritt für Schritt vorgehen! Mit einer Binsenwahrheit wollen wir beginnen. Wir stellen fest: Positiv sind alle die Christen, welche ein *positives* Christentum fordern, die sich für einen *positiven* Glauben einsetzen. Freilich damit, daß wir das zu lösende Wort von den Personen hinweg und zur Sache gestellt haben, ist uns sein Sinn noch nicht aufgegangen. So fragen wir denn weiter: 'Was ist positives Christentum und was ist positiver Glaube?' Wiederum machen wir nur einen kleinen Schritt und sagen: Positiv nennen wir das Christentum, das für seinen Glauben und sein Leben die rechte starke *'Position'* d.h. Stellung einnimmt. Positiv heißen wir den Glauben, der den göttlichen Standort sich erwählt, der auf eine *ganze* Grundlage von genügender *Tiefe und Breite* gestellt ist. Mit diesen Erklärungen aber wird nun unsere entscheidende Frage doch – in neuer Form allerdings – weitergeführt, und mit der neuen Form verbindet sich ein neuer *Sinn*. Nunmehr interessiert es uns, welches denn die rechte feste Position für unser Christentum und unseren Glauben sei. Und das führt uns zum Entscheidenden! Ein *positives* Christentum hat zur Grundlage die *ganze* Bibel – voran das *ganze* Neue Testament und das *ganze* Bekenntnis. 1. Es handelt sich um die *ganze* Heilige Schrift. Gewiß wird keine der kirchlichen Gruppen sich abseits von der Bibel stellen wollen. Jede hält vielmehr daran fest, daß die Bibel irgendwie die Quelle unseres Glaubens sei. Beachtung aber verdient die Frage, ob eben die *gesamte* Heilige Schrift und zumal die neutestamentliche von allen als Gotteswort hingenommen wird. Für den positiven Glauben bilden die biblischen Wunderberichte keine lästige Beschwerung, denn er sieht sie als volle Wahrheit an, er kennt nicht den von einem verstorbenen Theologen aufgestellten Unterschied zwischen dem Evangelium Jesu und dem Evangelium von Jesus, in dem gemeinten Sinne zumal, daß nur das erste gänzlich maßgebend sein könne. Positiver Glaube hält die so schöne Darstellung der Bedeutung des Leidens und Sterbens Jesu Christi durch den Apostel *Paulus* in 2. Korinther 5 nicht für ein bloßes Herantragen rabbinischer Lehren an ein rein geschichtliches Geschehen, sondern erwählt sich gerade jenes Kapitel zu einem Mittelpunkt seiner Stellung. Mit einem Wort, positivem Christentum liegt die Bibelkritik nicht, vielmehr erwählt es sich die Beugung und den dankbaren Gehorsam gegen die Schrift, das es als das starke Fundament erkannt hat, darauf der Glaube erbaut werden kann. Ist ihm doch das Wort aus dem 2. Petrusbrief maßgebend: 'Es ist noch nie eine Weissagung aus menschlichem Willen hervorgebracht, sondern die heiligen Menschen Gottes haben geredet, getrieben vom Heiligen Geist.' Aus dieser Stellung läßt es sich durch niemanden und nichts verdrängen.

Zu dieser ersten Position tritt eine zweite mit ihr verwandte, es ist das Bekenntnis. Auch hier ist wiederum eine besondere Bemerkung und Erklärung nötig. Es ist zu unterscheiden zwischen Bekenntnis und Bekenntnis. Warum sollten evangelische Christen nicht für irgend ein Bekenntnis eintreten, auch wenn sie nicht positiv sind? Nicht alle gehen soweit, das Bekenntnis überhaupt für überflüssig zu halten. In der Nachkriegszeit wurde folgendes Bekenntnis vorgeschlagen: 'Jesus Christus der Herr'. Bezüglich des damit gegebenen Urteils wäre leicht eine Einigung zu erreichen. Aber doch will positiver Glaube als Fundament ein ausführlicheres Bekenntnis haben. Dem Einwand, daß obengenanntes kurzes Bekenntnis das der Urchristenheit sei, kann er mit der Feststellung begegnen, daß die Urgemeinde unter Herr den Auferstandenen und gen Himmel Gefahrenen verstanden habe. Unser Bekenntnis ist das Apostolikum. Und das ist wohl begründet. Das Apostolikum läßt sich auf die Heilige Schrift zurückführen, selbst der Passus: 'Niedergefahren zur Hölle' (1. Petr. 3, V. 19). Für den Passus 'Empfangen vom Heiligen

Geiste' ließe sich als biblische Unterlage Matthäus 1, V. 20, anführen. – Zum anderen dürfen wir feststellen, daß die Reformatoren und voran Martin *Luther* sich mit ganzer Seele auf das Fundament dieses Bekenntnisses gestellt haben. Auch an das Augsburgische Glaubensbekenntnis kann hier erinnert werden. An der Apostolikumsfrage nun scheiden sich die Geister. Die Einen verlangen 'Freiheit', das Recht, mit kritischer Zurückhaltung einigen scheinbar besonders schwierigen Sätzen dieses Bekenntnisses gegenüberzutreten, die Andern aber wollen nichts preisgeben, sie wollen die *ganze* Position halten, verteidigen, dafür kämpfen, kämpfen aber nicht im Sinne trockener Auseinandersetzung in Sachen von *Lehr*meinungen, sondern im Sinne der Glaubenstreue gegen das überkommene teure Gut. Die Letzteren, das sind die Positiven.

Somit werden wir sagen dürfen: Positiv sind alle die, welche ihr Christentum mit ganzem Herzen auf die Position der gesamten Schrift und des gesamten Bekenntnisses stellen, die dafür auch mannhaft eintreten.

Der Zusatz 'Kirchlich' ist nun ganz leicht zu verstehen. Er bedeutet, daß wir *Positive* in der Kirche bleiben, in ihr mitarbeiten. Er bedeutet, daß unser Dienst der *Kirche* gilt. Er besagt, daß wir kämpfen für den Bestand des Bekenntnisses, des Apostolikums, innerhalb der Kirche. Mit alledem ist unsere Treue gegen die *Volkskirche* angezeigt. Damit ist ein scharfer Trennungsstrich gegen alles Freikirchentum und Sektierertum gezogen. Je mehr und je schärfer die Kirche angegriffen wird, desto treuer und entschiedener wollen wir zu ihr stehen. Mit ihr tragen wir das Kreuz. Wir wollen nicht schelten, sondern bessern, nicht Wunden schlagen, sondern heilen. Nicht der Geist des Pharisäers, sondern der des barmherzigen Samariters soll uns leiten.

Kirchlich-Positiv kann dann noch den Sinn haben, daß wir uns dafür einsetzen und darauf hinarbeiten, daß unsere Landeskirche – wenn auch nur ganz langsam und nur teilweise, so doch tatsächlich allmählich dem Ideal der *neutestamentlichen* Kirche näher komme. Als Kirchlich-Positive wollen wir darum beten, daß der Volkskirche von heute ein reiches Maß des Heiligen Geistes und der Gotteskräfte geschenkt werde. Solange Gott, der Herr, diese Form der Kirche zum Bau Seines Reiches Dienste tun läßt, wollen auch wir an ihr festhalten.

So spricht die Bezeichnung 'Kirchlich-Positiv' denn eine Liebe aus, die drei Beziehungen hat; es ist einmal die Liebe zur Bibel, zum teuren *Evangelium,* zum andern ist es die Liebe zum *Apostolikum*, die Liebe, die festhält am Bekenntnis, und es ist endlich die Liebe zur teuren Mutter *Kirche*. Im letzten Grunde aber muß die dreifache Liebe sich erhöhen zur glühenden Liebe zu unserem gekreuzigten und auferstandenen *Heiland*. So werden wir vor dem nur *Lehrhaften* bewahrt, sie gibt uns neues Leben. Je mehr wir Kirchlich-Positive all unsere Arbeit tun aus der Liebe zu unserem erhöhten Herrn, desto fester wird unsere Position sein, desto reicher werden wir gesegnet werden."

121 Pfr. K. Renner: „Kirche und Volk (Volkstum)"
MtsBl. Nr. 1, 4. Jan. 1931, S. 14f

„Wir stehen mitten im harten Kampf der Weltanschauungen; es ist nicht allein die uralte Fehde zwischen *materialistischer* und *idealistischer*, *atheistischer* und *christlicher* Geistesorientierung, deren Zeugen wir sind; nein, im Brennpunkt des Widerstreites findet sich in unseren Tagen auch die Alternative: *national* oder *internationale, pazifistische* Weltanschauung. Erbittert und darum nicht immer sachlich ist das Ringen, tiefe Gräben trennen die Gegner, eine Verständigung erscheint ausgeschlossen. Wie soll sich die Kirche dazu stellen?

Die Anhänger des Gedankens der Internationale könnten darauf hinweisen, daß in den letzten Jahren durch die evangelischen Kirchen Europas selbst ein Zug zum irgendwie Internationalen gegangen ist. Wir denken an die ökumenische Bewegung, die durch Namen wie Stockholm und Lausanne gekennzeichnet ist, denken an die Auszeichnung des Erzbischofs *Soederblom* mit dem Nobelfriedenspreis. Mag der schwedische Erzbischof auch vor allem die Annäherung der Konfessionen im Auge haben; eine politische Bedeutung der durch ihn geschaffenen Bewegung läßt sich nicht leugnen. Neben der eigentlichen ökumenischen Bewegung kann noch auf die bekannte Vereinigung zur Freundschaftsarbeit der Kirchen hingedeutet werden.

Soll sich die Kirche nicht ganz international einstellen? Es gilt, eine Unterscheidung zu treffen: Soweit die Einigungs- und Verständigungsbemühung *rein* religiös und Reich-Gottes-gemäß — unter völliger Fernhaltung von politischen Linien und vom militaristischen *Völkerbund* — motiviert ist, kann und soll sie nicht beanstandet werden. Die Kirche als totale und partikulare Erscheinung kann es nicht übersehen, daß das Reich Gottes — vor allem in seiner Vollendung — eine *universale*, weltumspannende Größe ist. Gott, der Herr, hat nicht nur ein Volk, sondern die 'ganze Welt' geliebt. So hat auch in der Kirche jederzeit die schöne Adventsbitte *Rückerts* Recht und Geltung: 'O laß dein Licht auf Erden siegen, die Macht der Finsternis erliegen und lösch der Zwietracht Glimmen aus, daß wir, die Völker und die Thronen, vereint als Brüder wieder wohnen in deines großen Vaters Haus!'

Und dennoch kann die Kirche sich nicht genug hüten vor der politisch-*internationalen* Orientierung, sie soll nicht im gewöhnlichen Sinne international sein. In erster Linie ist sie für das Volk da, von dem sie ihre

Glieder hat, sie hat dem Volke zu dienen. Eine enge Verbindung von *Kirche* und *Volk* (Volkstum) wird vor allem bei der deutschen evangelischen Kirche erkennbar. Schon geschichtlich ist das wirksam zu zeigen. Da denken wir vor allem an die Reformation. An ihr ist, wie jeder weiß, nicht nur der homo religiosus Luther, sondern doch auch der *Deutsche Luther* beteiligt. Für 'seine lieben Deutschen war er da, ihnen wollte er dienen'. Er hat der Vorherrschaft der international gewordenen lateinischen Sprache ein Ende bereitet, hat die Bibel, den Gottesdienst, das Kirchenlied *verdeutscht*. Unsere evangelische Kirche ist immer deutsch gewesen, das soll sie auch bleiben. Hat sie doch ein ganz anderes Gepräge als z.B. die katholischen Kirchen Frankreichs, Italiens, Spaniens, Belgiens, ist sie doch in mancherlei ganz anderer Art als die anglikanischen und amerikanischen Kirchen. Wie sehr müssen wir auch z.B. die vom Anglikanismus bei uns importierten Sekten als merkwürdige und störende Fremdkörper empfinden! Nein, je treuer unsere Kirche gegen *Luthers* Vermächtnis ist, desto mehr und ernstlicher wird sie sich ihrer Pflicht gegen das Volkstum bewußt bleiben.

Zu dem behandelten Argument tritt ein zweites, das von Internationalisten meistens übersehen wird: Das Volkstum ist *Gottes* Schöpfung und darum wie der Staat in Gottes Ordnung verankert. Nicht hat es dem Höchsten gefallen, die Internationale zu schaffen, vielmehr gedachte er, die Menschheit in Völker zu scheiden und jedem Volk sein Besonderes zu geben. Ist aber das Volk und Volkstum da als Gottes Werk, so darf es nicht ignoriert oder gar verachtet werden, so kann es nicht dem internationalen Gedanken geopfert, dann muß es behütet und gepflegt werden. Hier kommt der Kirche eine wichtige Aufgabe zu. Ihre Lösung wird ihr da erleichtert, wenn sie sich sowohl vor unheiligem Fanatismus wie vor internationalen Träumen und Illusionen hütet. Dazu ist sie berufen, ihrem Volk mit ganzem Ernst und treuer Liebe zu dienen. Und sie darf, zumal heute, keinen Augenblick zögern, dieser Berufung gehorsam zu sein. Das Volk, dem sie dienen soll, sitzt in tiefster Not, es ist äußerlich und innerlich schwach und krank. 'Das ganze Haupt ist krank, das ganze Herz ist matt.' Da steht es der Kirche wohl an, mit dem Propheten zu klagen: 'Warum ist die Tochter meines Volkes nicht geheilt?!' Sie kann sich heute einfach nicht zu dem politisch gefärbten internationalen Gedanken bekennen, in einer Zeit, wo unser armes Volk von seinen früheren Feinden grausam betrogen wird. Sie muß die allerbesten Kräfte aufwenden, um ihrem unter die Räuber gefallenen Volke als ein gottgesandter barmherziger Samariter zu dienen. Und da ist in Anknüpfung an einen oben bereits geäußerten Gedanken etwas Prinzipielles hervorzuheben: Für jeden von uns geht der Weg zum Reich Gottes durch unser Volk! Das Sosein unseres Christentums ist von unserem Deutschtum mit seiner seelischen Eigenart gar nicht zu trennen. Professor *Schlatter* hat

uns Studenten gesagt: 'Ihr seid von Christus berufen, weil ihr *Deutsche* seid'. Gewiß gestehen wir den Christen anderer Nation das Recht zu, von sich das gleiche zu behaupten. Englischer Hochmut, der die eigene Nation als die allein 'erwählte' hinstellt, sei von uns ferne! Allein, das muß energisch festgestellt werden: Wir, die wir die Kirche in unserem Vaterland bilden, sind durch Volksschicksal geeint. Unsere Blutsgemeinschaft bildet die Voraussetzung für unsere Gemeinschaft in der Kirche. Die *deutsche* Sprache, die teure Muttersprache ist es, in der uns das Evangelium verkündigt wird! So ist es ganz eindeutig: Die Kirche dient ihrem Volk. Sie hat wohl das Recht und die Pflicht, reine, edle Vaterlands- und Volksliebe zu wecken und zu stärken; aber mit politischer Leidenschaft darf sie als Kirche nichts zu tun haben, politisch muß die Kirche nach allen Seiten hin neutral sein, es gibt keine spezifisch evangelische Partei, je unpolitischer sie ist, desto überzeugender und wirksamer wird ihr Dienst am Volk. Das Beste, was sie ihm schenken kann, ist das heilige, gnadenreiche, unverfälschte *Evangelium*. Sie hat ihm den Gekreuzigten und Auferstandenen zu offenbaren, hat ihm mit nie ermüdender Treue und Geduld die Segenskräfte des Gotteswortes anzubieten. Und sie tut gut daran, auch außerhalb des Gottesdienstes durch öffentliche Kundgebungen, durch Blättermission, durch eine christliche Presse Den zu zeigen, der ein *Not*helfer ist auch in der größten Not. Sie muß es versuchen, auch die zu erreichen, die sich nicht mehr zum Gottesdienst einfinden. Ist sie sich dessen bewußt, daß sie Sämannsarbeit leistet, so wird sie sich durch keine Enttäuschung entmutigen lassen. Mit ihrem Dienst für das Volk setzt die Kirche eine reiche und tiefe Geschichte des deutschen Glaubens fort. Sind nicht in unserem Volke immer wieder Herolde aufgestanden, die mit der Harfe des Glaubens die großen Taten Gottes preisen wollten? Warum sollte die Kirche ihre Glieder nicht auch nach Möglichkeit in diese Geschichte einführen?! Nichts lasse sie unversucht, den Zugang zu dem *deutschen* Herzen zu finden! *Den* schreibe sie mit brennenden leuchtenden Farben ins *deutsche* Herz hinein, der Verständnis hat auch für das deutsche Herzeleid, Verständnis für Vaterlandsliebe, in dem *deutsche* Gesinnung geheiligt wird!
Es sei bekannt: die Aufgabe der Kirche ist gar nicht leicht. Unser Volk ist ja nicht mehr 'Volk' im Sinne eines wirklichen Einheitsgefüges. Es ist zerrissen, zerwühlt, zerfressen von schneidenden Gegensätzen. Und dabei ist die Kirche selbst nicht mehr einmütig. Nicht nur ein *dogmatischer* Dissensus schafft Scheidungen, heute leider und unnötigerweise auch der politische. Es wird neuerdings auch mit politischen Schlagworten in der Kirche gearbeitet. Doch das soll uns nicht verzagt werden lassen! Alle, die guten Willens sind, mögen sich zusammenfinden! Noch sind die ja da, die gerne im Sinne des Baues des Reiches Gottes an dem Volke arbeiten! Und sie wissen auch, daß es heute um das Volk

schlechthin geht. Viel göttliche Weisheit wollen wir der Kirche wünschen und viel heilige Tatkraft, daß sie sich ernstlich um die Lösungen der sozialen Frage kümmere und den Weg finde, der Gott wohlgefällig und bitter nötig ist.

Daß auch wir in der Kirchlich-Positiven Vereinigung unsere Arbeit auffassen und betätigen wollten als geschehend zum Wohl und Heil unseres Volkes! Es ist die elfte Stunde! Wir wissen nicht, ob der Zeitpunkt nicht nahe ist, da die Sturmflut des Bolschewismus bedrohend gegen unser Vaterland heranbraust. Nur das Evangelium kann unser Volk retten! Darum muß enge Union von Kirche und Volk gefordert werden. Der Herr erleuchte und erwecke unser Volk, daß es endlich erkenne, was zu seinem Frieden dient; er rüste unsere Kirche aus mit viel heiligem Geiste, daß sie werde eine Trösterin, eine heilende Mutter für unser verwundetes und gebrochenes Volk!"

122 Pfr. Schilling: „Die Jahreshauptversammlung der Kirchlich-Positiven Vereinigung", 29./30. März 1932
KPBl. Nr. 8, 17. Apr. 1933, S. 57–59

„...Auch nach Eckerts Ausscheiden ist der 'religiöse Sozialismus' seiner bisher eingehaltenen Linie treu geblieben. Eine positive Verantwortung für das Handeln der Kirche lehnt er ab, von einer Hinneigung zum reformatorischen Verständnis des Evangeliums ist nichts zu sehen. Zusammengehalten vor allem durch das politische Band, nicht durch innerlich evangelische Gebundenheit, zeigt er eine vollendete Hörigkeit gegenüber dem politischen Sozialismus, insbesondere der SPD. Er erschöpft sich in der Kritik, die oft genug eindringende Sachkenntnis vermissen läßt. Eine klare kämpferische Front gegen dieses Mißverständnis des Evangeliums ist nach wie vor dringendes Gebot.

Die zweite, historisch gegebene Front besteht gegenüber dem kirchlichen Liberalismus. Zwar mehren sich die Stimmen, die diese Front für abbaureif erklären. Die Gegensätze seien überwunden, die theologischen Richtungsunterschiede seien ausgeglichen. Ein Blick in die 'Süddeutschen Blätter' zerstört diesen schönen Traum. Wer freilich in der Kirche nur einen 'Zweckverband zur Befriedigung der unterschiedlichen religiösen Bedürfnisse auf breitester Basis' sehen kann, für den sind die Richtungsunterschiede aufgehoben. Wer sich aber um das reformatorische Verständnis von Evangelium und Kirche bemüht, der erkennt in der heutigen Auseinandersetzung zwischen positiv und liberal die Fortdauer des alten Gegensatzes. Der religiöse Sozialismus in seiner derzeitigen kirchenpolitischen Ausprägung ist wohl kirchlich eine

vorübergehende Erscheinung, der Liberalismus dagegen eine bleibende Tatsache, solange in der Kirche der idealistische Freiheitsbegriff seine Forderungen erhebt...
Mit den kommenden Kirchenwahlen werden wir rechnen müssen, und damit sehen wir uns vor die schwerste Frage gestellt, die das Leben unserer Kirche beunruhigt: es ist die Gefahr der Politisierung der kirchlichen Wahlen, und das bedeutet zugleich: Politisierung des kirchlichen *Lebens*. Mit dem Aufkommen der religiösen Sozialisten ist der bewußte Einbruch parteipolitischen Denkens in die Kirche Tatsache geworden. Was kann irgend eine andere politische Gruppe hindern, ihrerseits mit eigenen Listen zur Kirchenwahl aufzutreten, wobei sie natürlich, um ihr Vorgehen zu rechtfertigen, ein kirchliches Gewand anzieht? Wenn es religiöse Sozialisten gibt, weshalb sollte es nicht auch religiöse Demokraten oder religiöse Konservative oder religiöse Nationalsozialisten geben? Wie ernst die Gefahr ist, das haben Bericht und Aussprache auf der Landestagung in aller Deutlichkeit gezeigt. Wenn von der einen Seite her versucht wird, die Kirche für den wirtschaftspolitischen Kampf zu mißbrauchen, warum sollte nicht auch eine andere Seite nach der Kirche greifen, sie für ihre Ziele mobil zu machen? Mögen diese Ziele noch so ideal sein, es handelt sich in jedem Falle um weltliche, politische, diesseitige Ziele; und der Kampf um diese Ziele gehört einfach nicht zum Aufgabenbereich der Kirche. Mit der Politisierung der kirchlichen Wahlen pocht der Geist des Säkularismus an die Pforten der Kirche. Es wurde in der Aussprache mit größtem Ernst darum gerungen, eine klare Linie zu finden. Diese klare Linie ist dort gefunden, wo alles kirchliche Denken und Handeln, unberührt von irgend welchen politischen Zielsetzungen, allein aus dem Glauben an den Herrn geschieht. Damit ist gewiß nicht gesagt, daß sich die Kirche in ihrer Arbeit auf den Isolierschemel setzten dürfte, blind gegen die konkreten Nöte der Zeit. Der Rückzug auf eine 'Nur-Evangeliumsverkündigung' kann zur Flucht vor der konkreten Wirklichkeit werden, in die uns Gott als Kirche hineingestellt hat. Die Kirche darf nicht Sekte werden. Die Warnungstafel gegen jede Art frommer Weltflucht ist aufgerichtet. Aber andererseits ist auch die zweite Warnungstafel nicht zu übersehen, die gegen den Säkularismus aufgerichtet ist. Der schmale Weg zwischen beiden Gefahren hindurch ist der Weg der Kirche. Auf diesem Weg wird die Kirche immer zu Auseinandersetzungen genötigt und vor Entscheidungen gestellt werden; sie darf weder den Auseinandersetzungen noch den Entscheidungen ausweichen. Weicht sie aus, so lebt sie aus der Angst und nicht aus dem Glauben. Weil die Kirche *ihren* Weg zu gehen hat, stößt sie niemanden zurück, der zur Mitarbeit bereit ist. Aber sie identifiziert sich mit keiner politischen Bewegung, welcher Art sie auch sein mag. Sie muß es sich ernstlich verbitten, von irgend einer Seite als Mittel zum

Zweck mißbraucht zu werden. Es war daher das folgerichtige Ergebnis der Aussprache, daß erstens die grundsätzliche Neutralität der Kirche und der positiven Vereinigung als organischem Element der Kirche in politischer Hinsicht betont und zweitens festgestellt wurde, daß die Aufstellung von Wahllisten politischer Prägung kirchlich untragbar ist..."

123 N.N.: „Was wollen wir Positive?"
MtsBl. Nr. 6. 5. Juni 1932, S. 21f.

„*Eine glaubensstarke, evangelische Kirche,* die allezeit Jesus Christus als den gekreuzigten und auferstandenen Herrn bezeugt;
eine glaubenstreue evangelische Kirche, die sich von ihrem alten Glaubensgut nichts abmarkten läßt und es als ihren einzigen Auftrag gerade in der Not der Gegenwart anbietet;
eine glaubenseifrige evangelische Kirche, die dem Gebot der tätigen Liebe in allen Stücken nachkommt;
eine kraftvolle Verkündigung des Evangeliums von allen Geistlichen;
eine starke Haltung der Kirchenleitung in allen kirchlichen Dingen, auch dem Staat gegenüber, vorab in Fragen eines Konkordates;
eine Sicherung der Kirche gegen jede Art von Verweltlichung, Verpolitisierung oder Verstaatlichung;
eine kräftige Bejahung nationalen Lebens, aber die kirchlichen Vertretungen sollen frei gehalten werden vom Austragen politischer Gegensätze.
Was lehnen wir ab?
Jede Verschwommenheit, die die Grenzen gegenüber der römisch-katholischen Kirche, den Sekten und Freidenkern verwischt. Wir wollen weder Hochkirche noch Deutschkirche noch sozialistische oder irgend eine politische Kirche; wir bleiben bei dem Bekenntnis der Väter von der Reformation her.
Was bekämpfen wir?
Die Gottlosenbewegung in jeder Form;
die Unzucht, die sich im öffentlichen Leben breit macht;
die Verächtlichung der Ehe und Erleichterung der Ehescheidung;
die Abtreibung und Aufhebung des § 218.
Wir bekämpfen den Klassenhaß und die, die ihn predigen.
Wir bekämpfen den Kapitalismus in seinen mammonistischen und gemeinschädlichen Formen.
Wir legen Protest ein gegen jede Politisierung der Kirche und bekämpfen den christentumsfeindlichen Kommunismus und Marxismus, auch den Sozialismus, der gegen die Kirche hetzt; wir lehnen aber auch jede Herrschaft irgend einer politischen Partei innerhalb der Kirche ab, weil dies dem Wesen der Kirche widerspricht!

So grenzen wir uns ab gegen die 'Religiösen Sozialisten', deren Führer Eckert war und mit dem sie heute noch sympathisieren, die in der letzten Landessynode sogar die gottesdienstliche Gemeinschaft mit den anderen abgelehnt und einen Sonder-Schlußgottesdienst abgehalten haben.
Aber auch gegen die 'Liberalen', die keinerlei Gewähr bieten für die bekenntnismäßigen Grundlagen unserer evangelischen Kirche, grenzen wir uns ab, und dies so mehr, als sie im Fall Eckert eine ganz unentschiedene Haltung einnahmen und der völligen Parlamentarisierung der Kirche Vorschub leisten.
Die Führer der evangelischen 'Nationalsozialisten' endlich haben sich von uns getrennt, weil ihre politischen Grundsätze und Bindungen die Alleinherrschaft auch über alle kirchlichen Dinge verlangen.
Wir aber von der 'kirchlich-positiven Vereinigung' wollen nicht, daß die kirchlichen Dinge nach politischen, sondern nach rein kirchlichen Gesichtspunkten beurteilt und gestaltet werden. Unsere Kirche soll nicht ins Schlepptau irgend einer politischen Partei kommen. Darum fordern wir alle Männer und Frauen auf, für die Liste der Positiven zu stimmen!"

124 Pfr. Oberacker: „Zur Kirchenwahl am 10.Juli"
Evang. Gemeindebote für Leopoldshafen Nr. 6, Juni 1932: LKA GA 8093 Nr. 11

„Wichtig ist vor allem, daß man weiß, wen man wählen soll. Nun, bei unserer Kirchenwahl soll uns die Wahl nicht schwer fallen. Für unsern Wahlkreis Karlsruhe-Land sind die Männer schon aufgestellt, die das Vertrauen aller Wähler verdienen. An der Spitze der Wahlliste stehen Herr Pfarrer Kobe von Knielingen, Herr Fabrikant H. von Hochstetten, Herr Pfarrer Urban von Spöck und Herr Wilhelm W. von Graben. Diese Männer wählen wir. Punktum! Warum! Weil die Genannten Leute sind, die unsere Kirche nicht nur lieben, sondern die auch fest und entschlossen auf dem Boden unseres Bekenntnisses stehen und unser biblisches Christentum hochhalten. Wer dafür nicht einsteht, wird von uns nicht gewählt. Aus der Kirche draußen bleiben soll jeder Mißglaube und Falschglaube, jede Politik und alles Parteiwesen, damit Christus umsomehr darinnen herrsche und regiere. Wähler, wählt so, daß Christus gewählt wird!"

125 Pfr. Oberacker an Pfr. Voges: Rechtfertigung des Aufrufs in Dok. 124
Leopoldshafen, 28. Juni 1932: LKA GA 8092 Nr. 36

„Es hat mich in großes Erstaunen versetzt, als ich zu hören bekam, Du und viele Deiner kirchlichen Freunde hätten sich durch meine Worte zur Kirchenwahl in der letzten Nummer meines Gemeindeboten sehr getroffen gefühlt. Ich habe weder daran gedacht, Dich und Deine Freunde kränken, noch Deiner Sache schaden zu wollen. Was ich in meinem Blättchen sagte, darf jeder, der seiner Meinung gewiß ist, zu den Wählern und zu seiner Gemeinde sagen. 'Wählet so, daß Christus gewählt wird.' – Dies Wort kann doch gar nicht mißverstanden werden! Es soll und will nur heißen: Christus soll bei uns in Geltung bleiben. Sonst gar nichts! Die Wähler können wählen, wen sie wollen. Ich habe nicht im geringsten gemeint, daß Christus nicht gewählt wird, wenn Du etwa gewählt wirst. Daß ich einige Namen der positiven Liste nannte, lag doch auf der Hand. Wer bei Euch aufgestellt wurde, wußte ich damals noch gar nicht. Ich hörte nur sagen, Pfarrer Voges soll an der Spitze der andern Liste stehen. Dagegen hatte ich nichts, auch gar nichts einzuwenden. Etwas Gewisses wußte ich aber noch nicht und auch heute weiß ich noch nicht viel über Euer Vorgehen. So sehr ich im politischen Sinn mit Dir gehen kann, so wenig wollte ich heute schon in einer Kirchenwahl mit Euch gehen. Aus Liebe zur Kirche. In Anbetracht der Gefahren, die ihr aus einer Politisierung kommen müssen. Im übrigen werde ich wohl vielem zustimmen, was auch Ihr auf kirchlichem Gebiet erstrebt. Aber ich mußte mich aus inneren und biblischen Gründen auf die positive Seite unsrer Kirche stellen. Dir habe ich nichts Böses antun wollen. Du bist mir immer ein wohlwollender und getreuer Nachbar gewesen. Das werde ich nie vergessen, sondern ich werde immer mit herzlichen Grüßen verbleiben…"

126 KPV: „Was fordern die Kirchenwahlen von uns?"
MtsBl. Nr. 7, 3. Juli 1932, S. 25

„Daß wir in den Kirchenwahlen nicht eine lästige Pflicht sehen, die uns die Kirchenverfassung auferlegt, sondern einen Auftrag, den wir im Gehorsam und im Glauben an den Herrn unsrer Kirche zu erfüllen haben;
daß wir uns dabei bekennen zu Jesus Christus, dem eingeborenen Sohn Gottes, der wahrer Gott und wahrer Mensch ist, und ohne den niemand zum Vater kommt;
daß wir dadurch an unserm Teil mithelfen, daß *sein reines und lauteres Evangelium auf dem Leuchter bleibe* als ein Licht, das da scheint an einem dunkeln Ort und das Sünder selig macht.
Unser Wählen sei eine Tat des Glaubens, ein Bekenntnis und ein Zeugnis!
Klare Einsichten erfordern die Kirchenwahlen von uns
in unser eigenes Versagen und Versäumen, das uns selbst zur Buße treiben muß und das mitschuld ist, daß unsere Kirche von so Vielen beiseite gelassen und vom Sturm der Gottlosigkeit umdroht ist;
in die Tatsache, daß die liberale Verkürzung des Evangeliums sich gegen Bibel, Bekenntnis und Kirche gleicherweise vergeht, weder unserm

Herrn Christus die Ehre gibt, die ihm gebührt, noch der Menschenseele die Kraft, die sie braucht;
in die Gefahr, die unserer Kirche droht durch die Vermengung von Evangelium und Politik. Christi Reich ist nicht von dieser Welt! Bei politischen Wahlen wählet nach politischen Gesichtspunkten, bei Kirchenwahlen nach kirchlichen! Sowohl die *Religiösen Sozialisten* wie die *Evang. Nationalsozialisten* zerreißen durch ihre Gegnerschaft die kirchliche Gemeinschaft, die 'Volkskirche', und erschweren die Arbeit der künftigen Landessynode aufs äußerste. Noch mehr: Sie stehen in Gefahr, die Botschaft von Sünde und Gnade *neben*, aber nicht *über* ihre weltlich-politischen Ziele zu stellen.

Was erwarten wir von den Kirchenwahlen?
Daß ihre Vorbereitung und Durchführung geschehe im Geist Jesu Christi, der ein Geist der Liebe und des Friedens und der Wahrheit ist, und der aus der Anweisung spricht, die unser Prälat den Geistlichen dieser Tage gab. Wir sprechen niemanden den Glauben ab. Wir wollen uns von keiner kirchenpolitischen Gruppe in der Liebe und Wahrhaftigkeit übertreffen lassen. Kirchenwahlen seien uns kein weltlich Geschäft, sondern sollen uns Beweis des Glaubens und Verantwortlichkeit vor Gott und Kirche sein;
daß auch durch die Kirchenwahlen Gottes Wille geschehe und seine Kirche erbaut werde auf dem Eckstein Jesus Christus.
Wer mit uns eines Sinnes ist, wer mit uns im reinen, unverkürzten und mit keiner Politik vermengten Evangelium das einzige Heil für die Seele und Volk sieht, der stimme für die Liste der Kirchlich-positiven Vereinigung!"

127 Pfr. [H.] Katz: „Was trennt uns Positive vom Religiösen Sozialismus?"
MtsBl. Nr. 7, 3. Juli 1932, S. 26

„... Was nun den 'Religiösen Sozialismus' betrifft, so darf man das eine von allen seinen Vertretern, die sich über die Glaubensgrundlage dieser Bewegung Gedanken gemacht haben, sagen, daß auch sie mit ganzer Inbrunst auf das Reich Gottes hoffen. So verschieden die einzelnen Vertreter des religiösen Sozialismus ihrem Glaubensgut nach sind, diese Hoffnung eint sie wohl alle. Aber ihre Reich-Gottes-Hoffnung stellt sie hart neben Thomas Münzer, neben die Wiedertäufer der Reformationszeit. Es ist sehr schwierig, eine einheitliche Glaubensgrundlage der religiösen Sozialisten herauszustellen, weil es bei ihnen fast so viele Meinungen gibt, als Köpfe zu zählen sind. Sie betrachten das als eine Stärke, uns will es als ein Zeichen der Schwäche, der Verworrenheit erscheinen, denn wenigstens ein gemeinsamer Grund muß vorhanden sein. Als gemeinsamen Grund, der zugleich auch das uns Trennende zeigt, darf man ein Dreifaches ansprechen: Zuerst die Meinung, daß wir Menschen

das Reich Gottes bauen. Wenn die kirchlich-positiv Eingestellten unter ihnen auch betonen, daß sie Gottes Herrschaft unter den Menschen bereiten wollen, so sind es eben doch die Menschen, die das tun und auch tun können, weil der Mensch von Natur gut ist, allein verdorben von den gottwidrigen Verhältnissen der Gegenwart. Es gilt zu kämpfen mit allen Mitteln, daß die Menschheit sich immer höher entwickle, bis das Reich Gottes da sein wird. Demgegenüber halten wir es mit der Schrift, die sagt, daß das Reich Gottes nicht durch Menschenkraft gebaut wird, sondern einzig durch den endgültigen Sieg über Hölle und Tod, den der wiederkommende Christus erkämpft.
Weil für die religiösen Sozialisten die äußeren Verhältnisse alles sind, deshalb schreibt auch ihr Führer Ragaz, es sei nicht Zeit, Buße zu predigen den Armen, Bedrängten. Aufgabe sei, die Verhältnisse zu ändern, dann komme vielleicht auch einmal der Tag, da man Buße predigen dürfe. Hier ist Jesus mit seiner Botschaft: 'Erst neue Menschen, dann Reich Gottes', geradezu ins Angesicht geschlagen. Hier will man den zweiten Schritt vor dem ersten machen und muß deshalb fallen. Nicht als ob wir keinen Blick für die Not der Gegenwart hätten, für die Ungerechtigkeit des Mammonismus, nicht daß wir nicht wüßten, daß Not eher fluchen als beten lehrt, nicht daß wir der Meinung wären, die Gegenwart zeige uns ein christliches Volk, ein christliches Wirtschaftssystem, ein christliches Zusammenleben der Völker, aber wir wissen, daß das Reich Gottes, in dem Gerechtigkeit und Friede herrscht, erst dann da sein kann, wenn unser Herr Christus bei seiner Wiederkunft Sünde und Tod bezwungen hat.
'Darum legt ihr die Hände in den Schoß und laßt alles gehen wie es geht', wird man uns sagen. 'Wir religiöse Sozialisten kämpfen in unserer Partei für diese Erneuerung der Welt.' Das trennt uns zum dritten von ihnen, daß wir sagen müssen: Solche Bindung an eine staatspolitische Partei raubt uns gerade das Eigenwesen, das unsere Kraft ist. Wir brauchen eine Kirche, die unabhängig ist, und als solche mitten in den Wirrnissen der Zeit für viele Menschen, ganz gleich, aus welchem Lager sie kommen, Raum zur Buße schaffen kann, damit sie tüchtig werden zum Erbtum im Reich Gottes. Von dieser Grundlage aus ergeben sich dann alle die Einzelaufgaben, vor denen wir stehen, die alle das Ziel haben, Raum zu schaffen für die Botschaft Jesu im Volk, in der Regierung, in allen Ständen und Berufen, daß bald alles zubereitet sei für den Tag, da Jesus kommen wird, sein Reich aufzurichten.
Nicht die Stellung zu den sozialen Fragen der Gegenwart, nicht die brüderliche Liebe zu allen Menschen, nicht das offene Herz und die offene Hand gegen die Hilfsbedürftigen, nicht die Not, die uns Wirtschaft und Politik bereiten, trennt uns also vom religiösen Sozialismus, sondern allein die glaubensmäßige Bindung an den Kernpunkt des Evangeliums,

den der religiöse Sozialismus umgebogen hat, so daß dort, weil es wirklicher Sozialismus ist, der Mensch im Mittelpunkt aller Dinge steht und nicht mehr Gott. Wir aber bekennen uns zu dem, was die Schrift vom ersten bis zum letzten Blatt uns zeigt: Gott allein die Ehre!"

128 N.N.: „Unsere Pflicht angesichts der bevorstehenden Landessynodalwahl"
Evang. KuVolksBl. Nr. 27, 3. Juli 1932, S. 212f.

„... Um was geht es? Für jeden, der klar sieht, ist es deutlich, daß die erste Antwort hier lauten muß: *um die Entscheidung 'Rom oder das Evangelium'*. Rom legt in dem Deutschland unserer Tage die Fundamente für eine Gegenreformation. Zwar in aller Stille, aber mit großer Emsigkeit und kaum mehr verhüllt. Es hofft zuversichtlich auf seinen Sieg. Seine großen Fortschritte im letzten Menschenalter, besonders nach der Revolution, sind unverkennbar. Dieser Gefahr gegenüber brauchen wir eine starke, vor allem eine glaubensstarke, evangelische Kirche. Der Gegensatz Rom und Evangelium ist ein religiöser und wird auf kirchlichem Boden entschieden, d.h. nicht mit Mitteln der Politik und der Wissenschaft. Nur eine Kirche, die festgegründet ist auf der biblischen Wahrheit und dem Bekenntnis der Reformation, wird Rom gewachsen sein und das Fundament deutscher Kultur, die wahre evangelische Freiheit, retten. Gegen das Evangelium ist im Grunde Rom mit aller seiner Macht machtlos.

Um die Geltung des biblisch-reformatorischen Bekenntnisses in der evangelischen Landeskirche hat die Kirchlich-positive Vereinigung einen Jahrzehnte langen Kampf geführt. '*Für Bibel und Bekenntnis*' war und ist heute noch *ihre Losung*. Dafür ist sie auch in der letzten Tagung der Landessynode ohne Wanken und Schwanken eingetreten, als 135 liberale Theologen in einer Eingabe gegen den pflichtmäßigen Gebrauch des apostolischen Glaubensbekenntnisses bei der Taufe und der Konfirmation sich aussprachen. Solche unbedingte Festigkeit wird auch in Zukunft nötig sein. Denn eine im Jahr 1930 erschienene Programmschrift des badischen kirchlichen Liberalismus nimmt nicht nur für diesen in Anspruch, 'dem oder jenem Satz des Glaubensbekenntnisses widersprechen', 'ihn ... umdeuten' 'oder ihn ganz beiseite lassen' zu dürfen, sondern sagt auch von den 'Stellen der Bibel', die die Versöhnung des Sünders mit Gott durch den Opfertod Christi am Kreuz von Golgatha bezeugen, daß diese für den kirchlichen Liberalismus 'nicht maßgebend' seien. *Indem die Kirchlich-positive Vereinigung die echte evangelische Freiheit eines in Gottes Wort gebundenen Gewissens gegen solche Willkür des kirchlichen Liberalismus verteidigt, sichert sie der evangelischen Kirche die uneinnehmbare Stellung gegen die Angriffe Roms.*

Luthers Kampf war deshalb so besonders schwer, weil er außer der Front gegen Rom auch eine Front gegen die Schwarmgeister zu halten hatte. In der gleichen Lage ist die evangelische Kirche von heute. *Die religiösen Sozialisten verschieben wie die Schwarmgeister der Reformationszeit den Schwerpunkt der Aufgabe der Kirche vom Inneren aufs Äußere, von der Predigt des Evangeliums auf das Gebiet des Kampfes um ein System der Wirtschaft.* Wohin das führt, zeigt die Entwicklung des früheren Mannheimer Pfarrers Eckert zum Kommunismus, dem Kampf gegen die Kirche in der Gottlosenbewegung Hauptprogrammpunkt ist. Sache der Kirche ist nicht die Predigt des Klassenkampfes, sondern die Predigt vom Heiland der Sünder. Ihr Ziel ist das Reich Gottes, nicht der sozialistische Zukunftsstaat. *Die Kirchlich-positive Vereinigung hat allein ganz folgerichtig in den letzten Jahren den Irrweg der religiösen Sozialisten erkannt und bekämpft und damit die Kirche auf der Linie des Evangeliums gehalten. Verläßt die Kirche diese Linie und setzt das Evangelium gleich den Zielen einer politischen Partei, so ist ihr das Rückgrat gebrochen und letztlich der römischen Gegenreformation der Weg bereitet.*
Eine Politisierung der Kirche droht nun auch von anderer Seite, von der der evangelischen Nationalsozialisten, die sich 'Kirchliche Vereinigung für positives Christentum und deutsches Volkstum' nennen. Ein Programm der neuen kirchlichen Gruppe ist noch nicht erschienen. Von ihrer praktischen Mitarbeit in der Landessynode kann man sich erst recht zunächst keine Vorstellung machen. Nur die Tatsache ihrer Existenz und ihr Name sind jetzt bekannt. Die Erfahrungen, die wir mit den religiösen Sozialisten gemacht haben, lassen Befürchtungen und Bedenken einer neuen unter politischen Einflüssen stehenden und womöglich politisch gebundenen kirchlichen Gruppe gegenüber als durchaus berechtigt erscheinen. *Der Akzent verschiebt sich dabei zu leicht auf das Politische.* Auch das nationalsozialistische 'Dritte Reich' darf nicht gleichgesetzt werden mit dem Reich Gottes. Die Kirche hat ausschließlich das Reich Gottes zu verkündigen. Die *kirchlich-positive Losung* dürfte darum nach wie vor die richtige sein: *Für Bibel und Bekenntnis!*"

129 LKR Bender: „Allerlei zu den Wahlvorbereitungen".
KPBl. Nr. 13, 3. Juli 1932, S. 102–104

„Jederman kennt die von unserer außerordentlichen Landesversammlung beschlossene Kundgebung zur kirchlichen Lage. Man durfte damit rechnen, daß sie von andersgerichteter Seite kritisiert würde. Solche Kritik ist erfolgt. Leider in den liberalen 'Süddeutschen Blättern für

Kirche und freies Christentum' in einer Weise, die wir nur unerfreulich nennen können. Der anonyme Artikelschreiber schreibt: 'Kirchliche Vereinigung für positives Christentum und deutsches Volkstum (Evang. Nationalsozialisten Badens)'. Das ist eine Bosheit; denn der Anonymus mußte wissen, daß am 25. Mai der Öffentlichkeit und speziell dem Landesvorsitzenden der Positiven der Name der neuen Gruppe schlechterdings noch nicht bekannt war. — Er macht uns darauf aufmerksam, daß auch die evangelischen Nationalsozialisten den Anspruch erheben, 'die kirchliche Rechte mit zu vertreten'. Welchen Anspruch die neue Gruppe erhebt, kann uns gleichgültig sein im Blick auf die Ansprüche, die wir erheben für unsere Aufgabe. Wir hängen an der Bezeichnung als kirchliche Rechte ganz und gar nicht, pflegen sie von uns aus im allgemeinen auch nicht zu verwenden. Wenn in der Kundgebung der Ausdruck gebraucht wurde, so geschah es nur im Gedanken an die weit verbreitete Unkenntnis kirchlicher Ausdrücke und Bezeichnungen. Wir können die Kirchlich-Liberalen nicht hindern, die schon vor zwei Jahren in ihren Reihen ausgegebene Selbstbezeichnung als kirchliche 'Mitte' zu gebrauchen unter der Berufung darauf, daß noch weiter links als sie die religiösen Sozialisten stehen. Für uns bleibt der Liberalismus die 'kirchliche Linke'. Die neuen Parteigebilde (evangelische Sozialisten und evangelische Nationalisten) sehen wir wegen ihrer staatspolitischen Verflechtung oder Bindung als Verfälschung der ursprünglichen kirchlichen, religiösen und theologischen Fronten an.
Auch das Wort 'Front' im Text unserer Kundgebung gefällt dem Artikelschreiber nicht. Es ist ihm zu 'schneidig' und nicht 'geschmackvoll' genug. Er muß uns schon gestatten, daß wir unsere Ausdrücke wählen, wie sie uns gefallen oder wie wir sie für richtig halten. Ein bißchen Sinn für Bildhaftigkeit der Sprache — und der gesuchte Anstoß kann nicht gefunden werden. Uns geht es um die Sache, und die ist eindeutig, nämlich die Tatsache, daß (trotz der behaupteten und in mancher Hinsicht erfreulicherweise auch vorhandenen theologischen Annäherung) in der kirchlichen Wirklichkeit Badens (namentlich in der Landessynode) die Kirchlich-Positiven immer noch der Front des alten kirchlichen Liberalismus gegenüber stehen. Das eindeutigste Zeugnis dafür bleiben die 1914 und 1930 der Synode vorgelegten Eingaben liberaler badischer Pfarrer, die die praktische Aufhebung des Bekenntnisgebrauchs zum Ziel hatten.
Einen peinlichen Punkt berührte offenbar der in der Kundgebung enthaltene Hinweis darauf, daß die Positiven den Kampf gegen die religiösen Sozialisten, insbesondere gegen Eckert, allein führen mußten. Die Feststellung mag dem Liberalismus peinlich sein, aber sie hat ihre Richtigkeit und kann und darf nicht verschwiegen, sondern muß dem Kirchenvolk, das keine 'revolutionierte Kirche' will, nachdrücklich zum

Bewußtsein gebracht werden. Unangenehm wird sie freilich den Liberalen sein, die wir in den kirchlich örtlichen Körperschaften wie in der Landessynode immer wieder an der Seite der religiösen Sozialisten fanden, wenn es galt, den Positiven Widerpart zu halten: oft genug Opposition um jeden Preis! Die lobende Anerkennung, die die Liberalen am Ende der letzten Synodaltagung von dem Wortführer des religiösen Sozialismus für ihr nie versagendes Verständnis für die religiösen Sozialisten geerntet haben, haben sie leider bisher aus holder Schämigkeit nicht in ihren Blättern abgedruckt.

Besonders übel muß es genannt werden, wenn in die geradlinige Haltung der kirchlich-positiven Leitung gegenüber der Aufstellung nationalsozialistischer Listen, wie sie in der Kundgebung in präziser Fassung niedergelegt ist, Zweifel gesetzt und – mit den Worten des Artikelschreibers zu sprechen – 'so getan wird', als liege begründeter Anlaß vor, ihrem eindeutigen Ernst 'Mißtrauen' entgegenzubringen. Wie liegen denn die Dinge? *Von allem Anfang an* wurde neben schwersten theologischen Bedenken gegen die biblisch nicht begründbare, 'schwarmgeistige' Theologie des 'Religiösen Sozialismus' auf positiver Seite das am 'Religiösen Sozialismus' und seinem betonten Ja zum Marxismus getadelt, daß wir in ihm 'einen dem Wesen der Kirche grundsätzlich artfremden Einbruch der weltlichen Parteipolitik' erkannten. In diesem Urteil hat uns die Zurückweisung, die ihm von religiös-sozialistischer Seite dann und wann widerfuhr, niemals beirren können. Wir haben dem Mühlespiel lange genug zugesehen, wie man das Gewicht je nach Bedarf bald auf das Wort 'religiös', bald auf das Wort 'sozialistisch' legte – legen mußte, gewollt oder ungewollt. Denn das ist ja der Fluch dieser ausgesprochen politischen 'Bindung', daß sie Denken und Handeln beeinflussen muß! Wenn jetzt die 'evangelischen Nationalsozialisten' – wie wir urteilen, ohne die Erkenntnis dieser zwangsläufigen Folgen – genau wie die 'Religiösen Sozialisten' die politische Gebundenheit bestreiten, so tut es uns zwar aufrichtig leid, sie 'in dieser Gesellschaft zu sehen', aber wir sind um des Gewissens willen verpflichtet, das in der Kundgebung gefällte Urteil aufrecht zu halten.

Grundsätzlich sehen wir die Dinge so. Nach allem, was wir über die ersten praktischen Schritte der neuen Gruppe hören, müssen wir leider befürchten, daß die kommenden Tatsachen dieses unser prinzipielles Urteil bestätigen werden. Ist es nicht schlimm, wenn – beispielsweise – Pfarrer Schenck/Ehrstädt in einer Versammlung im Bezirk Neckargemünd-Sinsheim unter dem Vorsitz eines Neckargemünder Katholiken evangelisch-kirchliche Belange behandelte? Parteifunktionäre im weiteren Sinn des Wortes sind in der Wahlvorbereitung tätig, der Parteirahmen wird benutzt, die Parteipresse gebraucht – selbstverständlich! Kirchlich, evangelisch, protestantisch können wir das leider nicht nennen.

Nebenbei gesagt, für eine vollendete Nichtsnutzigkeit müssen wir erklären, was die Mannheimer *'Volksstimme'* vom 24. Juni, Nr. 168, sich vom 'Bund der religiösen Sozialisten' – bald sind diese Sozialisten 'evangelisch', bald 'religiös' – berichten läßt: 'Der Kundige weiß, daß dies (der 'Wetteifer der beiden positiven Christentümer') nur ein Scheinkampf der beiden geistesverwandten Brüder bzw. Schwäger ist. Pfarrer Teutsch (Leutershausen) ist der Schwager des Führers der Positiven, des Pfarrers Bender, Mannheim. Es ist schon allerlei durchgesickert über die Bedingungen, unter denen nach der Wahl *eine Koalition* der beiden Gruppen abgeschlossen werden soll. Wir werden darüber noch Einzelheiten mitteilen. Man will die alte reaktionäre *Obrigkeitskirche* wieder aufrichten. Wer es wissen will (und jederman weiß es; auch der religiös-sozialistische Artikelschreiber kann es wissen), der weiß, daß eine 'Koalition' von uns nicht begehrt und nicht angebahnt worden ist. Auch Pfarrer Teutsch weiß das ganz genau! Wir sehen deshalb den angekündigten religiös-sozialistischen 'Mitteilungen' mit Fassung entgegen. Sie werden so richtig und so zuverlässig sein wie die obige! – – Im übrigen sind wir nicht so blöde, daß wir den hintergründigen Zweck von derlei liberalen und religiös-sozialistischen Verlautbarungen nicht sähen: die Nationalsozialisten und die Positiven auseinander zu bringen und ihr Miteinandergehen zu vereiteln, vor dem man sich fürchtet. Die Herren Artikelschreiber brauchen sich keine Mühe zu geben! Die künftige kirchlich-positive Fraktion wird genau wissen, was sie zu *tun* und zu *lassen* hat!

Der liberale Anonymus in den 'Süddeutschen Blättern' meint: 'Wenn sich heute eine neue, staatspolitisch gebundene Gruppe in der Kirche zeigt, so scheint uns das nur das folgerichtige Ergebnis der seitherigen kirchlich-positiven Parteiherrschaft zu sein und des von der positiven Mehrheit mit einer ganz besonderen Schärfe betriebenen 'Parlamentarismus' in der Kirche'. – 'Parteiherrschaft' ist ein hübsches Wort im Mund der übriggebliebenen Träger und Nachfahren fünfzigjähriger kirchlich-liberaler Parteiherrschaft in der badischen Landeskirche. Wir stellen uns getrost dem Urteil der Geschichte, die einmal über die liberale und die positive 'Ära' zu richten haben wird. Viele Seiten dieser 'Blätter' könnten wir mühelos füllen, wollten wir auch nur Regesten schreiben über das, was wir liberale 'Parteiherrschaft' nannten. Es leben noch etliche, die sie am eigenen Leibe erfuhren! Aber um des heutigen kirchlichen Friedens willen wollen wir schweigen und haben nur den herzlichen Wunsch, es möchten alle, auch in Wahlzeiten unerlaubten Herausforderungen unterbleiben: *Cui bono?* Der kirchlichen Befriedung dienen sie ganz gewiß nicht! – Unnötig zu sagen, aber vielleicht erwarten doch berechtigte Sorgen berechtigt gewissenhafter Glieder unserer Kirche zur Linken und zur Rechten, daß es gesagt werde, und darum sei es ausdrücklich ausgesprochen: Wir wissen von dem Gericht des allwissenden Gottes über sündige und fehlsame Menschen genug und stellen uns ernstlich genug unter dies Gericht, daß wir nicht zögern, uns über der Fehlsamkeit unseres kirchlichen Tuns und kirchenregimentlicher Entscheidungen vor Gott zu beugen. Wen es gelüstet, uns daraus einen kirchenpolitischen Strick zu drehen, der mag es tun! Aber den oft genug im Gebet um göttliche Leitung errungenen Gewissensernst, der der Kirche Bestes suchte, und den im Gebete festgehaltenen, oft sehr schweren Entschluß, der Kirche Wohl zu fördern, lassen wir uns nicht antasten. Ein Parteigericht, wie es jetzt geübt wird, ist ein 'menschlicher Tag', über den 1. Kor. 4, 1-5 das Nötige gesagt ist. – Die logische Unschlüssigkeit, die die Zusammenstellung der neuen Gruppenbildung und der 'kirchlich-positiven Parteiherrschaft' enthält, ist so einleuchtend, daß es sich erübrigt, sie aufzuzeigen. Hier hat der gute Wille, der alles zum Besten kehrt, gewiß nicht gewaltet. Wer unsere einmütig beschlossene Kundgebung als unsere *ehrliche* Meinung liest, kann sie so nicht deuten. Es ist zwar eine gröbliche Entstellung der Wirklichkeit, wenn im 'Religiösen Sozialisten' vom 26. Juni von einer 'engen Verbundenheit der Liberalen mit den Positiven' geredet wird, aber wir möchten doch die Hoffnung derer nicht ganz zuschanden werden sehen, die für das Ende des 'Wahlkampfes' eine Verbundenheit in Gerechtigkeit und Wahrhaftigkeit erhoffen."

130 Pfr. Kobe: „Bemerkungen zur journalistischen Wahlvorbereitung"
KPBl. Nr. 13, 3. Juli 1932, S. 104

„Die ersten programmatischen Äußerungen, die von unserer Seite zur Vorbereitung der Synodalwahl durch den Artikel 'Klare Fronten' in Nr. 11 der 'Kirchlich-Positiven Blätter' und den Wahlaufruf 'Was wollen wir Positiven?' in Nr. 6 der 'Monatsblätter' erfolgten, haben sofort die Kritik der Gegenseite auf den Plan gerufen. In Nr. 24 des 'Religiösen Sozialisten' ereifert sich besonders *Dr. Dietrich* über den positiven Wahlaufruf in den 'Monatsblättern', der ihm offenbar gar nicht gefallen hat. Wer den Aufruf des ungenannten Verfassers unvoreingenommen liest, der, so sollte man meinen, müßte wenigstens zu dem Urteil kommen: Nun, der Mann sagt doch auch einmal klar und deutlich, um was es sich für ihn bei der Wahl handelt. Dietrich ist zu dem gegenteiligen Resultat gekommen. Hier sei nichts von der christlichen Forderung des 'Ja, Ja und Nein, Nein' erfüllt, im Gegenteil: 'Hier ist alles 'darüber'.' 'Hier wird gekämpft gegen Dinge, die in Wirklichkeit gar nicht vorhanden sind'.(!) Und dazu lese man nun noch einmal in dem Aufruf das, 'was wir bekämpfen': 'Die Gottlosenbewegung in jeder Form, die Unzucht, die Verächtlichmachung der Ehre, die Abtreibung und Aufhebung des § 218, den Klassenhaß' usw. Das sind also Dinge, die nach Dietrich gar nicht vorhanden sind! 'oder die man des schlechten Gewissens wegen zudecken zu können hofft'. – Aber es kommt noch schöner! Die *Positiven kämpfen plötzlich gegen jede Art von Verstaatlichung der Kirche* – und sie *haben die geldliche Abhängigkeit* (der Kirche vom Staat) *durch alle möglichen Verträge in die Ewigkeit hinein auszudehnen gesucht.*' Wenn schon ein Mitglied der Kirchenregierung, wie es der Vorsitzende des sozialistischen Volkskirchenbundes ist, so die Unwahrheit hinausposaunt, was kann man dann von den geringeren Geistern erwarten? Er nenne doch nur einen einzigen *Vertrag*, durch den das geschehen ist!

Dr. Dietrich behauptet in dem gleichen Artikel in seiner Auseinandersetzung mit den evangelischen Nationalsozialisten: 'Ihre alten positiven Freunde haben *dem badischen Kirchenpräsidenten ein Ministergehalt* gegen die Stimmen der religiösen Sozialisten bewilligt.' Auch das steht gegen die Tatsache. Die evangelische Kirche hat es vor bald einem Jahrhundert durchgesetzt, daß der Evangelische Oberkirchenrat im Rang einem Ministerium gleichgestellt wurde. Danach wurde seinerzeit auch das Gehalt des Präsidenten des Evangelischen Oberkirchenrats in der *Verfassung* festgelegt. Die letztere Bestimmung ist gefallen, und zwar mit den *positiven* Stimmen der Synode, nur am Grundsatz ist festgehalten worden. – Aber ein Mitglied der Kirchenregierung bringt es fertig, die Leser so zu unterrichten: Die Positiven bewilligten dem badischen Kirchenpräsidenten ein Ministergehalt.

Dasselbe Mitglied der Kirchenregierung wirft die vorwurfsvolle Frage an die Adresse des nationalsozialistischen Pfarrers Sauerhöfer auf: 'Billigen Sie die brutalen Gewaltmethoden, mit denen die positive Kirchenleitung die Bewegung der religiösen Sozialisten unterdrückt?' – In welchem weltlichen Regierungskollegium wäre eine derartige Anpöbelung des Präsidenten durch ein Mitglied dieses Kollegiums möglich?

Von kirchlich-liberaler Seite glaubt in Nr. 7 der 'Südd. Blätter für Kirche und freies Christentum' Herr Pfarrer Lic.Lehmann/Durlach die Forderung in meinem Artikel 'Klare Fronten': '*Gottes Wort auf der Basis des Bekenntnisses,* das ist die Position, die die Kirche festhalten muß', als 'in innerem Widerspruch zu seinen sonstigen Ausführungen theologisch und logisch absolut unrichtig' bezeichnen zu müssen. Dem Zusammenhang nach war von mir aber das Wort Gottes gemeint, das die Kirche als *viva vox evangelii* (lebendige Stimme des Evangeliums) zu verkündigen hat. Und für dieses zu verkündigende Gottes-Wort soll allerdings das Bekenntnis der Kirche die maßgebende Norm sein. Herr Lehmann sollte doch auch wissen, daß sich auf 'Gottes Wort' schließlich alles beruft, alle möglichen christlichen Gemeinschaften und Sekten. Wonach soll denn überhaupt entschieden werden, ob recht gelehrt wird, wenn nicht nach dem Bekenntnis, das den Anspruch erhebt, das aus der Glaubensgemeinschaft erwachsene richtige Verständnis der Schrift in der Hauptsache darzubieten. So ist das Bekenntnis das Ausschließende und Einschließende der Gemeinschaft geworden. Für Lehmann hat das Bekenntnis nur noch die Bedeutung einer *historischen Erinnerung*, ist nichts mehr als eine *Reliquie,* die er selbst ab und zu wohl solchen, von denen er glaubt, daß sie sie zu sehen wünschen, aus dem Reliquienschrein der Agende oder des Katechismus aufzeigt. Also: 'Gottes Wort, wie ich es auffasse', das ist die Position, die Lehmann natürlich nicht bloß für sich, sondern für jeden Verkündiger des Wortes Gottes in Anspruch nimmt. Aber 'Gottes Wort auf der Basis des Bekenntnisses', das ist die Position, die unsere Kirche und die Diener dieser Kirche, die sich freiwillig in diesen Dienst gestellt haben, einzunehmen haben. Es versteht sich dabei von selbst, daß der Wert des Bekenntnisses nicht darin besteht, daß es Gesetz, sondern daß es Zeugnis, Gottes Wort in seinem Kern zusammenfassendes Zeugnis ist. Und daß Christus, der Herr, der Hauptinhalt des christlichen Bekenntnisses seit der Stunde der Geburt einer christlichen Gemeinschaft ist, darüber sollte ebenfalls kein Zweifel bestehen. – Darum freut es uns auch, daß es im ersten und grundlegenden Programmpunkt im '*Dienst der liberalen Gruppe in der evangelischen Kirche*' sozusagen im Wahlaufruf der Kirchlich-liberalen in Nr. 7 ihrer Blätter heißt: 'Festen Fuß fassen im Zentrum der Schrift und der Bekenntnisse, dem Evangelium von der sündenvergebenden Gnade Gottes.' Aber es würde uns noch mehr freuen, wenn darin auch das biblische Zeugnis von unserm christlichen Bekenntnis zu der Tatsache *Jesus Christus* Raum gefunden hätte. Denn diese Tatsache gehört mit zum Wesen des Christentums, auch wenn es Herr Lehmann 'theologisch und logisch für absolut unrichtig' halten würde.

Was sonst das kirchlich-liberale Wahlprogramm in der '1. Werbenummer' der 'Südd. Blätter' mit seinem 1. Teil 'Aus der evangelischen Landeskirche', wo namentlich die Frage: 'In welchen Zustand ist die Landeskirche (ergänze: 'durch die Führung der Positiven') gekommen?' beantwortet wird, und mit seinem 2. Teil, wo die 'Gefahren für die Kirche' aufgezeigt werden, die ihr durch eine weitere positive Führung drohen, – was dieses Wahlprogramm anbelangt, so erinnert es an den bekannten Ausruf Tertullians: 'Wenn der Tiber bis an die Stadtmauern steigt, wenn der Nil die Felder nicht überschwemmt, wenn die Erde bebt, wenn Seuche und Hungersnot über die Menschen kommt, sofort heißt es: Vor die Löwen mit den Christen!' Das will sagen: Alle Schäden, die an unserer Landeskirche sichtbar sind, alle Gefahren, die ihr drohen: die 'Parteiisierung', 'der Anreiz zu politischer Gruppenbildung', 'die

Pauperisierung', 'die zu großen Ausgaben', 'der Rückgang der Steuererträgnisse', 'die Katholisierung', 'die Dogmatisierung', 'die Deziminierung' – an allem ist die führende positive Gruppe mit ihrer seitherigen Majorität in Synode, Kirchenregierung und Kirchenleitung schuld. Den Beweis für solche Behauptungen kann man sich ja in einem Wahlaufruf ersparen. Den Gegenbeweis m.E. aber auch, da man weiß, daß zu den Gelegenheiten, da am meisten – unrichtige Behauptungen aufgestellt werden, auch die Zeit vor einer Wahl gehört."

131 KPV: Wahlaufruf
Evang. KuVolksBl. Nr. 28, 10. Juli 1932, S. 220

„Wenn dir deine Kirche lieb und wert ist, mußt du am Sonntag, den 10. Juli, wählen, darfst deine Kirche nicht staatspolitisch gebundenen Parteien ausliefern, hast die Pflicht, so weit es in deiner Hand steht, die Kirche vor unnötigen Erschütterungen und schädlichen Experimenten zu bewahren und sie auf der klaren Linie des biblischen Evangeliums und des Bekenntnisses der Väter zu erhalten. Darum wähle nur kirchlich-positiv!

Auf den richtigen Stimmzetteln dürfen weder Striche noch Kreuze noch sonstige handschriftliche Zusätze angebracht werden.

Achtung vor Verwechslung!

Die 'Kirchlich-positive Vereinigung', die wir diesmal wie früher wählen, will *nicht verwechselt* werden *mit der 'kirchlichen Vereinigung für positives Christentum und deutsches Volkstum'.* Diese ist in Anlehnung an eine staatspolitische Partei entstanden und von ihr abhängig. Das taugt nichts. Politik gehört nicht in die Kirche. Die Kirche steht über allen weltlichen Parteien. Die Kirche überdauert alle zeitliche staatliche Politik. Wer kirchlich-positiv denkt, hält es mit Luther, der gesagt hat: 'Meinen Deutschen bin ich geboren, ihnen will ich dienen!' Wer *kirchlich-positiv* steht, tritt *selbstverständlich für deutsches Volkstum* als Gabe Gottes ein. Darum war *die neue Vereinigung* für 'positives Christentum und deutsches Volkstum' *überflüssig.* –

Kurz und bündig: 'Kirchlich-positive Vereinigung' ist unsere Losung."

132 Pfr. Oberacker: Wahlempfehlung zugunsten der KPV
Evang. Gemeindebote für Leopoldshafen Nr. 7, Juli 1932: LKA GA 8092 Nr. 79

„In der Juninummer unseres [Gemeinde-]'Boten' habe ich einen kleinen Abschnitt 'Zur Kirchenwahl' gebracht, den man mir da und dort verargte. Ich hätte so getan, als seien die Kandidaten der Kirchlich-Positiven Richtung unserer Kirche die einzigen Männer, die einer Wahl würdig wären. Damit hätte ich aber die Kandidaten der anderen Richtungen unserer Landeskirche gekränkt und sie zurückgesetzt. Auch sie wollen doch, daß durch ihre Wahl Christus gewählt werde.

Liebe Freunde, ich habe in der Tat niemand kränken noch beleidigen wollen. Aber nicht wahr, meine Meinung darf ich in unserem Blättchen doch noch sagen? Die geht aber auch heute da hinaus, wo sie das letztemal hinaus wollte: Ich empfehle unsern Wählern die Wahl der Kandidaten unserer Kirchlich-Positiven Vereinigung. Die kann jeder wählen, wie er auch politisch eingestellt sein mag. In unserer Kirche soll jeder evangelische Christ sein Heimatrecht haben, darum muß alle Politik vor ihren Toren Halt machen, und darum dürfen wir nicht zugeben, daß sie unter die Leitung oder Herrschaft einer Partei kommt. Anders verliert sie ihre Bedeutung für die Gesamtheit der Glaubensgenossen. Wir leiden in politischer Hinsicht genug unter den Parteigegensätzen: In der Kirche wollen wir unsere Ruhe haben. In ihr wollen wir einzig unseres Glaubens leben. Ich bin ein guter Deutscher und stehe immer auf Seiten derer, die für ein großes, freies, starkes Vaterland kämpfen, aber noch einmal: die Kirche darf weder unter die Herrschaft einer Partei, noch unter den Einfluß einer falschen Glaubensrichtung kommen. Darum: 'Wählt so, daß Christus gewählt wird!' — Wer meiner Meinung nicht ist, darf anderer Meinung sein. Ich bleibe dennoch sein Freund."

3. Landeskirchliche Vereinigung

133 Pfr. K. Lehmann: „Gemeinsame Wahlversammlungen"
LKBl. Nr. 8, 13. Juni 1932, S. 63

„In der thüringischen Landeskirche ist es meines Wissens gewesen, daß vor der letzten Wahl zur Landessynode die verschiedenen Gruppen *gemeinsame Wahlversammlungen* gehalten haben. An einem Abend, im gleichen Raum legten nacheinander die Vertreter der verschiedenen Gruppen ihre Grundsätze und Forderungen dar. Diese Art Wahlversammlungen wurde von dem Landeskirchenrat gutgeheißen und hat sicherlich viele Vorteile. Der Gemeinde wurde sichtbar zum Ausdruck gebracht, daß die Vertreter der verschiedenen Richtungen doch auf einem gemeinsamen Boden stehen. Und das ist so wichtig zu zeigen, daß wir bei allen unausbleiblichen Gegensätzen unseres stückwerkartigen Erkennens doch in einem geeint sind: in dem Aufblick zu Gott und in der Bitte um seinen heiligen Geist, sein Werk zu tun. Die Wähler konnten die Redner der verschiedenen Richtungen im Original hören und brauchten sich nicht damit zu begnügen, das Bild des Gegners gewollt oder ungewollt, verzeichnet zu sehen. Die Redner selbst sind einfach gezwungen, nur sachlich begründete Behauptungen aufzustellen, und das Positive hervorzuheben. Und schließlich: auch ohne Debattereden bedeutet eine solche Versammlung doch einen Geisteskampf, in dem mitzuringen und Stellung zu nehmen die Zuhörer viel eher gezwungen werden, als wenn sie an einer Versammlung von Gleichgesinnten teilnehmen, bei der man schon von vorn herein weiß, daß der Redner der eigenen Partei recht und der, der anders denkt, unrecht hat. Ob wohl bei uns in Baden in einer Gemeinde das Vorbild aus Thüringen Nachahmung finden wird?"

134 Prof. Soellner: „Vor den Kirchenwahlen"

LKBl. Nr. 9, 3. Juli 1932, S.66–68

„Der wohlgemeinte Antrag unserer landeskirchlichen Synodalen, die kirchlichen Wahlen mit Rücksicht auf die gespannte innerpolitische Lage um ein Jahr zu verschieben, hat leider nur die Unterstützung der Liberalen gefunden und wurde mit großer Mehrheit von Positiven und Religiösen Sozialisten niedergestimmt. Vielleicht hätten sich die Positiven etwas anders verhalten, wenn sie damals schon gewußt hätten, was sie erst später erfuhren, nämlich, daß die evangelischen Nationalsozialisten mit eigenen Listen an der Wahl teilnehmen. Die Grenzen zwischen den einzelnen kirchlichen Gruppen sind ja nicht sehr dicht, und so ist denn auch allerlei über Enttäuschung, Verhandlungen hin und her, starke Spannungen und endlich gütliche Vereinbarung hindurchgesickert. Jedenfalls sieht man heute einigermaßen klar. Prophezeien soll man natürlich gerade vor einer Wahl nicht, denn es kann nicht nur anders, sondern sogar *ganz* anders kommen als man denkt. Da ich mir aber denke, daß unsere Leser sich gerne einigermaßen ein Bild von der Lage machen wollen, so will ich meine Ansicht darüber ganz unverbindlich äußern:

Beginnen wir mit *unserer eigenen Gruppe*, nicht aus Überheblichkeit, sondern der Einfachheit wegen, denn hier genügt die Feststellung, daß wir entsprechend dem grundsätzlichen Beschluß der Landesversammlung von 1931 nicht mit eigenen Listen auftreten werden. Wir werden das selber sicher am wenigsten bedauern. Aber schon heute, nachdem die letzte Synode kaum aufgelöst ist, hört man einzelne Stimmen des Bedauerns darüber, daß in einer künftigen Synode eine Gruppe wie die unsere, die an kein Parteiprogramm, sondern nur an ihr christliches Gewissen gebunden ist und die darum manchmal ausgleichend und versöhnend wirken konnte, nicht mehr vorhanden ist. Ein Bedürfnis nach einer solchen Gruppe ist vorhanden, und schon heute läßt sich absehen, daß in der kommenden Synode die *Liberalen* wohl oder übel in diese taktische Stellung geraten werden. Sie werden, da leider in der künftigen Synode gerade die politischen Bindungen eine besondere Rolle spielen werden, als einzige politisch nicht gebundene kirchliche Partei, ob sie wollen oder nicht, Mittelpartei werden und also *die* Haltung einnehmen, die sie uns so oft zum Vorwurf gemacht haben.

Die *Religiösen Sozialisten* haben durch die langwierigen Erörterungen und Verhandlungen des Falls Eckert, durch das unglaubliche Verhalten ihres Führers Eckert und durch die überwiegende Ablehnung seines revolutionären Kampf-Sozialismus seitens des Kirchenvolks schweren Schaden erlitten. Daß sie mit allen Mitteln diese Scharte auswetzen und ihre Stellung in der Kirche stärken wollen, vor allem im Hinblick auf das Eindringen der nationalsozialistischen Welle ins kirchliche Leben, das geht aus einer Veröffentlichung im 'Volksfreund' vom 18.6.1932 hervor. Dort wird von den kommenden Kirchenwahlen gesagt: 'Sie werden von entscheidender Bedeutung für die evangelische Landeskirche und für die werktätigen Glieder dieser Kirche sein. Schon rüsten die Nationalsozialisten, um auch bei diesen Wahlen zur Macht zu kommen. Man muß ja schon seit längerer Zeit feststellen, wie die Diener der evangelischen Kirche schon in Scharen dieser Zeitbewegung hilflos nachlaufen, ohne die Gefahren für Christentum und Kirche zu erkennen. Es bleibt unbestritten, daß die weltanschaulichen Grundlagen des Nationalsozialismus dem Christentum vollständig widersprechen. Die Reaktion verfolgt aber bei diesen Kirchenwahlen ein anderes Ziel. Sie weiß, daß sie durch die Eroberung der Kirche dann noch einen kleinen Weg hat, um zur politischen Macht überhaupt zu kommen. Das werktätige Volk darf deshalb diese Kirchenwahlen nicht als etwas Nebensächliches betrachten. Sie müssen verstanden werden im Rahmen des großen politischen Geschehens, und sie werden eine wichtige Vorentscheidung für die kommenden Reichstagswahlen sein. Der Bund der religiösen Sozialisten, der die Interessen des sozialistischen Proletariats innerhalb der Kirche vertritt, wird auch hier den Kampf aufnehmen, um der drohenden Faschisierung der Kirche Einhalt zu bieten, um dem werktätigen Volk, das noch zur Kirche gehört, sein Recht in der Kirche zu erkämpfen. Es ist selbstverständlich, daß das sozialistische Proletariat seine Wortführer in der Kirche durch Abgabe des Stimmzettels der religiösen Sozialisten restlos und entschlossen unterstützt und auch dadurch die Befreiung des Proletariats aus allen Fesseln der Reaktion eintritt.' Man sieht deutlich, wie hier die Kirchenwahlen 'in den Rahmen des großen politischen Geschehens' hineingestellt werden. Der Vorwurf, daß sie als erste die Ideen und die Kampfesweise der weltlichen Politik in die Kirche hineingetragen haben, den D. Greiner in den Positiven Blättern den Religiösen Sozialisten gemacht hat, kann nicht widerlegt werden, auch nicht durch die Behauptung, daß die Kirche schon vorher einseitig parteipolitisch gebunden gewesen sei. Denn die historisch gewordene und auch historisch begründete Verbundenheit der Kirchenleitung mit dem Großherzog als evangelischem Landesbischof hatte mit Parteipolitik nichts zu tun. Es ist die *Schuld* Eckerts und seiner Freunde (er hat es mir selbst seinerzeit triumphierend mitgeteilt), daß sie aus dem Volkskirchenbund, der etwas ganz Richtiges wollte, nämlich das Laienelement in der Kirche stärken, den politisch einseitigen 'Bund religiöser Sozialisten' gemacht haben. Die Früchte ernten sie jetzt und leider wir alle, d.h. die ganze Kirche mit ihnen. Denn natürlich sagt man sich auf der anderen Seite: Was dem einen recht ist, ist dem andern billig. Hat der Sozialismus seine Vertretung in der Kirche, so kann erst recht der Nationalsozialismus das Gleiche beanspruchen. – Wie die Aussichten der Religiösen Sozialisten im Wahlkampf sein werden, läßt sich schwer sagen. Sie mögen bei intensiver Propaganda, unterstützt durch ihre politische Parteipresse, ihre Stimmenzahl vermehren. Ob ihre Mandatzahl steigen wird, erscheint bei der zu erwartenden steigenden Wahlbeteiligung zumindest fraglich. In der kommenden Synode werden sie sicherlich in verschärfter Opposition stehen.

Über Absichten und Aussichten der '*evang. Nationalsozialisten*' oder des 'Bundes für positives Christentum und deutsches Volkstum' (wie sich die neue Gruppe endgültig nennen wird), kann im Augenblick noch nicht viel gesagt werden. Die Nationalsozialisten werden nach ihrer bisher bekannten Art den Wahlkampf systematisch in der Stille vorbereiten und dann kurz und intensiv führen, gestützt auf die Presse und die namhaften organisatorischen Hilfsmittel der Partei. Ihre Parole, die bei allen politischen und Betriebswahlen mit so vorbildlicher Disziplin befolgt wird, wird sicher von einer großen Zahl von Parteianhängern auch bei der Kirchenwahl befolgt werden. Trotzdem läßt sich ihr Wahlerfolg nicht abschätzen. Ich erwarte in ihnen die zweitstärkste Partei nach den 'Positiven'. Welches ihre politischen Ziele in der Synode sein werden, ist am besten aus ihrem Programm zu ersehen (siehe unten S. 69).

Die Haltung der *Positiven* im Wahlkampf und in der kommenden Synode ist aus ihrem Aufruf zu erkennen, der im Evang. Kirchen- und Volksblatt vom 19.6.1932 zu lesen ist. Darin heißt es am Schluß:

'Wir legen Protest ein gegen jede Politisierung der Kirche und bekämpfen den christentumsfeindlichen Kommunismus und Marxismus, auch den Sozialismus, der gegen die Kirche hetzt; wir lehnen aber auch jede Herrschaft irgend einer politischen Partei innerhalb der Kirche ab, weil diese dem Wesen der Kirche widerspricht. So grenzen wir uns ab gegen die 'Religiösen Sozialisten', deren Führer Eckert war und mit dem sie heute noch sympathisieren, die in der letzten Landessynode sogar die gottesdienstliche Gemeinschaft mit den anderen abgelehnt und einen Sonder-Schlußgottesdienst abgehalten haben. Aber auch gegen die 'Liberalen', die keinerlei Gewähr bieten für die bekenntnismäßigen Grundlagen unserer evangelischen Kirche, grenzen wir uns ab, und dies umsomehr, als sie im Fall Eckert eine ganz unentschiedene Haltung einnahmen und der völligen Parlamentarisierung der Kirche Vorschub leisten.

... Wir aber von der 'kirchlich-positiven Vereinigung' wollen nicht, daß die kirchlichen Dinge nach politischen, sondern nach rein kirchlichen Gesichtspunkten beurteilt und gestaltet werden. Unsere Kirche soll nicht ins Schlepptau irgend einer politischen Partei kommen. Darum fordern wir alle Männer und Frauen auf, für die Liste der Positiven zu stimmen!'

Wer diese Zeilen aufmerksam liest, der erkennt, wie verschieden die Abgrenzung nach den verschiedenen Seiten ist. Sie ist *klar* gegen die Liberalen, *scharf* gegen die Sozialisten, aber *vorsichtig* gegen die Nationalsozialisten. Hier zeigt sich schon ganz genau die Linie der künftigen kirchenpolitischen Taktik. Die Positiven können darauf hinweisen, daß sie in ihrer Ablehnung des Religiösen Sozialismus immer klar und scharf waren. Das wird ihnen viele Stimmen einbringen. Ihr unentwegtes Festhalten am Wortlaut der Bekenntnisse verpflichtet ihnen die Gemeinschaften mit ihrem ganzen Anhang. Eine kluge und weit vorausschauende Personalpolitik in der Zeit ihrer unumschränkten Herrschaft seit 13 Jahren trägt jetzt ebenfalls ihre Früchte. – Aber trotz allem, mit der absoluten Majorität der Positiven wird, wenn die Nationalsozialisten einigermaßen Erfolg haben, nicht mehr zu rechnen sein. Man wird sich eben mit ihnen darin teilen müssen. Man wird das umso mehr können, wenn die Rechnung richtig ist, die unlängst in den Positiven Blättern zu lesen war, daß nämlich 5 Sechstel der nationalsozialistischen Pfarrer von den Positiven herkommen. Freundschaftliche und z.T. verwandtschaftliche Beziehungen der Führer hüben und drüben werden das ihre tun.

So werden wir also damit zu rechnen haben, daß in der Synode die Positiven mit den Nationalsozialisten zusammen die Mehrheit haben. Eine Umbildung der Kirchenregierung wird die Folge sein. Weitere Folgen sind heute noch nicht abzusehen. – So ergeben sich recht interessante, aber leider z.T. sehr bedenkliche Konsequenzen. –
Zum Schluß noch ein Wort über den *Liberalismus*. Es ist nicht zu verkennen, daß die Konjunktur für liberale Ideen sowohl auf politischem wie auf kirchlichem Gebiet ungünstig ist, gewiß nicht zufälligerweise. Immerhin ist der heutige Liberalismus etwas ganz anderes als der alte Nationalismus. Aber er wird noch für dessen Fehler zu büßen haben. Es wäre jedoch im Interesse der Kirche sehr zu bedauern, wenn der Liberalismus ganz unter die Räder käme. Eines kann er in der Wahlpropaganda für sich in Anspruch nehmen: die liberale Gruppe ist die einzige, die von parteipolitischen Bindungen ganz frei ist. Und das wird ihr immerhin die Sympathie derjenigen sichern, die die Politisierung der Kirche bedauern.
Der eigentliche Wahlkampf hat heute noch nicht eingesetzt, wohl aber eine verstärkte Propaganda. Möchte doch der unvermeidliche Kampf sich in erträglichen Grenzen halten! Das Rundschreiben des Herrn Prälaten hat die Gewissen geschärft und zu anständigem, würdigem Kampf gemahnt [vgl. Dok. 111]. Unser Vorsitzender hat am 17. Juni in dankenswerter Weise an den Herrn Kirchenpräsident einige Bitten gerichtet, die dasselbe wollen und praktische Vorschläge enthalten [vgl. Dok. 136]. Vielleicht haben gerade in dieser Richtung unsere Mitglieder und Freunde, besonders die Ortsgruppen, eine wichtige Aufgabe. Hoffen wir, daß diese Zeit der Spannung vorübergeht, ohne der Kirche bleibenden Schaden zu bringen."

135 Prof. Knevels: „Zur Ethik und Christlichkeit des Kirchenwahlkampfs"
LKBl. Nr. 9, 3. Juli 1932, S. 68

„ – habe ich als Vorsitzender der LKV unter einstimmiger Zustimmung des Vorstandes am 17. Juni an den Herrn Kirchenpräsidenten folgende Bitte gerichtet: Er möge die Dekanate veranlassen: 1.) Bezirksehrenräte zu bilden (bestehend aus dem Dekan, einem Mitglied des Bezirkskirchenrates und einigen Personen verschiedener Parteistellung, aber von bewußt kirchlichem Sinn), denen Wahlflugblätter und –Aufrufe vorher vorgelegt werden; 2.) den Geistlichen nahezulegen, auf Abhaltung *gemeinsamer Wahlversammlungen* zu drängen und 3.) mit allen Mitteln zu verhindern, daß in den *Tageszeitungen* für kirchliche Gruppen Propaganda gemacht werde. Der Herr Präsident lehnte dies ab, da die Zeit zu kurz sei und die Laienführer der Gruppen sich wohl nicht beeinflussen ließen. Der Vorsitzende bat ihn jedoch, die Vorschläge wenigstens bekannt zu geben, damit da und dort freiwillig nach ihnen gehandelt werde. Die Bekanntgabe ist erfolgt. Ich halte selbst an einigen Stellen 'Wahlversammlungen' für alle vier Gruppen."

4. Religiöse Sozialisten

136 LSynd. Dietrich: „Macht geht vor Recht"
RS Nr. 4, 24. Jan. 1932, S. 15

„Die badische Kirchenregierung mit ihrer positiven Mehrheit hat von neuem den eindeutigen Beweis dafür erbracht, daß sie nur kirchlich-positive, aber keine landeskirchlichen Interessen kennt. In der Arbeiterstadt Mannheim waren bisher zwei religiös-sozialistische Pfarrer, die Gen. Lehmann und Eckert. Als vor einigen Monaten der eine in Ruhestand trat, versagte die Mannheimer kirchliche Körperschaft und die Kirchenregierung den religiösen Sozialisten einen Pfarrer ihrer Richtung. Niemand hatte es aber für möglich gehalten, daß den religiösen Sozialisten nun auch die letzte Pfarrei genommen werde, die Pfarrei, die bisher Pfarrer Eckert innehatte. Das Unerhörte ist geschehen: die religiösen Sozialisten wurden ausgeschaltet, und ein streng positiver Pfarrer, der den Gemeinschaftskreisen nahesteht, ist als Nachfolger Eckerts auserkoren worden.
Diese Entscheidung verstößt gegen alles in Baden gebräuchliche Recht. Überall, wo die Positiven auf Grund der Wahlziffern der letzten Wahlen nur annähernd an die Hälfte der Stimmen herankamen, werden positive Geistliche den Gemeinden empfohlen oder in Zweifelsfällen durch die Kirchenregierung gesetzt. So hat sich allmählich ein Rechtsgrundsatz herausgebildet, der eine tragfähige Basis zur Bestimmung eines der Gemeinde zukommenden Pfarrers abgibt. Den religiösen Sozialisten gegenüber hat die positive Mehrheit diese Basis niemals eingehalten. Aber es waren stets Pfarreien, die vorher den Liberalen oder Positiven gehörten und die an uns durch unsere wachsenden Wahlziffern kommen sollten. Dieses Mal handelt es sich aber um Stellen, die schon von religiös-sozialistischen Pfarrern besetzt waren und hinter denen religiös-sozialistische Mehrheiten stehen. Auch rein gar nichts läßt sich von den Positiven für den Raub der Pfarrstelle vorbringen. Sie haben nur eines für sich: *die Macht, und die nützen sie restlos aus.*
Gerade in diesem Augenblick hätten die landeskirchlichen Interessen es erfordert, daß ein religiös-sozialistischer Pfarrer Eckerts Nachfolger werde. Eckert hatte hier in der Presse zum Kampf gegen den Bund der religiösen Sozialisten aufgerufen, er selbst hat durch seinen Kirchenaustritt das Signal gegeben, ihm zu folgen. Und noch nicht einmal ein

ganzes Hundert ist ihm aus der Stadt Mannheim gefolgt. Die Vororte blieben beinahe unberührt von Eckerts Schritt. Die proletarische Arbeiterschaft hat dem Bund und der Kirche die Treue gehalten. Und der Lohn für diese Treue? Ein bürgerlicher Pfarrer, zu dem die sozialistischen Arbeiter schon deshalb kein Zutrauen haben werden, weil er im Gegensatz zu ihren Wünschen ernannt worden ist.

Während der Leser diese Zeilen in die Hand bekommt, wird in Mannheim schon eine Protestversammlung stattgefunden haben, die gegen diese positive Gewaltpolitik das arbeitende Volk aufruft. Die Positiven rechnen damit, daß eine Hoffnungslosigkeit an dem Erfolg unserer Sache die in der Kirche befindlichen sozialistischen Arbeitermassen von jeder Aktivität abhält, zumal der größte Teil davon arbeitslos ist. Sie fürchten die Aktivierung der kirchlichen Massen am kirchlichen Leben. Vielleicht fürchten sie auch die Kirchenwahlen, die in diesem Jahre noch stattfinden müssen. Uns kann es gleich sein, welche Gedanken sie leiten. Wir wissen das eine: den Schlag, den sie uns hier in Mannheim versetzt haben, werden wir wettmachen, wenn es auch erst in Jahren ist."

137 LSynd. Kappes: „Der Kirchenkampf in Baden — unser Recht und unser Glaube"*⁾

RS Nr. 6, 7. Febr. 1932, S. 22

„Wir haben Sie zum *Protest* aufgerufen. Wir verlangen von Ihnen kein Pathos zorniger Gefühle. Wir reden im Namen von zwei Mächten, die stärker sind als die Gewalt, die uns angetan wurde: im Namen der *Gerechtigkeit* und des *Glaubens*. Darum brauchen wir auch nicht bei Stimmungen stehen zu bleiben. *Wir handeln!* Ja! Wir können sogar *der positiven Majorität danken* für die Dummheit, die sie sich leistete – und alle Tyrannen sind eigentlich dumm! –; denn nun sehen auch alle Schwankenden, daß es falsch wäre, mit Eckert den Schritt aus der Kirche zu tun. Nun durchschauen sie die Taktik der Positiven: *Uns Sozialisten zu zermürben,* bis die Arbeiterschaft wieder in ihre frühere kirchenpolitische Teilnahmslosigkeit zurückgesunken ist. Und sie antworten mit *entschlossenem Widerstand*.

Unser ist das Recht! Nach § 61 der Kirchenverfassung sind bei Pfarrbesetzungen in Gemeinden mit mehreren Pfarreien auch die Wünsche starker Minderheiten von der Kirchenregierung in Erwägung zu ziehen. In *Mannheim* war das Ergebnis der Kirchenwahlen 1926 (also bevor

---

* Rede des Genossen Kappes bei der Protestversammlung gegen den Raub der religiössozialistischen Pfarreien in Mannheim.

Eckert in Mannheim war!): Positive 4320, Liberale 3797, *Religiöse Sozialisten* 3361, Landeskirchler 1282, zusammen 12760 Stimmen. Nachdem die Pfarrei Dr. Lehmanns an die Liberalen, die Pfarrei Eckerts an die Positiven verteilt worden ist, haben: die Positiven und die Liberalen je sieben, die Landeskirchler zwei und die *Religiösen Sozialisten keinen Pfarrer!* In der Arbeiterstadt *Mannheim* nimmt man den Religiösen Sozialisten die *einzige Pfarrstelle, obwohl drei junge sozialistische Theologen sich gemeldet haben, von denen gegen keinen ein Vorwurf irgendwelcher Art erhoben werden konnte. Aber: Herr Landeskirchenrat Bender* wollte wohl seinen bewährten Wahlsekretär von 1926 hier haben? – Dieses Unrecht ist das Werk dieses Herrn Bender. Er ist auf die Verfassung als Mitglied der Kirchenregierung verpflichtet. *Er bricht die Verfassung. Er ist der Prätendent auf den Sessel des Kirchenpräsidenten. Wir erklären ihm* hier in aller Öffentlichkeit, *daß wir niemals zu ihm Vertrauen haben werden.* Er wird nie Gerechtigkeit gegenüber einer anderen Richtung üben können. Seine Absicht ist, die Diktatur seiner Partei zu verewigen. Er ist's, der im Hintergrund des letzten Eckert-Prozesses gehetzt hat. Wir durchschauen die Wirklichkeit und sagen die Wahrheit. Das ist *unsere Waffe der Gerechtigkeit!*
In solchen Augenblicken der Kampfentschlossenheit haben wir uns zu besinnen, *um was es uns bei diesem Kampf geht.* Um Pfarrerposten? So warf im Leitartikel 'Unsere Antwort' am 14.12.1931 die kommunistische 'Arbeiter-Zeitung' uns vor. Wenn es uns sozialistischen Pfarrern in der Kirche um 'Posten' ginge, um ein behagliches Pfarreridyll, dann brauchten wir ja auch nur den Mund zu halten und lammfromm gegenüber dieser Kirchenregierung zu sein. *Wir opponieren, weil wir müssen!* – Eins unserer Ziele ist, daß die Kirche politisch neutralisiert wird. In der letzten Nummer der 'Positiven Blätter' (17.1.1932) schreibt der Schriftleiter *D. Greiner*: 'Wer hat denn diesen Unfug (der parteipolitischen Propaganda) in die Kirche und in die Pfarrerschaft hineingetragen? Doch nur die sozialdemokratischen Pfarrer und niemand sonst. Ehe sie auf der Bildfläche erschienen, hat niemals ein badischer Pfarrer daran gedacht, die Kanzel, den Gottesdienst überhaupt und die kirchliche Organisation im ganzen zu parteipolitischen Zwecken zu mißbrauchen...[*)] Es ist und bleibt aber die ungeheure Schuld des religiösen Sozialismus, mit der Politisierung der Kirche den Anfang gemacht zu haben, und er trägt auch die Verantwortung für das unheimliche Anschwellen dieser die Kirche ruinierenden Bewegung ganz allein...[*)] *denn die religiösen Sozialisten wollen ja nichts anderes, als die Kirche zerstören!*' – Nun, Herr Greiner weiß es ja besser. Aber den Schafen muß man mit dem Wolf Angst machen! Vor Herrn Greiners Artikel mit diesem ihm angemessenen Ton und Inhalt steht ein Artikel von Herrn Geheimen Oberkirchenrat D. Mayer. Sollte dieser Herr nicht längst vor den religiösen Sozialisten,

---
[*] Kürzungen in der Vorlage

als Oberkirchenrat, Politiker, Landtagsabgeordneter und Vorkämpfer der Deutschnationalen gewesen sein? Und gab es nicht gerade genug *konservative,* politisch tätige Pfarrer in Baden und in Deutschland, so viele, daß das *politische Gesicht des gesamten Protestantismus* davon geprägt wurde? Die uns zugedachte 'ungeheure geschichtliche Schuld' weisen wir zurück. Sie muß getragen werden von denen, die nun seit drei Generationen mit dem 'lauteren Evangelium' den Marxismus bekämpfen. Die Kirche hätte uns danken müssen, daß wir zu den Sozialisten gingen. Und sie hätte jetzt Eckerts Versuch in der KPD ebenso freundlich tolerieren müssen, wie sie die 'revolutionären Nationalsozialisten' toleriert, ihre Standartenweihen, Feldgottesdienste, Trauungen in Uniform usw., *nie öffentlich verboten* hat, auch offenen Ungehorsam nie mit einem öffentlichen Disziplinarverfahren beantwortete. Aber: Herr Landeskirchenrat Bender als kluger Taktiker möchte es wohl vor den Kirchenwahlen mit der NSDAP nicht verderben; seine Monopolstellung könnte sonst durch eine 'Deutschkirche' oder durch liberale Einflüsse auf die NSDAP erschüttert werden.

Uns geht es um die *politisch neutrale Kirche,* wie sie in *England* eine Selbstverständlichkeit ist, wo gerade auch die politisch aktiven Pfarrer und Laien der sozialistischen Seite ein Heimatrecht in der Kirche haben. Und um diese Kirche geht es uns, nicht um ihrer selber willen, sondern um *einer christlichen Welt willen!* – Als den Positiven entgegengehalten wurde, daß unter unseren drei Kandidaten mindestens zwei theologisch positiv sind, haben sie *unseren Kirchenbegriff* bemängelt. Ja, der ist allerdings anders. Es ist weder jener klägliche Abklatsch des katholischen, der sich beherrschend über die Welt legt; noch ist es der sektenhafte der 'Bekenntniskirche' (aus der man Euch, Genossen, am liebsten draußen hätte, damit man den ganzen Apparat der Kirche selber handhaben könnte!). Wir sehen, wie in dieser Zeit gerungen wird um ein *Rechts- und Friedensverhältnis der Völker, um einen neuen Sinn der Wirtschaft.* In diesem Ringen vollzieht sich ein Stück des Kampfes um das *Reich Gottes* unter den Menschen. Völkerbund, Demokratie, Sozialismus, Abrüstung, Planwirtschaft sind Worte aus diesem Kampf in der Welt. Aber sie sind zugleich Gefäße für einen lebendigen Inhalt, dessen Wesen Dienst am Mensch, Verantwortlichkeit, Liebe, Frieden ist. Das ist *Gottes Sache.* Darum muß es auch Sache der Kirche sein. Als 'Salz der Erde' soll sie wirkend sich verzehren, als *Bewegung,* die auf den hinweist, der die Geister bewegt, auf den lebendigen und gegenwärtigen Christus. Um für diese Aufgabe an der Welt die Kirche lebendig zu machen, arbeiten wir an ihr mit. Den Ruf Gottes zu hören, und gehorsam zu sein, ist der Erweis unseres Glaubens.

Wir haben das Recht und den Glauben. Was brauchen wir mehr? Damit haben wir die *Vollmacht* zu unserem Kampf. Mag Herr Bender auch zetern: 'Lassen Sie *unsere* Kirche ungeschoren mit *Ihrem* religiösen Sozialismus!' Er hat den Begriff 'ungeschoren lassen' formal zurückgenommen. Aber noch heute ist er der Überzeugung, daß wir in 'seiner' Kirche kein Recht haben. – Nun! Wir nehmen uns das Recht lebendig zu sein und neugestärkt aus unseren letzten schweren Wochen in den Kampf zu gehen. *Unser Protest heißt: Kampf. Die Zukunft wird unser sein!*"

138 LSynd. Schmechel: Gegen die Ideologie der Religiösen Sozialisten
LSyn. 22. April 1932, S. 33–36

„...Es ist heute morgen ein Ausdruck gefallen etwa in dem Sinne, eine Gruppe wie die kirchlich-positive könne nicht anerkennen die Existenzberechtigung einer kirchlichen Gruppe, wie wir sie in den Religiösen Sozialisten vor uns haben. Ich möchte zu begründen versuchen, warum ein solches Urteil nicht das ist, als was es manchem erscheinen kann: ein pharisäerhaftes Urteil von oben herunter, sondern daß es ein Urteil ist, das aus der Notwendigkeit des Kampfes um die Wahrheit kommt, eines Kampfes um die Wahrheit in der Kirche. Weil wir Synode, kirchliche Versammlung, sind, die sich um diese Dinge pflichtgemäß zu mühen hat, deswegen empfinde ich die Verantwortung, noch ein Wort dazu zu sagen auch als Laie.

Kirche ist dort, wo nicht Menschen regieren, sondern Kyrios, der Herr. Kyriake, Kirche, ist dort, wo das Wort des Herrn unbedingte Geltung hat, wo der gekreuzigte Christus gepredigt wird, den Juden ein Ärgernis, den Griechen eine Torheit. Kirche ist dort, wo die Predigt von Christus allein als göttliche Kraft und göttliche Weisheit angesehen wird.

Eine Auseinandersetzung darüber, was das nun für Konsequenzen hat, ist an sich kein Unglück, ist vielmehr notwendig. Aber das will ich jetzt gleich sagen: Diese Auseinandersetzung leidet unter einer ganz besonderen Schwierigkeit, und mit der will ich mich jetzt befassen, besonders im Hinblick auf die kirchliche Gruppe der Religiösen Sozialisten.

Was ist das für eine besondere Schwierigkeit? Ich sehe sie in einer besonderen Unklarheit und Verschwommenheit. Wir sind Glieder eines säkularisierten Geschlechts, eines Geschlechts, das kollektiviert, ökonomisiert und technisiert ist, oder wie diese, an sich vielleicht nicht sehr geschmackvollen, aber sehr richtigen Fremdworte lauten mögen. Ein besonderes Kennzeichen dieser Epoche ist eben die besondere Verschwommenheit aller Begriffe. Und diese besondere Verschwommenheit sehe ich auch als zutreffend an für eine solche Erscheinung, wie die kirchliche Gruppe der Religiösen Sozialisten. Ich will das begründen, damit Sie sehen, daß ein solcher Kampf eben nicht pharisäerhafte Überheblichkeit ist, sondern sich aus der notwendigen Auseinandersetzung um die Wahrheit ergibt.

Ich habe kürzlich im 'Religiösen Sozialisten' – Nr. 3, Jahrgang 1932 – folgende Sätze gefunden:
'Kein Begriff der Gegenwart ist so umstritten und so unbekannt, wie der Begriff des Marxismus. Der Marxismus ist zunächst keine politische Lehre, keine Parteilehre, wie er im politischen Tageskampf aufgefaßt wird; er ist auch keine Weltanschauungslehre, wie er vielfach von den Vertretern der Kirche angesehen wird.'
Es heißt dann weiter in derselben Nummer, der Marxismus sei 'keine fertige Lehre, kein Dogmatismus', und es wird davon gesprochen, daß 'nach dem Tode von Karl Marx seine Lehre in platten Materialismus und in Atheismus umgedeutet worden ist'. Hier wird, ich muß schon sagen, so getan, als ob Karl Marx niemals sein Wort gesprochen hätte: 'Die Religion ist das Opium des Volkes', was er doch gesprochen hat, geschrieben hat; man kann es doch nachlesen in seiner Kritik der Hegelschen Rechtsphilosophie, Seite 385. Es ist doch gar kein Zweifel, daß Marx und Engels das Wirtschaftsleben ansehen als die eigentliche geschichtliche Wirklichkeit und daß sie behaupten, daß aus ihm alles Kulturleben als 'innerliche Widerspiegelung' des Wirtschaftsprozesses ausgewachsen sei. Diese Ansicht hat doch bestimmte Konsequenzen. Hieraus ergibt sich eben nicht bloß eine Wirtschaftslehre und ein Wirtschaftssystem. Nebenbei bemerkt: Wenn es sich dabei bloß um eine reine Wirtschaftslehre handelte, dann müßte der marxistische Sozialismus auch schon tot sein. Ich erinnere Sie an ein Wort, das ja weithin bekannt ist, ein Wort, das 1905 ausgesprochen worden ist in einem sozialistischen Gewerkschaftsorgan; da steht folgendes zu lesen:
'Die wichtigsten theoretischen Leitsätze haben sich als unhaltbar bzw. zweifelhaft herausgestellt. Die Verelendungstheorie hat aufgegeben werden müssen, die Zusammenbruchtheorie kann nicht aufrechterhalten werden, die Krisentheorie ist sehr zweifelhaft geworden; und so steht es auch mit der Auffassung von der chronischen Überproduktion und anderen Lehrsätzen. In den Arbeitermassen ist zwar noch ein verhältnismäßig starker Glaube an diese Lehrsätze vorhanden, aber in den Kreisen der Parteiführer nicht und jedenfalls nicht in der politischen Arbeiterpresse.'
Das steht da zu lesen. (Zuruf vom Volkskirchenbund evangelischer Sozialisten.) Also ich sage: Wenn der Marxismus wirklich weiter nichts wäre als eine Frage, eine Diskussionsangelegenheit rein wirtschaftlicher Art, dann könnte das gar nicht noch mit einem solchen Nachdruck auch von einer kirchenpolitischen Gruppe vertreten werden, wie das geschieht.
Aber nun folgendes – ich beziehe mich wieder auf den 'Religiösen Sozialisten', Nr. 46, Jahrgang 1931; da wird gesagt, daß die 'Christen es nicht lernen wollen, zwischen Gesellschaftsordnung und ewiger Gottesord-

nung zu unterscheiden, weil die Kirchenfürsten und die Pastoren und die Theologen, weil die ganze gebildete Aristokratie zu blasiert ist, um sich einmal ernstlich mit der materialistischen Geschichtsauffassung des Karl Marx zu befassen, die uns zeigt, wie die gesellschaftlichen Schöpfungen der Menschen abhängig sind von ihren materiellen Lebensbedingungen.'
Also 'blasierte Aristokratie' ist das, steht da geschrieben, liest man auch sonstwo, liest man in einem kirchenpolitischen Blatt! Meine Herren! Mir scheint, es ist nicht nur eine 'blasierte Aristokratie', die so etwas denkt; mir scheint, es gibt noch andere Leute, die solche Ansichten haben, und mir scheint, daß das hin und wieder auch dem 'Religiösen Sozialisten' nicht unbekannt ist.
Mir scheint nur, daß daraus nicht die entsprechenden Konsequenzen gezogen werden. Was will ich damit sagen? Kürzlich stand in der Nr. 3 des 'Religiösen Sozialisten' von 1932 folgendes:
'Männer wie Plechanow, Kautsky, Lenin und Bucharin haben durch ihre Verquickung des Marxismus mit dem metaphysischen Materialismus ungeheuer viel für das fortgesetzte Mißverständnis des Marxismus getan.'
Ich meine, es ist nicht ganz unberechtigt, wenn ich sage, dann soll man doch nicht so tun, als ob es bloß Pastoren wären und blasierte Intellektuelle, wenn sogar Leuten wie Lenin und Bucharin das passiert ist, Marx und den Marxismus so mißzuverstehen, so katastrophal mißzuverstehen. (Zuruf aus der Gruppe des Volkskirchenbundes: Ist ja gar nicht wahr.) Sehen Sie, ich meine, da ist vielleicht das Wort 'Mißverständnis' doch wohl nicht mehr ganz am Platz. Es ist wirklich nicht ganz am Platz. Wenn man weiß – das wissen wir doch alle, das ist keinem von uns unbekannt – wenn man weiß, daß im Jahre 1913 ein Mann wie Lenin an seinen Freund Maxim Gorki Briefe geschrieben hat, in denen Stellen vorkamen wie die:
'Jede Religion von irgendeinem Gott ist eine unaussprechliche Gemeinheit'
und wenn er geschrieben hat:
Aufgabe des 'kriegerischen Atheismus' ist, 'einer der widerwärtigsten Sachen, die es auf Erden gibt, nämlich der Religion', ein Ende zu machen,
wenn er sagt:
deshalb 'müssen wir gegen die Religion kämpfen – das ist das ABC des ganzen Materialismus und also auch des Marxismus' –
sehen Sie, wenn Sie da von Mißverständnis reden, meine ich, das ist, vorsichtig ausgedrückt, eine Verschwommenheit, aber eine unheilvolle Verschwommenheit, die zum Ausdruck zu bringen oder den Gegensatz dazu zum Ausdruck zu bringen zum sachlichen Kampf gehört, eben zu

den Auseinandersetzungen gehört, die vom Standpunkt der Kirche aus notwendig sind. (Zuruf aus der Gruppe des Volkskirchenbundes: Wir sind doch in der Synode.)
Man wird also nicht sagen dürfen, daß eine solche Auseinandersetzung sabotiert wird, sondern man wird sagen müssen, wir stehen zu der Auseinandersetzung. Ich stehe zu ihr. Ich sabotiere sie nicht (Zuruf aus der Gruppe des Volkskirchenbundes: Ich auch.) Aber nicht wahr, ich würde auch einer Gruppe, wie die Religiösen Sozialisten es sind, durchaus die Existenzberechtigung zugestehen, wenn sie mehr oder wenn sie überhaupt etwas täte, damit wir aus dieser Nebelhaftigkeit und Verworrenheit herauskommen. Ich würde den Religiösen Sozialisten wirklich Dank wissen. Ich habe – wie soll ich sagen – keinerlei kirchenpolitischen Fanatismus in mir, der mich hindern würde, ihnen Dank zu zollen, wenn sie diese Aufgabe wirklich anpacken würden, wenn sie sie sehen würden.
Das eine möchte ich auch noch einschieben: wenn es sich wirklich bei ihnen um klare Einsicht in die Dinge und wirklich nur um die Frage handeln würde, ob das privatkapitalistische Wirtschaftssystem oder irgendein anderes maßgebend sein soll, so ließe ich auf der wirtschaftspolitischen Ebene durchaus mit mir reden. Ich bin der Letzte, der diese Diskussion nicht mitmacht. Aber um das geht es doch jetzt gar nicht. Wir sind doch in der Kirche. Wir sind in einer kirchlichen Versammlung. Da kann es sich doch nur darum handeln, was von uns als Gliedern der Kirche der Herr der Kirche verlangt, der eben doch die höchste und letzte Autorität hat. Sehen Sie, angesichts dieses furchtbaren weltanschaulichen Durcheinanders sollte die Aufgabe, die wir da haben, wahrlich etwas anderes sein als die Erwägungen, die ich vorhin genannt habe, und die von Ihnen angestellt werden: Sozialismus ist nur eine rein politische, wirtschaftliche Angelegenheit, kein Dogma, keine Weltanschauung, kein Religionsersatz usw. Da stehe ich an den Hauptpunkten. Hier versagen meiner Ansicht nach die Religiösen Sozialisten, hier versagen Sie. Ich will Ihnen sagen, warum ich das glaube. Während von sozialistischen Arbeiterführern und Theoretikern das marxistische Wirtschaftssystem weithin als Gedankenkonstruktion angesehen und nicht mehr ganz ernst genommen wird, geben die religiös-sozialistischen Pfarrer ihm immer wieder so eine Art ideologischen und religiösen Hintergrund. Das ist das, was ich Ihnen übelnehme. Wenn Sie das weglassen würden, wenn das gestrichen würde, dann könnten Sie aber gar keine kirchenpolitische Gruppe mehr sein. (Zuruf: Sehr richtig!) Sehen Sie, wenn Sie das täten, würde ich jetzt nicht zu dieser Auseinandersetzung gezwungen sein. (Zuruf des Synodalen *Kappes*: Sie hätten meine Rede anhören müssen...)
Ich habe noch ein paar Sätze zu sagen. Ich kann bei dieser Aussprache, die gewissermaßen nur zwischenherein erfolgt, die Dinge ja nur streifen,

möchte aber doch auf eines aufmerksam machen. Laut Reichstagshandbuch 1930 waren von den 143 Sozialdemokraten nur 10 evangelisch, 7 Katholiken, 2 Juden, alle anderen freireligiös, Dissident oder religionslos. Die Kommunisten, 77 an der Zahl, waren sämtlich Dissident oder religionslos.

Nun will ich gar nicht auf die Fragen eingehen, die auch vorhin gestreift worden sind, wie weit ein Pfarrer, der Kommunist ist, irgendwie Aufgaben bei uns in der Kirche haben kann. Ich will das alles übergehen und will etwas Besonderes sagen: Angesichts der Tatsachen aus dem Reichstagshandbuch im Zusammenhang mit dieser grundsätzlichen Verworrenheit kann ich es, vorsichtig ausgedrückt, nur als eine Harmlosigkeit bezeichnen, wenn in dieser Situation der Vorstand oder die Vorsitzenden des Bundes evangelischer Sozialisten laut 'Religiösem Sozialisten' 1931 folgendes erklären:

'Der Bund der Religiösen Sozialisten hat bewiesen, daß er sich jederzeit für den politischen Kampf um die Ziele der sozialistischen Bewegung einsetzt. Seine Funktionäre und Wortführer sind als Agitatoren und Funktionäre der Partei mit großem Erfolg tätig. Es läßt sich nachweisen, daß in bestimmten Gegenden und Orten nur durch die Tätigkeit der Religiösen Sozialisten Parteiorganisationen gegründet und erweitert werden konnten.'

Ich weiß nicht, ob Sie verstehen, warum ich das sage. Bestenfalls kann ich das für eine Harmlosigkeit ansehen in dieser Verworrenheit. Sehen Sie, dahin darf der Ehrgeiz einer kirchenpolitischen Gruppe nicht gehen, wohin er hier gegangen ist, wenn daraus nicht sehr schlimme Konsequenzen sich ergeben sollen – ich beschränke mich auf diese Andeutung hier –, Konsequenzen, an denen die Kirche entzweigehen muß, wenn solchen Dingen nicht grundsätzlich und auch praktisch gesteuert wird. Wenn es sich um die Aufgabe der Kirche handelt, dann geht es um den Herrschaftsbereich des Herrn der Kirche. Dann werden wir letzten Endes nicht darnach gerichtet, wie weit wir uns für eine Partei eingesetzt haben, sondern es geht dann um den Gehorsam gegen die Offenbarung Gottes in Jesus Christus. Dann geht es darum, daß die bewußten Glieder der Kirche – das sollen doch die Pfarrer besonders sein –, daß die bewußten Glieder der Kirche davon zeugen, daß Gott uns mit sich selber versöhnt hat durch Jesus Christus und das Amt gegeben hat, das die Versöhnung predigt. Sie kennen diese Worte. Gott war in Christus und versöhnte die Welt mit sich selber und rechnete ihnen ihre Sünde nicht zu und hat unter uns aufgerichtet das Wort von der Versöhnung. So sind wir nun Botschafter an Christi Statt. Laßt euch versöhnen mit Gott! Denn er hat den, der von keiner Sünde wußte, für uns zur Sünde gemacht, auf daß wir würden in ihm die Gerechtigkeit, die vor Gott gilt.

Nicht von Menschen aus, nicht von der politischen Partei aus müssen wir uns in der Kirche orientieren, sondern von der Offenbarung Gottes in Jesus Christus!

Es liegt mir ganz fern, das nun pharisäerhaft nur anderen zu sagen. (Zuruf aus der Gruppe des Volkskirchenbundes: Ist es aber.) Das liegt mir ganz fern. Das müssen wir uns selber auch sagen. Aber wir müssen uns das Richtige sagen. Ja, wir müssen uns allerdings das Richtige sagen. Darum geht es. Das haben meine Zitate bewirken wollen. Wir dürfen uns eben um der Wahrheit willen nicht mit Anschauungen, die im Letzten den Dingen nicht auf den Grund gehen, gegenseitig täuschen, sondern müssen die wahre Aufgabe der Kirche erkennen, die da kommt aus der Wahrheit des Wortes, des Wortes Gottes. (Bravorufe und Händeklatschen bei der kirchlich-positiven Gruppe.)"

139 LSynd. Kappes: „Unsere Antwort an Herrn Dr. Ing. Schmechel..." auf Dok. 138

RS Nr. 19, 8. Mai 1932, S. 74

„Um ihre Niederlage in der Frage des Kirchgelds zu verdecken, haben die Positiven in dieser Synode am 22. April ein richtiggehendes Vernichtungsfeuer gegen uns eröffnet. Die im Blick auf künftige kirchenpolitische Prozesse mit verdächtiger Eile eingebrachte Vorlage zur Veränderung der Zusammensetzung des kirchlichen Dienstgerichts benutzte der Führer der Positiven, Landeskirchenrat *Bender*, Mannheim, zu einer erneuten Feststellung, daß die *religiösen Sozialisten keine Existenzberechtigung in der Kirche haben*. Da nämlich die Feststellung des Dienstgerichts in einem früheren Eckert-Prozeß, die unserer Bewegung das Recht in der Kirche zusprach, nicht im *Tenor* des Urteils, sondern nur in der *Begründung* stehe, schaffe sie kein Recht, auf das wir uns berufen könnten! – Als dann am Nachmittag unser *Minderheitenrechts-Antrag* wegen der Mannheimer Pfarrbesetzung behandelt wurde, verließen die Positiven geschlossen den Saal, als ich das Wort zu einer Begründungsrede erhielt. Die Rede wird später folgen. – Auf die Mörserschüsse Benders folgte das Artilleriefeuer des Reichstagsabgeordneten Dr. Ing. *Schmechel* und die Bomben des Pfarrers *Rost*, Mannheim. Am Ende waren wir 'kurz und klein gehauen', wie ein Tribünenbesucher, der nicht zu uns gehört, voll Zornes über die Kampfweise der Positiven feststellte. Er hatte recht. Wir waren wie gelähmt darüber, daß eine solche unqualifizierbare Kampfesweise möglich war. Selbst die Bibelworte wurden zu Giftgas in diesem Kampf. Wir beneiden die Positiven um den 'Sieg' des 22.4.1932 nicht!

Sehr geehrter Herr Dr.!
Ihr Bemühen, seit Sie in der Synode nachrückten, war darauf hin gerichtet, ein *'Gespräch'* zwischen den Gruppen, vor allem auch zwischen den Positiven und dem Volkskirchenbund evangelischer Sozialisten herzustellen. Sie haben von unserer Seite immer Verständnis, ja sogar *Vertrauen* gefunden. Ich darf Sie noch an unser letztes Gespräch über das Problem 'Pfarrer und Politik' zu Beginn dieser vergangenen Synode erinnern. *Sie haben diesen persönlichen Kredit durch eine einzige Rede vertan!* Ich muß Ihnen dies für unsere ganze Gruppe sagen. Es ist mir eine tiefe Enttäuschung, daß ich so schreiben muß, daß ich dies *öffentlich* erklären muß. Denn die ohnedies schon sehr geringe Zahl von positiven Synodalen, zu denen wir das Vertrauen haben, daß sie unsere Position überhaupt verstehen *wollen*, ist nun noch weiter zusammengeschmolzen. *Uns* erschüttert dies nicht bezüglich der Gewißheit, daß unser Weg ein richtiger und notwendiger ist. Aber es erschüttert uns im Blick auf *die Kirche!* Glauben Sie wirklich, daß Sie mit Ihrer Rede einen *guten* 'Kampf um die Wahrheit in der Kirche' gekämpft haben – werden Sie, wenn Sie unsere Antwort erhalten, sich auch, wie Bender und Rost, zu den *'tumben Toren'* zählen, die uns einst Vertrauen entgegenbrachten, von uns aber schnöde zurückgestoßen wurden, und deshalb nur noch das Ziel der Vernichtung unserer Bewegung sehen können: 'Schluß jetzt mit dem religiösen Sozialismus in der Kirche!'? Oder werden Sie einen christlicheren Ausweg suchen, welcher der *Wahrheit* besser dient?
Sie hatten zu reden zur Frage, ob in *Mannheim das Minderheitenrecht* verletzt worden ist. Sie erklärten sich zwar, obwohl Sie als Mannheimer Abgeordneter mitten in den Ereignissen lebten, als 'nicht imstande, Stellung zu nehmen'. Und trotzdem erklärten Sie, daß Ihnen 'die Stellung Ihrer Freunde zu den Dingen absolut *vertrauenswürdig* erscheint', so daß Sie sich ihrer Stellung durchaus anschließen können. *Warum* vertrauenswürdig? – Weil Sie sich von *vornherein* das Urteil Ihrer Gruppe zu eigen machten, *'eine Gruppe, wie die kirchlich-positive, könne nicht anerkennen die Existenzberechtigung einer kirchlichen Gruppe, wie wir sie in den Religiösen Sozialisten vor uns haben'*. Sie haben also Ihre frühere Einstellung und Methode aufgegeben, ein 'Gespräch' mit uns und über uns zu führen. Sie verfügen jetzt über ein fertiges *Urteil*, das im Tenor feststeht und darum gültig ist. Von da aus wird Ihnen *alles* ohne Einschränkung 'vertrauenswürdig' erscheinen, was gegen uns getan wird! – Sie werden es uns nicht übelnehmen dürfen, wenn wir von Ihrer Rede sagen, daß sie darstellt: *ein Vorurteil mit unzureichender nachträglicher Begründung!*
Sie *mußten* beweisen, daß *wir nichts mit Christus zu tun* haben, daß wir darum keine Minderheit sind, auf welche die Kirche als Kirche Rücksicht zu nehmen durch Gewissen und Verfassung gezwungen ist. Infolge-

dessen nahmen Sie für sich bzw. Ihre Gruppe in Anspruch, daß dort *allein* 'der gekreuzigte Christus gepredigt', daß dort allein die Botschaft verkündigt wird, 'daß Gott uns mit sich selber versöhnt hat durch Jesus Christus uns das Amt gegeben hat, das die Versöhnung predigt'. Und Sie mußten dies Urteil über uns erhärten durch den Beweis, *das Ziel der Tätigkeit der Religiösen Sozialisten sei einzig, daß 'Parteiorganisationen gegründet und erweitert werden könnten'*! — Sind Sie so harmlos, daß Sie Ihre Beweisführung als schlüssig und gerecht empfinden? Würden Sie uns nicht für *infam* halten, wenn wir behaupten würden, daß Ihre volksdienstlichen Pfarrer Kanzel, Seelsorge, Unterricht usw. zu politischen Zwecken mißbrauchen und statt Christus nur volksdienstliche Politik treiben, weil in ganz anderem Zusammenhang festgestellt wurde, daß durch die Tätigkeit dieser Pfarrer in ihren Gemeinden Organisationen des Volksdienstes gegründet und erweitert wurden? *Sie mußten wissen,* daß jene von Ihnen zitierte Erklärung sich zur Wehr setzt gegen den Vorwurf gerade aus *freidenkerischen* Kreisen in der Partei, daß *die Religion die sozialistische Entschiedenheit lähme*, daß darum Religionsfeindlichkeit offiziell zum Sozialismus gehöre, — eine Tendenz, gegen welche sich schon Marx und Engels in den siebziger Jahren wandten und damit der religiösen Neutralität der Sozialdemokratischen Partei seit dem Erfurter Programm den Weg ebneten. (Vgl. die Materialsammlung in Dr. *Dietz'* 'Das religiöse Problem des Marxismus'. Verlag des 'Rel.Soz.' Mannheim.)

Aber noch viel mehr mußten Sie wissen! Daß der Inhalt unserer evangelischen Verkündigung ein *bewußt biblischer und auf Christus bezogener* ist! Wir predigen allerdings nicht nur die Befreiung mit Kreuz und Versöhnung, sondern auch Weihnachten, Ostern und Pfingsten: das *unverkürzte* Evangelium der Bibel mit ihrem 'heiligen Materialismus', die Botschaft vom *Reich Gottes*, das *kommt*, das Bekenntnis zum gegenwärtigen auferstandenen Christus — doch dies alles *konkret*, realistisch, für den Menschen und für die Verhältnisse *dieser* Zeit, — nicht mit abstrakten Bibelsprüchen, die so, wie Sie sie in Ihre Rede einfügten, einfach als versteinerte Zitate wirken; unrealistisch, erstarrt! — *Sie haben doch von der Tribüne meine Rede gehört. Wie konnten Sie es verantworten, danach solche Behauptungen aufzustellen?*

Und nun bleibt nur noch übrig die Auseinandersetzung mit dem Hauptteil Ihrer Rede, mit *Ihrem Kampf gegen den Marxismus*. Ich werde Ihnen im *zweiten Teil meiner 'Antwort' darauf Einiges zu sagen haben, aus dem Sie sehen, daß die uns vorgeworfene 'Übelhaftigkeit und Verworrenheit' lediglich bei Ihnen existiert, der Sie als antimarxistischer Politiker* so von den Schlagworten über den 'Marxismus' befangen sind, daß Sie zu der *Wahrheit* des Marxismus gar nicht durchzudringen vermögen.

Und dazu wären Sie doch bei einer solchen Auseinandersetzung verpflichtet, wenn anders Sie ernst genommen werden wollen!

Zum Schlusse dieses Briefes darf ich Ihnen ein Wort von *Blumhardt* (Vater) mitteilen, das er seinem Sohn Christoph sagte, da er als Student Angst hatte vor 'ungläubigen' Professoren: *'Du sollst jeden Menschen für gläubig halten!'* – Wäre diese Einstellung bei Ihnen und Ihrer Fraktion auf dieser Synode dagewesen, – der Ausklang der Synode wäre ein anderer gewesen!-"

140 LSynd. Kappes: „Unsere Antwort an Herrn Dr. Ing. Schmechel, Mannheim (M.d.R.)"
RS Nr. 20, 15. Mai 1932, S. 78f.

„Sehr geehrter Herr Doktor!

Der *Hauptsatz Ihrer Rede* gegen die religiösen Sozialisten war doch wohl der folgende: *'Während von sozialistischen Arbeiterführern und Theoretikern das marxistische Wirtschaftssystem weithin als Gedankenkonstruktion angesehen und nicht mehr ganz ernst genommen wird, geben die religiös-sozialistischen Pfarrer ihm immer wieder so eine Art ideologischen und religiösen Hintergrund. Das ist das, was ich Ihnen so übelnehme. Wenn Sie das weglassen würden, wenn das gestrichen würde, dann könnten Sie aber gar keine kirchenpolitische Gruppe mehr sein.'* –

Darf ich den *Gang Ihrer Schlußfolgerungen* noch einmal deutlicher herausarbeiten, als Sie es selbst in Ihrer Rede taten? Es ist folgender:

A. *Der Marxismus ist tot.* Und zwar: a) nach seinem *ökonomischen Gehalt: 1. das sagen nicht nur seine praktischen und theoretischen Gegner,* sondern 2. viel mehr auch seine *Anhänger* (Zitat aus einem sozialistischen Gewerkschaftsorgan 1905); b) *nach der weltanschaulichen Seite: 1. das sagen nicht nur seine Gegner,* sondern 2. viel mehr auch seine *Anhänger* (Zitat aus 'Religiöser Sozialist' 3, 1932).

B. *Trotzdem treten die religiös-sozialistischen Pfarrer für den Marxismus ein* (Zitat aus 'Religiöser Sozialist' 46, 1931) und täuschen durch den 'theoretischen und religiösen Hintergrund', den sie ihm geben, vor, daß er noch lebendig sei und Lebensbedeutung habe.

C. Damit schaffen sie nicht nur 'Unklarheit', *'Verschwommenheit'*, 'Nebelhaftigkeit', 'Verworrenheit', – sondern sie bringen ein kirchenfremdes, ja *kirchenfeindliches* Element (Stützung des Marx-Leninschen Atheismus) in die Kirche. Sie tun etwas *Übles* ('Übelnehme') damit an der Kirche, trüben die Klarheit kirchlicher Auseinandersetzung zwischen den bisherigen rein religiösen Gruppen durch das heteronome Element dieses 'religiösen' Marxismus und provozieren dadurch ein ebenso heteronomes Element des 'religiösen' Nationalsozialismus.

D. *Diese religiös-sozialistischen Pfarrer* tun dies, obwohl sie das Zerstörende ihrer Wirksamkeit in der Kirche einsehen mußten – doch offenbar aus 'üblen' Motiven.

E. Darum: Kann um der Wahrheit in der Kirche willen '*die Existenzberechtigung einer kirchlichen Gruppe, wie wir sie in den Religiösen Sozialisten vor uns haben, nicht anerkannt werden*'. Also: ceterum censeo socialismum religiosum esse delendum! (Schluß jetzt mit dem Religiösen Sozialismus!)

F. *Und alle Maßnahmen*, welche Ihre allmächtige Gruppe jetzt zum Vollzug dieses Schlusses unternehmen wird, werden Ihnen, Herr Dr. Schmechel, '*vertrauenswürdig*' erscheinen! –

Darauf antworten wir:

A. Der Marxismus lebt:

1. *In seinem ökonomischen Gehalt.* a) In der Anerkennung seiner *Gegner.* Werner Sombart, der doch gerade *kein* 'Marxist' ist, schreibt im Geleitwort zu seinem Werk: 'Das Wirtschaftsleben im Zeitalter des Hochkapitalismus':

'Dieses Werk will nichts anderes als eine Fortsetzung und in einem gewissen Sinne die Vollendung des Marxschen Werkes sein. So schroff ich die Weltanschauung jenes Mannes ablehne, und damit alles, was man jetzt zusammenfassend und wortbetonend als 'Marxismus' bezeichnet, *so rücksichtslos bewundere ich ihn als Theoretiker und Historiker des Kapitalismus. Und alles, was Gutes in meinem Werke ist, verdankt es dem Geiste Marx*'... Als Marx seine Gedanken empfing (in den 1840er Jahren), war der Kapitalismus Neuland, das Marx entdeckte und als erster betrat: eine ungeheure Fülle neuer Eindrücke strömt auf ihn ein. Ohne Bild gesprochen: wohin immer er blickte, boten sich neue, unerhörte Probleme seinem geistigen Auge dar. Fragen über Fragen ließen sich tun. *Und daß Marx so meisterhaft zu fragen verstand, machte sein größtes* Talent aus. Von seinen Fragen leben wir heute noch. Mit seiner genialen Fragestellung hat er der ökonomischen Wissenschaft für ein Jahrhundert die Wege fruchtbarer Forschung gewiesen.' –

2. *Um so mehr betonen das seine Anhänger.* Ich zitiere als Beispiel Anfang und Schluß eines Aufsatzes des Nationalökonom Prof. Dr. *Heimann/Hamburg* aus 'Zeitschrift für Religion und Sozialismus', Heft 2, Jahrg. 1930:

'Marx' entscheidende und unverlierbare Leistung für die Entwicklung der nationalökonomischen Erkenntnis liegt keineswegs, wie viele noch heute meinen, in irgendwelchen besonderen Einzeltheorien, etwa in der Mehrwertlehre, oder der Konzentrationstheorie oder der Krisentheorie. Die Impulse, die von diesen Einzeltheorien ausgehen, sind zwar noch stark; ja zum Teil, nämlich im Fall der Krisentheorie, sind sie gerade in allerjüngster Zeit wieder im Anschwellen begriffen. Würde Marx nur diese Theorien geschaffen haben, so würde er immer ein großer und für die Geschichte unserer Wissenschaft auf weite Strecken hin entscheidender Forscher sein. Aber er würde das Schicksal jedes andern großen Forschers teilen: für unsere gegenwärtige Arbeit allmählich überholt zu werden. Seine wahrhaft kopernikanische Bedeutung für die Nationalökonomie, diejenige seiner Wirkungen, die jetzt erst sich auf breiterer Front zu entfalten beginnt, liegt nicht in den Einzeltheorien, sondern in der Gesamtschau, in der zugrunde liegenden Konzeption. Will man diese entscheidende Leistung in einem Worte ausdrücken, so kann man sie als die *Historisierung oder Soziologisierung der Nationalökonomie* bezeichnen.' Weiter unten heißt es dann: 'Indem Marx den *sozialen Zwiespalt als die Grundlage der kapitalistischen Ordnung* aufdeckte, indem er also ihren *sozialen Herrschaftscharakter* enthüllte, machte er die Bahn nicht nur für die Erkenntnis ihrer Gegenwartsnöte frei, sondern gewann vor allem den Zugang zu den Problemen ihrer weiteren Entwicklung und etwaigen *Überwindung*. Aus der besonderen Art und Wirkungsweise dieser Herrschaftsverfassung ergab sich ihm die Einsicht in die *Gegenkräfte,* welche aus ihr aufsteigen und zum Träger der geschichtlichen Umbildung werden. Die historische Fragestellung wurde so zur Waffe gegen den Bestand der kapitalistischen Herrschaft...' 'Es ergibt sich vor allem die Erweiterung des Blickfelds... Nationalökonomie ist keine bloße Güterlehre, Wirtschaft keine bloße Veranstaltung für die Zwecke des Güterverbrauchs: jede konkrete Wirtschaft erscheint in besonderer sozialer Verfassung und wird so zu einem Teil des Schicksals und der Geschichte schlechthin. *Die materialistische Gesinnung der Frage nach dem Güterertrag,* den die Wirtschaft für den Verbrauch bereitstellt, weicht dem unendlich umfassenden *Interesse an dem Schicksal des Menschen,* des arbeitenden Menschen in der jeweiligen Wirtschaftsform und Sozialverfassung. *Die Nationalökonomie wird vermenschlicht.*'... 'Darum ist seit Marx *die Frage nach dem proletarischen Schicksal im Kapitalismus allseitig als die Schicksalsfrage für den Kapitalismus* erkannt; darum ist seit ihm nicht nur die Nationalökonomie, sondern auch die theoretische und praktische Sozialpolitik und die tägliche politische Auseinandersetzung von seiner Fragestellung beherrscht. Die schicksalsvolle Parallelität der kapitalistischen und proletarischen Entwicklung, die Doppelpoligkeit des zeitgeschichtlichen Verlaufs ist durch ihn in alle Köpfe eingeschrieben worden.'

Wir religiös-sozialistischen Pfarrer, die wir dauernd wissenschaftlich und praktisch an den ökonomischen Problemen arbeiten, brauchen uns also wohl *nicht zu scheuen, Karl Marx* als wissenschaftlichen Ausgangspunkt und Führer in ökonomischen Dingen hochzuhalten!

Und wie ernsthaft wir uns gerade mit seiner hauptsächlichen Forschungsmethode, der *materialistischen Geschichtsbetrachtung,* auseinandersetzen, zeigen Ihnen die Verhandlungen zweier *theologischer Schulungsreihen* unseres Bundes: 1930 auf der Georgshöhe mit dem Referat von Prof. D. *Wünsch:* 'Materialistische Geschichtsauffassung und christliche Wahrheit' (veröffentlicht in 'Zeitschrift für Religion und Sozialismus' 1930, Heft 3/4) und 1931 in Caub mit dem Referat von D. *Wünsch*: 'Die Aufgabe des Marxismus in der Bewegung des Reiches Gottes' (veröffentlicht in dem Buch 'Reich Gottes – Marxismus – Nationalsozialismus, ein Bekenntnis religiöser Sozialisten', Verlag J.C.B.Mohr, Tübingen).

Wenn Sie also, Herr Doktor, die Dinge aus Unkenntnis der Probleme noch verschwommen und verworren sehen, so sollten Sie nicht anderen, die an der Klärung wirklich gearbeitet haben und in dauernder Arbeit stehen, die Verschwommenheit und Verworrenheit vorwerfen, welche im letzten Grund *Ihre eigene* ist! Sie schreiben:

'Ich würde auch einer Gruppe, wie die religiösen Sozialisten es sind, durchaus die Existenzberechtigung zugestehen, wenn sie mehr oder wenn sie *überhaupt etwas täte,* damit wir aus dieser Nebelhaftigkeit und Verworrenheit herauskommen!'

Also: studieren Sie unsere Arbeit und treten Sie mit den gewonnenen Erkenntnissen vor Ihre positiven Freunde! Wir möchten Sie gerne beim Wort nehmen!! –

b) Aber nun werden Sie sich auf den *weltanschaulichen* Marxismus zurückziehen, auf das Religionsproblem im engeren Sinn, wo Sie ja auch Sombart zum Verbündeten haben.

1. Und Sie suchten sich die Verbündeten auch bei den religiösen Sozialisten. Daß Sie die meisten *Kirchenleute* auf Ihrer Seite haben, dürfen Sie gewiß sein. Alle verkündigen es heute: *Der Marxismus ist tot!*

Der Leiter der Evang. sozialen Schule in Spandau, Prof. D. *Brunstäd*/Rostock, schreibt in seinem Buch 'Deutschland und der Sozialismus' (1924, Otto Elsner, Verlag S.298:)

'Der Marxismus ist tot, getötet überall durch die Berührung mit der Wirklichkeit. Seine Weltanschauung erhielt mit den Nachwirkungen der Zeit, die sie hervorgebracht hat, den Todesstoß, das deutsche Leben strebt anderen geistigen Zielen zu. *Der Marxismus ist tot, seine Verwesung vergiftet noch die deutsche Gegenwart.*'
Merkwürdig, daß gerade die Totgesagten ein so langes Leben haben! Was gibt denn dem Marxismus dies lange Leben? Die Tatsache, daß *Marx* seine *Wissenschaft um des einen sittlichen Zieles* willen getrieben hat, dem *Proletariat eine wirksame Waffe für seinen Befreiungskampf zu schmieden*. Um dieses Einsatzes für die Unterdrückten willen hat man *Karl Marx eine der ethischen Persönlichkeiten des vergangenen Jahrhunderts* genannt. Und wer sein Leben kennt, wird dies bestätigen.
Darum ist *das Proletariat* in seinem berechtigten Freiheitskampf *marxistisch*, weil noch niemand ihm eine bessere Waffe zu dem ihm *aufgezwungenen Klassenkampf* gegeben hat, den es – in marxistischem Sinn! – führt *zur Überwindung des Klassenkampfes*. Wir haben *nicht die Freiheit* der Wahl, ob wir am Klassenkampf teilhaben wollen oder nicht; direkt oder indirekt steht jeder auf einer der beiden, einander ausschließenden Fronten. Wir haben *nur die Wahl, ob wir hüben oder drüben stehen wollen! Und wir religiöse Sozialisten stellen uns aus Gewissensgründen auf die Seite des Proletariats.* (Vielleicht studieren Sie diese Probleme einmal in der kleinen Schrift von Prof. E. Heimann 'Die sittliche Idee des Klassenkampfes', Verlag J.H.W.Dietz, Berlin.)
Und der größte Teil dieses Proletariats ist noch in der Kirche, und vor allem in der evangelischen! Warum wird uns Theologen dies Recht bestritten, uns öffentlich zum proletarisch-marxistischen Sozialismus zu bekennen, gerade auch um der Millionen sozialdemokratisch-kommunistischer Wähler willen, die noch Kirchgenossen sind – ein Recht, das in den anglikanischen Ländern den Geistlichen nie verwehrt worden ist?
Warum sucht man zu verhindern, daß wir uns zum *Mund ihrer Stimme in der Kirche und vor dem Gewissen der Christenheit* machen, bevor durch eine unheilvolle Entwicklung, bei der sehr viel Schuld auf seiten der Kirchenleute liegt, das letzte Band zwischen Kirche und Proletariat zerschnitten ist?
2. *Gerade wir religiöse Sozialisten führen eine lebendige und fruchtbare Auseinandersetzung mit dem weltanschaulichen Materialismus, mit dem Freidenkertum und Atheismus.* Wir debattieren in öffentlichen Versammlungen mit den Vertretern dieser Weltanschauung, während noch jedesmal die Kirchenleute durch Abwesenheit glänzten und nur vom sicheren Port ihres Schreibtisches aus zeterten.

Meinen Sie denn, daß man mit *staatlichen Polizeimaßnahmen* die Gottlosenbewegung überwinden wird? Man wird sie nur verstärken! – Ich verweise Sie auf die demnächst in unserm Verlag erscheinende Rede von Prof. D. *Ragaz/Zürich*, die er 1932 auf unserer Schulungswoche in Bad Boll hielt 'Religion, Christentum, Dogma, Theologie, Bibel, Kirche – mit besonderer Berücksichtigung der *Gottlosenfrage*'; Bericht hierüber in 'Zeitschrift für Religion und Sozialismus' 1932, Heft 3. Dort ist der entscheidende Punkt aufgezeigt, wo von seiten einer lebendigen Christenheit einzusetzen ist.
Ja. Eine gewisse Art von *'Religion' ist so oft Opium für das Volk gewesen!* Und auch Lenins Behauptung, daß 'Religion eine der widerwärtigsten Sachen ist, die es auf Erden gibt', besteht gegenüber mächtigen Entartungserscheinungen in der geschichtlichen Kirche *zu recht*. Sollten Sie, Herr Doktor, nicht wissen, *wie oft Christus in der Geschichte im Namen der Religion gekreuzigt worden ist?* Und gerade weil heute in einer Entscheidungszeit nach dem Wert des *Christentums* gefragt wird, haben wir Christen allen Anlaß, jene 'Religion' zu überwinden, um das Evangelium von Christus als eine wirkliche Erlösungsmacht in die Welt hinauszutragen! Hätte die Christenheit immer aus tiefstem Herzen gebetet und gewirkt: *'Dein Reich komme, dein Wille geschehe auf Erden wie im Himmel!'*, so wäre es in der kapitalistischen Epoche nicht zu solcher Kluft zwischen Proletariat und Kirche gekommen. Denn es ist doch gar nicht ausgemacht, wo *Gott* heute steht, *wo der wahre Unglauben ist!* Und die Versöhnungsbotschaft von Christus hätte eine andere Resonanz bei den Mühseligen und Beladenen gefunden, wenn die Kirche ihre Machtbündnisse mit den herrschenden staatlichen und gesellschaftlichen Gewalten beizeiten aufgegeben hätte! –
Obwohl *Eckert* in Rußland als Kommunist die Diskussion mit den Führern der internationalen Gottlosenbewegung über ihre Weltanschauung aufgenommen hat, gegen ihren naturwissenschaftlichen Kausalitätsmaterialismus, hat man ihn aus dem Amt gestoßen. Und Sie, Herr Doktor, vergehen sich gegen das primitivste Gebot wissenschaftlicher Genauigkeit, indem Sie bei Ihren Zitaten aus Nr. 3 (1932), 'Religiöser Sozialist', den Aufsatz von Dr. Emil Figge/Dortmund über 'Die Wirtschaftskrise der Gegenwart im Licht der marxistischen Erkenntnis' durch Ihre willkürlichen Auslassungen *den Sinn* des ganzen Artikels *ins Gegenteil* verkehren. Dort heißt es nämlich: 'Wenn nach dem Tode von Marx seine Lehre in einen glatten Materialismus und in Atheismus umgedeutet worden ist, so ist die geisteswissenschaftliche Entwicklung der damaligen Zeit zu berücksichtigen. War doch der marxistische Sozialismus in einer Geistesbewegung des *Bürgertums* eingebettet, die vom positivistischen Wissen-

schaftsbegriff, von einem naturwissenschaftlichen Entwicklungsfanatismus und von einer Abneigung gegenüber aller Philosophie bestimmt waren. *Männer wie Plechanow, Kautsky, Lenin und Bucharin haben durch ihre Verquickung des Marxismus mit dem metaphysischen Materialismus ungeheuer viel für das fortgesetzte Mißverständnis des Marxismus getan.* Ihr *Materialimus* schien ihnen fortgeschrittenste naturwissenschaftliche Einstellung zu sein und *war im Grunde vorkantische Metaphysik.* Die Abtragung jener bürgerlichen Ablagerungsreste einer unphilosophischen Zeit, *die Bloßlegung des ursprünglichen Marxismus* als einer Theorie der Erfassung der tatsächlichen Verwirklichung ist die große Aufgabe der Gegenwart, und der religiösen Sozialisten.'

Da ist ja gerade die *weltanschaulich-wissenschaftliche Aufgabe* unserer Bewegung formuliert, an der wir seit einem Jahrzehnt ununterbrochen innerhalb des Marxismus arbeiten, und die *neben unserer christlichen Verkündigung einhergeht,* die ich im ersten Brief Ihnen zeigte. Und jenes andere Zitat aus Nr. 46 (1931) des 'Religiösen Sozialist', aus dem Artikel des Pfarrers *Aurel von Jüchen*:'Wenn Luther die materialistische Geschichtsauffassung gekannt hätte', mit seinem Leitsatz: '*Wie wichtig für den Christen und für den Theologen der Einblick in die historische Relativität gewisser gesellschaftlicher Ordnungen ist*', ist auch erst aus dem Zusammenhang verständlich: nicht die geistige Intuition ist abhängig von den materiellen Lebensbedingungen, nicht die prophetische Erkenntnis, die Entscheidung des gottgebundenen Gewissens, aber '*die gesellschaftlichen Schöpfungen der Menschen sind abhängig von den materiellen Lebensbedingugen*'. Das ist in jenem Artikel über den Bauernkrieg 1525 aufgezeigt. Wenn Sie, Herr Doktor, für die Menschen, welche solche offenkundigen Zusammenhänge bewußt leugnen (es handelt sich um *soziologische,* gesellschaftswissenschaftliche Erkenntnisse!), lieber einen andern Ausdruck als '*blasiert*' nehmen wollen, *geben wir das* Ihnen gerne frei und schlagen Ihnen die ganze Skala zwischen '*einsichtslos*' und '*verstockt*' vor. –

B. *Nun ist Ihnen aber die Basis für alle weiteren Schlußfolgerungen entgegen!* Gerade *weil der Marxismus so lebendig ist,* braucht er eine *fruchtbare Auseinandersetzung* mit ihm.

Wir haben nie Sozialismus und Reich Gottes miteinander verwechselt oder weltlichen Ordnungen einen religiösen Glorienschein gegeben, wie es z.B. von jenem ganz bestimmten '*deutsch-evangelischen*' *Christentum* seit zwei Generationen geschah und heute erst recht geschieht.

C. Wir sind durch unsere auf das Evangelium gegründete *Reich-Gottes-Verkündigung* genügend als *kirchliche Gruppe* legitimiert und brauchen dazu gar keine 'heteronomen' Motive.

Auf welche Vorgänger wir uns in der *Kirchengeschichte* berufen können, habe ich in meiner Synodalrede dargelegt. Uns in eine Parallele mit etwaigen 'religiösen Nationalsozialisten' zu bringen, ist also sachlich ungerechtfertigt.

D. Sie *'nehmen' uns Pfarrern* unsere Wirksamkeit 'übel'! Ich erinnere Sie daran, wie einst in der Synode 1930 Herr Landeskirchenrat *Bender* am 13. Juni vor uns Pfarrern erklärte (S.269 des Berichts), daß sich seine Formulierung, 'lassen Sie *unsere* Kirche ungeschoren mit *Ihrem* religiösen Sozialismus'... 'bezog auf die Methode, auf die Arbeitsweise, auf den 'Dienst'..., den die Führer der religiös-sozialistischen Gruppe, die *Pfarrer in der Gruppe* der Kirche tun wollen, und in dem ich *für die Kirche* kein Glück, sondern *ein Unglück* sehe'. Nun bekräftigen Sie jenen Satz. Man kann einem Menschen eine Tätigkeit nur übelnehmen, wenn er trotz besserer Einsicht oder aus bösem Willen handelt. Haben Sie denn *Beweise* für Ihr Werturteil?

E. und F. Herr Doktor! Ich habe versucht, Ihnen die Antwort zu geben, welche ich Ihnen in der Sitzung der Synode sofort geben wollte. Wäre ich nicht durch die unqualifizierbare Kampfmethode Ihrer Herren Bender und Rost geradezu entsetzt und seelisch gelähmt gewesen, so hätte ich Ihnen das Hauptsächliche dessen, was ich Ihnen hier schrieb, in freier Antwortrede gesagt.

Wenn Sie nun in alle Maßnahmen des Kampfs Ihrer positiven Gruppe gegen uns einwilligen, dann mögen Sie es nie tun mit gutem Gewissen!"

141 Bad. Landesvorstand der RS: „Kirchenwahlen in Baden"
RS Nr. 21, 22. Mai 1932, S. 82

„Am 10. Juli entscheidet das badische Kirchenvolk über die Zusammensetzung der Landessynode, aus der für die nächsten sechs Jahre die Kirchenregierung hervorgehen wird. Bei den vielen Schikanen, denen unsere Bewegung in der Vergangenheit durch die positive Mehrheit ausgesetzt war, haben wir uns gegenseitig versprochen, bei der nächsten Wahl zur Landessynode mit den Positiven abzurechnen. Dieser Tag ist jetzt in greifbare Nähe gerückt. Nur noch acht Wochen und die Entscheidung ist gefallen.

Eine schwere Last und eine ungeheure Verantwortung ist jetzt auf unsere Schultern gelegt. Denn es geht nicht nur um die religiös-sozialistische Bewegung, sondern es geht um die badische Landeskirche, es geht um die deutschen Landeskirchen. Der organisierte Machtapparat der Kirchen stellte sich unserer Entwicklung mit allen Mitteln entgegen. Noch schlimmer waren die giftigen geistigen Pfeile, die unsere Bewegung und unsere Führer treffen sollten. Diese Angriffe werden sich in den kommenden Wochen verhundertfachen, um uns in unserm Vormarsch aufzuhalten. Die sozialistische Arbeiterschaft, die fast ganz der Kirche angehört, soll von jeder Mitarbeit auch weiterhin ausgeschlossen werden. Eine Volkskirche wird brutal abgelehnt. Gelingt es nicht, die Kirchen mit einem neuen Geist zu erfüllen, der die Kraft hat, die sozialistische Arbeiterschaft in sich einzugliedern, so werden die evangelischen Landeskirchen als Faktor im kulturellen Leben unseres Volkes verschwinden.

Landauf, landab, in Dorf und Stadt werden in den nächsten Wochen religiöse und kirchliche Fragen im Vordergrund des öffentlichen Interesses stehen. Es wird keine evangelische Familie geben, in die nicht durch uns oder unsere Gegner die Frage um die Kirchenwahlen hineingetragen wird. Und da wollen wir es beweisen, daß ein Christ auch Sozialist sein kann. An diesem Punkt wollen uns unsere Gegner treffen, indem sie rufen: Christentum und Sozialismus stehen einander gegenüber wie Feuer und Wasser. Die Erfahrung besonders unserer Tage lehrt aber jedem Einzelnen das Gegenteil. Und wenn etwas wahr ist, so ist es das, daß Christentum und Kapitalismus einander gegenüberstehen wie Feuer und Wasser. Unsere Gegner haben auf jedem Dorf ihren Pfarrer, sie haben die Macht der Kirche und die Macht der Überlieferung. Wir aber haben scharfe geistige Waffen. Mit denen wollen wir kämpfen. Unser Blick schweift in die Zukunft. Deshalb lassen wir uns durch die graue Gegenwart nicht niederdrücken. Unser Glaube gehört dem ganzen Volk. Daher ist die Volkskirche für uns Wirklichkeit und Leben.

Was wir in mancher geistigen Auseinandersetzung im kleinen Kreise uns an Wissen errungen haben, jetzt muß es in die Masse des Volkes hineingetragen werden. Das Kirchenvolk wartet in weiten Schichten auf uns, daß wir zu ihm kommen. Wir werden uns ihm nicht verschließen, sondern freudig Zeugnis ablegen von dem, was uns bewegt.

Darum, Männer und Frauen unseres Bundes, jetzt an die Arbeit. Wir wissen, daß keine Mühe euch zuviel ist. Reißt andere mit euch und zeigt ihnen durch euer Beispiel und Vorbild, zu welcher Aufopferung der Glaube an eine hohe Sache fähig ist. In den kommenden kurzen acht Wochen wird der Kampf um Jahre geschlagen. Das Maß unserer Opferfähigkeit wird den Grad unseres Erfolges bestimmen!"

142 LSynd. Dietrich: „Vorpostengefecht zum 10. Juli!"
RS Nr. 22, 29. Mai 1932, S. 87

„Am 10. Juli entscheidet das badische Kirchenvolk, ob es noch länger die positive Parteiherrschaft in der Kirche ertragen will oder ob es schon deutlich den Abgrund sieht, wohin diese wenigen Jahre positiven Kirchenregiments die Kirche geführt haben. Bei der nationalsozialistischen Welle, die auch in Baden durch unser Kirchenvolk zieht, läßt sich schwer eine Prognose für den 10. Juli stellen. Nimmt man aber die letzten badischen Synodalverhandlungen, die in der liberalen wie positiven Presse ausgiebig besprochen worden sind, als Maßstab, so spricht aus jedem Wort unserer kirchenpolitischen Gegner die Angst und die Schwäche, die sie vor dem 10. Juli haben. Die Synode hat dem Kirchenvolk mit aller Deutlichkeit gezeigt, wohin der Kurs geht. Was die Positiven vorzubringen haben, ist ein weitausholender Wortschwall, mit dem sie ihre schlechte Position zu verdecken versuchen. Bekanntlich sind die Positiven aus der Synode hinausgezogen, als unser Freund Kappes zu den Mannheimer Vorgängen sprach, wo uns die letzten Pfarrstellen weggenommen wurden. Außer den Positiven hat kein Mensch in der Synode diese Demonstration verstanden, aber auch das Kirchenvolk hat über das Hineintragen übler parlamentarischer Kampfmethoden in die Synode, die mit Gebet eröffnet und geschlossen wird, so bedenklich den Kopf geschüttelt, daß jetzt die Positiven alle Schuld auf die sensationshungrige Presse schieben, weil sie vom Auszug der Positiven mit irrtümlichen Angaben gearbeitet habe.

Dem Führer der Positiven, Herrn Landeskirchenrat Bender aus Mannheim, wurde in der Synode die Frage vorgelegt, ob er den Beweis für seine Behauptung erbringen könne, daß unser Bund in Hörigkeit der Sozialdemokratischen Partei sei. Der einzige Beweis, den er bringen konnte, war – die kommunistische Presse. Herr Landeskirchenrat Bender unterschlug dabei die Widerlegung, die in der anderen Presse über so einfältige Behauptungen gekommen ist. Da aber Herr Bender diese Behauptung in der neuesten Nummer der Positiven Blätter wiedergibt, fragen wir ihn in aller Öffentlichkeit: *Wann und wo war jemals in Baden der Bund religiöser Sozialisten in Hörigkeit der SPD?* Beweisen Sie uns aber nicht, daß wir Sozialisten sind. Das ist für uns selbstverständlich. Daß die Mehrzahl unserer Anhänger Sozialdemokraten sind, brauchen Sie auch nicht zu beweisen. Das haben wir noch niemals bestritten. Sondern Sie sollen beweisen, wann und wo unser Bund in willenloser Abhängigkeit von der SPD war. Aber keine Ausflüchte, bitte, auch keine neuen Redensarten, sondern Tatsachen, die jeder verstehen kann.

Dankbar sind wir Herrn Landeskirchenrat Bender, daß er seine in der öffentlichen Sitzung der Synode abgegebenen Erklärungen wiederholt. Diese Erklärungen sind der Schlüssel zu unserem ganzen Kirchenelend, in das wir hineingeraten sind, seitdem die Positiven in Baden die Mehrheit haben. Die religiös-sozialistische Arbeiterschaft wird als nicht gleichberechtigte Vertretung innerhalb der Kirche angesehen. Das ist nicht die Meinung der positiven Pfarrer in den einzelnen Gemeinden, wo sie mit unseren kirchlichen Vertretern zusammenarbeiten müssen. An vielen Orten könnten sie ohne religiöse Sozialisten den kirchlichen Haushalt gar nicht durchführen. Es ist aber die Meinung der Kirchenleitung, der wir deshalb schon oft den Vorwurf eines parteiischen Kirchenregimentes gemacht haben, und es ist die Meinung der Leitung der positiven Gruppe, daß der Bund der religiösen Sozialisten innerhalb der Kirche keinen Platz habe. In der Urteilsbegründung im Eckertprozeß wird der Satz ausgesprochen, daß für den Bund der religiösen Sozialisten innerhalb der Kirche Platz sei. Herr Landeskirchenrat Bender aber ruft laut in die Welt hinaus: 'Wenn es nicht so wäre, daß wohl der Urteilstenor Rechtskraft habe, nicht aber die einzelnen zur Urteilsfindung herangezogenen Anschauungen der Richter in der Urteilsbegründung, so wären wir Positive genötigt, gegen die Behauptung zu protestieren, daß die Vertretung der Anschauungen der kirchenpolitischen Richtung des Bundes der religiösen Sozialisten innerhalb der evangelisch-protestantischen Landeskirche Platz habe.' Hier spricht der Führer der Positiven unserer Richtung jedes Lebensrecht innerhalb der Kirche ab, erhebt die Intoleranz gegen unsere Gruppe zu einem positiven Parteidogma, zerschlägt damit gedanklich die Landeskirche und glaubt am Ende gar noch, daß er seines Amtes als Mitglied der Kirchenregierung mit aller Unparteilichkeit und Gerechtigkeit walte, wie er es eigentlich kraft seines Amtes zu tun verpflichtet ist. Die Liberalen, die wahrhaftig politisch nicht zu uns gehören, hatten als Beobachter das richtige Gefühl, wenn sie durch ihren Sprecher erklären ließen: 'Bei dieser nach unserer Ansicht nicht notwendigen Zuspitzung in der Auseinandersetzung sind meine Freunde in der Mehrzahl nicht in der Lage, sich heute an einer Abstimmung zu beteiligen, die von vornherein von dem Gedanken einer unversöhnlichen Gegnerschaft und nicht von der Absicht getragen ist, sich auch mit dem Gegner auseinanderzusetzen und in allen Dingen zu versuchen, eine Annäherung und Klärung der entgegenstehenden Ansichten herbeizuführen.'
Was hat nun Herr Landeskirchenrat Bender dieser Erklärung beizufügen? Er schreibt: 'Merkwürdig wird es immer bleiben, daß die Liberalen ihrer Erklärung nach noch im Zweifel waren, daß wir zu den religiösen Sozialisten in einem Verhältnis 'unversöhnlicher Gegnerschaft' stehen.' Und da wundert sich Herr Landeskirchenrat Bender noch, daß ich

anläßlich der Einführung des Kirchgeldes, das vor allem unsere Anhänger getroffen hätte, geschrieben habe: 'Wenn die Kirche von uns Geld will, so soll sie uns und unsere Pfarrer auch als gleichwertige Kirchenglieder behandeln.' Wie wäre es, Herr Landeskirchenrat Bender, wenn Sie als Führer der Mehrheit in der Synode erklärten: 'Unsere Gegnerschaft gegen die religiösen Sozialisten erstreckt sich auch auf ihre Kirchensteuer.' Das wäre Überzeugungstreue, sonst ist es aber nichts anderes als Angst um die kirchenpolitische Macht."

143 LSynd. Kappes: „Der 'Bombenwurf' in der Badischen Landeskirche", 23. April 1932
RS Nr. 23, 5. Juni 1932, S. 91

„Die letzte Tagung der Badischen Landessynode endete damit, daß *neben dem offiziellen Schlußgottesdienst der Synode* durch die Abgeordneten der Evangelischen Sozialisten zur selben Zeit ein *eigener Sondergottesdienst abgehalten wurde.* Das war der Ausklang der schweren Kämpfe, welche die sechs Jahre, 1926 bis 1932, erfüllten.
Wir konnten nicht anders handeln. Daß wir uns aus der Gottesdienstgemeinschaft mit den Vertretern der anderen Gruppen ausschließen mußten, war für uns Ausdruck *schwerster innerster Not.* Es gab nur diese Möglichkeit, damit wir wieder innerlich frei werden konnten.
Vor zwei Jahren gipfelten die Feindseligkeiten der Positiven gegen uns in dem Satz ihres Führers [Karl] Bender: *'Laßt unsere Kirche ungeschoren mit Eurem religiösen Sozialismus!'* Das geschah auch in der letzten Sitzung an einem Freitagnachmittag. Abends sollte ein geselliges Beisammensein der Synode stattfinden. Wir blieben fern. Es gab manche Abgeordnete, welche unter diesem Zerbrechen der persönlichen Gemeinschaft litten. Sie bewegten Bender dazu, daß er den Ausdruck 'ungeschoren lassen' zurücknahm. Aber seine wirkliche Meinung über unsere Bewegung und seine Haltung ihr gegenüber hat er damit nicht geändert. – Wir nahmen damals an dem Gottesdienst in der Schloßkirche teil. Ich ging aus ihm fort, aufs tiefste erschüttert über die Zerrissenheit dieser Kirche und über das Dämonische dieses Kampfes. Ich ging meiner Wege ohne Abschied von den anderen; ich war meiner nicht mehr mächtig, und wollte den anderen meine Tränen nicht zeigen. Da kam hinter mir her der andere Führer der Positiven, *Pfarrer Herrmann,* der uns ebenso scharf bekämpfte wie Bender. Er war damals schon ein vom Tod Gezeichneter. Es trieb mich, ihm die Hand zu reichen. Ich konnte nur das eine stammeln: *'Muß denn dies alles sein?'* Und er fand Worte der Abbitte, mir, uns gegenüber; so wie ich ihm Worte jenseits von allem Trennenden zu sagen versuchte, Worte angesichts der Ewigkeit. Es waren die letzten Schritte, die wir gemeinsam in diesem Leben gingen...

Und nun wiederholte sich 1932 dies alles noch viel furchtbarer. Am Vormittag dieses vorletzten Tages erklärte uns *Bender* – obwohl wir gar keinen Anlaß dazu gaben!! –, *daß wir religiöse Sozialisten niemals rechtsgültig in der Kirche anerkannt worden seien, daß also unsere Bewegung kein Daseinsrecht in der Kirche habe!* Warum dies? Am Nachmittag konnten wir die Zusammenhänge erfassen. Zunächst verließen die Positiven geschlossen den Saal, als ich meine wohlüberlegte und sachlich, ja sogar humorvoll gehaltene Rede über die Mannheimer Pfarrbesetzung hielt. Ich hatte der Kirchenregierung und den Positiven *bewußte Intoleranz* gegen uns vorgeworfen. Der Kirchenpräsident wies dies zurück; nur gegen 'die Gottlosigkeit in der Kirche' müsse er intolerant sein. Was meinte er damit? Der am Schluß erwähnte Berichterstatter der Positiven schreibt; 'gegen die Gottlosenbewegung in der Kirche'. Manche Zuhörer auf der Tribüne hatten, wohl unter dem Eindruck der folgenden Ereignisse, das bestimmte Gefühl, daß wir marxistische Sozialisten damit gemeint seien. Auch wenn wir dies nicht annehmen, so verschärfte eben die Rede des Kirchenpräsidenten durch das, was er *nicht* sagte, die Spannung. – Dann begründete der positive Abgeordnete Dr. *Schmechel*, M.d.R. des Volksdienstes, warum wir religiösen Sozialisten kein Recht in der Kirche haben. Er tat dies mit einer so aufreizenden Unsachlichkeit, daß wir ihn kaum mehr anhören konnten, daß der Führer der Liberalen, Geheimrat D. Bauer, mit lauten Zeichen seiner Empörung den Saal verließ. Gen[osse] Dr. *Dietrich* antwortete ihm mit sachlichen Richtigstellungen, mit Repliken auf bösartige Angriffe in den 'Positiven Blättern'. Er sprach noch einmal von dem Sinn unserer Bewegung mit dem Satz: '*Wir gehen zu den sozialistischen Massen, gehen zu ihnen als Christen.*' Er redete von der missionarischen Aufgabe unseres Bundes. Da geschah das Unerhörte. Wie er die Worte sprach 'als Christen', machte *Bender* einen *höhnischen Zwischenruf*, dessen Worte wir nicht verstehen konnten, dessen Sinn aber sofort am Ton von uns allen erfaßt wurde. Dietrich entgegnete in größter Erregung, persönlich an Bender gewandt: '*Ich nehme an, daß Sie es nicht wagen, mein Christentum zu bezweifeln; ich wage auch nicht, Ihr Christentum zu bezweifeln.*' Ein 'Sehr richtig!' aus unseren Reihen unterstützte Dietrich. Ob von den Positiven noch ein Zwischenruf gemacht wurde, und welche Worte es waren, ist nicht sicher festgestellt. Dietrichs Rede erlahmte. Die nachfolgenden Reden von *Bender* und von Eckerts früherem Mannheimer Hausgenossen, dem positiven Pfarrer *Rost*, welche die vergifteten Pfeile mit berechnendem Haß gegen uns schossen, die Eckert einst unmittelbar nach seinem Austritt aus dem Bund verwendet hatte in der Absicht, den Bund zu zerstören, – diese Reden riefen in uns jenes lähmende Entsetzen hervor, das nur noch fragen konnte: Wie ist so etwas in einer Kirche möglich? Jede geistige Gegenwehr war ausgelöscht. Bei Schmechels

Rede hatte ich mich noch zum Wort gemeldet, verzichtete nun aber. –
Und nach einer solchen *Tragödie des Christentums* konnte ein positiver
Pfarrer noch ein wortreiches Schlußgebet sprechen!

Wir acht sozialistischen Synodale gingen auseinander, ohne Worte,
ohne Verabredung. Jeder hatte nur das Gefühl: *heraus aus dieser Atmosphäre,* damit man wieder atmen kann! Einige von uns waren entschlossen, überhaupt nicht mehr in die Synode zu kommen. – So kam es, daß
wir uns am Samstag früh zu der Schlußsitzung zusammenfanden, verstört, ohne Plan. Einer warf hin: 'Ich kann nicht in den Gottesdienst
gehen!', der andere sagte: 'Ich habe heute nacht eine Resolution ausgearbeitet.' Da gingen, während im Sitzungssaal die Schlußverhandlungen
über gleichgültige Formalien dahinströmten, Löw und ich, wir beiden
Geistlichen der Fraktion, im Korridor auf und ab und rangen um eine
Lösung. Es war uns klar, daß uns der einfache Verzicht auf die Teilnahme am Gottesdienst nicht innerlich befreit hätte. Nur das eine
konnte uns helfen, daß wir selbst als Gruppe vor Gott traten, daß wir
dort Hilfe suchten, um wieder beten zu können. Sollten wir in einer
Wohnung zusammenkommen? Wir sind keine Sekte, kein Konventikel.
Wir sind 'Kirche' mindestens mit dem gleichen Recht wie die anderen.
Da stand der Entschluß fest: *Wir müssen zur gleichen Zeit in der Kleinen
Kirche unseren Schlußgottesdienst halten.* Dietrich war sofort damit einverstanden. Wir telephonierten nach Kirchenschlüssel und Talar und
benachrichtigten die anderen Genossen im Sitzungssaal. Wir verfaßten
unsere Resolution. Wenig mehr als eine halbe Stunde dauerte dies alles.
Dann verlas Dietrich *unsere Erklärung:*

> 'Die Gruppe des Volkskirchenbundes Evang. Sozialisten ist gezwungen, folgende Erklärung abzugeben:
>
> Wir können an dem gemeinsamen Gottesdienst *nicht* teilnehmen.
> Ein Gottesdienst soll ein Bekenntnis sein, nicht nur eine Form. Wir
> bekennen uns, seit unsere Bewegung lebt, zu Christus, dem Herrn.
> Wir bekennen uns zu allen den Gottesoffenbarungen, welche in den
> Bekenntnissen der Kirche niedergelegt sind.
>
> Gestern ist uns der christliche Glaube abgesprochen worden.
>
> So werden wir religiöse Sozialisten uns zur selben Stunde, wo die
> Synode in der Schloßkirche versammelt ist, in der Kleinen Kirche zu
> einem Gottesdienst versammeln und uns vor dem Herrn der Kirche
> verantworten.'

Als Dietrich den Satz verlas, daß wir an dem gemeinsamen Gottesdienst
nicht teilnehmen können, erscholl aus den Reihen der *Positiven* ein *'Bravo!'* Ich meinte, mir müßte das Herz still stehen, als ich dies hörte.

Die Synode wurde unterbrochen. Der Präsident der Synode verhandelte mit den anderen, nicht mit uns. Dann kam er zu uns mit der Erklärung, er habe nicht gehört, daß uns irgendwie das Christentum abgesprochen worden sei, sonst wäre er dagegen aufgetreten. Er wollte uns bewegen, unseren Entschluß aufzugeben. – Als wir ablehnten, wurden wir auf das Gesetzwidrige aufmerksam gemacht, daß wir eine Kirche ohne Erlaubnis des Kirchengemeinderats benützten. Wir beiden Pfarrer erwiderten, daß wir bereit sind, jede Strafe auf uns zu nehmen. Es klingelte zur Plenarsitzung. Der Präsident der Synode gab seine Erklärung ab, die *uns ins Unrecht setzte*. Jede Möglichkeit, daß wir uns dagegen wehren konnten, war uns genommen. *Die Positiven schwiegen.* Hätten sie eine *positive Erklärung* abgegeben, statt jener unverbindlichen Bestätigung der negativen Erklärung des Präsidenten, dann hätten sie ja selbst die Basis ihres Kampfes gegen uns aufgegeben! – So hatten wir unserer abgegebenen Erklärung nichts mehr hinzuzufügen.

Der Kirchenpräsident schloß die Synode. Er betete zum Schluß seiner Rede das 'Unser Vater'. Eine Darstellung von positiver Seite weist etwas höhnisch darauf hin, daß es ihm also dadurch doch gelungen sei, uns zu einem gemeinsamen 'Gottesdienst' zu zwingen! Wir trauen dem Kirchenpräsidenten die Gotteslästerung nicht zu, daß er das Gebet Christi zu einem solchen Zweck mißbrauchen wollte.

Dann gingen wir unseren Weg zur Kleinen Kirche. *Was sollte ich predigen?* Ich suchte noch in der Bibel nach einem Gotteswort, als unsere Synodalen schon sangen: 'Verzage nicht, du Häuflein klein...' Da wurde mir *das 4. Kapitel des 2. Korintherbriefes* gewiesen. Darüber predigte ich. Im Bekennen und Beten ist unser Herz frei geworden, sind wir selbst stärker geworden als die Dämonien jener Religion, die Jesus am Unerbittlichsten bekämpft hat. Und wir konnten auch mit aufrichtigem Herzen beten für die, welche uns dies Leid zufügten: *'Erlöse uns alle von der Macht des Bösen!'* – –

Das sind die Vorgänge, über welche der *positive Abgeordnete, Pfarrer Vogelmann,* in dem verbreitetsten badischen Kirchenblatt, dem 'Kirchen- und Volksblatt' folgende Darstellung gibt:

'Dr. Dietrich scheute sogar vor der Unterstellung nicht zurück, die Positiven schöpften bei ihrer Kampfesführung aus trüben Quellen und sprächen den religiösen Sozialisten den christlichen Glauben ab. Mit dieser Methode fand der Redner keinen Glauben im Hause, wie ihm tags zuvor ausdrücklich vom Präsidenten der Synode bescheinigt wurde, obwohl Dr. Dietrich gerade auf diese Unterstellung seinen ganzen Plan des Sonderschlußgottesdienstes aufbaute.'

Wenn man allerdings so *ahnungslos oder so zynisch* über die Tragödie vom 22. und 23. April 1932 zu urteilen vermag, dann 'muß' man wohl auch das Ganze so bezeichnen, wie es Herr Pfarrer Vogelmann tat: 'Der *bekannte Bombenwurf mit dem Extra-Schlußgottesdienst.'* – Und vom Zynischen zum Lächerlichen ist es nur noch ein kleiner Schritt, wenn der Kirchenpräsident bei der Kirchengemeinde Karlsruhe anfrägt, was der wohllöbliche Kirchengemeinderat gegen die unerlaubte Benützung der Kleinen Kirche zu einem Separatgottesdienst getan habe, da, wie dort bekannt worden sei, die Gruppe der *sogenannten* religiösen Sozialisten am 23. April demonstrativ einen Gottesdienst für sich in der Kleinen Kirche veranstaltet habe. – Bezieht sich dies 'sogenannt' auf das folgende Wort 'religiös', so daß nun auch in einem amtlichen Erlaß des Kirchenpräsidenten uns die Religion abgesprochen ist?"

144 LSynd. Kappes an Albert [Jugendpfr.[*]] in Freiburg]: Absage an KPV und Nationalsozialisten
Karlsruhe, 7. Juni 1932; LKA Nachlaß Kappes Bd. 41

„Du hast wohl angenommen, daß wir im starken Betriebe stecken, weil Du so lang keine Antwort auf Deine Anfragen erhalten hast. Die allgemeine Lage ist ungeheuer gespannt. Dadurch daß am 17. oder 24. VII. die Reichstagswahlen stattfinden, werden die letzten Wochen vor unseren Kirchenwahlen am 10. VII. sicherlich unter schweren Spannungen stehen. Die Nationalsozialisten machen nach Mitteilung der Positiven Blätter ihre Sonderaktion auf eine Anordnung ihrer zentralen Stelle. Nach dem im Februar im 'RS' veröffentlichten Aufruf zur Organisation der Kirchenwahlen aus dem Gau Schlesien der NSDAP ist es ja ganz deutlich, daß Hitler seine Macht vor allem zur Eroberung der Preussischen Landeskirchen mit November einsetzen will und deshalb in Baden Vorübungen macht. Die Positiven versichern treuen Auges, daß sie sehr viel Gemeinsames mit den Nationalsozialisten haben, vor allem den Kampf gegen den Marxismus und den Willen zur Stärkung der kirchlichen Spitze. Auf der vom Gauleiter Wagner geleiteten Konferenz der 'Bewegung für evangelisches Christentum und deutsches Volkstum (Evangelische Nationalsozialisten)', die von 60 Nazipfarrern besucht war, wurden 3 Forderungen aufgestellt: Episkopat, Abschaffung der Urwahlen, Abschaffung der Pfarrwahl. [Hermann] Teutsch führt die nationalsozialistische Gruppe, sein Schwager [Karl] Bender die positive. Beide werden sich natürlich nach der Wahl vereinigen und hoffen, dann die Verfassung mit 2/3 Mehrheit nach ihren Plänen umgestalten zu können. Jetzt haben die Positiven allein 33 von 63; die Spanne bis zu 42 von 63 ist ja nicht allzu groß. Darum ist unser erstes Anliegen, daß wir eine möglichst geheime Wahlagitation treiben. Wir werden nur in wenigen größeren Städten Wahlversammlungen halten und vor allem hüten

---
[*] Adressat nicht zweifelsfrei zu verifizieren

wir uns, daß wir auf dem Land allzu sehr auffallen. Ich habe nun in beinahe allen Orten meines Bezirks Besprechungen mit den Vertrauensleuten abgehalten. Am dürftigsten steht es mit dem Bezirk Boxberg. Es hat nun gar keinen Sinn, daß Du unter diesen Umständen Dein Semester in Zürich unterbrichst. Wir werden auch aus Württemberg, der Pfalz und Preußen rednerische Hilfen für den Wahlkampf nur in sehr geringem Maße herbeiziehen. Ich werde 14 Tage vor den Wahlen Urlaub nehmen und dann im Zusammenhang noch einmal mit den Reden in den wichtigeren Städten das Funktionieren des Vertrauensmännerapparates kontrollieren. Wir hoffen, daß wir verhindern können, daß Positive und Nationalsozialisten die 2/3 Mehrheit erhalten, und daß wir erreichen können, in der Opposition stärker als die Liberalen zu sein.

Bitte orientiere die Schweizer Freunde über diese interessante Lage und gib Freund Ragaz den beiliegenden Brief."

145 LSynd. Dietrich: „Zwei Aufrufe zur badischen Kirchenwahl"
RS Nr. 24, 12. Juni 1932, S. 95

„Wir haben uns um die einzelnen kirchlichen Gruppen in ihrer grundsätzlichen Einstellung bisher deshalb nicht gekümmert, weil wir erst ihren Aufruf zur Wahl abwarten wollten. Denn bis vor kurzer Zeit war es sehr ungewiß, ob überhaupt zwei solche Aufrufe kommen werden, mit denen wir uns heute beschäftigen müssen. Es lag im Plane der positiven Gruppe, mit den Nationalsozialisten gemeinsame Sache zu machen. Daher ihr stürmisches Verlangen nach Kirchenwahlen, weil vielleicht es mit der nationalsozialistischen Herrlichkeit schon bald aus sein könnte. Nun ist es aber in letzter Minute doch zum Krachen gekommen; die Nationalsozialisten und die Positiven werden getrennt in die Kirchenwahlen ziehen. Hinter den Positiven stehen vor allem die Deutschnationalen und der Christliche Volksdienst. Die Nationalsozialisten hoffen, als '*Kirchliche Vereinigung für positives Christentum und deutsches Volkstum*' in der Kirche die bürgerlichen Gruppen aufzufressen, wie es ihnen zum größten Teil in der Politik gelungen ist. Aber betrachten wir einmal die beiden Aufrufe.

Wer den Aufruf der Positiven durchliest und nach christlicher Weise annimmt, es gelte auch in einem Wahlaufruf die christliche Forderung: Eure Rede sei Ja, Ja oder Nein, Nein, und was darüber ist, das ist von Übel, der ist arg enttäuscht. Denn hier ist alles 'darüber'. Hier wird gekämpft gegen Dinge, die in Wirklichkeit gar nicht vorhanden sind oder die man des schlechten Gewissens wegen zudecken zu können

hofft. Die Positiven kämpfen plötzlich gegen jede Art von Verstaatlichung der Kirche. Da schlag doch einer zweimal hin! Immerhin haben wir verlangt, die Kirche solle sich von der unwürdigen geldlichen Abhängigkeit des Staates lösen, und sie haben die geldliche Abhängigkeit durch alle möglichen Verträge in die Ewigkeit hinein auszudehnen gesucht. Und dann wollen sie keine sozialistische Kirche. Der Schreiber dieses dummen Satzes weiß ganz genau, daß das nicht einmal die religiösen Sozialisten wollen, die stets für eine Volkskirche eingetreten sind, aber er weiß, daß die Dummen mit solchem Köder sich immer noch fangen lassen, also drauflosgeschrieben, auf eine Verdrehung mehr oder weniger kommt es in Wahlzeiten doch nicht an! Es kommt aber noch dicker: 'Wir bekämpfen die Gottlosenbewegung, die Unzucht, die Verächtlichmachung der Ehe, die Abtreibung, den Klassenhaß und die, die ihn predigen.' In dieser Weise wird noch mehr bekämpft und protestiert gegen den 'christentumsfeindlichen Marxismus' und gegen die Herrschaft irgendeiner politischen Partei innerhalb der Kirche. 'So grenzen wir uns ab gegen die religiösen Sozialisten.' Da haben wir es also schwarz auf weiß, was für schlechte Kerle wir religiösen Sozialisten doch sind! Wie muß der Schreiber geschmunzelt haben, als er diesen geistigen Erguß gezeugt hatte; nein, nicht gezeugt, sondern nach bewährter Schablone abgeschrieben hatte. Mit welcher teuflischen Routine wird hier die Mixtur gebraut. Ein bissel Ehebruch, ein bissel Abtreibung, ein bissel Klassenhaß, ein bissel Kommunismus, Marxismus und Sozialismus, und aus der Retorte steigt ein religiöser Sozialist, wie er nur im platten Schädel eines positiven Fanatikers entstehen kann. Es wird verschwiegen, daß die religiösen Sozialisten sich in den Freidenkerversammlungen stellen, während die Positiven kneifen. Es wird verheimlicht, daß die religiösen Sozialisten in der badischen Landessynode die geistigen Urheber waren, daß bei der Pfarrbesoldung die Kinderzahl berücksichtigt wurde, damit beim Kommen eines Kindes nicht gleich wieder die Sorge vor der Türe steht. Der Positive redet nicht vom Klassenkampf, der eine geschichtliche Tatsache ist, er ersetzt dieses Wort mit Klassenhaß. Daß Klassenhaß und Klassenkampf zwei verschiedene Dinge sind, weiß er, aber warum das sagen, wenn es auch andersrum geht?
Es ist genug. Wir wenden uns den Nationalsozialisten zu, die in ihrem Aufruf eine unerfahrene Jugendlichkeit verraten. Der Jugend wird vieles verziehen, so wollen wir es auch hier machen. Nur einige Zurückweisungen müssen gemacht werden. Es heißt da: 'Das war ja das Widersinnige am religiösen Marxismus, daß er die Kirche zum Tummelplatz internationaler, klassenkämpferischer Interessen hat machen wollen.' Unterschrieben ist der Aufruf von einem Pfarrer Sauerhöfer. Diesen Pfarrer habe ich noch nie gesehen in meinem Leben. Nach dem ganzen

Aufruf, für den er verantwortlich zeichnet, nehme ich aber an, daß er in jugendlichem Drange drauflosstürmt und Dinge behauptet, die er nicht beweisen kann. Oder er ruft zur Volkskirche auf und merkt gar nicht, daß wir seit Jahren für eine Volkskirche kämpfen. Herr Sauerhöfer, gehören zur Volkskirche auch die religiösen Sozialisten oder nur die Nationalsozialisten? Herr Sauerhöfer will zur evangelischen Volksgemeinschaft hindurchdringen, und bestärkt die Positiven durch sein Schweigen in ihrem Grundsatz: Die religiösen Sozialisten haben in der Kirche keinen Platz. Oder haben wir doch Platz, Herr Sauerhöfer? Sie haben für Ihre Artikel nur die politische Presse zur Verfügung. Wir überlassen Ihnen aber gerne eine Spalte in unserem Blatte, wenn Sie sich zu folgenden Fragen äußern wollen: Hat die dogmatisch–theologisch gebundene Gruppe der Positiven noch ein Daseinsrecht in der Kirche, nachdem doch auch sogenannte liberale Theologen in Ihre Vereinigung eingetreten sind? Billigen Sie die brutalen Gewaltmethoden, mit denen die positive Kirchenleitung die Bewegung der religiösen Sozialisten unterdrückt? Viele Ihrer politischen Freunde gehören noch heute oder haben bis vor kurzem der positiven Vereinigung angehört, die widerspruchslos diesen Kampf gegen uns mitgemacht haben. Und auch eine praktische Frage: Wie steht Ihre Vereinigung zum Kirchengeld, das doch die unsozialste Steuer ist? Ihre alten positiven Freunde haben dem badischen Kirchenpräsidenten ein Ministergehalt gegen die Stimmen der religiösen Sozialisten bewilligt. Haben diese Leute recht gehandelt? Sie sehen, Herr Pfarrer Sauerhöfer, daß ich nichts Unbilliges von Ihnen verlange, sondern nur um eine klare Antwort bitte, wie Sie sich zu all diesen Fragen stellen."

146 Pfr. Simon: „Ruhe dem Kirchenvolk"
RS Nr. 24, 12. Juni 1932, S. 95

„Bei der Vorbereitungs- und Aufklärungsarbeit zu den badischen Kirchenwahlen zeigt sich *ein* Feind unserer Sache, der besonders gefährlich ist. Denn dieser Gegner hat in unseren eigenen Reihen Anhänger und Freunde. Sein Name ist: *Ruhebedürfnis*. Seine steten Redewendungen lauten: 'O du liebe Zeit! Jetzt auch noch Kirchenwahlen! Das hätte man doch bleiben lassen können! Muß man auch noch das Parteitreiben in die Kirche tragen. Wozu denn diese Unruhe? In der Kirche sollte doch Ruhe und Frieden bleiben. Wir wollen uns zurückhalten. Ja keinen Anstoß geben! Ruhe! Ruhe!'

Wir verstehen gut, daß in so unruhiger Zeit derartige Worte offene Ohren finden. Ruhe! Nur keine Änderung oder gar völlige Neuerung der Verhältnisse! Das war ja stets der Ruf derer, die eine verhältnismäßig gesicherte Stellung im 'Alten' hatten. Zu dieser gesellschaftlichen Schicht aber gehören gerade die Pfarrer, von denen aus in den Gemeinden der Ruf nach Ruhe vor allem erschallt. Ferdinand Fried beweist in einer 1931 erschienenen Statistik, die damals auch in diesem Blatt abgedruckt worden ist, daß von den 32 Millionen erwerbstätigen Deutschen 29,5 Millionen ein durchschnittliches Monatseinkommen von 140 RM. haben. Nur 2,5 Millionen verdienen monatlich zwischen 200 und 500 RM. Zu diesem kleinen bevorzugten Teil der Bevölkerung also gehört der Pfarrerstand! Für viele Genossen wird das eine Erklärung dafür sein, warum so überaus wenige Pfarrer sich zu unserer Bewegung bekennen! Sie haben kein Interesse an Unruhe oder Veränderung. Ihre Lage ist erträglich!

Aber auch solche, die aufschreien müßten, weil sie die Not am eigenen Leib erleben, sind müde geworden. Das Elend hat sie mürbe gemacht. Die Arbeitslosigkeit hat ihren Arm erschlaffen lassen. Ehe aber der Arm erlahmt, wird der Geist müde und matt. Das ist tatsächlich heute bei Millionen der Fall. Sie fühlen sich nicht mehr in der Lage, selbst geistig mit Fragen und Gedanken zu ringen oder gar sich selbst für eine heilige Sache einzusetzen. Sie sehnen sich nach Ruhe! Sie wollen Befehle hören, die ihnen die schwere Last, Entscheidungen zu fällen, abnehmen. Sie verlangen einen Diktator, der die Verantwortung trägt, unter der ihr matter Geist allzu sehr seufzt. So machen sich auch in der Kirche Stimmen laut, die eine stärkere Mitarbeit der Laien ablehnen. Die Kirchenregierung soll uns führen – wir wollen folgen und Ruhe haben!

Diese Stimmung ist eine ausgesprochene Müdigkeitserscheinung, die wir ebenso im Volksleben wie in der Kirche wahrnehmen. Man streckt die Waffen vor den Mächten der Welt! Gerade innerhalb der Christenheit wird das deutlich. Man gibt dem Gewaltglauben schließlich nach, wenn er wie ein Strom alles zu überfluten droht. Viele haben einfach nicht mehr die Kraft, *anderer* Meinung zu sein, wenn alle sagen: Wir müssen aufrüsten! Seht doch, wie Frankreich in Waffen starrt! Die Reparationen sind an unserem Unglück schuld! Wir brauchen einen starken Mann, da das Parlament versagt hat – und wie die Schlagworte alle heißen, mit denen das Volk heute geradezu überschüttet wird. Der mürbe Mensch unserer Tage hat vielfach gar nicht mehr die Kraft, zwischen Wahrheit und Lüge zu sichten. Er läßt sich vom Strom mitreißen. Er will Ruhe haben.

In dieser Stimmung aber kann niemand für das Reich Gottes kämpfen. Diese Müdigkeit ist die beste Waffe des Feindes unserer Sache; denn das ist ja gerade sein Ziel, daß alles beim Alten bleiben möchte. Unsere Gegner wissen, warum sie heute an das Ruhebedürfnis des Kirchenvolkes appellieren.

Die Strophe jenes Arbeiterliedes:
> Der Feind, den wir am tiefsten hassen,
> der uns umlagert schwarz und dicht,
> das ist der Unverstand der Massen,
> den nur des Geistes Schwert durchbricht!

gilt auch bei uns religiösen Sozialisten. Neben den Unverstand tritt als ebenso starker Gegner: die Mattigkeit des Geistes. All den müden Brüdern und Schwestern, deren Geistesschwingen durch die Ketten des Kapitalismus schon fast gelähmt sind, ruft Jesus zu:
'Meint ihr, daß ich gekommen bin, Frieden zu bringen auf Erden? Ich sage: nein, sondern Zwietracht!' (Lukas 12,51)
Die Ruhe, die ihr alle anstrebt, ist verständlich. Ehe der Sportsmann zum Endspurt ausholt, überfällt ihn leicht eine große Müdigkeit. Aber dann heißt es erst recht: Jetzt nicht nachlassen, jetzt durchhalten! 'Wer seine Hand an den Pflug legt und sieht zurück, der ist nicht geschickt zum Reiche Gottes!'
'Heilig! Die *letzte* Schlacht!' Vor der letzten Geistesschlacht stehen wir heute. Die Gegensätze spitzen sich überall in der Welt zu. Unsere badische Landeskirche zeigt ein kleines Bild davon. Hier die 'Frommen' und 'Gläubigen' im alten Stil, die ihren Glauben haben und an den Bekenntnissen festhalten (was wir durchaus auch tun! Aber in neuem Geist!), die ihres Weges so sicher sind, als ginge neben ihnen die Welt nicht in Trümmer! Deren Christentum bei ihrer eigenen Seligkeit anfängt und aufhört, für die der Herr Jesus gerade recht ist, *sie* zu retten und die anderen, die ganze Welt in ihr Verderben sinken zu lassen! – Und dort jene anderen, die das Reich Gottes sehen! Die an den neuen Himmel und die neue Erde nach Gottes Verheißung glauben! Die das Christuswort: 'Sieh ich mache alles neu!' nicht nur in ihrem eigenen kleinen Leben, sondern auch im Leben der Völker und Rassen, Wirtschaftsordnungen und Klassen in Erfüllung gehen lassen wollen. Ist dieser Glaube nicht ein Feuer, das brennen muß? Solange er nicht zum Sieg gekommen ist, können wir nicht schweigen! Können nicht 'Ruhe halten' – es wäre die Ruhe eines Friedhofs. Die Millionen hungernder Kinder, die Millionen darbender Mütter, die Millionen zugrunde gehender junger arbeitsloser Brüder und Schwestern schreien zum Himmel! Sollte Jesus kein Wort für *sie* haben? Sollte er nur die braven Kirchenchristen zu sich rufen. Nein! Selig seid ihr Armen, denn das Reich Gottes ist nahe herbeigekommen. Es komme zu uns! Wir wollen das Vaterunser nicht umsonst gebetet haben. Wir wissen mit Albert Knapp:
> Es kann nicht Ruhe werden,
> bis Jesu Liebe siegt,
> bis dieser Kreis der Erden
> zu seinen Füßen liegt!

Darum heißt es, ans Werk gehen, die Müdigkeit überwinden!

In *diesem* Sinne freilich wollen wir eine gewisse Ruhe bewahren, als wir mit ruhiger Sachlichkeit unseren Kampf führen. Wir wollen uns nicht zu persönlicher Verunglimpfung oder gar Methoden des politischen Tageskampfes hinreißen lassen. Das wäre tatsächlich schlimm für unsere Kirche, für deren Wiedergeburt wir die Stimme erheben. Aber wir können es unseren Kirchengenossen nicht ersparen, daß wir *unsere Stimme erheben*! Auch wenn sie daran 'Anstoß nehmen' und in ihrer Ruhe gestört werden. Wir wissen uns um so gewisser in den Fußstapfen unseres Herrn, je mehr Unruhe wir allen Reichen und Satten, 'Frommen' und selbstzufriedenen Mitchristen bereiten.

Es wird eine Unruhe sein, die ihnen zum Heile gereichen kann. Keine Angst, Anstoß zu erregen; keine Furcht, Ärgernis zu geben, darf uns jetzt im Kampf um das Reich Gottes zurückhalten. Den Müden und Matten soll das Schriftwort neue Kraft geben, das sagt: Wachet! stehet im Glauben, seid männlich und seid stark!

Wenn aber Freunde in dieser Zeit sich an einem Lied aufrichten wollen, wenn sie dann in unserem badischen Gesangbuch suchen, das so viel von der Seligkeit des Einzelnen und so wenig vom Reich Gottes, nach dem wir am *ersten* (Matth. 6, 33) trachten sollen, singt, dann mögen sie das Lied 292 aufschlagen und singen:

Volk des Herrn, du hast hienieden
einen langen schweren Streit.
Nun, so suche keinen Frieden
in der bösen Zeitlichkeit!
Führe deines Gottes Kriege!
Jesu Kreuz ist dein Panier!
Unter diesem Zeichen siege
seine Schmach sei deine Zier!
(S. Preiswerk.)"

147 „Verlag der religiösen Sozialisten/Mannheim": „Zur badischen Kirchenwahl am 10. Juli"
RS Nr. 25, 19. Juni 1932, S. 98

„Geistige Waffen für die badischen Kirchenwahlen.
Kirchliche Wahlen geben die Möglichkeit, an Tausende von Menschen in Versammlungen unsere Gedanken nahezubringen. Die Menschen sind in Wahlzeiten offener, zugänglicher, interessierter als in ruhigen Zeiten, wenn das Leben in gewohntem Takt weitergeht. Die in den Versammlungen nicht beiwohnenden Männer und Frauen möchten die Grundgedanken der Reden kennen lernen; für beide Gruppen haben wir durch die Herausgabe einer Reihe billiger Schriften Sorge getragen. Es sind drei Schriften, die uns mitten in die Aufgaben der Zeit hineinstellen.

1. Wider die Mammonsherrschaft. Diese Protestgedanken eines sozialistischen Theologen führen uns an das Grundsätzliche unseres Kampfes heran. Hier spricht tiefste religiöse Überzeugungskraft. Die Überschriften der einzelnen Kapitel geben am besten einen Einblick in den Geist, aus dem die Broschüre geschrieben ist. *Vom Kampf gegen die Herrschaft des Geldes. Gottes Gerechtigkeit und die Kluft zwischen reich und arm. Arm und reich. Den Reichen gutes Gewissen gemacht. Ihr habt die Armen verachtet. Wirtschaftsführer? Vom Verschleiern der Profitsucht. Ist Wirtschaftsdemokratie im Interesse aller? Von Klassen, Klassenkampf und Klassenlosigkeit.*
Diese kleine Broschüre, auf bestem Papier gedruckt, kostet bei vollständig freier Zusendung nur 15 Pfg.
2. Die Tätigkeit der Religiösen Sozialisten in den Landeskirchentagen. Hier wird zum erstenmal der Versuch gemacht, die Tätigkeit der religiösen Sozialisten in den Landeskirchenparlamenten darzustellen. Es ist von allem abgesehen, das sich nur auf den Augenblick bezieht. Da bis jetzt die religiösen Sozialisten nur in ganz wenigen Kirchentagen Vertreter haben, bezieht sich der Inhalt vor allem auf die Anträge, die in der Badischen Landessynode gestellt wurden. Aber die Schrift ist so gehalten, daß sie für deutsche Sozialisten von Interesse ist. Sie ist eine programmatische Einführung in die Gedankenwelt der religiösen Sozialisten, wie sie sich in den Synoden ausprägt. Zu den brennendsten Fragen wird hier Stellung genommen. Wir führen in bunter Reihenfolge die einzelnen Fragen an: *Kirche und Arbeitslosigkeit. Pfarrbesoldung. Christliche politische Parteien. Gotteslästerungsparagraph. Trennung von Staat und Kirche. Die deutsch-evangelische Kirche. Beflaggung der Kirchen. Friedenssonntag. Verleihung kirchlicher Titel. Die Stellung der Kirche zum Wirtschafts-, Staats- und Gesellschaftsleben. Das Kirchgeld. Religiöse Sozialisten und christlicher Glauben.*
Diese Schrift kostet ebenfalls nur 15 Pfg. bei freier Zustellung. Sie ist in einer Massenauflage hergestellt und sollte in die Hand jedes Wählers kommen.
3. Die Religion ist in Gefahr! Die Erklärung der neuen Reichsregierung, daß ihr Kampf gegen den atheistischen Marxismus gehe und daß es gelte, die christliche Kultur gegen den Kulturbolschewismus zu retten, beweisen die Notwendigkeit einer solchen Schrift. Hier wird in rücksichtsloser Weise die Verquickung von Religion und Politik aufgedeckt und gezeigt, wie die Religion von den sogenannten christlichen Kreisen mißbraucht wird. Die politischen Vertreter dieser betonten christlichen Kultur sind die Deutschnationalen und die Nationalsozialisten. Mit schonungsloser Offenheit wird die Christlichkeit dieser Parteien an ihren Worten und Taten beleuchtet. Schließlich wird untersucht, ob wirklich der Sozialismus ohne weiteres als unchristlich zu bezeichnen ist. –

Diese 32 Seiten umfassende Kampfschrift ist von höchstem Gegenwartswert. Sie ist für diesen Kirchenwahlkampf so aktuell wie für den Reichstagswahlkampf. Sie wurde ebenfalls in einer Massenauflage hergestellt, so daß bei Abnahme einer größeren Zahl eine bedeutende Ermäßigung eintreten kann. Der Einzelpreis bei freier Zusendung ist 30 Pfg.

4. Vierzig Jahre sozialistischer Kampf. Diese Schrift hat Interesse für Mannheim und Umgebung, vor allem für Leute, die Pfarrer Lehmann kennen. Pfarrer Lehmann gibt hier ein Bild aus seinem Leben, das reich an Kämpfen war. Als alter Naumannianer ist er stets im Vordergrund der sozialen Kämpfe gestanden. Jetzt, wo er in Ruhestand getreten ist und die Kirchenbehörde als Nachfolger auf seine Stelle einen Mann gesetzt hat, der nicht religiöser Sozialist ist, zeigt er der Öffentlichkeit und der Behörde, wie segensreich ein Pfarrer wirken kann. Leider konnte die Schrift nur in einer kleinen Auflage hergestellt werden, so daß sie nicht unter 65 Pfg. abgegeben werden kann."

148   Vikar Th. Erhardt: „Ist Religion Privatsache?"

RS Nr. 25, 19. Juni 1932, S. 98

„'Religion ist Privatsache': diesen Satz kann man immer wieder hören, wenn man einen Sozialisten für die Kirche und kirchliche Dinge interessieren will. Mit dem Hinweis auf diesen Satz des sozialdemokratischen Parteiprogramms wird von manchen überzeugten Sozialdemokraten die Mitarbeit an den kirchlichen Aufgaben abgelehnt. Es ist darum gerade jetzt, wo es im Blick auf die Wahlen zur Landessynode in Baden nötig ist, daß alle Sozialisten, die noch in der Kirche sind, bei der Vorbereitung der Wahl mitarbeiten und dann auch bei der Wahl ihre Stimme abgeben, sehr angebracht, einmal diesen Satz 'Religion ist Privatsache', ein wenig unter die Lupe zu nehmen und festzustellen, wie er zu verstehen ist und wie er nicht verstanden werden darf.

Wenn das Programm der Sozialdemokratie den Grundsatz aufstellte: 'Religion ist Privatsache', so wollte diese damit zunächst einmal sagen: die Sozialdemokratische Partei überläßt es der persönlichen Entscheidung jedes einzelnen ihrer Mitglieder, ob es von der Religion Gebrauch machen will oder nicht, und erst recht macht sie keine Vorschriften darüber, *welcher* Religion oder Konfession einer angehören soll, ob er Christ oder Jude, ob Protestant oder Katholik oder Freidenker sein oder ob er sich sonst einer religiösen Überzeugung anschließen soll. 'Die Sozialdemokratie', heißt es im Heidelberger Programm, 'ist eine Partei mit politischen und wirtschaftlichen Zielen und kann in ihren Kreisen nur Männer und Frauen dulden, die sich zu ihren politischen und wirtschaftlichen Grundsätzen bekennen und sich ihren Befehlen und Maßnahmen auf diesem Gebiet unterwerfen. Die religiöse Gesinnung oder Empfindung dagegen ist keine politische Angelegenheit, keine Sache eines Parteiprogramms, sondern eine Gewissensangelegenheit der einzelnen Menschen. Mit der politischen Überzeugung eines Sozialdemokraten verträgt sich nicht gleichzeitig das Bekenntnis zu einer anderen politischen Partei. Dagegen ist mit dem Bekenntnis zur Sozialdemokratie jedes religiöse Bekenntnis zu vereinbaren. Man kann ein frommgläubiger Christ, ein strenggläubiger Katholik und doch zugleich ein vortrefflicher Sozialdemokrat sein.' In diesen Sätzen ist der Grundsatz 'Religion ist Privatsache' dem Sinne nach deutlich ausgesprochen. Er will im Sinn des Heidelberger Programms nichts anderes sagen als: Weil die Sozialdemokratie eine rein politische und wirtschaftliche Sache ist, so mischt sie sich nicht in die religiösen Anschauungen ihrer Mitglieder ein. Sie macht ihnen hier keinerlei Vorschriften. Sie betrachtet die Frage nach der Wahrheit oder Unwahrheit dieser oder jener Religion nicht als ihre Sache, sondern als eine Angelegenheit, die jeder Einzelne von sich aus frei zu entscheiden hat, die seine persönliche, 'private' Angelegenheit ist. In diesem Sinne werden wir religiösen Sozialisten dem Satz 'Religion ist Privatsache' durchaus beistimmen. Wir werden uns sogar auf ihn berufen können, wenn etwa von freidenkerischer oder freireligiöser Seite der Versuch gemacht wird, ein Parteimitglied, das noch in der Kirche ist, nicht für voll anzusehen. Wir werden dann ruhig darauf hinweisen, daß nicht wir, sondern der, der solches tut, mit den Grundsätzen der Partei in Widerspruch steht, insofern er versucht, eine bestimmte 'Religion', eine bestimmte religiöse Überzeugung als für den Sozialdemokraten allein gültig anzusehen und darum den Grundsatz 'Religion ist Privatsache' verletzt.

Wir werden auch weiter den Satz 'Religion ist Privatsache' gerade als Christen voll und ganz bejahen und ihn als eine Hauptgrundlage für das Verhältnis von Politik und Religion oder von Staat und Kirche ansehen, wenn nämlich damit gemeint ist, daß diese beiden streng getrennt bleiben sollen, daß also keine Religion oder Konfession versuchen darf, dem Andersdenkenden ihre religiöse Überzeugung mit staatlichen Mitteln aufzuzwingen oder die, die sich eine solche nicht aufzwingen lassen, zu unterdrücken, wie es etwa in Frankreich durch Ludwig XIV. den Protestanten gegenüber geschehen ist. So verstanden, will der Satz 'Religion ist Privatsache' die Freiheit der Gewissen verteidigen und ist darum gerade für einen überzeugten Christen unentbehrlich, denn Religion ist eine Sache freier Überzeugung. Das Christentum fordert von seinen Anhängern vollständig freiwillige Zustimmung. Darum muß es gerade um seiner selbst willen jedes gewaltsame Aufzwingenwollen seiner Lehren mit aller Entschiedenheit ablehnen. Karl der Große hat dem Christentum einen zweifelhaften Dienst getan, als er die Sachsen gewaltsam bekehrte, und die Überwindung des Grundsatzes *cujus regio, ejus religio'*, d.h. 'Wer die Herrschaft hat, der bestimmt auch die Religion der von ihm Beherrschten', wie er bekanntlich nach der Reformation noch lange in den deutschen Ländern gegolten hat, war ein entschiedener Fortschritt.

Wenn so der Satz 'Religion ist Privatsache' richtig verstanden, auch durchaus richtig ist, so müssen doch andererseits gewisse falsche Auslegungen und Auffassungen dieses Satzes abgelehnt werden. Manche verstehen nämlich diesen Satz auch so: Religion ist Privatsache, sie ist also etwas, was jeder Einzelne sich für seinen Privatgebrauch zurechtmacht. Ich nehme mir aus dem Christentum, was mir paßt, vielleicht dazu noch ein Stückchen Buddhismus oder gar Mohammedanismus, und so braue ich mir meine eigene Religion zusammen. Es ist kein Zweifel, daß heute so viele so verfahren. Daß wir heute alle die verschiedenen Religionen durch die moderne Religionsforschung kennengelernt haben, bringt mit sich, daß man sie mit der Religion, die bei uns im Abendland bisher allein bekannt war, nämlich dem Christentum, zu verbinden sucht. Es ist klar, daß man dann für die Kirche kein großes Verständnis mehr haben kann, denn die Kirche ist ja eine Gemeinschaft von Menschen, die alle durch *einen* Glauben verbunden sind, nämlich den Glauben an den Gott der Bibel und an Jesus Christus. Dabei werden wir dann auch an den verschiedenen Ausprägungen, den dieser Glaube in den christlichen Konfessionen gefunden hat, bei aller Betonung des Gemeinsamen, auch als religiöse Sozialisten nicht einfach vorbeigehen können. Wenn wir auch auf eine schließliche Überwindung aller konfessionellen Gegensätze hoffen, so kann diese doch nicht einfach gefordert, sondern es muß darum gerungen werden. Daß aber die Religion nicht in diesem Sinne Privatsache sein kann, als ob nun jeder glauben könne, was ihm gerade beliebt, dafür müßte gerade der Sozialist Verständnis haben. Sozialismus heißt ja Gemeinsamkeit, Verbundenheit, Solidarität. Wo aber jeder sich seine Religion zurechtmacht, da entsteht keine Gemeinsamkeit, sondern nur Zersplitterung und Zerspaltung, wie wir es ja im Protestantismus infolge dieses falschen Verständnisses der Gewissensfreiheit mit Bedauern feststellen müssen.

'Religion ist Privatsache', das wird dann schließlich oft auch in dem Sinne verstanden, als ob Religion nur eine Sache des Herzens und der Innerlichkeit sei, ein schönes Blumengärtlein abseits von der großen Landstraße des Lebens, mehr für Naturen, die still für sich bleiben wollen, als für Menschen der Tat und des praktischen Lebens. Religion wird hier vor allem auch verstanden als Trostmittel für ein trostbedürftiges

Gemüt. Das ist heute die Auffassung von der Religion nicht nur bei ihren Gegnern, sondern oft auch bei ihren Anhängern. Aber welche Verkennung des wahren Wesens der Religion, wenigstens der biblischen und christlichen Religion, liegt hier vor! Wie wenig ist z.B. die Religion der großen Propheten des Alten Testamentes ein solches bloßes Blumengärtlein abseits vom Leben, wie wenig Privatsache! Wie wirkt sie hinein ins politische und soziale Leben! Wenn das Hauptgebot der Religion heißt: 'Liebe Gott von ganzem Herzen und deinen Nächsten wie dich selbst', dann kann sie in *diesem* Sinn jedenfalls nicht Privatsache, d.h. etwas, was nur auf dem Kreis meines Ichs beschränkt bleibt, sein. Dann führt sie hin zum Du, zum Bruder, heraus aus der privaten Sphäre, hinein in die Öffentlichkeit. Dann kann sie auch nichts mehr sein, was für den einen, der gerade religiös veranlagt ist, gilt, nicht aber für den andern, sondern dann gilt sie allen, so wahr diese beiden Gebote zu allen Menschen gesagt sind, und wie uns unser Gewissen bezeugt, keiner sich ihnen entziehen kann. Darum geht es ja auch im religiösen Sozialismus, daß die Religion gerade nicht bloß eine Sache der privaten Erbauung sei, sondern daß sie ihre gestaltende Kraft auch in den großen Fragen des öffentlichen Lebens zeige, daß sie Geltung habe nicht nur im persönlichen, sondern auch im wirtschaftlichen und politischen Leben. Deshalb ist ja die Religion in Mißkredit gekommen gerade bei den Massen des arbeitenden Volkes, weil die Religion hier versagte, weil sie eben bloß noch – Privatsache war. Eine solche Religion ist dann vielleicht eine ganz schöne Verzierung des Lebens, aber man kann ebensogut auch darauf verzichten. Daß die Religion zur Privatsache erklärt werden konnte, daran sind ihre Vertreter selbst schuld, die sie dazu gemacht haben. Wir religiösen Sozialisten aber rufen das Kirchenvolk dazu auf, der Religion wieder zur Wahrheit zu verhelfen, sie durch die Verbindung mit dem Sozialismus aus dem Schein- und Schattendasein wieder herauszuführen, in die sie die Vertreter der Kirche selbst hineingeführt haben. Solcher Erneuerung der Religion, ihrer Befreiung aus der babylonischen Gefangenschaft, ihrer Erlösung aus dem Aschenbrödeldasein gilt auch der kirchenpolitische Kampf, gelten die Kirchenwahlen 1932. Darum darf kein evangelischer Sozialist hier zurückstehen."

149 Ph. Mückenmüller/Neckarau: „Ein Arbeitsloser schreibt zu den Kirchenwahlen."

RS Nr. 25, 19. Juni 1932, S. 98

„Am 10. Juli dieses Jahres, also in aller Kürze, werden in der evangelischen Landeskirche die Abgeordneten zur Landessynode, der kirchlichen Volksvertretung, gewählt. Wir religiösen Sozialisten wissen genau, um was es uns bei diesen Wahlen geht. Wir wissen auch, daß wir in dieser reaktionären Kirche keine wirkliche Religion haben. Die heutige reaktionäre Kirche ist an ihrem Ende angelangt. Ihre Führer sind am Ende ihrer Weisheit. Daher sind auch die Alten, die Positiven wie die Liberalen, dafür verantwortlich zu machen, daß an der Kirche und ganz besonders an der Lehre Christi heute von vielen Menschen gezweifelt wird. Nicht wir religiösen Sozialisten wollen die Vernichtung der Kirche, sondern die, die durch das Kirchgeld, das ganz besonders die Armen des Volkes betrifft, den Glauben an Gott und die Kirche auf diese Art und Weise erhalten wollen. Wir sagen es daher den Herrn Kirchenregierern, ganz besonders den Positiven, frei und laut ins Gesicht, daß wir ihr kirchliches Getue durchschaut haben und niemals anerkennen. Denn wir wollen Religion, wir wollen Gottes Gerechtigkeit auf dieser Erde, wir wollen Christus folgen und dienen. Wir bekämpfen und verachten nicht den, der uns mit wahrer Liebe und Hingabe Christus Lehren verkündet; damit er aber dieses auch kann und so der Allgemeinheit mit Gerechtigkeit, Freiheit und Liebe dient, muß er aber auch Christus vorleben!

Es ist kein Zweifel, daß die heutige Kirche ein Machtfaktor des Kapitalismus ist. Die Kirche hat sich dazu hergegeben, den Kapitalismus in seinem Kampf gegen die Ausbeutung der Armen im Volk zu unterstützen, damit das Proletariat weiterhin dem Elend und der Not entgegengeführt wird. Wenn uns in der letzten Synode der Glaube abgesprochen wurde, so ersieht man, wie die Menschen, die doch Steuerzahler der Kirche sind, behandelt werden. (Ist das Religion?) Wir religiösen Sozialisten sind dieselben Menschen von Fleisch und Blut. Wir haben das gleiche Recht, zu leben auf der Erde. Wir haben auch das gleiche Recht, unsere Stimme zu erheben gegen all das Ungerechte, das gegen uns geführt wird. Wir Sozialisten haben einen Glauben, und zwar einen wahren lebendigen Glauben. Wir wollen Religion, nein, wir schreien nach Gottes Wort und Gottes Gerechtigkeit. Wir sprechen niemandem den Glauben ab, weil wir es ehrlich meinen. Wir bekämpfen auch nicht die Gottlosen, sondern versuchen, sie durch Überzeugung für uns zu gewinnen. 'Du sollst deinen Nächsten lieben wie dich selbst.' Dieses Wort sollen sich die Positiven von uns zur Mahnung nehmen, denn nach diesem haben sie ja noch nie gehandelt.

Weiterhin sind die Positiven der Anschauung, wir religiösen Sozialisten wollen die Kirche politisieren. Wenn man mit seiner Weisheit zu Ende ist, dann geht es gewöhnlich mit Lügen, so geht es auch den Positiven. Wir brauchen die Kirche nicht mehr zu politisieren, denn diese Arbeit ist vor Hunderten von Jahren von der 'alten Garde' (Positive) durchgeführt worden. Wenn ein Staat die Kirche unterstützt, ist sie auch politisiert. Aber es erübrigt sich ja, über solche Machenschaften zu reden. Wir religiöse Sozialisten wollen etwas anderes. Wir streben nach einer Volkskirche, und zwar so einer Volkskirche, in der auch ein wahrer, lebendiger Glaube herrscht, in der eine Gemeinschaft gebildet ist, wo Gerechtigkeit und Liebe unter den Menschen verbreitet wird. Die Kirche kann sich durch den echten Glauben Gottes und durch die Verheißung Jesus Christus allein erhalten, wenn sie es ehrlich meint und braucht keinen Staat. Nach solch einer Kirche streben wir religiösen Sozialisten. Wenn es so weit ist, dann werden wieder durch alle Kirchentüren wahre Glaubensmenschen gehen, denen es ernst mit der Religion ist, die dann erst sehen, daß eine Volkskirche doch etwas anderes ist als eine reaktionäre Kirche.

Bei den kommenden Wahlen kann darum nur der Volkskirchenbund religiöser Sozialisten fest unterstützt werden. Denn diese Gruppe besitzt allein das Recht, für eine Volkskirche einzutreten, in der nicht nach Profit, Krieg und Gewalt (wie es der neuen Gruppe, der Nationalsozialistischen Arbeiterpartei Hitlers, vorschwebt), ausgeschaut wird, sondern in der alle Menschen eine Gemeinschaft bilden nach Christus Vorbild, und in der Gerechtigkeit, Freiheit und Liebe herrscht. Weil wir Sozialisten wissen, daß es uns ernst und heilig ist, für die Sache Christi zu kämpfen, gehen wir mit großer Zuversicht den Kirchenwahlen entgegen. Wir sind überzeugt, daß nur die mit Zuversicht etwas entgegengehen können, die nicht mit Hetzen umgehen, sondern mit der Wahrheit. Denn die Wahrheit wird euch frei machen!"

150 Müller[*]/Rüppurr: „Kirchenwahlen und Klassenkampf."
RS Nr. 27, 3. Juli 1932, S. 107

„Je näher wir zur Kirchenwahl kommen, je heftiger klingen die Kampfparolen. Über eines ist man von den Positiven (Deutschnationalen und Evangelischer Volksdienst) bis zur Kirchlichen Vereinigung für positives Christentum und deutsches Volkstum (Nationalsozialisten) einig: *Kampf dem religiösen Sozialismus,* seines Klassenkampfes wegen.

Man hat ein Schlagwort gefunden, das sogar staatlich sanktioniert ist. Als in den letzten Tagen die Regierung ihr Wort über den Klassenkampf sprach, hat man sicherlich auf positiver Seite nur an den Klassenkampf des Proletariats gedacht. Ich halte jedoch der Regierung zugut, daß sie auch den Klassenkampf der Oberen hat treffen wollen.

Wer die wirtschaftliche Entwicklung der letzten Jahrzehnte ansieht, muß, wenn er gerecht sein will, in der Klassenkampffrage zwei Unterscheidungen machen: Den 'Klassenkampf der Macht und des Herrschertums' und den 'Klassenkampf der Not und der Abwehr'. Auf welcher Seite nun eine sittliche Berechtigung dieses Kampfes besteht, wollen wir

---
[*] Verf. nicht zweifelsfrei zu verifizieren

zu unterscheiden den Positiven überlassen. Sehr ernst wird in unseren Kreisen über die Frage des Klassenkampfes gerungen; wenn nur mit einem Teil dieses Ernstes auf der anderen Seite, dort, wo die wirtschaftlich Starken und gesellschaftlich Bevorrechtigten stehen, an dieses Problem herangegangen würde, ein Fortschritt zum klassenlosen Zustand wäre gegeben. In einem kleinen Zirkel haben wir uns kürzlich als Ausmündung des Themas 'Christus und der Klassenkampf' die Frage gestellt: 'Wollen wir religiösen Sozialisten Klassenkampf?' Wir waren uns alle einig in der Antwort: Wir wollen nicht den Klassenkampf, sondern das Recht! Das Recht, das sich auf das Evangelium stützt und uns sagt, daß vor Gott alle Menschen gleich sind und daß es Gottes Wille sei, daß allen Menschen geholfen werde. Unsere religiöse Erkenntnis ist die, 'daß geholfen werde', weil wir wissen, daß es Christus immer auf das Helfen und Heilen ankam. Aus der Erkenntnis der Hilfsnotwendigkeit heraus steht der religiöse Sozialist in seinem Kampfe um bessere Zustände auf seiten des bewußten Proletariats. Wenn der Klassenkampf der Oberen schwindet, der Egoismus der Bevorrechtigten sich legt und der Druck der zusammengeballten Egoismen – Kapitalismus – schwindet, gibt es keinen Klassenkampf der gesellschaftlich Benachteiligten und wirtschaftlich Schwachen mehr. Die Gerechtigkeit löst die Abwehr auf.

Wenn uns die Positiven nicht nur den Vorwurf des Klassenkampfes, sondern des Klassenhasses machen, so ist dies eine bewußte Heuchelei, eine Verdrehung der Tatsache, der sich nach Christus strebende Menschen nicht schuldig machen sollten. Die Positiven grenzen sich, wie sie in ihrem Aufruf zum Ausdruck bringen, bewußt von den religiösen Sozialisten deswegen ab, weil sie den Kampf des Proletariats moralisch, religiös und praktisch stützen. Vergessen aber sich gegen die zu wenden, die den Klassenkampf erzeugten, auf die gemeinste Art führten und führen und Millionen Menschenbrüder in die furchtbarste Lage brachten und immer wieder bringen. Wenn der Vorwurf der Positiven gegen die Menschen unserer Kreise berechtigt wäre, daß sie in ihrer Abgrenzung gegen uns die Gottlosenbewegung, die Unzucht, die Verächtlichmachung der Ehe, die Abtreibung, bekämpfen wollen, es wäre erneut eine Heuchelei, denn diese Sünden sind bei den Christen sowohl wie bei den Antichristen zu finden.

Wer aber die Wirkungen sieht, hat die Pflicht, nach den Ursachen zu suchen. Es ist sehr bequem, auf den 'bösen Marxismus' zu schimpfen. Der einzige Maßstab für Ursache und Wirkung gibt uns nur das Gebot – 'du sollst deinen Nächsten lieben wie dich selbst' –.

Auf die Reichen und Herrschenden einzuwirken, müßte wie ja das auch Christus getan, erste Christenpflicht, erste Aufgabe führender Kirchen- und Staatsmänner sein. Christus hat uns doch das bessere Wissen gegeben, daß Reichtum und Herrschsucht zu Lieblosigkeit führt. Hier liegt des Übels tiefste Wurzel, und hier ist der Boden, wo liebende Menschen gemeinsam kämpfen sollten, und hier will der religiöse Sozialismus Bahnbrecher sein.

Man wähle keine Wahlparole, die nicht stichhaltig ist und sich rückwärts vernichtend auswirken könnte. Leute, die das 'Vorwärtskommen' immer gut verstanden haben, sollten im Anblick der leidenden proletarischen Volksschicht nicht von Klassenkampf und Klassenhaß sprechen, zumal die Ohnmächtigkeit der Starken, dieser Not zu steuern, ersichtlich ist.

Wenn uns nun auch die Positiven unsere christliche Religion absprechen und uns mit allen Mängeln belegen, eines werden sie uns nicht nehmen, das ist unser Glaube und unser Wissen, daß unser Weg gut ist. Auf dieser Gewißheit werden wir vorwärtsschreiten, trotz alledem und alledem."

151 Menzel[*]: „Klasse und Stand — Gedanken zum Klassenkampf"
RS Nr. 27, 3. Juli 1932, S. 105

„Was viele abstößt, ist unser Bekenntnis zum Klassenkampf. Unsere Gegner — vor allem aus irgendwie christlichem Lager — werfen uns mit Vorliebe vor, wir predigten brudermörderischen Haß gegen unsere Mitmenschen, statt uns im Bewußtsein der Schicksalsverbundenheit zur Versöhnung bereit zu finden. Wir können solche Vorwürfe mit dem Hinweis darauf entkräften, daß Klassenkampf nicht mit Klassenhaß verwechselt werden darf, daß uns der Klassenkampf von den Gegnern aufgezwungen wird, daß wir als bewußte Klassenkämpfer für den klassenlosen Staat und die klassenlose Gesellschaft der Zukunft kämpfen, die in unserem Herzen als glühende Sehnsucht lebendig ist, und daß der Kampf der Vater aller Dinge ist und von selbst nichts Großes und Neues geschieht. Aber überzeugen können wir erst, wenn wir scharf zwischen Klasse und Stand unterscheiden. Ein *Stand* ist eine Teilgruppe der Gesellschaft, die vor allem durch denselben *Beruf*, seine Pflichten, Rechte und seine Ehre gebildet wird (Bauer, Akademiker, Beamter usw.). Unter *Klasse* versteht man jedoch eine Gruppe, die — entweder direkt oder indirekt, bewußt oder unbewußt — *ausbeutet*, von den *Vorrechten* lebt und einen bestimmten *Machtwillen* verkörpert, oder sich dagegen zur Wehr setzt. Entscheidend ist dieser Wertgegensatz 'Hie Herr! Hie Diener und Knecht!' Die Kluft, die das aufstrebende, zum Selbstbewußtsein erwachende Proletariat von der bürgerlichen Klasse scheidet, und die im Aufbau der Wirtschaft begründet ist, darf nicht

---

[*] Verf. nicht zweifelsfrei zu verifizieren

künstlich überbrückt werden. Schließen wird sie sich erst, wenn eine Weltordnung äußerlich und innerlich aufgerichtet sein wird, die jede Ausbeutung und Unterdrückung des Menschen durch den Mitmenschen unmöglich macht, *d.h.* in der sozialistischen, christlichen Gesellschaft, in der die *sittliche Idee des Sozialismus (gegenseitige Hilfe)* zum Siege gekommen ist. Solange diese Aufgabe nicht gelöst wird, so lange bleibt die Klassenspaltung unser Schicksal und wird zu dem Punkt, an dem sich die vorwärtsschauenden Geister von den rückwärtsblickenden scheiden müssen, ohne deshalb den Glauben daran verlieren zu müssen, daß jeder, der Menschenantlitz trägt, zur Gliedschaft in der Familie Gottes auf Erden bestimmt ist. – Wir leiden unter dieser Klassenspaltung der menschlichen Gesellschaft, die in allen Ländern der Erde immer deutlicher hervortritt und international Fronten bildet. Wir fühlen uns aufgerufen, die Voraussetzungen der Klassenspaltung zu beseitigen. Schulter an Schulter mit den revolutionären Kampftruppen des Proletariats, d.h. der Klasse, die nicht von der Arbeit des anderen lebt und die das brennendste Interesse daran hat, daß der Gedanke der Ebenbürtigkeit aller als Kinder desselben Vaters zur gestaltenden Kraft des gesamten Lebens emporwächst. Stände werden bleiben, aber die beiden einander feindlich gegenüber stehenden Klassen müssen und werden verschwinden. Nicht der herrschaftliche, sondern der genossenschaftliche Gedanke muß siegen in dem als Gewissenspflicht erkannten sozialistischen Kampfe, in dem wir stehen. Die überwiegende Mehrheit muß den Gang des Geschehens beeinflussen im Interesse der ungeheuren Mehrheit. Unsere Aufgabe ist demnach, den Kampfmut des klassenbewußten Proletariats zu neuer Glut zu entfachen und als Christenmenschen die Kampfformen mit dem heiligen Geist entschiedener Sachlichkeit zu erfüllen, den uns das Evangelium, die Frohbotschaft von der Erlösung der Menschheit durch rettende Liebe, täglich aufs neue einhaucht. Was uns mit dem Proletariat verbindet, ist der entschlossene Wille, die Welt umzugestalten, um die menschliche Bestimmung zu verwirklichen. Unser Kampf ist eine geschichtliche Notwendigkeit. Er muß immer mehr werden ein entschiedener Kampf für Gottes Weltpläne, und in diesem Sinne für eine 'Verweltlichung' des Christentums."

152 N.N.: „Spiegel der Positiven und der Sozialisten!"
RS Nr. 27, 3. Juli 1932, S. 105

„'Was dünket euch aber? Es hatte ein Mann zwei Söhne, und ging zu dem ersten und sprach: Mein Sohn, gehe hin und arbeite heute in meinem Weinberge. Er antwortete aber und sprach: Ich will's nicht tun. Darnach reute es ihn und ging hin.

Und er ging zum andern und sprach gleich also. Er antwortete aber und sprach: Herr, ja; und ging nicht hin. Welcher unter den zweien hat des Vaters Willen getan? Sie sprachen zu ihm: Der erste. Jesus sprach zu ihnen: Wahrlich ich sage euch, die Zöllner und Sünder mögen wohl eher ins Himmelreich kommen denn ihr.'

Christus bzw. die Schrift spricht:

Siehe, ich mache alles *neu!*

Ihr könnt nicht Gott dienen und dem *Mammon!*

Gott allein ist heilig!

Du sollst nicht stehlen! Du sollst dich nicht lassen gelüsten deines Nächsten Hauses usw.

Die Erde ist des Herrn. Ihr seid nur Lehensträger von mir.

Frieden auf Erden!

Ihr seid alle *Brüder!* Einer trage des andern Last, so werdet ihr das Gesetz Christi erfüllen.

Die Bibel kennt nur einen *Adel,* den Adel des Dienstes, und nur eine *Krone,* die Krone der Gerechtigkeit und der Treue.

Das Wesensmerkmal der Christen ist die *Liebe*: 'Dabei wird jedermann erkennen, daß ihr meine Jünger seid, so ihr Liebe untereinander habt.'

Der Nachdruck liegt auf der *Tat:* So ihr solches wisset, selig seid ihr, so ihr es tut! 'Wer Gottes Willen *tut*, der ist mir Bruder und Schwester und Mutter.'

An ihren Früchten sollt ihr sie erkennen!

Dein Reich komme! Dein Wille geschehe auf *Erden* wie im Himmel.

Die *Positiven* dagegen sagen:

Laßt alles beim *Alten!* Bewahrt die überlieferten Zustände, lehnt euch nicht auf gegen die 'gottgegebenen' Verhältnisse, schickt euch in die 'gottgewollten' Abhängigkeiten.

Die *Wirtschaft* hat ihre *Eigengesetzlichkeit*. Die Kirche soll nicht hineinreden. Sie soll die Wirtschaft den Wirtschaftlern überlassen.

Auch das *Eigentum* ist heilig.

Die Armen sollen ohne Neid den Reichtum der Reichen sehen und nicht nach materiellen Gütern trachten.

Die Erde gehört nun einmal denen, denen sie gehört, also auch den Großagrariern und der Schwerindustrie. Die Arbeiter sollen nicht so begehrlich und aufrührerisch sein.

Es gab immer Kriege und wird immer Kriege geben. Darum laßt uns Wehrhaftigkeit predigen und Gott bitten, daß er *uns* den Sieg gebe.

Jeder Stand soll seine eigene Last tragen. Sie wollen mildtätig sein, sie wollen durch die Innere Mission Not lindern; aber sie weigern sich, dem Übel an die Wurzel zu gehen; und sie lehnen den Sozialismus ab.

Sie haben sich der Menschenvergötterung bei den Fürsten nicht widersetzt und die Überhebung des Blutadels geduldet und ihr gehuldigt. Sie haben sich vor der Sünde des Kastengeistes gebeugt und sie mitgemacht.

Sie verachten die bloße 'Humanität' und stellen ihre Schriftgelehrsamkeit und ihren Buchstabenglauben weit höher.

Sie sagen, es komme nur auf den Glauben an, denn wir könnten Gottes Willen ja doch nicht erfüllen.

Sie sagen: An der reinen Lehre (wie sie sich dieselbe denken) erkennt man den Christen.

Sie halten den für einen Schwärmer, der sich nach der Verwirklichung dieser Worte sehnt, und ersetzen sie durch die Bitte: Laß mich doch später einmal in den Himmel kommen.

Die *Sozialisten* aber tun folgendes:

Sie kämpfen für eine *Neugestaltung* der Lebensgrundlagen in Gerechtigkeit, Wahrheit und Freiheit.

Sie kämpfen um eine neue Wirtschaftsform, bei der der Mensch nicht mehr bloß Mittel zur Rentabilität ist. Die Wirtschaft ist um des Menschen willen da und nicht der Mensch um der Wirtschaft willen.

Das Leben ist heilig.

Alles unrechte Gut soll den großen Räubern so gut wie den kleinen wieder genommen werden. Die Mammutvermögen sind entstanden durch den Raub des Mehrwerts. Sie sollen der Allgemeinheit zugeführt werden.

Bergwerke, Wasserkräfte, die Großflächen sind der Allgemeinheit nutzbar zu machen. Alle haben ein Recht auf Leben und alle ein Recht auf Heimat.

Sie erstreben eine Völkergemeinschaft mit friedlichem Austausch der materiellen und geistigen Güter.

In der Sozialgesetzgebung haben sie den Gedanken verwirklicht, daß alle Gesunden für die Kranken, alle Jungen für die Alten, alle Erwerbenden für die Arbeitslosen miteinstehen.

Sie erachten als größte Ehre: 'Ein Sohn des Volkes will ich sein und bleiben.'

Sie setzen den Gedanken der Nächstenliebe in die Tat um, indem sie Solidarität üben und pflegen.

Sie reden nicht von Gottes Willen, aber indem sie für soziale Hilfe und Frieden eintreten, helfen sie, Gottes Willen zu erfüllen.

Die Früchte des Sozialismus sind die Versorgungsgesetze für Alte, Invalide, Kranke, Erwerbslose; ferner Sonntagsschutz, Schankstättengesetz, Kinderfürsorge, Mütterfürsorge, Hebung des Proletariats und vieles andere mehr.
Sozialismus bedeutet Wirklichkeitsgestaltung aus dem Geist der Brüderlichkeit, der Freiheit, der Gerechtigkeit und des Friedens."

153 N.N.: „Zur badischen Kirchenwahl am 10. Juli" — Flugblatt*)
RS Nr. 28, 10. Juli 1932, S. 111

„Zum letztenmal bringen wir obige Überschrift. Der 10. Juli ist greifbar nahe gekommen. Soweit es uns möglich war, haben wir in diesen Tagen an das wählende Kirchenvolk unsere Gedanken herangetragen und es auf die Gefahren aufmerksam gemacht, die ihm drohen, wenn Positive und Nationalsozialisten zusammen die Kirche beherrschen. Wir haben es überall gesagt, daß dieser Wahlkampf *Kampf gegen die reaktionäre Kirche ist.*
Stolzer als je erhebt die reaktionäre Kirchenführung ihr Haupt. Mit Hilfe der Nationalsozialisten hofft sie, den letzten sozialistischen Pfarrer aus dem kirchlichen Dienst drängen zu können. Warum stößt uns die Kirche von sich? Daß wir als Christen weniger als sie auf dem Fundament des christlichen Glaubens stehen, können sie nicht beweisen. Sie bekämpfen uns also, weil wir Sozialisten sind, weil wir den *Kampf gegen den brutalen Kapitalismus* führen. Wird es in diesen Tagen nicht dem Letzten unseres Volkes klar, daß unsere gegenwärtige Wirtschaftsordnung im Sterben liegt? Gibt es eine furchtbarere Anklage als Millionen Arbeitslose und Kurzarbeiter? Müssen wir uns als Christen nicht in die Reihen der Sozialisten stellen und mithelfen, eine neue Wirtschaftsordnung heraufzuführen, in der mehr Gerechtigkeit und Liebe wohnt? Wir religiösen Sozialisten wollen das, aber die Kirche bekämpft uns. Unser Kampf ist deshalb ein *Kampf für eine neue Kirche.* Die Kirchenaustrittsbewegung hat in Baden kaum Fuß gefaßt. Ob Sozialdemokrat oder Kommunist, sie alle sind mit ihren Kindern in der Kirche. Sie lassen ihre Kinder taufen, und die Kinder geben ihren Eltern neben dem Pfarrer das letzte Geleit. Aber die Gruppe der religiösen Sozialisten bedeutet in der Kirche nichts. Die positiven Kirchenführer behandeln uns als Menschen zweiter Klasse. Den sozialistischen Pfarrern werden die Stellen nicht gegeben, wo sozialistische Gemeinden nach einem solchen Pfarrer verlangen. Vielerorts kommen unsere Vertreter in den örtlichen Körperschaften kaum zu Wort. Das hat ein Ende. Das arbeitende Kirchenvolk kämpft am 10. Juli in Stadt und Land um sein Recht.

---

* Ein zweites Flugblatt abgedruckt bei H. Erbacher, Die Evang. Landeskirche in Baden 1919—1945, S. 66 u. 68

Helft alle, alle mit, die ihr in der Kirche seid, daß die Siegeshoffnungen, die sich die Positiven und die Nationalsozialisten machen, zuschanden werden. Bildet die religiös-sozialistische Einheitsfront gegen eure kirchlichen Gegner."

154 N.N.: „Die Kirche ist neutral"*⁾
RS Nr. 28, 10. Juli 1932, S. 111

„In einem kleinen Odenwalddorf waltet Pfarrer Streng seines Amtes. Sein Dorf heißt Waldwimmersbach. Er nennt es mit Vorliebe 'Waldhitlersbach'. Frisch und fröhlich verwandelt er die Kirche um in ein Nazilokal. Das ist gar nicht schlimm, weil bei Pfarrer Streng alles ineinanderfließt, Christentum und Nationalsozialismus. Schlimm ist aber, daß die Kirchenbehörde vom Treiben des Pfarrers Streng unterrichtet ist, ohne daß etwas Durchgreifendes geschieht. Sie weiß, daß Pfarrer Streng die Glocken nicht läuten ließ, als der badische Staatspräsident starb, obwohl es die Kirchenbehörde angeordnet hatte. Die Kirchenbehörde weiß, daß an Himmelfahrt dieses Jahres Pfarrer Streng in seiner Kirche einen Gottesdienst für Nationalsozialisten mit Wimpelweihe durchgeführt hat und daß die Kirche mit dem Hakenkreuz geschmückt war. Die Kirchenbehörde weiß, daß drei Wochen später Pfarrer Streng diesen Unfug wieder machte. Trotzdem ist Streng immer noch Pfarrer in Waldwimmersbach.
Um der gesamten deutschen Öffentlichkeit zu zeigen, was in Baden unter der Herrschaft der Positiven möglich ist, bringen wir folgende photographische Aufnahme, die das Innere der Kirche in Waldwimmersbach zeigt. *Die Hakenkreuzfahne fällt von der Kanzel herunter,**⁾ und das Hakenkreuz zieht den Blick auf sich. Auf dem Altar ist die Bibel beiseitegeschoben und der Stahlhelm beherrscht den Altar. Säbel und Karabiner liegen auf dem Altar. Im Hintergrund steht das Kruzifix! – Arme Kirche!"*

155 EOK, Prot.: „Morgenfeier" für RS
Karlsruhe, 29. Juli 1932; LKA GA 3478

„Wegen der Morgenfeier, die Vikar Boeckh den religiösen Sozialisten in Rheinau am Tag der Kirchenwahl während der Gottesdienstzeit gehalten hat, wird bemerkt, daß dies durchaus unzulässig war. Die Entschuldigung, er habe an den Gemeindegottesdienst nicht gedacht, kann nicht angenommen werden."

---
* Weitere nicht weniger sarkastische Artikel in derselben Nr. 28 des RS, S. 100f.
** Bilder bei H. Erbacher, Die Evang. Landeskirche in Baden 1919-1945, S.68

5. Kirchliche Vereinigung für positives Christentum und deutsches Volkstum

156 OrgLtr. Gärtner an Pfr. Voges: Kandidaten für die Landessynodalwahlen
Meißenheim, 17. Mai 1932; LKA GA 8093 Nr. 46

„Die Frage der Listenaufstellung wird nun brennend. Aus diesem Grund möchte ich Sie in nächster Zeit sprechen. Ich arbeite zur Zeit den Organisationsplan für die Durchführung der Kirchenwahlen in Baden aus. Ihr Herr Schwiegervater [Viktor Renner] könnte uns mit seinem Rat außerordentlich viel nützen, da er, wie ich gehört habe, Landeswahlleiter der Kirche ist. Darum mache ich Ihnen folgenden Vorschlag. Ich werde Wagner veranlassen, zu mir zu kommen. Da der Gau einen 'eigenen' Wagen besitzt, soll er Sie und Ihren Herrn Schwiegervater mitnehmen. Wir könnten dann sämtliche Fragen an einem Abend lösen. Außerdem möchte ich auch mit Ihrem Herrn Schwiegervater wegen der Übernahme eines Mandats bei uns sprechen. Vertraulich kann ich Ihnen mitteilen, daß im Falle er bei uns kandidiert, das Amt eines Fraktionsvorsitzenden für ihn sicher ist. Meine weiteren Pläne werde ich Ihnen mündlich enthüllen. Also bitte bearbeiten Sie Ihren Schwiegervater, daß er mitfährt. Es ist dringend notwendig. Ich nehme an, daß Sie Wagner in den nächsten Tagen anruft. Morgen werde ich ihm schreiben. ..."

157 Pfr. Rössger an Pfr. Voges: Personaldiskussion
Ichenheim, 23. Mai 1932; LKA GA 8093 Nr. 51

„Ich muß auf eine Sache kommen, die nicht erfreulich ist und die Du in die Hand nehmen mußt. Via Ulzhöfer wurde mir bekannt, daß Dein Onkel R[enner] in H[eidelsheim] in diesen Tagen in Bruchsal eine positive Konferenz einberufen hat, daß er es trotz unserer Vereinbarung am 12. in Karlsruhe es bis dato immer noch ablehnt, aus der positiven Vereinigung auszutreten und demnach faktisch auf 'zwei Schultern Wasser trägt'. Das ist keine Haltung –! Der Mann hat sich bei der NSDAP als Mitglied angemeldet, ist Mitglied des Pfarrerbundes geworden, hat die konstituierende wichtige Sitzung am 12. mitgemacht – und hält nun mit den Altpositiven Konferenzen ab, wird wohl am nächsten Mittwoch bei der positiven Landestagung wieder 'oben am Tische des Vorstandes' sitzen. Das geht unter keinen Umständen. Er muß Gefahr laufen, ob solcher Haltung sich von der Gauleitung u.U. maßregeln zu lassen! Wenn unser Programm vorzeitig in positive Hände kommt, wenn Absichten und Pläne unserer Tagung den Altpositiven bekannt werden und von Greiner ausgeschlachtet werden, ist das auf das Konto Deines Onkels zu setzen! Mache ihm doch bitte das Unmögliche seiner Stellung klar, was er auch einsehen muß, wenn er nicht im ganzen Pfarrersstand als charakterlos gelten will. – Auch Dein Schwiegervater [Viktor Renner] war –

wie ich höre – bei [Gauleiter] Wagner, wo es zu keiner Einigung gekommen ist. Ich sähe ihn immer noch gern auf unserer Seite. – Ferner ist, wie Dir bekannt, in Karlsruhe außerordentliche Landestagung der Positiven. Es wäre gut, wenn nationalsozialistische Leute, die noch nicht ausgetreten sind, dorthin gehen, teils um zu hören, was man sagt, teils um die als schief zu erwartenden Darstellungen [Karl] Benders darüber, wie es zur eigenen Liste kam, u.U. richtig zu stellen, auch evtl. uns vor persönlicher Infamierung zu schützen. Es wird gut sein, daß man auch den Altpositiven so deutlich als möglich nahelegt, daß sie jeden giftigen Kampf gegen uns unterlassen, um später einmal in gemeinsamer Front gegen die religiösen Sozialisten stehen zu können, was unmöglich sein wird, wenn Greiner und Konsorten uns in denselben Topf werfen. Trage Du Rechnung, daß durch uns nahestehende positive Freunde eine solche Atmosphäre geschaffen wird. Rundschreiben Nr. 1 sowie das Programm wird Dir in aller Bälde zugehen. Dein Bezirk (Karlsruhe Stadt und Land) gehört zu dem Wahlkreis 2, den ich beackern soll. Die Organisationspläne sind von Gärtner meisterhaft entworfen und laufen schon ins Land hinaus. Am Samstag findet in Karlsruhe (nachmittags) mit Wagner eine Besprechung statt, zu der Du auch geladen werden wirst. Arbeite Deine Predigt vor, damit Du Dich freimachen kannst. Was macht Dein Entwurf für das Rednermaterial? Programm und Kommentierung müßten eigentlich genügen. Brauß disponiert so:
1) Weg mit den kirchlichen Parteien
2) Kirche und Politik
3) Positives Christentum und deutsches Volkstum

Stimmt es, daß, wie Dein Onkel mitteilt, Greiner vom positiven Vorstand der Schriftleitung enthoben sei? An [Hermann] Hassler schrieb ich. Er teilte mir mit, daß er Parteigenosse sei und sich nur darum nicht in die Präsenzliste eingetragen habe, weil er nicht am Tisch saß und die Liste übersah. Er hätte keinen Grund gehabt, sich nicht einzutragen. Könntest Du einmal kurz sehen, wie in Meißenheim geschafft wird, hättest Deine helle Freude dran..."

158 OrgLtr. Gärtner an Pfr. Voges: Tagung der Wahlkreis- und Bezirkswahlkreisleiter
Meißenheim, 23. Mai 1932; LKA GA 8093 Nr. 49

„Am kommenden Samstag, nachmittags 4 Uhr, findet im 'Löwenrachen' (Kaiserpassage/Nebenzimmer) eine Tagung sämtlicher nordbadischer Wahlkreis- und Bezirkswahlkreisleiter statt. Wir teilen Ihnen den Termin jetzt schon mit, damit Sie Ihre Arbeiten für den Sonntag noch rechtzeitig vorbereiten können. Leider ist ein anderer Tag nicht möglich. An der Tagung wird der Landesleiter und Parteigenosse Rössger teilnehmen. Vermutlich auch der Gauleiter.

Ich selbst werde über Organisation und Propaganda bei den Kirchenwahlen sprechen. Als Grundlage für die Tagung geht Ihnen eine Arbeit zu: Organisation der Wahl zur Evang. Landessynode 1932 im Kirchenbezirk Lahr. Diese dient als Beispiel für die Organisation in allen Kirchenbezirken Badens. Weiteres Material werde ich mitbringen. Ich ersuche Sie, sofort die Ihnen unterstellten Bezirkswahlleiter zu verständigen, so daß alle am Samstag vollzählig bei der Tagung anwesend sein werden. ...

PS. Wir treffen uns schon um halb 3 Uhr bei Gauleiter Wagner (Wagner, Voges, Kramer, Rössger, Gärtner). Bringen Sie bitte Ihren Herrn Schwiegervater [Viktor Renner] mit."

159 LWahlLtr. Pfr. Kramer: Funktion der Wahlkreisleiter
Meißenheim, 19. Mai 1932; LKA GA 8093 Nr. 21 – Rds. Nr. 1

„Für die bestehende Synodalwahl der Evang. Landeskirche bin ich vom Gauleiter der NSDAP zum Landeswahlleiter ernannt worden. Ich bestimme zu *Kreiswahlleitern* für die 5 Wahlbezirke:

I. Wahlkreis: Parteigenosse Pfarrer Paul Gässler in Wollbach/Amt Lörrach

Der Wahlkreis I. wird unterteilt in 7 Kirchenbezirke. Für diese ist jeweils ein Bezirkswahlleiter zu bestimmen. Für die zum Wahlkreis I. gehörenden Kirchenbezirke werden als Bezirkswahlleiter von der Landeswahlleitung ernannt: ..."

[*Es folgen die fünf Wahlkreise, untergliedert in Kirchenbezirke, jeweils mit Namen und Anschrift des betreffenden Bezirkswahlleiters.*]

„Anordnung:

1. Die vom Landeswahlleiter ernannten Wahlkreisleiter der Wahlbezirke I-V haben sich sofort mit den von der Landeswahlleitung ernannten Bezirkswahlleitern mündlich oder schriftlich in Verbindung zu setzen und diese von ihrer Ernennung zu verständigen. Im Falle der Ablehnung hat der Kreiswahlleiter von sich aus einen Bezirkswahlleiter zu bestimmen.

2. Wenn die Bezirkswahlleiter für den Wahlkreis vollständig ernannt sind, ist sofort vom zuständigen Wahlkreisleiter eine Liste der Bezirkswahlleiter mit genauer Anschrift derselben an den Landeswahlleiter zu senden.

3. Die Wahlkreisleiter haben die ihnen unterstellten Bezirkswahlleiter *sofort* zu einer Besprechung zusammenzurufen.

Gegenstand dieser Besprechung muß sein:

a) Die Aufstellung der Wahllisten:
Die Aufstellung der Wahllisten erfolgt nach Kirchenbezirken. Nach § 2 und § 9 der Landessynodalwahlordnung können auf den einzelnen Vorschlagslisten jeweils 3 Namen mehr genannt werden, als in den Wahlkreisen zu wählen sind.

Für die einzelnen Wahlkreise sind dies:
I   12 + 3 = 15
II 12 + 3 = 15
III 11 + 3 = 14
IV 12 + 3 = 15
V   10 + 3 = 13

Die einzelnen Wahlvorschläge sind von mindestens 50 Wahlberechtigten zu unterschreiben.

Wir ersuchen die Wahlkreisleiter, bei der Besprechung mit den Bezirkswahlleitern die Landessynodalwahlordnung ganz genau durchzuarbeiten. Wir werden in den nächsten Tagen außerdem einen für den Gebrauch der Wahlleiter bestimmten Auszug der Landessynodalwahlordnung herausgeben.

Bei der Auswahl von Personen ist besonders auf guten Ruf, eine gewisse Kirchentreue und kirchliche Bewährung, darüber hinaus aber auch auf sachliche Eignung für das Amt eines Synodalen zu achten. Selbstverständliche Voraussetzung ist *zuverlässige nationalsozialistische Gesinnung*. Parteigenossen sind zu bevorzugen. Alle Berufsstände sind zu berücksichtigen. Jeder Wahlkandidat hat einen Revers zu unterschreiben, daß er sich, falls er auf unserer Liste gewählt wird, dem Fraktionszwang unterwirft. Gedruckte Formulare gehen den Kreiswahlleitern zu.

Die aufgestellte Vorschlagsliste ist vom Bezirkswahlleiter dem Wahlkreisleiter zu übergeben. Dieser sendet die gesammelten Wahlvorschlagslisten seines Wahlkreises an den Landeswahlleiter zur Prüfung. Die Genehmigung des Wahlvorschlags erfolgt im Einvernehmen mit der Gauleitung. Den einzelnen Wahlvorschlägen muß für die ersten 5 Kandidaten eine Beschreibung der Persönlichkeit (sachliche Eignung, Zugehörigkeit zur Partei, Verhältnis zur Kirche, besondere Verdienste, besonderes Ansehen im Kirchenbezirk usw.) beigelegt werden.

Genaue Anordnungen gehen den Wahlkreis- und Wahlbezirksleitern durch den Landesleiter zu.

b) Aufstellung eines Verzeichnisses der evang. Kirchengemeinden der einzelnen Wahl- bzw. Kirchenbezirke.
Diese erfolgt am besten nach dem Buch: 'Die Geistlichen der evang. prot. Landeskirche in Baden' von Stadtpfarrer V. Renner, Selbstverlag des Bad. Pfarrvereins.
 I. Für jede Kirchengemeinde ist die Anzahl der Wahlberechtigten zu ermitteln.
 II. Die Wählerlisten sind abzuschreiben.
 III. Ein örtlicher Wahlausschuß ist zu errichten.
 IV. An die Spitze dieses Wahlausschusses ist ein Vertrauensmann zu stellen, der möglichst Parteigenosse sein soll. Die Vertrauensleute eines Kirchenbezirkes werden auf die Wahl hin vom Wahlbezirksleiter geschult. Sie haben die Propaganda und die Verteilung der Wahlzettel zu übernehmen.
Genaue Arbeitsanweisungen erfolgen in den nächsten Tagen.

c) Aufnahme der Verbindung mit den politischen Bezirksleitern und Ortsgruppenführern.
Ein Verzeichnis der Bezirksleiter der NSDAP geht den Kreiswahlleitern zu.

Weitere Anordnungen erfolgen in den nächsten Tagen. Wir erwarten, daß alle Kreiswahlleiter sofort an die Arbeit gehen. Dieses Rundschreiben ist selbstverständlich *vertraulich* zu behandeln."

160 LWahlLtr. Pfr. Kramer: Organisatorische Vorbereitung der Gründungsversammlung für den 'Bund Evang. Nationalsozialisten'
Meißenheim, o.D.; LKA GA 8093 Nr. 20 – Rds. Nr. 2

„1. Sämtliche Kreiswahlleiter stellen im Benehmen mit den Bezirkswahlleitern sofort eine Rednerliste der für ihren Wahlkreis zur Verfügung stehenden Redner auf. Die Rednerliste ist sofort an den Propagandaleiter Parteigenosse Voges, Eggenstein (Karlsruhe-Land) einzusenden. Der Propagandaleiter stellt die Rednerliste der einzelnen Wahlkreise zu einer Landesliste zusammen. Diese geht sämtlichen Wahlkreis- und Bezirkswahlleitern zu.

2. Die Bezirkswahlleiter stellen sofort mit den örtlichen Wahlausschüssen die Termine für Versammlungen in den einzelnen Kirchenbezirken zusammen. Die Redner werden von den Bezirkswahlleitern verständigt und eingesetzt. Der Wahlkreisleiter ist zu verständigen, damit keine Irrtümer in der Zuteilung entstehen.
Der Versammlungskalender jedes Bezirkes ist dem Propagandaleiter Parteigenosse Voges, Eggenstein (Karlsruhe-Land) zuzusenden.

3. Auch bei den Kirchenwahlen ist dem gesprochenen Wort durchaus der Vorzug zu geben. Wo es möglich ist, sind Versammlungen durchzuführen. Die Flugblätter, Aufrufe und das Programm dienen lediglich der Verstärkung des Eindrucks. Überall da, wo Versammlungen unmöglich sind, ist besonders stark mit den von der Landesleitung herausgegebenen Aufrufen, Flugblättern usw. zu arbeiten.

4. Die gegnerischen Versammlungen sind durch Besuch unsererseits nicht zu füllen. Dagegen meldet der Leiter des örtlichen Wahlausschusses sofort dem Bezirkswahlleiter, wann in seiner Kirchengemeinde eine gegnerische Wahlversammlung stattfindet. Diese wird von unserer Seite von einem Diskussionsredner und zwei Begleitern beschickt.

5. Am Schluß unserer eigenen Versammlungen fordern Redner und Versammlungsleiter zu einer Kampfspende auf. Diese ist an den Leiter des Finanzausschusses abzuliefern. Jeder Pfennig ist notwendig, da wir den Wahlkampf allein finanzieren müssen.
Die Kampfspenden sind einzusenden auf das Konto des Parteigenossen Ulzhöfer, Flehingen (Amt Bretten) bei der Deutschen Bank und Diskonto-Ges. Karlsruhe, Postscheckkonto Nr. 16 Karlsruhe für Konto Nr. 4803 (Ulzhöfer).

6. Die Wahlkreis- und Bezirkswahlleiter müssen versuchen, über die Kampfspende hinaus Beiträge für unseren Wahlfonds zu bekommen. Sie müssen die örtlichen Ausschüsse auffordern, zu sammeln. Gesinnungsfreunde, die finanziell dazu in der Lage sind, sind zu einer Spende aufzufordern. Wir brauchen große Mittel. Was vom Wahlkampf übrig bleibt, wird zum Aufbau des 'Bundes Evang. Nationalsozialisten' verwendet.

7. In den nächsten Tagen geht allen Bezirks- und Kreiswahlleitern das Rednermaterial zu. Das Rednermaterial faßt kurz die Entstehung unserer eigenen Kirchenliste zusammen. Alle Parteigenossen, die unsere Verhandlungen mit den Positiven mitgemacht haben, werden sich darin leicht zurecht finden. Die Kreis- und Bezirkswahlleiter haben Sorge zu tragen, daß alle Pfarrerparteigenossen und Laien, die über die Vorgeschichte unserer eigenen Liste weniger unterrichtet sind, über alle Vorgänge genau orientiert werden.
An das Rednermaterial haben wir den seiner Zeit für die [Kirchlich-] Positiven Blätter bestimmten Artikel 'Die große Illusion' von unserem Parteigenossen Prof. Dr. Brauß [vgl. Dok. 31] beigeheftet. Ferner haben die Redner zur Vorbereitung für ihre Referate zu verwenden: das Programm und den Aufruf von Prof. Dr. Brauß. Programme und Aufruf sind, soweit das noch nicht geschehen ist, beim Landesleiter anzufordern.

8. Prof. Dr. Brauß, Mannheim .... ist mit der Errichtung einer Pressestelle betraut. Er hat die Aufgabe, auf alle in den Zeitungen erscheinenden Artikel über den Bund der Evang. Nationalsozialisten zu bearbeiten und zu beantworten. Seine Gegenartikel hat er sofort der Landeswahlleitung zu übersenden, die sie vervielfältigen läßt und als Pressekorrespondenzen an alle badischen bürgerlichen und nationalsozialistischen Zeitungen gleichmäßig versendet.
Alle Kreiswahl- und Bezirkswahlleiter haben die in ihrem Wahlkreis oder Kirchenbezirk erscheinenden bürgerlichen und marxistischen Zeitungen zu überwachen. Artikel, die irgendwie zu den Kirchenwahlen Stellung nehmen, sind an den Leiter der Pressestelle Prof. Dr. Brauß, Mannheim, einzusenden.

9. Es ist notwendig, daß möglichst rasch und reibungslos gearbeitet wird. Wir ordnen daher an, daß die Bezirkswahlleiter nur mit ihrem zuständigen Kreiswahlleiter, die Kreiswahlleiter nur mit dem Landeswahlleiter in Briefverkehr treten. Jeder Privatbriefverkehr ist bis zur Beendigung unter den einzelnen Amtswaltern zu unterlassen. Es kommt immer noch vor, daß Bezirks- oder Kreiswahlleiter sich in Fragen, für die nur die Landeswahlleitung zuständig ist, an einen anderen Parteigenossen wenden, so daß die Briefe oft erst nach Tagen an den Landeswahlleiter gelangen. Dieser Unfug hat sofort aufzuhören. Disziplin ist die erste Erfordernis zur Durchführung eines Wahlkampfes.
Pressestelle, Programmausschuß, Finanzausschuß, Propagandaleitung und Lügenabwehrstelle verkehren unmittelbar mit dem Landeswahlleiter.

10. Die Kreiswahlleiter haben sofort eine Tagung der Bezirkswahlleiter zwecks Aufstellung der Wahlvorschlagslisten einzuberufen.

Vorläufig gilt folgende Einteilung:

Wahlkreis I. (Gässler)
1. Liste: Lörrach, Müllheim
2. Liste: Freiburg, Emmendingen
3. Liste: Hornberg, Konstanz, Schopfheim

Die drei Listen sind untereinander zu verbinden. Es dürfen jeweils 15 Kandidaten auf einer Liste aufgestellt werden.

Wahlkreis II. (Rössger)
1. Liste: Lahr, Rheinbischofsheim
2. Liste: Baden[-Baden], Karlsruhe-Stadt und Land

Die zwei Listen sind untereinander zu verbinden. Es dürfen jeweils 15 Kandidaten auf einer Liste aufgestellt werden.

Wahlkreis III. (Spörnöder/Stebbach)
1. Liste: Bretten, Eppingen, Durlach
2. Liste: Pforzheim-Stadt, Pforzheim-Land
Die zwei Listen sind untereinander zu verbinden. Es dürfen jeweils 14 Kandidaten auf einer Liste aufgestellt werden.

Wahlkreis IV. ([Friedrich] Kiefer/Mannheim)
1. Liste: Mannheim-Stadt, Vororte
2. Liste: Ladenburg, Weinheim, Oberheidelberg
Die Listen sind untereinander zu verbinden. Es dürfen jeweils 15 Kandidaten auf einer Liste aufgestellt werden.

Wahlkreis V. (Sauerhöfer/Gauangelloch)
1. Liste: Heidelberg, Neckargemünd
2. Liste: Sinsheim, Neckarbischofsheim, Mosbach
3. Liste: Adelsheim, Boxberg, Wertheim
Die Listen sind untereinander zu verbinden. Es dürfen jeweils 13 Kandidaten auf einer Liste aufgestellt werden.

Die Wahlvorschlagslisten sind von den Kreiswahlleitern zu sammeln und bis spätestens 12. Juni dem Landeswahlleiter zur Genehmigung vorzulegen. Die genehmigten Vorschlagslisten gehen sofort an die Kreiswahlleiter zurück, so daß sie bis zum 16. Juni bei dem von der Landeskirche bestimmten Kreiswahlleiter eingereicht werden können. Die Reverse sind zur Kontrolle mit einzusenden. Es ist mitzuteilen, welche Kandidaten Parteigenossen sind.

Wir machen auf die wichtige Bestimmung aufmerksam, daß jeder auf der Wahlvorschlagsliste aufgenommene Kandidat eine Erklärung abzugeben hat, die mit dem Wahlvorschlag dem von der Landeskirche bestimmten Kreiswahlleiter zu übergeben ist.

Damit keine Fehler vorkommen können, läßt die Landeswahlleitung diese Erklärung vervielfältigen und übersendet sie in genügender Anzahl an die Kreiswahlleiter. Die Erklärung hat folgenden Wortlaut:

Erklärung

Der Unterzeichnete erklärt hiermit seine Zustimmung zur Aufnahme in die Wahlvorschlagsliste .... des Wahlkreises .... Unterliste .... und ist bereit, die in § 100 der K.V. vorgeschriebene feierliche Versicherung abzugeben.

.................., den...............1932

Revers und Erklärung dürfen nicht miteinander verwechselt werden. Ersterer ist eine reine Angelegenheit unseres Bundes und dient zur Sicherung der Fraktionsdisziplin, während letztere dem von der Kirche bestellten Kreiswahlleiter zu übergeben ist.

Wir machen fernerhin darauf aufmerksam, daß die von den Kandidaten abzugebende Erklärung vom zuständigen Pfarramt zu bestätigen ist, andernfalls kann sie vom Kreiswahlleiter der Landeskirche zurückgewiesen werden. Ebenso müssen die 50 Unterschriften der Wahlvorschlagsliste vom zuständigen Pfarramt beglaubigt werden. Wir machen daher den Vorschlag, daß am besten der Bogen, der die 50 Unterschriften trägt, in einem größeren Dorf oder in einer Stadt, wo leicht 50 Parteigenossen oder Anhänger zusammengebracht werden können, ausgefüllt wird. So wird vermieden, daß die Unterschriften von verschiedenen Pfarrämtern beglaubigt werden müssen.

Wir ersuchen die Kreiswahlleiter, recht aufmerksam das Gesetzes- und Verordnungsblatt für die Vereinigte Evang.-Protestantische Landeskirche Badens Nr. 7 vom 30. Mai durchzulesen, damit keine Fehler in der Kandidatenaufstellung und der Listeneinreichung vorkommen können. Die wichtigsten Bestimmungen sind besonders allen Bezirkswahlleitern, die Laien sind, bekanntzugeben. Das geschieht am besten in einer vom Kreiswahlleiter einzuberufenden Konferenz aller Bezirkswahlleiter, in der zugleich auch die fertigen Listen von ihrer Übersendung an den Landeswahlleiter nochmals ausführlich besprochen werden.

Das in diesem Rundschreiben vom Landeswahlleiter mitgeteilte Schema für die Aufstellung der Listen in den einzelnen Wahlkreisen ist nicht unbedingt bindend für die Kreiswahlleiter. Wir können von hier aus nicht alle Verhältnisse in den einzelnen Wahlkreisen übersehen. Wir überlassen es der Einsicht unserer Kreiswahlleiter, ob sie das von der Landeswahlleitung aufgestellte Listenschema unverändert übernehmen wollen, oder ob sie Änderungen vornehmen wollen.

Im letzteren Falle ist sofort Meldung an die Landeswahlleitung zu machen und die Gründe anzugeben, warum in dem betreffenden Wahlkreis Änderungen notwendig sind.

11. Die Bezirkswahlleiter haben bis zur Wahl jeweils auf Samstag einen Wochentätigkeitsbericht an den Kreiswahlleiter ihres Wahlkreises zu senden. Dieser Tätigkeitsbericht soll enthalten:
    a) eigene Tätigkeit
    b) gegnerische Tätigkeit
    c) besondere Erfahrungen im Wahlbezirk, die sich evtl. für den Wahlkreis oder das ganze Land verwerten lassen
    d) Wünsche und Anregungen
    e) Bericht über die Zusammenarbeit mit den politischen Bezirksleitern und Ortsgruppenführern

Die Bezirkstätigkeitsberichte sind vom Kreiswahlleiter durchzuarbeiten und gesammelt an den Landeswahlleiter zu senden, so daß sie bis Dienstag in dessen Besitz sind. Die Landeswahlleitung arbeitet die Berichte des ganzen Landes durch und gibt Allgemeingültiges und wertvolle Anregungen in einem Rundschreiben an sämtliche Bezirkswahlleiter bekannt.

12. Besonders haben alle Kreis- und Bezirkswahlleiter auf reibungslose Zusammenarbeit mit den politischen Bezirksleitern und Ortsgruppenführern der Partei zu achten. Wir haben s.Z. durch Vermittlung der Gauleitung jedem Kreiswahlleiter die Anschriften der Bezirksleiter mitgeteilt. Diese sind unbedingt sofort aufzusuchen und über alle Vorgänge genauestens zu orientieren. Die Bezirksleiter sind aufzufordern, die Ortsgruppenleiter in evang. Orten zu einer Amtswaltertagung einzuberufen, damit wir Gelegenheit haben, unser Wollen und unsere Ziele klarzulegen und die Ortsgruppenleiter zur Mitarbeit aufzufordern.

Ortsgruppenleiter, die sich weigern, Auskünfte zu geben oder sich weigern, unsere Arbeit zu unterstützen, sind sofort dem Landeswahlleiter zu melden, der die Gauleitung um Abhilfe bittet.

13. Die Gauleitung hat an sämtliche Ortsgruppenleiter ein Rundschreiben herausgegeben, in dem diese zur Unterstützung unserer Arbeit aufgefordert werden.

Wir selbst werden in den nächsten Tagen mit Genehmigung der Gauleitung ein ausführliches Rundschreiben an sämtliche Bezirks- und Ortsgruppenleiter versenden, in dem wir unsere Ziele klarlegen.

14. Heute ist schon für den Bund 'Evang. Nationalsozialisten' zu werben. Die Mitglieder der örtlichen Wahlausschüsse sind zu veranlassen, diesem Bund beizutreten. Es sind jetzt schon Listen aufzulegen, in denen sich alle Parteigenossen und Anhänger eintragen können, die gewillt sind, dem Bund evang. Nationalsozialisten beizutreten. Diese Arbeit ist von größter Bedeutung. Wir müssen am Tage unserer Gründungsversammlung schon einen großen Stamm von Mitgliedern zur Verfügung haben. Noch während des Wahlkampfes werden die Parteigenossen Kramer und Gärtner Richtlinien und Satzungen dieses Bundes bearbeiten. Diese gehen zur Orientierung allen Kreis- und Bezirkswahlleitern zu. Sämtliche Kreis- und Bezirkswahlleiter bleiben auch nach der Wahl im Amte. Sie übernehmen nach der Wahl das Amt eines Kreis- oder Bezirksleiters des Bundes Evang. Nationalsozialisten. Die Partei als solche kann selbstverständlich keinerlei Gewissenszwang auf ihre Mitglieder ausüben, es ist deshalb Aufgabe unserer Bezirkswahlleiter, von sich aus zu werben.

15. Sämtliche Rundschreiben und dergl. sind selbstverständlich allen anderen Kirchenparteien gegenüber als *vertraulich* zu behandeln."

161 LWahlLtr. Pfr. Kramer: Planspiele am Beispiel des KBez. Lahr
o.O., o.D.; LKA GA 8093 Nr. 14 – Rds. o.Nr.

„Evang. Nationalsozialisten, Gau *Baden*

Die Organisation der Wahlen zur Evang. Landessynode im Kirchenbezirk *Lahr*

I Der Kirchenbezirk Lahr gehört zum Wahlkreis II.

II Wahlkreisleiter des Wahlkreises II: Parteigenosse Paul Rössger/Ichenheim, Amt Lahr

III Bezirkswahlleiter des Kirchenbezirks *Lahr:* Parteigenosse Pfarrer Albert Kramer/Meißenheim

IV Einteilung des Kirchenbezirks *Lahr*:

Der Kirchenbezirk *Lahr* umfaßt die evangelischen Orte und deren Filialgemeinden des Amtsbezirkes Lahr sowie die Kirchengemeinden Altenheim, Diersburg, Gengenbach und Offenburg des Amtsbezirks Offenburg

a) Evang. Kirchengemeinden des Amtsbezirks *Lahr*:

1. Allmannsweier: 832 EW.....795 EV.....Pfarrer [Frieder] Heun (nahestehend)

...[*es folgen 18 weitere Kirchengemeinden einschließlich Filial- und Diasporaorten*]

Erläuterungen:
Die Evang. Gemeinden des Kirchenbezirkes *Lahr* wurden an Hand des Werkes: 'Die Geistlichen der Evang.-prot. Landeskirche in Baden im Kirchen-Vereins- und Schuldienste' von Stadtpfarrer Kirchenrat V[iktor] Renner/Karlsruhe, Selbstverlag des Evang. Pfarrvereins, ermittelt.

Die Einwohnerzahlen sowie die Zahlen der Mitglieder der Evang. Landeskirche wurden ermittelt an Hand des Werkes 'Badische Gemeindestatistik', bearbeitet vom Bad. Statistischen Landesamt.

Aufgabe A.
An Hand dieser Statistik haben die Ortsgruppenleiter und die örtlichen Wahlausschüsse die Zahl der Wahlberechtigten zu ermitteln, ebenso die Liste der Wahlberechtigten abzuschreiben. Diese dient als Unterlage für die Propaganda bei den Kirchenwahlen. (Bestimmungen der Landessynodalwahlordnung:

Abs.1: Nach Anordnung der Wahlen durch den Oberkirchenrat hat der *Kirchengemeinderat* über die wahlberechtigten Gemeindeglieder eine *Wählerliste* aufzustellen.
Abs. 2: Die Eintragung in die Liste erfolgt von Amtswegen aufgrund persönlicher Kenntnis und geeigneter Feststellungen.
Abs. 3: Wo es durch die örtlichen Verhältnisse zur Ergänzung der Wählerliste geboten erscheint, sind die Wahlberechtigten zur schriftlichen oder mündlichen Anmeldung binnen einer bestimmten Frist aufzufordern. Die Aufforderung hat durch die Verkündigung von der Kanzel und in ortsüblicher Weise öffentlich (durch Anschlag, Ausschellen, Zeitungsanzeige) zu geschehen. Die zum Nachweis der Wahlberechtigung erforderlichen Angaben sind auf Verlangen glaubhaft zu machen.
§ 5 Abs. 1: Die Wählerliste ist während einer bestimmten Frist, die mit dem 8. Tage vor der Wahl abläuft, unter Aufsicht aufzulegen. Ort und Zeit der Auflegung ist durch Verkündigung von der Kanzel und in ortsüblicher Weise bekanntzugeben.
Abs. 2: Innerhalb der Auflegungsfrist kann jedes Mitglied der Landeskirche Einsicht nehmen und beim Kirchengemeinderat seine Aufnahme in die Liste beantragen oder Einsprache erheben.
Abs. 3: Lehnt ein Kirchengemeinderat die Aufnahme in die Liste ab, so ist dies dem Antragsteller binnen 3 Tagen nach Ablauf der Auflegungsfrist zu eröffnen. In gleicher Frist sind Einsprachen zu verbescheiden.
§ 6: Wer nicht in der Wählerliste steht, darf nicht wählen, auch wenn seine Wahlberechtigung unbestritten ist. Zu beachten ist ferner § 10 des Abschnittes II der Verfassung der vereinigten evangelischen protestantischen Landeskirche Badens:
Abs. 1: Stimmrecht haben die Gemeindeglieder, die das 25. Lebensjahr vollendet haben und nicht vom Stimmrecht ausgeschlossen sind.

Aufgabe B.
Außer der Feststellung der Wahlberechtigten und dem Abschreiben der Wählerliste haben die evang. Ortsgruppenleiter der NSDAP ihre evang. Mitglieder über die Wahlbestimmungen aufzuklären. Die Vorsitzenden der örtlichen Wahlausschüsse haben auf die Durchführung der Wahlordnung durch den Kirchengemeinderat zu achten und evtl. nicht in den Wählerlisten eingetragene Gemeindeglieder aufzufordern, sich eintragen zu lassen.

b) Abgegebene Stimmen für die NSDAP bei der II. Reichspräsidentenwahl 1932 in den Kirchengemeinden und deren Filialorten des Kirchenbezirkes *Lahr*:
                1. Allmannsweier: NSDAP = 355 St.
…[*weitere 24 politische Gemeinden*]

c) Ortsgruppen der NSDAP in den Orten des Kirchenbezirkes Lahr:
   Ortsgruppen und Stützpunktleiter der NSDAP.
   Örtliche Wahlausschüsse:
   1. Allmannsweier: .....Stützpunktleiter: Mundinger
                         Wahlausschuß: Mundinger, Hermann, Lehrer
   ...[*dieselben 24 Gemeinden wie unter b)*]

Bemerkung: Die Verhältnisse im Kirchenbezirk *Lahr* liegen insofern besonders günstig, weil sich in jeder evang. Gemeinde zugleich eine Ortsgruppe der NSDAP befindet, deren Menschenmaterial, sofern es der Landeskirche angehört, in den Dienst der Propaganda für die Kirchenwahlen gestellt werden kann.

Aufgabe C.

Die Leiter des örtlichen Wahlausschusses haben sofort den Wahlausschuß zusammenzustellen.

Bei der Zusammenstellung des Wahlausschusses ist zu beachten:

1. Aus der Ortsgruppe der NSDAP sind besonders angesehene und kirchentreue Parteigenossen herauszuziehen und in den Wahlausschuß hereinzunehmen.

2. Darüber hinaus soll Ausschau gehalten werden nach solchen Mitgliedern der Landeskirche, die unserer Partei noch nicht angehören, die jedoch auf dem nationalsozialistischen Boden stehen, die in Kirche und Dorf ein besonderes Ansehen genießen. Insbesondere ist auf die Gewinnung von Kirchengemeinderäten, Gemeinderäten, Führern von Gemeinschaften, Lehrern usw. zu achten.

3. Die Mitglieder der örtlichen Wahlausschüsse sind zu verpflichten, an einer durch den Bezirkswahlleiter einzuberufenden Schulungstagung teilzunehmen.

4. Die Mitglieder der örtlichen Wahlausschüsse haben bei der Wahlversammlung als Wahlausschuß geschlossen in Erscheinung zu treten. Sie haben bei der Wahlversammlung an einem besonderen 'Vorstandstisch' Platz zu nehmen. Redegewandte Laien, die dem Wahlausschuß angehören, haben nach der auf das Referat des Wahlredners folgenden Pause in kurzen Worten Stellung zu unserem Programm zu nehmen und die Gemeindeglieder aufzufordern, geschlossen unsere Liste zu wählen.

5. Die Versammlung wird von dem Vorsitzenden des Wahlausschusses geleitet oder von einem durch den Bezirkswahlleiter zu ernennenden Mitglied des örtlichen Wahlausschusses.

6. Der Vorsitzende legt zusammen mit dem Wahlausschuß den günstigsten Termin für die Abhaltung einer Wahlversammlung fest. Er meldet diesen sofort dem Bezirkswahlleiter.

Er sorgt für ein würdiges Lokal. (Wirtshäuser am besten vermeiden, für die Überlassung des Rathaussaales sorgen.)
7. Aufgrund der abgeschriebenen Wählerliste fordert der Vorsitzende die nötige Anzahl Aufrufe, Programme, Flugblätter an.
8. Im Benehmen mit dem Ortsgruppenleiter der NSDAP stellt er aus erfahrenen Parteigenossen eine Propagandakolonne zusammen, die die Flugblätter zu verteilen hat.
9. An Hand der Wählerliste stellen die Mitglieder des Wahlausschusses Verwandtschaftsgruppen zusammen zur Einzelbearbeitung. Die Einzelbearbeitung kann jederzeit und bei jeder passenden Gelegenheit erfolgen. Sie erfolgt jedoch planmäßig bis zum Wahltag von dem Zeitpunkt an, wenn Aufruf und Programm verteilt sind.
10. Am Wahltag selbst hat der Vorsitzende des Wahlausschusses an Hand der Wählerliste die Abgabe der Stimmen zu verfolgen. Die Mitglieder des Wahlausschusses, der für den Tag der Wahl, durch geeignete Parteigenossen oder uns nahestehenden Laien erweitert werden kann, haben den Schlepperdienst durchzuführen.
11. Das Wahlergebnis ist sofort den Bezirkswahlleitern mitzuteilen, der es an den Kreiswahlleiter weitergibt. Genauere Anweisungen erfolgen noch.
12. Ein besonders befähigtes Mitglied ist mit der Aufgabe zu betrauen, die gegnerische Propaganda zu überwachen. Er hat die gegnerischen Versammlungen zu besuchen, und dem Bezirkswahlleiter sofort zu berichten.
Schema des Berichtes:
a) Kirchengruppe, die die Versammlung abgehalten hat
b) Tagungsort und Zeitpunkt der Tagung
c) Redner
d) besondere Einwände gegen unser Vorgehen mit eigenen Listen, vorgebrachte Einwände gegen unser Programm
e) Lügen
f) Beurteilung des Erfolges der gegnerischen Versammlung (Zahl der Besucher, Beifall usw.)
g) verteilte Flugblätter, Aufrufe, Programme u.dergl.
(Flugblätter, Aufrufe, Programme der anderen Kirchengruppen müssen stets in dreifacher Ausfertigung an den Bezirkswahlleiter zur Weiterleitung an die Landespropagandastelle und die Lügenabwehr eingesandt werden.)
13. Die Einladung zu einer Versammlung der Evang. Nationalsozialisten erfolgt durch ortsübliches Ausschellen und Austeilen von Handzetteln. Diese sind vom Vorsitzenden des Wahlausschusses rechtzeitig anzufordern. ..."

162 Pfr. Voges an Ogruf. ...: Unterstützung durch die NSDAP
Eggenstein, 4. Juni 1932; LKA GA 8093 Nr. 59 – Durchschrift

„Wie Ihnen bekannt sein dürfte, finden Anfang Juli d.J. die Kirchenwahlen zur evangelischen Landessynode statt.
Herr Wagner, der Gauleiter der NSDAP Gau Baden, hat mich ermächtigt, mit Ihnen wegen der Durchführung der Vorarbeiten zur Wahl in Verbindung zu treten.
Ich gestatte mir daher, Sie zu der am 9. Juni d.J. abends 20 Uhr 30 in der Rose in Friedrichstal stattfindenden Ortsgruppenführertagung höflich einzuladen,*⁾ und bitte Sie, im Hinblick auf die Wichtigkeit der Aussprache zu erscheinen oder einen kirchlich gesinnten evang. Parteigenossen als Vertreter zu entsenden."

163 L.Gr.[?]: „Merkpunkte und Richtlinien" für die Ortsgruppen der NSDAP
Eggenstein/Friedrichstal, 29. Mai / 5. u. 9. Juni 1932; LKA GA 8093 Nr. 54 – Durchschrift

„1. Die Ortsgruppen bilden je einen Wahlausschuß aus unbescholtenen gut kirchlichen Bürgern.
2. Die öffentliche Wahlversammlung ist vom Vorsitzenden des Wahlausschusses zu leiten.
3. Die für die Versammlungen vorgesehenen Lokale sollen keinen Trinkzwang auferlegen.
4. Jede Ortsgruppe gibt schon jetzt Flugblätter heraus. Dieselben sind bei Herrn Pfarrer Voges, Eggenstein, anzufordern. Die Flugblätter werden voraussichtlich kostenlos herausgegeben.
5. Zur Deckung allgemeiner Unkosten, wie Fahrgeld, Porto usw. hat jede Ortsgruppe, soweit Herr Pfarrer Voges als Redner in Frage kommt, RM 2.-- Kampfspende zu bezahlen. Falls andere Redner eingeteilt werden, haben sich die Ortsgruppenführer wegen der Spesenvergütung jeweils direkt mit dem Redner in Verbindung zu setzen.
6. Der Frauenorden ist besonders für den Kirchenwahlkampf heranzuziehen.
7. Die Versammlungen genügend vorbereiten. Möglichst im Generalanzeiger und Bad. Hardt sowie im Führer (unter Nachrichten oder schwarzem Brett) veröffentlichen.
8. Jede Ortsgruppe hat ihre Stimmzettel rechtzeitig bei Herrn Pfarrer Voges anzufordern.

---

* Eine ähnliche Einladung erging für den 5.6.1932 nach Eggenstein. LKA GA 8093, Nr.61

9. Die örtlichen Wahlausschüsse sind Herrn Pfarrer Voges bis zum 12. Juni zu melden (namentlich).
10. Knielingen bekommt Pfarrer-Voges-Versammlung am 20.6.1932 abends 8 Uhr 30 in der Krone zu Kn[ielingen].
11. T[eutsch]-u.W[elsch]-Neureut ebenso, am 20.6.1932 abends 8 Uhr 30 im Lamm zu T[eutsch]-N[eureut].
12. Leopoldshafen wünscht 200 Flugblätter
    Eggenstein 700 "
    Knielingen 1200 "
    T[eutsch]-Neureut 700 "
    W[elsch]-Neureut 500 "
13. Die Einteilung der Wahlkreise sowie die Zusammensetzung der Landessynode und der Kirchenregierung wird den Ortsgruppenführern durch Rundschreiben oder Flugblatt bekanntgegeben, ebenso die Anzahl der Kandidaten, die der Wahlkreis 2 (Lahr bis Philippsburg) zu stellen hat.
14. Wahlberechtigt zu den Kirchenwahlen ist, wer das 25. Lebensjahr erreicht hat. Wählbar ist, wer das 30. Lebensjahr erreicht hat.
15. Die Ortsgruppen können Vorschläge zur Kandidatenliste einreichen. Eine Entscheidung trifft der Landeswahlleiter des nationalsozialistischen Kirchenbundes.
16. Knielingen schlägt als Kandidaten vor: Herrn Parteigenossen H., Schreinermeister, Knielingen.
17. Bei den Wahlversammlungen soll jeweils eine Kampfspende erhoben werden. Hiervon ist ein Teil an Herrn Pfarrer Ulzhöfer auf die Bad. Girozentrale, Filiale Karlsruhe, zu überweisen (Postscheck-Konto wäre hierfür geeigneter gewesen!!! L.Gr.)
18. Evang. Einwohnerzahl der Hardtorte etc.:
    Blankenloch 2185
    Büchig 302
    Eggenstein 2369
    Fried[richs]tal 2404
    Graben 2400
    Hochstetten 865
    Knielingen 3756
    Leop[olds]ha[fen] 826
    Lied[ols]heim 2090
    Linkenheim 2157
    Russh[eim] 1490
    Spöck 1019
    Staffort 767
    T[eutsch]-N[eureut] 2352
    W[elsch]-Neur[eut] 1341
    Philippsburg 257

19. Baden hat ca. 1000000 evang. Einwohner.
20. Die Landessynode zählt ca. 60 Abgeordnete. Hiervon stellt der Wahlkreis 2 (Lahr bis Philippsburg) insgesamt 12.
21. Baden hat 5 Wahlkreise.
(Protokoll vom 29.5.1932 und der Ortsgruppenführer-Besprechung am 5.6.1932 Rose, Eggenstein sowie desgl. in Friedrichstal am 9.6.1932)"

164 LpropagandaLtr. Pfr. Voges: „Richtlinien für unsere Redner ..."

o.O., o.D.; LKA GA 8093 Nr. 6 – masch. hektogr.

„Einleitung:
Die Synodalwahlen vor der Tür. Keine Verschiebung um ein Jahr. Es muß gewählt werden, da Beschluß der Kirchenregierung. Das entspricht auch der Verfassung: alle sechs Jahre.

Behauptung:
Die evangelischen Mitglieder der NSDAP treten dazu mit einer eigenen Liste auf. Name! Dies für die meisten überraschend! Warum? Darlegung der Notwendigkeit unter chronologischer Aufzählung der Verhandlungen der positiven Pfarrer mit der kirchlich-positiven Vereinigung als der z.Z. stärksten Fraktion.
a) Gründung eines nationalsozialistischen Pfarrerbundes, Zweck = kirchliche Fühlung mit der NSDAP.
b) Im allgemeinen keine Neigung zu eigener Liste, vielmehr Fühlung mit den alten Fraktionen.
c) Wendung durch die Nadelstiche in den 'Kirchlich-positiven Blättern', deren Schriftleiter ein politischer Gegner und der seinen Namen zu einem Volksdienst-Flugblatt hergab. Zitierung der beiden Artikel 'Kirchendämmerung' und 'Der Streit um Dehn'. Einzelne typische Stellen vorlesen! Darstellung der zu engen Schau dieses Aspektes, der sich wohl auf Luthers Kirchenauffassung beruft, aber Luthers Stellung zu Volk und Staat unterschlägt. Scharfes Betonen: Auch wir wollen die Kirche aus Wort und Geist. Aber das schließt nicht aus, daß die 'Gemeinschaft der Glaubenden', die Kirche Jesu immer in dem geschichtlichen Gewand der empirischen Volks- und Landeskirche auftritt! Um die geht es uns contra Greiner. Notfalls auch ohne Landeskirche! Denn diese empirische Kirche hat sich heute feindlicher Mächte zu erwehren, die teilweise im neudeutschen Staat herrschen: Marxismus, Jesuitismus, Ultramontanismus, Bolschewismus, Liberalismus, Nihilismus! Darum wird für diese empirische Kirche die Frage nach der Stellung zur Politik

akut! An der Frage nach Recht oder Unrecht scheiden sich heute leider in der evangelischen Kirche die Geister: Hinweis auf den Zwiespalt im Zeitspiegel von Modersohn 'Heilig dem Herrn'. Dies typisch! Und doch geschichtliche Tatsache: Die Geschichte des Volkes hat stets auch die Geschichte der Kirche beeinflußt, ja oft bedingt! Um diese Frage ging die Auseinandersetzung mit den Positiven. Weiterer Verlauf:
1. Unsere Beschwerde auf der Landestagung nach Ostern wegen Form und Inhalt der Greinerschen Artikel.
Aufforderung zu einem Gegenartikel. Einladung zu einer gemeinsamen Aussprache zwischen den Positiven und den nationalsozialistischen positiven Pfarrern.
2. Die Verhandlungen am 12. April in Karlsruhe: Man fängt an über einen Gegenartikel zu verhandeln. Unsere Forderung nach einem Wechsel in der Schriftleitung wurde nicht gehört. Mit Rücksicht auf die Tatsache, daß die positiven Gemeinden des Landes durchweg hochprozentig nationalsozialistisch gewählt haben, versprach man uns, bei der Aufstellung der Landesliste uns berücksichtigen zu wollen. Der Bruch schien vermieden.
3. Am 18. April eilige positive Landesvorstandssitzung in Karlsruhe mit Thema: positive Vereinigung und NSDAP. Unsere Sache wurde vertreten durch das als nationalsozialistisch neugewählte Vorstandsmitglied (Pfarrer Rössger/Ichenheim). Der Schriftleiter war selbst anwesend und bestreitet uns grundsätzlich das Recht der Mitarbeit in der positiven Vereinigung. Auch wurde der Gegenartikel nicht aufgenommen, aber dennoch in einer weiteren Nummer zum Gegenstand einer Kritik gemacht, was unfair! Der nationalsozialistische Vorschlag, nach Mitteln und Wegen unserer Mitarbeit zu suchen, blieb unbeachtet (lange Bank). Damit war die Entscheidung gefallen.
d) Folge: Am 12. Mai in Karlsruhe Gründung einer eigenen Liste, die sich aufbaut auf dem Bund evangelischer Nationalsozialisten Badens! Für die neue Liste ist uns maßgebend: a. Wir wollen uns eins wissen mit allen Evangelischen, die positiv sind, d.h. im Sinne des Art. 24 unsere geschichtliche Landeskirche samt ihrem Bekenntnis bejahen. b. Darüber hinaus aber noch alle die sammeln, die durch die nationalsozialistische Überzeugung einen Anstoß zum kirchlichen Wollen empfangen haben. Aus solcher Bewegung erwuchs unser
Programm!
Ad 1.
Bei der Besprechung des Programms an Hand des Namens unser Ziel erläutern: Organische Synthese zwischen der geschichtlichen Kirche

und dem Volk. Unser Ziel: Das 'positive Christentum' des Art. 24, der unseren Parteigenossen zur Genüge bekannt und das wohl nur den Sinn hat, Anerkennung der geschichtlich gewordenen christlichen großen Konfessionskirchen nun zu füllen mit dem Inhalt des Sinnes, den wir als evangelische deutsche Christen, die auf dem biblisch-reformatorischen Glaubensstand stehen, damit verbinden. Das biblisch-reformatorische Christentum, wie es niedergelegt ist in den Bekenntnisschriften unseres reformatorischen Erbes ist unser positives Christentum! Wir wehren uns hier dagegen, eine Fälschung des 'positiv' im Sinne der Altpositiven vorzunehmen. Wir bestreiten aber das Monopol auf positives Christentum bei der positiven Vereinigung.

Ad 2.
Bei der Besprechung von Punkt 2. unser Feld stark mit Apologetik arbeiten! Abrücken von altvölkischen Häresien im Nationalsozialismus, Ablehnung des mystischen Liberalismus Rosenbergs, Frontmachen gegen den üblichen Vorwurf der 'Vergötzung des Volkstums', der Verwerfung des alten Testamentes, der angeblichen Verkennung der Mission durch Hitler etc. Nachweis des Zusammenhangs zwischen Volks- und Kirchengeschichte: z.B. Freiheitskampf der Niederländer, auch 1813. Hinweis auf Rußland: Auswanderung der mennonitischen deutschen Bauern, weil Unmöglichkeit, unter einem Sowjetregime zu leben. Bei der Darlegung des sozialen Gedankens das 'allein' betonen! Auch der Marxismus will soziale Hilfe, sieht die Möglichkeit aber in der Durchführung des marxistischen Programms, während wir in der Verwirklichung der Liebesgesinnung Jesu allein! die Möglichkeit sehen. Hier weiß auch das nationalsozialistische Programm, daß es die gesinnungsbildende Kraft der christlichen kirchlichen Verkündigung nicht entbehren kann. Es war die Tragik des marxistischen Sozialismus, daß er auszog, um dem kreatürlichen Menschen zu helfen, ihn aber dabei von Gott abzog, woran er sterben muß!

Ad 3.
Hier den rednerischen Haupteffekt herausarbeiten: Vorwurf der Gegner: wir politisieren die Kirche! Demgegenüber nachweisen: die Politisierung ist schon da: a) latent durch die Tatsache, daß wenn es schon ein Kirchenparlament gibt, dies bis zu einem gewissen Grad immer die Wiederspiegelung des staatspolitischen Bildes ist, d.h. die SPD steht bei den religiösen Sozialisten, die Demokraten der Hauptsache nach bei den Liberalen, die Konservativen bei den Positiven! b) Die kirchlichen 'Richtungen', die wohl schon vor dem Kriege da waren, sind durch die unbrauchbare Verfassung von 1919 zu kirchlichen Parteien geworden. Weg mit den Parteien! Die wahre Entpolitisierung erstreben wir a. durch Schaffung eines Landesbischofstums, das dem organischen Den-

ken Luthers entstammt: Verbindung von Volk und Volkskirche, bei Luther also nicht nur Verlegenheit sich der Fürsten zu bedienen. Hier contra religiöse Sozialisten! Eine Reihe deutscher Landeskirchen haben schon das Landesbischofstum! Dieses ist auch biblisch. b. Änderung der Verfassung: hier liegt unsere stärkste Stoßkraft! Es soll uns einer beweisen, daß dies die alten kirchlichen Gruppen durchführen können, von denen keine 2/3 Mehrheit bekommt. Wir aber bauen die kirchlich erwachten evangelischen Parteigenossen in die empirische Kirche ein, nicht in dem Sinne der religiösen Sozialisten: 'Kampf in der Kirche für die Kirche gegen die Kirche'. Nicht Abschaffung, aber Änderung des Pfarrwahlmodus: Keine Abhör in der eigenen Gemeinde mehr! Muster cf. Württemberg-Aussschreiben der Stelle, Besprechung der Bewerber der örtlichen Vertretung mit dem Prälat etc., dann Wahl. Dadurch ist die Pfarrwahl kein öffentliches oft unwürdiges Schauspiel mehr! Ziel: evangelische Volksgemeinschaft!

Wir sind sie dem 300-jährigen Gedenken Gustav Adolfs schuldig! 1632-1932

Einzelwinke.

Als weiteres Material kann in Betracht kommen:

a) Die Kommentierung zum Programm
b) Der Inhalt des Wahlaufrufs von Prof. Dr. Brauß
c) Der Artikel 'Die große Illusion' von Prof. Dr. Brauß
d) Die Gegenartikel unserer kirchenpolitischen Gegner in deren Zeitschriften, die über die Vorbereitungszeit von unseren Rednern tunlichst zu lesen sind.
e) Gegenartikel in der weltlichen Presse. Hier sich nur auf das Grundsätzliche beschränken, höchstens durch örtlich bedingte Lage auf Einzelheiten eingehen!
f) Das übrige Schrifttum: 'Christentum und Nationalsozialismus', das aber nicht immer einheitlich ist.
g) Wichtige Richtigstellungen von gegnerischen Anwürfen, die von unserer Lügenabwehrstelle den Rednern mitzuteilen sind.

Sämtliche Parteigenossen, die rednerisch tätig sind, sind beim Propagandaleiter Pfarrer Voges, Eggenstein, namhaft zu machen.

Schulung von Laienrednern empfiehlt sich Sprechabende!

Bei der Aussprache einiger Führer in Karlsruhe am 28. Mai d.J. wurde angeregt:

1. Versammlungen von religiösen Sozialisten zu meiden, keinesfalls sie füllen.
2. Versammlungen der anderen Gruppen zwar auch nicht füllen, aber mit mehreren Diskussionsrednern beschicken.
3. Offene Versammlung stets wirksamer als Flugblatt!

4. Kirchlich reden, Ausfälle unterlassen! Kein Tenor und Jargon eines politischen Wahlredners! Mit religiösen Sozialisten keine Diskussion, vorher feststellen!"

165 LWahlLtr. Pfr. Kramer an Kreis- und Bezirkswahlleiter: Wahltaktische Überlegungen
[Meißenheim], o.D.; LKA GA 8093 Nr. 22 – Rds.

„Am Sonntag, den 5. Juni fand in Rheinbischofsheim eine Tagung der Amtswalter der NSDAP des Bezirkes Kehl und der Wahlausschüsse des Kirchenbezirkes Rheinbischofsheim statt. Einberufen war die Tagung durch den politischen Bezirksleiter A./Freistett und den Bezirkswahlleiter Parteigenosse F./Freistett.
Die Tagung war außerordentlich gut besucht. Unter den Gästen waren auch zwei Pfarrer des Kirchenbezirkes. Parteigenosse Metzler/Scherzheim (liberal) und Parteigenosse Bartholomä, der der Partei nahesteht (positiv). Die Versammlung wurde von Parteigenosse A. vorbildlich geleitet. Die Referate waren von Parteigenosse Kramer/Meißenheim und Parteigenosse Gärtner übernommen worden.

Erfahrungen:
1. Trotz der liberalen Grundeinstellung der meisten Versammlungsteilnehmer fand das Programm ungeteilten Beifall.
2. Je stärker das Absolute unserer Forderungen betont wurde, umso stärker war die Zustimmung. Immer betonen: Eine Kirche, die nicht wagt, ihre Wahrheiten als absolute Wahrheiten zu verkünden, hat kein Recht mehr zu missionieren. Eine Kirche, die ihre Heilswahrheiten als relativ richtig verkündet, atomisiert sich selbst. (Den Parteigenossen die Richtigkeit dieses Satzes an einem politischen Beispiel verdeutlichen: Erfolg der NSDAP dadurch, daß sie ihre Forderungen als absolute politische Wahrheiten vom ersten Tag an verkündet hat.)
3. Lehrzucht: Dieses Wort muß verdeutlicht werden. Wir wollen keinen Geistlichen auf den Scheiterhaufen bringen, wir verlangen, daß er den Bekenntnisstand der Kirche anerkennt und nicht davon abweicht. (Hinweis auf die Verschiedenartigkeit der Predigten in den einzelnen Kirchen, von der Wald-, Feld- und Wiesenpredigt bis zum geistlosen Aneinanderreihen von Bibelsprüchen. Das Volk hat ein sicheres Urteil darüber, ob ein Pfarrer das auch glaubt, was er predigt (Auferstehung, Himmelfahrt usw.).
4. Bekenntnis: Wir kennen keine liberalen oder positiven Dogmen (Anfrage eines liberalen Pfarrers!), sondern das Bekenntnis, wie es in der Unionsurkunde usw. festgelegt ist (Erläuterung in unserem Programm!).

Wichtig: Darauf hinweisen, daß das Bekenntnis nicht nur Glaubensgrundlage, sondern auch Rechtsgrundlage unserer Kirche ist. Die Kirche ist eine öffentliche Körperschaft mit Steuerrecht (Eingetragener Verein) und vom Staat nur aufgrund des Bekenntnisses anerkannt (vgl.Eingetr. Verein-Vereinssatzungen).

5. Die Liberalen sind ganz genau über Programm usw. orientiert. Sie wissen sogar Bescheid über die Debatte in der letzten Pfarrerbundstagung in Karlsruhe. U.a. wissen sie, daß die Frage der Änderung der Pfarrwahl besprochen worden ist. Sie erzählen nun, wir hätten diesen Passus lediglich deshalb aus unserem Programm herausgelassen, weil er unpopulär wäre. Sollte in der Diskussion die Rede auf unsere Stellung zur Pfarrwahl kommen, so empfehlen wir, ruhig den Leuten zu zeigen, daß wir nicht daran denken, die Rechte der Kirchengemeinde zu verkürzen, daß aber die Pfarrerwahl, wie sie heute besteht, für den Pfarrerstand ein unwürdiger Zustand, im Ganzen genommen aber ein gewaltiger Unsinn ist, denn aufgrund einer einzigen Predigt können keine gültigen Schlüsse auf die Tauglichkeit eines Pfarrers gezogen werden.

6. Während die Landesleitung der Liberalen die Kampflosung herausgibt, die NSDAP wolle die Kirche politisieren, gehen die liberalen Pfarrer zu unseren Ortsgruppenleitern und erzählen, die Partei habe mit unseren Listen nichts zu tun und fordern sie auf, um des Friedens in der Gemeinde willen ihre Ortsgruppe in den Dienst der liberalen Sache zu stellen. Sie gehen weiter vor, sie seien doch auch Nationalsozialisten und würden erwägen, ob sie nicht der Partei beitreten wollten usw.
Dieses charakterlose Gebahren ist zu brandmarken. Während man in der Öffentlichkeit von Politisierung der Kirche spricht, sucht man unsere politische Organisation für sich zu ködern.

Die Positiven arbeiten ähnlich. Sie handeln nach der Parole: Nationalsozialisten her! Sie versuchen, unseren Wahlkampf dadurch zu stören, daß sie Nationalsozialisten auf ihre Liste setzen, besonders Ortsgruppenleiter oder andere bekannte Parteigenossen.
Diese Tatsachen sind im Wahlkampf unbedingt überall da auszunützen, wenn der Vorwurf der Politisierung erhoben wird."

166 Fritz F. an Pfr. Voges: Anregungen für den Wahlkampf
Gernsbach, 5. Juni 1932; LKA GA 8093 Nr. 63

„... Gegen die Form und Aufstellung Ihrer Vorschlagsliste habe ich nichts einzuwenden. Ich habe zwar nur den Wunsch geäußert, mich an 15. Stelle auf die Liste zu setzen. Ich habe die Vorarbeit für die Kirchenwahlen nur leisten können, weil mir mein eigentliches Betätigungsfeld, die SA, durch das Verbot genommen wurde. Deshalb habe ich mich zur Verfügung gestellt. Das ist ja der Sinn unserer Idee, daß wir kämpfen und uns einsetzen, wo es immer fehlt. Also keine Rücksichten auf meine Person; wenn Sie Persönlichkeiten von Ruf finden, die unseren Voraussetzungen entsprechen, nehmen Sie die zuerst. Es ist ja zu schade, daß wir in unserem Bezirk keinen Geistlichen haben für die Sache. –

Versammlungen müßten abgehalten werden in Baden, Oos, Gaggenau, Gernsbach, Forbach, Scheuern, Staufenberg, Rastatt, Durmersheim, Achern und Bühl. Zwar haben die Positiven hier vom Ortsgruppenleiter die Zusage erhalten, daß von uns hier keine Versammlung abgehalten würde; aber diese nichtberechtigte Zusage ist für uns nicht bindend. Im umgekehrten Falle würden die Positiven auf uns jedenfalls auch keine Rücksicht nehmen; deswegen lassen wir uns unsere Taktik nicht von der Gegenseite vorschreiben. Heute habe ich sehr schön zusammengestellt das Rednermaterial bekommen. Ich werde unter der Voraussetzung, daß die SA nicht neu ersteht und ich die Zeit aufbringe, selbst aktiv im Kirchenbezirk Baden auftreten. Freilich für die Städte bräuchte ich 1. Rednergarnitur. Jedenfalls werde ich hier in den nächsten Tagen die Mitglieder der NSDAP, soweit sie evangelisch sind, zu einer Besprechung einladen, damit schon jetzt die Werbung von Mund zu Mund einsetzen kann und das Interesse bis zum Schluß der Wahl aufrecht erhalten wird. Dasselbe Verfahren werde ich meinen Wahlausschüssen empfehlen."

167 N.N.: Konträre kirchenpolitische Standpunkte
Evang. KuVolksBl. Nr. 30, 24. Juli 1932, S. 237f.

„Das Ergebnis[*]*) der Landessynodalwahl* hat in mehr denn *einer* Hinsicht überrascht.

1. Die von allen Seiten im Blick auf die gesonderte nationalsozialistische Liste prophezeite gewaltige *Einschrumpfung der Kirchlich-Positiven auf ein paar Mandate ist nicht eingetreten. Zwar hat der Einbruch der Evang. Nationalsozialisten uns 4 Sitze gekostet und der bisherigen Mehrheitsstellung uns beraubt, aber mit 25 Gewählten sind wir doch noch die stärkste Fraktion* der Landessynode. Durchs ganze Land hindurch haben sich trotz starker Gegenwirkung die kirchentreuen Elemente in rührender Anhänglichkeit und Treue um unsere Fahne geschart und mit ihrer Abstimmung bezeugt, daß sie die bisher von uns eingeschlagene Linie des biblischen, reinen, unverkürzten und unvermengten Evangeliums und einer staatsfreien, bekenntnistreuen, klar und fest geleiteten Volks-

---

[*] Getreu dem chronologischen Prinzip sollte dieser Artikel S. 301ff. Aufnahme finden. Wegen seiner pointierten Wiedergabe der gegensätzlichen Standpunkte wurde er jedoch vorgezogen.

kirche weiterhin eingehalten wissen wollen. Nächst Gott, der uns Positive in seinem großen Erbarmen wieder zu wichtigem Dienst in seinem Weinberg gebrauchen will, müssen wir diesen Treuen im Lande herzlichen Dank sagen, daß sie uns durch ihr klares und entschiedenes Eintreten für die große, heilige Sache wieder zum Sieg verholfen haben.

2. *Die von der neuen Gruppe, der Kirchlichen Vereinigung für positives Christentum und deutsches Volkstum, errungenen Erfolge sind weiter hinter den Erwartungen zurückgeblieben.* Immerhin haben sie sich gleich auf den ersten Anhieb zur zweitstärksten Fraktion in der neuen Landessynode aufgeschwungen (13 Mandate). Wenn, wie wir das begrüßen und befürworten möchten, bei der Übereinstimmung in verschiedenen grundsätzlichen kirchlichen Programmpunkten sich wenigstens von Fall zu Fall ein Zusammenarbeiten der beiden größten rechtsgerichteten Gruppen in der Synode herausbilden würde, würden beide eine Zweidrittelmehrheit zusammenbringen und könnten, wenn die neue Gruppe wirklich, wie sie in den Wahlen betonte, auf das Hineintragen der Politik in die Kirche verzichten und eine tatsächliche Entpolitisierung der Kirche letzten Endes erstreben würde, segensreiche Arbeit für unsere evangelische Kirche verrichten.

3. *Die Gegenspieler, die Religiösen Sozialisten,* die durch die Ev. Nationalsozialisten mit vermehrtem Eifer auf den Plan gerufen wurden, *hatten lange nicht die Durchschlagskraft, die sie mit großem Tam-Tam der Welt schon lange vor der Wahl angekündigt hatten.* Nur mit Mühe ist es ihnen gelungen, einen neuen Sitz zu errigen, so daß sie künftig mit 8 Mann statt wie bisher mit 7 in die neue Synode einrücken. Wenn man bedenkt, wie hemmungslos und gehässig sie agitiert haben, und mit welch schrecklichen Drohungen sie beim Schluß der letzten Synode in den Wahlkampf gezogen sind, muß man sagen: Es kreist der Berg, und eine Maus wird geboren! Das Mittel, die kirchenfremden und religiös gleichgültigen Massen für die Kirchenwahlen zu interessieren oder gar zur Wahlurne zu bringen, haben sie bis jetzt noch nicht gefunden und werden es nicht finden.

4. Trotz der krampfhaften Versuche, die eigene Stellung im Kampf der Geister zu behaupten, haben die *Liberalen eine Position um die andere aufgeben müssen.* Ihre Reihen sind stark gelichtet. In so manche liberale Hochburg ist eine Bresche geschlagen. Mit nur 11 (statt 18) Abgeordneten zieht ihre Fraktion in die bevorstehenden wichtigen Synodalverhandlungen. Immer mehr zeigt es sich, unserem Kirchenvolk mundet trotz der vielgerühmten badischen liberalen Tradition die liberale Speise nicht mehr, auch nicht, wenn sie etwas „positiv" garniert wird. Die unklare, unentschiedene, in so manchen Fällen bewußt wohlwollende Haltung gegenüber den religiösen Sozialisten hat sich bitter gerächt und

erst recht die gebrochene Stellung zur Bibel und zum Bekenntnis. Heute leben wir von der Zeit der wichtigsten und größten Entscheidungen, besonders auf dem religiösen und kirchlichen Gebiet, da kommt man mit Halbheiten nicht mehr durch.

Wieder sind wir Positive durch Gottes Gnade zu schwerer und verantwortungsvoller Arbeit für unsere teure ev. Kirche berufen. Dieser Dienst kann nur getan werden im Aufblick zu dem Herrn unserer Kirche und in inniger Verbundenheit mit den lebendigen Gliedern unserer Kirche hin und her. Stellen wir uns mit unserem Gebet, mit kraftvoller Entschiedenheit, mit Opfer- und Kampfbereitschaft hinter die Leitung und die erwählten Vertreter unserer Kirche! In diesen Zeitläuften und Kirchenkämpfen mit verdoppelter Energie, damit Gottes Reich gebaut und Christus verherrlicht werde und wirklicher Segen herauswachse für unser geliebtes deutsches Volk!"

168 Wahlausschuß evang. Nationalsozialisten – gez. Pfr. Voges/ Dr. Dommer – „An sämtliche Sektionsführer der Ortsgruppe Karlsruhe": Arbeit in den „Sektionen"
Karlsruhe, 6. Juni 1932; LKA GA 8093 Nr. 66 – Rds.

„In der Vorbesprechung am Freitag, den 3.d.M. wurde folgendes bestimmt:

1) Für jede Sektion wird zur Durchführung der Landessynodalwahlen ein evangelisch-kirchentreuer Wahlleiter (Sektionsvertrauensmann) aufgestellt. Wenn der Sektionsleiter oder dessen Stellvertreter evangelisch ist, soll tunlichst einer dieser beiden dieses Amt übernehmen, andernfalls ein anderer, von der Sektionsleitung zu bestimmender, auch in der Propaganda erfahrener und angesehener evangelischer Parteigenosse.

2) Der Sektionsvertrauensmann ernennt seinerseits für seine Sektion etwa 10 geeignete evangelische Zellenvertrauensleute aus allen Ständen, darunter auch Frauen. Die Zellenleute sollen Aufklärungs- und Werbearbeit innerhalb der Zellen der Sektion leisten; sie brauchen der politischen Partei nicht angehören, jedoch ihren Zielen wenigstens nahestehen.

3) Es findet am Mittwoch, den 8. Juni 1932, 20.30 Uhr im Konfirmandensaal der Christuskirche (Anbau an der Nordseite der Kirche) ein Besprechungsabend mit allen Sektions- und Vertrauensleuten der Zelle statt. Es wird dringend gebeten, daß sämtliche obengenannten Vertrauensleute anwesend sind. Der Teilnahme derjenigen Sektionsleiter, welche nicht zugleich Vertrauensleute für die Synodalwahl werden, bedarf es nicht...

Zusatz der Ortsgruppe der NSDAP:
Ich ersuche die Sektionsleiter, das nach dem vorstehenden Schreiben des Wahlausschusses Erforderliche umgehend zu veranlassen und vor allem dafür zu sorgen, daß die Sektion in der angegebenen Weise bei dem Besprechungsabend vertreten ist.

F.d.R.: gez. W."

169 Pfr. Albert „An alle evang. Parteigenossen!": Wahlaufruf
Freiburg, 10. Juni 1932; LKA GA 8093 Nr. 34 – Rds.

„Am 10. Juli finden die Wahlen zur evang. Landessynode statt. Zusammengeschlossen in der 'Kirchlichen Vereinigung für positives Christentum und deutsches Volkstum' treten wir evang. Nationalsozialisten mit eigenen Wahllisten auf. Wir waren dazu gezwungen worden, weil die bestehenden kirchenpolitischen Parteien, insbesondere die Kirchlich-positive Vereinigung, unsere Forderungen nicht angenommen hat. Wir verlangten eine Berücksichtigung der nationalsozialistisch denkenden Mitglieder der Landeskirche in dem Maße, wie es der Einstellung des weitaus größten Teils der evang. Bevölkerung entspricht. Dem wurde nicht stattgegeben, so daß uns nichts anderes als das eigene Vorgehen übrig blieb. Der Vorwurf, der uns von allen Seiten gemacht wird, lautet: 'Ihr bringt die Politik in die Kirche!' Wir wollen das *Gegenteil*, denn die Politik ist schon längst da. Das zeigt deutlich und klar die bestehende Kirchenverfassung, die das demokratisch-parlamentarische System in der Kirche eingeführt hat. Dadurch ist unter vielen anderen der Marxismus mit den 'Religiösen Sozialisten' eingedrungen. Der Fall 'Eckert' ist ja noch in aller Erinnerung.
Demgegenüber wollen wir die wahre Entpolitisierung unserer Kirche. Wir wollen keine *neun*köpfige (9) Kirchenregierung, sondern erstreben den Landesbischof. Nicht Majorität, sondern Autorität! Weg drum mit den Parteien! *Das Kirchenvolk will keine Parteien, sondern Glaube und Kraft aus dem Evangelium von Jesus Christus!*
Wir beziehen uns auf den Artikel 24 des nationalsozialistischen Programms und treten darum eindeutig und mit vollem Bewußtsein für die Aufrechterhaltung des Bekenntnisstandes der badischen Landeskirche ein. Insbesondere unterstreichen wir das 'Apostolische Glaubenbekenntnis' und die 'Augsburger Konfession'.
Wir verlangen von der Kirche die moralische Unterstützung des deutschen Freiheitskampfes. Die Kirche darf nicht ruhen und rasten, bis das Schändlichste, was je ein Volk erlebt hat, die *Kriegsschuldlüge*, aus der Welt geschafft ist. Wir kämpfen gegen den Pazifismus, Marxismus und gegen die Gottlosenbewegung, nicht in der Verteidigung, sondern im *Gegenstoß!* Das ist in kurzen Zügen unser Wollen!

Wir wenden uns nun an alle evangelischen Parteigenossen, uns ihre ganze Kraft und Mithilfe zur Verfügung zu stellen!
Jeder hat an seinem Teil zu werben und für unsere Liste einzutreten!
Wo der Nationalsozialismus den Kampf aufnimmt, muß er siegen! Jede Niederlage schadet dem Ganzen!
Darum gilt es, treu zu sein und zu uns zu stehen auch in dieser kirchlichen Sache. Von Mund zu Mund, von Familie zu Familie, von Haus zu Haus muß die Aufklärung einsetzen und weitergetragen werden. Bisher haben nur etwa 45% der Wahlberechtigten gewählt. Wenn wir den Prozentsatz auf 60 steigern, dann ist der Sieg unser. Evangelische Parteigenossen! Die Kirche muß frei sein von der Politik und frei von allen zersetzenden Elementen. Nur so kann sie dem Volke dienen und das Evangelium von Jesus Christus rein und lauter verkündigen zum Wohl und Segen des 'Dritten Reiches', das wir ersehnen und das in Kürze kommt!
Anmerkung: Dieser Aufruf ist nur für die Parteigenossen bestimmt. Das Programm, die Flugblätter, die für jedes evangelische Haus bestimmt sind, sind zur Zeit im Druck und werden in etwa 10 Tagen herausgegeben."

170 N.N. „An sämtliche Ortsgruppen des Kirchenbezirks Karlsruhe-Land": Organisation von Wahlversammlungen

o.O., 16. Juni 1932; LKA GA 8093 Nr. 83 – Rds.

„Vertraulich, eilt sehr! ...

1) Die Wahlversammlung zur Landessynodalwahl findet für Ihren Ort am .... statt. Sie haben sich sofort mit dem Vorsitzenden Ihres Wahlausschusses in Verbindung zu setzen zwecks Bestimmung der Stunde und des Ortes der Versammlung. Bis Montag, den 20. Juni erwarte ich Meldung.
2) Die Versammlungen sind genügend vorzubereiten durch Ausschellen, Aushängen im Ortskasten, Anzeige in der 'Badischen Hardt' oder Handzettel. Welches Mittel zur Erreichung eines größtmöglichen Besuches, das geeignetste ist, bleibt den Herrn Ortsgruppenführern bzw. den Herren Vorsitzenden der Wahlausschüsse überlassen. Jedoch muß darauf geachtet werden, daß keine allzu hohen Unkosten entstehen.
3) Nach Schluß einer jeden Versammlung wird eine Kampfspende erhoben, deren Ertrag nach Abzug der Unkosten auf das Konto des Parteigenossen Pfarrer Ulzhöfer, Flehingen, bei der Deutschen Bank und Diskont-Gesellschaft Karlsruhe, Postscheckkonto Nr. 16 für Kontonummer 4803 (Ulzhöfer) zu überweisen ist.
4) Die Ortsgruppen berichten mit Meldung unter Nr. 1 gleichzeitig die Anzahl der benötigten Flugblätter, Aufrufe usw.

5) Ich mache nochmals darauf aufmerksam, daß sämtliche gegnerischen Versammlungen (positiv, liberal, religiöse Sozialisten) zu überwachen und mir sofort zu melden sind. Dieser Bericht hat zu enthalten: a) Kirchengruppe, die die Versammlung abgehalten hat, b) Tagungsort und Zeitpunkt der Tagung, c) Redner, d) Einwände gegen unser Vorgehen und unser Programm, e) Lügen, f) Gegnerische Flugblätter, Aufrufe, Programm usw.
6) Die von uns übersandten Flugblätter sind womöglich am Tage der Versammlung oder am Vorabend in die Häuser zu verteilen. Für eine rege Propaganda von Mund zu Mund ist Sorge zu tragen.
7) Eine Anzahl von Ortsgruppen haben mir noch nicht den Namen des Wahlausschuß-Vorsitzenden mitgeteilt, ich bitte dies nachholen zu wollen.
8) Die Wahlzettel für die eigentliche Wahlhandlung werden den einzelnen Ortsgruppen rechtzeitig übersandt werden. Diese Wahlzettel sind am Vorabend der Wahl den Wahlberechtigten auszuhändigen, jedoch muß eine genügende Reserve zurückgehalten werden, zum Verteilen vor dem Wahllokal und zum Auflegen innerhalb des Wahllokals. In Sprechabenden usw. sind unsere Parteigenossen darauf aufmerksam zu machen, daß nichts an den Wahlzetteln geändert oder hinzugefügt werden darf, wenn der Stimmzettel nicht seine Gültigkeit verlieren soll.
9) Die Verteiler der Stimmzettel vor den Wahllokalen sollen keine Parteiabzeichen tragen. Aber sie können trotzdem irgendwie kenntlich gemacht werden (Schild mit unserem Titel).
10) Die Herren Vorsitzenden der Wahlausschüsse bzw. die Herren Ortsgruppenführer melden mir am 10. Juli schriftlich sofort nach der Wahl das Wahlergebnis.
11) Alle Meldungen, Anordnungen, Erlasse vor der Wahl sind vor den Gegnern geheim zu halten.
12) Der offizielle Titel unserer Kirchengruppe heißt: 'Kirchliche Vereinigung für positives Christentum und deutsches Volkstum in Baden'!"

171 Pfr. Ulzhöfer an Pfr. Voges: Wahlkampf im Wahlbez. Pforzheim

Flehingen, 18. Juni 1932; LKA GA 8092 Nr. 44

„Ich bestätige den Empfang Ihrer Zuschrift vom 17. d.M. Ihre Richtlinien sind glänzend formuliert und die Druckkosten werden infolge der Kürze mäßig sein. Wir brauchen deshalb in der Auflageziffer nicht zu sparen. Bei rund 475.000 Wahlberechtigten schlage ich vor, 500.000 bei Reiff in Druck zu geben.
Der Bezirkswahlleiter von Pforzheim Fabrikant K., wünscht, daß in Pforzheim als Redner Parteigenosse Pfarrer Teutsch/Leutershausen ein-

gesetzt werde; ich bitte, wenn irgend möglich, diesem Wunsche Rechnung zu tragen; können Sie hier und in Zaisenhausen sprechen?
Morgen früh werde ich in Pforzheim einer um halb 9 Uhr stattfindenden Tagung der Ortsgruppenleiter des Wahlbezirks Pforzheim anwohnen und über Ihre Richtlinien referieren; ebenso nachmittags 2 Uhr in Bretten. Spörnöder sagte mir heute mittag in Heilbronn, es sei ihm von altpositiver Seite mitgeteilt worden, daß diese mit uns in der Landessynode nicht zusammenarbeiten wollten. Falls dies zutrifft, wäre für uns irgendwelche Rücksichtnahme im Wahlkampf nicht notwendig. Eine Anmeldung unserer Wahlversammlungen ist nicht erforderlich, weil sie keine politischen Wahlversammlungen sind; es ist in diesem Falle gut, daß die Partei-Bezeichnung 'Evang. Nationalsozialisten' nicht genehmigt worden ist. Diese Auskunft wurde mir heute früh von zuständiger juristischer Seite in Bretten gegeben.
Der Kirchenpräsident hat am 14. d.M. die Anmeldungspflicht mehr bejaht als verneint, als ich ihn darüber befragte."

172 Pfr. Ulzhöfer an Pfr. Voges: Strategie der KPV
Flehingen, 19. Juni 1932; LKA GA 8092 Nr. 45

„Es war gut, daß ich heute bei der Amtswaltertagung in Pforzheim anwesend war; es waren etwa 200 Parteigenossen aus Stadt und Land beisammen, denen ich unser Programm erörtern konnte und zur Mithilfe aufrufen. Die Positiven versuchen, auch im Bezirk Pforzheim möglichst viele Nazi als Schlußlichter auf ihre Liste zu bringen. Soweit sich Parteigenossen dazu verleiten ließen, habe ich den Ortsgruppenleitern zur Pflicht gemacht, daß diese ihre Unterschrift sofort zurückziehen. Mittags sprach ich dann in Bretten. In Bretten wünscht man das Programm von Prof. Brauß zur Verteilung in etwa 1.000 Stück. Soviel ich hörte, soll das Programm vervielfältigt werden. Ich weiß aber nicht mehr wo und zu welchem Preis das Tausend abgegeben wird. Lassen Sie es mich bitte wissen; sobald als möglich.
Am nächsten Sonntag spreche ich um 3 Uhr in Langenalb im Lokal von Parteigenosse Kreisrat Rich[ard] B., der die Parteigenossen aus der Umgegend zusammentrommeln wird. Es findet keine Bewirtung statt. [Pfr.Viktor Friedrich] Gebhard wollte B. auf die positive Liste locken; doch dieser merkte den Leim!"

173 Pfr. Ulzhöfer an LWahlLtr. Pfr. Kramer: Aktivitäten im Wahlbez. Pforzheim
Flehingen, 20. Juni 1932; LKA GA 8092 Nr. 46

„Die Aufstellung der Liste im Wahlbezirk Pforzheim hat ziemliche Schwierigkeiten bereitet. Der Kreiswahlleiter III hat mich ersucht, dieselben zu beheben und den Bezirkswahlleiter Pforzheim-Stadt und —Land zu unterstützen. Dies ist geschehen. Ich bin gestern in Pforzheim um halb 9 Uhr bei der Amtswaltertagung (etwa 200 Parteigenossen waren anwesend) gewesen und habe über die kirchlichen Wahlen ausführlich referiert und die nötige Aufklärung gegeben. In Pforzheim hat Spies die alten Behauptungen aufgestellt, daß er mit Gauleiter Wagner gesprochen habe und wir, die NSDAP mit ihnen, den Liberalen, zusammengehen würden. Die Geschäftsstelle Pforzheim war der Meinung, daß die Partei sich nicht zu beteiligen hätte und nicht bei den kirchlichen Wahlen eingreifen solle. Ich habe ganz deutlich gesagt, daß Spies träumt und daß sämtliche Amtswalter und örtlichen Stützpunkte sich bei den Kirchenwahlen einzusetzen haben. Es sind also keine weiteren Schritte des Landeswahlleiters bei der Gauleitung nötig, da ich selbst am Donnerstag dort vorgesprochen habe und das, was nötig war, von der Gauleitung sofort veranlaßt wurde. Der Parteigenosse Fabrikant K. wünscht und bedarf unbedingt als Bezirkswahlleiter für Pforzheim-Stadt und —Land die erforderliche Unterstützung, besonders für die Bearbeitung von Pforzheim-Land. Ich bitte, mich hierzu zu ermächtigen und sämtliche den Unter-Wahlkreis Pforzheim betreffende Verhandlungen mit mir zu führen. Im Bezirk Eppingen — Bretten — Durlach geht alles in Ordnung. In Pforzheim haben die Alt-Positiven in Karl Specht, der an I. Stelle der Liste steht, einen guten Namen, der zieht. Ich habe mit Hilfe der örtlichen Stützpunkte die Möglichkeit, in Pforzheim-Land sämtliche Orte zu bearbeiten. Am Sonntag, den 26., spreche in Langenalb; die umliegenden Orte werden durch Ortsgruppenleiter eingeladen. Die positiven Pfarrer von Pforzheim-Land haben gemäß der Parole von Landeskirchenrat Karl Bender versucht, möglichst viele Nazi als Schlußlichter auf ihre Liste zu gewinnen. Genannt wurde mir [Albert] Graf/Weiler und [Viktor Friedrich] Gebhard/Langenalb. Bei uns in Bretten hat Dekan [Karl V.] Renner/Heidelsheim die gleiche Taktik für zweckmäßig gehalten. Für Pforzheim-Stadt wünscht Parteigenosse K., daß Parteigenosse [H.] Teutsch/Leutershausen kurz vor der Wahl als Redner eingesetzt werden möge, damit die anderen nicht mehr nach ihm eine Versammlung einberufen können. Abschrift dieses Schreibens geht gleichzeitig an den Landespropagandaleiter Parteigenosse Voges/Eggenstein."

174 Pfr. Bartholomä an Pfr. Rössger: Kritik am System der Wahlvorschlagslisten
Karlsruhe, 20. Juni 1932; LKA GA 8092 Nr. 3

„Renner habe ich die drei Wahlvorschlagslisten gestern abgeliefert; er hat wegen der fehlenden Pfarramtsbescheinigungen nicht wenig gebrummt. Sind sie bis Donnerstag abend nicht beschafft, streicht er die betreffenden Kandidaten; dann bleibt uns nichts übrig als eine Anzeige der betreffenden Pfarrämter.

Voges habe ich heute gesprochen und ihm die Formel für die Listenverbindung gegeben. –

Nach meiner Heimkehr von Ihnen habe ich mich noch einmal hinter die Wahlvorschriften gesetzt und Beispiele durchgerechnet. Das Ergebnis war sehr deprimierend; es ist bei der Aufstellung der Listen ein großer Fehler gemacht worden, der sich für die Arbeitsfähigkeit der Fraktion in der Synode katastrophal auswirken kann. Wenn nämlich in unserem Wahlkreis, sagen wir einmal drei Kandidaten gewählt werden, ist nicht gesagt, daß dann die Spitzenkandidaten der drei Listen die Gewählten sind. Hat eine Liste der drei das zweifache der anderen beiden, dann erhält sie *zwei* und eine *keinen* Kandidaten. Erhält sie mehr wie das Doppelte der beiden anderen zusammengenommen, dann kann sie *alle* drei Kandidaten bekommen etc. Deshalb hätten wir wie die anderen Parteien den *ersten* Kandidaten der einen Liste immer auf den anderen als zweiten und dritten erscheinen lassen sollen, wollten wir sichergehen. Nun ist es freilich zu spät – soll es ungünstig auslaufen, so kann der Fehler nur korrigiert werden durch Verzicht aller Kandidaten ab Nr. 2 der stärksten Liste dann kann erst die geringste Liste dran kommen.

Ich bedaure nur, mich nicht früher um diese Sache gekümmert zu haben. Hoffen wir, daß sie gut abläuft, sonst kann die Arbeitsfähigkeit der Fraktion sehr in Frage gestellt sein.

Morgen reise ich nach Heidelberg, Gaißbergstr. 64, wo ich bis zum 26. bleibe. Am 27. Rückkehr mit anschließendem Wahlkampf.

Sollte dringendes vorliegen, bitte ich um Benachrichtigung."

175 Pfr. Voges an Pfr. Ulzhöfer: Absage einer Wahlveranstaltung
Eggenstein, 23. Juni 1932; LKA GA 8092 Nr. 65

„Ihre Schreiben vom 18., 19. und 20. Juni habe ich mit Dank erhalten. Es ist mir leider unmöglich, in Zaisenhausen zu sprechen, da ich allein 19 mal persönlich Versammlungen abzuhalten habe. Von Herrn Dr. Dommer haben Sie ja über die Drucklegung unserer Richtlinien gehört. Ich habe soeben den Aufruf vollendet, der noch heute dem Gauleiter vorgelegt werden wird. An Parteigenosse Teutsch habe ich wegen Pforzheim-Stadt geschrieben. Im übrigen stehen wir mitten in der Schlacht und kämpfen gegen eine schwarz-rote Koalition (Positiv und Sozi)."

176 Pfr. Voges an Dr. Dommer: „Placet" für den „Aufruf"; vgl. Dok. 177
Eggenstein, 23. Juni 1932; LKA GA 8092 Nr. 60

„Heil, nun ist der Aufruf fertig! Setzen Sie sich nun bitte in leichten Rechtsgalopp und eilen Sie zum obersten Chef des Gaus Baden und legen Sie ihm das Machwerk, genannt Aufruf, vor. Es ist mit müdem

Schädel erdacht, aber trotzdem müssen wir das Placet erhalten, denn ich habe keine große Lust, ewiger Propagandist zu sein.

In Linkenheim gab es nur eine schwache Versammlung von 50 Mannen ohne Diskussion. Ich komme morgen, Freitag, mit dem 4 Uhr Auto nach Karlsruhe zu Ihnen ins Haus. Lassen Sie sich aber bitte ja nicht in Ihrer beruflichen Arbeit stören. Sie haben so weiche Sessel, daß ich auch ohne Sie die Zeit gut verschlafen werde."

177 Pfr. Voges: „Aufruf – Evangelische Volksgenossen!*)"
o.O., [23. Juni 1932]; LKA GA 8092 Nr. 61 – masch. hektogr.

„Wieder einmal ist das evangelische Kirchenvolk aufgerufen zur Landessynodalwahl, die am 10. Juli stattfindet. Der alte, unselige machtpolitische Streit um die Herrschaft in der Kirche wird erneut ausgefochten auf dem Rücken des Kirchenvolkes und auf Kosten unserer Mutterkirche. Zum erstenmal in der Geschichte der evangelisch-protestantischen Landeskirche Badens tritt ein Kämpfer ihr schützend und abwehrend zur Seite, der sie mit den jugendfrischen Kräften der deutschen Freiheitsbewegung aus der Verstrickung alter und überlebter kirchenparteilicher Kämpfe herausretten will. Wir fühlen uns verantwortlich vor Gott und unserem Geschlecht, daß endlich einmal Schluß gemacht wird mit der parteipolitischen Verelendung unserer evangelischen Kirche, an der sie schließlich ersterben muß.

Was ist uns Kirche? Kirche ist uns Führerin und Wegbereiterin zur ewigen Heimat. In ihr muß jeder evangelische Christ das Bewußtsein der Geborgenheit haben. Vermag aber unsere heutige Kirche dieses Bewußtsein einem religiös-heimatlosen Geschlecht zu geben, wenn der Mensch gemessen wird nach theologischen oder gar nach kirchenpolitischen Gesichtspunkten.? Die alten Gegensätze zwischen positiv und liberal und die sture Feindschaft der religiösen Marxisten gegen das deutsch-evangelische Erbe der Reformation sind dazu angetan, die Einheit der Kirche zu gefährden, ja sie gänzlich zu vernichten. Dieser Politisierung der Kirche auf demokratisch-parlamentarischer Grundlage gilt es den schärfsten Widerstand entgegen zu stellen. Die Kirche muß sich besinnen auf ihre wichtigste und wesentlichste Aufgabe, die da heißt: 'Dienst am Volk!' Das Volk ist müde der Machtkämpfe und ruft und bittet: Fort mit dem Parlamentarismus in der Kirche, weg mit den kirchlichen Parteien!

---

* Als Flugblatt gedruckt, in: LKA GA 8092, Nr.86. Ein zweites Flugblatt ähnlichen Inhalts findet sich a.a.O., Nr.87, ein drittes bei H. Erbacher, 'Die Evang. Landeskirche in Baden 1919-1945', S.67

Heute geht es ums Ganze! Wer darum jetzt noch mit Parteilosungen kommt, jetzt noch mit Programmen von einst unser evangelisches Volk auseinanderreißt, der versündigt sich am Ganzen und ist schuld, wenn unsere Kirche als Volkskirche zu Grunde geht. Wollt ihr das? Wenn nicht, dann müßt ihr [Euch] jetzt zur großen

evangelischen Volksgemeinschaft

hindurchringen, zu einer Gemeinschaft, in der es keine kirchlichen Parteien, sondern nur noch Evangelische gibt, in der nicht das Interesse des Einzelnen, sondern das Wohl des Ganzen oberstes Gesetz ist.

Ist aber das Ganze gemeint, so fühlt sich die Kirche auch verantwortlich für das deutsche Volk, in das sie von Gott gestellt ist. Das, was unser Volk in Gutem und Edlem bewegt, muß von ihr mit der Frohbotschaft des Evangeliums nicht bloß erhalten, sondern auch gefördert werden. Und das, was an des deutschen Volkes Seele zersetzend sich auswirkt, muß von ihr mit dem Gerichtswort des Gesetzes gestraft und bekämpft werden. Um unseres Volkes willen hat die Kirche als die Wächterin und Hüterin der wahrhaft deutschen Seele in ihren Händen zu tragen das Schwert und Kelle zugleich. Sie muß sein die streitende, aber auch die aufbauende Kirche.

Die Stunde ist ernst genug!

Drohend steht der Bolschewismus vor den Toren und zerstörend wirkt die Gottlosenbewegung im Innern unserer Gemeinden. Es geht wirklich um die Religion des Kreuzes in unserem Vaterland. Die Flut ist da! Bauet die schützenden Dämme, schließet die Front!

Positives Christentum oder Antichristentum, das ist heute die entscheidende Frage. In diesem Kampf ergreifen wir bewußt die gute Wehr und Waffen:

Luthers Glauben und Luthers heilige Schrift!

Das ist das Vermächtnis der Geschichte, das wir zu hüten haben. Einen anderen Glauben kennen wir nicht, ein anderer Glaube rettet uns nicht. Wenn wir auf diesem Grund stehen, wird unser Volk nicht sterben, sondern leben und siegen im Kampf um

Glaube, Heimat und Volk!

Unser Glaube heißt Jesus Christus, gestern und heute und derselbe auch in Ewigkeit!

Unser nationales Wollen heißt: Deutschland unser Vaterland! Evangelische Volksgenossen! Wenn diese Ziele auch die Eurigen sind, dann tretet ein in unsere Reihen, dann kämpfet Schulter an Schulter mit uns für eine einige Kirche, für positives Christentum und deutsches Volkstum!

So wählt am 10. Juli aus der evangelischen Verantwortung für Kirche und Volk heraus die Liste der

Kirchlichen Vereinigung für positives Christentum und Deutsches Volkstum!"

178 Prof. Brauß: „Zu den evang. Kirchenwahlen"*)

o.O., o.D.; LKA GA 8093 Nr. 29 – masch. hektogr.

„Man schreibt uns:
Kürzlich ging durch die Presse die Nachricht, daß die evang. Nationalsozialisten bei den bevorstehenden Kirchenwahlen mit eigener Liste auftreten wollen. Das ist richtig und war leider unvermeidlich. Denn die Verhandlungen mit den alten kirchlichen Gruppen führten zu keiner Möglichkeit eines Zusammengehens. Beide Gruppen, die Kirchlich-Positiven und erst recht die Kirchlich-Liberalen entstammen einer Zeit, in der das Individuum im Mittelpunkt des Lebens stand. Die Einzelpersönlichkeit war sozusagen das Maß der Dinge. Die Folge war Zerreißung und Spaltung der Gemeinschaft. Und so wurde zuletzt nicht nur der Staat, sondern auch unsere Kirche vom *Parteiwesen* beherrscht und dem *Parlamentarismus* ausgeliefert. Und wenn etwas unserer Kirche 'artfremd' ist, dann eben dieser Parlamentarismus. Soll das so bleiben? Jedenfalls ist das Zeitalter des Individualismus vorüber. Es geht heute um das Ganze, um die Gemeinschaft, um die Kirche. Das sollte allmählich jeder sehen. Hier helfen aber alte Parteiprogramme nicht. Schon deswegen nicht, weil die alten Gruppen nur einen sehr kleinen Teil des Volkes erfassen. Wenn unsere Kirche wirklich dem Ganzen dienen und Volkskirche werden will, dann muß sie aus den alten Parteien heraus und zur evangelischen *Volksgemeinschaft* hindurchdringen. Das ist das Ziel der evangelischen Nationalsozialisten. Das aber hat mit Politisierung der Kirche nichts zu tun. Und wenn uns die alten Gruppen trotzdem diesen Vorwurf machen, dann vergessen sie, daß sie selbst seit Jahrzehnten politisch gebunden gewesen sind. Man unterlasse also die Behauptung, es handle sich bei der neuen Liste um 'einen Einbruch der weltlichen Parteipolitik' in die Kirche. Denn dieser Einbruch braucht nicht vollzogen zu werden, er war längst da. Außerdem sind wir der Meinung, daß die deutsche *Freiheitsbewegung*, zu der wir uns bekennen, mit Parteipolitik nichts gemein hat. Es geht hier ums Ganze, um das Sein des

---

* Gemäß einem Marginale zur Veröffentlichung in „Der Führer" vorgesehen. Konzept dazu aus der Feder von Prof. Brauß in: LKA GA 8092, Nr.6. Ein weiterer Wahlaufruf aus der Feder von Prof. Brauß befindet sich in LKA GA 8093 Nr.27. Das unvollständige Konzept dazu in GA 8093 Nr.30.

Volkes, um seine Geschichte und seine Bestimmung! Diesem unserem Volk sind wir aber als Kirche Luthers verpflichtet. Denn Dinge wie Wahrheit und Freiheit, wie Recht und Gerechtigkeit sind elementare sittliche Größen. Um sie sollten die Nachfahren der Reformation sich nicht kümmern dürfen? Ist das nicht der Gipfel der kirchlichen Welt- und Lebensfremdheit?

Nein, Kirche und Volk, Evangelium und *Deutschtum* gehören zusammen. Darum hat der Reformator einst, um seine Sache dem Volk zu erhalten, sich der Fürsten bedienen müssen. Und darum hat auch Gustav Adolf der Retter der evangelischen Sache werden müssen.

Und schließlich ist's nicht wahr, daß wir im Auftrag der Parteileitung zur Sonderliste geschritten sind. Wir wollen unserem irregeleiteten Volk dienen, unsere evangelischen Grundsätze hineintragen in die gesamte Öffentlichkeit, wollen dienen allen denen, die in der Freiheitsbewegung stehen und der Kirche fremd geworden sind. Und dienen wollen wir mit dem Besten: Mit dem positiven Christentum, also mit der Botschaft vom Heil der Welt in Christus."

[Das Konzept in LKA GA 8092 Nr. 6 weist noch ein drittes Blatt auf, das ohne Zweifel ebenfalls zur Veröffentlichung im 'Führer' bestimmt war. Es lautet:]

„Wir sehen in ihr einen Ruf an unser Volk und eine Mahnung an unsere Kirche. Diese Kirche darf nicht schweigen zu den Schäden des Volkslebens, sie darf erst recht nicht neutral sein wollen, wo es um sittliche Güter wie Freiheit und Wahrheit, wie Recht und Gerechtigkeit geht: denn Kirche und Volk, Evangelium und Deutschtum gehören für uns Evangelische zusammen. Das hat mit Politisierung der Kirche nichts zu tun. Auch wir wollen, daß die Kanzel frei bleibe von Gezänk und Geschwätz des Tages, denn sie hat Ewiges zu bringen und nicht die Neuigkeiten der Zeit. Aber waren nicht die alten kirchlichen Gruppen selber politisch gebunden? Und sind sie es nicht geblieben bis zur Stunde? Und außerdem sind wir mit dem württembergischen Kirchenpräsidenten der Meinung, daß 'das Eintreten für das Lebensrecht unseres Volkes und die moralische Unterstützung des deutschen Freiheitskampfes nichts Parteipolitisches, sondern ein selbstverständliches Recht und eine klare Pflicht jedem deutschem Christen' sei.

Es ist Zeitenwende

Das Zeitalter des Individualismus in seiner Position ist zu Ende. Allüberall will Neues, für die Gegenwart Besseres, werden. Gewaltige Kämpfe, ungeheure geistige Auseinandersetzungen stehen bevor.

Positives Christentum oder Antichristentum

Das ist die entscheidende Frage. Da helfen alte Parteilosungen nicht mehr. Da gilt es, die Reihen zu schließen und zum einheitlichen Kampfe

aufzurufen alle, die ihre Kirche erhalten und hinüberretten wollen in kommende Tage. In dieser Stunde nehmen wir Zuflucht zu den alten Waffen zu
    Luthers Glaube und Luthers Heiliger Schrift.
Einen anderen Glauben kennen wir nicht, einen anderen Glauben wollen wir nicht. Jesus Christus gestern und heute und derselbe auch in Ewigkeit – dieses Bekenntnis der Väter wollen wir bewahren zum Heil von Kirche und Vaterland.
Evangelische Volksgenossen! Es geht wieder mal um Glaube und Heimat in der deutschen Geschichte. Wer das sieht, der trete ein in unsere Reihen und kämpfe mit uns für eine Neugestaltung unserer Kirche unter der Losung
    positives Christentum und deutsches Volkstum."

179 Ogruf. W.M. an Fritz F.: Bedenken gegen Wählerliste
Achern, 26. Juni 1932; LKA GA 8093 Nr. 50

„Ihre Mitteilungen bezüglich der evangelischen Kirchenwahlen wurden mir seiner Zeit durch meine Frau übermittelt, und ich war gerade dabei, mich über die Verhältnisse in unserer Kirchengemeinde zu unterrichten, als mir Ihre Anklageschrift durch unseren Gauleiter zugeleitet wurde.

Gelinde ausgedrückt ist Ihr Verhalten sehr befremdlich, und es wäre richtiger gewesen, bei mir nochmals Rücksprache zu nehmen.

Zur Sache selbst teile ich Ihnen heute folgendes mit: 'Ich habe mich inzwischen genau unterrichtet über die weltpolitischen und kirchenpolitischen Verhältnisse in unserer Kirchengemeinde und habe die Feststellung gemacht, daß 90% der evangelischen Wahlberechtigten bei den letzten Kirchenwahlen positiv gewählt haben und daß 90% der Ausschuß- und Kirchengemeinderatsmitglieder Parteigenossen und Anhänger sind.

Ich weiß außerdem durch eine eingehende Rücksprache mit dem Herrn Stadtpfarrer [Hans Karl] Koch, daß dessen politische Weltanschauung rein nationalsozialistisch ist.

Unter den vorstehend geschilderten Verhältnissen halte ich es im Interesse unserer Bewegung und der kirchlichen Belange für unangebracht, hier in Achern eine Liste aufzustellen, denn ein großer Teil unserer evangelischen Gemeindemitglieder gehört der SPD an und bin ich darum der Überzeugung, daß diese Angehörigen der SPD nach Aufstellung unserer Liste Kandidaten aus ihrer Mitte aufstellen würden und dann wäre die 90%ige Vertretung aus unseren Reihen, wie seither, in Frage gestellt.

Verbessern würden wir unsere Lage bestimmt nicht und rate darum von Aufstellung unserer geplanten Liste hier ab."

180 LWahlLtr. Pfr. Kramer an Pfr. Voges: Abgrenzung gegen die KPV
Meißenheim, 28. Juni 1932; LKA GA 8092 Nr. 53

„Von verschiedenen Seiten wird darauf aufmerksam gemacht, daß zwischen den Positiven und uns leicht Verwechslungen vorkommen können und daß man daher nach einem deutlich unterscheidbaren Stichwort suchen müsse. Das deutlichste wäre, wenn, wie zuerst geplant, der Untertitel 'Evangelische Nationalsozialisten' geführt werden dürfte. Ich bitte Sie, darüber mit Gauleiter Wagner Rücksprache zu nehmen. Ich selbst werde versuchen, per Telefon mit ihm in dieser Sache zu sprechen. Auf die sehr leicht mögliche Verwechslung, besonders auch bei der Auszählung der Stimmen, wird auch von den kirchlichen Kreiswahlleitern aufmerksam gemacht. Freiburg macht den Vorschlag, falls Wagner den früheren Titel nicht genehmigt: *Deutsch-Positiv.*"

181 Karl C. an Pfr. Voges: Versammlung in Ettlingen
Karlsruhe, 29. Juni 1932; LKA GA 8092 Nr. 58

„Die gestrige Versammlung in Ettlingen stand unter einem sehr ungünstigen Stern. Der Besuch miserabel, 20 Personen! Anwesend waren ein positiver Vikar und einige ältere Spießer, deren dumme Zwischenrufe nicht zu überbieten waren. Ferner ein Parteigenosse, der sich direkt unverschämt benahm, so daß ich mich genötigt sah, ein Uschlaverfahren gegen ihn einzuleiten. Pfarrer Rose war sehr enttäuscht und möchte bei uns nicht mehr sprechen. Er bat mich, Ihnen zu schreiben, was Sie zu diesen Vorkommnissen meinen, und daß Sie ihm darüber schreiben möchten. Ich werde noch alles mündlich mit Ihnen besprechen! In Ettlingen scheint die Sache ziemlich verfahren zu sein. Ich selbst war als Redner nicht angemeldet, und auch daraus wollen sie uns einen Strick drehen! Alles in allem höchst betrüblich! Natürlich dürfen wir uns hierdurch nicht erlahmen lassen, nein, nun geht der Kampf erst recht weiter."

182 Pfr. W. Müller an Pfr. Voges: Beschwerde über eine Wahlveranstaltung
Graben, 6. Juli 1932; LKA GA 8092 Nr. 21

„Zuerst hatte ich vor, Ihnen diesen Brief erst nach den Kirchenwahlen zu schicken, doch ich möchte nicht haben, daß derselbe in irgendeiner Weise mit dem Ausgang der Wahl in Zusammenhang gebracht werden könnte. Deshalb schreibe ich jetzt, was geschrieben werden muß.
Ich bedaure es sehr, daß von Ihrer Seite bzw. von seiten Ihrer Partei hier eine Versammlung stattgefunden hat, besonders nachdem ich erklärt habe, daß wir keine solche halten werden. Ich hätte doch gedacht, man würde Rücksicht nehmen auf die durch die Vorgeschichte meiner Wahl hier besonders gelagerten Verhältnisse und auf die Tatsache, daß ich

erst ein halbes Jahr hier bin. Es wird zwar immer wieder gesagt, die Leitung habe die Versammlung befohlen, man habe garnicht anders gekonnt. Auch Sie sollen diese Auskunft gegeben haben. Wenn das so ist, so beweist das nur, daß mit einem generellen Befehl die individuelle Eigenart einer Gemeinde nicht gewürdigt werden kann, ja, daß ein solcher genereller Befehl der individuellen Eigenart einer Gemeinde nie gerecht werden kann. Ich ziehe aber diese Aussagen sehr in Zweifel. Es ist ja bekannt geworden, daß es Ortsgruppen gibt (auch auf der Hardt), die um des Friedens willen in der Gemeinde die Abhaltung solcher Versammlungen abgelehnt haben. Diese Tatsache beweist mir, daß die Abhaltung solcher Versammlungen nicht befohlen war, wie immer wieder betont wurde, denn wäre sie befohlen gewesen, so hätte es bei der Eigenart nationalsozialistischer Ortsgruppen nichts anderes gegeben, als gehorchen. Man hätte also auch hier von dieser Versammlung absehen können, so gut wie anderswo. Da die religiösen Sozialisten offenbar bei ihrer Aussage bleiben, keine Versammlung hier zu halten, so sind Sie die einzigen gewesen, die das getan haben. Ich bedauere das sehr.
Noch mehr aber muß ich bedauern, daß Sie diese Versammlung gehalten haben. Sie mußten wissen, daß meine Aufbauarbeit infolge vorangegangener Ereignisse hier nicht so einfach ist. Da sollte man sich doppelt hüten, einem Kollegen, der in schwierigerer Aufbauarbeit drinnen steht, in die Gemeinde einzubrechen. Denn solch einen Einbruch kann ich niemals als aufbauend, sondern nur als zerstörend ansehen, wenn man nicht vom Kollegen im Ort gerufen ist. Sie haben sich öffentlich in meiner Gemeinde in Gegensatz gestellt zu mir, d.h. zu einem Kollegen, der um das Vertrauen seiner Gemeinde noch werben muß. Ich hätte gedacht, daß wenigstens von Ihrer Seite in meiner Gemeinde nichts geschehen würde. Ich kann es aber auch nur bedauern, daß Sie nicht wenigstens durch einen kurzen Besuch bei mir, zu dem gewiß Gelegenheit gewesen wäre, oder man Gelegenheit hätte nehmen können, vor meiner Gemeinde dokumentiert haben, daß es nicht nur Dinge gibt, die uns trennen, sondern auch solche, die uns einen.
Schließlich muß ich noch mitteilen, daß die Bemerkung, die im Schlußwort fiel von der Verweigerung des Gemeindesaals insofern völlig irreführend war, weil die Hauptsache, die erst die Sache im rechten Licht zeigt, verschwiegen wurde, nämlich die Tatsache, daß ich ausdrücklich betonte, *daß niemand, auch wir Positiven nicht*, im Gemeindesaal eine Versammlung abhalten wird. Wenn man das hinzufügt, so hört es sich ganz anders an, auf alle Fälle kann dann niemand, der einigermaßen guten Willens ist, eine Ungerechtigkeit gegenüber Ihrer Partei darin erblicken. Aber diesen Zweck hatte ja natürlich diese Bemerkung, daß wir als die Ungerechten dastehen sollen, d.h. der Kirchengemeinderat, und da dieser positiv ist, so sind natürlich die Positiven gemeint. Die

Bemerkung fiel im Schlußwort, so daß es niemand ermöglicht war, die Sache richtigzustellen. Wie mir Herr [Fritz] Pf. sagte, haben Sie Anstoß genommen an dieser Bemerkung von seiner Seite. Wenn Sie es empfunden oder gewußt haben, daß dieser Vorwurf der Ungerechtigkeit ungerechtfertigt ist, so hätte das m.E. von Ihnen trotzdem es das Schlußwort war, öffentlich richtiggestellt werden können. Auf diesen ungerechtfertigten Vorwurf hin haben wir sogar unsere geschlossene Vertrauensmännerversammlung nicht im Saal abgehalten, obwohl wir das gewiß nicht nötig gehabt hätten, weil diese Versammlung ganz anderer Art war und ich ausdrücklich betont hatte, daß *öffentliche* Versammlungen nicht im Saal abgehalten werden können. Herr Pf. hat mir nun zwar die Versicherung gegeben, daß er die Sache bei seinen Parteifreunden richtigstellen wird. Ich zweifle auch nicht daran, daß er es tun wird, aber die öffentlich ausgesprochene Beschuldigung kann er damit nicht zurückholen. Ich habe ihm gesagt, daß ich Ihnen über diese Sache Mitteilung machen werde.

Ich bin nicht in Ihre Versammlung gekommen aus verschiedenen Gründen. Vor allem, weil ich in keine politische Versammlung gehe. (Ich bemerke, daß die nationalsozialistische Partei dazu eingeladen hat), sodann aber weil ich mir das nicht leisten kann, mich öffentlich in Gegensatz zu stellen zu Gliedern meiner Gemeinde. Wenn Sie diesen Gegensatz aufgestellt haben dadurch, daß Sie die Versammlung hielten, so wollte und konnte ich ihn nicht durch mein Kommen noch verschärfen."

183 LWahlLtr. Pfr. Kramer: „Evangelische Kirchenwahl" – Wahlaufruf
'Der Führer', 9. Juli 1932; LKA GA 8092 Nr. 89

„Nationale Männer und Frauen!

Macht der Selbstzerstörung der Kirche durch Parlamentarismus, Parteiherrschaft und Marxismus ein Ende!

Wählt
am 10. Juli die Liste

'Kirchliche Vereinigung für positives Christentum und deutsches Volkstum'."

184 L.R. an Pfr. Voges: Dank eines „Pg."
Karlsruhe, 10. Juli 1932; LKA GA 8092 Nr. 32

„Herzlichen Dank möchte ich Ihnen sagen, daß Sie den Kampf aufnehmen für unser Volk, für unsere Freiheitsbewegung und für unsere Kirche!

Wer zwischen den Zeilen lesen, respektive zwischen Worten hören kann, der merkte wohl, wie furchtbar schwer der Kampf auch hier war und ist, wieviel Unbegreifliches, ja Beelendendes auf unsere Kämpfer einstürmt und selbst von seiten unserer evangelischen kirchlichen Kreise. Wie bitter traurig ist die Tatsache. Bitte, bitte werden Sie nicht müde, auch wenn Ihr Kämpfen und Ringen diesmal vielleicht noch nicht den Erfolg bringt, den es verdient hätte und den wir uns wünschen.
Wir müssen um jeden Preis das Evangelium hineintragen in unsere Freiheitsbewegung, wir wollen und müssen für unsere Bewegung und unseren Führer einstehen in treuester Fürbitte, müssen aber auch unsererseits unsere nationalsozialistische Idee hineintragen in die Kirche, damit diese belebt und befruchtet werde und nicht vollends ganz erstarre.
Daß gerade *unsere positiven* Geistlichen dies erkannt haben, ist eine besondere Freude und eine Gewähr für das Gelingen der großen Aufgabe, die Gott der Herr uns stellt. Es geht im letzten Grunde um unseres Gottes Ehre und um sein Reich in unserem Volk und Vaterland. Darum freudig und getrost vorwärts im festen Blick auf Ihn!"

185 Pfr. V. Gebhard an Pfr. Voges: Protest gegen Wahlflugblatt der NSDAP
Langenalb, 19. Juli 1932; LKA GA 8092 Nr. 80

„Über die Angelegenheit mit dem am Morgen der Landessynodalwahl ausgegebenen hetzerischen Wahlflugblatt der hiesigen NSDAP habe ich seit unserem Karlsruher Zusammentreffen am vorigen Donnerstag noch weiter nachgedacht. Wohl habe ich, da das Flugblatt noch rechtzeitig morgens in meine Hände fiel, noch rasch eine Entgegnung vor dem Gottesdienst aufgesetzt und in der Kirche verlesen, wobei ich Punkt für Punkt scharf widerlegt und namentlich die unwahren Behauptungen bezüglich der kirchlichen Finanzen und der Gehälter der Geistlichen scharf brandmarkte (der Wortlaut spielt hierbei keine Rolle). Auch behalte ich mir vor, den Leuten entweder durch eine mündliche Erklärung am Schluß des nächsten Gottesdienstes oder durch Verbreitung einer schriftlichen Mitteilung zu sagen, daß sowohl Sie, wie auch der Herr Kirchenpräsident sehr empört gewesen seien über das Flugblatt und es schärfstens mißbilligten. Dennoch aber wäre es noch wirksamer, wenn der Gemeinde gegenüber von der gleichen Parteiseite her, welcher auch der oder die Verfasser des Flugblattes angehören, eine mißbilligende und die Leute beruhigende Erklärung abgegeben und auf irgend eine Art zur allgemeinen Kenntnis gebracht würde. Ich weiß sogar, daß die Leute eine derartige Genugtuung direkt fordern, und auch ich muß sie verlangen. Ich mache daher den Vorschlag, eine derartige Erklärung Ihrerseits (als des Propagandaleiters) abzugeben und mir zu übersenden, damit ich sie am Schluß des nächsten Gottesdienstes in Ihrem Auftrag verlesen kann. Oder aber wäre zu erwägen, Ihre Erklärung auf schriftlichem Wege unter die Leute zu bringen. Vor allem aber sollte auch (was Sie vielleicht inzwischen schon getan haben) dem verantwortlichen Unterzeichner des Flugblatts, auch wenn er nicht selbst oder nicht allein der Verfasser sein sollte, eine scharfe Rüge erteilt werden. Auch in politischer Hinsicht war das Vorgehen des Herrn Bertsch eine große Torheit. Er hat viele, die zwar nicht evangelisch nationalsozialistisch eingestellt sind und um die er dann bei der Reichstagswahl wieder froh sein müßte, direkt abgestoßen, namentlich auch durch seine Bemerkung, daß ein Nationalsozialist seine Stimme der 'kirchlich-positiven Vereinigung' nicht geben könne, andernfalls er eben nicht das Recht habe, sich Nationalsozialist zu nennen. – Auch hat es auf viele einen erbärmlichen Eindruck gemacht, daß das Flugblatt mangels irgend eines besseren Agitationsmittels in echt demagogischer und ordinärer Weise sich des Hinweises auf die angeblich zu hohen Gehälter bediente, um die Wähler zu fangen. Direkt gewissenlos war es auch, ins Blaue hinein zu behaupten, die Kirchenkassen seien leer, weil mit den Kirchengeldern 'gewirtschaftet' worden sei. Etwas muß ich Ihnen auch noch erzählen, weil ich es vergaß, als ich Sie traf. Vor etwa drei Wochen war hier in der Wirtschaft des Herrn Bertsch im 'Engel' im Hinblick auf die Kirchenwahlen eine Versammlung, wobei der inzwischen durchgefallene evang. nationalsozialistische Spitzenkandidat, Pfarrer Ulzhöfer/Flehingen, sprach und dabei eingeführt wurde von einem Bijouteriefabrikanten K. aus Pforzheim. Ich selbst war nicht dort. Dieser Herr K. hatte, wie ich nachher hörte, die Taktlosigkeit, als er nach Ulzhöfer noch einmal das Wort ergriff, zu erwähnen, daß es auch in der Kirche so mancherlei überflüssige Posten gebe, die man einsparen könne. Da sei z.B. der Posten des theologischen Hilfsarbeiters im Oberkirchenrat. 'So viel ich gehört habe, ist er z.Z. besetzt mit dem Bruder des hiesigen Ortsgeistlichen', fand K. für nötig, hinzuzufügen. Auch diese Taktlosigkeit hat in der Gemeinde einen sehr schlechten Eindruck gemacht. Ich habe nicht verfehlt, auch diese Sache am letzten Mittwoch dem Herrn Kirchenpräsidenten zu erzählen. Ich behalte mir auch vor, Ulzhöfer von dem unerhörten Flugblatt zu benachrichtigen. Sollten Sie selbst mit Ulzhöfer zusammenkommen, so können Sie ihm ruhig sagen, daß sich Herr K. keine Hoffnung zu machen braucht, daß der Posten meines Bruders gestrichen wird. Vielmehr bleibt er trotz Herrn K. nach wie vor bestehen. Genug davon! Darf ich nun bitten, nun auch Ihrerseits und von Partei wegen nach dem Richtigen zu sehen und künftige eigenmächtige, taktlose, obendrein noch törichte und der eigenen Partei schädliche Machenschaften, z.B. gelegentlich der örtlichen kirchlichen Wahlen in diesem Spätjahr, gründlich zu unterbinden."

E Wahlergebnis: Kommentare, Hoffnungen und Erwartungen

186 H. Erbacher: Wahlergebnis — Graphik, Auszug aus der Untersuchung:
'Die Evang. Landeskirche in Baden 1919—1945', S. 24—27

Landessynodalwahl 10. Juli 1932

	Stimmen	Prozent
Kirchl.-Positive Vereinigung (KPV)	85.854	39,9 %
Kirchl. Vereinigung für positives Christentum und deutsches Volkstum (Ev.Nat.Soz.)	51.361	23,9 %
Kirchl.-Liberale Vereinigung (KLV)	47.190	22,0 %
Volkskirchenbund evang. Sozialisten (Rel.Soz.)	30.482	14,2 %
insgesamt	214.887	100,0 %

Wahlkreise I - V nach Kirchenbezirken

I: Konstanz, Schopfheim, Lörrach, Müllheim, Freiburg, Emmendingen, Hornberg
II: Lahr, Rheinbischofsheim, Baden, Karlsruhe-Stadt, Karlsruhe-Land
III: Durlach, Pforzheim-Stadt, Pforzheim-Land, Bretten, Eppingen
IV: Mannheim, Ladenburg-Weinheim, Oberheidelberg
V: Heidelberg, Neckargemünd, Sinsheim, Neckarbischofsheim, Mosbach, Adelsheim, Boxberg, Wertheim

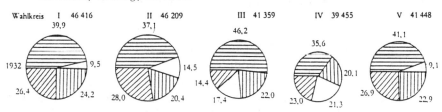

Wahlkreis	KPV	KLV	Rel.Soz.	Ev.Nat.Soz.	insges.
I	5 (3)	3 (1)	1 (1)	3 (3)	12 (8)
II	5 (3)	2 (2)	2 (1)	3 (2)	12 (8)
III	5 (3)	2 (1)	1 (-)	1 (1)	9 (5)
IV	5 (2)	2 (1)	2 (-)	3 (1)	12 (4)
V	4 (2)	2 (2)	1 (-)	3 (1)	10 (5)
insgesamt	24 (13)	11 (7)	7 (2)	13 (8)	55 (30)

Mandate in den einzelnen Kirchenkreisen - in Klammern Anzahl der Geistlichen -

Hinzu kamen noch sechs von der Kirchenregierung ernannte Abgeordnete.

187 N.N.: „Berufe der neuen Synodalen"
LKBl. Nr. 11, 14. Aug. 1932, S. 85

„Unter den auf den *positiven* Listen gewählten Synodalen befinden sich 12 Pfarrer, 1 Ministerial-, 1 Regierungs-, 1 Justiz-, 1 Forstrat, 1 Stadtamtmann, 1 Schuldirektor, 1 Professor, 1 Hauptlehrer, 1 Bürgermeister, 2 O.-Postmeister, 1 Kaufmann, 1 Bäckermeister.
Unter den *Liberalen*: 7 Pfarrer, 1 Oberstaatsanwalt, 1 Regierungsrat, 1 Hauptlehrer, 1 Kaufmann.
Unter den von der Kirchl. Vereinigung für *positives Christentum und deutsches Volkstum* Gewählten: 8 Pfarrer, 1 Gesandter a.D., 1 Stadtoberbaurat, 1 Lehrer und 1 Kaufmann.
Unter den *Evang. Sozialisten:* 2 Pfarrer, 1 Professor, 1 Schuldirektor, 1 Hauptlehrer, 1 Jugendpfleger und 1 Schlosser.
Es sind also von 55 Gewählten (2 sind auf 2 Listen gewählt) 29 Pfarrer ein reichlich hoher Prozentsatz. Die mittleren Bürgerkreise, das Handwerk, das Bauerntum und die Arbeiterschaft sind kaum vertreten."

188 F. Sch. [?]: „Weg mit den Kirchenwahlen!"
'Bad. Bauernztg., Ausg. Bretten', 17. Juli 1932; LKA GA 4135

„Der Badische Landbund hat zu den Kirchenwahlen offiziell nicht Stellung genommen. Obgleich wir unzweifelhaft auf dem Boden des positiven Christentums stehen, konnten wir es nicht als unsere Aufgabe empfinden, uns in interne Angelegenheiten der Evang. Landeskirche hineinzumischen. Nachdem aber nun die kirchenfeindliche Sozialdemokratie sich an den Kirchenwahlen beteiligte und sogar Dissidenten für die sogenannten 'religiösen Sozialisten' Wahlreden halten ließ, können wir nicht umhin, zu den kirchenpolitischen Fragen Stellung zu nehmen. Der Badische Landbund duldet schon satzungsgemäß nur Mitglieder, die einem christlichen Bekenntnis angehören. Für Juden und Dissidenten ist kein Platz in unseren Reihen. Wir sehen in der christlichen Weltanschauung und im nationalen Gedanken, in der Familie, in der Liebe zur Scholle und in der deutschen Kultur die Grundpfeiler des Staates. Deshalb stehen wir grundsätzlich im Kampf gegen die zerstörenden Kräfte des Marxismus, denen Gottesglaube Nebensache, Religion Privatsache ist. Für uns Bauern, die wir in unmittelbarer Berührung mit der Natur und ihrem Schöpfer stehen, ist Religion nicht Privatsache, sondern Volkssache und damit Staatspflicht. Der Glaube an den dreieinigen Gott ist verantwortliche Hauptsache. Ohne Religion kann ein Volk nicht bestehen und geht an sittlicher Fäulnis zugrunde. Als Christen lieben wir unsere himmlische Heimat, nach der wir uns als

Endziel unseres Glaubenslebens sehen. Im gleichen Maß aber lieben wir unsere irdische Heimat, unser deutsches Vaterland und möchten in ihm eine Stätte wahrhaft deutscher Kultur und Christenglaubens sehen. Ob Katholiken oder evangelische Bauern, allzumal sind wir auch als Christen im Landbund vereint. Wir wollen das Einigende hervorstellen und betonen, nämlich neben dem gemeinsamen Beruf mit allen seinen Sorgen und Nöten *unseren Christenglauben an den gemeinsamen dreieinigen Gott und unser deutsches Volkstum.* Beruf, Glaube, Volkstum sind das einigende Band, das uns alle umschließt. Insofern stehen wir auch in grundsätzlichem Gegensatz zu den beiden konfessionellen Parteien, Volksdienst und Zentrum, die nur das Trennende betonen und nur vom politischen Streit und Unfrieden leben. Die bestehenden konfessionellen Gegensätze sind nicht dazu da, um sie zu vertiefen, sondern müssen dem gemeinsamen Volkstum und Christenglauben untergeordnet werden. Derselbe Grundsatz gilt selbstverständlich auch im engeren Sinne für die evangelische Kirche, deren Oberhaupt durch die Republik von 1918 beseitigt wurde. Seit der Staatsumwälzung ist die evangelische Kirche zum Tummelplatz von beschämenden parlamentarischen Kämpfen und Parteien geworden, die im Interesse der heiligen Sache, der zu dienen die Kirche von Gott ihre Aufgabe erhalten hat, als ungemein schädlich bezeichnet werden müssen. Gerade anläßlich der soeben stattgefundenen Synodalwahlen hat sich erneut gezeigt, daß der kirchliche Parlamentarismus konsequent zum Untergang der Kirche führen muß. Die Wirkung des Parlamentarismus ist in der Kirche genauso zerstörend wie im Staat. Letzten Endes bewirkt derselbe die Auflösung der christlichen Weltanschauung und des göttlichen Autoritätsbegriffes und zerstört damit die Grundlagen des Staates überhaupt. Wenn es dafür noch eines Beweises bedurft hätte, so wäre er durch die Person des früheren badischen Kultusministers *Adam Remmele* erbracht. Dieser Sozialdemokrat, der lediglich der verabscheuungswürdigen Tat der Novemberrevolte 1918 seine Ministerlaufbahn verdankt, hat es für notwendig befunden, als *Dissident* sich in die Angelegenheiten der Kirche hineinzumischen. Nach den Berichten sozialdemokratischer Zeitungen sprach er zu den evangelischen Kirchenwahlen. Man hält den Atem an über die Frechheit eines Dissidenten, der selbst keinem christlichen Bekenntnis angehört und sich erlaubt, den Kirchenwählern zu sagen, wen sie wählen sollen. Daß eine sogenannte kirchliche Partei einen Dissidenten als Wahlredner bestellen konnte, zeigt, wieviel die Uhr geschlagen hat. Der Kirchenparlamentarismus trägt auch die Schuld an dem Eckert-Skandal und anderen zerstörenden Vorgängen innerhalb der evangelischen Kirche. *Deshalb muß die erste Aufgabe der neugewählten Landessynode sein, den kirchlichen Parlamentarismus endgültig zu beseitigen und an Stelle der Kirchenparteien den Landesbischof zu setzen.*

Die Möglichkeit ist durchaus gegeben, wenn die beiden positiven Gruppen zusammen mit der liberalen Kirchenpartei die Verfassungsänderung beschließen. Die erforderliche Zweidrittelmehrheit ist beim Zusammenwirken dieser drei Gruppen vorhanden. Die Theologen mögen ihre theoretischen Streitfragen *unter sich* ausmachen. Das Kirchenvolk hat daran nicht das allergeringste Interesse. Es wünscht lediglich bibelgläubige Pfarrer, keine Schönredner, sondern Bußprediger, die das Volk aufrütteln, nach der Gunst der Massen und Regierungen nicht fragen, und ohne Menschenfurcht sich *lediglich Gott verantwortlich* fühlen. Viel Segen könnte für unser Volk vom Pfarrstand ausgehen, wenn er sich selbst seiner hohen Verantwortung vor Gott und dem deutschen Vaterland bewußt wäre. Dieses Verantwortungsbewußtsein wieder zu stärken, wird unsere besondere Aufgabe sein. Das parlamentarische Kirchenregime führt aber zur grundsätzlichen Zerstörung jeder Verantwortlichkeit. Deshalb verlangen wir Bauern in erster Linie die Beseitigung des kirchlichen Parlamentarismus durch Verfassungsänderung. Die kirchlichen Wahlen sind das unerfreulichste, was es gibt. Die katholische Kirche kennt mit Recht keine Wahlen zum Kirchenparlament. Auch die evang. Kirche muß ohne Wahlen auskommen. Sie sind nur Selbstzerstörung der Kirche. Deshalb verlangen wir nun nach der Wahl eindeutig und klar, daß die am letzten Sonntag stattgefundene Wahl die letzte gewesen ist.

Weg mit den Kirchenwahlen
Weg mit dem Kirchenparlamentarismus
Wir wollen einen Landesbischof.

Wir erwarten von den beiden positiven als auch von der liberalen Kirchengruppe, daß sie die erforderliche Verfassungsänderung einmütig beschließt und den Landesbischof wählt. Von den religiösen Sozialisten, die mit Dissidenten den Wahlkampf machten, erhoffen wir gar nichts. Sie werden in der Zerstörungsarbeit an der Kirche ihre einzige Aufgabe erblicken und deshalb für die Beibehaltung des parlamentarischen Zustandes sein. Sollte die Landessynode sich zu der von uns verlangten Verfassungsänderung nicht bereitfinden, so möge sie sehen, woher sie ihre Mittel bekommt. Für uns bleibt dann nur noch als *letzter Ausweg* der Kirchensteuerstreik und zwar solange, bis unsere Forderungen durchgeführt sind. Wir Bauern sind nicht mehr gewillt, den kirchlichen Parlamentarismus zu finanzieren. Der politische Parlamentarismus ist uns Greuel genug."

189 Pfr. Bürck an KReg.: Negative Auswirkungen der LSyn.-Wahl
Steinen, 23. Juli 1932; LKA GA 4135

„Der seinerzeit von mir persönlich an die Kirchenregierung ergangenen Bitte, mit Rücksicht auf die Reichstagswahlen doch noch die Synodal-

wahlen zu verschieben, fügte ich die Mitteilung bei, daß ich der positiven Vereinigung beigetreten sei.
Die Kenntnis dieser Mitteilung hat anscheinend den Weg in weitere Kreise gefunden und dort nach einer mir gestern zugegangenen Nachricht eine mißverständliche Deutung erfahren.
Jene Mitteilung erfolgte einzig und allein aus dem Grunde, um meiner Bitte um Verschiebung der Wahl mehr Gewicht zu verleihen. Die Mitteilung meines Beitritts sollte bekräftigen, daß der Wunsch um Wahlverschiebung von positiver Seite ausging und der falschen Auffassung vorbeugen, als ob auch hier im Oberland dies nur von liberaler Seite gefordert wurde. Ich sprach jene Bitte zugleich im Namen fast aller mir nahestehenden Freunde positiver Richtung aus Pfarrer- und Laienkreisen aus.
Unsere Sorgen und Befürchtungen hinsichtlich schlimmer Folgen der Wahlen sind inzwischen leider durch die leidenschaftliche Politisierung der Wahlhandlung und die geradezu trostlose persönliche Verfeindung der Pfarrer untereinander in vollem Maße bestätigt worden. Wie es zu erwarten war, brachten die Wahlen keine 'Klärung', sondern eine Verschmutzung des kirchlichen Lebens. Das moralische Ansehen und die religiöse Autorität der Pfarrer haben hier oben im Kirchenvolk einen schweren Schlag erlitten, der lange nachwirken wird.
Darf ich ergebenst bitten, daß die Herren Mitglieder von dem wahren und alleinigen Beweggrund jener Mitteilung Kenntnis nehmen und zugleich dort, wo sie bekannt und falsch gedeutet wurde, den Sachverhalt zu klären."

190 EOK an Pfr. Bürck: Rechtfertigung des Wahltermins
Karlsruhe, 30. Juli 1932; LKA GA 4135 – korr. Konzept

„Die von Ihnen gewählte kirchenpolitische Einstellung ist Ihre persönliche Sache, und ich habe keine Veranlassung, der Kirchenregierung hiervon Kenntnis zu geben. Im übrigen haben der Ablauf der Landessynodalwahl und die Entwicklung der allgemeinen politischen Verhältnisse gezeigt, daß es richtig war, die Landessynodalwahl am 10. Juli stattfinden zu lassen. So, wie die Dinge liegen, wird die bestehende politische Spannung auch im Herbst d.J. kaum eine erleichternde Lösung finden, und es ist noch weniger jemand in der Lage, vorauszusagen, daß im Lauf des nächsten Jahres der Kampf der politischen Parteien gegeneinander aufgehört hat oder auch nur mildere Formen annehmen wird. Darnach dürfte eine verschobene Landessynodalwahl kaum unter günstigeren Bedingungen, als sie am 10. Juli d.J. waren, in absehbarer Zeit stattfinden und hätte zweifellos die Leidenschaft zwischen den kirchlichen Gruppen mindestens in gleichem Maße wachgerufen, wie dies da und dort bei der Vorbereitung der stattgehabten Wahl der Fall gewesen sein soll. Wenn Sie Beanstandungen erheben wollen, so können Sie diese nicht gegen den Umstand richten, daß die Wahl nicht verschoben worden ist, sondern gegen alle jene Tatsachen rechtlicher und persönlicher Art, die ein Aufpeitschen machtpolitischer Leidenschaften zur Folge haben.

Zu bemerken habe ich noch, daß alle Eingaben an die Kirchenbehörde durch das Dekanat vorzulegen sind."

191 KR Schlusser: „Landesversammlung der LKV", 15. Juli 1932
LKBl. Nr. 10, 24. Juli 1932, S. 77f.

„Der Mitgliederversammlung ging am Vormittag des 5. Juli eine Vorstandssitzung voraus, in welcher die Tagesordnung durchgesprochen wurde. Von unserem Ehrenvorsitzenden Professor D. Dr. *Frommel* lag ein Schreiben vor, in welchem er den ernsten und herzlichen Wunsch aussprach, daß Gott die Verhandlungen bei der Mitgliederversammlung segnen und daß der Geist der Einigkeit, Brüderlichkeit und Verbundenheit in Christus die Tagung durchwalten möge. Er erklärt sein Fernbleiben und bittet die Landesversammlung, sich seiner Anteilnahme an der künftigen Gestaltung der L.V. versichert zu halten. Eine Reihe von Anträgen unseres eifrigen Mitgliedes *Brenn* wurde einzeln durchgesprochen und unter die mit ihnen im Zusammenhang stehenden Punkte der Tagesordnung untergebracht. Außerdem wurde ein Brief von Pfarrer Otto M. verlesen und erwogen, welcher die Herausgabe eines volkstümlichen Sonntagsblattes in Verbindung mit den Landeskirchlichen Blättern und mit Verwendung geeigneter Stücke aus denselben anregt. Pfr. M. meint, daß ein solches Blatt gerade in Landgemeinden sehr begrüßt würde, da alle übrigen unzureichend seien. Der Vorsitzende, Stadtpfarrer [Ernst] *Jundt*, eröffnete am Nachmittag 2 Uhr in dem traditionellen Konfirmandensaal, Stefanienstraße 22, die Mitgliederversammlung mit Verlesung und Auslegung von Ev. Joh. 20, 19ff. und schloß mit dem Wunsch, daß, wie überall mit Jesus der Friede einzieht, auch in unserer Kirche, in unserer Vereinigung und ihren Beratungen dieser Jesusfriede walten möge. Darauf erstattete er einen ausführlichen *Jahresbericht*. Er wies darauf hin, daß die nicht-landeskirchlichen Gedanken in der Synode gesiegt hätten und das Kirchensprengende in den Parteien stärker geworden sei. Der Jahresbericht war hauptsächlich darauf angelegt, die tiefsten Grundsätze der L.V., ihr von den letzten Führern, besonders Geh.Rat [Paul] Klein, gegebenes Fundament, ihr Programm der *Kirche*, das sie von allen anderen Parteien unterscheide, und besonders ihr Bekenntnis zu dem Evangelium von Jesus Christus aufzuzeigen und die Folgerungen für Art und Leben unserer Vereinigung aus denselben zu ziehen. Pfr. Jundt betonte, daß wir am Abschluß einer geschichtlichen Periode der L.V. stehen, und stellte die Frage, ob wir noch eine Aufgabe haben. Nach kurzer Aussprache wandte sich das Interesse der *neuen Bewegung,* zu der sich eine große Zahl vorwiegend junger Theologen zusammengefunden haben, zu, worüber Prof. *Knevels* berichtete. Es sind Menschen, die unter der Krisis der Kirche leiden, diese aber als ihre Schuld auf sich nehmen bereit sind. Sie wissen, daß alle menschlichen Meinungen relativ geworden sind, und finden einander bei allen dogmatischen und kirchenpolitischen Unterschieden in dem Bestreben, einander zu verstehen und miteinander Buße zu tun und um den rechten Glauben zu beten. Die Pfarrer [Wilhelm] Heinsius, [Kurt] Lehmann, [Max] Bürck und Prof. Knevels haben die Sache eingeleitet und einberufen. Das letzte Ziel ist Erneuerung der Kirche durch Missionierung und durch Gemeindearbeit, in die durch eine Überorganisation der Landeskirche und durch das Eingreifen kirchlicher Parteien nicht vorzeitig eingegriffen werden darf. Theologische Vermittlungsversuche und kirchenpolitischer Pazifismus werden abgelehnt. Die Bewegung steht sowohl durch die Personen als auch durch die Sache unserer L.V., besonders ihrer neuesten Entwicklung nahe, und die *Landeskirchl. Blätter* sollen auf Wunsch der Mitglieder der Bewegung der Aussprache im Sinn der Bewegung offen stehen. Selbstverständlich sollen auch Artikel, die ganz unmittelbar im Sinne unserer Vereinigung wirken und Aufsätze erziehend landeskirchlicher Art in unserm Blatt erscheinen. Dazu müssen aber die Mitglieder unserer Vereinigung helfen, statt, wie das einzelne tun, zu kritisieren, ohne mitzuarbeiten. Von einer Seite ([Albert] *Meyfahrt)* wird darauf hingewiesen, daß, wenn Außenstehende auf die Parteisucht der Kirche hinweisen, wir mit dem Vorhandensein der L.V. argumentieren können. Pfarrer *Bürck*, zum ersten Mal in unserer Versammlung, erinnert daran, daß das wirkende Leben unseres Volkes sich außerhalb der Parlamente vollziehe. Daher wirbt er für die christliche Zellenbildung von Mensch zu Mensch. 'Der Teufel fürchtet sich mehr vor Gebeten unter einem Strohdach als vor Domen und Kirchen.' Es ist eine Lebensfrage unserer Kirche, daß Lebenszellen sich bilden und weiter verbreiten. Gegenüber den Bedenken, auch des Vorsitzenden, daß die neue Bewegung sich mit der bisherigen L.V. nicht vertrage, sondern daß da ein wesenhaft Neues erscheine, vergleicht Prof. [Otto] *Soellner* das, was werden soll, mit dem Aufpfropfen eines neuen Reises auf einem alten Baum. Auch Frau Käthe *Müller* und Herr *Brenn* reden der Verbindung mit der neuen Bewegung das Wort, desgl. Herr *Schwarz*, der aber vor Gegensätzen zwischen Pfarrern und Laien warnt. Herr *Doll,* ein nationalsozialistisches Mitglied, weist auf die so wichtige Bewegung des Nationalsozialismus hin, an dem die evang.

Kirche nicht teilnahmslos vorbeigehen dürfe, wie sie bei dem Wachsen der sozialistischen Bewegung teilnahmslos geblieben sei. Er stellt den Pfarrern das Beispiel von Stadtpfarrer *Klein*/Mannheim, der auch von Fräulein [Maria] *Janson* mehrfach genannt wird (u.a. als Gegner der Zellenbildung in kleineren Kreisen), zur Nachahmung vor die Augen. Bei dieser Gelegenheit wird der 2. Antrag Brenn besprochen: ' Der Vorstand soll zu wichtigen Fragen und Ereignissen durch Kundgebungen, Anträge, Eingaben usw. Stellung nehmen' und mit 25 gegen 6 Stimmen angenommen. Gegenüber dem Vorwurf, Artikel von Nichtmitgliedern seien angenommen, solche von Mitgliedern abgelehnt worden, stellt der Schriftleiter fest, daß die ihm eingesandten Beiträge von Mitgliedern fast immer aufgenommen wurden und nur in ganz seltenen Fällen, wenn ganz unbrauchbar, nicht gedruckt, sondern mit Begründung zurückgeschickt worden seien. Es bleibe die Ehre der Landeskirchlichen Blätter, für alle, die zu kirchlichen Fragen ein gewichtiges Wort zu sagen haben, offenzustehen, auch wenn sie nicht Mitglieder sind. Der Gedanke der Gründung eines kirchlich-populären Blattes wurde im Anschluß an den oben erwähnten Vorschlag besprochen, aber seine Ausführung im Hinblick auf den Kostenaufwand und die Ungewißheit, ob eine genügende Zahl von Beziehern zu gewinnen wäre, als unausführbar angesehen. Doch wollen wir diesen Vorschlag weitertragen. Stadtvikar [Friedrich] *Eichin* vertritt gegenüber geäußerten Meinungen den Standpunkt, man müsse nicht um Erhaltung der Kirche, sondern um Förderung des Reiches Gottes kämpfen. Stadtvikar *Becker* vermißt bei dem zu starken Sichbeziehen auf Programm usw. das Echo auf die großen Fragen des Reiches Gottes – und mahnt, die Dämonie der Kirchenparteien immer wieder zu bannen. Pfr. Lic. *Lehmann* erklärt nochmals die Erwartungen, welche die neue Bewegung an die L.V. geknüpft habe. Gegenüber von mancherlei Ausstellungen an unserer Vereinigung erklärt Kirchenrat *Schlusser*, ein Blick in die Gemeinden der zur L.V. gehörenden Pfarrer werde zeigen, daß auch sie in treuem Dienst, in Gebet und Fürbitte, in Glauben und Liebe ihre Pflicht tun. Ein Bericht über die Landessynode konnte leider wegen Zeitmangels nicht mehr gegeben werden. So wurden nach Erstattung des Kassenberichts durch den verdienten Rechner, Oberpostinspektor *Leinert,* der eine verhältnismäßig sehr günstige Kassenlage zeigte, die *Wahlen* vollzogen. Die alten Satzungen gelten für ein weiteres Jahr. Herr Brenn zieht seinen fünften Antrag (Statutenänderung) zurück. Der Vorstand wird wieder gewählt. Nur Stadtpfarrer Jundt lehnte eine Wiederwahl als Vorsitzender ab. So fiel die Mehrheit der Stimmen auf Prof. *Knevels*, dem wir den Beistand des göttlichen Geistes für sein Amt erbitten. Zum Beisitzer wurde, weil Pfr. Knevels nun zwei Ämter in seiner Person vereinigt, Verwalter des Diakonissenhauses *Schwarz*/Freiburg gewählt.

Gott der Herr lasse uns und unsere Vereinigung weiterhin Mitarbeiter sein an seinem großen Werk!"

192 Prof. Soellner: „Zur Landessynodalwahl"
LKBl. Nr. 10, 24. Juli 1932, S. 76

„Die Schlacht ist geschlagen und hat den beiden kirchlichen Rechtsparteien völligen Sieg gebracht! Die Positiven sind stärkste Partei geblieben, und an die zweite Stelle sind die evang. Nationalsozialisten getreten. Sie haben wohl mit einem noch weit größeren Erfolg gerechnet. Den hätten sie auch erreicht, wenn sie nur annähernd ihre politischen Anhänger an die kirchlichen Wahlurnen gebracht hätten. Verschiedene Gründe haben das verhindert. Sie selbst werden das wohl organisatorischen Mängeln zuschreiben, die sich bei einem erstmaligen Auftreten immer zeigen. Ich glaube jedoch, daß zwei andere Gründe stärker gewirkt haben: einmal die kirchliche Gesinnung eines Teils der Anhänger, die der Meinung sind, daß man wohl Nationalsozialist sein, aber sich in der Kirche an die alten Parteigruppen halten kann, und zum andern die kirchliche Gleichgültigkeit vieler Nationalsozialisten. –

Die Liberalen haben am schwersten verloren. Sie haben es nicht gewagt, ihre wirkliche Eigenart im Wahlkampf deutlich zu zeigen. Man konnte in ihren Flugblättern Sätze lesen, die fast positiven und gut nationalen Klang hatten. Sie mußten aber wissen, daß in solchen Zeiten wie der unsrigen die Wähler den Parteien zufallen, die am lautesten und energischsten das aussprechen und versprechen, was die Masse haben will. Zudem büßten die Liberalen für ihre taktischen Fehler in der letzten Synode, in der sie stets versuchten, mitzuarbeiten und die Verantwortung mitzuübernehmen (was ihnen hoch anzurechnen ist!), statt eine ruhige, aber entschiedene Oppositionspolitik zu treiben, was taktisch klüger gewesen wäre.

Die evang. Sozialisten haben etwas zugenommen, womit ihre Hoffnungen jedenfalls auch nicht ganz erfüllt sind.

Was wird die kommende Synode bringen? Jedenfalls eine Zweidrittel-Mehrheit der Rechten, womit die Möglichkeit zu verfassungsändernden Reformen gegeben ist. Wir dürfen uns da auf allerlei Dinge gefaßt machen, z.B. Umwandlung des Präsidenten- in das Bischofsamt; Abschaffung der Urwahl zur Synode und vielleicht Abschaffung oder jedenfalls Einschränkung der Pfarrwahl; starke Beschränkung der Lehrfreiheit.

Was bedeutet das aber? Jedenfalls *soll* es die Beseitigung des Parlamentarismus in der Kirche bedeuten. Denn der Bischof soll natürlich der Synode gegenüber nicht verantwortlich, sondern auf Lebenszeit gewählt und mit besonderen Befugnissen ausgestattet sein. Dieser Gedanke ist

nicht unbedingt zu verwerfen, wenngleich große Gefahren darin liegen. Unser kirchliches Verfassungsleben treibt deutlich sichtbar einer Diktatur entgegen. Nun kann eine Diktatur einer mit Führergaben ausgestatteten, in ihrem Gewissen Gott verantwortlichen Persönlichkeit in Zeiten der Not die Rettung der Kirche bedeuten. Was aber kann man von der Diktatur einer Partei oder vielmehr einer Parteigruppierung erhoffen? Wir wollen heute unsere Bedenken lieber verschweigen und erst einmal die Folgen der Wahl und die Taten der neuen Synode-Mehrheit abwarten!
Unliebsame Dinge werden vom Wahlgang selbst berichtet. So hat z.B. ein Städter, der über den Wahltag im Schwarzwald weilte, einen Weg von 4 Stunden (!) gemacht, um, mit einem Stimmschein ausgerüstet, in einem Schwarzwalddorf zu wählen. Die Auswahl an Wahlzetteln aber war recht klein, denn – es gab *nur* positive Zettel! Ich wäre für Mitteilungen dankbar, wenn ähnliche Erfahrungen gemacht wurden! Warum hat man nicht den amtlichen Einheitswahlzettel geschaffen? Unsere Kirchengenossen haben bei den zahlreichen politischen Wahlen wohl gelernt, ihr Kreuz an der richtigen Stelle zu machen! Geschah diese Unterlassung nur der Kosten wegen? Ich meine, wenn man schon alle 6 Jahre einmal wählen läßt, dann kommt es auf die Druckkosten der Wahlzetten auch nicht an. Vielleicht haben aber auch Gründe der Wahltaktik mitgespielt?"

193 N.N.: „Warum keine Vertretung in der evang. Landessynode? Zum Ausgang der Kirchenwahlen"
'Markgräfler Nachr.'; 2. Aug. 1932; LKA GA 4135

„Wer das Ergebnis der Kirchenwahlen zur Landessynode, das in der Donnerstag-Nummer veröffentlicht wurde, aufmerksam erwägt, wird zugeben, daß das kirchliche Wahlverfahren zur Landessynode abgeändert werden muß. Die neue Landessynode hat 6 Jahre Zeit, die Verfassung umzugestalten. Die evangelischen Gemeinden des Kirchenbezirks Müllheim werden überrascht sein, daß sie von niemandem in der Landessynode vertreten sind; sie erwarten darüber eine Aufklärung, die mit diesen Zeilen versucht werden soll.
Das ganze badische Land zerfällt in 28 Kirchenbezirke. Da zwei Bewerber doppelt gewählt wurden und anscheinend noch nicht bestimmt ist, wer als Ersatzmann für sie nachrückt, so kann bei dieser Darlegung nur die Zahl der bis jetzt festgestellten 55 Synodalabgeordneten (endgültig werden es 57 sein) berücksichtigt werden. Doppelt gewählt ist Gesandter a.D. von Reichenau-Rotenberg und Realschuldirektor Dr. Dietrich/Mannheim. Von den 28 Kirchenbezirken gehen sieben leer aus und entsenden keinen Vertreter: Adelsheim, Boxberg, Konstanz,

Ladenburg-Weinheim, Müllheim, Neckarbischofsheim und Rheinbischofsheim. Die meisten Vertreter entsendet Mannheim, im ganzen 10 (4 pos., 2 lib., 3 rel.-soz. und 1 ev. nat.-soz.), dann folgt Karlsruhe-Stadt mit 8 (3 pos., 1 lib., 3 rel.-soz. und 1 ev. nat.-soz.) und Pforzheim-Stadt mit 5 (2 pos., 3 lib.). Je drei Abgeordnete entfallen auf Freiburg (1 pos., 1 lib. und 1 ev. nat.-soz.), Heidelberg (1 lib., 1 rel.-soz. und 1 ev. nat.-soz.), Mosbach (1 pos., 1 lib. und 1 ev. nat.-soz.) und Oberheidelberg (2 pos. und 1 ev. nat.-soz.). Je zwei Abgeordnete stellen die Kirchenbezirke Emmendingen (1 pos. und 1 ev. nat.-soz.), Eppingen (desgleichen), Hornberg (2 pos.), Karlsruhe-Land (1 pos. und 1 ev. nat.-soz.), Lahr (desgleichen) und Lörrach (desgleichen). Mit 1 Vertreter schneiden ab die Kirchenbezirke Baden (lib.), Bretten (pos.), Durlach (pos.), Neckargemünd (ev. nat.-soz.), Pforzheim-Land (pos.), Schopfheim (lib.), Sinsheim (pos.) und Wertheim (pos.).

Nehmen wir an, das bisherige Wahlgesetz wird nicht grundsätzlich geändert, so wären bei seiner Umgestaltung immerhin zum mindesten 3 Punkte zu berücksichtigen:

1. Ein Abgeordneter darf nur von dem Wahlkreis bzw. von dem Bezirk als Vertreter entsandt werden, in dem er seinen Wohnsitz hat. Als Doppelbewerber darf er nur im selben Wahlkreis auf verschiedenen Listen auftreten und zwar als Spitzenkandidat lediglich auf der Liste seines Wohnsitzbezirkes.

Durch letzteren Zusatz würde eine Doppelwahl so gut wie verhindert. Beachten wir die Auswirkung dieses 1. Punktes: Mannheim hat aus eigener Kraft nur drei positive Vertreter gewählt, während sich der vierte Mannheimer in einem anderen Wahlkreis als Spitzenkandidat aufstellen ließ. Ebenso hat Mannheim aus eigener Kraft nur zwei religiöse Sozialisten gewählt, während der dritte Mannheimer in einem anderen Wahlkreis als Spitzenkandidat durchgebracht wurde. Mannheim hätte somit nur 8 statt 10 Bewerber durchgedrückt. In Karlsruhe-Stadt liegt der Fall ähnlich. Karlsruhe-Stadt hat aus eigener Kraft nur zwei religiöse Sozialisten gewählt, während der dritte Karlsruher im Oberländer Wahlkreis als Spitzenkandidat durchdrang. Endlich noch das Beispiel von Pforzheim-Stadt: Pforzheim-Stadt hätte aus eigener Kraft nur zwei Liberale gewählt, während sich der dritte gleichfalls im Oberländer Kirchenbezirk als Spitzenkandidat durchsetzte.

Von positiver Seite hat man auf Neuwahl der Landessynode gedrängt und machte unter anderen Gründen geltend, daß durch Nachrücken in freigewordene Stellen zu viele Mannheimer in die Landessynode gekommen wären. Das Bild der neuen Synode läßt hierin noch manchen Wunsch offen.

Es erhebt sich die nicht unbegründete Frage, ob nicht der Gesetzgeber schon seinerzeit, als er ausrechnete, wieviele Abgeordnete auf die ein-

zelnen Wahlkreise entfallen sollen, davon ausging, daß eben diese Abgeordneten lediglich aus dem betreffenden Wahlkreis stammen. Wenn man bestreitet, daß dies die ursprüngliche Auffassung des Gesetzgebers war, und anders verfuhr, so hat man hierbei von der Taktik der Reichstagswahlen anscheinend eine Angewohnheit als Anleihe übernommen, die nicht zu billigen ist.
Als Punkt 2 wäre zu fordern, damit sich nicht jener Vorgang bei der alten Synode wiederholt, daß sich zu viele Abgeordnete aus einem Kirchenbezirk anhäufen (dieser Punkt 2 ergibt sich übrigens aus Punkt 1 von selbst): '2. Wenn ein Abgeordneter aus dem Bezirk, in dem er als Vertreter oder Ersatzmann gewählt ist, durch Wegzug ausscheidet, so muß er sein Amt an einen Bezirksansässigen abtreten'.
Es ist noch Punkt 3 anzuführen, der für den Kirchenbezirk Müllheim in Betracht kommt: '3. In einem Wahlkreis darf unter den einzelnen Listen keine engere, sondern nur eine gemeinsame Listenbindung stattfinden.'
Wäre Punkt 3 in Geltung gewesen, so hätten wir Herrn Stadtpfarrer Mayer-Ullmann, Badenweiler, als Vertreter des Kirchenbezirks Müllheim begrüßen dürfen. Die kirchlich Positiven Müllheims haben dieses Mal über 2000 Stimmen (1926: 1455) aufgebracht. Hornberg hat nur durch die positiven Zuschußstimmen von Konstanz (1700), mit dem es engere Listenbindung eingegangen war, einen zweiten positiven Abgeordneten erlangt.
Wäre für das Wahlverfahren zur jüngsten Landessynode obiger Punkt 1 und 3 maßgebend gewesen, so hätte der Bezirk Müllheim einen positiven Vertreter in die Synode entsandt, statt Hornberg seinen zweiten. Außerdem wären noch zwei Oberländer für den ersten Liberalen sowie für die religiösen Sozialisten gewählt worden.
Die Frage könnte noch aufgeworfen werden: Warum hat es dem Kirchenbezirk Müllheim vor 6 Jahren zu einem Vertreter gereicht beim gleichen Wahlgesetz und dieses Mal nicht? Der Kirchenbezirk Müllheim hatte damals mit Lörrach und Schopfheim eine gemeinsame Liste aufgestellt. Nach den damaligen Zahlen hätte der Bezirk Müllheim seinen positiven Vertreter dieses Mal ohne Mühe selbst durchgebracht. Die positiven Stimmen haben sich jedoch dieses Mal in den Bezirken Hornberg und Konstanz beträchtlich gesteigert; gleichzeitig haben Lörrach und Schopfheim kaum ihre positive Stimmenzahl infolge der Kandidatur der evang. National-Sozialisten behauptet, so daß trotz der engeren Listenverbindung, die Müllheim mit Lörrach und Schopfheim verabredet hatte, Überschußstimmen von daher nur sehr unwesentlich an Müllheim abgetreten werden konnten. Obwohl Müllheim etwa 550 positive Stimmen mehr aufbrachte wie damals, reichte diese Anstrengung nicht aus, Herrn Stadtpfarrer Mayer-Ullmann/Badenweiler in die Landessynode zu schicken, was wir lebhaft bedauern. Mögen diese

Wahlbetrachtungen dazu beitragen, daß das kirchliche Wahlrecht in passender Weise reformiert wird! Im Wählen allein liegt wahrlich nicht das Heil, aber wenn schon einmal gewählt werden soll, dann muß dieses Wahlrecht einigermaßen zweckdienlich beschaffen sein."

194 Pfr. Spies: „Die Kirchenwahlen 1932"
SdtschBl. Nr. 9, Aug. 1932, S. 75f.

„Die Wahlen zur Landessynode liegen hinter uns. Sie brachten der Kirchlich-Liberalen Vereinigung eine Einbuße von 7 Sitzen in der Synode, der Kirchlich-Positiven Vereinigung eine solche von 4 Sitzen, während die Evangelischen Sozialisten einen weiteren Sitz eroberten und die neue kirchliche Gruppe, die 'Kirchliche Vereinigung für positives Christentum und deutsches Volkstum' 13 Sitze erlangte. Die 'Landeskirchliche Vereinigung' war nicht mit eigenen Listen hervorgetreten...

Wenn man das Gesamtergebnis der Wahlen überblickt, so ist das eine rückhaltlos festzustellen, daß sie uns eine Verminderung unserer Stimmenzahlen brachte (12347), das eine starke Schwächung unseres Einflusses im Gesamtleben der Kirche bedeutet. Man kann diese Schwächung zu einem guten Teil dem Umstand zugute schreiben, daß wir besonders stark unter dem Ansturm der politisch orientierten Gruppen zu leiden hatten. Aber ganz unverschuldet ist die Einbuße nicht. Es fehlte an manchen Orten an aller Organisation und noch mehr an dem Mindestmaß von Mut, das nun einmal zu einer Auseinandersetzung mit anderen Überzeugungen gehört. Wo man, gestützt auf noch so kleine Ortsgruppen, mannhaft für unsere gute Sache eintrat, blieb der Erfolg nicht aus. Wo man dagegen vor lauter Leisetreterei sich nicht ans Tageslicht wagte, hatte der Gegner leichtes Spiel. Wenn unsere Freunde aus der derben Lehre der Wirklichkeit endlich den Schluß ziehen wollten, daß heute nur durch zielsicheren Ausbau der Organisation und engen Zusammenschluß, durch treue Arbeit und immer neue Durchdenkung der kirchlichen Fragen Erfolge zu erzielen sind, dann wäre die Einbuße an äußerer Kraft unserer Gruppe ein innerer Gewinn. Jedenfalls sind wir als *Gruppe* beisammengeblieben, und es liegt nur an uns, ob wir weiterkommen werden oder nicht!

Der Wahlkampf selbst war scharf und überschritt teilweise bedenklich die Grenzen, die Christen vom Evangelium aus gesteckt sein sollten. Es pflegt bei Wahlkämpfen, die auf dem Boden der Kirche ausgefochten werden, auf beiden Seiten gefehlt zu werden. Man deckt darüber später, mit einem gewissen Recht, den Mantel der christlichen Liebe. Dieses Mal brachte das Hereintragen von politischen Methoden in den Wahlkampf aber eine Note der Gehässigkeit, die Wunden schlug, an denen unser kirchliches Leben noch lange leiden wird.

Vor dem Wahlkampf hatte der Herr Prälat an die Geistlichen die ernste Mahnung [vgl. Dok. 111] gerichtet, sich im Wahlkampf das Maß von Beherrschung aufzuerlegen, das der Würde ihres Amtes und ihrer Stellung als Gemeindeseelsorger entspricht. Die Art und Weise, wie manche Streiter der Kirche in Wahlversammlungen sich gehen ließen, sprach dieser Mahnung geradezu Hohn. Fast schlimmer noch sind die Presseäußerungen, die landauf-landab von Andersgläubigen doch auch gelesen, ein Bild widerwärtigster Hetze und Verhetzung boten. Was soll z.B. ein Katholik, aber auch ein evangelischer, einfacher Mann dazu sagen, wenn in einem dörflichen Mitteilungsblatt unter der Überschrift: 'Was ist der Unterschied zwischen Liberal und Positiv?' in halbwissenschaftlicher Aufmachung dargelegt wird, daß die französische Revolution und die russische Revolution genau aus derselben Gesinnung fließen wie der kirchliche Liberalismus? Was soll er über eine Kirchenregierung denken, die derartige Pfarrer im Amt duldet? Was soll man sagen, wenn in einer Zeitung der badischen Diaspora, wo sie am schwärzesten ist, zu lesen stand: Überschrift: 'An die Evangelischen Synodalwähler.' 'Über alle Verwässerung der Religion, mag sie kirchlicher Liberalismus oder religiöser Sozialismus heißen, ist das Urteil gesprochen. Daß diese Unheilskutscher trotzdem die *Frechheit* haben, sich mit neuen Listen zum Wahlkampf zu melden, beweist, wie wenig sie wissen von *Schuld und Gnade.*' Derselbe Artikel schließt mit den Worten: 'Die Kraft der Religion fließt nur da, wo bestehen bleibt, was besteht: Gottes Wort und *Jesu Geist!* (Gesperrt von uns. D.Red.) Darum sind wir positive Christen und wollen behüten das deutsche Volkstum!' –
Haben wir nicht alle den Eindruck, daß das evangelische Volk durch derartige Verunglimpfungen am 'positiven Christentum und deutschen Volkstum' irre werden wird? – Nein, die Kirche ist kein 'Sprechsaal für persönliche Meinungen', um eines der Schlagworte gegen den 'kirchlichen Liberalismus' zu gebrauchen, aber sie ist noch weniger eine Schuttabladestelle für das, was sich an verdrängten Haßgefühlen in der Brust manches Pfarrers oder Laien angesammelt hat. Wir machen unsere positiven Mitchristen nicht für Hexenprozesse und die Greuel des 30-jährigen Krieges verantwortlich, also bleibe man uns mit der französischen und russischen Revolution vom Leibe. Wir sind so '*frech*', unseren Standpunkt des freien Protestantismus zu vertreten und haben vor, das in der Minderheit nur um so energischer zu tun, ohne Rücksicht nach links oder rechts, doch in voller Verantwortung gegenüber unserem an Gott gebundenen Gewissen.
Doch schließen wir die Sammelmappe der Ungeheuerlichkeiten und Kuriosa des Wahlkampfs. Beim Blick in die Zukunft soll uns das nicht beschweren, was dahinten ist – wenn wir uns auch vorbehalten müssen, auf manches, was viel schlimmer ist, als das Gesagte, an anderer Stelle

zurückzukommen. Eines ist wohl den eifrigsten Vertretern des heutigen Wahlrechts links oder rechts – mit Ausnahme der Evangelischen Sozialisten – aufgegangen, daß das Wahlverfahren, so wie es ist, nicht bleiben kann. Die Wahlbeteiligung war trotz aller Anstrengung der einzelnen Richtungen in den meisten Orten schwach. Die Auswirkungen des Bruderkampfes sind in der Öffentlichkeit nicht geeignet, dem Ansehen der Landeskirche zu dienen. Die Verschiebung der Kräfteverhältnisse des kirchlichen Lebens muß auf eine andere Weise möglich sein, als auf dem Weg dieses Wahlverfahrens, das tatsächlich die Gemeindewahlen, die in mancher Hinsicht anderen Gesichtspunkten unterliegen als die Wahlen zur Landessynode, illusorisch macht. Wir fordern für die Landessynode ein Wahlverfahren, das sich auf der Gemeinde aufbaut. Ein dementsprechender Entwurf wurde seinerzeit von unserem Freund Wibel (Freiburg) in der letzten Sitzung der Landessynode vorgelegt. Wir erhoben ihn nicht zum Antrag, weil die abgehende Synode eine derartig tief einschneidende Verfassungsänderung nicht vornehmen konnte. Aber wir werden im Interesse unserer Kirche und unserer Gemeinden den von Wibel gezeichneten Weg weitergehen.

Geschwächt, aber keineswegs verloren, gehen wir in die neue Periode kirchenpolitischen Lebens, das die Wahlen für unsere Kirche bedeuten. Verloren ist nur, wer sich selbst aufgibt, und das haben wir nicht vor! Wir werden in der Zeit der Minorität erstarken!"

195 N.N.: „Das Programm der Landeskirchlichen Vereinigung"
LKBl. Nr. 13, 25. Sept. 1932, S. 98

„1. Die Landeskirchliche Vereinigung ist eine Geistes- und Arbeitsgemeinschaft von Geistlichen und Laien der evang.-protestantischen Landeskirche Badens, die sich unbeschadet ihrer theologischen Richtung zu dem in der Heiligen Schrift bezeugten und von unseren Reformatoren in Kraft des Glaubens aufs neue verkündigten Evangelium von Jesus Christus, dem gekreuzigten und auferstandenen Erlöser, bekennen.

2. Sie erwartet demgemäß von ihren Gliedern, daß sie Christus als ihren 'Herrn', als das 'lebendige Haupt seiner großen Gemeinde verehren' und in der Unterordnung unter die Leitung und Zucht seines Geistes und Wortes sich in den Dienst seiner Kirche stellen.

3. In solchem Dienst suchen die Mitglieder der Landeskirchlichen Vereinigung einander zu finden und zu verstehen. Die Vereinigung hält fest an der Bekenntnisgrundlage unserer Kirche, weil darin der allein Heil und Heiligung schaffende Christusglaube klar zum Ausdruck kommt. Grundsätzlich wertet sie diejenigen Kräfte am höch-

sten, die in religiöser Beziehung für den Aufbau des kirchlichen Lebens am fruchtbarsten sind. In der gemeinsamen Richtung auf Christus aber können sich auch theologisch und kirchlich verschieden Gerichtete gegenseitig anregen, befruchten und ergänzen.
4. Neben dem Dienst an der Landeskirche als solcher widmet sich die Landeskirchliche Vereinigung insbesondere dem Ausbau des Gemeindelebens. Sie erstrebt es, daß unsere Gemeinden immer mehr lebendige Glieder am Leibe Christi und brüderliche Gemeinschaften des Glaubens und der Liebe werden. Darum bekämpft sie es, daß durch unnötige Hereintragung kirchenpolitischer Gegensätze in die Gemeinden die innerliche Freiheit der religiösen Entwicklung der Einzelnen gefährdet und die gegenseitige Achtung und Duldung gestört wird.
5. Die theologische Forschung ist frei. Jedoch ist beim theologischen Unterricht neben der wissenschaftlichen vor allem die religiöse und kirchliche Bildung der künftigen Diener der Kirche im Auge zu behalten und zu fördern.
6. Die Landeskirchliche Vereinigung will durch ihre Arbeit dabei mithelfen, daß die evangelische Kirche mehr als bisher die Segenskräfte des Evangeliums für den Wiederaufbau unseres Volkes wirksam mache. Unsere Kirche sollte das lebendige Gewissen unseres Volkes auf geistigem, sittlichem, sozialem und wirtschaftlichem Gebiet sein. Insbesondere möchten wir die Arbeiterschaft mit neuem Vertrauen zur Kirche erfüllen. Von der Verbindung mit politischen Parteien und Richtungen wollen wir die Kirche unbedingt frei gehalten wissen. Sie soll *über* dem politischen Parteigetriebe und Tagesstreit stehen.

Die Grundsätze der Landeskirchlichen Vereinigung fassen sich zusammen in die Worte der Schrift:

Es sind mancherlei Gaben, aber es ist *ein* Geist. Und es sind mancherlei Ämter, aber es ist *ein* Herr. Und es sind mancherlei Kräfte, aber es ist *ein* Gott, der da wirket alles in allem. 1.Kor. 12,4-6.

Lasset uns rechtschaffen sein in der Liebe und wachsen in allen Stücken an dem, der das Haupt ist, Christus. Eph. 4,15."

196 Albert M./Mannheim: „Die Konsolidierung der bad. evang. Landeskirche"

LKBl. Nr. 13, 25. Sept. 1932, S. 101f.

„Immer strebe zum Ganzen! Und kannst du selber ein Ganzes nicht werden, als dienendes Glied schließ an ein Ganzes dich an!

Schiller

Das Resultat der Landessynodalwahl ist bekannt und in einem Artikel in Nr. 16 der Landeskirchlichen Blätter von Herrn Prof. Soellner 'Zur Landessynodalwahl' kommentiert. Wenn, wie Herr Prof. Soellner in seinem Kommentar andeutet, die Rechtsmehrheit nunmehr die Beseitigung des kirchlichen Parlamentarismus bringt, so entspräche diese neue Richtung zum größten Teil dem Inhalt nach den zwölf Punkten, die Herr Pfarrer Jundt, Mannheim in Nr. 18 unseres Blattes in seinen Gedanken eines Landeskirchlers zur Landeskirche dargelegt hat. Wir wären also der politischen Befriedung unserer Kirche schnell und gewissermaßen unerwartet ganz nahe gerückt. Die Kämpfe der Parteien und diese selbst hätten aufgehört, und über alles und in allem steht nur noch der Name: 'Landeskirchliche Vereinigung'! Denn diese Vereinigung war von jeher nur außerparteiisch und kann nunmehr zu ihren Reihen alles zählen, was an dem kulturellen Aufbau und Ausbau unserer Kirche mitarbeiten will im Herrn.

Ein Jubelruf könnte aus den gepreßten Herzen der protestantischen Gläubigen erschallen, die nun endlich nach hartem Ringen in dem Schoß der evangelischen Kirche eine Friedstätte frei von allem Weltgetümmel und geistiger Zerfahrenheit gefunden hätten. Eine Stätte geistiger Erholung und der Sammlung gegen alle wilden Ansprüche unseres Widersachers, Satan.

Die Dämonie innerhalb unserer Kirche wäre niedergekämpft, und wir könnten mit Dante, in seiner Epistel an König Heinrich VII, die Worte sprechen:

Aufatmend im Frieden und voller Freude, reißen wir Bürger uns aus der Trübsal der Verwirrung.

Doch haben wir bis dahin noch einen langen mit Steinen besäten Weg zurückzulegen. Die Kirche mit allen ihren Gliedern muß erst manchen neueren Einführungen absterben. Und so gehe ich mit Herrn Pfarrer [Karl Wilhelm] Jundt vollkommen einig in Punkt 5 seiner Landeskirchlichen Gedanken, daß alle Ismen abgelehnt werden, oder besser gesagt, absterben müssen. Denn sie verursachen nur Zwietracht, verwickeln die Menschheit in sozialistische und nationalistische Gefühlsduselei, und es werden Energien aufgewirbelt, deren Kräfte unnötig am falschen Ort verbraucht werden. Christus lehrt uns alles das, was wir in dem Wort Sozialismus zusammengefaßt wünschen, in dem einen von ihm selbst gesprochenen Satz: 'Alles, was ihr wollt, daß euch die Leute tun sollen, das tut ihr ihnen auch.'

Absterben muß die Kirche und ihre Organe dem Modernseinwollen. Sie richtet sich leider zu oft nach den Ideen übergeistiger, menschlicher Weisheit (z.B.: anthroposophische evang. Pfarrer) und glaubte leider durch eine allzu weitherzige Tolerierung sich hierin allen äußeren Anstürmen erhalten zu können.

Es ist leider Tatsache, daß durch das System des Parlamentarismus und der Eigenbrödelei sich der Protestantismus in geistige Niederungen und Sektiererei verloren und dadurch seine Stoßkraft eingebüßt hat, anstatt sich durch die wahre evang. geistige Freiheit, die in ihm liegt, sich nach immer höheren, geistigen Sphären zu entwickeln und so die von unseren Reformatoren so segensreich begonnene Reformation des Mittelalters weiter auszubauen zum Segen, in erster Linie für das gesamte deutsche Volk. Denn Gott hat durch die deutsche Reformation dem deutschen Volk eine Weltmission aufgetragen, die wir auch nicht einen Augenblick vernachlässigen oder abschwächen lassen dürfen, wollen wir nicht den Zorn Gottes auf uns laden, der sich dann in solchen Nöten kundgibt, wie wir sie gerade heute in Volk und Regierungen erleben. Es ist aber eine Kirchenverfassung geschaffen worden, die, anstatt die geistige Auslese ihrer Aufbaukräfte nach dem Leistungsprinzip durch innerliche, göttliche Berufung zu garantieren, hierin dem parlamentarischen Prinzip Vorschub leistet, d.h. Auswahl nach der Zahlenstärke der Parteizugehörigkeit. Ein trauriger Zustand!
Darum gehe ich auch einig mit dem Jundt'schen Gedanken in Punkt 1: 'Eine Reformation der Reformation' und füge hinzu: 'Eine Verfassungsreform der Verfassungsreform.'
Und weiter noch. Ist die durch die Umwälzungsjahre 1918/1919 in die Kirche eingeschlichene moderne Frauenemanzipation ureigenster göttlicher Wille und Gesetz? Nie und nimmermehr! Lesen wir doch im Gesetz Moses und in den lehrreichen Gemeindeordnungen, die der Apostel Paulus gegeben hat, und finden hier das Gegenteil von dem als wahr und richtig, was die Menschheit heute in ihrer Verblendung unternimmt. Es sind leider die Auswirkungen des großen Abfalles von Gott, die auch schon, fast unbewußt, die Kirchengemüter erfaßt haben. Die Früchte, die Gott uns hieraus erwachsen läßt, finden wir aufgezeichnet in Jes. 3, 4, 5 und 12 (man lese als Einkehr das ganze Kapitel): 'Ich will ihnen Jünglinge zu Fürsten geben und Knaben sollen über sie herrschen und der Knabe wird Gewalt haben über den Greis' usw. Wie wunderbar paßt dieses Wort des Propheten zu dem Artikel in Nr. 9 unseres Blattes, der überschrieben ist: 'Die Hosenmätze haben das Wort!' Sind wir tatsächlich schon so weit? Darum auch fort mit dem Feminismus aus den evang. protestantischen Kirchen in dem Sinne, wie er sich in der äußeren Welt breit und unliebsam aufdrängt.
Wie für den Einzelmenschen, so gilt das Wort Goethes auch für das Wachstum von Kirche und Gemeinde:

> Und solang du das nicht hast
> Dieses Stirb und Werde,
> Bist du nur ein trüber Gast
> Auf der dunklen Erde.

So ist nun durch die letzte Synodalwahl ein neues Werden im Gange, von dem wir aber noch nicht genau wissen, wohin es führt. Aber wir Landeskirchler werden von hoher Warte aus Ausschau halten, ob sich nicht wieder der kirchliche Horizont dadurch trübt, daß sich ein alter doktrinärer Parteiwille durchsetzen will.

Suprema lex regis voluntas (Das höchste Gesetz ist der Wille Gottes). Möge Gott uns allen Kraft geben, daß alle, ganz gleich welcher Parteirichtung sie angehören, sich unter dieser Devise vereinigen und sich gegenseitig verstehen lernen zum Segen und Wiederaufstieg unserer gesamten evangelischen Bevölkerung.

Das wäre dann die Konsolidierung unserer lieben evang.-prot. Landeskirche."

197 Prof. Soellner: „Was nun? — Das Werden und Vergehen kirchenpolitischer Richtungen."

LKBl. Nr. 12, 4. Sept. 1932, S. 91

„Was nun? Diese Frage legt man sich wohl nach jeder Wahl vor. Jede Neuwahl bringt Veränderungen, ein Ab- oder Zunehmen der Parteien, ein Verschwinden oder Neuauftauchen einzelner Personen.

Wir haben ja gerade vor kurzem bei der Reichstagswahl mit Staunen die gewaltige Verschiebung des politischen Schwergewichts beobachtet! Uns aber interessiert hier unsere Kirchenwahl. Eins haben beide Wahlergebnisse gemeinsam: Das Stagnieren des Sozialismus, der zwar standhält, sich vielleicht radikalisiert, aber der nicht mehr vorzudringen vermag, obwohl er sich in günstiger Oppositionsstellung befindet; und der katastrophale Niedergang des Liberalismus. Der politische Liberalismus ist völlig zerschlagen, der kirchliche hat fast die Hälfte seines Bestandes eingebüßt.

Es ist vielleicht nicht *ganz* richtig, was der Anonymus C. in den positiven Monatsblättern v. 7.8. schreibt: 'Der politische Liberalismus hat sich überlebt. Die ihm bislang zugetane Menge sieht in ihm keine Rettung aus den Nöten der Gegenwart; er ermangelt jeder namhaften Stoßkraft'; oder weiter unten: 'Das Ergebnis der Synodalwahl ist die unübersehbare Niederlage des liberalen Gedankens. Das Wort 'liberal' hat zur Zeit auf keinem Gebiet mehr Zugkraft.'

Aber viel Richtiges ist schon daran. Es genügt hier die einfache sachliche Feststellung des Rückgangs und der schweren Niederlage. Weiter muß man nach den Ursachen forschen, die teils in begangenen Fehlern, teils auch in unverschuldeten Umständen liegen. Vor dem Totsagen aber soll man sich hüten, wenn man nicht unliebsame Überraschungen erleben will.

In der sehr gut redigierten jüdischen Zeitschrift 'Der Morgen' vom Juni 1932 war ein temperamentvoller Artikel von Wilhelm Michel zu lesen: 'Was heißt: Ende des Liberalismus?' Er stellt zunächst fest, daß die Entscheidung *gegen* den Liberalismus gefallen sei: Der Liberalismus habe sein Recht und seine geschichtliche Aufgabe gehabt. Er habe uns von Absolutismus und geistiger Bevormundung jeder Art freigemacht. Er habe Freiheit und Toleranz und die Rechte des Einzelmenschen gesichert. Aber in seinem Schatten seien auch Plattheit, Lebensdürre und Verödung gewachsen. Heute aber gehen die geistigen (einschließlich der religiösen), die wirtschaftlichen und politischen Strömungen den entgegengesetzten Weg, nicht mehr von den Verfestigungen zur Verflüssigung der Lebensformen, sondern umgekehrt! Dabei müsse zugegeben werden, daß an der heutigen antiliberalistischen Gesamtregung sehr unterwertige, gelegentlich sogar mörderisch-reaktionäre Kräfte beteiligt sind. Aber dies Miteinfließen entwertender Tendenzen sei eine stehende Erscheinung bei geschichtlichen Übergängen und beweise gegen neue Regungen nicht das Geringste.
Soweit Michel. In seiner Begeisterung für die neue Verfestigung aller Lebensformen (die ja so begreiflich ist!) vergißt er nur das eine, daß auf jeden Wellenberg ein Tal, aber auch auf jedes Wellental wieder ein Berg folgen muß! Er sagt zwar: Was soll man an Weihnacht schon um den Karfreitag sorgen? Gewiß, das ist richtig. Aber man darf doch über dem 'Heute' nicht das 'Morgen' vergessen. Aber eine Warnung an die, die heute überall Mehrheit und Herrschaft in der Hand haben, ist berechtigt, daß sie die Zügel nicht zu scharf in die Hand nehmen. Vor allem darf nicht vergessen werden, daß religiöses Leben nie durch Zwang wachsen kann, sondern unbeschadet der *Zucht* nur in Freiheit. Darum, wenn wir auch heute am Beginn einer reaktionären Ära stehen, wenn die heutige junge und vielfach auch die ältere Generation nicht mehr nach individualistischer Freiheit strebt, sondern mit wahrer Wollust sich unterordnet unter 'Führer' und sich beherrschen läßt von bestimmten Ideen, — es wird eine Zeit kommen, wo dieses freiwillig übernommene Joch als drückende Last empfunden wird, wo man sich mit der Faust an die Stirn schlägt und fragt, wie es möglich war, daß sich Menschen mit gesundem Verstand freiwillig in solche Gebundenheit begaben. Indessen, wie einst der Liberalismus, so hat auch die Reaktion ihr geschichtliches Recht und... ihre Zeit. Und diese Zeit wird auch einmal vorübergehen."

198 Pfr. [K.] Lehmann: „Gewissensfreiheit! — Eine Erinnerung an die Aufgabe des Liberalismus."
SdtschBl. Nr. 10, Sept. 1932, S. 82f.
„In einer der größten deutschen Zeitungen konnte man in diesen Wochen einen sehr ernsthaften Artikel über 'Die Verstaatlichung des Gewissens'

lesen. Durch ihn wurde man wieder einmal auf eine ganz große Gefahr für das geistige Leben der Gegenwart hingewiesen, die auch in unser religiös kirchliches Leben einzubrechen droht, vielleicht schon von vielen unbemerkt eingedrungen ist. Diese Gefahr zu erkennen und abzuwehren, ist in besonderer Weise auch heute noch ein kirchlicher Liberalismus gerufen, wenn er der treue Verwalter des geistigen Vermächtnisses seiner Väter sein will.

Mit der sogenannten Verstaatlichung des Gewissens ist die Tatsache gemeint, daß es heute vielfach nicht mehr für wünschenswert und erstrebenswert gilt, daß der Mensch aus seinem Gewissen lebt und sein Denken und Handeln aus gewissensmäßigen Entscheidungen fließen läßt. Wir leben in einer Zeit, in der vielen Menschen die Ausschaltung des Gewissens und damit die Unterdrückung des eigentlich persönlichen Lebens als wünschenswert oder wenigstens als ungefährlich und gar Erfolg versprechend für den einzelnen Menschen wie für das Leben der Gesamtheit erscheint. Und viele Menschen fühlen sich schon ganz wohl in dem Zustand, gewissenlos zu leben und sich von Menschen und Gedanken beherrschen zu lassen, deren rechtmäßige Autorität nicht mehr durch das Gewissen geprüft wird. Wo aber das Gewissen nicht mehr frei in Funktion treten kann, da ist für alle möglichen Geister, die den Menschen besessen machen, Raum geschaffen. Das Gewissen ist nämlich sozusagen das Organ, durch das der einzelne Mensch im Stande ist und instandgesetzt werden soll, unmittelbar vor dem Geist der Wahrheit allein verantwortlich zu entscheiden und zu handeln. Ja, diese Tatsache, daß der Mensch im Unterschied zu anderen Geschöpfen mit einem Gewissen begabt ist, gibt dann ja erst die eigentliche Würde des Menschentums, ist die Voraussetzung dafür, daß er ein besonderes Ich, ein Individuum, eine Persönlichkeit mit eigener Farbe, mit eigenem Gepräge wird, und macht ihn zum besonderen Organ des göttlichen Schöpfers. Dieser will im Menschen nicht Exemplare einer Klasse, Rasse oder Gattung, nicht Nummern einer Masse, sondern selbständige Persönlichkeiten schaffen. Das wird aber nur da möglich, wo der Mensch in freier gewissensmäßiger Entscheidung sich an Gott und die Wahrheit binden kann. 'Verstaatlichung des Gewissens' bedeutet demgegenüber der Versuch, den Menschen in seinem Denken und Handeln an irgendwelche *menschliche* Instanzen und Autoritäten zu binden, ihm die persönliche Entscheidung zu ersparen und bei ihm das Gewissen als Organ der sittlichen Bindung an Gott auszuschalten. Wenn z.B. die katholische Kirche ihren Gläubigen vorschreibt, was sie auf Treu und Glauben für wahr zu halten und glaubensmäßig sich anzueignen haben, oder wenn für wichtige politische Entscheidungen kurzerhand die Parole eines Führers oder Diktators hinzunehmen und weiterzugeben ist, ohne daß es erlaubt wäre, etwaigen Vernunfts- oder Gewissensbedenken Raum zu geben, so sehen wir hier die Gefahr, die wir mit 'Verstaatlichung des Gewissens' bezeichnen, und sehen das Geistesgut in Gefahr, das wir als *Gewissensfreiheit* verteidigen müssen. Der Versuch, den Menschen seiner Gewissensfreiheit, seiner Gewissenspflicht und Gewissensbindung zu berauben, wird wahrhaftig nicht nur in Rußland, im Lande des Kollektivismus unternommen, sondern die Geisteswelle, die das Gewissen des Einzelnen verachtet und die Funktion des Gewissens überhaupt nicht mehr würdigt, ist leider auch schon tief in die Gefilde deutschen Geisteslebens eingebrochen und hat selbst im Kernland des Protestantismus vielen innerlich müden, kraftlosen und unselbständigen Menschen ein Geistesgut geraubt, das die besten unserer deutschen evangelischen Väter in heißen Kämpfen auch für uns errungen haben.

Es wird höchste Zeit, daß wir als evangelische Christen um der Menschen und der Kirche und um Christi willen aufwachen. 'Wach auf, du Geist der ersten Zeugen!' Man hat Martin Luther mit einem gewissen Recht lange Zeit den Helden des Gewissens genannt, um seine geistesgeschichtliche Bedeutung auszudrücken. Nun ist diese Bezeichnung gewiß nicht ausreichend, um ihn und sein Lebenswerk ganz zu kennzeichnen. Ja, dieser Ausdruck ist sogar mißverständlich, weil er der Meinung Vorschub leistete, ja auch aus der falschen Ansicht entstanden war, als sei das Gewissen eine im Menschen liegende aktive Geistesquelle, aus der der Mensch als aus dem Reichtum seines eigenen Innern unmittelbar die göttliche Wahrheit entnehmen könnte. Man hat das Gewissen vielfach als eine selbständige Erkenntnisquelle gegenüber einer von außen kommenden Offenbarung angesehen. Diese Auffassung ist allerdings falsch; denn das Gewissen ist nicht mehr als Organ. Ebensowenig aber wie das Auge Bilder *entwirft*, wohl aber unbedingt notwendig ist, um Bilder zu *sehen*, so ist das Gewissen als Organ nicht imstande, die göttliche Wahrheit zu *schaffen,* wohl aber ist es Organ, sie zu *erkennen* und mit ihr in Berührung zu kommen. Nur weil Luther ein gewissenhafter Mensch war und er sich die Freiheit seines Gewisses nicht einschränken ließ, entdeckte er die Wahrheit und wurde er die freie in Gott gegründete evangelische Persönlichkeit.

So rufen wir doch nun heute den *Luther* als den *Helden des Gewissens* zum Helfer auf in dem Kampf um die Gewissensfreiheit, der uns neu aufgetragen erscheint. Luther kämpfte um die Gewissensfreiheit, als er in Worms gegen alle Versuche einer Verstaatlichung und Verkirchlichung des Gewissens allen menschlichen Obrigkeiten, kirchlichen Bischöfen und geistlichen Führern den Gehorsam aufsagte, weil sein Gewissen in Gottes Wort, in Christus gefangen war. Luther kämpfte um die Gewissensfreiheit, nicht um den Menschen und um sich bindungslos zu machen, sondern weil er in der Gewissensfreiheit allein die Möglichkeit

sah, mit der göttlichen Wahrheit in persönlich verpflichtende Verbindung zu kommen.
Es bleibt die Aufgabe der evangelischen Kirche, für das Recht und für die Geltung der Gewissensfreiheit in ganz besonderer Weise einzutreten. Sie hat hier gerade in der Gegenwart ein heiliges Wächteramt. Will sie die Menschen in lebendige und lebenweckende Berührung mit dem Wort Gottes und mit Jesus Christus bringen, – und sie hat doch wohl keine andere Aufgabe – so kann sie das nur tun, wenn sie das Recht der freien Gewissensentscheidung für den Menschen fordert und wenn sie damit gegen alle Versuche kämpft, den Menschen für seine Lebensentscheidungen an menschliche Autoritäten zu binden, die immer wieder darauf aus sind, das Gewissen zu verstaatlichen und die Menschen dazu zu zwingen, fertige Wahrheiten und Gesetze ohne Einsatz der Gewissensprüfung und Entscheidung anzunehmen. Jesus Christus aber und sein Wort *kann* und will nur in persönlicher gewissensmäßiger Entscheidung angenommen werden und kann nur auf diese Weise zu lebendiger Wahrheit und zu fruchtbringender Lebenskraft werden. Das Wort Gottes und Jesus Christus auf der einen Seite und die Gewissensfreiheit als persönliche Tat der Glaubensentscheidung auf der anderen Seite sind die Fundamente für das Leben des Einzelnen und der Gemeinschaft nicht nur innerhalb der Kirche, sondern innerhalb des Gesamtlebens. Entscheidend bleibt für das Heil der Menschen nicht Gehorsam und Bindung an eine Kirche, an einen Bischof, an Bekenntnisformulierungen, die 'für Laien und Pfarrer voll inhaltlich normative Geltung haben, und die gebets- und glaubensmäßig allen Gliedern persönlich anzueignen sind', wie man in einem kirchlichen Programmentwurf in den 'Landeskirchlichen Blättern' Badens vor kurzem lesen konnte, sondern allein die im Gewissen verankerte Bindung an Jesus Christus. Nur in Jesus Christus findet das Gewissen die *gewisse* Wahrheit, die es sucht und nach der es ausschaut, aber auch die Wahrheit, die erst wirklich frei macht.
Darum heißt es heute, dem Geist der Zeit unentwegt entgegenzutreten! Darum treten wir Liberalen allem Geschrei nach Führertum und Autorität, aller Verurteilung des Individualismus und der Persönlichkeitskultur, allem Verlangen nach Bindung und Gemeinschaft gegenüber mit einem Ja und Nein, mit Zweifeln und Zustimmung. Weil wir nämlich wissen, daß der wahre Führer und die wahre Autorität, die wahre Freiheit und wirkliche Bindung, die echte Persönlichkeit und die wahrhaftige Gemeinschaft nur möglich ist, wo Menschen sich *die Gewissensfreiheit* nicht nur widerwillig zugestehen, sondern einander fördern, daß jeder in freier Gewissensentscheidung sich seinen Weg von Gott zeigen und führen läßt. Die Gewissensfreiheit ist ein Lebensgut nicht nur der evangelischen Kirche, sondern des Lebens jeder selbstbewußten Per-

sönlichkeit und jedes Volkes, das zu geistiger Höhe herangereift ist. Im Hinblick auf dieses heute so verachtete Geistesgut und an die Aufgabe des Liberalismus ist an das Wort zu erinnern: 'Was du ererbt von deinen Vätern hast, erwirb es, um es zu besitzen'."

F   Bildung der neuen Kirchenregierung

1. Antrag auf Änderung der Kirchenverfassung

199   LSynodale Hellinger, Schück, Reber[*]: Antrag über die Ernennung von Abgeordneten zur Landessynode
LSyn., 5. Okt. 1932, S. 7–17

"'Die Kirchenregierung hat in ihrer letzten Sitzung sechs Abgeordnete[**] zur Synode ernannt. Im Gegensatz zu der Ernennung vor 6 Jahren hat sie diesmal den Religiösen Sozialisten keinen Abgeordneten gegeben, obwohl die Religiösen Sozialisten an Stimmenzahl gewachsen sind. Dadurch ergibt sich das unnatürliche Verhältnis, daß auf einen positiven Abgeordneten, wenn man die Stimmen des ganzen Landes vereinigt, 2960 Stimmen fallen, auf einen Abgeordneten des Volkskirchenbundes 3814, auf einen Abgeordneten der Liberalen sogar 3932.

Die Synode bedauert, daß die Kirchenregierung durch diese Art der Ernennung die Positive Gruppe einseitig bevorzugt und die Ernennung nur nach machtpolitischen Erwägungen getroffen hat.'
Zur Begründung des Antrags erhält nach kurzer Geschäftsordnungsverhandlung das Wort Abgeordneter *Karcher*, obgleich er den Antrag nicht unterzeichnet hat:

Hohe Synode! Nach der Ernennung der sechs Abgeordneten suchte ich nach Gründen, welche die Kirchenregierung dafür gehabt hat, keinen von uns zu ernennen. Ich dachte, dabei handelt es sich vielleicht um meine Person, da meine Gruppe mich vorgeschlagen hatte und ich vielleicht bei der Kirchenregierung nicht die Fähigkeiten eines Synodalen besitze. Es besteht aber auch ein anderer Grund, oder ich dachte, es könnte auch ein anderer Grund sein, nämlich der, daß die Gruppe kein Heimatrecht in der Kirche haben soll, wie in der letzten Synode leider

---

[*]   Abgeordneter des 'Volkskirchenbundes evang. Sozialisten'
[**] Geh. Rat D. Johannes Bauer (lib.), Landgerichtsdirektor Erwin Einwächter (pos.), Prof. D. Renatus Hupfeld (pos.), Landwirt Friedrich Mayer II (pos.), Fabrikarbeiter Peter Schilpp (pos.), Pfarrer Georg Ulzhöfer (evang. Nat.-Soz.), LKA GA 4892, Prot. Kirchenregierung, 16. Sept. 1932

uns gegenüber ausgesprochen wurde. Wenn die Kirchenregierung aus dem zweiten Grunde gehandelt hat, so ist das viel schlimmer, als wenn es aus dem ersten Grunde geschehen wäre, der ja nur in meiner Person gelegen wäre. Der zweite Grund trifft somit Tausende von Kirchenmitgliedern und Hunderte von Kirchenausschußmitgliedern. Die Kirchenregierung hätte uns nach meiner Ansicht auf alle Fälle die Stärke zusprechen müssen, die uns auf Grund der abgegebenen Stimmen zufiel. Man hat draußen besonders in meiner Gegend, in Pforzheim, sich beinahe in allen Orten geeinigt, bei der Besetzung der Kirchengemeinderäte und Kirchenausschüsse im Interesse der Einigkeit der Kirche auf Grund der abgegebenen Stimmen zur Landessynode, damit nicht noch einmal ein Streit kommt. Gerade deshalb hätte die Kirchenregierung erst recht bei der Ernennung der sechs Abgeordneten in diesem Sinne handeln müssen.

Wenn ich Ihnen so darstelle, daß dies bei den Arbeitern neue Verstimmung hervorruft und das Vertrauen zur Kirche noch mehr untergräbt, so werden Sie verstehen, wie es uns eigentlich um die Seele ist. Daß wir den Kampf nach zwei Richtungen führen, wird Ihnen wohl näher bekannt sein. Ganz offen will ich Ihnen zugestehen, daß die kirchliche Betätigung wohl in unseren Reihen gerade nicht so stark ist wie in der positiven Richtung. Aber Sie wissen von der Schrift doch auch, daß die Gnade auch in den Schwachen mächtig ist. Gerade der Arbeiter, der doch heute in den Fabriken vom religiösen Leben eigentlich vollständig losgewachsen ist, ist durch die Art, wie er selbst zum Materialismus – wovon gestern schon die Rede war – eigentlich benützt wird, der Kirche entfremdet. Es ist nun unsere Aufgabe, in diesen sozialistischen Organisationen nun auch eine Ergänzung mit dem Evangelium herbeizuführen. Es wäre deshalb nach unserer Auffassung nur einzig richtig, uns die Stärke zukommen zu lassen, die uns zusteht. Machen Sie deshalb einem Christentum in der Kirche Platz, das dem Urchristentum gleichkommt. Ich möchte den heutigen Arbeiter beinahe mit dem Sklaven damals im Urchristentum vergleichen. Die Sklaven und Sklavinnen hatten damals durch das Urchristentum die Menschenrechte in der christlichen Gemeinde wiederbekommen; und durch den Grundpfeiler der Freiheit, Gleichheit und Brüderlichkeit ist das Christentum doch wirklich zu dieser Größe herangewachsen. Dieser Grundpfeiler sollte doch eigentlich auch in unserer Kirche bleiben. Es drängt doch überall Erneuerung hervor, und wir glauben, daß die Zeit gekommen ist, in welcher auch der Bund der Religiösen Sozialisten seine Daseinsberechtigung hat. In vielen Ländern sind Männer an der Arbeit, den Samen für diese große und schwere Arbeit auszustreuen. Ich hatte die Freude, bei dem internationalen Kongreß die Führer der Religiösen Sozialisten kennenzulernen. Ich nenne nur Ragaz aus der Schweiz und Paul Passy aus Frankreich. Sie verstehen sich in verschiedenen Sprachen, sie sind aber in ihrer ganzen Einfachheit gleich.

Ich möchte Ihnen noch ein kleines Bild von diesem Kongreß geben. Die französischen Genossen sangen vor jeder Mahlzeit einen Vers. Viele von verschiedenen Ländern verstanden es nicht – ich auch nicht. Ich verstand aber nur ein Wort: Jesu, und ich wußte, um was es geht. Es war wirklich herzlich und erhebend, auch in anderen Ländern immer den gleichen Gedanken und eigentlich den Wert zu sehen, der im Evangelium liegt, und die Brüder zu sehen, die mit uns auf gleicher Linie kämpfen.

Die wollte ich Ihnen nur zeigen, damit Sie sehen, wie falsch es ist, uns das Heimatrecht in der Kirche zu verwehren und uns einseitig zu behandeln. Das Wollen und Sehnen der Arbeiterschaft nach Gerechtigkeit und Freiheit hat sich organisiert in den sozialistischen Organisationen. Nun liegt die Aufgabe bei den Religiösen Sozialisten, diesem ganzen Wollen nach Gerechtigkeit den Segen des Evangeliums nicht zu versagen. Ragaz hat die Zusammenkunft damals geschlossen mit den Worten: 'Mit Gott will ich über Mauern springen'. So sehr sieht er die schwere Arbeit, vor der er steht. Unserem Wollen für Existenz und Freiheit aller Menschen können doch unmöglich die Kräfte des Evangeliums versagt werden. Ich bitte Sie deshalb, entscheiden Sie sich nun bei unserem Antrag und machen Sie deshalb uns entsprechend unserer Stärke – nur entsprechend unserer Stärke – Platz in der Kirche.

Abgeordneter *Kappes:*
Hohe Synode! Sie haben eben aus dem Munde eines Arbeiters gehört, wie die Empörung über das unserer Bewegung angetane Unrecht draußen in der Arbeiterschaft da ist und seinen Niederschlag findet, nun nicht in flammenden Protesten, Drohungen und ähnlichen Gewaltmitteln (auch geistigen Gewaltmitteln), sondern in einer so einfachen und an Ihr Gewissen greifenden Art, indem er von seinen und unserem christlichen Glauben hier spricht. – Wir werden uns niemals mehr auf das Glatteis juristischer Rechtsansprüche in solchen Dingen begeben. Wir wissen, wir haben keinen *juristischen* Rechtsanspruch darauf, daß bei den Ernennungen die Kirchenregierung aus den Religiösen Sozialisten einen der sechs Abgeordneten ernennt. Wir könnten nur sagen: Durch das ganze Verfassungswerk geht bis heute nachmittag der Grundgedanke des Prozesses, und damit kann auch hier dieser Grundgedanke nicht ausgeschaltet werden. Wir könnten uns weiter auf das Gewohnheitsrecht berufen; denn als im Jahre 1926 zum ersten Male ein Vertreter des Volkskirchenbundes ernannt wurde, stand man grundsätzlich auf dem Standpunkt, es muß ein Mann des Volkskirchenbundes ernannt werden; man wollte nur einen der Kirchenregierung genehmeren Mann

als den, den wir vorgeschlagen haben, ernennen. Daraus entsprangen die damaligen Differenzen. Heute gab man das ganze Prinzip, das damals noch Geltung hatte, preis. Man hat damals schon, als die Ernennungen durch die Kirchenregierung vollzogen worden sind, den ersten Schritt getan. Heute nachmittag tut man den zweiten, und man sieht die weiteren Schritte schon kommen. Es fehlt nur noch, daß die Positiven dazu auch die Melodie singen, vielleicht als Eingangslied heute nachmittag, zu der der Text in den 'Positiven Blättern' stand: 'Das gibt's nur einmal, das kommt nicht wieder!'

Auf dieses Niveau sind wir nun gekommen. Nun werden Sie in dieser Richtung weitergehen. Mit der Zweidrittelmehrheit, die von Ihnen bisher immer als eine nicht fest einsetzbare Mehrheit bestritten wurde, mit dieser Zweidrittelmehrheit können Sie alle die anderen Schritte nun gehen. Sie verfälschen mit der Ernennung das, was durch die Wahl als Wille des Kirchenvolkes zum Ausdruck gekommen ist. Wir haben in unserem Antrag einige Zahlen gegeben. Durch die vier Positiven, die ernannt worden sind, kann man nun mit 2960 Stimmen einen Abgeordneten haben. Bei den Liberalen sind es noch 3932, bei uns 3814. Es wird das Unrecht, das in der Verfassung dadurch besteht, daß die Reststimmen keine Bedeutung haben, verstärkt durch diese weitere Verfälschung des Wahlergebnisses. Ich kann dazu nur das sagen, daß mir es symbolisch erscheint, daß die Positiven mit 2960 Stimmen ihre Abgeordneten haben, nämlich: 'Gewogen und zu leicht befunden!' Dies Urteil wird ja über die Politik, die Sie in der Kirche führen, einmal von der Geschichte gesprochen werden! –

Meine Herren! Sie haben einen Führer von außerordentlicher taktischer Klugheit und von Weitblick. Wir reden nur von dieser Qualität im Augenblick, nicht von der historischen Klugheit und dem geistigen Weitblick, den die Lage des Protestantismus heute erfordern würde. Das mußte es uns damals schon klar sein: Wenn Sie nun die Zweidrittelmehrheit in der Synode mit den Nationalsozialisten bekommen haben, brauchen Sie Sicherungen; es könnte einmal einer von den zwei Parteien durch Krankheit oder sonstige Gründe nicht da sein. Der Mann mehr ist wertvoll. Sonst müßte man eventuell eine Stimme sich von anderswo herholen und müßte mit Bedingungen rechnen, die von dorther gemacht werden könnten. Es ist immerhin bequemer, diese Sicherung zu haben. Außerdem ist ja bei den Verhandlungen über das, was uns heute nachmittag bewegt, auch einmal ein kleines, jenseits des Kommas stehendes Dezimale wichtig gewesen; immerhin, Sie brauchten auch dieses Dezimale noch als Sicherung, um – wenn man nicht gerade so radikal vorgehen wollte, wie Sie jetzt vorgehen – sich die Grundlagen für Ihr Vorgehen bei der Bildung der Kirchenregierung zu verschaffen. –

Verehrte Anwesende! Wenn man in einer Kirche sich auf diese Weise Sicherungen verschaffen will – auf diese Weise, die nicht der Macht, sondern der Gewalt entspricht –, dann wird man immer etwas tun, was sich einmal rächen muß nach ewigen Gesetzen, die im politischen Leben und in der Kirche erst recht gelten. Es rächt sich, daß man kein zu starkes Gewissen hatte bei seinen Entschließungen, sondern daß man hier die taktische Klugheit über die Hemmungen siegen ließ, die das Gewissen einem geben müßte. Meine Herren, aber es wäre ungerecht von uns, wenn wir nicht verstehen wollten, warum Sie das aus inneren Gründen taten. Es wäre ungerecht von uns, wenn wir Ihnen nur eine Gewaltpolitik aus irgend welchen ganz äußeren oder gar persönlichen Gründen oder als Auswirkung persönlicher Fähigkeiten Ihrer Führer vorwerfen wollten. Ganz gewiß nicht! Sondern Sie tun das, um der Kirche damit einen Dienst zu tun. Wir sind gerecht genug, dieses Motiv gründlich zu überdenken.

In dem Kampf gegen uns wird ein Schlagwort, das einmal aufgeräumt werden muß, von 'dem Kampf in der Kirche gegen die Kirche' immer wieder zitiert. Nun, dieses Wort wird von uns immer so angewandt – es ist bekanntlich ein Zitat aus dem Buch des Neuwerk-Führers Hermann Schafft, der dieses Wort als Überschrift seinem Buch gegeben hat –, daß wir sagen: 'In der Kirche gegen die Kirche für die Kirche' und daß wir in den Programmformulierungen, die wir unserem Bund gegeben haben, sagen: 'Für eine neue Gemeinschaft' – und das alles in Verbindung mit dem Bekenntnis zu Christus. Es ist also eine absichtliche Verdrehung der Wahrheit, wenn immer wieder in den 'Positiven Blättern' bloß gesagt wird: 'In der Kirche gegen die Kirche'. Es klingt aber besser so für die Ohren derer, die man beeinflussen will, wenn man das dritte wegläßt, als seien wir nur in der Kirche, um gegen die Kirche zu kämpfen.

Meine Herren, wenn Sie nun, Sie, die Positiven, denen mit den Evangelischen Nationalsozialisten in Baden – in Preußen wahrscheinlich nach den Kirchenwahlen im November auch – die Führung der Kirche zusteht, wenn Sie nun die Religiösen Sozialisten ausschalten, so tun Sie es, um damit nach Ihrer Meinung besser der Kirche in der gegenwärtigen Lage dienen zu können. Sie sehen die Lage der Kirche, wie sie bedrängt ist auf der einen Seite von der Gottlosenbewegung, dem Freidenkertum, auf der anderen Seite bedrängt von der organisatorischen, geistigen und politischen Macht der katholischen Kirche. Sie stehen auf dem Standpunkt: Wir brauchen eine ganz straffe Konzentration der Kirche, damit sie diesem Ansturm, diesem Zweifrontenkampf nach rechts und links gewachsen sein kann. Sie wollen durch diese organisatorische Konzentration, aus der heraus alle Ihre Maßnahmen kommen, die Kirche in diesem Kampf stärker machen. Sie sehen außerdem – denn Sie wissen, es haben ja nur trotz aller Agitation von allen Seiten 40% etwa, die genauen Zahlen sind uns noch nicht bekanntgegeben worden, der Stimmberechtigten abgestimmt –, Sie sehen, daß die 60% auch noch da sind, daß die evangelische Kirche an eine ganze Reihe von Kreisen z.B. der Intelligenz nicht kommt, daß schwere Probleme der evangelischen Kirche gestellt sind durch die nationalsozialistische Bewegung, und daß die proletarische-sozialistisch-kommunistischen Massen derer, die noch in der Kirche sind, selbst nicht einmal von den Religiösen Sozialisten trotz günstiger Wahlparolen aus ihrer Passivität herausgerufen werden konnten in einem Maß, das nennenswert ist. Wenn Sie nun sagen, 'das ist Eure Schuld', daß wir Religiöse Sozialisten sie nicht aufrufen konnten, so frage ich nun die seit Generationen Führenden und Verantwortlichen in der Kirche: Sind *Sie* nicht schuld, daß es zu dieser Entfremdung kam, oder welche Wege konnten Sie gehen und wollen Sie in der Zukunft gehen, um das zu überwinden? Ich sehe jedenfalls hier auch für die evangelische Kirche schwere Fragen – Sie wahrscheinlich auch. Nun handelt es sich darum, daß Sie in dieser Lage auf dem Standpunkt stehen, eine innere Spannung, wie sie durch die Religiösen Sozialisten Ihnen, der die Kirche führenden Partei, gegeben ist, ausschalten zu müssen, um da wenigstens einheitlich und stark zu sein. Ich verstehe das. Aber dieser Auffassung muß ich entgegenhalten, daß damit die evangelische Kirche nur zu einem bedeutungslosen Abklatsch der katholischen Kirche wird und ihr eigentliches Wesen und ihre heutige Aufgabe nicht erfüllen kann. Wenn in den Wahlparolen gesagt worden ist, nicht nur vom Episkopat – worüber sich immer reden läßt –, sondern auch von der Lehrzucht und von allen möglichen anderen in dieser Richtung der Konzentration der Organisation liegenden Dingen –, meine Herren, wollen Sie damit, daß Sie das alles tun, daß Sie die Spannung, die zu dem Wesen des evangelischen Protestantismus gehört, aufheben, wollen Sie damit der evangelischen Kirche dienen? Wollen Sie damit, daß Sie unsere Bewegung ausschalten, der immer wieder von Ihrer Seite das Zeugnis ausgestellt wird, sie hat gar keinen religiösen Wert – es gibt andere unter den Positiven, die ihr den religiösen Wert durchaus zuerkennen; die einen sagen, sie ist nur ein Ableger der Sozialdemokratie, und die anderen sagen, nein, sie hat ganz autonome religiöse Wurzeln –, wollen Sie durch diese Ausschaltung – denn das, was Sie taten, steht am Anfang –, wollen Sie damit wirklich der Kirche dienen? Ich meine, Konzentration, jawohl! Aber welche Konzentration? Die des Glaubens? Die Konzentration, die den Herrn Christus als den Herrn heute in dieser Zeit sieht und anerkennt und ihm Gehorsam leisten will? Konzentration des Reich-Gottes-Glaubens der Bibel, der auf die Welt bezogen ist, ohne irgend welche Weltgestaltung mit Reich Gottes irgendwie gleichsetzen zu wollen. Das ist Konzentration. Aber diese Konzentration bedeutet zugleich die größte Weite. Das ist die Bindung,

die Freiheit möglich macht und die keine Sicherungen braucht irgend welcher derartiger kleinlicher oder niederträchtiger Art, sondern die die einzige Sicherung hat in ihrem Glauben und darum die größte Weite haben kann, die größte Weite der Einbeziehung aller Spannungen, und die stolz ist auf die Spannungen und mit diesen Spannungen sich stark fühlt. Aber es steht da ein Prinzip bei Ihnen, und da sind allerdings zwei Kirchenauffassungen. Diese zwei Kirchenauffassungen werden nun von Ihnen so durchgekämpft, daß Sie eben sagen: Wir sind die Kirche, und die anderen sind kirchenfeindlich und destruktiv in der Kirche usw.
Lassen Sie mich zum dritten noch etwas sagen! Es muß alles, was wir hier tun, auch gemessen werden am Evangelium! Das Schlimmste für die Kirche ist, daß man die Predigt von draußen, von den Kirchengenossen und Laien her so als eine Sonntagsangelegenheit fühlt und dann 6 Tage der Woche jenseits von dem lebt oder in Gestaltungen lebt, die davon kaum beeinflußt sind. Und wenn nun in der Synode es auch so ist, wenn wir ein wahrhaft bischöfliches Wort am Eingang einer Synode hören und tief ergriffen davon sind, und wenn wir dann nachher hierher kommen, und es gibt keine Worte mehr, um das Gefühl auszudrücken, das uns alle niedergeworfen hat, als wir dann diese Politik, die lange Vorbereitung, sahen, die dann im Gegensatz zu dem ist, was dort als Mahnung uns mitgegeben worden ist – (zur Rechten gewendet:) auch Ihnen! –, dann lassen Sie wenigstens den Herrn Prälaten als Mitglied der Kirchenregierung aus Ihrer Abstimmungsmaschinerie heraus, damit er seiner Stellung nach wenigstens noch ein bischöfliches Wort sagen kann, und wir nicht den Verdacht haben müssen: er ist auch an dem allem vorher beteiligt gewesen und redet nachher so zu uns! (Sehr richtig! beim Volkskirchenbund. – Zuruf von der Positiven Gruppe.)
Die Dinge sind so, meine Herren, daß etwas zerbrochen ist, was nicht mehr geheilt werden kann. Es ist für uns unmöglich, nun in Zukunft mit irgendwelchem Pathos für die Gestaltungsarbeit der Kirche etwas für oder gegen zu tun; denn bisher war Pathos auch dagegen, auch in der Opposition, noch ein Gefühl enttäuschter Liebe; und das haben Sie kaputt gemacht und werden das auf Ihrem Weg weiter kaputtmachen bei uns, die wir uns hereingewagt haben als Sprecher des Proletariats. Denn draußen ist es kaputt. Darum wählen sie ja nicht einmal mehr, darum stehen sie ja so ganz distanziert, daß die Pathoslosigkeit Ausdruck ist der Hoffnungslosigkeit.
Verehrte Anwesende! Wenn gesagt worden ist, kein bißchen Nervenkraft mehr hier, so will damit gesagt sein, laßt das, was hier geschieht, es gibt wichtigere Dinge. Wir Pfarrer werden unser Amt, das uns die Kirche als Organisation gibt, bis zum letzten ausfüllen. Und wenn das kommen soll, wovon man in Wahlversammlungen schon geredet hat, daß man die Reihenfolge der abzusetzenden Pfarrer bestimmt hat, wenn

das kommen soll – auch das! –, wir werden mit dem gleichen Gefühl der Bedeutungslosigkeit des Apparates das Wichtigere tun: Reich-Gottes-Arbeit, gehorsam sein der Aufgabe, die wir tun müssen, weil zu keiner Zeit, die wir erlebt haben, die wir noch in die Vorkriegszeit mit Jugenderinnerungen zurückreichen, Gott mehr geredet hat als in der gegenwärtigen Zeit. Sie relativieren noch mehr, als es schon bisher war, den Apparat der evangelisch-protestantischen Landeskirche. Wir stehen ohne jedes Pathos und ohne Illusionen dem gegenüber, weil man sich nicht mehr aufhalten darf dabei, wo heute Wichtigeres zu tun ist. Wir bleiben in der Kirche. Die von Ihnen tiefbeleidigten Volkskirchenbundleute werden als Kirchengemeinderäte und als Sprengelräte und Sprengel- und Kirchenausschußmitglieder versuchen, ihre Pflicht zu tun und zu dienen. Sie mögen hier herrschen!

Das ist es, was wir zu sagen haben. Ich hatte gestern vor, heute noch ein Wort an Ihr Gewissen zu richten. Auch das ist untergegangen unter dem, was wir gestern mittag, gestern abend und heute vormittag erlebt haben. Auch das geht unter in Illusionslosigkeit (Beifall beim Volkskirchenbund).

Abgeordneter *Fitzer*:
Namens meiner Gruppe habe ich folgende Erklärung abzugeben:
Wir sind nicht in der Lage, dem Antrag der Religiösen Sozialisten in der Form, wie er gestellt ist, zuzustimmen. Inhaltlich billigen wir aber die Gründe, die darin dafür angeführt sind, daß bei der Ernennung der Abgeordneten zur Landessynode durch die Kirchenregierung die berechtigten Wünsche einer Minderheitsgruppe nicht berücksichtigt worden sind. Insbesondere vermögen wir uns dem nicht anzuschließen, was zur Begründung der Ablehnung vorgetragen wurde, weil diese Stellungnahme dem in unserer Kirchenverfassung verankerten Grundsatze des Schutzes und der Berücksichtigung der Minderheiten widerspricht. Wir erkennen deshalb den Grundgedanken des Antrags der Religiösen Sozialisten an und mißbilligen die Entscheidung der Kirchenregierung, soweit dadurch die Ernennung eines Religiösen Sozialisten zum Mitglied der Landessynode versagt wurde. Wie bereits erwähnt, sagt uns aber die Form des gestellten Antrags nicht zu, weshalb wir uns der Stimme enthalten werden.

Abgeordneter *Bender*:
Hohe Synode! Ich wollte zu diesem Gegenstand nicht sprechen. Es könnte aber nach außen der Anschein erweckt werden, als sei es uns *unmöglich,* dazu zu sprechen. Diesem Anschein müssen wir entgegenarbeiten, wenn es auch tiefschmerzlich ist, daß dazu gesprochen werden muß. Dem im Antrag der Evangelischen Sozialisten enthaltenen Vorwurf, die Kirchenregierung habe 'eine einseitige Bevorzugung' vorge-

nommen und ihre 'Maßnahmen nur nach machtpolitischen Erwägungen getroffen', muß und darf widersprochen werden. Es ist mir als Mitglied der Kirchenregierung ja nicht verstattet, über die Vorgänge innerhalb der Kirchenregierung selbst mich hier zu äußern, weil diese Vorgänge nach dem Willen unserer kirchlichen Ordnung vertraulicher Natur sind. Nicht einmal der Herr Kirchenpräsident ist dazu ermächtigt, das zu tun, ohne daß die Kirchenregierung selbst den Charakter der Vertraulichkeit dieser Verhandlungen aufhebt. Ich sehe mich darum außerstande, diese Motivierung hier vorzutragen und den ganzen Verlauf der Dinge vor Ihren Augen aufzurollen. Aber soviel kann ich wohl sagen, daß unvoreingenommene Beurteiler der Ernennungen, als diese draußen bekannt wurden, sich auch ihre Gedanken zu dieser Sache gemacht haben. Es waren ja nicht bloß Evangelische Sozialisten, die sich darüber den Kopf etwas zerbrochen haben, warum die Ernennung so ausfiel und nicht anders, sondern auch andere Leute. Einer dieser Leute, die sich darüber besonnen haben, hat nach Veröffentlichung der Entscheidung der Kirchenregierung sich bei einer zufälligen Begegnung mir gegenüber über diese Dinge ausgesprochen. Er fragte mich, welches die Motive gewesen wären. Da sagte ich ihm: Diese Frage darf ich Ihnen nicht beantworten, aber ich darf vielleicht die Gegenfrage stellen: Was für Gedanken haben Sie sich über das Ergebnis dieser Ernennung gemacht? Und ich war verwundert über die Klarheit, in der dieser hier Unbekannte seine Meinung ausgesprochen hat. Er sagte: Ich habe mir gedacht, daß die Kirchenregierung das Bedürfnis hatte, wo die Kirche in schwierige rechtliche Verhandlungen nach außen und nach innen hineingeht, ihre Reihen durch einen Juristen zu stärken. Ich habe mir auch gedacht nach dem Ausfall der Wahl, daß es eigentlich nicht dem Aufbau des Kirchenvolkes entspricht, wenn nur ein oder zwei Männer aus der Arbeiterschaft durch die Wahl in die Synode gekommen sind. Ich habe mir auch gedacht, daß es eigentlich nicht der Struktur der Kirche entspricht, wenn bei soundso viel hundert Landgemeinden nur ein einziger Landwirt in diesem Gremium durch die Wahl seinen Platz gefunden hat. – Er hat dann auch gemeint, es sei ja eigentlich begreiflich, wenn man auf den Gesamtausfall der Wahl schaue, daß die Kirchenregierung nicht das Bedürfnis gehabt habe, das Ergebnis dieser Wahl rückwärts zu revidieren. Denn das Mehrheitsergebnis dieser Wahl sei jedenfalls eindeutige Ablehnung dessen, was man marxistischen Sozialismus nennt.
Und nun zu diesem Antrag und zu unserem Verhältnis zu ihm! Die Gruppe des Volkskirchenbundes hat in der allerschärfsten Weise prononciert und immer und immer wieder erklärt, sie vertrete den marxistischen Sozialismus – nicht einen Sozialismus, sondern den *marxistischen* Sozialismus – und sie fordere von ihren Mitgliedern, wenn sie sich politisch betätigen, die Zugehörigkeit zu einer der marxistischen Par-

teien. Wenn nun gerade diese Gruppe hierhersteht und von der Kirchenregierung die Stärkung dieses religiösen Marxismus, dieses sozialistischen Marxismus oder marxistischen Sozialismus verlangt, – finden Sie nicht, daß diese Anforderung an die Kirchenregierung zu weit geht, daß man ihr damit eine Aufgabe zuweist, die sie, wenn sie denn doch den immer so nachdrücklich betonten Wählerwillen respektieren soll, nicht erfüllen kann? Dieser Wählerwille deutet in eine andere Richtung! Es ist vorhin das Wort von der Verfälschung des Wahlausfalles gesprochen worden. Ja, wir können doch nichts dafür, daß nach der kirchlichen Ordnung der Stimmenausfall sich bei den kleineren Gruppen nicht so auswirkt wie bei den großen. Denn nicht die Nichternennung eines zusätzlichen Abgeordneten ist schuld an der verhältnismäßig geringen Zahl der Abgeordneten Ihrer Gruppe (Zuruf vom Volkskirchenbund: Doch!), sondern es ist vor allen Dingen die nun einmal in der Kirche vorhandene Wahlordnung. Sie hat zu der Berechnung der Sitze geführt, wie sie sich tatsächlich ergeben hat. Es ist eine Unbill ohnegleichen, nun hierherzustehen und so zu tun, als habe eine erklärt einseitig bevorzugende Haltung der Kirchenleitung dazu geführt, daß Sie diese verhältnismäßig kleine Zahl von Abgeordneten erhalten haben. Sie berufen sich darauf, daß der Grundgedanke der Verhältniswahl durch unsere Verfassung geht. Das ist richtig. Es entsprach dem Willen der gesetzgebenden Körperschaft, als im Jahre 1919 dieser Grundgedanke in die Verfassung eingearbeitet wurde. Aber es wirkt doch mehr als sonderbar, wenn Sie heute von einem 'Gewohnheitsrecht' reden. Denn nur ein einziges Mal ist beim Aufbau der Kirchenregierung dem Grundgedanken des Proporzes Rechnung getragen worden.

Ich möchte mir erlauben, ohne damit eine Fehde in dieser Stunde heraufzubeschwören, Sie daran zu erinnern, daß hier in diesem Raume vor Jahren schon von unserer Seite gesagt wurde, das Verhältnis, in dem wir Kirchlich-Positiven zu Ihnen und zu Ihrer Auffassung religiös-kirchlich stehen, sei eben nicht mehr das Verhältnis vom Jahre 1926. Wir sind seinerzeit mit der Bereitschaft zu hören und mit der Weite des Verständnisses und mit der Geduld, die uns das kirchliche Gewissen auferlegte und von der wir uns durch keine andersartigen Erwägungen haben abbringen lassen, Ihnen entgegengekommen, als Sie Ihren Einzug hier gehalten haben. Und wenn der Herr Abgeordnete Kappes glaubt, dazu mit dem Kopf schütteln zu müssen, so möchte ich ihn erinnern an jene abendliche Unterredung, die wir beide damals bei der Einladung der Synode im Staatspräsidium gehabt haben, wo wir uns über diese Dinge, wie ich glaube, in einem Geist unterhalten haben, der Ihnen, wenn Sie sich freundlich daran erinnern wollen, auch in dieser Stunde noch Zeugnis dafür geben kann (Zwischenruf des Abgeordneten *Kappes:* ...daß nachher keine solche Aussprache mehr möglich war, ist Ihre Schuld!), daß diese Weite des Verständnisses auf unserer Seite vorhanden war. Wenn diesem Verständnis bzw. der Möglichkeit, ihm weiter zu entsprechen, nachher Abtrag geschehen ist, so lehnen wir feierlich die Verantwortung dafür ab und legen Sie auf Ihre Schultern. Es ist *Ihre* Haltung gewesen, die es uns innerlich um unseres kirchlich-religiösen Standortes willen unmöglich gemacht hat. Niemand in diesem Hause kann es mehr bedauern, als wir selbst. Es ist vielleicht nicht nebensächlich, in diesem Zusammenhang deutlich zu sagen, was ich vielleicht ein andermal schon angedeutet habe, daß religiöser Sozialismus und religiöser Sozialismus durchaus nicht dasselbe ist. Wir haben so viele Spielarten dessen, was man mit dem Sammelnamen 'religiöser Sozialismus' zu bezeichnen pflegt, daß hier allerdings die verschiedenste Einstellung zum sogenannten religiösen Sozialismus von Fall zu Fall auch für uns möglich ist. Der Weg von Kutter zu Ragaz und von da zu Erwin Eckert – ich meine nicht den heutigen, sondern den, der hier an dieser Stelle gestanden hat – ist wahrhaftig ein weiter Weg. Wir sind die letzten, die nicht aus ihrem Verhältnis zum Evangelium von dem Gott, der die Welt will und der das Verlorene sucht und der sich des Hilflosen erbarmt, ein Verständnis hätten für das, was religiöser Antrieb sein kann in der Gesamterscheinung 'religiöser Sozialismus'.

Ich darf vielleicht auch das noch einmal hier aussprechen: Zu einer Zeit, wo Ihre Bewegung noch nicht vorhanden war, wo insbesondere die von uns so schmerzlich empfundene und so schwer getragene Form des kirchenpolitischen religiösen Sozialismus, wie wir ihn in Baden haben, noch nicht existierte, haben Männer *unseres* religiös-kirchlichen Denkens und unserer Einstellung Wege gesucht, auf denen man auch dem Arbeiter – ich nehme das Wort in Gänsefüßchen- nahekommen kann, auf denen man ihm die Kirche zur Heimat machen kann. Es ist eine Unbill ohnegleichen, hier zu tun, als ob Sie die Patentlösung dafür gefunden hätten, wie dieser Weg aussehen muß. (Zuruf vom Volkskirchenbund: Sind Sie zu den Sozialisten gekommen? Stöcker meinen Sie.) Wir sind vielfältig zu den Sozialisten gekommen. (Zuruf des Abgeordneten Kappes.) Ich will mich auf keine Diskussion einlassen. (Erneuter Zuruf.) Ich bitte, mich nicht zu unterbrechen; ich möchte auch den Fortgang unserer Verhandlung nicht unnötig erschweren. Ich will nur das aussprechen, daß nach unserer Meinung das Suchen nach einem solchen Weg vor Ihnen von anderen, und zwar gerade von solchen, die auf unserem Boden stehen, geschehen ist. Vielleicht ist es unbescheiden, es öffentlich zu tun, aber wenn wir denn doch persönlich gefragt sind, so darf man vielleicht auch persönlich darauf antworten, – ich nehme für mich in Anspruch, daß ich mit heißer Liebe um die mich gekümmert und Wege zu denen gesucht habe, die durch ein Verhältnis, an dem ich persönlich unschuldig bin, in die kirchliche Entfremdung sich gedrängt fühlen, vielleicht auch tatsächlich gedrängt sind. Wenn Sie glauben, an unser Gewissen appellieren zu sollen, so möchte ich sagen: Wir sind nachgerade bald in der Lage, den Appell an unser Gewissen aus Ihren Reihen freundlich zurückzuweisen. (Abgeordneter *Kappes:* Wir tun es nicht mehr und haben es heute nicht mehr getan.) Ja, Sie haben aber doch davon gesprochen; und es ist, wenn Sie es nun nicht mehr tun, vielleicht das noch schlimmer, als wenn Sie es täten. (Abgeordneter *Kappes:* Sicher.) Es ist vielleicht ein noch deutlicheres Anzeichen dafür, wie weit wir auseinandergekommen sind. (Abgeordneter *Kappes:* Jawohl.) Daß Sie hier 'ohne Pathos' die Kirche aufgeben als eine Gesellschaft, der man nur noch die 'Bedeutungslosigkeit' bescheinigen kann, das ist ja so ziemlich das tiefste Ende dessen, was hier vor einer kirchlichen Vertretung über die Kirche ausgesprochen werden kann. (Lebhafte Zustimmung rechts.)

Ich muß schon sagen, ich bin in der erschütterungsreichen und anstrengenden kurzen Tagung, die wir hinter uns haben, über dieses Wort denn doch sehr erschrocken — nicht deswegen, weil ich glaube, daß Sie recht haben; denn das wäre die Verleugnung meines Glaubens an den Auftrag der Kirche und wäre Undank gegenüber dem, was ich sehe, was unsere Kirche durch Gottes Gnade in unserem Volk heute noch sein kann und tun darf, — sondern deswegen, weil das Wort 'bedeutungslos' aus dem Munde eines Abgeordneten ein Verhältnis zu seiner Kirche offenbart, das allerdings erschreckend genannt werden muß. Nur möchte ich hinzufügen, wir haben eine heilige Angst darum — das darf man wohl sagen —, daß wir vor Gott nicht als die erfunden werden, die ungetreue Haushalter sind der mancherlei Gnade, die er uns in unserer Kirche und uns persönlich anvertraut hat. Es ist für uns aus dem Glauben heraus an den Auftrag, den Gott seiner Kirche, auch unserer armen Landeskirche gegeben hat, eine innerlich unmögliche Auffassung, von ihrer 'Bedeutungslosigkeit' zu sprechen, solange in ihr das Wort vom Kreuz, das Wort von dem Christus Gottes gepredigt wird. Das halten wir allerdings für gegenstandslos, die Schuldfrage nun uns wie einen Fangball von Gruppe zu Gruppe zuzuwerfen — obwohl wir ja, wie wir hier sitzen, im wesentlichen kaum die Angesprochenen bei dieser Sachlage sein werden —, den Ball der Schuldfrage, wer denn schuld sei, daß das Verhältnis zwischen Kirche und Arbeiterschaft, zwischen Evangelium und Gebildeten ein so bedauerliches schlechtes vielfältig geworden ist. Wenn Sie meinen, der von uns betretene Weg führe nur dazu, daß wir aus unserer badischen evangelischen Landeskirche einen Abklatsch der katholischen Kirche machen, so finden wir das ja nun etwas — sagen wir einmal — merkwürdig. Denn wenn Sie über eins unterrichtet sein dürften, dann wohl darüber, daß wir den wesentlichen Auftrag unserer Kirche darin sehen, daß wir das Evangelium in unser Volk tragen und daß die Reinheit dieses Evangeliums, auch die Reinheit von allem Säkularismus und von aller Relativierung, unser heißestes Anliegen ist. Und das nicht um einer Theologie willen, die auf ihre Rechtgläubigkeit einen besonderen Anspruch erhebt und dafür auf Anerkennung dringt, sondern um Gottes willen, der uns dieses Evangelium gegeben hat, das wir zur Zeit und Unzeit dem, der es mag, und dem, der es nicht mag, sagen, weil es eben unseres Gottes Evangelium ist von Jesus Christus, unserem Herrn. Der Dienst, den wir unserer Kirche tun, kann nicht darin bestehen, daß wir Angehörige irgendeiner Gruppe bevorzugen und andere zurückstellen. Der Dienst der Kirche ist universal. (Zuruf.) Es ist unter uns Pfarrern, d.h. Dienern am Evangelium, möchte ich glauben, keiner, der in diesem Dienst der Kirche, nämlich dort, wo er geschieht in der Bezeugung des Wortes, einen Unterschied macht und diejenigen, auf die Sie besonders hinschauen und für die Sie die Vertreterschaft in diesem Hause reklamieren, etwa zurückstößt. Das Wort, das hier Herr Abgeordneter Karcher gesprochen hat, von dem Kampf des Arbeiters um das Heimatrecht in unserer Kirche, ist nach meiner gewissenhaften Überzeugung in diesem Zusammenhang ein deplaciertes, ein am falschen Ort gesprochenes Wort. Denn wieder etwas anderes ist es zu fragen, ob in der Vertretung der Synode den Anträgen, die Sie als kirchenpolitische Gruppe erheben, willfahrt werden soll, oder ob der Mann unseres Volkes, er habe einen guten oder einen schlichten Rock, er stehe im Büro oder an der Werkbank, ein Heimatrecht in unserer Kirche hat. (Zurufe rechts: Sehr gut!) Wir barmen um unser Volk; und wenn wir in diesen Winter hineingehen voller Sorge, wie wir unsere Brüder als Kirchengenossen, als Glaubensgenossen über diesen Winter hinwegbringen, so ist es uns eine harte Rede, hier davon zu hören, daß wir diesen unseren Brüdern nach dem Fleisch und oft genug auch nach dem Glauben das Heimatrecht in der Kirche verweigern. –

Ich habe dem, was ich hier, wenn Sie so wollen, grundsätzlich auszuführen mich gezwungen gesehen habe, weiter nichts mehr hinzuzufügen als die Bitte: Glauben Sie uns das ernsthaft, was der Herr Abgeordnete Kappes vorhin ausgesprochen hat, weil er ein Verständnis für unser Anliegen habe, daß es uns bei unseren Maßnahmen wirklich um die Kirche, und zwar um die Kirche in dieser unserer Zeit, in dieser besonderen Lage geht. Glauben Sie uns das aufrichtig! Dann haben sie bitte auch wirklich Verständnis für unsere Haltung, dann behandeln Sie uns wenigstens mit der Liebe, die wir auch dem Gegner entgegenbringen müssen (Zwischenruf des Abgeordneten Kappes) und reklamieren Sie für sich in einer solchen Stunde nicht das Recht, anderen zu bescheinigen, daß sie die Einmütigkeit im Geist nicht suchen (Zuruf vom Volkskirchenbund: Mit aller Bestimmtheit sagen wir das gegen Sie jetzt), von der der Herr Prälat auch uns zu Herzen gesprochen hat. (Bloß solange

Sie in der Kirche waren!) Tun Sie das lieber nicht! Sie könnten in Gefahr kommen, sich zu versündigen. (Beifall bei der Positiven Gruppe.)...
Bei der *Abstimmung* wird der Antrag der Abgeordneten Hellinger und Genossen mit 8 gegen 43 Stimmen bei 12 Enthaltungen *abgelehnt.*"

200 Verfassungsausschuß: Bericht über Antrag „der Abgeordneten Bender und Genossen" zwecks Änderung der KV
LSyn., 5. Okt. 1932, S. 18–38

„Die Kirchenverfassung wird wie folgt geändert:
I.
1. In § 110 Abs. 2 tritt an die Stelle der Zahl 6 die Zahl 4.
2. § 111 Abs. 3 erhält folgende Fassung: Die Bestellung der der Landessynode zu entnehmenden Mitglieder erfolgt für die Amtsdauer der Synode durch Wahl. Gewählt ist, wer mehr als die Hälfte der abgegebenen Stimmen erhalten hat. Wird auch in einem zweiten Wahlgang eine solche Mehrheit nicht erreicht, so ist gewählt, wer im dritten Wahlgang die meisten Stimmen auf sich vereinigt. Die Mitglieder der Kirchenregierung sind spätestens am Schlusse der 1. Tagung der Synode zu wählen und bleiben auch im Falle der Auflösung solange im Amt, bis ihre Nachfolger gewählt sind.
II.
Dieses Gesetz tritt am 5. Oktober 1932 in Kraft ohne Rücksicht auf den Zeitpunkt seiner Verkündigung.

Berichterstatter Abgeordneter *Einwaechter:*

Hohe Synode! Es liegt Ihnen der Antrag Ziffer 3a vor; Sie haben von ihm Kenntnis genommen. Ursprünglich hatte der Antrag die Form der Ihnen gleichfalls mitgeteilten Ziffer 3. Dieser Antrag ist erweitert worden und hat nun die Fassung der Ziffer 3a. Er ist gestellt von 3 Mitgliedern der Kirchlich-positiven Vereinigung und wurde gestern und heute im Verfassungsausschuß beraten. Ich habe die Ehre, Ihnen über den Gang und das Ergebnis dieser Beratung berichten zu dürfen.

Der Vertreter der Kirchlich-positiven Vereinigung begründete den Antrag wie folgt: Die Erfahrungen der letzten Jahre hätten mehr und mehr gezeigt, daß ein dringendes Bedürfnis darnach bestehe, das Gremium der Kirchenregierung den nach den gegebenen Verhältnissen bestehenden nachteiligen Auswirkungen des Parlamentarismus möglichst zu entrücken, sie tunlichst homogen zu gestalten. Bei dem bisherigen Zustand sei es wiederholt zu Spannungen innerhalb der Kirchenregierung gekommen, die aus der Art der Entstehung und

Zusammensetzung erwachsen und der Durchführung ihrer Aufgaben oft hinderlich gewesen seien. Es müsse die Gelegenheit ergriffen werden, beim Anlaß der Wahl der neuen Kirchenregierung den besonders im Kirchenvolk lebhaft geforderten Grundsatz der Entparlamentarisierung und auch den der Homogenität der Kirchenregierung zur Geltung zu bringen. Zunächst empfehle es sich, den neunköpfigen Körper der Kirchenregierung in der Weise zu verkleinern, daß an Stelle der 6 nur 4 synodale Mitglieder zur Kirchenregierung treten sollen. Ein Organ von 9 Gliedern sei an sich schwerfällig, und man könne schlechterdings nicht einsehen, warum eine 7köpfige Kirchenregierung nicht dasselbe leisten könne wie eine aus 9 Gliedern bestehende. Als erfreuliche Nebenwirkung der beantragten Verkürzung sei auch eine Aufwandsersparnis in Höhe von ungefähr insgesamt 2000 RM zu berücksichtigen. Die beantragte Änderung der Kirchenregierung solle nur der Anfang eines bald in Angriff zu nehmenden, weiter ausgreifenden Umbaues der Kirchenregierung sein.

Die Vertreter der Gruppe der Religiösen Sozialisten erklärten, der Antrag sei für sie nicht annehmbar. Als Sparmaßnahme gedacht, falle die Änderung gegenüber dem Millionenetat der Kirche überhaupt nicht ins Gewicht. Eine Opposition innerhalb der Kirchenregierung sei vonnöten, eine Homogenität durchaus nicht erforderlich, auch gar nicht zu empfehlen.

Die Kirchlich-liberale Vereinigung bringt vor, die Frage der Einsparung einer verhältnismäßig geringfügigen Summe dürfte hier nicht ausschlaggebend sein. Richtig sei, daß innerhalb der Kirchenregierung eine Opposition, die die Grenzen der Sachlichkeit überschreite, nicht ertragen werden könne. Wenn es während der abgelaufenen Amtszeit der bisherigen Kirchenregierung zu Reibungen gekommen und manchmal das Maß der sachlichen Opposition überschritten worden sci, so sei das vielleicht auch zum Teil darauf zurückzuführen, daß man den jeweiligen Opponenten zu scharf entgegengetreten sei. Eine gesunde Opposition könne keineswegs schaden. Unter besonderen Bedingungen könne sich die Liberale Vereinigung auch mit einer Verkürzung der Mitgliederzahl der Kirchenregierung befreunden. Der in § 111 Abs. 3 der Kirchenverfassung festgelegte Proporz aber biete einen Schutz der Minderheiten, auf den unter keinen Umständen verzichtet werden könne. Es sei Grundsatz der Verfassung, daß die einzelnen Gruppen im Verhältnis ihrer Stärke ein Anrecht auf Beteiligung hätten.

Die Kirchliche Vereinigung für positives Christentum und deutsches Volkstum billigte den Antrag und führte aus, auch sie trete für eine Entparlamentarisierung der Kirchenregierung ein. Die Kirchenregierung solle keineswegs ein Spiegelbild der Synode sein.

Der Antrag wurde im *Ausschuß* für Verfassung mit großer Mehrheit *angenommen*.

Abgeordneter *Voges:*

Hohe Synode! Die Fraktion der Kirchlichen Vereinigung für positives Christentum und deutsches Volkstum gibt folgende grundsätzliche Erklärung zu der beantragten Teiländerung der Kirchenverfassung ab:

> Der von der Positiven Fraktion gestellte Antrag findet als vorläufige Teillösung unseres Wunsches auf grundlegende Verfassungsänderung unsere grundsätzliche Zustimmung, aber nur in der bestimmten Erwartung, daß eine neue Kirchenverfassung in der Richtung einer Stärkung der kirchlichen Autorität und der innigeren Verbindung von Kirchenleitung und Kirchenvolk noch innerhalb der Legislaturperiode der jetzigen Landessynode in Angriff genommen und zur Durchführung gebracht wird.

Was hat uns bewogen, dem Antrag unsere Zustimmung zu erteilen?

Nun, meine Herren, wir sind davon ausgegangen, daß es geradezu eine Einzigartigkeit darstellt, wenn eine Regierung grundsätzlich heterogen zusammengesetzt ist. Das ist in unseren Augen keine Regierung mehr. Da kommt es auf ein ewiges Kompromisseln an, und letzten Endes leidet das Ganze darunter, in diesem Falle unsere Kirche. Wir glauben, daß die Kirchenregierung ein einheitliches Gesicht haben muß, daß sie homogen, wie es eben in der Berichterstattung auch zum Ausdruck gebracht wurde, sein muß, um wirklich etwas Positives zu schaffen zum Segen unserer Kirche.

Woher kommt denn die ganze Schwäche unseres völkischen und religiös-kirchlichen Lebens? Doch daher, meine sehr verehrten Herren, daß wir hineingeraten sind, auch in der Kirche, in eine Überspitzung des Parlamentarismus (Zwischenruf vom Volkskirchenbund), hineingeraten sind in eine Anonymität der Verantwortung (Oho! beim Volkskirchenbund). Man drückt sich um die Verantwortung herum und sagt: 'Jawohl, die Kirchenregierung', anstatt daß man fest und männlich zu dem, was man leistet, auch steht. (Zwischenruf vom Volkskirchenbund.)

Diese Gedanken der Abschwächung der Verantwortung resultieren meines Erachtens aus einer liberalen Einstellung des vergangenen Jahrhunderts, die lediglich das Individuum kennt, und diese Gedanken sind leider Gottes auch in unserer Kirchenverfassung verankert. Damit ist aber der Gedanke an das Ganze, an das Große zu einem ganz großen Teil beiseite geschoben.

Wir glauben nun gerade als Nationalsozialisten, einmal wieder dieses ganz Große in den Vordergrund zu rücken, die Kirche (Zuruf vom Volkskirchenbund: Uniformen! – Gegenruf rechts: Rotfront!) (Zum Volkskirchenbund gewendet: Meine sehr verehrten Herren! Sie haben ja nachher Gelegenheit, Ihre Weisheit vom Stapel zu lassen, und Sie können sich ja auch dazu äußern.)

Wir Nationalsozialisten stehen auf dem Grundsatz 'Gehorsam und Opfer', und wir erkennen auch an einen Gehorsam gegenüber der Kirche. Ihren Grundsatz, den Sie heute morgen wieder proklamiert haben: 'In der Kirche gegen die Kirche für die Kirche' erkennen wir als evangelische Nationalsozialisten durchaus nicht an. Für uns heißt es: In der Kirche für die Kirche. (Sehr richtig! rechts. – Zwischenruf vom Volkskirchenbund: In der Kirche für Euch!) Wir sind uns dabei durchaus bewußt, daß wir ein ungeheures Maß von Verantwortung auf unsere Schultern mitübernehmen. Wir tun es aber im Blick auf Kirche und Volk.

Und das sind die beiden großen Gedanken, die uns auch in dieser Stunde bewegen: Kirche und Volk. Was ist uns 'Kirche'? Kirche ist uns die Verkündigerin des Evangeliums, die Verkündigerin des Friedens, die Trösterin aller derer, die betrübt und traurig sind. Und ich sehe gerade hier die Gefahr – ich sehe sie als Pfarrer –, daß hier in der parlamentarischen Überspitzung unseres kirchlichen Aufbaues die wirklich kirchlichen Kräfte nun außerordentlich gehemmt sind, das zu leisten, was ihnen auferlegt ist. Kirche, meine sehr verehrten Herren, ist nämlich keine Demokratie. Demokratie ist – das hat die Geschichte zu deutlich erwiesen – immer der Anfang vom Ende, auch für unsere Kirche. (Zwischenruf vom Volkskirchenbund.) Wir sind zum Glück in der Lage, das Steuer noch herumzureißen. Kirche muß monarchisch – ich gebrauche das Wort! (Aha! beim Volkskirchenbund!) –, monarchisch aufgebaut sein, wenn sie wirklich etwas leisten will. Meine Herren, wenn Sie jetzt Ihr großes 'Aha!' ertönen lassen, so muß ich Ihnen nur sagen: dann lesen Sie einmal die Paulusbriefe durch! Wer ist dort der Leiter? Sitzt die Gemeinde etwa zusammen zu einem köstlichen Palaver Tag um Tag? Ich glaube nicht; sondern die Ältesten sind hier die Führer. (Zwischenruf vom Volkskirchenbund: Ja, die Ältesten! Das ist es ja!) Und dann ist da ein Wort, unter dem wir alle miteinander stehen, unter dem auch die Kirche steht: 'Einer ist euer Meister'. Ich glaube: wenn man einmal anfängt, das Wesen der Kirche zu durchleuchten, so bleibt es eben doch bei dem, was ich gesagt habe: sie muß monarchisch aufgebaut werden.

Uns liegt darum auch an einem Umbau der Kirchenleitung. Die Kirchenleitung muß frei sein von parlamentarischen Bindungen und Hemmungen. Es ist ganz sicher in den letzten acht Jahren unter der Führung unseres hochverehrten Herrn Kirchenpräsidenten vieles geschaffen und geleistet worden. Wir erkennen das durchaus an. Aber ich glaube, es wäre noch mehr geleistet worden, wenn die Kirchenleitung wirklich einmal nicht bloß das Aushängeschild der Landessynode gewesen wäre (Abgeordneter *Kappes*: Die Positiven hatten die alleinige Macht!)

Wir denken uns aber den Umbau unserer Verfassung nicht bloß in bezug auf die Kirchenleitung. Ich glaube, wir müssen anfangen umzubauen von unten auf. Unsere Gemeindevertretungen sind viel zu groß, sie können gar nicht mehr die Aufgabe leisten, die sie zu leisten haben, nämlich Diakonie, und ich glaube, man muß auch einmal daran denken, unsere Pfarrwahlen zu ändern, die ein Kreuz sind für die Pfarrer wie für die Gemeinden. Bisher – ich spreche das Wort ganz unumwunden aus –, bisher war es sehr häufig üblich, daß ein nicht gerade sehr schöner Handel einsetzte, wenn irgendeine Pfarrei ausgeschrieben wurde. Es gehört von der Kirchenleitung im Einvernehmen mit der Gemeinde der Würdigste der Gemeinde vorgestellt. (Zwischenruf vom Volkskirchenbund.) Kirchenregierung und Kirchenleitung muß unbedingt auch eine viel innigere Fühlung mit dem Volk bekommen. Jetzt werden alle Kräfte verbraucht im parlamentarischen Spiel, das Ihnen (zum Volkskirchenbund) ja so furchtbar angenehm ist. (Zwischenrufe vom Volkskirchenbund: Oh! Wir haben keinen Vorteil gehabt! Bloß Sie!)
Meine Herren! Da stehe ich an dem zweiten Punkt: 'Volk'. Unsere Kirche hat eine ungeheure Aufgabe am Volk. Heute morgen wurde von dieser Stelle gesagt, die Arbeiterschaft habe kein Heimatgefühl in der Kirche. Wir wollen doch einmal darnach fragen: Wer ist schuld daran? Meine Herren, wenn Sie solche Wische, solche verhetzenden Flugschriften hinausgeben ins Volk, dann müssen Sie sich nicht wundern, wenn die Arbeiterschaft der Kirche entfremdet wird und kein Heimatgefühl mehr besitzt. (Zwischenruf vom Volkskirchenbund.) Wenn Sie etwa mit dem Schlagwort in den Wahlkampf gezogen sind: 'Schlagt den Faschismus in der Kirche!', dann brauchen Sie hier kein bewegliches Klagelied mehr zu singen. Aber Gott sei Dank – Sie haben es ja heute morgen selbst eingestanden –: Ihre Verhetzung hat Ihnen nichts genützt, denn wenn Sie auch heute morgen sagten: wir sind wohl gestiegen, – prozentual, meine Herren, haben Sie sich nämlich vermindert. Das ist ein Rückzugsgefecht, das Sie augenblicklich führen, weil Sie ganz genau wissen, daß der Arbeiter aufwacht und daran denkt, daß ihm zugehört Kirche und Volk und er darin auch steht. (Zwischenrufe.)
Meine sehr verehrten Herren! Eines ist nun sicher: Wir stehen in einer großen historischen Stunde der Geschichte unserer badischen Landeskirche. Wir müssen alle miteinander daran arbeiten, den Weg freizumachen dem Evangelium und Christus, für unser Volk. Und da möchte ich mich auch an die Herren zur Rechten wenden: Vergessen Sie über all Ihren wichtigen Aufgaben niemals, daß auch das Volk will, daß die Kirchentüren und Kirchenpforten weit aufgemacht werden (Zwischenruf vom Volkskirchenbund) und daß sie in der Kirche nun das erhalten, was ihnen allein zum Segen gereicht: Evangelium. Sie dürfen versichert sein, meine Herren, daß all das eigenartige dumme Gerede von uns national-

sozialistischen Pfarrern, als wollten wir einen neuheidnischen Kult irgendwie einführen, Lug und Trug ist. Wir stehen auf dem Boden des Evangeliums von Gnade und Versöhnung, von dem gekreuzigten und auferstandenen Heiland Jesus Christus. (Zwischenruf vom Volkskirchenbund.) Helfen Sie mit, die Kirche freizumachen für ihre Aufgaben an unserem deutschen Volk! Meine Herren, man kann natürlich sagen: Ja, wie kommt Ihr denn eigentlich dazu, die Verantwortung noch mit zu übernehmen? Ich erkenne das Wort Gustav Adolfs an: Neutralität ist eine deutsche Charakterschwäche. Wir müssen über diese deutsche Charakterschwäche hinweggehen und müssen so frei sein, auch die Verantwortung für unsere Kirche mitzutragen.
Entparlamentarisierung der Kirche — das ist unser Ziel. Wir sind ja Neulinge hier in diesem hohen Hause. Aber in den zwei Tagen haben wir doch etwas zu schmecken bekommen, wie sehr dieser Parlamentarismus unserer Kirche schaden kann. Mir kam es manchmal wirklich vor wie ein Tanz auf dem Vulkan. Wir würden uns in Wahrheit versündigen, wollten wir unserer Kirche nicht dazu verhelfen, daß sie, freigemacht von allen parlamentarischen Hemmungen, in unser armes, verhetztes Volk hineintragen kann das Evangelium und unseren Herrn und Heiland Jesus Christus.
Man sagt natürlich: Ja, Ihr habt Euch lediglich an die Macht drängen wollen. Nun, dann sage ich mit einem Wort eines Theologen: 'Wir hören und sehen den sozialen Herzschlag des Evangeliums, der zum Dienen treibt bis zum Einsatz des eigenen Lebens. Darum bitten wir: Nehmt uns mit all unserer Liebe, unserer theologischen Erkenntnis und christlichen Erfahrung, aber auch mit aller unserer menschlichen Unzulänglichkeit, unserer — jawohl! — Sünde! Wir wollen nichts als dienen, wie Ihr. Wir scharen uns um den Meister, dessen Leben Dienst Gottes für die Menschen in der Vollendung gewesen ist, und dieser Meister wird uns allzumal segnen, uns mit Euch und Euch durch uns.' (Beifall mit Händeklatschen rechts.)

Abgeordneter *Bender*:
Hohe Synode! Der Ihnen vorliegende Antrag ist wohl datiert von dem gestrigen Tage, aber er rührt in seiner Entstehung schon von sehr viel länger her. Schon sehr bald hat sich nach meiner Überzeugung aus der Arbeit der Kirchenregierung, der ich nun 8 Jahre anzugehören die Ehre habe, die Tatsache ergeben, daß das Instrument, das wir im Jahre 1919 in der verfassunggebenden Synode schufen, die nötige Vollkommenheit und volle Brauchbarkeit nicht besitzt. Ich weiß, daß jeder Versuch, in Gestalt eines menschlichen Gebildes etwas Vollkommenes zu schaffen, eben ein Versuch bleibt, sintemal alles Menschliche Stückwerk ist. Ich bin auch überzeugt, daß die vollkommenste Form eines Instrumentes,

wenn es von Menschen benützt wird, die nicht die nötige Geschicklichkeit haben, nicht ausreicht, um damit eine Höchstleistung zu erzielen. Ich bin nun alles andere als schwärmerisch veranlagt und glaube aus der Wirklichkeit der Erfahrung sagen zu dürfen, daß der Versuch, den wir mit der Bildung der Kirchenregierung gemacht haben, nicht ganz gelungen ist.

Ich möchte Sie nicht dadurch langweilen, daß ich nun gewisse Gedanken, die hier vorhin ausgesprochen wurden, wiederhole. Soviel aber darf ich sagen, daß wohl die Zeitumstände und die Art der Entstehung dieser Einrichtung in der verfassunggebenden Synode manches an dem unvollkommenen Gelingen dieses Versuchs erklären. Denn ohne Zweifel bestand damals im Grunde zunächst die Absicht, eine Art Kontrollinstanz gegenüber der bürokratischen Verwaltung der Landeskirche zu schaffen. Wir waren ja damals auch nahe daran, so eine Art Generalsynodalausschuß in aller Form zu bilden dergestalt, daß diese aus der Landessynode gebildete Körperschaft unter eigenem Vorsitzenden *neben* dem Oberkirchenrat tagen sollte. Sie wäre damit etwas anderes geworden, als nachher zu Ende jener Synode herauskam. In der Tat stellt das jetzige Gebilde etwas Zwitterhaftes dar, eine Verbindung von Generalsynodalausschuß und einem wirklichen Versuch, einen mitregierenden Beirat der obersten Kirchenleitung zu schaffen.

Die besondere Schwierigkeit, die sich dabei ergeben hat, war die, daß auf dem Gedanken des Proporzes als einer der Grundlinien, die durch die Verfassung gehen, eben auch die Kirchenregierung aufgebaut worden ist; und wenn irgendwo in der Verfassung, so glaube ich, ist es an dieser Stelle offenbar geworden, daß der Gedanke des Proporzes seine natürlichen Grenzen dort hat, wo die Brauchbarkeit der Einrichtung durch ihn berührt oder gefährdet wird; und das ist nach unserer Überzeugung bei der Kirchenregierung der Fall. Eine Kirchenregierung kann nicht wohl aus Kirchenleitung und einer Art Abklatsch der Synode, einem verkleinerten Ebenbild dieser Synode, gebildet werden, wenn diejenigen, die die Verantwortung für die Kirche tragen, nun auch wirklich diese Verantwortung verantworten sollen.

Es ist denen, die der Kirchenregierung angehört haben, es ist wenigstens mir je länger je mehr die Unmöglichkeit offenbar geworden, in dieser Körperschaft Opposition zu treiben – Opposition, von der ich vielfältig den Eindruck hatte, daß sie schon etwas ganz anderes war als Wille zur Mitarbeit, zur gestaltenden, aufbauenden Arbeit in der Leitung unserer Kirche. Verantwortung tragen können nur die, die sich auch wirklich in der Richtung, in der die Arbeit geschehen soll, mitverantwortlich wissen. Wenn aber die Richtung, in der gearbeitet werden soll, eben nicht *eine* ist, sondern wenn divergierende, ja wenn einander zuwiderlaufende Linien hinter diesem Geschäft der Leitung der Kirche offenbar werden, dann kann es nicht anders sein, als es eben vielfältig in der Tat gewesen ist, daß nämlich das Interesse der Kirche nur in unendlich mühseligem Ringen durchgesetzt werden konnte, oder aber daß die, die zahlenmäßig die Verantwortung hatten und sie darum nach außen tragen mußten, durch einen entscheidenden Beschluß einer Sache die Wendung gaben, die unbedingt gewonnen werden mußte, wenn *überhaupt* eine Entschließung zutage kommen sollte.

Wir sind ja in den hinter uns liegenden Jahren und in den wenig erquicklichen und oft wenig kirchlichen Auseinandersetzungen, die es dabei gegeben hat, allmählich daran gewöhnt – nicht, daß wir es nicht mehr hörten; wir hören es immer noch und hören es heute noch mit demselben Schmerz wie am ersten Tag –, die Rede zu hören, die bisherige Mehrheit in der Landessynode und in der Kirchenregierung habe 'Machtmißbrauch' getrieben. Man ist nicht müde geworden, uns das immer und immer wieder zu sagen, und nur wir selbst wissen, wie schwer die seelische Belastung ist, die mit einem solchen Vorwurf dem aufgeladen wird, der ihn einstecken soll. Ich bin nicht der Meinung, daß der Gebrauch der Macht – oder ich will so sagen; daß die Auswirkung der Veranwortung, die denen aufgeladen ist, die die Mehrheit in einer solchen Körperschaft haben, gescholten werden kann. Es ist im tiefsten Grund ein Schlagwort, und für den, der die Dinge von innen her sieht, ist dieses Schlagwort eine unerträgliche Anschuldigung. Wir sind uns durchaus bewußt, und ich für meinen Teil bin mir dessen auch bewußt, daß keineswegs alle Maßnahmen, die wir getroffen und zu denen wir da und dort geraten haben, vollkommen gewesen sind. Kein Mensch ist vollkommen. Auch das reinste Wollen scheitert oft genug an unserem Nichtkönnen. Aber das glaube ich nun, wo die Kirchenregierung der bisherigen Prägung zu Grabe getragen werden soll, allerdings sagen zu dürfen, daß auch in diesem unvollkommenen Gefäß doch, soweit wir Menschen dabei mit einem reinen Herzen wirken könnten, vieles geborgen wurde und aus diesem Gefäß manches gekommen ist, das unserer Kirche zum Heil diente.

Ich möchte nun darauf aufmerksam machen, daß, wenn wir nun der Meinung geworden sind, es muß ein Neues gepflügt werden, das nicht von ungefähr kommt, sondern eben auf dieser unserer Erfahrung und unserer kirchlichen Einsicht in die Dinge beruht. Ursprünglich war ja wohl nur einmal daran gedacht, die *Zahl* der Abgeordneten zu verringern, ohne zunächst einen Eingriff in die Systematik der jetzigen Kirchenverfassung, d.h. in die Prinzipien zu tun, auf denen sie aufgebaut ist. Es führte aber der Weg von diesem Standpunkt dann doch hinüber zu der grundsätzlichen Einstellung, und die konnte allerdings keine andere sein als der Gedanke der Entparlamentarisierung. Ich bin der Meinung, daß dieses Wort auch eine große Gefahr in sich birgt, nämlich

die, daß es zum Schlagwort wird, zu einer hohlen Hülse, von der im jeweils entscheidenden Augenblick dann sehr schwer zu sagen ist, welches ihr Inhalt sein soll.
Auch gegenüber dem, was mein Vorredner, Herr Pfarrer Voges, gesagt hat, können meine Freunde und ich den Eindruck nicht los werden, daß hier die Gefahr der Schlagworte nicht nur am Horizont heraufzieht, sondern schon in unsere Mitte getreten ist (Sehr richtig!); und ich kann nur die Hoffnung haben, daß aus der tatsächlichen Arbeit in der Kirche und aus dem Versuch, die vorschwebenden Gedanken in die Wirklichkeit umzusetzen, die Klärung kommt, die allemal nach meiner Überzeugung auch eine Ernüchterung bedeutet. Womit ich nicht gesagt haben will, daß Sie eine schwärmerische oder unnüchterne Haltung den Dingen gegenüber einnehmen. Es liegt aber ganz zweifellos – und ich weiß mich mit manchen von Ihnen in diesem Urteil eins – hier die Gefahr des Schlagworts vor, und es wird einer eisernen Arbeit bedürfen, um die Grundsätze, die hier gewünscht werden, in eine Wirklichkeit umzusetzen, die sich kirchlich möglich, kirchlich tragbar und kirchlich segensvoll auswirkt. Den Willen dazu trauen wir der neuen Gruppe zu, wenn wir zu ihr auch nicht im Verhältnis der Koalition, sondern – vielleicht gerade in diesen Tagen ganz besonders fühlbar – im Verhältnis der Distanzierung ja sehr gründlich gestanden haben.
Die Rede, die, als der Wahlkampf zur letzten Landessynodalwahl heranrückte, durch das ganze Land die gemeine Rede gewesen ist und die es als eine Selbstverständlichkeit bezeichnete, daß nun eine große Koalition der vereinigten Rechten geschaffen werde – jenes Gerede, als ob schon die gesamten Mobilmachungs- und Feldzugspläne in einem Depot hinterlegt seien und man bloß auf den Augenblick warte, wo man dann vereint marschieren und schlagen könne, ist ja wohl als das offenbar geworden, was es in der Tat war. (Zuruf vom Volkskirchenbund: Wir sehen es an diesem Antrag!) Wir wollen aber hier ausdrücklich aussprechen, daß, wenn wir nun an dieser Stelle, gezwungen durch das Gebot der Stunde, durch die Nötigung, die Kirchenregierung neu zu bilden, jetzt den Grundsatz der 'Entparlamentarisierung' gefordert und in unserem Antrag angewendet haben, dieses der Anfang einer Linie wird, die, soweit Gott uns Gnade gibt und die Verhältnisse es uns ermöglichen, unsere Kirche von gewissen Gefahren der Demokratisierung wegführt zu einer eigentlich kirchlichen Haltung. Eine solche kann nicht auf allen Stufen des Verfassungslebens den äußerlich formal-demokratischen Zug im herkömmlichen Ausmaß tragen, weil die Kirche schließlich eben auf einem anderen Grunde ruht und im Innersten etwas anderes ist als eine Organisation von der Welt her und nach Art der Welt.
Man kann uns vorwerfen, wir seien ja mitschuldig daran, daß die Kirche die jetzige Verfassung besitzt. Das ist wahr, und niemand von uns wird

sich sträuben, die Verantwortung für diese Tatsache aufzunehmen und, wenn es nötig ist, sich auch mitzuschämen, wenn offenbar geworden ist, daß wir uns in dem einen oder dem andern der Dinge, die wir damals – damals! – schufen, eben geirrt haben.

Wir wollen, wenn wir nun die Kirchenregierung neu aufbauen und den Gedanken des Proporzes ausschalten, an dieser Stelle zum Ausdruck bringen, daß eine gewisse Gleichartigkeit und Gleichmäßigkeit der Überzeugung notwendig ist, um eine einheitliche Linie in der Kirchenführung zu ermöglichen. Wir bitten Sie um das Vertrauen, daß das keineswegs in dem Sinne gemeint ist – wie wir uns in diesen Tagen natürlich auch wieder haben sagen lassen müssen –, daß nun ein andersgearteter, aber eben wieder ein Machtmißbrauch in unserer Kirche geübt werden soll. Was wir wollten, soll zum Segen unserer Kirche und zum Dienst an unserer *ganzen* Kirche sein und niemand zuleid! (Beifall rechts!)

Abgeordneter *Spies*:
Hohe Synode! Als wir gestern in den Beginn unserer Verhandlungen eintraten, hörten wir eine Rede des Herrn Kirchenpräsidenten, in der sich die Aufgaben des kirchlichen Parlaments, der Synode, für die allernächste Zukunft abspiegelten, und wir wurden uns wohl alle bewußt, welche große Verantwortung auf diesem Hause ruht, wenn diese Aufgaben in einem Sinn gelöst werden sollen, der wirklich zum Segen unserer Kirche nicht bloß für den Augenblick, sondern für weite Zukunft ausschlagen soll.

Ich erinnere bloß an das eine, daß die Synode sich wohl in kurzer Zeit zu befassen hat mit der Beratung eines Staatsvertrags, eines Vertrags des badischen Staates mit der evangelischen Kirche, und daß dieser Vertrag weithin die Augen der Öffentlichkeit auf die Synode und ihre Beratungen lenken wird. Es ist wohl kein Mann in Baden, dem seine Kirche lieb ist, der gerade in diesem Augenblick nicht gewünscht hätte, daß die evangelische Kirche als solche ein möglichst geschlossenes Bild sowohl gegenüber der Öffentlichkeit als Ganzem, als dem badischen Staat, als auch der katholischen Schwesterkirche bieten sollte. (Sehr richtig! rechts.) Leider haben die Verhandlungen dieser Tage diese Geschlossenheit nicht gefördert, sondern sie haben sie zerstört oder zum mindesten stark gefährdet. Wenn dieser nach meinem und meiner Freunde Empfinden sehr bedauerliche Zustand eingetreten ist, so liegt das an dem Antrag, in dessen Beratung wir jetzt stehen.

Es liegt uns ein Antrag zur Änderung der Kirchenverfassung vor, in dem gewünscht wird, daß zunächst die Zahl der Mitglieder der Kirchenregierung eingeschränkt wird, und in dem dann weiter verlangt wird, daß die Kirchenregierung nicht bloß künftighin, sondern heute schon, da wir eine immerhin noch geltende Verfassung haben, in einer Art zusammengestellt und gewählt wird, wie das der jetzigen Verfassung nicht entspricht. Es sind also zur Durchführung dieser Sache an und für sich schon zwei Verfassungsänderungen notwendig.

Dieser Antrag Bender und Genossen hat, wie der Einbringer des Antrags wohl selber bemerkte und aussprach, ein doppeltes Gesicht. Bei der Verminderung der Sitze der Abgeordneten handelt es sich – wenn auch andere Dinge im Hintergrund stehen, auf die näher einzugehen ich mir ersparen will – zunächst um eine praktische Maßnahme. Wir haben keinen Zweifel darüber gelassen, daß wir in eine Beratung und vielleicht Zustimmung zu dieser praktischen Maßnahme eintreten würden. Allerdings haben wir zu bedenken gegeben, ob es nicht besser wäre, die Kirchenregierung in der Weise zu einem kleineren Gremium zu gestalten, daß man den Einfluß der Synode im alten Maß bestehen läßt. Auf diese unsere Anregung ist ja eine Debatte selbst im Ausschuß nicht erfolgt. Aber ich möchte noch einmal grundsätzlich sagen: Dieser Verminderung, die vielleicht auch wirklich eine Sparmaßnahme in sich schließt, hätten wir zustimmen können.

Etwas anderes aber ist die grundsätzliche Änderung der Zusammensetzung. Wenn unsere Vertreter im Verfassungsausschuß heute mit aller Energie und im Namen unserer Fraktion dieser Veränderung ein Nein entgegensetzten, so geschah es aus den verschiedensten Gründen.

Ich möchte vorausschicken, daß uns bei den Beratungen unserer Fraktion keine Rücksichten weder nach links noch nach rechts geleitet haben: Wir nehmen keine Rücksicht auf die Interessen etwa der Religiösen Sozialisten, die bei ihrer Verminderung natürlich einen Sitz verlieren, aber wir können auch keine Rücksicht nehmen auf die große Mehrheit der Synode, sondern wir müssen in diesem Falle einfach dem folgen, was sich uns nach langen Besprechungen und inneren Erwägungen als richtig herausgestellt hat.

Die Bedenken, die wir gegen diese Veränderung der Verfassung haben, sind, wie ich sagte, verschiedener Art.

Sie sind zunächst schon rein juristischer Art. Es wird von einer Verfassungsreform geredet. Wir haben immer zu verstehen gegeben – auch durch einen Antrag, der vorhin behandelt wurde –, daß wir einer grundsätzlichen und gründlichen Änderung der Verfassung durchaus nicht abgeneigt sind, an ihr mitarbeiten, mitberaten und mitstimmen wollen, aber wir halten es doch für höchst bedenklich, wenn an irgendeiner Stelle ad hoc eine Veränderung vorgenommen wird, die dann wieder eine Änderung der allgemeinen Bestimmungen der Verfassung zur Folge hat und die eigentlich in das hineinführt, was Sie vermeiden wollen, wie Sie sagen, nämlich einfach in einen Parlamentarismus, weil jede irgendwie starke synodale Mehrheit dann mit der Verfassung umgehen kann, wie sie will.

Es waren aber noch mehr Dinge, die uns bestimmten. Wir hätten natürlich eine gründlichere Besprechung dieser juristischen Dinge gewünscht; aber die Gründe, die viel schwerwiegender waren, waren die der sachlichen Art.

Wir sehen, glaube ich, die Kirche anders als Sie, die Sie diesen Antrag eingebracht haben. Wir sehen sowohl in der einzelnen Kirchengemeinde als in der Gesamtkirche ein Zusammenarbeiten verschiedener Kräfte, die natürlich *einem* Ziel, dem Bau des Reiches Gottes, der Verkündigung des Wortes Gottes zustreben wollen, wobei wir aber Kräfte, die andersgeartet sind als wir, unter keinen Umständen ausschließen möchten. Sie reden von der Kirchenleitung. Wir können die Kirchenleitung – das Kirchenregiment, wie wohl auch gesagt wurde – aus diesem Gesamtbild der Kirche nicht herausnehmen. Sie haben ohne weiteres mit uns Einheitslisten für die einzelne Gemeinde abgeschlossen und zugegeben, daß in den Korporationen der einzelnen Gemeinde Rat und Tat der Religiösen Sozialisten, der Kirchlich-Liberalen und in manchen Orten auch von Richtungen, die hier in der Synode gar nicht vertreten sind, Ihnen selbst erwünscht und richtig erscheint. Nun auf einmal geht man her und sagt: Aber in der Kirchenleitung müssen andere Grundsätze eingreifen. Damit wird eine Klassifizierung der kirchlichen Richtungen getroffen, der wir nicht zustimmen können. Solange eine Richtung wirklich mit innerer Anteilnahme und in dem Bestreben, unserem Herrn Jesu zu dienen, in der Kirche mitarbeitet, kann sie nicht grundsätzlich von einem Kirchenregiment – ich lehne den Ausdruck als solchen ab –, von der Leitung der Kirche ausgeschlossen werden.

Diese Bedenken sachlicher Art wurden bei uns nicht beseitigt durch die Art der Behandlung dieses Antrags, ehe er hier im Plenum erschien. Es wurde vorhin vom Herrn Abgeordneten Bender gesagt, daß die Änderung der Kirchenregierung in dieser Richtung und in diesem Sinne schon lange geplant sei. Man hat uns in der Tat im Ausschuß eigentlich vollständig vor ein *fait accompli* gestellt; man hat uns nur gesagt: so und so muß geändert werden, und hat das begründet, das sei der Anfang eines Weges zu einer Verfassungsreform, den man mit aller Entschlossenheit und Zielsicherheit weitergehen wolle und weitergehen müsse, und wir müßten uns auf diesem Wege unbedingt der Mehrheit anvertrauen. Ich muß Ihnen gestehen, daß mir und meinen Freunden das unmöglich ist. Wir können nicht mit blinden Augen uns auf Sterb und Verderb auf den ersten Schritt eines Weges einlassen, von dem wir nicht wissen, wo er enden wird, und Sie werden verstehen, daß die Ausführungen, die wir vorhin vom Sprecher der Gruppe für positives Christentum und deutsches Volkstum hörten, nicht gerade geeignet waren, unser Mißtrauen gegen das, was da kommen soll, irgendwie zu beseitigen. (Sehr gut! beim Volkskirchenbund.) Man hat natürlich – das ist ja heute immer so – auch die richtigen Worte gefunden, wenn man sagte: man will in der Kirchenregierung unter sich sein. Man sprach von der „Homogenität" und spricht nun von dem „Parlamentarismus", der hier geherrscht habe. Vorhin ging das ja so weit, daß gesagt wurde: Wir brauchen hier keine Palaver. Ich glaube, die Worte, die hier in dem hohen Hause gesprochen worden sind, waren auch seither keine Palaver; und wenn Sie meinen, in einer Kirchenregierung, in einem Gremium, das entscheidende Entschlüsse fällt über das Schicksal von Gemeinden, über das Schicksal der Kirche, über die Finanzen der Kirche und derartiges, dürfen verschiedene Meinungen nicht laut werden, dann möchte ich Sie an das alte deutsche Wort erinnern: 'Eines Mannes Rede ist keines Mannes Rede, man muß sie hören beede.' Infolgedessen können wir uns diesem Gedanken, daß die Kirchenregierung homogen sein muß, daß in ihr unbedingt eine Richtung die Leitung haben muß, daß die anderen auf Sterb und Verderb mitgehen müssen und vor ein Entweder – Oder gestellt werden, nicht anschließen. Hätte man uns gestern in die Beratungen miteinbezogen, hätte man nicht hinter geschlossenen Türen mit einer Partei allein verhandelt und sofort, während man uns draußen warten ließ, einen Gegensatz hergestellt zwischen den zwei Richtungen, die im Moment die Mehrheit haben, und uns, dann hätte man in ganz anderer Weise über diese Dinge beraten können.

Wenn so viel von dem 'Parlamentarismus' die Rede war, und wenn mein Vorredner, Herr Voges, meinte, er sei erschrocken über den Parlamentarismus, der hier herrsche, so muß ich sagen: Die neue Gruppe und ihr geschickter Führer haben sich gestern sehr schön in den Parlamentarismus hereingefunden. (Lebhafte Zustimmung links.) Mit derartigen Schlagworten lassen wir uns nicht imponieren. Ich muß sagen: Es war gestern diese Sache ja teilweise, wenn man die Sache nicht allzu ernst nimmt, nicht ganz ohne Humor, es war geradezu dramatisch – die Dramen werden ja auf der Bühne aufgeführt, ich möchte aber das Wort 'theatralisch' nicht gebrauchen –, als wir gerufen wurden, um nun die Entscheidung der größten Gruppe anzuhören: So, nun, Vogel, friß oder stirb! In dieser Art wird bei Schwurgerichtsverhandlungen auch verfahren; aber wir lassen uns nicht in dieser Weise ohne weiteres unter ein Diktat beugen. (Sehr gut! beim Volkskirchenbund.)

Wir haben also nicht vor, dieser Veränderung zuzustimmen.

Wir sind währenddem unterrichtet worden, daß Sie uns damit strafen wollen, daß Sie uns den einen Sitz, der uns in der Kirchenregierung nach Fug und Recht zustünde, nicht geben wollen, weil wir eben nicht homogen sind. Ich glaube, daß dieser Sitz hin und her – ob wir ihn nehmen, einnehmen wollen, wurde übrigens vorher eigentlich bei uns noch gar

nicht angefragt –, daß dieser Sitz hin und her gestern bei den Erörterungen eine viel größere Rolle gespielt hat als alle diese grundsätzlichen Erwägungen (Aha! beim Volkskirchenbund – Zwischenruf rechts), die uns gestern in so schönen Worten gesagt wurden.
Ich möchte aber feststellen, meine Herren: Damit, daß Sie diesen Sitz der Kirchlich-liberalen Vereinigung nehmen – von der kleineren Gruppe, den Sozialisten, will ich gar nicht reden –, begehen Sie ein Unrecht. Sie tun damit ein Unrecht vor dem ganzen badischen Kirchenvolk. Hinter Ihnen, hinter den beiden Gruppen stehen insgesamt 137181 Wähler, es haben ihre Stimme für andere Gruppen abgegeben 77706 Wähler (Also! rechts), das ist mehr als die Hälfte der Stimmen, die Sie hinter sich haben. Ich nenne das keine homogene Kirchenleitung mit Berücksichtigung aller Interessen und Kräfteverhältnisse der Kirche (Zwischenruf vom Volkskirchenbund: Das ist Parlamentarismus!), sondern ich nenne das ein parlamentarisches Diktat. (Sehr richtig! Sehr gut! beim Volkskirchenbund.)
Sie begehen damit auch einen Bruch der alten badischen Tradition (Sehr richtig! rechts.) Es ist in Zeiten, meine Herren, in denen die Kräfteverhältnisse ganz anders waren und in denen der theologische Streit und die Gegensätze vielleicht viel tiefgreifender waren als heute, immer das Schlußergebnis unseres kirchlichen Lebens in Baden herausgewachsen aus einer geistigen Auseinandersetzung zwischen der positiven und der freien Richtung in unserer Kirche. (Abgeordneter *Bender*: Wir bleiben!)
Wir haben selbst in der Verfassung die Bestimmungen, die einen Schutz der Minderheiten einschließen, mit verankert (Abgeordneter *Kappes*: Das fällt auch!) und haben das gerne getan und selbstverständlich getan. Sie haben diesen Weg verlassen, und ich weiß nicht, ob Sie das nicht eines Tages bereuen werden.
Das alles, was ich gesagt habe, wird zur Geschlossenheit der Kirche wenig beitragen. Es wird auch nicht zum Segen der Kirche sein. Das ist das, was ich aufs tiefste bedauere.
Sie werden uns nun entgegenhalten: Ja, Sie sind ja in der Kirchenregierung vertreten (Sehr richtig! rechts), da sitzt ja noch als Kirchlich-Liberaler ein Mitglied des Oberkirchenrats. Meine Herren, ich weiß, daß das so ist. Aber Sie müssen, wenn Sie wirklich ehrlich sein wollen, zugeben, daß es etwas ganz anderes ist, ob ein Beamter des Oberkirchenrats in der Kirchenregierung ist oder ob d e r Mann in der Kirchenregierung ist, der wirklich im Auftrag der Fraktion der Synode spricht. Ich kann also diesen Gegengrund, wenn ich Ihre Handlungsweise als mir unverständlich und als ungerecht bezeichne, nicht gelten lassen.
Wir werden natürlich das Verfassungswerk, das Sie vorhaben, mitberaten und weiter daran mitarbeiten. Die Kirche ist uns zu heilig, als daß

wir in ihr Obstruktion treiben. Aber Sie werden verstehen, daß wir unsere Stellungnahme sehr abhängig machen von dem, was aus Ihren Vorschlägen herausspringt, daß wir uns auch vorbehalten, unsere Gedanken klarer durchzuberaten und klarer auszusprechen, als das heute bei diesen Sitzungen, in denen die großen Gruppen die kleinen Minderheiten einfach für sich stellten und unter sich berieten, möglich war.

Es ist heute morgen gesagt worden: Wer viel hat, dem wird viel gegeben. Wir wollen einmal warten, ob Sie, die Sie nun viel haben, auch wirklich darauf viel bekommen. Ich möchte Ihnen sagen: Wem viel gegeben ist, von dem wird man auch viel fordern (Sehr richtig! links), und ich beneide Sie um die Verantwortung, die Sie übernehmen, nicht; denn es wird sich sehr bald zeigen, daß die Homogenität, von der Sie jetzt reden, nur eine eingebildete ist. (Sehr richtig! Sehr gut! beim Volkskirchenbund.)

Ich möchte meine Worte schließen, indem ich Ihnen im Namen meiner Fraktion eine Erklärung abgebe; sie lautet:

Die Kirchlich-liberale Gruppe wäre bereit gewesen, eine Verminderung der Zahl der Sitze der synodalen Mitglieder der Kirchenregierung in ernsteste Erwägung zu ziehen. Sie stellt aber den Antrag, bei der Wahl dieser Kirchenregierung das Verhältniswahlverfahren nach § 112 Absatz 3 der Kirchenverfassung beizubehalten. Die einseitige Änderung des Wahlverfahrens allein für die Kirchenregierung ist im jetzigen Augenblick eine erschwerende Vorwegnahme der auch von uns gewünschten gründlichen Verfassungsrevision. Der Antrag der Kirchlich-liberalen Gruppe wurde von der Mehrheit der Kommission abgelehnt. Diese gab dabei zu erkennen, daß nach inzwischen erfolgter Vereinbarung zwischen der Kirchlich-positiven Gruppe und der Gruppe der Kirchlichen Vereinigung für positives Christentum und deutsches Volkstum diese sich entschlossen haben, der Führung der Kirchenregierung sich gemeinsam zu unterziehen und die synodalen Sitze in derselben nur durch Mitglieder ihrer Gruppen zu besetzen. Wir sehen in diesem Vorgang eine rücksichtslose, von Parteiinteressen diktierte Gewaltmaßnahme gegen unsere Gruppe (Zwischenruf vom Volkskirchenbund) und die hinter uns stehenden Wähler (Bravo! links). Wir sind darum nicht in der Lage, der Verfassungsänderung zuzustimmen. Das Vorgehen der Mehrheit wird noch schärfer dadurch gekennzeichnet, daß es eine zweite Verfassungsänderung nötig macht, nämlich daß die allgemeine Bestimmung über den Eintritt der Rechtswirksamkeit jedes Gesetzes nach § 138 der Kirchenverfassung durch einen besonderen Beschluß der Synode ad hoc aufgehoben werden muß.

Wir werden also gegen den Antrag Bender und Genossen stimmen und behalten uns für die Wahl der Mitglieder der Kirchenregierung volle Freiheit vor (Beifall links). ...
Abgeordneter *Dr. Dietrich:*
Ich möchte folgende Erklärung abgeben:
Der Volkskirchenbund evangelischer Sozialisten bedauert, daß die neugewählte Landessynode in so einseitiger Weise die Kirchenverfassung abändert. Dadurch wird ein großer Teil des Kirchenvolkes seiner Vertreter in der Kirchenregierung beraubt. Schwerwiegender aber als diese Feststellung ist die Tatsache, daß diese Umänderung vorgenommen wurde, um die Bewegung der Religiösen Sozialisten aus der kirchlichen Verantwortung auszuschalten. Mit der Verkürzung des synodalen Einflusses in der Kirchenregierung weicht die Kirche immer mehr von ihrem Charakter als Volkskirche ab und mündet ein in eine Regierungsweise, die dem Wesen des Protestantismus nicht entspricht, aber auch von dem badischen Kirchenvolk als wesensfremd empfunden wird. (Bravo! beim Volkskirchenbund.) ...
Bei der namentlichen *Abstimmung* gemäß § 21 Absatz 3 und § 23 der Geschäftsordnung wird der Antrag Bender und Genossen (Antrag 3a) mit 42 gegen 20 Stimmen *angenommen.*
Eine zweite Lesung wird nicht begehrt. ..."

201 EOK, Prot.: Überlegungen zur Änderung der KV
Karlsruhe, 6. Okt. 1932; LKA GA 3478

„Der Kirchenpräsident hält die Möglichkeit für gegeben, daß im Zusammenhang mit der angekündigten Gesamtrevision der Kirchenverfassung das unbefriedigende Ergebnis, das durch den Ausschluß der liberalen Gruppe aus der Kirchenregierung geschaffen ist, geändert werden kann. Gleichzeitig erklärt der Kirchenpräsident auch, daß die ganze Art der Bildung der Kirchenleitung von Anfang an für ihn eine unbefriedigende gewesen sei, einerlei, wieviele Mitglieder der Synode auch hineingewählt worden wären. Seiner Meinung nach wäre zu überlegen, ob nicht neben dem Oberkirchenrat ein nur zu bestimmten Fragen mitentscheidender Ausschuß aus der Synode, eine Art Kontrollorgan, zu schaffen wäre, wie das z.Z. bei später entstandenen Ordnungen anderer Landeskirchen der Fall ist. Dadurch würde vermieden, daß der jetzige Zustand auf sechs Jahre hinaus verlängert wird.
Auch OKR D. Rapp hat nichts gewußt von dem, was zwischen den Parteien vorging. Er bedauert, daß man nicht die auch von den Liberalen für nötig gehaltene allgemeine Revision der Verfassung abgewartet, sondern jetzt schon ganz unvermittelt diesen einen Punkt ad hoc herausgegriffen und geändert habe.

OKR D. Schulz ist dankbar für die vom Kirchenpräsidenten und Prälaten gegebene Aufklärung und teilt mit, daß, wenn die getätigte Kirchenregierungswahl einen neuen Kurs in der Leitung der Kirche bedeuten sollte, sowohl er als OKR Dr. Doerr hiermit bereit wären, wenn es für nötig befunden würde, ihre Ämter zur Verfügung zu stellen..."

2. Landessynode und Kirchenregierung im Spiegel der kirchlichen Presse

202 N.N.: „Aus der Landessynode, 4./5. Okt. 1932"
SdtschBl. Nr. 10, Okt. 1932, S. 90f.

„Es gibt Augenblicke von geschichtlicher Bedeutung, meinte einer der Abgeordneten. Zweifellos wird diese Synode von einer Aufsehen erregenden geschichtlichen Bedeutung bleiben. Wir denken dabei weniger an die Folgerichtigkeit, mit der manche Dinge sich vollziehen. Daß diese Synode das Fazit aus den Wahlen ziehen würde, war zu erwarten. Daß man dies aber so hemmungslos tat und so unbeschwert von jeglichen Bedenken, hat immerhin überrascht und trägt die Keime zu mancherlei zukünftigen Konflikten in sich. Darüber können auch alle Versuche, die von der Rechten gemacht werden, um innere religiöse Gründe für ihr Handeln aufzuweisen, nicht hinwegtäuschen.

Standen die Abgeordneten im Gottesdienst, dem der Herr Prälat das Wort aus dem Epheserbrief von der Einigkeit im Geiste durch das Band des Friedens zugrunde legte, stark unter dem Eindruck dieser versöhnlichen Worte, so haben die Verhandlungen sehr bald die unheimliche Kluft sichtbar werden lassen, die so leicht das kirchenpolitische Handeln von Christus scheidet...

Geradezu erschütternd aber waren die Vorgänge des 5. Oktober. Die *Kirchenregierung* sollte gebildet werden, damit die Verhandlungen mit dem Staat über das Konkordat aufgenommen werden könnten. In der spärlichen Sonne, die in das Rondell des Landtages schien, glitzerte auf einem der Bürotische eine große Schere. Sie ist zum Symbol geworden für die Tendenz, die diesem Tage innewohnte: Zerstückelung der verfassungsmäßigen Rechte der Minderheiten, um die Bahn frei zu machen für die Machtziele der Mehrheit.

Die Verfassung der badischen Landeskirche begrenzte in § 110 die synodalen Mitglieder der Kirchenregierung auf 6 und bestimmte in § 111 Abs. 3: Die Bestellung der der Landessynode zu entnehmenden Mitglieder der Kirchenregierung erfolgt durch einfache Abstimmung oder, wenn ein Sechstel der Abgeordneten es verlangt, durch Wahl nach dem Verhältniswahlverfahren. Damit war immer auch der Minderheit die Möglichkeit gegeben, im Verhältnis der Zahl ihrer Stimmen die Verantwortung der Kirchenleitung mitzutragen.

Nun aber brachte die positive Mehrheit folgenden Antrag ein:

1. In § 110 tritt an die Stelle der Zahl 6 die Zahl 4.

2. § 111 Abs. 3 erhält folgende Fassung: 'Die Bestellung der der Landessynode zu entnehmenden Mitglieder erfolgt für die Amtsdauer der Synode durch Wahl. Gewählt ist, wer mehr als die Hälfte der abgegebenen Stimmen erhalten hat. Wird auch in einem zweiten Wahlgang eine solche Mehrheit nicht erreicht, so ist gewählt, wer im dritten Wahlgang die meisten Stimmen auf sich vereinigt.'

Wäre an sich gegen eine Verringerung der Zahl der synodalen Mitglieder in der Kirchenregierung nichts einzuwenden gewesen, da auch wir Sparmaßnahmen wünschen, wo sie nur angängig sind, und eine Reform der Verfassung für unumgänglich halten, wie unser eigener Antrag beweist, so ging doch aus dem 2. Punkt dieses Antrages ganz klar und deutlich hervor, daß man den *Proporz* aus der Wahl der Kirchenregierung beseitigen und den *Minderheiten* jede Möglichkeit, an der Kirchenregierung beteiligt zu sein und die Verantwortung in der Kirchenleitung mitzutragen, entziehen wollte. Denn dieser Antrag gibt klipp und klar den *Mehrheiten* die Kirchenregierung völlig in die Hand. Was wollte es da besagen, daß man uns zu verstehen gab, nicht wir seien mit diesem Antrag gemeint. Das war nach einem berühmten Wort Talleyrands doch nichts anderes, als die Sprache benützen, um die wahren Gedanken zu verbergen. Die Verhandlungen in der Verfassungskommission wurden auf Antrag der Nationalsozialisten durch Mehrheitsbeschluß brüsk abgebrochen. Die Krone setzte allem aber noch auf, daß man, obwohl der § 138 der Kirchenverfassung vorschrieb, daß Gesetze und Verordnungen im Gesetzes- und Verordnungsblatt vorher zu verkündigen sind, und derselbe § bestimmt, daß diese Gesetze und Verordnungen erst 8 Tage nach ihrer Verkündigung in Kraft treten, wenn diese selbst nichts anderes (gemeint ist keine längere Frist) vorschreiben, daß man diesen Paragraphen einfach überging bzw. in sinnwidriger Weise auslegte und im dritten Teil des Antrages verlangte:

Dieses Gesetz tritt am 5. Oktober in Kraft, ohne Rücksicht auf den Zeitpunkt seiner Verkündigung.

Im ganzen hohen Hause der Synode herrschte stundenlang die größte Aufregung und Spannung. Wird man es wagen, so hemmungslos und unbeschwert von allen Empfindungen für Recht und Anständigkeit seine Macht zu gebrauchen?

Man wagte es, und wagte noch mehr. Man wagte diesem Akt noch einen christlichen Mantel umzuhängen. Allen Versicherungen der Abgeordneten Bender und Rost, daß es nicht um die Macht gehe, sondern nur um das Heil der Kirche, um des Glaubens willen, kann man höchstens die *bona fides* eines irregehenden und sich selbst und andere täuschenden Machtbesitzes gutschreiben. Gertrud Bäumer hat einmal irgendwo gesprochen von der Tragik der Politik, die dadurch entstehe, daß die Parteien, je mehr Macht sie besitzen, ihren eigenen Nutzen mit dem des Staates und der Gesamtheit identifizieren, ohne daß sie das selbst merken. Das auch in der Kirche und in der Landessynode mit aller brutalen Deutlichkeit erleben zu müssen, war das Erschütternde dieser Tagung. Denn das aller schönen Worte entkleidete wirkliche Ergebnis dieses Ringens ist eben doch nichts anderes als eine ungeheuerliche *Vergewaltigung des Rechtes der Minderheiten*. Die nationalsozialistische und positive Mehrheit wollte gar nicht erst warten, bis eine auch von uns Liberalen gewünschte Reform der Kirchenverfassung durchgeführt und in Kraft getreten wäre, sondern man nahm einfach die Schere und schnitt aus der Verfassung heraus, was einem im Wege war. Man muß schon fragen: Was haben dann Verfassungen und Verträge für einen Wert, wenn der Stärkere sie nach seinem Bedarf und Gutdünken von Fall zu Fall ändert? Sind sie dann nicht einfach Instrumente der Mehrheitspartei (man darf ruhig den Singularis gebrauchen), um die Minderheiten rechtlos und wehrlos zu machen? Das ist ja *nur der Anfang,* wurde erklärt, und was wird das *Ende* sein? Die Wahlrede, die der Abgeordnete der nationalsozialistischen Seite zu dem Antrag hielt, war eine Blütenlese von Schlagworten und diktatorischen Zukunftsplänen. Wir sind Monarchisten der Kirche, hieß es, und dann marschierten sie auf, alle die Dinge, von denen man sich das Heil verspricht: Bischof mit diktatorischen Vollmachten, Abschaffung der Pfarrwahl, Lehrzucht usw. Ein Abgeordneter der religiösen Sozialisten, der zum ersten Mal in der Synode war, faßte seinen Eindruck von diesem Tag dahin zusammen, daß ihn das, was er da erlebt habe, mit Ekel erfüllte, wenn er sich nicht schon längst den Ekel abgewöhnt hätte. Scharfe Worte, aber man kann sie wahrlich verstehen. Unser Freund Spies, der den Standpunkt der Liberalen zu dieser gewaltsamen und grundsätzlichen Änderung der Zusammensetzung der Kirchenregierung darlegte, führte ungefähr aus: ... [Vgl. Dok. 200]
Die Erklärung, die Spies namens der liberalen Fraktion alsdann abgab, hatte folgenden Wortlaut: ... [Vgl. Dok. 200]
Geheimrat *D. Bauer* war es, der den Rednern der Rechten noch entgegenhielt, daß der heutige Tag einen völligen *Bruch der Tradition* bedeutet. Denn es ist ein volles Jahrhundert, seit den Tagen der Union, gute badische Tradition gewesen, den Minderheiten ihr Recht zu ge-

währen. Wir stellen fest, daß man diese Tradition bewußt und mit Absicht jetzt verläßt. Den Schaden wird unsere Kirche haben.

Mit 42 Stimmen gegen 20 Stimmen der Minderheitsparteien wurde der Antrag der Positiven angenommen. Und alsdann wurde sofort die Wahl der Kirchenregierung vorgenommen, in die *Bender* und *Dittes* von der positiven Seite und *Dr. Dommer* und *Voges* von der nationalsozialistischen Seite berufen wurden.

Das ist das erste Kapitel dieser Synode. Aber schon dieses erste Kapitel wird ein besseres Lehrbuch für die Unbelehrbaren unter unseren Freunden sein, als alle Worte und Reden zuvor. Sie werden erwachen und sich ihrer zögernden und lebensfremden Haltung schämen. Und die verbündeten Positiven werden dafür sorgen, daß das recht gründlich geschieht. Denn sie werden triumphieren und den Weg, den sie vorhaben, schonungslos ohne alle Subtilitäten zu Ende gehen. Wir aber wissen, jeder Weg geht sich einmal zu Ende, und ein neuer hebt an. – Es ist der 5. Oktober 1932 die erste Frucht des seltsamen Bündnisses zwischen Positiven und Nationalsozialisten. Es werden noch manche Früchte an diesem Baume reifen. Aber vielleicht reift auch einmal der Apfel der Erkenntnis über die Sünde wider den Geist des Evangeliums, die man hier begangen hat. Für uns heißt es, arbeiten und hoffen."

203 Prof. Soellner: „Tagung der Landessynode"
LKBl. Nr. 14, 16. Okt. 1932, S. 105f.

„Die neugewählte Landessynode hat am 4. und 5. Oktober ihre erste Tagung abgehalten. Die Ergebnisse und Beschlüsse dürften durch die Tageszeitungen hinreichend bekannt geworden sein. Vertreter unserer Landeskirchlichen Vereinigung sind weder unter den gewählten Abgeordneten, da wir uns an der Wahl ja nicht mit eigenen Listen beteiligt haben, noch unter den Ernannten. Das letztere könnte fast den Anschein erwecken, als ob in unseren Reihen keine geeigneten Persönlichkeiten vorhanden wären, wenn nicht die Ernennungen offenkundig so gehandhabt würden, daß dadurch die bestehenden Mehrheitsverhältnisse noch mehr gefestigt werden. Unter den 6 ernannten Mitgliedern befinden sich bekanntlich 1 Liberaler, 1 Nationalsozialist und 4 Positive.

Die Synode besteht nunmehr aus
  29 Positiven,
  14 Nationalsozialisten,
  12 Liberalen,
  8 Religiösen Sozialisten.

Mithin hat die Rechte mit 43 gegen 20 Stimmen eine sichere Zweidrittel-Mehrheit! Eine weitere bemerkenswerte Eigenschaft dieser Synode ist

die Tatsache, daß unter 63 Abgeordneten 32 (!) Pfarrer sind, einschließlich von 2 Theologieprofessoren.
Die evangelischen Sozialisten beschweren sich auf der Synode darüber, daß sich unter den Ernannten kein Vertreter ihrer Richtung befindet.
Der Antrag der Religiösen Sozialisten lautete:
'Die Kirchenregierung hat in ihrer letzten Sitzung sechs Abgeordnete zur Synode ernannt. Im Gegensatz zu der Ernennung vor sechs Jahren hat sie diesmal den *religiösen Sozialisten keinen Abgeordneten* gegeben, obwohl die religiösen Sozialisten an Stimmenzahl gewachsen sind. Dadurch ergibt sich das unnatürliche Verhältnis, daß auf einen *positiven* Abgeordneten, wenn man die Stimmen des ganzen Landes vereinigt, 2960 Stimmen fallen, auf einen Abgeordneten des *Volkskirchenbundes* 3814, auf einen Abgeordneten der *Liberalen* sogar 3982. Die Synode bedauert, daß die Kirchenregierung durch diese Art der Ernennung die *positive Gruppe einseitig bevorzugt* und die Ernennung nur nach *machtpolitischen* Erwägungen getroffen hat.'
Aber sie sollten noch *ganz anderes* erleben und mit ihnen die Liberalen: Zur Wahl der neuen Kirchenregierung hatten die Positiven den Antrag eingebracht, in Zukunft neben den 3 Vertretern des Oberkirchenrats nur 4 (statt bisher 6) Synodale zu wählen. Die Rechtsmehrheit nahm diesen verfassungsändernden Antrag an und wählte sodann 2 Positive und 2 Nationalsozialisten in die Kirchenregierung, die somit aus 4 Positiven, 2 Nationalsozialisten und 1 Liberalen (Oberkirchenrat Dr. Doerr) besteht.-
Zweifellos ist es richtig, daß eine einheitlicher als bisher zusammengesetzte Kirchenregierung aktionsfähiger ist, sowohl in der Leitung der Kirche im Innern, als auch bei Verhandlungen mit dem Staat (Kirchenvertrag). Zweifellos stehen der Kirchenregierung und auch der Synode ernste und schwerwiegende Entscheidungen bevor. Herr Kirchenpräsident D. Wurth hat darauf in seiner sehr eindringlichen Eröffnungsansprache hingewiesen. – Aber ebenso sicher ist, daß diesen Vorteilen auch große Bedenken gegenüberstehen: Land auf, Land ab wird man nun von Ausschaltung der Minorität, von einseitiger Machtpolitik usw. reden und viel Verärgerung und Unlust wird daraus entstehen, gerade in einer Zeit, in der, wie Herr Prälat D. Kühlewein in seiner Eröffnungspredigt betonte, die Einigkeit im Geist unserer Kirche so bitter not täte. Wir können nur hoffen und beten, daß Gott alles zum Guten wende und unsere Kirche vor bleibendem Schaden behüte."

204 Pfr. Kobe: „Die erste Tagung der neuen Landessynode"
KPBl. Nr. 20, 16. Okt. 1932, S. 151f.

„... Um diesen Antrag [Nr.3a, vgl. Dok. 200] beginnt nun alsbald ein heißes Ringen in den einzelnen Fraktionen wie im Verfassungsausschuß.

Was will es bedeuten, daß auch die religiösen Sozialisten einen Antrag einbringen, nach dem die Synode ihr Bedauern aussprechen soll, daß sich unter den von der Kirchenbehörde zur Synode ernannten sechs Mitgliedern kein Angehöriger der religiösen Sozialisten befinde? Oder ein Antrag der Kirchlich-Liberalen, wonach die Kirchenregierung der Landessynode einen Gesetzesentwurf vorlegen soll, daß anstelle des bisherigen unmittelbaren Wahlrechts zur Landessynode das mittelbare Wahlverfahren eingeführt wird? Das alles tritt bei der Wichtigkeit und Dringlichkeit des positiven Antrags in den Hintergrund des Interesses. Was die Positiven wollen, ist klar, und wird durch die Verhandlung des Rechtsausschusses wie hernach durch die positiven Redner in der Vollsynode auch in der Öffentlichkeit herausgestellt: sie wollen durch ihren Antrag die Kirchenregierung aus einem übertriebenen Parlamentarismus herausgehoben wissen. Sie wollen die Kirchenleitung so umgestalten, daß in den Kämpfen der Gegenwart eine kraftvolle und zielklare Führung gewährleistet wird. Nicht als ob ihnen diese Erkenntnis erst jetzt gekommen sei! Sie haben es schon lange schmerzlich erfahren, daß bei einer aus den gegensätzlichsten Gruppen zusammengesetzten Kirchenregierung, die nichts anderes als eben nur ein verkleinertes Parlament bedeutet, eine einheitliche Führung durch den immer notwendigen Kompromiß in Frage gestellt wird. Sie wollen diese Änderung der beiden Paragraphen nur als den Anfang eines notwendigen Umbaus der ganzen Verfassung angesehen wissen. Es liegt auf der Hand, daß die Vertreter der nationalsozialistischen Gruppe, die doch die 'Entparlamentarisierung' zu einem wesentlichen Teil ihres kirchenpolitischen Programms gemacht hat, gar nicht anders konnten, als diesem positiven Antrag beizutreten. Ebenso war von vornherein die gegensätzliche Stellungnahme der religiösen Sozialisten zu dem positiven Antrag vorauszusehen; sie wissen auch sofort, daß die Annahme des Antrags den Verlust ihrer Vertretung in der Kirchenregierung bedeutet. Und die Liberalen? – Wissen sie, daß dieser Antrag nicht ad hoc gegen ihre Teilnahme an der Kirchenregierung gerichtet ist? Wissen sie, daß mit diesem Antrag auch nicht die Türe vor ihrem Eintritt in die Kirchenregierung zugeschlagen werden soll? – Jedenfalls haben sie nichts dagegen einzuwenden, daß die Zahl der synodalen Vertreter in der Kirchenregierung von 6 auf 4 vermindert werden soll; aber die Aufhebung der Möglichkeit, die Mitglieder der Regierung auf Grund des in der seitherigen Verfassung vorgesehenen Verhältniswahlverfahrens bestellen zu können, macht ihnen die Annahme des positiven Antrages unmöglich; sie sehen den Schutz der religiösen Minderheiten durch die Nichtvertretung der Minderheitsparteien in der Kirchenregierung aufgehoben, während man doch seither unter dem 'Schutz der religiösen Minderheiten' etwas ganz anderes verstanden hat als sozusagen die persönliche Teilnahme aller in der Minderheit gebliebenen kirchlichen politischen Parteien an der Kirchenleitung, ja wo der Schutz der religiösen Minderheiten durch jede Kirchenregierung, mag sie aussehen wie sie will, gewährleistet sein muß. Wir wissen von der Theologie her, daß es Wahrheiten gibt, die nicht mit einem einzigen einfachen Satz ausgesprochen werden können, zu deren Umreißung vielmehr zwei Sätze nötig sind. Für eine Kirchenleitung aber muß sich ein dualistisches Prinzip verhängnisvoll auswirken. Luther hat gelegentlich die Welt mit einem trunkenen Bauern verglichen, der, wenn man ihn auf der einen Seite in den Sattel hebt, zur andern wieder herunterfällt, so daß man ihm nicht helfen kann, wie man sich auch dazu anstellen wolle. Zu einem solchen Vergleich reizt auch die seitherige verfassungsmäßige Konstruktion der Kirchenregierung. Um *eine einheitliche Linie in der Kirchenleitung einhalten zu können, ist eine gewisse Gleichartigkeit der Überzeugung nötig*. Mit diesem Satz hat insbesondere der positive Führer, Landeskirchenrat Bender, die Forderung des Antrags begründet, und, als man das Zusammengehen der Positiven und evangelischen Nationalsozialisten mit der 'Harzburger Koalition' glaubte vergleichen zu können, mit aller Deutlichkeit erklärt, *daß die beiden Gruppen nicht im Verhältnis der Koalition, sondern der Distanzierung zueinander stehen*. Der Grund des Zusammengehens in dieser Frage sei der gemeinsame Gedanke von der Notwendigkeit der Entparlamentarisierung der Kirche, mit der nun auch gleich der Anfang gemacht werden müsse. Hervorzuheben ist noch, daß sowohl die Sprecher der Positiven, Bender und Rost, als auch der der Gruppe für positives Christentum und deutsches Volkstum im Namen ihrer Fraktionen erklärten, daß Oberkirchenrat Dr. Doerr auch als Mitglied der Kirchenregierung in Zukunft ihr uneingeschränktes Vertrauen genieße.

Nach diesen Erörterungen konnte das Resultat der Abstimmung über den positiven Antrag nicht mehr zweifelhaft sein: er wurde dann auch mit sämtlichen Stimmen der Positiven und Nationalsozialisten gegen die der Liberalen und Sozialisten, und zwar mit 42 (ein Nationalsozialist fehlte bei der Abstimmung), d.h. der notwendigen Zweidrittel-Mehrheit, gegen 20 Stimmen angenommen. Da nach dem Antrag der Beschluß mit sofortiger Wirkung rechtskräftig wurde, konnten die synodalen Mitglieder der Kirchenregierung alsbald gewählt werden; es sind dies die Abgeordneten Voges und Dr. Dommer von den Nationalsozialisten, die im Anschluß an die Wahl sofort verpflichtet wurden.[*]

Eine kurze, aber inhaltsreiche Tagung, diese erste der neuen Synode! Ihr Ergebnis ist äußerlich gesehen nicht besonders wichtig, und doch

---

[*] Ersatzmitglieder bei den Kirchlich-Positiven: Forstrat Freiherr von Göler/Eberbach sowie Pfr. Rost/Mannheim – bei den Evang. Nationalsozialisten; Amtsgerichtsrat Reinle/Wiesloch und Pfr. Rössger/Ichenheim KGVBl. Nr. 14, 10. Okt. 1932, S.116

inhaltlich außerordentlich gewichtig! Ein gewaltsamer schmerzlicher Bruch mit einer mehr als hundertjährigen Vergangenheit, so urteilen die einen. Und der Anfang eines hoffnungsvollen Neuen, andere. – Jedenfalls wollen wir im Glauben stehen, im Glauben an den Herrn, zu dem das Schlußgebet des Abgeordneten Hesselbacher die Herzen der Beteiligten dieser denkwürdigen Sitzung erhob, den Herrn, der allein das Schifflein seiner Kirche hindurchretten kann und retten wird durch die hochgehenden Wellen, durch die Nacht und Not unserer sturmbewegten Zeit."

205 V.[?]: „Ein schwarzer Tag der badischen evangelischen Landeskirche"
RS Nr. 42, 16. Okt. 1932, S. 166

„Das war der 5. Oktober 1932. Was war geschehen? In diesen Tagen trat die neugewählte *Landessynode* zusammen; in der sich die *Positiven* und die *Nationalsozialisten* die Zweidrittel-Mehrheit befestigt hatten. Zwar ließen diese beiden Gruppen bis zu diesem Tage verlautbaren, daß sie keinerlei Abkommen oder 'Koalition' miteinander eingegangen seien. Am 5. Oktober marschierten sie aber *Arm in Arm*. Wer da glauben sollte, daß dies in Zukunft etwa anders werden wird, befindet sich in einem gewaltigen Irrtum. Die Beschlüsse hinsichtlich der *Abänderung* der Kirchenverfassung und die Erklärungen von dieser Seite, daß mit diesen Beschlüssen erst ein *Anfang* gemacht sei für eine 'Entparlamentarisierung' der Kirche, zeigen, daß das *'protestantische Harzburg'*, wie es einer unserer Sprecher nannte, wenigstens vorerst in der badischen evangelischen Kirche gegründet ist. Im übrigen war es zu erwarten, daß diese Zweidrittel-Mehrheit ihre Macht nun rücksichtslos gebrauchen wird.

Zunächst mußten sich diese Gruppen ihre Mehrheit noch besser sichern. Darum durfte auch unter den von der Kirchenregierung für die Synode zu ernennenden 6 Abgeordneten kein *religiöser Sozialist* sein. Die Positiven gaben sich gleich einen Abgeordneten mehr als ihnen zustand. Wenn man nun die Stimmen des ganzen Landes vereinigt, ergeben sich auf einen positiven Abgeordneten 2960 Stimmen, auf einen volkskirchlichen (religiösen Sozialisten) 3814 und auf einen liberalen sogar 3932 Stimmen. 'Wer da hat, dem wird gegeben', meinte ehrlicherweise der Schriftleiter der positiven Blätter, und der Kirchenpräsident glaubte besonders betonen zu müssen, daß man doch eine *feste Mehrheit* haben müsse. Unser *Protest* half nichts. Das war das *erste Unrecht*, das die Synode guthieß.

Das *zweite Unrecht* folgte zugleich. Nach der bisher geltenden Verfassung setzte sich die *Kirchenregierung* aus dem Kirchenpräsidenten als

Vorsitzenden, dem Prälaten der Landeskirche, dem Stellvertreter des Präsidenten und 6 Mitgliedern der Landessynode zusammen. Letztere mußten auf Verlangen eines Sechstels aller Abgeordneten im Wege des *Verhältniswahlverfahrens* gewählt werden. Auf diese Weise wäre der Sitz, den die religiösen Sozialisten bisher in der Kirchenregierung innehatten, gesichert gewesen. Das lag aber von vornherein nicht in der Absicht der Zweidrittel-Mehrheit. Die bösen religiösen Sozialisten mußten endlich einmal 'kaltgestellt' werden. Die Kirchenregierung mußte 'entparlamentarisiert' werden. Sie dürfe nicht eine Art 'Abklatsch der Synode' sein. In diesem Gremium könne man keine 'Opposition' ertragen, besonders, wenn sie von der äußersten Linken komme. Eine Kirchenregierung müsse ein 'einheitliches Gesicht' haben, sie müsse 'homogen' sein. Nicht zuletzt müsse gespart werden. Infolgedessen würden *vier* aus der Synode gewählte Mitglieder statt sechs genügen. Das waren die 'Gründe' der protestantischen Harzburger. Und das war dann auch der Beschluß dieser Zweidrittel-Mehrheit. Da aber dieses verfassungsändernde Gesetz nach dem geltenden kirchlichen Recht erst acht Tage *nach* der Verkündigung seine *verbindliche Kraft* erlangt und die Synode sich deshalb zur Wahl der Kirchenregierung hätte auf mindestens 8–14 Tage vertagen müssen, beschloß man sofort dazu, daß dieses Gesetz bereits am *5. Oktober* in Kraft tritt, 'ohne Rücksicht auf den Zeitpunkt seiner Verkündigung'. Nun konnte man sich seine Kirchenregierung wählen, wie man sie haben wollte: 2 *Positive* und 2 *Nationalsozialisten*. Die *Liberalen* flogen zu gleicher Zeit mit aus der Synode hinaus, obwohl die Liberalen noch einen Vertreter im Oberkirchenrat haben, der aber nach Ansicht des Herrn Kirchenpräsidenten als kirchlicher Beamter, nicht 'als Exponent einer kirchlichen Gruppe' betrachtet werden darf. Wenn darum später der badische evangelische Pressedienst eine 'Berichtigung' in die Welt hinausgab, daß die Liberalen doch noch durch den oberkirchenrätlichen Vertreter in der Kirchenregierung vertreten seien, so zeigt dies nur, wie schwül es der Rechten inzwischen wurde, als sie sah, daß nunmehr die *Opposition* einen verbreiteten Boden bekommen hat, indem diese von den religiösen Sozialisten bis zu den Liberalen reicht und damit ein Drittel der gesamten badischen kirchlichen Wählerschaft umfaßt.

Was ist hierzu zu sagen? Es setzt schon sehr viel Naivität beim Gegner voraus, wenn die Rechte von einer 'Homogenität' der Kirchenregierung, die jetzt erst geschaffen werden müsse, redet. Diese 'Homogenität' war *bereits vorhanden*. In der alten Kirchenregierung hatten die Positiven die *Mehrheit*, und in der neuen hätten sie diese Mehrheit auch erhalten, wenn nach dem alten Wahlmodus gewählt worden wäre. Aber der *religiös-sozialistische Vertreter* mußte eben heraus. Helfe, was helfen mag! Daß die liberalen Vertreter dabei mit herausflogen, war eine nicht zu umgehende Nebenerscheinung. Man wollte ganz unter sich sein. Darum mußte die *Minderheit* an die Wand gedrückt werden.

Bisher war es in der badischen evangelischen Landeskirche üblich, die Minderheit vor Vergewaltigung durch die Mehrheit zu schützen. Dieser Grundsatz galt aber nur so lange, als die Positiven selbst in der Minderheit waren. Sie waren ja auch früher, als die Liberalen die Mehrheit hatten, eifrige Verfechter des *Minderheitenschutzes*. Mit Recht! Eine Kirche, die *allen* evangelischen Gliedern dienen soll, muß *weitherzig* sein, und muß dafür Sorge tragen, daß eine Minderheit nicht durch eine Mehrheit *verletzt* wird. Dieser Geist der Weitherzigkeit und Duldsamkeit ist nun gewichen. An seine Stelle tritt der Geist der *Engherzigkeit* und des *Machtglaubens*. Das bedeutet, wie Geheimrat *Bauer* von der liberalen Fraktion ausführte, ein *Schnitt in die badische kirchliche Entwicklung*. Man wollte die Kirche 'entpolitisieren' und 'entparlamentarisieren' und hat sie erst recht dem 'Parlamentarismus' ausgeliefert, in dem man die Kirchenregierung nach *staatspolitischen* Gesichtspunkten zusammengesetzt hat. Dem *Wesen* einer evangelischen Kirche entspricht aber eine '*Kollegialregierung*', in der die Vertrauensleute *aller* kirchenpolitischen Richtungen vertreten sind. Auf Grund des 'allgemeinen Priestertums' sind *alle* Kirchenglieder berufen, der kirchlichen Gemeinschaft zu dienen.

Man kann nicht die Verantwortung für die kirchliche Leitung nur einer *zufälligen Mehrheitsgruppe* überlassen. Das ist *unprotestantisch*. Nach der Kirchenverfassung ist die *Synode* die oberste gesetzgebende Instanz und die *Kirchenregierung* neben dem *Oberkirchenrat* nur mit der Verwaltung, Leitung und Exekutive betraut. Das ist *volkskirchlich und evangelisch*. Was aber jetzt unternommen wurde, ist der erste Schritt zur

autoritären Obrigkeitskirche,

zur *episkopalen* (bischöflichen) Verfassung! Entspricht ein solcher Kirchenaufbau noch dem *Wesen* der evangelischen Kirche? Sollen die Gemeinden wieder *Objekt* der Regierung werden? Ist das die Grundlage für die neue kirchliche Gemeinschaft? *Wir warnen!*

Eine *neue kirchenpolitische Lage* ist in Baden geschaffen. Der *Riß* im Kirchenvolk ist *größer* geworden. Die Verantwortung hierfür vor Gott und der Geschichte haben diejenigen zu tragen, die der Kirche diesen schwarzen Tag beschert haben. Die badische evangelische Kirche ist jetzt völlig politisiert. Dabei hat diejenige Gruppe, die in den Wahlkampf hinauszog, um die 'kirchliche Parteiwirtschaft' zu überwinden, die *Nationalsozialisten, es sehr gut* verstanden, auf dem Instrument des *Parlamentarismus* und der *Kirchenpolitik* zu spielen. Der *Minderheit* ist es nun aufgegeben, in *allen* Gemeinden das Kirchenvolk auf diese *Schicksalswende* in der badischen Landeskirche aufmerksam zu machen und die

Folgen zu zeigen, die aus dem verhängnisvollen 5. Oktober der Kirche erwachsen können, wenn nicht die *Ereignisse der Zukunft* — und das ist unsere begründete Zuversicht — dem Gang der Geschichte eine *andere Entwicklung* geben, als sie sich die derzeitigen kirchlichen Machthaber in Baden erträumen. *Die oppositionelle Minderheit wird auf dem Posten bleiben.*"

206 Ph. Mückenmüller/Neckarau: „Pharisäertum der positiven Führer"
RS Nr. 42, 16. Okt. 1932, S. 166

„Also auch ihr: von außen scheinet ihr vor den Menschen fromm, aber inwendig seid ihr voller Heuchelei und Untugend. (Matthäus 23,28)

'Dem Unrecht Trutz, dem Rechte Schutz'. Wir Sozialisten wollen nichts anderes als Gerechtigkeit, nichts anderes, als daß die Güter der Erde allen zugänglich gemacht werden, und daß alle Menschen ein Auskommen haben und menschenwürdig leben können. Wir wissen, daß unsere Idee richtig und wahr ist, daß sie Trägerin einer neuen Zukunft ist. Heute sind Millionen arbeitslos, brotlos, darben, hungern und frieren. Müssen den niedrigsten Kampf ums Dasein kämpfen und Ungezählte gehen in den Tod, weil sie nicht mehr leben können. Verwildert sind die Sitten und Moralbegriffe. Täglich kann man sich die bange Frage stellen: 'Ist das etwa ein Christentum?' Ein Christentum der Wahrheit, der Gerechtigkeit und der Liebe? Oder ist es nur Schablone, Schein und Heuchelei. Wir religiösen Sozialisten wollen nicht, daß das Licht des Glaubens, der Hoffnung und der Liebe ausgelöscht wird. Ein *Volk ohne Gott,* ein Volk, welches die *Heiligkeit des Gottesglaubens,* der *Ehe* und der *Familie* antastet, geht unrettbar seinem Untergang entgegen. Unser Vorbild? Er, ein Freund der Armen, der Unterjochten, der Witwen und Waisen! Da steht uns ein Vorbild vor Augen, welches nicht übertroffen werden könnte, und hat die Kraft und die Wucht eines Beispiels in sich.

Aus dem *Gottesglauben heraus* muß die *Liebe* zum Proletariat wachsen, aus dem *Gottesglauben heraus* wächst die Kraft *ohne persönliche Vorteile* zu arbeiten, zu kämpfen und zu streben, für das geknechtete Menschentum, damit es aufwärts gehe zum Lichte. *Gottes Wille ist es,* daß alle Menschen als Menschen leben sollen und können, daß alle Menschen Recht auf das Leben haben, daß alle Menschen Anspruch haben auf die Erdengüter, auf Gerechtigkeit, Freiheit, Auskommen, Arbeit und Brot.

Wohin führt uns aber die heutige Kirche mit ihrer Religion? Wer wüßte nicht, daß diese Religion zu einem Opium mißbraucht worden ist? Wir religiösen Sozialisten wissen, daß unsere Kirchen nicht mehr die Wege wandeln, die Christus sie gehen hieß, wir wissen, daß nach seiner Lehre nicht mehr gehandelt wird. Wir wissen aber auch, daß *viele Seelsorger mit dem Proletariat durch dick und dünn gehen*, daß sie aufgehen in Sorge um das Proletariat. Unser Ruf ist: *'Für Freiheit und Evangelium'*.

Wir religiösen Sozialisten fordern und verlangen das wahre Evangelium Christi, Gewissensfreiheit für alle! Man darf trotz allen bitteren Erlebens nicht das Lichtlein des Glaubens auslöschen, nicht mithelfen, daß eine gottfremde und religionslose Generation heranwachse. Wir religiösen Sozialisten bekennen und sagen offen die Wahrheit. Es ist nicht wahr, daß bei der *Menge* der positiven Wähler und Abgeordneten das *Recht* liegt, sondern bei wenigen liegt oft das *Recht und die Zukunft*.

Darum, ihr Führer der Positiven, die ihr uns unser Recht vorenthaltet und euch vom Haß gegen uns leiten laßt, die ihr Menschen verachtet, die wirklich echten Glaubens sind und euer Getue durchschaut haben, Gottes Strafe wird über die hereinfallen, die seinen Namen mißbrauchen. *Bei der Zuwahl der fehlenden Synodalen* durch die badische evangelische Landeskirche habt ihr Führer der Positiven euch gezeigt, wie 'christlich' ihr seid. Eines kann ich Ihnen sagen, Herr LKR Bender, heute schon fest und sicher verraten, *der Sozialismus wird siegen. Und mit ihm das wahre Evangelium und die wahre unsichtbare Kirche.*

Der Sozialismus wird von den Massen geglaubt und gelebt als der elementare Schrei nach *Gerechtigkeit, nach gerechtem Lohn und menschenwürdiger Behandlung, nach erträglichen Arbeits-, Lebens- und Wohnverhältnissen*, nach *Freude, Wohlfahrt* und *Achtung*. Der Sozialismus siegt, des sind wir gewiß. Dann wird kein Herr LKR Bender mehr sein, der sagt: 'Der Zug geht nach rechts', nein, dann geht der Zug des Sozialismus weder nach rechts noch links, sondern geradeaus, vorwärts, den Menschen zu helfen, die jahrelang in Not und Elend schmachteten, er geht überall dorthin, wo der Ruf der Armen im Volk erschallt, der da ist: 'Gerechtigkeit, Freiheit, Arbeit und Brot!' Gäbe Gott, daß dieser Ruf auch von allen Menschen verstanden werde, und die damit sehen, daß das, was wir religiösen Sozialisten wollen, 'Freiheit und Evangelium', die der Menschheit und dem Christentum nur zum Guten und zum Besten eines jeden einzelnen unter ihnen gereichen können."

207 LSynd. Dietrich: „Der 5. Oktober in der badischen Landeskirche."
RS Nr. 43, 23. Okt. 1932, S. 171

„In der badischen Landeskirche wird dieser Tag als *schwarzer Tag* weiterleben. Eine von langer Hand in aller Heimlichkeit verbreitete Verfassungsänderung ist in wenigen Stunden vollzogen worden und hat eine Linie abgeschnitten, die in die Anfänge der vereinigten badischen Landeskirche zurückführt. Unter Mißachtung von Gewohnheit und Sitte ernannte sich die positive Kirchenregierung eine Mehrheit in der Synode, hinter der keine Mehrheit im Kirchenvolk steht. Dann ließ man bei den Liberalen sondieren, wie sie sich zum Hinauswurf der religiösen Sozialisten stellen. Der Nationalsozialisten war man ja sicher. Die Liberalen waren hellhörig genug und überließen den Positiven den traurigen Ruhm, ganze Volksschichten von der kirchlichen Mitarbeit abzudrängen.

Heute liegen nun die Urteile über diesen 5. Oktober von allen Kirchengruppen vor. Diese Beurteilungen sind ein Lichtblick für die Zukunft. In weiten Kreisen des Bürgertums, nicht mehr in der Arbeiterschaft allein, macht sich ein Widerspruch bemerkbar, der in seiner Schärfe dem religiös-sozialistischen Protest in keiner Weise nachsteht. Beachtenswert ist, daß von dieser Proteststimmung auch die Landeskirchliche Vereinigung erfaßt ist, deren Anhänger wohl restlos positiv gewählt haben. Der Vorstand der Landeskirchlichen Vereinigung erläßt folgende Kundgebung:

'Der Vorstand der Landeskirchlichen Vereinigung bedauert es aufs tiefste, daß die Berufung von sechs Abgeordneten in die Landessynode (deren Sinn es doch ist, kirchlich bewährte, parteimäßig nicht gebundene Persönlichkeiten für die Synode zu gewinnen) nach parteipolitischen Gepflogenheiten und zur Stärkung der bestehenden Mehrheit vorgenommen worden ist. Ebenso hält es der Vorstand der Landeskirchlichen Vereinigung für unheilvoll, daß auch bei der Bildung der Kirchenregierung parteipolitische Gesichtspunkte den Ausschlag gegeben haben.'

Nachdem schon in der Landessynode der gegenwärtige Vorsitzende der liberalen Vereinigung eindeutige und klare Worte des Protestes gefunden hatte, zittern jetzt in den Süddeutschen Blättern, dem Organ der Liberalen, diese Worte noch nach: 'Im ganzen hohen Hause der Synode herrschte stundenlang die größte Aufregung und Spannung. Wird man es wagen, so hemmungslos und unbeschwert von allen Empfindungen für Recht und Anständigkeit seine Macht zu gebrauchen? Man wagte es und wagte noch mehr. Man wagte es, diesem Akt noch einen christlichen Mantel umzuhängen. Allen Versicherungen, daß es nicht um die Macht gehe, sondern nur um das Heil der Kirche, um des Glaubens willen, kann man höchstens die *bona fides* eines irrgehenden und sich selbst und andere täuschenden Machtbesitzes gutschreiben. – Das auch in der Kirche und in der Landessynode mit aller brutalen Deutlichkeit erleben zu müssen, war das Erschütternde dieser Tagung. Denn das aller schönen Worte entkleidete wirkliche Ergebnis dieses Ringens ist eben doch

nichts anderes als eine ungeheuerliche *Vergewaltigung des Rechtes der Minderheiten.*'
Dann wird ein Teil der Rede vom liberalen Landesvorstand zitiert, die er in der Synode gehalten hat und die wir gerne hier wiederholen:
'Die Verhandlungen dieses Tages haben die Geschlossenheit der Kirche nicht gefördert, sondern auf das äußerste gefährdet. Der Weg, der heute beschritten wurde, wird auch niemals die Kirche stärken im Kampfe gegen die kirchenfeindlichen Mächte, sondern wird sie schwächen. Unsere Kirche wird auf diesem Wege aufhören, eine Volkskirche zu sein. Wir müssen es ablehnen, den Weg, dessen Anfang man heute beschritten, auf Sterb und Verderb mitzugehen. Evangelische Kirche soll Zusammenfassung aller Kräfte sein, gemeinsame Verantwortung für das Ganze. Die Auslieferung der Kirchenregierung an die zwei Parteien, die die Mehrheit haben, ist die gewaltsamste und stärkste Politisierung der Kirche, die man sich denken kann. Und es ist immer eine Täuschung gewesen, auf dem Wege des Unrechts die Homogenität schaffen zu wollen. Wenn man uns Liberale strafen will, dadurch, daß man uns den Sitz in der Kirchenregierung vorenthält, so stelle ich in aller Öffentlichkeit fest, daß Sie damit ein Unrecht begehen. Hinter Ihnen stehen im ganzen 137181 Wähler, hinter den Minderheiten 77706; also die Mehrheit, die mit mehr als zwei Drittel Abgeordneten in diesem hohen Hause eingezogen ist, hat nicht einmal die doppelte Zahl der Stimmen gegenüber den Minderheiten, aber sie versagt dieser großen Minderheit jedes Recht an der Kirchenleitung. Man sagt uns, wir hätten ja noch einen Mann in der Kirchenregierung. Jeder aber weiß, daß das etwas ganz anderes ist, ob man als Beamter oder als Synodaler der Kirchenregierung angehört. Man sagt: wer viel hat, dem wird viel gegeben werden. Wir halten dem das andere entgegen: wer viel hat, von dem wird man viel fordern. Wir müssen feststellen, daß Sie heute in einer Stunde, die von Ihnen Gerechtigkeit forderte, versagt haben. Das wird nicht zum Segen der Kirche sein. Wir können Ihrem Antrag nur ein entschlossenes und klares Nein entgegenstellen. Die Kirche ist uns zu heilig zur Obstruktion. Aber wir werden uns in allen Dingen unsere Stellungnahme zu den kommenden Dingen vorbehalten.'
Aber auch die kirchlich-positiven Blätter, deren Schriftleiter selbst in der Synode ist, haben zur Synode Stellung genommen. Nicht 'in der zynischen Offenheit: Wer da hat, dem wird gegeben', wie es in der Synode geschehen ist, sondern mit gedämpftem Trommelklang. 'Die Positiven haben es schon lange schmerzlich erfahren, daß bei einer aus den gegensätzlichen Gruppen zusammengesetzten Kirchenregierung, die nichts anderes als eben nur ein verkleinertes Parlament bedeutet, eine einheitliche Führung durch den immer notwendigen Kompromiß in Frage gestellt wird.' Mit solchen unwahrhaftigen Beweisführungen der

Synode wird hier weitergearbeitet. Die Wahrheit ist nämlich, daß für die religiösen Sozialisten die Nationalsozialen in die Kirchenregierung gewählt wurden. Mit den Worten 'Entpolitisierung' und 'Entparlamentarisierung' will man dem 'tumben' Kirchenvolk die brutale Machtgier der Positiven und ihren grenzenlosen Haß gegen die religiösen Sozialisten schmackhaft machen. Wir wußten natürlich schon lange von diesen politischen Plänen, die wir durch Zurückhaltung haben ausreifen lassen, damit die Begründung um so fadenscheiniger wirkt.

Am 31. Oktober treten die Liberalen zu einer Landesversammlung zusammen, um zu den Vorgängen Stellung zu nehmen. Sie haben in der Synode den Antrag auf Beseitigung der Landessynodalwahlen und ihrem Ersatz durch Gemeindewahlen eingebracht. Obwohl wir uns aus grundsätzlichen Gründen bis zuletzt gegen diesen Antrag wehren, werden wir uns in unsere Opposition nicht so weit hineinsteigern, die die Bildung eines Blockes zur Befreiung der Kirche von positivem Zwang unmöglich macht. Wir werden die sozialistische Arbeiterschaft zu mobilisieren versuchen, wir begrüßen aber jede Strömung im Bürger- und Bauerntum, die Hand in Hand mit uns geht im Kampf für evangelische Freiheit, evangelischen Glauben und einen neuen Protestantismus."

208 Pfr. Friedrich E. Doerr: „Unsere [KLV] Herbstversammlung"
SdtschBl. Nr. 12, Nov. 1932, S. 98

„So stark waren wir lange nicht mehr beisammen gewesen, obwohl unsere Zusammenkünfte immer gut besucht waren. Hätte sich nur der Eifer schon *vor* den Wahlen so groß gezeigt! Nun war es die Not, die uns einigte, und noch mehr der *Groll*, der durch jedes Wort der Aussprache zitterte. Und der Ausklang war die Hoffnung, es würde sich die böse Tat der Gegner als unbesonnen erweisen und gegen die Täter selbst wenden, uns aber neue Entschlußkraft und damit nach dem gegenwärtigen Tiefstand den Wiederaufstieg bringen bis zum Sieg der Sache des freien Protestantismus.

Der Vorsitzende, Pfarrer Spies/Pforzheim, erzählte, wie es gekommen war. Wie aus der beständigen merkwürdig kalten Zurückhaltung der gegnerischen Führer gegenüber den unverdrossenen Anknüpfungs- und Verständigungsversuchen immer klarer hervortrat der Wille, sich von dem, was unter den beiden Mehrheitsparteien verabredet war, nicht das Geringste mehr abhandeln zu lassen, bis zur gänzlichen Erledigung der Minderheitsgruppen. Aus der Versammlung erscholl der Ruf: 'Ist das – *positives* Christentum?' Aber man wußte: 'Homogenität', d.h.

Einheitlichkeit auf Kosten des Rechtes und der Brüderlichkeit, ist heute die Losung überall dort, wo augenblicklich die Macht ist. Zur Rechtfertigung mußte dienen die angebliche Notwendigkeit, in Sachen des bevorstehenden Kirchenvertrags stark und mit eindeutigem Willen vor dem Staate dazustehen. Und dieser Wille ist u.a.: Unterwerfung der theologischen Fakultät in Heidelberg unter die Orthodoxie der stärksten Kirchengruppe, Vernichtung der Lehr- und Glaubensfreiheit in einer protestantischen Kirche, einer 'Volkskirche', die bisher allen Formen der christlichen Überzeugung Raum gegeben hatte. Man versuchte, uns in die Mehrheit gegen die religiösen Sozialisten mithineinzulocken; es wäre Verrat an jedem liberalen Grundsatz gewesen, hätten wir damit die Erhaltung einer Stimme in der Kirchenregierung erkaufen wollen.

Wir wollen trotz allem *nicht* kirchenzerstörende Opposition treiben. Die Arbeit, die wir bisher für die gemeinsame Kirche leisteten, wird auch ohne Beteiligung an der Regierung fortgesetzt.

Grund zu neuer Zuversicht geben die begonnenen Bestrebungen zum Zusammenschluß der Organisationen des freien Protestantismus in Südwestdeutschland, über die der Vorsitzende gleichfalls Nachricht gab. Der kirchliche Liberalismus in der ganzen Welt erwacht und fängt an sich zu rühren.

Die Versammlung sprach der Synodal-Fraktion ihre volle Billigung aus und faßte *einstimmig* folgende *Entschließung:*

'Die Mehrheit der Landessynode, bestehend aus der Kirchlich-positiven Vereinigung und der Kirchlichen Vereinigung für positives Christentum und deutsches Volkstum (Evangelische Nationalsozialisten), hat die Kirchenverfassung in einer Weise geändert, die das Wesen der Volkskirche bedroht.

Sie hat große Teile dieser Volkskirche von der Mitwirkung in der Leitung der Kirche ausgeschlossen.

Sie hat damit den Weg zur Parteikirche beschritten.

Sie hat mit einer mehr als hundertjährigen Tradition der badischen Landeskirche bewußt gebrochen.

Die Kirchlich-liberale Vereinigung erhebt entschiedenen Protest gegen diese Entrechtung der Freunde evangelischer Freiheit und gegen die Durchführung eines Parteiregiments in der Kirche.

Sie fordert alle Anhänger eines freien Protestantismus auf zum Zusammenschluß für den Schutz unserer bedrohten badischen Volkskirche.'

Die Vertreterversammlung am Abend brachte Verhandlungen über Organisationsfragen, Freizeiten, Pressearbeit und den Stand unserer Kasse."

3. Stimmen zur allgemeinen kirchlichen Lage

209 Prof. Hupfeld/Heidelberg: „Christentum und Volkstum"[*]
KPBl. Nr. 17–19, 4. Sept. / 2. Okt. 1932, S. 121–138

„Unsere Themafrage – das weiß jeder – ist heute sehr umstritten. Was diesen Streit so ernst macht, ist die Tatsache, daß es gerade in Kreisen, die bisher dem Christentum absolut positiv gegenüberstanden, als eine große Not empfunden wird, daß das Evangelium nicht auf deutschem Boden erwachsen ist. Vielen ist daran ja geradezu der Glaube zerbrochen, daß sie die Frage nicht los werden: Ist das Christentum nicht im Grunde etwas unserem Volke Fremdes? Darf man ihm wirklich, wenn es doch nichts Urdeutsches ist, eine beherrschende Stellung in unserm Volksleben geben? Müssen wir ihm nicht Valet sagen?
Das Problem ist ja noch peinlicher. Wenn wenigstens das Christentum arischem Boden entstammte! Es ist aber tatsächlich aus dem *jüdischen* Boden herausgewachsen. In Palästina hat Jesus gewirkt. Um die verlorenen Schafe aus dem Hause Israels hat er geworben. Zwar er selbst wurde von den Juden abgelehnt und hat sich auch selbst gänzlich abwehrend gegen das eigentlich Jüdische verhalten. Aber ist nicht das Christentum vor allem durch Paulus der Welt vermittelt und zeigt nicht Paulus durch und durch jüdische Züge? Damit aber, vor allem dadurch, daß durch die Autorität des Paulus mit dem Neuen Testament zu gleicher Zeit das Alte Testament in den christlichen Völkern heimisch geworden ist, scheint in unsere ganz anders geartete geistige Welt eine Überfremdung hereingebrochen zu sein, die zu den ernstesten Bedenken Anlaß geben muß! Ist nicht so manches, was unserm deutschen sittlichen Empfinden ganz tief entgegen ist, für unser Wesen zur schwersten Gefahr geworden, weil es im Gewand des Heiligen zu uns gekommen ist? Man denke etwa einmal an die sittlichen Wertungen, die den Patriarchenerzählungen des Alten Testaments zugrunde liegen, vor allem an das, was von Jakob erzählt wird, aber andererseits doch so, daß er als Schützling Gottes angesehen wird! Oder man vergegenwärtige sich, welche Ehrfurcht ganz unwillkürlich *dadurch* vor dem jüdischen Volk erzeugt wird, daß es als 'auserwähltes Volk' geschildert wird! Muß nicht notwendig unter solchen Einflüssen die Gradheit deutschen Wesens leiden?
Es muß doch eigentlich jeder, der unser Volk lieb hat, gegen das Judentum, wie es ist, Mißtrauen hegen. Kein objektiv Denkender wird zwar verkennen, daß es viele einzelne tüchtige und prächtige Menschen unter den Juden gibt. Aber ebenso liegt auf der Hand, daß das jüdische Volk

---
[*] „Vortrag auf der Hauptversammlung der KPV in Karlsruhe am 30. März 1932"

im *Ganzen* überall, wo es als Gastvolk lebt, der neuen Umgebung gegenüber im Grund fremd geblieben ist und in seiner Fremdheit eine schwere Gefahr für die umgebende Welt bedeutet. Um all der schweren Schicksale willen, die es von diesen Völkern erlitten hat, ist es voll innerer Abwehr gegen diejenigen, unter denen es doch nun einmal lebt. Es kann ganz ausgesprochene Rachegefühle nicht unterdrücken. Dabei handelt es sich um ein begabtes Volk, das besonders in seinem Denken unter dem Einfluß des talmudischen Rabbinismus eine zersetzende Schärfe zeigt. Kein Wunder, daß es auf dem Gebiete des öffentlichen Lebens, mag es sich um das politische oder um das wirtschaftliche oder auch um das rein geistige Gebiet handeln, eine große, meist aber verhängnisvolle Rolle spielt! Kommt doch dazu, daß es, weil es Jahrhunderte lang in Berufen leben mußte, bei denen es aufs Geldverdienen ankam, in besonderer Weise dem Mammonismus verfallen ist. Kein Wunder, daß die Kräfte wirklich schöpferischer Phantasie, tiefer Innerlichkeit nicht zur Entwicklung gekommen sind, daß statt dessen ein Geist realen Rechnens das Judentum beherrscht.

Gerade aber in der Auseinandersetzung mit diesem Judentum sind wir uns unsrer eigenen deutschen Art bewußt geworden, haben wir gemerkt, wie fremd uns die jüdische Verschlagenheit und der jüdische Rechengeist ist, wie deutschem Wesen ganz andere Eigenschaften: Wahrhaftigkeit und Ehrlichkeit, Mannentreue und freigebige Güte entsprechen. Wir haben es erkannt, daß unserer Art die analysierende Schärfe der Kritik weit ferner liegt, als das Wertlegen auf ein Denken aus dem Ganzen, als ein Leben aus der Tiefe des Gemüts und schöpferischer Phantasie heraus. Deshalb ist auch unser Wille nicht auf kühle Berechnung angelegt, ist nicht bestimmt vom Vergeltungsprinzip, vielmehr wird dem deutschen Geist erst wohl, wenn er große Ideale umfassen und sich für sie hingeben kann.

Ist es zu verwundern, daß die Vermutung auftaucht, irgendwie könne durch ein stark jüdisch infiziertes Christentum etwas lebendig werden, was die Kraft unseres Volkstums zersetzen und zerstören kann? Ist es zu verwundern, wenn unter dem Eindruck dieser Erwägungen Bestrebungen auftauchen, die aus der Sorge um das Volkstum heraus entweder überhaupt das Christentum ablehnen oder wenigstens ein Christentum germanischer Art zu konstruieren versuchen?

Wir wollen im folgenden den Versuch machen, die durch diese Not gegebene Frage an einzelnen Punkten wenigstens einer grundsätzlichen Klärung entgegenzuführen. Wir stellen zunächst die Frage, *welche Bedeutung überhaupt das Christentum dem Volkstum als solchem zuerkennt. Wir suchen dann die Bedeutung zu umreißen, die das Christentum für unser Volkstum hat. Wir fragen uns schließlich, welche Aufgaben sich aus den gewonnenen Einsichten für die Arbeit des Christentums am Volkstum ergeben.*

I. Es ist zunächst von Wichtigkeit, daß wir uns deutlich machen: das Christentum ist nicht eine durch ein bestimmtes, also etwa das jüdische Volkstum beherrschte Religion, sondern es hat sein Wesen darin, daß es *Weltreligion* ist.

Darin besteht der Unterschied des Neuen Testaments vom Alten Testament. Im Alten Testament steht im Mittelpunkt das Volk Israel, im Neuen Testament die Menschheit. Jenes kommt nicht ganz von dem Gedanken los, daß Gottes Wege auch mit der Menschheit irgendwie auf eine Verherrlichung Israels hinauslaufen. Hier dagegen steht im Mittelpunkt die Botschaft von der Liebe Gottes, die die Welt mit sich versöhnt. Das Alte Testament erzählt uns davon, wie die Herrschaft Gottes sich in der Geschichte eines Volkes entfaltet. Im Neuen Testament dagegen werden die Volksgrenzen gesprengt. Eine Gemeinde wird geschaffen, die Ewigkeit und Zeit umfaßt, die die Zäune zwischen Israel und Nichtisrael niederlegt. Dem Neuen Testament liegt nicht in entscheidender Weise am Volkstum, sondern seine ganze Leidenschaft gehört der Anbetung des weltüberlegenen Herrn, gehört der großen Brüderschar, die dieser Herr aus allen Völkern sich sammelt.

Gerade der Apostel, der heute in besonderer Weise als jüdisch bestimmt angesehen wird, Paulus, hat diese Ewigkeits- und Weltbedeutung des Christentums mit besonderer Schärfe herausgearbeitet. Seine Theologie ist von dem *einen* Bestreben beherrscht, aufzuzeigen, wie dadurch, daß es Christus und der in seinem Kreuz sich offenbarenden Gnade gegenüber sich nie um verdienstliches Werk, nie um Belohnung von Gesetzesgehorsam handeln kann, sondern nur darum, im Glauben seine Gnade zu erfassen, aller Vorzug des Judentums hinfällig wird. Alle Welt steht vor Christus in gleicher Verdammnis, *durch* Christus in gleicher Gnade. Für alle ist deshalb ein gleicher Zugang zu Gott geöffnet. Kirche ist allumfassender Leib Christi. Wohl hat in der Geschichte des Reiches Gottes die auf Christus hinführende Geschichte des Volkes Israel eine besondere Bedeutung, wohl ist es auch für Paulus selbstverständlich, daß irgendwie, ehe das letzte Wort der Geschichte gesprochen wird, die ursprüngliche Bedeutung Israels noch einmal zur Geltung kommen wird, aber das bedeutet keinen Vorzug Israels in seiner Stellung zu Gott. Alle Menschen stehen als Sündigende in gleicher Ferne, stehen als Glaubende in gleicher Nähe zu Gott.

Diese Wahrheit ist für unseren Zusammenhang von entscheidender Bedeutung. *Der Zusammenhang mit dem jüdisch-völkischen Geist ist nicht für das Christentum bezeichnend.* Jesus hat seine Predigt an eine ganz bestimmte übervölkliche Linie innerhalb der auf ihn zuführenden israelitischen Geschichte, nämlich an die prophetische Linie, angeknüpft. Schon innerhalb des Alten Testaments ist ja ein deutlicher Unterschied zu erkennen. Eine Linie innerhalb der Geschichte, von der

das Alte Testament erzählt, ist wesentlich gleichsam von unten her bestimmt, von einem Volksempfinden, das im Alten Testament selbst als der göttlichen Norm widersprechend gekennzeichnet ist. Die Geschichte der Patriarchen, auch der Könige, wird uns zum Teil so erzählt, daß man deutlich spürt, welche Freude der natürliche Sinn der Juden an der Verschlagenheit, an den Listen ihrer Vorfahren gehabt hat. Aber dieser Menschenlinie gegenüber, dieser Welt von unten her, tritt – das ist das Großartige am Alten Testament – eine gewaltige Gegenbewegung von Gott her entgegen, die diese Geschichte unter das Gericht der heiligen Majestät Gottes stellt, des Gottes, der nicht Gefallen hat an Unterdrückung und Ungerechtigkeit, an Untreue und Grausamkeit, sondern dem an Gerechtigkeit und Liebe, an Treue und Güte liegt. Diese göttlich-prophetische Linie ist zeitweise im Spätjudentum wieder von jener Menschenlinie überwuchert worden. So ist die Selbstgerechtigkeit, die Härte und Grausamkeit, die vom Lohngedanken und der Vergeltungsmoral bestimmte Frömmigkeit der Pharisäer und Schriftgelehrten entstanden. Im Gegensatz zu dieser Welt hat Jesus wieder an jene Gotteslinie angeknüpft. Genau wie die Propheten, ist er im Namen Gottes mit unendlicher Schärfe Buße predigend dem eigenen Volk entgegengetreten. Das hat dann jenen Gegensatz heraufbeschworen, der zum Kreuz führte. Das Kreuz ist deshalb das denkbar schärfste Zeugnis von Jesu Gericht über die böse Art seines Volkes. Es bedeutet die deutlichste Absage an sein Volkstum. Darin hat Paulus ihn ganz und gar verstanden. Und wenn die Kirche als Weltkirche von Anbeginn die Menschheit zu erfassen versucht hat, wenn wir heute die weltumfassende Missionsaufgabe als die zentrale Aufgabe der Kirche ansehen, so entspricht das durchaus dem Urwesen des Christentums.
Indessen es wäre doch verkehrt, wenn man meinte, daß das Christentum für die Bedeutung des Volkstums kein Verständnis habe. Vielmehr ist der Blick des Neuen Testaments gar nicht nur auf die Ewigkeit gerichtet. Der Sinn der Ausrichtung der Botschaft von dem in Christus erschienenen Heil ist auch nicht der, daß etwa nur überall Einzelne um Christus gesammelt werden sollen, sondern das Christentum hat von Anfang an einen offenen Blick auch für die Erde, für den Boden gehabt, auf dem das Reich Gottes zur Entfaltung kommen soll. Es ist die Voraussetzung des Christentums, daß wir in einer Welt leben, die Gottes Schaffen entspringt. Der Naturboden, auf dem das Reich Gottes erwachsen soll, ist nicht etwa ungöttlich, sondern ist als ein Stück von Gottes Schöpfung heiliges Land.
Der Menschheitsgedanke, den das Christentum vertritt, unterscheidet sich nämlich von dem modernen Menschheitsgedanken ebenso wie von dem antiken Kosmopolitismus wesenhaft. Er ist nicht rational begründet. Es wird nicht davon ausgegangen, daß jeder Mensch gleicher

Art ist und um deswillen gleiches Recht aufs Leben hat. Solche Gedanken hat etwa der Stoizismus vertreten. Von dieser Grundlage ist dann auch die französische Revolution ausgegangen. Man sagte, von Natur sind alle Menschen gleich; die Ungleichheit ist erst durch die Willkür der Menschen in die Menschheit hineingekommen. Deshalb muß das Ziel unserer Arbeit an der Menschheit die Rückführung zu der ursprünglichen Gleichheit sein. Solche Gedanken liegen auch heute noch manchen modernen politischen Bestrebungen zugrunde, z.B. dem humanitären Pazifismus. Da ringt man um Völkerverbrüderung, da sucht man die Menschheit unter Auslöschung aller durch die Geschichte gewordenen oder durch rassenmäßige Momente bedingten Völkerverschiedenheit in Anknüpfung an das allen Menschen Gleiche wiederherzustellen. In der gleichen Linie liegt etwa auch die Erfindung einer künstlichen Weltsprache u.ä.

Dem Christentum liegen derartige Gedanken fern. So sehr es betont, daß jeder erst durch die *Wieder*geburt aus dem Geist ein Glied des Reiches Gottes wird, so wenig ist ihm doch das durch die *Geburt* Gegebene nebensächlich. Es wird deshalb in dem Augenblick, als Jesus seine Jüngerschar in seinen Dienst stellt, nicht etwa die Individualitätsverschiedenheit dieser Jünger ausgelöscht. Auch in der Gemeinde werden nicht etwa die naturgegebenen Verschiedenheiten verneint. Vielmehr eignet sich der Geist Gottes die Verschiedenheiten der Individualitäten, der natürlich gegebenen ungleichen Anlagen so zu, daß er gerade aus dem Austausch dieser von ihm in den Dienst der Gemeinde und unter seine heiligende Zucht gestellten Verschiedenheiten das reiche Leben der Gemeinde erwachsen läßt. Die Gemeinde der vor Gott Gleichen ist gleichzeitig eine Gemeinde der durch Gott Ungleichen, die nicht einen Atomhaufen bilden, sondern einen Organismus, dessen Glieder gerade durch ihre Ungleichheit imstande sind, sich gegenseitig zu dienen.

Dementsprechend ist auch die Menschheit nicht als eine Einerleiheit zu denken, sondern Menschheit wird im Neuen Testament nur als in der Vielgestaltigkeit von Volkstümern existierend vorhanden gedacht. Freilich die Volkstumszugehörigkeit bedingt keinen Anspruch auf einen besonderen Vorzug bei Gott; aber deshalb ist ihre Bedeutung nicht ausgelöscht. Es begegnet uns bei Jesus ein merkwürdig starkes Verwurzeltsein mit seinem Volk. Er zeigt sich zwar den religiösen Vorzugsansprüchen seines Volks gegenüber völlig unabhängig. Er wendet sich in rücksichtslosem Bußernst scharf gegen sein Volk. Aber doch hat er sich in seiner Arbeit fast einseitig auf sein Volk beschränkt, fühlte sich so mit ihm verbunden, daß er von der Möglichkeit, dem Kampf mit ihm auszuweichen, indem er etwa auf heidnisches Gebiet übertrat, keinen Gebrauch machte, sondern in Entschlossenheit hinauf nach Jerusalem geht, um dort auf dem Boden seines Volkes den Kampf um die Geltendmachung des Willens Gottes durchzuführen. So finden wir denn auch bei Paulus keine rationale Gleichmacherei. Freilich gilt der Satz: Mann und Weib, Herr und Sklave, Grieche und Barbare, Jude und Heide, sie sind alle im Glauben *eins* in Christus Jesus. Aber daraus wird nicht abgeleitet, daß deshalb diese Unterschiede keine Bedeutung hätten. Er hat den Juden das Evangelium anders nahe gebracht als den Griechen. Er wurde in seiner Verkündigung den Juden ein Jude, den Griechen ein Grieche. Er ging von der Voraussetzung aus, daß innerhalb des umfassenden Leibes Christi jedes Volk gemäß seiner Art seine eigene Bedeutung habe. Es wird durch die Erlösung in Christus nicht das, was durch die Schöpfertätigkeit Gottes unter dem Einfluß von Rasse, Klima, Geschichte, Sprache und bestimmenden Persönlichkeiten sich als Volksindividualität bildet, außer Kraft gesetzt. Keine Geschichte ist dafür bezeichnender als die Pfingstgeschichte. Sie hat einen deutlichen Bezug auf die Geschichte vom Turmbau zu Babel. Es ist wohl schwer – so sagt uns die Turmbaugeschichte –, daß durch die Verschiedenheit der Völker jenes Nichtverstehen vorhanden ist, das sie gegeneinander treibt und sich voneinander abschließen läßt. Aber der Sinn dieser Verschiedenheit – das enthüllt die Pfingsterzählung – ist nicht der Kampf, der Krieg, sondern das Zusammenwachsen zu einer Völkergemeinde, in der jedem Volk nach seiner Sprache und in seiner Art die 'großen Taten Gottes' verkündet werden.

Davon legt schließlich auch die Geschichte der Christenheit ein merkwürdig bestätigendes Zeugnis ab. Es hat etwas sehr Aufschlußreiches, zu beobachten, wie das Christentum auf seiner Wanderung durch die Völkerwelt immer wieder zu neuer Aneignung kommt, wie immer neue Bilder seiner Verwirklichung sich vor unseren Augen entfalten. Die gedankenfrohe und bei aller Sinnenfreude gleichzeitig doch auf das Übersinnliche ausgerichtete *griechische* Welt, diese Welt, die sich nach Erlösung von Stoffgebundenheit sehnt, die gleichzeitig vermöge ihrer künstlerischen Kraft darauf drängt, in bewegten Mysterienhandlungen ihrem Sehnen kultischen Ausdruck zu verleihen, – wie eigenartig hat sie das Christentum erfaßt: einerseits wohl als Lehre, als scharf durchgedachtes Dogma von der in Christus die Welt vergöttlichenden Erlösung, gleichzeitig aber auch als neues Leben, das in einem rhythmisch bewegten Kultus sich darstellt, das der gebundenen Seele den Weg zur Unsterblichkeit, zur Erlösung von der Vergänglichkeit freilegen möchte! Ganz anders gestaltet sich das Christentum auf dem nüchternen *römischen* Boden. Der Römer ist nicht ein Mensch des Gedankens und der Schauung, sondern des Wollens, der Organisation, des Gesetzes. Er hat nicht das Christentum so sehr als Erfüllung einer Sehnsucht nach Wahrheit und Schönheit verstanden, sondern er hat gespürt, daß sich hier alles um letzte Willensgegensätze dreht, um Sünde und Gnade, und gleichzeitig hat er die Kirche als Rechtsinstitution zur Entfaltung gebracht, als mächtige, weltumfassende Organisation. In mancher Hinsicht ist hier Zentrales am christlichen Glauben tiefer als vom Griechentum erfaßt worden. In ähnlicher Weise hat spanisches, englisches, deutsches, russisches Wesen sich im spanischen, englischen, deutschen und russischen Christentum niedergeschlagen. Und wenn wir heute an die Mission denken, so sehen wir, daß sich auch in Indien, in China oder in Afrika eigenartige Gestaltungen vorbereiten, die zweifellos von der Art, wie die abendländischen Völker sich das Christentum angeeignet haben, sehr verschieden sein dürften. Wenn Gott die Botschaft des Evangeliums auf jedem neuen Boden, den sie erreicht, wieder zu neuen Gestaltungen drängen läßt, so scheint es sein Wille zu sein, daß ein wundervoller Zusammenklang *verschiedenster* Töne und Melodien zustande kommen soll, bei dem jeder Ton und jede Weise irgendwie seine besondere Bedeutung hat.

Diese geschichtliche Individualisierung des Christentums in vielen volkstümlich bestimmten Weisen der Verwirklichung steht in keinem Widerspruch zu dem absoluten Charakter des Christentums, zu seiner weltumfassenden Ewigkeitsbedeutung. Sie ist vielmehr offenbar die Art, wie sich das Absolute die Welt untertan macht. Bei allen heutigen Bestrebungen, die Einheit der Christenheit herzustellen, darf es nie unser Ziel sein, diese Unterschiede auszulöschen. Darin besteht der Mangel der katholischen Kirche, daß sie eine Uniformität herstellen will, die im Grunde diese Fülle als widergöttlich zu unterdrücken versucht. Auf Mannigfaltigkeit in der Einheit ist vielmehr von Anfang an das Christentum angelegt. Mannigfaltigkeit in der Einheit, das ist das Ziel der Wege Gottes.

II. Nach diesen grundsätzlichen Erwägungen sind wir nun imstande, das Verhältnis des Christentums auch zu unserm Volkstum zu umreißen.

Wir beginnen hier mit einer geschichtlichen Erwägung. Zeigt nicht in aller Deutlichkeit die bisherige Geschichte unseres deutschen Volkes, daß in der immer tieferen Aneignung des Christentums durch das deutsche Wesen geradezu das Thema der deutschen Geschichte besteht? Zweifellos ist zuerst das Christentum zum Deutschen als etwas Fremdes gekommen. Es war eine in fremder Sprache sprechende, in auf anderem Boden erwachsenen Bräuchen lebende Religion. Es lebte in ihr ein dem deutschen Empfinden gegenüber fremdes Lebensgefühl. Das Wertlegen auf äußeren Gehorsam und asketische Gesetzlichkeit, wie es in der *römischen* Kirche sich verkörpert, widersprach dem deutschen Lebenswillen und dem deutschen Freiheitsdrang. Autoritativ wurde diese Religion durch Staatszwang der germanischen Welt übermittelt. Aber sehr bald spürte das deutsche Empfinden, wie das, was das

Christentum eigentlich war, eine Antwort auf das war, was es sich selbst im Tiefsten ersehnte. Die Eigenart des deutschen Wesens besteht in einem starken persönlichen Freiheitsbewußtsein, in einem Personalismus, der auch das Gemeinschaftsleben eigenartig gestaltete. Bezeichnend z.B. für die germanische Gemeinschaftsidee war der Gefolgschaftsgedanke, auf dessen Grundlage sich jene freien, gelösten Herrschaftsverbände ergaben, die allein durch freie Hingabe, Treue und Wahrhaftigkeit zu verwirklichen sind. Wir brauchen nur etwa den Heliand uns zu vergegenwärtigen, um zu sehen, wie es von diesem Boden aus zu einer ganz eigenartigen inneren Aneignung des Evangeliums gekommen ist. Christus als der Herr, als der Herzog, in dessen Gefolgschaft einzutreten höchste Ehre ist, dem in selbständiger Freiheit Treue zu halten höchste Pflicht ist, das ist das Bild, das uns hier vor Augen steht. Wir merken, wie es in äußerst origineller Weise zu einer inneren Aneignung des Christentums von völlig neuen Voraussetzungen aus kommt. Einem Herrn sich hinzugeben und ihm zu dienen, der in sich stark und männlich ist, danach sehnte sich der Deutsche. Weil ihm aus der Predigt der Kirche dieser Herr entgegentrat, deshalb wurde aus dem ursprünglichen widerwilligen Sich-Beugen ein innerlich williges Sich-Aneignen der Welt des Evangeliums.

Aber zu deutschem Wesen gehört noch mehr, gehört vor allem ein Ernstnehmen der Frömmigkeit in der Tiefe des Gemüts und in der verwirklichenden Tat. Bedeutet nicht in dieser Beziehung das Sichentfalten der deutschen Mystik auch wieder eine neue Form innerlicher Aneignung des Christentums durch das deutsche Wesen? Es scheint, daß allezeit das arische Empfinden das Verhältnis zwischen Gott und Welt als das Verhältnis zwischen einer lichten Einheit zu einer finsteren Vielheit verstanden hat. So tritt es uns auf indischem und persischem Boden entgegen, so auch etwa in manchen Zügen altgermanischer Göttersagen. Und nun wurde nicht nur in der Form eines doch schließlich letzter Wirklichkeit entbehrenden Göttermythus, sondern in der Botschaft von dem, der 'das Licht der Welt' ist, von diesem lichten Gott gezeugt! Mußte es nun nicht Aufgabe sein, sich ganz auf die Seite dieses Lichtgottes zu schlagen und sich in innerlichste Gemeinschaft mit ihm zu begeben? Freilich auch die Mystik ist zunächst in einer fremdartigen Weise, im Gewande des hellenistischem Boden entstammenden Neuplatonismus, zu den Deutschen gekommen. Aber sehr bald fand die deutsche Mystik hier eine eigene Sprache, um das, was sie sich daran aneignen konnte, zum Ausdruck zu bringen. Das tiefe Innerlichkeitsverlangen des Deutschen, das Unendlichkeitsstreben, das nach der Vereinigung mit dem Lichte sich sehnte, hat sich in diese mystische Welt hineinversenkt; und in wundervoll zarter und feiner Weise wurde nun versucht, deutsch von all dem zu reden, was hier der deutschen Seele innerlich aufgegangen war, von leidenschaftlicher Willenshingabe an den Gott, mit dem man sich innerlich irgendwie wesenseins fühlte, von aller Vielheit der Welt sich entringender Gedankenwendung zu dem lichten Alleinen, zu dem man hinstrebte.

Im Grunde war aber an all diesem mystischen Wesen doch Vieles dem Deutschen auch wieder fremd. Der Deutsche hat im Bereich der deutschen Mystik unendlich viel Feinheit, Zartheit des Wesens offenbart und sich erobert. Die männliche Kraft aber, die ihm von Anfang eigen war, ist doch erst im Bruch mit dieser Welt, in *Luther*, herausgebrochen. Hier erstand einer, der es erkannte, daß echte Frömmigkeit nicht in äußerem Gehorsam gegen eine sich aufzwingende Kirche bestehen könne, sondern daß die Gotteskindschaft, zu der uns Christus erlöst, freie Menschen haben will; aus dem unmittelbaren Ergriffensein von Gott her soll es hier zu einer Selbständigkeit des Glaubens kommen, die über alle Menschenautorität erhaben ist. Nun erst brechen die eigentümlichen Tiefen deutschen Empfindens ganz stark heraus. Nun lernt die deutsche Seele in schlichter Gemütsinnigkeit und Kindlichkeit und doch gleichzeitig in freier Kraft zu Gott und von Gott reden. Nun werden jene eigentümlichen deutschen Charaktere erst möglich, wie sie uns seitdem immer wieder begegnen, jene Männer mit dem kindlichen Herzen und mit dem starken Willen, ganz frei, weil Gott gebunden, jene Männer, wie Matthias Claudius oder Ernst Moritz Arndt, wie vielleicht auch in ihrer Weise Bismarck oder Hindenburg.

Diese Linie gilt es weiter zu verfolgen. Uns kann nicht die Erfindung einer eigenen Religion helfen. Uns Deutschen ist auch die Rückkehr zur altgermanischen Religion abgeschnitten. Ganz abgesehen davon, daß der eigentümliche altgermanische religiöse Pessimismus für uns Deutsche gerade in dem geschichtlichen Augenblick, in dem wir uns befinden, äußerst gefährlich sein würde, ist es ein allgemeines Gesetz, daß man, wenn man den Versuch macht, gleichsam eine Blutsreligion sich zurechtzumachen, im eigenen Blut erstickt. Da, wo jetzt noch Glieder des arischen Völkerkreises von einer dem arischen Empfinden entsprechenden Religion beherrscht werden, herrscht Stagnation. Wir sehen das deutlich in Indien vor uns. Dort versinkt in mystischen Träumen oder in wilder Phantastik weltfern und ohne jeden Willen zu aktiver Weltgestaltung ein Volk in sich selbst. Es liegt ja auch auf der Hand: wo man vom Blut aus zu bestimmen versucht, was man als Gott anbeten will, besteht die Gefahr, daß man die eigene Volksart vergottet, daß man seine natürliche Art als Letztes setzt und damit im Grunde in sich selbst stecken bleibt. Wir haben auf dem Gebiet des Alten Testaments ein Beispiel davon, was herauskommt, wenn ein Volk sich dem Gottesanspruch entzieht und sich nach seinen eigenen Gedanken auch sein religiöses Leben gestaltet: das Judentum, das sich der prophetischen

Predigt widersetzte, endete in Selbstvergötterung. Es ist anzunehmen, daß in dem Augenblick, wo man vom Blut und von der Rasse her seinen Glauben zu gestalten versucht, gerade das, was man an den Juden tadelt, entstehen wird: selbstüberhebliche Selbstvergötterung, an der man zugrunde geht.

Darin erweist sich das Christentum als echte Weltreligion, daß es sich jedem Volke in innerer Selbständigkeit und Andersartigkeit gegenüberstellt, und damit dem Volkstum gerade das gibt, was es braucht, um wirklich lebendig zu werden. Damit, daß das Evangelium sich nicht vor eine ruhende Gottheit stellt, in der man träumend oder ekstatisch versinken kann, sondern vor einen heiligen Willen, der von uns Hohes fordert, der uns zunächst einmal nach unserer natürlichen Art richtet, dann aber zu einem heiligen starken Wollen erlöst, dadurch erweist sich das Evangelium als eine Macht, die die natürliche Volksart in Bewegung bringt, so daß sie nicht einschlafen kann, sondern sich stetig selbst reinigen und heiligen muß.

Freilich die Voraussetzung dazu ist, daß zunächst einmal scharf das Christentum in seiner Eigenart und Selbständigkeit für sich erfaßt wird. Darin besteht die Eigentümlichkeit der Welt des Evangeliums, daß sie allem natürlichen Empfinden, Urteilen, Wollen der Menschen paradox gegenübersteht. Überall, in Jesu Gleichnissen und Forderungen, in Jesu Leidens- und Sterbenswillen, tritt uns etwas ganz anderes entgegen als das, was wir uns vielleicht von Gott am liebsten wünschen würden. Aber gerade in diesem ganz Anderen, in der Ohnmacht, in der Selbstverleugnung, in der Hingabe, im Sterben unter der Menschen Willkür offenbart sich dem tiefer Blickenden die Herrlichkeit Jesu, eine Welt, höher als alle menschliche Vernunft, in der uns Gott, so wie wir ihn nie von uns aus konstruieren würden, in unerfindbarer Offenbarungswirklichkeit, begegnet. Aber gerade als solcher, wie er sich hier uns, ganz anders als unsere Art ist, offenbart, ist er nun imstande, unsere Art zu gestalten und zu vollenden. Da ist keine wahre Kraft, keine wahre Freiheit, keine wahre Seligkeit, wo der Stolz auf die eigene Kraft sich brüstet. Aber durch das Ergriffenwerden durch Gottes Wirklichkeit im Evangelium wird der Weg zu dem frei, was unserer Volksart tiefster Sinn ist. Darin besteht allerdings die Eigenart des Christentums, daß es verlangt, daß man die Welt des Gewissens und der Sünde sehr ernst nimmt, daß man gegen sich den Mut hat zu rücksichtsloser Wahrheit. Aber wo der Mensch in Gewissenhaftigkeit und Wahrheitsernst sich vor Gott beugt, da kann sich in Christus eine Welt rettender Macht offenbaren. Der Weg zur echten Gotteskindschaft und tiefsten Freiheit, zur wahren Weltüberwindung, steht nur dem offen, der sich hier dem letzten Kämpfen gegen seine eigene Selbstgenügsamkeit und Selbstzufriedenheit nicht entzieht.

Erst also aus einer Durchdringung der Volkstumsart durch ein lebendiges tiefes Christentum kommt das Letzte des Volkstums heraus, kann ein Volkstum seiner letzten Sendung gerecht werden, kann es allein den Sinn seiner Sendung erfüllen.

III. Was für Aufgaben ergeben sich damit für uns?
Erstlich: Aus der Erkenntnis des religiösen Werts des Volkstums überhaupt erwächst uns die Pflicht, um der Heiligkeit dieser Welt willen die *Pflege volkstümlicher Art* sehr ernst zu nehmen. Wir stehen heute vor einem furchtbaren Zusammenbruch volkstümlicher Eigenart unter der Allgewalt internationaler Mächte. So wie wir die Mode, nach der wir uns kleiden, vom Ausland her beziehen, so strömt auch durch Radio und Kino unausgesetzt fremdvölkisches Wesen auf uns ein. Unsere moderne Zivilisation trägt nicht den Charakter volkstümlicher Eigenart an sich, sondern hat eine ausgesprochen nivellierende Tendenz. Besonders deutlich zeigt sich das darin, daß unsere amerikanischen und europäischen Großstädte kaum mehr ein eigenartiges Bild zeigen. Wie allgewaltig diese nivellierende Bewegung ist, offenbart sich heutzutage etwa in Afrika, wo durch das Auto und durch die europäische Kleidung nicht weniger wie durch Radio und Kino urplötzlich eine primitive Welt versinkt, um scheinbar völlig in dieser Zivilisation aufzugehen.
Man könnte demgegenüber eine Arbeit, die sich die Pflege des Volkstümlich-Eigenartigen zur Aufgabe stellt, für aussichtslos halten. Aber sie ist gerade auf unserem europäischen Boden um deswillen nicht aussichtslos, weil der geschichtliche Boden, in dem wir wurzeln, sich immer noch als mächtig erweist. Besonders auf dem Lande sind doch noch in vielen Gegenden unseres Vaterlandes verschiedene Anknüpfungspunkte für solche Arbeit vorhanden. Um deswillen hat die dorfkirchliche Arbeit z.B. eine sehr umfassende Bedeutung. Sie hat es darauf abzusehen, daß vor allem auch durch das Mittel der Dorfvolkshochschule ein ländlicher Führerstand erwächst, der etwas von der Verantwortung gegenüber vergangener Generationen weiß, der Heimatsinn und Heimatkunst bewußt pflegt. Das Herrschendwerden jener nivellierenden ausdruckslosen und inhaltslosen Zivilisation bedeutet den Tod unseres Volks und im Grunde den Tod des 'Menschen' in der Menschheit. Allein, wenn es gelingt, in Land und Stadt einen entschiedenen Gegenwillen gegen sie zu erzeugen, einen Willen zum eigenständigen Volkstum, wird dem Leben und der Zukunft gedient. Hier handelt es sich um ein Stück Gottesdienst an seiner Schöpfung, uns als Werkzeugen Gottes verantwortlich auferlegt.
Zweitens ist es die Aufgabe der Christen in einem Volk, den Volksgenossen den *religiösen* Sinn ihres Volkstums deutlich zu machen, an der Geschichte seiner Art, insbesondere auch an der Geschichte seines

Glaubens, die besondere Sendung eines Volks im Völkerchor ihnen zum Bewußtsein zu bringen. Vielleicht ist das überhaupt die grundlegendste politische Aufgabe, die das Christentum besitzt. Wie wichtig ist es, daß sie jetzt gerade angegriffen wird! Unsere außenpolitische Lage ist nicht leicht, und wenn wir jetzt auch vor einer großen nationalen Bewegung stehen, die entschlossen ist, um Deutschlands Zukunft zu kämpfen, so haben gerade die Kreise, die dieser Bewegung führend zugehören, doch immer unter dem Druck von außen und unter manchen verzweifelnden Erlebnissen im Innern unseres Volkes mit der Versuchung zu kämpfen, daß sie eigentlich doch auch wieder an allem verzagen möchten. Unser Glaube an unseres Volkes Zukunft ist nur da fest verankert, wo irgendwie das Bewußtsein von dem besonderen Beruf, den unser Volk innerhalb des Ganzen der Menschheit hat, in uns lebendig ist. Dazu ist nötig, daß wir uns des gerade auch in unserer religiösen Geschichte uns Geschenkten bewußt werden. In dem, was wir auf dem Gebiete der Technik, der Wissenschaft, der Zivilisation leisten, zeichnen wir uns vor anderen Völkern nicht wesentlich aus. Der Blick aber auf unsere innerste Geschichte kann uns wohl deutlich machen, daß irgendwie unser Volk eine eigene Sendung innerhalb des Ganzen hat. Wo dies Wissen in uns lebendig ist und gleichzeitig in uns verantwortungsvolles Arbeiten am Volkstum erzeugt, da kann mitten auch in einer verzweifelten Lage eine Zuversicht erwachsen, die nicht die Hände in den Schoß sinken läßt, sondern tapfer am Werk bleibt.

Schließlich aber ist es eine ganz entscheidende Sendung der Christen in einem Volk, daß sie in demselben Augenblick, wo sie von der Sendung, die ihr Volk hat, sprechen, doch nun ihr Volk und sich selbst vor jeder *Vergötzung* des Volkstums zu bewahren versuchen. Immer wieder muß jedem Volkstum der Dienst geleistet werden, daß an den Maßstäben des Evangeliums scharf mit ihm ins Gericht gegangen wird. Christen dürfen ihr Volk, mit dem sie verwurzelt sind, nicht schonen oder es zulassen, daß es sich selbst vergöttert oder in sich selbst verliebt. In tiefem Ernst muß die radikale Forderung der Buße gestellt werden, damit nicht das Volk an sich selbst zugrunde geht. Vielleicht besteht darin die größte Gefahr, die unserm Volk eben droht, daß es bei dem Sich-selbst-Besinnen auf die eigene Art um deswillen, weil es sich gegen die Verzagtheit und gegen ein unter dem Druck der Verhältnisse nur allzu naheliegendes Minderwertigkeitsgefühl nur so wehren kann, einem gefährlichen Stolz verfällt. Dem muß entgegengewirkt werden. Eine Christenheit in einem Volk muß das Gewissen des Volks sein. Ganz gewiß ist die Tatsache, daß Luther unserem Volke gegeben ist, eine Tatsache, die uns unserer Sendung gewiß machen kann. Aber gerade Luther steht auch gegen unser Volk. Er, der seine Deutschen liebte wie nur einer, hat in der erschütterndsten Weise an den Sünden seines Volkes, auch an den öffentlichen

Zuständen mit ihrer Fäulnis, Kritik geübt und von dem Deutschland drohenden Gericht nicht geschwiegen. Die Christenheit eines Volks trägt vor Gott Verantwortung für ihr Volk. Es muß die Frage aufgeworfen werden, ob wir diese Aufgabe wirklich immer stark und kräftig genug anpacken, ob wir nicht in der Gegenwart mit daran schuld sind, daß unser Volk blind ist für die Gefahren, in denen es sich befindet.

Hier besteht eine große und wichtige Aufgabe für die Kirche. Sie darf nie die Andersartigkeit der ihr anvertrauten Botschaft jeder irdischen Wirklichkeit gegenüber vergessen. Die katholische Kirche hält diese Andersartigkeit durch ihre Internationalität vor allem aufrecht. Für die evangelische Kirche kann nur in Frage kommen, daß sie immer von neuem darum ringt, daß ihre Botschaft, gemessen am Neuen Testament, rein bleibe. Ihr ist der Kampf um die Reinheit ihres Bekenntnisses heute gerade auch nach der Seite hin auferlegt, diese Reinheit vor einer falschen Synthese mit dem Volkstum zu bewahren. Eine Kirche, die das Bewußtsein dafür verliert, daß sie sich selbst aufgibt, wenn sie sich im Dienste nationalpolitischer Interessen als Mittel zum Zweck gebrauchen läßt, hat ihre Salz- und Lichtkraft verloren. Sie muß es wissen, daß sie nur in einer vollen Diastase von der Welt irdisch noch so wichtiger Größen ihr eigenes Wesen aufrecht erhalten kann und ihrer Sendung gerecht werden kann. Aber freilich darf sie dabei nie vergessen, daß sie von diesem ganz Anderen her, von Gott her, dem Volkstum im Innersten verpflichtet ist, daß sie heilige Verantwortung vor Gott dafür, daß das Volkstum nicht sich Gott entfremdet, trägt.

Beides gehört zum Christentum: ein weites Herz und eine klare Sicht. Es gibt ein altes nordisches Losungswort: Rum hart – klar kimming! Das Christentum wendet unseren Blick weit und frei aufs Ewige hin. Es läßt uns Wirklichkeiten schauen, die uns hoch über alle irdische Welt erheben und uns zu Menschen machen, die in der Ewigkeit wurzeln. Aber derselbe Gott und Herr, der uns so über alle Welt erhebt, wendet unsern Blick auch wieder in die Welt hinein, in der wir stehen. Am gegebenen Ort gilt's mit klarem Blick zu arbeiten, aus dem heraus, was er uns aus der Ewigkeit gibt. Rum hart – klar kimming! Das sei die Losung, mit der wir Christen unsere Arbeit an unserm Volkstum angreifen!"

210 Pfr. Gorenflo an Pfr. Voges: Gefahren für die evangelischen Kirchen
Brötzingen, 29. Sept. 1932; LKA GA 10768

„Mich bewegt in der letzten Zeit sehr stark ein wichtiges Anliegen. Soweit ich Hitler kenne, hat er bis jetzt das evangelische Christentum überhaupt noch nie recht kennengelernt. Die katholische Kirche kennt er, er hat ja in seiner Umgebung auch genügend Katholiken, die deren Interessen vertreten – vielleicht auch sind darunter römische Beauftragte. Nun macht es mir immer viel Sorge, daß unter Hitlers Beratern, soviel ich sehe, keine evangelischen sind, die das Wesen der biblisch-reformatorischen Kirche erfaßt haben und Hitler eine Hilfe sein können zum besseren Verständnis dessen, was evangelisches Christentum ist und will. Wenn es nicht gelingt, daß solche Männer unmittelbaren Zugang zu Hitler finden, dann wird im Dritten Reich die evangelische Kirche fünftes Rad am Wagen werden und Rom, das sich mit erstaunlicher Raffiniertheit in diesen Tagen auf Hitler umzustellen beginnt, wird triumphieren. Tag und Nacht läßt diese Sorge mir keine Ruhe. Was kann da getan werden? Ich schicke Dir anliegend einen Bericht über die Schrift von Knevels. Du weißt, ich bekämpfe den Volksdienst. Aber eben deswegen verfolge ich ihn weiter und manche Kritik von dieser Seite dürfte für die NS-Bewegung von Segen werden, wenn sie gehört würde. Z.B. warum geht die NS-Presse so großzügig hinweg über die ihn schwer belastenden Röhm-Briefe? Röhm hat jetzt seinen Einspruch gegen ihre Veröffentlichung zurückziehen müssen. Klotz ist ein übler Kunde, das weiß ich. Aber die gegen ihn vorliegenden Tatbestände sind doch derart, daß es einfach nicht möglich ist, ohne schwerste Bedenken einen solchen Mann an so verantwortungsvoller Stelle zu sehen. Mir geht es nicht darum, an der Bewegung herumzukritisieren, sondern ich leide darunter, daß ich Gefahren sehe für unsere evangelische Kirche, die zu bannen ich keinen Weg finden kann. Hast Du nicht irgendwelche Möglichkeiten, in der genannten Richtung etwas zu tun, oder sehe ich zu schwarz? Ich hätte ruhigere Nächte, wenn ich wüßte, daß in Hitlers Umgebung wenigstens *eine* Persönlichkeit von klarer biblisch-reformatorischer Glaubenserkenntnis wäre. – Vielleicht kann ich im Oktober ins Unterland. Ich würde Dich dann besuchen, um mich mit Dir darüber auszusprechen."

211 Pfr. Scheuerpflug: „Der Traum von der Reichskirche"
MtsBl. Nr. 10, 2. Okt. 1932, S. 39f.

„Während der letzten badischen Kirchenwahlen wurde von nationalsozialistischer Seite, mehr oder weniger betont, von dem programmatischen Ziel einer 'Reichskirche' gesprochen. Es hat nun den Anschein, als solle dieses Ziel einer der wesentlichen Punkte im kirchenpolitischen Programm der Nationalsozialisten werden. Anläßlich der bevorstehenden preußischen Kirchenwahlen hat der Leiter der 'Abteilung Kirchenangelegenheiten der Reichs-Organisationsleitung', der Berliner nationalsozialistische Pfarrer Hossenfelder, 10 Richtlinien entworfen, von denen die zweite lautet:

2. Wir kämpfen für einen Zusammenschluß der im 'Deutschen Evangelischen Kirchenbund' zusammengefaßten 29 Kirchen zu einer evangelischen Reichskirche und marschieren unter dem Ruf und Ziel: 'Nach außen eins und geistgewaltig, um Christus und sein Wort geschart, nach innen reich und vielgestaltig, ein jeder Christ nach Ruf und Art!'
D.W. Laible, der verdienstvolle Herausgeber der 'Allgemeinen Evangelisch-Lutherischen Kirchenzeitung', setzt sich in Nr. 37 seines Blattes mit diesen Richtlinien auseinander, wie es zu gegebener Zeit auch hier geschehen soll. Laible, ein warmer, wenn auch kein blinder Freund der nationalsozialistischen Bewegung, schreibt zu dem nationalsozialistischen Programmpunkt der 'Reichskirche' folgendes: 'Welches Bekenntnis soll die 'Reichskirche' haben? Denn eine Kirche ohne Bekenntnis ist ein Unding. Will man die Reformierten unter das Joch des Luthertums zwingen, oder die Lutheraner unter das Joch der Calvinisten? Oder beide zusammen unter das Joch einer neuen Union, eventuell mit Bajonetten und Gefängnissen, wie es bei der Einführung der Preußischen Union geschah? Warum soll der 'Deutsche Evangelische Kirchenbund' nicht mehr genügen, warum will man etwas durchsetzen, das nicht von selbst wachsen will? Wir fürchten, mit Einführung einer 'Reichskirche' ginge der Kirchenfriede im deutschen Volke zugrunde. Nie und nimmer werden die lutherischen Landeskirchen ihre Selbständigkeit und die Freiheit aufgeben, ihr eigenes Wesen zu ordnen. Die Reformierten auch nicht. An eine neue Union aber zu denken, verbietet heute schon die Tatsache, daß die konfessionellen Gegensätze der Gegenwart sich eher verschärft als gemildert haben. Übrigens was wäre mit einer 'Reichskirche' gewonnen? Eine 'deutsche' Reichskirche wird es doch nicht, da die Katholiken nicht mittun; bliebe nur die 'evangelische' Reichskirche, durch politischen Zwang aufgenötigt. Dann hätten wir das alte Trauerspiel: Die katholische Kirche bleibt im 'Dritten Reich' unbehelligt, sie kann ihre Macht frei entfalten. Nur auf die evangelische legt der Staat seine schwere Hand, redet in ihre Angelegenheiten darein, schmiedet sie wieder in Staatsfesseln. Der Verfasser der Richtlinien wird das verneinen, er will nicht Zwang von oben, sondern 'Erneuerung' von unten herauf, durch Eintritt von Nationalsozialisten in die kirchlichen Vertretungen, durch ihr Drängen auf eine 'Reichskirche'. Das eben, meinen wir, sei ein Eingriff in die Kirche im Namen einer politischen Partei, ein Dreinreden in das Leben der Kirche von außen her, aus völkischen Anschauungen heraus.
Und das wäre weder für die Kirche gut, noch für das Volk. Der Gedanke einer evangelischen 'Reichskirche' hat auf den ersten Blick gewiß viel Bestechendes. Aus inneren Gründen wie deren Laible einige wesentliche anführt, und vor allem aus der ganzen kirchengeschichtlichen Vergangenheit des deutschen Protestantismus heraus scheint er uns ein –

Traum, der, wenn seine Verwirklichung heute versucht würde, mehr zur Zersplitterung des deutschen Protestantismus als zu seiner Einigung führen müßte."

212 Pfr. Schenk an Pfr. Ulzhöfer: Mein Weg zum Nationalsozialismus
Neulußheim, 7. Okt. 1932; LKA GA 10768 – Original im Nachlaß Voges

„… Bis zum Weltkrieg gehörte ich in Baden zu der kirchlich liberalen Partei, verzichtete aber dann auf Parteizugehörigkeit in der Hoffnung, daß uns der Krieg darüber hinausführen würde. Meine Entwicklung vollzog sich dann in der Einstellung auf das Volkstum, das Deutsche, Artgemäße als Schöpferwillen Gottes. So kam ich auch zum Nationalsozialismus als der völkischen Bewegung. Die Pforzheimer Pfarrer, wenigstens die älteren, und von den jüngeren Spies, Zier sind mir persönlich natürlich wohlbekannt."

213 Prof. Hupfeld/Heidelberg: „Christentum und Politik"
LKA, Bestand: 'Evang. Sozial- u. Presseamt' Bd. 155, 9./15. Okt. 1932

„Ein Blick auf die Reihe führender Politiker der letzten Jahrzehnte läßt die Tatsache erkennen, daß sich auf der katholischen Seite eine leichtere Ansprechbarkeit für Politik zeigt. In der Epoche der monarchischen Regierung bestand unter dem evangelischen Bevölkerungsteil eine innere Verbindung. Die Regierung und Staatsführung lag mehr in den Händen evangelischer Männer. Die Katholiken nahmen eine mehr oppositionelle Haltung an. Es ist auch festzustellen, daß die mehr katholischen Gegenden Deutschlands langsamer wärmer wurden im protestantischen Staat. So aber bildete sich gerade infolge, oder sagen wir: wesentlich dadurch beeinflußt, ein gewisses Führertum heraus. Auch wuchs die Fähigkeit, politische Situationen zu erfassen. Überhaupt kann gesagt werden, daß die katholische Seite den Problemen viel leichter ins Auge sieht, als man das auf der evangelischen Seite tut, weil die Grundlage, von der aus operiert wird, eine verschiedene ist.

Für den Katholiken ist die Kirche in der Welt der 'Über-Natur' im Gegensatz zur Welt der Natur eine Institution, die diese Welt der Über-Natur verwaltet, weil ihr die Heilsgnade angeboten ist. In der Welt der Natur tritt die Kirche mit dem unfehlbaren Lehramt auf, so daß es hier gleichsam eine Zentralstelle gibt, bei der die Fäden des Handelns zusammenlaufen, weil die ganzen einheitlichen Leitlinien für die ganze politische und soziale Tätigkeit von hier ausgehen. Das heißt konkret gesagt: wenn die Situation der Ratlosigkeit entsteht, tritt die Unfehlbarkeit des Lehramtes insofern in Erscheinung, als von ihm aus Ratschläge bindender Art erteilt werden.

Diese Einrichtung hat die evangelische Seite nicht, was die Erscheinung fehlender Einheitlichkeit erklärt. Für den Protestanten hat die Kirche nicht den autoritativen Charakter, den sie für den Katholiken besitzt. Er ist direkt unter Gottes Wort gestellt. Damit wächst seine Freiheit der Entscheidung und aber auch die Verantwortung.

Wenn wir das Wort Politik hören, so haben wir sofort den Eindruck von etwas Unsauberem, von etwas, was sich da im Geheimen abspielt. Aber das ist in Wirklichkeit nur eine Seite, bei der wir es nicht bewenden lassen dürfen. Wir müssen uns fragen, um was es denn eigentlich beim politischen Handeln geht, und erhalten die Antwort: beim politischen Handeln geht es um den Staat. Darin liegt der Sinn dieses Handelns beschlossen. Es erhebt sich die weitere Frage; wie stellt sich das Evangelium zum Staat? Bejaht es ihn oder verneint es ihn?

Dabei stoßen wir auf drei Gedankenkreise, die kurz die sind:
1. Jesus: Gebt dem Kaiser, was des Kaisers ist, und Gott, was Gottes ist. Jesus bejaht also die Einrichtung des Staates als einer Einrichtung menschlichen Zusammenlebens auf völkischer Grundlage.
2. Paulus: Römer 13. Dort wird von der Obrigkeit gesprochen, der die irdische Macht über den Einzelnen, der unter dieser Obrigkeit lebt, zugesprochen wird.
3. Die christliche Gemeinde hat die Aufgabe, für den Staat zu beten.

Die Notwendigkeit der Existenz des Staates ergibt sich aus der Herrschaft der Sünde, wobei der Staat auf der gesetzlichen Seite steht. Der Staat erklärt sich aber auch aus einer anderen Erscheinung soziologischen Charakters; der des Volkes. Der Gewalt, die sich in den Händen des Staates befindet, muß sich das Recht zugesellen, wodurch sein Handeln und überhaupt seine Erscheinung bestimmt wird.

In der positiven Stellung zum Staat ist es möglich, sich auf einen Standpunkt zu stellen, der die augenblickliche Staatsform negiert zugunsten einer zukünftigen. Damit werden aber die Gegenwartsaufgaben nicht gelöst.

Obwohl in der Welt die Sünde herrscht, sind wir doch gezwungen, jetzt augenblicklich zu handeln.

Der Staat stellt gleichsam einen Wirtschaftsregulator dar. Er ist aber nicht bestimmt von dem Gedanken der Wirtschaft, sondern von dem des Rechts. Er gewährt den Staatsbürgern einen Rechtsschutz, und regelt so das Zusammenleben der Einzelnen.

Eine Gefahr für den Staat ist seine Totalisierung, d.h. mit anderen Worten, seine Vergöttlichung. Der Staat ist eben nicht alles und auch nicht das Letzte. Mit der Totalisierung müssen Kräfte verkümmern, die mit das Leben der im Staate zu einer Gemeinschaft zusammengeschlossenen Einzelnen bestimmen."

214 Prof. Hupfeld/Heidelberg: „Die Neuentdeckung der Kirche"

LKA, Bestand: 'Evang. Sozial- u. Presseamt' Bd. 155, 9./15. Okt. 1932

„Ist es nicht Überheblichkeit und eine ganz falsche Beurteilung der Situation, wenn man in einer Zeit, wo die Absplitterung von der Kirche immer weiter um sich greift, wo man in vielen Orten einer erschreckenden Lauheit in den Gemeinden begegnen kann, von einer Neuentdeckung der Kirche zu sprechen? Es scheint ja überhaupt im Protestantismus ein Element von fehlender Kirchlichkeit zu liegen. Es fehlt jener feste und zugleich undefinierbare Zug, der die Gemeindeglieder zu einer Gemeinschaft zusammentreibt, die auch außerhalb der Gottesdienste lebendig ist.

Aber es ist doch so, daß man bei näherem Zusehen Strömungen entdecken kann, die zur Kirche hinfließen, und die, wenn sie auch noch nicht die Entdeckung selbst in sich schließen, doch vorbereitende Arbeit tun können, und auch solche tun.

Wir stehen vor dem Ereignis des Zusammenbruchs des individuellen Zeitalters, dessen Charakteristik darin bestand, daß das Ich in einer ganz neuen Eigenart entdeckt wurde. Der Individualismus machte sich geltend in Kunst, Religion und Wirtschaft. Es wurde Freiheit gepredigt, die Freiheit vor allem des Ich. Aber, so fragen wir uns, wie steht es denn überhaupt mit dieser Freiheit, die oft sogar so weit ging, daß man ganz für sich allein stand. Aber es war eine Freiheit der Armseligkeit. Alle die Verbindungen, die innere Werte vermitteln konnten, waren verkümmert oder fehlten teilweise sogar ganz.

So ist es nicht verwunderlich, daß einmal eine Rückwirkung, eine Reaktion eintreten mußte, die dann auch kam, und zwar in verschiedenen Auswirkungen. Eine dieser Auswirkungen ist die Jugendbewegung. Sie war es, die von neuem in einem ganz starken Maße den Gemeinschaftsgedanken neu aufleben ließ. Gewiß ist das noch lange nicht Kirche, aber dieser Gedanke konnte sich ja gar nicht nur auf dieses eine Gebiet beschränken. Man denke auch an die Bewegung, die sich an den Namen Sonrey knüpft. Neben diesen laufen noch andere, verwandte Bewegungen her, die alle mehr oder weniger Reaktionen gegen den individualistischen Gedanken sind. Dazu kommt, daß der Krieg diese Entwicklung in vielem bestärkte. Denn da war etwas geschehen, das man mit einem umfassenden Namen das Fronterlebnis nennt. Die Stunden der Gefahr ließen die Menschen in der Gemeinsamkeit des Kampfes auch die seelische Gemeinschaft finden, ohne daß man sie vorher gesucht hätte. Sie wirkten einfach gemeinschaftsgebärend.

Der Zusammenbruch der souveränen Herrschaft des Ich auf rein geistigem Gebiet war offensichtlich. Damit war auch jenes eigenartige Gefühl der Überlegenheit gegenüber der katholischen Kirche erschüttert

worden, und der Protestantismus mußte dieses Vorurteil aufgeben. Man entdeckte nämlich, daß der Katholizismus viel mehr und besser wußte, was Kirche ist, man entdeckte im Bewußtsein dieser chaotischen Situation die katholische Kirche. Diese hatte in der Beichte ein Moment, das eine wichtige Rolle im Gemeinschaftssinn in pädagogischer Hinsicht spielte, die nicht unterschätzt werden darf, und die uns fehlte.
Im Blick auf die evangelische Kirche spielte die Jugendbewegung eine wichtige Rolle, weil man in ihr die Gemeinschaft als etwas Heiliges empfand, sie wie ein sehr wertvolles Geschenk hinnahm. Wenn auch dies noch nicht die Entdeckung der Kirche ist, so lebt doch in dem Jugendgemäßen der Wille zur Kirche. Er ist einer der Versuche des Neubaus der Kirche.
In der nationalsozialistischen Bewegung dürfen wir nicht allein den Machtgedanken dafür ansehen, als sei er der einzige Beweggrund ihres Griffes nach der Kirche. Dazu kommt, daß sich in kirchenfeindlichen Kreisen bedeutende Umlagerungen vollzogen haben, die nicht ohne Rückwirkung auf die Kirche selber bleiben konnten. Ein Beispiel dafür sind die religiösen Sozialisten. Fragen wir nach dem Sinn der Kirche, so können wir sagen; da ist Kirche, wo des Herrn Wort lebendig verkündet wird, so daß es uns in heiligem Gehorsam beansprucht. Kirche ist nicht Mittel zum Zweck! Deshalb ist Nationalbewegung und Kirche zugleich unmöglich.
Es ist eine Tatsache, daß die Theologie den tiefen Sinn der ganzen Krisis verhältnismäßig spät erkannt hat, was seine psychologische Erklärung darin hat, daß die Theologie lange im Individualismus gefangen lag. Wenn wir große Zeiträume zusammennehmen, können wir etwa die Entwicklung so deuten: Kirche – Ich – Gemeinde. Also nicht Kirche im Sinne jener früheren Zeit ist die Neuentdeckung, sondern was man entdeckt hat oder dabei ist, zu entdecken, ist die Gemeinde. In der Gemeinde steht am höchsten der Herr! Die Krankheit unserer Zeit bestand ja gerade in der Herrenlosigkeit. An diesen Herrn sollen wir gebunden sein, damit wir frei würden für den Dienst an der Gemeinde, die der Leib Christi ist."

215 Pfr. Gorenflo an LKR[*] Voges: Ängste und Hoffnungen evang. Christen
Brötzingen, 2. Nov. 1932; LKA GA 10768

„... Ich werde am 6. November zum vierten Male Hitler wählen und, wo ich gefragt werde, Liste 1 empfehlen. Aber ich tue das nur in der Hoffnung, daß die in der NS-Bewegung wirkenden Freunde mit ganzem Einsatz darum kämpfen werden, daß die der Bewegung von Rom her drohende Gefahr gebannt wird. Ich bin erschrocken über das, was Köhler in Freiburg am Montag abend über das Zentrum gesagt hat. Wenn nur

---
[*] Am 5.10.1932 von der LSyn. zum 'Landeskirchenrat' [d.h. Mitglied der KReg.] gewählt

diese Enttäuschung uns Evangelischen erspart bliebe, daß Nationalsozialisten und Zentrum miteinander gehen werden! Dann gelingt es Rom sicher, der evangelischen Kirche weitere Demütigungen und Niederlagen zu bereiten. Ich zweifle daran, ob Göring, Röhm, Strasser von evangelischer Kirche einen klareren Begriff haben als Hitler. Ach, und Röwe! Diese Torheit! Bitte, lieber Freund, tu doch alles, daß nicht Leute wie Rosenberg die Führer einer Arbeitsabteilung der Nationalsozialisten bleiben, zu der als Unterabteilung 'die evangelische Kirche' gehört. Was weiß denn Rosenberg *davon* – noch eine Sorge! Unsere kirchliche Gruppe ist in Gefahr, Zufluchtsort von Kollegen zu werden, die alles andere als 'biblisch-positiv' sind. Ich bitte Dich, als verantwortlicher Führer unter allen Umständen zu verhindern, daß die Zugehörigkeit zur *politischen* Partei ganz von selbst der Ausweis ist für die Befähigung, Mitglied der kirchlichen Gruppe zu werden. Die dogmatische Stellung muß in der Theorie *und* in der Praxis aber herausgearbeitet werden. Sonst wird einmal der Nationalsozialismus für unsere Kirche genauso verhängnisvoll werden wie der nationale Liberalismus es war.

Das Ergebnis der Landessynode habe ich begrüßt, und hoffe, daß die neue Kirchenregierung klaren Kurs steuert. Vor allem muß der entsetzliche Bekenntnisparagraph unserer Kirchenverfassung beseitigt und eine Wahlrechtsreform durchgeführt werden, die nicht jedem Krethi und Plethi das Mitbestimmungsrecht in der Kirche erteilt."

216 Vikar Hegel u. Pfr. Fr. Doerr: „Die notwendigste Aufgabe der Kirche."

SdtschBl. Nr. 12, Nov. 1932, S. 98–102

„Es wird heute allenthalben und viel von den Aufgaben der Kirche geredet. Dabei ist es nicht so, daß die Kirche nicht ernsthaft versuchen würde, den gegebenen Anregungen, so weit es in ihrer Kraft und Kompetenz liegt, Rechnung zu tragen. Im Gegenteil: ältere Pfarrer versichern einem, daß das Leben der Kirche heute bewegter und lebendiger sei, als dies im Zeitalter des technischen Optimismus und fortschrittlichen Illusionismus der Fall gewesen sei. Das mag stimmen und soll als erfreulicher Lichtblick in einer Zeit der Krisis und Not der Kirche registriert werden.

Aber damit können wir uns nicht zufrieden geben. Denn gerade das, was man als kirchliche Lebendigkeit eben gegen eine noch müdere Vergangenheit rühmend hervorhob, wird nicht ohne eine gewisse Sorge betrachtet werden können. Denn diese 'Lebendigkeit', dieses überall konstatierte Leben und Mitbeteiligtsein – wir wollen 'die große Beteiligung' an den kirchlichen Wahlen einmal freundlich übersehen – wird zu

einer Betriebsamkeit in allen möglichen Aufgaben und führt dahin, daß man die *zentrale* Aufgabe der Kirche im Drange der Geschäfte übersieht, eine Aufgabe, auf die das Volk innerhalb und außerhalb der Kirche nun schon ein Jahrzehnt wartet. Diese Aufgabe besteht, um es gleich zu sagen, in der Schaffung eines *neuen Bekenntnisses*.
Hier werden die gläubigen Realisten sofort antworten: Bekenntnisfrage, jetzt, in einer Zeit, da das soziale Problem mit ganzer Wucht und Schwere auf unserem Volke und damit auch auf unserer Kirche lastet? Ein theologisches Problem, jetzt, da wahrhaft existentielle Probleme die Menschen bedrücken und Aller Kraft in Spannung halten?
Jawohl, jetzt, gerade in dieser Zeit das Bekenntnis-Problem! Dies ist nicht aus Trotz und Besserwissenwollen gesagt, sondern aus der Not heraus, in der sich die Kirche befindet. Es hat sich in den letzten Jahren im kirchlichen Denken eine verhängnisvolle Umwandlung vollzogen, die sich darin zeigt, daß man das Wesentlichste, die religiöse Grundlage der Kirche, für 'selbstverständlich' und die peripherischen, profanen Aufgaben für das Wesentlichste erachtet. Das soziale Problem z.B., das heute Kongresse, Freizeiten, Tagungen erfüllt, ist nur bedingt eine Aufgabe der Kirche. Es ist zunächst eine Aufgabe, welche den Staat und die Wirtschaft angeht. Dort sitzen oder sollen wenigstens die Männer sein, welche die Sachkenntnis und den Überblick haben, die Geister zu beschwören, die sie selbst heraufgerufen haben. Es zeugt von mehr als primitiver Unkenntnis, wenn nun auf einmal aus einem sentimentalen Ressentiment oder schlechten Gewissen in 'sozialen Problemen gemacht' wird, Leute, die ihr soziales Gewissen entdecken – das sie schon längst als selbstverständliche Voraussetzung hätten haben sollen – nun glauben, daß ausgerechnet sie auf vor der Not der Wirklichkeit gesicherten Freizeiten freundlich und unverbindlich einmal gütigst und pastoral sich auch dieses Problemes anzunehmen berufen sind, das schon lange kein Problem mehr, sondern nackteste Wirklichkeit ist. Die Kirche kann das soziale Problem weder lösen noch mindern, ja, nicht einmal den Schatten eines Beitrages zur Lösung bringen. Fast ist es aber so, als ob dieses Problem einmal wieder gerade willkommen sei, die eigentliche Aufgabe der Kirche zu umgehen und auf Nebengeleisen herumzufahren, indes die Hauptstrecke in öder Ruhe und stillem Kirchenschlaf verdämmert.
Ich sage damit absolut nichts gegen die Forderungen, die durch die Wirklichkeit der sozialen Not uns gestellt sind. Ich sage auch nichts dagegen, daß die Kirche sich durch diese Forderungen vor eine Aufgabe und Not gestellt fühlt. Ich sage aber etwas dagegen, daß diese Aufgabe, die für jeden Christen wie Nichtchristen, also für alle, schon längst eine selbstverständliche Tatsache der *praktischen* Mithilfe hätte sein müssen – denn mehr als eine praktische Mithilfe kann der Einzelne ja nicht tun,

so lange nicht eine grundsätzliche Wandlung von dem alten zu einem neuen Wirtschaftssystem geschaffen wird – zu einem fruchtlosen Gegenstand soziologisch verbrämter theologischer Diskussionen, ja zum Prisma der Auseinandersetzung erhoben wird, in dem sich die Strahlen des kirchlichen Lebens brechen sollen, indes die Welt, *auch der Proletarier*, auf etwas anderes wartet.

Es ist merkwürdig, wie materialistisch oft gerade die wildesten Marxistenfresser denken. Sie meinen nämlich, den Marxisten etwa damit imponieren zu können, daß sie so viel verständnisvolle Worte zur sozialen Verzweiflung plappern und dabei des fröhlichen Glaubens sind, damit die psychologischen Voraussetzungen schaffen zu können, mit denen sie den anderen zum Glauben an etwas Höheres hinführen können. Alle diese Volkspsychologen, und wenn sie noch so viel Kolleghefte darüber verschluckt haben, vergessen, daß die Masse neben dem Brot nicht nur Spiele, sondern auch eine *Idee* braucht, zu der sie sich bekennen, an der sie sich erheben kann. Die radikalen politischen Parteien haben das schon lange begriffen und ihren Anhängern das gegeben, was der Mensch in der gegenwärtigen Sündflut des Geistes braucht: ein *Glaubensbekenntnis*. Die Kirche hat dies nicht getan, und darin besteht ihre Not, die zugleich Schuld ist. So lange die Kirche in dem Wahne lebt, daß mit der selbstverständlichen Annahme etwa des Apostolikums die Frage nach dem Bekenntnis gelöst sei, so lange sie überhaupt mit Selbstverständlichkeiten in Bezug auf Dinge operiert, die sich absolut nicht von selbst verstehen, ist ihre Not immer zugleich auch Schuld. Diese Schuld besteht in dem, was Wolf von Hahnstein im Vorspiel des Florian Geyer dem Adel und den geistlichen Herren entgegenruft: 'Ich aber sag' euch, ihr Herren, der Grave Wilhelm von Henneberg versteht die Läufte, *wir aber verstehen die Läufte nit.*'

Was die Reformatoren durchaus verstanden haben, daß nämlich eine sich umgestaltende Zeit und eine in diesen Zeitläuften sich strukturell verändernde Kirche notwendigerweise eine straffe, gedankliche Formulierung gegenüber dem Neuen bedarf, hat die gegenwärtige Kirche der Reformation nicht gemerkt. Was hat es für einen Sinn, wenn da und dort Aufrufe zur Lage, ernste Resolutionen, Hirtenbriefe u.a. verfaßt und verbreitet werden und dabei versäumt wird, 'auch unseres Glaubens Bekenntnis, was und welchergestalt sie aus Grunde göttlicher Schrift in unseren Landen ... predigen, lehren, halten und Unterricht tun', darzulegen?

Aber, wird mancher kopfschüttelnd mich belehren wollen: wir haben doch unser Bekenntnis. Wir haben das Apostolikum, wir haben die reformatorischen Bekenntnisschriften, wir haben den reichen Schatz einer großen kirchlichen Vergangenheit; ja – und wir haben die dürre Steppe einer von ihrer eigenen Organisation und ihrem bürokratischen

Apparat verschluckten Kirche, die nur von dem lebt, was war, und den Kopf im Sande verbirgt vor dem, was sein wird. Der schlechteste Dienst, den wir in der Zeit der Luther-Wiedergeburt unserem Luther tun können, ist der, daß wir uns, mit der Brille der Epigonen bewaffnet, im deutschen Museum zu Nürnberg vergraben und das nicht tun, was die Reformatoren taten, nämlich der Welt in eigenen Worten und in eigener Verantwortung zu sagen und zu zeigen, was wir als Christen auf Grund der Offenbarung des Wortes Gottes in dieser Zeit wollen. Es hat keinen Sinn, sich einfach auf die Tatsachen und die Worte der Schrift zurückzuziehen und vor alten Weibern fromme und erbauliche Redensarten herunterzuleiern. Es hat ebensowenig Sinn, von der bis jetzt noch polizeilich geschützten Kanzel Kapuzinaden über Atheismus, Gottlosenbewegung und dieser Zeit Ungläubigkeit herunterzudonnern, wenn wir nicht zuvor den Mut haben, nicht nur immer auf das Erbe der Vergangenheit hinzuweisen, sondern das Wollen der Kirche *in* unserer Gegenwart *aus* der Gegenwart zu formulieren. Was hat alles rechtgläubiges Beharren für einen Sinn, wenn die Menschen unserer Tage nicht mehr zum rechten Glauben kommen können? Dieser Forderung Rechnung zu tragen, ist die Kirche ihrem göttlichen Auftrag und der Not des Menschen unserer Gegenwart schuldig.

Wir wissen, wie die Bekenntnisse der alten Väter entstanden sind. Sie wurden im Kampfe gegen den häretischen Gnostizismus formuliert, sind Ergebnisse des geistigen Ringens innerhalb und außerhalb der Kirche, Zielsetzungen der aus diesen geistigen Bewegungen sich herauskristallisierenden Kirche. Sie sind also geschichtlich und damit zeitgebunden. Die Bekenntnisse der Reformationszeit sind ebenfalls der Niederschlag solcher geistigen Bewegungen. Sie sind vor allen Dingen nach zwei Fronten hin formuliert worden: Katholizismus und Schwärmertum. Im Kampfe gegen diese beiden Größen wurde gerungen, geschafft und formuliert. Das Kirchenvolk der Reformation wußte: das und das ist Wahrheit, das und das bekennt unsere Kirche, das und das ist das Wort der Kirche, das sie in diese Zeit und für diese Zeit zu sagen hat, das ist das Gut des Glaubens auf Grund der Heiligen Schrift. Die Reformatoren haben es sich nämlich nicht so leicht gemacht, daß sie einfach auf die Bekenntnisse der alten Kirche hinwiesen und 'rechtgläubig' befahlen: Friß oder stirb! Sie versuchten auf Grund der neuen Schrifterkenntnis des 'allein aus dem Glauben' in der Auseinandersetzung mit der Zeit, das Für und Wider erwägend, ihr Wollen zu rechtfertigen, zu formulieren und zu festigen. Das war reformatorische Lebendigkeit in der Kirche. Dennoch wäre es falsch, nun einfach die Ergebnisse jener Zeit zu verschlucken im Glauben, daß damit auch der Geist der Reformation Auferstehung feiere.

Wie notwendig gerade nach dem Gesagten die Aufgabe der Schaffung eines neuen Bekenntnisses sich für unsere Kirche stellt, dürfte klar sein.

Zwar sind die Fronten, gegen die sich die Kirche abzugrenzen hat, andere geworden. Gegenüber dem Katholizismus haben die Reformatoren das 'allein aus dem Glauben' in einer auch von uns nicht zu überbietenden Schärfe gesagt. In diesem Punkte bleibt für uns nur die Aufgabe einer stetigen Neubesinnung, damit das, was in der Vergangenheit gesagt, nicht bloß toter Stoff, sondern auch gegenwärtige Wirkung bleibe. Damit ist einer Sorge die Grundlage genommen, als ob die Schaffung eines neuen Bekenntnisses ein traditionsloses, ungehorsames Wollen bedeute. Die Stellung zur Tradition hängt zweifellos damit zusammen, was man unter Geschichte versteht. Ist Geschichte lediglich Entwicklung des Menschen und die geschichtlichen Daten, die festgewordenen Ergebnisse dieser mehr oder minder sichtbaren Entwicklungslinien des kämpfenden Aufstieges des Menschen aus der Natur, dann wird die Traditionsauffassung sich auf diese geschichtlichen Daten stürzen und in ihrer Bearbeitung Genüge finden. Begreift man dagegen die Geschichte als Geschehnis und Ereignis und verzichtet man darauf, Entwicklungen und geschichtliche Daten immer als das A und O der geschichtlichen Forschung zu verstehen, dann enthüllt sich die Geschichte nicht als eine grandiose Entwicklungslinie, sondern als Geschichte der Sünde, des Abfalles von Gott. So sehr dann das geschichtlich Gewordene verpflichtet, es ist ebensowenig frei von der Tatsache der Fragwürdigkeit, wie wir es sind. In diesem Falle wird man sich nicht einfach mit dem Ergebnis beruhigen, sondern das ist dann das Wesentlichste in der Tradition, daß man sich fragt: Wie enthält dieses und dieses geschichtliche Ereignis die Dialektik von Zeit und Ewigkeit, wie drückt sich in ihm die Spannung aus, die darin beruht, daß Gott Gott und der Mensch Mensch ist?
So nur können die Bekenntnisse der Reformation für uns von Bedeutung werden. Wenn wir sie nur begreifen als religiösen Niederschlag der Entwicklung vom Jahre 1517 an und sie als reinste Form protestantischer Frömmigkeit kanonisieren, dann verdunkeln wir die letzten Gründe jener Zeit durch den Schatten menschlicher Geschichtsdeutung. Die Bekenntnisse sind weder der Niederschlag zufälliger theologischer Auseinandersetzungen noch das Ergebnis einer religiösen Entwicklung, sondern die Bemühung, die neue Erkenntnis des 'allein aus dem Glauben' in Auseinandersetzung mit der Umwelt zu formulieren. Daher war es notwendig, daß die Bekenntnisse von einem bestimmten *Prinzip* nach einer bestimmten *Richtung* hin geschaffen wurden.
Gesetzt den Fall – vorerst noch schmerzliche Ironie –, es würde die Lebendigkeit der Kirche in der Schaffung eines neuen Bekenntnisses sich unter Beweis stellen, so müßte die Formulierung in der Auseinandersetzung mit zwei Fronten geschehen: Idealismus und Materialimus.

Gegenüber dem *Idealismus* würde weniger die Philosophie des Idealismus interessieren, sondern die in diesen Blättern schon oft diskutierte idealistische Infizierung des religiösen Lebens. Hier wäre einmal eine grundsätzliche Entscheidung zu treffen, ob Glauben Erleben und Erfahrung oder Anerkenntnis des Wortes Gottes ist. Denn es ist doch heute so, daß niemand mehr weiß, was nun eigentlich Glaube und was Unglaube ist. Die katholische Möglichkeit, Gott vom Menschen aus zu begreifen, ist auch sehr weit in das protestantische Bewußtsein übergegangen. Denn der Glaube an das Religiöse im Menschen, auf Grund dessen ihm der Zugang zu Gott möglich ist, ist nur die mystische Seite des römisch-katholischen Moralismus.
Indem also entschieden würde, was Glaube und was Unglaube ist, hätten wir bereits das *Prinzip*, das einem neuen Bekenntnis zugrunde liegen könnte. Die dialektische Theologie nennt dies das 'gewissensmäßige Selbstverständnis'. Gemeint ist eben damit die Prüfung, ob wir nicht z.B. mit den zu Beginn berührten sozialen Gedanken und den wie Pilze aus der Erde schießenden Sozialethiken dem Punkt aus dem Wege gehen, da wir von Gott durch sein Wort vor die Entscheidung gestellt sind, entweder selbst unser eigener und der Geschichte Herr zu sein oder Gott als den Herrn anzuerkennen, ob also Glaube Anerkenntnis und Gehorsam oder andächtige 'Brücken zum Ewigen' ist. Luther deutet in pars III der Schmalkalder Artikel VIII die Sache an, die für uns von entscheidender Bedeutung wäre: 'damit wir uns bewahren für den Enthusiasten, das ist Geistern, so sich rühmen ohne und vor dem Wort den Geist zu haben, und dadurch die Schrift oder mündliche Wort richten, deuten und denen ihres Gefallens, wie der Münzer tät und noch viel tun heutigen Tages, die zwischen dem Geist und Buchstaben scharfe Richter sein wollen und wissen nicht, was sie sagen oder setzen.'
Gegenüber dem *Materialismus,* dem wissenschaftlichen wie dem populären, könnten dann unsere soziologisch gebildeten Theologen beweisen, daß sie wissen, was sie wollen. Es dürfte hier nicht leicht werden, gegen die Tatsachen des Materialismus, abgesehen von seinen demagogischen Handgreiflichkeiten, das Wort zu finden, das hier entscheidend trifft. Denn der Materialismus hat, allerdings nicht im marxistischen Gewande, aber im Gewande einer rechtgläubigen Frömmigkeit, auch bereits in unserer Kirche seine Kuckuckseier gelegt und ausgebrütet. Gegenüber solchen Tatsachen kann man nicht einfach über eine materialistische Ungläubigkeit zu Felde ziehen, indes bei uns derselbe Materialismus in einer noch viel unverschämteren Form und im Namen Jesu sich breit macht. Indes hat ja auch Jesus die frommen Wechsler zum Tempel hinausgejagt, warum sollte es nicht auch die Kirche wagen können! Nicht zu umgehen wird dabei eine Auseinandersetzung mit dem freilich nicht in einem Namen mit dem Materialismus zu nennenden

Nationalsozialismus sein. Daß die Kirche bisher gerade in diesen Fragen das Wort nicht gefunden hat, auf das alle warten, zeigt, daß sie sich offenbar lieber das Gesetz des Handelns vorschreiben lassen als selbst handeln will.
Mit alledem soll die Frage nach dem Bekenntnis nur in allgemeinen Formen aufgeworfen werden. Zweifelsohne werden bei einer praktischen Inangriffnahme die Dinge nicht so einfach und unkompliziert liegen. Aber gerade darum und deshalb, weil nämlich die Dinge so kompliziert liegen, ist es wahrlich dringend notwendig, daß die Kirche mit allem Ernst und *sofort* sich daran macht, das durchzuführen, was die Not der Zeit von ihr verlangt. Wir kommen, so gern wir es vielleicht möchten, nicht an dieser Ecke vorbei, und weil wir an dieser Ecke nicht vorbeikommen, darum darf auch die Schaffung eines neuen Bekenntnisses als die notwendigste Aufgabe der Kirche uns wahrlich nicht nebensächlich sein.

Erwin Hegel

II.

Diesen sehr durchdachten und aus wärmstem Eifer kommenden Auslassungen eines unserer jungen Theologen ist es wohl erlaubt, die Anmerkungen eines Vertreters der nächstälteren Generation hinzuzusetzen. Denn es wäre schade, wenn die Einigkeit, mit der wir dem Gedanken eines neuen Bekenntnisses als einer Hauptaufgabe der Kirche zustimmen könnten, gleich zu Beginn in Frage gestellt würde durch die Unmöglichkeit, auch den einzelnen *Begründungen* zuzustimmen.
Die an sich sehr wertvolle und zu begrüßende Forderung eines neuen Bekenntnisses als einer zu findenden Formulierung dessen, was die Kirche will und soll, wird hier zugleich in scharfen Gegensatz gestellt gegen eine weitverbreitete Meinung von diesem notwendigen Tun der Kirche. Dem Bemühen der Kirche und ihrer Theologen um die Lösung der sozialen Probleme, damit der ganzen Arbeit z.B. des Evangelischsozialen Kongresses, wird jede Erfolgsmöglichkeit, also auch jede Berechtigung abgesprochen. Das klingt für alle die, die jahrzehntelang ihre beste Kraft in diesen Dienst gestellt haben, bitter entmutigend. Nur insofern könnte es tröstlich klingen, als dadurch zugleich alle die Vorwürfe gegen die Kirche, daß sie seinerzeit geschlafen und nichts zur Schärfung des sozialen Gewissens getan habe, als die ganze Frage zum ersten Male auftauchte und brennend wurde, ein für allemal zurückgewiesen wären. Aber jene nimmermüden Beratungen auf Kongressen und Freizeiten haben doch eben den Sinn, darüber klar zu werden, wie der Christ auf Grund der Gebote Jesu sich zu diesen Problemen zu stellen habe, also zuerst einmal die Probleme selbst zu durchforschen. Es darf doch wohl nicht verboten werden, auch die Frage, die hier verneint wird, ehe sie aufgeworfen wird, immer neu zu erörtern, ob die Kirche als

Kirche nicht die Pflicht habe, sich um die materielle Seite der sozialen Probleme sehr ernstlich, anregend, aufrufend und tätig, zu bekümmern.
Indem ein großer Teil von uns also diese *negative* Seite der Ausführungen ablehnt, kann trotzdem der Gedanke der Schaffung eines klaren Bekenntnisses der heutigen Kirche dankbar gutgeheißen werden. Ebenso ist auch das, was über die *alten* Bekenntnisse und ihren nur noch relativen Wert gesagt ist, sehr gut. Aber hier werden wir umgekehrt das *Positive* mit einigen Fragezeichen versehen dürfen. Nicht alle werden dem Satze beipflichten, daß wir das reformatorische Bekenntnis mit seiner ganzen pessimistischen Schärfe nicht mehr überbieten können, sondern es durch Neubesinnung für die Gegenwart zu beleben hätten. Denn sehr viele von uns glauben immer noch an die 'Geschichte'! Nicht Stillstand, sondern weiter! Zu einer neuen Bekenntnisbildung kann auch dieser Entwicklungsglaube hinführen, aber nicht, wie hier gedacht ist, unter Festhalten an dem damaligen Standpunkt. Sind wir aber hierin nicht einig, dann läuft es den elementaren Forderungen unseres freien Protestantismus schnurstracks zuwider, die Nichtzustimmenden durch Bekenntnissätze zu vergewaltigen. Damit würden wir den Fehler der Orthodoxie uns zu eigen machen. – Gefährlich ist der Satz, der das gänzliche Mißtrauen, das haltlose Verzweifeln an einer mit der Zeit fortschreitenden Klärung dessen, was Christentum heißt, ausdrückt: daß die Geschichte nicht Entwicklung im günstigen Sinne sei, sondern Geschichte der Sünde, des Abfalls von Gott. Sind wir wirklich über diese mythologische Vorstellung immer noch nicht hinausgekommen: am Anfang war's gut, dann wurde es immer schlechter? Dann ist also nur die Annahme eines uranfänglichen goldenen Zeitalters richtige Geschichtsauffassung?
Freilich, wenn nichts da ist, was durch Entwicklung anders werden kann, dann kann es keine Geschichte im Sinne einer Vorwärtsentwicklung geben. Dieses 'Nichts' bestätigen diese Ausführungen tatsächlich! Den Glauben an das im Menschen Vorhandene, das Gott entgegenwachsen kann, wird hier dem Katholizismus zugeschoben! Also ist der, der die Seligpreisungen gesprochen hat, 'katholisch-mystischer Moralist'?
Damit hängt auch zusammen die Bestreitung des *Idealismus*, die sogar die eine Hauptaufgabe des neuen Bekenntnisses ausmachen soll. Der Idealismus war lange eine Macht in der protestantischen Kirche. Ist es ganz sicher, daß er für alle Zeit ausgespielt hat? Noch gibt es gewichtige Anhänger (z.B. Mandel in Kiel mit seiner 'Wirklichkeitsreligion'), und wer weiß, wie bald und wuchtig die idealistische Reaktion gegen die überspannte Reformations-Rückkehr und ihre nicht aus Erlebnis, sondern aus logischen Folgerungen und Diktaten sich nährende Theologie kommen wird! Dann hätte die Kirche sich wieder einmal bekenntnismäßig auf einen Grundsatz festgelegt, der nur von sehr relativer Geltung

ist. Also wieder, wie bei den früheren dogmatischen Bekenntnissen, Einseitigkeit, Diktatur, Intoleranz, damit Schrumpfung der Kirche.

Vor allem aber noch einmal: Wenn das neue Bekenntnis so geartet sein soll, daß es ein Glaubenszentrum anzeigt, von dem aus die *Aktivität* der Kirche in der Welt, die nach ihr ruft, fällt, ja sogar dem Spotte preisgegeben wird, dann ist an dieser Aufstellung etwas nicht in Ordnung. Also muß gründlicher geprüft werden. Aber daß zu solcher Prüfung gezwungen wird und wir nicht in Ruhe gelassen werden, das ist das Verdienst des obigen Aufsatzes."

217 Prof. Soellner: „Ist unsere badische Landeskirche wirklich Volkskirche?"
LKBl. Nr. 15, 6. Nov. 1932, S. 116f.

„Die allererste Zeit nach dem verlorenen Krieg war auch für unsere badische Landeskirche recht kritisch. In der Kirche selbst, die plötzlich ihr Oberhaupt, ihren Landesbischof, verloren hatte, herrschte eine gewisse Unklarheit und Unsicherheit, und von außen her kamen Anfeindungen und Angriffe. Man warf der Kirche ihre bisherige Verbundenheit mit dem Staat vor, obwohl diese schicksalsmäßig und geschichtlich bedingt und nicht von der Kirche selbst verschuldet war. Damals wurde viel mit dem Schlagwort '*Volkskirche*' gearbeitet. Es hieß: unsere Kirche soll nicht länger Staatskirche und Pastorenkirche sein, sie muß Volkskirche werden. Man sah damals das Unbefriedigende an der Kirche hauptsächlich in ihrem Verfassungsaufbau. Dieser sollte volkstümlich werden, '*demokratisch*', denn das war das Schlagwort jener Zeit. –

Nun war aber die badische evangelische Landeskirche auch vor dem Umsturz keineswegs eine *Staatskirche*. Vielmehr lautete der § 3 ihrer Verfassung: 'Sie (die Kirche) ordnet und verwaltet ihre Angelegenheiten 'durch ihre eigenen Organe *frei und selbständig*' allerdings: 'unbeschadet der Rechte des *Staats,...*'

Diese Rechte des Staats übte der Großherzog durch den von ihm ernannten Oberkirchenrat aus. Da aber die badische Kirche das Glück hatte, in ihren evangelischen und durchaus kirchlich gesinnten Großherzogen solche Landesbischöfe zu haben, die nicht über die Kirche *herrschen*, sondern ihr *dienen* wollten, so konnte sie sich über Bevormundung und Verkürzung ihrer eigenen Rechte im Ernst nicht beklagen.

Aber jene Zeit ist vorbei, und es galt 1919 der zwangsläufigen Entwicklung Rechnung zu tragen.

Nach der früheren Verfassung war die Regierungsgewalt wohl ausgewogen verteilt unter die Vertreter der Gemeinden (24 Synodale), der

Pfarrer (24 geistliche Synodale) und des Großherzogs als Landesbischofs (7 von ihm ernannte Synodale). Die Beschlüsse der Synode erlangten gesetzliche Gültigkeit durch Bestätigung und Verkündigung durch den Großherzog.-
Als der Großherzog 1918 abdankte, übergab er seine kirchenrechtlichen Befugnisse dem Oberkirchenrat, der durch Gesetz vom 18.6.1919 eine verfassungsgebende Synode von 85 Abgeordneten einberief, die nach allgemeinem gleichen, geheimen und direkten Wahlverfahren zu wählen waren. Diese Synode schuf die neue Kirchenverfassung vom 24.12.1919. In ihrem § 5 Abs. 2 heißt es von der Landeskirche: 'Ihre Organisation ist auf den Gemeinden aufgebaut.' Dieser Satz stand in der alten Verfassung nicht. Aber das, was er besagt, war dort tatsächlich vorhanden. Unsere heutige Verfassung aber, entstanden in einer Zeit, wo das Schlagwort 'Demokratie' alles beherrschte, geht von der Fiktion aus, die Gesamtheit aller Evangelischen in Baden bilde eine Landesgemeinde, die nun nach allgemeinem gleichen geheimen Verhältniswahlverfahren ihre Vertreter in die Synode wählt. Damit ist der Schwerpunkt der Kirchengewalt nicht, wie man es nach § 5 erwarten sollte, in die Gemeinden, sondern in die – *Parteien* verlegt. Denn nicht nur im staatspolitischen Leben, auch im kirchenpolitischen haben wir inzwischen die traurige Erfahrung machen müssen, daß Demokratie und Parlamentarismus nicht *Volks*herrschaft, sondern *Partei*herrschaft bedeuten.
Theologische Richtungsunterschiede und Gruppenbildungen hat es im Protestantismus immer, ja auch schon im ältesten Christentum gegeben. Aber diese Dinge interessieren das Kirchen*volk* lange nicht in dem Maß wie naturgemäß die Theologen. Diese Gegensätze sind vornehmlich durch die *Schuld* der Theologen ins Kirchenvolk hineingetragen und durch die auf die Parteien aufgebaute Verfassung, wie es scheint, verewigt worden. – Staatspolitisch entwickeln sich die Dinge ja schneller als in der Kirche. Da ist es (wenigstens im Reich) schon zu einer völligen Krise des Parlamentarismus gekommen. Fast möchte man wünschen, daß wir in der Kirche auch schon so weit wären. In der letzten Tagung der Synode hat sich gezeigt, daß da erst der Parlamentarismus seinen Gipfelpunkt erreicht hat. Die herrschende Partei gedenkt die mit ihren Verbündeten gemeinsam erlangte Zweidrittel-Mehrheit zu Verfassungsänderungen auszunützen, die zwar nicht auf eine Stärkung des Parlamentarismus und der kirchlichen Demokratie (denn diese alten Schlagworte sind durch das neue vom 'Führertum' entwertet worden), aber auf eine Verewigung der Herrschaft der regierenden Partei hinauslaufen und auf eine Ausschaltung der Minoritäten, die schon jetzt in den Synodalen der Kirchenregierung nicht mehr vertreten sind.
Diese Entwicklung beginnt nicht mit dem 5. Oktober 1932. Vielmehr ist sie seit 1920 klar zu erkennen. Und wir wollen es offen aussprechen, daß

auch unsere Vereinigung (wenn es auch an warnenden Stimmen nicht gefehlt hat), diese Gefahr nicht früh genug erkannt und darum nicht laut genug vor ihr gewarnt hat. Es wäre unsere historische Aufgabe gewesen, immer wieder hierauf hinzuweisen, zu *warnen* und zu *mahnen* und *keinen Beschluß,* der einen Schritt in dieser Richtung bedeutete, *durch die Stimmen unserer Synodalen zu sanktionieren. Es ist* auch heute noch nicht zu spät, das auszusprechen, was uns nicht irgend ein Parteiinteresse, sondern allein die Liebe zu unserer Kirche auszusprechen treibt: *Wir sind in Gefahr, die traditionelle Entwicklung unserer Kirche radikal zu verlassen.* Die geplanten Verfassungsänderungen laufen auf folgende Forderungen hinaus: 1.) Schaffung eines Bischofsamts mit bischöflicher Gewalt. 2.) Ernennung der Pfarrer durch den Bischof. 3.) Schaffung einer Lehr- und Zuchtordnung. 4.) Ernennung der Dekane durch den Bischof und Ausgestaltung des Dekanamts im Sinn der Lehr- und Zuchtordnung. 5.) Umgestaltung der Heidelberger theologischen Fakultät (Ernennung der Professoren auf Vorschlag des Bischofs). Die Synode wäre dann in ihren Rechten und Funktionen auf die Finanzangelegenheiten beschränkt. – Das alles sind nicht leere Phantasien, sondern es sind Stichworte aus den Reden positiver und nationalsozialistischer Synodalen bei der jüngst vergangenen Tagung der Synode. – Und nun komme ich nochmals zu der in der Überschrift ausgesprochenen Frage: 'Ist unsere badische Kirche Volkskirche?'
Ich weiß sehr wohl, daß das Wesen einer *Volks*kirche *nicht* darin allein beruht, daß das Kirchen*volk* seine parlamentarischen Rechte unverkürzt ausüben darf. Vielmehr ist die Voraussetzung einer Volkskirche das Vorhandensein lebendiger Gemeinden und in den Gemeinden das Vorhandensein einer möglichst großen Zahl solcher Glieder, denen die Sache der Kirche wichtig und heilig ist, die opferwillig und tatbereit am Haus der Kirche mitbauen. Wesentlich ist ferner, daß die Kirche mit all ihren Organen am Leben und an den Nöten aller Schichten des Kirchenvolkes lebendigen Anteil nimmt. Aber so ganz unwichtig ist die Verfassungsgestaltung doch nicht. Hier ist jedenfalls der Punkt, wo die Kirche zeigen kann, daß sie Volkskirche sein will. Die geplanten Änderungen aber führen *von der Volkskirche weg und zur Autoritätskirche hin.* Diese aber ist im Grunde unevangelisch!"

4. Reaktionen auf die Schrift von Prof. Knevels 'Der Nationalsozialismus am Scheidewege' [1932]

218 Prof. Soellner: „Der Nationalsozialismus am Scheidewege"
LKBl. Nr. 13, 25. Sept. 1932, S. 100f.

„Bemerkungen zu der gleichnamigen Schrift von Prof. Dr. W. Knevels. (Verlag C. Ludw. Ungelenk, Dresden A 27, M –,60.)

Wird es dem Nationalsozialismus gelingen, in Deutschland die Macht zu erringen oder wird er weiterhin ausgeschaltet bleiben? Das sind Schicksalsfragen für unser Volk, die niemanden gleichgültig lassen können. Es gibt aber auch eine Schicksalsfrage für den Nationalsozialismus selbst. Das hat unser Vorsitzender und Schriftleiter klar erkannt und mit eindringlichen Worten in absoluter Sachlichkeit jedem denkenden Nationalsozialisten vor Augen gestellt. Die nationalsozialistische Bewegung ist von Anfang an mit dem Anspruch aufgetreten, eine ganz neue *Weltanschauung* zu bringen, ja, selbst eine solche zu sein und zwar eine Weltanschauung, die mit uneingeschränktem Absolutheitsanspruch auftritt, die ihre Programmsätze als unantastbare Dogmen aufstellt, sich von niemand Kritik gefallen läßt und nichts über sich anerkennt. Dabei betont Hitler selbst immer wieder, daß er und seine Bewegung auf dem Boden des positiven Christentums stehen. Will man denn wirklich nicht einsehen, daß hier eine Spannung, ja noch mehr, ein unüberbrückbarer Gegensatz entsteht? Es wird namentlich Aufgabe der zahlreichen in der nationalsozialistischen Bewegung stehenden Pfarrer sein, ihre Partei eindringlich darauf hinzuweisen, daß der Nationalsozialismus *wirklich* am Scheidewege steht. Knevels Broschüre ist die *klarste* und *beste* von allen, die von seiten der *Weltanschauung* her zum Nationalsozialismus Stellung nehmen."

219 Pfr. [K.] Lehmann: „Der Nationalsozialismus am Scheidewege"

Sdtsch. Nr. 13, Dez. 1932, S. 120

„...Daß die kleine Broschüre schon nach wenigen Wochen in 3. Auflage erscheinen mußte, ist erfreulich. Gibt doch Knevels, bei starker Sympathie mit der neuen Bewegung, die Punkte an, an denen sich der innerlich an das Evangelium gebundene Christ distanzieren muß von der durch Hitler vertretenen Weltanschauung. Knevels sieht durchaus richtig die weltanschaulichen Hintergründe dieser politischen Bewegung. Die kleine, lesenswerte und klar geschriebene Broschüre hat einen wichtigen Dienst in unseren Tagen zu erfüllen. Das sage ich gern, auch wenn ich — darin nicht ganz mit dem Verfasser einig — der Überzeugung bin, daß für den auf Hitler festgelegten Nationalsozialismus die Situation 'am Scheideweg' *nicht* gegeben ist. Für Hitler ist die von der christlichen Weltanschauung abführende Richtung entschieden. Das eben ist die Eigentümlichkeit *dieser* Bewegung. Ein ernsthaftes Eingehen auf die Knevelschen Mahnrufe würde den Nationalsozialismus Hitlerscher Prägung — und auf Hitler ist die Bewegung nun einmal eingeschworen — eben in seinem Kern auflösen."

220 N.N.: „Kirche und Hitlerbewegung ... Prof. Knevels Mahnruf an die Nationalsozialisten"

RS Nr. 49, 4. Dez. 1932, S. 193f.

„Prof. Knevels, selbst national eingestellt, hat ein kleines Schriftchen herausgegeben unter dem Titel: 'Der Nationalsozialismus am Scheidewege', das bereits in dritter Auflage vorliegt. Das Heft verdient auch die Beachtung unserer Kreise, obwohl – oder vielleicht gerade weil sein Verfasser selbst der nationalsozialistischen Bewegung offenbar nicht sehr ferne steht. Aber Prof. Knevels ist doch so festgegründet im Christentum, daß er sich nicht verblenden läßt, sondern mit Klarheit und Entschiedenheit eine unzweideutige weltanschauliche Stellungnahme seitens Hitlers und seiner Bewegung verlangt, die kein Ausweichen mehr offen läßt.

Zu Anfang führt Prof. Knevels aus, daß in der nationalsozialistischen Bewegung, in den Äußerungen Hitlers und in der maßgebenden Literatur sich Bekenntnisse zum Christentum mit nicht minder unzweideutigen gegenteiligen Bekenntnissen gegenüberstehen. Außerdem will der Nationalsozialismus eine Bewegung sein, die den Menschen restlos erfaßt, der er sich als einem letzten absoluten Wert hingibt und opfert. Damit aber wird er zur Konkurrenz der Religion selbst.

'Die Weltanschauungsbildung in der Partei ist soweit vorgeschritten, daß die letzten Fragen nicht mehr umgangen werden und daß unzählige Anhänger der Bewegung in dieser Hinsicht nicht mehr warten können. Möglich ist noch beides: eine Entscheidung für Gott oder gegen ihn. Beide Strömungen sind in der Partei vorhanden.'

Auch bei Hitler sieht Knevels diese beiden einander ausschließenden gegensätzlichen Stellungnahmen. Auch gehe es nicht an, Rosenbergs 'Mythus des 20. Jahrhunderts' mit seinem offenkundigen Antichristentum einfach als Privatarbeit zu bezeichnen. Das werde nicht nur durch die Stellung Rosenbergs im Leben der Partei, in Presse und Bundesleben, sondern 'vor allem dadurch widerlegt, daß Rosenberg an allen entscheidenden Punkten auf Hitlers Gedanken und Äußerungen fußte.'

'Ein nationalsozialistisches Weltanschauungsgebäude, das im Gegensatz zu Rosenberg mit dem christlichen Gottesglauben vereinbart ist, ein Anti-Rosenberg, ist noch nicht geschrieben.' (Seite 5)

'Indem Hitler die unabänderliche Richtigkeit und absolute Geltung seiner Ziele und seines Programms proklamiert, greift er aus dem Gebiet des Relativen ins Absolute und macht aus seiner Sache eine dem Religiösen ähnliche Bewegung. Darin ist die mitreißende Sturmgewalt des Nationalsozialismus begründet. Darin liegt aber der Keim einer 'Krankheit zum Tode', wenn nicht rechtzeitig gebremst wird. Wir tun dem Nationalsozialismus nur etwas Gutes, wenn wir ihn darauf aufmerksam machen. Es ist seine Schicksalsfrage, ob er starr bleiben oder sich wandeln lassen will. Hier liegt meines Erachtens auch der Kern aller Schwierigkeiten in bezug auf die Stellung des Nationalsozialismus zum Christentum, was man noch kaum gesehen hat. Hier ist auch der immer wieder zu beachtende Vorgang begründet, daß vor allem den jungen Leuten die Zugehörigkeit zur Partei und das Bekenntnis zu ihren Zielen *praktisch* tatsächlich *Religionsersatz* wird, sei es, daß sie vorher schon der Kirche und Religion entfremdet waren, sei es, daß sie noch gläubig und kirchlich waren, sich aber seit der Zugehörigkeit zur Partei langsam abwandten, ein Vorgang, für den ich täglich Beispiele erlebe.' (Seite 7)

So konstatiert Professor Knevels: 'Die nationalsozialistische Bewegung steht am Scheidewege' (Seite 8). Da aus manchen Worten Hitlers Gottgehorsam spreche, so hoffe Professor Knevels, daß Hitler daraus die Folgerungen ziehe und seinen heidnischen Propheten den Abschied gebe (Seite 9).

Knevels lobt an Hitler den Aktivismus und gibt zu, daß die Kirche zu viel Passivität erzogen habe und das Jesusbild aus dem heroischen ins bürgerlich-sentimentale habe hinübergleiten lassen. Die Kirche müsse sich hier umstellen, soweit sie es noch nicht getan habe, aber man dürfe aus dem heroischen Jesus nicht einfach einen arischen Helden nach Rosenberg machen. Die Kirche soll sich zu einer 'aggressiven christlichen Aktivität' hinkehren.

Beim Aktivismus der Hitlerbewegung aber beanstandet Knevels die Überschätzung, ja teilweise alleinige Schätzung der äußerlichen Gewalt. Er führt dazu unwiderlegbare Zeugnisse an und weist auf die bei vielen grauenerregende Brutalität der Nationalsozialisten hin (Seite 12). Abzulehnen sei auch die Neigung zu maßloser Ungerechtigkeit gegen alle, die nicht derselben Meinung sind.

'Aus Hitlers Lebensbuch kann man ein ganzes Schimpfwörterlexikon zusammenstellen.' (Seite 12)

Es macht Knevels Ehre, daß er die maßlosen Beschimpfungen von Marx und Marxismus durch Hitler verurteilt. Knevels nennt den Ausspruch Hitlers: 'Die marxistische Weltanschauung ist die Ausgeburt eines verbrecherischen Gehirns' 'eine unbegreifliche Ungerechtigkeit gegen den in seinem persönlichen Charakter einwandfreien Marx'.

Knevels hat diesen Aufruf 'Der Nationalsozialismus am Scheidewege' an Hitler geschickt und um Stellungnahme Hitlers gebeten. So bringt denn die zweite Hälfte der Broschüre noch eine wertvolle Ergänzung. Knevels bedauert, daß Hitler, wie man immer wieder deutlich merke, das Wesen evangelischer Frömmigkeit nicht verstehe und mit den eigentlichen Geistesmächten der Reformation noch nicht richtig in Berührung gekommen sei.

'Ich frage mich oft: Kommen die vielen evangelischen Pfarrer, Lehrer und Theologiestudenten, die in die Partei eingetreten sind, an Hitler nicht heran, oder bringen sie ihm nichts Evangelisches, das ihm Eindruck machte und bei ihm haften bliebe?'

Wenn Hitler immer wieder einer unzweideutigen Stellungnahme ausweiche, mit der Begründung, am müsse die weltanschaulichen Fragen bis nach dem Sieg zurückstellen, um die Stoßkraft der Partei nicht zu lähmen und um Zwiespalt zu verhüten, so fordert Knevels mit Klarheit und Schärfe:

'Nachdem die Partei sich einmal auf 'Weltanschauung' eingestellt hat — was ja durchaus ein Vorzug ist — und nachdem sowohl in den Äußerungen des Führers als auch in der geistigen Einstellung der Parteigenossen zwei entgegengesetzte weltanschauliche Strömungen hervortreten, läßt sich nichts mehr verschieben.'

Wenn der Nationalsozialismus auch eine Bewegung aus den triebhaften Untergründen des Volkstums darstelle, so müsse er doch seine letzte Zielsetzung unzweideutig ausdrücken können.

Knevels wendet sich dann Hitlers Stellung zu Volkstum, Rasse, Staat usw. zu. Sehr klar stellt Knevels fest, daß Blut und Rasse und alles, was 'zur Kreatur' gehört, zugleich heilig und unheilig ist; heilig, weil es von Gott stammt, und unheilig, sofern es von ihm abgefallen ist.

'Es ist heilig nur dann, wenn es sich zu Gott in Beziehung setzt, wenn es ihn über sich anerkennt und sich unter sein Gericht stellt.' (Seite 17)

In der Wirklichkeit, die zwar Gott geschaffen, aber doch weithin Gott fern ist, steht immer eine gottgestellte Aufgabe, in der die Heiligung der Wirklichkeit sich wieder vollzieht.

Aus der kritischen Betrachtung der völkischen Rassenlehre seien folgende zusammenfassende Worte Knevels zitiert:

'Hitler hat sicher noch keine Negerpastoren kennengelernt. Was für prächtige, feingebildete, tieffromme, seelengute Menschen sind darunter! Wer da von 'Halbaffen' spricht (wie Hitler), ist nicht nur ungerecht, sondern vergeht sich gegen Gott, der die Menschen schuf 'sich zum Bilde'. Lassen Sie das, Herr Hitler! Auch ohne solche Ausfälle gegen andere können wir rassestolz sein.

Aber jeder Mensch ist uns heilig, weil er von Gott als Mensch geschaffen ist; und jeder Mensch unheilig, weil er in die Sünde gefallen ist. Auch hier wieder die Spannung! Der Mensch stammt von Gott und trägt Menschenwürde, auch der Neger; der Mensch ist von Gott abgefallen und bedarf der Gnade Gottes, auch der Arier. An diesen beiden granitenen Tatsachen halten wir fest.' (Seite 23)

Auch die Heruntersetzung der Mission sei für die Kirche unerträglich, und schließlich könne das Christentum auf den Gedanken der Menschheit nicht verzichten, auch nicht auf den Gedanken eines Völkerfriedens.

'Der Gedanke der Menschheit liegt uns augenblicklich ferner. Das eigene Volk wird dem deutschen Christen jetzt über alles gehen. Einen Menschheitsfrieden in absehbarer Zeit wird es nicht erwarten, da man von einem Sextaner kein Abitur verlangen kann. Aber daß ewiger Kampf und nicht ewiger Friede, das Ziel sei, um Hitlers Worte zu gebrauchen, kann der Christ ebensowenig zugeben, als daß der einstige Weltfriede in der Herrschaft des Herrenvolkes bestehe, das die anderen in den Dienst einer höheren Kultur stellt. Auch wird ihm Pazifist kein Schimpfwort sein, wie bei Hitler, als ob jeder Pazifist ein Schwindler oder Verbrecher wäre. *Gott will Friede*, auch zwischen den Völkern. Als Gottesforderung wie als Endziel bleibt uns das unverrückbar bestehen'."

III Organisation, Anspruch und Auftreten der 'Vereinigung für positives Christentum und deutsches Volkstum'

221 NSDAP Gau Baden — Abtlg. für Volksbildung — an Pfr. Voges: Angebot parteiamtlicher Tätigkeit
Karlsruhe, 25. Aug. 1932; LKA GA 10769

„Werter Herr Parteigenosse!
Sie sind als Referent für Evangelische Kirche der Unterabteilung I (Kultus) der Abteilung für Volksbildung der Hauptabteilung III der Gauleitung Baden in Aussicht genommen.
Hiermit fragen wir an, ob Sie dieses Amt übernehmen wollen und bitten Sie, den beiliegenden Personalbogen ausfüllen zu wollen. Wir machen Sie darauf aufmerksam, daß Ihr Name in unseren Zeitungen veröffentlicht wird. Wir bitten um umgehende Nachricht. Sobald wir Ihre Zusage erhalten haben, werden wir Ihnen das Bestätigungsschreiben zukommen lassen."

222 Pfr. Rose an LKR Voges: Mitgliedschaft NS-Pfarrerbund und NSDAP
Kenzingen, 15. Okt. 1932; LKA GA 10768

„Heute habe ich Dir als dem Referenten bei der Gauleitung einiges zu berichten; es betrifft Kollegen Deussen in Eichstetten.
Gestern war ich mit der Kreisleitung Emmendingen zusammen und da wurde mir parteiamtlich über Deussen verschiedenes äußerst Unangenehmes berichtet. Zuerst, er sei zwar Mitglied des Pfarrerbundes, nicht aber Mitglied der nationalsozialistischen Partei. Solches war mir äußerst verwunderlich, denn ich bin der Ansicht, daß niemand Mitglied des

Pfarrerbundes sein könne, ohne auch Parteigenosse zu sein. Deussen hat mir vor Eintritt in den Pfarrerbund versichert, daß er in die Partei eingetreten sei, und ich nahm solches unter Kollegen doch als Wahrheit an, prüfte demnach nicht mehr. Bei der nächsten Zusammenkunft werde ich ihn um sein Parteibuch ersuchen, um Einsicht zu nehmen. Jedoch wäre ich dankbar, wenn Du betreffend dieser Sache einmal mit Herrn Gauleiter Wagner Rücksprache nehmen wolltest, um eine prinzipielle Entscheidung herbeizuführen.

Dann wurde über Deussen sehr geklagt, er scheint in seiner Gemeinde eine Reihe rechter Dummheiten und Schwätzereien getätigt zu haben und dabei ist noch seine Familie beteiligt. Die Folge ist, daß heute seine Gemeinde gegen ihn steht und dies auch für die Partei als solche von großem Schaden sein dürfte, weil die Gemeindeglieder aus Ärger gegen Deussen der Partei abtrünnig werden. Auch hat Deussen vor einiger Zeit einen sehr törichten Artikel im Alemannen verbrochen unter der Überschrift 'Stille Nacht, heilige Nacht' und darin Unzutreffendes behauptet. Dies und noch vieles, was jetzt wieder aus der Vergangenheit hervorgezogen wird, hat sich bereits zu einer Anklage bei dem Oberkirchenrat verdichtet. Vielleicht könntest Du als Mitglied der Kirchenregierung einmal die Akten Dir zeigen lassen und auf eine Untersuchung der Angelegenheit drängen …"

223 Pfr. Rössger an LKR Voges: Eintreten für Deutsches Volkstum — trotz Verbots parteipolitischer Tätigkeit
Ichenheim, 19. Okt. 1932; LKA GA 10768

„Noch zehre ich von den gemütlichen Stunden im Hause Dommer. Auf meiner einsamen Heimfahrt sind mir grundsätzliche Bedenken gekommen betreffend des Verbots des Oberkirchenrats: Politische Betätigung der Pfarrer. Ich habe Bedenken, daß wir es sein sollen, die dazu den Anstoß geben. Wir wissen nicht, wie die politische Entwicklung weitergeht; wir müssen damit rechnen, daß wir eine großkapitalistische Diktatur uns gefallen lassen müssen. Ich habe den Eindruck, daß das Geschrei: keine politisierenden Pfarrer den 'christlich'-Papenschen Kreisen entstammt, die keine Kritik aus dem Evangelium ertragen können. Sie wollen uns mit dem Wort Politik mundtot machen. Also Vorsicht! Daß wir keine Parteipropaganda à la Streng treiben sollen, ist selbstverständlich. Daß wir unser Amt — nur Amt! — nicht zu parteipropagandistischen Zwecken mißbrauchen sollen wie die Katholiken, ist selbstverständlich. Aber bedenke; wir haben das Wort 'Volkstum' in unserem Programm. Unsere Gegner werden sehr leicht uns Politik vorhalten, was bei uns nichts anderes als ein Sich-Einsetzen für die Belange des Volkstums ist! Hüten wir uns, daß wir durch das zum Schlagwort gewordene Wort 'Politik' uns binden lassen. Die Sache gehört nochmals

reiflich überlegt. Auf jeden Fall würde ich mir in der Kirchenregierung, wenn ein eventuelles Verbot zur Frage steht, vom Präsidenten eine sehr eindeutige Formulierung dessen geben lassen, was unter Politik zu verstehen ist. Vergib Dir hier nicht zu früh ein Recht. Besprich Dich doch mal über diesen Punkt mit Wagner. Frage ihn: worin sieht er den Unterschied zwischen 'Politisieren' des katholischen und des evangelischen Pfarrers?
Dir zur Kenntnis, daß am Sonntag im Meißenheimer Kirchengemeindeausschuß ernste Klage darüber geführt wurde, daß Familie Gärtner sich so selten im Gottesdienst sehen läßt. Gärtner ist nun wütend und will eine öffentliche Erklärung abgeben, daß er für ein Jahr das Gotteshaus nicht mehr betritt! Kramer ist die Sache höchst peinlich! Aber so mußte es ja mal kommen! Das sind unsere Leute, die sich Vertreter des 'positiven Christentums' nennen! Für Münzel[*)] sich einzusetzen, lohnt sich nicht. Ich erfuhr gestern, daß er bei den Positiven nicht ausgetreten ist. Wir haben keinen Anlaß, schwankende Gestalten zu stützen! ..."

224 Pfr. Streng an LKR Voges: Resignation
Waldwimmersbach, 26. Okt. 1932; LKA GA 10768

„... Für mein nationalsozialistisches Landheim habe ich eine Schuldenlast von 3.000 Mark mir aufgebürdet und erst 1.700 Mark abverdient, so daß ich heute noch 1.300 Mark Schulden habe, und kein Parteigenosse und keine Partei hilft mir, wiewohl das Landheim während des Sommers überfüllt war; an den Oberkirchenrat habe ich auch noch Schulden etc. Ich habe nur die eine Hoffnung – und gestatten Sie mir, daß ich zu Ihnen als dem einzigen Menschen offen und ehrlich meine Meinung sage: Ich bin am Ende mit meiner Kraft und meinen Nerven, und ich warte auf den Freiheitskampf, der nach dem 6. November kommen muß, und in diesen Kampf ziehe ich, um nicht wieder heimzukehren. Ich warte nur noch darauf! Ich bin SS-Mann, seit Jahren schon, ich habe noch diese eine Aufgabe zu erfüllen; dann kommt endlich nach einem ununterbrochenen Kampf seit 1914 auch für mich der Friede! Doch genug hiervon..."

225 Gaultr. Wagner an LKR Voges: Eingriffe in kirchliche Personalpolitik
Karlsruhe, 12. Nov. 1932; LKA GA 10768

„Wie ich erfahre, beabsichtigt unsere Fraktion an die Stelle des pensionierten Oberkirchenrats Rapp, die von unserer Fraktion beansprucht werden kann, Ihren Herrn Onkel oder Herrn Schwiegervater zu setzen. Der Name ist mir nicht mitgeteilt worden. Ich nehme aber an, daß es sich um den Herrn Oberkirchenrat[**)] Renner handelt. Ich bin unbe-

---
[*] Pfr. Hugo Robert M., seit 1925 in Kürzell, seit 1933 in Mannheim-Wallstadt
[**] KR und Dekan Viktor Immanuel R.

dingt gegen diese Stellenbesetzung. Sowohl Ihr Herr Schwiegervater als auch der andere Herr – ich glaube, er ist auch Oberkirchenrat – Renner haben es seiner Zeit abgelehnt, für unsere Liste zu kandidieren. Meines Wissens sind beide Herren auch nicht Parteimitglieder. Ich bin unter allen Umständen dagegen, daß die Stelle, die von unserer Fraktion mit Recht beansprucht werden kann, mit einem der genannten Herren besetzt wird. Ich schlage keinen anderen als den Parteigenossen Pfarrer Altenstein/Todtmoos vor. Parteigenosse Altenstein ist mir persönlich gut bekannt. Ich habe das allerbeste Urteil über ihn. Eine bessere Kraft kenne ich nicht. Ich bitte Sie dringend, kommen Sie so rasch als möglich zu mir, damit weiteres besprochen werden kann. Verhindern Sie aber sofort, daß ein anderer als Altenstein vorgeschlagen oder gar eingesetzt wird."

226 Gaultr. Wagner an LKR Voges: Aufgaben der evang. Kirchenreferenten
Karlsruhe, 14. Nov. 1932; LKA GA 10768

„Im Rahmen einer allgemeinen Propagandaaktion aller Teile der NSDAP in der Zeit vom 20. November bis Mitte Dezember fallen den evangelischen Kirchenreferenten im Gau und in den Kreisen sowie der Fraktion der 'Kirchlichen Vereinigung für positives Christentum und deutsches Volkstum' folgende Aufgaben zu.
Seit der Kanzlerschaft Papens, das heißt seit dem Beginn des Angriffs auf die NSDAP von rechts her, ist auch eine zunehmende zum Teil recht gehässige und lügenhafte Aktion der der Reaktion nahestehenden kirchlich-evangelischen Kreise auf unsere Bewegung im Gange. An dieser Aktion, die zweifellos mit den politischen Parteien und Gruppen des reaktionären Bürgertums im Zusammenhang steht, sind auch nicht wenig evangelische Geistliche der liberalen und positiven Richtung beteiligt. Es ist deshalb nötig, daß seitens der evangelischen Kirchenreferenten im Gau und in den Kreisen, ferner aber auch seitens vorhin erwähnter Kirchenfraktion mit einer scharfen, angriffsweisen Gegenaktion geantwortet wird. Ich denke mir das so, daß die evangelischen Kirchenreferenten in den Kreisen raschestens Konferenzen evangelischer Geistlicher zusammenberufen, die nach der Art unserer politischen Sprechabende auch nahestehende und gegnerische Meinungen zu Wort kommen lassen, und dadurch die Auseinandersetzung mit dem Gegner beschleunigt herbeigeführt wird. Die Konferenzen sollen also nicht nur nationalsozialistische Geistliche, sondern auch andere evangelische Geistliche einschließen. Zweifellos wird der eine oder andere den Einladungen zu solchen Konferenzen Folge leisten. Wir erreichen dadurch, daß Unwahrheiten über unsere Bewegung, Vorurteile und dergleichen beseitigt werden. Ferner kommt die Auseinandersetzung mit dem Gegner in Gang und die Kräfte des Gegners erlahmen.

Weiter halte ich es für nötig, daß die evangelischen Kirchenreferenten die 'Kirchliche Vereinigung usw.' umgehend organisieren und in allen Ortschaften wenigstens einige Mitglieder zusammenfassen. Durch diese Arbeit wird den gegnerischen Meinungen über die Einstellung des Nationalsozialismus zu Christentum und Kirche ebenso erfolgreich entgegengetreten werden können.

Und drittens bin ich der Auffassung, daß das besprochene Blättchen, möglichst in Verbindung mit dem in Konstanz erscheinenden 'Himmelan' sofort herauskommen und verbreitet werden muß. Zweifellos wird seitens der in den Kreisen eingesetzten, für den Verlag unmittelbar arbeitenden Provisionswerber schon viel für die Verbreitung des Blättchens getan werden. Immerhin aber sehe ich in der Verbreitung der Zeitschrift auch eine Aufgabe der Kirchenreferenten. Voraussetzung für das gedachte Blättchen ist natürlich eine Redaktion im Sinne der 'Kirchlichen Vereinigung'.

Die Referenten in den Kreisen müssen nunmehr endgültig überall eingesetzt werden.*)

Es empfiehlt sich auch, vielleicht in Verbindung mit einer Fraktionssitzung der 'Kirchlichen Vereinigung' gelegentlich eine Konferenz der Kreiskirchenreferenten durchzuführen.

An die Reichsleitung bin ich in dem heute besprochenen Sinne herangetreten. Ich hoffe, daß der Kirchenreferent der Reichsleitung rasch eingesetzt wird und die Arbeit von seiten des Reiches her beginnt.

Von der besprochenen Entschließung anläßlich der kommenden Fraktionssitzung verspreche ich mir sehr viel. Wenn ich mir einen Vorschlag erlauben darf, so empfehle ich, in dieser Entschließung auf drei Dinge besonders abzuheben: Auf die Gefahr des Bolschewismus, auf die Glaubenslosigkeit und auf die große soziale Not. Dabei sollte zum Ausdruck gebracht werden, daß nur Adolf Hitler und seine Bewegung unser Volk retten können. Die Entschließung muß der Gaupresseabteilung überreicht werden."

227 EOK, Prot.: Trauung in Parteiuniform
Karlsruhe, 25. Nov. 1932; LKA GA 3478

„Den Pfarrern Mondon und Löw hier wird auf ihre Eingaben wegen Trauung eines SS-Mannes in der Parteiuniform dieselbe Entscheidung

---

* Dieses Schreiben weist am linken Rand folgendes Marginale von der Hand des Gauleiters auf: „Evangelische Geistliche werden künftig als Redner für die Partei nur noch eingesetzt, wenn Sie die Genehmigung dazu gegeben haben."

mitgeteilt, die früher schon in ähnlichen in Eberbach und Konstanz[*]) vorgekommenen Fällen getroffen wurde. Dieser Bescheid geht auch an alle anderen hiesigen Geistlichen. Auch wird noch hinzugefügt, die Kirchenregierung werde sich noch mit der grundsätzlichen Regelung dieser Frage befassen."

228 EOK, Prot.: Regelung von ns. Forderungen in der Lebensordnung
Karlsruhe, 29. Nov. 1932; LKA GA 3478

„In einer der nächsten Sitzungen soll die Beratung des Entwurfs einer kirchlichen Lebensordnung in Angriff genommen werden. Im Zusammenhang damit wäre dann auch die durch den Antrag der Synodalen Hesselbacher, Mondon, Löw wieder in Fluß gekommene Frage des Tragens von Parteiuniformen bei Trauungen zu behandeln, ebenso die Frage der Benützung der Kirche durch uniformierte Verbände. Die hierüber zu fassenden Beschlüsse sollen in die kirchliche Lebensordnung hineingearbeitet werden. Der fertige Entwurf einer Lebensordnung ist dann der Kirchenregierung vorzulegen."

229 Pfr. Ulzhöfer an LKR Voges: Vorwürfe gegen Pfr. Goldschmit
Flehingen, 4. Dez. 1932; LKA GA 10768

„... Bruno Goldschmit/Rinklingen ist auf Montag zu Dr. Friedrich bestellt; am Freitag und Samstag hat G. in Karlsruhe bereits sich zu orientieren versucht, wie die Sache für ihn steht.

Bei mir waren zwei Parteigenossen, Kirchengemeinderäte von Rinklingen, die mir ihre Beschwerden vortrugen und sagten: Der Jud[**]) müsse unter allen Umständen heraus. Ich habe die Angelegenheit dem Kreisleiter A. Roth/Liedolsheim weitergegeben, zumal es sich um einen Wahl-Betrug[***]) handelt, den sich Goldschmit zugunsten der Marxisten bei der letzten örtlichen Kirchenwahl des Kirchen-Ausschusses geleistet haben soll.

Frage doch mal bei erster bester Gelegenheit Dr. Friedrich nach dem Stand der Sache. Renner (?) wird sich *für* Goldschmit einsetzen, schon wegen seiner Wiederwahl zum Dekan..."

---

* Vgl. Dok. 95

** In keiner Zeit hat die rassische Herkunft von Pfr. G. im Untersuchungsverfahren auch nur die geringste Rolle gespielt — nicht einmal bei den Angriffen seiner Gegner in Rinklingen seit 1926.

*** Die Untersuchung durch den Evang. Oberkirchenrat ergab, daß es sich seinerzeit — im Vorfeld der KG-Wahlen 1926 — allenfalls um Wahlhilfe in Form von Werbung durch personelle Gespräche gehandelt hat.

230 Gaultr. Wagner an LKR Voges: Besetzung der Pfarrei Rinklingen
Karlsruhe, 10. Dez. 1932; LKA GA 10768

„In Rinklingen bei Bretten ist eine evangelische Pfarrstelle frei.[*] Da die Gemeinde überwiegend nationalsozialistisch ist, wird seitens der Bevölkerung ein nationalsozialistischer Pfarrer gewünscht. Ich bitte Sie um weiteres."

231 Friedrich Teutsch/Leutershausen: „Von den Grundlagen des Dritten Reiches"
VolksBl. f. Stadt u. Land Nr. 1, 1. Jan. 1933, S. 7f. u. Nr. 2, 8. Jan. 1933, S. 13f.

„Es gehört mit zur Pflicht eines Christen, darauf bedacht zu sein, daß ein Land gut regiert wird.   Oliver Cromwell

In dem Programm des neuen anhaltischen Ministerpräsidenten, Parteigenossen Freyberg, heißt es u.a.: 'Nationalsozialist sein heißt nicht, eine Parteiherrschaft errichten, ein marxistisches System des Parteibuches fortsetzen, sondern Nationalsozialist sein heißt: Deutsch fühlen, deutsch denken und deutsch handeln. Wir Nationalsozialisten erwarten nicht, daß die Beamten der NSDAP beitreten; für uns Nationalsozialisten entscheidet allein die Leistung.

Eine Regierung jedoch, die Beistand haben will, muß im Volke des Staates wurzeln und muß daher von ihren Beamten erwarten, daß sie sich zu den Grundlagen des Deutschtums bekennen. *Diese Grundlagen liegen im nationalen, sozialen und christlichen Geiste.* Es muß von jedem Beamten verlangt werden, daß er in unverbrüchlicher Treue zu seiner Heimat, zu seinem deutschen Vaterlande steht. Diese Treue wird sich zeigen in den Opfern, die man bereit ist, für sein Volk und Vaterland zu bringen. Wir wissen, daß der Weg unseres Landes Anhalt, unseres deutschen Vaterlandes zu neuer Blüte und Wohlstand ein Opfergang ist, und auf diesem Wege haben alle die, welchen eine führende Stelle im Staate anvertraut ist, vorzugehen.

Zur Mitarbeit in diesem Sinne rufe ich Sie auf und bitte unseren Herrgott um seinen Segen, damit das schwere Werk des Wiederaufbaues unseres Landes Anhalt und unseres deutschen Vaterlandes gelingen möge.

Gott schütze unser Land Anhalt, es lebe unser deutsches Vaterland!

'Die Grundlagen des Deutschtums liegen im *nationalen, sozialen und christlichen Geiste,*' sagt Parteigenosse Freyberg.

---

[*] Eine voreilige Feststellung; denn noch am 12. Dez. 1932 wurde Pfr. Goldschmit – ein zweites Mal – nach Karlsruhe einbestellt, aber erst am 10. März des folgenden Jahres in den Ruhestand versetzt.

1. *Sie liegen im nationalen Geiste:*
Wir können heute gar nicht anders, als durch und durch national sein; wir sind dazu gezwungen, weil der Internationalismus restlos abgewirtschaftet hat. Auch diejenigen, die einmal ihre Hoffnung auf ihn gesetzt und vom Völkerbund etwas erwartet haben, sind enttäuscht worden. *Wir wollen und können nicht länger als einziges Volk der Welt international denken, sondern müssen national sein,* wie die Franzosen, wie die Italiener, die Engländer, die Russen. Denn solange unser deutsches Volk von seinen Feinden geknebelt, unterdrückt und seine Rechte mißachtet werden, solange es wahr ist: 'Wehe dem Besiegten', haben wir keinerlei Verständnis für weltbürgerliche Gedanken. Wir müssen vielmehr den nationalen Widerstand entfesseln und fördern, wir müssen lernen, wieder heldisch zu denken, wie Attinghausen in Wilhelm Tell: *'Sie sollen kommen, uns ein Joch aufzwingen — das wir entschlossen sind, nicht zu ertragen … wohlfeiler kaufen wir die Freiheit als die Knechtschaft ein.'* Ja, wir halten es mit unserem Schiller. Sein herrliches Bekenntnis zu Volk und Vaterland wollen wir nie vergessen. Jedem Deutschen sollten die Worte ein heiliges Erbe sein:

>'Ans Vaterland, ans teure schließ dich an,
>das halte fest mit deinem ganzen Herzen.
>Hier sind die starken Wurzeln deiner Kraft.'

Nationalsozialist sein, heißt nichts anderes, als sich mit ganzem Herzen zum ganzen deutschen Vaterland bekennen — im Sinne des Freiherrn von Stein: 'Ich habe nur ein Vaterland, das heißt Deutschland und da ich nach alter Verfassung nur ihm und keinem besonderen Teile angehöre, so bin ich auch nur ihm und nicht einem Teil desselben von ganzem Herzen ergeben.'
Dem Volke, das mich geboren, dem gehöre ich als Eigentum. Meinem Volke muß ich darum dienen mit allen meinen Kräften, meinen Gaben, meinen Fähigkeiten; für mein Vaterland muß ich einstehen, bereit sein, für es zu kämpfen und selbst das Leben dafür hinzugeben. Der Freiherr von Stein hat es gesagt: *'Wer mit seinem Volke nicht Not und Tod teilen will, der ist nicht wert, daß er unter ihm lebe'…'Es gibt kein Opfer für das Vaterland, sondern nur Pflicht und Schuldigkeit, Dank für die größte Gunst des Schicksals, als Deutscher geboren zu sein,'* hat einer der größen Diener des deutschen Volkes gesagt. *'Das ist das beste Leben, das ist der höchste Stand, was dir der Herr gegeben, gibt du dem Vaterland!'* In diesen Worten ist die richtige Auffassung wiedergegeben. Treitschke, der große Geschichtsschreiber, drückt denselben Gedanken aus, wenn er sagt: *'Was du auch tust, um reiner, reifer, freier zu werden, du tust es für dein Volk.'*
'Was auch daraus werde, steh zu deinem Volk: — es ist dein angeborner Platz' mahnt uns Schiller in seinem 'Tell'. Von Internationalismus

finden wir bei Schiller aber auch nicht die Spur. Für ihn ist *'das teuerste der Bande, der Trieb zum Vaterlande.' Internationalismus geht nur auf Kosten des eigenen Volkes,* deshalb handeln wir nach den schönen Versen Selchows:

'Ich bin geboren, deutsch zu fühlen,
bin ganz auf deutsches Denken eingestellt.
Erst kommt mein Volk,
dann all die andern vielen,
erst meine Heimat, dann die Welt!'

'Über allem das Vaterland' ist die Losung Lettow-Vorbecks. Der General ist hier unser leuchtendes Vorbild. Es ist auch unsere Losung:

'Über allem: das Vaterland',

oder wie es Gregor Strasser gesagt hat:

'Deutschland, nur Deutschland, nichts als Deutschland!'

2. *Die Grundlagen des Deutschtums liegen im sozialen Geiste.*
Die Vereinigung von national und sozial ist das Wesen des Nationalismus überhaupt. *'Ich sehe die größte Aufgabe eines deutschen Staatsmannes für die Zukunft in der Zusammenfügung des vorhandenen sozialistischen und nationalen Elementes unseres Volkes zu einer neuen deutschen Volksgemeinschaft',* sagt Hitler in seinem Manifest.
In dem Buche 'Mein Kampf' schreibt Adolf Hitler unter 'Die Vorbedingung der Nationalisierung':
'Die Frage der Nationalisierung eines Volkes ist mit in erster Linie eine Frage der Schaffung gesunder sozialer Verhältnisse als Fundament der Erziehungsmöglichkeit des Einzelnen. Denn nur wer durch Erziehung und Schule die kulturelle, wirtschaftliche, vor allem aber politische Größe des eigenen Vaterlandes kennenlernt, vermag und wird auch jenen inneren Stolz gewinnen, Angehöriger eines solchen Volkes sein zu dürfen. Und kämpfen kann ich nur für etwas, das ich liebe, lieben nur, was ich achte, und achten, was ich mindestens kenne.'* Hier ist der Schlüssel zu dem *durch die verfluchten Fehler des Vorkriegssystems seinem Volke verschlossenen und entfremdeten Arbeiterherzen.* Untreue um Untreue war es, die den Arbeiter in die Arme der sozialdemokratischen Internationale hineingetrieben haben. Es muß aber die Wahrheit gesagt werden: erst hat sich Deutschland am 'vierten Stand!' versündigt und dann erst sündigte der Arbeiter an Deutschland; erst hat sich Deutschland vom Arbeiterstand abgewandt, *erst dann und nur so konnte dieser Deutschland verlassen. Nur dadurch aber, daß Adolf Hitler diese elenden 'Stände' und 'Klassen', die nicht nur die Wurzel, sondern geradezu die Verkörperung der Zwietracht sind, beiseitigt und an deren Stelle die Volksgemeinschaft gesetzt hat, nur dadurch, daß wir zuerst den Weg zum deutschen Bruder, dem deutschen, arbeitenden Menschen zurückgefunden haben,*

ist es möglich, daß der Arbeiter auch den Weg zu seinem Volk und Vaterland zurückfindet.

Die Stellung Bismarcks, des genialen, überragenden Staatsmannes, zur Sozialdemokratie, hat gezeigt, *daß ein reaktionärer Junker,* kraft seiner Geburt und Erziehung, seiner ganzen Einstellung *eben einfach nicht imstande ist, die soziale Frage zu Gunsten des deutschen Arbeiters und damit zu Gunsten der Nation zu lösen.* Und nun kam, obwohl seit Bismarcks Zeiten ein halbes Jahrhundert vergangen ist, die Klique um Papen und Hugenberg noch einmal mit ihrer Spezialreaktion. Die großen, schönen Rundfunkreden Papens von christlich-konservativer Staatsauffassung nützten gar nichts, denn Deutschland will, das haben die Wahlen gezeigt, heute, weniger noch wie zu Metternichs Zeiten, von einer Reaktion auch nur das geringste wissen. Das Rad der Geschichte, das selbst ein Staatsmann von so ungewöhnlichen Ausmaßen, wie Bismarck es war, nicht anzuhalten vermochte, konnte auch ein Herr von Papen nie und nimmer rückwärts drehen. Das Gegenteil ist der Fall. 100 kommunistische Abgeordnete im neuen Reichstag, das ist der Nachlaß, das Erbe, das Vermächtnis des 'persönlichen Freundes Hindenburgs', des 'Ritters ohne Furcht und Tadel', des Gott sei Dank vergangenen Herrn von Papen.

Die Wahl ist die berechtigte Antwort eines armen, niedergedrückten und gequälten Volkes, wie sie im Verlauf der Geschichte immer mit Recht ausfallen mußte. Uns hilft nicht Hindenburg und der der Geschichte angehörende *100-Meter-Läufer Brüning, der Notverordnungskanzler, weder der Kanzler von Gottes Gnaden Papen, der Rundfunkredner und erfolgreiche Schöpfer von Aufbau und Wirtschaftsprogramm und Steuergutschein-Spezialist, auch nicht das Schleicher-Verlegenheits-Kabinett, uns hilft allein der Mann des Vertrauens von 12 Millionen bester Deutscher, uns hilft allein der Mann der nationalen, sozialen und christlichen Tat, uns hilft nur Hitler.*

Nur Adolf Hitler, der Mann aus dem Volke, kann die soziale Frage lösen und sonst niemand; am allerwenigsten aber konnte es Herr von Papen, wie wir ja gesehen haben, mit seinen Baronen aus dem Herren-Club, die sich einbilden, die Aristokratie zu sein. Auf eine solche Aristokratie, auf solche Aristokraten und Herren verzichten wir gerne. *13 Jahre lang haben diese Herren dem Schicksal freien Lauf gelassen und heute erscheinen sie plötzlich wieder auf der Bildfläche und das Tollste; sie wollen dabei noch von 'Gottes Gnaden' sein. Nein, nein, diese Herrschaften, die 'nichts vergessen und nichts dazulernen', die diese große Zeit gar nicht verstehen und auch nicht verstehen wollen, können ihr auch nicht gerecht werden.* Mit diesen Herren wird es *nicht gehen,* aber *gegen sie muß es gehen.*

Hitler weiß, der Weg zu einem neuen deutschen Nationalismus liegt nur in dem Inhalt eines wahren deutschen Sozialismus, denn erst, indem wir einen wahren Sozialismus schaffen, schaffen wir den wahren Nationalismus. Den nationalen Sozialismus, das ist es, was wir wollen.
Hitler hat Recht: *die Frage der 'Nationalisierung' des deutschen Volkes ist die soziale Frage.* Der Sozialismus ist deshalb nicht etwa irgend eine Angelegenheit der deutschen Arbeiterschaft, *sondern die große nationale und ebenso christliche Forderung, die das ganze deutsche Volk angeht und an deren Erfüllung die Zukunft Deutschlands hängt. Die soziale Frage ist die Schicksalsfrage der deutschen Nation. Darum wird Deutschland nationalsozialistisch sein, oder es wird nicht sein. Die Schaffung* gesunder sozialer Verhältnisse wird unsere erste, heiligste Aufgabe, unsere höchste Pflicht sein.

Unser Weg und unser Ziel liegen klar:
Wir wollen nicht die Zustände von vor dem Kriege, *sondern wir wollen den Staat des neuen Menschen,* der nach Gregor Strasser 'aus dem Bürgertum herausgeholt in geläuterter Reinheit, die aus den Tiefen des Blutes kommende *Idee des Nationalismus* – und aus dem Proletariat herausholt die aus dem durch Bedrückung doppelt stark ausgebildeten Gerechtigkeitsgefühl geborene *Idee des Sozialismus!!* Wir wollen alle jene Kämpfer aus beiden Lagern, die in sich selbst die Synthese gefunden haben, die den grauenvollen Abgrund überbrückt, der zwischen beiden Lagern heute klafft; *jene Synthese der neuen Idee, die da lehrt, sozial zu sein aus Nationalismus und national zu sein aus Sozialismus.'* Auch mit dem 9. Nov. [1918] haben wir rein nichts zu tun. So wollen wir *kein nationalistisches Zeitalter im Sinne der sozialreaktionären Herren Deutschnationalen,* wir wollen auch *kein sozialistisches im Sinne der internationalen Marxisten, wir wollen niemals den marxistischen Sozialismus, der auf der 'Voraussetzung widerstreitender Interessen ruht', sondern wir wollen den neuen deutschen Sozialismus, der sich auf dem 'Bewußtsein einer geistigen Einheit gründet', wir wollen ein nationalsozialistisches Zeitalter im Sinne Adolf Hitlers.*

3. Die Grundlagen des Deutschtums liegen im christlichen Geiste:
Die Führer unserer großen nationalsozialistischen Bewegung, die Führer des kommenden Deutschlands, wissen, *daß ein Volk ohne die Kraft der Religion nicht bestehen kann.* Allen Nationalsozialisten, der Gesamtheit des Volkes, kann es nicht genug gesagt werden, daß ein Volk ohne Religion nicht von Dauer ist. Jeden Einsichtigen lehrt es die Geschichte eindringlich: *Wenn die Sitten zerfallen, zerbricht auch das Reich.* Darum hat Parteigenosse Freyberg gesagt, *die Grundlagen liegen im christlichen Geiste.* Wenn sie aber darin nicht liegen, sehe ich nicht, wie unser drittes Reich Bestand haben könnte. Denn der große Grieche Plutarch hat die

unvergängliche Wahrheit ausgesprochen: *'Eher könntet ihr eine Stadt in den Lüften erbauen, als einem Staat ohne Religion Bestand geben.'* Alle wirklich großen Staatsmänner haben sich in diesem Sinne geäußert.

Washington sagt: *Religion und Moral sind die unerläßlichen Stützen der öffentlichen Wohlfahrt. Der ist kein Mann des Vaterlandes, der diese mächtigen Pfeiler der menschlichen Glückseligkeit untergräbt... Vernunft und Erfahrung beweisen, daß Moralität im Volke ohne Religiosität nicht bestehen kann.*

Napoleon I. hat gesagt:

'Wenn es sein muß, werde ich selbst mit der Todesstrafe gegen diejenigen vorgehen, welche unsere gemeinsame Religion beschimpfen. *Keine Gesellschaft kann existieren ohne Moral; es gibt aber keine gute Moral ohne Religion; nur die Religion gibt dem Staate festen und dauerhaften Halt.'*

Voltaire: *'Überall, wo ein Staatsleben besteht, ist die Religion notwendig.'*

Der Freiherr von Stein:

'Ein frommer, reiner, tapferer Sinn, der erhält die Staaten, nicht Reichtum und Aufklärung.' – 'Unsere neuen Publizisten suchen die Vollkommenheit der Staatsverfassung *in der gehörigen Organisation der Verfassung selbst, nicht in der Vervollkommnung des Menschen, des Trägers der Verfassung. Die mit dem Praktischen vertrauten Alten forderten unverläßlich zu seinem Bestehen Religiosität und Sittlichkeit. Der Charakter, das Wollen muß gebildet werden, nicht allein das Wissen.*

Leopold von Ranke schreibt in 'Deutsche Geschichte':

Wie es überhaupt keine menschliche Tätigkeit von wahrhaft geistiger Bedeutung geben wird, die nicht in einer tieferen, mehr oder minder bewußten Beziehung zu Gott und den göttlichen Dingen ihren Ursprung hätte, so läßt sich eine große, des Namens würdige Nation gar nicht denken, deren politisches Leben *nicht unaufhörlich von religiösen Ideen erhoben und geleitet würde, welche sie dann auszubilden, zu einem allgemeinen gültigen Ausdruck und einer öffentlichen Darstellung zu bringen hat.*

Der National-Ökonom Roscher hat es positiv ausgedrückt:

Zur Beruhigung des menschlichen Freiheitsgefühls darf kühn versichert werden, *daß noch kein religiös und sittlich tüchtiges Volk, solange es diese höchsten Güter bewahrte, verfallen ist.*

Auch in Hitlers Manifest steht die Wahrheit:

Ich glaube, daß ein Volk zur Erhöhung seines Widerstandes nicht nur nach vernunftgemäßen Grundsätzen leben soll, sondern daß es auch eines geistigen und religiösen Haltes bedarf.

Im nationalsozialistischen Programm heißt es: Die Partei als solche vertritt den Standpunkt eines positiven Christentums, ohne sich konfessionell an ein bestimmtes Bekenntnis zu binden. Sie bekämpft den jüdisch-materialistischen Geist in und außer uns und ist überzeugt, daß eine dauernde Genesung unseres Volkes nur erfolgen kann von innen heraus auf der Grundlage: *Gemeinnutz vor Eigennutz! In diesem Sinne fordern wir Nationalsozialisten ein praktisches Christentum, das lebendig ist im Werk.* Drei Worte: 'Gemeinnutz vor Eigennutz,' sind eigentlich unser ganzes Programm, in ihnen hängt das ganze Gesetz. *Gemeinnutz vor Eigennutz ist aber nichts anderes als die christliche Forderung der Selbstverleugnung, ist nichts anderes als praktische Nächstenliebe.* Im kommenden Reiche wird es also vornehmste Pflicht sein, danach zu handeln: Liebe deinen Nächsten als dich selbst.

So liegen also die Grundlagen des Deutschtums im nationalen, sozialen und christlichen Geiste. National, sozial und christlich schließen sich nicht aus, sondern bedingen, ergänzen sich, gehören untrennbar zusammen, bilden ein Ganzes. Sozial sein heißt nichts anderes als christlich, christlich sein nichts anderes als von wahrer sozialer Gesinnung sein. Christlich sein heißt: sozial denken und handeln.

Als Nationalsozialisten bekennen wir uns zu Volk und Vaterland, kämpfen wir für des deutschen Volkes Zukunft und Größe, *kämpfen wir für nichts anderes, als für das, was unserem Volke, von Gottes- und Rechtswegen zusteht.* 'Unsere Ehre heißt Treue, unsere Treue Deutschland.'

Als Sozialisten kämpfen wir ganz im Interesse des deutschen Arbeiters, des deutschen Volkes überhaupt gegen den Marxismus, für den Sozialismus. Adolf Hitler schreibt in seinem Manifest unter 'Schutz dem arbeitenden Menschen': 'Der vornehmste Träger der Arbeit ist keine Maschine, sondern der Mensch selbst. *Die Pflege und der Schutz des arbeitenden Menschen ist damit in Wirklichkeit die Pflege und der Schutz der Nation, des Volkes. Nicht aus Mitleid kämpfe ich daher für eine wahrhaft soziale Lebensbildung und Lebensgestaltung des deutschen Arbeiters, sondern aus Vernunft.*

Ich bin Sozialist, weil es mir unverständlich erscheint, eine Maschine mit Sorgfalt zu pflegen und zu behandeln, aber den edelsten Vertreter der Arbeit, den Menschen selbst verkommen zu lassen.' Deshalb sind auch wir Sozialisten.

Als Christen wollen wir, auf dem Boden des positiven Christentums stehend, unserem deutschen Volke mit der Kraft der christlichen Religion dienen im Sinne Luthers: 'Meinen Deutschen bin ich geboren, denen will ich dienen.' Wir haben die christliche Pflicht, die dem Nationalsozialismus entgegenarbeitenden volkszersetzenden Kräfte aufs ent-

schiedenste zu bekämpfen: *den Atheismus, den Materialismus, den Bolschewismus.* Wir haben fernerhin die vornehme Christenpflicht, uns für den sozialen Gedanken, der ein durchaus christlicher Begriff ist, mit allem Nachdruck einzusetzen. *Den Kampf für wahre soziale Gerechtigkeit, den ein Adolf Stoecker vor 50 Jahren leider verlieren mußte, haben wir wieder aufzunehmen, siegreich durchzufechten, um dadurch diesem sozialen Gedanken die Möglichkeit einer segensreichen Auswirkung zu geben in der Gestaltung unseres dritten Reiches.*
So heißt Nationalsozialist sein nichts anderes, als sich zu den Grundlagen des Deutschtums zu bekennen, welche nach dem Programm des neuen nationalsozialistischen Ministerpräsidenten von Anhalt, unseres Parteigenossen Freyberg, in der Tat in keinem anderen Geiste liegen als in dem nationalen, sozialen und christlichen Geiste."

Kirchengemeinderatswahlen Sept./Okt. 1932

232 EOK: „Kirchengemeinderatswahlen", Beschluß 27. Juli 1932
KGVBl. Nr. 10, 5. Sept. 1932, S. 75f.

„Gemäß § 17 KV wird angeordnet, daß die *kirchlichen Gemeindewahlen in der Zeit vom 11. September bis einschließlich 16. Oktober 1932* vorzunehmen sind.
Wegen der Durchführung wird auf die Kirchengemeindewahlordnung (KGWO) und auf die Vollzugsverordnung vom 10.4.1920 (VBl. S. 26ff.) und vom 31.8.1926 (VBl. S. 87) verwiesen. Bei der Anwendung der KGWO ist zu beachten, daß durch das kirchliche Gesetz vom 25.5.1928 (VBl. S. 41) § 25 Abs. 1 KGWO und durch das kirchliche Gesetz vom 14. Juni 1930 Art. 4 (VBl. S. 43) die §§ 1 Abs. 1, 13, 14 Abs. 2, 18, 21, 22, 29 und 32 Abänderungen erfahren haben. Insbesondere wird darauf hingewiesen, daß wie bei der Landessynodalwahl auch bei der örtlichen Kirchenwahl das Recht, Bewerbern *Vorzugsstimmen* zu geben oder auch Namen und Vorzugsstimmen *auszustreichen,* durch entsprechende Abänderung des § 13 KGWO aufgehoben ist. Die Wahl ist an die in den öffentlichen Vorschlagslisten enthaltenen Bewerber und ihre Reihenfolge gebunden. Der Wähler hat also, wenn er sich nicht der Gefahr, einen ungültigen Stimmzettel abzugeben, aussetzen will, den ihm zur Verfügung gestellten Stimmzettel unverändert zu verwenden. Schließlich wird noch darauf aufmerksam gemacht, daß in den geteilten Kirchengemeinden im Sinne der §§ 39ff. KV von den Stimmberechtigten nicht nur wie bisher die Sprengelvertreter, sondern auch die Kirchengemeindevertreter unmittelbar gewählt werden (vgl. §§ 41 und 44 KV in der Abänderung des Gesetzes vom 14. Juni 1930 Artikel 2 VBl. S. 41f). Bei der Aufstellung der Vorschlagslisten ist auch die weitere Änderung zu beachten, daß niemand zugleich Mitglied eines Sprengel- und eines Gemeindeorgans sein darf."

233 Der Landesvorsitzende [KPV] Karl Bender: „Die kirchlichen Gemeindewahlen" – Mannheim, 30. Juli 1932

KPBl. Nr. 15/16, 7. Aug. 1932, S. 120

„Der Evang. Oberkirchenrat hat in Nr. 10 des Gesetzes- und Verordnungsblattes angeordnet, daß die Gemeindewahlen in der Zeit vom 11. September bis einschl. 16. Oktober 1932 vorzunehmen sind. Die Kirchenverfassung läßt zu, daß statt der Wahldurchführung auch durch Einreichung von Einheitslisten (vereinbarten gemeinsamen Vorschlägen) die kirchlichen Körperschaften gebildet werden können.

Der Vorstand unserer Vereinigung wandte sich an die Leitung der drei anderen kirchlichen Gruppen; teilte ihnen mit, daß er die Vermeidung der Wahlen für erwünscht halte, um weitere schwere Erschütterungen des Gemeindelebens möglichst zu verhindern, und schlug ihnen vor, das Verfahren der Einheitsliste anzuwenden unter Zugrundelegung der bei der Landessynodalwahl erreichten Zahlen. Ohne für die Einzelgemeinde eine unbedingte Bindung aufrichten zu wollen, sollten die Leitungen der kirchlichen Gruppen sich verpflichten, ihren Anhängern den Weg der Einheitsliste dringend zu empfehlen.

Die Gruppe der Evang. Sozialisten, der Kirchlich-Liberalen und der Positiv-Völkischen haben sich grundsätzlich bereiterklärt, die Einheitsliste zu empfehlen. Angesichts der Tatsache, daß verfassungmäßige Bedenken gegen die absolute Verhinderung örtlicher Wahlen sprechen, auch die einzelnen Gruppen weder organisatorisch noch satzungsmäßig in der Lage sind, ihre Anhänger zur Einheitsliste zu zwingen, mußte der in der Aussprache von einer Seite angeregte Gedanke an die sozusagen zwangsweise, lückenlose Durchführung des Einheitsliste-Verfahrens aufgegeben werden. Dafür wurde allseitig vereinbart, daß in den Fällen, wo trotz der dringenden Empfehlung der Einheitsliste in einer Gemeinde etwa doch die örtliche Wahl durchgeführt werden will, unter allen Umständen diejenige Gruppe, die die Wahl wünscht, dies mindestens 10 Tage vor dem Einreichungstermin der Wahlvorschläge den anderen Gruppen offen mitteilt.

Wir empfehlen also den Freunden im Lande dringend, den Weg der Einheitsliste zu betreten, in etwaigen, wie wir annehmen, vereinzelten Ausnahmefällen aber sich an die obige Vereinbarung loyal zu halten.

In einer alsbald nach dem 15. September stattfindenden gemeinsamen Sitzung der Gruppenleitungen – der Urlaube halber kann sie nicht früher stattfinden – sollen etwaige weitere Wünsche derselben geklärt werden."

234 LKR Voges „An sämtliche Kreis-, Bezirksleiter u. Mitglieder der kirchlichen Fraktionen": Organisation der örtlichen Kirchenwahlen

Eggenstein, 22. Aug. 1932; LKA GA 8093 – Rds.

„Vertraulich! ...

Die Erklärung des Landeskirchenrats [Karl] Bender in den positiven Blättern hat insofern keine Gültigkeit, als keinerlei bindende Abmachungen mit der Landesleitung getroffen wurden. Die Freiheit der Wahl muß unbedingt den einzelnen Ortsgruppen gesichert bleiben. Da die Landesleitung nicht diktatorisch in dieser Angelegenheit vorzugehen wünscht, so überläßt sie die letzte Entscheidung den Bezirksleitern, die sich sofort mit den einzelnen Ortsgruppen ins Benehmen zu setzen haben. Die Kreisleiter haben die Entscheidung zu überwachen. Es ist unbedingt darauf zu achten, daß nur da Wahlen vorgenommen werden, wo wirklich mit einem Erfolg zu rechnen ist. In den Großstädten, wo wir verhältnismäßig gut abgeschnitten haben, wird man auf den Vorschlag 'Einheitsliste' eingehen können. Dasselbe wird auch in vielen Landgemeinden der Fall sein. Da aber, wo man unsere berechtigten Forderungen nicht berücksichtigen wird, ist unbedingt auf Wahl zu drängen. In allen örtlichen Kirchenkörperschaften müssen Parteigenossen vertreten sein.

Bis zum 31. dieses Monats melden die Bezirksleiter den Kreisleitern das Ergebnis ihrer Umfrage.

Die Kreisleiter übersenden mir nach Genehmigung bis zum 4. September die Übersicht. ...

a. Die Stelle des Kirchenreferenten ist nach Umbau der Gesamtorganisation übertragen worden dem jeweiligen Vorsitzenden der kirchlichen Fraktion.

b. Der Gau Baden ist von nun an in 40 Kreise eingeteilt, die sich mit den politischen Amtsbezirken decken. In jedem Kreis ist ein Kirchenreferent zu ernennen. Diese Neueinteilung, die endgültig festgestellt werden wird auf einer Fraktionstagung Anfang September, berührt jetzt noch nicht die Organisation zu den örtlichen Kirchenwahlen, die dieselbe bleibt wie zur Landessynodalwahl.

3. Alle Schreiben sind in Zukunft direkt an mich zu senden."

235 LKR Voges „An sämtliche Ortsgruppen der Kirchenbezirke Karlsruhe-Land und Baden-Baden": Örtliche Kirchenwahlen

Eggenstein, 22. Aug. 1932; LKA GA 8093 – Rds.

„1. Bis Montag, den 29. August, melden mir alle Ortsgruppenleiter, ob in ihren Gemeinden zu den örtlichen Kirchenwahlen gewählt wird oder nicht.
2. Bei Eingehen auf den Vorschlag 'Einheitsliste', wobei die Wahlresultate zur Landessynode zugrunde gelegt werden müssen, ist mir zu melden, wieviel Parteigenossen in die örtlichen Kirchenkörperschaften kommen werden.
3. Muß zur Wahl geschritten werden, so ist mir zu melden, aus welchen Gründen gewählt wird. Ist Gefahr vorhanden, daß unsere berechtigten Forderungen nicht berücksichtigt werden, so muß gewählt werden.
4. Bei der Aufstellung von Kandidaten bitte ich darauf zu achten, daß nur kirchlich bewußte, aber auch parteizuverlässige Männer genannt werden.
5. In sämtlichen Kirchengemeindeausschüssen bzw. Kirchengemeinderäten müssen Parteigenossen sein.
6. Ich bitte, die rechtzeitige Meldung zu beachten. Die letzte Entscheidung behalte ich mir vor."

Bestattung Parteigenosse Artur K.

236 Kreisleitung der NSDAP Ettlingen: Bericht über die Bestattung eines überzeugten Nationalsozialisten

Ettlingen, [vor dem 28. Dez. 1932]; LKA GA 10768

„Die Erhebungen, die von der Kreisleitung Ettlingen in der Angelegenheit der 'Verweigerung des kirchlichen Begräbnisses für unseren Parteigenossen Artur K.' gemacht wurden, haben zu folgendem Ergebnis geführt:
Parteigenosse K. hat verschiedentlich geäußert, daß er einmal im Braunhemd und geleitet von seinen SA- und SS-Kameraden in Uniform zur letzten Ruhe bestattet werden wolle; wenn seine Kirche dies ablehne, dann solle man einen evangelischen Geistlichen holen. Die Mutter des Verstorbenen hatte daher gebeten, daß dieser Wunsch ihres Sohnes unter allen Umständen erfüllt werde.
Der Leiter der Ortsgruppe Ettlingen war von Frau K. beauftragt worden, die erforderlichen Formalitäten und Vorbereitungen für die Beisetzung zu erledigen. Er begab sich daher am Montag, den 19. Dezember, gegen 9 Uhr zum katholischen Stadtpfarrer, Dekan

Kast/Ettlingen, und meldete die Beerdigung an. Er teilte bei dieser Gelegenheit dem Geistlichen mit, daß dem letzten Willen des Verstorbenen entsprechend, die Parteigenossen dem Toten das letzte Geleite und die letzten Ehren im Braunhemd und mit Fahnen erweisen werden. Dekan Kast las dem Ortsgruppenleiter daraufhin eine – vor einiger Zeit erschienene (wie er sagte) – Verfügung der katholischen Kirchenbehörde vor, wonach kirchliche Handlungen nicht im Beisein kirchenfeindlicher Abzeichen usw. ausgeführt werden dürfen. Auf die Frage, was unter 'kirchenfeindlichen Abzeichen' zu verstehen sei, las er weiter vor, daß kirchenfeindliche Abzeichen seien: z.B. Sowjetstern, Hakenkreuz usw. Die sich nun entwickelnde Aussprache über das Hakenkreuz und sein Vorhandensein in Kirchen und auf Kirchenfahnen usw. brachte kein Ergebnis. Dekan Kast erklärte, daß er die Beisetzung nur übernehmen könne, wenn die Trauergäste nicht in Uniform usw. erscheinen würden; andernfalls müsse er die Mitwirkung der katholischen Kirche versagen. Er wies noch darauf hin, daß ebenso wie die Angehörigen der NSDAP ihrer Führung gegenüber zur Disziplin verpflichtet seien, auch er seinen Kirchenbehörden gegenüber Disziplin halten müsse. Der Hinweis, daß der Verstorbene doch noch im Krankenhaus in Münsingen in der Sterbenacht von einem katholischen Priester versehen worden sei, änderte nichts an der Stellungnahme des Dekan Kast. Der Ortsgruppenleiter erwiderte, daß er der Mutter des Verstorbenen diese Stellungnahme übermitteln werde, was auch anschließend geschah. Frau K. blieb darauf bestehen, daß der Wunsch ihres Sohnes erfüllt werde. Der Ortsgruppenleiter konnte diesen Entschluß Dekan Kast gegen 1 Uhr persönlich übermitteln, der hierauf sinngemäß antwortete, daß dann eben nichts zu machen sei.
Anschließend begab sich der Ortsgruppenleiter zum evangelischen Stadtpfarrer Huß und bat ihn, unter ausführlicher Schilderung des Sachverhaltes, er möge die Beisetzung übernehmen. Stadtpfarrer Huß lehnte aber ab mit der Begründung, daß er nicht der Lückenbüßer für die katholische Kirche sei und außerdem keinerlei kirchliche Beziehungen zur Familie K. habe, und daß auch er persönlich die Anwesenheit politischer Abzeichen usw. bei kirchlichen Handlungen nicht liebe; weiter wolle er nicht nachher als der wohltätige Geistliche im 'Führer' herumgeschmiert werden, der den Nazis zuliebe eingesprungen sei. Er bemerkte weiter, daß evtl. der Gauleiter Wagner seinen Einfluß geltend machen könne; außerdem seien ja auch einige seiner Kollegen eingeschriebene Mitglieder der NSDAP, vielleicht würde einer dieser Herren einspringen. Auch der Hinweis, daß der Vater des Verstorbenen Angehöriger der evangelischen Kirche war und am 24. Dezember 1914 im Felde sein Leben gelassen hat, änderte nichts an der ablehnenden Haltung des Stadtpfarrer Huß.

Zu gleicher Zeit hatte Dekan Kast zu Frau K. geschickt, sie sollte zu ihm kommen. Da diese gesundheitlich und seelisch dazu nicht in der Lage war, schickte sie ihre Schwägerin ins katholische Pfarrhaus. Dort wurden dieser nochmals die Vorschriften der katholischen Kirche eröffnet. Die Schwägerin blieb jedoch, dem Wunsche der Mutter Folge leistend, fest und ließ sich nicht von dem Entschluß abbringen, den Wunsch des Toten unter allen Umständen in Erfüllung zu bringen.

Der Ortsgruppenleiter begab sich dann nachmittags mit dem Kreisadjutanten zur Gauleitung und erstattete kurz Bericht. Die anschließenden Verhandlungen mit einigen evangelischen Geistlichen in Karlsruhe und Umgebung führten dazu, daß jeder dieser Herren bereit war, die Beerdigung zu übernehmen, daß aber eigene Dienstpflichten (u.a. Beerdigung in der eigenen Gemeinde usw.) sie daran hinderten, ihre Zusage in die Tat umzusetzen. Trotzdem hatte dann ein Karlsruher Stadtpfarrer fest zugesagt. Am Dienstag – dem Tag, an dem nachmittags um 3.30 Uhr die Beerdigung stattfinden sollte – mußte der betreffende Geistliche wegen Erkrankung abtelegraphieren. Das Telegramm traf gegen 11 Uhr bei Frau K. ein. Eine sofortige telephonische Rückfrage bestätigte die Richtigkeit des Fernspruches. Es gelang dann etwa gegen 1/2 2 Uhr nachmittags, die Zusage eines anderen evangelischen Pfarrers aus einer Gemeinde etwa 45 km von Ettlingen entfernt zu erhalten, der im Kraftwagen geholt werden sollte. Dieser Geistliche bat darum, daß Stadtpfarrer Huß von seinem Kommen verständigt werde. Stadtpfarrer Huß wurde auch sofort – glücklicherweise vor Abfahrt des Kraftwagens – telefonisch benachrichtigt. Darauf erklärte er, daß er seine Genehmigung hierzu nicht erteile und die Parteileitung seinen Kollegen gar nicht hierher bemühen solle. Er habe sich soeben mit dem Herrn Kirchenpräsidenten besprochen, der seinen Standpunkt vollauf billige; die evangelische Kirche müsse es ablehnen, für die katholische Kirche einzuspringen. Da außerdem die Angehörigen des Verstorbenen in keinerlei Beziehung zur evangelischen Kirche stünden, sei keine Möglichkeit geboten, einzugreifen. Der Hinweis, daß der Vater des Verstorbenen Protestant gewesen sei, wurde kaum gewürdigt. Als dem Geistlichen weiter mitgeteilt wurde, daß der Verstorbene selbst öfters geäußert habe, daß er als SA-Mann beerdigt werden wolle und wenn es seine Kirche nicht tue, möge man einen evangelischen Geistlichen holen, erwiderte er kurz, dafür habe er keine Zeugen. Die Bereitwilligkeit, diese Zeugen namhaft zu machen, wurde übergangen. Auf den Vorhalt, Stadtpfarrer Huß möge wenigstens die Genehmigung geben, daß ein anderer evangelischer Pfarrer die Beerdigung übernehmen könne, denn eine solche Möglichkeit müsse es doch geben, wenn sich eine Reihe seiner Kollegen auf den Standpunkt gestellt habe, daß hier die evangelische Kirche helfen müsse, antwortete Pfarrer Huß, daß die

Herren V., R., H., M. usw. nicht für ihn maßgebend wären, da sie nicht vom kirchlichen Standpunkt die Lage beurteilen würden, sondern vom nationalsozialistischen. Im übrigen ändere er seinen Standpunkt nicht. Die Unterhandlung wurde dann vom Kreisadjutanten, der sie geführt hatte, als fruchtlos mit schärfstem Protest gegen diese Haltung des Stadtpfarrer Huß abgebrochen. Dem Geistlichen, der sich freundlicherweise zur Verfügung gestellt hatte, wurde abtelegraphiert.

So war es inzwischen schon 2 Uhr geworden. Den Bemühungen des Ortsgruppenleiters und Kreisadjutanten gelang es, von Karlsruhe einen Geistlichen der neuapostolischen Gemeinde zur Verfügung gestellt zu bekommen, der auch noch rechtzeitig eintreffen und die Beerdigung halten konnte.

Inzwischen ist von dem katholischen Geistlichen, der in Münsingen ans Sterbelage des Parteigenossen K. gerufen worden war, auf Anfrage folgende Erklärung eingegangen [28. Dez. 1932]:

... Auf Ihre Anfrage vom 22. Dez. d.J. betr. Artur K. darf ich Ihnen folgendes antworten:

Ich wurde am Freitag, den 16. Dezember zu einem Sterbenden im Bezirkskrankenhaus Münsingen gerufen und traf gegen 9 Uhr bei ihm ein. Vor meinem Besuch bei dem Schwerkranken sagte mir die Schwester, der Kranke sei schon bewußtlos gebracht worden, sie hätte sich nach seiner Konfession erst bei der Leitung des Wehrsportes im Truppenübungsplatz Münsingen erkundigen müssen und dabei auch erfahren, daß er aus Ettlingen bei Karlsruhe stamme. Mehr habe ich über den Kranken nicht erfahren, habe also auch nicht gewußt, daß er der NSDAP angehöre. Da der Kranke in tiefer Bewußtlosigkeit lag, habe ich ihm das heilige Sakrament der letzten Ölung gespendet, was jeder andere katholische Priester in diesem Falle auch getan hätte. Mehr konnte unter diesen Umständen nicht getan werden, und im kirchlichen Sinn gilt der Kranke soweit versehen als geschehen konnte. ...

Soweit die Feststellungen der Kreisleitung Ettlingen. Das Verhalten der in Frage stehenden Geistlichen zu beurteilen, überlassen wir jedem Leser selbst.

Im übrigen sei den Geistlichen beider Konfessionen in Ettlingen hiermit in aller Öffentlichkeit erklärt, daß die NSDAP Kreisleitung und Ortsgruppe Ettlingen es grundsätzlich ablehnen, auf irgendwelche Ausführungen oder Anrempeleien, die in Gottesdiensten – z.B. an den Weihnachtsfeiertagen! – von ihnen losgelassen werden, auch nur im geringsten einzugehen. Die Gotteshäuser sind unseres Erachtens nicht für solche Zwecke errichtet, und die Geistlichkeit hat genug Möglichkeiten, sich mit uns außerhalb ihrer Kirchen und kirchlichen Handlungen über den Fall auseinanderzusetzen!"

237 Pfr. Sauerhöfer an LKR Voges: Entrüstung über die Vorgänge in Dok. 236
Gauangelloch, 28. Dez. 1932; LKA GA 10768

„Soeben lese ich im 'Völkischen Beobachter' Nr. 353 vom 28.12.1932 den Bericht über das skandalöse Verhalten des dortigen Geistlichen (Huß/Ettlingen), der einem katholischen Nationalsozialisten das kirchliche Begräbnis verweigerte und damit verschuldete, daß der Neu-Apostolische von Karlsruhe(!) vor einer großen Menschenmenge seine Irrlehren zum besten geben konnte! Durch den Bericht im 'Völkischen Beobachter' lesen es weitere Hunderttausende! Damit wächst sich das Verhalten des Huß zu einer solchen Schädigung unserer Kirche aus, daß wir als nationalsozialistische Gruppe die unbedingte Pflicht haben, etwas gegen diesen echten Volksdienst-Skandal zu tun. Huss kann sich nicht darauf berufen, daß es untersagt sei, den Lückenbüßer zu spielen. Der vorliegende Fall gehört ohne Zweifel zu den Ausnahmen, für die eine Gestattung vorgesehen ist. Die Partei sollte sich in solchen Fällen an uns wenden! Sage es Wagner! Ich bitte Dich also, in diesem Sinne im Namen unserer Gruppe und Fraktion bei der Kirchenregierung energisch vorstellig zu werden. Wir sollten auch in der Öffentlichkeit den schlimmen Eindruck mit seinen evtl. Folgen so gut wie möglich verwischen. Huss ist der erste evangelische Pfarrer Deutschlands, der sich solch eines Skandals schuldig gemacht hat. Das Verhalten des Huss ist um so unverständlicher, als er dem katholischen Ortsgeistlichen, der als Protestantenfresser bekannt ist, Hilfestellung leistete. Rom und die Neuapostolischen sind die Mitglieder! Volksdienstliche Borniertheit!"

238 Pfr. Rössger an LKR Voges: Bestattung von Parteigenossen
Ichenheim, 30. Dez. 1932; LKA GA 10768

„... Sende Dir beiliegend die Notiz über den Dir bekannten Fall in Ettlingen. War mir neu, daß der amtierende Geistliche ein Sektenbruder war. Wäre dem so, dann hat sich die NSDAP blamiert – vielleicht durch evangelische Schuld. Das ist kein positives Christentum, daß man in solchen Fällen auf den Dienst der Sekten zurückgreift. Die Entscheidung des Oberkirchenrats mag ihre triftigen Gründe haben. Ich bin aber der Meinung, daß – wenn wir evangelischen Pfarrer auch nicht den Lückenbüßer machen sollen – in Fällen, da man uns *bittet*, wir uns auch nicht versagen und zwar als NS-Männer – ohne Talar, aber in kirchlich-kultischer Form, so daß man es doch merkt, wer man ist! Ich wäre dafür, daß Du bei der Gauleitung einen 'Befehl' anregst, daß in ähnlichen Fällen man sich grundsätzlich an den nächsten nationalsozialistischen Pfarrer zu wenden habe. Gegen eine solche Haltung unsererseits kann auch die Behörde nichts einwenden! Item! Es muß noch viel geklärt werden! Handle! ..."

A   Pfarrstellenbesetzung in Heidelberg

239   Pfr. Rössger an Pfr. Voges: Anspruch auf 'Providenz'
Ichenheim, 20. Aug. 1932; LKA GA 10769

„... Nun scheint ja um 'Providenz' [Heidelberg] ein großes Gerisse zu geben. Wenn dem schon so ist, daß unsere Gruppe ernsthaft Anspruch auf die Stelle erheben darf, dann wollen wir denselben auch energisch geltend machen. Gestern war der in Hornberg z.Z. im Urlaub weilende Sauerhöfer bei mir, der meinte, daß die Evangelischen in Heidelberg zu 80% Nationalsozialisten sind und unsere kirchliche Vereinigung hier ein Wort mitzureden hätte. Unter solchen Umständen versteife ich mich natürlich nicht auf Freiburg und stehe der Absicht nicht mehr so fern, mich um 'Providenz' zu bewerben. Doch nur dann, wenn die Sache auch Aussicht hat. Nun hätte ich die Bitte an Dich, mir Dein Kommen zeitig kundzutun, da Sauerhöfer von Hornberg aus dazu eingeladen sein möchte, was ich frühzeitig tun will."

240   Dr. Oskar V. an Voges: Pfr. Kölli als Kandidat favorisiert
Heidelberg, 5. Sept. 1932; LKA GA 10769

„Als Bezirksleiter der Evang. Nationalsozialistischen Gruppe teile ich Ihnen folgendes mit: die hiesige Gruppe legte besonderen Wert darauf, daß bei der Wahl des Geistlichen für die hiesige Providenzkirche ein nationalsozialistischer Geistlicher durchkommt und hat deshalb wiederholte Unterhandlungen mit der positiven und liberalen Gruppe gepflogen. Hierbei ergab sich, daß von den in Frage kommenden nationalsozialistischen Geistlichen Pfarrer Kölli die meisten Aussichten bei einer Wahl hat und zwar deshalb, weil derselbe aus seiner früheren Heidelberger Tätigkeit noch in bester Erinnerung ist. Die positive wie liberale Gruppe hat dieser Wahl ihre Unterstützung zugesagt. Da vom Oberkirchenrat nur zwei nationalsozialistische Geistliche auf die Bewerberliste gesetzt werden können, möchten wir, um eine Wahl des Parteigenossen Kölli zustande zu bringen, darum ersuchen, die übrigen nationalsozialistischen Bewerber zu bitten, ihre Bewerbung zurückzuziehen, damit nicht Parteigenosse Kölli Gefahr läuft, als der jüngere nicht auf die Liste zu kommen und somit von der Wahl ausgeschlossen zu werden. Bei unserer Parteidisziplin muß diese Möglichkeit bestehen. Sollte Pfarrer Kölli nicht auf die Liste kommen, so glauben wir, hier keinen anderen nationalsozialistischen Pfarrer durchbringen zu können. Mit dem Kirchenpräsidenten haben wir im gleichen Sinne Rücksprache genommen."

241 Dr. Oskar V. an Pfr. Voges: Forderung verstärkter Mitsprache der 'Evang. NS' Heidelbergs
Heidelberg, 10. Sept. 1932; LKA GA 10769

„Zunächst möchte ich Sie höflich um Beantwortung meines letzten Schreibens bitten.
Weiter möchte ich Sie bitten, veranlassen zu wollen, daß wir für die Zukunft über alle Besprechungen und Vereinbarungen bzgl. der hiesigen Kirchen- und Pfarrwahlen informiert werden, insbesondere aber ohne unser Wissen keine Vereinbarungen getroffen werden, denn über die hier bestehenden Verhältnisse und Möglichkeiten dürften doch wir am besten Bescheid wissen aufgrund einer Anzahl bisher gepflogener Unterhandlungen.
Insbesondere muß ich Sie auf folgendes hinweisen: Bei einer gestrigen Wahlvorbesprechung mußten wir die bedauerliche Feststellung machen, daß uns durch den Geistlichen der positiven Vereinigung, Stadtpfarrer Oestreicher, eröffnet wurde, daß unsere Gruppe mit der positiven Vereinigung für die kommenden Kirchengemeindewahlen eine Listenverbindung eingegangen hätte. Es war beschämend für uns, daß wir von dieser Tatsache keinerlei Kenntnis hatten und nicht einmal vor einer derartigen Entschließung gefragt wurden.
Bezüglich der bevorstehenden Pfarrwahl bestehen hier nur die in unserem letzten Schreiben angeführten Möglichkeiten.
Wir haben sehr bedauert, daß wir Sie bei Ihrem gestrigen Hiersein nicht sprechen konnten. ...
An Herrn Gauleiter Wagner übersandt mit dem Bemerken, daß die oben erwähnte Mitteilung (Listenverbindung betr.) eine Empörung bei den anderen Parteien ausgelöst hat. Wir haben hier sehr viele liberale evangelische Parteigenossen, was wir unter allen Umständen berücksichtigen müssen; wir müssen bei jeglicher Entschließung unsere Selbständigkeit bewahren."

242 Pfr. Östreicher an Pfr. Voges: Konkurrenz unter Führung der 'Liberalen'
Heidelberg, 13. Sept. 1932; LKA GA 10769

„... wir hatten hier in der Wahlkommission des Kirchengemeinderats letzten Freitag die erste Sitzung über die örtliche Kirchenwahl, wobei natürlich auch die Frage der Pfarrwahl für Providenz zur Sprache kam. Ich hatte auch die Vertreter der positivvölkischen Gruppe eingeladen. Positive, Positivvölkische und Volkskirchler hatten der Aufstellung der Einheitsliste zugestimmt. Die Landeskirchler verlangen, daß sie vier Sitze im Kirchengemeinderat und 20 im Ausschuß von vorneherein bedingungslos bekommen, und die übrigen 16 bis 80 sollen dann nach dem Schlüssel der Landessynodalwahl unter die übrigen vier Gruppen verteilt werden; andernfalls würden sie auf örtlichen Wahlen bestehen.

Das ist naiv. Ich glaube kaum, daß sie ihre Drohung wahrmachen angesichts der kommenden neuen Reichstagswahl. Auch die Liberalen drohen wohl nur. Verlangten Sie Providenz für einen Liberalen. Die Positiven hätten das 1927 versprochen. Als ich ihnen das Gegenteil bewies, änderten sie die Taktik; Providenz sei überwiegend liberal, es habe bei der letzten Wahl 422 liberale Stimmen gehabt. Dieses Argument brachten sie sehr siegesgewiß vor und redeten in hohen moralischen Tönen, man könne doch diese liberale Gemeinde nicht majorisieren. Nun sagte ich, bitte, ich kann auch rechnen, es besteht eine Listenverbindung zwischen positiv und positivvölkisch und diese beiden zusammen haben in Providenz 537 Stimmen d.h. die erdrückende Mehrheit. Über diese Listenverbindung große Entrüstung. Kirchenrat Weiß mußte von neuem die Taktik ändern. Ja, wir sind schließlich auch mit einem Nationalsozialisten einverstanden; nur muß er – liberal sein. Das schien ihren Leuten (Dr. V. etc.) so einzuleuchten, daß sie beinahe auf diesen Leim gekrochen wären; sie erklärten, von der Listenverbindung noch nicht unterrichtet zu sein und dergleichen. Da Landeskirchler und die Liberalen ohne Mandat ihrer Vorstände waren, schnitt ich alles weitere ab und vertagte die Versammlung auf 19.9.

Kirchenrat Weiß wollte gleich alles festlegen auf 6 Jahre: so etwa: positiv darf nur eine Pfarrei besetzt sein; alles andere wollte er auf einer Linie vereinigen: Heiliggeist I liberal (Maas), Bergpfarrei liberal (Nachfolger von Weiß), die Landeskirchlicher wollte er für sich gewinnen durch Zusage von einem Landeskirchler als Nachfolger von Frommel, die Nationalsozialisten durch einen liberalen Nationalsozialisten für Providenz, den Sozialisten winkte er mit der Aussicht auf einen religiösen Sozialisten auf der neu zu bildenden Pfarrei Pfaffengrund. Das gäbe eine feine Koalition von Sozialisten – Nationalsozialisten, Landeskirchlern und Liberalen unter Führung der letzteren! Ihre Leute merkten natürlich in ihrer Unerfahrenheit nicht, daß sie so fein unter einen (liberalen) Hut mit den Nationalsozialisten kommen sollten. Bitte machen Sie einen dicken Strich durch diese kirchenpolitische Milchmädchenrechnung der Liberalen, indem Sie Ihren Leuten die Listenverbindung mit den Positiven zur Pflicht machen, selbst auf die Gefahr örtlicher Kirchenwahlen hin. Jetzt im Zeichen neuer Reichstagswahlen halte ich diese aber nicht mehr für wahrscheinlich. So hart es ihnen wird, so werden sich doch wohl Frommel wie Weiß den Notwendigkeiten fügen, wenn sie sehen, es geht nicht anders. Aber wenn die Liberalen in der Verzeiflung jetzt Ortswahlen machen und eine kleine Linksmehrheit für Providenz zustande bringen, so wird in zwei Jahren, wenn Weiß geht, die Kirchenregierung die Bergpfarrei direkt mit einem positiven Nationalsozialisten besetzen. Doch ist die liberale Mehrheit bei Ortswahlen noch lange nicht sicher; selbst nicht mit Hilfe der Landeskirchler. Wenn wir jetzt fest zusammenhalten und beide unsere Pflicht tun, ist der Liberalismus hier wohl für immer erledigt."

243 Dr. Oskar V. an Gaultr. Wagner: Intervention zugunsten von Pfr. Kölli
Heidelberg, 12. Sept. 1932; LKA GA 10769 – Original

„In der Angelegenheit der Pfarrwahl haben wir am nächsten Donnerstag vormittag um eine Unterredung beim Oberkirchenrat nachgesucht. In diesem Zusammenhang bitten wir auch, mit Ihnen verhandeln zu dürfen.
Wir setzen uns nach wie vor nur für Herrn Pfarrer Kölli ein. Seine Beurteilung durch Kreise der Universität wie auch der Heidelberger nationalsozialistischen Bevölkerung werden wir Ihnen bei diesem Anlaß gern vortragen.
Sehr befremdet hat hier die Absicht von Parteigenosse Pfarrer Sauerhöfer, Pfarrer Bähr/Hornberg auf die Vorschlagsliste zu bringen, ohne daß er mit uns Fühlung genommen hätte.
Von Pfarrer Bähr ist uns wohl bekannt, daß er Parteigenosse ist, doch hat er bisher seine Mitgliedschaft bei der positiv-kirchlichen Gruppe aufrechterhalten. Während Pfarrer Kölli aktiv mit vollem Einsatz seiner Persönlichkeit bei den Kirchenwahlen hervorgetreten ist und sich schon als Student hier in Heidelberg mit großem Erfolg für unsere Sache einsetzte, ist uns Pfarrer Bähr völlig unbekannt.
Bei einer Pfarrwahl müßte doch in erster Linie die Gemeinde gehört werden."

244 Gaultr. Wagner an Dr. Oskar V.: Zuständigkeit des 'Kirchenreferenten'
Karlsruhe, 13. Sept. 1932; LKA GA 10769 – Durchschrift

„Um kirchliche Stellenfragen werde ich mich grundsätzlich nicht kümmern. Dafür ist der evangelische Kirchenreferent da. Da dieser – es handelt sich um Parteigenosse Pfarrer Voges/Eggenstein – zugleich Fraktionsführer der Kirchlichen Vereinigung für positives Christentum und deutsches Volkstum ist, liegt die Regelung solcher Fragen in den besten Händen. Natürlich bin auch ich der Meinung, daß die Frage der Besetzung von Pfarrstellen im Einvernehmen mit der örtlichen Leitung der Kirchlichen Vereinigung und mit dem zuständigen Kreiskirchenreferenten erfolgen muß. Die Entscheidung darüber muß jedoch beim Fraktionsführer liegen. Man wolle sich also in Heidelberg an die Weisungen bzw. Entscheidungen des Parteigenossen Pfarrer Voges halten. Pfarrer Sauerhöfer hat m.E. mit der Frage nichts zu tun, vorausgesetzt, daß er nicht Kreiskirchenreferent des Kreises Heidelberg ist, was ich im Augenblick nicht weiß.

Die erwähnte Listenverbindung berührt gleichfalls nicht den Gauleiter, sondern den Fraktionsführer der Kirchlichen Vereinigung. Auch in dieser Frage wolle man sich an die Entscheidungen des Parteigenossen Pfarrer Voges halten.

Ich bin mir klar darüber, daß im Augenblick noch mancherlei Schwierigkeiten in dem von Ihnen geschilderten Sinne entstehen können. Diese werden jedoch nach Einsatz der Kreiskirchenreferenten und der in Verbindung damit entstehenden Organisation der Kirchlichen Vereinigung allmählich ausgeschaltet werden."

245 Gaultr. Wagner an Pfr. Voges: Überführung des NS-Pfarrerbundes in AG der Kirchenreferenten?
Karlsruhe, 13. Sept. 1932; LKA GA 10769

„... Ich bin der Meinung, daß Sie den Pfarrerbund in die Arbeitsgemeinschaft der Kirchenreferenten überführen sollten. Ich glaube, daß auch Gärtner der gleichen Meinung ist. In der Mitteilung an die Mitglieder des Pfarrerbundes könnten Sie sich auf das Einvernehmen mit der Gauleitung beziehen...

Weiter erhalten Sie zwei Briefe des Parteigenossen Dr. V., Heidelberg, mit Durchschlag meines Schreiben an Dr. V."

246 Pfr. Rössger an LKR Voges: Kandidatur Pfr. Rössgers
Ichenheim, 24. Okt. 1932; LKA GA 10768

„... Nun soll der Kontakt in der Providenzpfarrwahlsfrage also geschlossen werden. Leider haben wir in der dortigen Stadt keinen geschickten Vertreter; B. ...., in dessen Händen unsere evangelisch-nationalsozialistische Sache liegt, ist kirchlicher Subalternbeamter bei der Stiftungsverwaltung und hat scheints eine gewisse Scheu, selbständig und bewußt, wie es unserer Gruppe geziemte, die Sache in die Hand zu nehmen. Anderseits möchte ich selbst, daß ich nicht nur 'von Positiven Gnaden' gewählt würde. Ich schrieb schon B. bei der Pfarrwahl die Initiative sich zu sichern! Nun würde ich Dich herzlich bitten, den Anstoß dazu als Fraktionsführer zu geben; dann hat auch Beierbach leichtere Hand seinen Pfarrern gegenüber, denen er ja unterstellt ist. Ich denke mir Deine Rolle dabei so, daß Du den vorgeschlagenen Östreicherschen nationalsozialistischen Antrag als amtliches Schreiben der Fraktion aufsetzest und zur Übergabe an die Positiven bis nächsten Donnerstag ihm zustellst! Überlege, ob nicht noch d, e, f, g, etc. Gründe hinzuzufügen wären. Also bis spätestens nächsten Donnerstag in Händen B's.! Die Sache steht scheints gut; für Deine Mühe besonderen Dank! ..."

247 KGR B. an Pfr. Rössger: Pfr. Fritz Hauß von „Liberalen und Sozialisten" nominiert
Heidelberg, 30. Nov. 1932; LKA GA 10768 – Original

„... Bei der heutigen Wahl der Bezirkssynode wurde Pfarrer Vogelmann zum Dekan des Kirchenbezirks Heidelberg gewählt. Allerdings spielt hier der Lokalpatriotismus der Handschuhsheimer und der Ehrgeiz des Herrn Pfarrer Vogelmann viel mit. Bei den Vorbesprechungen hatten wir Nationalsozialisten uns ganz besonders für Pfarrer D. Östreicher eingesetzt und bei einer Vorabstimmung 9 Stimmen gegen 7 Stimmen der Vogelmänner erreicht. Trotzdem wurde D. Östreicher dazu gedrängt, seine Kandidatur zurückzuziehen und zwar besonders auf Drängen des Pfarrer Scharf, Kirchheim hin, der wirklich seinem Namen Ehre macht, und zwar wurde behauptet, die Geistlichen könnten Pfarrer D. Östreicher nicht als Seelsorger der Geistlichen anerkennen. Es wäre auch hier dringend notwendig, wenn wir Sie hierherbekommen, denn es ist nicht mehr schön, wie es hier zugeht.

Heute wurde mir von einem Kirchenausschußmitglied mitgeteilt, daß der Vikar Becker, welcher z.Z. die Pfarrei der Providenzgemeinde versieht, ganz plötzlich, warum weiß man nicht, nach Kürnbach versetzt worden sei. Nun ist also die Providenzgemeinde durch die Saumseligkeit des derzeitigen Kirchengemeinderates verwaist. Man sollte etwas derartiges nicht für möglich halten. Vikar Becker hatte letzten Freitag im Kirchengemeindeausschuß gegen eine Abtretung der Räume im Pfarrhaus gesprochen und zwar in ganz sachlicher Weise, was ihm hämische und zynische Bemerkungen des Vorsitzenden eingetragen hat. Unser Kirchengemeinderatsmitglied B. hatte den Vikar in Schutz genommen und sich die Art der Entgegnung verbeten. Ich glaube doch nicht, daß ihm dieses Vorgehen die Versetzung eingetragen hat.

In der Hauptsache wird Sie die Wahl des Geistlichen interessieren. Am kommenden Freitag tagt wieder der Wahlausschuß. Bei der letzten Besprechung wurde von den Linken (Liberalen und Sozialisten) Pfarrer Hauß vorgeschlagen, wir haben Sie aufgestellt. Die Linken rechneten uns daraufhin vor, daß 68 Stimmen gegen 53 der Unsrigen stehen würden. Nach langem Hin- und Herreden haben dann die Neutralen Pfarrer Kampp vorgeschlagen, den die Sozis mit Neutralen und Liberalen wählen wollen. Wir bleiben auf jeden Fall bei Ihrer Kandidatur fest und werden uns durch nichts davon abbringen lassen. Unsere Arbeit wird es sein, die notwendigen Stimmen noch zu werben, und ich glaube auch schon gemerkt zu haben, daß D. Knevels ein Interesse daran hat, Herrn Pfarrer Kampp nicht als Nachbarn zu haben. Ich sende Ihnen in der Einlage eine Liste der Mitglieder. Die Blauen sind für uns, die roten ebenfalls, ungünstigenfalls der Stimme enthaltend, dagegen die schwarz angestrichenen stark auf unserer Seite. Es könnten nach vorläufiger

Rechnung für uns also 62 Laien und 1 Geistlicher (Östreicher) auf der Gegenseite 58 und 3 Geistliche (Weiß, Frommel, Maas) zu finden sein. Das wird jedoch noch manches Wort und manche Werbung erfordern. In Professor Knevels werde ich noch tüchtig dringen, daß er für uns wirbt. Sie können vielleicht auch noch einmal an ihn schreiben und den großen Wert eines nationalsozialistischen Geistlichen für unsere Bewegung hervorheben, es tut ihm sehr gut, wenn man an seine Hilfe appelliert. Man muß alle Minen springen lassen, und Herr Pfarrer Sauerhöfer wird Ihnen ja gesagt haben, daß ich mir schon den jesuitischen Grundsatz 'der Zweck heiligt die Mittel' zu meinem eigenen gemacht habe.

Seien Sie versichert, daß wir alle Hebel in Bewegung setzen, damit wir Sie recht bald hierherbekommen."

248 Pfr. Sauerhöfer an Pfr. Rössger: Die Rolle der „Neutralen"
Gauangelloch, 2. Dez. 1932; LKA GA 10768 – Original

„... Nun einiges über die Woche in Heidelberg. Ich war gestern noch einmal bei D. Östreicher. Er steht wirklich ehrlich zu unserer Kandidatur. Es gelang ihm auch in der letzten positiven Fraktionssitzung, seine Leute dafür zu gewinnen, einmütig für Dich zu stimmen. Die Rechtsfront ist also einig. Die ganze Wahl hängt nun davon ab, ob sich von der sogenannten neutralen Gruppe (ein miserables Gebilde!) zehn Leute für Dich gewinnen lassen. Knevels will uns dabei behilflich sein, aber Frommel bzw. sein Agent Baurat Döring scheinen den größeren Einfluß zu haben. Sie agieren heftig für den 'neutralen' Kampp! Ich schickte zu F[rommel] unseren ihm gut bekannten B., um ihn an das uns seinerzeit gegebene Versprechen zu erinnern, sich bei der Pfarrwahl jeden Einflusses auf seine Gruppe zu enthalten. Nur dieses Versprechens wegen wurde damals die örtliche Wahl vermieden. Frommel beteuerte nun hoch und teuer usw. ... aber demgegenüber steht eben der Ausspruch seines Agenten Döring, Frommel wünsche unbedingt Kampp! Ein widerliches Intrigenspiel der sogenannten Parteilosen. Mittelparteiliche Charakterlosigkeit wie immer und überall!

Wie Du siehst, kann man den Ausgang der Wahl bei dieser Grundsatzlosigkeit und Unberechenbarkeit der 'Neutralen' wirklich nicht voraussagen.

Hinzu kommt, daß die Positiven ihr 'unbedingtes' Eintreten für Dich davon abhängig machen, daß wir die zehn fehlenden Stimmen gewinnen. Andernfalls wollen sie, wenigstens einen Reichspfarrer zu gewinnen, Mayer-Ullmann vorschlagen, für den sie mehr Gnade von seiten der Landeskirchler erhoffen. Wenn nur dieser Döring nicht wäre; er hat einen allzu großen Einfluß auf die spießbürgerlichen Waschlappen. Wehe ihnen, wenn diese Gesellschaft dem nationalsozialistischen Heidelberg gegen jedes Gerechtigkeitsgefühl vor den Kopf stößt. Wir haben letzten Montag in einer Versammlung sämtlichen Heidelberger nationalsozialistischen Ausschußmitgliedern (ca. 130 mit Vororten) die Waffen geschliffen.

Den Herrschaften sollen die Augen übergehen!"

249 Prof. Knevels an Pfr. Rössger: Spekulationen über Mehrheiten
Heidelberg, 4. Dez. 1932; LKA GA 10768 — Original

„... ja, die Verzögerung ist sowohl für die Sache als auch für Sie persönlich sehr unangenehm. Ich hätte Ihnen schon Nachricht gegeben, wenn ich nicht angenommen hätte, daß Sie von Ihren Leuten (die regelmäßig zu mir kommen) unterrichtet werden. Da dies, wie ich aus Ihren Zeilen entnehme, nicht genügend der Fall ist, schreibe ich Ihnen das Wichtigste. Daß es streng vertraulich ist, versteht sich von selbst. In einigen Tagen soll die 2. Sitzung des Kirchenausschusses zur Vorbereitung der Wahl sein, welch letztere also kaum noch in diesem Jahr stattfinden dürfte. Die Liberalen hatten zuerst als Kandidaten Hauß nominiert, die Positiven und Nationalsozialisten Sie. Wie mir Ihre Parteifreunde sagten, rechnen sie auf 2 — 3 Stimmen von Liberalen, die der nationalsozialistischen Partei angehören. Ich hörte aber auch von 2 Positiven (von einem persönlich), die Sie nicht wählen wollen; ferner ist von einem liberalen Nationalsozialisten, einem bekannten Akademiker, überhaupt etwas gegen die Vermählung von 'Positiv' und Nationalsozialistisch unternommen worden mit dem Zweck, daß sich dies gegen Sie auswirke (bei diesem Mann und seinen Freunden ist das Kirchlich-Liberale stärker als das Politisch-Nationalsozialistische); das wird Ihnen allerdings kaum schaden, da diese Leute ja keine Anhänger im Kirchenausschuß unter den 2 Parteien, die Sie wählen wollen, haben. Die Liberalen plus Sozialisten haben 53 Stimmen, Ihre beiden Gruppen auch 53; 17 Stimmen haben die Unpolitischen, wovon 14 Mitglieder der Landeskirchlichen Vereinigung sind. Nun hat Prof. Frommel mich aufs dringendste gebeten, diese Leute nicht zu beeinflussen, da er volle Neutralität versprochen habe. Ich brauche nicht zu folgen, da ich nichts versprochen habe; aber meine Lage wurde dadurch natürlich erschwert. Inzwischen kam diese Gruppe entgegen dem, was eigentlich gedacht war und Frommel versprochen hatte, doch zu einer scheinbar ziemlich einheitlichen Willensbildung, und zwar für Kampp. Der Führer der 'Unpolitischen' schlug den beiden Parteien, da die Sache für beide unsicher sei und am Zufall hänge, vor, sich auf Kampp zu einigen. In der vorletzten Wahlausschußsitzung erklärten Liberale und Sozialisten sich für Kampp, während Positive und Nationalsozialisten an Ihnen festhielten. In der letzten Wahlausschußsitzung fragten die Positiven, ob die anderen etwa einem unpolitischen positiven Kandidaten ihre Stimme geben würden, was verneint wurde. Nun scheinen die Liberalen wieder auf Hauß zurückzukommen. Dies wäre für Sie günstiger. Denn die Unpolitischen gegen Kampp (falls dieser Aussicht hätte) einzunehmen, ist, wie ich gesehen habe, sehr schwer, denn Kampp ist 1.) unpolitisch und 2.) hier sehr beliebt. Dazu kommt, daß von irgendwelchen Seiten aus Ihrer Nachbarschaft gegen Sie gearbeitet wird; z.B. sagte mir Frommel (vertraulich!), daß zuverlässige Leute aus der Umgebung von I. ihm gesagt hätten, daß Sie sehr kraß politisch seien. Ich bin ja nicht im Kirchenausschuß, da ich als Landesvorsitzender der Landeskirchlichen Vereinigung das abgelehnt habe, höre immer nur von den Dingen und habe auch schon viel Zeit darauf verwendet und viel Unerfreuliches dabei sehen müssen. Wozu ich in der Lage bin, das werde ich auch tun. Also hoffen wir, daß es gut geht! ..."

250 Evang. NS im KGR Heidelberg an EOK: Wahlanfechtungsgründe
Heidelberg, 22. Dez. 1932; LKA GA 10768

„Am Mittwoch, den 21. Dezember 1932 abends 8 Uhr fand die Wahl eines Pfarrers für die Providenzkirche in Heidelberg daselbst statt. Wir fechten diese Wahl aus folgenden Gründen an:

1.) Am Vorabend der Wahl hatte die liberale Vereinigung eine Sitzung, zu welcher sie die Mitglieder der religiösen Sozialisten und die nichtorganisierten Mitglieder der Kirchenvertretung eingeladen hatte. In dieser Sitzung wurden die schärfsten Angriffe gegen unseren Kandidaten Herrn Pfarrer Rössger sowohl in persönlicher Hinsicht als auch in Bezug auf seine kirchliche Tätigkeit erhoben. Dabei wurden von dem Kirchengemeinderatsmitglied Frau Marie C. aus angeblichen Auskünften folgende Beschuldigungen vorgebracht: Pfarrer Rössger sei ein Unglück für eine liberale Gemeinde, er sei eine Kampfnatur und würde selbst in positiven Kreisen abgelehnt. Er sei ehrgeizig, eingebildet, fanatisch, streberhaft und der Typ eines rabiaten Pfaffen, man hoffe sogar auf Befreiung von diesem Übel. Doppelzüngigkeit und Intrigen werden ihm vorgeworfen, und er spiele einen gegen den anderen aus. Ferner sollen bei Pfarrer Rössger Ehezwistigkeiten bestehen. Da während der wochenlangen Wahlvorbesprechungen keinerlei Andeutungen in dieser Richtung seitens vorerwähnter Gruppen gemacht wurden, betrachten wir diese sozusagen im letzten Augenblick erfolgten unqualifizierten Angriffe als eine indirekte Wahlbeeinflussung.

2.) Wir halten die von dem Wahlleiter mit 124 angegebene Zahl der Stimmberechtigten, die, wie später ersichtlich, für die Entscheidung des Wahlleiters ausschlaggebend war, für unrichtig, da 2 Wahlberechtigte auf der Wählerliste nicht aufgeführt waren. Es handelt sich um die Herren Pfarrvikare Dr. Haag, Schlierbach und Diemer, Pfaffengrund, die anerkannt waren. Es sind somit 126 Wahlberechtigte vorhanden und nicht 124, wie der Wahlleiter bekanntgegeben hat. Da in beiden Wahlgängen keiner der Kandidaten die absolute Mehrheit mit 64 Stimmen erreichte, ist nach § 11 der Pfarrwahlordnung die Wahl ergebnislos verlaufen.

3.) Nach der ersten Abstimmung stellte der Wahlleiter fest, daß keiner der Kandidaten mehr als die Häfte der Stimmen sämtlicher Wahlberechtigten erhalten habe und somit gemäß § 11 Abs. 2 eine zweite Abstimmung notwendig wäre. Es erhöbe sich jedoch die Frage, ob diese Abstimmung sofort zu erfolgen hätte. Hierfür spräche der Wortlaut der früheren Verfassung, welche eine sofortige zweite Abstimmung vorschrieb. Dadurch wurde in unzulässiger Weise eine längere Debatte hervorgerufen, bei welcher die liberale Gruppe die Auffassung vertrat, daß eine Vertagung der Wahl notwendig wäre. Von unserer Seite wurde demgegenüber sofort betont, daß die zweite Abstimmung sich unmittelbar an die erste anschließen müsse. Trotzdem hat der Wahlleiter einen Antrag der liberalen Gruppe auf Vertagung der Abstimmung auf den nächsten Tag zugelassen, der auch mit Stimmenmehrheit angenommen wurde. Nachdem der Vertagungsantrag mit 66 gegen 51 Stimmen angenommen war, war die Wahlhandlung für diesen Tag erledigt, bzw. mußte ein neuer Antrag auf sofortige Abstimmung gestellt werden. Dies ist nicht geschehen. Nachdem die Antragsteller auf Vertagung Zeit gewonnen hatten, den inzwischen weggegangenen Teil ihrer Anhänger wieder heranzuholen, zogen sie ihren durch die Abstimmung rechtsgültig gewordenen Vertagungsantrag wieder zurück. Unvermittelt und ohne jede Begründung erklärte daraufhin der Wahlleiter, daß sofort zur zweiten Abstimmung geschritten werden müsse. Das Ergebnis dieser zweiten Abstimmung war 63 Stimmen für Pfarrer Hauß und 57 Stimmen für Pfarrer Rössger.
Wir betrachten in der Verzögerung der zweiten Abstimmung eine Beeinflussung des Wahlergebnisses. Ganz abgesehen davon erklärte auch der Wahlleiter nachträglich, daß er in dieser Hinsicht einen Fehler gemacht habe.

4.) Wir erblicken ferner eine Wahlbeeinflussung und einen schweren Verstoß gegen die Wahlordnung darin, daß Herr Prof. Dr. R. für eine Wählerin den Wahlzettel ausfüllte. Dies geschah nicht in der für die Ausfüllung der Zettel bestimmten Sakristei, sondern außerhalb dieses Raumes. Zeuge hierfür ist das Ausschußmitglied Karl Sch. Sofort nach diesem Vorgang beantragte Herr Sch. eine Aufnahme in das Protokoll. Diesem Antrag wurde nicht stattgegeben, vielmehr wurde erst nach Abschluß des Protokolls aufgrund unseres energischen Protestes ein diesbezüglicher Nachtrag aufgenommen. Auch die wesentlichen Vorgänge betreffs des Vertagungsantrages wurden erst nachträglich aufgrund unseres Drängens in das Protokoll aufgenommen.

Aufgrund der angeführten Tatsachen ist auch die zweite Abstimmung ungültig, zum mindesten ergebnislos verlaufen. Wir bitten daher den verehrlichen Oberkirchenrat, gemäß § 11 Abs. M der Pfarrwahlordnung zu verfahren."

251 Pfr. Rössger an [LKR Voges]: Enttäuschung über Wahlkampf
Ichenheim, 26. Dez. 1932; LKA GA 10768

„Dein herzlicher Weihnachtsgruß war wie ein linder Balsam auf wunde Seelen. Hab' herzlichen Dank dafür. Die Wahl ist anders gelaufen, als wir hofften – für unsere Gruppe. Die tut mir am meisten leid. Denn in einer Stadt mit 18000 nationalsozialistischen Stimmen hätte ein Pfarrer unseres Sinnes Platz haben müssen. Aus der Presse erlas ich, daß im ersten Gang Stichwahl war. Dachte nicht, daß ich noch so günstig abschneiden würde. Die Schuld unserer verlorenen Schlacht liegt von Östreichers mißbrauchter gutmütiger Vertrauensseligkeit abgesehen bei Frommels Charakterlosigkeit. Ich schrieb sowohl Knevels wie B.: Jene Frommelsche 'Neutralitäts'erklärung konnte nie als eine nur persönliche Neutralität aufgefaßt werden, denn sie war um den Preis von 17 Sitzen erkauft! Selbst mein völlig unpolitischer Vikar meinte, daß die 'Neutralen' zum mindesten sich der Stimme hätten enthalten müssen, hätten sich aber nie dazu hergeben dürfen, das Zünglein an der Waage zu bilden. Knevels hat mir bis dato auch keine Antwort auf mein Schreiben gegeben, was bei seinem Schreibfleiß mir gegenüber auffallend ist. Entweder haben die Landeskirchler einen hundsgemeinen charakterlosen Führer oder eine schandbare Fraktionsdisziplin. So ist hier die Lage. Die landeskirchliche Haltung bei der Wahl ist eine unerhörte kirchenpolitische Ungeheuerlichkeit, die schärfste Mißbilligung erfahren muß. Ich hielte es für geraten, daß Du als FF dem Herrn Frommel kirchenpolitische Sauberkeit beibringst. Wohin kommen wir, wenn 'Neutrale' auf solche gemeine Weise Kirchenpolitik machen. Ich überlege mir, ob diese Haltung der Landeskirchler in unserem Blatt keine verdiente Würdigung finden soll.

Was das andere betrifft, die Giftspritzerei der Liberalen unter Führung der 'gräflichen' Komtesse des liberalen evangelischen Verlags, so wundere ich mich darüber nicht. Seit meinem Stunk mit E.J. Schulz bin ich – nun seit 10 Jahren – in Baden der von allen Liberalen verhaßteste Pfarrer. Daß diese Herren eine Pfarrwahl auf keine andere Weise zu ihren Gunsten zur Entscheidung bringen können, als daß sie den Gegenpartner mit Dreck bewerfen, ist mir auch nichts neues. Wie haben sie im Emmendinger Bezirk meinen sanften Schwiegervater mit den hinterhältigsten Methoden bekämpft. Die Kerls haben von ihrem Standpunkt auch recht, weil sie wußten, was mit der Providenz auf dem Spiel stand! Ein positiv-nationalsozialistischer Pfarrer in der Hochburg des Liberalismus – na ja! Dazu das Geschäftsinteresse der Komtesse! Die Denunzianten des Lahrer Bezirkes sind sicher Krastel, Bernert (Nationalsozialisten!!), vielleicht auch Rahm, möglicherweise auf etlichen Umwegen auch Greiner, der seine Enthebung als positiver Schriftleiter mir nie verzeihen wird. Die Anwürfe tun mir nicht weh, weil ich mich über solchem Schmutz erhaben weiß und auch durch einen langen kirchenpolitischen Kampf in diesen Dingen abgebrüht bin. Merkte überhaupt erst durch die Fülle der Briefe lieber Freunde, daß die Beleidigungen ernsterer Art gewesen sein mußten. Bedauere nur, daß dieser Dreck bei meiner Frau etliche Tränentröpflein entlockte, die ich ihr nicht verbieten kann. Du darfst versichert sein, daß – wenn in meiner Familie auch nur das Geringste vorläge, was ein Bedenken auslösen könnte, ich niemals von einer Behörde, die mich seit Jahren samt meiner Familie gut kennt, einen Vikar ins Haus bekommen hätte, der die personifizierte Feinfühligkeit selber ist! Darum geht getrost Euren Weg und verklagt die Schandbuben bei Gott und der Welt! Ich danke Euch herzlich, daß Ihr so treu hinter mir steht, und ich denke, daß Freund Dommer seine Sache gut machen wird! Die Art der Wahlbehandlung gibt uns eine glänzende Rechtfertigung für unsere nationalsozialistische Forderung: Gründliche Änderung der Pfarrwahlordnung! Wenn dieser Punkt zur Sprache kommt, werden wir reichliche Gelegenheit haben, in der Synode den Liberalen die Serien ihrer üblen Dreckhäfelchen aufzudecken! Mein harmloser Vikar fängt an, einzusehen, daß wir nationalsozialistischen Pfarrer mit all' unseren Zielen das verfolgen, was unbedingt für das Wohl unserer Kirche erforderlich ist!..."

252 Pfr. Östreicher an LKR Voges: Perspektiven für Heidelberg
Heidelberg, 30. Dez. 1932; LKA GA 10768

„... die Schlacht hier ist geschlagen. Das Ergebnis wissen Sie ja sicher schon: erster Wahlgang unentschieden, Rössger 56, Hauß 61, 7 zersplittert; zweiter Wahlgang: Rössger 57, Hauß 63, 2 zersplittert. Die Liberalen haben durch ihre skrupellose Agitation tatsächlich die 'Neutralen' zum Umfallen nach links gebracht.

Also Hauß ist gewählt. Das ist aber sicher kein Sieg der Liberalen. Jedenfalls fühlen wir uns nicht geschlagen. Unsere beiden Gruppen haben sich so musterhaft gehalten, daß selbst Prof. R. sie seinen Liberalen als Vorbild hingestellt hat. Wenn es so ist, wie ich höre, d.h. wenn die Liberalen tatsächlich den Sozialisten für die Wahlhilfe die Bergheimer Pfarrei versprochen haben, dann haben sie sich selbst das Grab gegraben. Da geht der liberale Heidelberger nicht mehr mit auf die Dauer. Auch die 'neutrale' Gruppe hat sich bis unters Hemd nun demaskiert. Das wird ihr Tod sein. Klare Fronten und festes Zusammenhalten zwischen unseren zwei Gruppen, womit wir doch dem Ziel schon sehr nahe waren, das ist kein unerfreuliches Ergebnis.

Gestern zeigte mir B. den nationalsozialistischen Wahlprotest. Ich erwarte nicht, daß derselbe zur Kassierung der Wahl ausreicht.

Die Frage ist jetzt, wie gehen wir vor, wenn es wider Erwarten zur Ungültigkeitserklärung dieser Wahl käme? M.E. haben wir bei jedem nationalsozialistischen Kandidaten dasselbe Ergebnis zu erwarten. Das ist auch, glaube ich, der Eindruck bei Ihren Leuten wie bei unseren. Die Neutralen haben sich zuerst festgelegt. Bitte sehen Sie es nicht als einen selbstsüchtigen Vorschlag an, wenn ich sage, es wäre klug, dann einen positiven Kandidaten zu nehmen, der die beste Aussicht hätte, wirklich durchzukommen. Providenz gäbe der Gesamt-Rechten dann ein derartiges Übergewicht, daß wir die Zukunft sicher in der Hand hätten und auch Ihrer Gruppe s.Z. zu einer Vertretung hier helfen könnten.

Wenn wir feste zusammenstehen, ist uns m.E. der Sieg sicher. Dies ist für mich die Lehre aus dieser Wahl. Ich werde dennoch handeln, und ich hoffe, Sie auch. Besser als durch diese Wahl konnten wir unseren Anspruch auf eine zweite Pfarrei gar nicht begründen."

B „Himmelan" – Organ der 'Evang. Nationalsozialisten Badens'

Die 'Evang. Nationalsozialisten' schufen sich nach ihrer Trennung von den 'Positiven' zunächst eine Beilage zu der Wochenschrift 'Sonntagsgruß – Himmelan! – Ein christlicher Wegweiser'. Diese Beilage erhielt den Untertitel 'Volksblatt für Stadt und Land – Mitteilungen der kirchlichen Vereinigung für positives Christentum und deutsches Volkstum'. Vom 2. April 1933 an nannte sich die Beilage 'Kirche und Volk', seit dem 15. April 1934 'Der Deutsche Christ'. Die gesamten Beilagen von 1932 sind unauffindbar. Über Form und Gehalt läßt sich jedoch einiges aus den Dokumenten Nr. 256f. und 266f. entnehmen.

253 C. Hirsch an Pfr. H. Teutsch: Angebot eines ns. Sonntagsblattes
Konstanz, 29. Juli 1932; LKA GA 10769 – Original

„Ich halte es für gut und auch im Interesse der Partei liegend, daß von seiten der Herren Pfarrer in ihren Gemeinden mit aller Kraft mein Sonntagsgruß 'Himmelan' verbreitet wird, den ich dann diesen Herren Pfarrer für ihre Gemeinden nicht wöchentlich vierseitig, sondern achtseitig liefern würde. Vier Seiten würden den gleichen Inhalt haben wie bei meinem Sonntagsgruß 'Himmelan', und 4 Seiten würde ich den Herren zur Verfügung stellen, um auf diesen 4 Seiten dann Artikel zu bringen, wie sie sie gerne ihren Gemeindegliedern zum Lesen geben würden. Unter den Herren Pfarrer gibt es doch eine große Anzahl, die schriftgewandt sind und die gerne bereit sein würden, Artikel für dieses achtseitige Sonntagsblatt zu liefern, die im Interesse des Nationalsozialismus liegen würden. Nehmen Sie nur einmal an, sehr geehrter Herr Pfarrer, welch große Dienste ein derartiges Blatt jetzt in den letzten 4 Wochen der Partei hätten leisten können, wenn vier Wochen lang die Gemeindeglieder jeden Sonntag 4 Seiten hätten lesen können, worin ihnen die Wahrheit über den Nationalsozialismus in das Gehirn Woche für Woche gehämmert worden wäre. Ich bin überzeugt, daß der Sonntagsgruß 'Himmelan' von der ganzen Familie gelesen wird und außerdem würde sich das Blatt auch eignen, anderen Nachbarn zum Lesen gegeben zu werden. Ein politisch nationalsozialistisches Blatt kommt die Leute zu teuer zu stehen. Es kommt auch nicht darauf an, daß die Leute jeden Tag ein solches Blatt lesen, und ich bin überzeugt, daß es vollständig genügt, wenn die Leute jede Woche 4 Seiten politischen Inhaltes zu lesen haben...

Als Titel für dieses achtseitige Sonntagsblatt würde ich vorschlagen: '*Volksblatt* für *Stadt* und *Land*'.

Darunter könnte dann noch ein Untertitel gebracht werden, über den ich mir noch nicht ganz im klaren bin, der aber vielleicht von Ihnen gefunden werden würde. Selbstverständlich müßte das Blatt auch Illustrationen bringen und zwar in jeder Nummer wenigstens eine Illustration, und ich würde dabei vorschlagen, Illustrationen aus der Kirchengeschichte resp. aus der Geschichte des Christentums zu bringen, und sollte dann jede dieser Illustrationen einen kurzen erklärenden Text erhalten. Material für diese Illustrationen habe ich sehr, sehr viel.

Ich hatte diesen Brief bereits vor der Wahl diktiert. Ich dachte mir dann aber, daß es besser wäre, Ihnen diesen Brief erst in einer ruhigeren Zeit zuzusenden, was nun hiermit geschieht.

Es ist möglich, daß die Herren Pfarrer von Baden, die entweder der NSDAP angehören oder aber derselben wohlgesinnt sind, in nächster

Zeit einmal eine Zusammenkunft irgendwo in Baden haben, und würde ich gerne bereit sein, dieser Versammlung die ganze Angelegenheit vorzutragen, wodurch meiner Ansicht nach diese wichtige Angelegenheit am raschesten gefördert werden könnte. Es würde aber gut sein, wenn ich dann eine Nummer fix und fertig vorlegen könnte, damit die Herren Pfarrer sich ein klares Bild machen können. Es würde aber dann notwendig sein, wenn Sie mir den Text für 4 Seiten in der Größe der mitfolgenden vierseitigen Nummer 'Himmelan' so rasch wie möglich zusenden würden. Ich möchte darauf besonders aufmerksam machen, daß das Volk lange Artikel nicht liebt. Ein Artikel sollte nicht länger sein als eine Seite des Himmelanformates, und es würde sogar gut sein, wenn nur ein Artikel in jeder Nummer veröffentlicht würde, der nur eine Seite lang ist, und die übrigen Artikel sollten nur eine halbe Seite oder gar nur eine Viertelseite lang sein.
Vielleicht setzen Sie sich noch mit einigen Ihrer Herren Kollegen in Verbindung, die bereit wären, einen kürzeren oder längeren Artikel für diese Probenummer zu schreiben.
Es wäre auch nicht notwendig, daß in Ihrer Gemeinde die Herren Pfarrer selbst Abonnenten für das neue Blatt sammeln würden. Ich würde in die betreffenden Gemeinden zu den Herren Pfarrern einen Herrn senden, der die Abonnenten sammelt und der für das Sammeln der Abonnenten von mir bezahlt werden würde. Auch die Verteilung des Blattes braucht nicht von den Herren Pfarrer selbst wöchentlich vorgenommen zu werden, sondern es würde sich sicherlich in jeder Gemeinde ein zuverlässiger Parteigenosse finden, der das Verteilen des Blattes und die Einkassierung der Abonnentengelder vornehmen würde und der dafür pro Jahr 40 Pfg. bekommen würde.
Und nun bitte ich Sie, sehr geehrter Herr Pfarrer, sich meinen Vorschlag zu überlegen, und sehe Ihren weiteren Nachrichten gerne möglichst bald entgegen.
Das Blatt könnte, wenn die Sache bald in Angriff genommen wird, entweder schon vom 1. Oktober ab oder erst vom 1. Januar ab erscheinen."

254 Pfr. [H.] Teutsch an Gaultr. Wagner: Bedarf an „evang. Blättern"

Leutershausen, 25. Sept. 1932; LKA GA 10769 – Original

„... Lassen Sie mich heute auf eines hinweisen. Es gab eine Zeit, wo ganz Deutschland zu 9/10 Luther zujubelte. Sehr bald aber setzte der Abfall ein. Genauso wird es unserem Nationalsozialismus ergehen, wenn wir dieser Gefahr nicht vorbeugen. Es muß noch ganz anders Gemeingut des Nationalsozialismus werden: Man kann eher eine Stadt in den Wolken bauen, als ein Volk regieren ohne Kraft der Religion. Unser Hitler weiß es. Viele Parteigenossen aber wissen es noch nicht klar genug. – Wir brauchen evangelische Blätter, Sprachrohr unserer Vereinigung Positives Christentum und Deutsches Volkstum. Ein solches wäre das Blatt 'Himmelan' des Parteigenossen Hirsch. Ich lege das Schreiben bei, und bitte, Parteigenosse Hirsch persönlich darüber zum Vortrag zu bestellen. Am besten, Sie bitten Parteigenosse Voges zur Verhandlung mit Parteigenosse Hirsch."

255 C. Hirsch an Pfr. Voges: Bitte um Beiträge gegen Honorar
Konstanz, 3. Okt. 1932; LKA GA 10768
„Wie Ihnen bekannt sein dürfte, bin ich Verleger des evangelischen Sonntagsgrußes '*Himmelan*', der wöchentlich erscheint und in Deutschland in ca. 4000 Orten in einer sehr großen Auflage verbreitet ist. Das Blatt erscheint jetzt in seinem 36. Jahrgang. Dieses Blatt erscheint bisher vierseitig. Ich möchte nun vorläufig versuchsweise das Blatt achtseitig erscheinen lassen, und die beiden Nummern sollen erscheinen am Reformationstage und am Wahlsonntag. Ich will aber dafür sorgen, daß die 2 Nummern in Bezug auf *Gustav Adolf* schon am Montag nach dem Reformationsfestsonntag in den Händen der Verteiler [sind], damit dieselben in der Lage sind, diese Nummern noch vor dem Wahlsonntag zu lesen, um ihre Stimmen für die Liste I der NSDAP abgeben zu können. Ich sollte nun rasch noch einige Artikel haben für diesen politischen Teil und sollen die Artikel nicht zu lang sein, sondern höchstens eine Spalte, in der Größe eine halbe Seite des Himmelanblattes, füllen. Selbstverständlich honoriere ich die Artikel. Wenn Sie meinem Wunsche entsprechen können, dann bitte ich Sie doch, mir diesen Artikel, es dürfen auch zwei sein, wenn Sie genügend Vorrat haben, doch allerraschestens zusenden zu wollen. ..."

256 Pfr. K. Schweikhart an C. Hirsch: Protest und Polemik gegen 'Himmelan' Nr. 44
Köndringen, 23. Okt. 1932; LKA GA 10768 – Abschrift
„Heute wurde mir das von Ihnen herausgegebene Sonntagsblatt Himmelan Nr. 44 ins Haus getragen. Weil ich vor 30 Jahren in einer früheren Gemeinde dieses Sonntagsblatt auch verbreitete, sah ich mir nun die Nr. 44 genau durch. Dabei entdeckte ich zu meinem Entsetzen, daß das Blättchen ein vollständiges Naziblatt geworden ist und seinen früheren Charakter als christliches Sonntagsblatt verloren hat. Da es viel mehr von irdischer Parteipolitik als von dem redet, was doch sein Name andeuten soll, verdient es den schönen Namen 'Himmelan' nicht mehr und hat auch kein Recht mehr, sich einen 'christlichen Wegweiser' zu nennen, vielmehr müßte es 'Wegweiser zu Hitler' heißen. Denn der Hauptinhalt des Blattes besteht aus Propaganda-Artikeln für die Nazipartei. Es wäre mir interessant, zu erfahren, was der Carl Dahlhausen

ist, der in seinen 'Gedanken zum Reformationstag' die unglaublichsten Geschmacklosigkeiten verzapft. Ich zweifle daran, ob dieser Schreiber überhaupt evangelisch ist. Denn von dem wirklichen Luthergeist hat er keinen Hauch verspürt, sonst könnte er nicht von dem katholischen(!!) Adolf Hitler schreiben, daß er den Luthergeist geerbt hat und von seinem Feuer durchleuchtet ist! Wie kann man überhaupt die aus Gewissensnot herausgeborene Reformation Luthers mit der rein politischen und ganz aufs Diesseits gerichteten Tätigkeit Hitlers vergleichen?! Auch sonst strotzt der Artikel von Ausdrücken, wie sie in einem christlichen Wegweiser 'Himmelan' niemals vorkommen dürften: 'Dreckige Papenfinger', 'Das wurmstichige Linsenmus', 'Die Aasgeier der Gottlosigkeit' usw.

Ich werde – veranlaßt durch die rein politische Haltung Ihres Blattes, die sich nicht mit einem wirklich christlichen Sonntagsblatt und am allerwenigsten mit dem Titel 'Himmelan' verträgt – bei jeder sich bietenden Gelegenheit davor warnen und ebenso auch alle in Ihrem Verlag erscheinenden Bücher so lange meiden, bis die Haltung Ihres Blattes wieder eine andere, d.h. wirklich christliche geworden ist."

257 C. Hirsch an Pfr. Schweikhart: Zurückweisung „ungerechter Anfeindungen" in Dok. 256
Konstanz, 24. Okt. 1932; LKA GA 10768 – Abschrift

„Ich habe in meinem Leben – ich bin jetzt 72 Jahre alt – sehr viele ungerechte Anfeindungen erfahren und erdulden müssen, aber eine solche in jeder Beziehung ungerechte Anfeindung, wie Sie dieselbe in Ihrem Briefe vom 23. Oktober zu Papiere bringen, ist mir denn doch noch niemals in meinem langen Leben vorgekommen.

Der Sonntagsgruß 'Himmelan' verdient den Titel, den ich vor 40 Jahren dem Blatte gegeben habe, auch heute noch in jeder Beziehung. Der Sonntagsgruß 'Himmelan' war, ist und wird stets ein christlicher Wegweiser sein.

Wenn ich von Zentrumsseite eine derartige Anfeindung, wie Sie sie mir zuteil werden ließen, erhalten haben würde, dann würde ich darüber mit Achselzucken hinweggehen. Ich will bei dieser Gelegenheit bemerken, daß ich die Zentrumspartei mit der katholischen Religion nicht verwechsle. Zwischen der Zentrumspartei und der katholischen Religion ist ein himmelweiter Unterschied.

Wenn Sie sich darüber aufhalten, daß in dem Reformationsartikel Nr. 44 des 'Volksblattes für Stadt und Land' gedruckt wäre, daß Adolf Hitler den Luthergeist geerbt habe, und diese Sätze beanstanden und mit zwei Ausrufungszeichen versehen, so will ich Ihnen hierzu folgendes bemerken: Auch Luther war katholisch getauft und war katholisch, sogar Augustiner Mönch und blieb es, bis ihn seines deutschen Volkes

Not erbarmte. Unser Gott sendet uns von Zeit zu Zeit und besonders dann, wenn es für das arme, ausgesogene, geknechtete Volk am notwendigsten ist, einen solchen Mann, wie es Luther war. Und jetzt hat dem deutschen Volke Gott wieder einen solchen Mann gesandt, dessen Name Adolf Hitler ist. Adolf Hitler steht auf dem Boden des positiven Christentums, genau wie Luther, und auch ihn erbarmt wie Luther die große Not des deutschen Volkes. So wie ich hierüber denke, so denken hierüber Millionen und Millionen positiv christliche Gläubige evangelische Christen. Nur Sie, Herr Pfarrer mit einer verschwindend kleinen Anzahl Ihresgleichen denken anders. Und diese Verblendeten wollen nicht einsehen, daß Gott, wie schon einmal bei Luther erwiesen, ein Wiederaufbauer des christlich positiven Glaubens und ein Erretter des deutschen Volkes aus unsäglich tiefer Not [ist] ...

In 2 Jahren, 1934, sind es 400 Jahre, daß Luther dem deutschen Volke die Gesamtbibel in deutscher Sprache schenkte. Adolf Hitler arbeitet im deutschen Volke jetzt seit 14 Jahren, ebenso lang als Luther gebrauchte, um seine vollständige Bibel in deutscher Sprache dem deutschen Volke zu schenken. Der Siegeszug Hitlers in diesen 14 Jahren war ein ungleich gewaltiger als der Luthers im deutschen Volke. Luther hatte seinen Kampf nur zu kämpfen gegen die allmächtigen katholischen Fürsten des Reiches, gegen die Klöster und gegen die katholische Geistlichkeit. Hitler hat einen Riesenkampf zu kämpfen gegen die Kommunisten und gottlosen Wähler, und wie sich neuerdings herausstellt, und wie ich aus Ihrem Briefe auch leider herauslesen muß, gegen gewisse Kreise, deren Gehirn noch zu klein ist, um die Größe der Hitler'schen Weltanschauung, und gegen die Kreise der von Hitler beabsichtigten und vorgesehenen Hilfe, die das deutsche Volk leiblich und geistig benötigt, zu erfassen. Ein großer Teil dieser evangelischen Anfeinder Hitlers hat sich niemals mit dem Programm Hitlers beschäftigt. In ihren kleinen Konventikeln wird darüber in einerseits geistlosester und andererseits verleumderischer Sprache verhandelt, aber die Teilnehmer dieser Konventikel halten über die Verhandlungen 'dicht' und kaum jemals kommt etwas über diese Konventikelverhandlungen an die Öffentlichkeit. Verleumdungen und Herabwürdigung eines Menschen wirken, wie diese Konventikelfreunde genau wissen, immer am längsten und am anhaltendsten, wenn sie das Licht der Öffentlichkeit scheuen und nur wenig Wissende haben.

Ferner bemängeln Sie in einem der von Carl Dahlhausen geschriebenen Artikel die Ausdrücke 'Dreckige Papenfinger', 'Das wurmstichige Linsenmus', und 'Die Aasgeier der Gottlosigkeit'. Sehen Sie, Herr Pfarrer: Luther war das Urbild der Grobheit, was Ihnen als Theologe sicherlich auch bekannt ist. Wenn Luther diese göttliche Grobheit nicht

gehabt hätte, dann wäre seine Wirksamkeit sicherlich nicht eine so volkstümliche und wirkungsvolle gewesen, wie sie tatsächlich war. Sie bezweifeln in Ihrem Briefe, daß Carl Dahlhausen evangelisch wäre. Ich bin in der Lage, Ihnen den Nachweis zu erbringen, daß derselbe im Jahre 1861 von einem lutherischen Geistlichen lutherisch getauft worden ist. Das deutsche Volk in seiner großen Gesamtheit anerkennt Hitler als einen von Gott gesandten Reformator des deutschen Volkes. Hitlers Streben geht nicht nur dahin, das deutsche Volk aus seiner großen, unaussprechlich großen leiblichen Not zu befreien, sondern Hitler will das deutsche Volk auch geistig heben und auf eine christlich positive Grundlage stellen.
Sie schreiben nun, daß Sie bei jeder sich bietenden Gelegenheit vor dem Sonntagsgruß 'Himmelan', ein christlicher Wegweiser, warnen wollen und daß Sie ebenso auch alle in meinem Verlag erschienen Bücher solange meiden wollen, bis der Sonntagsgruß 'Himmelan' wieder eine andere Haltung angenommen hat. Geehrter Herr Pfarrer Schweikhart, diese letzteren Äußerungen Ihres Briefes beweisen mir, daß Sie bis jetzt noch nicht auf dem positiv christlichen Standpunkte stehen. Niemals würde ein wirklich christlich gesinnter Mensch, geschweige denn ein positiv christlicher Geistlicher etwas derartiges denken, geschweige denn, schreiben können. Bei diesen letzteren oben erwähnten Sätzen Ihres Briefes handelt es sich aber um geschäftliche Schädigungen, die Sie mir zufügen wollen und damit verstoßen Sie gegen die weltlichen Staatsgesetze, die ein derartiges Verfahren, wie Sie es mir androhen, unter Strafe stellen und diese Strafen sind bei nachgewiesenem Schaden sehr beträchtlich. Sie dürfen überzeugt sein, daß wenn mir auch nur ein einziges Mal für ein derartiges Vorgehen Ihrerseits beweisbare Tatsachen vorliegen, ich Ihnen dann den Beweis erbringen werde, daß derartige Handlungen nicht vereinbar sind und nicht rechtlich vertreten werden können von irgendeinem deutschen Bürger, aber am allerwenigsten von einem Pfarrer, der sich in seinem Briefe an mich anmaßt, mir Belehrungen darüber erteilen zu wollen, die ich als Herausgeber des Sonntagsgrußes 'Himmelan', ein christlicher Wegweiser, zu befolgen hätte."

258 Pfr. Rössger an LKR Voges: Aufforderung zur Mitarbeit bei 'Himmelan'
Ichenheim, 24. Okt. 1932; LKA GA 10768

„... Eben kommt mir noch ein Gedanke: das evangelische Sonntagsblatt 'Himmelan', das in Konstanz erscheint und bei dem Teutsch schon mitarbeitet, hat auch mich zur Mitarbeit aufgefordert. Es ist ein schon 30-jähriges Blatt, das wir gut als unser evangelisch-nationalsozialistisches 'Kirchen- und Volksblatt' ausbauen könnten!!

Ich habe den Verlag Hirsch/Konstanz aufgefordert, sich mit Dir ins Benehmen zu setzen. Wie ich höre, wird es in meiner Gemeinde ohne mein Wissen bereits in 150 Exemplaren gehalten! Diese Sache ein weiterer Punkt für unseren Presse-Vorstand!"

259 C. Hirsch an LKR Voges: Informationen über Proteste gegen 'Himmelan' Nr. 44f.
Konstanz, 25. Okt. 1932; LKA GA 10768

„Herr Pfarrer Teutsch in Leutershausen schrieb mir, als ich ihm meine Nr. 44 und 45 des Sonntagsgrußes 'Himmelan' verbunden mit der Beilage: 'Volksblatt für Stadt und Land' sandte, daß diese Sache 'Staub' aufwirbeln würde.

Ich sende Ihnen anbei die Abschrift eines Briefes von Herrn Pfarrer Schweikhart in Köndringen und meine Antwort auf dessen Brief. Beide Briefe sprechen für sich selbst.

Es mag ja sein, daß die in dem Briefe des Herrn Pfarrer Schweikhart erwähnten Ausdrücke besser nicht verwendet worden wären. Aber ich denke, daß diese Ausdrücke meinerseits damit verteidigt werden können, daß sie den Geist göttlicher Grobheit Luthers haben.

Wenn Sie Zeit haben, mir Ihre Ansicht über diese Korrespondenz mitzuteilen, dann wäre ich Ihnen dafür sehr dankbar. Die Hauptsache für mich ist aber die, Sie darüber zu unterrichten, daß ich von den Leuten des Kirchen- und Volksblattes und von den Leuten des Reichsgottesblattes noch ähnliche Briefe zu erwarten habe. Ich werde den Brief von Herrn Pfarrer Schweikhart in die Druckerei geben und werde meine Antwort auf diesen Brief ebenfalls in die Druckerei geben und werde dann dieses Druckerzeugnis vorläufig nur für den Ort Köndringen in diesem Orte mit der Nr. 45 verbreiten lassen, und dann wollen wir einmal sehen, wie das Abstimmungsergebnis in der Gemeinde Köndringen sein wird."

260 Pfr. Rose an LKR Voges: Intensivierung der Geschäftsbeziehung zu C. Hirsch
Kenzingen, 27. Okt. 1932; LKA GA 10768

„... Ich komme nochmals auf das Sonntagsblatt 'Himmelan', welches ich Dir ja gesandt habe. Gestern habe ich noch mit Rehm deswegen gesprochen. Er wußte nicht, daß wir beabsichtigen, ein eigenes Blatt herauszugeben und steht schon lang mit dem Herausgeber von 'Himmelan' (C. Hirsch, Konstanz) in besten Verbindungen. Das Blatt selbst ist im Oberland bereits viel gelesen und hat sich jetzt gänzlich auf nationalsozialistisch eingestellt. Eine Vereinbarung mit dem Herausgeber hat Rehm für die politische Partei nicht eingegangen und beabsichtigt auch nicht, solches zu tun. Dagegen wäre er bereit, als Mittelsperson, wenn wir es wünschten, mit C. Hirsch in unserem Interesse zu verhandeln. Wir hätten kein Risiko, sondern würden nur das Blatt mit unseren Nachrichten und Andachten versorgen, als Mitarbeiter, würden den Vertrieb auch sonst im Land übernehmen und erhielten dafür pro Blatt, wie die Positiven von dem 'Kirchen- und Volksblatt', einen Beitrag, der unsere Kasse füllen dürfte. C. Hirsch sei außerdem eine sehr kapitalkräftige Persönlichkeit, die uns auch sonst bestens unterstützen würde. Die ganzen Nummern, welche Rehm jetzt in seinem Bezirk verteilt, hat er ohne einen Pfennig von dem Verlag zur Verfügung erhalten. Wenn wir dies alles überdenken, glaube ich, daß hier doch für uns so große Vorteile und so gut wie kein Risiko liegen, daß wir die Sache wirklich ernstlich überlegen sollten. Sicher dürfte aber auch sein, daß wir mit diesem schon eingeführten, finanziell gut fundierten Blatt keinen Konkurrenzkampf aufnehmen können. Sei doch so gut und überlege Dir diese Sache, vielleicht auch mit Rössger, dem es ja einen Strich durch seine Absichten machen dürfte, aber gib mir dann Nachricht. Falls Ihr übereinstimmen würdet, wäre ich bereit, die Verhandlungen mit Herrn Hirsch via Rehm einzuleiten..."

261 C. Hirsch an Pfr. Rössger; Verbindungen zum 'Braunen Haus'; Agitationen im Sinne der NSDAP
Konstanz, 28. Okt. 1932; LKA GA 10768 – Original

„Ich habe seinerzeit als die neuen Reichstagswahlen für den 6. November angeordnet wurden, mich sofort mit München in Verbindung gesetzt.
Der persönliche intime Freund von Adolf Hitler ist ein alter Bekannter von mir, der Sohn des Kunstverlegers Hanfstaengl. Es ist Herr Dr. Ernst Hanfstaengl, der Historiograph ist und auch schon geschichtliche Werke, die von sehr tüchtigem Können zeugen, veröffentlicht hat. Herr Dr. Hanfstaengl, dessen Mutter eine Amerikanerin ist, hat vor und auch während des Krieges und auch nach demselben in Amerika gelebt und hat die berühmte Harvard-Universität besucht. Er kennt also das amerikanische Volk durch und durch und ist auch ein Freund von manchen *meiner* amerikanischen Freunde dort, z.B. Colonel Edwin *Emerson*, der geborener Amerikaner ist, aber in Deutschland seine ganze Gymnasial- und Universitätsausbildung erhalten hat und Mitglied der Münchener resp. bayerischen historischen Gesellschaft ist.
Durch Herrn Hanfstaengl, der im 'Braunen Hause' und also in der Partei sehr einflußreich ist und der Pressechef der ausländischen Presse bei der Partei ist, kann ich natürlich meine Anliegen und Vorschläge am besten an die richtige Stelle und in die richtigen Kanäle leiten. Ich bin dann 14 Tage später nach München gefahren und habe dort mit dem Reichspressechef, Herrn Dr. Dietrich und Herrn Dr. Hanfstaengl mehrere Tage lang die ganze Angelegenheit sehr eingehend besprochen.

Ich lasse nun bei folgenden Mitteilungen den Namen von Adolf Hitler überhaupt aus der ganzen Angelegenheit heraus:

Es war in der Partei schon seit längerer Zeit eine oft diskutierte Frage, wie man dauernd an die evangelischen Familien in Deutschland herankommen könne, und als ich dann bei meinem Besuche in der Lage war, die Nummern 44 und 45 des Sonntagsgrußes 'Himmelan' verbunden mit der Beilage des 'Volksblattes für Stadt und Land' fix und fertig vorlegen zu können, waren die Herren von dem Inhalt freudig überrascht, ja ich darf sagen, entzückt und Herr Dr. Dietrich und Herr Dr. Hanfstaengl sagten mir, daß nun endlich ein Weg gefunden wäre, um dauernd an die evangelischen Familien herankommen zu können. Leider mußte ich den Herren sagen, daß viel kostbare Zeit verloren gegangen sei und daß es vollständig ausgeschlossen wäre, diese Propaganda jetzt noch vor den Wahlen des 6. November in ganz Deutschland zu machen.

Ich schlug dann vor, die Propaganda in Baden zu machen, und da es in Baden 900.000 evangelische Seelen gebe, so würde es nach meiner Berechnung, da ich auf je 3 evangelische Seelen eine evangelische Familie rechne, nötig sein, von jeder Nummer 300.000 Exemplare zu drucken, damit diese beiden Blätter in jede evangelische Familie hineinkommen könnten. Diese meine Anregung begrüßten die Herren, und gab mir Herr Dr. Dietrich einen Brief an Herrn Gauleiter Robert Wagner in Karlsruhe mit, und aufgrund dieses Briefes habe ich dann die Angelegenheit mit Herrn Gauleiter Wagner besprochen, der mir dann die nötigen schriftlichen Unterlagen gab, um die Angelegenheit zur Tat werden zu lassen. Herr Gauleiter Wagner bedauerte außerordentlich, daß diese Propaganda nicht im ganzen deutschen Reiche jetzt vor der Wahl mehr gemacht werden konnte. Aber er hätte es gerne gesehen, wenn ich wenigstens noch für Württemberg die gleiche Propaganda wie für Baden gemacht hätte, aber auch das war für mich, wegen der Kürze der Zeit, vollständig ausgeschlossen, und ich mußte mich auf Baden beschränken. Ich muß jetzt sehen, wie die Wahlen in Baden nach dieser sehr großen Propaganda ausfallen werden. Herr Pfarrer Teutsch glaubte, diese Propaganda würde viel Staub aufwirbeln. Bisher habe ich aber nur Briefe erhalten von Pfarrer Schweikhart in Köndringen und Herrn Pfarrer Frischmann in Kork. Dem Herrn Pfarrer Frischmann in Kork habe ich auf seinen Brief bis jetzt noch gar nicht geantwortet. Ich will mal die Wahlergebnisse der Gemeinde Kork abwarten. Am 6. November abends werde ich ja am 'Radio' die gesamten Wahlergebnisse von Deutschland hören, und da werde ich ja sehen, wie das Gesamtergebnis in Deutschland und wie das Gesamtergebnis in Baden gegenüber dem früheren Ergebnis sein wird. Die Quintessenz von meinen Münchener und Karlsruher Besprechungen ist die folgende:

Die Verteilung der Nr. 44 und 45 des Sonntagsgrußes 'Himmelan' verbunden mit der Beilage des 'Volksblattes für Stadt und Land' soll nur der erste Schritt sein auf dem Wege der Verteilung eines evangelischen Sonntagsblattes in ganz Deutschland. Der zweite Schritt muß sein, daß die Abonnenten in allen Dörfern und Städten Badens vorerst gesammelt werden, damit die Partei vorläufig für das Jahr 1933 die evangelischen Familien in Baden jede Woche erreichen kann. Es ist Ihnen ja bekannt, daß der jährliche Abonnementspreis für die Abonnenten nur *Mk. 2.60* sein wird, und in diesem Abonnementspreis ist die Gratisgabe eines Kunstblattes eingeschlossen. Ich habe von den Kunstblättern, die ich im Laufe der Jahre an die Himmelan-Abonnenten in ganz Deutschland gegeben habe, noch große Vorräte liegen, so daß ich, auch für den Fall, daß sämtliche evangelische Familien in Baden das Blatt abonnieren würden, was ja auf den ersten Anhieb wohl nicht der Fall sein wird, mit der sofortigen Lieferung der Kunstblätter nicht in Verlegenheit komme. In Baden habe ich bisher nur einige hundert Abonnenten auf den Sonntagsgruß 'Himmelan' gehabt. Die Hauptverbreitung ist in Bayern und nördlich der Mainlinie, wo ich insgesamt ca. 100.000 Abonnenten habe. Ich werde nun 2 weitere Nummern, nämlich die Nr. 46 und 47 drucken lassen, und werde auch diese beiden Nummern, genau wie die Nr. 44 und 45, wieder in die evangelischen Familien in Baden verteilen lassen, und während der Zeit der Verteilung dieser Nummern müssen dann die Abonnenten gesammelt werden. Sobald die Nummern gedruckt sind, was sehr rasch der Fall sein wird, werde ich Ihnen die beiden Nummern 46 und 47 zusenden. Hoffentlich erhalte ich inzwischen noch von Ihnen rechtzeitig wenigstens einen Artikel. Von Herrn Pfarrer Teutsch habe ich bereits wieder einen Artikel erhalten, der in einer dieser beiden Nummern gedruckt werden wird. Genau die gleichen Manipulationen werden in ganz Deutschland gemacht werden, und München wird diese Angelegenheit kräftig fördern und den Herren Gauleitern in den verschiedenen Ländern und Provinzen die nötigen Anordnungen zukommen lassen. Es sollte möglich sein, in ganz Deutschland wenigstens 5 Millionen Abonnenten zu erhalten, vielleicht nur 3 Millionen auf den ersten Anhieb; aber die Abonnentenzahl wird sich wöchentlich vergrößern. Es muß dafür gesorgt werden, daß die von mir geplante Organisation eine dauernde ist.
Und nun ganz vertraulich noch eine weitere Mitteilung:
Ein ähnliches Blatt unter einem katholischen Titel soll unter den katholischen Familien verbreitet werden, da es der Partei in München klar ist, daß es ein Ding der Unmöglichkeit ist, in anderer Weise an die katholische Bevölkerung heranzukommen. Die Redaktion für dieses katholische Blatt ist bereits vorhanden. Der Verleger wird gefunden werden. Natürlich kann ich weder der Herausgeber noch der Verleger dieses

katholischen Blattes sein. Das habe ich auch den Herren in München und auch Herrn Gauleiter Wagner in Karlsruhe, mit dem ich diese Angelegenheit auch besprochen habe, erklärt. Auch diese Propaganda muß natürlich sofort nach der Wahl in die Wege geleitet werden, damit auch diese Propaganda für das ganze Jahr 1933 schon Anfang des Jahres 1933 fix und fertig dasteht. Nur mit dieser evangelischen und katholischen Organisation wird es meiner festen Überzeugung nach möglich sein, der NSDAP die absolute Mehrheit und darüber in ganz Deutschland ein für allemal zu verschaffen. Die Partei hat jetzt vielleicht 100 und einige politische Blätter. Diese werden von den Parteigenossen gelesen, und hie und da kommen sie auch in die Hände von nicht Parteigenossen und werben für die Partei. Aber ein Familien-Sonntagsblatt, das zugleich vier Seiten religiöse Artikel und vier Seiten politische Artikel bringt, und die von der ersten bis zur letzten Zeile von den Familienangehörigen gelesen werden, wirkt ganz bedeutend besser.
Persönlich bin ich gar nicht dafür, daß Hitler etwa das Reichskanzleramt annehmen soll. Hitler muß unbedingt hinter den Kulissen stehen und mit Hilfe von tüchtigen Mitarbeitern das Ganze dirigieren, aber er muß sich aufsparen für die nächste Präsidentenwahl. Ich habe das Gefühl, daß diese nächste Präsidentenwahl im Jahre 1933 stattfinden wird. Als gewesener Reichskanzler wird es schwer sein, daß Hitler, als Präsident gewählt, durchkommt. Alles wird natürlich davon abhängen, daß die gemäßigten Elemente der Partei die Oberhand behalten, und unter allen Umständen muß der christlich positive Charakter der Bewegung mehr als bisher betont werden. Ich bemerke ausdrücklich, daß in der gleichen, eingehenden Weise, wie jetzt Ihnen gegenüber, ich diese Angelegenheit in München besprochen habe und die Zustimmung der maßgebenden Herren gefunden habe. Ich denke immer an das Wort von Herrn Pfarrer Teutsch, daß die nationalsozialistische Bewegung entweder die ganz positiv christliche Grundlage betonen und sich darauf aufbauen muß, oder die Bewegung wird überhaupt sich nicht durchsetzen können. Und in diesem Sinne sollen in meinem evangelischen Blatt in dem politischen Teil die Artikel abgefaßt sein."

262 Pfr. Rössger an LKR Voges: Wird 'Himmelan' das „evang.-ns. Blatt"?
Ichenheim, 1. Nov. 1932; LKA GA 10768

„Herzlichen Dank für Deine Zeilen. Du hast recht: Mehr wie 'ankurbeln' kannst Du in Heidelberg nicht; es sind ja auch noch andere nationalsozialistische Kollegen auf der Liste, da muß der Führer neutral bleiben. Anbei gebe ich Dir den Hirsch'schen Brief zur Kenntnis. Du wirst inzwischen erfahren haben, daß 'Himmelan' in 300.000 Exemplaren in Baden verteilt wurde. Es scheint, daß die Nr. 44 und 45 von

München resp. Karlsruhe mitfinanziert worden ist. Es kann unserem nationalsozialistischen Pfarrerbund wie auch unserer kirchlichen Vereinigung nicht gleichgültig sein, was für ein evangelisch-nationalsozialistisches Blatt unter den evangelischen Familien verteilt wird. Ich habe Direktor H. vorgeschlagen, sich umgehend mit Dir ins Benehmen zu setzen. Wir werden in unserem Vorstand zu erwägen haben, ob wir uns hinter dieses Blatt stellen oder nicht. Wenn nicht – was hätten wir dann zu tun? Denn was hier produziert wird, wird vom Volk doch auf unser Konto gesetzt. Ich hoffe auch nicht, daß Wagner mit dem Verlag über dieses Blatt verhandelte, ohne mit uns darüber geredet zu haben; wozu denn sonst die Spezialisierung des Kirchlichen? Die ganze Sache riecht auch etwas nach Geschäftsmache. Setze Dich bitte mit der Gauleitung resp. dem Konstanzer Verlag telephonisch in Verbindung, ehe wir im Vorstand zu diesem Pressepunkt Stellung nehmen. Das Blatt tut dem 'Kirchen- und Volksblatt' gewaltig Eintrag. Ohne mein Wissen haben sich in unseren Rieddörfern da und dort schon je 50 – 70 Abonnenten gemeldet!..."

263 C. Hirsch an Pfr. Rössger: Anregungen zur Umgestaltung von 'Himmelan'
Konstanz, 12. Nov. 1932; LKA GA 10768 – Abschrift

„Ich komme leider erst heute auf Ihren geschätzten Brief vom 26. Oktober zurück und sende Ihnen nun, was Sie sicherlich sehr interessieren wird, von einer Anzahl Kreise die statistischen Aufstellungen des Wahlergebnisses vom 6. November, und werden Sie daraus bei den evangelischen Orten sehen, daß die Propaganda mit dem Sonntagsgruß 'Himmelan', verbunden mit dem 'Volksblatt für Stadt und Land', wirklich sich sehr gut ausgewirkt hat, was mir auch von allen Seiten der Kreisleitungen bestätigt wird. Auch ich bin mit Ihnen der Ansicht, daß mein Blatt 'Himmelan' sich sehr gut zu einem evangelischen Kirchen- und Volksblatt der Nationalsozialisten Badens ausbauen ließe, und ich bin auch dazu bereit. Es würde sich vielleicht dann empfehlen, dem Blatte überhaupt einen anderen Titel zu geben als den Titel 'Himmelan'. Vielleicht könnte man den Titel nehmen: 'Evangelisches Volksblatt für Stadt und Land'. Wozu dann noch ein Untertitel kommen würde. Meiner Ansicht nach sollten dann die ersten vier Seiten so redigiert werden, aber im positiv christlichen Sinne, was meiner Ansicht nach ganz unerläßlich sein würde, wie das bisher beim Sonntagsgruß 'Himmelan' geschehen ist. Pietistisch darf das Blatt nicht sein, was ja auch bisher der Sonntagsgruß 'Himmelan' nicht gewesen ist. Die Redaktion würde ganz in den Händen der nationalsozialistisch gesinnten Pfarrer liegen. Die zweiten vier Seiten sollten dann politische Belehrungsartikel bringen in ähnlicher, wenn auch nicht so scharfer Weise, wie bei den Nummern 44

und 45 bei mir war. Ich halte es aber für unerläßlich, daß jetzt zuerst das Blatt 'Himmelan', wie es bisher erschienen ist, in allen evangelischen Gemeinden mit aller Macht verbreitet wird, wobei aber jetzt schon die Herren nationalsozialistischen Pfarrer die Artikel für das 'Volksblatt für Stadt und Land' zu liefern haben würden mit oder ohne Zeichnung jedes Artikels mit dem Namen des Verfassers. Sollten nicht genügend Artikel von den Herren Pfarrern geliefert werden, dann habe ich Stoff genug vorliegen, den ich einem der Herren Pfarrer vor dem Druck jedesmal vorlegen würde, und könnten dann die betreffenden Artikel je nachdem anerkannt oder abgelehnt werden. Auf diese Weise würden wir eine große Auflage von vornherein zusammenbringen, und wenn dann der Zeitpunkt gekommen wäre, nach Ansicht der Herren Pfarrer, so bin ich jede Stunde bereit, das Blatt mit einem anderen Kopf und mit anderem Emblem erscheinen zu lassen. Aber die Hauptsache ist doch vorläufig, daß das Blatt von vornherein auf einer gesunden Grundlage steht und sich nicht allein bezahlt macht, sondern auch ermöglicht, daß den Autoren anständige Honorare gezahlt werden. Natürlich sollten uns dann wöchentlich die kirchlichen Nachrichten von Baden immer rechtzeitig eingesandt werden. In der vorgeschlagenen Weise, wenn jetzt tüchtig für das Blatt gearbeitet wird, wird meiner festen Überzeugung nach das Blatt von vornherein die größte Auflage aller evangelischen Kirchenblätter in Baden haben und sollte bei fleißigem Werben dahin gebracht werden können, daß es überhaupt die größte Verbreitung aller in Baden erscheinenden Blätter, sogar der politischen, haben würde. Wenn dieser mein Vorschlag akzeptiert wird, steht das Blatt von vornherein auf gesunder Grundlage, und vorläufig bliebe die Partei als solche außer Verantwortung. Die ganze Verantwortung würde bei mir liegen.
Kopie dieses meines Briefes sende ich auch an Herrn Pfarrer Voges in Eggenstein und auch an Herrn Gauleiter Wagner in Karlsruhe. Wenn Sie auf meinen Vorschlag eingehen, dann haben Sie weitere Zeit, Ihre Pläne reifen zu lassen. Ein derartiges Blatt kostet zur Einführung sehr viel Geld und im Falle eines Mißlingens oder einer Änderung Ihrer Absichten haben Sie immer in meinem Blatt das beste Propagandamittel für die Partei..."

264 C. Hirsch an LKR Voges: Werbung für evang. Sonntagsblätter durch 'Himmelan'
Konstanz, 12. Nov. 1932; LKA GA 10768

„Ich sende Ihnen beiliegend eine Abschrift meines Briefes, den ich an Herrn Pfarrer Rössger in Ichenheim in der Angelegenheit des evangelischen Sonntagsblattes geschrieben habe [Dok. Nr. 263].
Ich hoffe, daß meine Anregungen auch bei Ihnen Anklang finden und daß Sie sich mit meinen Anregungen einverstanden erklären können. Vom 27. November bis 17. Dezember soll von allen evangelischen Sonn-

tagsblättern in Deutschland, wie der evangelische Kirchenbund in Berlin dieser Tage angeordnet hat, eine große Werbewoche für die Verbreitung evangelischer Sonntagsblätter in ganz Deutschland inszeniert werden. Ich vermute fast, daß den Herren in Berlin das Blatt 'Himmelan' mit den Nummern 44 und 45 von Baden aus zugesandt worden ist und daß sie nun daran gekommen sind, daß sie auch einmal, mehr wie bisher, im Volke arbeiten sollten. Die Verbreitung aller evangelischen Sonntagsblätter in Baden beträgt heute ungefähr 5 Millionen. Das ist natürlich gegenüber der Gesamtzahl der evangelischen Familien nur ungefähr 1/3. Also 2/3 aller evangelischen Familien halten kein evangelisches Sonntagsblatt. Für welche politischen Richtungen diese evangelischen Sonntagsblätter bisher eingestellt waren und für welche politische Richtung sie evtl. später eingesetzt werden sollen, das ist eine Frage, die ich nicht beantworten kann. Aber jedenfalls ist mir eines sicher, daß diese evangelischen Sonntagsblätter nicht für unsere Partei eingesetzt werden sollen.
Zu einer evtl. persönlichen Rücksprache bin ich jederzeit zu haben. Hoffentlich können für den Sonntagsgruß 'Himmelan' verbunden mit dem 'Volksblatt für Stadt und Land' auch in Eggenstein eine große Anzahl von Abonennten gesammelt werden."

265 EOK, Prot.: Protest aus dem Landeskirchenamt Darmstadt
Karlsruhe, 15. Nov. 1932; LKA GA 3478

„Der Vizepräsident des Landeskirchenamts in Darmstadt hat ein Exemplar des in Konstanz erscheinenden Blattes 'Himmelan' gesandt mit einem Protest wegen Mißbrauch dieses Blattes zu politischer Propaganda.
Es wird dem Landeskirchenamt geantwortet:
1. Das Blatt ist kein 'badisches Sonntagsblatt'.
2. Der Oberkirchenrat habe keine Disziplinargewalt über den Verleger Hirsch.
3. Was in dem Blatt beanstandet wird, sei nichts anderes, als was auch s.Z. das Blatt 'Der religiöse Sozialist' getan habe. Man habe aber nie etwas davon gehört, daß 'Der religiöse Sozialist' in Hessen beanstandet oder verboten worden sei."

266 Pfr. Kobe: Warnung vor parteipolitischer Propaganda
KPBl. Nr. 22, 20. Nov. 1932, S. 166f.

'Himmelan!'
Das kleine evangelische Wochenblatt 'Himmelan!', das die Untertitel 'Sonntagsgruß' und 'Ein christlicher Wegweiser' führt, und das seit Jahren in evangelischen Familien hin und her im Lande als evangelisches Sonntagsblatt gelesen wird, hat sich in letzter Zeit, wie die Nummern 44

und 45 des 36. Jahrgangs ausweisen, seinem Umfang nach verdoppelt, indem dem 4 Seiten großen ersten Teil ein ebenso starker zweiter folgt mit der Überschrift *'Volksblatt für Stadt und Land'*. Es ist kaum anzunehmen, daß der Herausgeber des Ganzen, Carl Hirsch in Konstanz, diesen Titel gewählt hat in Erinnerung an jenes 'Volksblatt für Stadt und Land', das einst als Vorläufer der 'Konservativen Monatsschrift' erschien und von dem konservativen Politiker und Kirchenmann von Nathusius herausgegeben wurde. Jedenfalls hat der Geist dieses mit dem Geist jenes alten Volksblattes nichts zu tun. Ja, beim näheren Zusehen will es scheinen, als ob sogar der Geist des 'Volksblattes für Stadt und Land', also der zweite Teil des 'Himmelan', mit dem ersten Teil desselben in einem gewissen Widerspruch stehe, weshalb die Abgrenzung der zweiten Hälfte von der ersten durch eine besondere Überschrift wohl begründet ist. Immerhin heißt das Gesamtblatt heute noch 'Himmelan!', ein Titel, der mit Recht sein Ausrufungszeichen führt, der links von dem Bilde des anklopfenden Christus und rechts von dem des guten Hirten flankiert ist, der aber nun darum etwas Auffallendes an sich hat, weil der zweite Teil dieses Blattes mit sämtlichen 5 Artikeln in die jedesmalige Aufforderung übergeht: *'Wählt am 6. November Liste 1 Nationalsozialistische Deutsche Arbeiterpartei: NSDAP'*. Wir haben also glücklich das, was seither bei uns Evangelischen durchaus verpönt war, was man nur immer der katholischen Kirche bzw. dem Zentrum zum schweren Vorwurf gemacht hat, nämlich den *Mißbrauch kirchlicher Blätter zu reiner Parteipropaganda* in unseren eigenen Reihen. Wäre 'Himmelan!' ein nationalsozialistisches Parteiblatt, dann hätten wir natürlich kein Recht, es in diesen unseren Positiven Blättern zu beurteilen; ja es ist nicht einmal ein Blatt der kirchlichen 'Vereinigung für positives Christentum und deutsches Volkstum', im Gegenteil, es ist anzunehmen, daß die Mitglieder dieser kirchlichen Gruppe durch die ganze Aufmachung, Inhalt und Form dieses 'Sonntagsgrußes' und 'christlichen Wegweisers' auf das peinlichste berührt sind. Was uns das Recht, ja die Pflicht gibt, gegen ein derartiges Unternehmen Stellung zu nehmen, ist die Tatsache, daß hier ein ausgesprochen sich evangelisch-kirchlich gebendes Sonntagsblatt zu weltlicher Parteipolitik mißbraucht wird. Was für Verwirrung ein solches Blatt bei einfachen Leuten anrichten kann, erhellt daraus, daß bereits ein Kirchenaustritt angemeldet wurde, *weil die Kirche mit ihren Blättern parteipolitische Propaganda treibe!* Gewiß, wenn auf der ersten Seite von 'Himmelan!' in großer Aufmachung der Aufruf erscheint: 'Evangelische Kirche, gedenke deines Königs Gustav Adolf!' und auf der 6. Seite derselben Nummer: 'Krampft in eure harten Bauern-, Arbeiter- und Bürgerfäuste den Morgenstern des Stimmzettels, schreibt drauf mit blut-rotem Gustav-Adolf-Blute den Namen Adolf Hitler und laßt mit himmelstürmendem, erdaufwühlendem Trompetenschall das Lieblingslied des großen Schweden, den Luthergesang, durch alle deutschen Gaue schallen: 'Ein' feste Burg ist unser Gott!' –, da mag sich bei manchem Leser die Faust zusammenkrampfen, aber nicht zu dem Stimmzettel, wie es von dem Verfasser solcher Tiraden erwartet wurde, sondern zu etwas ganz anderem. Überhaupt der Ton, in dem in diesem 'Sonntagsgruß' und 'christlichen Wegweiser' Politik getrieben wird!: 'Drauf und dran seid ihr, die 30 Judassilberlinge des Verrats am armen, arbeitslosen Volk durch eure dreckigen Papenfinger gleiten und die geheiligten Rechte eines freien, christlichen Volkes gegen das wurmstichige Linsenmus feudaler Herrenklubs einzutauschen!' Und dies alles unter der Generalüberschrift 'Himmelan!' – Vier evangelische Pfarrer werden von dem Herausgeber als Mitarbeiter des ersten Teils genannt: die können gewiß für den Inhalt des zweiten Teils nicht verantwortlich gemacht werden. Aber ihre Namen charakterisieren immerhin mit das Ganze. Die Artikel des zweiten ganz politischen Teils sind mit je einer Ausnahme von einem über ein starkes, aber hohles Pathos verfügenden Carl Dahlhausen geschrieben. Der Ausnahmeartikel stammt dann wieder von einem Pfarrer, und zwar einem badischen, dessen Namen wir aber hier schonend verschweigen wollen. Er bietet in Nr. 44 des Merkwürdigen genug. Der Artikel ist überschrieben: 'Sind wir Nationalsozialisten romhörig?' – Er beginnt mit: 'Matth. 13, 47 steht geschrieben: das Himmelreich ist gleich einem Netze usw.' und schließt mit 'Heil Hitler!' Und zwischendrin findet sich u.a. folgender Satz: 'Der Nationalsozialismus ist Wegbereiter zum hohen, hehren Ziel: *Eine Herde,* Zusammenschluß, Sichfinden der Guten aus allerlei Gattung'. 'Eine Herde', – wenn dieses Bild lediglich von der Landwirtschaft hergenommen ist, wäre dagegen nichts einzuwenden. Wenn es aber in Erinnerung an Joh. 10, 16 gemeint ist – und das ist fast zu befürchten, wenn auch der 'Eine Hirte' fehlt, oder sollte am Ende gar...? –, so scheint mir diese vermeintliche Wegbereitung zum hohen, hehren Ziel eine hehre Utopie zu sein, die ihren Grund in einem Abgrund hat, der nicht näher charakterisiert werden soll. Jedenfalls gibt dieser Artikel dem Leser mehr Fragen auf als er löst, u.a. auch die, wie es kommt und wie es zu verstehen ist, daß in der Überschrift der badische Pfarrer und in der Unterschrift der schon gekennzeichnete Carl Dahlhausen als Verfasser genannt ist. Es ist ein Zwiespalt in diesem Artikel zu vermerken, wie das ganze Blatt an einem solchen leidet: der erste Teil – für positives Christentum, der zweite nicht etwa für deutsches Volkstum, sondern für eine politische Partei 'Erkläret mir nun, Oerindur, diesen Zwiespalt der Natur!' Oder wäre die Erklärung für das erweiterte 'Himmelan' in der Geschäftstüchtigkeit eines Verlegers wie Carl Hirsch zu suchen? Jedenfalls möchten wir unser liebes badisches Kirchenvolk vor solcher Sonntagskost gewarnt und von ihr verschont wissen."

267 C. Dahlhausen: Leseproben aus 'Himmelan' Nr. 44f.
LKBl. Nr. 16, 27. Nov. 1932, S. 127

'Himmelan', 'Pfui Teufel' und Liste 1
Eine Mahnung zum 'Distanzieren'
Diese Überschrift ist, wie ich gerne zugebe, recht sonderbar. Aber mindestens das 'Himmelan' kommt sicher manchem unserer Leser bekannt vor. So nennt sich ein im 36. Jahrgang erscheinendes christliches Sonntagsblatt[*]. Ob dieses Blättchen früher schon einen politischen Beigeschmack gehabt hat, entzieht sich meiner Kenntnis. Heute ist es sehr eindeutig. Vor mir liegen die Nummern 44 und 45, die in großen Mengen vor der Wahl verschickt und verteilt wurden (z.T. vor den Kirchentüren). Der Kopf des Blattes zeigt jeweils den an die Tür klopfenden Heiland und das Bild einer christlichen Familie und das Bild des guten Hirten. Die ersten 4 Seiten handeln von M. Luther (Nr. 44) und Gustav Adolf (Nr. 45). Soweit wäre nichts Besonderes zu erwähnen. Auf den fünften Seiten aber beginnt, untrennbar mit dem Sonntagsgruß verbunden, das 'Volksblatt in Stadt und Land'. Darin steht u.a. ein Aufsatz von Carl Dahlhausen über 'Führerdemut'. 'Ein Gedenkblatt zu Gustav Adolfs Todestag'. Er geht aus von der Rettung des deutschen Protestantismus durch Gustav Adolf, den blonden, blauäugigen Nordlandsrecken. Er vergleicht ihn mit Adolf Hitler. Heute sei die Lage ähnlich wie zur Zeit der Landung des Schwedenkönigs: Damals hielten sich gegen die kaiserlichen Heere nur noch zwei deutsche Städte. 'Heute? Ganz abgesehen vom äußeren Druck unserer nationalen Feinde, ist das deutsche Volk ausgeplündert, ausgehöhlt, entmannt und versklavt vom Heer jüdischer Geldsackmagnaten, vom ekelhaften, würdelosen Friedensgewinsel schwarzroter, internationaler Brüderlichkeitsfanatiker.'[**]
Man wird zugeben, daß das für ein christliches Sonntagsblatt 'Himmelan' recht starke Töne sind. Es kommt aber noch besser. Wenige Zeilen weiter unten heißt es: 'Alles, was nur irgend nach deutscher Selbstachtung und christlicher Selbstzucht riecht, wird von rückgratlosen Polizeisöldnern der jeweiligen knoblauch- oder weihrauchduftenden Windrichtung in Grund und Boden geknüppelt...' – 'Pfui Teufel endlich einmal über diese schmierige Hundeseeligkeit und schieläugige Abfallknochenbettelei von Gnaden des Internationalismus! Die Knochen endlich einmal zusammengerissen und hineingegliedert in die große braune Millionenarmee...' (alles im Original gesperrt!).
Der Verfasser gibt dann den freundlichen Rat, das fremde 'Brunnenvergiftergesindel' zum Teufel zu jagen, erinnert nochmals an Gustav Adolf und bittet den lieben Leser, seine Dankespflicht dadurch abzu-

---
[*] „Herausgeber und Verleger Carl Hirsch, Konstanz"
[**] Im Original unterstrichen

statten, daß er Liste 1 wählt. Darauf schließt er mit dem sprachlich geradezu einzigartig gestalteten Appell:
'NSDAP. November 1932. Wahltag und Schicksalstag des deutschen Volkes! Krampft in eure harten Bauern-, Arbeiter- und Bürgerfäuste den Morgenstern des Stimmzettels, schreibt drauf mit heißrotem Gustav-Adolf-Blut den Namen Adolf Hitler und laßt mit himmelstürmendem, erdaufwühlendem Trompetenschall das Lieblingslied des großen Schweden, den Luthergesang durch alle deutschen Gaue schallen: 'Ein' feste Burg ist unser Gott'!"

268 Pfr. Rössger an Partei-Freunde: Aufruf zur Mitarbeit
Ichenheim, 9. Jan. 1933; LKA GA 8089 – Rds.

„Mit folgendem möchte ich Euch herzlich und dringend zur Mitarbeit an unserer Himmelanbeilage 'Volksblatt für Stadt und Land' aufrufen. Der Verleger Carl Hirsch in Konstanz möchte einen so großen Mitarbeiterstab für die Schriftleitung, daß er auf viele Wochen hinaus Artikel vorrätig hat, die er sofort in 'Fahnen' setzen lassen kann. Auch dem flüssigsten Schriftleiter wird es nicht möglich sein, den auf so weite Sicht gewünschten Bedarf zu decken, wenn er nicht gerade hauptamtlich damit zu tun hätte. Es wäre erwünscht, wenn jeder Synodale oder sonstiger Funktionär in unserer Gruppe monatlich mindestens einen Artikel an mich lieferte: Stoff aus einem Gebiet, das ihm besonders liegt, das aber im Rahmen von Nationalsozialismus und Kirche liegen muß. Die Artikel werden von H. K. bezahlt. Die ersten Werbenummern von 1933 haben nicht den gewünschten Erfolg gehabt. Es gilt, eine Krisis zu vermeiden. Das Blatt muß packend gestaltet werden durch aktuelle Artikel. Dieselben aber nicht zu allgemein, weil sonst die Idee zu schnell verschossen ist. Vielmehr: grundsätzlich, konzentriert, überzeugungsbildend, detailliert! Von den Synodalen sind die gehaltenen Reden etc. (gekürzt) erwünscht. Ferner bitte gehaltene frühere Vorträge, Berichte über besondere Vorkommnisse aus den Kirchenbezirken, die unsere Sache betreffen, Beleuchtungen von Pfarrwahlvorgängen, Rechts-, Finanz-, Schulfragen, desgleichen Auszüge aus nationalsozialistischen Schriften als Lesefrüchte. Nur wenn ich selbst eine große Zahl zu veröffentlichender Artikel besitze, kann ich mit H. K. einen einheitlichen Presseplan ausmachen. Also bitte schreiben!!"

269 Pfr. Rössger an LKR Voges: Vorbehalte gegen Verleger C. Hirsch
Ichenheim, 10. Jan. 1933; LKA GA 8089

„Ich lege Wert darauf, daß auch Du Kenntnis erhältst von dem letzten Hirschschen Schreiben, auch wenn es an mich als dem Schriftleiter 'als reine Privatmeinung' gerichtet war. Du siehst daraus, wie mäßig die Propaganda Erfolg hatte. Hirsch ist selbst schuld durch sein ungeschicktes Werben für Liste 1. Nun ist der Herr immer noch der Meinung, daß es unsere Aufgabe wäre, für die NSDAP im Blatt zu werben (cf. Seite 3!). Ich lehnte dies glatt ab. Wir könnten dies dann, wenn wir uns offiziell Vereinigung evangelischer Nationalsozialisten nennten. Faktisch sind wir in der amtlichen Bezeichnung der Behörde auch so benamt. Ich komme nicht darüber hinweg: wir leiden immer noch unter einem Dilemma, an dem wir einmal über kurz oder lang auseinanderfallen. Hirsch ist nun in München und hofft, von dort aus die Partei mehr hinter sich zu kriegen. Der Herr Verleger hat meines Erachtens immer noch nicht erkannt, um was es uns in erster Linie zu tun ist. Ich nehme es ihm bald übel, daß er meine gelieferten Artikel nicht bringt. Deren zwei über die Synoden hätten schon längst erscheinen können. Statt dessen bringt er den Litzmannbrief u.a. mehr, was nicht schlecht ist, aber nur als Füllsel verwendet werden dürfte. Einen glänzenden Artikel von Brombacher (der Fall Strasser) hat er bis dato leider nicht gebracht ... Hirsch muß sich unter solchen Umständen nicht wundern, daß er keine Abonnenten findet. Die mir einst von ihm genannte Zahl von 17.000 stimmt nicht zusammen mit der im Brief angedeuteten; kann mir auch nicht denken, daß die 17.000 für ganz Deutschland gälte. ..."

270 C. Hirsch an LKR Voges: Umgestaltung des Zs-Titels
Konstanz, 1. März 1933; LKA GA 8089

„... Von der Nummer 14 ab, also vom 1. April ab, sollte unbedingt der neue Titel gedruckt werden und die beiden Titel: 'Volksblatt für Stadt und Land' und 'Himmelan' endgültig verschwinden. Es sind mir von den Herren Pfarrern verschiedene Titel genannt worden z.B.:

1. Christen an die Front

2. Aufstieg, mit dem Untertitel: Für Kirche und Volk.

Dieser letztere Titel: 'Aufstieg' ist von mir zuerst genannt worden. Der Untertitel: 'Für Kirche und Volk' stammt von Herrn Pfarrer Sauerhöfer in Gauangelloch. Der Titel: 'Christen an die Front' stammt von Herrn Pfarrer Gässler in Wollbach. Die Titelzeichnung kann ich in einigen wenigen Tagen von einem Künstler zeichnen lassen, sobald der Titel definitiv festgelegt worden ist..."

IV Die Badische Landeskirche zur Zeit der Machtergreifung

A Kirchliche Stimmen zum Jahreswechsel 1932/33

271 Prälat J. Kühlewein: „Hirtenbrief"[*]

KGVBl. Nr. 17, 22. Dez. 1932, S. 131-134

„Liebe evangelische Glaubensgenossen!

Das Jahr des Herrn 1933 hat begonnen. Die Kirche hätte keinen Grund, den Neujahrstag zu feiern, wenn sie nicht die Kirche Christi wäre und in seinem Namen die Schwelle des neuen Jahres überschreiten könnte. Ihm wollen wir vor allem heute danken, daß er seine Kirche bis hierher bei seinem Wort und Sakrament erhalten und auch unsere Gemeinden hindurch geführt hat 'durch soviel Angst und Plagen, durch Zittern und durch Zagen, durch Not und große Schrecken, die alle Welt bedecken'. Unsere Kirche ist ja nicht eine stille, friedliche Insel, weit ab von den Stürmen und Nöten unserer wild bewegten Zeit. Sie kann es nicht sein und will es auch nicht sein. Eine solche Insel gibt es nicht, und wenn es sie gäbe, so wollten wir doch unsere Seelen nicht dahin retten, sondern lieber mit unseren Volksgenossen gegen Sturm und Wellen kämpfen. Das neu anhebende Jahr mag nicht weniger schwer und stürmisch sein als das vergangene. Aber unsere Hoffnung dabei ist, daß wir kämpfen unter der Fahne des Mannes, 'der helfen kann, bei dem nie was verdorben'.

Zu diesem Kampf, der uns bevorsteht, rufe ich in erster Linie alle treuen Glieder unserer Kirche auf. Ihr vor allem seid berufen, voranzugehen in der Treue zu unserer evangelischen Kirche, in der unentwegten Liebe zum Worte Gottes und zum Hause Gottes. Euere Aufgabe ist es auch, denen die Hand zu reichen, die unter dem Druck äußerer Not an Gott und seiner Verheißung, an unserer Kirche und den von Gott ihr anvertrauten Gütern irre werden wollen, die in Gefahr stehen, dem Christenglauben abzusagen und den Sinn ihres Lebens zu verlieren. Nehmt euch ihrer in herzlicher und brüderlicher Liebe an. Verurteilt sie nicht, sondern sucht sie heranzuziehen und zeigt ihnen, daß Christen auch in schwerster Zeit einen Grund lebendiger Hoffnung und einen unversiegbaren Quell der Freude und des Friedens haben. Wann sollten wir denn auch die Gotteskraft des Evangeliums, die Paulus rühmt, beweisen können, wenn nicht in einer Zeit, wo die irdischen und menschlichen Stützen alle ins Wanken geraten sind? Jetzt muß sich zeigen, ob unser Glaube Trug und Schein ist, oder ob er der Sieg ist, der überwindet. Weiter bitte ich euch: Hütet den kostbaren Schatz des christlichen Hauses vor aller drohenden Entartung und Zersetzung. Das Familienleben

---

[*] „Nachstehender Hirtenbrief ist am Neujahrstag, den 1. Jan. 1933, von der Kanzel zu verlesen."

ist in unserer Zeit auf das höchste gefährdet. Die Arbeitslosigkeit, die nun seit Jahren wie eine furchtbare Plage auf unserem Volke lastet, die immer weiter greifende Armut, die wirtschaftliche Not erschweren nicht nur die Begründung geordneter Ehen, sondern sie hemmen und zerrütten oft genug die bestehenden Familien. Sie halten die Freude nieder, sie zerstören den Frieden, sie bringen Sorge, Kummer und Verzweiflung in so viele Häuser und legen sich wie ein Bann auf alle Glieder der Familie. So schwer aber diese äußeren Gefahren für das Familienleben sind, so ist doch die Gefahr noch viel ernster, die von innen her droht. Die Ehe wird verachtet, ihre göttliche Einsetzung geleugnet, ihr Segen verhöhnt, die freie Liebe offen verkündigt und gepriesen. Das Familienleben wird durch Wort und Schrift und Bild innerlich vergiftet und untergraben. Die Familie aber ist und bleibt der Rückhalt und das Fundament des Volkes, das Familienleben der Pulsschlag des Volkslebens. Dieses kann nicht gesunden, solange Ehe und Familie krank darniederliegt. Es tut bitter not, daß unser Familienleben wieder erstarke und gesunde, und es kann nur genesen an Gottes Wort und ewiger Ordnung. Darum soll es uns heilige Pflicht und Aufgabe sein, unsere Familien mit christlichem Geist zu durchdringen, mit dem Geist des Evangeliums, dem Geist der Kraft, der Liebe und der Zucht, damit unsere Häuser Stätten der Freude und des Friedens werden, und so von innen heraus sich unseres Volkes Leben wieder erneuere.

Darum stellt auch euer häusliches Leben in das Licht und unter die Zucht des göttlichen Wortes und sehet zu, daß eure Kinder den Geist eines christlichen Familienlebens verspüren und darin heranwachsen. Sie werden dadurch vor vielen inneren Gefahren bewahrt werden, denen alle diejenigen ausgesetzt sind, die des Haltes der Familie entbehren müssen.

Pflegt das Familienleben um der Zukunft, um der Jugend unserer Gemeinden willen. Die Klagen, die heute bei allen Gelegenheiten über unsere Jugend erhoben werden, sind zwar vielfach ungerecht und unverständig. Es ist heute eine andere Zeit und darum auch eine andere Art bei der Jugend, die man nicht von oben herab verurteilen darf, die man vielmehr suchen muß zu verstehen. Denn sie hat auch ihr Gutes. Die Jugend ringt um ein neues Lebensideal. Sie sucht, überaltete, hemmende Vorurteile abzustoßen, und schießt dabei zweifellos manchmal über das Ziel und über das Verständnis des älteren Geschlechtes hinaus. Aber das war immer so und ist doppelt verständlich in einer so gärenden, bewegten Zeit, wo alles innerlich aufgewühlt ist. Ein religiöses Ringen mit den schweren Rätseln der Gegenwart bewegt unser Geschlecht: alles ist im Fluß, die sittlichen, die sozialen, die wirtschaftlichen Verhältnisse. In diese ganze Bewegung wird selbstverständlich auch unsere Jugend hineingezogen mit der Leidenschaftlichkeit, die ihr eigen ist. Besonders ist auch sie von der politischen Leidenschaft unserer Zeit ergriffen. Dazu kommt, daß gerade sie in ihrer tatendurstigen und vorwärtsdrängenden Art besonders schwer von der unseligen Not der Arbeitslosigkeit betroffen wird, die mit Naturnotwendigkeit ihren Schaffensdrang auf Gebiete hinlenkt, die ihr besser noch fern blieben und die in normalen Zeiten ihr auch fern standen. Aber gerade darum haben wir die Aufgabe, nicht ihren Geist zu dämpfen mit nörgelnder Kritik, sondern ihr zu helfen mit verständnisvoller Geduld und mit dem Vertrauen, das aus dem Evangelium kommt. Es ist unsere Aufgabe, die vielfach überschäumenden Wasser in das rechte Bett zu leiten, damit die durch unsere Jugend hindurchgehende Bewegung unserem Volk und unserer Kirche zum Segen werden kann. Und dazu ist in erster Linie die Familie berufen. Ein gesundes, frohes, freies und doch in Gottes Wort und Willen gebundenes, reines Familienleben laßt uns wieder führen und dafür unsere Jugend gewinnen.

Ebenso tut uns eine Erneuerung unseres kirchlichen Lebens not. Das mit unserer deutschen Geschichte so unselig verbundene Parteiwesen droht auch unsere Kirche und unsere Gemeinde zu zersetzen. Die Schärfe der politischen Gegensätze, die vielfach zugleich Weltanschauungsgegensätze sind, hat auch unsere Kirche bis an ihre Wurzeln hin angegriffen und reißt auseinander, was doch im Glauben an Christus und in der Liebe Christi zusammengehört und verbunden sein sollte. Hier laßt uns ansetzen und Ernst machen mit der apostolischen Mahnung: Hier ist nicht Mann noch Weib, nicht Knecht noch Freier, sondern allzumal einer in Christus. Wir können doch nicht dankbar genug sein, daß unsere Kirche über allen Parteien steht, daß wir hier nebeneinander stehen und arbeiten und ringen dürfen um ein hohes, überweltliches, ewiges Ziel, das Christus uns gesteckt hat.

Zuletzt noch eine herzliche Bitte! Unsere Kirche und was sie uns gibt, ist auch eines Opfers wert. Ich ergreife mit Freuden die Gelegenheit und danke allen unseren Gemeinden für ihre unentwegte Opferfreudigkeit, die sich durch noch so große Not bisher nicht hat entmutigen und ermüden lassen. Es ist dadurch erwiesen worden, daß vielen unserer Glaubensgenossen Gottes Reich und unsere Kirche noch etwas wert ist, und daß sie freudig bereit sind, dafür auch Opfer zu bringen. Viele Gemeinden unseres Landes haben auch in dieser schweren Notzeit ihre kirchlichen Bedürfnisse mit Freuden erfüllt und getan, was zur Befestigung und zum Ausbau des kirchlichen Gemeindelebens nötig war. Auch den Gemeinden und den Glaubensgenossen, die der Hilfe bedurften, ist viel brüderliche, teilnehmende Liebe und Hilfe mit der Tat bewiesen worden. Die Reich-Gottes-Werke und -Anstalten unseres Landes sind durch treue Opferbereitschaft bisher hindurchgetragen worden. Für alle diese Liebe sei euch herzlich gedankt. Das neu anhebende Jahr wird neue und wahrscheinlich nicht geringere Anforderungen an eueren kirchlichen Opfersinn und euere christliche Liebe stellen. Darum werdet nicht müde. Bedenket, daß außerordentliche Zeiten auch außerordentliche Opfer erfordern. Laßt die Liebe Christi und die Treue zu unserer evangelischen Kirche auch darin aufs neue kund werden im neuen Jahre.

Der Herr und das Haupt unserer Kirche, in dessen Namen wir das neue Jahr beginnen, walte mit seiner Gnade über unserem Volk, über unseren Gemeinden, unseren Familien, unserer Kirche, über uns allen und rufe uns über die tobenden Wellen der Gegenwart hin das Wort seiner trostreichen Verheißung zu: Seid getrost, ich bin's, fürchtet euch nicht."

272 Pfr. Kobe: „Die Kirche in bewegter Zeit"
KPBl. Nr. 1, 1. Jan. 1933, S. 1–3

„Zwei Bewegungen haben unser Volk besonders stark ergriffen: die schon ältere *sozialistische* und die jüngere *nationalistische*. Beide haben ihre Ansprüche bei der Kirche angemeldet; die ältere, indem sie der Kirche zugleich den Vorwurf macht, sie habe die soziale Not einst ganz übersehen, und zu wenig oder gar nicht beachtet; die jüngere, die glaubt, die Kirche vor demselben Fehler ihr gegenüber warnen zu müssen, und von ihrem Standpunkt aus ihr neue Aufgaben zuweist. Den Ansprüchen beider Bewegungen gegenüber wird sich die Kirche bewußt bleiben, daß sie unser Volk keinem andern, weder dem sozialistisch-kommunistischen noch dem 'dritten Reiche' zuzuführen hat, als dem Reiche Gottes, um dessen Kommen sie betet und arbeitet. *Jedenfalls darf sie sich das Prinzip ihrer Führung nicht durch ihrem Wesen fremde Elemente alterieren lassen,* indem sie einem Reiche dient, das nun einmal nicht von dieser Welt ist. Dabei wird sie ihres Volkes Not stets auch zu der ihrigen machen. Wie sehr sie das zu tun bereit ist, beweist die Stimme aus ihrer Mitte: 'Eine christliche Gemeinde, die heute noch wagt, vom Vaterglauben zu reden, darf es nur unter der einen Bedingung, daß sie sich gleichzeitig wund und müde arbeitet im Kampf gegen all die unheimlichen Gewalten, die die Menschen immer wieder hineinstoßen in Elend und Verzweiflung, die bewirken, daß Ungezählte Schiffbruch leiden. Wo das nicht geschieht, wo nur getröstet und ermahnt wird, fein stille zu bleiben und alles geduldig zu tragen, ohne daß gleichzeitig rastlos gedient wird, da würde die Verkündigung der Kirche notwendig zu einem phrasenhaften Geschwätz' (Köberle). Oder die andere Stimme eines ihrer anerkannten Führer: 'Es darf uns keine Ruhe lassen, daß wir nicht immer wieder die Not des Volkes als unsere Not durchleben und von Gott uns 'Weisheit' und Kraft geben lassen, an dem Platz, an dem wir gerade stehen, um ihre Überwindung uns zu mühen' (Ihmels). Und doch wird alles, was sie auf diesem Gebiet tut, immer nur wie die Liebestaten ihres Herrn 'Semeion' d.i. ein 'Zeichen' sein von dem Größeren, das anzubieten und zu tun sie berufen ist. *Das Beiseitestehen großer Massen ist noch kein Beweis dafür, daß sie ihre Aufgabe nicht oder nur schlecht erfüllt hat.* Wie schon zur Zeit Jesu der Erfolg seiner Sache nicht abhing von dem Maße der Gefolgschaft, die sein Ruf nach sich zog, so ist es heute noch; die Merkmale der sich an dem Ruf des Herrn zu seinem Reich orientierenden und scheidenden Menschen sind immer dieselben; das eine Merkmal: *'Sie verließen alles und folgten ihm nach',* und das andere *'Wie oft habe ich euch versammeln wollen! – und ihr habt nicht gewollt'.*

Als eine Versuchung tritt auch die nationalistische Bewegung an die Kirche heran. Und diese Versuchung ist dort umso größer, wo die Gefolgschaft der Kirche, wie in weiten Gebieten Norddeutschlands, zahlenmäßig eine geringe ist, und manche ihrer Vertreter bereit sind, am Ende gar einen Vertrag mit dieser Massenbewegung zu schließen, um damit die eigene Gefolgschaft zu vergrößern und das kirchliche Leben aufzufrischen. Auf wessen Kosten derartige Verträge geschlossen werden, kann nach dem, was in dieser Beziehung seither veröffentlich wurde, nicht mehr zweifelhaft sein. *'Die Richtlinien für deutsche 'Christen',* die 'der Reichsleiter für evangelische Kirchenfragen' herausgegeben hat, die Erwartungen, die manche 'Diener am göttlichen Wort' in Bezug auf das religiös-kirchliche Leben im 'Dritten Reich' hegen, tragen mehr die Zeichen einer Schwarmgeisterei als die des biblisch-reformatorischen positiven Christentums an sich. Was für seltsame Vorstellungen prominente Leute von der Kirche haben, beweist die Äußerung eines Mannes, der sich selbst einmal den 'Bismarck des Dritten Reiches' nannte: 'Ohne die Erneuerung der deutschen Kultur werden auch die Kirchen seelisch verdorren und inhaltlos'[*] – als ob sich die Kirche ihren Inhalt von der Kultur her holen müßte! Oder hat unsere Kirche in nationaler Beziehung versagt, wie sie in sozialer Beziehung versagt haben soll? – Die Kriegspredigt der evangelischen Kirche und ihr sonstiger vaterländischer Dienst, die ihr heute noch von pazifistischer Seite her zum Vorwurf gemacht werden, zeigen einen andern Tatbestand auf. Es ist auch kein Zufall, daß ein Kenner der deutschen Geschichte wie Gustav Freytag von vaterländischen Notzeiten der Vergangenheit, bestehend in nationaler Charakterlosigkeit, geurteilt hat, daß da Deutschland eigentlich nur noch im evangelischen Pfarrhaus vorhanden gewesen sei. Um von Theologen und Kirchenmännern, die auch in ihrer vaterländischen Haltung und ihrem Dienst für ihr deutsches Volk von dem tiefgehendsten Einfluß auf das Pfarrersgeschlecht ihrer Zeit gewesen sind, nur zwei

---

[*] Gregor Strasser in einer Rundfunkrede

ganz verschiedenen Zeiten Angehörende zu nennen: *Schleiermacher*, von dessen kühner Predigt zur Einsegnung der Fahnen der Freiwilligen im Frühjahr 1813 Berlin noch ein Vierteljahrhundert geredet hat; und *Bezzel*, der sich in seiner Sorge um Kirche, Volk und Vaterland das Herz wundgerieben und mit diesem kranken Herzen als ein vom Tod Gezeichneter noch im letzten Jahre seines Lebens von Division zu Division im Westen eilte, um die Angehörigen seiner Kirche in den bayerischen Korps religiös und vaterländisch aufzurichten. Vielfach aber tut man heute so, als ob die Forderung der Einheit von *Glaube und Volk* eine Erfindung der letzten fünf Jahre sei.

Dem antisemitischen Vorwurf, daß das Alte Testament in unserer Kirche, besonders in ihrem Jugendunterricht eine viel zu große und für uns Deutsche ein ungebührliche Rolle spiele, daß es gar ein Hindernis für die wünschenswerte nationale Erziehung sei, ist entgegenzuhalten, daß Kenntnis des Alten Testaments und Umgang mit ihm noch kein einziges christliches Volk national geschädigt haben, daß es im Gegenteil ganz abgesehen davon, daß es die Urkunde göttlicher Offenbarung vor Jesus Christus ist, 'Erzieher des Menschengeschlechts', Einzelner und ganzer Völker – ich denke hier besonders auch an die reformierter Prägung – auch in dem Sinne war, daß es ihnen zur Erhaltung ihres nationalen Selbstbewußtseins und ihrer nationalen Kraft gedient hat. Gibt es etwa einen ergreifenderen Ausdruck national-völkischer Gesinnung in der Einheit von Glaube und Volk, als in dem einen Wort des 137. Psalms, das seinerzeit den Bestand eines ganzen Volkes auch in der verzweifelsten Lage gerettet hat: 'Vergesse ich dein, Jerusalem, so werde meiner Rechten vergessen!' – –

'In Schule und Literatur mag man kirchliche und politische Geschichte voneinander sondern; in dem lebendigen Dasein sind sie jeden Augenblick verbunden und durchdringen einander. Eine große, des Namens würdige Nation läßt sich gar nicht denken, deren politisches Leben nicht von religiösen Ideen angeregt und erhoben würde, die sich nicht unaufhörlich damit beschäftigte, dieselben auszubilden und zu einem allgemein gültigen Ausdruck und einer öffentlichen Darstellung zu bringen.' Mit diesen monumentalen Sätzen beginnt Leopold von Rankes 'Deutsche Geschichte im Zeitalter der Reformation'. Die Wahrheit dieser Sätze ist auch durch das Gesicht der Gegenwart bestätigt, selbst durch das Rußlands, wo der Traktor und der Rechenstift die führende Rauch- und Feuersäule geworden sind. Wir setzen uns für unser Deutschland auf Grund unseres evangelischen Glaubens für eine andere Entwicklung ein und stehen darum in heißem Kampfe um die Zukunft unseres Volkes. Der politische Prophet redet vom Untergang des Abendlandes, und ein evangelischer, der mit dem Nahen großer Katastrophen rechnet, meint: 'Die politische Lage der Gegenwart zwingt uns

zu einer Haltung gegenüber allem, was von dieser Welt her ist, die derjenigen der eschatologischen Weltanschauung der Apostelzeit gleicht.'[*]
Aber gerade darum dürfen wir die Hände nicht in den Schoß legen. 'Wer an das Evangelium glaubt, der kämpft mit den Seinen und gegen die andern um seinen Besitz an Welt- und Frömmigkeitsgütern in männlicher Kraft und Zuversicht. Aber er weiß den Weg des Heils Gott vorbehalten. Es ist möglich, daß der Gang der Geschichte anders verläuft, als wir ihn zu lenken gedachten. Was liegt daran? Reich Gottes muß uns doch bleiben.'[**]

Es schien mir gut, diese ernste, aber tapfere Stimme aus den letzten Tagen des alten Jahres als Stimmungszeichen unserer bewegten, einem neuen Land entgegen ziehenden Zeit auch hier laut werden zu lassen, eins mit ihr auch in dem zusammenfassenden Schlußgedanken, daß evangelischer Glaube sich unter das Wissen beugt, daß *Reich Gottes unabhängig von Blüte und Verfall aller politisch-kulturellen Größe und Richtigkeit kommt*. Diesem Kommen zu dienen, wird nun auch die Aufgabe der Kirche im neuen Jahr sein, unentwegt dem Rauch- und Feuerzeichen des heiligen Gotteswillens und seines Evangeliums geoffenbart in seinem Wort, folgend und damit selbst zu einem solchen Zeichen für andere werdend. Wenn Alexander der Große eine Stadt belagerte, um sie sich zu unterwerfen, ließ er eine Laterne anzünden, die Tag und Nacht brannte. Den Feinden ließ er dann sagen, die Stadt sei dem Untergang geweiht, wenn sie sich nicht ergeben hätte, bis das Licht erloschen sei. Und die Geschichte der Städte ringsum in den Ländern des Mittelmeeres tut kund, wie oft er seine Drohung ausgeführt, kein Erbarmen kennend. Bei dem König der Könige ist es etwas anderes: 'Seine Barmherzigkeit hat noch kein Ende, sondern ist alle Morgen neu und seine Treue ist groß.' Das kündet auch der Anfang eines neuen Jahres, das auch die Kirche unserem Volk ein neues *gnadenreiches Jahr* predigen heißt. Die Feuersäule ist nicht erloschen und die Rauchsäule nicht verschwunden, denn '*Jesus Christus gestern und heute und derselbige auch in Ewigkeit*'."

273   LKR Voges: „Rückblick und Ausblick"

Himmelan Nr. 1, mit Beilage 'Volksblatt f. Stadt u. Land'[***] Nr. 1, 1. Jan. 1933, S. 5

„Das Jahr 1932 ein Jahr der Kirche! So seltsam auch diese Behauptung in unserer Zeit klingen mag, – in einer Zeit, die trotz allen Strebens und

---

[*]   Aus dem letzten Kapitel 'Furchtlosigkeit' in 'Macht und Glaube' von Hans Michael Müller
[**] Ebenda
[***] Im folgenden zitiert: Himmelan mit Nr., Datum und Seite

Sehnens nach Gemeinschaft noch stark überdeckt und überlagert ist vom eigen- und ichsüchtigen Wesen des vergangenen Jahrhunderts – so ist der Beweis, daß wir in Wahrheit ein Jahr der Kirche hinter uns haben, nicht allzu schwierig zu erbringen. Das gilt nicht allein für unsere badische Landeskirche. Weithin in deutschen Landen stand die Kirchenfrage im Vordergrund und konnte auch nicht eingedämmt werden durch das politische Ringen unserer Tage. Immer wieder mußte die Öffentlichkeit zur Kirche Stellung nehmen. Gefördert wurde der Wille zur Kirche dadurch, daß die große deutsche Freiheitsbewegung ihren Anspruch geltend machte, auch in den evangelischen Landeskirchen gehört zu werden und mitraten und –taten zu wollen. Dieser Wille wurde überall da sichtbar, wo Kirchenwahlen stattfanden.
Zuerst so bei uns im badischen Land. Als wir am Anfang des Jahres 1932 standen, da rang man noch miteinander, ob überhaupt in einer so unruhigen Zeit in der Kirche gewählt werden sollte. Denn es gehörte nicht allzuviel Sehergabe dazu, um eine übermäßige Anzahl von politischen Wahlen vorauszusagen. Wir sind ja dann auch mit vielen Wahlen bedacht worden. Aber schließlich siegte über allem Wenn und Aber die Meinung der Kirchenregierung, die es nicht verantworten zu können glaubte, mit einer nicht mehr verfassungsmäßigen Landessynode neue Aufgaben durchzuführen. So wurden die *Wahlen* auf den *10. Juli* ausgeschrieben. Wir evangelische Nationalsozialisten konstituierten uns zu einer neuen Gruppe unter dem Namen: Kirchliche Vereinigung für positives Christentum und deutsches Volkstum. In diesem Namen ist unser ganzes Programm enthalten. Mit Stolz nennen wir uns 'Kirchliche Vereinigung'; denn wir wollen nichts anderes als der Kirche dienen, weil wir davon überzeugt sind, daß eine starke, in sich gefestigte Kirche für unser Volk ein Bollwerk bedeutet gegen die volksfremden Kräfte und Mächte dämonischer Art, die immer wieder von Süd und Ost und West her ihre Angriffe unternehmen werden, um evangelisches Wesen, deutsche Sitte und Art zu unterminieren und zu zerstören. Eine solche Kirche bedarf aber eines 'positiven Christentums', d.h. sie muß gegründet sein auf Bibel und Bekenntnis. Beides ihr zu erhalten und zu stärken, wird unser größtes Anliegen sein. Man versucht zu deuten an dem Wort 'positives Christentum'. Es kann doch in Bezug auf unsere Vereinigung gar nichts anderes sein als die lautere evangelische Lehre und der reine reformatorische Glaube. Man verschone uns hinfort mit Ausdeutungskünsten aus Werken und Büchern, die nicht auf dieser Ebene sich bewegen. Da aber Religion nicht Privatsache ist und Christusglauben erst recht lebendig wird in der Überwindung des Ichs, auch des frommen, und in der Hinneigung zum Du, zum Nächsten, darum soll auch diese, unsere Kirche Hüterin und Wächterin über der deutschen Volksseele werden. Wir nennen uns mit Bewußtsein eine kirchliche Vereinigung für 'deutsches

Volkstum' und legen den Nachdruck auf das Wort 'Volkstum', weil wir wissen, daß in diesem Begriff alles enthalten ist, was unserer Kirche an Aufgabe gegeben ist.

Die Zeit der Überspitzung der ökumenischen (weltweiten) Beziehungen ist vorüber. Die Kirche, und besonders die deutschen, evangelischen Kirchen, haben zu begreifen, daß sie ihre erste Aufgabe an ihrem Volk haben. Damit ist kein Wort gegen die Heidenmission gesagt, deren Wert und Bedeutung gerade gegenüber einer in Erstarrung geratenen Kirchlichkeit wir durchaus zu schätzen wissen. Ja, wir können sehr viel von den Missionskirchen lernen, die um die Bedeutung des Volks- und Rassenmäßigen wissen.

Mit dieser Schau zogen wir in den Wahlkampf und sind dankbar unserem Gott, daß wir nicht vergeblich kämpften. Wir dürfen entscheidend mitarbeiten an dem Wohl und Wehe unserer Kirche. Schon die *Kirchenregierungsbildung* verlangte von uns ein klares, zielbewußtes Wollen. Es ist in den Tageszeitungen bürgerlicher und sozialistischer Färbung viel darüber geschrieben worden, z.T. in völliger Unkenntnis der Dinge, z.T. aber auch in bewußter Verdrehung. Wir dürfen es hier aussprechen, daß von unserer Seite streng darauf geachtet wurde, daß die Liebe nicht verletzt wurde.

Wenn ich zu Eingang schrieb: 'Das Jahr 1932 ein Jahr der Kirche', in dem Sinn, daß die Öffentlichkeit von kirchlichen Fragen bewegt wurde, so trat das ganz besonders bei der Verhandlung des *Staatsvertrages* in der Landessynode in Erscheinung. Es war wohl auch ein seltenes Schauspiel, wie sich strenggläubige Kreise mit religiösen Sozialisten zu einem Nein verbanden. Wir glaubten zu dem Vertragswerk Ja sagen zu müssen, weil es in mancherlei Hinsicht Vorteile für die Kirche brachte. Daß wir nicht alles erreichten, liegt – wir sprechen es ganz offen aus – im Wesen der evangelischen Kirche. Solange sie glaubt – oder wenigstens weite Kreise in ihr – Demokratie sei A und O, wird an ihr herumgezerrt von tausend und noch mehr Kräften. Eine allzu starke Betonung der Freiheit ruft doch die Willkür, wenn nicht sogar Anarchie, auf den Plan. Aus dem Wissen um diese Gefahr fordern wir daher eine Stärkung des Führertums in der Kirche.

Ja, damit stehen wir eigentlich schon auf der Bergeshöh' und schauen hinaus auf noch viele vor uns liegende Bergesgipfel, die erklommen sein wollen. Am Ende des Jahres 1932 dürfen wir es wohl in aller Bescheidenheit aussprechen: Es war ein in der Geschichte unserer badischen Landeskirche sehr bedeutsames Jahr. Vorwärtsblickend müssen wir aber sagen, daß es erst der Anfang zu Neuem war, das gepflügt sein will. Gerade weil die Zeiten so bitter schwer sind, weil der Ansturm wider unsere Kirche so hart ist, weil ein Ermatten und Müdewerden unserem Volk Niederlage bereiten will, darum erst recht: Gott mit uns! – Und mit Gott für unsere Kirche, für unser Volk! Was von uns gefordert wird, heißt: Treue zur Kirche."

274 N.N.: „Der Neujahrshirtenbrief unseres Herrn Prälaten D. Kühlewein"
Evang. VolksBl. Nr. 1, 8. Jan. 1933, o.S.

„Man spürt es diesem Brief des obersten Hirten unserer Kirche an, daß er aus dem schweren Ernst unserer Zeit geboren ist, aus der drückenden Sorge um das Wohl des Volkes und das Leben unserer Kirche. Dieser Hirtenbrief ... ist ein Ruf, der besonders an die Frauen in unserer Kirche gerichtet ist; denn es gilt heute einen geistigen Kampf aufzunehmen, zu dem nicht alle Glieder unserer Kirche in gleicher Weise aufgerufen werden können. Darum werden hier seit langem zum erstenmal aus der großen Schar der 'evangelischen Glaubensgenossen' in erster Linie und vor allem 'alle treuen Glieder unserer Kirche' aufgerufen. Wohl ergeht der Ruf nach wie vor an alle, die noch Glieder unserer Kirche sind. Aber diesmal ist es kein Zweifel: die Kirche bedarf in unseren Tagen des Zusammenbruchs um ihres Bestandes willen nicht in erster Linie einer großen Zahl von Glaubensgenossen. Sie braucht vielmehr eine Kerntruppe von im Glauben Gerüsteten, von Treuen, auf die in den Glaubens- und Weltanschauungskämpfen der Gegenwart unbedingter Verlaß ist. An ihrer Treue, ihrem Glaubensmut und ihrer Festigkeit mögen dann die Schwächeren und Schwachen sich wieder aufrichten und erbauen.

Welches ist aber der Kampf, der gekämpft werden muß? Der Hirtenbrief nennt drei Kampfgebiete: Volk, Familie und Kirche. Im Volk geht der Kampf für die Kirche und ihre geistigen Güter und Segnungen gegen Gottesleugnung und Verzweiflung. In der Familie geht es um die Heilighaltung der Ehe und verständnisvolle Förderung der Jugend gegen freie Liebe und ungerechte Verdammung der Jugend. In der Kirche aber geht der Kampf der Kirche Christi gegen die verderbliche Wirkung parteipolitischer Zersetzung.

Von diesen drei Kampfgebieten ist das letzte das innerste, weil es auf dem Boden der Kirche selber liegt. Und der hier zu kämpfende Kampf ist der entscheidenste und schwerste. Er geht um das eigentliche Leben der Kirche. Er ist aber auch der Kampf, den die Evangelischen Volksvereine seit langem auf ihre Fahne geschrieben haben, wenngleich sie deswegen nicht immer diejenige Anerkennung erfahren haben, die sie verdient hätten. Wie aber nun, in der Stunde schwerster Bedrängnis unserer Kirche, der Herr Prälat selbst die Aufgabe umschreibt, die unsere Volksvereine sich längst gestellt haben, das mögen die Worte seines Hirtenwortes selber sagen:

'Das mit unserer deutschen Geschichte so unselig verbundene Parteiwesen ...' Diese Sätze, wohl eines der bedeutsamsten Hirtenbriefe unserer Kirchenleitung, dürfen in unserem Evangelischen Volksblatt nicht fehlen; denn sie umschreiben diejenige Aufgabe, die uns heiligstes Anliegen ist, und sie tun es so, wie es einer der Unsrigen nicht besser hätte machen können. Ob aber gerade diese Sätze das unbedingt wünschenswerte breite Echo in der Kirche finden werden? Ob hier wirklich angesetzt und Ernst gemacht wird, wie es der Hirtenbrief verlangt? Wir wagen es nach unseren bisherigen Erfahrungen kaum zu hoffen. Die 'groß' Macht' unserer parteipolitisch infizierten Kirchenparteien kann es noch nicht zulassen. Und unsere Kirchenverfassung gibt ihnen das Recht dazu. Dieser Hirtenbrief aber verlangte, daß derjenige, der ihn mit schwerem Herzen schrieb, auch verfassungsmäßig die Macht zu seiner Durchführung hätte. So weit ist es aber bei uns noch nicht. Der Evangelische Volksbund, der helfen könnte und wollte, kann nicht und darf nicht, weil die Kirchenregierung Mitarbeit in der Landessynode nicht brauchen konnte und daher keinen Vertreter in die Synode ernannt hat. Das ist erst vor ein paar Monaten geschehen. Ob die Kirchenregierung heute, im Zeichen dieses ernsten Hirtenbriefes, anderes entscheiden könnte? Wer weiß es?
Eines aber ist klar: unserem Herrn Prälaten ist es bitter ernst um diesen Kampf in der Kirche. Das wird besonders deutlich durch die Mahnung, die von ihm zum Schluß ausgesprochen wird:
'Wir können doch nicht dankbar genug sein, daß unsere Kirche über allen Parteien steht ...'
Und es liegt in den einleitenden schweren Worten beschlossen: 'Es tut uns eine Erneuerung unseres kirchlichen Lebens not.' Wir danken dem Herrn Prälaten für diese klaren, dem inneren Leben unserer Kirche mit göttlichem Recht richtungsweisenden Worte... Wir werden in unseren Evangelischen Volksvereinen wie bisher mit allem Ernst und Eifer an dieser Erneuerung unseres kirchlichen Lebens weiterarbeiten; aber von nun an mit der erhebenden Gewißheit, daß wir darin übereinstimmen mit dem obersten Hirten unserer Landeskirche.
Unseren Volksvereinen aber rufen wir zu, angesichts der Not unserer Kirche: 'Ihr kennt sie, die Leidenschaft, die uns verbindet: Helfen, helfen, mit einer Kraft, die alles überwindet' (Chr. Morgenstern)."

275 Prof. Soellner: „Unsere badische Landeskirche im neuen Jahr"
LKBl. Nr. 1, 8. Jan. 1933, S. 3

„In welch entscheidungsvoller Zeit in politischer, wirtschaftlicher und geistiger Beziehung wir ins neue Jahr eintreten, braucht nicht gesagt werden. Wohin man auch den Blick wendet, überall stehen sich feind-

liche Fronten gegenüber: Arbeitgeber und Arbeiter, Besitzende und Besitzlose, Leute, die im Berufsleben stehen, und solche, die vor den Toren der Fabriken und Büros auf Arbeit warten, dazu all die politischen Gegensätze, Katholiken und Protestanten, Positive und Liberale, und über all die anderen Gegensätze hinweg der Gegensatz der Alten und der Jungen und endlich der tiefe Riß zwischen gläubigen Menschen und religionsfeindlichen Materialisten. Und das sind noch bei weitem nicht alle Kampffronten, an denen die Menschen unserer Zeit miteinander ringen, auf der einen oder anderen Seite, wohin sie eben durch Klassenegoismus oder Rechthaberei geführt werden. Unsere Kirche aber ist, wie der Herr Prälat D. Kühlewein in seiner Neujahrsbotschaft sagte, keine 'stille friedliche Insel, fernab von den Stürmen und Nöten unserer wildbewegten Zeit. Sie kann es nicht sein und will es auch nicht sein. Eine solche Insel gibt es nicht, und wenn es sie gäbe, so wollten wir doch unsere Seelen nicht dahin retten, sondern lieber mit unseren Volksgenossen gegen Sturm und Wellen kämpfen.'
Unsere Kirche steht in der Tat mitten in dem gärenden Leben unserer Zeit, ob sie will oder nicht. Sie erfährt von der einen Seite maßlose Feindschaft, Spott und Verachtung, von anderer Seite Gleichgültigkeit und bald heimliche Behinderung, bald offene Geringschätzung; von anderer Seite wird sie geschützt, sei es aus wirklicher Achtung und Überzeugung, sei es aus schlecht verhehlten egoistischen Gründen. – Aber nicht bloß passiv wird sie in die Dinge hineingezogen, sie hat es bezeugt, daß sie auch selber den Willen hat, mitzuarbeiten und mitzuhelfen in allen Nöten unserer Zeit. Und gerade auch die schon erwähnte Neujahrsbotschaft, die doch jeder Evangelische gründlich lesen möchte, nimmt in evangelischer Weise Stellung zu der Familiennot und der Jugendnot unserer Zeit. –
Was uns in unserem deutschen politischen Leben oft so beelendet, ist die Ziellosigkeit oder wenigstens die Unklarheit und Verwirrung über die Ziele der politischen Führer. Wir denken wohl an 'Freiheit', 'Autarkie', Ankurbelung der Wirtschaft', 'Beseitigung der Arbeitslosigkeit' und dergleichen mehr. Aber ob der verantwortliche Leiter der Reichspolitik nun Brüning oder Papen oder Schleicher oder vielleicht einmal Hitler heißt, über die letzten Ziele dieser Männer wissen wir nichts und sehen durchaus nicht klar. Es wird von uns, d.h. vom deutschen Volk ein Riesenvertrauen verlangt und zunächst nichts dafür geboten als eine Unmenge von schönklingenden Worten. Mag sein, daß diesen Männern durchaus edle Ziele vorschweben. Aber die Unklarheit und Ungewißheit zerstört Vertrauen und Hoffnung und macht letzten Endes die Erreichung jeden Zieles unmöglich. Diese dumpfe, sich immer mehr ausbreitende Hoffnungslosigkeit (man vergleiche die stets wachsende Selbstmordziffer!) ist unser tiefstes Unglück. Ich habe vor kurzem

irgendwo den Satz gelesen, den ich nie vergessen werde: 'Kein Mensch ist ganz unglücklich, der noch ein Ziel vor sich sieht, mag es auch noch so fern stehen.' Das ist der Grund, weshalb wir in unserem kirchlichen Leben so unendlich viel besser dran sind als im politischen. Was auch das kirchliche Leben der Gegenwart so erschwert, das sind nur Schatten aus der politischen und vor allem der wirtschaftlichen Elendssphäre. Selbstverständlich darf uns das alles nicht gleichgültig lassen. Die Kirche hat als Mahnerin und, wenn es sein muß, als Helferin bereit zu sein mit Wort und Tat. Aber ihre eigentliche und innerste Aufgabe ist die Pflege des religiösen Lebens und der religiösen Gemeinschaft. Denn daraus allein fließen die sittlichen Kräfte, die in Familie und Gemeinde und im wirtschaftlichen und politischen Leben unentbehrlich sind.

Wir dürfen das feste Vertrauen haben, daß auch unsere badische evangelische Landeskirche dieses hohe Ziel fest im Auge hat. Dann werden die äußeren Nöte sie davon nicht abbringen können. Schon immer hat sich gezeigt, daß Gott in seiner Gnade gerade in den schwersten Zeiten seiner Kirche in ganz besonderer Weise geholfen hat, indem er ihr glaubensstarke Männer und Frauen erweckte und ihr die Kraft der Geduld und Liebe schenkte, so daß sie vielleicht äußerlich geschwächt, aber innerlich neu gekräftigt aus Not und Anfechtung hervorging.-
An der Schwelle des neuen Jahres schauen wir zurück und sehen, wie viel wir – trotz alledem! – Gott zu danken haben; und wir schauen voll Gottvertrauen und Hoffnung in das neue Jahr, das unserer Kirche zweifellos weitere schwere Aufgaben bringen wird.

Der Herr unserer Kirche möchte, das ist mein Neujahrswunsch, alle Glieder der Kirche nicht feig und faul und schwach, sondern tapfer, glaubensstark, opferwillig und hoffnungsfreudig finden!"

B   Krise des kirchlichen Liberalismus?

276   Pfr. Spies: „Positive Arbeit in der Evangelischen Landeskirche"
SdtschBl. Nr. 1, Jan. 1933, S. 10

„Unter dieser Überschrift erschien am 9. Dezember in einer Tageszeitung der ausführliche Bericht über eine Versammlung, die von der Gruppe für 'positives Christentum und deutsches Volkstum' im Horst-Wessel-Haus in Heidelberg gehalten wurde. Hauptredner war der Synodale *Pfarrer Sauerhöfer*. Wir müssen leider darauf verzichten, den ganzen Bericht abzudrucken. Aber einzelne Stellen der Rede darüber, was Herr Sauerhöfer unter '*positiver Arbeit*' versteht, wollen wir unseren Lesern doch nicht vorenthalten. Zuerst wendet er sich gegen die Religiösen Sozialisten, 'durch die Kanäle zum Zentrum und durch dieses zur Kurie zum Schaden unserer Kirche sich öffneten' (man höre und grusle!). Dann kommen die bösen Liberalen an die Reihe: 'Sie fühlten sich den Religiösen Sozialisten aus irgendwelchen Gründen verpflichtet, obwohl sie doch über die eigenartige Rolle im Bild waren, als sie seiner Zeit verhinderten, daß der allseits anerkannte Theologe Gogarten nach Heidelberg kam. Warum? Weil er dem Zentrum als ehemaliger Katholik nicht genehm war.' — Der Leser verweile hier einen Augenblick. Der 'allseits anerkannte' Theologe Gogarten ist ihm vielleicht nicht bekannt. Herrn Sauerhöfer wohl auch nicht, sonst wüßte er, daß er *nie* katholischer Theologe war, sondern seiner Zeit in Heidelberg bei Troeltsch studiert hat. Er verwechselt ihn offenbar mit dem Berliner Theologen Leonhard Fendt. Gogarten ist in Breslau. Vielleicht wird auch Berlin und Breslau verwechselt? — Jedenfalls von aller Sachkenntnis unbeschwert!

Dann geht es weiter: 'Da sie (d.h. die Kirchlich-Liberalen) sich aber auf die Einbeziehung der Religiösen Sozialisten versteift hatten, stimmten sie gegen die Verfassungsänderung und konnten infolgedessen nicht in die so umgebildete Kirchenregierung eintreten, so daß diese statt mit je einem Positiven und Nationalsozialisten (soll wohl heißen völkisch Positiven. D.Verf.) und *zwei Liberalen*, mit je zwei Positiven und Nationalsozialisten gebildet wurde.'

Es tut mit leid, daß ich hier schon wieder berichtigen muß — aber: wo war je die Rede davon, daß die Kirchlich-Liberalen zwei Sitze bekommen sollten, oder auch nur beanspruchten? Und was soll das heißen: 'infolgedessen'? War die Tatsache, daß wir der Verfassungsänderung nicht zustimmen konnten, wirklich ein Grund, uns den einen Sitz in der Kirchenregierung zu nehmen? War das alles nicht bloß ein Vorwand? Ich möchte doch einmal feststellen: Niemand hat uns gesagt, daß wir vergewaltigt und von der Bildung der Kirchenregierung ausgeschlossen würden, wenn wir nicht zur Verfassungsänderung Ja und Amen sagten; sondern wir waren Gegner der Verfassungsänderung und wurden nun zur Strafe von der positiven Rechten ausgebootet. Wenn der Abgeordnete Sauerhöfer nun fortfährt: 'Übrigens sind die Liberalen nach wie vor durch Oberkirchenrat Dr. Doerr in der Kirchenregierung vertreten. Man wird gut tun, auf Angriffe von jener Seite, immer wieder auf diese Tatsache hinzuweisen,' — so kann ich ihm nur raten, mit diesem Hinweis, der die von uns hochgeschätzte Persönlichkeit unseres Freundes, Herrn Oberkirchenrat Dr. Doerr, in die Arena des kirchenpolitischen Kampfes hineinzieht, — ganz gegen den Gebrauch des seither anständigen Parlamentarismus der Kirche — recht vorsichtig zu sein! Es könnte sonst ähnlich gehen, wie mit seinem Hinweis auf Gogartens katholische Vergangenheit — von Sachkenntnis ungetrübt.

469

So wollen wir auch den Mantel des Schweigens über seine anderen
Äußerungen decken. Nur das eine sei noch erwähnt, daß das Blatt
'Himmelan' zum kirchenpolitischen Organ der neuen Gruppe werden
soll. Es werden sich wohl in der Folge manche Kreise wundern, wenn
ihnen ein Licht aufgeht, was die Presse des Herrn Hirsch unter
'himmelan' und der Abgeordnete Pfarrer Sauerhöfer unter 'positiver
Arbeit in der Evangelischen Landeskirche' versteht."

277 N.N.: „Aus der Landessynode" – Verkleinerung der KReg.
Himmelan Nr. 4, 22. Jan. 1933, S. 29

„Die Landessynode ist bis jetzt zu zwei bedeutsamen Sessionen zusammengetreten. Am 4. und 5. Oktober 1932 galt es, die neue Kirchenregierung zu bilden, am 22. und 23. November über den Staatsvertrag[*)] zu beschließen. Beide Behandlungsgegenstände hingen aufs engste zusammen. Denn Aufgabe der neuen Kirchenregierung war es, die Verhandlungen mit dem badischen Staatsministerium zu führen. Voraussetzung für eine fruchtbare Arbeit war die innere Geschlossenheit der kirchlichen Instanz, die diese verantwortungsvolle Aufgabe zu lösen hatte. Die Forderung der Kirchenleitung, durch keinen religiös-sozialistischen 'Horchposten' in der Kirchenregierung in ihrer Arbeit gehemmt zu sein, war mehr als berechtigt. Dem diente der Antrag der Herabsetzung der synodalen Glieder der Kirchenregierung von 6 auf 4. Dadurch schied der Vertreter der religiösen Sozialisten aus. Es blieb dann nur die Frage, durch welche kirchlichen Gruppen die 4 Sitze besetzt werden sollten. Die kirchliche Rechte war anfänglich nicht gegen eine Einbeziehung eines liberalen Vertreters. Der kirchliche Liberalismus aber glaubte den Standpunkt vertreten zu müssen, die Kirchenregierung sei ein Abbild aller Gruppen in der Kirche, selbst der widersprechendsten. Bei dieser Selbstbindung an den religiösen Sozialismus konnte es nicht ausbleiben, daß mit dem Marxismus auch der Liberalismus zu Fall kam. Der letztere trägt selbst die Schuld, wenn er nun aus der Kirchenleitung ausgeschaltet ist. Darum ist auch das so laute Klagelied über angetane 'Vergewaltigung' unpassend. Wo Türen offen stehen, wollen sie durchschritten sein. Wir hegen auch einen gelinden Zweifel darüber, ob die Linksgruppen anders getan hätten, wenn das Wahlbild vom 10. Juli v.J. ihnen die Möglichkeit gegeben hätte. Die Bedeutung dieses ersten Sessionsergebnisses liegt darin, daß in der badischen Landeskirche die kirchenpolitischen Fronten geklärt sind in einer

---

[*] O. Friedrich, Der evang. Kirchenvertrag mit dem Freistaat Baden, Lahr 1933. Über die Haltung der (Evang.-) Nationalsozialisten zum 'Kirchenvertrag' vgl. Dok. 281.

Deutlichkeit, wie wir sie auch für die innerpolitische Lage unseres Vaterlandes wünschen möchten. Die Gruppen, bei denen die Führung nun liegt, sind sich ihrer Verantwortung auch bewußt. Wenn Kirchengruppen die Exponenten verschiedener evangelisch-kirchlicher Überzeugungen sind, dann muß zwischen ihnen der Geisteskampf solange ausgetragen werden, bis die eine letzte Wahrheit in nicht zu leugnender Klarheit zum Aufleuchten gebracht ist."

278 Pfr. Sauerhöfer: „Zeitenwende in Volk und Kirche!"
Himmelan Nr. 5, 29. Jan. 1933, S. 37f.

„Allmählich beginnt es sich auch bei den 'geistig Schwerhörigen' herumzusprechen, daß unser Volk in einem inneren Umwandlungsprozeß steht, dessen Ausmaße geschichtliches Format annehmen. Man wehrt sich noch gegen diese Erkenntnis, indem man das neue Werden mit Ausdrücken wie 'jugendliche Unreife', 'Politik', die ja bekanntlich den Charakter verderbe, 'Ungeistigkeit' und ähnlichem belegt. Hinter diesen Worten verbirgt sich aber nur dürftig die eigene Unsicherheit und Wehrlosigkeit, die Unfähigkeit, ein aus der Tiefe der Geschichte aufsteigendes Geschehen zu begreifen. Es ist der alte Gegensatz zwischen erstarrtem und werdendem Leben.
Wir stehen in der Zeitenwende, in der das Zeitalter des Liberalismus ins Grab sinkt. Generationen lebten im Banne des liberalen Geistes und plätscherten behaglich in den seichten Gewässern seiner Oberflächlichkeit. Warum sollten sie auch nicht? Verstand es doch der Liberalismus, das Leben, mit dessen Rätseln man sich früher so mühselig herumquälte, restlos aufzudividieren und seinen Gläubigen einen geradezu beneidenswerten Lebensoptimismus zu spenden. Wie hätte man auch nicht Optimist sein können? Es war alles in bester Ordnung. Wohlstand und Wohlleben waren die Götter, denen man diente – oder besser – von denen man bedient wurde. Fortschritt war das Zeichen der Zeit und Freisinn ihre Parole! Der menschliche Verstand, der auf dem Gebiete der Technik und der Zivilisation Hervorragendes leistete, genoß göttliche Verehrung. Ist es ein Wunder, wenn dadurch das wahrhaft Göttliche in den Hintergrund gedrängt wurde? Die Vernunft wurde zum obersten Richter über Totes und Lebendes, über Vergangenes und Gegenwärtiges, über Irdisches und Überirdisches erhoben. Ist es ein Wunder, wenn sich dadurch die Perspektiven verschoben, und sich ein Weltbild formte, das nur noch ein Zerrbild des wahren Lebens war, wenn die Zivilisation die Kultur, der Verstand das Geniale, die Weltanschauung die Religion verdrängte? Der menschliche Geist hatte sich frei gemacht; er war *liberal* geworden und stand selbstherrlich im Mittelpunkt des Geschehens. Die kopernikanische Entdeckung galt zwar noch

für die Erde, aber nicht mehr für ihren Bewohner. Der Mensch war zum Mittelpunkt des Alls geworden. Seine zurechtgemachte Welt schien für alle Zeiten gegründet und begann im steten 'Fortschritt', gleich einem zweiten Turmbau zu Babel, gen Himmel zu wachsen, bis — ja bis auch hier die Katastrophe eintrat, und in den Flammen des Weltkrieges eine oberflächliche und seicht gewordene Welt zusammenbrach. Es war das Halt eines Höheren an eine sich selbst vergötternde Welt.

Die Zeitenwende begann. Der Generation, die aus dem Weltkrieg kam und dort an den Grenzen des Lebens gelebt hatte, war die Vorkriegskost des Liberalismus zu schal geworden. Man tastete sich, im Zusammenbruch der liberalen Vorkriegszeit, zu vergessenen Größen zurück. Man erlebte an Stelle des übersteigerten Individualismus, der sich mit neuen Augen gesehen, nur als verfeinerter Egoismus entpuppte, das Volk als Gesamtheit als schöpfungsgemäße Gottesordnung, aus deren Tiefe immer wieder die tragenden Lebenskräfte emporsteigen. Man erlebte an Stelle des unschöpferischen Verstandes das Wunder des schöpferischen Geistes, dessen Kraft aus den Tiefen der Ewigkeit quillt: Man erstrebte, statt Wirtschaft, Boden, statt Weltbürgertum, Nation, statt Zivilisation, Kultur, statt liberaler Weltanschauung, Glaube.

Die Bewegung, die die Zeichen dieser Zeitenwende an sich trägt, ist in Deutschland der Nationalsozialismus. Es läßt sich unschwer nachweisen, daß Volkstum und Ewigkeit, Heimat und Glaube, die beiden Kraftquellen sind, aus denen heraus der Nationalsozialismus nicht nur Geschichte gestaltet, sondern schon gestaltet hat. (Man vergleiche die Neujahrsbotschaft Hitlers). Der Nationalsozialismus, der im Weltkrieg geboren wurde, ist somit die große Antithese zur liberalen Weltanschauung!

Es wäre unnatürlich, würde dieser Umwandlungsprozeß der besten Schichten unseres deutschen Volkes an der Kirche spurlos vorübergehen. War doch gerade unsere badische Landeskirche vor dem Kriege eine Domäne des Liberalismus. Man sage nicht, der kirchliche Liberalismus habe mit dem allgemeinen politischen und 'kulturellen' Liberalismus nichts gemein. Man hört diesen Einwurf immer wieder von kirchlich liberaler Seite, allerdings erst seit dem offensichtlichen Zusammenbruch des 'Kulturliberalismus'. Vor dem Kriege war diese Melodie unbekannt! Durch dieses Abrücken glaubt man den kirchlichen Liberalismus retten zu können. Ein Beweis, wie wenig man die tiefgehende, schicksalhafte Zeitenwende versteht. In Wirklichkeit ist es doch unbestreitbare, geschichtliche Tatsache, daß *politischer und kirchlicher Liberalismus zwei Söhne* — und nicht einmal ungleiche — *derselben Mutter* sind. Tragen doch beide in ihrer geistigen Struktur die Wesensart der Aufklärung, das heißt jener Zeit, in der die Vernunft zur Göttin erhoben wurde. Wandlungen, die der kirchliche Liberalismus durchgemacht hat, beweisen nicht das Gegenteil; denn diese innere Struktur des kirchlichen Liberalismus blieb davon unberührt. Es ist im Rahmen dieser Abhandlung nicht möglich, dies im besonderen nachzuweisen. Fest steht, daß der kirchliche Liberalismus auf die Dauer nicht die Kraft haben wird, seinen Bruder zu überleben. Wenn die Stunde gekommen ist, kann man sich gegen eine schicksalhafte Zeitenwende so wenig wehren wie gegen den Tod.

Auch die Kirche besinnt sich seit den Erschütterungen des Weltkrieges auf ihre tieferen Grundlagen. Die Nachkriegstheologie machte den Anfang, das Kirchenvolk ist im Begriffe, ihr nachzufolgen. Die liberale Theologie, die sich bemühte, Christentum und Wissenschaft, Kirche und Zivilisation einander anzugleichen – auf Kosten der ersteren natürlich – genügt der heutigen Generation nicht mehr. Haben sich doch, gerade in dem Umbruch unserer Tage, Wissenschaft und Zivilisation als relative und unbeständige Größen erwiesen. Was aber braucht man in einer Zeit, in der alles zu wanken beginnt, notwendiger zum Leben und zum Sterben, als Gewißheit und Beständigkeit? Die liberale Methode, das für gewiß zu erklären, was vor dem kritischen Verstande bestehen kann, ist gescheitert. Man ist auch hier bescheidener – oder besser – demütiger geworden. Nicht was von Menschen kommt, ist absolut, sondern was von Gott kommt! Nicht was der menschlichen Weisheit entspringt – sei sie noch so bewunderswert –, ist gewiß, sondern was sich aus den Tiefen der Ewigkeit offenbart und seinen Niederschlag in Gottes Wort gefunden hat. So gehen wir evangelischen Nationalsozialisten aus dem Zusammenbruch der Gegenwart bewußt zurück zur Vergangenheit, die doch gleichzeitig Zukunft ist, und die sich uns etwa in der Gewißheit des Luther'schen Glaubens und in der schlichten Frömmigkeit eines Johann Sebastian Bach symbolisiert.

Es ist Zeitenwende in Volk und Kirche! Der Gesamtliberalismus, der in den bürgerlichen und marxistischen Weltanschauungen seine letzten Bastionen verteidigt, liegt im Sterben. Es will ein Neues werden! Wer Ohren hat zu hören, der höre!"

279 N.N.: „Zusammenkunft der kirchlich-liberalen Freunde", 1. Febr. 1933
SdtschBl. Nr. 2, 2. Febr. 1933, S. 19

„Pfarrer Spies/Pforzheim, hielt einen ausführlichen Vortrag über 'Ein bedeutsames Halbjahr in der Kirche'. – Mit bekannter Klarheit verbreitete er sich zuerst über die allgemeine Lage der badischen Landeskirche, namentlich über ihre finanziellen Schwierigkeiten und die versuchten

Mittel zu deren Behebung. Dann die kirchenpolitischen Ereignisse von 1932. Die Wahlen und ihr ungünstiger Ausfall, verstärkt durch ein mangelhaftes Wahlrecht. Die Ungerechtigkeiten bei den ergänzenden Ernennungen. Die Änderung der Kirchenverfassung und die Bildung der neuen Kirchenregierung. Immer wieder muß es gesagt werden: daß wir nicht gefragt worden sind, ob und wen wir in die Kirchenregierung haben wollten, sondern vor die vollendete Tatsache gestellt wurden, daß man die Minderheiten vergewaltigte und danach uns, weil wir dieses Unrecht festnagelten, als die Störer des kirchlichen Friedens ausrief, und schließlich wie wenig stichhaltig es ist, wenn man uns vorhält, wir seien ja noch immer durch ein Mitglied des Oberkirchenrats [Dr. Doerr] in der Kirchenregierung vertreten. Dann berichtete der Redner von den Konkordatsverhandlungen und rechtfertigte das Verhalten der liberalen Fraktion. Zuletzt von unseren Aussichten und unseren Aufgaben, von gemachten und zu vermeidenden Fehlern, von organisatorischer und von weltanschaulich-religiöser Arbeit und vom künftigen Neubau der Kirche als einer neuen Verbindung von Religion und Kultur. Der beherrschende Ton blieb auch diesmal trotz allem die Zuversicht. In der Aussprache, an der auch Laien eifrig teilnahmen, wurde hauptsächlich nach Richtlinien für das Verhalten zu den politischen Parteien gesucht. Die Beratung soll bald fortgesetzt werden."

280 Pfr. [K.] Renner: Bezirksversammlung der KPV im KBez. Neckargemünd, 12. Febr. 1933, S. 11

MtsBl. Nr. 3, 5. März 1933, S. 11

„Bei der Tagung folgte die von großer Sachkenntnis getragene und durch klares, reifes Urteil ausgezeichnete Darstellung der Umstände, die zu der Bildung der neuen Kirchenregierung geführt haben, die nur aus Vertretern der Positiven und der Evang. Nationalsozialisten sich zusammensetzt. Ganz klar wurde dargetan, daß es die Liberalen nur sich selbst zu verdanken haben, daß sie nimmer in der Kirchenregierung vertreten sind. Ihr Einfluß in der Kirchenleitung besteht aber weiter, denn sie haben einen tüchtigen Vertreter in der Kirchenregierung [Dr. Dommer] und einen weiteren im Oberkirchenrat [Dr. Doerr] sitzen. Sehr gut unterrichtend waren auch die Ausführungen des Vortragenden über die Entstehung des badischen Konkordates und Staatsvertrages... Besonders eingehend wurde die Fakultätsfrage behandelt und die reife Klugheit der Kirchenleitung in ihrer letzten Stellungnahme gerühmt."

C (Partei-) Politische Betätigung der Geistlichen – Aktivitäten der Evang. Nationalsozialisten bis Ende März 1933

281 Pfr. Rössger: „Die Verhandlungen über den Staatsvertrag", 4./5. Okt. 1932
Himmelan Nr. 4, 22. Jan. 1933, S. 29f.

„Das Ergebnis ist bereits bekannt. Sowohl die Synode, wie auch der badische Landtag, hat das Konkordat und den Staatsvertrag angenommen. In der Synode stimmte die Gruppe evangelischer Nationalsozialisten geschlossen für den Vertrag, während im Landtag die politische Partei eine andere Stellung einnahm. Wir billigen den Protest der NSDAP gegen die Übergehung der schon heute in Baden stärksten Partei, die zu den Verhandlungen nicht zugezogen war. Und umgekehrt hatte die Gauleitung ein solches Verständnis für die Tatsache, daß für die Kirchengruppe in erster Linie kirchliche Gesichtspunkte entscheidend sein mußten. Es darf festgestellt werden, daß zwischen der politischen Leitung und der Kirchengruppe eine inhaltliche Differenz der Auffassung nicht besteht. Auch zeigt die Verschiedenheit der Haltungen die Unrichtigkeit jenes Vorwurfs, den man in der Zeit des kirchenpolitischen Wahlkampfes oft gegen uns erhob: wir würden die Weisungen für kirchliche Entscheidungen von der politischen Partei her empfangen.

Zur *allgemeinen Problematik* des Staatsvertrages ist folgendes zu sagen: Wenn die Synode 1927 einstimmig einen Einspruch gegen jeden Vertrag erhoben hatte, so lagen die Voraussetzungen diesmal völlig anders. Der Anstoß zu einem Vertrag ging vom Staat aus. Es liegen für die evangelische Kirche auch keine grundsätzlichen Bedenken vor, die gegen einen Staatsvertrag sprächen. Wenn u.a. geltend gemacht wurde, daß die evangelische Kirche vom Glauben und nicht von Verträgen lebe, so ist dagegen zu sagen, daß eine Vertragsschließung noch lange kein Mangel an Glauben zu sein braucht. Ein treffendes Wort aus berufenem Munde, traf den Nagel auf den Kopf: Der Salat im Garten wächst auch ohne Zaun, ist aber ein Zaun um den Garten, so ist's besser. Darum war die Vertragsschließung eine Sache natürlicher Zweckmäßigkeit. Die Weimarer Verfassung kennt nur 'Religionsgemeinschaften', aber keine Kirchen als religiöse Gebilde mit geschichtlicher Vergangenheit und starken Gegenwartswerten. Insofern die Kirchen Körperschaften öffentlichen Rechtes sind, haben sie viele Berührungspunkte mit dem Staat; auch stehen beide auf ein und demselben Boden, dem Volk. Für eine kleine Freikirche oder Sekte wird nie die Notwendigkeit eines Vertrags bestehen, wohl aber für eine große Volkskirche, die auch bei einer 'Trennung von Kirche und Staat' gleichwohl durch viele Bande mit ihm, weil mit dem Volk, verbunden bleibt. Hier sind Grenzgebiete, aus denen Konflikte zwischen beiden entstehen können und die am besten

nicht durch ein kurzfristiges Staatsgesetz, sondern durch einen 'ewigen' Staatsvertrag bereinigt werden müssen. Für unsere Gruppe war die Erwägung maßgebend, daß da ein Vertrag durchaus anerkannt werden kann, wo die Freiheit der Kirche in Lehre und Leben grundsätzlich nicht bedroht ist. Dasselbe darf von dem zustandegekommenen Vertrag behauptet werden, trotz der Bedenken im Einzelnen, die ihren Ausdruck in einer Protestnote am Anfang der Vorlage gefunden haben.
Im *Besonderen* haben die Verhandlungen folgendes ergeben: Durch Artikel 1 ist die Freiheit des kirchlichen Bekenntnisses und des Kultus gewährleistet. Artikel 2 spricht nur von einer Anfragepflicht bei der Ernennung eines Kirchenpräsidenten. Wo es dabei zwischen Staat und Kirche zu keiner Einigung kommt, steht die Besetzung der Stelle der Kirche frei. Artikel 3 wendet sich gegen die Säkularisierung der Kirchengüter. Artikel 4 sichert das, was die Kirche nach alten Rechten vom Staat schon lange bekommen hat und wozu er verpflichtet ist. Der Artikel 7 mit seiner Fakultätsklausel war der umstrittenste Punkt. Hier ist die Erhaltung der theologischen Wissenschaft, im Rahmen der freien Wissenschaft, auf der Universität ausgesprochen. Es kann dem Staat nicht abgestritten werden, daß er ein Interesse an der wissenschaftlichen Ausbildung der künftigen Pfarrer der Kirche hat. Gibt er doch auch die Mittel zur Erhaltung der Lehrstühle. Die Schwierigkeit liegt aber nun in der Tatsache, daß die theologische Fakultät einerseits eine staatliche Anstalt ist, andererseits als Bildungsstätte der späteren Diener der Kirche ihrem Wesen nach eben zur Kirche gehört. Der Kirche kann darum noch weniger gleichgültig sein, wer ihre künftigen Pfarrer ausbildet. Der katholischen Kirche wurde in der Frage der Besetzung der Lehrstühle völlige Freiheit zugebilligt. Die evangelische Kirche erhielt dieses Recht ('im Einvernehmen') nur für den Vorstand des theologischen Seminars in Heidelberg, während sie ihre anderen Stühle nur 'im Benehmen' mit dem Staat besetzen kann. Das ist die Ungleichwertigkeit, gegen die im Protest, am Anfang des Vertrages, Verwahrung eingelegt wurde. Warum konnte hier nicht mehr erreicht werden? Weil gerade in der Auffassung des Wesens der theologischen Fakultät, in unserer Kirche selbst, die Meinungen weit auseinandergingen. Ein Antrag der Liberalen besagte: 'Ein stärkerer Einfluß der Landeskirche auf die Besetzung der Lehrstühle der theologischen Fakultät in Heidelberg, als der im Staatsvertrag festgelegte, ist unvereinbar mit der Freiheit der evangelisch–theologischen Wissenschaft und widerspricht (!! d.R.) dem Wesen unserer badischen Landeskirche und ihrer Geschichte.' Dagegen war es die Auffassung der kirchlichen Rechten, daß die Fakultät in erster Linie der Kirche, als der Inhaberin der ewiggültigen Wahrheit, zu dienen hat, daß ihre Aufgabe darin besteht, das alte Evangelium in neuen Zungen für ihre gegenwärtige Zeit zu sagen: daß es nicht in erster Linie

darauf ankommt, durch 'reine Wissenschaftlichkeit' (die es letztlich auch gar nicht gibt, weil absolut nur das Ewige selbst ist, das nie von einer Wissenschaft erfaßt werden kann) theologische Erkenntisse zu ermitteln, nach denen sich dann die Lehren der Kirche stets neu zu richten hätten. Wenn der liberale Vertreter, der als Verfechter der freien Wissenschaft sprach, hier meinte, die Wissenschaft korrigiere sich immer von selbst wieder, wo sie zu Fehlergebnissen gekommen sei, so gab ihm der positive Kirchenpräsident die richtige Antwort: 'Ja, aber meistens zu spät, wenn das Porzellan zerschlagen ist!' Die Aussprache über den Artikel 7 hat das eine ergeben: Es bestehen in unserer Kirche selber abgrundtiefe Unterschiede in der Auffassung ihres Wesens, und es ist ein Traum, wenn man von einem Verschwinden der Richtungsverschiedenheiten geredet hat. Der Unterschied zwischen positiver und liberaler Kirchenschau ist krasser kaum je zutage getreten. Karl Barth schreibt in seinem Vorwort zum Römerbrief einmal: 'Die historisch-kritische Methode der Bibelforschung hat ihr Recht: sie weist hin auf eine Vorbereitung des Verständnisses, die nirgends überflüssig ist. Aber wenn ich wählen müßte, zwischen ihr und der alten Inspirationslehre, ich würde entschlossen zu der letzteren greifen: sie hat das größere, tiefere, wichtigere Recht, weil sie auf die Arbeit des Verstehens selbst hinweist, ohne die alle Zurüstung wertlos ist.' Dieser Gedanke, auf die Schau der Kirche übertragen, müßte so heißen. Die liberale Huldigung der freien Wissenschaft hat ihr Recht: sie weist hin auf eine Vorbereitung des Verständnisses des Evangeliums, die nirgends überflüssig ist. Aber wenn ich wählen müßte zwischen der freien Wissenschaft und der Kirche, als Inhaberin des ewigen Evangeliums, ich würde mich entschlossen zu der letzteren bekennen; sie hat das größere, tiefere, wichtigere Recht! Wir wollen an dieser Stelle nicht das alte Problem von Wissen und Glauben aufrollen, wir wollen nur die Tatsache feststellen, daß wir als positive Nationalsozialisten unsere Schau grundsätzlich von der Kirche aus haben und mit unserer Forderung, einer klaren Lehrnorm aus dem Evangelium heraus, die Zeichen der Zeit erkannt haben. Es ist angesichts der Zwiespältigkeit der Auffassungen in der eigenen Kirche bei den Verhandlungen erreicht worden, was erreicht werden konnte, wollte man überhaupt die Verhandlungen weiterführen. Kann die getroffene Lösung keinen Evangelischen befriedigen, so kann aber auch nicht behauptet werden, daß die Kirche sich ihrer Freiheit begeben habe. Darum hat unsere Gruppe sich auch hinter die Leitung unserer Kirche gestellt. Der Hinweis auf die kirchenbehördliche Begründung zu Artikel 7 soll nicht fehlen. Es heißt da: 'Nicht darf verschwiegen werden, daß die Art der Regelung (in Artikel 7) zu schweren und bedauerlichen Auseinandersetzungen zwischen Kirche und Staat insofern führen kann, als unter Umständen die Kirche gezwungen werden könnte, wenn der zu berufende Lehrer ihr in keiner Weise geeignet erscheint, ihn für die Vorbildung ihrer Geistlichen nicht anzuerkennen, eine Befugnis, die ihr von niemand, auch vom Staat nicht, bestritten werden kann.' Es wird darum unsere Aufgabe sein, eine autoritäre Kirchenleitung zu schaffen, die in einem Ernstfall sich auch an diese Erklärung hält und sich die Freiheit wahrt. Eine solche Leitung aber schafft nie der kirchliche Liberalismus. Es ist auch ein starkes Stück, wenn der evangelische Volksdienst in einem Blatt von der 'Kapitulation des Protestantismus' spricht, derselbe Volksdienst, der in seinen staatspolitischen Entscheidungen so und so oft kapitulierte und Lebensrechte der evangelischen Kirche verkannte. Solche starken Worte hätte er in einer Zeit finden sollen, da er noch die Aussicht gehabt hätte, zur großevangelischen Partei auszuwachsen. Wir Bekenner eines positiven Christentums und Freunde der großdeutschen Freiheitsbewegung wissen, daß die Antwort auf die Kirchenfrage noch auf einem andern Gebiet, als auf dem der Staatsverträge gegeben werden muß: in der Gestaltung des dritten Reiches, in dem dem Staat gegeben ist, was des Staates ist, und der Kirche, was ihr gehört, in der Schaffung des deutschen Nationalstaates christlichen Geistes!"

282 Pfr. Rössger an LKR Voges: Erwartungen nach der Machtergreifung
Ichenheim, 31. Jan. 1933; LKA GA 8089

„... Gestern Abend haben wir in der hiesigen Ortsgruppe die Kanzlerschaft Hitlers gefeiert. Da durfte ich wieder ein Stück Volksgemeinschaft spüren; wie klein werden gegenüber den großen Zeitereignissen die eigenen Dinge. Hitlers Sieg bedeutet nicht nur eine Befestigung der NSDAP, sondern auch unserer nationalsozialistischen Kirchensache! Mögen auch wir mit der gleichen beharrlichen Unbeugsamkeit den Weg in der Kirche gehen, allem liberalen Gekläff zum Trotz, bis wir ihr die Form gegeben haben, die ihren gegenwärtigen Erfordernissen entspricht. Auf dem Gebiet der Kirchenverfassung fällt die Entscheidung für die Stellung unserer Gruppe innerhalb der Kirche! Möge uns die Stunde gewachsen finden der Verantwortung, die ausschließlich bei uns liegen wird!"

283 Pfr. Sauerhöfer: „Christentum und Obrigkeit"
Himmelan Nr. 6, 5. Febr. 1933, S. 45

„Die Parteichristen des Zentrums und des Evang. Volksdienstes stehen noch immer in bewußtem Kampf gegen den Nationalsozialismus. Man kann nicht behaupten, daß die haßerfüllten Formen dieses Kampfes besonders christlich anmuten; aber das ist schließlich eine Angelegenheit, die diese 'Christen' einst selbst vor dem Herrn der Geschichte zu verantworten haben werden. Wir Nationalsozialisten haben schon wegen unseres guten Gewissens keinen Grund, Gleiches mit Gleichem zu vergelten. Wir wollen vielmehr rein sachlich sagen, was wir auf die gegnerischen Anwürfe zu sagen haben.

Ein Vorwurf sei heute herausgegriffen, den man des öfteren zu hören bekommt: es sei unchristlich, die Obrigkeit zu bekämpfen. Man müsse vielmehr nach dem Pauluswort der 'Obrigkeit untertan' sein, denn 'es ist keine Obrigkeit, ohne von Gott'. Man glaubt mit diesem Wort jeden Widerstand, der nationalen Opposition gegen das heutige System, ersticken zu können. Wie verhält es sich nun in Wirklichkeit mit diesem Bibelwort?

Aus dem Zusammenhang des 13. Kapitels im Römerbrief geht eindeutig hervor, daß die Obrigkeit für Paulus die Zusammenfassung der allgemein staatlichen Ordnung bedeutet, im Gegensatz etwa zum Anarchismus, der die Auflösung jeder staatlichen Ordnung will. Die staatliche Ordnung hat das möglichst reibungslose Zusammenleben der Menschen zu regeln und diesem Zusammenleben eine überpersönliche Sinngebung zu verleihen. Sie hat dieselbe Aufgabe im kleinen, wie die kosmische Ordnung in der gesamten Schöpfung, sie ist somit auch deren Abbild oder — wie sie Paulus nennt — eine schöpfungsgemäße 'Ordnung Gottes'. Der Christ wird sich nie gegen eine Obrigkeit wenden dürfen, die den Inbegriff dieser schöpfungsgemäßen Staatsordnung darstellt.

Es kann aber naturgemäß in der Ebene der menschlichen Unzulänglichkeiten leicht der Fall eintreten, daß Obrigkeit und schöpfungsgemäße Staatsordnung auseinanderfallen, d.h., daß die Obrigkeit nicht mehr das Schöpfungsgemäße und Gottgewollte in den Ordnungen staatlichen Lebens zur Durchführung bringt, sondern menschlich-atheistisches Gedankengut.

In dem Sonderheft (Nr. 9) der marxistischen Adolf-Koch-Schule steht zu lesen: 'In unserer *staatlich anerkannten* Körperkulturschule verliert sich bald das anerzogene Schamgefühl. Unseren Weg gehen, heißt: an den Grundfesten des bürgerlichen Staates und der Gesellschaft rütteln; und schon heute wanken die Festen der bürgerlichen Gesellschaft: Ehe, Keuschheit, Familie!'

Die international-marxistische Schule stellt sich also bewußt gegen die schöpfungsgemäßen Gottesordnungen: Ehe, Familie, Nation. Eine Obrigkeit, die diesen 'Atheismus' staatlich anerkennt, stellt sich damit selbst außerhalb der schöpfungsgemäß-organischen Staatsordnung. Sie hat somit das Recht auf Autoriät verloren. Der Christ hat in diesem Falle nicht nur das Recht, sondern sogar die Pflicht, gegen eine ihrem innersten Wesen ungetreue Obrigkeit zu opponieren. Schon Christus machte von diesem Recht Gebrauch, als er in unversöhnlichem Gegensatz zur jüdisch–theokratischen Obrigkeit seiner Zeit stand, in einem Gegensatz, der so scharf war, daß er zur Hinrichtung des Herrn, gerade von Seiten seiner Obrigkeit, führte. Von den Aposteln wissen wir das gleiche. Ihre Obrigkeit verlangte von ihnen die Einstellung jeder christlichen Propaganda bei Todesstrafe. Petrus gab im Namen aller die treffliche Antwort: 'Man muß Gott mehr gehorchen, denn den Menschen'. Nach diesem Wort handelten die Christen der ersten drei Jahrhunderte, als sie sich weigerten, den obrigkeitlichen Befehl der heidnischen Kaiserverehrung zu befolgen. Nach diesem Wort handelte Luther, als er sich aus höheren Gründen nicht nur seiner kirchlichen, sondern auch seiner weltlichen Obrigkeit widersetzte. Nach diesem Wort handelt auch die katholische Kirche, wie sie erst kürzlich wieder in dem Kampfe gegen eine liberalistisch-atheistische Obrigkeit in Mexiko bewies. Nach diesem Worte handeln aber auch wir nationalsozialistisch gesinnten Christen, wenn das heutige System, mit seiner obrigkeitlichen Spitze, an den schöpfungsgemäßen Grundlagen unseres Volkslebens rüttelt oder auch nur rütteln läßt. Man halte uns nicht entgegen, in unserem Kampfe handle es sich, im Gegensatz zu den angeführten geschichtlichen Beispielen, nur um weltliche Dinge. Wer sich an den weltlichen Gottesordnungen von Ehe, Familie, Volk vergreift, vergreift sich auch an dem Schöpfer."

284 Pfr. Rössger: Abrechnung mit „dunklen Mächten"
Himmelan Nr. 6, 5. Febr. 1933, S. 46

„… Das Organ der religiösen Marxisten 'Der religiöse Sozialist' brachte einige Wochen vor den badischen Kirchenwahlen ein Bild mit der Überschrift: Das falsche Kreuz. Darunter ein Wort des Herausgebers des 'Religiösen Sozialisten', des Pfarrers Dr. Schenkel in Zuffenhausen:
'Das Sinnbild der neuen Bewegung ist das Hakenkreuz, das in allen seinen vier Armen abgebogen ist. Weder wurzelt es fest im Boden, noch erhebt es sich von der Erde senkrecht zum Himmel. Es breitet seine Arme nicht aus, um alle zu sich zu rufen. Es ist keine Heilsbotschaft für die Mühseligen und Beladenen, sondern eine Erneuerung der Idee des Herrenmenschen. Der Nationalsozialismus ist die größte Welle der Gegenwart, aber auch die lauteste, äußerlichste, oberflächlichste Bewegung der Gegenwart. Sie ist nicht Geist, sondern Leidenschaft, nicht Religion, sondern Fanatismus.'
Der Nationalsozialismus als der Zerstörer des Kreuzes, der Verfälscher des Evangeliums, der Betrüger des Volkes, der Feind der Kirche! Das behaupten gerade die, die sich mit dem Marxismus verbunden haben, die selbst Glieder jener Partei sind, deren Losung es ist: Religion ist Privatsache und Atheismus ist Parteisache! Man meint, höher ginge diese Verkennung nimmer. Aber man lese in derselben Nummer eine nichtgehaltene Rede eines marxistischen Genossen, der zu behaupten wagt:

'Die Gottlosenbewegung unserer Tage, von der der Kirche wirklich geistiger Tod droht, hat einen anderen Namen als kommunistische Freidenkerorganisationen, denen nicht einmal 1 Prozent der deutschen Bevölkerung angehören. Die gefährlichsten Wölfe sind heute, wie einst in Jesu Tagen, die Wölfe, die in Schafskleidern einhergehen. Die gefährlichste Gottlosenbewegung (!) unserer Tage schreibt zwar in ihrem Programm 'wir vertreten ein positives Christentum', aber sowohl ihre Praxis wie ihre Theorie sind ein Faustschlag ins Angesicht alles wahren positiven Christentums, auch jenes Christentums, das unsere positiven Kirchenchristen bisher als das positive Christentum ausgegeben haben... Der Nationalsozialismus kann unser Volk nicht retten vor dem anstürmenden Bolschewismus, weil er selbst (!) Bolschewismus ist, er kann uns nicht die Religion erhalten, weil er selbst keine hat...!'
Also der Nationalsozialismus die eigentliche Gottlosenbewegung der Gegenwart, der Verleugner des echten Christentums, der Schrittmacher des Bolschewismus! Und die Kehrseite der Medaille heißt dann natürlich: der religiöse Marxismus, die 'christlich' unterbaute Lehre des Juden Karl Marx allein der Ausdruck echtchristlicher Religion, die Genossen und Nachfolger der roten Fahne allein die Mühseligen und Beladenen, die einen mächtigen Zug zum Kreuz empfinden, die einstigen Soldatenräte und Volksbeauftragten, die Vollstrecker des Volkswillens, der 'Gotteswille' ist, und die Brüder jenseits der Grenze im Osten, die Tausende von Menschen um ihres Evangeliums willen barbarisch in die Wälder getrieben und wie tolle Hunde zusammengeschossen haben, die Sowjetkommissare, die den heimlichen Gottesdiensten nachspüren und Hirten der Gemeinden zu Hunderten nach Sibirien verbannen, die Kirchen enteignen und sie zu 'Palästen der Kultur' umwandeln, die Hochschulen des Unglaubens errichten und die grundsätzliche Gottlosigkeit zur Staatsreligion erklären, die ihre Sendlinge eines organisierten Atheismus mit besonderer Vorliebe nach dem darbenden Deutschland schicken, um dort Geister zu gewinnen für die Welterlösungslehre des Bolschewismus, der die Schöpfungsordnungen Gottes, des Volkes, der Familie für erledigt erklärt, der den Sonntag beseitigt und die Fünftagewoche einführt, der den Dom zu Riga enteignet und in Deutschland Kirchen beschmutzt, – mit diesen Mächten der Finsternis praktisch (!) im Bunde der 'religiöse' Sozialismus, die Parteigenossen von Karl Marx evangelischen Glaubens, wie *sie* ihn verstehen, die Hüter des Kreuzes von Gott berufen, das vom ungläubigen Hitlertum vierfach gebrochene Kreuz wieder zurecht zu biegen in deutschen Landen. Was sollen wir dazu sagen? Sollen wir streiten ums Kreuz? Sollen wir die dunklen Mächte aufzählen, die in unserem Volk heimlich-unheimlich am Werk sind, um fort und fort das Kreuz zu brechen: Erstens der *Atheismus,* den zu bekehren für den religiösen Sozialismus ein größeres Menschheits-

verdienst wäre, als die 'Gottlosigkeit' der Hakenkreuzbewegung nachweisen zu suchen, zum andern der *Bolschewismus*, der praktisch in die Tat umsetzt, was der theoretische Atheismus als 'Wahrheit' entdeckt hat. Zum Dritten der *Rationalismus,* der die Vernunft zur Göttin erhebt und den Menschen vergötzt, der das Kreuz seines Inhaltes entleert, weil der Mensch von Natur aus gut ist, und sofern er sündigt, nur ein Produkt seiner Verhältnisse ist, der einer Erlösung nicht bedarf, weil er sich selbst erlösen kann. Zuletzt der *'Pazifismus'*, der den 'Frieden auf Erden' will, aber vergißt, daß dieser nicht Machwerk der Menschen, sondern ein Weihnachtsgeschenk Gottes an die ist, die das 'Ehre sei Gott in der Höhe' auf ihren Lippen tragen, jener 'Pazifismus', der als ein 'Friedenswille um jeden Preis' zu feige ist, um des Reiches Gottes willen den Gehorsam bis zum Tod zu leisten und nur beseelt ist von der Sorge: was sollen wir essen, was werden wir trinken...? Das sind die vier zerstörenden Mächte des Kreuzes; das sind aber auch die Todfeinde des ideellen Nationalsozialismus, dessen Verdienst es ist, sie in ihrer Gefährlichkeit erkannt zu haben. Sollen wir streiten ums Kreuz? Aber die Kraft des Kreuzes wird an ihren Früchten erkannt, nicht zuletzt an der Frucht des Todesopfers, das zu bringen heute in Deutschland für Gott und Gottestümer, wie Kirche und Volk, Familie und Vaterland Tausende bereit sind, die das 'gebrochene' Kreuz nicht nur am linken Arm, sondern auch im Herzen tragen, die das 'Wort vom Kreuz' vielleicht nicht laut auf den Lippen führen, es aber bekennen in einem Leben der Kraft der Liebe und der Zucht. Sollen wir streiten ums Kreuz? Wem es ums Kreuz ernst ist, dem reichen wir die Hand! Einst war das Hakenkreuz ein Zeichen der verfolgten ersten Christen in die Wände der römischen Katakomben gegraben, heute ist es herauf ans Licht gestiegen und kann nicht mehr übersehen werden! Deutsches Volk! Her zum Kreuz! In diesem Zeichen wirst Du siegen!"

285 KReg., Prot.: Möglichkeiten und Grenzen des geistlichen Amtes
Karlsruhe, 10. Febr. 1933; LKA GA 4892

„Eine lebhafte Debatte entspinnt sich zunächst... über die Frage der politischen Betätigung der Geistlichen, die, wie der Prälat bemerkt, auf allen Synoden besprochen, und wobei von einzelnen Synoden sogar ein Verbot jeder politischen Betätigung der Geistlichen gefordert wurde. Letztere Forderung kann sich die Kirchenregierung nicht zu eigen machen. Von mehreren Rednern, besonders von Oberkirchenrat Dr. Friedrich, wird betont, daß der Pfarrer nicht ein Mauerblümchendasein führen, sondern mitten im Leben drinstehen soll, und daß er u.a. auch einmal auftreten muß. Auf das *Wie* seines Auftretens komme es an. Ein allgemeines Verbot sei auch rechtlich unmöglich. Nur in einzelnen konkreten Fällen lasse sich ein Redeverbot rechtlich begründen, wenn nämlich durch die politische Betätigung eines Geistlichen ein wirklicher Notstand für unsere Kirche eintrifft. – Auch ein generelles Verbot, am Sonntag in fremden Gemeinden zu reden, sei unmöglich; ebenso ein Verbot des Auftretens von Geistlichen an Samstagabenden; dagegen müsse zum Ausdruck gebracht werden, daß ein Auftreten am Samstagabend unter Umständen bis hart an die Grenze der Pflichtverletzung gehe, da es sich schlechterdings nicht vereinbaren lasse, mit der starken inneren Sammlung, die für einen Geistlichen, der am anderen Morgen seiner Gemeinde das Evangelium verkünden soll, selbstverständlich sein muß; darin allerdings herrscht unter den Mitgliedern der Kirchenregierung volle Einmütigkeit, daß der Geistliche möglichst Zurückhaltung in politischen Dingen üben soll, schon deswegen, weil er der Pfarrer der *ganzen* Gemeinde ist, daß er die Kanzel nicht zu politischen Agitationen mißbrauchen darf, daß er auch in seiner *politischen* Betätigung die Ethik des Neuen Testaments beobachten und in allen Stücken die Würde seines Amtes wahren und die amtsbrüderliche Rücksicht walten lassen muß, und daß er stets daran zu denken hat, daß seine Hauptaufgabe die ist, das Evangelium kraftvoll und wirksam zu verkünden. Im übrigen steht die Kirchenregierung nach wie vor auf dem Standpunkt ihres Erlasses vom 21. Juli 1931[*]) (KGVBl. S. 69)."

286 Pfr. [K.] Renner: „Die Not der Autoritätslosigkeit in ihrer besonderen Auswirkung für unsere Kirche"
Bad. PfVBl. 1933, Nr. 2, S. 21–23

„Allgemein anerkannt und beklagt ist sie, die Autoritätslosigkeit unserer Zeit. Sie ist nicht zufällig, sondern beruht auf bestimmten Voraussetzungen und kommt aus leicht auffindbaren Ursachen. Die eine Quelle reicht bis zum traurigen Ende des Weltkrieges zurück. Der Umsturz und der ihm entspringende demokratische Volksstaat in deutscher Besonderung haben, so glaube ich, den Grund zu diesem Übelstand gelegt. Die übertriebene Humanitätsduselei und die starke Potenzierung des irdischen Gebotes der allgemeinen Menschenrechte haben das ihre dazu beigetragen, die Autoritätslosigkeit zu züchten. Die westlichen Gedanken, die schon aus dem Sirenengesang des großen Betrügers Wilson zu uns geredet haben und die in dem unpolitischen deutschen Volk viel Leichtgläubige gefunden, sind gewiß nicht unserem Vaterland zum Segen gewesen.
Die andere Voraussetzung aber der zur Debatte stehenden Unordnung ist jünger. Es ist die wirtschaftliche Not; sie hat die Menschen erbittert, sie zur inneren Rebellion gegen die Obrigkeit verleitet, sie hat Neid und

---
[*] Vgl. Dok. 50

Haß gegen das Beamtentum erzeugt. Psychologisch ist dies durchaus verständlich und dennoch sehr zu bedauern! Wir fürchten, daß die Autoritätslosigkeit nicht nur eine vorübergehende Erscheinung einer Krisenzeit ist, sondern daß sie sich auch in bessere Zeiten hinüber erhalten kann.
Selbstverständlich löst diese Lockerung der Ordnung bedenkliche Wirkungen für ein Volksleben aus, besonders unter dem moralischen Aspekt. Wo keine Autoriät mehr ist, da schwindet auch mehr und mehr die Moral, da tun viele ganz unwillkürlich, was ihnen beliebt. Zu der Autoritätslosigkeit unserer Tage ist eben leider auch zu rechnen der Mangel an Gottesfurcht; der aber wird böse Folgen zeitigen. – Mit großen Sorgen mußten die Erzieher und Vaterländischen schon lange auf die Jugend sehen. Sie war und ist nicht das, was sie sein soll. Reichskanzler von Schleicher hat in seiner Rundfunkrede prächtige markige Worte zu diesem Punkte gesprochen. Von der modernen Pädagogik habe ich noch nie viel gehalten, sie war mir immer zu weich und zu sentimental! Ausgezeichnete Früchte scheint sie nun auch wirklich nicht gezeitigt zu haben. Als irrig und verkehrt möchte ich ebenso das eitle Bestreben vieler Erzieher und Jugendführer bezeichnen, möglichst die Jugend zu verstehen, auch in allen ihren Unarten treu und entschuldigend zu verstehen. War es ihnen nicht allerhöchste Tugend und strahlendster Ruhm, den Beifall der Jugend zu finden? Umwertung von Werten! Mir scheint die Heilige Schrift anders orientiert zu sein. Hier gilt in erster Linie das 4. Gebot. Hier wird die Unterordnung der Jugend unter die Älteren verlangt. Die sehr zu beklagendc Autoritätslosigkeit hat für unsere evangelische Kirche mehr als für die katholische ihre bösen Auswirkungen. Der Einfluß des evangelischen Pfarrers im öffentlichen Leben ist heute sehr gering. Das mag ihm persönlich zur heilsamen Demütigung dienen, ist aber im Interesse der Kirche und ihrer Arbeit zu bedauern. Es fehlt, wie jedermann weiß, am Respekt vor dem Pfarramt. Ein älterer Amtsbruder äußerte mir gegenüber: 'Wir Pfarrer sind heute Putzlumpen, an denen jedermann seinen Dreck abputzt'. Das mag schon so sein. Von Kirchenzucht ist überhaupt keine Rede, wie sollen wir sie durchführen, woher haben wir die Macht dazu?! Der Pfarrer ist heute mehr oder minder einflußlos gegen schlechten Kirchenbesuch, viele Amtsbrüder haben ihre liebe Not mit der Christenlehre, ihre Ermahnungen zu gewissenhaftem Besuch der Pflichtigen verhallen ungehört und unbefolgt.
Und wie vorsichtig müssen wir in der Predigt sein, wenn wir uns keine Unannehmlichkeiten zuziehen wollen! Nur keinen Bußton anschlagen, nur die Sünde nicht Sünde heißen, wer hübsch *beliebt* sein und bleiben will! Werden Sünden, wie Gottes Wort es verlangt, mit dem richtigen Namen genannt, so fühlen sich die Hörer beleidigt und bleiben zum Teil

gar vom Gottesdienste weg. Die Pfarrer ließen sich viele unserer Leute gefallen, die so predigen, daß es keinerlei Unruhe gibt! Da werden wir gewaltsam an das Michawort erinnert: 'Wenn ich ein Irrgeist wäre und ein Lügenprediger und predigte, wie sie saufen und schwelgen sollten, das wäre ein Prediger für dies Volk' (Kap.2, V.11). Ich habe gefunden: In den Gemeinden, wo die sittliche Verwahrlosung besonders kraß vorangeschritten ist, ist man doppelt empfindlich!
Können wir denn als Diener Christi Evangelium *ohne* den Bußruf predigen?! Der gutgemeinte Bußruf kann uns aber Feinde eintragen. Dafür ein anekdotenhaftes Beispiel: Eine ältere Frau erzählte mir vor Jahren von einem Seelsorger, der ihr gesagt habe, sie solle sich bekehren. Ich merkte, daß sie das ihm nicht vergessen konnte; sie war gar nicht gut auf ihn zu sprechen. Gewiß hatte der gute Mann mit vollem Recht ihr diesen seelsorgerlichen Rat gegeben. Ein typischer Einzelfall! — Ich könnte nun noch auf das Kapitel der Mischehen, das Kapitel evangelischer Ohnmacht in Baden, zu sprechen kommen, will aber davon Abstand nehmen. Nur darf wohl aus persönlicher Erfahrung heraus folgendes behauptet werden. Der katholische Pfarrer hat mehr Autorität kraft des ganzen Autoritätsprinzipes seiner Kirche. Dafür ein dörfliches Beispiel: In unserem Dorfe kann man jedes Jahr um die Osterzeit den schlimmsten Kommunisten, einen Katholiken, still und brav zur Beichte gehen sehen. Obschon ein böser Radaubruder, wagt es der Betreffende dennoch nicht, der Weisung seiner Kirche ungehorsam zu sein, die jedem Christen gebietet, mindestens einmal im Jahre zu beichten. Das ist für mich das so sehr Beunruhigende, daß wir an Zucht und Ordnung hinter der katholischen Kirche zurückbleiben. Sollen wir uns mit alledem einfach abfinden? Können wir uns damit zufrieden geben, daß es einfach nun mal nicht zu ändern sei? Müssen wir sagen: Das Gescheiteste, was wir tun, ist dies, daß wir nichts tun? Ich möchte diese Fragen nicht vorschnell beurteilen und beantworten, die Antwort vielmehr Älteren und Reiferen überlassen. Aber das kann gesagt werden: Es wäre außerordentlich bedauerlich und schwerwiegend, wenn wir auf die Dauer gegen diese Autoritätslosigkeit nicht angehen könnten. Unsere Kirche müßte darunter schweren Schaden leiden. Ist es nun nicht vielleicht so, daß Prinzipien und Einrichtungen unserer teuren evangelischen Kirche trotz ihrer Richtigkeit an sich gemessen an der Erfahrungswirklichkeit sich zu Nachteilen verwandeln.
Das Prinzip des *allgemeinen Priestertums* ist zweifellos ein biblisches und ein evangelisches; aber es kann doch nur in lebendigen Gemeinden verwirklicht werden. Dies Prinzip bringt nicht nur Rechte, sondern doch auch strenge Pflichten. Und wo werden denn heute von den vielen Gemeindegliedern diese Pflichten auch treu und gewissenhaft erfüllt? Ich bin zwar heute mehr als jemals volkskirchlich eingestellt, aber ich

kann unsere Gemeinden nicht idealisieren und damit gegen die Wahrheit verstoßen. Sind diese unsere Gemeinden nach ihrem Durchschnitt die Gemeinden nach 1. Petrus 2, die Gemeinden, wie Luther sie sich vorgestellt hat? Wo sind die Massen treuer Bibelleser und Beter in unserer Kirche! In wie vielen Gemeinden herrscht doch sittliche Verwilderung! Wie gut, wenn es überhaupt eine Möglichkeit der Amtsautorität geben könnte, die vor allem auch den Träger des Amtes in die Beugung führen müßte!

Ein notwendiges Korrelat zum Neutestamentlichen Gedanken des allgemeinen Priestertums ist der Autoritätsgedanke in den Pastoralbriefen. Dafür nur einige Zitate: 'Niemand verachte deine Jugend!' (1. Timotheus 4, V. 12); 'Die da sündigen, die strafe vor allen, auf daß sich auch die anderen fürchten!' (1. Timotheus 5, V. 20); 'Ich bezeuge vor Gott und dem Herrn Jesus Christus und den auserwählten Engeln, daß du solches haltest ohne eigenes Gutdünken und nichts tust nach Gunst' (V. 21): 'Solches rede und ermahne und strafe mit *ganzem Ernst*. Laß dich niemand verachten' (Titus 2, V. 15).

Es sei gestattet, im Zusammenhang des Ganzen nochmals auf die Pfarrwahl zu sprechen zu kommen. Die empirische Art ihrer Durchführung schadet meistens der Autorität des Pfarramtes. Mitunter spielen bei dieser Wahl ganz jämmerliche ungeistliche und ungeistige Gesichtspunkte eine Rolle. Man darf nur erfahrene Pfarrer gar mit ironischem Humor einmal darüber berichten hören! Die Einrichtung der Pfarrwahl in ihrem Sosein kann uns leicht zur Charakterlosigkeit verführen, zum mindesten uns sehr lässig werden lassen. Es scheint diplomatisches Gebot zu sein, es mit niemandem zu verderben, vor allem nicht mit den Gastwirten. Bei denen wird ja einmal die Abhörkommission absteigen, von ihnen hängt es wahrscheinlich also mit ab, ob man gewählt werde. Da mag dann in den Wirtschaften allerlei sich begeben, es mögen fortbildungsschulpflichtige Schüler saufen und Schülerinnen feste tanzen! Kann man einschreiten? Man sollte es ja tun, aber schadet man sich nicht damit? Wie wenn bald eine Abhörkommission ins Dorf kommt. Es ist vielleicht doch geratener, nichts zu unternehmen!!! Ich darf hier wieder eine Anekdote erzählen: In diesem Jahre traf ich in der Eisenbahn einen mir von einem Vortrag her bekannten sehr sympathischen Mann. Er ist ein treues und vorbildlich eifriges Glied einer Diasporagemeinde, ein evangelischer Christ, wie ich sie mir alle wünschen möchte. Dieser Mann hat mir u. a. folgendes erzählt: Vor Jahren seien ihm in der Nähe des Bahnhofes einige fremde Herren begegnet, die den Zug verlassen hätten; sie hätten ihn nach dem Weg zu einem benachbarten Städtchen gefragt. Er habe gewußt, daß der Pfarrer jenes Städtchens fort wolle, so sei ihm sogleich ein Licht aufgegangen; er habe erkannt, daß es sich um eine Abhörkommission handle. Nun sei er willens gewesen, dem Pfarrer auch behilflich zu sein. Die Herren hätten ihm selbst Gelegenheit dazu geboten, sie hätten ihn nach einem guten Quartier gefragt. Da habe er bei sich selbst denken müssen: Zu den Gastwirten kannst du die Männer nicht schicken, die sind auf den abstinenten Pfarrer sowieso nicht gut zu sprechen, die werden allerlei Ungünstiges über ihn aussagen. So habe er die Herren in eine Pension privater Natur verwiesen, sei selbst zur Besitzerin gegangen und habe sie inständig gebeten, über den guten Pfarrer doch ja nichts Nachteiliges zu berichten. So sei es dann dem Pfarrer gelungen, wegzukommen. Kommentar vollständig überflüssig!! *Causa per se loquitur demonstrans*!

Das Kuriosum der Pfarrwahl in ihrer empirischen Ausführung zwingt doch zum diplomatischen Denken und Handeln. Könnte diese Pfarrwahl denn nicht abgeschafft oder doch zum mindesten eingeschränkt und der *modus habendi* abgeändert werden?! Württemberg war gewiß immer ein gut evangelisches Land. Hat es nicht immer schon die Besetzung der Pfarreien, ja selbst der Dekanate gehabt?

Man mag fragen: 'Was sollen nun eigentlich diese Zeilen?' Dem sei die Antwort: Sie mögen zum Nachdenken anregen, sie mögen zur Besinnung darüber aufrufen, ob es nicht vielleicht doch Mittel und Wege gebe (womöglich durch Verfassungsänderung), um dem Pfarramt wieder mehr zur Autorität zu verhelfen. Diese Autorität soll gar nichts zu tun haben mit eitlem Ehrgeiz der Träger dieses hohen Amtes, es soll dienen dem Aufbau und der Zucht der Gemeinden. Vor allem aber ist wichtig, daß wir Pfarrer uns selbst unter die Gewalt des Geistes Gottes nehmen lassen, damit er uns zur *Persönlichkeitsautorität* verhelfe. Dann erst haben wir ein Recht, unseren Gemeinden zu sagen: 'Lasset alles ehrbar und ordentlich zugehen!' (1. Kor. 14, V. 40).''

287 Pfr. Bürck: „Pastor und Politik"
Bad. PfVBl. 1933, Nr. 2. S. 25f.

„Der evangelische Landesbischof D. Rendtorff hat folgende Richtlinien zu der Frage 'Pastor und Politik' veröffentlicht, die über Mecklenburg hinaus allgemeine Gültigkeit haben:

1. Das ist die Führung, die wir unseren Gemeinden schuldig sind, daß wir im Sinne des ersten Gebotes Gottes Forderung, Gericht und Verheißung gegenständlich in das politische Leben der Gegenwart ausrichten. Tun wir das nicht, dann empfinden unsere Hörer mit Recht unsere Predigt als belanglos und wenden sich von uns ab.
2. Erfüllen wir diese Forderung, dann haben wir das Recht und die Pflicht, uns in unserer Predigt eigener *Parteipolitik auf das strengste zu enthalten*. Nicht Feigheit und Bequemlichkeit ist diese Enthal-

tung, sondern Dienst. Es gibt *keine* Partei, die wir als Partei in Predigt, Kasualrede, Konfirmandenunterricht werbend vertreten dürfen, auch nicht den Volksdienst! Es muß von uns die Zucht verlangt werden, daß wir dem Mißtrauen nicht die leiseste Handhabe bieten, als wollten wir einer Partei Vorspanndienste leisten. Wir müssen stärkstes Eingehen auf die Grundfragen der Politik verbinden mit strengster Enthaltsamkeit von parteimäßiger Bindung, nicht im Sinne farbloser Neutralität, sondern im Dienste des ewigen Wortes.

3. *Wir stellen uns mit unserer Predigt zur Verfügung,* für Festgottesdienst, Feldgottesdienst, Gedächtnisfeier usw., wo immer wir gerufen werden, ob Stahlhelm oder Nationalsozialisten oder Jungdeutscher Orden oder Reichsbanner oder Religiöse Sozialisten usw. Wir sagen den uns Rufenden von dem ersten Beginn der Verhandlungen an deutlich *unsere Bedingungen:*
    a) Wir gehen nicht nur zu einer Gruppe, sondern grundsätzlich zu *jeder*, die uns ruft!-
    b) Unsere Teilnahme und Rede bedeutet nicht Weihe, Anerkennung, Legitimierung der betreffenden Partei, sondern bedeutet ausschließlich *Dienst*. Mit Mut und Freude muß dieser Gesichtspunkt betont und streng durchgeführt werden.
    c) Inhalt unserer Rede ist immer nur einer: *Botschaft* von Gott an den Menschen.-

Besonnenheit, Mut zum Dienst, Wille zur Verantwortung und gläubige Bindung an Gottes Wort werden heute von uns gefordert. Gott, der Herr, helfe uns dazu, daß wir unseren Dienst als Prediger ausrichten als rechte Glieder unseres Volkes, das so sichtbar unter seinem Gericht und seiner Gnade steht."

288   Pfr. Stupp: Hoffen auf Reichskanzler A. Hitler
Evang. KuVolksBl. Nr. 7, 12. Febr. 1933, S. 53

„Das große Ereignis der letzten Tage ist die Ernennung Adolf *Hitlers* zum deutschen Reichskanzler. ... Die neue Regierung hat einen *Aufruf* erlassen, der, vom Reichskanzler verlesen, über alle deutschen Sender gegangen ist. Er zieht zunächst einen dicken Strich unter die letzten 14 Jahre. Dann wird das Volk aufgerufen, über alle Klassen und Stände hinweg auf die Grundlage des Christentums und der Familie, als der Keimzelle des Volkes, am Aufbau des völkischen und politischen Lebens mitzuhelfen. Zwei große Vierjahrespläne sollen die Rettung des deutschen Bauern zur Erhaltung der Ernährungsgrundlage und die Rettung des deutschen Arbeiters durch einen umfassenden Angriff auf die Arbeitslosigkeit bringen. Zu den Grundpfeilern des Programms gehört die Arbeitsdienstpflicht und die Siedlungspolitik. Außenpolitisch gilt als

Ziel der Politik die Wiedererringung der Freiheit des deutschen Volkes und die Gleichberechtigung mit anderen Völkern. Im Blick auf das Heer und die Abrüstung wird gesagt: 'So groß die Liebe zu unserem Heere als Träger unserer Waffen und Symbole unserer großen Vergangenheit ist, so wären wir doch beglückt, wenn die Welt durch eine Beschränkung ihrer Rüstungen eine Vermehrung unserer eigenen Waffen niemals mehr erforderlich machen würde'. Der Appell der Regierung der nationalen Erhebung an das deutsche Volk schließt mit dem Wunsch: 'Möge der allmächtige Gott unsere Arbeit in seine Gnade nehmen, unseren Willen recht gestalten, unsere Einsicht segnen und uns mit dem Vertrauen unseres Volkes beglücken. Denn wir wollen nicht kämpfen für uns, sondern für Deutschland.' In den Kundgebungen vor 14 Jahren war der Name Gottes nicht zu lesen. In diesem Aufruf geloben die Männer der neuen Regierung ihr Amt in der Verantwortung vor Gott, ihrem Gewissen und dem Volk zu führen. Möge ihnen das bei allen Regierungsmaßnahmen bewußt bleiben. Von Kaiser Wilhelm I., Bismarck und Roon ist bekannt, daß sie, jeder für sich, die Losungen der Brüdergemeine lasen und sich in schweren Zeiten gegenseitig daran erinnert haben ..."

289 Pfr. Sauerhöfer an LKR Voges: Dekan Maier wird denunziert
Gauangelloch, 15. Febr. 1933; LKA GA 8089

„Lieber Voges,

vernimm mit Verwunderung folgende merkwürdige Leistung des geistig schon längst verstorbenen Dekan Maier in Neckargemünd.

Anläßlich der Trauung eines SA-Mannes verbot er der SA das Betreten der Kirche! Man hätte dies verstehen können, wenn es sich um einen öffentlichen Gottesdienst gehandelt hätte; 'Seine Merkwürden' hätte sich dann wenigstens auf das bekannte 'öffentliche Ärgernis' berufen können, das evtl. 'Andersgesinnte' genommen haben würden. Aber eine Trauung ist doch mehr eine interne Familienangelegenheit, die in der genannten Art zu stören, einfach eine Taktlosigkeit ist. Doch nicht genug damit, als sich die SA-Kameraden des Bräutigams wenigstens in Spalierbildung im Kirchengarten vor der Kirchentür aufstellen wollten, versuchte der vom 'Chef' instruierte Vikar auch das zu verbieten, allerdings reichte seine Autorität nur zum Versuch aus, worauf er sich mit dem Bemerken, er müsse die Verantwortung für die Folgen dieser 'Disziplinlosigkeit' (!!) ablehnen, wieder ins Innere verzog. Gut gebrüllt, grüner Jüngling!

Doch nun die ernste Seite. Du kannst Dir denken, wie sehr die Kirchlästerei der Bevölkerung durch dieses liberale Trauerstückchen gehoben wird! Die größte Erregung ist die Folge. Man teilte mir die Sache telefonisch mit, und ich versprach, die Sache nach oben weiterzuleiten. Ich bitte Dich also hiermit, die Angelegenheit im Oberkirchenrat vorzubringen und im Namen unserer Vereinigung schärfsten Protest gegen diese 'liberalen Zentrumsmethoden' einzulegen. M. ist übrigens als Hitlerhasser bekannt; das ist zwar seine persönliche Sach' ('mancher begreifts nie'), es wird aber in seiner kirchenschädigenden Haltung tatsächlich zu einem öffentlichen Ärgernis, das um der Kirche willen rückgängig gemacht werden muß."

290 EOK: Mahnung zu politischer Zurückhaltung
KGVBl. Nr. 2, 16. Febr. 1933, S. 15

„... Besonders scharf wird von den Laien der Synoden *die parteipolitische Betätigung der Geistlichen* verurteilt, aber auch von der Mehrzahl der Geistlichen selbst mißbilligt und von ihnen politische Enthaltsamkeit gefordert. Dabei gehen einige Synoden soweit, daß sie von der Kirchenregierung das Verbot für die Geistlichen fordern, in öffentlichen politischen Versammlungen aufzutreten oder wenigstens am Sonntag an politischen Versammlungen teilzunehmen und dadurch 'den Sonntagsfrieden zu stören'. Wenn ein Geistlicher überhaupt in politischen Versammlungen auftritt, so kann unter unseren gegenwärtigen Verhältnissen der Sonntag nicht unbedingt vermieden werden, wobei natürlich vorausgesetzt werden muß, daß sein Auftreten kein friedenstörendes ist und daß sein Reden in der politischen Versammlung nicht dem widerspricht, was er auf der Kanzel redet. Bedenklicher noch scheint uns das Auftreten des Geistlichen am Samstagabend. Denn die Verkündigung des göttlichen Wortes am Sonntag erfordert eine so starke innere Sammlung, daß für einen Geistlichen, der es damit ernst nimmt, die Betätigung in einer politischen Versammlung am Abend zuvor unmöglich sein sollte. Im übrigen steht die Kirchenregierung nach wie vor auf dem Standpunkt ihres unterm 21. Juli 1931 ergangenen Erlasses (VBl. 1931 Seite 69), der die Geistlichen eindringlich vermahnt, in politischen Dingen größte Zurückhaltung zu beobachten und stets zu bedenken, daß der Pfarrer nicht zum politischen Agitator bestellt, sondern für die ganze Gemeinde da ist und daß darum seiner politischen Betätigung bestimmte Grenzen gesetzt sind, die ihm für seine Darbietung des Evangeliums und für seine Liebesbetätigung innerhalb seiner Gemeinde wie in seinem ganzen Seelsorgeamt nur förderlich sein können.
Zweifellos birgt die politische Leidenschaft unserer Zeit und *die politische Zerklüftung der Gegenwart auch für das kirchliche Leben* unserer Gemeinden *eine schwere Gefahr* in sich, die noch vermehrt wird, wenn die Geistlichen als Agitatoren für eine bestimmte politische Partei auftreten und dabei, womöglich noch in derselben Gemeinde, einander bekämpfen. Diese Gefahr kann nur dadurch gebannt werden, daß das

Evangelium von Jesus Christus kraftvoll verkündigt wird. Das ist die Aufgabe, die der Kirche von ihrem Herrn anvertraut ist und die alle Kraft und Hingabe von ihren Geistlichen fordert, zumal auch die Anforderungen, die in seelsorgerlicher und sozialer Tätigkeit an die Geistlichen in der gegenwärtigen Notzeit gestellt werden, keine geringen sind. Durch treue und gewissenhafte Erfüllung dieser Aufgaben wird der Kirche am besten gedient und das kirchliche und gottesdienstliche Leben der Gemeinden am meisten gefördert. Darauf sollten daher unsere Geistlichen ihre ganze Kraft verwenden und im politischen Leben sich zurückhalten..."

291 KreisLtg. NSDAP Buchen an GauLtr. Wagner: NS-Nachfolger für Pfr. Kölli
Buchen, 17. Febr. 1933; LKA GA 8089

„Mit Nachfolgendem möchte ich Ihnen eine Angelegenheit unterbreiten und bitten um Ihre Unterstützung für den Kreis Buchen: Der Pfarrer der evangelischen Diasporagemeinde Buchen, Parteigenosse Fritz Kölli, ist von der Kirchenregierung nach Mannheim an die Trinitatiskirche versetzt worden. Wäre es nicht möglich, durch den Einfluß der Gauleitung zu bewerkstelligen, daß ein nationalsozialistischer Pfarrer an die Stelle Köllis gesetzt wird. Es wäre für die hiesige Gemeinde verhängnisvoll, wenn ein liberaler oder ein positiver Pfarrer hier eingesetzt würde.
Ich richte diese Zeilen an Sie, da mir unbekannt ist, ob der Herr [stellvertr.] Gauleiter Walter Köhler Protestant ist. Ich bitte um Unterstützung in dieser Angelegenheit."

292 Pfr. Rössger an LKR Voges: Organisationsfragen; Diffamierung Hitlers durch die RS
Ichenheim, 24. Febr. 1933; LKA GA 8089

„... Ich will auch versuchen, Dir Vorschläge zu unterbreiten, die es m.E. etwa zu erwägen gilt:
1. Neu-Aufbau des nationalsozialistischen Pfarrerbundes (Aufruf an die badischen Pfarrer)
2. Durchführung der Dekanatseinteilung
3. Drucklegung eines programmatischen Heftchens mit der Kommentierung unserer Ziele ähnlich wie das des Pfarrer Wienecke[*)] [Waldshut] bei den 'Deutschen Christen'
4. Neuverteilung von Ressorts an die Glieder der Schriftleitung
5. Innerhalb der Schriftleitung ein Referent für den 'Führer' [Tageszeitung] und 'Alemannen'
6. Was den Vorstand betrifft:
   a) Inkenntnissetzung der wichtigsten Beschlüsse der Kirchenregierung
   b) Daselbst Zentralisierung der Vorschläge für zu besetzende Pfarreien
   c) Protokollführung über stattgehabte Entschließungen

---
[*] Der Name des betr. Pfarrer: Ernst Aug. Fr. Winnecke

7. Darlegung der Richtlinien über die Zugehörigkeit zu unserer Vereinigung, d.h. Ausführung des Offenburger Beschlusses

Dies als meine rein persönlichen Vorschläge an Dich. Als Leser des 'Religiösen Sozialisten' muß ich Dich aufmerksam machen auf den unverschämten Ton, den seit einigen Wochen dies Blatt anschlägt. Z.B.: Nr. 4; 1933 bringt eine Überschrift: 'Ist Hitler wahnsinnig oder ist er ein Teufel?' Nr. 8 (?) kritisiert seinen Verzicht auf das Kanzlergehalt, was ich im 'Himmelan' gründlich vermerkte. Nr. 9 d.J. schreibt in Fettdruck: 'Wir religiösen Sozialisten wenden uns mahnend an alle ernsten Christen: Prüfet die Geister! Lehnt Hitler ab, denn er ist ein *falscher Prophet*, der sich selbst zum Messias aufgeworfen hat...' Sorge dafür, daß via Gauleitung-Berlin dies Blatt verboten wird, zum mindesten eine scharfe Warnung erhält; denn der Ausdruck 'falscher Prophet' (lächerlich!) ist eine offenkundige Kanzlerbeleidigung..."

293 Pfr.a.D.E.Lehmann: „Deutschland, wohin?"[*] — Weckruf eines alten Nationalsozialen an das Gewissen der deutschen Nation"

RS Nr. 9, 26. Febr. 1933, S. 35

„1. Lesen, wahrhaftig lesen, sollten wir alle dies gewissenhafte Werk unseres Freundes Lehmann. — Ja, könnte man nur alle jene vielen in der deutschen Nation dazu bringen, dies Werk prüfend und nachdenklich zu lesen, die 'national' sein wollen und doch glauben, deutsches Wohl aufbauen zu können, ohne einmal eine Viertelstunde ernst und prüfend sich vor die wirklichen Tatsachen der Geschichte, der Gegenwart, des nationalen Lebens und seiner Notwendigkeiten zu stellen.

Das tut Lehmann. Er tut es — und das gibt seiner Darstellung einen ganz besonderen Reiz als der Jünger Naumanns, als einer der Alten, die einmal Mitbegründer einer *'nationalsozialen'* Partei waren. Sie waren mit Naumann 'sozial', weil sie durch soziale Eingliederung der Arbeitermassen ins nationale Leben die wirkliche Kraft und Einheit der Nation schaffen wollten. So hat er unter diesem Gesichtspunkt durch lange Jahrzehnte die Geschichte des deutschen Volkes in gespannter Aufmerksamkeit miterlebt. So kann er sie schildern und darstellen und in ihren wahrhaften Kräften und Werten würdigen. — So weiß er aus den Tatsachen der Geschichte und unseres Wirtschaftslebens zweierlei aufleuchten zu lassen mit ganz bezwingender Sicherheit: Die gewaltige *nationale Bedeutung* — erstens — der Gewerkschaften, zweitens der Sozial-

---

[*] Verlag Hans Bolt, Berlin, Preis 2,60 RM

demokratischen Partei. Das stellt er dar bis zu dem Punkt, wo er mit einigen gleichgesinnten Freunden aus der alten Naumannschen Gruppe (Anton Erkelenz, Heinz Pothoff) der Sozialdemokratie beitrat, als ein tapferes Zeugnis gegen die Verleumdungen, mit denen man das deutsche Volk zu überzeugen suchte und sucht, daß diese Partei und Bewegung, die zu seinen größten nationalen Kräften gehört, 'unnational' sei. 'Wir ehemaligen Nationalsozialen können es am wenigsten stillschweigend hinnehmen, wenn ein *wertvolles nationales* Gut, das wir mit unserer politischen Einsicht und unserem ganzen vaterländischen Willen umhegt und gefördert haben, unter dem Deckmantel unseres einstigen Namens, den Wünschen eines – nach Dietrichs Worten – kapitalistischen Interessentenhaufens aufgeopfert werden soll.'
2. Auf dem Hintergrund dieser lebendig erlebten Geschichte ist dann aus ebenso lebendigem Erleben und klarem politischen Erkennen das Bild der grauenhaften Intrigen geboren aus Machtgier und Ehrgeiz gezeichnet, mit [den] Hugenberg in bewußter jahrzehntelanger Arbeit, Papen im heftigen Ansturm der letzten Zeit das deutsche Volk in unabsehbare Verwirrung gestürzt, Hindenburg umgarnt und getäuscht haben. Beider Bild ist deutlich dargestellt. Vor allem erscheint Hugenberg als der Mann des Kapitals und der Presse, der in ganz bewußter Agitation, bewußtem Schaffen der bürgerlichen Presse jenes Zerrbild der Sozialdemokratie schuf, das jetzt im Kopf des armen Bürgers lebt. So heißt es: 'Papen ist nämlich bei all seinem unbeirrbaren Draufgängertum doch kaum der raffiniert vorherrschende Taktiker, wie es sein Meister Hugenberg ist...*) Der Zweifel hat in seinem Kopf kein Heimatrecht. Das ist in solchem Maße der Fall, daß er ohne Hinterhältigkeit auch die größeren Widersprüche mit der gleichen Überzeugungskraft vorzutragen vermag... Infolge dieser Überzeugungsnaivität kommt der Mann auch aus dem Erstaunen gar nicht heraus, wenn er mit seinen Überzeugungen bei dem deutschen Volke keine Gegenliebe findet.'
Und Hugenbergs Werk findet folgendes Schlußurteil:
'Damit das deutsche Volk... den verhaßten gewerkschaftlichen Weg nicht wandle, darum mußte es wieder in Chaos zurückgestoßen werden. Die Zurückschleuderung des deutschen Volkes ins Chaos mit Bürgerkriegsgefahr, Staatsstreichallüren, Klassenjustiz und Neuaufpeitschung aller demagogischen Leidenschaften in dem gleichen Augenblick, wo es den Weg zu geordneter Aufbau- und Umbauarbeit zu gehen sich anschickte, das war allerdings keine Dummheit mehr, sondern es war mit all seiner 'Genialität' ein am deutschen Volke zielbewußt begangener Frevel.'
3. Aber das größte und entscheidende, das tief, tief erschütternde des Buchs ist doch das Bild von Hitler und von der Rolle, die er im deutschen Volke spielt, das er so fanatisieren konnte und kann, wie er es tut.

---
* Sämtliche Kürzungen in der Vorlage

Auch Hitlers Bild ist sorgfältig und mit Gewißenhaftigkeit gezeichnet, aus seinem Buch 'Mein Kampf' und anderen Quellen.
'Wer einmal die 743 Seiten und 27 Kapitel des Buches 'Mein Kampf' im Zusammenhang gelesen hat, der erstaunt immer von neuem über die verblüffende aggressive Selbstsicherheit, mit welcher der Mann über alle Angelegenheiten des Volkslebens auf all seinen verschiedenen Gebieten in Vergangenheit und Gegenwart sein unfehlbares Urteil fertig hat. Unter seinen Urteilen finden sich gewiß eine ganze Reihe von treffenden Beobachtungen...*⁾ Aber es überwiegen doch die rein dilettantenhaften ... der einfachsten Sachkenntnis nicht standhaltenden Belehrungen... Dabei sieht und verkündet Hitler sich selber in der Führerauslese auf der obersten Stufe der Leiter als 'den Führer', der, wie er ihn in seiner Person verwirklicht vermeint, von oben herab alles sieht, alles bestimmt, alles leitet, in dessen alles sehender, alles bestimmender, alles überragender Persönlichkeit die ganze nationalsozialistische Bewegung sich verkörpert. Vorweggenommener Cäsarenwahnsinn!! – ...Rindsköpfigkeit, wenn es nicht Wahnwitz wäre'."

294 Pfr. Sauerhöfer: „Christentum und Politik. – Ein Wort zur bevorstehenden Reichstagswahl"

Himmelan Nr. 10, 5. März 1933, S. 78

„In manchen Kreisen unserer Kirche ist man überzeugt, daß Christentum und Politik zwei Größen sind, die nichts miteinander zu tun haben. Man hütet sich dementsprechend ängstlich vor jeder Berührung mit der Politik und übt mitunter nicht einmal das einfachste Recht des Staatsbürgers, das Wahlrecht, aus.
Andererseits nimmt der größere Teil des Kirchenvolkes lebhaften und aktiven Anteil am politischen Leben unseres Volkes, zuweilen sogar unter Führung von Geistlichen.
Auf welcher Seite ist nun die Wahrheit?
Bevor diese Frage beantwortet werden kann, muß eine andere Frage geklärt sein: Was ist überhaupt Politik?
Stellt man in den Kreisen der unpolitischen Christen diese Frage, so bekommt man durchweg keine präzise Antwort. Man verweist dort vielmehr auf die *Auswüchse* der Politik und entrüstet sich etwa über das Parteiwesen, den Haß, die Verleumdung und den Terror des gegenwärtigen politischen Lebens. Wenn das allerdings das *Wesen* der Politik wäre, könnte man den Trennungsstrich zwischen Christentum und Politik nicht scharf genug ziehen. Diese unorganische Welt der Zersplitterung und Zersetzung aller Kraft hat mit dem Christentum nachgerade nichts mehr zu tun. Sie hat vielmehr in ihrer ganzen gottverlassenen und

---

* Sämtliche Kürzungen in der Vorlage

satanischen Art den Geist der Lüge und der Finsternis zum Vater, selbst da, wo sie etwa in christlich-konfessionellem Gewande auftritt.
Bleibt man bei der Beantwortung der Frage nach der Politik bei den Auswüchsen stehen, so wird man nicht bis zu ihrem Wesen vordringen können. *Für uns Nationalsozialisten ist Politik – abgesehen von all den unerquicklichen Begleiterscheinungen – letzten Endes nichts anderes als eine pflichtgemäße Arbeit zur Erhaltung des Volkes, in das uns Gottes Wille gestellt hat.* Wollten alle ernsten Christen diese Mitarbeit verweigern, so würden sie bei der heutigen Struktur unseres Staatswesens gerade den gottwidrigen Mächten das Feld überlassen und damit unser Volk in *namenloses Elend stürzen!* Mit dem Volke würden sie aber auch die Familien, ihre Kinder und den Einzelmenschen der leiblichen und geistigen Zerstörung preisgeben. Wer könnte im Ernste die Verantwortung für diese furchtbaren Folgen vor Gott und seinem Gewissen auf sich nehmen?
Anteilnahme an der Politik ist demgemäß nicht nur das gute Recht, sondern vielmehr *unabweisbare Pflicht* eines jeden Christen! Politik verliert in diesem Sinne auch jede parteimäßige Einengung, ja sie wird geradezu gleichbedeutend mit *praktischem Christentum,* das seine letzten Antriebe vom göttlichen Gebot der Nächstenliebe bekommt. So lautet ja auch der oberste Grundsatz der deutschen Freiheitsbewegung: Gemeinnutz vor Eigennutz! Er bedeutet – wie Hitler gelegentlich erklärte – im Grunde genommen nichts anderes wie das Herrenwort: 'Liebe deinen Nächsten wie dich selbst'.
Damit ist auch die erste Frage beantwortet. Die unpolitischen Christen stehen in der großen Gefahr, sich an ihrem Volke, an ihrem Nächsten und damit an Gott *aufs schwerste zu versündigen!* Deshalb geht gerade in diesen Tagen der Entscheidung unser Ruf von neuem ins Land: *Christen an die Front!* Der Mantelsaum Gottes, von dem Bismarck sprach, streift wieder die deutsche Geschichte. Deutsche Christenheit faß zu und hilf mit, daß aus den Trümmern der Vergangenheit entstehe *das heilige christliche Reich deutscher Nation!* In Arbeit und Kampf wider alle bösen Mächte der Finsternis blicken wir aber auf den Herrn der Geschichte und sprechen mit dem Führer der deutschen Nation das demütige Gebet: Möge der allmächtige Gott unsere Arbeit in seine Gnade nehmen, unseren Willen recht gestalten, unsere Einsicht segnen und uns mit dem Vertrauen unseres Volkes beglücken. Denn wir wollen nicht kämpfen für uns, sondern für Deutschland!"

295 Pfr. Sauerhöfer: „Die geschichtliche Stunde unserer Kirche"
Himmelan Nr. 11, 12. März 1933, S. 85

„Wenige Wochen vor der letzten Wahl zur Landessynode faßten nationalsozialistische Geistliche und Laien den Entschluß, mit einer neuen

Gruppe in den Wahlkampf zu gehen. Wie voraus zu sehen war, wurde dieser Entschluß bei den schon bestehenden kirchenpolitischen Gruppen nicht gerade freundlich aufgenommen. Ohne Zweifel war diese Ablehnung unserer Gruppe zum Teil von der Furcht bestimmt, erhebliche Wählermassen zu verlieren. Gaben doch selbst Führer der gegnerischen Vereinigungen der Befürchtung offen Ausdruck, daß die alten Parteien durch das Auftreten der Nationalsozialisten einen katastrophalen Zusammenbruch erleben könnten.

Der Hauptgrund der Ablehnung war aber − vor allem auf Seiten der Positiven − ein tieferer. Man warf der nationalsozialistischen Vereinigung während des ganzen Wahlkampfes mit aller Schärfe vor, sie würde die Kirche, die unter der marxistischen Parteigruppe schon so schwer gelitten habe, noch weiter in unheilvoller Weise *politisieren.*

Auf den ersten Blick wirkt dieser Vorwurf überzeugend. Er hat ja auch seinen Einfluß auf die breiten Wählermassen nicht verfehlt. Umso verfehlter war er aber im Vergleich zur Wirklichkeit. Von vornherein betonte die 'Kirchliche Vereinigung für positives Christentum und deutsches Volkstum' mit aller Entschiedenheit, daß es ihr völlig fern liege, Parteipolitik in die Kirche hineinzutragen. Schon im Programm der neuen Gruppe kam das mit aller wünschenswerten Deutlichkeit zum Ausdruck. Die Gegner jedoch glaubten ihren Befürchtungen mehr als unseren Worten. Nachdem aber unsere Worte durch Tatsachen und Taten gestützt werden, ist es an der Zeit, wenigstens von den Positiven den früher verweigerten guten Glauben zu fordern.

Was wurde durch unser Auftreten für die Kirche erreicht?

In der Öffentlichkeit herrscht die Meinung vor, daß die evangelische Kirche ein un[ein]heitliches, durch Parteien zerrissenes und daher wirkungs- und einflußloses Gebilde sei. Wer wollte dieser Meinung widersprechen? Brennt doch gerade dem Freund der Kirche, der mit aller Liebe an seiner Mutter Kirche hängt, ihre Ohnmacht schmerzlich in der Seele. Am schmerzlichsten aber ist es, daß die evangelische Kirche, die doch in dem ihr anvertrauten Evangelium eine unwiderstehliche Kraft besitzt, an ihrer Ohnmacht selbst schuld ist. Hat sie doch sogar theologischen Mode- und Zeitströmungen, die an dieser ewigen Kraft des Evangelium *zersetzende* Kritik übten, jederzeit Daseinsrecht gewährt! Hat sie sich doch selbst im Jahre 1919 voreilig und in der damals herrschenden Revolutionsstimmung befangen eine Verfassung gegeben, in der die demokratische und parlamentarische Kraftlosigkeit zum Prinzip erhoben wurde! Ja, so unglaublich es klingt, diese Verfassung, die das Vorhandensein von Kirchenparteien voraussetzt, hätte geradezu Parteien ins Leben rufen müssen, wenn solche noch nicht vorhanden gewesen wären. In diese Schuld teilen sich alle damals bestehenden Kirchengruppen von den Positiven über die Landeskirchler bis hinüber zu den Libe-

ralen. Es ist wohl der einzige positive, wenn auch *ungewollte* Erfolg der marxistischen Parteigruppe, daß sie durch ihr Auftreten und Wirken die Unbrauchbarkeit und Unhaltbarkeit dieser Verfassung wirkungsvoll bewiesen hat.
Zwischen dieser Erkenntnis und der Abstellung des Übelstandes lag aber eine *unüberbrückbare* Kluft, die für die Kirche leicht zu einem verderblichen Abgrund werden konnte, weil es sich hierbei um eine *lebenswichtige* Frage der Kirche handelt. Denn es war für jeden Einsichtigen klar, daß keine der alten Gruppen *die zur Verfassungsänderung notwendige Zweidrittelmehrheit* jemals aufbringen würde. Die parlamentarisch-demokratische Verelendung der Kirche wäre damit *für alle Zeiten verewigt gewesen*. Die Ablehnung einer Teilabänderung der Verfassung von Seiten der Liberalen auf der ersten Tagung der neu gewählten Synode beweist dies ebenfalls mit aller Deutlichkeit.
Aus der Erkenntnis dieser Sachlage war es von vornherein das offen ausgesprochene Ziel unserer Gruppe, diese Stagnierung innerhalb der Kirche zu durchbrechen und das festgefrorene Verfassungsleben *durch Schaffung einer antiparlamentarischen Zweidrittelmehrheit* wieder in Fluß zu bringen. Wir können heute zu unserer großen Befriedigung feststellen, *daß dieses Ziel durch unser Auftreten* – und *nur* durch unser Auftreten – *erreicht ist*. Einem grundsätzlichen Neubau der Kirche, der sie aus der demokratisch-parlamentarischen Ohnmacht erlöst und sie zu einem in Geist und Verfassung einheitlichen Gebilde macht, steht nun nichts mehr im Wege. Der Weg von der zerrissenen Parteikirche zu einer Kirche, die als Führerin in der vorüberrauschenden Zeit und in den vorübergehenden Generationen steht und mit dem *unvergänglichen* und *absoluten Evangelium* den Weg zu Ewigkeit weist, ist frei!
So ist es gerade unsere vielverlästerte, angebliche 'Partei'-Gruppe, *der allein es zu verdanken ist, wenn dem Parteiwesen in der Kirche ein Ende gemacht werden kann*. Ist eine bessere Rechtfertigung für unser Vorgehen denkbar? Wir evangelische Nationalsozialisten stehen mit reinem Gewissen vor der Geschichte unserer Kirche. Denn wir schenken ihr die *geschichtliche Stunde des Neuaufbaues!*"

296 LKR Voges: „Ein Nachklang zum 5. März 1933" [Reichstagswahl]
Himmelan Nr. 12, 19. März 1933, S. 93

„Das deutsche politische Cannae ist geschlagen. Die nationalsozialistische Weltanschauung hat einen herrlichen Sieg über das schwarz-rote Bündnis von Zentrum und Marxismus davongetragen. Die Tore zur deutschen Freiheit, aber auch zum deutschen Aufbau, sind erschlossen, der Einmarsch ins dritte Reich beginnt. In dem Augenblick, da diese Zeilen geschrieben werden, ist die Hoffnung eines Horst Wessels: 'Bald flattern Hitler-Fahnen über alle Straßen!' schon Wirklichkeit geworden. Die Zeichen für Mord, Brandstiftung und Vaterlandsverrat sind eingezogen – die Dreizinkenfahnen sind verschwunden – und aus den Fenstern und von den Dächern grüßt das Sonnenrad, das Zeichen des sieghaften Aufbauwillens. Wir gönnen einer zähen, allzeit kampfbereiten SA und einer todesmutigen SS die Freude am Sieg, auch die äußere Ausgestaltung und Sichtbarmachung des Sieges. Das ist kein Trara und Bumbum, wie es in einem sozialistischen Wahlaufruf hieß, – es ist auch nicht überstiegenes titanenhaftes Machtbewußtsein, wie es von allzu ängstlichen, ewig objektiv sein wollenden (Objektivität heißt hier Bequemlichkeit) Spießerseelen ausgelegt wird –, es ist das urgewaltige Frohwerden über dem Erwachen einer Nation.

Wir evangelische Christen hätten allesamt allen Grund, mit Dank gegen Gott des 5. März 1933 zu gedenken. Nach Jahrzehnten – wir müßten wohl schon weit zurückgehen in unserer deutschen Geschichte – ist es wieder einmal so, daß volksfeindliche Elemente in die ihnen gebührenden Schranken zurückgewiesen sind. Der 5. März ist Gerichtstag gewesen über den liberalen Aufklärict einer versunkenen Zeit, über einen abstrusen, volksfremden, klassenkämpferischen Geist, aber auch Gerichtstag gewesen über jenes ultramontane Wesen, das über alles Deutschsein die politische Romhörigkeit zu betonen pflegt. Jawohl, wir haben allen Grund mit unseren Vätern und Vorvätern einzustimmen in das Niederländische Dankgebet: 'Wir treten zum Beten vor Gott den Gerechten!' –

Aber indem wir Gott danken, weist er uns auch schon die neuen Aufgaben und Pflichten zu, die unser harren. Ich möchte all die unser harrenden Arbeiten zusammenfassen in dem Ruf: 'Das Evangelium muß herfür!' Schon sind in Preußen, wenige Wochen nach Aufnehmen der nationalsozialistischen Aufräumungsarbeiten die weltlichen Schulen – die Herde der kommunistisch-bolschewistischen Zersetzung – gefallen. Schon wird mit harter Faust und eisernem Besen der Augiasstall unserer 'neudeutschen' Kultur ausgefegt. Ein neues soziales Denken öffnet die so oft verschlossenen Herzen und läßt sie erglühen in wahrhaft brüderlicher Liebe, schafft die ach so notwendige Volksgemeinschaft. –

Aber selbst in allem Überschwang unserer Freude wollen wir es uns, die wir gläubige evangelische Nationalsozialisten sind, nicht verhehlen, daß der Wiederaufbau unseres Volkes nun geschehen muß auf dem einzig tragfähigen Grund, ohne den alles zerstiebt in den Erschütterungen des Weltengetriebes. 'Einen andern Grund kann niemand legen außer dem, der gelegt ist, welcher ist Jesus Christ!' Nochmals: 'Das Evangelium – das Evangelium eben von dem Gottessohn Jesus Christus muß herfür!' Wollen wir Hitlers Wort: 'Wir kämpfen auf deutschem Boden einen Kampf für die Welt!' Gültigkeit verschaffen, soll unser Volk zum Volk

wachsen, soll neues soziales und wirtschaftliches Denken uns auch die Brücke schlagen lehren zum noch verhetzten, abseits stehenden Bruder, so muß in uns eines lebendig sein: Gottes Wort! So ist die Forderung Gottes an uns im Umbruch der Zeiten die: 'Glaube an den Herrn Jesus Christus, so wirst du und dein Haus selig!'
 Herr, erbarm, erbarme dich!
 Über uns, sei Herr, dein Segen!
 Leit und schütz uns väterlich,
 Bleib bei uns auf allen Wegen!
 Auf dich hoffen wir allein,
 Laß uns nicht verloren sein!"

297 EOK – KPräs. Wurth: Warnung vor „Mißbrauch des geistlichen Amtes"
Karlsruhe, 5. April 1933; LKA GA 1235 – Rds.

„Ich habe Veranlassung, die Herren Geistlichen unserer Landeskirche auf folgendes vertraulich hinzuweisen.
Die starke Erregung, die unser Volk in Auslösung der politischen Veränderungen in diesen Wochen durchzieht, läßt naturgemäß auch das Verhalten des Pfarrers, seine privaten Äußerungen, vor allem aber seine Predigt unter einer besonderen Aufmerksamkeit der Öffentlichkeit stehen. Dies ist selbstverständlich kein Grund, aus irgendwelchen Zweckmäßigkeitserwägungen die Verkündigung des göttlichen Wortes zu verkürzen oder einzuschränken. Andererseits war und ist es ein Mißbrauch des geistlichen Amtes, rein persönliche Urteile insbesondere solche sozialer, wirtschaftlicher oder politischer Art zum Gegenstand der Predigt zu machen. Die Maßnahmen, die die Staatsregierung jetzt zur Aufrichtung unserer stark erschütterten öffentlichen Verhältnisse und Lebensordnungen ergreift, können in ihren Einzelheiten von Außenstehenden oft deshalb nicht beurteilt werden, weil der konkrete Sachverhalt der Öffentlichkeit zumeist nicht oder nicht genügend bekannt ist oder bekannt sein kann. Schon aus diesen Gründen muß es als verfehlt angesehen werden, in der Predigt solche Maßnahmen in den Kreis der Betrachtung und Beurteilung zu ziehen, ganz abgesehen davon, daß fast in allen Fällen, wo Derartiges geschieht, diese Ausführungen mit der eigentlichen Verkündigung von Gottes Wort nichts zu tun haben.
Ich bitte daher die Herren Geistlichen, mit sich selbst immer wieder in eine Prüfung darüber einzutreten, damit in Predigt und Unterricht das Evangelium unverkürzt und unvermengt zur Geltung kommt und auch nicht dadurch eine Einbuße erleidet, daß seine Verkündigung dazu benützt wird, der eigenen politischen oder wirtschaftlichen Einstellung Ausdruck zu verleihen. Dies wäre ein Mißbrauch, der dem Wort seine Kraft nimmt und der Kirche nur zum Schaden gereichen kann."

298 Pfr. Rössger: „Kirche und Nationalsozialismus"

Himmelan Nr. 10, 5. März 1933, S. 77f. und Nr. 17, 23. April 1933, S. 135f.

„Unter dieser Überschrift soll in dieser und den folgenden Nummern unseres Blattes eine fortlaufende Besprechung der in der Nr. 3 bereits veröffentlichten Leitsätze unseres Programms*⁾ erfolgen. Damit soll einmal eine offene *Rechenschaft über die Aufgaben und Ziele* unserer 'Kirchlichen Vereinigung für positives Christentum und deutsches Volkstum' gegeben werden. Die wenigen Wochen im Sommer vorigen Jahres, die uns zur Vorbereitung der Kirchenwahlen zur Verfügung standen, genügten nicht, um unserem Kirchenvolk wie auch besonders evangelischen Nationalsozialisten den Sinn unseres Wollens nahe zu bringen. Denn eine kirchenpolitische Gruppe hat ja nur dann ein Existenzrecht, wenn sie nicht nur für den Augenblick, sondern ganz allgemein und grundsätzlich ein entscheidendes Wort zum Wesen, Lage und Aufgabe der Kirche etwas zu sagen hat. Dieses Recht entnehmen wir der Tatsache, daß unsere liebe evangelische Kirche, um die es uns in allererster Linie geht, nicht herumkommt um die geistige Auseinandersetzung mit der großen deutschen Freiheitsbewegung, wie sie ihren Ausdruck im Nationalsozialismus gefunden hat. Darum verfolgt diese Besprechung noch den andern Zweck, die *rechte Beziehung zwischen Kirche und Nationalsozialismus* zu finden helfen. Es ist eine merkwürdige Tatsache, daß heute auch viele selbst ausgesprochen kirchliche und überzeugt evangelische Nationalsozialisten diese Beziehungen noch nicht einmal sehen, geschweige denn, es für nötig erachten, sie klären und festigen zu helfen. Und doch ist diese Notwendigkeit schon rein praktisch dadurch gegeben, daß die Partei des Nationalsozialismus sich grundsätzlich zum Christentum bekennt. So ist denn dann auch, in den Anfangsjahren, eine wahre Flut von Abhandlungen und Schriften erschienen, die alle, unter der allgemeinen Überschrift 'Christentum und Nationalsozialismus', teils mit mehr oder weniger Geschick und theologischer Klarheit, sich um die Auffindung eines richtigen Verhältnisses mühten. Aber so recht gelingen wollte dies keiner Untersuchung, so sehr sie auch aus einem verstehenwollenden Herzen heraus geschrieben war. Das Ergebnis war meist dies: entweder man hatte den *Nationalsozialismus 'verchristlicht'* oder das *Christentum verpolitisiert* d.h. verweltlicht. Gegenüber dem ersten Gedanken haben die Führer und Redner der NSDAP dann mit Recht immer wieder geltend gemacht, daß der Nationalsozialismus in erster Linie eine politische Reorganisationsbewegung sein wolle und keine religiös reformatorische Glaubensbewegung. Man hatte auch hier die klare Erkenntnis, daß es letztlich eine sog. 'christliche' Politik gar nicht gäbe. Gerade in dieser Auffassung hatte der

---

* Vgl. Dok. 39

Nationalsozialismus sich fortwährend sehr scharf gegen christliche Konfessionsparteien wie das katholische Zentrum und den evangelischen Volksdienst abgegrenzt. Der Nationalsozialismus wollte mit seiner Christlichkeit gerade nicht den Weg dieser 'christlichen' Politik gehen, und das war gut so; denn eine 'christliche' Politik gibt es gar nicht. Es kann sich für uns nicht darum handeln, den Nationalsozialismus zu 'verchristlichen'. Der Gedanke an die Möglichkeit einer 'Verchristlichung' der Welt ist noch ein Stück der Wahnideologie des welt- und kulturseligen Liberalismus der Vorkriegszeit, der leider heute noch die Geister verwirrt. Wir glauben als Christen an die Licht-, Salz- und Sauerteigskraft echt christlichen Lebens und Wesens, wir kennen die Pflicht, das Licht vor den Leuten leuchten lassen zu müssen, aber wir sind uns dabei bewußt, daß auch der beste Zeugendienst nie von sich aus die Kraft und Macht hat, seine Umwelt und die Welt zu 'verchristlichen'! Das Organ des evangelisch-kirchlichen Liberalismus trägt den bezeichnenden Titel 'Die christliche Welt' – oder 'der weltliche Christ?!' Es ist fast ein theologisches Verdienst des Denkens, hier wieder zwei Gebiete klar getrennt zu haben, die wohl, wie später zu zeigen sein wird, sehr starke Berührungspunkte haben, die man aber nicht ohne weiteres miteinander vermischen soll. Gebt dem Kaiser, was des Kaisers ist, und Gott, was Gottes ist. – Und andererseits hat das Christentum ein waches Auge darüber zu haben, daß es nicht verpolitisiert wird. Diese Gefahr hat tatsächlich für das Christentum von seiten besonders 'idealistischer' Bekenner des nationalsozialistischen Gedankens nie gefehlt und fehlt auch heute nicht. Diese Gefahr ist nur ein Teil der anderen großen Gefahr, in der das Christentum der Gegenwart steht und die man mit dem Wort Säkularismus, d.h. 'Verweltlichung des Christentums' nennt. Ein durch den Nationalsozialismus verpolitisiertes Christentum muß zur Ersatzreligion heruntersinken, auch wo es in gutgemeinter Absicht bei Parteifeiern und dergleichen den gewünschten religiösen Rahmen bilden darf. Wir verstehen, wenn hier besonders die Kreise des kirchlich positiven Christentums mit großer Ängstlichkeit eine Entartung des Christentums befürchtet haben, wenn wir es auch nie verstanden, daß diese Ängstlichkeit dahin kam, daß sie den in der nationalsozialistischen Bewegung sich (außerdienstlich!) betätigenden Parteigenossen und Pfarrern in völliger Verkennung dessen, um was es jenen ging, in sehr unpositiv-christlicher Weise durch persönliche Verschimpfierung, Verdächtigung und Beleidigung glaubte am Zeug flicken zu müssen! Die Kirchenleitung hat hier in anerkennenswerter Weise einen objektiveren Blick gehabt als eine ehemalige Schriftleitung der 'Kirchlich positiven Blätter', die es allzu gern gesehen hätte, wenn es zu einem politischen Redeverbot für Pfarrer gekommen wäre. Heute ist diese Zeit vorbei, da der Führer der Bewegung der Kanzler des Reiches geworden ist. – Bei alledem will freilich die Gefahr eines politisierenden und politisierten Christentums beachtet sein. Das Augsburgische Bekenntnis sagt richtig: Das Evangelium lehrt nicht ein äußerlich, zeitlich, sondern ein innerlich, ewig Wesen und Gerechtigkeit des Herzens – aber es stößt weltlich Regiment, Politie (d.h. öffentliches Ding, nämlich eben 'Politik') nicht um. Nächst dem Einen, was not ist, dem 'Eile, rette deine Seele!' kommt aber auch gleich das andere: der Christ lebt in der Welt, wenn er auch nicht von der Welt ist. Und in der Welt leben heißt, sich als Christ mit den Dingen dieser Welt und Zeit, dieses unseres Volkes und dieses meines Vaterlandes auseinandersetzen. Es ist durchaus kein Zeichen einer höheren Frömmigkeit, wenn manche gläubigen Christen meinen, sich allen öffentlichen Dingen enthalten zu müssen. Merkwürdig nur, wie dieselben Leute in anderen weltlichen Dingen, etwa Erwerb von Äckern, Lebensmittelpreisen, Inanspruchnahme von Staatsgeldern etc. oft sehr genau Bescheid wissen. Man gibt sich nicht her zum Kampf um die Gestaltung eines neuen starken und sauberen Staates, aber die Früchte des Kampfes läßt man sich schon gefallen. Ich kannte ein frommpietistisches Pfarrhaus, in dem der Pfarrherr, der auch einen sehr klaren Blick für die Dinge dieser Zeit gehabt hatte, seiner stattlichen Kinderschar bei Tisch öfters sagte: Kümmert euch auch um das, was um euch herum vorgeht und laßt die Dinge nicht laufen, wie sie gehen wollen!

Was für eine geistige Enge, ja Kleingläubigkeit spricht aus dem Wort eines Christen, den man zum Vortrag eines guten NS-Redners einladen wollte, und der meinte: 'Da gehe ich nicht hin, denn da wird man angesteckt!' Die Sachlage ist heute die: Der Nationalsozialismus als eine starke geistige Bewegung der Wiedergeburt unseres Volks und der Reorganisation unseres gesamten Staatslebens ist da, und auch der Christ kommt nicht herum, sich mit seinem Ideengehalt auseinanderzusetzen. Nicht weil es gälte, den Nationalsozialismus zu 'verchristlichen' oder das Christentum zu 'verpolitisieren', sondern um des *'Christentums im Nationalsozialismus'* willen, wie es der Titel einer Schrift des evangelisch-nationalsozialistischen Pfarrers Kuptsch so treffend formuliert hat. Dieses Christentum ist da, und sei es auch nur in der grundsätzlichen Betonung der Bewegung, auf dem Boden des 'positiven Christentums' stehen zu wollen. Kein Christentum aber ohne Christus! Darum ist es unser 'politisches' und kirchlich-christliches Bekenntnis zugleich: *Unsere Religion heißt Christus!*

Unsere Religion heißt Christus.

Mit diesem Satz hat einmal der derzeitige bayerische Kultusminister Schemm auf einer Tagung der inneren Mission in Dresden die *religiöse Haltung des Nationalsozialismus* charakterisiert. Damit ist etwas genauer zum Ausdruck gebracht, was das Programm mit dem Satz bekennt: Die Partei als solche steht auf dem Boden des positiven Christentums (Art. 24). Damit ist einmal ganz allgemein die eine Selbstverständlichkeit betont: *Kein Christentum ohne Christus!* Mag auch die Masse der 17 Millionen Wähler noch lange keine 'Gemeinschaft der Heiligen' sein, so darf doch nicht übersehen werden, daß die Partei und ihre Leitung Religion nicht als Privatsache erklärt hat, sondern sich bewußt und öffentlich zum Christentum bekennt. Eine offizielle Erklärung des Parteigenossen Abgeordneten Buttmann gegen die bayerischen Bischöfe im Landtag präzisiert diese Stellung folgendermaßen: 'Nach der Erklärung unseres Führers soll nicht eine neue Weltanschauung an die Stelle des christlichen Glaubens gesetzt werden. Für uns als Partei, das hat der Führer oft genug ausgesprochen, und das ist die Richtschnur unseres Handelns, gibt es also kein weiteres Forschen nach einer neuen Religion, sondern für uns als Partei ist das positive Christentum die Grundlage. Positives Christentum heißt im Sprachsinn selbstverständlich das Christentum, wie es vorhanden ist.' Vorhanden in der empirischen Gegebenheit der beiden großen geschichtlichen Kirchen beiderlei Konfession. Der Reichsleiter der 'Deutschen Christen' formulierte es in einem Gespräch mit der politischen Leitung einmal so: Positives Christentum will besagen, daß das Evangelium eine objektive Lebensmacht ist, die nicht von Menschen, sondern von Gott geschenkt wurde. Die erste Erklärung des neuen Kanzlers hat sich ebenfalls zu dem Christentum bekannt: 'Die neue Regierung wird das Christentum als Basis unserer gesamten Moral in ihren festen Schutz nehmen.' Daß solche Sätze mehr sind als ein bloßes christliches Aushängeschild, haben die wenigen Taten da bewiesen, wo der Nationalsozialismus faktisch an der Macht ist. Mehr können wir von einer politischen Bewegung und Regierung nicht verlangen. Es bedeutet nach den Zeiten einer Weimarer Republik mit ihrer offenen Duldung der organisierten Gottlosigkeit schon viel, wenn eine deutsche Freiheitsbewegung und nationale Regierung sich grundsätzlich zum Christentum bekennt. Damit sind auch alle Entgleisungen eines Alfred Rosenberg in seinem Buch 'Mythus des 20. Jahrhunderts' in ihre Schranken gewiesen, um deretwillen man die junge Bewegung anfänglich nicht mit Unrecht von kirchlich-christlicher Seite sehr kritisch betrachtet hatte. Wir wissen, daß Rosenbergs Äußerungen über das Wesen des Christentums aus einem liberalistisch-rationalistischen Denken stammt, das für ein positives Christentum kein Verständnis haben kann. Es ist immer wieder darauf hingewiesen worden, daß jenes Buch mit seinem Inhalt nicht die offizielle Meinung der Parteileitung darstellte. Wer das nicht gelten läßt, dem müssen wir schlechten Willen vorwerfen. Es geht auch nicht an, die 'Christlichkeit' des Nationalsozialismus mit Lupe und Sonde prüfen zu wollen an dem Verhalten einzelner Glieder der Bewegung. Wollte man nach diesem Verfahren

die 'Christlichkeit' der christlichen Kirchen wägen, ich glaube, sie würden nicht gut abschneiden. Es menschelt ja bis in unsere gläubigsten Kreise hinein, wenn man nur an die Blutsheiraten oder an die Ackerpolitik denkt. Freilich muß eine Bewegung, die ein Bekenntnis zum Christentum in ihrem Programm hat, sich von Christen daraufhin prüfen lassen. Es soll aber ein jeder 'recht richten'. Die, denen die Bewegung nicht gläubig und nicht fromm genug ist, fragen wir: Wo ist denn die Leuchtkraft eures Glaubens in der Zeit der schwärzesten Nacht in unserem Vaterland geblieben? War denn euer christliches Leben wirklich 'die Stadt, die auf dem Berge liegt und die nicht verborgen bleiben kann'? Es kann und darf einmal ganz allgemein genügen, wenn eine Bewegung sich unter den Satz stellt: Unsere Religion ist Christus!
Als *Kirche* muß dazu nun freilich noch mehr gesagt werden. Und eine kirchliche Gruppe, die es sich zur Aufgabe gestellt hat, das Positivchristliche der Bewegung hervorzuheben und zu klären, wird hier eine ganz besondere Aufgabe zu erfüllen haben. Das Positivchristliche hat in dem Programm unserer Vereinigung folgenden Wortlaut gefunden: 'Einen andern Grund kann niemand legen, außer dem, der gelegt ist, welcher ist *Christus*. Wir wissen uns daher eins mit allen Evangelischen, die sich zum biblischen Evangelium von Jesus Christus bekennen, dem eingeborenen Sohn Gottes als ihrem Herrn.' Damit ist gesagt, daß wir unsere kirchliche Orientierung grundsätzlich nicht von der politischen Bewegung, sondern von dem biblischen Denken und von der Haltung des evangelischen Glaubens her gewonnen haben. Wir sehen im besonderen unsere Aufgabe darin, den Sinn des 'positiven Christentums' im Artikel 24 des nationalsozialistischen Programms zu füllen mit dem Inhalt, den die aus dem biblischen Evangelium gewonnene Anschauung damit verbindet. Es ist eine Torheit, wenn uns immer wieder entgegen gehalten wird: 'Die Verfasser des Artikel 24 haben mit dem positiven Christentum etwas ganz anderes gemeint als das, was ein positiv-biblisches Kirchenbekenntnis darunter versteht. Diese Selbstverständlichkeit braucht uns niemand zu sagen. Aber kein Mensch kann auch leugnen, daß der letzte Sinn jenes 'positiven Christentums' im Artikel 24 eben doch etwas ganz anderes ist, als was eine liberalistisch-individualistische Christentumsauffassung daraus machen will. Auch eine national-sozialistische Bewegung weiß und erkennt, daß über Sinn und Wesen eines positiven Christentums zu entscheiden in erster Linie nicht einer politischen Partei, sondern der Kirche zukommt. *Die uralte Frage: 'Was dünkt euch um Christus?', wird auch in einer Partei nicht zur Ruhe kommen, die sich zum Christentum bekennt.* Darum ist's Torheit, zu tun, als ob diese Frage, die Jesus schon seinen Jüngern vorlegte, die auf dem ersten großen Weltkonzil von Nicäa erörtert wurde und an deren Beantwortung bis auf den heutigen Tag die Geister innerhalb des Christentums

selbst auseinandergehen, für die Positivität eines christlichen Nationalsozialismus belanglos wäre. Die Verschiedenheit der Christusauffassung, die in der evangelischen Kirche durch die Frontenbezeichnung von positiv und liberal zum Ausdruck kommt, wird durch die Betonung des 'positiven Christentums' im Nationalsozialismus nicht verwischt und verwässert, sondern im Gegenteil gerade zur Neubesinnung in die breitesten Massen geworfen. Ja, sie muß es, weil es unmöglich ist, sich in einem Bekenntnis zu einigen, bei dessen Bekenntnisgegenstand die Geister in den oft widersprechendsten Aussagen widereinanderstehen. Das hat noch lange nichts mit Dogma oder Orthodoxie etwas zu tun. *Wir sind uns darum von Anfang an bei der Sammlung evangelischer Nationalsozialisten zu einer kirchlichen Gruppe im klaren darüber gewesen, daß das religiöse Bekenntnis der politischen Partei* (Art. 24) in einer kirchlichen Gruppe nur einen in sich geschlossenen Sinn in klarer Unzweideutigkeit haben kann und darf. Eine politische Partei darf in ihrem Bekenntnis zu einem 'positiven Christentum' sich mit einer allgemeinen Auffassung begnügen, aber eine Kirchengruppe evangelischer Nationalsozialisten hat die Aufgabe, vom Evangelium her, in dem Augenblick theoretisch und kirchlich einwandfrei zu sagen, was sie darunter versteht, wenn sie sich hinter jenes Bekenntnis auch kirchlich stellt. Wollte sie darauf verzichten, so wäre es genau so, wie wenn z.B. Hitler die Einigung des deutschen Volkes hätte schaffen wollen, ohne daß er die Menschen zuvor erweckt hätte zu der Erkenntnis und dem Verständnis dessen, was das Volkstum für eine Nation bedeutet. Soll in einer großen Freiheitsbewegung, die in Deutschland heute die Führung hat, das Christentum von maßgebendem Einfluß sein, so muß auch der Inhalt dieses Christentums eindeutig sein: nämlich die Botschaft und Kraft nicht von irgend einem arischen Christus, einem Edelmenschen und Idealisten, einem Vorbild und Märtyrer seiner Überzeugung, einem Held, der sich selbst treu geblieben oder wie sonst immer die zurechtgemachten Christusauffassungen lauten mögen, sondern die Botschaft von dem Einen, zu dem sich *beide* große christliche Konfessionen positiver Überzeugung mit dem zweiten Artikel des Apostolikums bekennen:
'Gottes eingeborener Sohn, unser Herr, empfangen vom heiligen Geist, geboren von der Jungfrau Maria, gelitten unter Pontius Pilatus, gekreuzigt, gestorben und begraben; niedergefahren zur Hölle, am dritten Tag wieder auferstanden von den Toten, aufgefahren gen Himmel, von dannen er kommen wird zu richten die Lebendigen und die Toten.'
Allein das Bekenntnis zu diesem Christus der Bibel und des alten Apostolikums bildet den Grund eines wirklichen positiven Christentums. Auch hier soll niemand − auch kein Nationalsozialist − einen anderen Grund legen außer dem, der von Gott selbst und der Geschichte seiner Kirche auf Erden gelegt ist! Wir lassen ein Wort Stapels folgen: 'Jesus Christus

ist in die Welt gekommen, um die Menschen aus der Gewalt des Teufels zu befreien und aus dem Stand der Sünde zu erheben zur Erlöstheit der Kinder Gottes. Das ist eine Tat, die sich historisch manifestiert in dem Kreuzestod Jesu. Daß Gott als Mensch leiden und bluten muß, um seine eigene Schöpfung zu sühnen, das ist weder Materialismus (als ob es eine 'geistige' Tat allein, nämlich die weise Predigt, nicht auch und viel besser getan hätte), noch Mystizismus (als ob das Ziel nicht besser durch eine 'höhere Moral' erreicht würde), sondern es ist der Inbegriff des Geheimnisses, aus dem wir lebendig geworden sind und sterben müssen, ohne daß wir den Zusammenhang dieses 'Lebens' nach der logischen Kategorie der Kausalität zu fassen vermögen. Das Christentum ist nicht nur eine moralische Angelegenheit des Diesseits und nicht nur eine spekulative Angelegenheit des Jenseits, sondern eine substantielle Angelegenheit der Ewigkeit, die zugleich ist und mehr als ist. Wäre Jesus Christus nichts als ein weiser Rabbi – er wäre den Völkern unserer Zeit nicht mehr als ein Gamaliel oder Hillel. Wäre er nur 'für seine Ideale gestorben', so wäre er nichts anderes, als ein Sokrates und als viele, die unbekannt für ihre Erkenntnis oder für ihren Glauben gestorben sind. Entweder ist es wahr, daß Jesus Christus Gott und Mensch zugleich, der Erlöser der Welt ist, oder das Christentum ist nichts als eine rührende Legende, an der das Bitterste wäre, daß sie von den harten und engen Köpfen der Moralisten und der politischen Schwärmer mißbraucht wird.' (Stapel, 'Der christliche Staatsmann', 'Die Theologie des Nationalismus' S. 53)."

D Hakenkreuzfahnen und NS-Uniformen in Gottesdiensträumen?

299 Pfr. Schüsselin an EOK: SA-Uniformen im „Gemeindehauptgottesdienst"
Weil a. Rh., 2. Febr. 1933; LKA GA 5199

„Heute teilte mir der Vorsitzende der nationalsozialistischen Partei, Ortsgruppe Weil a. Rh., Stadtrat Dürr, mit, daß die SA an einem der nächsten Sonntage hier einen Aufmarsch habe und im Anschluß daran sich geschlossen in Uniform am Gemeindehauptgottesdienst beteiligen möchte. Die Ortsgruppe der betr. Partei ist sehr groß hier und genießt nicht geringes Ansehen. Wenn ich den Kirchengemeinderat in dieser Sache befragen würde, wäre er ohne Zweifel dafür. Alle evangelischen Gemeindeglieder unserer Stadt aus allen Parteien wissen aber, daß ich mich völlig über allen Parteien stehend bisher verhalten habe, was in unseren sehr schwierigen Gemeindeverhältnissen gar nicht anders denkbar ist.
Ich möchte auch in obiger Frage meines Weges gewiß sein und erlaube mir ergebenst Evang. Oberkirchenrat zu ersuchen, mir möglichst rasch

einen Bescheid aufgrund gesammelter Erfahrungen zukommen lassen zu wollen. Ich gestatte mir, wegen der *Eile* diese Anfrage unmittelbar zu stellen."

300 EOK an Evang. Pfarramt Weil a.Rh.: Kirchgang „geschlossener SA-Formationen"
Karlsruhe, 6. Febr. 1933; LKA GA 5199

„Wenn die SA der NSDAP an einem Gemeindegottesdienst unserer Kirche teilnehmen will, so ist dies nur zu begrüßen. Eine solche Teilnahme kann aber, vom kirchlichen Standpunkt aus gesehen, doch nur den Zweck haben, Gottes Wort zu hören, nicht aber etwa politischen Zeichen damit zu dienen. Deshalb muß die Teilnahme an dem Gemeindegottesdienst so erfolgen, daß die anderen Gemeindeglieder in ihrer Sammlung und Andacht nicht gestört werden. Danach ist nichts dagegen einzuwenden, wenn die Nationalsozialisten in ihrer Uniform am Gottesdienst teilnehmen. Um die Ordnung im Gotteshaus aufrecht zu erhalten, ist auch nichts dagegen zu erinnern, wenn für sie in einem gewissen Teil der Kirche Raum freigehalten wird, falls sie das wünschen. Unzulässig ist es aber, daß die SA geschlossen, womöglich noch unter Bezeugung des nationalsozialistischen Grußes in die Kirche einmarschiert. Vor der Türe der Kirche hat alles politisch Organisatorische aufzuhören und die SA-Leute sollen nur als Mitglieder der Gemeinde das Gotteshaus betreten und darin sich dementsprechend verhalten. Wenn dies geschieht, hat auch kein Andersdenkender berechtigten Grund, an der Anwesenheit der SA-Männer in Uniform Anstoß zu nehmen. Auch eine etwaige Fahne muß aus dem Gemeindegottesdienst ferngehalten werden. Ich ersuche, mir über den Verlauf der Angelegenheit weiter zu berichten."

301 N.N.: Befremden über Teilnahme uniformierter Gruppen an kirchlichen Handlungen
RS Nr. 7, 12. Febr. 1933, S. 27

„...Die Ortsgruppe Karlsruhe stellt mit Befremden fest, daß uniformierte Gruppen einer Partei bei kirchlichen Handlungen, wie Gottesdienst und Trauungen, teilgenommen haben. Sie erblickt in dem Tragen von Parteiabzeichen, Fahnen, Uniformen im Gotteshaus eine Provokation der Andersdenkenden und eine Verletzung der Neutralität der Kirche. Sie hofft, daß Kirchenregierung und Synode alles tun werden, um diesem Mißbrauch von kirchlichen Handlungen zu steuern."

302 EOK: Ablehnung „politischer Demonstrationen in der Kirche"
KGVBl. Nr. 2, 16. Febr. 1933, S. 15

„In diesem Zusammenhang soll nebenbei das Tragen politischer Parteiuniformen im Gottesdienst erwähnt werden, das auf verschiedenen Synoden berührt wurde (eingehend in Mannheim). Auch an die im

November 1932 tagende Landessynode erging ein Antrag, der diese Frage einheitlich geregelt wünscht. Der Oberkirchenrat hat bisher in einzelnen Fällen, die an ihn herantraten, dahin entschieden, daß zwar das Tragen von parteipolitischen Uniformen in der Kirche und auch bei Trauungen nicht erwünscht, doch auch nicht zu verbieten sei, daß dagegen politische Demonstrationen jeglicher Art innerhalb der Kirche und des Gottesdienstes restlos zu unterbleiben haben. Im übrigen wird dieser ganze Fragenkomplex von der Landessynode bei ihrer nächsten Tagung, vermutlich im Zusammenhang mit der kirchlichen Lebensordnung, entschieden werden."

303 LKR Voges an „Standarte 109": Störungen von Gottesdiensten
Eggenstein, 25. Febr. 1933; LKA GA 8089

„Ich bitte nochmals mit Rücksicht auf die Gottesdienste in Eggenstein, daß, wenn irgend angängig, die Abfahrt zum Aufmarsch in Karlsruhe 8.50 Uhr vormittags erfolgt. Ich darf Sie wohl weiterhin als Gaukirchenreferent bitten, daß in den Ortschaften, in denen gerade Gottesdienst ist, von den Kolonnen strengste Disziplin und Ruhe bewahrt wird."

304 KReg., Prot.: Hakenkreuzbannner — „Parteifahne oder Signum der deutschen Freiheitsbewegung?"
Karlsruhe, 10. März 1933; LKA GA 4892

„Außerhalb der Tagesordnung wird nunmehr eine wegen des unmittelbar bevorstehenden Volkstrauertages besonders aktuelle Frage besprochen, nämlich das Mitbringen und Aufhängen von Hakenkreuzfahnen im Gottesdienst. Da der Volkstrauertag viele Geistliche vor eine Entscheidung in dieser Frage stellen werde, wünscht Landeskirchenrat Bender, die schnellste Hinausgabe eines entsprechenden Runderlasses; ebenso Oberkirchenrat Dr. Doerr. Auf eingehende Anfrage ist nach der Ansicht des Prälaten zu antworten, Hakenkreuzfahnen dürften zwar in die Kirche mitgebracht, aber nicht im Altarraum aufgestellt oder von der Kanzel oder Empore herabgehängt werden, zumal die Hakenkreuzfahne, worauf der Kirchenpräsident und Oberkirchenrat Dr. Friedrich hinweisen, immer noch Parteifahne sei, und zwar ein stark umbrandetes äußeres Signum, um das sich zwar viele Volksgenossen scharen, das aber auch viele ablehnen. Würde man zulassen, daß dieses stark umstrittene Symbol im Gottesdienst entrollt und an hervorragender Stelle der Kirche aufgestellt bzw. aufgehängt werde, so würde dadurch, bemerkt der Rechtsreferent, in den Gottesdienst, der eine Gemeinschaft aller zum Hören des göttlichen Wortes sein soll, der Zwiespalt hineingetragen, zumal es, wie Landeskirchenrat Dittes hinzufügt, viele gut nationale Leute gebe, die nicht Nationalsozialisten sind.
Allen diesen Ausführungen gegenüber vertraten die Landeskirchenräte Voges und Dr. Dommer den Standpunkt, daß es ganz unmöglich sei, im

gegenwärtigen Augenblick das Hakenkreuzbanner für den Gottesdienst zu verbieten und damit den Nationalsozialisten das zu verbieten, was man jedem beliebigen anderen Verein, Militärverein, Turnverein, Gesangverein etc. gestattet; diese alle sollen ihre Fahnen an überall sichtbarer Stelle aufstellen dürfen, während die Nationalsozialisten die ihrigen in eine Ecke stellen müßten. Das Hakenkreuzbanner sei heute keine Parteifahne mehr, sondern das Banner der Deutschen Freiheitsbewegung, die Deutschland gerettet habe. Auch wir säßen nicht hier, bemerkt Landeskirchenrat Voges, wenn nicht die braunen Armeen sich im harten Kampf gegen den Bolschewismus geopfert hätten für uns und auch für die Kirche. Wenn ein Erlaß hinausginge, so müßte er nach Dr. Dommers Ansicht besagen, daß die Fahnen von Wehrverbänden, zu denen außer Militärvereinen auch SA und Stahlhelm zu rechnen seien, im Gottesdienst gezeigt werden dürfen. – Inzwischen hat sich Landeskirchenrat Voges mit der Gauleitung in Verbindung gesetzt und von ihr erfahren, falls die Kirchenregierung etwas gegen das Entfalten der Hakenkreuzfahnen im Gottesdienst unternehme, würde allgemein angeordnet werden, daß die Nationalsozialisten mit fliegenden Fahnen in die Kirche einmarschieren. Der Kirchenpräsident findet diese Drohung unerhört und fragt sich, ob man der katholischen Kirche gegenüber auch so etwas gewagt hätte. Wir wollen doch nur, daß die Kirche Kirche bleibt. Er sei für das Hinausgeben eines Erlasses. Ähnlich Oberkirchenrat Dr. Friedrich. Nochmals rät Landeskirchenrat Voges von einem solchen Erlaß ab; was geschrieben sei, sei geschrieben, und was unsere Pfarrer damit anfangen, wisse man nicht. Auch der Prälat ist nicht für einen Erlaß; einmal sei die Zeit dazu fast zu kurz; und dann wisse er, was mit dem Erlaß gemacht werde; die einen würden sich daran halten, die anderen wüßten nicht, was sie damit anfangen sollen. Mit vier gegen zwei Stimmen bei einer Enthaltung wird dann beschlossen, einen Erlaß herauszugeben. Den dann vom Rechtsreferenten entworfenen Erlaß möchte Dr. Dommer wesentlich gekürzt wissen; und der Prälat rät, anstelle des Wortes „Hakenkreuz" auf S. 1 Zeile 5 von unten zu setzen „Parteifahne", und statt „an einem allenthalben sichtbaren Platz" zu sagen, „am Altar oder auf der Kanzel".*)

In der Nachmittagssitzung schlägt dann der Kirchenpräsident einen gekürzten und etwas abgeänderten Erlaß vor, der sich z.T. im Wortlaut an den Entwurf der Lebensordnung anschließt. – Dr. Dommer setzt sich nochmals gegen die Herausgabe eines Erlasses im Sinne des Entwurfs ein; er halte es für absolut unmöglich, daß sich die Kirchenregierung in diesem bedeutsamen Moment ausgerechnet mit einem Verbot der Fahne der Deutschen Freiheitsbewegung befasse und dadurch, wie

---

* Vgl. Dok. 305

Landeskirchenrat Voges hinzufügt, dem Stahlhelm und der SA, die nicht auf ihre Symbole verzichten könnten, den Zutritt zu den Kirchen sperre. Man solle ruhig den Sonntag abwarten; kämen mißliche Dinge vor, was er nicht glaube, dann könne man immer noch eine generelle Regelung treffen. Schließlich wird unter Aufhebung des Beschlusses vom Vormittag mit vier Stimmen beschlossen, von der Herausgabe eines Erlasses abzusehen. – Abschließend erklärt der Kirchenpräsident, er verwahre sich dagegen, daß die Kirche von einer staatlichen Stelle vergewaltigt werden solle. Gegen solche Versuche werde er sich unter Einsatz seiner ganzen Persönlichkeit stellen."

305 EOK: Hakenkreuzfahnen in kirchlichen Räumen

Karlsruhe, 10. März 1933; LKA GA 10770 – Rds. [nicht ausgefertigt]

„Es ist damit zu rechnen, daß besonders am kommenden Sonntag als dem Volkstrauertag, aber auch an anderen Sonntagen die örtlichen Formationen der NSDAP am Gemeindegottesdienst teilnehmen und dabei das Verlangen äußern, daß das Hakenkreuzbanner an sichtbarer Stelle beim Altar, an der Kanzel oder auf den Emporen entrollt aufgestellt wird. Die Evang. Landeskirche freut sich darüber, daß die Nationalsozialisten den Willen haben, sich mit den übrigen Mitgliedern unserer Kirche unter Gottes Wort zu stellen, und es ist deshalb nichts dagegen einzuwenden, wenn sie in ihrer Parteiuniform am Gemeindegottesdienst teilnehmen. Dabei muß aber alles vermieden werden, was gegen das Wesen eines evangelischen Gottesdienstes als einer durch das Wort Gottes immer wieder zu schaffenden Gemeinschaft verstößt. Die Kirchenbehörde hält es deshalb als mit kirchlichem Wesen im Widerspruch stehend, wenn ein in propagandistischer Weise aufgemachter Einmarsch in die Kirche erfolgt oder politische Zeichen im Gottesdienst betätigt werden. Aus den gleichen Gründen kann die Kirchenbehörde auch ihre Zustimmung dazu nicht geben, daß die Hakenkreuzfahne frei und entrollt an einem allenthalben sichtbaren Platze zur Aufstellung kommt. Die von der Reichsregierung bis zur Stunde herausgegebenen Erlasse über die Beflaggung staatlicher Gebäude am Volkstrauertag lassen die schwarz-weiß-rote Fahne zu, wogegen aber an keiner Stelle die Hakenkreuzfahne als amtliches oder halbamtliches Hoheitszeichen. Die Hakenkreuzfahne ist bis zur Stunde als Wahrzeichen der deutschen Freiheitsbewegung, ein von Kampf umbrandetes Zeichen, das wohl von der Mehrheit des deutschen Volkes leidenschaftlich bejaht, aber von einer großen Minderheit ebenso leidenschaftlich verneint wird. Wird diese Fahne in einem Gottesdienst gehißt, so muß sie ganz notwendig, so wie im Augenblick die Dinge liegen, die Gemeinde in zwei Teile zerreißen, d.h. die durch Gottes Wort zu schaffende Gemeinschaft auflösen. Etwas auch nur im entferntesten Ähnliches bewirken die Fahnen und Abzeichen von Kriegervereinen und anderen nicht politischen Organisationen, die üblicherweise bisher in das Gotteshaus bei besonderen Anlässen mitgenommen wurden, nicht, und es kann deshalb gegen sie vom kirchlichen evangelischen Standpunkt aus auch nichts eingewendet werden. Ich ersuche die Herren Geistlichen, da wo die NSDAP die Forderung stellt, mit fliegender Fahne in das Gotteshaus einzuziehen und diese an zentraler Stelle aufzustellen, in seelsorgerlicher Weise die Führer der örtlichen Gruppen auf die aus wesensmäßig kirchlicher Notwendigkeit gegebene Einstellung der Kirchenbehörde hinzuweisen und die Bitte auszusprechen, daß das Hakenkreuzbanner in dem Gotteshaus nicht in anderer Weise in Erscheinung tritt. Ich bin überzeugt, daß wenn auf diese Art mit den nationalsozialistischen Führern verhandelt wird, wobei selbstverständlich jede Äußerung eigener politischer Meinung unterlassen werden muß, es gelingt, am kommenden Sonntag wie auch späterhin Gemeindegottesdienste ohne Störung abzuhalten."

306 Pfr. Friedrich W. Weber an EOK: „Politische Fahnen im Gottesdienst"
St. Georgen, 14. März 1933; LKA GA 5199

„Der hiesige Kirchengemeinderat wird am kommenden Sonntag wahrscheinlich folgenden Beschluß fassen: Das Mitbringen politischer Fahnen durch geschlossene Gruppen in den Gottesdienst soll in Hinkunft ebenso erlaubt sein, wie bisher die Einführung von Vereinsfahnen.
Bisher war die Mitführung verboten; nunmehr halten wir das Gegenteil für angemessen. Ich wäre nun der Behörde sehr dankbar, wenn ich noch vor Sonntag erfahren könnte, ob bald eine generelle Regelung dieser Frage erfolgen dürfte und ob sie in der oben angegebenen Richtung voraussichtlich geht."

307 EOK an KGR St. Georgen: Reichsrechtliche Regelung der Flaggenfrage
Karlsruhe, 17. März 1933; LKA GA 5199

„Es wird nach wie vor an der Sache festzuhalten sein, daß politische Parteifahnen im Gemeindegottesdienst nicht aufzustellen sind. Seit dem Erlaß des Herrn Reichspräsidenten über die Flaggen ist die Hakenkreuzfahne nicht mehr als politische Parteifahne anzusehen.
Es wird aber mit endgültigen Entschließungen noch von seiten der örtlichen kirchlichen Behörden zuzuwarten sein, bis die Flaggenfrage eine endgültige reichsrechtliche Regelung gefunden hat. Ich empfehle daher dem Kirchengemeinderat, den vorgesehenen Beschluß bis dahin zu verschieben."

308 Pfr. Schüsselin an EOK: Gottesdienstbesuch uniformierter SA-Gruppen am Volkstrauertag
Weil a.Rh., 20. März 1933; LKA GA 5199

„Die nationalsozialistische SA-Gruppe Weil/Rh. besuchte geschlossen und in Uniform den Gedächtnisgottesdienst am Volkstrauertag. Ihre Fahne stellten sie zu den Fahnen der Krieger-, Turn- und Gesangvereine. Die Gemeinde freute sich über die Teilnahme der SA."

309 EOK, Prot.: „Keine Antwort" auf aktuelle Fragen
Karlsruhe, 11. April 1933; LKA GA 3479

„Dem Pfarramt Ehrstädt wird auf den Antrag, an kirchlichen Gebäuden neben der Kirchenfahne die Hakenkreuzfahne zu hissen, ferner anläßlich des Geburtstags Hitlers eine kirchliche Feier anzuordnen, und endlich für Hindenburg und Hitler eine Fürbitte ins Hauptgebet einzuschalten, keine Antwort gegeben. Die beiden erstgenannten Anträge sind aber auf alle Fälle abzulehnen."

V *Verbot der Religiösen Sozialisten in Baden*

A Reaktionen auf die im März 1933 einsetzenden Repressalien gegen KPD und SPD

310 Pfr. Treiber an KPräs. Wurth: Erbitterung über Haussuchungen
Bahlingen, 22. März 1933; LKA GA 4656

„In einer gemeindlichen Angelegenheit komme ich heute zu Ihnen, um mir Ihren werten Rat zu erbitten bzw. um Vorbeugungsmaßregeln zu treffen, damit nicht in anderen Gemeinden unsere evangelische Kirche unter folgenden Notständen leidet.
Seit dem 5. März weht in Deutschland ein anderer Wind. Das ist gut so, es ist erfreulich und wird auch von mir, der ich jeweils rechts gestanden bin, sehr begrüßt. Nur daß nun auch eine fühlbare Erleichterung und eine Wendung zum Besseren kommt, das ist m.E. die Hauptsache. Sonst wird, bei der Wankelmütigkeit des Volkes, aus dem Hosianna ein Kreuzige, das aber ein furchtbares werden würde. – Damit aber eine fühlbare Wendung eintreten kann, muß gearbeitet und nochmals gearbeitet werden. Es muß gesäubert und gereinigt werden, was aus dem früheren 'System' noch vorhanden ist. Das ist verständlich und begreifbar. Daß man aber bei diesen Säuberungs- und Reinigungsaktionen in verschiedener Weise gegen die Linkskreise m.E. etwas zu hart und ungerecht vorgeht, dagegen lehnt sich mein Gerechtigkeitsgefühl auf und das ist auch der Grund meines Schreibens.

Am Montag, den 20. März von morgens 1/2 6 Uhr ab wurde in unserer Gemeinde eine unverhoffte Haussuchung bei linksstehenden Kreisen vorgenommen. Eine tiefe Erbitterung und ein Haß wurde dadurch hervorgerufen, ein Haß, der in der Stille keimt und einmal aufgehen wird, wenn je Gelegenheit dazu vorhanden ist. Vergessen wird diese Haussuchung keiner, bei dem sie vorgenommen wurde. Es wurde ein ganzer Tag 'gearbeitet', der Erfolg war negativ. Es wurde nichts Bedeutendes gefunden, u.a. zwei Floberts, einige Patronen, ein alter Tournister, einige 'Kriegstrophäen'. – U.a. wurde auch bei einem der SPD nahestehenden Kirchengemeinderat eine Haussuchung vorgenommen. Gefunden wurde bei ihm nichts, nicht einmal, wie er sich mir gegenüber ausdrückte, ein altes Messer. Der 'Erfolg' aber der Haussuchung für unsere Kirche war der, daß er noch an demselben Tag seinen Kirchengemeinderatssitz niederlegte, wie er mir in dem anliegenden Briefe mitteilt. Ich darf um die Rückgabe des Briefes wieder bitten. – Ich bin sofort nach Erhalt des Briefes zu Kirchengemeinderat Roths und erkundigte mich nach dem genaueren Grund und da wurde mir mitgeteilt, daß er wie ein Verbrecher behandelt worden sei, das Haus sei mit 'hiesigen' SA-Leuten umstellt worden, das ganze Haus wurde untersucht, aber nichts gefunden. Er könne aber doch es nicht mehr mit seiner Ehre vereinbaren, in einem Gremium mitzuarbeiten, wenn er derartig verdächtigt wurde. Eine tiefe Erbitterung erfüllte alle Familienglieder. Als ich die Familie bat, dennoch der Kirche treu zu bleiben, wurde mir bedeutet, daß sie dem Worte Gottes treu bleiben wollten, aber der Kirche würden sie fremd werden, denn sie könnten nicht in einer Kirche sein, in der so viele 'Nazi-Pfarrer' sind, die diese Maßnahmen mit unterstützt hätten. Ich habe versucht, unsere Kirche, die ja mit dieser Sache eigentlich gar nichts zu tun habe, so gut wie möglich zu verteidigen, aber die Leute sind zu sehr erbittert und ins Innerste getroffen. – Es tut mir leid, daß ich den Mann verlieren muß, denn er hat bisher treu und gewissenhaft an den kirchlichen Aufgaben mitgewirkt und mit seinem Austritt – er war noch der einzige sozialistische Kirchengemeinderat – werden wir die Fühlungnahme mit den Linkskreisen hier mehr und mehr verlieren.
Ich bedaure das Vorgehen der staatlichen Organe, wie es auch Herr Bürgermeister Ernst aufs tiefste bedauert hat, aber er war machtlos, die Haussuchung zu unterbinden. Wenn er oder ich um unsere Meinung befragt worden wäre, so hätte man diesen oder jenen Hinweis geben können. Das Bedauerliche war, daß die hiesige SA die Haussuchungen mit vorgenommen haben, also Dorfgenossen gegen Dorfgenossen standen. – Und was war der Erfolg in unserer stillen und ungefährlichen Gemeinde, diese wenigen Funde, mit denen ist keine Gegenrevolution zu machen.
Was ist nun aber in dem vorliegenden Fall zu tun? Das ist die Frage. Rückgängig gemacht werden kann die Haussuchung nicht mehr. Die

Erbitterung ist da und sie wird bleiben auf Kind und Kindeskind, wenigstens bei denen, da eine Haussuchung vorgenommen wurde. – Aber vielleicht könnte von seiten unserer Kirche auf die Staatsorgane, möglichenfalls durch unsere Abgeordneten, vielleicht durch Dr. Schmitthenner, eingewirkt werden. Denn es ist zu befürchten, daß auch in anderen Gemeinden solche Haussuchungen stattfinden. Dann mögen sich aber die Polizeiorgane mit den Herren Bürgermeister oder Geistlichen in Verbindung setzen, wenigstens in den kleinen Gemeinden, und wenn diese Herren ehrenwörtlich für ihre Gemeindeglieder eintreten, daß dann solche Haussuchungen unterbleiben. Mir scheint, wenn die Haussuchungen so durchgeführt werden, wie in der hiesigen Gemeinde, dann muß unsere Kirche den Schaden tragen. – Gewiß, ich kann es verstehen, daß in manchen Fällen scharf vorgegangen werden muß, aber es ist doch ein Unterschied zwischen Stadt und Land zu machen, und es soll das Blut und die Erbitterung und der Haß nicht zur Siedehitze gebracht werden.

Ich wäre Ihnen, sehr geehrter Herr Kirchenpräsident, sehr dankbar, wenn Sie mir kurz mitteilen wollten, was in dem vorliegenden Falle zu tun ist, ob etwas von kirchlicher Seite getan werden kann, um der Willkür und einer gewissen Ungerechtigkeit zu steuern."?[*]

311 EOK an Pfr. Pfefferle: Beschwerden über Predigtinhalte
Karlsruhe, 27. März 1933; LKA PA 6188

„Es ist bei mir darüber Beschwerde erhoben worden, daß Sie sich in Ihren letzten Predigten gegen Maßnahmen der Regierung oder der örtlichen Polizeibehörde gewandt haben. Ich ersuche Sie alsbald, Ihre Predigten der letzten drei Sonntage (12., 19., 26. des Monats [März]) unmittelbar hierher einzusenden und am Donnerstag, 30. d. Monats im Laufe des Vormittags hier auf meinem Dienstzimmer zu Ihrer Einvernehmung zu erscheinen."

312 EOK: Einvernahme von Pfr. Pfefferle
Karlsruhe, 30. März 1933; LKA PA 6188

„... Schon im vorigen Jahr, insbesondere vor der Reichstagswahl Ende Juli, kamen die Pfarrer Dekan Bechdolf und Sauerhöfer zu politischen Wahlversammlungen in die Gemeinde und es wurde dabei gegen *die*

---

* Auf dem Original dieses Berichts befinden sich zwei paraphierte Vermerke von der Hand des Kirchenpräsidenten:
1. „z.d. Akten Religiöse Sozialisten - Haussuchungen" W[urth] 24/4. [1933]
2. „24/3. 1933 Bezirksamtschreiben" W[urth]
Offensichtlich wurde dieser Bericht als 'Privatschreiben' behandelt; denn er trägt keinen Eingangsstempel. Ob und in welcher Form Pfr. Treiber Antwort erhielt, ist anhand der Akten nicht feststellbar - ebensowenig ob das Bezirksamt eingeschaltet wurde.

Pfarrer und evangelischen Gemeindeglieder gehetzt, welche sich nicht für die Politik Hitlers entscheiden konnten. Auch Pfarrer Schenck von Ehrstädt ist schon öfters in Uniform in die Gemeinde gekommen und hat mit dem genannten Bucher verhandelt. Dieser ist auch schon zu mir gekommen und hat mich ersucht, in der Predigt ein Bekenntnis für den Nationalsozialismus abzulegen. Ich habe das immer wieder abgelehnt, weil ich es verwerfe, die Kanzel zu politischen Zwecken zu benützen. In meiner Predigt vom 26.3. habe ich das auch nicht getan. Mit der hier in Frage kommenden Stelle wollte ich zum Ausdruck bringen, daß, wenn der Staat vorgehen müsse, er dies ruhig tun solle, die Glieder der Gemeinde, die auf Gedeih und Verderb für immer aufeinander angewiesen sind, sollten sich aber, soweit dies möglich ist, davon fernhalten.*) Ich kann ruhig sagen, daß die Gemeinde bis auf 4, 5 Mann hinter mir steht, und daß die Ruhe in kurzer Zeit wieder einkehren wird.

Wenn behauptet wurde, daß einer meiner Brüder Kommunist sei, so muß ich mein Erstaunen darüber ausdrücken; es ist dies nicht der Fall."

313 Pfr. Pfefferle: Predigt, Offb. 14,13**)

Kirchardt, 19. März 1933 [Reminiscere]; LKA PA 6188 – hds. Konzept

„... Wir waren seit den großen Heldentagen des Krieges noch nichts anderes als ein trauerndes Volk! Heute feiern wir diesen Tag mit etwas mehr Zukunftshoffnung als sonst. Durch fünfzehn Jahre Dunkel bricht ein kleiner Hoffnungsstrahl, der verheißungsvoll erscheint! Wir glauben, daß unsere Toten anfangen, ihre irdische Auferstehung zu vollziehen! Sie werden uns helfen zu einem glücklichen Neuen, sie bringen Bausteine aus dem Reiche des Geistes, damit sie unter uns aufgesetzt werden zu einem Bau, darin ein gesamtes Volk in Frieden zu wohnen vermag! Also ist es uns heute ein doppeltes Anliegen, der Gefallenen zu denken.
1.) Die Ehrfurcht und Pietät. 2.) Die Hoffnung, daß endlich doch die Saat ihres Blutes anfängt Frucht zu tragen.
Es stehen nicht allein diejenigen vor unserem geistigen Auge, die während eines 4 1/2-jährigen heißen Kampfes gegen französische Feinde gekämpft und gelitten haben, sondern auch die anderen, die danach in ihrem Geist und Sinn, mit ihrem Glauben und Wollen gekämpft haben im deutschen Bruderkampf, der von undeutschen Elementen angeschürt war. Auch sie dürfen uns ebenso wenig vergessen sein, die während der Revolutionszeit den deutschen Herd, die deutsche Familie, die deutsche Jugend zu bewahren suchten von dem fremdländischen

---
* Vgl. Dok. 314
** Kürzungen von dem Hrsg.

Ungeist und Unsitte, vor Bolschewisierung und Terrorisierung der arbeitenden Massen. Auch derer sei gedacht, die als junge Menschen bis auf den heutigen Kampf aus vaterländischem Opfergeist heraus den Tod von feiger Bruderhand nicht scheuten und so zum kommenden Wiederaufstieg beigetragen haben...
Es muß uns heute mit Ekel und Abscheu gegen uns selbst erfüllen, wenn wir bedenken, wie 1919 und in den folgenden Jahren die Festwut, die Tanz- und Vergnügungswut die große Mehrheit des Volkes ergriffen hat! Von Regierungsseite her sind diese würdelosen und ehrlosen, unsere Toten aufs Angesicht spuckende Auslassungen noch gewünscht und gebilligt worden! Wir haben uns gegen unsere Toten versündigt! Ihrem Deutschtum haben wir kein Verständnis entgegengebracht! – Und war es nicht auch so, daß derjenige, der sein Deutschtum behielt und unentwegt pflegte, gar nicht einmal öffentlich bekennnen durfte: ich war auch mit dabei in den großen Tagen! Mußte man nicht seine eigenen Auszeichnungen, die man in unbeschreiblichem Wagemut sauer verdiente, verstecken? Ein beelendender Geist der Niedrigkeit löste den vaterländisch empfindenden Heldengeist unserer Gefallenen ab und ließ diesen verstehen, daß er dafür kein Verständnis hatte. Mußten da eben nicht unsere Toten tot sein und bleiben? Ja fast schien es so, als sollten sie keine Bedeutung mehr haben für diese Welt... Gott sei Dank hat die jetzige Reichsregierung vor Wochen schon die rechten Worte dafür gefunden, als sie erklärte: sie wird die Fundamente wahren und verteidigen, auf denen die Kraft unserer Nation beruht. Sie wird das Christentum als Basis unserer gesamten Moral, die Familie als Keimzelle unseres Volkes und Staatskorpus in ihren festen Schutz nehmen. – Sie wird dabei all der Einrichtungen in höchster Sorgfalt gedenken, die die wahren Bürgen der Kraft und Stärke unserer Nation sind, gemeint ist vor allem die christliche Kirche. Was nützen aber Regierungserklärungen, wenn die Untertanen und Volksgenossen sie nicht in die Tat umsetzen! An uns, meine lieben deutschen Brüder und Schwestern liegt es, daß der alte deutsche Geist der Frömmigkeit, der persönlichen Zucht und des sittlichen Anstandes wieder einkehrt in unsere Reihen. Daß der Geist der Einigkeit und Brüderlichkeit wieder hergestellt wird. Laufen wir ja nicht Gefahr, gleich in den ersten Tagen des Neubaues durch allzu heißen nationalen Eifer wieder zu verderben, was so verheißungsvoll begonnen hat! Gottes Mühlen mahlen langsam, aber trefflich fein. Wer jetzt noch nicht mit kann oder mit will in der Erneuerung des Volkes, der wird gewiß noch kommen.
Dabei darf uns als Christen nur eines leiten: Der Gehorsam gegen Gottes Wort in allen Stücken! Keine Rücksicht kann es für uns geben auf Parteien und Privatwünsche. Wird Jesus gewünscht als der tragende Untergrund unserer Nation, dann müssen wir wieder lernen, vor ihm zu

knien, vor ihm zu beten, auf ihn zu horchen. Dann darf es uns nicht ärgerlich stimmen, wenn wir etwa den Hohn oder die Verachtung einzelner tragen müssen, denen dieser absolute Gehorsam gegen die Heilandsmacht nicht genug scheint oder zu wenig rücksichtsvoll auf besondere Belange der Politik! Politik hin, Politik her, das wollen wir jetzt den Führern überlassen, denen wir das Vertrauen geschenkt haben. Wir aber wollen Zeugen sein eines Ergriffenseins von Jesus! Wir wollen erleben die Tugenden dessen, der uns berufen hat zu seinem wunderbaren Licht! Tun wir das, dann ist wieder die alte Verbundenheit mit unseren Gefallenen hergestellt..."

314 Pfr. Pfefferle: Predigt, 1.Joh.3, 1−6[*)]
Kirchardt, 26. März 1933 [Lätare]; LKA PA 6188 − hds. Konzept

„… Liebe Freunde, glauben wir ja nicht an ein besseres Deutschland, solange wir nicht an bessere deutsche Menschen glauben können. Hier hat sich aber längst noch nicht durch alle Kreise etwas geändert. Charakterlosigkeit, Gemeinheit, Gehässigkeit, Unanständigkeit brüstet sich noch heute so frech wie je. Die tierischen Instinkte dürfen ihr Wesen treiben. Wie der Kanzler ganz richtig sagte: 'an die primitivsten Instinkte ist appelliert worden'. Das ist nicht allein von den Kommunisten zu sagen. Das gilt für Ungezählte bis hinein in die vaterländischen Kreise… Lasset mich bei der Gelegenheit euch eines nennen, was wir uns im Dorf nicht hätten zu Schulden kommen lassen dürfen: ich meine die Haussuchungen kürzlich bei unseren Brüdern, die ebenso christlich und treu sind zu unserer Kirche wie jeder andere. Ich will diejenigen nicht richten, die sich dazu haben verleiten lassen, Gott richtet allein; ich sage es nicht im bösen, sondern aus Liebe und in Besorgnis um ihr Seelenheil. Was die Untersuchungen als solche betrifft, sage ich: der Staat hat ein Recht dazu, wenn er es für notwendig hält und die Beamten haben auch ein Recht dazu, ja sogar die Pflicht, wenn sie dazu befohlen werden − aber die eigenen Mitchristen, die sich kennen bis auf den Grund der Gesinnung von Kindheit an, die miteinander spielten, lachten und weinten, arbeiteten und kämpften, sollten nicht mit geladenen Gewehren einander gegenübertreten. Das sage nicht ich, sondern das sagte derselbe Apostel Johannes im 3. Kapitel 'wer den Bruder nicht liebt, der bleibet ein Jude. Wer seinen Bruder haßt, ist ein Totschläger'. Da lobe ich mir den Gerichtsvollzieher, von dem ich kürzlich gehört habe: er sollte in seinem eigenen kleinen Heimatdörfchen einen Bauern pfänden, den er als einen fleißigen, ehrbaren Menschen kannte. Da weigerte er sich, es zu tun und bat seine Behörde, ihn in eine andere Gegend zu versetzen. Man nahm ihm seine Weigerung nicht übel. Man muß derartiges Fremden überlassen und nicht den Einheimischen. Ich meine es

---
[*] Kürzungen von dem Hrsg.

nur als Seelsorger, wenn ich davon rede, weil mir der Seelenfrieden derer, die dadurch in Unruhe gekommen sind, am Herzen liegt, und ich möchte nur bitten: Liebe Brüder suchet den Weg dorthin, wo ihr euch beteiligt habt und bietet eurem Bruder das Verzeihen an, und die Betroffenen bitte ich, vergeben zu wollen. Wir wollen doch die Reihen schließen von links bis rechts und nicht auseinanderreißen. Sind wir vor Gott Kinder, warum sollten wir es nicht untereinander sein können? Gottes Kinder reinigen sich. Denn wer Sünde tut, der tut auch Unrecht, und die Sünde ist das Unrecht. Fehler, die uns einmal schwer aufgestoßen sind, dürfen wir nicht mehr begehen, Beleidigungen, die wir begangen, müssen zurückgenommen werden. Kränkungen, die wir jemand angetan, müssen vergeben werden... Nun, dann wollen wir unser Leben jetzt schon danach einrichten. Wer nach Freiheit von Sünden strebt, der möge mir und jedem aufrichtigen Christen die Hand zum Bunde reichen. Eine neue Partei wollen wir gründen. Die Partei der Anständigen, gesitteten Menschen, die unserem Volk die allerbesten Kräfte schenken wollen. Eine Gemeinde von Gottes Kindern, die in jeder Stunde wissen, daß ein heiliger Gott mit prüfenden Augen auf uns schaut..."

315 Ortsgruppe der NSDAP — gez. Emil B. u. Friedrich K. — an KPräs. Wurth: Anschuldigungen gegen Pfr. Pfefferle
Kirchardt, 1. April 1933; LKA PA 6188

„Entsprechend der Erklärung des Herrn Präsidenten der evangelischen Landeskirche: 'Beschwerden müssen schriftlich eingereicht werden', lassen wir im Folgenden die bereits dem Herrn Präsidenten mündlich vorgetragenen Beschwerdepunkte folgen:
In der am 26.3.33 gehaltenen Predigt hat sich Herr Pfarrer Pfefferle folgender Redewendung bedient: 'Wir wollen eine neue Partei gründen, die Partei des Anstands und der Sitte, die es in Deutschland bisher noch nicht gibt.' Wir, als Mitglieder der NSDAP, nehmen für uns in Anspruch, Mitglieder einer Partei zu sein, die Anstand und Sitte auf ihre Fahnen geschrieben hat. Und wenn ein Mitglied unserer Partei gegen dieses Gebot unseres Führers gehandelt hat, so werden wir ihn zu Anstand und Sitte erziehen oder ihn unerbittlich aus unseren Reihen entfernen. Wir brauchen hierzu weder Herrn Pfarrer P., noch eine von ihm zu gründende Partei, sei diese nun im Sinne einer politischen Partei oder im Sinne einer Seelengemeinschaft einiger Leute aufzufassen, die es in ihrem allzu zarten Gemüt nicht vertragen, daß in einem scharfen Kampfe scharfe Worte fallen. Wenn Herr Pfarrer P. es bis jetzt noch nicht gemerkt hat, daß der anständige Arbeiter in unseren Reihen zu finden ist, so bezeugt dies nur, daß er über eine Menschenkenntnis verfügt, in absolut negativem Sinn, und daß er sich noch nicht, wie es seine Pflicht

gewesen wäre, mit unserer Bewegung beschäftigt hat. Die charakterlichen Eigenschaften unserer Mitglieder lernt man nicht aus den Zeitungen unserer Gegner, man lernt sie nicht aus Zuträgerreihen alter Weiber, SPD-Genossen, die das Mäntelchen der Religion umhängen, und sonstiger uns fernstehender Menschen. Man lernt sie nur, indem man vorurteillos sich mit unseren Leuten bespricht (und nicht von vorneherein jedem Satz, den wir sprechen, das stereotype 'das glaube ich nicht' entgegensetzt). Nur wer den Geist, der bei uns herrscht, aus eigener Anschauung kennengelernt hat, nur dem erlauben wir, ein Urteil darüber abzugeben.
Weiter hat sich Herr Pfarrer Pfefferle erlaubt, in seiner Predigt zu bemerken, daß die, die Haussuchungen bei SPD und KPD Leuten gemacht haben, sich bei diesen zu entschuldigen und um Verzeihung zu bitten hätten. Es sei nicht schön, wenn ehemalige Schulkameraden gegenseitig Haussuchungen machten (Wer seinen Bruder haßt, ist ein Totschläger.). Bei den Haussuchungen wurden gute Christen betroffen! Wir stellen fest, daß die Haussuchungen von uns damals als Organ des neuen Staates vorgenommen wurden und auf Befehl der vorgesetzten Behörde; es ist klar, daß hierzu in erster Linie ortskundige Leute verwendet werden müssen (abgesehen davon waren vier Gendarmen dabei). Die persönliche Sicherheit unserer Leute und aller Ortseinwohner erforderte ein sofortiges und scharfes Durchgreifen, und es ist höchst gleichgültig, welche Personen in diesem Falle verwendet werden. Wenn der Staat in Gefahr ist, so kennen wir nur Volksgenossen, die den Staat schützen oder solche, die den Staat ins Verderben bringen möchten, und in diesem Falle ist es ein Verbrechen, selbst vor dem eigenen Bruder zurückzuscheuen. Wer im Sinn hat, das Gemeinwohl auf leichtfertige Art zu stören, hat kein Recht auf irgendwelchen Schutz. Der Herr Kirchenpräsident weiß sicherlich auch, daß bei den Organisationen der SPD und KPD Listen bestanden, die diejenigen namhaft machten, die bei gelungener Revolution von marxistischer Seite an die Wand gestellt werden sollten. Bei solchen Leuten, die solche Listen aufstellten, wurde Haussuchung gemacht, und solche Leute nennt Herr Pfarrer gute Christen? Nur weil sie oder ihre Frauen in die Kirche gehen? Und hier verlangt der Herr Pfarrer, daß sich unsere Parteigenossen entschuldigen sollen. Wir finden für diese Zumutung keine Worte! Wir fragen nur, warum verlangt der Herr Pfarrer von uns dies, warum hat er nicht vorher von den Herrn Marxisten Entschuldigung verlangt für die bei uns gemachten Haussuchungen. Hat er dies vielleicht für richtig befunden? Und es waren doch auch die Schulkameraden, die diese Haussuchungen veranlaßt haben! Abgesehen von all' dem, verbitten wir uns den Vergleich mit Marxisten jeder Farbe. Es ist durchaus unnötig, zu betonen, daß nun die armen Herren von der SPD 'zu leiden' hätten. Wir möchten

wissen, was sie zu leiden haben. Wir wollen weiter wissen, warum hat sich Herr Pfarrer nie über die Leiden unserer Leute ausgelassen? Wir glauben feststellen zu können, daß wir hundertmal mehr zu leiden hatten und gequält wurden, als unsere jetzigen Gegner. Dafür fand man kein Verständnis. Erst jetzt fällt es Herrn Pfarrer ein, von christlicher Nächstenliebe zu sprechen, wenn die Herren Marxisten die Früchte ihrer jahrelangen Volksverhetzung ernten? Warum setzt er sich so intensiv für die Marxisten ein? Man kann zu der Meinung neigen, es seien seine Parteigenossen, für die er eine Lanze bricht.

Herr Pfarrer hat weiter behauptet, er wüßte nicht, ob unsere Leute Befehl erhalten hätten, Haussuchungen zu machen. Gut, wenn man etwas nicht weiß und will es in einer Predigt verwerten, so ist es verdammte Pflicht und Schuldigkeit, sich vorher zu erkundigen. Das ist unterblieben, und es ist in diesem Falle von ganz wesentlicher Bedeutung, denn dann hätte Herr Pfarrer seine Rede wohl anders gefaßt, wenn er nicht von vorneherein mit der Absicht umgegangen ist, die NSDAP zu treffen.

Wir nehmen weiterhin an einer Bemerkung Anstoß: Bis jetzt hat man noch nichts gemerkt, daß die Lage durch die neue Regierung besser geworden ist. Ein Ausspruch, mit dem marxistische und Zentrums-Winkelblätter auf Stimmenfang ausgehen. Soll dieser Ausspruch eine Auslassung zur Verächtlichmachung unserer Regierung sein oder soll er absolute Unfähigkeit zu politischem Denken dokumentieren oder, um nicht etwas anderes zu sagen, eine Unüberlegtheit sein. Im Grunde genommen ist es uns gleichgültig, wie er es selbst auffaßt. Wir halten uns an das gesprochene Wort. Wir erblicken darin eine Kritik an der Arbeit der nationalen Regierung, die diese in ein minderwertiges Licht stellen soll, wir erblicken hierin einen Mißtrauensausspruch von seiten des Herrn Pfarrers, öffentlich von der Kanzel verkündet, der dazu angetan ist, den Unwillen des Volkes gegenüber unserer Regierung zu entfachen. Es ist üblich, daß man diese Leute in Schutzhaft nimmt. Und wir scheuen uns nicht, einen entsprechenden Antrag bei der Regierung einzubringen, falls nochmals derartige Äußerungen fallen. Wir dulden nicht, daß die Arbeit unserer Regierung durch Äußerungen dieser Art erschwert wird, und werden mit allen uns zu Gebote stehenden Mitteln dagegen einschreiten. Wir stellen außerdem fest, daß wir am Sonntag durch energisches Einschreiten verhütet haben, daß dem Herrn Pfarrer körperlicher Schaden zugefügt wurde. Die Empörung der Männer und Frauen war eine derartige, daß es aller Überredungskunst bedurfte, diese von ihrem Vorhaben abzuhalten.

Dies die hauptsächlichen Beschwerdepunkte. Wenn es das erste Mal gewesen wäre, daß sich Herr Pfarrer mit uns auf diese Art beschäftigt hätte, so wären wir nicht zu einer Beschwerde geschritten. Wir stellen aber fest, daß in den vorausgegangenen Monaten verschiedentlich über das Verhalten geklagt wurde.

Wir haben kein Stenogramm der Predigt, wir geben die Auffassung der Kirchenbesucher wieder. Wir lehnen deshalb auch alle evtl. Wortklauberei ab. Wir verlangen eine Predigt, die klar ist und nicht nachher eines Kommentars bedarf.

Wenn Herr Pfarrer selbst auf der letzten Bezirkssynode den Antrag stellt und durchbringt, daß in der Kirche jede Politik zu unterbleiben hat, und er übertritt selbst das von ihm eingebrachte Gesetz, so dürfte der Antrag wohl falsch gestellt worden sein. Er müßte lauten: Nur den NS-Pfarrern ist Politik verboten, alle anderen dürfen reden, was sie wollen.

Am 6. November 1932 stellte uns Herr Pfarrer den Kommunisten gleich. Er verlas ein angeblich von Nationalsozialisten herausgebrachtes Gedicht (Stille Nacht, Hitler wacht), ein Pamphlet grenzenloser Geschmacklosigkeit. Es ist selbstverständlich, daß wir derartige Geschmacklosigkeiten von uns weisen, und das dürfte auch Herrn Pfarrer bekannt sein, wenn er sich ein bißchen Mühe gegeben hätte, unsere Bewegung kennenzulernen. Wir müssen uns aber ganz energisch verbitten, mit Kommunisten auf eine Linie gestellt zu werden. Was wäre aus der Kirche [geworden], wenn wir nicht wären? Was glaubt dieser Herr, was oder wo er heute wäre, gäbe es keine Nationalsozialisten. Wenn Adolf Hitler und seine Bewegung nichts anderes getan hätte, als durch ihr bloßes Dasein Deutschland vor dem Bolschewismus bewahrt zu haben, so könnte man eigentlich von einem Geistlichen und auch von der evangelischen Kirche erwarten, daß man wenigstens mit einigen Dankesworten davon spricht, auch dann, wenn unser Führer katholischen Glaubens ist. Die Kirche sollte nie vergessen, was sie uns so viel gelästerten Nationalsozialisten schuldig ist.

Gott sei Dank, daß Hitler nicht Reichspräsident wurde, waren seine Worte gegenüber den Fortbildungsschülern nach der letzten Präsidentenwahl. (Politik in Kirche und beim Religionsunterricht soll doch ferngehalten werden?) Wir fragen uns, welche Gefühle hegt Herr Pfarrer gegen uns, wohl nur die des Hasses, eine andere Auffassung können wir nicht haben. Wer seinen Bruder haßt, der ist ein Totschläger, sagte der Herr Pfarrer letzten Sonntag!

Wir wollen es hiermit genug sein lassen. Wir hoffen aber, daß aus obigen Schilderungen der Herr Kirchenpräsident überzeugt wird, daß unsere Beschwerde nicht zu Unrecht besteht.

Wir verlangen von einem Geistlichen, daß er sich jeder politischen Äußerung gegenüber einer nationalen Regierung, die er anscheinend nicht anerkennt, fernhält, auch dann, wenn er es nicht unterdrücken kann, einem Amtsbruder zu erklären, daß Kommunismus das Ideal

wäre, soll er nicht eindeutig für diese Herrschaften eintreten im Gottesdienst.
Wir erwarten, daß die Vernunft dem Herrn Pfarrer gebietet, auf schnellste Art einen Stellungswechsel vorzunehmen.
Wir werden nicht die Güte eines Pfarrers nach der Größe der Kollekten beurteilen, sondern nach seinen Worten und Taten.
Wir werden bei der geringsten, gegen die nationale Regierung gerichteten Aussage oder Handlung es zu verhindern wissen, daß dies nochmals geschieht. Wir lehnen von parteiwegen jede Verantwortung ab, wenn Herr Pfarrer Pfefferle sich nochmals im Gottesdienst mit uns im Sinne des Vorhergesagten beschäftigt.
Im folgenden noch eine Aufstellung der Stärke der einzelnen politischen Partei:

    NSDAP   488
    SPD   68
    Zentrum   148
    Volksd.   30

Die übrigen Parteien kommen nicht in Betracht."

Rechtsreferent Dr. Friedrich sandte diese Beschwerde urschriftlich „gegen Rückgabe" am 5. April 1933 nach Kirchardt:
„... zur Kenntnisnahme und zum weiteren Bericht über die Beschwerdepunkte, die mir bei Ihrer Vernehmung noch nicht bekannt waren und deshalb auch nicht behandelt werden konnten. Der Bericht ist in kürzester Frist und zwar über das Dekanat vorzulegen."

316 EOK, Prot.: „Entwurf eines Schreibens an das Innenministerium"
Karlsruhe, 1. April 1933; LKA GA 3479

„Aus Anlaß der bedauerlichen Vorkommnisse in Kirchardt wird wegen der Haussuchungen durch Ortsangehörige ein Schreiben an das Innenministerium[*]) gerichtet. Der Rechtsreferent wird einen Entwurf vorlegen."

Pfr. Pfefferles Antwort erfolgte – zeitlich – in drei Etappen:

317 Pfr. Pfefferle an EOK: Beteiligung an Haussuchungen
Kirchardt, 3. April 1933; LKA PA 6188

„... Was die Frage des Herrn Präsidenten über die fraglichen Hausdurchsuchungen am 9. März betrifft, habe ich telefonisch den Herrn Landrat Strack in Sinsheim um Auskunft gebeten. Er erklärte, daß er

---

[*] Weder findet sich ein diesbezüglicher Entwurf noch eine entsprechende Ausführung bei den Akten. Im Tagebuch ist ebenfalls kein Ausgang vermerkt.

nur der Gendarmerie der Bezirks die Erlaubnis erteilt habe, an verdächtigen Plätzen Durchsuchungen vorzunehmen. Ein Sonderbefehl für Kirchardt ist nicht ergangen und wenn Ortseinwohner sich daran beteiligt haben, so haben sie es von sich aus getan..."

318 Pfr. Pfefferle an EOK: Dr. G. als Initiator der Beschwerdeführung
Kirchardt, 7. April 1933; LKA PA 6188

„... Inzwischen kamen die Unterzeichner des Schriftstückes selbst zu mir und nahmen weit Abstand von den darin enthaltenen Anklagepunkten. Vor allem wollen sie nichts mit dem Haß zu tun haben, der aus demselben spricht. Ferner geben sie zu, daß sie das Schriftstück selbst nicht abgefaßt haben, sondern Dr. G. und daß er sie zu dem Beschwerdeschritt bewogen hat...
Mit dem Haß und der Hetze von Dr. G., der der Bezirksgruppenführer der SA ist, hat es seinen besonderen Grund. Wie die Beschwerdeführer selbst zugeben, arbeitet er schon bald ein Jahr gegen mich...
Dr. G. ist noch heute mit 3 Jahren Ortskirchensteuer im Rückstand. In Ausführung eines Runderlasses Evang. Oberkirchenrats mußte er im Juli letzten Jahres vom Wahlrecht zur Landessynode ausgeschlossen werden. (Es traf übrigens damals noch drei führende Männer der NSDAP, die nachher mit Dr. G. sich verschworen haben.) Die im Brief zum Ausdruck gekommene Entrüstung und persönlicher Angriff gegen mich wurde gleich darnach in einer Aussprache beigelegt, wie es schien. Er trat nicht aus der Kirche aus, das Wahlrecht habe ich ihm sowie den anderen Betroffenen in letzter Stunde gegen den Willen des Kirchengemeinderats wieder zurückgegeben. Sein Hinweis darauf, daß die Nachbargemeinden den Ausschluß in begründeten Fällen nicht vollzogen haben, hat mich damals wohl auch verständnislos den Kopf schütteln lassen über den Evang. Oberkirchenrat, der etwas verordnet und nicht unnachsichtig auf Durchführung seiner Verordnungen bestand. Ich gab mich zufrieden und glaubte auch mit Dr. G. alles ins Reine gebracht zu haben. Jetzt höre ich, daß es nicht der Fall war..."

319 Pfr. Pfefferle an EOK: Befriedung der Gemeinde; Stellungnahme des Dekans (21. April 1933)
Kirchardt, 16. April 1933; LKA PA 6188

„Die beiden Beschwerdeführer sind noch einmal zu mir gekommen und baten mich um Verzeihung. Es sei ihnen durch die Besucher des Gottesdienstes immer klarer geworden, daß meine Worte keine Beleidigung ihrer Partei sein konnten. Sie wollten die Beschwerdeschrift von mir wieder zurückhaben. Ich verwies sie auf den Dienstweg, auf dem sie ihre Beschwerde auch eingereicht haben...

Für mich ist es nur wichtig, daß in der Gemeinde mit keinem Wort mehr über die damalige Predigt gesprochen wird und daß alle Gemeindeglieder restlos hinter mir stehen. Auch die Unterzeichner haben seither regelmäßig den Gottesdienst besucht..."

Dekan Nerbel/Sinsheim bemerkte dazu folgendes:

„... Nach Ostern hingegen hatte ich Gelegenheit, durch einen Bekannten über den Stand der Dinge in Kirchardt *vertrauliche* Erkundigung einzuziehen. Veranlassung dazu gab mir insbesondere auch der vorliegende Bericht, der nichts darüber verlauten läßt, wie es dann kam, daß die scharfen Gegner von Pfarrer Pfefferle sich auf einmal so nachgiebig zeigen. Die Auskunft, die ich gestern abend erhielt, stimmt mit dem vorstehenden Bericht darin überein, daß der Konflikt beigelegt und eine formelle Verständigung zwischen Pfarrer Pfefferle und den Hitlern zustandegekommen ist. Dagegen weicht mein Gewährsmann in seinen Angaben über die Herbeiführung der Verständigung von der Darstellung des vorstehenden Berichts nicht ganz unerheblich ab. Darnach hätten die Hitlerführer gedroht, sich mit einer scharfen Eingabe an das Ministerium zu wenden, wenn Pfarrer Pfefferle sich nicht zu einer entschuldigenden Erklärung bereitfände. Der Kirchengemeinderat habe ebenfalls stark auf Pfefferle eingewirkt, diesem Verlangen nachzukommen. Im Karfreitagsgottesdienst habe dieser dann eine entsprechende Erklärung abgegeben. Den Wortlaut dieser Erklärung konnte ich leider nicht erfahren. Der von meinem Bekannten befragte Hitlerführer drückte sich so aus: Pfarrer Pfefferle habe seine Gegner einzeln persönlich um Verzeihung gebeten. Daraufhin hätten die Unterzeichner der beiliegenden Beschwerdeschrift sich bereiterklärt, ihre Beschwerde zurückzuziehen. Weiter wurde mir noch gesagt, Pfarrer Pfefferle bemühe sich neuerdings um Aufnahme in die NSDAP und wünsche, Führer der Hitlerjugend zu werden; ein Wunsch, der auf der anderen Seite noch auf Ablehnung stoße."

320 Ortsgruppe der NSDAP – gez. Emil B. – an EOK: Rücknahme der Beschwerde in Dok. 311 bzw. 315

Kirchardt, 18. April 1933; LKA PA 6188

„Auf die Beschwerde gegen Pfarrer Pfefferle in Kirchardt habe ich folgendes mitzuteilen. Ich ziehe die Beschwerde zurück und betrachte die ganze Angelegenheit als nicht geschehen, da wir uns gegenseitig die Hand gereicht haben in der Aufgabe, gemeinsam mitzuarbeiten an dem Wiederaufstieg unseres geliebten Vaterlandes und unserer evangelischen Kirche."

B 'Bund religiöser Sozialisten', SPD-Mitgliedschaft, Religiöse Sozialisten in kirchlichen Gremien

321 Der Minister d.I.: Auflösung des Bundes RS
Karlsruhe, 28. Febr. 1933; LKA GA 4656 – Abschrift

„Der Bund religiöser Sozialisten Deutschlands wird auf Grund § 1 der Verordnung zum Schutz von Volk und Staat vom 28. Februar 1933 für den Bereich des Landes Baden aufgelöst und verboten. Die Zeitschrift für Religion und Sozialismus, Herausgeber Professor Wünsch, Marburg, wird für den Bereich des Landes Baden verboten."
Dieses Verdikt wurde als 'Erlaß des Ministeriums des Innern' am 18. Juli 1933 mit dem Hinweis publiziert: „In die 'Karlsruher Zeitung – Staatsanzeiger' ist einzurücken: ..."

Im KGVBl. Nr. 19 erfolgte die Bekanntmachung am 22. Sept. 1933 als „Beschluß des Evang. Oberkirchenrates" vom 2. Sept. 1933: „Der Herr Minister des Innern gibt folgendes bekannt..."

322 LSynd. Dietrich an Polizeipräsidium Mannheim: Einwände gegen ein Verbot des RS; „christl.-sozialistische" Grundsätze
Mannheim, 24. März 1933; LKA GA 4656 – Abschrift

„Bei der Aussprache, die Universitätsprofessor D. Wünsch aus Marburg und der Unterzeichnete am Mittwoch, den 22. März, mit dem Herrn Polizeipräsidenten hatten, ist zwar nicht in bestimmter, aber doch in vermutender Weise geäußert worden, daß der 'Religiöse Sozialist' unter die verbotenen Zeitungen falle. Die z.T. mündlich vorgetragenen Einwendungen gegen die Annahme eines Verbots möchte ich hier schriftlich wiederholen und erweitern.
Unser Blatt ist ein christliches Sonntagsblatt und das Bundesblatt der religiösen Sozialisten. Es bringt, wie alle anderen Sonntagsblätter, auf der letzten Seite eine politische Wochenschau, die linkspolitisch gerichtet war. Weder das Blatt noch der Bund haben irgendwelche Beziehungen zu einer politischen Partei. Zwei Beispiele sollen das ganz eindeutig beweisen:
Als der frühere Pfarrer Eckert, der Schriftleiter unseres Blattes war, zur kommunistischen Partei übertrat, mußte er sofort von der Schriftleitung zurücktreten. Die Folge davon war, daß Pfarrer Eckert und die kommunistische Presse (Arbeiterzeitung, Mannheim) uns wochenlang in aller Öffentlichkeit bekämpften und kein Mittel unversucht ließen, sowohl unsere Zeitung als unseren Bund zu vernichten.
Unsere Unabhängigkeit von der SPD kann am besten dadurch gekennzeichnet werden, daß der badische Vorsitzende der SPD, Reinbold, vor der Kirchenwahl in vergangenen Jahren sämtlichen Funktionären der Partei mitgeteilt hat, daß die Partei bei den Kirchenwahlen strengste Neutralität zu wahren habe.

Diese beiden Beispiele zeigen, daß sowohl unsere Leitung als unser Bund parteipolitisch ganz unabhängig waren. Es könnten im Gegenteil viele Beispiele angeführt werden, wie die religiösen Sozialisten von den freidenkerischen Sozialisten verfolgt und als Verräter bezeichnet wurden.

Der Druck unserer Zeitung in der Volksstimme ist eine rein geschäftliche Verbindung. Viele Jahre wurde die Zeitung in Karlsruhe, in der Druckerei des Residenzanzeigers hergestellt, der politisch rechts steht. Unsere wissenschaftliche Zeitschrift für Religion und Sozialismus, die ich beilege, wird in einer Druckerei in Calw gedruckt, die mit Sozialismus gar nichts zu tun hat, die für uns aber den Vorteil der Billigkeit hat.

Ich füge auch einige Leitsätze bei, die von führenden Männern unserer Bewegung in diesem Monat abgefaßt wurden, und aus denen mit aller Deutlichkeit hervorgehen dürfte, daß wir zwar christlich-sozialistisch, aber nicht politisch-sozialistisch tätig sind:

1. Der Bund der Religiösen Sozialisten hat seit seinem Bestehen nie parteipolitische, auch nicht im engeren Sinn politische Aufgaben gehabt, sondern weltanschaulich-religiöse und von da her kirchenpolitische. Deshalb war die Zugehörigkeit der Bundesmitglieder zu einer der proletarischen Parteien freigestellt, wenn auch die Zugehörigkeit zu einer bürgerlichen Partei untersagt war. Wo führende Mitglieder tatsächlich der SPD beitraten oder aus ihr herkamen, da geschah es aus Gründen praktisch-weltanschaulicher, d.h. christlich-religiöser Betätigung am Proletariat, die oft im Gegensatz zu mächtigen Schichten in der Partei erkämpft werden mußte.

2. Unsere Tätigkeit war von der Voraussetzung getragen, daß die Verwirklichung der sozialistischen Gesellschaft durch die bisherigen proletarisch-sozialistischen Parteien herbeigeführt und die bestehenden gesellschaftlichen Widersprüche durch die bisherige sozialistische Arbeiterbewegung bereinigt wurden. Unsere Arbeit war darauf eingestellt, für Religion und Kirche auch nach dem Sieg der Arbeiterbewegung den nötigen Wirkungsraum zu schaffen. Da die proletarischen Arbeiterparteien heute völlig entmachtet sind, ist diese Voraussetzung für die heutige Situation nicht mehr aktuell.

3. Trotz dieser Veränderung sind aber noch dieselben Menschen in denselben Verhältnissen da. Durch die politische Umwälzung hat sich die reale Lage der arbeitenden Bevölkerung wirtschaftlich, sozial und religiös nicht verändert. Weil die inneren Widersprüche der kapitalistischen Situation, sozial und weltanschaulich, noch nicht aufgehoben sind, daher bestehen unsere Aufgaben unverändert fort.

4. Diese sind kurz folgende:
   a) Trotz voraussichtlicher materieller Sicherung der Kirche bleibt in allen Schichten des Volkes, insbesondere aber im Proletariat, der Atheismus eine entscheidende Gefahr. Mit ihm sich anders, als die übliche kirchliche Apologetik, nämlich unter Anerkennung des Verlangens nach Wahrheit und weltlicher Wirklichkeit auseinanderzusetzen, wird weiter unsere Aufgabe sein.
   b) Die evang. Kirche, bei der wir uns schon bisher im Sinne der Verwirklichung einer Volkskirche eingesetzt haben, steht in der Zukunft vor der Entscheidung, ob sie ein bloß staatlich unterstütztes Organ oder ein lebendiger Organismus im Volkskörper sein will. Gerade heute hat die Kirche die Aufgabe, die Verbindung von Mensch zu Mensch zwischen allen Volksschichten herzustellen und das Ideal einer alle Klassen und Stände umfassenden Volkskirche ohne parteipolitische Nebenabsichten zu pflegen.
   c) Die beste Verkündigung des Christentums ist die Verwirklichung christlicher Nächstenliebe. Sie kann nicht allein geschehen durch Wohltun von Mensch zu Mensch, sondern ihre Hauptaufgabe ist die Erkenntnis der Bedingungen der Armut in der heutigen Gesellschaft und deren Aufhebungen. Kampf gegen die krassen Unterschiede von Einkommen und Lebenshaltung, deren Ursache in der Wirtschaftsordnung liegt. Hinweis auf den Widerspruch zwischen der steigenden Volksverarmung und dem tatsächlichen Reichtum der Produktionsmöglichkeiten, kurz die Aufdeckung der Sinnlosigkeiten der heutigen gesellschaftlichen Verhältnisse bleibt nach wie vor unsere Aufgabe.
   d) In der Verfolgung dieser Ziele bleiben wir religiöse Sozialisten. Wenn uns auch schon immer die Wirklichkeit von Volk und Nation selbstverständlich war, so hat die Entwicklung der letzten Jahre doch deutlich gemacht, daß Sozialismus sich zunächst nur im nationalen Raum entwickelt. Dieser Umstand macht aber das Problem des Verhältnisses von nationalem Staat und christlicher Übernationalität, von politischer Gewaltanwendung und christlicher Bruderliebe, von Machiavelli und der Bergpredigt in noch höherem Maße aktuell.
   e) Weiter sind aufmerksam zu verfolgen, und zwar mit radikaler Aufrichtigkeit, die anderen Probleme christlich sozialer Ethik in der heutigen Zeit: Verhältnis der Geschlechter, Familie, Erziehung, Strafrechtspflege usw.
5. Unser Bund steht den Angehörigen aller Volksschichten offen, die sozialistisch und religiös sein wollen. Seine Anhänger bemühen sich

innerhalb unseres Volkes und unserer Kirche, das christlich-sozialistische Gewissen zu sein.

Die Anhänger unserer Bewegung beteiligen sich als Kirchenausschußmitglieder und Kirchengemeinderäte der evangelischen Kirche, ebenso als Abgeordnete der kirchlichen Synoden, sind also dort die Vertreter einer kirchenpolitischen Gruppe.

Aus den angeführten Gründen sprechen wir die Erwartung aus, daß 'Der religiöse Sozialist' möglichst bald wieder erscheinen darf. Für eine mündliche Aussprache steht in Karlsruhe Herr Pfarrer Löw, Beiertheimerallee 1,II und in Mannheim der Unterzeichnete gerne zur Verfügung."

323 KReg., Prot.: Haltung gegenüber rel.-sozialist. Pfarrern
Karlsruhe, 7. April 1933; LKA GA 4892

„... Den Pfarrer Kappes hier betr. – Der Kirchenpräsident teilt mit, daß Kappes aus der SPD ausgetreten sei und auch sein Stadtratsmandat niedergelegt habe. Er fürchte wohl Haft oder Konzentrationslager. Vor derartigem müssen wir unseren Pfarrer bewahren. Er schlage vor, den Pfarrer Kappes möglichst bald zu versetzen. Als Nachfolger würde er Geiger/Büchenbronn empfehlen; Kappes könne man dann zur Verwaltung der Pfarrei nach Büchenbronn setzen.

Pfarrer Rost wünscht, daß man sich einmal grundsätzlich darüber unterhalte, wie wir uns nun eigentlich gegenüber den religiösen Sozialisten verhalten sollen. Einer einleitenden Erklärung des Kirchenpräsidenten, daß die Kirche dem Staat gegenüber unter allen Umständen ihre Selbständigkeit wahren müsse, stimmt Pfarrer Rost voll und ganz zu. Aber hier handle es sich jetzt konkret um die Frage, ob wir einen Mann noch tragen können, dessen Märtyrermut so groß sei, daß er bangt um sein bißchen Brot und aus der SPD austritt; einen Mann, der seinerzeit die marxistische Revolution in Permanenz erklärt und noch bei den Konkordatsberatungen so große Töne geredet habe. Der Kirchenpräsident kann sich sehr wohl Fälle denken, in denen wir einen Geistlichen dem Staat gegenüber nicht halten können. So sei es selbstverständlich, daß Simon vom Heuberg wegmüsse. Auch Bollmann könnten wir u. U. nicht decken, wenn der Staat gegen ihn vorginge. Aber bei Kappes handle es sich eigentlich nur um kirchenpolitische Dinge, um deren willen wir nicht einfach sagen können: Du wirst von uns nicht mehr ertragen. Ohne Disziplinarverfahren könne man ihn nicht aus dem Amte entfernen. Pfarrer Rost denkt daran auch gar nicht; für ihn ist die Frage die: Wird man die Fraktion dieser Leute heute noch als Erbnachfolgerin der religiösen Sozialisten ansehen können? Auf alle Fälle müsse man die Herren fragen, was sie nun eigentlich zu tun gedächten. Dazu bemerkt der Kirchenpräsident, sie wollten nun eine 'soziale Politik im nationalen

Rerum' treiben. Der Prälat weist darauf hin, daß die Leute wohl aus der SPD ausgetreten seien, nicht aber aus dem Bund religiöser Sozialisten. Deswegen, weil sie jetzt in gewissem Sinne umgefallen seien, könne man sie nicht einfach aus dem Amte beseitigen: Wetterfahnen hätten wir auch außerhalb des Kreises der religiösen Sozialisten. Aber von unten her könne und müsse man abbinden, also bei den Jungen anfangen, schon beim Zugang zum theologischen Nachwuchs. – Bezüglich des Pfarrers Kappes bemerkt der Rechtsreferent, Kultusminister Wacker habe durch Oberregierungsrat Asal anfragen lassen, was wir mit Kappes zu tun gedächten, der immerhin ein Amt bekleide, durch das er dauernd mit den staatlichen Behörden in Berührung komme. Er, der Rechtsreferent, habe erwidert, man dürfe unserer Kirche nach ihrer ganzen Vergangenheit zutrauen, daß sie den Marxismus nicht werde in die Halme schießen lassen. Der Staat könne der Kirche die Besetzung und Entsetzung ihrer Ämter, die zudem *ihre* Sache sei, ruhig überlassen. Der Minister habe dem auch beigepflichtet. Im übrigen bemerkt der Rechtsreferent, er sei schon längst der Ansicht gewesen, daß Kappes von seinem hiesigen Posten wegmüsse und schlage vor, schon heute darüber eine Entscheidung zu treffen. Nach der grundsätzlichen Seite wolle er nur noch bemerken, daß die Selbständigkeit unserer Kirche unter allen Umständen gewahrt und den Interessen unserer Kirche als einer Volkskirche Rechnung getragen werden müsse; ein Anhängsel des Staates dürfe die Kirche nicht werden. Auf eine Anregung von Dr. Dommer, für den bisher von Kappes bekleideten Posten einen Verwaltungsbeamten zu bestellen und ihn u.U. dem Gemeindeamt anzuschließen, da es sich dabei doch fast nur um Rechts- und Unterstützungssachen handle, die ebensogut ein mittlerer Beamter besorgen könne, bemerkt der Kirchenpräsident, daß mit dem Jugend- und Wohlfahrtspfarramt doch auch wichtige seelsorgerliche Aufgaben verbunden seien und daß deshalb alle großen Städte solche Pfarrämter verlangt hätten. Ähnlich der Prälat, der zugibt, daß gewiß manche Arbeit dieser Zentralstelle für die verschiedensten Betätigungen gemeindlicher Wohlfahrtsarbeit von einem Verwaltungsbeamten besorgt werden könnte, aber auch darauf hinweist, daß mit einer solchen Stelle doch auch andere wichtige Aufgaben verbunden seien, für die man einen Pfarrer brauche, so z.B., wenn es sich um Anstaltsfragen handle oder um den Verkehr mit den Behörden oder um Vertretung der Kirchengemeinde nach außen und dergleichen mehr; im Augenblick könne man jedenfalls die Kappes'sche Stelle nicht aufheben und dadurch den übrigen Geistlichen noch mehr Arbeit aufbürden. Oberkirchenrat Bender bemerkt, selbst, wenn man wie in Mannheim, eine Dezentralisation vornehme und alle möglichen Jugend- und Wohlfahrtsaufgaben wieder in die Einzelgemeinden hinausgebe, bleiben für ein Jugend- und Wohlfahrtspfarramt noch so viele Aufgaben übrig, daß sie einen besonderen Pfarrer vollauf in Anspruch nehmen und ein ständiges Pfarramt durchaus rechtfertigen. In ähnlichem Sinne spricht sich auch Landeskirchenrat Voges aus, zumal die Gemeindepfarrer belastet genug seien. — Nachdem der Rechtsreferent nochmals dringend ersucht hatte, heute schon eine Entscheidung wegen Kappes zu treffen, wird einstimmig beschlossen, den Jugendpfarrer Kappes hier gemäß § 69 KV nach Büchenbronn zu versetzen unter Betrauung mit der Verwaltung dieser Pfarrei..."

324 KReg., Prot.: Vorladung der rel.-sozialist. Geistlichen
Karlsruhe, 7. April 1933; LKA GA 4892

„Bezüglich der religiös-sozialistischen Geistlichen ist die Ansicht der Kirchenregierung die, daß der Oberkirchenrat dieselben einbestellen und von ihnen mit Rücksicht auf die gegenwärtige Lage eine ganz bestimmte Erklärung über ihr künftiges Verhalten unter den neuen Verhältnissen verlangen solle..."

325 KReg.: „Erklärung"*) — Verzicht auf marxist.-sozialist. Ziele
Karlsruhe, o.D.; LKA PA 6222 — masch. hektogr.

„I. Ich erkläre, daß ich aus der SPD ausgetreten bin und mich in keiner Weise an einer anstelle der SPD tretenden, gleiche oder ähnliche Ziele wie die SPD verfolgenden Organisation beteiligen noch solche Organisationen in irgend einer Form unterstützen werde.

II. Ich erkläre, daß ich keiner kirchlichen Gruppe angehören oder sie unterstützen werde, die unmittelbar oder mittelbar marxistische Forderungen und Ziele fördert, sei es auch nur dadurch, daß sie vom Evangelium her den Versuch macht, geistig-geistliche Unterlagen zur Verwirklichung marxistisch-sozialistischer Ziele zu schaffen.

III. In meinem Amt, insbesondere in Predigt und Unterricht, werde ich das Evangelium frei von rein persönlichen Urteilen politischer, sozialer und wirtschaftlicher Art zur Verkündigung bringen und auch in privaten Äußerungen mich nach dieser Richtung hin der Zurückhaltung befleißigen."

326 KPräs. Wurth an Pfr. Simon: Aufforderung zur Unterzeichnung der „Erklärung"
Karlsruhe, 12. April 1933; LKA PA 6222 — korr. Konzept

„Wir sehen uns veranlaßt, um der Freiheit unserer Kirche willen und zum Schutze unserer Geistlichen einer Anzahl von diesen [u.a. Pfr. Wilh. Herm. Fried. Bollmann/Pforzheim-Buckenberg, Pfr. Theod. Wilh. Erhardt/Ruchsen, Pfr. Heinz Kappes/Karlsruhe, Pfr. Ludwig

---

* Diese wurde Anfang April 1933 einigen Pfarrern, die der SPD — vgl. Dok. 326 — angehörten, zur Unterzeichnung vorgelegt.

Wilh. Simon/Stetten a.k.M. und Pfr. Kasp. Joh. Löw/Karlsruhe] anliegende Erklärung zur Unterschrift vorzulegen. Sie ist bereits von einigen Ihrer engeren Gesinnungsgenossen unterzeichnet, und ich erwarte, solches bis Ende dieser Woche auch von den übrigen Herren wie von Ihnen selbst.
Zu Satz 1 darf ich darauf aufmerksam machen, daß Ihre Kollegen Kappes, Loew und Dietrich schon seit acht Tagen aus der SPD ausgetreten sind."

327 Pfr. Kappes an KPräs. Wurth: Einschränkungen der „Erklärung"
Karlsruhe, 17. April 1933; LKA PA 6223
„Ihr so freundlich und persönlich gehaltener Brief, welchem das Formular der 'Erklärung' beigelegt war, gibt mir das Recht, der vollzogenen Unterschrift einige Zeilen beizufügen:
Zu Ziffer I: Als ich bei meinem zweiten Examen im November 1919 Herrn Prälat D. Schmitthenner um Verwendung in einem Arbeiterbezirk bat, als ich später in Mannheim mich in der Neckarvorstadt in die Seele des Industrieproletariats einlebte, als ich dann hier als Fürsorgepfarrer nach der Inflationszeit in die SPD eintrat, als ich später ein Mandat im Bürgerausschuß und Stadtrat annahm, als ich in vielen Reden über politische und weltanschauliche Themen bei der SPD wirkte und sie auch in den Wahlbewegungen agitatorisch unterstützte, – geschah dies immer, um so an sichtbarer Stelle und unter Einsatz aller meiner persönlichen Kräfte *die Solidarität des evangelischen Geistlichen, und damit der Kirche, mit der sozialistischen Arbeiterschaft darzustellen.*^{*)}
Das Politische als solches war mir nie Selbstzweck. Ich habe eine mir angebotene Kandidatur zum Reichstag im Sommer 1932 abgelehnt. Meine kommunalpolitische Tätigkeit diente in erster Linie meinem Fürsorgepfarramt. Ich habe ein Gericht über die SPD geahnt und habe, soweit es in meinen Kräften stand, versucht, gegen viele Entartungserscheinungen zu kämpfen. Trotzdem habe ich mich nur schweren Herzens von der Partei getrennt. Denn mein Gewissen bindet mich nun einmal an die dort (und in der KPD) bisher organisierten Arbeiter und Arbeitslosen, an ihre Not, an ihre Hoffnungen auf eine gerechtere, den Kapitalismus überwindende Wirtschafts- und Gesellschaftsordnung.
Die Revolution vom 5.3.1933 hat beide Parteien des Proletariats zerstört. Vorläufig sieht es so aus, als ob die bisher von den sozialistisch-kommunistischen Parteien nicht erfaßten, aber auch durch den Kapitalismus in ihrer Existenz bedrohten Schichten der Kleinbauern, Angestellten, Handwerker und kleinen Geschäftsleute, in denen durch die NSDAP ein gefühlsmäßiger 'Sozialismus' erweckt worden ist, in eine

---
* Im hds. Original vom Verf. unterstrichen.

einheitliche Linie mit den Arbeitern und Arbeitslosen gebracht werden. Von der Verwirklichung einer Überwindung des Kapitalismus durch die NSDAP hängt es ab, ob nicht wieder neue sozialistische Parteien aus der Not geboren, und darum notwendig entstehen.

Ich bin bereit, mich in der voraussehbaren Zeit den Bedingungen der Ziffer I. der 'Erklärung' zu unterwerfen und, ohne eine parteipolitische Betätigung, allen den erwähnten sozialen Schichten, soweit es mit der Universalität meines Amtes als Gemeindepfarrer verträglich ist, die Ergebnisse meiner sozialökonomischen geistigen Arbeit zur Verfügung zu stellen. Dabei denke ich an ein Wort meines verstorbenen Vaters: 'Wenn ich meinen Bauern nicht sagen kann, ob sie ihren Acker gut oder schlecht gebaut haben, kann ich ihnen auch nicht das Evangelium verkündigen.' –

Zu Ziffer II: Als 'religiöser Sozialist', der innerhalb des politischen Marxismus stand, war es für mich bisher eine Notwendigkeit, daß ich mich mit dem freidenkerischen sogenannten 'Vulgärmarxismus' auseinandersetzte, die dialektische ökonomische Geschichtsbetrachtung aus ihrer weltanschaulich-materialistischen Umklammerung loszulösen versuchte, um in den Sozialisten eine Erkenntnis für die Wirklichkeit des christlichen Glaubens zu erwecken, und so innerhalb der noch zur Kirche gehörigen sozialistischen Massen eine Versöhnung und gegenseitige Durchdringung zwischen dem sozialistischen und christlichen Prinzip zu schaffen, und gegenüber der freidenkerischen Propaganda wirkungsvollere Apologetik treiben zu können, als es bisher geschah. Das Primäre war mir dabei mein christlicher Glaube, von dem ich direkt und indirekt immer Zeugnis abgelegt habe.

Nichts liegt mir ferner, als etwa durch die Arbeit des Volkskirchenbundes 'Schlupfwinkel' des politischen Marxismus oder des weltanschaulichen Vulgärmarxismus in der Kirche zu bilden.

Ich bin der Meinung, daß der eschatologische Realismus, der als Glaube, Theologie und Ethik die Basis unseres Volkskirchenbundes ist, biblisch begründet und autonom gegenüber allem Parteipolitischen ist.

So möchte ich die kirchliche und kirchenpolitische Arbeit 'im Namen der Kirche' weitertreiben durch Mitarbeit in der Synode und Erziehung unserer Vertreter in den kirchlichen Körperschaften im Geist des Neuen Testaments. Darin sehe ich die einzige Aufgabe des Volkskirchenbundes.

Zu Ziffer III: Ich erkenne rückhaltlos an, daß gerade heute eine besonders verantwortungsbewußte und gewissenhafte Haltung von einem Pfarrer gefordert werden muß.

Zum Schluß darf ich betonen, daß ich bereit bin, den von Ihnen, sehr verehrter Herr Kirchenpräsident, geführten schweren Kampf um die Unabhängigkeit und evangelische Freiheit unserer Kirche in jeder Weise zu unterstützen, und darf Sie meiner unablässigen Fürbitte für das Gelingen dieses Kampfes versichern."

328 EOK an Pfr. Kappes: Zurückweisungen der „Einschränkungen"
Karlsruhe, 9. Mai 1933; LKA GA 4656

„Die von Ihnen geforderte Erklärung [vgl. Dok. 326/27] haben Sie unterm 17.4.1933 zwar unterzeichnet, in einem Schreiben vom gleichen Tage aber Ausführungen gemacht, die letztlich wiederum eine Einschränkung Ihrer Erklärung darstellen. So sagen Sie sich in Ihren Ausführungen zu Ziffer 2 von einem 'Vulgärmarxismus' los, betonen aber doch, daß Sie Ihre kirchliche und kirchenpolitische Arbeit im Sinne des 'eschatologischen Realismus', der 'die Basis des Evang. Volkskirchenbundes ist', weitertreiben wollen. Sie erkennen damit, ohne dies allerdings deutlich und aufrichtig zu sagen, eben doch den Marxismus, wenn auch, wie Sie meinen, in einer verfeinerten Form als mitbestimmend für Ihre Tätigkeit an. Anders kann ich mir Ihre Darlegungen, die mir unklar erscheinen, nicht deuten. Bei dieser Sachlage vermag ich nicht anzuerkennen, daß Sie die geforderte Erklärung in vollem Umfang abgegeben haben, und muß die Verantwortung für alle daraus für Sie erwachsenden Folgerungen ablehnen. Zu dieser Schlußfolgerung werde ich auch gedrängt durch die Darlegungen des Herrn Dr. Dietrich in seinem Schreiben an das Polizeipräsidium Mannheim betr. Verbot der Wochenzeitung 'Der Religiöse Sozialist' vom 24.3.1933 [vgl. Dok. 322]. Wenn da unter Ziffer 5 gesagt wird; 'Unser Bund steht den Angehörigen aller Volksschichten offen, die sozialistisch und religiös sein wollen. Seine Anhänger bemühen sich, innerhalb unseres Volkes und unserer Kirche das christlich-sozialistische Gewissen zu sein', so kann damit doch nur gesagt sein, daß man auch weiterhin die Grundtendenz des Marxismus verfolgen will. Denn 'sozialistisch' im Mund des Vorsitzenden des Bundes der evangelischen Sozialisten kann bei dem bisherigen Programm und der Vergangenheit des Bundes eine andere Bedeutung nicht haben, wenn sie nicht in klaren Worten zum Ausdruck kommt. Auch wenn es nicht unmittelbar zu meiner Aufgabe gehört, so halte ich mich doch für verpflichtet, es auszusprechen, daß es für Sie, der Sie an der Führung des badischen Volkskirchenbundes maßgebend beteiligt sind, an der Zeit wäre, klipp und klar auszusprechen, ob und mit welchem genauen Programm Sie den Bund religiöser Sozialisten im Bereiche der badischen Landeskirche weiterführen werden. Ich glaube, daß Sie damit vielen Angehörigen Ihres Bundes, die in gemeindekirchlichen Ämtern sind, und nunmehr in den inneren und äußeren Schwierigkeiten, in die sie durch die veränderten Zeitumstände gekommen sind, nicht mehr Rates wissen, eine erlösende Hilfe schaffen. Aber auch die Kirchenbehörde wird in allernächster Zeit Klarheit über die Grundsätze Ihres weiteren Wirkens haben müssen. Ich ersuche um umgehende Stellungnahme."

329 EOK: Nivellierung der „Erklärung" durch „Einschränkungen"
Karlsruhe, 30. Okt. 1933, S.13f.; LKA GA 6225

„...Der Oberkirchenrat war der Auffassung, daß durch diesen Zusatzbericht die Erklärung als im vollen Umfang abgegeben nicht anerkannt werden kann und wies Pfarrer Kappes darauf hin, daß er die Verantwortung für alle sich daraus erwachsenden Folgerungen zu tragen habe...
Am 17.5.1933 fand zwischen Pfarrer Kappes und dem Herrn Kirchenpräsidenten wegen der Anerkennung der Erklärung eine Besprechung statt, in welcher Pfarrer Kappes den in seinem oben mitgeteilten Bericht vom 17.4.1933 eingenommenen Standpunkt in vollem Maße aufrecht erhalten haben will.

Die Kirchenbehörde glaubte hinsichtlich des Pfarrers Kappes es bei der Einforderung der erwähnten Erklärung noch nicht bewenden lassen zu können, weil Pfarrer Kappes in seiner Stellung als Jugendpfarrer in Karlsruhe dauernd in Fühlung mit staatlichen Behörden kommen mußte und nach der der Kirchenbehörde zugegangenen Äußerung des Kultusministeriums die Gefahr bestand, daß er abgelehnt und damit der kirchlichen Wirksamkeit Schaden erwachsen wird. Mit Beschluß vom 7.4.1933 [vgl. Dok. 323] beauftragte deshalb die Kirchenregierung Pfarrer Kappes mit der Verwaltung der Pfarrei Büchenbronn in der Erwartung, daß er auf dieser abgelegenen Gemeindepfarrei die Kirche in keinerlei Schwierigkeiten bringen wird..."

330 Pfr. Rössger: „Religiös-sozialistische Theologie"
Kirche u. Volk Nr. 17, 23. April 1933, S. 136

„Die Nummer 9 des 'Religiösen Sozialisten' bringt unter der Überschrift 'Warum muß die Fastensitte wieder in die evangelische Kirche eingeführt werden' eine aus der Feder eines Berliner Arztes stammende Abhandlung, in der er den hungernden Genossen das Fasten empfiehlt. Wir könnten zu dieser Empfehlung schweigen, wenn nicht dabei auch das Abendmahl erwähnt wäre. Es heißt dazu: 'Der Verfasser des 4. Evangeliums, der Apostel Johannes, der Augenzeuge war, weiß von einem Osterlamm-Essen gar nichts, sondern betont ausdrücklich von sechs verschiedenen Stellen, daß sich das alles noch vor Ostern abgespielt hat. Jesus ist nachmittags um 3 Uhr am Kreuz gestorben, gerade in der Zeit, als die Osterlämmer im Tempel geschlachtet wurden und das

Ostermahl mit dem Essen des Osterlammes fing erst drei Stunden später an. Die Erzählung der drei ersten Evangelien ist eine Fleischesserlegende.' Darnach wäre es also nicht geschichtlich, daß 'es Jesus herzlich verlangt hatte, mit seinen Jüngern das Osterlamm zu essen, ehe er litt', wäre es Legende, daß er mit seiner Jüngerschaft der damaligen Sitte gemäß das Passah feierte, wie es die Tradition gebot. Alle Berichte der ersten drei Evangelien sind ja nur Fleischesserlegenden! Braucht man sich bei solcher 'Schriftauslegung' wundern, wenn in den Kreisen der marxistischen Sozialisten die Religion so zur Privatsache gemacht wurde, daß man auch das gesichertere Zeugnis der Bibel über Bord warf? Braucht man sich wundern, wenn ein Genosse Pfarrer Eckert das Bild des Abendmahlkelches benützte, um mit ihm die bösen Nazis zu verulken? Es wäre besser, jener Arzt bliebe sei seinen Leisten, als die Bibel dazu zu benützen, um sein Vegetariertum als 'schriftgemäß' zu begründen. Ist solche Schriftauslegung etwa 'Luthers Lehre', auf die in der letzten Synode ein Redner der religiösen Sozialisten mit so großem Pathos sich berief? Zu wessen Last fällt diese theologische Verirrung? Sie geht auf das Konto des theologischen Liberalismus, von dem manche sagen, daß er heute längst überwunden sei. Wo kommt unsere evangelische 'Theologie' und Kirche hin, wenn das Kirchenvolk mit solchen 'wissenschaftlichen Wahrheiten' gespeist wird. Glaubt der 'religiöse Sozialist' mit solchen Artikeln seine Genossen zur Liebe zum Sakrament des Altars erwärmen zu können? Die 'Fleischesserlegende' zeigt uns, wie berechtigt unsere nationalsozialistische Forderung einer kirchlichen Lehrzucht ist."

331 EOK an Evang. Pfarramt Rintheim: RS in kirchlichen Gremien
Karlsruhe, 12. Mai 1933; LKA GA 4656 – Durchschrift

„Wenn Mitglieder des Sprengelausschusses und des Sprengelrates ihre Ämter niedergelegt haben, so ist in Anwendung der §§ 18 und 31 in Verbindung mit § 42 KV eine Erneuerungswahl vorzunehmen. Werden dabei erneut Mitglieder der evang. Sozialisten vorgeschlagen, so wird bei ihnen in verschärftem Maße zu prüfen sei, ob sie den Anforderungen des § 16 bzw. des § 28 der KV gerecht werden. Dabei wird nicht außer Acht gelassen werden dürfen, daß die jetzt Zurückgetretenen sich für das Amt nicht mehr für geeignet hielten, weil sie bisher auf dem Boden des marxistischen Sozialismus gestanden sind. Vertreten die Vorgeschlagenen ähnliche Ansichten, so dürfte es zum mindesten zweifelhaft sein, ob sie geeignet sind, dem Aufbau des religiös-sittlichen Lebens der Gemeinde dienen zu wollen. Denn eine Landeskirche mit dem volksmäßigen, öffentlichen Charakter, der ihr zukommt, wird bei der Einstellung der breiten Öffentlichkeit und der Staatsleitung im Aufbau ihrer

Gemeinden nicht gefördert durch die Mitwirkung von Persönlichkeiten, die verdeckt oder unverdeckt dem marxistischen Sozialismus, wenn auch nur als erstrebenswerte Wirtschaftsform, Vorschub leisten. Es wird daher, wenn Mitglieder des Bundes religiöser Sozialisten vorgeschlagen werden, auch unter diesen Gesichtspunkten ihre Geeignetheit zu prüfen und gegebenenfalls zu verneinen sein. Einen anderen gesetzlichen Weg, Mitglieder dieses Bundes von der Neuwahl auszuschließen, bietet die KV nicht."

332   EOK, Prot.: Ausschluß der RS aus der LSyn.
Karlsruhe, 16. Mai 1933; LKA GA 3479

„... der nächsten Kirchenregierung soll ein vorläufiges kirchliches Gesetz vorgelegt werden, durch das die Amtsdauer der Mitglieder der bisherigen Synodalfraktion der Evang. Sozialisten für beendet erklärt wird."

333   KReg., Prot.: Ausschluß der RS vertagt
Karlsruhe, 19. Mai 1933; LKA GA 4892

„... Entwurf eines vorläufigen kirchlichen Gesetzes betr. 'die Beendigung der Amtsdauer der dem Bund evangelischer Sozialisten angehörigen Mitgliedern der Landessynode'. Von der Beratung dieses Gesetzentwurfes wird vorerst abgesehen..."

334   LSynd. Dietrich an LKR Voges: KPräs. Wurth fordert Rücktritt der RS-Synodalen
Mannheim, 21. Mai 1933; LKA GA 8088

„Eben bekomme ich von Kappes die Aufforderung, sofort mein Amt in der Synode niederzulegen. Der Herr Kirchenpräsident hat ihn zu sich kommen lassen und ihn bestimmt, nicht nur für sich, sondern auch sämtliche Stellvertreter zu veranlassen, sofort ihren Verzicht auszusprechen. Ich wäre diesem Wunsche auch nachgekommen, wenn mir eben nicht von nationalsozialistischer Seite abgeraten worden wäre, die mir sagte: Durch den Verzicht der religiösen Sozialisten in der Synode würden die Positiven ihre Mehrheit erhalten, die sie verlieren würden, wenn die Liberalen und religiösen Sozialisten zu den Nationalsozialisten übergehen würden. Es sei ein großer Gegensatz zwischen Voges und Bender und Voges wäre es sicherlich lieber, wenn in diesem Augenblick die religiösen Sozialisten ihre Ämter behielten.
Ich bin mir völlig bewußt, daß unter den gewordenen Verhältnissen die religiösen Sozialisten keine Aufgabe mehr in der Synode haben und habe mir schon seit langem vorgenommen, im geeigneten Augenblick auf mein Mandat zu verzichten. Ehe ich aber dem Wunsche von Herrn Kirchenpräsident Wurth nachkomme, darf ich Sie bitten, unter der Versicherung strengster Verschwiegenheit mir die wahren Gründe des

Schrittes von Wurth gegen uns darzulegen. Es wird heutzutage so viel in Gerüchten gemacht, daß ich äußerst mißtrauisch geworden bin. Denn wenn ich vor meinem Rücktritt aus dem kirchenpolitischen Leben noch etwas dazu beitragen könnte, daß Bender sein Lebensziel nicht erreicht, so wäre das wenigstens am Schluß meiner kirchenpolitischen Betätigung eine kleine Genugtuung. Ich darf Sie aber bitten, von diesem Brief der Außenwelt nichts mitzuteilen, weil sonst sich die unsinnigsten Gerüchte daran knüpfen könnten."

335 LSynd. Dietrich an LKR Dommer: Kein Mandatsverzicht
Mannheim, 1. Juni 1933; LKA GA 8088 − Original

„Sie haben ganz recht: Ich war außerordentlich erstaunt, als ich anstatt von Voges von Ihnen eine Antwort bekam. Aber ich kann die Gründe dazu sehr leicht begreifen, da ich auch schon oft im Mittelpunkt kirchlicher Entscheidungen gestanden habe und weiß, wie jede Minute kostbar ist. Heute ist es an mir, daß ich Ihnen so spät antworte, den Brief mit einer Entschuldigung zu beginnen: Es fehlten zwei jüdische Kollegen, deren Stunden ich z.T. vertreten habe, so daß ich alle aufschiebbare Arbeit liegen ließ. Das hatte aber auch wieder den Vorteil, als inzwischen Ereignisse eingetreten sind, die die Frage weiter geklärt haben. Ich erinnere an die Ernennung eines Reichsbischofs, an den Gegensatz zwischen den deutschen Christen und den Kirchenvertretungen usw. Wichtiger für Sie ist aber ein Brief, den mir Wurth geschrieben hat. Da Sie unter Wahrung der Verschwiegenheit ganz offen mir geschrieben haben, kann ich es auch tun.

Die an Kappes übertragene Mission von Wurth, uns zum Rückzug zu bewegen, ist an meinem Widerspruch gescheitert, so daß wohl Kappes sein Amt für seine Person niedergelegt hat, aber dafür wieder ein Nachfolger einrücken kann. Jetzt wendet sich Wurth an mich als den Fraktionsvorsitzenden und verlangt dasselbe von mir. Und ich entspreche seinem Wunsche nicht. Ich bin mir ganz bewußt, daß eine kirchenpolitische Betätigung im alten Sinne von seiten der religiösen Sozialisten unmöglich ist. Es fehlt uns die Möglichkeit, für unsere Gedanken im Volke zu werben. Das ist aber auch gar nicht nötig, weil alle unsere in der Synode niedergelegten Anträge in Bezug auf Besoldung, kirchliche Organisation usw. von den deutschen Christen aufgenommen wurden und z.T. verwirklicht wurden. So können wir als Gruppe ruhig verschwinden. Vielleicht lesen Sie einmal in der Zeitschrift für Religion und Sozialismus, die ich Ihnen gleichzeitig zuschicke, den Artikel von Diogenes. Er entspricht meiner Auffassung. Nun werden Sie mich vielleicht fragen: Warum kommen Sie denn nicht zu den deutschen Christen, wenn Sie mit dem allem einverstanden sind. Darauf will ich Ihnen so offen und frei antworten, wie Sie mir auch geantwortet haben. Solange ich ein kirchliches Amt habe, werde ich gegen diese Richtung in der Kirche kämpfen, wie Sie sich in der Person von Bender verkörpert, weil diese Richtung das Hemmnis für die Gestaltung einer Volkskirche in der Vergangenheit war und auch in der Zukunft sein wird. Ich werde aber auch nicht den geringsten Versuch machen, zu den deutschen Christen zu gehen, sondern als einzelner sowohl im Kirchengemeinderat wie in der Synode bleiben, solange ich dazu die Möglichkeit habe. Dabei bin ich mir voll bewußt, daß Ihre Gruppe mit Hilfe der anderen jederzeit die Möglichkeit hat, mich hinauszuwerfen. Wir haben rund 500 Kirchengemeinderäte und Kirchenausschußmitglieder im Lande. Der Teil, der sich noch nicht Ihrer Gruppe angegliedert hat oder schon seine Ämter niedergelegt hat, wird dann auch wohl nicht mehr bleiben können. Ich halte es immer noch für ehrenvoller, der Übermacht zu weichen als freiwillig die Geschäfte von Herrn Wurth zu tun.

Nun aber noch ein Wort zur Gleichschaltung: ich freue mich, daß unsere früheren Anhänger den richtigen Instinkt gezeigt haben und nicht zu den Liberalen oder Positiven, sondern zu den deutschen Christen gegangen sind. Aber trotzdem habe ich allen jenen Leuten aus unseren Reihen, die aus Konjunktur dorthin gegangen sind, die heftigsten Vorwürfe gemacht. Sie werden selbst mit mir einig gehen, daß die Zahl der kirchlichen und politischen Konjunkturpolitiker bei Ihnen schon groß ist. Als ich vor Jahren fast allein den Kampf gegen Eckert in unseren Reihen führte, fiel eine Meute von Schreiern über mich her. Vor allem Volksschullehrer. Und wo sind sie heute, wo Bekennermut gezeigt und Opfer gebracht werden müßten? Ich habe viele Menschen kennengelernt. Hoffentlich sind Sie am Ende Ihrer kirchenpolitischen Tätigkeit nicht so enttäuscht wie ich.

Damit wollen wir unseren Briefwechsel abschließen, dessen Inhalt niemand verabredungsgemäß erfahren soll. Ich danke Ihnen, daß Sie auf meinen Brief eingegangen sind, und darf Sie bitten, Herrn Pfarrer Voges von meiner Antwort vertrauensvoll Kenntnis zu geben. Ich brauche Ihnen wohl nicht zu versichern, daß die kirchenpolitischen Entscheidungen Ihrer Gruppe sowohl in der Vergangenheit wie auch in der Zukunft von mir als kirchenpolitische, aber nicht als persönliche Entscheidungen empfunden werden. Gehen Sie rücksichtslos Ihren Weg weiter und hüten Sie sich vor der überschlauen Politik von Herrn Bender!"

336 EOK, Prot.: EOK insistiert auf Rücktritt von LSynd. Dietrich
Karlsruhe, 2. Juni 1933; LKA GA 3479

„Dem Synodalen Direktor Dr. Dietrich, der sein Mandat zur Landessynode nicht niederlegen will, wird der Rat gegeben, nochmals zu erwägen, ob er nicht doch niederlegen wolle. Auf seine kirchlichen Gemeindeämter habe der Verzicht auf sein Mandat keine Wirkung."

337 EOK an LSynd. Dietrich: Konsequenzen einer Mandatsniederlegung
Karlsruhe, 7. Juni 1933; LKA GA 4656 – Abschrift

„Bei der Einstellung, die Sie in Ihrem obigen Schreiben zu der Frage der Niederlegung Ihres Amtes in der Landessynode einnehmen, glaube ich, daß eine persönliche Aussprache weder klärend noch ergebnisreich sein wird, und möchte Sie daher zu einer solchen nicht weiter bemühen. Ich darf Ihnen aber nochmals zur Erwägung anheimgeben, ob die Verhältnisse, wie sie heute liegen, es Ihnen nicht doch geboten erscheinen lassen, Ihr Amt als Abgeordneter zur Landessynode niederzulegen. Wenn die Mitglieder Ihrer Fraktion in der Landessynode ihr Amt niederlegen und auch die Ersatzmänner dies tun, so hat dies rechtlich keineswegs die Folge, daß die Ihrem Bund angehörenden Ältesten und Vertreter der Gemeindekörperschaften ebenfalls ihr Amt niederlegen müssen, wohl aber kann ich mir denken, daß ein Ausscheiden Ihres Bundes aus der Landessynode in noch weitgehenderem Maße als dies jetzt schon nach den mir vorliegenden Berichten der Fall ist, die dem Bund evang. Sozialisten angehörenden Vertreter und Ältesten veranlassen wird, ihr Amt niederzulegen. Bei dieser Gelegenheit darf ich an Sie als den früheren Vorsitzenden der Landesorganisation die Bitte richten, an die Angehörigen Ihres Bundes soweit sie Gemeindekörperschaften zugehören, einheitliche Richtlinien über das Verbleiben oder Ausscheiden aus dem Amt herauszugeben, um der z.T. offensichtlich bestehenden Ratlosigkeit unter Ihren Freunden ein Ziel zu setzen und damit wieder geordnete Zustände in die Gemeindekörperschaften zu bringen."

338 EOK an Minister des Kultus und Unterrichts – Staatskommissar: Vorbehalte gegen die Argumentation des LSynd. Dietrich in Dok. 322
Karlsruhe, 12. Juni 1933; LKA GA 4656 – korr. Konzept

„... Der Ansicht des Herrn Realschuldirektor Dr. Dietrich in seiner Eingabe an das Polizeipräsidium Mannheim vom 24. März 1930 [vgl. Dok. 322], daß sowohl die Zeitung 'Der Religiöse Sozialist' wie auch der Bund der religiösen Sozialisten parteipolitisch ganz unabhängig waren, vermag ich nach meiner Kenntnis der Dinge nicht beizutreten. Zum Beleg sei auf folgendes hingewiesen.
In der Sammlung: Schriften der religiösen Sozialisten ließ 1926 der frühere Pfarrer Eckert die Schrift erscheinen: 'Was wollen die religiösen Sozialisten?' Es heißt darin auf S. 3 am Anfang: 'Die religiösen Sozialisten sind die Vorkämpfer des revolutionären Proletariats auf dem Gebiet des religiösen und kirchlichen Lebens; sie kämpfen in den Kirchen gegen die Kirche um eine neue Gemeinschaft, um eine neue Kir-

che, die aus Christi Geist das Leben des Einzelnen und das Leben der Gesellschaft für die kommende sozialistische Ordnung vorbereitet, festigt und heiligt.'
Auf S. 20 fanden sich folgende Ausführungen:
'Die Unwissenheit in den proletarischen Parteien über die religiösen Sozialisten ist so groß, daß man sogar die Auffassung vertreten hört, die religiösen Sozialisten wollten eine neue politische Partei ins Leben rufen. Die religiösen Sozialisten denken nicht daran, sie sind, wenn sie organisiert sind, in den bestehenden proletarischen Parteien, und haben zur Durchführung ihrer besonderen Aufgabe ein sinngemäß gegliedertes Zweckverbandssystem.
Die religiösen Sozialisten bedauern aufs tiefste die Zerrissenheit des Proletariats und wollen an ihrem Teile mitarbeiten an dessen geschlossener roten Front, die kommen wird und kommen muß.'
Als im Januar 1931 der frühere Pfarrer Eckert als damaliger Führer der religiösen Sozialisten seinen scharfen Kampf gegen den Nationalsozialismus begann und dabei ein Verhalten an den Tag legte, das mit den Pflichten eines Pfarrers nicht mehr zu vereinbaren war, schritt die Kirchenbehörde gegen Eckert ein. In zahlreichen Artikeln ist deshalb die Kirchenbehörde von der sozialistischen Presse, insbesondere von dem Karlsruher 'Volksfreund' und von der Mannheimer 'Volksstimme' angegriffen worden, zwei sicherlich ausschließlich sozialdemokratische Zeitungen, die damals durch dick und dünn für Pfarrer Eckert eintraten. Wenn dies bestritten werden sollte, so ist die Kirchenbehörde in der Lage, die gesamten Zeitungsausschnitte vorzulegen.
Anfang Oktober 1931 trat Eckert zur kommunistischen Partei über und zwang dadurch den Bund der religiösen Sozialisten zu der Frage, ob ihre Mitglieder auch der KPD angehören können, Stellung zu nehmen. Diese Stellungnahme erfolgte im 'Religiösen Sozialisten' vom 11.11.1931 Nr. 41. Hier heißt es:
'Erklärung des badischen Landesvorstandes und der Verlagsgenossenschaft des Bundes der religiösen Sozialisten zum Übertritt des Genossen Pfarrer Eckert, Mannheim, zur Kommunistischen Partei.
Die Mitglieder des Bundes der religiösen Sozialisten bekennen sich alle zum Kampf für die sozialistische Wirtschafts- und Gesellschaftsordnung.
Schon immer hat der Bund seinen Mitgliedern die Zugehörigkeit zu einer bestimmten sozialistischen Partei nicht vorgeschrieben.
Wenn die Mitglieder des Bundes politisch organisiert sind, dann können sie jeder der bestehenden marxistisch-sozialistischen Parteien angehören. Die Zugehörigkeit zu einer bürgerlichen Partei bleibt nach wie vor ausgeschlossen.

Gegen den Beitritt des Genossen Pfarrer Eckert zur KPD bestehen darum vom Bund der religiösen Sozialisten aus keine Bedenken, da die KPD ihm die Freiheit seiner weltanschaulichen Überzeugung auch als Mitglied der KPD zugebilligt hat.
Um zu dokumentieren, daß im Bund der religiösen Sozialisten trotz der Verschiedenheit der Ansichten über den politisch–taktischen Weg der Wille zur gemeinsamen Erfüllung der besonderen Aufgaben des Bundes für den Sozialismus besteht, wurde folgende einstimmige Vereinbarung getroffen:
Den Vorsitz und damit die Vertretung des Bundes nach außen übernimmt Genosse B. Göring, Gewerkschaftssekretär, Berlin. Genosse Pfarrer Eckert führt die Geschäfte des Bundes.
In die Schriftleitung des Bundesorgans, die weiterhin bei Pfarrer Eckert bleibt, tritt als gleichberechtigt und mitverantwortlich Genosse Pfarrer Schenkel, Stuttgart-Zuffenhausen.'
Diese Erklärung zeigt deutlich, was Dr. Dietrich auch auf S. 2 seiner Eingabe einräumt, daß die Zugehörigkeit zum Bund der religiösen Sozialisten die parteipolitische Zugehörigkeit zu jeder nicht marxistisch sozialistischen Partei ausschließt.
In welcher Abhängigkeit der Bund der religiösen Sozialisten von SPD und KPD stand, dürfte auch aus Ausführungen des Pfarrers Schenkel, des Nachfolgers Eckerts in der Leitung des Bundes, bei der württembergischen Landesversammlung am 25.10.1931 (Religiöser Sozialist vom 8.11.1931) deutlich werden. Da heißt es z.B. 'So wie der Marxismus sich klar abgrenzt gegenüber allem utopischen Sozialismus, so grenzt sich die religiös-sozialistische Bewegung klar ab gegenüber illusionistischen religiös verbrämten Weltreformschwärmerei, wie gegenüber allen fanatischen Formen eines modernisierten Messianismus...*) Der Sozialismus ist die große Hoffnung der Menschheit. Wir müssen ihm von der christlichen Seite her dankbar sein, daß er Aufgaben in Angriff genommen hat, die auch uns aufgetragen sind, die aber der Sozialismus früher und klarer erkannt... Christentum und Sozialismus bedürfen einander zur Ergänzung... So bejahen wir Christentum und Sozialismus nicht nur theoretisch, sondern wir kämpfen für beides, weil wir uns für beides mitverantwortlich wissen.'
Dieser ganzen engen Verbindung gibt auch das Kernwort am Kopf der Zeitung 'Der Religiöse Sozialist' Ausdruck: 'Durch christlichen Glauben zu sozialistischem Kampf! Durch sozialistischen Kampf zu christlichem Glauben!'
Daß überall da, wo von Sozialismus gesprochen wird, ausschließlich der marxistische Sozialismus gemeint ist, steht zweifelsfrei fest. Wenn es eines Beleges bedürfte, so könnten auch hierfür zahllose Zeitungsartikel und Veröffentlichungen im 'Religiösen Sozialisten' vorgelegt werden,

---

* Sämtliche Kürzungen in der Vorlage

die von einem erbitterten Kampf des Bundes der religiösen Sozialisten gegen den von der NSDAP propagierten Sozialismus Zeugnis ablegen. Schließlich möchte ich noch auf eine im Sommer 1931 erschienene Schrift 'Reich Gottes – Marxismus – Nationalsozialismus' von Ragaz, Wünsch und Kappes hinweisen. In dieser Schrift stellt Pfr. Kappes den theologischen Kampf der religiösen Sozialisten gegen das nationalsozialistische Christentum dar und gibt auch damit einen deutlichen Beleg für die enge Verbundenheit des Bundes der religiösen Sozialisten, wenn vielleicht auch nicht mit den weltanschaulichen, so doch sicherlich mit den wirtschaftlich-sozialen und politischen Zielen des marxistischen Sozialismus. Falls dies erforderlich, kann die Schrift aus der Bibliothek des Evang. Oberkirchenrats vorgelegt werden.
Ich nehme an, daß damit die erforderlichen Grundlagen für die Behandlung der Eingabe*) gegeben sind.
Die zu treffende Entscheidung bitte ich mir mitzuteilen."

339 NSDAP KrsLtg. an Pfr. Dürr: Einspruch gegen Einladung der RS
Pforzheim, 26. Juni 1933; LKA GA 4656 – Original

„Wie mir gemeldet wird, haben Sie trotz der durch die Presse öffentlich bekanntgegebenen Auflösung der SPD und derer sämtlicher Vertretungen die evangelischen Sozialisten erneut zu der Kirchenausschußsitzung am Freitag, den 30. Juni 1933 eingeladen.
Ich fordere Sie hiermit auf, diese Einladungen unverzüglich rückgängig zu machen und bedauere, daß es erst dieses Hinweises bedurfte."

340 Pfr. Dürr an KrsLtr. Ilg: Widerspruch gegen parteiamtliche Bevormundung
Pforzheim, 28. Juni 1933; LKA GA 4656 – Durchschrift

„Herr Kirchengemeinderat Fritz Sch. überbrachte mir am Dienstag Ihr Schreiben bezüglich der Einladung der religiösen Sozialisten zu der auf Freitag, den 30. Juni einberufenen Kirchenausschuß-Sitzung. Ich habe mehrfach vergeblich versucht, Sie telefonisch zu erreichen, und sehe mich deshalb veranlaßt, Ihnen schriftlich zu antworten.
Ihr Schreiben habe ich an den Evang. Oberkirchenrat in Karlsruhe weitergegeben, der das Weitere veranlassen wird. Ihr Schreiben ging von verschiedenen falschen Voraussetzungen aus, die ich doch zurechtstellen möchte.

---

* Wahrscheinlich ist Dok. 322 angesprochen, in dem Dr. Dietrich Wiederzulassung der Zs. 'Der Religiöse Sozialist' fordert. Ein Schreiben des Ministeriums für Kultus, Unterricht und Justiz mahnt am 1. Juni 1933 die Antwort auf ein diesbezgl. Schreiben vom 22. April 1933 an, das jedoch „ausweislich des Tagebuches" nicht beim Evang. Oberkirchenrat angekommen ist (LKA GA 4656).

1. In dem Gesetz zur Auflösung der SPD sind genau alle damit zusammenhängenden verbotenen Organisationen namentlich aufgezählt. Ein Verbot der religiösen Gruppe ist von der Regierung nicht ausgesprochen. Auch meine Behörde hat dies bis jetzt nicht getan. Ich bin deshalb als Vorsitzender des Kirchengemeinderats nicht befugt, die rechtmäßig unseren kirchlichen Vertretungen angehörenden religiösen Sozialisten zu einer Sitzung nicht einzuladen. Die synodalen Vertreter dieser Gruppe haben noch am Samstag, den 24. Juni in der Synode mitgewirkt. Herr Oberkirchenrat Dr. Friedrich, den ich sofort telefonisch anrief, bestätigte mir als rechtliche Lage, daß ich verpflichtet war, die religiösen Sozialisten zu der Sitzung einzuladen.
2. Ich habe beantragt, daß eine autoritative Auslegung der Staatsregierung in dieser Frage herbeigeführt wird, und daß außerdem der Evang. Oberkirchenrat zu Ihrem Schreiben Stellung nimmt.
3. Sie werden verstehen, daß ich nach meinen Dienstvorschriften zu handeln habe, die ich besser kennen muß als Sie, so daß ich bitte, von einem Befehlston abzusehen, den nicht einmal meine vorgesetzte Behörde im Verkehr mit uns anschlägt.
4. Dennoch habe ich den Vertreter der religiösen Sozialisten in Brötzingen zu mir gebeten und ihn veranlaßt, bis zur Regelung der Frage den Sitzungen unserer kirchlichen Körperschaften fernzubleiben. Er versprach, das Weitere zu veranlassen und seine Freunde dazu zu bestimmen.

Daß die Pforzheimer Vertreter der religiösen Sozialisten schon vor dem Verbot der SPD ihre Ämter im Kirchengemeinderat und Ausschuß niedergelegt haben, geschah auf Grund gütlicher Vereinbarungen zwischen dem Vertreter der 'Deutschen Christen', Herrn K., und jener Gruppe. Dabei wußte Herr K., daß er jene Gruppe nicht zur Niederlegung ihrer Ämter zwingen konnte. Eine ähnliche Bemühung steht Herrn Sch. auch in Brötzingen jederzeit frei. Im übrigen entspricht es aber nicht der Meinung des seitherigen Führers der 'Deutschen Christen', Gau Baden, Herrn Landeskirchenrat Voges, kirchlich gesinnte Männer aus jenen Kreisen, die willens sind, in der Kirche mitzuarbeiten, auszuschließen. Die Kirche kann und darf nicht fragen nach dem politischen Bekenntnis ihrer Glieder, denn sie hat das Evangelium allen zu bezeugen. Dagegen ist es Recht und Pflicht des Staates, darüber zu wachen, daß seinen Anordnungen auf seinem Gebiet Folge geleistet und es verhindert wird, daß seine Ziele und Aufgaben zur Gesundung unseres Volkes und Staates nicht gestört werden.

Endlich aber erlauben Sie mir, Ihnen noch ein letztes zur Erwägung zu geben: Es ist der klare Wille unseres Reichskanzlers, daß alle Kräfte eingesetzt werden, um die zerstörte Volksgemeinschaft wieder herzustellen. Mit Zwangsmaßnahmen ist das nicht möglich. Darum hat seinerzeit der preußische Innenminister, Herr Göring, die Weisung gegeben, daß es nun gälte, um die Seele des deutschen Arbeiters zu werben. Das ist gerade auch ein Anliegen unserer evangelischen Kirche. Sie würde aber die bisher von ihren marxistischen Führern verführten Arbeiter erst recht abstoßen, wenn sie sie nur als Kirchenglieder zweiter Klasse betrachten und behandeln würde. Es ist Tatsache, daß unter den früher sozialdemokratisch organisierten Arbeitern viele sind, die nie gottesleugnerische Marxisten gewesen sind, wie das bei ihren Führern der Fall war. Solche ehemalige Sozialdemokraten sitzen heute z.T. in kirchlichen Körperschaften. Sie sind z.T. schon fast ganz von ihrer früheren Einstellung geheilt. Aber es braucht Geduld. Gerade die besten unter ihnen wechseln nicht von heut auf morgen ihre Überzeugung. In diesem Erneuerungsprozeß aber müßte es verhängnisvoll wirken, wenn ihnen von Seiten der Kirche, sofern sie ehrlich und mit dem Herzen zu ihr stehen, das Unrecht angetan würde, daß sie von ihrer Kirche zurückgestoßen werden.

Ich möchte Sie daher bitten, bei der von Ihnen verlangten Achtsamkeit gegen jeden Versuch des Marxismus, sich am Leben zu erhalten, doch nicht den Fehler zu begehen, daß Sie den einzelnen Sozialisten innerlich verletzen, anstatt ihn zu gewinnen. Es ist aber das Gefährlichste, wenn ein Mensch in seinem religiösen Empfinden verletzt wird. Darauf zu achten, ist vor allem unsere, der Pfarrer, Verpflichtung vor Gott und unserer Kirche.

Daß ich aber in der Hingabe an mein Volk und Vaterland und in der Treue gegen unsere Regierung Ihrer Mahnung nicht bedarf, habe ich in den 60 Monaten bewiesen, in denen ich des Kaisers Rock getragen habe. Als alter Frontsoldat fühle ich mich berechtigt, Ihnen dies zu sagen."

341 Evang. Kirchengemeinde – gez. Pfr. Dürr – an EOK: Bitte um Unterstützung gegen KrsLtg. der NSDAP
Pforzheim-Brötzingen, 29. Juni 1933; LKA GA 4656

„Bezugnehmend auf meine fernmündliche Unterredung gestern mit Herrn Oberkirchenrat D. Dr. Friedrich, lege ich dem hohen Oberkirchenrat ein Schreiben der hiesigen Kreisleitung mit dem Ersuchen vor:

1. Festzustellen und für alle Kirchengemeinden unseres Landes zu entscheiden, wie nach dem Verbot der SPD die Vertreter der Religiösen Sozialisten zu beurteilen sind: ob sie verpflichtet sind, ihre Mandate niederzulegen.

2. Bei der Staatsregierung um eine authentische Auslegung des Verbots der SPD nachzusuchen, ob es sich auch auf die kirchliche Gruppe des Volkskirchenbundes bezieht.

3. Die Staatsregierung um entsprechende Weisung an die Kreisleitungen zu ersuchen.
4. Bei der Regierung bzw. der Gauleitung Baden der NSDAP zu veranlassen, daß dem hiesigen Kreisleiter eine solche Art des Verkehrs mit einer kirchlichen Stelle als außerhalb seiner Befugnis liegend verwiesen wird. Selbst alte Nationalsozialisten hier beklagen sich über das Benehmen des Herrn Ilg.
5. Dem Herrn Ilg auch vom Oberkirchenrat aus eine Antwort zu geben, daß
    a) meine Einladung an die religiösen Sozialisten zu Recht erfolgte,
    b) die Art seines Schreibens im Befehlston an einen Pfarrer in dienstlichen Angelegenheiten nicht geduldet werden kann.

Endlich lege ich eine Abschrift meines an Herrn Ilg gerichteten Schreibens bei, um dessen Rücksendung ich bitte, wenn es nicht zu den dortigen Akten benötigt wird."

342 EOK, Prot.: Ausschluß der RS aus kirchl. Gremien
Karlsruhe, 13. Juli 1933; LKA GA 3479

„In einem in der nächsten Sitzung des Erweiterten Oberkirchenrats zu beratenden Gesetz soll die Beendigung der Amtszeit der Mitglieder des Bundes evang. Sozialisten in allen kirchlichen Körperschaften (Landessynode, Kirchengemeinderat, Kirchengemeindeausschuß, Bezirkssynode, Bezirkskirchenrat) festgesetzt werden. Die Landessynode wird um acht Mitglieder verkleinert. Für Kirchengemeinderat und Kirchengemeindeausschuß haben Ersatzwahlen stattzufinden; eine Bestimmung, daß Ausgeschiedene wieder gewählt werden können, wird nicht aufgenommen."

343 „Gesetz über die Verfassung der DEK vom 14. Juli 1933"
ReichsgesetzBl. Teil I, Nr. 80, S. 471

„Artikel 5

(1) Die in der Deutschen Evangelischen Kirche zusammengeschlossenen Landeskirchen führen am 23. Juli 1933 Neuwahlen für diejenigen kirchlichen Organe durch, die nach geltendem Landeskirchenrecht durch unmittelbare Wahl der kirchlichen Gemeindeglieder gebildet werden."

344 EOK: Verbot des Bundes der RS und seiner Monatsschrift
Karlsruhe, 18. Juli 1933; LKA GA 1235 – Rds.

„Unter Hinweis auf unsere Verfügung vom 17. Juli 1933 Nr. A 11936 Ziffer 5 teilen wir mit, daß durch Verfügung des Herrn Badischen Ministers des Innern vom heutigen Tag der Bund religiöser Sozialisten für den Bereich des Landes Baden aufgelöst und verboten worden ist. Ebenso ist ein Verbot gegen die Monatsschrift 'Religion und Sozialismus' erlassen. Es ist deshalb nicht zulässig, daß von dem Bund religiöser Sozialisten Wahlvorschlagslisten für die Landessynode oder für die örtlichen kirchlichen Körperschaften eingereicht werden. Geschieht dies dennoch, so sind solche Wahlvorschläge unberücksichtigt zu lassen. Das Gleiche muß aber auch gelten für Wahlvorschläge, die zwar unter einem anderen Namen eingereicht werden, im wesentlichen aber Persönlichkeiten in Vorschlag bringen, die bisher einer marxistisch-sozialistischen Partei oder dem Bunde religiöser Sozialisten angehört haben. Es ist jedoch nichts dagegen einzuwenden, wenn Persönlichkeiten, die bewährten kirchlichen Sinn bisher gezeigt und am evangelischen Gemeindeleben tätigen Anteil genommen, auf die gemeinschaftliche Liste der Glaubensbewegung 'Deutsche Christen' und der Kirchlichpositiven Vereinigung gesetzt werden, auch wenn sie bisher dem Bunde religiöser Sozialisten angehört und als Mitglieder dieses Bundes in einer Körperschaft tätig gewesen sind..."

345 EOK an Evang. Pfarramt Pforzheim-Brötzingen: Hinweis auf Auflösungsverfügung in Dok. 344
Karlsruhe, 28. Juli 1933; LKA GA 4656 – Konzept

„Durch die Neuwahlen der kirchlichen Körperschaften und durch unsere damit in Zusammenhang stehenden Verfügungen vom 17.7.1933 Nr. A 11936 Ziffer 3 und vom 18.7.1933 Nr. A 11974 ist die Frage, welche Einstellung den religiösen Sozialisten gegenüber einzunehmen ist, erledigt. Dem Kreisleiter der NSDAP, Herrn Ilg in Pforzheim, haben wir den aus der Anlage [vgl. Dok. 346] ersichtlichen Bescheid zugehen lassen."

346 EOK an KrsLtr. Ilg: Zurückweisung parteiamtlicher Kompetenzüberschreitung
Karlsruhe, 28. Juli 1933; LKA GA 4656 – korr. Konzept

„Mit Schreiben vom 26.6.1933 haben Sie Herrn Stadtpfarrer Dürr in Pforzheim-Brötzingen darauf hingewiesen, daß er 'trotz der durch die Presse öffentlich bekanntgegebenen Auflösung der SPD und deren sämtlichen Vertretungen die evangelischen Sozialisten erneut zu der Kirchenausschußsitzung am Freitag, den 30.6.1933 eingeladen' hat. Weiterhin schreiben Sie: 'Ich fordere Sie hiermit auf, die Einladung unverzüglich rückgängig zu machen und bedaure, daß es erst dieses Hinweises bedurfte.'
Wir weisen Sie darauf hin, daß es grundsätzlich nicht Ihre Aufgabe ist, darüber zu wachen, in welcher Weise die kirchlichen Körperschaften zusammengesetzt und ob sie in der richtigen Weise einberufen sind. Soll-

ten weitere derartige Übergriffe auf kirchliches Gebiet sich noch einmal ereignen, so werden wir uns beschwerdeführend an den zuständigen Herrn Minister wenden. Mit Rücksicht darauf, daß durch die erfolgten Neuwahlen die Angelegenheit ihre Erledigung gefunden hat, sehen wir von einer solchen Beschwerde ab. Zur Sache selbst müssen wir Sie aber doch darauf hinweisen, daß Ihre damalige Auffassung, wonach durch die Auflösung der SPD auch der Bund evangelischer Sozialisten aufgelöst worden sei, falsch ist. Vielmehr ist der Bund evangelischer Sozialisten erst durch Verfügung des Herrn Ministers des Innern vom 18.7.1933 aufgelöst worden, er hat also damals, als Sie Ihren Brief schrieben, noch ordnungsmäßig bestanden. Wenn Sie glaubten, Kirchenbehörden einen Hinweis geben zu müssen, wäre es angebracht gewesen, sich vorher zu vergewissern, ob dieser Hinweis rechtlich auch in Ordnung geht."

VI *Antisemitische bzw. antijudaistische Tendenzen*

A Im Vorfeld des Boykotts vom 1. April 1933

Wegen einer Friedhofsschändung in Schriesheim/Bergstraße hatte sich Michael Fraenkel am 23. März 1931 aus Breslau an den Evang. Oberkirchenrat in Berlin gewandt. Präsident D. Dr. Kapler bat um Information aus Karlsruhe; dort ersuchte man das zuständige Pfarramt um Berichterstattung.

Die nachstehende Antwort wurde vom Rechtsreferenten „z.d.A." geschrieben:

347 Evang. Pfarramt an EOK: Friedhofsschändung
Schriesheim, 5. Mai 1931; LKA GA 3206

„Von einer starken judenfeindlichen Bewegung in Schriesheim kann nicht gesprochen werden. Es sind auch eigentliche Angriffe gegen Juden bisher nicht bekannt geworden. Allerdings gehört ein großer Teil der Gemeinde der nationalsozialistischen Bewegung an. Aber der vorliegende Fall einer Schändung des jüdischen Friedhofs kann trotzdem nicht anders bezeichnet werden als ein dummer Streich unreifer Burschen. Er hat nur dadurch ein besonders unangenehmes politisches Aussehen, daß die beiden Täter Nationalsozialisten sind. Der Vorfall spielte sich am 3. (oder 2.) März am hellen Tage folgendermaßen etwa ab. Ein 17 Jahre alter Bursche, der Hitlerjugend angehörend, arbeitete im Garten seines Vaters mit einem 26-jährigen Freunde, der bei der Sturmabteilung Mitglied ist, zusammen bei der Aufräumung des Gartengeländes. Dieser Garten ist unmittelbar neben dem israelitischen Friedhof, nur durch Drahtzaun getrennt. Da erregte es plötzlich seinen

Unwillen, daß zwei alte Grabsteine von Kindergräbern dicht hinter dem Zaun standen, so daß sie bei evtl. Umfallen diesen berühren und beschädigen könnten. Ohne nun zu überlegen, was das bedeutete, gab er den Steinen einen Stoß, so daß sie in den Friedhof hinein umfielen. Nach dieser Heldentat ließ er sich dann mit dem Freund noch dazu hinreißen, einen Teil der alten Scherben und Drahtstücke, die sie im Garten zusammengelesen hatten, anstatt auf den Schuttplatz fortzutragen, einfach in den Friedhof zu werfen, wobei sogar eine Grabinschrift verkratzt wurde... Inzwischen ist der ältere der beiden Täter zu 14 Tagen Gefängnis verurteilt worden wegen Sachbeschädigung an der einen Grabinschrift (durch Werfen einer alten Tasse), während der jüngere Täter noch seiner Verurteilung durch das Jugendgericht harrt. Aus der 'Hitlerjugend' wurde er sofort ausgeschlossen... Obwohl also beide Täter 'evangelisch' sind, kann die Gemeinde selber durch die Tat nicht als im geringsten belastet gelten. Beide Täter standen dem kirchlichen Leben fern. Der ältere war vor seiner Meldung zur Partei der Nationalsozialisten noch Mitglied der kommunistischen Partei gewesen. In Schriesheim selbst hat die Tat fast gar keine Beachtung gefunden, wurde auch von den hiesigen Juden nicht so schlimm beurteilt mit Rücksicht darauf, daß ja außer dem Kratzer an einer Inschrift keine Beschädigung verblieb. Ein Betreten des Friedhofs lag auch nicht vor. Nur der Zufall, daß das elterliche Grundstück des jugendlichen Täters an den Friedhof grenzt, gab die Veranlassung zu dem rohen dummen Streich, der natürlich allgemein verurteilt wird, nicht zuletzt von allen hiesigen Nationalsozialisten. Gegen die wenigen hier ansässigen Juden besteht keine Feindschaft in der Gemeinde, wenn man davon absieht, daß deren Geschäfte allerdings von den Mitgliedern der NSDAP ziemlich gemieden werden."

Ende Oktober 1931 warnten die Quäker in einem Rundschreiben alle christlichen Konfessionen und politischen Parteien unter Hinweis auf „pogromartige Ausschreitungen gegen jüdische ... Menschen ... am Tage des jüdischen Neujahrsfestes... im Westen Berlins" vor einer fortschreitenden „Verrohung unseres öffentlichen Lebens."

348 'Religiöse Gesellschaft der Freunde' (Quäker) an KPräs. Wurth: Aufruf gegen Antisemitische Ausschreitungen
Hamburg, 24. Okt. 1931; LKA GA 3206

„... Wir würden dankbar sein, wenn Sie alle Ihrer Aufsicht und Ihrem Rat unterstellten Geistlichen und Gemeinden in der Verkündigung und Verwirklichung der Friedensbotschaft Christi führen und stark machen würden..."

Kirchenpräsident Wurth schrieb diesen Appell mit nachstehender Bemerkung z.d.A.:
„Wir haben keinen Anlaß, wegen eines einzelnen Vorkommnisses in dieser Weise uns vorspannen zu lassen."

Anfang März 1933 protestierte das 'Evang. Gemeindeblatt' gegen den „Mißbrauch eines Bibelwortes in einer Geschäftsreklame des Kaufhauses Tietz." Der Centralverein deutscher Staatsbürger jüdischen Glaubens – Ortsgruppe Karlsruhe – wiederum verwahrte sich gegen die Generalisierungen im o.a. Gemeindeblatt. Der Kirchenpräsident antwortete:

349 KPräs. Wurth an 'Centralverein deutscher Staatsbürger jüdischen Glaubens': Appell zu gegenseitiger Toleranz
Karlsruhe, 6. März 1933; LKA GA 3206 – Konzept

„Im Besitz Ihrer gefl. Zuschrift vom 3. d.M. beehre ich mich, Ihnen zu erwidern, daß ich der jüdischen Glaubensgemeinschaft selbstverständlich keinen Mißbrauch der Bibel zutraue, und ich möchte mit Ihnen hoffen, daß von jeder Seite alles vermieden wird, was Unfrieden oder Haß zu schaffen Anlaß geben könnte."

Folgende, nicht für die Öffentlichkeit bestimmte Notiz trübte vorübergehend das Klima zwischen Landeskirche und Kirchenausschuß:

350 Präsident Kapler an KPräs. Wurth: „Angebliche deutsche Greueltaten gegen Juden"
Berlin, 30. März 1933; LKA GA 3206

„... Aus dem 'Völkischen Beobachter' Nr. 85/86 vom 26./27. März 1933 entnehme ich folgende Notiz: 'Karlsruhe, 25. März 1933. Da nach Zeitungsmeldungen kirchliche Kreise Amerikas sich an Protestkundgebungen gegen angebliche deutsche Greueltaten beteiligen, hat der badische evangelische Kirchenpräsident den Deutschen Evangelischen Kirchenausschuß in Berlin telegrafisch ersucht, die außerdeutschen Kirchen umgehend über Deutschlands wahre Lage zu unterrichten'...
Ich würde für eine gefällige Mitteilung dankbar sein, wodurch diese Pressenotiz veranlaßt wurde. Der Vorgang widerspricht m.E. den bisherigen Gepflogenheiten im Verkehr zwischen den Landeskirchen und dem Kirchenbund und ist auch sachlich insofern bedenklich, als dadurch der Schein eines mit Hilfe der Öffentlichkeit herbeizuführenden Druckes auf die Entschließung des Kirchenausschusses bzw. seines Präsidenten entsteht."

351 KPräs. Wurth an Präs. Kapler: Indiskretion als Anlaß für Dok. 350
Karlsruhe, 3. Apr. 1933; LKA GA 3206 – korr. Konzept

„Die Notiz über mein Telegramm an Sie ist ohne meine Anordnung vom hiesigen Presseamt an die Öffentlichkeit gelangt; es ist danach auch ganz ausgeschlossen, daß mit der Veröffentlichung ein Druck mittels der Presse auf Sie ausgeübt werden sollte. Ich habe nicht daran gezweifelt, daß Sie, verehrter Herr Präsident, schon rechtzeitig in der Angelegenheit die erwünschten Schritte tun werden; deshalb schien es mir nicht unzweckmäßig, solche durch meine Anregung zu unterstützen."

––––––––––

Nachstehender Erlaß des 'Ministers des Kultus und Unterrichts – Staatskommissar' wurde von Wurth ohne Kommentar 'z.d.A.' geschrieben:

352 Minister Wacker an alle „Schulbehörden und -anstalten": Schutz jüdischer Schüler vor Beschimpfungen
Karlsruhe, 31. März 1933; LKA GA 3206 – Rds. [dem EOK z. Ktn.]

„Es wird mir mitgeteilt, daß jüdische Schulkinder von ihren Mitschülern wegen ihres Judentums in und außerhalb der Schule beschimpft und sogar geschlagen werden. Dieses Verhalten der Schuljugend ist weder christlich noch national. Es widerspricht daher dem Erziehungsgedanken des neuen Deutschlands. Wenn sich die nationale Regierung die Bekämpfung der Auswüchse des Judentums zur Aufgabe gemacht hat, so darf sich dieser Kampf nicht – auch nicht während des aufgezwungenen Abwehrboykotts – in feige Angriffe auf wehrlose Einzelne durch eine Überzahl auflösen, sondern kann nur in gut organisierten und wohldisziplinierter Weise nach den von den verantwortlichen Stellen gegebenen Anordnungen geführt werden. Im nationalen Aufbaukampf ist Disziplinhalten auch Pflicht eines jeden deutschen Jungen und jedes deutschen Mädchens.

Schulleiter und Lehrer werden veranlaßt, auf die Schulkinder entsprechend meinen vorstehenden Ausführungen in geeigneter Weise einzuwirken und zum Schutz der jüdischen Schüler mit Nachdruck, erforderlichenfalls mit Schulstrafen.

II. Ergebenste Nachricht hiervon zur gefl. Kenntnisnahme und mit dem Anheimgeben, durch die Religionslehrer in der gleichen Richtung zu wirken."

B Juden und Judenchristen im Spiegel der kirchlichen Presse, April – September 1933

353 Pfr. Stupp: Rechtfertigung des Boykotts jüdischer Geschäfte
Evang. KuVolksbl. Nr. 15, 9. Apr. 1933, S. 117f.

„... Fast noch schwerer als der Kampf im Innern ist gegenwärtig der Kampf der Reichsregierung nach außen. Trotz des Appells des Reichsministers Göring an die ausländische Presse, die teilweise so tut, als wate man in Deutschland im Blut, hat die *Greuelpropaganda* über Deutschland nicht nachgelassen, der Boykott gegen deutsche Geschäfte und Waren im Ausland, besonders in Amerika, geht weiter. Die Leitung der NSDAP hat nun eine schwerwiegende Entschließung gefaßt, um die Boykottbewegung, die vor allem von dem ausländischen Judentum betrieben wird, zu treffen: Ab heute (1. April), vormittags 10 Uhr, werden sämtliche jüdischen Geschäfte und Berufe boykottiert. Der Boykott soll eine reine Abwehrmaßnahme sein; dabei soll keinem Juden auch nur ein Haar gekrümmt werden. Die Reichsregierung läßt der Bewegung freien Lauf. Hört die ausländische Greuelpropaganda, die ja, wie die Aushebung von Lügenstellen in Mainz und Frankfurt a.M. bewiesen hat, zum größten Teil aus Deutschland stammt, auf, dann ist auch der Boykott der jüdischen Geschäfte zu Ende. Für Berufe wird eine besondere Regelung getroffen. Der Kampf ist nicht leicht zu nehmen, da die internationale Hochfinanz beteiligt ist. Auch die Kirche hat sich in den Dienst der wahrheitsgemäßen Aufklärung gestellt. Der Präsident des Deutschen Evangelischen Kirchenausschusses, D. Kapler, hat ein Telegramm an die kirchlichen Führer Amerikas gerichtet; Dr. Mott, der amerikanische Führer der kirchlichen Einheitsbewegung, hat auf die Veranlassung von Reichswart D. Stange von Genf aus den amerikanischen Kirchenbund gewarnt. Selbst deutsche Juden warnen jetzt ihre ausländischen Glaubensgenossen. Es darf nicht wieder so weit kommen wie im Kriege, daß sich die Greuellügen in den Köpfen festsetzen und geglaubt werden. Wir müssen alle mithelfen, daß das helle Licht der Wahrheit die Finsternis der Lügen vertreibt. ..."

354 Pfr. Bartholomä: „Von der goldenen Internationale"

Kirche u. Volk Nr. 15, 9. April 1933, S. 117

„Damit ist Judentum und Freimaurerei gemeint. Es gibt ja nun viele frommen Christen, die glauben nicht an das Vorhandensein dieser Internationale. Denen müßten eigentlich die Augen aufgegangen sein. Denn kaum hat sich das deutsche Volk erhoben, so geht im Ausland eine Greuelpropaganda unerhörtester Art los: in Deutschland liegen die Judenleichen nur so herum etc. p.p. Man fühlt sich unwillkürlich erinnert an die Ereignisse von 1914: Da wurde gegen das sich erhebende deutsche Volk genau so gehetzt. Ist das alles nicht der Beweis für die Internationalität des Juden? Und der Beweis, daß es richtig ist, wenn man behauptet, die Juden seien *gegen* ein starkes deutsches Volk? Wer es jetzt noch nicht sieht, dem ist nicht mehr zu helfen.

Viele Christen betrachten den Juden als Angehörigen des auserwählten Volkes, dem so vieles verheißen ist, und wagen nicht, ihn anzutasten. Sie denken nicht daran, daß der Jude sich selber mit der Kreuzigung Christi um alle Verheißungen gebracht hat. Bitte mach dir einmal die Mühe und schlag das 28. Kapitel im 5. Mose auf. Dort lies langsam vom 15. Vers ab – und präg' dir besonders Vers 64-66 ein. Das Schicksal, das der Jude heute leidet, ist seines Volkes gerechte Strafe und ist ihm verheißen. Vor diesem Volk, das den Herrn verkannte, *dein* Volk zu wahren, ist deine Aufgabe!"

355 Pfr. Rössger: „Der letzte Feind"
Kirche u. Volk Nr. 15, 9. Apr. 1933, S. 118f.

„Der Nationalsozialismus hat am 30. Januar und am 5. März in einem wundervollen Aufschwung alle Fronten überrannt und den Eingang eröffnet in ein neues heiliges Land wahrhaftiger deutscher Volksgemeinschaft. Zersplittert ist der Marxismus mit seinen volkszersetzenden Tendenzen, politisch kaltgestellt der Ultramontanismus, der durch einen rechtzeitigen Bischofserlaß wenigstens gute Miene zum 'bösen' Spiel machte. Und doch: Der eigentliche Kampf beginnt erst jetzt. Gegen wen? Gegen den letzten Feind! Den *altbösen Feind,* dessen Rüstung groß Macht und viel List ist; die Macht der internationalen Hochfinanz, die mit ihrer goldenen Kette Völker und Staaten in ihren Bann schlägt, die List anonymer Beziehungen in Banken und Börsen, in Regierungen und Verwaltungen. Das internationale Weltjudentum ist der letzte Feind, gegen das es nun gilt, anzulaufen. Und der Kampf den hier Deutschland unter seinem Volkskanzler Hitler führt, ist ein Kampf, den unser Volk für alle Völker führen muß. Hitlers Verdienst ist's, den letzten Feind allen nationalen Eigenlebens aller Völker erkannt zu haben; unseres Volkes Aufgabe ist's, den Kampf auszufechten bis zu einem guten Ende. Mit dem *Wirtschaftsboykott,* der das Judentum an seiner empfindlichsten Stelle trifft, am Geldbeutel, ist die 'Judenfrage' wieder brennend geworden wie noch nie. Diesmal gehts aufs Ganze. Deutschlands Lebensfrage ist's, die Judenfrage zu lösen. Unseres Volkes Existenz und Freiheit erheischt es, gegen die Urheber des Lügenfeldzugs Front zu machen, der Deutschland wie weiland 1914 in der Welt verfemen und moralisch isolieren soll. Es ist der gleiche Feind wie damals, den es heute, wenn auch mit anderen Mitteln, zu bekämpfen gilt; der letzte Feind, der überwunden werden muß, wenn unser Volk im Innern zur Ruhe kommen, wenn es in gutem Einvernehmen mit den anderen Völkern leben will. Moskau und Rom haben zwar ihre Rolle noch nicht ganz ausgespielt im deutschen Freiheitskampf, aber in den Blickpunkt des deutschen Gefechtsfeldes, ist *New York* getreten, die

Stadt des Dollars, die Hochburg des internationalen Weltjudentums, das von hier aus mit Geld die Welt regieren will. Hier sitzt der letzte Feind, der der geistige Vater des Marxismus und der Führer der SPD und KPD war, der schon zu Luthers Zeiten ein Freund der Kurie war und es in den Wahlkämpfen der letzten Jahre so fein verstanden hat, dem Zentrum seine Stimme zu geben. Mag darum Juda auch immer Deutschland den Krieg erklärt haben — wir nehmen den Kampf auf, weil wir wissen: nun gilts den letzten Feind zu stellen und zu schlagen. — Aber wie? Ist denn das christlich? Sind die Juden nicht das *auserwählte Volk*? Ist in diesem Volk nicht der Heiland der Welt geboren, kam nicht von den Juden das Heil? Das ist sicher: Wir Christen führen den Kampf gegen das Judentum nicht mit Pogromen und durch Zertrümmerung der Fensterscheiben jüdischer Geschäfte. Es ist der Ruhm der nationalen Revolution, daß 'keinem Juden ein Härchen gekrümmt wurde', ganz im Gegensatz zur russisch-jüdischen Revolution, die 3 Millionen Menschen das Leben kostete. Wir verkennen nicht, daß es einst ein 'Israel als das klassische Volk der Religion' gab, das wie kein anderes Volk in der Welt mit einzigartigen Offenbarungen Gottes gesegnet war und dem einst das größte göttliche Angebot auf dieser Erde gemacht wurde, in der Anerkennung Jesu als des Messias Träger einer einzigartigen Heilsgeschichte auf Erden zu werden. Die Verstoßung des Herrn im Tod am Kreuz ist zum Gericht über das jüdische Volk geworden und hat seinen geschichtlichen Ausdruck in der nationalen Vernichtung bei der Zerstörung Jerusalems (70 n.Chr.) gefunden. Und auch jetzt ist das Volk nicht für immer verworfen, wie Paulus im Römerbrief (Kap. 9-11) zeigt. Denn Gott will, daß allen Völkern geholfen werde und sie zur Erkenntnis der Wahrheit kommen. Aber seit Jesu Kreuz hat das Judentum aufgehört, auserwähltes Volk in dem Sinne zu sein, als ob ihm hinsichtlich des Reiches Gottes eine Vorzugstellung zukäme. Das zeigt am deutlichsten das antijüdischste Buch, das es überhaupt gibt, das Neue Testament. Zeigt es nicht, daß der Hauptgegner des Christentums dasjenige Judentum ist, das sich nicht der göttlichen Christusoffenbarung erschließen will? Hat nicht Jesus selbst einmal die Juden die Kinder des Teufels genannt? Kennt nicht Paulus einen Unterschied zwischen dem 'Israel nach dem Fleisch', dem von Gott verworfenen Judentum und dem 'Israel Gottes', der gläubigen Reichgottesgemeinde? Wenn darum es also kein 'auserwähltes jüdisches Volk' mehr gibt, dann haben auch 'christliche Rücksichten' zu fallen, mit denen wir uns nur am eigenen Volk versündigen würden. Seit der Entnationalisierung des jüdischen Volkes hat sich dieses in jede Nation und jeden Staat auf Erden als Fremdkörper einzunisten gewußt. Wir leugnen nicht, daß, wie jedes Volk, so auch das jüdische seine ihm eigenen Vorzüge besitzt, wie das Hängen am Glauben und an der Sitte der Väter, Familiensinn, rassisches Bewußtsein etc.

Nicht aber sind auch seine *Nachteile* zu leugnen. Dem Volk, das schon einem Mose die Führerschaft durch sein unseliges Murren und Maulen erschwerte, sitzt das Revolutionieren im Blut. Keine unheilvolle Revolution in der Welt, in der nicht der Jude die offene oder heimlich treibende Kraft gewesen wäre. Nur unsere letzte nationale Revolution war frei von jedem jüdischen Einfluß. Darum erfolgt sie auch auf dem gerade entgegengesetzten Wege, auf dem sonst Revolutionen sich zu vollziehen pflegen. Sie geschah durch Ordnung, Zucht und Disziplin. Weil das Judentum ein jedes Volkstum zersetzendes und jedes Staatswesen bedrohendes Element ist, darum hat unser um sein Dasein ringendes deutsches Volkstum nicht nur das Recht, sondern sogar die Pflicht, sich des letzten Feindes zu erwehren. Die Novemberrevolution 1918 ist in hohem Maße von Juden betrieben worden, in der neudeutschen Republik hatten sie die Führung auf allen Gebieten an sich gerissen. Jüdisch inspirierte Auslandspolitik hat uns in die Versklavung unter das einst feindliche Ausland gebracht, jüdischer Zersetzungsgeist hat es auf dem undeutschen Wege der Demokratisierung fertig gebracht, immer wieder die Einigung unserer Nation zerfallen zu lassen. Fast die gesamte maßgebende deutsche Presse war bis vor kurzem in jüdischen Händen gelegen und hat den gesunden Sinn des deutschen Menschen vergiftet, Kunst und Literatur wurden zu Mitteln herabgewürdigt, den Geist des Zynismus, des frivolen Spottes auf alles Heilige, der Regierung in unser Volk zu tragen. Wie ist die deutsche Gutmütigkeit von einer dreisten jüdischen Anmaßung immer wieder mißbraucht worden, die sich mit den skrupellosen Mitteln durchzusetzen nicht scheute. Dafür ist ganz besonders das verjudete Geschäftsleben bezeichnend. Freilich gibt es da auch 'christliche' Juden. Wir verwerfen sie ebenso, wie die echten. Aber sie haben ihr Vorbild in der Unlauterkeit der internationalen jüdischen Weltfinanz gehabt, die den Götzen Mammon zum Herrn der Welt erhob. Das erkannt zu haben und es als ein allgemeines Erkenntnisgut dem deutschen Volk geschenkt zu haben, ist Hitlers wahrhaft christliches Verdienst. Daß nach dem Sieg des Nationalsozialismus gerade von New York aus das internationale Weltjudentum sein lautes Geschrei erhebt, ist ein Beweis dafür, daß der richtige, der letzte Feind entdeckt und getroffen wurde. Hier nur keine falsche Sentimentalität. Es ist ein Akt dringendster völkischer Notwehr, wenn wir heute in der Abwehr des jüdischen Einflusses stehen!
Darum werden wir als Deutsche und Christen Widerstand leisten, wo und wie wir nur können, solange es nicht wider das Wort und den Geist der Heiligen Schrift verstößt. Wir wollen nicht ruhen noch rasten, bis auch dieser letzte Feind mit Gottes Hilfe geschlagen ist. Dann wird nicht nur Deutschland wieder genesen, sondern auch und noch viel mehr Gottes Reich kräftiger zu uns kommen."

356 Th. Fritsch, Auszug aus 'Handbuch der Judenfrage', Leipzig 1933, S. 423f.: „Martin Luther über die Jüden"
Kirche u. Volk Nr. 15, 9. Apr. 1933, S.120

„'Sie haben solch giftigen Haß wider die Gojim (Nichtjuden) von Jugend auf eingesoffen, von ihren Eltern und Rabbinern und saufen noch in sich ohn Unterlaß, daß es ihnen durch Blut und Fleisch, durch Mark und Bein gangen, ganz und gar Natur und Leben worden ist. Und so wenig sich Fleisch und Blut, Mark und Bein können ändern, so wenig können sie solchen Stolz und Neid ändern; sie müssen so bleiben und verderben. Darumb wisse Du, lieber Christ, und zweifel nichts dran, daß Du, nähest nach dem Teufel, keinen bittern, giftigern, heftigern Feind habest, denn einen rechten Jüden, der mit Ernst eine Jüde sein will. Thun sie aber etwas Gutes, so wisse, daß es nicht aus Liebe, noch Dir zu gute geschieht; sondern weil sie Raum haben müssen bei uns zu wohnen, müssen sie aus Noth etwas thun, aber das Herz bleibt und ist, wie ich gesagt habe ...*)

Und möcht ein Mensch, der den Teufel nicht kennt, sich wohl verwundern, warum sie den Christen vor andern so feind sind, da sie doch nicht Ursachen zu haben; denn wir ihnen alles Gute thun. Sie leben bei uns zu Hause unter unserm Schutz und Schirm, brauchen Land und Straßen, Markt und Gassen; dazu sitzen die Fürsten und Oberkeit, schnarchen und haben das Maul offen, lassen die Jüden aus ihrem offenen Beutel und Kasten nehmen, stehlen und rauben, was sie wollen, das ist, sie lassen sich selbst und ihr Unterthanen durch der Jüden Wucher schinden und aussaugen, und mit ihrem eigen Gelde sich zu Bettlern machen. Denn die Jüden, als im Elende (in der Verbannung), sollten ja gewißlich nichts haben, und was sie haben, das muß gewißlich unser sein: so arbeiten sie nicht, verdienen uns nichts ab; so schenken oder geben wirs ihnen nicht; dennoch haben sie unser Geld und Gut und sind damit unser Herr in unser eigen Lande und in ihrem Elende. Wenn ein Dieb zehn Gülden stiehlet, so muß er henken; raubet er auf der Straßen, so ist der Kopf verloren. Aber ein Jüde, wenn er zehen Tunne Goldes stiehlet und raubet durch seinen Wucher, so ist er lieber denn Gott selbs.

Möcht jemand denken, ich rede zu viel. Ich rede nicht zu viel, sondern viel zu wenig, denn ich sehe ihre Schriften: sie fluchen uns Gojim und wünschen uns alles Unglück, sie rauben uns unser Geld und Gut durch Wucher, und, wo sie können, beweisen sie uns alle böse Tücke, wöllen (das noch das Ärgst ist) hierin recht und wohl getan haben, und lehren solches zu tun. Solches haben keine Heiden getan, thuts auch niemand, denn der Teufel selbst, oder die er besessen hat, wie er die Jüden besessen hat. Meines Dünkens wills doch da hinaus: Sollen wir der Jüden Lästerung nicht teilhaftig werden, so müssen wir geschieden sein und sie aus unse-

---
* Kürzungen in der Vorlage

rem Landes vertrieben werden. Das ist der nächste und beste Rat, der beide Parte in solchem Falle sichert'..."*⁾

357 N.N: „Kauft nicht beim Juden!"
Kirche u. Volk Nr. 15, 9. Apr. 1933, S. 120

„Die unerhörten Lügen- und Greuelberichte der ausländischen Judenpresse haben unsere deutsche Regierung zu energischen Abwehrmaßnahmen gezwungen. Eine dieser Maßnahmen ist der über alle jüdischen Geschäfte verhängte Boykott.

Kauft nicht, nie mehr, gar nichts in jüdischen Geschäften — so lautet der Regierungsaufruf.

Warum? — Deutsche Volksgenossen, versteht ihr den tieferen Sinn dieser Boykotterklärung?

Das Verhalten, das wir gegenwärtig bei zahlreichen deutschen Volksgenossen beobachten, gibt uns das Recht des Zweifels. Es ist ungläubig, wie jetzt wenige Tage vor dem Inkrafttreten dieser Boykottmaßnahme, unsere Bevölkerung in Scharen in die jüdischen Geschäfte strömt, um rasch noch sich mit dem billigen jüdischen Schund einzudecken.

Deutsche Volksgenossen! Deutsche Volksgenossinnen! Wißt ihr denn, was ihr tut? Seht ihr denn nicht ein, daß es endlich gilt, mehr denn je dem schlimmsten moralischen, geistigen und wirtschaftlichen Schädling der deutschen Nation, dem Judentum, das verderbliche Handwerk zu legen?!

Jüdischer Geist hat 14 Jahre lang unser Volk beherrscht, verseucht, vergiftet.

Jüdische Geschäftspraktiken haben mehr und mehr den Handel und die Wirtschaft durch ihr Kapital an sich gerissen und sich am Elend des deutschen Volkes bereichert.

Tausende von deutschen Einzelhändlern und braven mittleren und kleinen Wirtschafts- und Geschäftsunternehmen sind dadurch um Verdienst und Brot, an den Rand des Abgrundes gekommen.

Nicht genug damit rufen jetzt diese Erzfeinde der erwachten deutschen Nation die ganze Welt durch verlogene Hetz- und Greuelpropaganda zu einem Haßfeldzug gegen das deutsche Volk auf.

Und da sollt ihr euch immer noch nicht entschließen können, dem jüdischen Raubzeug den Rücken zu kehren? Ihr wollt weiter eure Armutsgroschen eurem Volksfeind in den Rachen werfen?! Nur um der paar Pfennige willen, um die ihr *scheinbar* beim Juden billiger kauft?!

---

* Kürzungen in der Vorlage

Mit diesen paar elenden Judas-Silberlingen verratet ihr das deutsche Befreiungswerk, besudelt ihr eure Hände und schlagt euren notleidenden Volksgenossen, eurer nationalen Würde und Ehre ins Gesicht!

Keinen Pfennig mehr in jüdische Geschäfte! – Das muß von jetzt ab Grundsatz bei allen euren Einkäufen sein! Die nationale Erhebung hat mit dem Stimmzettel am 5. März begonnen. Sie muß von euch allen weitergeführt werden mit dem Geldbeutel in der Hand, dadurch, daß ihr euren gesamten Bedarf nur bei *christlichen* Kaufleuten in deutschen Geschäften deckt!

Merke dir's, deutsche Hausfrau, du mußt selbst dazu beitragen, daß du bald auch in deutschen Geschäften die gute deutsche Ware billiger einkaufst, wenn du durch deine grundsatztreue Unterstützung den deutschen Handels- und Geschäftsstand stärkst und ihn von seinen jüdischen Blutsaugern befreist.

Nicht der Haß diktiert unserer Regierung und unserem Volke diese Maßnahme, sondern die Notwendigkeit einer gründlichen Tempelreinigung unseres deutschen Vaterhauses.

Unterstützt das große Werk der nationalen Befreiung, indem ihr unser deutsches Wirtschaftsleben von der jüdischen Geißel befreit.

Kauft nichts beim Juden!"

358   N.N: „Judenmission?"
Kirche u. Volk Nr. 15, 9. Apr. 1933, S. 119

„Sollen wir als Christen Judenmission treiben? Wer möchte das leugnen? Die letzte Lösung der 'Judenfrage' liegt nur in Jesu Kreuz. Es wird in den Wochen, da unser Volk den Abwehrkampf gegen den jüdischen Lügenfeldzug kämpft, nicht an christlichen Stimmen fehlen, die meinen, es sei christlicher, die Juden zu bekehren, statt zu bekämpfen. Da sei das eine gesagt: Beides schließt sich nicht gegenseitig aus. Im Gegenteil: es wird keine Bekehrung der Juden geben können, ehe sie nicht zur Einsicht des unserm deutschen Volk zugefügten Unrechts gekommen sind. Wir bestreiten durchaus nicht das Recht und die Pflicht der Judenmission. Sie liegt im Wesen des Christentums überhaupt, das niemals seinen Anspruch auf absoluten ewigen Wahrheitsbesitz aufgeben wird, wie jede andere Mission auch. Alle Menschen, die erlöst werden sollen und wollen, haben das gleiche Evangelium notwendig. Die Richtlinien der 'deutschen Christen' sagen dazu folgendes: 'Die Judenmission hat sich in der gleichen Weise zu entwickeln wie die Heidenmission, d.h. sie darf an den Grenzlinien der Rasse niemals vorübergehen. Durch das Evangelium soll der Jude zu einem Judenchristen, niemals aber zu einem deutschen Christen werden. – Solange die alten Staatsgesetze (von Weimar) bestehen, ist bei der Judenmission die Gefahr der Rassenverunreinigung in höchstem Maße gegeben. Gerade jüdische Konvertiten beeinträchtigen das völkische Bewußtsein innerhalb unserer Kirche aufs Verhängnisvollste. Darum verlangen wir einstweilen Sperrung der Arbeit, bis neue gesetzliche Grundlagen die Durchführung einer artgemäßen Judenmission in Deutschland sichern. Dazu gehört ein besonderes Minderheitenrecht für die noch in unserm Vaterland als Gäste bleibenden Juden, womöglich die Begründung eines auswärtigen Judenstaates, in jedem Fall aber das Verbot der Eheschließung zwischen Juden und Deutschen. Darum muß schon jetzt die kirchliche Trauung Artverschiedener untersagt werden'."

359 N.N: „Ein Brief aus den Kreisen der Judenchristen"
Kirche u. Volk Nr. 15, 9. Apr. 1933, S. 119

„'Wie die Juden im geschäftlichen und wirtschaftlichen Leben die größte Rolle spielen, so haben sie auch in der Presse und Literatur einen bedeutenden Einfluß gewonnen und zwei deutsche Juden, Karl Marx und Ferd. Lassalle, sind es gewesen, die durch die Begründung des Sozialismus auch die Arbeiterfrage in Fluß gebracht haben. So ist es den Juden nach ihrer Emanzipation gelungen, sich zur Geltung zu bringen und eine führende Stellung zu erlangen, die in vieler Hinsicht zersetzend und verderblich wirkt. Wie ist denn nun vom christlichen Standpunkt aus die Emanzipation oder staatsbürgerliche Gleichstellung der Juden zu beurteilen? In einem christlichen Staate, der sein ganzes Leben und alle seine Ordnungen allein vom Evangelium Christi bestimmen lassen will, ist die volle Gleichberechtigung der Juden mit den christlichen Bürgern ein Unding; denn wie können Juden bei einer christlichen Gesetzgebung mitwirken oder ihre staatsbürgerlichen Pflichten im Geiste Jesu Christi erfüllen? In einem christlichen Staate können die Juden nur als *Gäste* angesehen werden. Ein Gast ist aber mit den Gliedern der Familie, der er besucht, nicht gleichberechtigt; er darf sich nicht in ihre Angelegenheiten mischen und muß sich in jeder Weise davor hüten, sein Gastrecht zu mißbrauchen ...*) Hätten sich die Juden in allen christlichen Staaten stets als Gäste betrachtet und hätte man sie demgemäß auch überall nach Christi Sinn behandelt, so wäre dies für Juden und Christen in jeder Hinsicht das Beste gewesen. Aber durch die bürgerliche Gleichstellung der Juden haben die europäischen Staaten ihren christlichen Charakter verleugnet und sich als religionslos bekannt, und auch die Juden westlich von der Weichsel sind durch die Emanzipationen dahingekommen, die Religion ihrer Väter vielfach preiszugeben und sich zu einem unwahren Weltbürgertum und einem hohlen Rationalismus zu bekennen.'

---
* Kürzungen in der Vorlage

Und Seite 622:*⁾ 'In der Gegenwart steht das Judentum mächtig da. Durch die Emanzipation sind die Juden vielfach zu Herren, inmitten der christlichen Völker geworden. Aber sie sind auch bei ihrem Abfall von dem Glauben ihrer Väter die Hauptträger des Atheismus und Materialismus. So wirken sie zersetzend im politischen, sozialen und geistigen Leben der Völker. Ja, es ist mit den Händen zu greifen, daß überall da, wo die Juden die Führung haben, die göttlichen und menschlichen Gesetze im Leben der Völker mit Füßen getreten, alle heilsamen Sitten und Ordnungen untergraben und die heiligsten Bande aufgelöst werden. Darum sind die Juden in der Tat ein Fluch der ganzen Menschheit geworden, wie es schon der Prophet Hesekiel vorausverkündigt hat' (22, 15-16)."

360 N.N: „Geschieht den Juden ein Unrecht?"
Kirche u. Volk Nr. 16, 16. Apr. 1933, S. 127f.

„Es gibt rechtlich denkende Menschen, die sich zur Zeit ernsthaft die Frage vorlegen, ob nicht denjenigen Ausnahmejuden, die ihrer Gesinnung nach ehrlich sich als Deutsche fühlen, und die auch, bis zum Weltkrieg zurück, sich stets als solche betätigt haben, ein Unrecht geschehe, wenn man auch sie jetzt, in Bausch und Bogen aus öffentlichen Ämtern entferne. Denn, so wird weiterhin begründet, solche Juden, und mögen es auch nur ganz wenige sein, haben sich durch ihre ehrliche Schicksalsgemeinschaft mit dem deutschen Volk ein mindestens für sie persönlich geltendes nationales Recht erworben. Es ist darum ein Unrecht, wenn bei der allgemeinen Säuberung keine Ausnahmen gemacht werden.
Wir wollen, um in der Lage zu sein, diese Frage grundsätzlich zu beantworten, ohne weiteres zugeben, daß solche Ausnahmejuden denkbar sind und vorkommen mögen. Damit entsteht die Grundfrage, ob es ein aus Schicksalsgemeinschaft stammendes geschichtliches Recht zur nationalen Gemeinschaft gibt.
Ohne Zweifel ist die Nation eine geschichtliche Schicksalsgemeinschaft. Wo die fehlt, ist keine Nation, selbst dann nicht, wenn es sich um Menschen gleichen Blutes und gleicher Religion handelt. Aber es ist ein Trugschluß, daraus folgern zu wollen, also sei die Schicksalsgemeinschaft das entscheidende Merkmal der Nation, und also, wenn ein Jude nachweisbar dieses Merkmal ehrlich errungen habe, bestehe auch sein persönliches Recht zur nationalen Gemeinschaft. Diese Begründung ist deshalb ein Trugschluß, weil die grundlegende Voraussetzung, daß eine Summe von Menschen zur Nation werden kann, die unerläßliche Tatsache ist, daß diese Summe von Menschen nicht ein willkürlich zusammengelaufener Haufen ist, sondern eine blutsbrüderlich zusammengehörige Gemeinschaft.

---
* Zitat nicht zu verifizieren

Anders gesagt: Nur ein Volk kann Nation werden. Ein Volk steht und fällt aber begrifflich mit der Tatsache seiner Blutszusammengehörigkeit. Zehn Chinesen, zehn Neger, zehn Juden, zehn Deutsche usw. kann ich zwar in allgemein menschliche Schicksalsgemeinschaft zueinander bringen, aber daraus wird nie eine Nation, weil die völkische Voraussetzung der Blutsgemeinschaft fehlt.
Umgekehrt: Tausend Deutschblütige, die in verschiedenen Weltteilen auseinanderwohnen, auf eine Insel zusammengebracht, sind zwar im selben Augenblick eine Volksgemeinschaft, aber werden zur Nation erst durch den willens- und gesinnungsgemäßen Zusammenschluß zu gemeinsamem Schicksal.
Es ist also so: Ein Volk kann nicht Nation sein ohne Schicksalsgemeinschaft. Und eine Nation ist nicht durch jede beliebige, sondern nur durch die völkische Schicksalsgemeinschaft.
Zweierlei Dinge also bedingen das persönliche Recht zur Nation: Blutsgemeinschaft *und* Schicksalsgemeinschaft. Wo eins von beiden fehlt, ist kein Recht zur Nation. Auch der deutschblütige Verbrecher oder Landesverräter gehört seiner Natur nach zum deutschen Volk. Seiner Gesinnung nach steht er aber außerhalb der Schicksalsgemeinschaft und ist insoweit ein Fremdling der Nation. Umgekehrt der sogenannte Ausnahmejude: Der Gesinnung nach mag er zur Schicksalsgemeinschaft gehören, es fehlt ihm aber das völkische Merkmal der Blutsgemeinschaft. Wir können mit ihm allenfalls eine beliebige, allgemein menschliche Schicksalsgemeinschaft bilden, niemals aber was unerläßlich zur Nation gehört: die völkische Schicksalsgemeinschaft. Er bleibt also Fremdling durch sein Blut. Und der Fremde, einerlei welch ein persönlicher Wert ihm zukommt, kann niemals eigentümlich einheimische Rechte haben. Zu solchen eigentümlich einheimischen Rechten aber gehören vor allem die staatlichen öffentlichen Ämter und insbesondere die Erziehung der deutschen Jugend.
Es geschieht somit nicht ein Unrecht am Ausnahmejuden, wenn er nun aus solchen Stellungen verdrängt wird, sondern es wird ein geschichtliches Unrecht am deutschen Volk aufgehoben. Ein Unrecht, das diejenigen Deutschen begangen haben, die fremdstämmigen Einwohnern volkseigentümliche Rechte eingeräumt haben, und ein Unrecht ebenso derjenigen Fremdstämmigen, die solche Stellungen, sei's in ehrlicher oder unehrlicher Schicksalsgemeinschaft sich erkämpft haben.
Es handelt sich hier um den alten Begriffsunterschied zwischen Besitzrecht und Eigentumsrecht. Beides kann zusammenfallen, ist aber nicht immer dasselbe. Ein gemietetes Haus besitze ich zu Recht, aber ich werde dadurch niemals zum Eigentümer. Und stets steht dem das Recht zu, mich aus seinem Eigentum wieder zu entfernen. Ebensowenig kann aus dem bestenfalls mietrechtlichen Besitz einer Schicksalsgemeinschaft,

der das völkische Merkmal fehlt, jemals ein Eigentumsrecht innerhalb der nationalen Gemeinschaft werden.
Im Gegenteil, das Mietrecht ist hier sogar ein Unrecht. Denn ein Haus kann der Eigentümer vermieten, ohne dem Haus dadurch zu schaden. Die Stockwerke einer Nation aber kann ich nie an fremdrassige Menschen vermieten, ohne der Nation durch Gewährung solchen Mietrechts zu schaden. Wenn ich aber selbst als Fremdstämmiger mir in einer anderen Nation solche Mietrechte erwerbe, bin ich stets ein Schädling dieser Nation.
Also geschieht keinem, auch keinem Ausnahmejuden in Deutschland zur Zeit ein Unrecht, sondern ein geschichtlich am deutschen Volk geschehenes Unrecht wird durch eine nationale Regierung wieder in ihr uraltes mit göttlichem Willen übereinstimmendes Naturrecht zurückverwandelt."

361 Pfr. Stupp: Bericht über Verlauf und Fortgang der „Boykottbewegung"
Evang. KuVolksbl. Nr. 17, 23. Apr. 1933, S. 133f.

„... In die *Boykottbewegung* gegen das Judentum zur Abwehr der Greuelpropaganda haben sich alle Deutschen in großer Einmütigkeit eingeschaltet. Der Boykott selbst am 1. April ist in großer Ruhe und Disziplin verlaufen. Nur in Kiel wurde ein jüdischer Rechtsanwalt, der auf einen SA-Posten schoß, von der erregten Volksmenge erschossen. Der Boykott hat auf das Ausland einen so starken Eindruck gemacht, daß er nicht wiederholt werden mußte. Aus New York wird gemeldet, daß die amerikanischen Juden sich zum 'Stillschweigen' gegenüber der Lage der Juden in Deutschland entschlossen haben. Wie die Lügenpropaganda arbeitet, dafür ein Beispiel: Der Straßburger Sender verbreitete die Nachricht, daß uniformierte SA-Leute in den Gottesdienst der Synagoge in Bruchsal eingedrungen seien und die Beter belästigt hätten. Der Synagogenrat von Bruchsal gibt unter Protest der in- und ausländischen Presse bekannt, daß die Meldung von Anfang bis Ende erlogen sei. Traurig ist, daß solche und ähnliche Meldungen aus Deutschland selbst stammen. In München hat die Polizei ein solches Lügennest im Hause einer Jüdin ausgehoben. Dort wurde eine Gruppenaufnahme hergestellt, die den Reichskanzler inmitten von Animierdamen auf einem Diwan sitzend darstellt. Abzüge waren bereits ins Inland und Ausland verschickt. Gegen solche schmutzige Geschäfte kann nicht scharf genug eingeschritten werden. Die Boykottbewegung hat aber auch gezeigt, wie eng das Judentum der Welt zusammenhängt, und namentlich, wie eng es mit dem internationalen Kapital verfilzt ist. Die Macht der goldenen Internationale ist viel schwerer zu brechen als die Macht der roten und schwarzen. Dieser Kampf ist noch nicht zu Ende. —

In Baden sind die Juden aus der Strafrechtspflege ausgeschaltet, auch in den übrigen Berufen sind einschneidende Änderungen vorgenommen worden. Die Juden sollen, ähnlich wie in Berlin, nur noch ihrem Bevölkerungsanteil entsprechend verwendet werden. Sämtliche jüdischen Beamten und Angestellten des badischen Staates, der Gemeinden und der öffentlichen Wirtschaftsbetriebe sind ihres Dienstes enthoben. 3000 Juden sollen in der letzten Zeit in die Schweiz gereist sein. Auch sonst gingen gewisse, in den letzten 14 Jahren an maßgebender Stelle stehende Männer über die Grenze, um deutsches Geld im Ausland zu verleben. Es ist in Aussicht genommen, sie zu ächten und aus der Volksgemeinschaft auszuschließen – falls sie nicht zurückkehren..."

362 Pfr. Stupp: „Gesetz gegen die Überfremdung deutscher Schulen und Hochschulen"

Evang. KuVolksbl. Nr. 19, 7. Mai 1933, S. 149

„...Die letzte Woche hat ein tief einschneidendes 'Gesetz gegen die *Überfremdung* deutscher Schulen und Hochschulen' gebracht. Das Gesetz richtet sich aber nicht nur gegen die Überfremdung, sondern auch gegen die Überfüllung der höheren Schulen und Hochschulen. Wir erlebten ja im letzten Jahrzehnt geradezu eine Inflation auf diesem Gebiet. Der Volksschule, die zu Gunsten der höheren Schule und der Hochschule arg vernachlässigt worden war, soll wieder mehr Aufmerksamkeit zugewandt werden. Nach dem neuen Gesetz ist bei der mittleren Schule und der Hochschule die Zahl der Schüler und Studenten soweit zu beschränken, daß die gründliche Ausbildung gesichert und dem *Bedarf der Berufe genügt* ist. Innerhalb dieses 'Numerus clausus' wird vor allem zwischen Ariern und Nichtariern (vor allem Juden) unterschieden. Der Anteil nichtarischer Schüler an der Gesamtzahl der Schüler der höheren Schule darf 1,5 v.H. nicht übersteigen. Das ist etwa der Hundertsatz der Juden im deutschen Volk. Der gleiche Hundertsatz gilt für die Hochschulen. Die Kinder der Juden, die nach dem 1. August 1914 aus dem Osten in Deutschland einwanderten, sind von den höheren Schulen und Hochschulen überhaupt ausgeschlossen. Dagegen werden wie Arier behandelt die jüdischen Schüler und Studenten, deren Väter im Weltkrieg an der Front für das deutsche Reich gekämpft haben. In der Übergangszeit darf der Hundertsatz jüdischer Schüler höherer Schulen und Studenten höchstens 5 v.H. der Gesamtzahl betragen. Mag das Gesetz zunächst als Härte wirken – es ist nötig, um das deutsche Volkstum in seiner ihm von Gott gegebenen Eigenart zu erhalten. Den Juden wird kein Haar gekrümmt, aber sie sollen nicht mehr Einfluß haben im deutschen Volk, als ihnen gerechterweise zugestanden werden kann..."

363 A. Ehringhaus [Kassel]: „Der Christ und die Judenfrage"
Evang. KuVolksbl. Nr. 21, 21. Mai 1933, S. 164

„Die Judenfrage hat die christlichen Völker von jeher gequält. Immer wieder kamen sie in Widerspruch zwischen der christlichen Pflicht, gut zu sein gegen jedermann, und der Selbsterhaltungspflicht gegen den schädlichen Einfluß, der, ob gewollt oder nicht, nun einmal vom Judentum ausgeht. Als Philipp der Großmütige 6 Jahre die Juden geduldet hatte, wurde er irre, ob das richtig sei gegen sein Hessenvolk, und fragte seine Räte und Pfarrer. Die sagten, eigentlich müsse man um des armen hessischen Volkes willen die Juden aus dem Lande weisen, da sie sein Hab und Gut an sich brächten. Aber um die arme Seele der Juden zu retten, solle er ihnen alle Geldgeschäfte verbieten und nur Handarbeit erlauben. Das wäre vielleicht die beste Lösung der Frage geworden. Leider geschah es nicht. Der Jude blieb bei dem ihm im Mittelalter aufgezwungenen fast ausschließlichen Geldgeschäft bis ins 18. Jahrhundert. So entwickelte er durch Erbzüchtung eine Überlegenheit auf diesem Gebiet im Guten durch Gewandtheit, Geduld, Freundlichkeit, aber noch mehr im Bösen. Der Mammon verdirbt nach Jesu Wort die Seele und setzt sich an Stelle Gottes und des Gewissens. So entstand ganz besonders häufig im jüdischen Volk der Typ des skrupellosen Geschäftemachers, des Krawattenfabrikanten, wie das Volk sagt, des Halsabschneiders. Das ist zum großen Teil Schicksal und nicht Schuld, aber es ist leider Tatsache. Zu dieser Tatsache gesellt sich eine zweite, der *Rassenunterschied.* Der Deutsche ist gemütstief, vertrauensvoll, ja der Süddeutsche sogar vertrauensselig, langsam, schwerfällig, eben weil er tief ist. Der Jude ist Verstandesmensch, kritisch zersetzend in seinem Denken, schnell schmiegsam. Er ist in der Literatur, im Theater, in der Kunst, in der Politik immer vorne an, wo kritisiert, zersetzt, zerstört wird: Glauben, Vertrauen, Hängen am Alten, an der Scholle, am Vaterland – der Arme hat ja keins –, ehrwürdige Sitte, Zucht, Einfalt, geschlechtliche Reinheit, Gewissenhaftigkeit, das alles erscheint ja dem Verstandesmensch als Dummheit, Rückständigkeit. Die doppelt ehrenwerten Ausnahmen bestätigen nur die Regel. Im Geschäftsleben ist er weniger von Skrupeln belastet und dazu fixer. Das reizt förmlich zur Übertölpelung des schwerfälligen Deutschen. Man denke nur an die Zustände auf unseren Dörfern! Auch hier gibt's auf beiden Seiten Ausnahmen, leider auch sehr skrupellose deutsche Geschäftsleute. Aus diesem hier nur kurz und unvollständig skizzierten Rasseunterschied ergibt sich die furchtbare Tatsache, daß das Zusammenleben der beiden Rassen unserem deutschen Volkstum zum schweren Schaden wird, auf geldlichem und, was noch schlimmer ist, auf *seelisch-sittlichem* Gebiet. Das alles wird noch einmal verschärft durch eine *dritte Tatsache.* Wir sind

60 Millionen Deutsche und nur 800000 Juden; auf 75 Deutsche kommt ein Jude. Gerecht wäre es, wenn also auf 75 deutsche Geschäfte ein jüdisches, auf 75 deutsche Banken, Zeitungen ein jüdisches käme, auf 75 Ärzte oder Rechtsanwälte ein jüdischer. In Wirklichkeit haben die Juden 30 bis 90 Prozent! Gerecht wäre es, wenn vom Vermögen des deutschen Volkes 1 1/4 Prozent in jüdischen Händen sich befände. Und in Wirklichkeit? Ob es nicht *über die Hälfte ist?* Und dieser Prozeß ist – das wäre die *vierte, die allertraurigste Tatsache* für uns Deutsche – seit 1918 mit Absicht zuungunsten des Deutschtums gefördert worden. Das Judentum hat an der Revolution von 1918 sich besonders stark beteiligt. Vom Juden ist das nach den oben genannten Gründen sehr begreiflich, aber von den deutschen Führern der Sozialdemokratie ist es unverzeihlich, daß sie den jüdischen Einfluß so gefördert, die Ostjudeneinwanderung so begünstigt haben, nur um ihre Partei zu stärken. Dieses Verbrechen am Deutschtum hat sich an unseren Sozialdemokraten furchtbar gerächt. Weil sie selbst nicht nur die völkischen, sondern, was ja damit zusammenhängt, auch die religiös-sittlichen Bindungen verachtete, fühlte sich zu ihr gerade der Teil des Judentums hingezogen, der der schlimmste ist, der weder ein Vaterland hat noch eine Bindung an irgendeine Religion, der nur noch den skrupellosesten Geldschacher anbetet. Und diese schlimmste Sorte Juden hat unsere sozialdemokratische Bewegung, die doch auch einmal etwas Gutes wollte, nämlich soziale Gerechtigkeit für den kleinen Mann, völlig verdorben. Wir kennen die Namen Barmat, Kutisker, Sklarek! Und so ist aus der Ehe zwischen Sozialdemokratie und Judentum, und gerade Ostjudentum, eine Korruption in Deutschland entstanden, die neben dem gemeinen Versailler Schandvertrag die Hauptursache unserer furchtbaren Not ist und unser ganzes Volksleben zu korrumpieren drohte. Unbestreitbares Verdienst Adolf Hitlers ist es, daß er schärfer als wir alle diese Zusammenhänge erkannt und eine Regierung gebildet hat, die den über Gebühr starken und darum doppelt schädlichen jüdischen Einschlag zurückdrängen will durch Beschränkung jüdischer Ärzte, Anwälte, Schauspieler, Zeitungen auf das der Einwohnerzahl entsprechende Verhältnis. Da das rechte Verhältnis sich ganz von selbst herstellt, wenn jeder Deutsche vor allem sich verpflichtet fühlt, seine deutschen Brüder zu unterstützen, und es den Juden überläßt, bei seinen Rassegenossen zu kaufen, so kann es keine gerechtere Parole geben als die: Deutsche, kauft bei Deutschen! Da es ein Gesetz der Schöpfung ist, daß die Vermischung artfremder Rassen stets zu *Entartung führt,* so ist es Gehorsam gegen den Schöpfer, Ehen zwischen Juden und Deutschen zu verbieten. Esra, der jüdische Gesetzgeber, hat im Jahre 444 vor Christus genau dasselbe getan und seinem Volke die Ehen mit anderen Völkern verboten. Das alles darf freilich, wie es auch bei unserem Reichskanzler so deutlich zu

spüren ist nur aus einer Wurzel wachsen, aus heißer, *glühender Liebe zu unserem armen Volk, und niemals aus Haß oder Rache.* In dem Augenblick, wo wir nur im geringsten persönliche Haßgefühle oder Rachsucht aufkommen ließen, würden wir uns gegen Gott versündigen: Die Rache ist mein! Als Christus in dem Tempel den Händlern die Tische umstürzte, was trieb ihn? 'Der Eifer um dein Haus hat mich gefressen', sagt die Heilige Schrift. So darf auch uns nur treiben der Eifer um unser Volkstum, das ja unsere höchste irdische Gottesgabe ist, niemals der Haß gegen den Juden, der ja doch nichts dazu kann, daß er das traurige Geschick hat, als Artfremder unter einem anderen Volke zu wohnen und durch seine ererbten Rasseeigenschaften schädlich zu wirken, oft ohne, daß er es will. Drum so unerbittlich hart wir aus Liebe zu unserem Volk in der Sache sein müssen, so christlich milde und im Notfall rücksichtsvoll muß der Christ im *persönlichen Verhalten sein*, zumal gegen die zum Glück ja nicht wenigen anständigen unter den Juden. Diese doppelte Aufgabe ist viel schwieriger, als die meisten ahnen, weil sie sich auf keinem Gebiet die Mühe machen, die Sünde zu hassen und doch den Sünder nicht zu hassen. So hält es Gott mit uns, so tat es Christus, so soll es der, der auf den Ehrennamen Christ Anspruch macht. Oder er ist nicht mehr Christ. Wir sehen, die Judenfrage stellt uns als schwierigste Aufgabe gar nicht die Bekämpfung des jüdischen Übereinflusses, sondern die Frage, wie wir diesen um unseres Volkes willen nötigen Kampf aus Liebe und in Liebe führen und nicht im Haß. Tun wir das nicht, so würden wir den Kampf verlieren. Der Haß ist ein Bumerang, eine Waffe, die auf den zurückfliegt, der sie schleudert. Darum gilt gerade in der Judenfrage das Wort der Bibel: 'Wachet, stehet im Glauben! Seid männlich und seid stark. Aber alle eure Dinge lasset in der Liebe geschehen!' (1. Kor. 16,3)"

364 M [?]: DC-Kundgebung in Mosbach, 3. Sept. 1933
Kirche u. Volk Nr. 38, 17. Sept. 1933, S. 301

„Auf Sonntagabend, den 3. September, hatte die Glaubensbewegung 'Deutsche Christen' zu einer Kundgebung in Mosbach eingeladen... Darauf trat der *Gaukirchenreferent*, Herr Oberkirchenrat *Voges*, an das Rednerpult... Die Glaubensbewegung will die alten Güter der Reformation lebendig machen für Kirche und Volk. Das Bekenntnis muß Grundlage des Glaubens sein. Mit dem ersten Artikel bekennen wir uns zu Gott dem Schöpfer, der uns in unser deutsches Volk gestellt hat, unser Volk gebunden an Geschichte, Blut und Boden. (Sehr fein war damit eine offene Antwort auf die Judenfrage verbunden: Christ kann ein Jude werden, aber nie Deutscher.)... Die Bibel ist das zweite Erbgut der Reformation. Daß die Stellung zum Neuen Testament eine positive ist, braucht nicht dargetan zu werden. Das alte Testament aber ist in Psalter und Prophetie so wertvoll, daß wir seine lebendigen Zeugnisse nicht missen können. Die Geschichte des Volkes Israel muß jedem zeigen, wie ein Volk ohne Gott verderben muß. Auf Bibel und Bekenntnis baut die Glaubensbewegung eine neue Kirche auf, die den Geist der Volksgemeinschaft in sich tragen muß..."

365 Pfr. Stupp: Versailler Vertrag, internationales Judentum u. Bolschewismus
Evang. KuVolksbl. Nr. 40, 1. Okt. 1933, S. 323f.

„... Es ist ja wirklich ein Hohn, daß Frankreich, das bis an die Zähne bewaffnet ist, dessen Grenze gegen Deutschland von Nord bis Süd *einer* großen Festung gleicht, das im letzten Manöver die neuesten Kriegswagen vorgeführt hat, für das völlig wehrlose Deutschland wieder eine Rüstungskontrolle verlangt und eine Liste 'sämtlicher Verletzungen des Versailler Vertrages durch Deutschland' nach England geschickt hat. Sieht man das alles in einem größeren Zusammenhang, dann merkt man, daß Genf nur eine Waffe in der Hand des internationalen Judentums ist, mit der es Deutschland zerschmettern will. Bedenkt man ferner, daß die große Mehrheit der Funktionäre des russischen Bolschewismus Juden sind, dann versteht man den Haß gegen Deutschland, das schamvolle Zudecken der grauenvollen russischen Zustände von der Revolution an bis heute. Das sehen auch heute klarsehende Ausländer. Wir setzen das Wort eines bekannten Dichters Finnlands hierher, der das treffend beleuchtet: 'Wie man aus jeder Zeitung sieht, ist die ganze Welt über die Verfolgung der Juden in Deutschland so gut wie hysterisch. Die Deutschen haben unter dem Eindruck des nationalen Erwachens einige hundert Juden ausgewiesen, ohne ihnen sonst etwas Böses anzutun. Und die ganze Welt steht vor Entrüstung in Flammen. Es ist wahr, daß viele von diesen Ausgewiesenen hervorragende Wissenschaftler, hervorragende Finanzmänner oder gerissene Advokaten oder Zeitungsschreiber gewesen sind, die freilich für die Länder, die sie aufnehmen, unangenehme Gäste sein werden. Aber als die Russen 1917, meist von Juden angeführt und gelenkt, einen in den Annalen der Menschheit unübertroffenen und entsetzlichen Ausrottungskrieg gegen die besten Elemente ihres eigenen Volkes einleiteten, gegen Schriftsteller und Künstler, gegen Bürger und Kaufleute, gegen Offiziere und Adelige, – ja, da gab es keinen allgemeinen Sturm des Unwillens gegen die bluttriefende Büttelherrschaft. Die Gebildeten des Landes wurden zu Hunderttausenden tortiert und erschossen, vielleicht zu Millionen, oder nach Solovjetsk, der Insel der Schrecken, verschickt, und in andere entsetzliche Gefangenenlager, wo sie ohne weiteres in Sklavenarbeit genommen und einer Kälte und einem Hunger unterworfen wurden, denen sie bald erlagen. Es ist merkwürdig, wie schnell man vergißt. Jetzt werden ein paar hundert Juden vollständig unangetastet unter höflichen Formen in andere Länder ausgewiesen; damals wurden Millionen gebildeter Menschen verstümmelt, gemartet und erschlagen, schonungslos nach den grausigsten Methoden, darunter auch Frauen und Kinder. Jetzt schreit ganz Europa und das halbe Amerika mit lauten Tönen und rast gegen Deutschland — damals wurden vielleicht in einigen Rechtszeitungen milde verurteilende Aufsätze über die schreckensvollen Gemeinheiten in Rußland geschrieben. Die Stimmen der russischen Intelligenz und Bourgeoisie verstummen nun immer mehr. Ihre blutenden Opfer sind allmählich eines qualvollen Todes gestorben, teils in den Marterkammern ihres eigenen Heimatlandes, teils an Hunger im fremden Lande. Fast alle Länder suchen sich bei der Sowjetregierung einzustellen, jetzt liest man sogar, daß Präsident Roosevelt Rußland seine versöhnende Hand reichen will. Weshalb? Ja, um den zahllosen Millionärsjuden der USA Gelegenheit zu guten Geschäften und besseren Verdiensten zu geben. Aber keiner denkt daran, dem für die abendländische Kultur und sein eigenes Leben kämpfenden Deutschland eine hilfreiche Hand zu bieten. Deutschland, in dem keine Millionenblutbäder vorgekommen sind, und wo ein unbedeutendes Kontingent Juden ausgewiesen ist. Weshalb? Ja, weil das durch den Versailler Frieden ausgesogene, geplünderte und geschmähte Deutschland ausländischen Schiebern nicht mehr die gleichen Möglichkeiten zu Gewinn und Erpressung bietet, wie das trotz aller Wahnherrschaft noch heute reiche und lockende Rußland, in dem noch ungeheure Naturschätze ungehoben liegen'..."

366 Pfr. Scheuerpflug: „Die Juden im Dritten Reich"

MtsBl. Nr. 9, 3. Sept. 1933, S. 33—35

„Welchen Christen bewegte heute diese Frage nicht, die nicht nur eine Rassenfrage, sondern auch eine biblische Frage ist und bleiben wird, bis Röm. 11, 25.26 erfüllt ist! Staatspolitische Notwendigkeiten und christliche Einsicht stehen so lange in Widerstreit, als es nicht gelingt, dem Kampf gegen das Judentum eine christliche Sinndeutung zu geben. Darum sind wir dankbar, daß der Tübinger Neutestamentler Prof. D. Gerhard Kittel in seiner soeben erschienenen Schrift 'Die Judenfrage' (78 S., kart. 1,20 Mk.) zu diesem Problem eindringlich und wegweisend Stellung nimmt. Aus deren Inhalt ist folgendes zu entnehmen:

Seit der Zerstörung Jerusalems im Jahre 70 ist das jüdische Volk über die Erde hin zerstreut, hat seine Heimat verloren und lebt als Fremdling unter anderen Völkern. Dieses Volk hat seine eigene Religion und ist eine völlig fremde Rasse unter den anderen Völkern. Die Judenfrage ist nicht eine Frage des Schicksals von Individuen, sondern eines Volkes. Nicht darum handelt es sich, ob einzelne Juden unanständig sind, ob einzelne anständige Juden ungerechterweise zugrunde gehen, sondern darum, was aus dem Judentum werden soll. Die Frage kann auf vierfache Weise beantwortet werden:

1. Man kann den Juden auszurotten versuchen (Pogrom).
2. Man kann den jüdischen Staat in Palästina oder anderswo wiederherstellen (Zionismus).
3. Man kann das Judentum in anderen Völkern aufgehen lassen (Anpassung).
4. Man kann entschlossen und bewußt die geschichtliche Gegebenheit einer 'Fremdlingschaft' unter den Völkern wahren.

1. Die gewaltsame Ausrottung der Juden kommt bei einer ernsthaften Betrachtung nicht in Frage. Die Juden totschlagen heißt nicht, die Judenfrage lösen.
2. Der Zionismus ist keine Lösung der Judenfrage. Die Ansiedlung jüdischer Kolonien in Palästina hat zu einer furchtbaren Vergewaltigung des alteingesessenen Fellachentums geführt und diese zum grimmigen Haß gereizt; das Land selbst ist auch nicht groß genug, um alle Juden der Welt aufzunehmen. Zu alledem kommt die unbestreibare Tatsache, daß der heutige Zionismus mit der religiösen Bewegung der Juden so gut wie nichts zu tun hat. In ihm strömt vielmehr wesentlich aufgeklärtes, um nicht zu sagen atheistisches (gottloses) Judentum zusammen. Der fromme Jude will nichts davon wissen.
3. Dann bliebe die Anpassung, das Aufgehen der Juden in anderen Völkern. Früher saßen die Juden als Fremdlinge in ihrem besonderen Judenviertel. Seit der Aufklärung wurden die Begriffe Menschentum und Menschenrecht Weltbegriffe und machten die Juden vom Ghetto frei. Sie wollten ganze, gleichberechtigte 'Deutsche' sein, ließen sich auch aus gesellschaftlichen Gründen taufen, wurden Vertreter der 'Menschheitsreligion'; Mischehen zwischen Deutschen und Juden waren keine Seltenheit mehr. Aber diese Rassenmischung wurde für sie verhängnisvoll. Der Jude hat seine Heimat im Judentum verloren, im deutschen Volkstum aber kann er im volksmäßigen Sinn nie eingewurzelt sein. Daraus entsteht seine Dekadenz (Verfall). Dieses dekadente Judentum ist die eigentliche Frage des Judentums in der Gegenwart, als dekadentes Judentum wirkt es überall zersetzend. Seine 'seelische Heimatlosigkeit' kann so gefährlich sein, daß sie das Mark eines Volkes zerfrißt; sie kann wilde Agitation und Demagogie sein, der nichts heilig ist. Dieses Judentum, das selbst keine Religion mehr hat, gebiert die Auflösung der Religion. Aus ihm kommt eine durch nichts gebun-

dene Politik hemmungsloser Volksverführung; aus ihm ein Schrifttum mit seinem vor nichts Heiligem haltmachenden Geschwätz. Aus ihm die Verantwortungslosigkeit einer Wirtschafts- und Finanzpolitik, die keine Verwurzelung im Volkstum hat; aus ihm eine Rechtspflege, die sich nicht zuerst im Dienst des Volkes weiß. Je mehr diese Anpassungsjuden Einfluß gewannen, desto mehr wurde der Geist gesunden Volkstums verzehrt, die Internationale des Goldes, der Kultur, des Sozialismus setzte sich auf den Thron; Juden wurden die geistigen und politischen Führer des Volkes, vollends seit der Revolution von 1918. Das Volk empfand den Druck der fremden Rasse, aber es fand keinen Weg zur Hilfe. So erhob der wilde Antisemitismus sein Haupt, ein immer stärkerer Judenhaß machte sich geltend und begann sinnlos auf alles einzuschlagen, was ihm als 'jüdisch' erschien, selbst auf das Alte Testament, das doch als Buch Gottes je und je im Kampfe stand gegen die Entartungen des Judenvolks. Man sah nicht, daß schon die Propheten die Vermischung der Juden mit anderen Völkern als schwere Sünde bezeichneten, daß fromme Juden sich mit Abscheu von den 'Anpassungs'-Juden wandten.

4. Das echte Judentum weiß, daß es nach Gottes Ratschluß ein Volk der Zerstreuung ist, der fromme Jude bejaht seine 'Fremdlingschaft'. Nur die Wiederherstellung der gottgewollten Fremdlingschaft, des 'Gastzustandes', wird die Judenfrage lösen. Einem Gast sind alle Gastrechte einzuräumen, aber keine Herrenrechte. Der anständige Gast kann und soll in Frieden auch im deutschen Volke leben dürfen, aber der Gast ist nicht Inhaber eines öffentlichen Amtes. Das Glied eines fremden Volkes kann nicht über Deutsche zu Gericht sitzen und deutsche Polizeigewalt innehaben; die Erzieher deutscher Jugend können nicht Fremdvölkische sein. Aber es ging weit über den Gastzustand hinaus und führte zu Unerträglichkeiten und Ungeheuerlichkeiten, wenn fast zwei Drittel der Anwälte des Kammergerichts Juden waren; wenn an 20 Berliner höheren Schulen zwischen 21% und 60% der Abiturienten Juden waren; wenn in deutschen Universitätsinstituten für deutsche Studenten kein Platz war, weil über die Hälfte der Plätze von Juden belegt war; wenn an großen staatlichen und städtischen Kliniken 90% der Assistenten Juden waren; wenn in deutschen Bauernprozessen planmäßig Untersuchung und Rechtsprechung an Juden gegeben wurde; wenn der Vizepräsident der Berliner Polizei Jude war; wenn es Berliner Ministerien gab, in denen alle maßgebenden Stellen in jüdischer Hand waren; wenn die ungeheure Berufsübervölkerung des letzten Jahrzehnts Tausende junger deutscher Akademiker zu hoffnungsloser Stellenlosigkeit verurteilte, der jüdische Akademiker aber fast ausnahmslos diesem Schicksal sich zu entziehen wußte. Es konnte nicht ausbleiben, daß eines Tages das Faß überlief und eine revolutionäre Lösung sich als einziges Mittel

der Rettung ergab. Warum verlangten die Juden anderes Recht als andere Fremdstämmige? Zum Deutschen Reich gehörten früher auch Polen, Dänen und Franzosen. Diese maßten es sich nie an, in alle deutschen Verhältnisse, Ämter und Stellungen eindringen zu wollen, um das deutsche Volk zu polonisieren, zu dänisieren, zu französisieren. Sie waren froh, wenn man sie in ihren Sitten und Gebräuchen, ihren Sprachen und ihrem Denken weiter leben ließ. Nicht so die Juden. Sie wollen als Juden über die Deutschen herrschen, den deutschen Geist, die deutsche Kultur, die deutsche Politik beeinflussen, das ist ihr Unrecht. Dagegen sich zu wehren, hat die deutsche Nation ein Recht, wenn sie sich nicht selbst aufgeben will. 'Es gäbe keine Judenfrage, keine Erbitterung gegen die Juden, wenn sie sich auf das beschränken wollten, was die deutschen Polen, Dänen und Franzosen fordern: daß man sie unangefochten leben lasse; aber die Juden haben sich in Deutschland bereits eine andere Stellung errungen, eine erobernde, herrschende. Und eben dies gilt es nun: die Juden auf sich selbst beschränken, wie die anderen Nationalitäten in Deutschland auf sich selbst beschränkt sind. Dann werden die Deutschen nicht mehr klagen können, und die Juden werden nicht klagen dürfen. Jeder hat dann sein Recht nach dem schönen Grundsatz: *suum cuique*.'

Nicht *unterdrückt* werden sollten die Juden in Deutschland; aber sie sollen auch nicht die Deutschen verdrängen. Um beides zu verhüten, müssen sich beide als *verschiedene Nationen* anerkennen, beide in ihren Schranken sich bewegen und beide nach dem Verhältnis sich in Recht und Pflichten teilen. Das wäre dann eine würdige und gerechte Lösung der Judenfrage, würdig der Deutschen und gerecht gegen die Juden.

Nun ist ja inzwischen das neue Reich mit seiner grundsätzlichen Andersstellung zu den Juden an die Macht gekommen. In seiner Notwehr gegen die Überfremdung sind Härten in großer Zahl geschehen und werden weiter geschehen. Bei der Gesamtlage des Judentums ist nicht so sehr dies zu erwarten, daß infolge der notwendigen Maßnahmen eine größere Zahl Juden materiell in schwere Not geraten und körperlich verhungern müssen. Dem werden voraussichtlich genügend Organisationen der Selbsthilfe des Judentums der ganzen Welt vorbeugen. Viel ernster ist die Wahrscheinlichkeit, daß nicht wenige feine, edle, gebildete Menschen *seelisch zerbrechen und zugrunde gehen,* weil ihr Beruf zerstört und ihr Lebensinhalt vernichtet ist und weil sie nicht wissen, wo und wie sie etwas Neues aufbauen sollen. Wir werden auf deutscher Seite diese tiefe und bittere Tragik, die das gegenwärtige Geschehen für solche Menschen bedeutet, wahrlich nicht leicht nehmen. Es ist niemals deutsche Art gewesen, der Not eines anderen zu lachen! Es wird Aufgabe aller rechtlich Denkenden sein, Härten zu mildern, soweit dies ohne Schwäche und ohne Durchbrechung der grundsätzlichen Notwendigkeiten möglich ist.

Aber freilich, wir *dürfen auch nicht weich werden!* Wir dürfen nicht aus Schwäche eine Entwicklung weiter laufen lassen, die sich für beide, für das deutsche wie für das jüdische Volk, als verfehlt erwiesen hat. Es ist hart, wenn Beamte, Lehrer und Professoren, die sich nichts haben zuschulden kommen lassen, als daß sie Juden sind, Platz machen müssen. Es ist hart, wenn Deutsche, die mit ihren Vätern und Großvätern seit hundert Jahren sich gewöhnt hatten, gleichberechtigte Staatsbürger zu sein, wieder in die Rolle des Fremdlings sich finden müssen. Aber niemals dürfen solche Erwägungen zu sentimentaler Erweichung und Lähmung führen.

Zwei *elementare sittliche Grundsätze* können demgegenüber die Norm geben. *Der eine,* der am Anfang dieser Ausführungen stand: daß die ganze Judenfrage nicht als Frage einzelner, sondern als Frage eines Volkes anzusehen ist. Immer ist es die Krankheit der Sentimentalität, daß sie auf das Schicksal des einzelnen schaut und sich dadurch in der grundsätzlichen Entscheidung lähmen läßt. Auch das Geschlecht des Judentums muß wieder lernen, so gut wir Deutsche es lernen mußten und noch daran lernen: daß das Schicksal des Individuums dem Schicksal des Volkes verhaftet ist. Wenn der Fehler gemacht worden ist, daß ein Volk hundert Jahre lang in eine Stellung sich hineingelebt hat, die ihm geschichtlich nicht zustand, dann kann der einzelne nicht sagen: ich bin Individuum, ich habe damit nichts zu tun; sondern dann hat der einzelne diese Schuld mit auf sich zu nehmen und an ihr zu tragen. Und der *andere* Grundsatz ist jener: daß dieser geschichtliche Zusammenhang mit dem Volk, dem einer angehört, deshalb, weil er Geschichte bedeutet, auch über Generationen hingeht. Jenes Wort von den Sünden der Väter, die Gott heimsucht bis ins dritte und vierte Glied, ist ein Grundsatz, den das echte und fromme Judentum sehr genau kennt, wenn auch das moderne liberale Judentum ihn längst vergessen hat und nicht gerne an ihn sich erinnern läßt.

So weit die Gedankengänge Kittels, der also die Judenfrage als Volksfrage behandelt. Das Problem der zum Christentum übergetretenen Juden bedarf einer besonderen Lösung. Entweder erstrebt man eine eigene judenchristliche Kirche und judenchristliche Gemeinden (Kittel), was aber wegen der geringen Zahl der Judenchristen an den einzelnen Orten kaum durchführbar erscheint, oder aber bleiben die gläubigen Judenchristen als vollberechtigte Glieder innerhalb der christlichen Kirchen (so Laible in Allg. Ev. Luth. Kirchenzeitung Nr. 31, 1933), wobei ihrer Verwendung in kirchlichen Ämtern, wo sie bei dem erwachten Nationalgefühl nur Schwierigkeiten begegnen würden, zur Zeit erhebliche Bedenken entgegenstehen dürften. 'Die katholische

Kirche denkt freilich nicht daran, sich hier Vorschriften machen zu lassen.' Die Obrigkeit, der jedermann untertan zu sein hat, wird freilich nach ihren volkspolitischen Notwendigkeiten und Gesetzen auch gegen die Judenchristen verfahren.

Der Weheruf Jesu über Jerusalem, das die Propheten tötete, bleibt ebenso bestehen wie sein Wort 'Das Heil kommt von den Juden'. Zwischen beiden Sätzen steht eine tragische Spannung, die nur vom endgerichtlichen Gesichtspunkt her ihre Lösung finden kann."

C Die Kirchenleitung vor der Judenfrage

367 EOK, Prot.: Ignorieren von staatlichem Beamtenrecht
Karlsruhe, 11. Apr. 1933; LKA GA 3479

„In Sachen der vom Unterrichtsministerium verfügten Ausscheidung aller Beamten jüdischer Rasse wird kirchlicherseits nichts unternommen. In eine Überlegung der Frage soll erst eingetreten werden, wenn man an uns herantritt."

368 Evang. Pfarramt der Petruspfarrei an Prälat Kühlewein: Was tut die Landeskirche gegen die „Judenhetze"?
Weinheim, 5. Apr. 1933; LKA GA 3206

„Gestatten Sie bitte, daß ich mich in einer Angelegenheit, die m.E. in Ihren Zuständigkeitsbereich gehört, unmittelbar an Sie persönlich wende. Es handelt sich um folgendes:

Am Montag abend kam der zu meiner Pfarrei zählende Fabrikant, Herr Walter F., Mitglied des Kirchengemeindeausschusses, zu mir in die Wohnung und richtete an mich die Frage: 'Was tut die Kirche gegen die gegenwärtige Kulturschande, die Verfolgung der Juden? Hat die Kirche ein Wort dazu?' Ich verwies zunächst auf Ihren Hirtenbrief und darin insbesondere auf die Stelle, wo Sie deutlich sagen, daß die Kirchen nicht mit Menschen zu kämpfen haben und daß unsere Waffen nicht Haß und Gewalt sein dürfen, sondern die Liebe. Herr F. meinte darauf: das genüge nicht; die Kirche müsse ein konkretes Wort zu der ganzen Judenhetze sagen, und zwar müsse das von höchster Stelle und so gesagt werden, daß es weithin vernommen werden könne. Der Judenboykott sei zwar abgeblasen und werde wohl auch nicht wieder, schon aus rein wirtschaftlichen Gründen, aufgenommen werden; aber das Volk sei weithin so verhetzt, daß ein Wort der Beruhigung und der Klärung von seiten der Kirche unbedingt nötig sei. Die Kirche könne ein solches Wort umso leichter sagen, als sie durchaus positiv zu dem gegenwärtigen Staat und seiner Regierung eingestellt sei, sie könne es sagen unter voller Aner-

kennung des Kampfes gegen die von gewissen jüdischen Kreisen verursachten Zersetzungserscheinungen in unserem Volk und auch unter voller Anerkennung der berechtigten Seite der Rassenfrage, sie müsse es aber unbedingt sagen, weil die Judenhetze Formen angenommen habe, die unmoralisch und unchristlich seien.
Ich hatte den starken Eindruck, daß Herr F. wirklich aus rein ethischen und christlichen Erwägungen heraus und zugleich aus einer großen Sorge um Volk und Kirche heraus seine Fragen an mich gerichtet hat. Ich habe es auch nicht als Drohung oder Druckmittel empfunden, als er nebenbei bemerkte, daß er mit einer Kirche, die dazu kein Wort fände, keine Verbindung mehr haben könne. Ich muß gestehen, daß ich, so sehr ich die nationale Erhebung begrüße, mich dem Gewicht seiner Ausführungen nicht entziehen konnte und seine große Sorge teile. Ich habe Herrn F. zugesagt, daß ich an Sie schreiben werde, um Sie zu bitten, mir mitzuteilen, was in dieser Angelegenheit geschehen ist oder geschehen kann, sei es seitens des Evang. Oberkirchenrats oder der Evang. Pressestelle oder auch des Deutschen Evang. Kirchenausschusses. Ich wäre Ihnen, sehr geehrter Herr Prälat, sehr dankbar, wenn Sie mir bald eine Antwort zugehen lassen könnten, die ich dann auch Herrn F. mitteilen dürfte. Heute vormittag ist Herr F. nochmals bei mir gewesen und zeigte mir die Nr. 80 der Rhein-Mainischen Volkszeitung vom 4.4.1933, in der unter der Überschrift 2. Mos. 21, 24 u. Matth. 5, 38ff. ein katholischer Pfarrer Alois Eckert in sehr guter Weise zu der Frage Stellung genommen hat."

369 Prälat Kühlewein an Pfr. Brecht: Votum zu Dok. 368 in Vorbereitung
Karlsruhe, 25. Apr. 1933; LKA GA 3206 – korr. Konzept

„Auf Ihre Anfrage vom 5. April betr. die Judenfrage darf ich erwidern, daß der deutsche evang. Kirchenausschuß heute u.a. brennenden Problemen auch das der Juden behandelt. Von unserer Seite besteht bereits der Entwurf zu einer Veröffentlichung in dieser Sache [vgl. Dok. 372], den wir aber noch zurückgehalten haben, bis der deutsche evang. Kirchenausschuß Stellung genommen hat..."

370 KReg., Prot.: Christen – Juden – Judenchristen
Karlsruhe, 7. Apr. 1933; LKA GA 4892

„... Und was die Judenchristen betrifft, so ist die Meinung der Kirchenregierung in ihrer Mehrheit die, daß die Kirche ihnen ein beratendes und tröstendes Wort sagen müsse...
Ferner: Die Art, wie die Judenfrage behandelt wird, habe in kirchlichen Kreisen einige Aufregung hervorgerufen, namentlich wenn es sich um

Leute jüdischer Abstammung handelt, die vielleicht schon seit Generationen Christen sind.

Endlich bereite auch die neue Kirchenbewegung wie sie von der Glaubensbewegung 'Deutsche Christen' repräsentiert wurde, weithin Unruhe, da viele Kirchenglieder darin eine Gefahr für unsere Kirche sehen.

Unsere Kirchenleitung müsse die Öffentlichkeit wissen lassen, daß sie all diesen Fragen ernsteste Beachtung schenke, zumal da in engem Zusammenhang damit auch die Frage der Selbständigkeit der Kirche stehe.

Was die Frage der Judenchristen betreffe, so müsse die Kirche klar und deutlich ihre Stellung kundgeben und der Öffentlichkeit sagen, daß sie diejenigen schützt, die zu ihr gehören. – Dem stimmt der Kirchenpräsident zu und weist überdies noch daraufhin, daß die in Betracht kommenden Leute als Steuerzahler auch noch kirchliche und rechtliche Ansprüche geltend machen können. Eine andere Frage sei die, ob hier nicht die Gesamtvertretung der deutschen evangelischen Kirchen berufen sei, mit einer Verlautbarung an die Öffentlichkeit zu treten. – Zur Judenfrage bemerkt Landeskirchenrat Voges, für die Kirche im Dritten Reich sei es untragbar, daß sich sogar der theologische Nachwuchs z.T. aus Juden oder Halbjuden rekrutiere. Der vom Staat gegenwärtig unternommenen Abwehr des Judentums solle die Kirche nicht in den Arm fallen. Dazu erklärt der Kirchenpräsident, dem Staat habe die Kirche nichts zu sagen, aber den Leuten, die etwas von ihr erwarten, vor allem denen, die sich vom Judentum abgewandt haben und Christen geworden sind. Dem fügt Pfarrer Rost hinzu, es dürfe von der Weisheit der Kirchenleitung erwartet werden, daß sie so redet, daß nach keiner Richtung hin Zweifel darüber bestehen kann, wo die Kirche steht. Dem Staat in der Judenfrage dreinzureden, hat die Kirche nach Dr. Dommers Ansicht kein Recht und auch um so weniger Anlaß, als die Christen gewordenen Juden eben doch Juden seien und bleiben. Der Kirchenpräsident ist anderer Meinung; es gebe Zeiten, wo die Kirche reden müsse; die Judenchristen hätten ein Recht, etwas von uns zu hören. – Auch der Rechtsreferent widerspricht Dr. Dommer; gewiß, biologisch betrachtet seien die Judenchristen noch Juden; aber für uns evangelische Christen bedeute doch die Aufnahme in die Kirche und die Annahme des Evangeliums eine innere Umwandlung. Wenn wir für Judenchristen eintreten, so treten wir nicht für das Judentum ein, sondern für Glieder unserer Kirche, die ein Wort des Verständnisses und des Trostes von ihrer Kirche erwarten dürfen..."

371 „Vertretung der badischen Landeskirche im Deutschen Evang. Kirchenausschuß"
KGVBl. Nr. 5, 7. Juni 1923, S. 31

„Die hessische, badische und pfälzische Landeskirche haben zusammen zwei Vertreter im Deutschen Evang. Kirchenausschuß. Gemäß besonderer Vereinbarung steht die Benennung derselben für die Zeit bis 1. Juli 1926 Hessen und Baden zu, von da bis 1. Juli 1929 Hessen und Pfalz, von da bis 1. Juli 1932 Hessen und Baden, von da bis 1. Juli 1935 Baden und Pfalz.
Die badische Landeskirche hat benannt ihren Kirchenpräsidenten und als dessen Stellvertreter ihren Prälaten."

Nachstehende Vorlage der badischen Landeskirche wurde als 'Anlage 3' in der Sitzung des Deutschen evang. Kirchenausschusses in Berlin am 26. Apr. 1933 präsentiert [vgl. Dok. 373]:

372 KReg.: „Die evangelische Kirche und ihre Judenchristen"
Karlsruhe, o.D.; LKA GA 3206 – masch. hektogr.

„Seit dem Turmbau zu Babel bestehen zwischen den Völkern und Rassen starke Spannungen, die nur zu oft zerreißen. Dafür legt die ganze Weltgeschichte ein erschütterndes Zeugnis ab. Unter blutigen und von Jahrhundert zu Jahrhundert sich wiederholenden Kämpfen sucht sich eine Rasse gegen die andere zu behaupten und freien Lebensraum für sich zu schaffen.
Auch unser deutsches Volk ist von altersher in solch erbittertes Ringen um die Erhaltung seiner Eigenart gestoßen worden. Ungarn und Slaven, Polen und Litauer haben die Deutschen allzeit gehaßt und bis aufs Blut bekämpft. Der Raub des deutschen Domes in Riga, das unermeßliche Märtyrerblut der Deutschen in Rußland, das gegen Himmel schreiende Unrecht, das dort an unseren Brüdern geschieht, die Haßpropaganda wider unsere Deutschen von Prag bis Memel schafft eine Geschichte unserer deutschen Nation, die mit Blut und Tränen gezeichnet ist.
Und auch im Innern unseres Reiches entstanden durch Überfremdung mit nichtdeutschen und andersrassigen Elementen jeweils starke Spannungen, die von Zeit zu Zeit stürmische Volksbewegungen auslösen und zu gewaltsamer Verdrängung oder Niederhaltung solcher artfremden Einschläge führten. Eben dies geschieht auch heute wieder in unserem Vaterland zu Selbstschutz und Erhaltung der eigenen Art. Daß dies nicht möglich ist ohne harte Maßnahmen, haben hunderttausende von Deutschen bitter genug erfahren, als sie infolge des Weltkrieges aus allen Erdteilen, auch von evangelischen Völkern mit brutaler Rücksichtslosigkeit unter Beraubung ihres Vermögens und Vernichtung ihrer

Existenz nur um ihres Deutschseins willen in unser Vaterland zurückgejagt wurden. Das Urteil des Neuen Testaments darüber lautet: 'Eine Welt voll Ungerechtigkeit' (Jak. 3,6).

Von den augenblicklichen Maßnahmen des Staates gegen eine Überfremdung, die in einzelnen Berufsständen völlig unerträglich geworden ist, werden nun aber auch Angehörige unserer evangelischen Kirche selbst betroffen. Männer und Frauen jüdischer Abstammung haben vor Jahren unseren evangelischen Glauben angenommen. Ihnen und ihren Kindern wird nun, von rückwärts bis ins dritte Geschlecht gerechnet, die bisherige Gleichberechtigung in allen Dingen mit ihren deutschen Volksgenossen entzogen und sie werden künftig den Angehörigen mosaischen Glaubens jüdischer Rasse, von denen sie sich ja getrennt haben, gleich gewertet.

In ihrer begreiflichen Trübsal fragen sie nach einem Wort unserer, ihrer Kirche und deren Schweigen wäre ihnen unverständlich. Unsere evangelische Kirche ist auch reich für alle, die in Not irgendwelcher Art sind. Sie darf und muß unseren jüdischen Glaubensgenossen und ihren christlichen Kindern sagen: Für die evangelische Kirche bleibt das Gebot der Liebe zum Nächsten und zu den Brüdern unantastbar. Davon wird unsere Kirche nicht weichen. Solche Liebe haben wir auch an den fremdstämmigen evangelischen Brüdern zu betätigen. Des sollen diese auch stets gewiß und getrost sein.

Rechtliche Ansprüche vermag unsere evangelische Kirche ihnen freilich nicht zu verbürgen; aber innerhalb ihres eigenen Bereiches wird unsere Kirche diesen ihren Gliedern, die willens sind, sich auch volks- und stammesmäßig in das deutsche Wesen einzuleben, die unverkürzte brüderliche Liebe und Barmherzigkeit entgegenbringen. Die Kirche erwartet dabei allerdings, daß diese unsere fremdstämmigen Glaubensbrüder und -schwestern ernstlich versuchen, die ihnen von ihren Vätern her angeborenen deutschfremden Eigenschaften abzulegen, sich unserem Volkstum einzugliedern und sich im öffentlichen Leben einer weisen Zurückhaltung zu befleißigen, damit die Ausübung der brüderlichen Liebe nicht gehindert und die vorhandene Lebens- und Glaubensgemeinschaft nicht erschwert oder gestört werde.

Verbunden im selben Glauben an unseren gekreuzigten und auferstandenen Herrn und Heiland und in gleich treuem Bekenntnis zu unserer Reformationskirche seien alle Mühseligen und Beladenen unserer Landeskirche herzlich gegrüßt mit dem apostolischen Gruß: Die Gnade unseres Herrn Jesu Christi und die Liebe Gottes und die Gemeinschaft des heiligen Geistes sei mit euch allen!"

373 „Ausschnitt aus der Niederschrift über die Sitzung des Deutschen evang. Kirchenausschusses"
Berlin, 26. Apr. 1933; LKA GA 3206 – Durchschrift

„...Auf der Tagesordnung steht die Behandlung der Judenfrage...

Das Wort erhält zunächst Geheimer Hofrat D. Freiherr von Pechmann. Redner schildert einleitend, wie ihm Hilferufe von Männern jüdischer Abstammung, die mit Überzeugung Christen geworden seien, nahegebracht worden seien und welche Seelennot ihm dabei begegnet sei. Er sei davon durchdrungen, daß wir diesen Gliedern unserer Gemeinden und unserer Kirchen Schutz schuldig sind. Wir dürfen sie nicht dem Gefühl überlassen, daß sie von der Kirche, der sie seit langem angehören, in der Zeit der fürchterlichsten Not wort- und lautlos im Stich gelassen werden. Redner äußert sich weiter über die Wirkungen der einschlägigen Vorgänge und Maßnahmen auf das Ausland und insbesondere auf das Verhältnis zu den mit dem Kirchenbund in ökumenischer Gemeinschaft stehenden ausländischen Kirchen. Unsre Kirche schuldet ihren eigenen treuen Mitgliedern endlich das tröstende, aufrichtende Wort des Schutzes. Weder in der Kundgebung des Evangelischen Oberkirchenrats Berlin noch in der Kundgebung unseres Landeskirchenrats in München habe er in dieser Richtung gefunden, was er so dringend gewünscht hätte. Wir können es nicht verantworten, wenn der Kirchenausschuß auseinanderginge, ohne ein solches Wort zu sagen.

Kirchenpräsident D. Wurth legt anhand der Anlage 3 den Standpunkt der badischen Landeskirche dar. In Baden habe man sich gefragt, was die Kirche innerhalb ihres kirchlichen Bereichs zu tun und ob sie nicht ihren evangelischen Judenchristen etwas zu sagen habe. Einerseits stehe man vor der Tatsache, daß eine Überfremdung fürchterlicher Art in einzelnen Berufen eingesetzt habe; andererseits würden hier Elemente, die den christlichen Glauben angenommen haben, aus der Volksgemeinschaft ausgestoßen. Innerhalb ihres Bereichs könne die Kirche vielleicht zum Ausdruck bringen, wie in dem Entwurf geschehen sei, daß die Judenchristen unsere Brüder seien und Anspruch auf das Neue Testament hätten. Es bestehe aber das Bedenken, daß einzelne Sätze des Entwurfs, aus dem Zusammenhang gerissen, gegen die Kirche verwendet werden können. So hätte man die Erklärung nicht herausgegeben. Es wäre aber immerhin die Frage, ob man nicht Einzelnen, die kämen, im Sinn der Erklärung antworten könne.

Konsistorialrat Dr. Wahl macht Mitteilung über die beim Präsidenten des Kirchenausschusses eingegangenen Schreiben ausländischer Kirchen, kirchlicher Stellen und einzelner Persönlichkeiten zur Judenfrage. Die Schreiben wiesen von einer bloßen Anfrage über den Stand der Sache und von einer bloßen Wiedergabe der Stimmung im eigenen

Lande bis hinauf zu mehr oder weniger deutlichen Protesten ungefähr alle Nuancen möglicher Meinungsäußerungen auf. Es sei beabsichtigt, den ausländischen Stellen ein Memorandum zu übersenden, in dem nach einer kurzen Schilderung der allgemeinen Lage Ursprung und Lösung des Judenproblems in Deutschland in ganz objektiver Form dargestellt werden solle. Referent macht ferner Miteilung über die mündlichen Informationen, die einer Reihe von kirchlichen Persönlichkeiten des Auslandes (z.B. Generalsekretär P. Henriod/Genf, Generalsekretär Mac Crea Cavert vom Federal Council, Professor Knut Westmann/ Schweden) bei ihren Besuchen in Berlin gegeben worden sind.
Geheimer Konsistorialrat Professor D. Titius stimmt der Sache nach D. Freiherr von Pechmann zu, hat aber Zweifel, ob sich etwas tun lasse. Auf die anscheinend so verschiedenartige Stellungnahme des Auslandes solle man keine Rücksicht nehmen, sondern erst nach einem eigenen Standpunkt suchen. Das Bekanntwerden von Zahlen über die jüdische Überfremdung in Deutschland habe bei ihm, dem Redner, der keineswegs antisemitisch eingestellt sei, eine starke innere Wandlung hervorgerufen. Redner würde daher nicht in der Lage sein, Erklärungen zuzustimmen, die sich gegen gesetzgeberische Maßregeln zur Lösung des Problems richteten. Etwas anderes sei das ungeordnete Verfahren. Ein Wort über die Christen jüdischer Abstammung zu sagen, sei auch schwierig. Insbesondere sei es schwierig, einer besonderen Behandlung der Judenchristen das Wort zu reden, da dann der Zustrom zum Christentum in verhängnisvoller Weise verstärkt werden könnte. Ein öffentliches Eintreten für eine andere Behandlung des Judentums hält Redner für außerordentlich schwierig, zumal kaum etwas gesagt werden könne, das unangefochten bleiben würde. Andererseits sei es selbstverständlich, daß man den Judenchristen nach Möglichkeit entgegenkommen und daß man Liebe üben solle im Sinne von D. Freiherrn von Pechmann.
Vizepräsident D. Hundt hat ebenfalls Bedenken gegen eine Aktion in der Öffentlichkeit. Er bezweifelt auch die Kompetenz der Kirche hierzu. Die Stellungnahme des Auslandes könne nicht ausschlaggebend sein, zumal berechtigte Zweifel an der selbstlosen Ehrlichkeit des Auslandes bestünden. Eine Kundgebung werde von den Feinden im Auslande gegen Deutschland mißbraucht werden.
Präsident D. Dr. Kapler: Zweifellos ist der Staat angesichts der seit 1918 immer ernster gewordenen Gefährdung des deutschen Volkstums durch das Vordringen des Judentums auf wirtschaftlichem, politischem und kulturellem Gebiet zu Schutzmaßnahmen für unser Volkstum berechtigt und verpflichtet. Aber bei manchen der getroffenen Maßnahmen habe ich doch einen schweren Gewissensdruck empfunden und die Angelegenheit bei meinen verschiedenen Besprechungen mit den

politischen Stellen zur Sprache gebracht. So bei meiner Unterredung mit Reichsminister Frick, die am 1. April, am Tag des Judenboykotts, stattfand. Ebenso bei meinem Besuch bei Staatssekretär Landfried (damals im Preußischen Staatsministerium), der mich in Vertretung des durch seine Romreise verhinderten Herrn von Papen empfing, und endlich bei dem Staatssekretär Lammers (Reichskanzlei). Bei der Unterredung mit dem Reichskanzler habe ich die Judenfrage als solche nicht namentlich erwähnt. Ich habe aber im Zusammenhange mit der Zusage, daß die Kirche mit dem Staat zum Wiederaufbau unseres Vaterlandes zusammenarbeiten wolle, ausgeführt, daß, wenn der Staat seinem Wesen nach mit Maßnahmen des Rechts, des Zwanges und unter Umständen mit Härte vorgehe, die Kirche natürlich den innigen Wunsch habe, daß bei Durchführung alles dessen, was die Staatsleitung zur Sicherung von Volk und Staat für unerläßlich erachte, jede mit diesem Ziel vereinbare Milderung von Härten ins Auge gefaßt werde; und die Kirche bitte Gott, daß Er in Gnaden bald die Zeit kommen lassen möge, wo in unserem Vaterlande Kampf und Härte durch Frieden und Versöhnung abgelöst werden. Mehr zu sagen, hielt ich bei dieser ersten offiziellen Begegnung nicht für ratsam. In einer Reihe von Einzelfällen ist auf meine Veranlassung versucht worden, für Christen jüdischer Abstammung Milderungen zu erreichen, allerdings teils ohne Erfolg, teils mit noch ungewissem Ergebnis. In einer öffentlichen Kundgebung zur Judenfrage liegt die Gefahr, daß durch ihre mißbräuchliche Verwendung der Propaganda des Auslandes gegen das neue Deutschland Vorschub geleistet wird. Der badische Entwurf scheint mir nicht geeignet, zumal eine Beschränkung auf die Judenchristen dem Problem nicht ganz gerecht wird. Unbedingt würde die Kirche sprechen müssen, wenn etwa der Versuch gemacht werden sollte, judenchristliche Kinder aus den christlichen Schulen fernzuhalten. Andererseits ist mir aber durchaus fraglich, ob die Kirche unter religiösen Gesichtspunkten das Recht hat, den Staat zu veranlassen, zugunsten der Judenchristen bei Staatsanstellungen von Rassegesichtspunkten abzusehen.

Pastor D. Michaelis führt aus, daß nach seinem persönlichen Standpunkt, den er aus der Heiligen Schrift schöpfe, es nicht wider Gottes Wort sei, wenn Juden in ihren Beziehungen zum Staat anders behandelt würden als Deutsche. Die Nationen hätten den Rat Gottes über dieses Volk mißverstanden, als sie ihm volle Staatsbürgerrechte verliehen. Daß die Juden nach der Bibel das auserwählte Volk Gottes seien, schaffe ihnen nicht eine Zensur für ethische und moralische Qualitäten, keine besondere Gerechtigkeit. Vielmehr entspringe dies dem freien Willen Gottes und begründe keinen Anspruch gegenüber Gott. Es sei eine Schuld der kirchlichen Verkündigung, daß diese Gesichtspunkte vergessen worden seien. Daher könne das christliche Gewissen in der

gegenwärtigen Lage nicht beschwert sein und lediglich besorgen, daß die Menschlichkeit leiden möchte. Im übrigen sei der Kirche bei der ungeheuren Gefahr, in der sie sich z.Z. befinde, der Mund gebunden. Es sei nicht richtig, in jedem Augenblick alles zu sagen.
Landesbischof D. Ihmels ist mit D. Morehead in Verbindung getreten, um der Greuelhetze entgegenzutreten. Morehead habe zurückgefragt, wie es mit der Judenfrage in Deutschland stehe. Eine allgemeine Erklärung zur Judenfrage hält Redner für bedenklich und bittet, von ihr abzusehen.
Geheimer Hofrat D. Freiherr von Pechmann trägt anliegenden Entwurf einer Resolution[*] vor und führt dazu aus: Es wird ein dankbares Aufatmen durch viele Christenhäuser gehen, wenn der Kirchenausschuß ein mutiges Wort aus dem Gewissen heraus spricht. Überwiegen die Bedenken, dann bleibt mir nur die Bitte, daß wir meine Gedanken in dieser oder in einer anderen Fassung in die Hände des Präsidenten legen mit der Ermächtigung, in der ihm geeignet erscheinenden Art und in dem ihm geeignet erscheinenden Zeitpunkt der Regierung und dem Auslande gegenüber davon Gebrauch zu machen.
Landesbischof D. Bernewitz stimmt den theologischen Ausführungen von D. Michaelis zu.
Landesbischof D. Rendtorff bittet, vorläufig von einer öffentlichen Stellungnahme abzusehen. Nicht aus Bedenklichkeit, sondern aus grundsätzlichen Glaubenserwägungen. Die Öffentlichkeit höre nur das Ja oder Nein zu den staatlichen Maßnahmen. Alles andere sei völlig belanglos. Es müsse daher genauer gesagt werden, was im einzelnen gemeint sei. Die Kirche habe mit Dank begrüßt, daß endlich einmal wieder eine Obrigkeit vorhanden sei. Wenn das so liegt, dann verstoße es gegen den Glauben, dem weltlichen Schwert in den Arm zu fallen, zumal es sich für die Regierung nicht um eine peripherische Sache, sondern um einen zentralen Punkt ihres Programms handle. Redner warnt, die jetzt allgemeine Beurteilung der Judenfrage unevangelisch zu nennen. 1700 Jahre hätten die Juden unter Ausnahmerecht gestanden unter völliger Billigung der Kirche. Ihre Befreiung stehe im Zusammenhang mit dem Fortschreiten der aufklärerischen Denkweise. Die Fortschrittsgedanken dürften nicht mit evangelischen Normen identifiziert werden. Es handle sich heute um eine geistige Auseinandersetzung zwischen zwei völlig verschiedenen Lebensgefühlen: einerseits demjenigen, das das Vorrecht der freien Persönlichkeit betone, und andererseits demjenigen, das die Präponderanz des Staates als des Vertreters der Gesamtheit in den Vordergrund rücke. Redner lehnt es ab, als Theologe sich in diesem Streit festzulegen und die eine der beiden Auffassungen

---

[*] s. u.

als speziell christlich zu bezeichnen. Er persönlich neige stark zur zweiten Auffassung, die nach seiner Meinung der Bibel näher sei. Er bitte daher, von einer öffentlichen Äußerung abzusehen und in der bisherigen Linie weiterzugehen, insbesondere auch von Fall zu Fall Härten zu mildern.
Prälat D. Dr. Schoell hält ebenfalls eine Kundgebung nicht für möglich, wirft aber die Frage auf, ob nicht auf Grund eines pro memoria ein offiziöser Artikel geschrieben werden könne. Der Entwurf von D. Freiherrn von Pechmann könne als Material dem Präsidenten überwiesen werden.
Geheimer Kirchenrat Prof. D. Dr. Rendtorff fürchtet, daß unter dem Einfluß der Behandlung der Juden in Deutschland im Auslande ein neues Minderheitenrecht entstehe. Die Folge werde sein, daß der Kirchenbund und der Gustav-Adolf-Verein in ihrer Auslandsarbeit mit den allerschwersten Gefahren zu rechnen haben werden. Deshalb fällt es dem Redner außerordentlich schwer, nicht für ein öffentliches Auftreten zu stimmen. Vielleicht sei der Ausweg möglich, den Entwurf dem Herrn Präsidenten zu treuen Händen zu überweisen, ohne ihm freilich Richtlinien für den Gebrauch zu geben. Gegen den Schoellschen Vorschlag eines offiziösen Artikels hat Redner Bedenken.
Pfarrer D. Herz betont insbesondere dem Ausland gegenüber den Gesichtspunkt, daß es in der Welt niemals Alleinschuld, sondern nur Gesamtschuld gebe, und weist auf die Behandlung des deutschen Volkes in der Nachkriegszeit hin.
Hierauf wird Schluß der Debatte beantragt und beschlossen. Sachlich wird beschlossen, den Antrag von D. Freiherrn von Pechmann und die Aussprache im Sinne der Anregung von Geheimen Kirchenrat D. Dr. Rendtorff als Material dem Präsidenten zu überweisen."
Der Antrag von Pechmann lautete:

„Der Kirchenausschuß dankt Herrn Präsidenten D. Dr. Kapler für alles, was zur Abwehr der Greuelpropaganda mit Umsicht und erfolgreicher Tatkraft von ihm geschehen ist.
Der Kirchenausschuß richtet an die Auslandskirchen die ernste Bitte um Zurückhaltung gegenüber von Vorgängen im Rahmen der deutschen Revolution, die nur auf Grund genauer Vertrautheit mit den besonderen deutschen Verhältnissen — vor allem, wenn auch nicht allein den Verhältnissen der Nachkriegszeit zutreffend gewürdigt werden können.
Zugleich nimmt aber der Kirchenausschuß Anlaß auszusprechen, daß die evangelische Kirche ihre eigenen Angehörigen jüdischen Stammes nach wie vor als die Ihrigen ansieht, mit ihnen fühlt und in den Grenzen des praktisch Möglichen für sie eintritt. Auch fühlt sich der Kirchenausschuß gedrungen, an die öffentlichen Gewalten ein Wort christlicher

Mahnung zu richten, auch bei noch so berechtigter Korrektur von Mißständen die Gebote der Gerechtigkeit und der christlichen Liebe nicht außer Acht zu lassen."

374 KreispropagandaLtg. der NSDAP an Dekanat Heidelberg: Angriffe gegen Pfr. Maas
Heidelberg, 6. Juli 1933; LKA PA 4350 – Abschrift

„Unter der Heidelberger Bevölkerung herrscht außerordentliche Erregung darüber, daß der von einer Palästinareise zurückgekehrte Stadtpfarrer Maas am kommenden Sonntag wieder Gottesdienst abhalten soll. Die seit Jahren betont judenfreundliche Einstellung des Stadtpfarrers Maas ist stadtbekannt, sie braucht nicht besonders unter Beweis gestellt zu werden; Maas wird überall als *der* Judenpfarrer betrachtet. Über seine projüdische Einstellung dürfte sowohl das Dekanat als auch die Oberste Kirchenbehörde unterrichtet sein.
Wir bitten das Dekanat in der Angelegenheit an den Oberkirchenrat zu berichten und bis zum Eintreffen der Entscheidung des Oberkirchenrats den Stadtpfarrer Maas von der öffentlichen seelsorgerlichen Tätigkeit zu entbinden."

375 LB Kühlewein an Minister d.I.: Eintreten für Pfr. Maas
Karlsruhe, 14. Juli 1933; LKA PA 4350 – korr. Konzept

„... Dem Kreispropagandaleiter teilte ich am gleichen Tage schriftlich mit, daß hinsichtlich der Predigtweise des Herrn Pfarrer Maas noch keinerlei Beanstandungen erhoben worden sind. Als mir aber im Laufe des 8. Juli von Heidelberg aus mitgeteilt wurde, daß Pfarrer Maas auch von der Polizeidirektion gefragt worden sei, ob er am Sonntag predige, und daß man trotz meines Schreibens an den Propagandaleiter Unruhen vor oder nach dem Gottesdienst befürchten müsse, gab ich meine Zustimmung dazu, daß ausnahmsweise am Sonntag, den 9. Juli, durch andere Geistliche der Gottesdienst wahrgenommen werde. Wenn ich mich zu dieser Maßnahme verstehen konnte, so geschah dies aus der Erwägung heraus, daß ich[*] bis zur äußersten Grenze die Belange der Kirche zurücktreten lassen wollte,[**] um für Stadt und Kirche peinliche Zusammenstöße zu vermeiden. Ich kann es aber grundsätzlich nicht zulassen, wenn ich nicht dadurch der Sendung der Kirche untreu werden will, daß Geistliche unserer Kirche an der ordnungsmäßigen Ausübung des Predigtamtes gehindert werden, ohne daß begründete Beschwerden hinsichtlich ihrer Predigttätigkeit vorgebracht sind und der hinreichende Verdacht besteht, daß auch fernerhin der Geistliche die Kanzel mißbrauchen werde. Diese Voraussetzung für eine Enthebung eines Geistlichen von seinem Amt liegt, soweit ich unterrichtet bin, bei Pfarrer Maas nicht vor und wird im Schreiben des Propagandaleiters auch nicht

---
[*] Folgte gestrichen: „im Einzelfall"
[**] Folgte gestrichen: „wenn im Einzelfall durch ihre Wahrnehmung Zusammenschlüsse [nc!] zu befürchten sind."

behauptet. Es mag zutreffen, daß Pfarrer Maas aus einer bestimmten gewissensmäßigen Einstellung heraus den Juden gegenüber eine freundliche Haltung eingenommen hat, es mag auch zutreffen, daß er früher politisch sich in demokratischem Sinne betätigt hat, aber auch herausgeboren aus einer bestimmten religiösen Haltung. Dennoch liegt kein Anlaß vor, ihm die Predigttätigkeit, bei der er stets größte Zurückhaltung geübt, zu untersagen...
Ich bitte den Herrn Minister, die zuständige Polizeibehörde anzuweisen, dafür Sorge zu tragen, daß künftighin Pfarrer Maas ungehindert seinen Amtspflichten, insbesondere auch der Abhaltung von Gottesdiensten, nachkommen kann. Dazu wird es wohl auch erforderlich sein, daß der hier in Frage kommende Propagandaleiter der NSDAP entsprechende Weisung erhält..."

376 LB Kühlewein an Dekanat Heidelberg: „Strengste Zurückhaltung für Pfr. Maas"
Karlsruhe, 14. Juli 1933; LKA PA 4350 – korr. Konzept

„Nachricht ... [Dok. 375] dem Evang. Dekanat Heidelberg
... mit der Anweisung, Pfarrer Maas zu eröffnen, daß er fernerhin seinen Dienst in vollem Umfang durchzuführen habe, wobei ich mit Bestimmtheit aber erwarte, daß er sich nach jeder Richtung hin strengste Zurückhaltung auferlegt. Ich[*)] habe persönlich mit dem Herrn Minister des Innern Rücksprache genommen und zugesichert erhalten, daß er alsbald die Sache in die Hand nehmen werde."

377 StabsLtg. der NSDAP an Ministerium des Kultus und Unterrichts: Forderung nach Versetzung von Pfr. Maas
Karlsruhe, 2. Aug. 1933[**)]; LKA PA 4350 – Original

„... Die politische Leitung wird sich grundsätzlich nicht in die inneren Angelegenheiten der Kirchen einmischen. Es ist aber dem Oberkirchenrat mitzuteilen, daß Pfarrer Maas über ein Jahrzehnt lang eine äußerst zersetzende Tätigkeit ausgeübt hat. Eine Versetzung wäre wünschenswert."

378 EOK, Prot.: Zurückweisung der NSDAP-Forderung
Karlsruhe, 5. Sept. 1933; LKA GA 3479

„Auf ein von nationalsozialistischer Seite eingegangenes Schreiben aus Heidelberg, in welchem die Versetzung von Pfarrer Maas gefordert wird, wird geantwortet, von einer 'zersetzenden Tätigkeit des Pfarrers Maas in seiner Gemeinde' sei dem Oberkirchenrat nichts bekannt; aufgrund der zurückliegenden Sache sei eine Versetzung nicht möglich,

---
* Dieser Satz ist hds. nachgetragen.
** Das Original mit dem Eingangsstempel des Ministeriums ... vom 3. Aug. 1933 befindet sich in der PA Maas. Wahrscheinlich wurde es dem EOK zur Stellungnahme zugeleitet.

seine politische und pazifistische Tätigkeit sei ihm seinerzeit verboten worden und er habe versprochen, sich dementsprechend zu verhalten. – Dem Pfarrer Maas wird erneut nachdrücklich gesagt, daß er sich äußerster Zurückhaltung zu befleißigen habe."

379 EOK, Prot.: Staatliches Beamtenrecht findet keine Anwendung
Karlsruhe, 30. Juni 1933; LKA GA 3479

„Vikar H. in Mannheim, dessen eine Großmutter Jüdin war, wird aus der Probedienstzeit [in den Pfarrdienst] entlassen, da dienstlich keinerlei Grund vorhanden ist, ihn zurückzuhalten."

380 Dr. Heinrich B. an Kühlewein*): Verurteilung des Antisemitismus
Freiburg, 19. Nov. 1933; LKA GA 3206

„*Vertraulich! Persönlich!* Von einer Beantwortung bitte ich gütigst absehen zu wollen.
Darf ich mich vertrauensvoll und vertraulich mit einem Anliegen an Sie wenden, welches unseres geliebten deutschen Volkes *innerstes Heil* betrifft?!
Ich sehe dieses, bzw. dasjenige vieler Volksgenossen und Mitchristen ganz schwer bedroht auch durch eine ganz schwere Unterlassungssünde unser aller, nämlich unsere Lieblosigkeit gegenüber jenem Volke, welches als Volk zwar bis jetzt noch seinen Messias verkennt, aber in Kürze ihn ganz gewiß erkennen und die Erfüllung jener Verheißungen erlangen wird, welche in Gottes heiligem Bibelwort Alten und Neuen Testaments unverrückbar noch ihm gelten als ein Fels der Hoffnung allem 'Antisemitismus' zum Trotz!
Der Zweck dieser Zeilen ist nicht etwa der, zum Antisemitismus irgendwelche Stellung zu nehmen. Ich verkenne durchaus nicht eine gewisse Begreiflichkeit, sogar Berechtigung gewisser Momente desselben, aber mit allertiefstem Abscheu erfüllen mich, ja müssen jeden Diener unseres hochgelobten Herrn und Heilandes, Jesus Christus, jene Auswüchse des Antisemitismus erfüllen, wie sie in Wort und Schrift und Bild und Lied vielfach sogar geradezu unflätig gemein und lügenhaft unter das Volk gespritzt werden in unheilvoller Übertreibung und Verdrehung dessen, was die Führer unseres Volkes in edelster und bestgemeinter, wenn auch vielleicht in mancher Beziehung irrender Weise beabsichtigen.
Keinesfalls wird unser hehrer Reichspräsident und unser edler, gewaltiger Volkskanzler gutheißen, daß man unseren nationalen Ehrenschild durch Lügen, Gemeinheiten und Roheiten befleckt, ganz davon zu schweigen, was im Herzen des Königs aller Könige vor sich gehen mag, wenn Er von solchen, die Seinen Namen tragen, diejenigen beschimpft

---
* Prälat Julius K. war am 24. Juni 1933 von der Landessynode einstimmig zum Landesbischof vorgeschlagen und vom 'Erweiterten Oberkirchenrat' – nach vorausgegangener Zustimmung der Landesregierung – ernannt worden.

und verachtet sieht, die uns Christen immer ehrwürdig bleiben sollten, auch im allertiefsten Fall als solche, aus denen nach dem Fleisch Er herstammt, ohne den wir alle ewig verdammt und verloren waren, und deren durchaus nicht minderwertigen Rasse, die heiligen Patriarchen, Erzväter, Propheten und Apostel angehört haben, wie auch die selige Jungfrau Maria, unseres Erlösers Mutter, welche unsere römisch-katholischen Brüder heute noch fast abgöttisch verehren.
Julius Streicher aber untersteht sich in Nr. 45 des Deutschen Wochenblatts zum Kampfe um die Wahrheit: 'Der Stürmer' (unter dem Motto: 'Licht gegen Finsternis!' – Nürnberg im November 1933!) in einem Artikel unter der Überschrift: 'Der Freiheitskampf der Germanen gegen den Weltsatan!'...[*]) das jüdische Volk eine verfluchte Rasse zu nennen und von einer Gutmütigkeit zu sprechen, welche es selbst heute noch fertig bringe, die Juden als Mitmenschen oder gar Mitbürger zu bezeichnen... ganz zu schweigen von anderen geradezu abgründigen und pharisäischen Gemeinheiten und Geschmacklosigkeiten in diesem und anderen Artikel des genannten volksverderblichen Hetzblattes, welches seit einiger Zeit auch in der Nähe meiner Wohnung feilgeboten wird, und dessen Abgründigkeiten nicht nur tiefstes Weh in die Herzen vieler Juden tragen, nicht nur die Seelen vieler unwissenden und unbefestigten Volksgenossen vergiften, verrohen und abstumpfen, nicht nur geeignet sind trotz aller großen nationalen Erhebung unseren deutschen Namen im Auslande stinkend zu machen, sondern auch gemäß 1. Mos 12, 1-3 Gottes Fluch auf unser Volk herabzuziehen, wenn es solchen 'Schmutz und Schund' nicht aus seiner Mitte ausfegt, sondern ungestraft gestattet, daß er gedruckt und verbreitet wird, und daß ferner sogar uniformierte Söhne unseres Landes in Reih und Glied marschierend öffentlich immer wieder zu singen wagen: ... 'Hängt die Juden... stellt die Bonzen an die Wand...' und gelegentlich auch: ...'Wenn das Judenblut von den Messern spritzt...'
Ich fühle mich nunmehr gedrungen, diese lange Zeit getragene Last nun auch dadurch erneut auf den Herrn zu werfen, daß ich Ihnen, ehrwürdiger Herr, diese Zeilen zugehen lasse, Ihnen völlig anheimstellend, ob Sie vielleicht Mittel und Wege haben, solchem verderblichen Unfug, ja 'Spuk', einen wirksamen Riegel vorschieben zu helfen, und fahre im übrigen fort, mich mit solchen, die des Herrn Jesu Sinn und die Zeichen der Zeit erkannt haben, tief, tief vor ihm zu beugen wegen der eigenen Sünden und der Sünden vieler Geschlechter, die schwer auf uns lasten, aber trotzdem unentwegt und in froher Zuversicht und Hoffnung dessen zu harren, der alle diese unser und aller Menschen Sünde getilgt hat am Stamm des Kreuzes und den Liebesratschluß seines und unseres himmlischen Vaters eilend und wunderbar und herrlich hinausführen und vollenden wird."

---
[*] Sämtliche Kürzungen in der Vorlage

Das folgende Postskriptum stammt ebenfalls aus der Feder von Dr. Heinrich B.:

„N.B. Ich habe ernstlich überlegt, ob ich nicht beim hiesigen Bezirksamt wegen des Unfugs vorstellig werden oder mich an die Presse wenden solle, kann mir aber von solchen, lediglich von mir ausgehenden Schritten keinerlei Erfolg versprechen. Im Glauben aber erwarte ich ganz bestimmt Erfolg von dem im Auftrag von oben konsequent und mannigfaltig ausgehenden Wort der verordneten Diener der Kirche und von den Beweisen wahrer, echter Gottesliebe seitens der Glieder der Kirche und zwar nicht zuletzt auch gegenüber den Gliedern des alten Bundesvolkes.

Vor mir liegt auch die Geschichte des Volkes Israel von Mose bis zur Gegenwart von Ludwig Albrecht, einem evangelischen Theologen und wahren Gottesmannes, der mir nahestand. Er sagt im Vorwort zum dritten Teil: 'Die jüdische Geschichte seit der Zerstörung Jerusalems im Jahre 70 n.Chr. ist bisher nicht nur dem christlichen Volke, sondern auch den wissenschaftlich Gebildeten, sogar nicht wenigen Theologen und Geschichtslehrern unbekannt geblieben. Das ist in hohem Maße zu beklagen, denn diese Unkenntnis ist mit Schuld daran, daß wir die Juden in ihrer jetzigen Eigenart viel zu wenig verstehen und über manche Fehler, die sich gerade erst durch unser Verhalten zu ihnen herausgebildet haben, zu lieblos und ungerecht urteilen.' — Er sagt ferner: 'Möge meine bescheidene Arbeit warmes Mitgefühl mit den Kindern Jakobs wecken und manche Leser zu dem glaubensvollen Gebet ermuntern, daß für das ganze Israel die seelige Zeit erscheine, wo es sich zu seinem Heiland bekehrt und zu den hohen Aufgaben tüchtig wird, die Gott ihm zugedacht hat in dem kommenden messianischen Reiche!' Am Schluß aber des Kapitels: 'Die Juden in Deutschland usw.' sagt Albrecht: 'Das deutsche Volk hat durch sein Verhalten gegen die Juden eine schwere Schuld auf sich geladen. Es hat durch die vielen blutigen Verfolgungen im Mittelalter Deutschtum und Christentum geschändet.' Israel hat freilich auch seine entsetzliche Schuld, aber sollten wir, die Christenheit, nicht zunächst vor unserer eigenen Tür kehren? Statt dessen aber häuften wir zu der alten Schuld noch neue, wie z.B. auch durch nutzlose Geschichtsfälschungen und unbewiesene Märchen über die Juden!!! Möchte uns doch der kommende Bußtag auch in dieser Hinsicht in die Tiefe führen, nicht zuletzt im Hinblick auf die leider vielfach noch so sehr unerkannten, gepriesenen [?] Sünden vieler Geschlechter, einschließlich auch der Sünden unserer nicht lediglich nur zu feiernden Reformatoren und ...*⁾ weltlichen Führer! (Daniel 9)."

---

* Lücke in der Vorlage

D Aufnahme von Juden in die Evang. Landeskirche in Baden

381 KGR Offenburg – gez. Pfr. Krapf – an Dekanat Lahr: Aufnahmeantrag eines Israeliten
Offenburg, 22. März 1933; LKA GA 3206 – Abschrift

„Herr Dr. Arnold R., Lehramtsassessor in Offenburg, 30 Jahre alt, aus Karlsruhe, Sohn des Gymnasialprofessor a.D. R. in Karlsruhe, verheiratet mit einer griechisch-katholischen Frau, bis jetzt kinderlos, möchte am nächsten Sonntag, den 26. März in Linx bei Kehl durch die Taufe in die evangelisch-protestantische Landeskirche aufgenommen werden. Bisher war derselbe jüdischen Glaubens. Was ihn zum Übertritt bestimmt, sind rein religiöse Gründe...
Der Unterzeichnete selber hat in etwa zweieinhalbstündiger Unterredung mit Herrn Dr. R. sich überzeugt, daß derselbe nicht durch irgendwelche äußeren Motive, politische und dergleichen zum Übertritt bewogen wird, sondern einzig und allein durch die innere Stellung, die er zum Evangelium gewonnen hat. Aus diesem Grunde bitten wir das Dekanat, den Übertritt gemäß Verordnung vom 9. März 1908 (G. u.VBl. 1908 S.57) genehmigen zu wollen."

Dieses Schreiben wurde zusammen mit dem nachstehenden [Entwurf] vom Pfarramt Offenburg über das Dekanat dem Evang. Oberkirchenrat zugeleitet.

382 KGR Offenburg – gez. Pfr. Krapf u. B.St. – an Ministerium des Kultus und Unterrichts: Fürsprache für einen Konvertiten
Offenburg, 8. April[*)] 1933; LKA GA 3206

„In Ausführung des Erlasses des Herrn Unterrichtskommissars, nach dem alle Lehrer jüdischer Rasse mit sofortiger Wirkung zu beurlauben sind, ist auch der Lehramtsassessor Dr. A. R. vom hiesigen Gymnasium seines Dienstes enthoben worden. Da R. vor kurzem zu unserer Evang. Landeskirche übergetreten ist, fühlen wir uns verpflichtet, ein Wort der Fürsprache einzulegen. Vor allem möchten wir darauf hinweisen, daß sein Konfessionswechsel nach dem übereinstimmenden Urteil aller, die ihn näher kennen, keineswegs aus politischen Erwägungen heraus erfolgt ist, sondern daß dabei rein religiöse Motive ausschlaggebend waren. Im anderen Fall hätte der Kirchengemeinderat, dem ja auch Mitglieder der Nationalsozialistischen Partei angehören, niemals das Aufnahmegesuch R.'s einstimmig genehmigt. Wir verweisen auf die beigefügte Eingabe des Kirchengemeinderats an das Evang. Dekanat Lahr, aus der alles Nähere über die Beweggründe R.'s zu ersehen ist.

---
[*] Original – Die Eingabe wurde vordatiert; denn das hds. Begleitschreiben des Pfarramts Offenburg weist das Datum 7. Apr. 1933 auf.

Des weiteren erlauben wir uns auch, darauf aufmerksam zu machen, daß R. einer alten Lehrersfamilie entstammt, die seit weit über 100 Jahren im badischen Schuldienst tätig ist, und daß er sich am hiesigen Gymnasium großer Beliebtheit unter Lehrern und Schülern erfreut.
Aus diesen Gründen bitten wir hohes Ministerium ganz ergebenst, bei endgültiger Regelung der Sache, Dr. R. wieder in seinen Dienst einstellen zu wollen..."
Auf dem Begleitschreiben des Pfarramts Offenburg befinden sich – urschriftlich – zwei Bemerkungen von KPräs. Wurth vom 2. Mai:
1. „Das Evang. Dekanat [Lahr] hat seiner Zeit den Übertritt genehmigt und befürwortet, daher das Gesuch des Evang. Kirchengemeinderats Offenburg."
2. „Die dortige Eingabe betr. Dr. R. an das Ministerium des Kultus und Unterrichts ... vermag ich z.Z. als gänzlich aussichtslos nicht weiterzugeben."

383   EOK: „Aufnahme in die Evang. Landeskirche", 31. Mai 1933
KGVBl. Nr. 9, 1. Juni 1933, S. 67f.
„Um eine einheitliche Handhabung der Aufnahmen in unsere Landeskirche zu gewährleisten, weise ich darauf hin, daß jedes Gesuch um Aufnahme, gleichgültig, ob der Gesuchsteller einer anderen Kirche oder Religionsgesellschaft angehört hat oder nicht, und auch ohne Rücksicht darauf, ob er früher Mitglied unserer Landeskirche war oder nicht, dem Kirchengemeinderat (§ 33 Abs. 2 Ziff. 6 KV), in den geteilten Kirchengemeinden dem Sprengelrat (§ 42 Abs. 2 Ziff. 3 KV), zur Entscheidung vorzulegen ist. Bei der Beratung werden alle Bedenken, die gegen die Aufnahme sprechen können, in Erwägung zu ziehen sein. Wäre dem Aufzunehmenden, wenn er Mitglied unserer Landeskirche wäre, nach § 10 Abs. 2 KV das Stimmrecht zu entziehen, so soll die Aufnahme abgelehnt werden. Hat die kirchliche Körperschaft die Aufnahme beschlossen, so kann diese nur vollzogen werden bei Mitchristen nach Erlangung der Taufe, bei Christen, die bisher unserer Kirche nicht angehört haben oder ihr zwar angehört, aber keine genügende kirchliche Unterweisung bisher empfangen haben, nach ausreichender Unterrichtung in Lehre und Bekenntnis unserer Kirche. Die Aufnahme hat durch einen kirchlichen Akt zu geschehen, für dessen liturgische Ausgestaltung auf das Kirchenbuch II. Teil S. 211 verwiesen wird.
Diese kirchliche Feier kann unterbleiben bei der Aufnahme solcher Christen, die früher aus der Landeskirche ausgetreten sind und jetzt wieder wünschen, ihr anzugehören. Überall da, wo eine solche kirchliche Feier nicht angezeigt erscheint, muß aber zum mindesten unter Anwesenheit von Ältesten der Aufzunehmende auf die Bedeutung seines Wiedereintritts in die Kirche von dem Pfarrer hingewiesen werden.

Schließlich ist es um der Ordnung in der Kirche willen erforderlich, daß in jedem Fall der Bitte um Aufnahme der früher aus der Kirche Ausgetretenen nur unter der Bedingung entsprochen wird, daß der Aufzunehmende auch gewillt ist, allen seinen kirchlichen Pflichten nunmehr restlos nachzukommen, insbesondere die ernste Absicht hat, sich am kirchlichen Gemeindeleben zu beteiligen. Nach Ablauf eines halben Jahres hat eine erneute Aussprache zwischen dem Geistlichen und dem Aufzunehmenden zu erweisen, ob die Aufnahme als eine endgültige ausgesprochen werden kann.

Über jede Aufnahme ist eine Urkunde niederzulegen, aus der die Einzelheiten des Falles, insbesondere Ort und Tag des etwaigen Austritts aus einer anderen Kirche oder Religionsgesellschaft sowie die Zustimmung des Kirchengemeinderats oder Sprengelrats zu ersehen sind. Die Fassung der Urkunde hat nach dem anliegenden Formblatt zu geschehen.

Die hier vorgelegten Gesuche um Genehmigung der Aufnahme gehen den Pfarrämtern alsbald zur entsprechenden Behandlung wieder zu. Weitere Gesuche sind der Kirchenbehörde nicht mehr vorzulegen.

Anlage

Evang. Kirchengemeinde ....

A u f n a h m e – U r k u n d e

Nachdem der Evang. Kirchengemeinderat – Kirchenvorstand – Sprengelrat – in der Sitzung vom .... 193. . beschlossen hat, den/die, ... der/die .... bisher angehört und durch Erklärung vor dem Badischen Bezirksamt .... vom .... aus dieser Kirche – Religionsgesellschaft – ausgetreten ist, –

der/die früher der Badischen Evangelischen Landeskirche angehört hat und durch Erklärung vor dem Badischen Bezirksamt .... vom .... ausgetreten war und bisher einer Religionsgesellschaft nicht zugehörte,

wurde er/sie, nachdem die Taufe vollzogen, –

nachdem eine ausreichende Unterweisung in Lehre und Bekenntnis unserer Kirche stattgefunden hat, –

nachdem der Aufzunehmende bewiesen, daß er am kirchlichen Gemeindeleben teilzunehmen gewillt ist, –

heute von dem unterzeichneten Geistlichen in Gegenwart von ... Ältesten in die Evang. Kirche aufgenommen.

Der Geistliche: ....

Die Ältesten: .... "

384 KGR Mannheim-Neckarau an EOK: Bitte um Entscheidung über Aufnahmegesuche
Mannheim-Neckarau, 6. Juli 1933; LKA GA 5888

„Beiliegendes Aufnahmegesuch der Frau Hauptlehrer G., das dem Evang. Oberkirchenrat bereits vorlag, wurde in der Sitzung des Kirchengemeinderats vom 22. Juli d.J. behandelt. Zugleich lag noch ein weiteres Aufnahmegesuch eines aus der israelitischen Religionsgemeinschaft Ausgetretenen, des Verkäufers Walter A., vor – worüber ebenfalls ein Schreiben beiliegt –, der nach etwa vierjährigem Verlöbnis mit einem Mädchen unserer Gemeinde im Spätjahr mit derselben die Ehe eingehen will.

Während gegen die Aufnahme dieses Letzteren von seiten des Kirchengemeinderats weniger Bedenken geäußert wurden, widersetzte sich ein Teil der Kirchengemeinderäte gegen die Aufnahme der Frau Hauptlehrer G., nicht etwa, weil sie moralisch minderwertig sei und darum unwürdig, in die evangelische Kirche aufgenommen zu werden, sondern vielmehr, weil man es ihrem Ehemanne als einem Jugenderzieher verdenkt, daß er eine Jüdin geheiratet hat. So richtet sich also die Ablehnung mehr gegen den Ehemann. Die Geistlichen versuchten, getreu dem Missionsbefehl, die zur Ablehnung entschlossenen Kirchengemeinderäte umzustimmen, aber ohne Erfolg. Und es wäre sicherlich zur Ablehnung des Aufnahmegesuchs gekommen, wenn nicht der Vorsitzende den Vermittlungsvorschlag gemacht hätte, die Entscheidung über beide Aufnahmegesuche dem Evang. Oberkirchenrat bzw. dem Herrn Landesbischof anheimzustellen.

Darum bitten wir, uns die Entscheidung so rasch wie möglich zuzustellen, wobei wir noch betonen, daß von seiten der Geistlichen aus seelsorgerlichen Gründen keine Bedenken bestehen, daß den Aufnahmegesuchen stattgegeben wird."

385 EOK an KGR Mannheim-Neckarau: Zuständigkeit des KGR für die Aufnahme von Israeliten
Karlsruhe, 28. Juli 1933; LKA GA 5888 – korr. Konzept

„Unter Rückgabe der beiden Aufnahmegesuche A. und G. geben wir unserer Auffassung dahin Ausdruck, daß, wenn der Kirchengemeinderat keine Bedenken hat, den Herrn A. aufzunehmen, er auch bei gerechter Beurteilung der Sache keine Bedenken haben darf, dem Aufnahmegesuch der Frau G. zu entsprechen. Wenn ein Jude deshalb, weil er etwas von der Botschaft des Evangeliums gehört und nun weiterhin der Gnade teilhaftig werden will, darum zur evangelischen Kirche kommt, so hat ihn ohne Rücksicht auf seine rassenmäßige Zugehörigkeit die evangelische Kirche bei sich aufzunehmen, wenn nicht andere Gründe für eine Ablehnung sprechen."

386 EOK, Prot.: „Übertritt von Nichtariern"
Karlsruhe, 22. Sept. 1933; LKA GA 3479

„Den von Pfarrer Clormann in Waldhof vorgebrachten Fall des beabsichtigten Übertritts eines civiliter schon mit einer Christin getrauten Juden, dem der Kirchengemeinderat die kirchliche Trauung versagen will, wird der Rechtsreferent weiter behandeln. Dabei wird dem Kirchengemeinderat mitgeteilt, daß dem betreffenden Juden der Übertritt nicht versagt werden kann, da die evangelische Kirche auch Nichtarier aufnehme."

387 Pfarramt Badenweiler an EOK: Unzureichende Motive für einen Übertritt
Badenweiler, 14. Apr. 1934; LKA GA 5888

„Soeben war bei mir ein jüdischer Kaufmann aus Hamburg, Franz J., geboren 22. Dezember 1865 zu Breslau... Nun gibt er mir ganz offen zu, daß er seinen Enkelkindern die Existenzmöglichkeit, Studium usw. erleichtern möchte und darum gern der evangelischen Kirche beitreten möchte. Er ist bereit, Unterweisung in mehreren Besuchen von mir anzunehmen, auch Bücher über Glaubensfragen zu lesen. Er befürchtet aber, in der Großstadt Hamburg erheblichen Schwierigkeiten zu begegnen und möchte darum seinen Kuraufenthalt hier in Badenweiler (Hotel Römerbad) dazu benutzen, um diesen Übertritt hier zu vollziehen. Ich habe ihn natürlich darauf aufmerksam gemacht, daß das nicht nur eine Sache äußerer Erledigung sei und daß ich dazu die Genehmigung meiner Kirchenbehörde brauche..."

388 EOK an Pfarramt Badenweiler: Voraussetzungen für die Aufnahme
Karlsruhe, 16. Apr. 1934; LKA GA 5888 – Konzept

„Die Aufnahme des Kaufmanns J. muß abgelehnt werden. Eine Aufnahme in die Landeskirche hat durch die Gemeinde des Wohnsitzes des Aufzunehmenden zu erfolgen und ist nur gerechtfertigt, wenn der Aufzunehmende aus religiösen Gründen zum evangelischen Glauben übertreten wünscht. Hier fehlt es an beiden Voraussetzungen. J. muß, wenn er zum evangelischen Glauben überzutreten wünscht, dies bei der Gemeinde seines Wohnsitzes, also in Hamburg, zu erreichen versuchen."

E Einzelschicksale – Interventionen

389 'Minister des Kultus und Unterrichts – Staatskommissar': Entfernung der Juden aus dem badischen Staatsdienst
Karlsruhe, 6. Apr. 1933; LKA GA 3206 – Rds.

„Der Herr Minister des Innern (Kommissar des Reichs) hat mit Bekanntmachung vom 5. April 1933 Nr. 34953 bestimmt, daß alle im

badischen Staatsdienst, in Staatsbetrieben, in Gemeinden, Gemeindebetrieben und anderen öffentlich-rechtlichen Körperschaften sowie als Lehrkräfte an Privatschulen beschäftigten Angehörigen der jüdischen Rasse (ohne Rücksicht auf die konfessionelle Zugehörigkeit) bis auf weiteres vom Dienst zu beurlauben sind. Es wird hierwegen auch auf die Veröffentlichung im amtlichen Teil der Nr. 81 der Karlsruher Zeitung vom 5. April 1933 Bezug genommen.
Demgemäß werden die mir unterstellten Dienststellen, Schulbehörden und Schulanstalten hiermit angewiesen, sämtlichen Beamten (Lehrern) und Angestellten, die in Betracht kommen, gegen unterschriftliche Bescheinigung umgehend zu eröffnen, daß sie hiernach mit sofortiger Wirkung von ihrem Dienst beurlaubt werden.[*]) Die Eröffnungsbescheinigungen sind alsbald hierher vorzulegen."

390 Lehrerin Lilli R. an KPräs. Wurth: Bitte um Fürsprache

Lahr, 22. Apr. 1933; LKA GA 3206 – Abschrift[**])

„Die durch die politischen Verhältnisse der letzten Wochen verursachten Verordnungen auf dem Gebiete des Beamtentums veranlassen mich, an die Hohe Kirchenbehörde ergebenst nachstehende Darlegungen zu richten.

Geboren 1889 in Freiburg als Tochter des Universitätsprofessors Dr. Hermann R., besuchte ich die dortige Höhere Mädchenschule und anschließend das Lehrerinnenseminar...

Ich selbst bin mehr einem inneren Rufe als einem äußeren Anlasse folgend mit 15 Jahren zur evangelischen Kirche übergetreten, legte 1907 das Religionslehrerinnenexamen ab und durfte seit meiner Verwendung im Staatsdienst im Jahre 1909 in allen Schuljahren Religionsunterricht erteilen, solange ich an der Volksschule beschäftigt war...

Die Deutschen jüdischer Abstammung müssen jetzt eine furchtbare Zeit erleben. Für die Evangelischen unter ihnen, die bewußte und tätige Mitglieder der Kirche geworden sind, bringt sie besonders fühlbare Erschütterungen. Wesentlich aus den von mir angeführten inneren Gründen wende ich mich an die Evangelische Oberkirchenbehörde mit der Bitte, wenn es ihr möglich ist, doch für meine Weiterverwendung im Schuldienst einzutreten..."

---

* Dieser Erlaß wurde vom Rechtsreferenten der Landeskirche, Friedrich, kommentarlos 'z.d.A.' geschrieben.
** Dringend, vgl. Dok. 391

391 EOK an 'Minister des Kultus und Unterrichts — Staatskommissar': KPräs. Wurth befürwortet Aufschub „etwaiger Maßnahmen"
Karlsruhe, 2. Mai 1933; LKA GA 3206 — Konzept

„Ich beehre mich, dem Herrn Minister des Kultus, des Unterrichts und der Justiz —Staatskommissar- in der Anlage eine Eingabe der Fortbildungshauptschullehrerin Lili R. mit dem Ersuchen um freundliche Kenntnisnahme zu überreichen. Ich habe gleichzeitig weitere Erhebungen über Fräulein R., die Mitglied der evanglischen Landeskirche ist, und über ihre Eltern veranlaßt und werde mir erlauben, das Ergebnis meiner Feststellungen dorthin noch mitzuteilen. Einstweilen darf ich mir wohl die höfliche Bitte erlauben, etwaige Maßnahmen gegen Fräulein R. solange auszusetzen, bis ich zu einer eingehenden Stellungnahme Gelegenheit gehabt habe..."

392 EOK an Lili R.: Wenig Hoffnung angesichts reichsrechtlicher Rassegesetze
Karlsruhe, 9. Mai 1933; LKA GA 3206 — korr. Konzept

„Ihre Sorge, Ihr Amt zu verlieren, ist mir sehr verständlich, und Sie dürfen sicher sein, daß mir das Los der vom Judentum zu unserer evangelischen Kirche gekommenen Mitchristen recht am Herzen liegt. Ich begreife wohl, wenn Sie nach der Hilfe Ihrer Kirche rufen, weil sich sonst keine bietet. Aber z.Z. ist es jedenfalls völlig ausgeschlossen, daß die Reichsregierung die gesetzlichen Bestimmungen gegen die nichtarischen Volksgenossen aufhebt; höchstens können vielleicht da und dort in einzelnen Fällen besondere Härten gemildert werden.
Sobald es der Kirchenbehörde zweckmäßig erscheint und der Eindruck besteht, daß überhaupt etwas zugunsten der Bedrückten geschehen kann, werde ich auch Ihre Bitte mit einer Reihe von andern an geeigneter Stelle vorbringen; ob dabei etwas erreicht wird, vermag ich freilich nicht zu sagen. Denn es gilt klar zu sehen: Sowenig, wie die Kirche etwas zu tun vermochte gegen die Entrechtung von vielen Hunderttausenden von Deutschstämmigen, die während und nach dem Krieg aus allen Ländern und Erdteilen unter Beraubung ihres Vermögens und Vernichtung ihrer Existenz in ihr altes Vaterland zurückgestoßen wurden, ebensowenig ist die Kirche im Augenblick imstande, die Maßnahmen gegen die Überfremdung unseres Volkes zu hindern. Wie wir aber jenen Vertriebenen die brüderliche Hilfe entgegengebracht haben, ebenso wird und muß die evangelische Kirche auch Ihnen und Ihren evangelischen Standesgenossen die brüderliche Liebe nach dem Evangelium unseres Herrn Jesus Christus gewährt werden. Des wollen Sie sich einstweilen getrösten, der Herr ist nahe allen, die ihn anrufen; er sagt selbst den Seinigen zu: Ich bin bei euch alle Tage, bis an der Welt Ende! Mit diesem Glaubenswort seien Sie gegrüßt."

393 Pfr. Daiber an KPräs. Wurth: Intervention zugunsten von Prof. W.
Freiburg, 5. Mai 1933; LKA GA 3206

„Die Beurlaubungen der Professoren schlagen ihre Wellen bis in die Pfarrstudierstuben. Ein besonders schwerer Fall ist die Beurlaubung des Herrn Professor W. Er ist seit Jahren ein treuer Besucher unseres Gottesdienstes, wodurch wohl auch das Vertrauen zu mir entstanden ist. Inliegendes Schreiben mit den Beilagen kam an mich. Der Schluß insbesondere regte in mir den Gedanken an, Ihnen, verehrter Herr Präsident, die Angelegenheit zu unterbreiten. Wie ich höre, hat Professor R. in der philosophischen Fakultät sich des Falles auch angenommen, um die äußerst notwendigen Vorlesungen des Herrn Professor W. wieder in Gang zu bringen.

Ich erlaube mir, Sie zu bitten, in die Beilagen Einsicht zu nehmen und vielleicht dem Fall einige Erwägung zu schenken, ob nicht auch vom Standpunkt der Kirche aus etwas dazu gesagt und getan werden kann.

Ich gestehe, so sehr ich mich über den Aufbruch unseres Volkes von Herzen freue und die scharfen Korrekturen im öffentlichen Leben in jeder Beziehung begrüße, meine Freude ist doch nicht frei von einem gewissen Bangen, zumal auch für unsere Kirche. Der offizielle Eintritt des Bischofs Rendtorff in die NSDAP hat mich erschreckt. Was mag daraus noch werden?

Ich wünsche Ihnen, Herr Präsident, für diese so schwere und entscheidungsvolle Zeit von Herzen viel Kraft und das tapfere, wegweisende Zeugnis, das wir von Ihnen gewohnt sind."

394 KPräs. Wurth an Pfr. Daiber: Judenchristen im Spannungsfeld von Rasse und Religion
Karlsruhe, 11. Mai 1933; LKA GA 3206 – Durchschrift

„Die Not der evangelischen Judenchristen tritt mit vielerlei Hilferufen an uns heran. Der Deutsche Evangelische Kirchenausschuß hat sich vor wenigen Tagen drei Stunden lang mit der Sache beschäftigt. Er kam aber, infolge von vielen Mitteilungen aus dem Ausland, zu der wenig angenehmen Überzeugung, daß er, um der etwaigen üblen politischen Wirkungen einer öffentlichen Kundgebung zugunsten der Judenchristen im Ausland, z.Z. schweigen müsse. Dabei war man sich bewußt, daß das Schweigen übelgenommen und nicht verstanden wird, daß aber jede Kundgebung vom Ausland mißbraucht wird, entweder gegen die Kirche oder gegen unsere Reichsregierung. Da aber die politische Spannung draußen nicht noch vergrößert werden darf, auch nicht einmal der Anschein erweckt werden soll, als ob die evangelische Kirche der Reichsregierung in den Rücken falle, so beschloß man zu schweigen. Wie man es nun auch ansieht, schuldig wird man immer.

Bei irgendwelchen Maßnahmen des Staates, sonderlich in einer Revolution oder Gegenrevolution werden stets einzelne oder ganze Kategorien hart getroffen. Dies kennen wir seit 1914; nach 1918 haben wir's alle schmerzlich erfahren. Wenn der Überfremdung ein Ende gemacht werden sollte, ging's nicht ohne böse Einzelfälle. Was sagte die Christenheit dazu, als infolge des Kriegs viele Hunderttausende von Deutschen nur um ihres Deutschtums willen aus aller Welt Länder in die alte Heimat gestoßen wurden, ihres Besitzes und ihrer Existenz völlig beraubt? Was hat die Weltpresse gesagt gegen den bis in diesen Augenblick tödlichen Haß von Prag bis Memel und Moskau gegen alles Deutsche?
Über all dem steht das Wort geschrieben: 'Eine Welt voll Ungerechtigkeit', die die Kirche nicht beheben kann. Barmherzigkeit und brüderliche Liebe aber hat die evangelische Kirche ihren Glaubensbrüdern zu gewähren. Wieweit sie das kann, ist eine andere Frage. Jedenfalls ist es zu versuchen, in Einzelfällen von besonderer Härte beim Staate vorstellig zu werden. Ob aber etwas erreicht wird, scheint mir augenblicklich sehr fraglich; vielleicht ist es besser, noch eine Weile zuzuwarten, bis sich die Wellen gelegt haben.
Im Falle Professor W. ist die Sache bedenklich hart, da er ein alter Mann ist. Ob er Kinder hat, vermögenslos ist, geht aus den beiden Briefen nicht hervor; das müßte man doch auch wissen. Auf die Darlegungen Ws. einzugehen, muß ich verzichten. Es ist aber ebensowenig zu behaupten, daß das Judentum in erster Linie Religion, nicht Rasse sei, und also ein Judenchrist gleiche Rechte wie der arische Christ in Deutschland haben müsse. Als ob die Amerikaner den christlichen Negern gleiche Rechte gewährten? Aber es wird ja wenigstens dies gewährt: Im vierten Geschlecht gelten sie als dem Deutschtum assimiliert! – Was die Kirche in ihrem Bereich zu tun hat, ist etwas anderes, als was der Staat tut – und etwa auch tun müsse. Beides auseinanderzuhalten, ist z.Z. nötig. Professor W. bedaure ich sehr, gerade auch wegen seiner Verdienste um seine kirchengeschichtlich hervorragenden Arbeiten, damit kann auch eine Fürsprache besonders gegründet werden. Wollen Sie ihn von mir grüßen, und ich werde versuchen, was sich für ihn tun läßt zu unternehmen."

395 Pfr. Karle an LB Kühlewein: Nicht-arische Pfarrfrau als Leiterin des Evang. Frauenvereins
Tennenbronn, 10. Nov. 1933; LKA GA 7653

„In meiner Gemeinde soll demnächst eine NS-Frauenschaft gegründet werden, dessen künftige Leiterin, eine evangelische Arztfrau, heute bei mir war, um mit mir über das Verhältnis von NS-Frauenschaft und Evang. Frauenverein zu sprechen. Denn es besteht in meiner Gemeinde seit Jahren ein Frauenverein, der eine ziemlich große Zahl unserer evangelischen Frauen umfaßt; er war früher der Inneren Mission angeschlossen und ist jetzt dem Frauenwerk der Deutschen Evangelischen Kirche eingegliedert. Die Leiterin vertrat in der Unterredung den Gedanken, daß wir, meine Frau[*)] und ich, das Opfer bringen sollten, unsern Frauenverein aufzugeben, damit die Frauen in die NS-Frauenschaft eintreten könnten; wir sollten dies Opfer um der Volksgemeinschaft willen bringen, die dadurch verwirklicht werden sollte, daß die katholischen und evangelischen Frauen in einer Gemeinschaft zusammengeschlossen sind. Wenn eine Frauenschaft da sei, wäre ja unsere Arbeit eigentlich gegenstandslos geworden. Nach ihrer Meinung besteht auf katholischer Seite auch große Bereitwilligkeit für die Frauenschaft, auch auf Seiten des katholischen Pfarrers. Meine Einwände gingen darauf hinaus, klar zu machen, daß die Arbeit unseres Frauendienstes eine rein kirchliche sei, anerkannt vom Staat, die auf keinen Fall eigenmächtig von uns aufgegeben werden könne. Ein Nebeneinanderbestehen beider Gruppen sei zwar möglich, aber gefährlich, weil gar leicht Spannungen entstehen könnten, die dann zerstörend und zersetzend sich auswirken müßten.

Da nun aber die Gefahr besteht, daß meine Ablehnung als eine persönliche und in meinen persönlichen Verhältnissen begründete angesehen wird, wäre ich Ihnen, hochverehrter Herr Landesbischof, sehr dankbar, wenn Sie in einem Schreiben klar und eindeutig zum Ausdruck brächten, daß ich mit dieser Einstellung nichts anderes als meine Pflicht tue, also im Sinn und Auftrag der Kirchenführung handle. Da die ganze Sache in allernächster Zeit entschieden wird, wäre ich Ihnen für eine umgehende Beantwortung sehr dankbar. Ich bitte Sie, das nicht als Unbescheidenheit ansehen zu wollen, aber um der Sache willen bitte ich um baldige Weisung, um Gefahren für das Gemeindeleben zu vermeiden."

396 LB Kühlewein an Pfr. Karle: Rücktritt von der Leitung des Evang. Frauenvereins

Karlsruhe, 13. Nov. 1933; LKA GA 7653 – Konzept

„Wenn der evangelische Frauenverein in Tennenbronn Trägerin irgendeines evangelischen Liebeswerkes ist, wie Krankenpflege, Kinderschule u.a., so muß sie unbedingt als evangelischer Verein aufrechterhalten werden. Ist dies nicht der Fall, so sehe ich keine Bedenken, daß man ihn in der NS-Frauenschaft aufgehen läßt.

Im ersteren Fall aber müßte sich unter allen Umständen Ihre Frau davon zurückziehen. Das wäre um Ihrer- und der Sache willen notwendig, damit keine Angriffsfläche geboten wird."

---

[*] 'Volljüdin' im Sinne der Nürnberger Rassegesetze

VII Konsolidierung der 'Evang. Nationalsozialisten' bzw. Glaubensbewegung Deutsche Christen, Gau Baden seit 1933

A Theologische und weltanschauliche Maximen der 'Evang. Nationalsozialisten...'

397 N.N.: „Programm*⁾ der kirchlichen Vereinigung für positives Christentum und deutsches Volkstum" — vgl. Dok. 39
VolksBl. f. Stadt u. Land Nr. 3, 15. Jan. 1933, S. 21f.

398 Pfr. Bartholomä: „Zur theol. Grundlage unserer Vereinigung"
Kirche u. Volk**⁾ Nr. 18, 30. Apr. 1933, S. 143f. u. Nr. 19, 7. Mai 1933, S. 150f.

„Es gibt gegenwärtig zwei Arten kirchlicher Gruppen- oder Parteibildung. Die eine ist die, die aufbaut auf theologischen, dogmatischen Unterscheidungen. So sind unsere alten bekannten Gruppen: die liberale und die positive entstanden. Eine andere Art ist die Bildung einer kirchlichen Gruppe aus einem politischen Parteiprogramm heraus. Diese Bildung sehen wir in der Gruppe der religiösen Sozialisten verwirklicht.
Als unsere Vereinigung im Verlauf des vergangenen Jahres auftrat, war das Urteil überall rasch fertig. Man hielt es für abgemacht, daß auch hier eine rein aus einem Parteiprogamm kommende Bildung vorliege; damit war dann das Verdammungsurteil rasch gesprochen — ein Verdammungsurteil übrigens, das wir gegenüber kirchlich-politischen Gruppenbildungen — teilen!
Es war an sich möglich, in unseren badischen Verhältnissen zur Bildung unserer Vereinigung zu schreiten, weil man hoffen konnte, dem Parlamentarismus in der Kirche einen entscheidenden Schlag zu versetzen. Angesichts von dessen Früchten wäre der Schritt nur aus diesem Motiv allein schon gerechtfertigt gewesen. Über alle solchen Erwägungen hinaus — es waren davon noch mehrere möglich — stand aber auf unserer Seite von vornherein das Wissen davon, daß eine kirchliche Gruppe

---

* In LKA 8093 Nr. 28 ist — bei gleichlautendem Text — das Wort „Programm" hds. gestrichen und stattdessen „Neue Kommentierung der Richtlinien" gesetzt. Leider sind diese drei Seiten ebenso undatiert wie ein früheres „Programm", das — ebenfalls im LKA GA 8093 Nr. 24 mit „Begründung und Kommentierung" (Nr. 25) — den hds. Vermerk „überholt" trägt.

** Vgl. S. 436

ohne eine bestimmte theologische Fundamentierung nicht bestehen könne auf die Dauer, und der Kirche ohne diese *nicht* dienen, vielmehr sie nur zerstören könne.

Wo liegt aber diese Grundlage? Es ist klar, daß es nicht einfach die 'positive' oder die 'liberale' der alten darnach benannten Gruppen sein kann; ein Grund, weshalb dann neben ihnen Parallelunternehmen eingerichtet werden sollten, ist nicht einzusehen (wenn übereifrige Kirchenparlamentarier auch solche zu sehen glaubten). Daß die theologische Grundlage auch nicht auf 'vermittlungstheologischem' Gebiet liegen konnte nach unserer Meinung, dürfte heute bewiesen sein. Sie mußte also auf anderer Linie liegen. Nur mußte diese ein Erfordernis erfüllen: sie mußte wesenhaft zu tun haben mit dem, was Wesen auch der nationalsozialistischen Bewegung ist. Denn das Vorhandensein der letzteren gab doch mit den Anstoß zur Bildung unserer Vereinigung (über dieses 'mit' später noch mehr).

Den Schlüssel zum Verständnis der modernen Problematik aller Lebensgebiete bietet die Erkenntnis, wie sie etwa im 'Evang. Deutschland' 1931, Seite 166 von D. Zoellner formuliert ist: 'Der alte Griechentraum, daß der Mensch das Maß aller Dinge sei, daß viel Gewaltiges lebt, doch nichts gewaltiger als der Mensch sei, hat mit seiner berauschenden Melodie, wie zur Zeit des untergehenden Römerreichs, die Welt wieder einmal an den Abgrund gebracht.' Dieser alte Griechentraum, dieses griechische Weltgefühl ist tatsächlich 'die Wurzel alles Übels'. Dieser Idealismus lebt von dem Gedanken, daß die menschliche Vernunft in Einheit stehe mit der höchsten Vernunft, der *summa veritas*, dem *summum ens* (= höchstes Sein). Demgemäß besitzt die menschliche Vernunft auch die Fähigkeit, alles Geschehen einzusehen, zu erkennen − kraft dieser Einheit −, und weil sie ein Stück der göttlichen Vernunft ist, darum kommt ihr selbst schöpferische Kraft zu. Hat sie aber diese, dann lauert dahinter sofort der Entwicklungsgedanke, der die moderne Welt so sehr gefangen hält und in Unrast weitertreibt.

Es mag einmal in diesem Zusammenhang davon Abstand genommen werden, zu zeigen, wie im einzelnen, z.B. erkenntnistheoretisch sich diese Gedankengänge des Idealismus auswirken; es genügt festzustellen, daß das werdende Christentum dieses Weltgefühl vorfand und sich mit ihm auseinandersetzen mußte. Diese Auseinandersetzung geschah aber nicht in der Weise, daß das Christentum jenes Weltgefühl überwunden und das seine an dessen Stelle gesetzt hätte. Vielmehr nahm man es auf in die Kirche und setzte Gott = *aeterna veritas, summum ens*.

So waren denn zwei Gedanken miteinander verkoppelt, die einander schlechthin widersprechen. Denn das griechische Weltgefühl des Idealismus steht in Widerspruch zu dem Glauben der heiligen Schrift. Deren

Gott ist ein persönlicher und nicht ein leerer Begriff; er ist der Schöpfer, wir seine Geschöpfe –, nicht aber haben wir als Stücke der höchsten Vernunft Einheit mit ihm; er ist ein 'verborgener' Gott – und nicht besitzen wir die Einsehbarkeit alles Geschehens. Wir sind von ihm geschieden und stehen nicht in Harmonie mit dem Unendlichen. Wir sind Staub vor ihm – aber nicht prometheische Menschen, die das Maß aller Dinge sind und die Welt zu gestalten vermögen.

Wer sich einmal die Unterschiedenheit des christlichen Glaubens und des Weltgefühls des Idealismus klar gemacht hat, der steht erschüttert vor der Erkenntnis der Verwirrung, die das Nebeneinanderstellen der beiden verursachen mußte. Nun lebten die widerstreitendsten Kräfte in *einem* Haus. Der Gottesgedanke des Christentums konnte entleert, verblaßt, verflüchtigt werden zu einer gedachten Idee – und als sich das Weltgefühl des Idealismus seiner einstigen Selbständigkeit erinnerte und sich mehr und mehr vom Glauben der Kirche emanzipierte, zog die innerlich gottlose, wohl aber den Menschen befriedigende Zeit des *Quattrocento* herauf.

Es war das große Werk *Luthers*, den christlichen Glauben wieder von dieser Umklammerung gelöst zu haben. In seinem religiösen Erlebnis brach der Gottesgedanke des Neuen Testamentes wieder rein durch und wurde Gott wieder als der Lebendige erkannt, der er ist. Der Mensch wurde wieder in sein rechtes Verhältnis zu Gott gesetzt und von dem Thron herabgestoßen, auf den ihn ein falsches, den Menschen verherrlichendes Weltgefühl gesetzt hatte. In Luther wurde der Glaube von jenem Idealismus befreit, daß er rein aufleuchten konnte. Das ist seine große *Tat!*

Sein großes Verhängnis aber ist das Verhängnis aller Großen; er war seiner Zeit weit voraus. Nicht einmal sein nächster Freund und Mitarbeiter ist diesem überragenden Geist gewachsen: *Melanchthon* ist dem Humanismus verschrieben, der in der Anbetung alles dessen, was aus der Antike kam, dem griechischen Weltgefühl des Idealismus erneut Wohnung bot. Es ist ein bitteres Bild zu sehen, wie neben und insbesondere nach Luther die ganze Welt des Idealismus erneut ihren Einzug, diesmal in die protestantische Theologie, hielt. Immerhin: das Erbe Luthers war stark genug, zu verhindern, daß der evangelische Glaube in gleicher Breite vom Idealismus überschattet wurde, wie das seiner Zeit bei der katholischen Kirche der Fall war. Die einmal wieder ganz geöffnete Quelle ließ sich nicht mehr zuschütten. Man kann die ganze Entwicklung der evangelischen Theologie dahin verstehen, daß sie nichts anderes gewesen ist, als der Kampf, der entstehen muß, wenn man das Verständnis der Schrift, wie es Luther gebracht hat, mit den Gedankenmitteln des idealistischen Denkens erheben will. Entweder der Gottesgedanke der Heiligen Schrift und Luthers wird über einen mächtig; dann muß er den idealistischen Gedankenballast über Bord werfen. Oder dieses idealistische Denken überwuchert alles – dann bleibt nichts als der Versuch, dieses Denken mit dem widerstreitenden Glaubensbild der Schrift in Einklang zu bringen zu streben: jene uns sattsam bekannte Entleerung des Glaubens in einer gewissen evangelischen Theologie entsteht. Es ist der typische Weg etwa eines Troeltsch, der bei der Theologie anfängt und bei der Philosophie endet.

Wir haben hier die Wurzeln unserer beiden dogmatisch bestimmten Kirchengruppen: der liberalen und der positiven vor uns. Je nachdem eine Theologie mehr nach der Schrift orientiert ist, ist sie positiv; ist sie mehr nach der Bejahung idealistischer Gedankengänge hin orientiert, ist sie liberal. Die Verhaftung aber an idealistische Gedankengänge besteht bei *beiden* Gruppen, auch bei der positiven mit ganz geringer Ausnahme (Schlatter ist eine solche). *Beide* Theologien kämpfen mit der Schwierigkeit, die Welt der Schrift mit der des idealistischen Denkens in Einklang zu bringen. Der Unterschied liegt aber darin, daß der dem idealistischen Weltgefühl stärker verhaftete liberale Theologe um der Anbetung dieses Weltgefühls willen eher geneigt ist, Abstriche an der Welt der Schrift zu machen – während die positive Theologie mehr sich müht, der Welt der Schrift Raum zu schaffen in der Gedankenwelt des Idealismus. Der Kampf ist aber aussichtslos und setzt auch die positive Theologie der Gefahr aus, Konzessionen an das idealistische Weltgefühl zu machen. (Wer sich hierfür genauer interessiert, der greife zu dem Buch von Prof. Dr. D. Fr. K. Schumann: 'Der Gottesgedanke und der Zerfall der Moderne'. Verlag Mohr, Tübingen 1929. Er wird dort den Nachweis geführt finden für alle Theologie.)

Eine neue Lage wird erst durch den in der neuesten Theologie ausbrechenden Kampf gebildet, der in klarer Front, zurückgreifend auf Luthers Verständnis der Schrift, den *Kampf gegen das idealistische Denken* mit Erfolg aufnimmt. Dieser Kampf, getrübt und erschwert oft noch durch das Anhaften von Eierschalen jenes für den christlichen Glauben so verhängnisvollen Gedankenschemas (vgl. das oben angegebene Werk in seinen Ausführungen über Karl Barth), gibt die Hoffnung, daß heute die Zeit im Anbruch ist, in der das Werk Luthers erst richtig sich auszuwirken beginnt. Es werden dann allerdings auch die bisherigen Fronten positiv und liberal, so wie sie bislang verliefen, fallen. Jene uns bekannten Erscheinungen, daß sogenannte liberale Theologen positiv und umgekehrt, sogenannte positive Theologen höchst liberal sind, sind die Anzeichen dieses Verfalls der Fronten. Dabei sei, obwohl ein Mißverständnis kaum entstehen dürfte, nach dem oben Gesagten, noch einmal ausdrücklich betont, daß das nicht das Kommen einer Vermittlungstheologie bedeutet, sondern das ganz *entschiedene* Kommen der Reformation.

Nun führt aber noch eine zweite Linie in die Gegenwart hinein aus jenem Wiederhereinnehmen des Idealismus in die evangelische Theologie. Luther hat den ganz energischen Ansatz gemacht, in der Nachprüfung aller *Belange des Gemeinschaftslebens,* diese in den Zustand zu setzen, in dem sie nach der Schrift stehen sollten. So hat er Stellung genommen zu scheinbar sehr weltlichen Fragen von Politik, Handel, Gewerbe. Diese Anstöße sind weitgehend ohne Wirkung geblieben, denn bald setzte sich wieder der Emanzipationsprozeß des idealistischen Weltgefühls fort. Dieses baute sich die Welt, die *ihm* gemäß war und *ihm* entsprach. Voll des Glaubens an die Einsehbarkeit aller Vorgänge durch die menschliche Vernunft trat die Wissenschaft ihren Weg der Forschung an, ins Ungeahnte vordringend – aber auch in Überheblichkeit als feststehend haltend, was nur zu bald sich oft als nur teilweise Erkenntnis erwies. Die schöpferische Vernunft dagegen hob an, in der Technik immer neues Großes zu schaffen. Schließlich unternahm sie es, ganz im Sinne von Goethes 'Prometheus', die Menschen in ihren Wirtschafts- und politischen Ordnungen, schließlich sogar in ihren ethischen Ordnungen neuzugestalten, ein Geschlecht zu bilden in ihrem Sinne, hingerissen vom Gedanken der Entwicklung. Es entstand jene Welt der Technik, der Wirtschaft, von Völkerbund und Kommunismus, die die letzten Ergebnisse dieses idealistischen Weltgefühls sind. Eine entgottete Welt, die nur noch den einen Gott kennt, den Menschen, der das alles schafft.

Aber, in eben dem Augenblick, da ein Gipfelpunkt der Entwicklung erklommen schien, wankt diese Welt und sieht sich vor jähen Zerfall gestellt. Die ganzen Grundlagen dieser Kultur wanken. Gott hält Gericht. Die Wirtschaft ist erschüttert, die Politik verworren wie noch nie. – Auflösung überall: als man glaubte, Früchte ernten zu können, war die einzige Frucht: *Zerfall.*

Bislang gibt es gegen diesen Geist als Kämpfer und Vorkämpfer einer neuen Ordnung nur *einen* von größerem Ausmaß: *die nationalsozialistische Bewegung.* Sie muß durchaus verstanden werden als eine Bewegung, die politisch, wirtschaftlich, kulturell dem Zerfall ganz bewußt neue Ordnungen entgegensetzen will. Dabei hat sie im ganzen klar und deutlich erkannt, wo der Feind sitzt: im Idealismus, gegen dessen Weltgefühl und die daraus entstandenen Gestaltungen sie zu Felde zieht. Sie hält sich auch im großen und ganzen von der Gefahr fern, selbst wieder aus einer Anbetung des schöpferischen Menschen heraus zu gestalten, und knüpft an die gottgegebene Ordnung an. Sie weiß – zum mindesten in der Person ihres Führers – von der Abhängigkeit vom allmächtigen Schöpfer. Gewiß: es wird nicht die Gefahr verkannt, daß auch sie oft liberalistisch-idealistischen Phantomen nachgeht; soll uns das wundern, wo auch an der den Idealismus bewußt bekämpfenden neueren Theologie oft noch dessen Eierschalen kleben?

So sieht sich also der Idealismus in der Gegenwart einer ausgedehnten Schlachtreihe von Feinden gegenüber. Auf politischem, wirtschaftlichem, kulturellem Gebiet dem Nationalsozialismus und den ihm verwandten Strömungen; auf dem Gebiet der Religion jeder Theologie, die bewußt und ganz mit seiner Herrschaft dort aufräumen will. Wo ist der entscheidende Punkt im Kampf? Die Heftigkeit der politisch-wirtschaftlichen Kämpfe der Gegenwart ist geeignet, die Meinung zu erzeugen, *dort* falle die Entscheidung. In Wirklichkeit ist aber die Hochburg des Gegners die Position, die er in der Religion inne hat. Wird dort seine Macht gebrochen, dann ist der Kampf für alle Fronten entschieden; ist er auf allen Fronten geschlagen und hält er sich noch in seiner Hochburg, der Religion, so ist noch gar nichts gewonnen! Auf dem theologischen Gebiet fällt die Entscheidung!

Die Bildung unserer kirchlichen nationalsozialistischen Gruppe ist eine klare Folgerung aus diesen Erkenntnissen. Sie ist so zwangsläufig, daß sie sich eigentlich ganz von selbst versteht. Wir haben aus der Gemeinsamkeit der Fronten, wie sie sich in der Kirche im Kampf *gegen* den Idealismus und *für* das Erbe der Reformation ergibt, und wie sie für den Nationalsozialismus sich ergibt aus dessen Kampf *gegen* eine im idealistischen Weltgefühl verankerte politische und Wirtschaftsordnung *für* eine neue in den Gegebenheiten der Gottesordnung verwurzelte Ordnung, die Folgerung gezogen und eine kirchliche Front gebildet, die den theologischen und kirchenpolitischen Teil des Kampfes gegen das idealistische Weltgefühl führt – also den entscheidenden. *Es hat also diese Gruppe ein durchaus eindeutiges theologisches Fundament.*

Aus ihm heraus ergibt sich ganz klar unsere Stellung zu den anderen Gruppierungen. Wir lehnen jeden Marxismus in der Kirche ab, weil er ebenfalls ein Kind des idealistischen Weltgefühls ist; wir bekämpfen den kirchlichen Liberalismus, weil er der stärkste Hort des bekämpften Gegners ist und die Erfassung des Glaubens, wie ihn Luther wieder erkannt hat, am meisten erschwert, wobei wir aber wirklichkeitsnahe genug sind, zu wissen, daß dort manche Kraft lebendig ist, die im Grunde dasselbe will wie wir, dabei nur von einem falschen Ausgangspunkt ausgeht. Wir stehen zu den alten Positiven in der 'Distanzierung', weil wir sehen, daß weithin auch da eine, wenn auch nicht bewußt gewollte idealistische Verstrickung herrscht, vielen vielleicht erst recht deutlich geworden in deren politischer Auswirkung. Es ist uns dabei lieb, zu wissen, daß auch hier eine Vielheit von Positiven im Grunde genommen sich ganz mit unserer Haltung deckt; wenn sie auch nicht gesonnen ist, den Weg der Konsequenz auch in den äußeren Dingen der Kirche zu gehen.

Nach innen aber lehnen wir jeden Versuch ab, den Idealismus mit seinem Weltgefühl durch irgend eine Hintertür wieder hereinzulassen. Darum lehnen wir jede Bildung von Deutschkirche und dergleichen ab, denn auch sie ist ein Gemächte des Menschen, der sich sogar im Religiösen schöpferisch dünkt.

Unsere Gruppe ist auch nicht politischer Propagandist der Partei. Sie ist dem Evangelium zuerst verantwortlich. Sie faßt demgemäß ihre Aufgabe nur von dort aus auf. Im Verhältnis zur Partei bedeutet das aber, daß sie der Partei gewissermaßen Gewissen sein muß, das seine Stimme überall dann erhebt, wo die dort auch noch vorhandenen idealistischen Restbestände zu verwässern oder zu entleeren oder in falsche Bahnen zu lenken drohen. Und bedeutet weiter, daß wir die entscheidende stärkste Kraft: die religiöse hineintragen, durch ihre Gründung auf dem Boden eines positiven Christentums. Denn wir wissen, daß sehr viele zu dem gemeinsamen Gegner von anderer Seite als von der religiösen her kommen; wir glauben aber, daß der Aufbau nur mit dieser religiösen Kraft gelingt, und wollen ihr diese geben.

Ich komme zu dem am Anfang Gesagten zurück. Unsere Gruppe bedeutet die erste Gruppenbildung aus den jüngsten theologischen Kämpfen heraus mit ganz eindeutiger theologischer Grundlage. Es ist eine Bildung, die auch ohne den Nationalsozialismus gekommen wäre und kommen konnte, die aber durch den Nationalsozialismus zu einer klareren Schau kam. Sie mußte kommen. Gleichviel aber, wann und woher sie kam, so mußte sie sich mit ihm auseinandersetzen. Und sie konnte es auch nicht anders, wie wir es tun. Insofern hat der Nationalsozialismus 'mit' zur Bildung dieser Gruppe beigetragen, weil er eben als Kampffront gegen den gemeinsamen Gegner vorhanden war und in den Reihen seiner Parteiangehörigen oder sonstigen Anhänger diejenigen standen, die bereit waren, dem Kampf gegen das idealistische Weltgefühl in der Kirche einen noch entschiedeneren Ausdruck wie bislang zu geben."

399 Pfr. Rössger: „Kirche und Nationalsozialismus — unsere Stellung zum kirchlichen Bekenntnis"

Kirche u. Volk Nr. 19, 7. Mai 1933, S. 149f.

„Wir bejahen als evangelische Nationalsozialisten grundsätzlich das kirchliche Bekenntnis, weil wir darin mit das Wesen eines 'positiven Christentums' sehen. Ein freisinniges Christentum, das das Bekenntis verwirft, kann nie und nimmer positiv sein und es ist darum nur die Konsequenz des Gedankens, daß im Nationalsozialismus ein das kirchliche Bekenntnis verwerfendes Christentum keinen Raum haben kann. Wenn wir den nationalsozialistischen Gedanken als Weltanschauung übertragen auf das Kirchlich-Religiöse, so kann das Bild nur das des positiven, d.h. das Bekenntnis bejahenden Christentums sein. Dies ist auch in dem feinen *Wort des Führers* zum Ausdruck gekommen: '...Bemerkenswert ist der immer heftiger einsetzende Kampf gegen die dogmatische Grundlage der einzelnen Kirchen, ohne die auf dieser Welt von Menschen der praktische Bestand eines religiösen Glaubens nicht denkbar ist. Sollen die religiöse Lehre und der Glaube die breiten Schichten des Volkes wirklich erfassen, dann ist die unbedingte Autorität des Inhalts dieses Glaubens das Fundament jeder Wirksamkeit. Der Angriff gegen die Dogmen an sich gleicht sehr stark dem Kampf gegen die allgemeinen gesetzlichen Grundlagen des Staates und so wie dieser sein Ende in einer vollständigen staatlichen Anarchie finden würde, so der andere in einem wertlosen religiösen Nihilismus.' (Hitler, Mein Kampf). Man sage nicht: Das ist die Auffassung eines Katholiken, für den die Kirche ein Abbild des Staates ist. Es muß endlich einmal in der evangelischen Kirche mit der unsinnigen Meinung aufgeräumt werden, als ob wir darum Protestanten wären, weil jeder glauben und lehren könne, was er wolle und nur seinem eignen Gewissen verantwortlich wäre! Es muß aufgeräumt werden mit der Anschauung, als ob wir darum Protestanten wären, weil wir unsere Vernunft nicht unter ein katholisches Dogma zu beugen bräuchten. Luthers Reformation hatte nicht den Sinn gehabt, das 'frei' menschliche Gewissen zu verselbständigen, so, daß den Menschen für sein Gewissen seine eigne letzte und höchste Instanz wäre, sondern 'das in Gottes Wort gefangene und gebundene Gewissen' ist von ihm als 'frei' angesprochen worden gegenüber solchen kirchlichen Lehren, die sich nicht durch die Heilige Schrift begründen ließen. So wenig Luther uns die Freiheit von der Schrift, sondern *zur* Schrift gebracht hat, so wenig besteht das *Wesen des Protestantismus* in der 'Freiheit vom Bekenntnis', sondern gerade in der *Freiheit zum Bekenntnis!* Dies ist vom kirchlichen Liberalismus völlig verkannt worden und die Folgen waren die unseligen Streitigkeiten um das kirchliche Bekenntnis, wie sie gerade unsere evangelische Kirche in Baden während der Vorherrschaft des Liberalismus leider zur Genüge kennen gelernt hat. Wer weiß nicht, ob nicht das apostolische Glaubensbekenntnis zu Fall gebracht worden wäre, wenn nicht der ausbrechende Krieg 1914 die damals tagende Synode nach Hause gehen geheißen hätte. Aber als die erste Synodalwahl nach dem Krieg eine absolute Mehrheit der Bekenntnisfreunde (Positiven) gebracht hatte, unterblieb dennoch nicht der liberale Angriff auf das Bekenntnis. Unter seinem Druck kam bei der letzten 'Agendensynode' 1930 eine auch von den Positiven gebilligte Entschließung zustande, die alles andere als eine klare Bekenntnishaltung der Kirche ist. Von liberaler Seite war der Antrag gestellt worden: 'Das Bekenntis unserer Kirche bei Taufe und Konfirmation ist das apostolische Glaubensbekenntnis.

Jedoch soll der Gebrauch desselben in evangelischer Freiheit (! d.Sch.) und unter Schonung des Gewissens sowohl des Geistlichen als der Gemeindeglieder gehandhabt werden.' Die Kirchenregierung hatte sich zu diesem Antrag mit folgender Erklärung bekannt: 'Es ist dadurch ausdrücklich (auch grundsätzlich? d.Sch.) gesagt, daß am bisherigen Bekenntnisstand der Landeskirche nichts geändert wird. Damit ist die Gemeinde geschützt gegen schrankenlose Willkür oder den sog. Lehrdominat ihres Geistlichen. Aber auch dem Geistlichen ist evangelische Freiheit, d.h. Schonung seines Gewissens zugesichert innerhalb der bisherigen Grenzen, um so mehr als unsere kirchliche Gesetzgebung einen Lehrprozeß nicht kennt...' Wir empfinden alle das Ungenügende dieser Erklärung: Was hat es für einen Sinn, festzustellen, daß das Apostolikum das Bekenntnis der Kirche ist, wenn der Inhalt dieses Bekenntnisses nicht zur öffentlichen Geltung gebracht wird durch den pflichtmäßigen gottesdienstlichen Gebrauch? Was ist wichtiger: das Gewissen zu 'schonen' oder die im alten Bekenntnis niedergelegten ewigen Heilswahrheiten fort und fort zum Ausdruck zu bringen? Die lutherische Kirche weiß, warum sie das allgemeine christliche Glaubensbekenntnis jeden Sonntag als ein unerläßliches Stück der gottesdienstlichen Liturgie bringt. Entweder hat die Kirche eine letzte Wahrheit, dann hat sie sie auch zu sagen oder sie hat sie nicht, dann ist sie keine Kirche mehr. Es wäre unserer Kirche auch nicht mit einem sog. Biblikum, d.h. mit einem aus einzelnen Bibelworten – nach beliebigem Geschmack ausgesucht – zusammengestellten Bekenntnis getan gewesen. Das beste 'Biblikum' ist und bleibt das alte Apostolikum. Und es hat mit dem Wesen und der Würde der Kirche wenig zu tun, wenn der gegenwärtige Zustand noch der ist, daß 'der Liturg selbst über den Gebrauch des Bekenntnisses im festtäglichen Hauptgottesdienst zu bestimmen hat, er also weder zur Lesung des Bekenntnisses genötigt, noch an seiner Lesung gehindert werden kann.' Im Bekenntnis lebt und spricht die Kirche. So wie wir unser natürliches Dasein leben aus dem Erbgut des Bluts, das wir von unserm vorigen Geschlecht überkommen haben, so leben wir auch in unserm persönlichen christlichen Glauben nicht von den einzelnen religiösen Entdeckungen und Erfindungen, die wir machen, sondern von dem *Erbgut der Kirche*, die unser eigenes Glaubensleben mit einer 'Wolke von Zeugen' umgibt. In dem Bekenntnis 'ich glaube...' kommt nicht nur die einzelne persönliche Meinung zum Ausdruck, sondern die Überzeugung der Kirche, ihrer Väter, Märtyrer und Apostel. Weil der Liberalismus in der Verherrlichung des freien persönlichen Individuums nie gewußt hat (auch der 'Gemeindebegriff' genügt hier nicht), was Kirche ist, darum konnte auch er nur die Forderung einer 'bekenntnislosen Kirche' erheben. Wir evangelische Nationalsozialisten wissen, was hier auf dem Spiel steht: Die *Existenz unserer Kirche* nicht minder, wie die

Sauberkeit unseres nationalsozialistischen Denkens. Wenn der Nationalsozialismus allem Subjektivismus und Individualismus den Kampf angesagt hat, dann ist's ein Unding, wenn diese Anschauungen von 'Nationalsozialisten' als 'kirchliche' Überzeugung noch ertragen werden. Nein! Der Goethe'sche Hochgesang von dem Höchstwert der freien Persönlichkeit ist auch in der Kirche mit dem Ende einer liberalen Epoche verklungen, und es bleibt nur die Konsequenz, die Kirche *grundsätzlich* auf den Boden des Bekenntnisses zu stellen. Dabei braucht der Einzelne in seinem Glauben keineswegs vergewaltigt werden, aber die *Kirche als solche steht und fällt mit dem Bekenntnis.* Und es braucht auch keiner Pfarrer werden; aber von den Dienern der Kirche darf mit Fug und Recht erwartet werden, daß *sie* sich den Inhalt des Bekenntnisses persönlich zu eigen gemacht haben. Was der Liberalismus dem als 'Freiheit des Gewissens' entgegenstellt, ist weit mehr die Selbstherrlichkeit der menschlichen Vernunft, die glaubt, die ewigen Heilswahrheiten der Kirche meistern zu dürfen. Wir lassen uns darum in solcher Erkenntnis kirchlicher Notwendigkeit als Nationalsozialisten durch nichts beirren: weder durch die falsche Angst in unserer eigenen Bewegung, die befürchtet, durch die Betonung eines klaren Bekenntnisstandes 'das Kirchenvolk mit dem theologischen Streit vergangener Jahrhunderte um die „reine Lehre" zu belasten', noch durch die Tatsache, daß neuerdings viele bewußt liberale Glieder und Pfarrer Mitglieder der NSDAP werden. Wir wehren uns dagegen, daß die Kirche die Zufluchtsstätte für liberales Denken wird, nachdem es im öffentlichen, politischen Leben keinen Raum mehr hat. Wir haben weder das alte Bekenntnis abzuschaffen, noch ein neues zu erfinden, sondern als Kirche uns zu ihm zu bekennen. Wir stehen darum auch zu dem Satz eines lutherischen Kirchenführers (Gen. sup. D. Zoellner), der dieser Tage schrieb: Wir ersehnen die Bildung einer evangelischen Kirche deutscher Nation *auf klarer Bekenntnisgrundlage!"*

400 Pfr. Spörnöder: „Bekenntnisfreiheit oder Bekenntnisgebundenheit?"

Kirche u. Volk Nr. 19, 7. Mai 1933, S. 151f.

„Man stößt hin und wieder in kirchlich interessierten Kreisen und auch bei Leuten, die sonst nicht viel von der Kirche wissen wollen, auf die Frage, die zugleich Anklage ist: muß das sein, daß in der evangelischen Kirche so große Zersplitterung herrscht?

Diese Frage wird weniger gestellt in Anbetracht der kirchenpolitischen Zersplitterung, die natürlich ebenso sehr zu beklagen ist, als vor allem in Beziehung auf die verschiedenen Lehrmeinungen über die Glaubenstatsachen.

Die Frage ist berechtigt. Da kommt ein evangelischer Christ heute in eine Kirche, wo ihm von der Kanzel als Gottes Wort verkündigt wird: Christus sei nicht leiblich auferstanden. An einem anderen Sonntag hört er von einer anderen Kanzel gerade das Gegenteil. Da erzählt ein Religionslehrer seinen Kindern im Unterricht, daß Jesus in Wahrheit gar keine Wunder getan habe, das seien Gebilde der dichterischen Phantasie. Ein anderer Lehrer sagt, daß die Wunder ein wesentlicher Bestandteil des Glaubens seien. Bedenkt man dabei, daß diese Anschauungen u.U. in ein und derselben Gemeinde vorgetragen werden, dann kann man ermessen, welch große Verwirrung in einer solchen Gemeinde entsteht. Darf man sich da über die andere Frage wundern: was sollen wir nun glauben?

Einsichtige Leute sagen deshalb: sorgt doch dafür, daß eine solche Zersplitterung in der Kirche abgestellt wird. Es ist nicht der Ruf des Zelotismus, der Eiferer um das Gesetz, es ist der Ruf eines tödlich erschrockenen, an Gottes Wort sich gebunden wissenden Gewissens. Es darf nicht wundernehmen, wenn aus den Reihen des evangelischen Kirchenvolkes auf die Kirche hingewiesen wird, in der eine solche Zersplitterung nicht offensichtlich ist.

Es ist so. Die Zersplitterung in Beziehung auf das, was als Glaubenslehren verkündet werden, ist da. Man braucht sie nicht mit der Laterne zu suchen, sie liegt offen zutage.

Aus der Frage: welches ist nun rechter Glaube, taucht jene andere Frage auf: hat die Kirche eine feste, sichere Grundlage, nach welcher das Wort Gottes in Heiliger Schrift auszulegen ist? Es ist die Frage nach dem Bekenntnis der Kirche, und die Frage, ob ihre Diener und Glieder an das Bekenntnis gebunden sind. Wer die kirchliche und weltliche Geschichte kennt und daraufhin ansieht, wird erkennen, daß diese Frage freilich nicht von heute ist. Sie ist fast so alt wie das Christentum selbst. Sie ist in der Gegenwart wieder sehr, sehr brennend geworden.

Gott sei Dank, wir haben in unserer evangelischen Kirche ein Bekenntnis und damit eine Grundlage, nach der die Heilige Schrift zu verstehen ist. Es ist das Apostolische Glaubensbekenntnis und die Bekenntnisse der Väter unserer evangelischen Kirche, das Augsburger Glaubensbekenntnis von 1530, der Katechismus Luthers sowie für die evangelische Kirche Badens der Heidelberger Katechismus.

Diese Bekenntnisse der Väter der evangelischen Kirche sind für alle diejenigen, denen ihre Kirche noch lieb und wert ist und die einen festen Boden für ihren Glauben haben wollen, nicht eine abgetane Sache, nicht überlebte Formeln, sondern sie sind für sie die Wahrheit in extenso. Es handelt sich ja bei den Bekenntnissen nicht um eine saft- und kraftlos gewordene Lehrmeinung, sondern in ihnen ist der Herzschlag echt evangelischer Frömmigkeit zu verspüren. Die Bekenntnisse der reformato-

rischen Väter stellen uns auf einen sicheren Grund und geben uns die untrügliche Regel des Glaubens. In ihnen sind der Geist und die Wahrheiten, die in der Heiligen Schrift in ausgedehnter Weise geoffenbart sind, in kurze und leichtbehaltliche Sätze zusammengefaßt.
Eine evangelische Kirche, die sich von den Bekenntnissen der reformatorischen Väter trennen wollte, würde auch ihren historischen Zusammenhang mit der Reformation zerreißen und damit ihre Daseinsberechtigung verlieren. Daher darf die evangelische Kirche in keinem Stück von den Bekenntnissen weichen. Wie ist es aber in der Tat? Aus den Kreisen der evangelischen Kirche, von seiten der Laien wie der Theologen, ist Sturm gelaufen worden und wird es noch, gegen die Bekenntnisse der Väter. Die einen sagen, sie seien mit dem Gewissen und dem Recht freier Schriftforschung nicht mehr in Einklang zu bringen. Die andern sagen, die Bekenntnisse der Reformatoren seien nicht mehr zeitgemäß. Es müsse jeder Christ das Recht haben, seinen Glauben so zu gestalten, daß er nicht mit den Erkenntnissen der Wissenschaft in Widerspruch komme, und wie die Einwände alle heißen mögen. Ja; es gibt in unserer evangelischen Kirche Menschen, denen 'es wie ein Keulenschlag aufs Herz fällt, wenn sie in der Kirche das Bekenntnis hören: empfangen vom Heiligen Geist, denen es sich beim Hören des Glaubensbekenntnisses wie ein Panzer um die Brust legt und sie sich in ihren religiösen Gefühlen bedrückt fühlen'. Alles in allem, man will kein Bekenntnis mehr.
Es ließe sich viel dagegen sagen. Doch nur so viel: Ein in der evangelischen Kirche angesehener Mann, ein wirklich treuer Diener seines Herrn und Meisters, sagte einmal: 'Ohne Bekenntnis wäre die Kirche nichts anderes als eine Anstalt für jede mögliche und unmögliche Glaubensansicht, ein Taubenschlag für alle, die nur irgendwie aus- und eingehen wollen.' Soll unsere Kirche dies Todesurteil unterschreiben?
Das Recht *der freien Schriftforschung* ist nach dem Sinne der Reformatoren doch nicht das, daß jeder nun sagen kann, meine Auslegung ist die maßgebende. Es ist doch im Sinne der Reformatoren, daß die Schriftforschung an die Kirche gebunden ist und diese gibt eben ihre Auslegung in den Bekenntnissen. 'Wird der Grundsatz einer freien Schriftforschung dahin verstanden, daß durch denselben jedem denkbaren Ergebnis einer angeblich freien Forschung, auch der Oberflächlichkeit und Unwissenheit, das Recht der öffentlichen Verkündigung gewährleistet wird, dann ist der Grund zur Auflösung der Ordnung und des festen Bestandes der Kirche gelegt und der Gemeinde jeder sichere Schutz gegen Lehrwillkür der Geistlichen entzogen. Darum muß es eine allerdings auf die wohlerforschte Schrift sich gründende, aber nicht dem Belieben jedes Einzelnen unterstellte Regel für die gemeinsame öffentliche Lehre im Bekenntnis geben.'

Wie steht es aber nun mit der sogenannten Knebelung des Gewissens durch das Bekenntnis? Findet nicht gerade das Gewissen als der Stimme Gottes in uns sein Regulativ und seine Autorität in der festen Bindung an das Wort Gottes, wie es geschrieben steht und in den Bekenntnissen richtig ausgelegt ist. Wenn das Gewissen sich freilich nur gebunden weiß an menschliche Vernunft und deren Ergebnisse, dann freilich –! Prüfen wir mit großem Ernst, wohin eine Gewissensfreiheit im letzteren Sinne die Kirche und ihre Glieder führt. Doch gerade zur Gewissensnot!
Man mag natürlich auf jener Seite, die die Bekenntnisgebundenheit nicht anerkennen kann, sagen: auch wir glauben an Christus, auch für uns ist Christus der Herr der Kirche. Aber es kommt eben doch sehr darauf an, was für ein Christus das ist; ob es Christus, der eingeborene Sohn Gottes ist, von dem Luther in seinem Katechismus, Frage 38, sagt: 'Wahrhaftiger Gott, von Ewigkeit geboren und auch wahrhaftiger Mensch, von der Jungfrau Maria geboren', wie es so auch im Artikel III des Augsburger Bekenntnisses ausgesprochen ist, oder ob es ein Christus ist, nach Menschenweisheit geformt und geglaubt, ein Christus, nach den 'neuesten Ergebnissen der Forschung'. Es kommt sehr darauf an, ob der verkündete Christus die Züge Baldurs trägt oder ob er wirklich der in Bethlehems Stall geborene Heiland ist.
Was ist nun gegen diese Bekenntnisscheu und gegen die Verkündigung solcher Glaubenslehren, die nicht mit dem Bekenntnis übereinstimmen, zu tun? Es wäre dringend erwünscht, daß man sich von aller subjektiven Ansicht frei macht, sich auf die reformatorischen Bekenntnisse besinnt und sie zu voller Geltung bringt.
In der evangelischen Kirche Badens ist das in Geltung stehende Bekenntnis durch den § 2 der Kirchenverfassung geschützt. Es heißt da: Ihr (der Landeskirche) Bekenntnis ist ausgesprochen in der Unionsurkunde vom Jahre 1821 und deren gesetzlichen Erläuterungen. Die Unionsurkunde sagt aber in ihrem § 2: 'Diese vereinigte evangelisch-protestantische Kirche legt den Bekenntnisschriften, welche späterhin mit dem Namen symbolische Bücher bezeichnet wurden und noch vor der Trennung in der evangelischen Kirche erschienen sind, und unter diesen namentlich und ausdrücklich der Augsburger Konfession im allgemeinen, sowie den besonderen Bekenntnisschriften der beiden bisherigen evangelischen Kirchen im Großherzogtume Baden, dem Katechismus Luthers und dem Heidelberger Katechismus, das ihnen bisher zuerkannte normative Ansehen auch fernerhin mit voller Anerkenntnis desselben, insofern und insoweit bei, als jenes erstere mutige Bekenntnis vor Kaiser und Reich das zu Verlust gegangene Prinzip und Recht der freien Forschung in der Heiligen Schrift, als der einzigen sicheren Quelle des christlichen Glaubens und Wissens wieder laut fordert und behauptet, in diesen beiden Bekenntnisschriften aber faktisch angewendet

worden, demnach in denselben die reine Grundlage des evangelischen Protestantismus zu suchen und zu finden ist.' Die Geltung der genannten Bekenntnisse ist von den Synoden der Badischen Landeskirche, die sich mit ihnen beschäftigen mußten, anerkannt worden. Was aber hat man in sie hinein- und aus ihnen herausgelesen? Was ist vor allem aus den Worten 'Recht der freien Schriftforschung' von vielen Gliedern der badischen Landeskirche, Geistlichen wie Laien, gemacht worden? Hören wir einen Mann unserer Landeskirche, dem das Heil seiner Kirche sehr am Herzen lag: 'Man könnte meinen, die Kirche ist die Versammlung aller möglichen subjektiven Ansichten und wissenschaftlichen Behauptungen, sie ist eine Gemeinschaft der Wissenschaftlichen!' Dagegen sagt doch das Augsburger Bekenntnis im Artikel VII, daß die Kirche die Versammlung der Gläubigen sei. In der Tat, das Recht der freien Schriftforschung ist vielfach falsch verstanden und vielerseits mißbraucht worden.
'Der Begriff des Predigtamtes schließt eine schrankenlose Geltendmachung des individuellen Meinens gegenüber dem Bekenntnis der Kirche aus. Gebundenheit an das Bekenntnis der Kirche darf und muß die Kirche von ihren Gliedern fordern. Die Bekenntnisse sind nicht Eigentum des Einzelnen, sondern der Kirche. Sie sind den Geistlichen anvertraut zum Aufbau der Gemeinde. Im Sinne dieses Vertrauens sind sie zu gebrauchen. Wer geringeres fordert, löst den Bestand der Kirche auf.'
So äußert sich der bekannte und angesehene Kirchenrechtslehrer W. Kahl.
Demnach nicht Bekenntnislosigkeit, sondern Bekenntnisgebundenheit!"

401 [?]ck*): „Gottes Gericht über das Frevelregiment"
Kirche u. Volk Nr. 22, 28. Mai 1933, S. 173**)

„Wir deutsche Christen und das Alte Testament (Leitsätze zur Aussprache)

1. Wie die Wurzel zum Baum, so gehört das Alte zum Neuen Testament. 'Es wird ein Sproß aufgehen vom Stamme Isaias und ein Zweig aus seiner Wurzel Frucht bringen.'
    'Was der alten Väter Schar
    höchster Wunsch und Sehnen war,
    was sie haben prophezeit,
    ist erfüllt in Herrlichkeit.'

2. Für das Verstehen und gläubige Erleben des Inhaltes des Alten Testaments gilt dieselbe Vorbedingung wie für das Neue Testament:

---
* Der Verf. ist anhand der beiden letzten Buchstaben nicht zu verifizieren.
** Die angekündigte Fortsetzung dieses Artikels ist nicht auffindbar.

nur anbetende Erhfurcht, geleitet von dem heiligen Geist als Wegweiser, schließt die Türe auf zur göttlichen Welt der Bibel. Dieser heilige Geist wirkt und ist heute da in der lebendigen Gemeinde und wird jedem geschenkt, der mit gläubigem Verlangen mit ihr 'Tuchfühlung' hat.

3. Göttlich, heilig, wahr und ewig ist in der Bibel alles, 'was Christum treibt', d.h. alles, was mit Christi Wesen und Werk 'gleichgeschaltet' ist. Als evangelische Christen lesen wir die Bibel nicht durch die Brille eines unfehlbaren kirchlichen Lehramts, auch nicht eines Sektenpapstes, sondern, soweit das uns sterblich-sündigen Menschen möglich ist, geleitet von dem Geist der Wahrheit, der uns in alle Wahrheit leitet.

4. Darum sind wir berechtigt und verpflichtet, im Alten Testament verschiedene Stufen der Offenbarung zu unterscheiden im Sinne des Jesuswortes: 'Zu den Alten ist gesagt, ich aber sage euch...' Die meisten Irrlehren der biblischen Sekten sind aus einer unevangelischen und widerchristlichen mechanischen Gleichmacherei der Bibelteile und Bibelworte entstanden.

5. Nur im Zusammenhang mit dem *Gesamtsinn* der Bibel, der sie in Christus erschließt, ist richtige Auslegung möglich. Losgelöst von Christi Person und Werk verlieren die Bibelworte ihren einheitlichen Plan und ihre organische Zusammengehörigkeit.

6. Unter sorgfältiger Beachtung dieser beiden Auslegungsanweisungen, 1.) daß die verschiedenen sich widersprechenden Stellen im Alten Testament verschiedenen Reifestufen der Offenbarung entsprechen und 2.) daß alle Worte, Personen und Ereignisse im Zusammenhang mit dem göttlichen Erziehungs- und Heilsplan erst ihren Sinn bekommen, werden die bekannten Einwände gegen das Alte Testament von selbst hinfällig.

7. Das Alte Testament gibt die Illustration zu Gottes Heilsplan. Vom Urbeginn der Welt bis zu Christi Geburt entrollt sich ein unendlich reiches Geschehen. Lauter Spuren des allmächtigen, heiligen, richtenden und zugleich rettenden Gottes.

8. Im Unterschied des Neuen Testaments, wo es sich fast ausschließlich um Christus und sein Erlöserwerk handelt, finden wir im Alten Testament an vielen Stellen der Propheten und Psalmen die Entfaltung von Gottes Macht und Herrlichkeit in der Schöpfung, die ewig gültigen *Gesetzes für nationale* und *wirtschaftliche Lebensgestaltung*. Die ethischen Grundzüge des nationalsozialistischen Programms finden sich restlos in der ersten und ältesten Sozialgesetzgebung des Moses und bei den großen Propheten.

9. Menschen gewaltigen Ausmaßes, wie sie nur selten geboren werden, ragen wie steile Gipfel aus grauer Vorzeit zu uns her: Moses, Elia,

Hiob, Jesaja, Jeremia, Amos etc. – ihnen gegenüber sind wir wie Zwerge.

10. Das Wichtigste: Das Alte Testament ist der Untergrund der frohen Botschaft. Nur auf dem Grunde des majestätisch erhabenen, heiligen, gerechten, allmächtigen und unerforschlichen Weltenherrn geht uns erst auf die Wundermacht des Vaters voll heiliger Liebe in Christus. Ohne den Unerreichbaren und Zürnenden des alten Bundes wird uns Jesu Vatergott gar leicht zum vertrauensseligen, abstandslosen 'lieben Herrgott'. Nur in unzerreißbarem Zusammenhang mit dem Gott heiliger, furchtbarer Majestät bleibt das Erbarmen in Christo *das* große Wunder, das Allerheiligste unseres Glaubens.

11. Verworfene, moralisch verdorbene Menschen, die wir verabscheuen müssen, finden sich gewiß zwar häufig im Alten Testament, von Kain, dem Brudermörder, und Jacob, dem infamen Betrüger, bis zu dem entsetzlichen Eiferer Jehu. Aber stets liegt Gottes rächende Hand über der Sünde der Einzelnen wie des Volkes. Kein Unrecht bleibt ungesühnt. Die schärfsten und mächtigsten Waffen wider die Juden haben die Propheten des alten Bundes geführt.

12. Gerade, weil die jüdische Rasse zu Außergewöhnlichem fähig, hat Gott an ihr letzte Möglichkeiten satanischer Verderbnis und göttlicher Ebenbildlichkeit werden lassen: Die Typen der Betrüger, Heuchler und Ehebrecher – aber auch die Typen der gesegneten und segnenden Gottesmänner. Gerade im Alten Testament kann man sehen, welche Möglichkeiten im Menschsein verborgen sind. Nur Christus verbürgt den 'Sieg der guten Anlagen'."

402 Pfr. Sauerhöfer: „Die Haltung der Kirche im alten und neuen Staate"

Kirche u. Volk Nr. 22, 28. Mai 1933, S. 174

„Das schwarz-rote System der Gottlosigkeit hat sein unrühmliches und verdientes Ende gefunden. Wie ein wüstes Schemen versank es in den Abgrund, aus dem es von unsauberen Geistern hervorgerufen worden war. Erst jetzt, im Lichte der neuen Zeit, erkennt der Großteil des deutschen Volkes die Geistlosigkeit und Schlechtigkeit des Vergangenen. Vor der März-Revolution trug die Mehrheit unseres Volkes eine Binde vor den Augen, die ihm von schlauen Parteimännern und Journalisten umgelegt worden war. Es wäre wohl zu viel gesagt, wollte man der evangelischen Kirche vorwerfen, sie habe mitgeholfen, das deutsche Volk einzuschläfern und in seinem Erkenntnisvermögen zu betäuben, es sei denn, man sehe ihre Passivität als Mithilfe an. Das eine aber darf und

muß gesagt werden. Die offiziellen Kirchenleitungen haben nichts Durchgreifendes getan, um den unwürdigen und christentumswidrigen Verhältnissen der letzten vierzehn Jahre ein Ende zu bereiten. Man sah wohl die Gefahr und erkannte auch im System den Gegner der evangelischen Kirche, aber es fehlte – wohl auch aus finanziellen und ähnlichen Gründen – der Mut zu einer offenen Kriegserklärung. Man zog sich auf neutrales, 'überparteiliches' Gebiet zurück und verbrämte seine Mutlosigkeit mit schiefen Theorien. Der Christ wie auch die Kirche müßten 'der Obrigkeit untertan sein', hieß es. Mit 'Obrigkeit' meinte man die Exponenten ruchloser Parteien, die eifrig dabei waren, der Kirche und dem Christentum das Grab zu schaufeln! oder man verfiel auf den Ausweg, der Kirche ein ihr eigenes Wirkungsgebiet zuzuweisen, das scharf von der politischen und staatlichen Ebene unseres Lebens getrennt war. Die Kirche war also dementsprechend für Schäden auf politischem und staatlichem Gebiet offiziell nicht zuständig, auch wenn diese Schäden noch so sehr auf das Sittliche und Religiöse übergriffen! Eine einfache, aber in der Tat verderbliche Lösung. Hätte es keine Hitler-Bewegung gegeben, so wäre gerade durch diese Lösung Kirche und Volk unwiderruflich in den roten Abgrund gestürzt! Die Kirche *Luthers* hätte sich in den letzten vierzehn Jahren, da es nicht um das materielle, sondern auch um das geistig-sittliche Dasein unseres Volkes ging, niemals auf eine 'neutrale Überparteilichkeit' zurückziehen dürfen. Als das Gewissen der Nation hätte sie laut ihre Stimme erheben und sich als 'Streiterin Christi' offen und unbeirrbar den gottwidrigen Mächten entgegenstellen müssen, auch wenn diese sich noch so geräuschvoll aus eigener Machtvollkommenheit das schmückende Beiwort 'Obrigkeit' zulegten. Unsere Kirche wäre als Ruferin im Streite eine lebendige Gemeinschaft aller ernsten Christen und charakterfesten Deutschen und damit wieder ein bestimmender Machtfaktor des öffentlichen Lebens geworden. Und das wäre gut gewesen, nicht um der Macht, sondern um des Evangeliums willen. So aber muß die Kirche, die im Evangelium die Macht gehabt hätte, 'Berge zu versetzen', die Rettung vor dem roten Verderben als zum Teil unverdientes Geschenk von der deutschen Freiheitsbewegung entgegennehmen.
Es hätte wenig Sinn, diese unerfreuliche Haltung der Kirche in der Vergangenheit zu besprechen, wenn nicht die Gegenwart dazu zwingen würde. Das deutsche Volk baut sich gegenwärtig ein neues, von allen Idealen des Volkstums erfülltes Reich. Und schon wieder hört man aus gewissen kirchlichen Kreisen und Lagern das sinnlose Gerede von 'neutraler Überparteilichkeit' in neuen Variationen. Es mag in den kleinen Dingen der Alltagspolitik Neutralität geben, in den Schicksalsstunden eines Volkes gibt es nur restlose Hingabe in Wille und Geist. Gewiß gibt es zwischen Kirche und Staat Grenzen, die eingehalten werden müssen,

aber man hüte sich davor, bei dieser Grenzziehung nur das Trennende zu sehen, wie es eine überspitzte Kirchlichkeit will, die sich eine Kirche im luftleeren Raum konstruiert. Die Grenzziehung darf nur geschehen im Sinne einer Arbeitseinteilung zwischen Kirche und Staat, deren Ziel das gemeinsame Werk am deutschen Volke ist. Der neue Staat mobilisiert die schöpferischen Kräfte des Volkstums, die Kirche schenkt dem Volke die befreienden und belebenden Kräfte des Evangeliums und stellt somit die Verbindung her zwischen der um ihre Geschichte ringenden Nation und dem Herrn der Geschichte. Kirche und Volk und – Staat als organisiertes Volk aufgefaßt – auch Kirche und Staat sind zwei gottgewollte Gegebenheiten unseres Lebens, die nur zum Nachteil beider Teile auseinandergerissen werden können. Damit ist auch die Haltung der Kirche zum neuen Staate vorgezeichnet. Sie hat jede in grauer Theorie fußende Zurückhaltung abzulegen und mit allen Kräften und innerer Anteilnahme der Nation zu dienen, zumal die beiden führenden Persönlichkeiten unserer Nation, Reichspräsident von Hindenburg und Reichskanzler Hitler Männer sind, auf deren Stirn das heimliche Zeichen der göttlichen Sendung leuchtet.

Noch einmal hat die Kirche Gelegenheit, durch volksverbundene Mitarbeit im Dritten Reich den ihr gebührenden Einfluß zu gewinnen. Versäumt sie auch zum zweiten Male ihre Stunde, wird sie wohl vergeblich auf eine dritte Gelegenheit warten müssen. Es ist die Aufgabe unserer nationalsozialistischen Kirchengruppe, alles daran zu setzen, daß die Kirche ihre Stunde erkennt. Adolf Hitler hat durch Ernennung eines Vertrauensmannes in evangelisch-kirchlichen Angelegenheiten seine lebhafte Anteilnahme an der Stärkung und Verlebendigung unserer evangelischen Kirche bekundet. Er reicht der Kirche die Hand. Möge sie dieselbe rückhaltlos und herzlich ergreifen, denn es ist die Hand des Schicksals und der Zukunft. Luther sagte von sich, er sei seinen lieben Deutschen geboren und wolle ihnen dienen. Möge seine Kirche sich dieses Wort für die Gegenwart zu eigen machen zum Wohl für *Kirche und Volk.*"

403 LKR Voges: „Aufruf der Glaubensbewegung 'Deutsche Christen', Gau Baden, verfaßt auf der ersten Landestagung in Karlsruhe am 22. Mai 1933"
Kirche u. Volk Nr. 23, 4. Juni 1933, S. 181

„An das badische evangelische Kirchenvolk!

Die erste Landeskirchentagung der Glaubensbewegung 'Deutsche Christen' Gau Baden ist zu Ende. Sie hat stattgefunden in der historischen Zeit, da im Zusammenhang mit der mächtigen nationalen Erhebung unseres Volkes auch der Traum unserer Väter, der starke Wunsch aller evangelischen Christen sich anschickt in Erfüllung zu gehen: binnen kurzem wird die deutsche evangelische Kirche Wirklichkeit sein, an deren Spitze der Reichsbischof steht.

Die Glaubensbewegung 'Deutsche Christen' mit ihren wenigen Kämpfern darf für sich in Anspruch nehmen, diese Ziele, von denen man lange sprach, die man aber nie die Kraft hatte zu verwirklichen, durch ihren Kampf in die greifbare Nähe ihrer Verwirklichung gebracht zu haben.

Sie wird aber nicht dabei stehen bleiben, nur die äußere Gestalt der evangelischen Kirche neu zu formen. Sie wird nicht eher ruhen, bis auch ein neuer lebendiger Geist in der Kirche Einkehr gehalten hat. Unser Volk – unterwegs in mächtigem Aufbruch der Geister – hungert und dürstet nach Kräften, die aus der Ewigkeit der Gottesoffenbarung im Evangelium allein dargereicht werden können. Hier soll nicht unsere Kirche beiseite stehen und an den brennenden Fragen unseres Volkslebens vorbeigehen, sie höchstens einmal in Aufrufen streifen, die aus parlamentarischen Mehrheitsbeschlüssen geboren sind, sondern sie soll all die Fragen des Volkes und Volkstums beantworten aus dem Geist des Evangeliums, wie es Luther uns, seine lieben Deutschen, verstehen gelernt hat. Was den Christen Pflicht ist gegenüber dem Volk, dem Blut, in Wehrhaftigkeit und Opfersinn für sein Volk, in den Aufgaben seiner Stände, in sozialer Gerechtigkeit, das soll uns die Kirche sagen kraft ihres Auftrags. Sie soll noch viel mehr als bislang Volkskirche sein, die dem Volk ihrer Verkündung dient für Zeit und Ewigkeit!

Ihr evangelischen Christen Badens, Ihr Amtsbrüder, Ihr Lehrer, Ihr Ältesten, Ihr Gemeindeglieder, die Ihr auf dem Boden von Bibel und Bekenntnis stehend mit uns Euch eins wißt in diesem Willen zur Reichs- und Volkskirche, Euch rufen wir auf: Tretet uns bei, brecht die bisherigen Formen parlamentarischen Parteiwesens und helft uns schaffen:

Die große deutsche evangelische Volks- und Reichskirche.

Meldungen sind an die Bezirkskirchenreferenten zu richten. Deren Liste wird in den nächsten Tagen in den Tageszeitungen bekannt gegeben."

404 N.N.: „Erste Landestagung der Glaubensbewegung 'Deutsche Christen' (Evang. Nationalsozialisten), Gau Baden"

Kirche u. Volk Nr. 23, 4. Juni 1933, S. 181–183

„Sie wurde eröffnet mit einer *Sitzung der Landesfraktion,* die im 'Braunen Haus' zusammentrat und in ihrer Mitte die Leiter der Glaubensbewegung 'Deutsche Christen' Pfarrer Hossenfelder und Bundespfarrer Peter aus Berlin begrüßen durfte. Die Besprechung ließ die Führer aus

Berlin die besonderen kirchlichen Schwierigkeiten in Baden erkennen, doch ergab die offene Aussprache eine völlige Übereinstimmung in den grundsätzlichen Fragen der Kirche. Von einer Beschlußfassung wurde abgesehen, weil man die unmittelbar bevorstehende Entscheidung der Reichsleitung noch zuvor abwarten wollte.

Zu einer großen *öffentlichen Kundgebung* hatten sich dann abends etwa 2500 Evangelische in der großen Festhalle zusammengefunden, um aus berufenem Munde das Wollen der 'Deutschen Christen' kennenzulernen. Nach einem Orgelvorspiel, vorgetragen von Herrn Musikdirektor Vogel, begrüßte unser badischer Führer, Landeskirchenrat *Voges* den erschienenen Reichsstatthalter Robert Wagner, die Spitzen der Kirche und der Stadt. Sodann ergriff *Reichsleiter Hossenfelder* in einer durch die bevorstehende Abreise etwas kürzeren Rede das Wort, wobei er folgendes ausführte: Wir 'Deutsche Christen' wissen heute um den Kampf zwischen Glauben und Unglauben. Wir scheuen ihn nicht, weil wir ihn führen mit der Macht des Wortes der Heiligen Schrift, die uns von Christus kündet. Dieser Kampf hat in unserer Gegenwart seinen besonderen Charakter, bestimmt durch besondere von Gott berufene Männer, durch die er die Geschichte unseres Volkes vollzieht, Männer, in denen der Wille Gottes im Gehorsam wieder mächtig geworden ist. 400 Jahre lang ist das 'Ich' in seiner Stellung zu Gott zu seinem Recht gekommen. Aber der neue Morgen, der mit dem Aufbruch der Nation auch über unsere Kirche gekommen ist, zeigt, wie das alte Evangelium wieder eine neue objektive Lebensmacht wird, die das religiöse 'Ich' zurücktreten heißt. War der Idealmensch des Mittelalters der Ritter, der mit Schwert und Kreuz wenigstens noch Ideale verkörperte, so ist der Menschentypus der jüngsten Vergangenheit dagegen der 'Bürger', wohl reich an Kultur, an Geist und Geld, dessen Ideal aber das Sparkassenbuch ist und der in Sicherungen und Versicherungen seine Glückseligkeit sucht. Dieser bürgerliche Mensch hat im Krieg einen ungeheuren Zusammenbruch erlebt. Aber aus ihm erwuchs ein neuer Menschentypus, der in Dienst und Arbeit den Weg zum 'Du', zur Volksgemeinschaft geht. Es ist der Mensch des dritten Reiches, der 'Arbeiter', der die beiden letzten Lebensmächte kennt und bejaht: Volkstum und Evangelium. Von Hitler als eine göttliche Gegebenheit entdeckt und dem deutschen Menschen wieder ins Bewußtsein gebracht, steht der neue Mensch unter dem Erleben Gottes, der sprach: es werde Volk! – und es ward Volk! Dies Volk paart sich mit der andern Lebensmacht, dem Evangelium, das unverkürzt von der Kirche zu verkündigen ist. So wird dies Evangelium wiederum Kirche schaffen, die ja nicht nur eine Summe einzelner christlicher Persönlichkeiten ist, sondern die Gemeinschaft der vom Evangelium Erfaßten. Dieses Evangelium hat allein gemeinschaftsbildende Kraft, ohne die auch eine Volksgemeinschaft nicht auskommt. 'Religion' allein genügt nicht, weil jedes Volk anders seine Hände zu Gott erhebt. Religionen sind nicht das Letzte. Nur das Evangelium ist die Antwort auf die Religionen mit ihrer Gottesfrage. Weil Jesus allen Völkern geboren ist, darum gehört er auch unserm deutschen Volk. Hitler weiß, daß unser Volk eine Seele braucht – die Kirche! Wie wir als Nationalsozialisten einst an die Türen des alten Staates pochten, so pochen wir jetzt als 'Deutsche Christen' an die Türen der Kirche. Sie soll mit ihrem Evangelium wieder eine Lebensmacht im Volk werden. Im Völkergarten Gottes stehen viele Blumen, die alle unter der einen Sonne Christus wachsen und gedeihen – und doch jedes 'nach seiner Art'. Um dieser Art willen sind wir 'Deutsche Christen'.

Bundespfarrer *Peter* machte folgende Ausführungen: Wenn wir von Kirche reden, so kennen wir nur eine Kirche – die Kirche der Reformation; wenn wir von Volk reden, so kennen wir nur ein Volk – unser deutsches Volk! Daß beide zusammengehören, war schon Luthers Erkenntnis. Seine reformatorische Tat war ebenso evangelisch, wie sie deutsch war. Wenn einer echt deutsche Züge an sich getragen hat, so war es Luther. Deutsche Züge bei ihm waren einmal seine doppelte Haltung zur Natur, die er mit fröhlicher Kindlichkeit liebte, vor der er aber auch ein geheimes Erschauern empfand (Blitzschlag). Zum andern seine Art, den Dingen auf den letzten Grund zu gehen, um der letzten Wahrheit willen. Weiterhin sein Trotz gegen das Schicksal: Als während des Bauernkriegs die Stimmung für Luther nicht freundlich, ja seine Lage vielfach gefährlich war, heiratete er seine Käthe. Zuletzt wendete sich Luther mit seiner deutschen Sprache weniger an den Verstand des Menschen, als an dessen Herz! Luther brauchte die Sprache, ebenso wie heute Hitler, um des Herzens Gedanken zu offenbaren und nicht wie französische Diplomatie, sie zu verbergen. Darum 'konnte Gott nur einen Deutschen brauchen, um seine Reformation durchführen'. Luthers Tat und Sache gehören wohl der ganzen Welt, aber sie gehört besonders unserm deutschen Volk! Und die Sache ist das Evangelium, das im Lauf einer Geschichte, deren einzelne Schritte und Spuren man heute noch verfolgen kann, zu uns kam. Ohne dies Evangelium kommt unser Volk nicht aus, weil erst dies Evangelium den Menschen in ein bestimmtes Verhältnis zu Gott bringt. Das lehrten die Reformatoren ebenso wie einst die Apostel. Jesus als unser Versöhner, als der Weg, die Wahrheit und das Leben ist 'der Christus Gottes' – auch als 'Davids Sohn'! Wir mögen als deutsche Christen auch immer singen: 'Tochter Zion, freue dich ...' Dennoch hat für uns Jesu Blutsverbundenheit mit Israel nichts zu bedeuten. Hat er doch selber auf sein Daviditentum keinen Wert gelegt (vergl. Matth. 22, 41-46) und es abgelehnt, das Ende einer rassisch-jüdischen Geschichte zu sein. So sieht ihn darum auch das alte Bekenntnis: 'Empfangen vom heiligen Geist, geboren von der Jungfrau Maria!' Und wir deutsche Christen singen mit Luther: 'Den aller Erdkreis nie beschloß ... das ewge Licht geht da herein ...!' Freilich: Luther ist es allein um das Verdienst Christi gegangen. Und nur der ist heute wirklicher Christ, dem es auch darum geht: aus Glauben allein kommt der Mensch zum inneren Frieden! Hier ist 'nicht Jude noch Grieche' – das Evangelium gehört allen. – Aber Christus hat ja nicht nur berufen, erleuchtet, sondern auch die Glaubenden gesammelt zu einer Kirche. An *dieser* Stelle der Kirche nun taucht unser Problem auf: Wie verhält sich das allen Völkern gehörende eine Evangelium zu der Vielheit der Völker? Auch für uns Christen ist das Gesetz nicht aufgehoben: Die Völker durchbrechen den Gedanken der *einen* Menschheit! Die Menschen haben immer wieder versucht, dies 'Ideal' der einen Menschheit zu verwirklichen auf den Wegen des Denkens (Philosophie), der Macht (Staat) und der Wirtschaft (Internationale).Sowjetrußland ist der zweifelhafte Versuch, eine Kollektivmenschheit zu bilden, der sicher einmal in einer nationalen Revolution zusammenbrechen wird. Auch viele Theologen und Kirchenmänner zerquälten sich an der Frage: 'Warum muß diese Vielheit der Völker sein, aus der so viel Not kommt?' Diese Frage ist sinnlos – gottlos! Hier gilt Goethes Wort: 'Lebhaftes Fragen nach der Ursache einer Sache wirkt schädlich!' Es gibt göttliche Gegebenheiten des Lebens, mit denen wir nur fertig werden durch den Frieden Gottes, welcher höher ist, denn alle Vernunft. Nach den Gründen einer Völkervielheit zu fragen ist so sinnlos, wie jener Seufzer eines Schülers im naturkundlichen Unterricht: 'Warum gibts denn keine Einheitsblume?' Wir haben auf Erden mit Gegebenheiten zu rechnen, für die es nur eine Ursache gibt: Gott! Das wieder im Blick auf das Volkstum erkannt zu haben, ist das Verdienst der 'Deutschen Christen'. Daß ich als Deutscher geboren und als Christ getauft bin, ist Gabe und Gnade ein und desselben Gottes! Ich kann als Christ nur deutscher Christ sein. Als solcher freilich bin ich nicht ausgeschlossen aus der 'una sancta', aus der einen heiligen, allgemeinen Kirche. Die ist über allen Völkern! Denn: 'Es kennt der Herr die Seinen und hat sie je gekannt'. Diese '*Una sancta*' kann kein Priester organisieren, weil sie sichtbar erst an dem Tag ihrer Vollendung bei Jesu Wiederkunft in Erscheinung tritt. Aber als sichtbar organisierte kann sie nur leben auf dem von Gott gegebenen Boden der Völker – in Wort und Sakrament! Diese Kirche der Gestalt darf ihr Volk nicht aufgeben, sondern muß ihr Dasein behaupten! Rom kann dies nicht; es 'entvölkert' die Welt! Wir 'Deutsche Christen' wissen um das dreifache Geheimnis: des *Blutes*. Keine Mutter würde in einer Entbindungsanstalt bei ihrer Entlassung ein anderes als das eigene Kind mitnehmen; kein Vater verzichtet auf die Ähnlichkeit seines Kindes. Es gibt auch keinen Volks-Stamm ohne diese Blutseinheit. Die Präambel der Weimarer Verfassung hat in dem einen recht gehabt, ohne freilich die Folgerungen daraus zu ziehen: 'Das deutsche Volk einig in seinen Stämmen ...!' Die Konsequenz des Blutgesetzes ist erschütternd hart! Es wird nur durch Opfer überwunden. Da Hünefelds Geschlecht nicht rein war, verzichtete er auf Ehe und Familie. Diese heldische Lösung im Verzicht ist oft die einzig mögliche. Das Blut und die Rasse unseres Volkes kann uns nicht gleichgültig sein. Denn wir wissen, welche Rassen in unserm Volk führend sind und welche 'ein Ferment der Dekomposition' (Mommsen). Darum hier ja keine falsche Humanität! Wir wissen ferner um das Geheimnis der *Sprache*. Ich kann fremde Sprachen erlernen, mit ihnen rechnen, handeln, Wirtschaft treiben; ich kann aber nur in der eignen Sprache glauben, hoffen, lieben! Zuletzt: der Boden unter unsern Füßen! Frage die Auslandsdeutschen um das Zaubergeheimnis der Heimat. Wollen wir aus lauter 'Frömmigkeit' sagen: 'Laßt diese Erde fallen – wenn ich nur den Himmel habe'? War das noch 'Glaube', wenn an der polnischen Grenze Stundisten sagten: 'Laßt nur die Bolschewiken kommen, denn hinterdrein kommt der Herr!'? Wann Er kommt, darüber entscheidet nicht unser 'frommer' Wille, darüber entscheidet Gott. Falsch orientierter Glaube hat hier auch falsch gesehen. Das Schicksal Deutschlands erträgt es heute nicht mehr, daß man die Botschaft der 'Deutschen Christen' nicht ernst nimmt! Unser Verhältnis zu andern Konfessionskirchen: Die Kirchen sind geteilt in verschiedene Bekenntnisse, an denen wir nicht rütteln wollen, wenn auch ein Luther am Bekenntnis seiner Kirche gerüttelt hat. Aber die Bekenntnisse dürfen nie und nimmer die Volkseinheit zerreißen. Auch hier wird Hitlers Wort gelten müssen: 'Wenn das deutsche Volk nicht zusammenkommen will, so werde ich es zusammenzwingen!' Wohl müssen wir im Volksganzen auch mit deutschen 'Heiden' zusammenleben. Hier gilts um des Naturbandes willen seine Pflicht zu tun, auch in einem Kriegsfall. Das ist nicht unbiblisch; denn 'ein unheiliger Mann ist geheiligt durch das gläubige Weib' und umgekehrt. Gott nimmt uns nicht eher an, als bis wir auch unserm Volk gegenüber die Pflicht erfüllt haben. Unsere Jugend darf nicht mehr belastet werden mit einem Pazifismus und seinen die Volkszugehörigkeit zersetzenden Gewissenszweifeln. Die Kirche soll wohl Beschützerin der Bedrückten sein, aber sie darf nicht das irrende Gewissen schützen, sondern muß es vielmehr strafen. Der Kirche wäre nicht so viel Proletariat verloren gegangen, wenn sie immer Anwalt der sozialen Gerechtigkeit und ein Ausdruck der Liebe gewesen wäre. Da nun die Stunde gekommen ist, wo der deutsche Arbeiter glaubt und hofft, seine Existenzfrage auf dem Boden der Nation zu lösen, darf die Kirche nicht blind sein. Die Kirche kann auch hier helfen, weil sie die Kräfte dazu hat. Der Armee der Gottlosen und der Tatlosen muß die Kirche eine noch größere Armee der Selbstlosen gegenüberstellen. Erst so kommt dann die Kirche zum Volk und das Volk zur Kirche.

Die erhebende Kundgebung schloß mit dem Lutherlied.

Der *zweite Tag* begann mit einem Eröffnungsgottesdienst in der Kleinen Kirche. Die Predigt hielt Pfarrer Fritz Kiefer, Mannheim, über Johannes 6, 66ff., die ein warmes Bekenntnis zur christozentrischen Orientierung auch in den kirchlichen Gestaltungskämpfen der Gegenwart war. Nach dem Gottesdienst sammelten sich die Teilnehmer im großen Rathaussaal. Hier referierte zuerst anstelle des verhinderten Pfarrers Schairer/Stuttgart Bundespfarrer *Peter*/Berlin über 'Theologie und deutsche Gegenwart'. Er führte einleitend aus, daß die unfruchtbare theologische Diskussion über Schöpfung und Pneuma in der heutigen Zeit uns nicht weiterführe. Anhand von 18 Richtlinien, deren Ideengehalt er teilweise dem Brunner'schen Buche 'Das Gebot und die Ordnungen' entnommen hat, behandelte er in tiefgründiger Weise das Thema: Familie und Volk im Lichte des Wortes Gottes. Auf den neuesten theologischen Forschungsergebnissen aufbauend, führte er aber doch zu einer ganz neuen theologischen Schau, aus der heraus das Verhältnis von Kirche und Volk grundsätzlich neu gestaltet werden darf. Die Kirche kann die göttlichen Begebenheiten von Ehe, Familie und Volk darum nicht leugnen, weil sie den bösen Geistern unter dem Himmel preisgegeben sind, wo sie ihr Dasein nicht in dem Raum dieser Zeitlichkeit führen können, weil dieser Raum eine unerläßliche Kategorie der Schöpfung ist. Der Redner wandte sich dann auch gegen den Mißbrauch der dogmatischen Formulierung von der 'gefallenen Schöpfung'. Wohl ist die Glaubensbewegung 'Deutsche Christen' keine Erweckungsbewegung pfingstlicher Art, doch weist sie von der Neuerfassung des 1. Artikels von der Schöpfung auch der Völker durch Gott hin auf ein neues Verständnis auch der Erlösung und Heiligung. Dabei brauche die Kirche die Gefahr der Säkularisierung nicht zu fürchten, weil die Kirche des Glaubens nicht säkularisiert werden kann und die Kirche der Gestalt immer 'säkularisiert' ist. Zum Schluß berührte der Redner auch unsere Stellung zum Alten Testament, das von uns nicht abgeschafft wird, weil es von Gott selbst bereits 'abgeschafft' ist im Kreuz von Golgatha.

Das zweite Referat hielt Herr Hauptlehrer *Curth*/Zwingenberg über das Thema: 'Kirche und Schule'. Das Vertrauen zwischen Kirche und Schule ist die selbstverständliche Voraussetzung für die im gemeinsamen Interesse liegende Arbeit der Erziehung. Die Hemmungen, die diesem Vertrauen manchesmal entgegengestanden haben, behandelte der Redner in offenherziger und gewinnender Weise. Im Hinblick auf das große pädagogische Ziel der Schule in der Erziehung der Jugend für das Volk sind für Staat und Kirche in klar umrissener Weise die Aufgaben gegeben. Der Redner machte eine Reihe praktischer Vorschläge und schloß, indem er Gewicht legte darauf, daß eine Lösung des

Problems der Volksschule mit ihrem Religionsunterricht erfolgen müsse von dem Glauben aus an eine innere christliche Erneuerung unseres Volkes.

In der Nachmittagsversammlung referierte Pfarrer *Sauerhöfer*/Gauangelloch über 'Reich Gottes und Vaterland', wobei er folgendes ausführte: Wir alle leiden noch unter dem Einfluß eines rationalistischen Subjektivismus, der von der Aufklärung zu uns kam. Auch im Blick auf Reich Gottes und Vaterland sei unser Volk in weiten Kreisen vielfach 'von des Gedankens Blässe angekränkelt'. Auch unser kirchlich–theologisches Denken muß wieder organisch werden, wenn der Glaube wieder seinen Einfluß auf alle Lebensgebiete gewinnen soll. Im Mittelpunkt aller Lebensbeziehungen stehen heute die beiden von Gott gegebenen Größen: Reich Gottes und Vaterland. Das erstere gestaltet sich einmal durch die Erlösung, die nur da möglich sein wird, wo wir die ungeheure Spannung zwischen Gott und Mensch empfinden und in Christus zu einer neuen Kreatur gekommen sind; zum andern durch die Heiligung, die als eine Antwort des Erlösten ein fortwährendes Reifen und Wachsen im Heiligen Geist ist. Das Vaterland erleben wir bei der heutigen Neuwerdung unseres Volkes im Innewerden der völkischen Kräfte von Blut und Rasse, die heute eine Quelle der Kraft geworden ist zum Bau des deutschen Domes. Damit schloß der öffentliche Teil der Tagung. Vor den zurückgebliebenen Mitgliedern der Glaubensbewegung 'Deutsche Christen' referierte Pfarrrer *Rössger*/Ichenheim über Fragen der Organisation, Propaganda und Presse, was erkennen ließ, daß 'der Aufmarsch der Deutschen Christen beendet sei'."

B Anschluß der 'Liberalen' an die 'Evang. Nationalsozialisten...'

405 Pfr. Steidle: „Aufruf an die vormals liberalen Mitglieder der Evang. Nationalsozialisten"
Asbach, Febr. 1933; LKA GA 8089 – masch. hektogr.

„Im Einvernehmen mit dem Vertrauensmann der kirchlich-liberalen Gruppe Ihres Ortes und dem Landesvorsitzenden wende ich mich namens der nationalsozialistischen Pfarrer kirchlich-liberaler Richtung an Sie als Mitglied der NSDAP und bitte Sie, nach Kenntnisnahme beiliegenden Schriftstückes, mit dem Sie sicher einverstanden sein werden, mir Ihre Zustimmung zu senden. Wir wollen im ganzen Land Unterschriften sammeln. Der flammende Protest aller kirchlich-liberal Gesinnten unter den Nationalsozialisten wird seine Wirkung nicht verfehlen. Die Unterschriften werden dem Landesvorsitzenden für die Landessynode zugeleitet."

406 Pfr. Steidle und Kollegen an „Alle kirchlich-liberale Gesinnungsfreunde in der NSDAP": Unterschriftenaktion gegen 'Evang. Nationalsozialisten'

Asbach, Febr. 1933; LKA GA 8089 – masch. hektogr.

„Parteigenossen!

Zur Landessynodalwahl 1932 ist eine neue kirchliche Gruppe aufgetreten, die sich 'Kirchliche Vereinigung für positives Christentum und deutsches Volkstum' nennt. Sie behauptete, die evangelische kirchliche Vertretung der nationalsozialistischen Bewegung zu sein und bediente sich beim Wahlkampf der Organisation und der Presse der NSDAP. Besonders hervorstechend war beim Wahlkampf das Versprechen der neuen Gruppe, dem kirchlichen Parlamentarismus und dem Parteiwesen in der Kirche ein Ende zu bereiten. Dieses Versprechen hat ohne Zweifel viele Wähler beeinflußt, ihre Stimme der neuen Gruppe zu geben. Und es ist leicht zu errechnen, daß es gerade die bisherigen liberalen Wähler gewesen sind, die infolge des genannten Versprechens die 'Kirchliche Vereinigung für positives Christentum und deutsches Volkstum' gewählt haben, da die positive Gruppe im großen Ganzen ihren Bestand erhalten hat. Es muß jedoch betont werden, daß der neuen Gruppe nicht das Recht zuerkannt werden kann, sich die alleinige Vertreterin der nationalsozialistischen Bewegung in der evangelischen Kirche zu nennen. Sowohl bei den Positiven als auch bei den Liberalen finden wir viele treue Nationalsozialisten. Bei den Liberalen sogar nationalsozialistische Amtswalter an führender Stelle und als Listenkandidaten.

Welches Bild ergibt sich nun nach den Wahlen?

Es hat sich gezeigt, daß die neue Gruppe keineswegs für eine Beseitigung des Parteiwesens in der Kirche eintritt. *Im Gegenteil!* Sie hat den Parteikampf nur verschärft, sich mit den Positiven verbündet und eine kirchliche Gewaltherrschaft begonnen, die gleich in der ersten Sitzung der Landessynode ihr wahres Gesicht zeigte und sich bis in die Bezirke und Gemeinden ausdehnt. So hat diese neue Gruppe das Vertrauen ihrer Wähler gedankt. Ihre Wähler, die in der Mehrheit kirchlich-liberal gesonnen sind, glaubten an eine Änderung im kirchlichen Leben, an ein Verschwinden der Parteiungen, statt dessen haben sie, ohne es zu wissen und zu wollen, die kirchliche Rechte gestärkt. Die neue Gruppe aber trifft die Schuld, diese Täuschung mit Hilfe der Autorität unsrer Freiheitsbewegung vollbracht zu haben.

Wir erinnern uns an die trefflichen und beachtenswerten Worte unsers verehrten Herrn Prälaten in seinem Neujahrshirtenbrief. Wir wünschen sehnlichst eine Überwindung des kirchlichen Haders. Darum rufen wir alle Parteigenossen auf, mit uns gegen das Verhalten der neuen Gruppe zu protestieren. Sie soll entweder das halten, was sie versprach oder sie

soll verschwinden. Eine neue kirchliche Gruppe, die zu den andern hinzutritt und 'Koalitionspolitik' treibt, brauchen wir nicht.
Wir bitten alle Parteigenossen, die das Verhalten der 'Kirchliche Vereinigung für positives Christentum und deutsches Volkstum' nicht billigen können, uns ihren Namen oder ihre Unterschrift zu geben.
Die Nationalsozialisten in der kirchlich-liberalen Vereinigung.
In deren Auftrag:
gez. F. Barck, Pfr. Malterdingen (Breisgau)
gez. G. Hack, Pfr. in Tegernau
gez. G. Jung, Kaufmann, Edingen b. Heidelberg
gez. Leisinger, Hauptlehrer, Bahlingen a./K.
gez. A. Steidle, Pfr. Asbach, Amt Mosbach

Zustimmungserklärung.
An Herrn Pfarrer A. Steidle in Asbach (Amt Mosbach).
Obigem Aufruf stimme ich zu.
Ort und Datum: Name und Wohnung:"

407 Pfr. Steidle an Pfr. Sauerhöfer: Widerspruch gegen die Angriffe und Beleidigungen in Dok. 410

Asbach, 13. Apr. 1933[*)]; LKA GA 8089

„Bevor ich mich wegen Deines Artikels in 'Kirche und Volk' Nr. 16[**)] an die Gauleitung und an den Uschla wende, möchte ich mich zuerst an Dich persönlich wenden in der Hoffnung, daß vielleicht doch eine sachliche Aussprache möglich ist. So, wie Du die Dinge zu behandeln versuchst, sind sie nicht zu behandeln. Mir scheint, daß Du auch der Sache einen recht schlechten Dienst mit Deinem Artikel erwiesen hast. Ferner scheint Dir die kirchliche Einstellung unserer Parteigenossen nicht deutlich zu sein. Du wirst wohl erstaunt sein, eine welch große Zahl von Parteigenossen Du mit Deinem Artikel beleidigt hast, die sich alle hinter das Rundschreiben gestellt haben.[***)] Zu Deinem Artikel möchte ich nun folgendes sagen; ich hätte Dir wirklich mehr Objektivität und ein größeres Maß von geistesgeschichtlicher Erkenntnis zugetraut. Es ist mir unverständlich, wie Du den politischen und wirtschaftlichen Liberalismus gleichsetzen kannst mit kirchlich-liberaler Einstellung. Denn ich darf doch schließlich annehmen, daß Dir es ebenso wie jedem einiger-

---

[*] Original, LKR Voges am 15. Apr. 1933 von Pfr. Sauerhöfer übersandt
[**] Vgl. Dok. 410
[***] Marginale von Pfr. Sauerhöfer für LKR Voges: „Verhetzt und verführt durch die unwahren Behauptungen des Rundschreibens! Du siehst, ein schnelles Zupacken ist unbedingt notwendig."

maßen gebildeten Menschen klar ist, daß diese beiden Dinge nichts miteinander gemein haben, als nur den unglückseligen Namen. Es ist daher wohl lediglich ein agitatorischer Gewaltsprung gewesen, der Dir diese Merkwürdigkeit diktierte. Ich habe den Namen 'liberal' nicht zu verteidigen, weil ich ihn erbittert bekämpfe. Aber ich habe dafür einzustehen, daß in kirchlichen Dingen der Name unserer Bewegung nicht lediglich für die Anhänger einer dogmatischen Richtung verwendet wird und die anderen als 'sogenannte' Parteigenossen bezeichnet werden und ihnen unterschoben wird, als ob sie die Front unserer Bewegung sprengen wollten. Das ist eine unverfrorene Behauptung, die wir uns ganz entschieden verbitten. Ich sprach heute mit einer ganzen Anzahl von Parteigenossen und Amtswaltern, die z.T. auch Mitglieder der Evang. Nationalsozialisten sind, die ihrer größten Entrüstung über Deinen Artikel (der ausgerechnet in der Karfreitags- und Osternummer erscheinen mußte) Ausdruck gaben. Hättet Ihr in der neuen Gruppe auch den dogmatisch nicht orthodoxen und die Gewissensfreiheit[*]) verfechtenden Volksgenossen Raum gegeben, dann hätte diese Gruppe eine andere Schlagkraft gehabt und auch ganz andere Resultate bei der Synodalwahl erzielt. Wenn Du nun schreibst, daß die 'Evang. Nationalsozialisten' die offiziell von der Partei anerkannte kirchliche Vertretung der Bewegung sei, so stimmt das einfach nicht. Die Gauleitung hat es sogar ausdrücklich abgelehnt, für sie die Verantwortung zu übernehmen und sie als Bestandteil der NSDAP anzuerkennen. Und Dein Vergleich mit dem NS-Lehrerbund, NS-Ärzteschaft oder NSBO ist direkt irreführend. Oder solltest Du das wirklich nicht gewußt haben? Ich halte es für ungut, in der Öffentlichkeit auf diese Irreführung einzugehen. Ich kann mich nicht dazu hergeben, daß man in Sonntagsblättern innerhalb der Bewegung Wunden schlägt. Es gibt andere Wege, um diese Dinge zu bereinigen. Aber wie gesagt, ich wende mich zunächst an Dich selbst, vielleicht kommen wir unter uns zu einer Klärung. Dabei nun eine Frage: Warum habt Ihr nicht Programm und Name der Deutschen Christen übernommen? Ich kann Dir versichern, daß wir dann sofort zu Euch gekommen wären und ehrlich auch in kirchlichen Dingen mit Euch gekämpft hätten. Dann hättet Ihr Euch auch auf die Parteiautorität stützen können, die Gruppe Baden der Deutschen Christen wäre in der Lage gewesen, die Führung der Kirche allein zu übernehmen. Denn auf dieser Grundlage hätten sich alle Parteigenossen finden können. So müssen wir aber befürchten, daß Euch das Programm der 'Deutschen Christen' zu 'liberal' ist und Ihr es deshalb nicht wolltet.
Und wenn Du nun an mich die Frage richtest: Was habt Ihr mit dem Rundschreiben bezwecken wollen?, dann kann ich darauf die Antwort

---

[*] Marginale für LKR Voges: „echt liberal"

geben: Eben das zuletzt genannte. Wenn Du nun in Ruhe nochmals das Rundschreiben durchzulesen in der Lage bist, dann wirst Du erkennen, daß wir lediglich gegen das Verhalten der 'Evang. Nationalsozialisten' uns gewendet haben und die volle Konsequenz verlangten. Denn das werden wir nicht dulden, daß immer so getan wird, als ob nur frühere Positive 'rechte' Nationalsozialisten seien und brauchbare Kirchenleute, und alle anderen seien nur unbrauchbares Gelichter. Ich wiederhole nochmals, Du würdest Dich über die Größe des 'übriggebliebenen Häufleins' gewaltig wundern, das sich aus Parteigenossen, zum Teil durch viele Jahre erprobten Kämpfern, Amtswaltern, SS-Führern u.a. zusammensetzt, das mit der Haltung Deiner Gruppe nicht einig geht und für unsere Sache eintritt. Und sie alle wurden heute von Dir in unglaublicher Weise angegriffen.
Ich kann Dir nur eines zurufen: Werdet zu 'Deutschen Christen', dann ist die Sachlage sofort anders. Dann werden wir bei Euch stehen. Auch alle die, die Du heute verunehrt hast. Noch ist es Zeit. Ja, es ist gerade die beste Zeit. Werdet zu 'Deutschen Christen', dann wird es bald keine 'Kirchlich-liberale Vereinigung' als Kirchengruppe mehr geben, vielleicht auch keine 'Positiven' mehr, dann haben wir den gemeinsamen Boden gefunden.
Dann wirst Du auch bald in der Lage sein, den ungünstigen Eindruck, den Du heute zu meinem großen Bedauern Deinem Namen zufügtest bei sehr vielen Parteigenossen, wieder auslöschen zu können.
Ich vertraue Deiner Offenheit und Ehrlichkeit, wenn ich hoffe, daß Du recht bald mir ebenso aufrichtig, wie ich es tat, Deine Stellungnahme und Meinung zukommen lässest."
Hds. PS. von Sauerhöfer – für Voges:
Lieber Voges, den vorliegenden, von Unrichtigkeit strotzenden Brief, den ich soeben beantwortete, übergebe ich Dir zur Weiterverwendung. Eile tut Not! Es ist anscheinend schon viel Verwirrung innerhalb der NSDAP geschaffen worden. Ich bitte Dich deshalb dringend, den liberalen Drahtziehern, die mit falschen Behaupt[ungen] Parteigenossen aufhetzen, unverzüglich und energisch bei den maßgebenden Stellen entgegenzutreten. Es muß endlich eine deutliche Entscheidung fallen!"

408 Pfr. Steidle: „Aufruf" zur Beilegung der Differenzen
Asbach, 3. Mai 1933; LKA GA 8088 – masch. hektogr.

„Am 28. April d.J. habe ich mit Herrn Landeskirchenrat Voges in Karlsruhe eine Unterredung gehabt und möchte Ihnen daraufhin folgendes mitteilen:
Herr Landeskirchenrat Voges versicherte mir, daß künftig in der nationalsozialistischen Kirchengruppe keine engen dogmatischen Bindungen des Gewissens gefordert würden. Die neue, im Sinne unserer Bewegung

zu gestaltende Kirche habe unter autoritativer Führung und auf fester Grundlage der Bibel und des Bekenntnisstandes sich zu gestalten. Damit würde also wohl eine individualistische und verwässerte Gewissensfreiheit ausgeschaltet, die Freiheit des in Gott und heiliger Schrift gebundenen Gewissens jedoch gewahrt. Herr Landeskirchenrat Voges erklärte ausdrücklich, daß alle Nationalsozialisten, auch die sog. 'kirchlich-liberalen', Platz und Aufgabe hätten in der Gruppe der evang. Nationalsozialisten.

Nach dieser Erklärung ist die im Februar eingeleitete Aktion der Nationalsozialisten in der kirchlich-liberalen Vereinigung gegenstandslos geworden. Es ist auch den dogmatisch nicht streng positiv eingestellten Glaubensgenossen die Türe geöffnet und ihre Geltung anerkannt worden. Und darum ging ja lediglich unser Kampf, daß Richtungsunterschiede heute in den Hintergrund zu treten haben. Es geht um Größeres und Wichtigeres in Kirche und Volk. Dogmatische Fragen mögen die Pfarrer in ihrem Kreis und in fleißigem, ehrlichem und gemeinsamem Ringen unter sich besprechen.

Ich halte es nach meiner Besprechung mit Herrn Landeskirchenrat Voges nicht mehr für verantwortlich, die Aktion weiterzuführen und sage sie hiermit ab. Ich hoffe, daß Sie ebenfalls sich mir anschließen. Die gesammelten Unterschriften werde ich vernichten.

Nachdem nun überdies die Gruppe der evang. Nationalsozialisten in einen Gau der 'Deutschen Christen' (gegen den gewiß nie die Aktion entstanden wäre) übergeführt wird, sind unsere Befürchtungen vollends inhaltslos geworden. Wir haben nun die Möglichkeit und die Pflicht, in der Front der 'Deutschen Christen' als tapfere Nationalsozialisten für eine starke und geeinte Kirche zu kämpfen.

Damit keine Mißverständnisse entstehen: Landeskirchenrat Voges ersucht, etwaige Angriffe in den nächsten beiden Nummern von 'Kirche und Volk' noch zu übersehen, da er die Redaktion nicht hat. Sie werden künftig nicht mehr erfolgen."

409 Pfr. Steidle an LKR Voges: Empörung über die Angriffe von Pfr. Rössger in Dok. 412
Asbach, 4. Mai 1933; LKA GA 8088

„Beiliegend übersende ich Ihnen einen Aufruf [vgl. Dok. 408], der heute an die Beteiligten abgeht und durch den die in unserer Unterredung vom 28. April besprochene Aktion abgesagt wird. Aus dem Aufruf ersehen Sie nochmals, was die Aktion gewollt hat. Nach der Unterredung mit Ihnen und nach Ihren Zusicherungen habe ich leicht und gerne die Sache abgeblasen.

Daß ich den Angriff Rössgers gegen mich in der letzten Nummer von 'Kirche und Volk' [vgl. Dok. 412] unerhört finde, werden Sie wohl begreifen können. Es ist mir unbegreiflich, wie man meinen Artikel, der

lediglich ein Bekenntnis zur nationalsozialistischen Bewegung war und ein Aufruf, sich ihr einzuordnen, in solcher Weise verdrehen kann. Denn es ist doch deutlich ausgedrückt, daß ich mit dem Wort 'Auf dem Marsche' unsere Freiheitsbewegung, unser Volk und unsere Kirche meinte. Ich habe mir lange überlegt, ob ich als Amtswalter der NSDAP und als Kämpfer für die Bewegung, der schon lange vor jeder Aussicht auf Konjunktur, als es noch 'gefährlich' war, für die Sache Adolf Hitlers kämpfte, nun die unglaubliche Beleidigung einstecken solle, ich sei 'Konjunkturpolitiker'.
Ich erinnerte mich jedoch Ihrer Äußerung, ich solle über Angriffe in den nächsten beiden Nummern weggehen, da sie nicht mehr erscheinen würden. Darum übergehe ich den Artikel von Rössger [vgl. Dok. 412]. Vielleicht haben Sie Gelegenheit, ihm eine entsprechende Mitteilung zu machen."

410 Pfr. Sauerhöfer: „Liberale Rettungsversuche mit untauglichen Mitteln!"
Kirche u. Volk Nr. 16, 16. Apr. 1933, S. 127

„Der Liberalismus hat durch die nationale Erhebung den Todesstoß bekommen. Er gehört seit dem 5. März 1933 endgültig der Vergangenheit an. Sein Zeitalter, das mit der Aufklärung und der französischen Revolution vor rund 150 Jahren begann und viel Verwirrung und Zersetzung über Deutschland brachte, ist nunmehr zu Ende. Das deutsche Volk hat sich zu neuer, organischer Einheit zusammengefunden.
Wer nun glaubt, das kleine, noch übriggebliebene Häuflein der Liberalen würde sich in Bescheidenheit und Ehrfurcht vor dem großen geschichtlichen Geschehen unserer Tage beugen oder sich gar von dem alles Lebendige mit sich reißenden Geist der neuen Zeit berühren lassen, irrt sich. Die Vertreter des Liberalismus verstehen nicht einmal mit Würde abzutreten. Sie suchen auf dem Boden der Kirche zu retten, was noch zu retten ist.
Dieser Tage geht ein liberales Rundschreiben [vgl. Dok. 406] durch unser badisches Land mit der Aufforderung, Unterschriften gegen unsere nationalsozialistische Kirchengruppe zu sammeln. Man wirft uns in bewundernswerter 'Wahrheitsliebe' zweierlei vor:
1. Wir hätten die nationalsozialistische Freiheitsbewegung mißbraucht, um mit ihrem Namen Stimmen zu fangen.
2. Wir hätten unser Versprechen, dem Parteiwesen in der Kirche ein Ende zu bereiten, nicht gehalten, vielmehr durch unsere 'Koalitionspolitik' mit der Rechtsgruppe der Positiven eine einseitige Parteiherrschaft in der Kirche aufgerichtet.
Was ist die Wahrheit?
1. Unsere Kirchengruppe ist die mit der norddeutschen Vereinigung der 'Deutschen Christen' verbundene und von der Reichsleitung der

NSDAP offiziell anerkannte kirchliche Vertretung der deutschen Freiheitsbewegung. Es ist demnach ein Unsinn zu behaupten, wir hätten den Namen der NSDAP mißbraucht. Genau so sinnlos könnte man dem nationalsozialistischen Lehrerbund oder der nationalsozialistischen Ärzteschaft oder der NSDAP vorwerfen, sie mißbrauchten in ihrem Kampfe den Namen der nationalsozialistischen Freiheitsbewegung. Jeder Kampf gegen unsere Kirchengruppe ist demnach nichts anderes als ein Angriff gegen die Reichsleitung der NSDAP!

2. Wir müssen in der Landessynode naturgemäß mit derselben Notwendigkeit mit der Rechtsgruppe der Positiven zusammenarbeiten, wie etwa Hitler in der Politik mit der Rechtsgruppe der Deutschnationalen. Kein vernünftiger Mensch verfiel bis jetzt auf den sinnlosen Vorwurf, Hitler habe sich nicht mit den politischen Linksgruppen verbunden. Wie in aller Welt hätten wir Nationalsozialisten mit den Liberalen zusammenarbeiten sollen? Waren es doch gerade die Liberalen, die nicht nur in der Landessynode, sondern auch in den Gemeindevertretungen die 'religiösen Marxisten' schützten, ja sich sogar in grundsätzlichen Fragen mit ihnen 'koalierten'!! Es gehört ein starkes Stück Harmlosigkeit oder Unverfrorenheit dazu, uns Nationalsozialisten mit Marxistenfreunden zusammenspannen zu wollen. Ein noch stärkeres Stück ist es aber, uns vorzuwerfen, wir hätten unser Versprechen nicht gehalten. Zunächst einmal ist in unserer Kirche einiges schon erreicht. So war es durch unser Auftreten möglich, durch eine Verfassungsänderung eine marxistenfreie, d.h. eine in sich gestärkte Kirchenregierung zu bilden. Gegen den Willen der Liberalen, die *sich für die Regierungsbeteiligung der Marxisten einsetzten!! Vor allem* aber wissen auch die liberalen 'Rundschreiber', daß die Verfassungssynode, auf der eine neue, von der Parteipolitik befreite Kirchenverfassung beschlossen werden soll, in Bälde tagen wird. Wie hätten wir also unser Versprechen früher einlösen sollen? Daß wir es einlösen werden, so bald es in unseren Kräften steht, dessen können die Liberalen versichert sein. Vor diesem unserem Willen werden sie auch ihre roten Bundesbrüder nicht mehr schützen können. Das liberale Rundschreiben ist also alles in allem ein unerhörter Verschleierungsversuch, der mit allem Nachdruck zurückgewiesen werden muß.

Eine Eigenart des liberalen Rundschreibens muß zum Schluß noch erwähnt werden. Die liberalen Drahtzieher, die sich zum Teil noch bis vor kurzem als Gegner des Nationalsozialismus gezeigt haben – so wurde noch Ende Januar in einer badischen Stadt der SA die Teilnahme an der Trauung eines Kameraden verboten –, schieben in ihrem Kampfe gegen die nationalsozialistische Kirchengruppe 'Parteigenossen' in den Vordergrund! Damit ist das Rundschreiben nichts anderes als ein verdammenswerter Versuch, in die geschlossene Front der deutschen Freiheitsbewegung Zersetzung und Zwiespalt zu tragen! Wenn sich sogenannte Parteigenossen in diesen geschichtlichen Wochen unserer Freiheitsbewegung zu diesem illegalen Vorgehen hergeben, so haben sie bewiesen, daß sie das Wesen der NSDAP, wie auch die Zeichen der Zeit nicht begriffen haben. Auch hier muß allen Zersetzungsversuchen der unbeugsame Wille aller nationalsozialistischen Kämpfer entgegengestellt werden: Hände weg, ihr Gestrigen, von der geschlossenen Front des deutschen Volkes und der sich schließenden Front der Kirche."

411   Pfr. Steidle: „Auf dem Marsche!"
SdtschBl. Nr. 4, Apr. 1933, S. 32

„Auf dem Marsche befindet sich unser Volk, es hat sich erhoben, um Freiheit, Arbeit und Brot zu erringen. Gewaltige Ereignisse haben sich zugetragen. Wir dürfen dankbar dafür sein, daß Gott uns hat Zeitgenossen eines so großen Geschehens werden lassen. Eines jeden rechten Deutschen Herz glühte vor Freude, als die Flammenzeichen der nationalen Revolution aufleuchteten, eines jeden rechten Deutschen Herz widmet alle Kraft dem bevorstehenden Werk der sozialen Revolution. Gott, der Herr, erfülle unsere Freiheitsbewegung mit seinem Geiste und gebe unserem Führer und Kanzler weiterhin Kraft und Segen!
Unsere Freunde aber, soweit sie noch nicht mit uns marschieren, rufen wir auf, sich einzureihen in unsere Bewegung, mit uns zu kämpfen, eine wahre deutsche Volksgemeinschaft zu bilden mit dem deutschen Arbeiter, Bauern, Handwerker, mit den Dienern des Staates und der Gemeinden, mit allen ehrlich und treu schaffenden Ständen. Konjunkturanhänger allerdings brauchen wir nicht, aber den gediegenen, ehrlichen deutschen Menschen, den brauchen wir, der gehört zu uns.
Von unserer kirchlichen Gruppe verlangen wir, daß sie unseren Wünschen Rechnung trägt. Vor allem verlangen wir unbedingte und sofortige Beseitigung des Namens 'liberal'. Wenn auch die Bezeichnung 'liberal' in unserer kirchlichen Gruppe zunächst nichts mit dem politischen und wirtschaftlichen Liberalismus zu tun hat, so erinnert sie doch wenigstens dem Namen nach an diese nun glücklich überwundene Epoche. Es ist uns nicht möglich, weiterhin unter ihr zu marschieren.
Ferner verlangen wir, daß unsere kirchliche Gruppe in ihrer kirchenpolitischen Haltung alles tut, um den Parlamentarismus in der Kirche zu vernichten. Sie soll sich bemühen um den Zusammenschluß der nationalen Kräfte in der Kirche. Sie soll sich einsetzen für eine einheitliche, geschlossene Führung der Kirche, die frei ist von aller Machtpolitik und Parteiherrschaft und die unsere protestantische Gewissensfreiheit beschützt.

Wir sind auf dem Marsche. Unser Volk und mit ihm unsere Kirche. Wir wollen durch Gottes Hilfe den Marsch zu einem guten Ende bringen."

412 Pfr. Rössger: „Dämmerung oder Konjunktur?"
Kirche u. Volk, Nr. 18, 30. Apr. 1933, S. 141f.

„Die *'Süddeutschen Blätter'*, das Organ der kirchlich-liberalen Vereinigung in Baden, bringt in der Nr. 4 d.J. unter der Überschrift *'Auf dem Marsch!'* [vgl. Dok. 411] aus der Feder eines jüngeren Pfarrers u.a. folgende Ausführungen: Auf dem Marsch befindet sich unser Volk, es hat sich erhoben, um Freiheit, Arbeit und Brot zu erringen ... *⁾ Eines jeden rechten Deutschen Herz glühte vor Freude ... Unsere Freunde aber, soweit sie noch nicht mit uns marschieren, rufen wir auf, sich einzureihen in unsere Bewegung ... eine wahre Volksgemeinschaft zu bilden ... Konjunkturanhänger allerdings brauchen wir nicht, aber den gediegenen, ehrlichen deutschen Menschen, den brauchen wir, der gehört zu uns. Von unserer kirchlichen Gruppe verlangen wir, daß sie unsern Wünschen Rechnung trägt. Vor allem *verlangen wir unbedingte und sofortige Beseitigung des Namens 'liberal'*. Wenn auch die Bezeichnung 'liberal' in unserer kirchlichen Gruppe zunächst nichts mit dem politischen (? d.Sch.) und wirtschaftlichen Liberalismus zu tun hat, so erinnert sie doch wenigstens dem Namen nach an diese *nun glücklich überwundene Epoche*. Es ist uns nicht möglich, weiterhin unter ihr zu marschieren... Wir verlangen, daß unsere kirchliche Gruppe sich bemüht um den Zusammenschluß der nationalen Kräfte in der Kirche. Sie soll sich einsetzen für eine einheitliche, geschlossene Führung der Kirche, die frei ist von aller Machtpolitik und die unsere protestantische Gewissensfreiheit beschützt. Wir sind auf dem Marsch. Unser Volk und mit ihm unsere Kirche ... − Ist das Dämmerung oder Konjunktur? Es ist uns nicht unbekannt, daß selbst liberalgerichtete Evangelische sich zum Nationalsozialismus bekennen, ja sogar Parteigenossen sind, daß besonders unter der jüngeren Generation, das Frontgeschlecht mit einbegriffen, viele Theologen sind, die im Anblick des verwüsteten Trümmerfeldes eines durch den Liberalismus zerstörten Glaubens sich von den altrationalistischen Methoden abgewendet haben. Aber wir haben gleichwohl allen Anlaß zu bezweifeln, daß der kirchliche 'Liberalismus eine nun glücklich überwundene Epoche' ist. Da sind wir durch die Debatten über die Stellung der theologischen Fakultät in der letzten Landessynode doch eines Bessern belehrt worden. Solange dort die autonome 'freie Geisteswissenschaft' gegen den in einer absoluten Offenbarung begründeten Glauben ausgespielt wird, solange die

---
* Sämtliche Kürzungen in der Vorlage

autarke 'freiforschende' Theologie sich als Beherrscherin des kirchlichen Bekenntnisses fühlt, solange besonders noch der kirchliche Liberalismus parlamentarisch sich mit dem religiösen Sozialismus verbrüdert und solange es noch so viele Pfarrrer gibt, die auf den Kanzeln keinen Hehl machen aus ihrer unfreundlichen Haltung dem Nationalsozialismus gegenüber, solange glauben wir nicht, daß in Baden der kirchliche Liberalismus 'eine nun glücklich überwundene Epoche' ist. Wir geben dem Schreiber freilich darin recht, daß er in der Leitung der Kirche praktisch überwunden ist durch die Bildung der neuen Kirchenregierung. Aber das steht auf einem andern Blatt.

Mag die liberale Vereinigung auf ihrer Landestagung nach Ostern unter dem Druck der 'Verhältnisse' immerhin zu dem für sie bedeutsamen Beschluß kommen, ihren ureigensten Namen 'liberal' abzulegen und sich vielleicht begnügen mit ihrer alten Unterbezeichnung 'Freunde evangelischer Freiheit', so sagen wir: der andre Name machts nicht – der Geist, das ganze Denken muß ein anderes werden! Wir glauben, daß die Befürchtungen des jungen Schreibers unbegründet sind, der meint, daß die liberale Vereinigung – vielleicht unter einem neuen Namen – von 'Konjunkturanhängern' überschwemmt wird. Wir wollen keinem die Ehrlichkeit eines Wandels auch seiner kirchenpolitischen Überzeugung absprechen. Aber wir sind der Ansicht, daß der oben erwähnte Artikel nichts anderes ist als – Konjunktur. Nein: der kirchliche Liberalismus ist auch unter verändertem kirchenpolitischem Titel nicht auf dem Marsch, sondern auf dem Rückmarsch. Nationalsozialistisches Denken und Wollen fängt an, sich auch in der Kirche auszuwirken!"

413 Pfr. Spies: „Mitteilungen des Bad. Bundes für entschiedenen Protestantismus"
SdtschBl. (Beilage), Juni 1933, S. 45–47

„An alle unsere Mitglieder und Freunde!

Es war am Tag von Christi Himmelfahrt, als wir uns, zuerst zur Vorstandssitzung, dann zur Vertreterversammlung in Karlsruhe zusammenfanden. Aus allen Teilen des Landes waren die Freunde gekommen, und über dem ganzen Kreis der Versammelten war der Ernst der Stunde, die zur Entscheidung von weittragendster Bedeutung zwang. Die Lage unserer Kirche, die Lage unseres Volkes, die Lage unseres Gesinnungskreises fand eine überaus lebhafte, von Freundschaft und gegenseitigem Vertrauen getragene Erörterung. Kein Mißklang, keine irgendwie durchklingende Verstimmung störte den Nachmittag, – die Nacht. Diese Vertreterversammlung wird allen unvergeßlich sein, die sie erlebten, und das eine kam jedem zum Bewußtsein, daß die 'Kirchlich-Liberale Vereinigung in Baden', wenn sie nun ihre Tätigkeit als kirchenpolitische Gruppe einstellt, das aus einem großen freien Entschluß heraus tut, dem Gebot der Stunde folgend, die auch, im tiefsten, im religiösen Leben und im kirchlichen Gestalten zur Einigung hindrängt. Die Liebe zu unserer badischen Landeskirche, die Hoffnung auf eine starke Kirche deutscher Nation ließ alle Bedenken zurücktreten. Die Kirchlich-Liberale Vereinigung hat sich der Größe ihrer Vergangenheit würdig erwiesen, indem sie sich in voller Einmütigkeit zu folgender Entschließung bekannte:

Die am 25. Mai zusammengetretene Vertreterversammlung der Kirchlich-Liberalen Vereinigung in Baden als beschließendes Organ erkennt an, daß in der Stunde, da die deutsche evangelische Gesamtkirche geschaffen wird, die Zeit kirchenpolitischer Richtungskämpfe vorüber sein muß und stellt deshalb die kirchenpolitische Tätigkeit als Vereinigung ein.

Diese bildet von nun an in der Beschränkung auf eine Gesinnungsgemeinschaft den Gau Baden des deutschen Bundes für entschiedenen Protestantismus.

Sie dankt ihren Mitgliedern für ihre bisherige treue Gefolgschaft. Sie ist sich bewußt, mit ihrer Arbeit seit mehr als einem Jahrhundert weite Kreise des Kirchenvolkes zu Evangelium und kirchlicher Betätigung hingeführt zu haben. Sie bleibt ihrer Aufgabe treu, indem sie ihren Mitgliedern den Übertritt zur Glaubensbewegung deutscher Christen, Gau Baden, empfiehlt. Sie bringt treu bewährte Kirchlichkeit und entschiedene protestantische Gesinnung zur befruchtenden und verantwortlichen Arbeit in der evangelischen Einheitsbewegung mit.

Die Vertreterversammlung gab dann einem Dreimännerkollegium, dem außer dem Vorsitzenden der Stellvertreter des Vorsitzenden, Herr Synodale Oskar Haueisen/Pforzheim und Herr Professor Waeltner/Karlsruhe angehörten, Auftrag und Ermächtigung, in abschließende Verhandlungen mit dem Führer der deutschen Glaubensbewegung, Herrn Landeskirchenrat Voges, einzutreten. Diese Verhandlungen fanden denn auch am Montag, den 29. Mai, in Karlsruhe statt. Wir legten dem geschäftsführenden Ausschuß der Bewegung unsere Entschließung vor und besprachen bis ins Einzelne den Zusammenschluß. Die Verhandlungen wurden durchaus im Geist freundschaftlichen Einverständnisses geführt und führten in allen Teilen zu einem klaren Ergebnis. Ich führe im folgenden diejenigen Einzelfragen auf, die einer besonderen Klärung bedurften.

1. *Die Synodalfraktionen* vereinigen sich mit allen ihren Abgeordneten. Sie unterstehen dem Führer der Glaubensbewegung. Da diese besondere Richtlinien ihrer Reichsleitung hat, so wird den Herren Abgeordneten der Landessynode, sobald die nötigen Unter-

lagen in meinen Händen sind, noch ein Durchschlag zugehen, der über alle Dinge den nötigen Aufschluß gibt.

2. *'Die Glaubensbewegung der deutschen Christen' und 'die Gesinnungsgemeinschaft des entschiedenen Protestantismus, Gau Baden':* Die Besprechungen des Ausschusses ergaben eindeutig, daß es nach den Richtlinien der Glaubensbewegung, die vom Reich ausgehen, *unmöglich* ist, eingeschriebenes Mitglied der Glaubensbewegung zu sein und zu gleicher Zeit irgendeiner Gesinnungsgemeinschaft anzugehören. Es muß der Zusammenschluß also in der Weise geschehen, daß die Ortsgruppen, Kirchenkörperschaftsfraktionen, Pfarrer und Einzelmitglieder, die sich mit der Glaubensbewegung vereinigen, nicht zugleich Mitglieder der Gesinnungsgemeinschaft bleiben oder werden. Ebenso wenig ist es natürlich denkbar, daß ein Deutschchrist einer anderen kirchlichen Gruppe oder Arbeitsgemeinschaft (z.B. landeskirchliche Vereinigung) angehört. Die Gesinnungsgemeinschaft, die sich unter der Leitung von Pfarrer Seufert in Karlsruhe und Pfarrer Krastel in Lahr bilden wird, umfaßt diejenigen unserer Freunde, die sich zum Zusammenschluß nicht entschließen können. Die Deutschchristen ihrerseits übernehmen alle Mitglieder der Kirchlich-Liberalen Vereinigung, die bei ihnen sofort als vollberechtigte Mitglieder eintreten. Wir empfehlen nach der Resolution unseren Freunden den Übertritt. Zugehörigkeit zur NSDAP ist nicht notwendig. Die Glaubensbewegung steht auf dem Boden der nationalen Erhebung, die deckt sich nicht mit der politischen Partei. Es ist allerdings auf die Dauer, wie ja im 'Führer' amtlich verlautbart war, unmöglich, daß ein eingeschriebenes Mitglied der NSDAP, das der evangelischen Landeskirche angehört, zugleich bei einer anderen Gruppe kirchenpolitisch tätig sein kann.

Ich bitte *bis zum 15. Juni 1933 spätestens* unsere Bezirksvertreter, Ortsgruppenleiter, Einzelmitglieder usw. mir ihren Entschluß mitzuteilen, damit ich die Listen gesammelt übergeben kann. Die Bezirke, Ortsgruppen usw. bitte ich, möglichst alle Fragen, die noch ungeklärt sein sollten, unter sich zu klären oder als Anfrage aus dem Bezirk mir zuzuleiten, da ich Einzelbriefe nur in Ausnahmefällen beantworten kann. Wenn die Mitglieder eines Kirchengemeinderats entschlossen sind, sich mit den Deutschchristen derselben Korporation zu vereinigen und ein oder das andere Mitglied kann sich zu diesem Schritt nicht entschließen, so bitte ich die Freunde, die Sache in brüderlichem Sinn zu erledigen oder zu tragen – entweder durch Eingehen eines Gastverhältnisses, wenn das möglich ist, oder Erbittung des Rücktritts eines Alleinstehenden. Unter allen Umständen soll auf das Gewissen Rücksicht genommen werden und keinesfalls

sollte es soweit kommen, daß Männer und Frauen, die von uns gewählt sind, einer anderen kirchenpolitischen Gruppe beitreten.
3. *Die Vertretung der früher 'Kirchlich-Liberalen' in der Bewegung:* Der Vorsitzende der Kirchlich-Liberalen Vereinigung tritt in den Vorstand der Deutsch-Christlichen Bewegung (Gau Baden) ein. Es ist dadurch ermöglicht, daß alle Verhandlungen durch mich gehen, wenn unsere Mitglieder es nicht vorziehen, mit dem Führer, Landeskirchenrat Voges, selbst zu verhandeln. Außerdem sind einige unserer Freunde als Bezirksvertreter verpflichtet.
4. Es ist für beide Teile bis zur endgültigen Verschmelzung *unbedingter Burgfriede* gewährleistet. Wo unsere Freunde in der Presse oder Öffentlichkeit im alten Kampfstil Angriffe erfahren, bitte ich um umgehende Mitteilung unter Beifügung von Belegen. Wir wollen unsererseits alle Angriffe auf die Deutschchristen einstellen. Der ganze Zusammenschluß soll ja zur Befriedung des kirchlichen Lebens beitragen.

Damit ist wohl das Notwendigste aus den Besprechungen unseren Mitgliedern zur Kenntnis gegeben. Ich bitte, daß Sie uns, die wir zu den Deutschchristen übertreten, selbst wenn Ihnen dieser Schritt unmöglich wäre, die alte Freundschaft und Treue bewahren. Ebenso halte ich es für selbstverständlich, daß auch Gesinnungsfreunde außerhalb der deutschchristlichen Bewegung sich in allen Dingen an mich wenden können. Ich danke allen denen, die unter meinem Vorsitz den Kampf um unsere Sache geführt haben. Ich durfte viel Treue und Freundschaft erfahren, die nicht vergessen werden kann, auch in der neuen Kirche wird das *lebendige* Erbe unserer Vereinigung weiter leben und weiter wirken. Gott gebe der Kirche, die viel mehr 'Volkskirche' werden muß, wenn sie der Gegenwart gerecht werden will, seinen Segen, daß sie den rechten Weg finde!

Die *'Süddeutschen Blätter'* werden noch ein- bis zweimal erscheinen. Der Gau Baden des entschiedenen Protestantismus wird dann voraussichtlich ein Korrespondenzblatt einrichten, natürlich stehen die Spalten der 'Süddeutschen Blätter' zur Ankündigung alles Wünschenswerten der Gesinnungsgemeinschaft zur Verfügung. Ich grüße alle Freunde in der Nähe und Ferne und wünsche ihnen zur inneren Entschließung in dieser Sache die Kraft und Klarheit, die allein der Geist zu geben vermag, von dem uns das Pfingstfest kündet."

414 Pfr. Krastel, OKR i.R. E. Schulz u. Pfr. Seufert: „Erklärung des Bad. Bundes für entschiedenen Protestantismus"
SdtschBl., Juni 1933, S. 47f.

„Zu obiger Mitteilung unseres früheren Vorsitzenden Pfarrer Spies haben wir folgendes zu erklären:

Die *'Kirchlich-Liberale Vereinigung in Baden'* ist durch den Beschluß der Vertreterversammlung am Himmelfahrtstag mit sofortiger Wirkung *in den 'Gau Baden des deutschen Bundes für entschiedenen Protestantismus' umgewandelt* worden.
Unser badischer Gau gliedert sich *unter Aufgabe der kirchenpolitischen Betätigung* in diesen großen deutschen Bund als Gesinnungsgemeinschaft ein, von dem Gedanken geleitet, *daß die alten Freunde, soweit sie nicht den 'Deutschen Christen' beitreten, beieinander bleiben* und sich in unserer Kirche nach wie vor einsetzen wollen für die Freiheit des Gewissens und Glaubens als Dienst an Kirche und Volk.
Zur Kennzeichnung unserer Stellungnahme zur gegenwärtigen kirchlichen Lage im neuen Reich haben wir im Einklang mit den Gesinnungsfreunden in ganz Deutschland zu erklären:
'Wir begrüßen die Einigung der deutschen evangelischen Landeskirchen und bekennen dankbar, daß durch die nationale Bewegung Wille und Weg zur Fortsetzung und Erfüllung der deutschen Reformation bereitet worden ist. Wir freuen uns, daß die verantwortlichen Führer des deutschen Protestantismus den Ruf der Stunde gehört und das Einigungswerk entschlossen in die Hand genommen haben. Wir erwarten, daß dieses Werk in voller Freiheit aus evangelischem Geist vollendet wird. Wir erbitten vom Staat, daß er den aus evangelischem Wesen heraus gestalteten Lebens- und Verfassungsformen der deutschen evangelischen Kirche seinen Schutz gibt, und daß er der Kirche im deutschen Lande den freien Lebensraum für ihren Dienst am deutschen Menschen und am deutschen Volke sichert.
Wir billigen es, daß als höchster Vertreter und Führer der deutschen evangelischen Kirche ein Reichsbischof ernannt wird. Wir erwarten, daß der zu diesem Amt Berufene sein Bischofsamt mit evangelischem Sinn erfüllt, daß er nicht ein Herr des Glaubens, sondern Helfer des Glaubens und Diener der gläubigen Gemeinde ist.
Die Gemeinde ist Träger der göttlichen Vollmacht, Stätte des lebendigen Gotteswortes. Aus der Gemeinde wachsen die Träger der kirchlichen Ämter und Dienste hervor, vor allem diejenigen, welchen die Verkündigung des göttlichen Wortes anvertraut ist. Aus den in der Gemeinde Bewährten werden die kirchlichen Vertretungen (Synoden) gebildet, werden auch die Führer der Gesamtkirche berufen. Durch die Gemeinde baut sich die Kirche als lebendige Kirche ins Volk hinein. Sie tut diesen Dienst, indem sie den ganzen Ernst der Forderung Christi und die ganze Größe der göttlichen Gnade uneingeschränkt und in Verantwortung nur vor Gott verkündigt. Das Bekenntnis der Gemeinde muß der feste Halt im Seelenleben unseres Volkes sein. Es muß geschöpft und geformt sein vom lebendigen Gotteswort in der Heiligen Schrift, muß aber gegenwartsnahe sein und darf nicht vorübergehen an dem, was

ernstes Ringen des deutschen Geistes im Verständnis des Evangeliums Jesu Christi neu gewonnen hat. Der Bau der Kirche soll nicht aufgrund starrer Lehrgesetze, sondern im Vertrauen auf den lebendigen Geist Jesu Christi errichtet werden.'
Damit machen wir uns die von den am 30. Mai in Frankfurt a.M. versammelten Vertretern des Deutschen Bundes des entschiedenen Protestantismus beschlossene Erklärung zu eigen.
Es wird die Aufgabe unserer Gesinnungsfreunde in Zusammenkünften von Orts- und Bezirksvereinigungen und der Landesversammlung sein, über diese Erklärung in eine Aussprache einzutreten.
Wir beabsichtigen, mit der nächsten Nummer die Herausgabe unseres bisherigen Bundesblattes 'Süddeutsche Blätter für Kirche und freies Christentum' einzustellen, dafür aber ein mindestens vierteljährlich erscheinendes *Korrespondenzblatt für den 'Gau Baden des Deutschen Bundes für entschiedenen Protestantismus'* herauszugeben, wenn uns von unseren Mitgliedern ein *Jahresbeitrag von mindestens 1 Mark* vom Jahre 1934 an entrichtet wird. Die Herausgabe eines monatlich erscheinenden Korrespondenzblattes für den gesamten Bund ist ab 1. Juli sichergestellt, und wir sind in der Lage, es allen Gesinnungsfreunden für das erste halbe Jahr unentgeltlich zuzustellen.
Die Vertreterversammlung hat an Himmelfahrt beschlossen, daß *alle bisherigen Mitglieder der Kirchlich-Liberalen Vereinigung noch den halben Beitrag für 1933 zu bezahlen haben,* damit die noch bestehenden Verbindlichkeiten erfüllt werden können. Dieser Beitrag möge alsbald auf das bisherige Postscheckkonto der Kirchlich-Liberalen Vereinigung 5222 Karlsruhe überwiesen werden.
Um die nötigen Unterlagen für die Aufstellung der neuen Mitgliederliste zu erhalten und das Korrespondenzblatt ohne Verzug zustellen zu können, *bitten wir unsere Freunde, die sich den 'Deutschen Christen' nicht anschließen, ihre Anschrift bis 30. Juni an Pfarrer Seufert, Karlsruhe,* Blücherstraße 20, *zu senden.**⁾
Für den 'Gau Baden' des 'Deutschen Bundes für entschiedenen Protestantismus': Pfarrer Krastel/Lahr, Oberkirchenrat i.R. D. E.J. Schulz/Karlsruhe, Pfarrer Seufert/Karlsruhe"

415 LKR Voges an RLtr.-DC Hossenfelder: Nachrichten aus Baden
Karlsruhe, 30. Mai 1933; LKA GA 8090 − Durchschrift

„...1. Die Liberalen Badens haben sich heute unserer Gruppe unterstellt, ohne irgend welche Forderungen zu stellen. Nun wüten und fauchen die Positiven und die Positiven in unseren eigenen Reihen. Die Mannheimer Klicke geht mit dem Gedanken schwanger, mich zu stürzen. Ich werde Ihnen die Zähne zu zei-

---
* Ein diesbezgl. Verzeichnis ist nicht auffindbar.

gen wissen. Bitte Peter davon unterrichten, weil er ja nach Mannheim kommt.
2. Aus dem zweiten Schriftstück ersehen Sie den Beginn unseres Kampfes in Baden gegen die reaktionäre Brut. Sagen Sie bitte Müller, Baden steht hinter ihm, mag es biegen oder brechen. Wer nicht gehorcht, fliegt. Wir werden auch in der Landeskirche vorläufig zu keiner Entscheidung durchdringen, weil ich nunmehr der Auffassung bin, daß doch Urwahlen kommen werden. Frisch auf zum fröhlichen Jagen.
3. In der Pfalz liegen die Dinge gerade umgekehrt wie in Baden. Dort machen die Positiven tapfer und fröhlich mit, während die Liberalen in rührender Bescheidenheit Forderungen stellen. Morgen werde ich nach Landau fahren und Pfarrer Schmitt/Kaiserslautern endgültig zum Landesleiter bestellen. Wenn das auch manchem Liberalen weh tut, so glaube ich doch, daß Schmitt der einzige Mann in der Pfalz ist, der mit ungeheurer Tatkraft und Initiative die Glaubensbewegung zum Ziele führt...
Im übrigen freue ich mich, daß die Losung wieder einmal Kampf heißt, denn der allein hält uns alte Knaben frisch und munter."

416 Pfr. Fr. Kiefer an LKR Voges: Warnung vor den Liberalen; Protest gegen Pfarrstellenbesetzung an der Christuskirche
Mannheim, 8. Juni 1933; LKA GA 8088
„Die nunmehr in den 'Süddeutschen Blättern' veröffentlichten Erklärungen des bisherigen Parteiführers Spies (Übertritt der Liberalen zu den 'Deutschen Christen' betr.) veranlassen mich, Dich zu bitten, unverzüglich zur Aussprache unsere 'alte' Fraktion einzuberufen.
Wenn der Propagandafeldzug erfolgreich weitergeführt werden soll, müssen die Führer über Ziel und Methoden im klaren sein. Nach den Spies'schen Leitsätzen ist die Gefahr riesengroß geworden, daß unsere große und hehre Sache liberal durchseucht wird und daß wir in den Augen der Öffentlichkeit als das Sammelbecken der Liberalen dastehen. 'Spies tritt in den Vorstand ein und ermöglicht dadurch, daß alle Verhandlungen durch ihn gehen', ich zitiere: Voges, was soll das werden? Wohin steuern wir? Haben wir dafür gekämpft und uns dafür verunglimpfen lassen? Geben wir dadurch nicht den Positiven von neuem willkommenen Anlaß, ihre Existenzberechtigung erneut unter Beweis zu stellen? Fragen die Fülle! Die alten Kämpfer erheischen Antwort. Drum ruf sie schleunigst zusammen, wenn nicht die Verwirrung in unseren Reihen noch größer werden soll. –
Weiter habe ich Dir mitzuteilen, daß die Besetzung der Christuskirche [in Mannheim] mit Dr. [Wilhelm] Weber bei den Deutschen Christen und Nationalsozialisten ungeheure Erregung ausgelöst hat. Daß die

Positiven es wagten, in dieser Stunde auf diese Pfarrei einen ausgesprochenen Volksdienstmann, der seit Jahr und Tag schriftlich und mündlich gegen Hitler und seine Bewegung gehetzt hat, zu setzen, ist eine Provokation sondergleichen und macht sie alle miteinander schutzhaftreif. Unsere Freunde werden nicht anstehen, diese ihre Ansicht dem Oberkirchenrat mit aller Deutlichkeit zur Kenntnis zu geben und die Verantwortung für alles weitere, was ... Pfarrer Weber unliebsam begegnen könnte, abzulehnen. Daß Du mich richtig verstehst! Es handelt sich bei dem allem nicht mehr um meine Person, mir hat gestern eine gute Stunde geschlagen, auch all' die niederträchtigen Verleumdungen von positiver Seite weiß ich mit der Würde eines guten Gewissens zu tragen; es geht wahrhaftig nur um die Sache, und sie wird Schaden erleiden. Es ist bitter schwer, dem allem mit gebundenen Händen zusehen zu müssen."

417 LKR Voges an Pfr. Kiefer: Erklärungen und Beschwichtigungen
Karlsruhe, 9. Juni 1933; LKA GA 8088 — Durchschrift

„... Ich gebe Dir zu, daß der Satz: 'Spies tritt in den Vorstand usw. ...' verwirrend wirken kann. Aber schließlich mußte wohl Spies die bittere Pille der Auflösung seiner Gruppe seinen Leuten irgendwie versüßen. Die Übernahme der Liberalen ist doch nur eine Etappe in dem Kampf um die Schaffung einer Kirche. Um dieses Ziel zu erreichen, darf keine Schicht, kein Stand und keine Gruppe außer acht gelassen werden. Ich halte mit Dir unser Wollen so rein und so lauter, daß es gar nicht der Gefahr einer Liberalisierung erliegen kann. Wir werden immer an den Menschen, die zu uns kommen, die Aufgabe der Erziehung haben, bis sie restlos zu wahren deutschen Christen umgeschmolzen sind. Das gilt sowohl für den Positiven wie auch für den Liberalen. Daß wir wachen Herzens sein müssen, ist mir ebenso klar. Aber kämpfen und ringen heißt ja wach sein. Da wir beide uns über die da und dort im Lande strittigen Punkte einig sind und da ich in der nächsten Woche keine Fraktionssitzung abhalten kann, so bitte ich Dich herzlichst, an Deinem Teil durch Briefe mitzuwirken, daß Unklarheiten und Verworrenheiten aus dem Wege geräumt werden.

Mit Freund Brauß hatten wir eine sehr feine Aussprache, die uns wohl sehr nahe gebracht hat. Sage ihm bitte, daß wir ein ausführliches Gespräch mit Kühlewein pflogen, worin wir all' die besprochenen Forderungen nachdrücklichst zur Kenntnis brachten. Vielleicht gibt es in den nächsten Tagen Gelegenheit, daß Ihr beide nach hier kommt.

Was nun die Christuskirche[*] angeht, so wirst Du wohl von Brauß schon gehört haben, warum ich Deinen Namen aus der Debatte zog. Die Angelegenheit war schon vor der Sitzung so fest besprochen, daß es unmöglich war, diesen Ring von Reaktionären zu durchbrechen.

---
[*] Mannheim

Auf Befehl des Führers haben die Deutschen Christen einen vierwöchentlichen Kampf sofort aufzunehmen, der mit allen Mitteln von der NSDAP zu unterstützen ist. Ich war heute morgen deswegen beim Reichsstatthalter und habe ihm unsere Beschwerden über die NS-Presse dargelegt. Er hat mir sofortige Abstellung der Mißstände zugesagt. Die Presse hat in Zukunft alle unsere amtlichen Bekanntmachungen aufzunehmen, während Artikel zunächst durch einen Zensor geprüft werden. Nun bitte ich Dich dringend um Ausgabe eines Propagandabefehls."

418 Pfr. L. Herrmann an LKR Voges: Zweifel an der Loyalität der Liberalen
Mosbach, 17. Juni 1933; LKA GA 8087

„Eine immerhin nicht unerwartete aber gleichwohl für meinen simplen Untertanenverstand höchst befremdlich erscheinende Tatsache nötigt mich, mich bei Ihnen als meinem einstigen Bataillonsadjutanten zu Worte zu melden:
Wie man seit Wochen schon munkelte – der kirchlich-liberale Laden war ja längst schon überständig geworden – und wie man ja auch aus der letzten Nummer der 'Süddeutschen Blätter' sehr deutlich und nicht nur zwischen den Zeilen ersehen konnte, haben die Kirchlich-Liberalen mit wenig Ausnahmen den Übertritt in die Glaubensbewegung deutscher Christen vollzogen. Gut, das ginge noch an – wenngleich ich mir wirklich nicht erklären kann, wie eben dieselben Leute, die bisher aus einem überspitzten Persönlichkeitskult heraus aber auch jegliche glaubensmäßige Bindung an die autoritativ gegebenen Aussagen der Schrift wie der reformatorischen Bekenntnisse glaubten ablehnen und in das subjektive Ermessen und Wollen des Einzelnen stellen zu müssen, die darum auch imstande waren, einen Mann wie Eckert nicht nur zu dulden, sondern ihm sogar noch goldene Brücken zu bauen, deren ständiges Kommando in der Synode wie 'bei Hofe' war: Die Augen links, richt' euch!, sich nun von heute auf morgen aus- und umziehen sollten, deren Anbiederungen gegenüber unser Reichsstatthalter anläßlich der letzten Synodalwahl das Wort gesagt haben soll: 'Wir bekämpfen den kirchlichen Liberalismus wie den politischen!' – Wie gesagt: Der Übertritt dieser Leute ginge noch an, man könnte sich sogar freuen, wenn der Wechsel wirklich ein restlos ehrlicher und uneigennütziger wäre. Aber gerade das letztere erscheint mir am wenigsten zuzutreffen. Wie wollen Sie sich erklären, daß ein Mann wie Spies, der sich doch als bisherigen Fraktionsführer der Liberalen wußte und betätigte, sich – den Süddeutschen Blättern zufolge – in die Leitung der Glaubensbewegung anstandslos aufnehmen ließ, wo doch gerade er als kirchenpolitisch vorbelastet um der Reinlichkeit willen besser in der Versenkung ver-

schwunden wäre! Glauben Sie wirklich, daß die Katze das Mausen läßt? Und ist nicht auch dies höchst eigenartig, daß in den Süddeutschen Blättern gebeten wird, die liberalen Pfarrer und Ortsgruppen möchten *geschlossen* durch ihren bisherigen Fraktionsführer ihren Übertritt tätigen; will das nicht ein gewisses Druckmittel sein: Siehe her, das bringe ich mit!? – Sie verstehen, derartige Vorgänge machen einen stutzig."

419 Pfr. Rössger: „Ein wichtiger Schritt zur Entpolitisierung der Kirche"
Kirche u. Volk Nr. 25, 18. Juni 1933, S. 197

„Am Himmelfahrtstag hatte der in Karlsruhe versammelte Vorstand und die Vertreterschaft der kirchlich liberalen Vereinigung Badens eine entscheidende Entschließung gefaßt, deren Wortlaut bereits von der weltlichen Presse veröffentlicht wurde. Ihrzufolge *hat sich die liberale Vereinigung als solche in Baden aufgelöst und stellt künftig jede kirchenpolitische Tätigkeit ein.* Sie empfiehlt ihren Gliedern den Übertritt zur Glaubensbewegung 'Deutsche Christen'.

Wer den Schritt nicht vollziehen kann oder will, möge sich der Gesinnungsgemeinschaft des 'Bundes für entschiedenen Protestantismus' anschließen. Damit war für uns 'Deutsche Christen' die Möglichkeit einer Vereinigung gegeben. Sie geschah in einer von offenherzigem Geist getragenen Aussprache am 29. Mai in Karlsruhe, nachdem noch eine Reihe von Einzelfragen geklärt waren. Diese betrafen in erster Linie das Verhältnis zwischen der Glaubensbewegung und dem 'Bund für entschiedenen Protestantismus'. Nach den Forderungen der 'Deutschen Christen' ist es unmöglich, daß ein Mitglied zugleich einer andern kirchlichen Gruppe angehören kann, demnach auch nicht dem 'Bund für entschiedenen Protestantismus'. Damit ist eine klare kirchenpolitische Lage geschaffen. Für die zu den Deutschchristen übertretenden Pfarrer besteht zudem noch die Verpflichtung der Unterzeichnung eines Reverses, in dem eine Unterordnung unter die Führung gefordert ist. Was die einstige liberale Synodalfraktion betrifft, so vereinigt sich dieselbe mit derjenigen der 'Deutschen Christen' unter der alten Führung.

Damit ist in Baden der erste Schritt zur Entpolitisierung der Kirche und damit zur Entparlamentarisierung getan. Es wird künftig keinen Liberalismus als kirchenpolitischen Faktor mehr geben. Diese Wendung ist nichts anderes als die selbstverständliche Frucht der ganzen *Geisteswende,* die der *Nationalsozialismus als Weltanschauung* heraufgeführt hat und die auch auf kirchlich-religiösem Gebiet über kurz oder lang einmal zur Auswirkung kommen mußte. Der alte liberale Gedanke von der absoluten Freiheit des menschlichen Denkens ist unhaltbar geworden gegenüber einer Anschauung, die wieder erkannt hat, daß 'die menschliche Vernunft noch lange nicht an die letzten Ursächlichkeiten des Lebens rührt'. Es war ein bemerkenswertes Wort, das ein evangelischer Vertreter der Naturwissenschaft einmal schrieb: 'Wer als Naturwissenschaftler nicht nur an seine Forschung, sondern an sein *Volk* als Kulturgemeinschaft denkt, wird von sich aus alles tun, um der religiösen Betrachtung neben der rein naturwissenschaftlichen zu ihrem Rechte zu verhelfen ...[*)] Wer hinter dem Werdenden das Seiende sucht, wem die Frage nach dem Sinn des Ganzen keine Ruhe läßt, wer *aus der Schöpfung ein verpflichtendes Sollen herausfühlt,* der wird sich mit seinem ganzen Wollen zu einer andersartigen Wertung der irdischen Dinge entschließen und sein Bekenntnis aus den beiden Reichen der Seele nicht besser wiedergeben können als mit dem biblischen Wort: 'Der Friede Gottes ist höher als alle Vernunft.' (Geh. Rat Prof. Dr. L. Aschoff in der 'Zeitwende' 2, 1927). So sehr wir gegenüber dem ersten Satz einen gewissen Vorbehalt anmelden müssen, weil aus ihr eine altliberale Schau spricht, so sehr wissen wir, daß gerade die Erkenntnis des zweiten Satzes es war, um deretwillen heute viele ehemals liberal denkende Menschen den Weg in unsere Reihen finden. Dazu kam noch die entscheidende Krisis der 'nur religionsgeschichtlichen Theologie', wie sie durch Karl Barth und die dialektische Schule heraufgeführt wurde und die ganze Rechtswendung der neuesten, führenden deutschen Theologie. So war die Voraussetzung dafür gegeben, daß gerade in der Theologen- und Pfarrerschaft jüngerer und mittlerer Jahre, durch das organische Denken des Nationalsozialismus, auch *der religiösen Überzeugung ein neuer Orientierungspunkt gegeben* war. Man weiß heute wieder etwas von der Absolutheit der göttlichen Offenbarung, die nach ihrer zeitlichen Erscheinung im Wort der geschichtlichen Bibel wohl Gegenstand historisch-methodischer Forschung ist, die aber in ihrem Wesen und ihrer Kraft durch keine noch so 'wissenschaftliche' Wertung als ewige Gegebenheit Gottes, die man nur glaubend, d.h. gehorchend erfassen kann, verkannt werden darf. Man weiß wieder, daß die Freiheit des menschlichen Gewissens ihren wahren Grund hat in der Bindung an die im Wort Gottes erfahrene höchste Autorität und daß diese Freiheit nicht in einen unwahren Gegensatz gegen die 'Gedankenbindungen' der biblischen Zeugnisse gebracht werden kann. Man weiß wieder etwas von der Größe und der Kraft alter kirchlicher Bekenntnisse, die auf ihre Weise Heilstatsachen bezeugen, über die man nicht mehr streitet und die Glaubenseinheit der Gemeinde zerreißt. Selbst in der 'Erklärung des Bundes für entschiedenen Protestantismus' lesen wir den bemerkungswerten Satz: 'Das Bekenntnis der Gemeinde muß der feste Halt im Seelenleben unseres Volkes sein', wobei es ein müßiger Streit ist zu fragen, ob das Bekenntnis das erste ist oder die Gemeinde. Die Gemeinde hat sich das Bekenntnis geschaffen und das Bekenntnis wird sich immer

---
[*] Kürzungen in der Vorlage

wieder die Gemeinde schaffen. Im übrigen wissen wir ja, warum wir uns auch Protestanten nennen: weil unsere Väter 1529 auf dem Reichstag protestierten – um des Evangeliums willen. Und nur um des reinen und lauteren Evangeliums willen werden wir auch Protestanten sein. Entschiedene Protestanten sind nur die, die auch entschieden evangelisch sind und umgekehrt. Was sollen hier noch Unterschiede? Wir wissen zur Genüge, daß es eine Unmöglichkeit ist, daß Christen Protestanten sind, ohne auch evangelisch zu sein oder daß man evangelisch sein will, ohne zugleich auch Protestant zu sein. Liegen hier wirklich noch so schwere Unterschiede vor, um deretwillen Glieder unserer Kirche glauben, in einem besonderen Bund sich sammeln zu müssen, selbst wenn man 'nur eine Gesinnungsgemeinschaft' sein will und auf kirchenpolitische Betätigung verzichtet? Ist das nicht doch wieder ein Hemmstein auf dem Wege zur einen evangelischen Kirche? Gewiß wird der Liberalismus als Gesinnung nie aussterben, weil 'der natürliche Mensch immer liberal ist'. Aber im Blick auf die Kirche ist die Frage die, ob wir als deutsche Christen, wie wir es alle sind, nicht auch hinankommen können zu 'einerlei Glauben und Erkenntnis des Sohnes Gottes', weil wir – auch als Gesinnungsgemeinschaft – gesinnt sind wie Christus..." [Schluß vgl. Dok. 488]

420 LKR Voges an Pfr. W. Kühlewein: Vorbehalte gegen die Liberalen
Karlsruhe, 27. Juni 1933; LKA GA 8088 – Durchschrift

„...3. Wegen des Übertritts der Liberalen zu uns brauchen Sie sich wirklich keine Sorgen zu machen. Die hinter uns liegende Synode hat es restlos bewiesen, daß der Liberalismus tot ist. Daß mit den guten Böcken auch noch räudige Schafe zu uns kommen, kann ich im Augenblick nicht vermeiden. Wir haben eben eine Erziehungsarbeit zu leisten. Daß sie sich aber erziehen lassen, hat wiederum die Landessynode bewiesen, in der Gässler einen Antrag einbrachte, der dahin zielte, die Unklarheit in der Unionsurkunde auszumerzen. Die Liberalen haben anstandslos diesen Antrag angenommen. Sie wollen selbst ein klares eindeutiges Bekenntnis. Mit der Gesinnungsgemeinschaft für den entschiedenen Protestantismus haben die Herren, die zu uns kommen, auch nicht das Geringste zu tun. Diese Gründung ist, wie Hauß mir schrieb, 'ein totgeborenes Kind, das im Sande verläuft.'

4. Sie haben Pfarrer Blum gebeten, seinen Rücktritt aus der Glaubensbewegung Deutscher Christen zu erklären. Da die Reichsleitung wünscht, daß recht viele Pfarrer zu uns kommen, so habe

ich keinen Grund, Herrn Pfarrer Blum auszuschließen. Nach den obigen Ausführungen werden Sie ja auch in dieser Frage ruhiger denken, und ich bitte Sie recht herzlichst, keine Schwierigkeiten zu bereiten. Eines ist klar: Die Führung bleibt in unsern Händen. Das erkennen auch die Liberalen an.
Ich mußte in der Stunde der feierlichen Wahl Ihres Herrn Vaters zum Landesbischof*⁾ an Sie denken und hätte von Herzen gewünscht, daß Sie hätten zugegen sein können."

421   Pfr. Steger an [Pfr. Dürr]: Mißtrauen gegen die Liberalen
Dossenheim, 28. Juni 1933; Nachlaß Dürr D 3/18

„... Nachdem die 'Deutschen Christen' die Liberalen aufnahmen ohne daß die Liberalen bekennen mußten, daß sie bisher falscher Lehre anhingen, kann ich kein 'Deutscher Christ' sein, obwohl ich ein deutscher Christ bin. Ich habe die beiliegende Karte ausgefüllt und sende sie zurück, aber ich fühle mich gezwungen hinzuzufügen, daß ich nur dann mich als positiv bezeichnen kann, wenn in dem Begriff 'positiv' nichts Schillerndes mehr enthalten ist. Bisher schillerte es bei den Positiven, d.h. unter dem Einfluß Schlatters gab es Positive, die wertvolle und unveräußerliche Stücke der kirchlichen Lehre preisgaben und sich anmaßten, die kirchliche Lehre nach ihrem Verständnis des Neuen Testaments zu meistern.
Es wurde der Gegensatz kirchlich und neutestamentlich konstruiert. Ich habe mir die Kirchlichen und Neutestamentlichen angeschaut und wurde von den Kirchlichen angezogen und von den sog. Neutestamentlichen kalt gelassen. Ich habe mich in die unvermischt evangelisch-lutherische Kirche verliebt, weil sie mir die höchsten Wohltaten, die uns Gott in Christo erzeigt hat, so erzählte, wie ich sie vorher von keiner Seite erzählen hörte. Sie hatte in ihrem Bericht das Wörtlein gratis und die beiden Wörtlein sola fide. Diese Worte waren das Erquickendste, was ich bisher auf Erden gehört habe. Die Neutestamentlichen führen noch reichlich viel Gesetz und Werk und Ethik und ein Stück Selbsterlösung mit sich. Mir ist ὁ νόμος δύναμις τῆς ἁμαρτίας geworden nach 1. Kor. 15, 56 und die Frage, ob nicht auch für uns Luther ein besserer Führer zum Neuen Testament ist als wir selbst, möchte ich unbedingt bejahen. Was mich erfüllt, habe ich in diese gebrechlichen Worte gefaßt. In alter Liebe Dir zugetan bin ich Dein alter disputax."

422   Pfr. Albert: „Unsere Stellung zum Bekenntnis der Kirche"
Kirche u. Volk Nr. 29, 16. Juli 1933, S. 230

„In seinem Buche 'Mein Kampf' (S. 293) schreibt der Führer:

---
* Vgl. Dok. 563 ff.

'Sollen aber die religiöse Lehre und der Glaube die breiten Schichten wirklich erfassen, dann ist die unbedingte Autorität des Inhalts dieses Glaubens das Fundament jeder Wirksamkeit.'
Mit diesen Worten hat uns Adolf Hitler auch für die Neuordnung der kirchlichen Verhältnisse einen klaren und eindeutigen Weg gewiesen. Wir alten Kämpfer der Glaubensbewegung 'Deutsche Christen' und wir alten Nationalsozialisten halten es für eine Selbstverständlichkeit, daß wir auch hinter dieser klugen Äußerung, die uns die Stellung des Reichskanzlers zu den innerkirchlichen Verhältnissen, insbesondere zur evangelischen Kirche, beweist, hundertprozentig stehen. Das heißt: Bei der Schaffung der Totalität des Staates ist es für uns 'Deutsche Christen' notwendig, auch an die Totalität der evangelischen Kirche zu denken. Diese Totalität kann aber nur erreicht werden, wenn der Inhalt unseres Glaubens, wie er in den biblisch-reformatorischen Bekenntnissen festliegt, zur 'unbedingten Autorität' erhoben und dadurch 'zum Fundament jeder Wirksamkeit' gestaltet wird. Liberalistische Tendenzen und Anschauungen, individualistische und intellektualistische Angriffe gegen die Bekenntnisse rütteln und zerren an den Lebensgrundlagen der Kirche und sind darum in unseren Reihen unmöglich. Die Bedenken von W. Kühlewein, die Glaubensbewegung 'Deutsche Christen', Gau Baden, hätte eine Ehe mit dem kirchlichen Liberalismus eingegangen, sind deshalb nicht stichhaltig. Wenn die Synodalfraktion der ehemaligen kirchlich-liberalen Gruppe sich unter unsere Führung gestellt und den Anschluß an unsere Gruppe gesucht und gefunden hat, so wollen wir das ehrliche Streben und den guten Willen zur Einheit der Kirche jedenfalls bei den Freunden, die uns bei der Zusammenarbeit in der Synode bekannt und wert geworden sind, vollauf anerkennen. Wir müssen die Unterstellung, die ehemaligen Liberalen wollten bei uns die Wiederauferstehung des kirchlichen Liberalismus feiern, als vollkommen unbegründet zurückweisen. Ich bin vielmehr der Meinung und des Glaubens, daß Menschen, die *überzeugte* Nationalsozialisten geworden sind, nicht nur eine politische Umstellung vollzogen, sondern auch eine religiöse Umwandlung erfahren haben. Es wäre sonst der einmütige und brüderliche Geist, der über den Verhandlungen in der Synode lag, nicht möglich gewesen. Und weiter wird sich diese Neueinstellung der früheren Liberalen darin beweisen, daß sie auf führende Stellen innerhalb der Glaubensbewegung 'Deutsche Christen', Gau Baden, von sich aus verzichten, damit das Vertrauen, das wir weitgehend unter den 'Positiven' und in den Gemeinschaftskreisen erworben haben, nicht gefährdet wird. Wenn die unbedingte Autorität des Bekenntnisses gesichert ist, dann ist ja letztlich kein Grund mehr vorhanden, der eine besondere Gruppe der 'Bekenntnisfreunde' rechtfertigen dürfte. Daran mögen die Freunde im 'positiven' Lager denken und das alte Kampfbeil begraben. Wir rufen

ihnen zu: Kommt zu uns und helft mit, daß das Bekenntnis nicht ein starres und totes Dogma bleibt, sondern zum Leben wird und Leben schafft. In solcher Einheit und in einem allseitigen Vertrauen können und dürfen wir unter dem Segen des Herrn der Kirche, die große, gewaltige und herrliche Aufgabe erfüllen, die uns die heutige Zeit stellt an Kirche und Volk."

423 N.N.: „Feststellungen und Forderungen zur inneren Lage und Organisation der Glaubensbewegung Deutscher Christen, Gau Baden"[*]

o.O., o.D.; LKA GA 8087 – Durchschrift

„Der Bezirkskirchenreferent des Kirchenbezirks [s.o.] schließt sich folgenden Ausführungen an:

1. Auf der letzten Fraktionssitzung, Freitag, den 23. Juni 1933, wurde von Landeskirchenrat Pfr. Voges, nachdem er zum Oberkirchenrat ernannt war, als sein Nachfolger Parteigenosse Pfr. Spies/Pforzheim als Landeskirchenrat bestimmt; und zwar ohne vorheriges Anhören weder des Vorstandes noch der alten Fraktion. Der Vorschlag erfolgte unter Hinweis auf eine Rücksprache mit dem Herrn Prälaten, der mit dieser 'restlos einverstanden sei'.

2. Die Fraktion ist sich darüber einig, daß kein Wort darüber gefallen ist, wer künftig Fraktionsführer sein solle. Ebenfalls ist keine Entscheidung darüber gefallen, ob der seitherige Landesleiter der Deutschen Christen und Landeskirchenreferent bei der Gauleitung der NSDAP dies Amt behält oder nicht.

3. Die unterzeichneten Synodalen, Bezirkskirchenreferenten sind aber der Meinung, daß nach bisherigem landeskirchlichem Brauch der geistliche Vertreter einer kirchlichen Gruppe im erweiterten Oberkirchenrat (Kirchenregierung) auch zugleich eo ipso Fraktionsführer sein müsse. Darnach würde also der bisherige Fraktionsführer der kirchlich-liberalen Vereinigung nunmehr Fraktionsführer der Deutschen Christen sein. Grundsätzlich sind die Unterzeichneten freilich der Meinung, daß an obigem genanntem Brauch unbedingt festzuhalten sei, um die Stellung des Fraktionsführers nicht zu völliger Bedeutungslosigkeit herabsinken zu lassen.

4. Es wird darum gefordert, daß analog dem Beschluß der Reichsleitung der NSDAP auch für die der Glaubensbewegung Deutscher

---

[*] Gleichlautende Voten von „fünf Bezirkskirchenräten": Rheinbischofsheim (Bartholomä), Lörrach (Gässler), Konstanz (Kühlewein), Mannheim (Kiefer), Freiburg (Albert)

Christen seit 30. Januar 1933 neu hinzugekommenen Mitglieder eine zweijährige Bewährungsfrist unbedingt verlangt werden muß.
5. Um eine Leitung der Fraktion im Sinne ihrer alten Grundsätze zu gewährleisten, halten wir es für unumgänglich notwendig, daß die Fraktionsführung in den Händen eines alten Mitbegründers der Gruppe liegt.
6. Ebenso wichtig ist die genaue Sichtung beim Übertritt von Vertretern der vormals kirchlich-liberalen Vereinigung in die kirchlichen Gemeindevertretungen der Deutschen Christen. Hier wird gefordert, daß nur solche aufgenommen werden, welche Parteigenossen sind. Die Sichtung selbst wird vollzogen durch Kommissionen, die sich aus den alten Vertretern der Glaubensbewegung Deutscher Christen rekrutieren. Und dies in Bezug auf folgende Körperschaften: Bezirkssynoden, Bezirkskirchenräte, Kirchengemeinderäte und Kirchengemeindeausschüsse.
7. Es wird zum Schluß die sofortige Bildung eines Untersuchungsausschusses (Uschla) für die gesamte Glaubensbewegung Deutscher Christen Gau Baden gefordert, der in allen Streitfällen zu entscheiden hat. Der Uschla soll gebildet werden aus dem Landesvorstand.
8. Analog der Regelung innerhalb der NSDAP ist auch bei der kirchlichen Gruppe evangelischer Nationalsozialisten eine sofortige Satzung aufzustellen. Sie muß umfassen Eintritt und Art der Zugehörigkeit, Austritt und Ausschluß, Beitrag, Rechte und Pflichten etc."

424 Pfr. Seufert: „Ein letztes Wort" zur Auflösung der KLV
SdtschBl. Nr. 6, Okt. 1933, S. 50f.

„Als an *Himmelfahrt* die Vertreterversammlung der 'Kirchlich-Liberalen Vereinigung' den Beschluß faßte, diese unter Aufgabe der kirchenpolitischen Tätigkeit in den Gau Baden des 'Deutschen Bundes für entschiedenen Protestantismus' umzuwandeln, hielt es der größte Teil der Freunde für möglich, daß in diesem Namen als in einer 'Gesinnungsgemeinschaft', die zu den 'Deutschen Christen' Übertretenden und alle, die aus Gewissensgründen diesen Übertritt nicht vollziehen könnten, in der Erinnerung an die gemeinsame geistige Vergangenheit freundschaftlichen Gedankenaustausch pflegen könnten. Diese Hoffnung hat sich als irrig erwiesen. Der Übertritt zur Glaubensbewegung 'Deutscher Christen' sollte die radikale Abkehr von den bisherigen 'Liberalen' bedeuten.
Wir, die wir den Schritt der bisherigen Gesinnungsfreunde nicht tun konnten, haben den Beschluß der Vertreterversammlung an Himmelfahrt, obwohl wir ihn nachträglich unter dem Eindruck der Vorgänge in der Reichskirche als übereilt ansehen mußten, geachtet und den *Gedan-*

ken, eine *neue kirchenpolitische Gruppe zu bilden, weit von uns gewiesen.* Der verschiedentlich geäußerte Verdacht, daß dies von uns geplant sei, war völlig unberechtigt. Wir wollten lediglich durch theologische Besinnung und Vertiefung uns zum Dienst in der Kirche der neuen Zeit tüchtiger machen.

Im Laufe der ereignisreichen Wochen erklärten uns immer mehr Gesinnungsfreunde, daß sie einem starken Drucke der Verhältnisse weichend, zum Teil gegen große innere Bedenken den Anschluß an die Glaubensbewegung hätten vollziehen müssen und darum bedauerten, aus unseren Reihen ausscheiden zu müssen. Wir verstanden dies und haben es keinem nachgetragen, der von uns ging. Aber diese Tatsache, daß sich die Reihen derer, die keiner kirchenpolitischen Gruppe mehr angehören wollten, immer mehr lichteten, war uns ein Zeichen dafür, daß der Beschluß von Himmelfahrt nicht mehr aufrechterhalten werden könne. Den 'Gau Baden des Deutschen Bundes für entschiedenen Protestantismus' in der satzungsmäßigen Form eines 'Eingetragenen Vereins' aufrechtzuerhalten, erwies sich als unzweckmäßig, wenn nicht unmöglich. Infolgedessen hat am *23. Juli* eine Vertreterversammlung des Gaus den einmütigen Beschluß gefaßt, den *eingetragenen Verein aufzulösen.*

Nachdem diese Auflösung ins Vereinsregister eingetragen worden ist, hat die badische *'Kirchlich-Liberale Vereinigung' auch in der veränderten Form zu existieren aufgehört.*

In kleinen *Arbeitsgemeinschaften* nach dem Vorbild des 'Oberländer Kreises', deren lose Verbindung zu gelegentlicher gemeinsamer Aussprache Freund Krastel in Lahr zu knüpfen sich angelegen sein lassen will, werden wir die geistige Gemeinschaft zu pflegen suchen, die für uns inneres Bedürfnis ist.

Unsere Freunde können vielleicht erwarten, daß hier zum Anschluß in dieser letzten Nummer der 'Süddeutschen Blätter' ein Wort zu der kirchlichen und politischen Lage gesagt werde. Wir unterlassen es im Blick auf den Beschluß von Himmelfahrt. Wir wollen nicht vom Trennenden reden in einer Zeit, da gemeinsame Arbeit in gegenseitigem Vertrauen das Gebot der Stunde ist. Wir meinen, daß Achtung vor der Überzeugung des anderen die Voraussetzung solcher Arbeit ist, und daß wir uns solcher Achtung seitens unserer ehemaligen 'liberalen' Freunde in den Reihen der 'Deutschen Christen' versichert halten dürfen. Darin besteht vielleicht doch eine 'Gesinnungsgemeinschaft' zwischen denen, die verschiedene Wege gingen und gehen mußten. Dieses wenigstens wäre sicher im Sinne aller, die an Himmelfahrt den für das kirchenpolitische Leben unserer Landeskirche bedeutsamen Beschluß gefaßt haben. Dann würde sich die damals ausgesprochene Erwartung erfüllen, daß

die frühere Tätigkeit der kirchlich-liberalen Gruppe auch ein Dienst an der Kirche gewesen ist.
Es soll hier nicht der Versuch gemacht werden, einen Rückblick zu geben auf die geistige Arbeit, die in den nunmehr eingehenden *'Süddeutschen Blättern'* während langer Jahrzehnte geleistet worden ist. Auch die Freunde, die das Anliegen des kirchlichen 'Liberalismus' (auf den Namen sei dabei kein Gewicht gelegt) als durch die geschichtliche Entwicklung endgültig erledigt ansehen, werden mit Dankbarkeit auf das zurückschauen, was von ihm in ernster Verantwortung für Kirche und Gemeinde erstrebt und gearbeitet worden ist, und werden es als berechtigt ansehen, wenn hier allen denen nochmals herzlich gedankt wird, die als Vorsitzende unserer Gruppe unter großen persönlichen Opfern unsere Sache vertreten und geführt haben, und ebenso denen, die als Schriftleiter und Mitarbeiter unserer 'Blätter' unsere Sprecher und Anreger gewesen sind. Was mit dem Namen 'Süddeutsche Blätter' und 'Kirchlich-Liberale Vereinigung in Baden' an geistiger und besonders auch kirchlicher Arbeit geleistet worden ist, gehört der badischen Kirchengeschichte an. Spätere Zeiten erst werden es in gerechter Weise zu beurteilen und zu werten vermögen.
Unsere Aufgabe bleibt, einerlei wo wir stehen mögen, die, in innerer Wahrhaftigkeit und ganzer Treue in letzter Verantwortung vor dem Herrn der Kirche dieser mit unseren Gaben zu dienen. Daß uns dazu die Kraft geschenkt werden möchte, und daß wir uns in solchem Dienst als Brüder und Freunde innerlich verbunden wissen möchten, das sei der Wunsch, mit dem ich in dieser letzten Nummer der 'Süddeutschen Blätter', die allen bisherigen Freunden zugeht, sie alle grüße. Gott sei mit unserer Kirche und unserem deutschen Volk!"

C   Irritationen innerhalb der 'Evang. Nationalsozialisten ...'

425   Pfr. Rahm an LKR Voges: Warnung vor Aktivitäten von Pfr. Rössger
Altenheim, 10. Apr. 1933; LKA GA 8089

„Zu meinem großen Bedauern muß ich aber nun heute in einer Sache mich an Sie wenden, die eigentlich nicht vorkommen dürfte. Kollege und Parteigenosse Rössger hat zu meiner größten Überraschung – wie gegen Kollege und Parteigenosse Bernert in Dinglingen – auch gegen mich ein Uschla-Verfahren einleiten lassen mit der Anschuldigung parteischädigenden Verhaltens meinerseits, geschehen dadurch, daß *ich* einen Brief geschrieben haben soll, der wesentlich zu seiner Nichtwahl in Heidelberg beigetragen habe. ...
Denn tatsächlich habe *ich* im Zusammenhang der Heidelberger Pfarrwahl *keinen* Brief geschrieben! Vielmehr habe ich nun inzwischen er-

fahren, daß ein von Ichenheim direkt stammender Brief schwere Anschuldigungen enthalten und nach seiner erfolgten Bekanntgabe allerdings Rössgers Position sehr ungünstig beeinflußt habe. Ich verwahre mich aber aufs entschiedenste gegen derartige Anschuldigungen und Verleumdungen! Ich bitte auch Sie, lieber Herr Kollege, als unsern Landesvorsitzenden, wie ich gleichzeitig auch den evangelischen Oberkirchenrat gebeten habe, mich gegen solche ungeheuerlichen Verdächtigungen in Schutz zu nehmen. Kollege Rössger, mit dem ich trotz mancher sachlicher Differenzen auf ehrlich freundschaftlichem Fuße lebte und den ich wahrlich oft in Schutz nahm, treibt alsgemach ein gefährliches Spiel. Es ist meine Pflicht, Sie als Landesvorsitzenden offen darüber zu orientieren. Es werden jedenfalls Auseinandersetzungen grundsätzlicher Art folgen, die von so weittragenden Folgen werden können, daß es sich heute im einzelnen noch kaum absehen läßt. Aber eines ist sicher – und das muß ich Ihnen nun in aller Kürze sagen –, schuld daran ist niemand anders als Kollege Rössger selbst. ...
Ich fürchte sehr, der Schuß wird gründlich nach hinten gehen, aber mehr noch, es werden nun sachliche Dinge enthüllt werden, die weder Rössgers Position in kirchenpolitischer Beziehung noch aber in der Öffentlichkeit, wenn es dahin dringt, dem Ansehen der ganzen kirchlichen nationalsozialistischen Gruppe, hinter die *ich* mich freudig und mit großen Hoffnungen gestellt habe und der an jenem Tage, als wir in Karlsruhe den Beschluß zu selbständigem Vorgehen faßten, unter der Voraussetzung, daß jenes damalige Verfahren ehrlich und glücklich verfolgt würde, eine große Verheißung gegeben war, förderlich sein wird..."

426 Pfr. Gässler an LKR Voges: Zweifel an Führungsstil und -qualitäten des Landesvorsitzenden der 'Evang. NS'
Wollbach, 4. Mai 1933; LKA GA 8088

„... Sie [Parteigenossen im Kirchenbezirk] sind alle höchst mißtrauisch in Bezug auf 'liberale Verwässerung unseres badischen evangelischen nationalsozialistischen Kirchenprogramms' durch die Bewegung der Deutschen Christen. Ich habe Ihnen erklärt, daß ich nicht wüßte, ob ich aufgrund der neuen Sachlage das meinen Wählern halten könne, was ich ihnen im Wahlkampf seinerzeit versprochen habe lt. unseres alten Programms, und daß ich daher mein Synodalamt niederlegen wolle. Sie erklärten mir aber alle, daß ich das unter keinen Umständen tun dürfe, da sonst gerade die Gefahr noch größer sei, wenn die alten positiven Vorkämpfer zurücktreten. Ich bin deshalb verpflichtet, die Niederlegung meines Amtes zurückzunehmen, da es die Sprecher meiner Wählerschaft so wünschen.
Im übrigen ist meine innere Stellungnahme unverändert, und ich sehe mit Sorge in die Zukunft, genau so wie damals in der Konkordatsfrage.

Ich weiß auch nicht, ob Du die innere revolutionäre Kraft hast, in der Kirchenregierung, und wo es auch sei, mehr zu sein als nur ein etwas andersartiges Anhängsel an die Alt-Positiven; ob Du die Kraft haben wirst, gegen Wuthund Bender und sonstige 'Taktiker' unsere Gruppe *unabhängig* als selbständigen Stoßtrupp mitten durchzuführen. Du weißt wohl, daß ich immer alles ehrlich 'raussage, was ich meine und daß ich niemals ein 'Hintenherumredner' war. Meine Befürchtungen in Bezug auf Deine Führung werden übrigens von den meisten Synodalmitgliedern unserer Gruppe geteilt (etwa 7); bloß haben sie den Mut nicht, es zu sagen. Deshalb spreche ich nur für meine Person. Die andern mögen es für sich selber sagen.
Kannst Du mich aufgrund der von mir geäußerten Bedenken nicht mehr brauchen, dann werde ich mit Freuden zurücktreten. Mein Listennachfolger ist der jetzige Landwirtschaftskammerpräsident von Baden..."

427 Pfr. Barck an LKR Voges: Protest gegen einen Artikel in der 'Breisgauer Zeitung'
Malterdingen, 29. Mai 1933; LKA GA 8088

„In der 'Breisgauer Zeitung' Nr. 125 vom 29. Mai 1933 (Montag) findet sich auf der zweitletzten Seite in der zweiten Spalte ein Artikel mit der Überschrift: Von der Glaubensbewegung 'deutscher Christen', wird uns geschrieben: ...*) Darin ist folgende Stelle zu merken: '... Und hier trifft die evangelische Kirche eine nicht zu leugnende Schuld: Sie duldete wohlwollend, daß jahrzehntelang der weniger Gott als sich selbst verantwortlich dünkende kirchliche Liberalismus von der Kanzel aus und in der Schulstube die Massen veranlaßte, an den unumstößlichen Wahrheiten des biblischen Evangeliums zu zweifeln. ...'
Gegen solche Ergüsse muß ganz energisch Front gemacht werden. Wir sind als nationalsozialistische Parteigenossen laut Anordnung auch Mitglieder der Glaubensbewegung und wollen es auch sein. Aber als solche wollen wir auch den Schutz genießen, auf den wir Anspruch haben. Ich habe an die Zeitung geschrieben. Ebenso an Rose (Kenzingen) mit der Bitte, den Unterzeichner – er zeichnet nur mit F**) –, mir namhaft zu machen. Falls er, Rose selbst, nicht diesem feinen Herrn das Nötige sagen will, möge er es uns Liberalen überlassen."

428 Pfr. Rose an LKR Voges: Information über eine Gegendarstellung an die 'Breisgauer Zeitung'
Kenzingen, 30. Mai 1933; LKA GA 8088

„Anbei sende ich Dir den Durchschlag eines Schreibens, das ich an die 'Deutschnationale' Breisgauer Zeitung gerichtet habe. Diese hatte wie-

---
* Kürzungen in der Vorlage
** nicht zu verifizieren

der einen ausfälligen Artikel von einem 'F.' unterzeichnet. Nach meiner Mitgliederliste ist aber keiner der dort befindlichen Kollegen als Einsender möglich, es muß also irgend ein anderer sein. Hier sehe ich eine große Gefahr, wenn in den Tagesblättern von den 'Deutschen Christen' Artikel kommen und wir gar keine Kontrolle haben, wer die Artikler sind. Darum mein Schreiben und mein Endvorschlag an das Blatt. Ich finde es außerdem nicht richtig, wenn nach unseren gestrigen befriedigend verlaufenen Verhandlungen mit Spies nun auf solche Weise in den Blättern gehetzt wird und dadurch die Entwicklung, wie sie jetzt begonnen ist, wenn nicht gefährdet, so doch erschwert wird. Ich denke, daß Du mit meiner Ansicht und meinem Schreiben übereinstimmst. Gut wäre es, wenn wir durch die Gauleitung hier einen größeren Einfluß auf die Presse ausüben könnten..."

429   Pfr. Rose an 'Breisgauer Zeitung': Vorzensur von DC-Artikeln durch Pfr. Albert oder Pfr. Rose?
Kenzingen, 30. Mai 1933; LKA GA 8088 – Durchschrift

„In Ihrer Nr. 125 vom 29. d. M. findet sich, als von der 'Glaubensbewegung Deutscher Christen' ausgehend, ein Artikel, in welchem geschrieben steht: '...*⁾ Und hier trifft die evangelische Kirche eine nicht zu leugnende Schuld: Sie duldete wohlwollend, daß jahrzehntelang der weniger Gott, als sich selbst verantwortlich dünkende kirchliche Liberalismus von der Kanzel aus und in der Schule die Massen veranlaßte, an den unumstößlichen Wahrheiten des biblischen Evangeliums zu zweifeln. ...'
Der Einsender ist durch das Redaktionsgeheimnis gedeckt, und es liegt mir fern, Sie zu veranlassen, einen Vertrauensbruch zu begehen. Als Kulturreferent für evangelische Belange der Kreisleitung Emmendingen und als Leiter der nationalsozialistischen Pfarrerschaft des Gaues Baden der Glaubensbewegung Deutscher Christen erlauben Sie mir aber, zu diesen Ausführungen einiges zu bemerken, welches ich Sie auch dem Einsender mitzuteilen bitte.
Die frühere 'liberale Vereinigung' in Baden befindet sich gegenwärtig in einer grundsätzlichen Umstellung. Die Geistlichkeit stellt sich auf unser Programm der Deutschen Christen und besonders zu dem Programmpunkt: Bibel und Bekenntnis: – Sie werden selbst zugeben, daß es in dem Zeitpunkt einer solchen Entwicklung nicht günstig und nicht ritterlich gehandelt ist, wenn immer wieder die Vergangenheit hervorgeholt, mit der Gegenwart verquickt und aus dieser dann das Recht zu gehässigen Angriffen hergeleitet wird.
Obwohl ich, von positiver Seite herkommend, Deutscher Christ bin, muß ich Ihnen doch ausdrücklich sagen, daß der Liberalismus in seiner Zeit auch eine geschichtliche Leistung getan hat, daß er in der Entwicklung der evangelischen Kirche sicher eine gottgewollte Berechtigung

---
*   Sämtliche Kürzungen in der Vorlage

hatte. Gegenwärtig wird, wie es der Herr Artikler getan hat, nur zu gern ein Zerrbild gegeben und dem Liberalismus *allein* die Schuld aufgebürdet für Versäumnisse, an welchen auch die *andern* Mitschuld hatten. Ich bin überzeugt, daß Sie, verehrter Herr Redakteur, nicht die Absicht haben, in dem gegenwärtigen Augenblick, da der deutsche Protestantismus so große Aufgaben zu bewältigen hat und durch ungeschickte Pressetätigkeit (cf. Reichsbischof) viel verfahren wurde, in unserem konfessionell so gemischten engeren badischen Vaterland noch neue Unannehmlichkeiten entstehen zu lassen zur Freude der Katholiken.
Da möglicherweise auch mit der Bezeichnung 'Deutsche Christen' von Einsendern Mißbrauch betrieben werden könnte, so würde ich Sie ergebenst bitten, Ihnen eingereichte Artikel von Herrn Pfarrer Albert, Gundelfingen oder auch von mir auf ihre Richtigkeit nachsehen zu lassen. Damit würden auch wir die Verantwortung vor der Gauleitung der Deutschen Christen übernehmen."

430 Freifrau von D. an LKR Voges: Kritik an einer DC-Veranstaltung in Freiburg
Freiburg, 30. Mai 1933; LKA GA 8088

„Darf ich Ihnen die unerhörten Äußerungen Ihrer Deutsch-Christlichen Freunde über unsere Gruppe gleichzeitig zur Kenntnis geben. Ich tue es rein aus persönlichem Entschluß, habe aber Pfr. Kattermann von meiner Absicht gesagt. Der Artikel der Freiburger Zeitung war der Auftakt zu der 'Kundgebung' dieser 'Christen' gestern, Montag abend, im Paulussaal, die vor übervollem Saal inhaltlich recht mager war, und dem Laien, genauer dem freigesinnten Laien, die traurige Empfindung einer verpaßten Gelegenheit erweckte. Denn was hätte man dieser Menschenmenge geben können an vertiefendem, innerlichem Christentum, anstatt der Steine einer halb politischen, halb kirchenpolitischen mehr oder minder oberflächlichen Rederei mit zum Teil unrichtigen Behauptungen. Das Herz tat einem weh, und die Lust, sich zu diesen politisch-kirchlichen Leuten zu gesellen, verging einem.
Wäre es Ihnen nicht möglich, die, wie doch neulich behauptet wurde, fast in der Mehrzahl befindlichen ehemaligen Liberalen unter den Deutschen Christen vor derartigen Verunglimpfungen, wie sie der gewisse 'F' der Freiburger Zeitung bringt, zu schützen..."

431 N.N.: „Die evangelische Reichskirche – Kundgebung der 'Deutschen Christen' im Paulussaal in Freiburg"
Breisgauer Zeitung Nr. 127, 31. Mai 1933; LKA GA 4913

„*Die kommende evangelische Kirche,* wie sie die evangelischen Nationalsozialisten oder die *Glaubensbewegung 'Deutsche Christen'* sich vorstellen, war das Thema, das durch die auf Montag abend in den Paulussaal dahier einberufene öffentliche Versammlung von den Pfarrern *Gässler* aus Wollbach und *Bürck* aus Steinen unter Leitung von Pfarrer Albert aus Gundelfingen behandelt wurde. Das große Interesse, welches begreiflicherweise in unserem Kirchenvolke für die seit Wochen tief bewegende, hochaktuelle Frage besteht, zeigte sich in dem gewaltigen Besuch der Versammlung, für den die Räume des Paulussaales oben und unten kaum ausreichten.

Die von den Gesängen des Kirchenchors der Melanchthonpfarrei umrahmte Veranstaltung nahm einen durchaus würdigen Verlauf, und alle Teilnehmer standen sichtlich unter dem Eindruck, daß es sich hier um einen geschichtlichen Vorgang von größter Bedeutung handelt, den in der rechten Weise mitzuerleben und mitzugestalten, jedem evangelischen Christen ein Anliegen sein muß. Zu diesem letzteren Anleitung zu geben, bezeichnete denn auch in ein paar einleitenden Worten Pfarrer *Albert* als den Zweck der Abendversammlung, um dann Pfarrer *Bürck* das Wort zu geben, der etwa folgendes in einstündiger packender Rede ausführte:

Wir haben in dem Wunder einer fast restlosen Einigung unseres Volkes einen Aufbruch der deutschen Nation erlebt. Wird es auf einer entsprechend höheren Ebene, nämlich der Kirche, zu einem ähnlichen Erlebnis des evangelischen Volksteils kommen? Keine sensationellen Enthüllungen über die Vorgänge in Berlin, die ihrer Entscheidung entgegengingen, dürfe man in dieser Stunde von ihm erwarten. 'Wir haben es jetzt mit uns zu tun', die wir mitberufen sind, den leeren Rahmen zu füllen mit dem entsprechenden Bild – so wie der Reichskanzler mit all seinem Wollen und Können auf politischem Gebiet nichts vermocht hätte ohne die Mitwirkung des Volkes. Dabei handle es sich an diesem Abend durchaus um praktische Gedanken, die innerlich mit einer gewissen Konzentriertheit von der Zuhörerschaft verarbeitet werden müssen, wozu die politische Schulung der letzten Zeit unserem Volk auch die Möglichkeit gegeben habe, das große Geschehen in unserem Vaterlande; die umfassende politische Bewegung habe Auswirkungen gehabt auch auf den Leib der Kirche, wie denn Gott der Herr ja zuweilen durch *politische* Ereignisse, z.B. einst in der Zeit der Befreiungskriege, rede und sie von religiösen Erweckungen begleitet sein lasse. Der Geist weht, wo er will, und die Spuren davon sehen wir jetzt auch wieder in dem Sehnen nach einer Volkskirche angesichts der Gefahr, in der wir standen durch die schlimmen Einwirkungen des Marxismus und Liberalismus. Achtundneunzig Prozent des Volkes waren ja religiös gleichgültig geworden oder standen der Kirche feindlich gegenüber, so daß sie auf dem Wege war, zu einem religiösen Verein herabzusinken.

Und nun hat der deutsche Recke die Zwangsjacke der marxistischen Knechtschaft abgeworfen und will wieder heim zu Familie, Volk und Gott. Dafür gelte es dankbar zu werden, allen Kleinglauben abzutun und sich zu freuen, daß das Volk wieder Lebensbrot will und Quellwasser aus Gottes Wort. Und das sei denn jetzt die Frage an die Kirchen, ob sie Mut und Kraft genug habe und gewinne, dieses Geistesbrot dem heutigen Geschlecht in den Gefäßen zu reichen, aus denen es dasselbe entgegennehmen könne. Luthers Wort vom fahrenden Platzregen, dessen Kommen nicht verpaßt werden dürfe, sei ernste Mahnung für die gegenwärtige Entscheidungsstunde.

Auch die theologischen Fakultäten müßten sich auf die Jetztzeit einstellen und die werdenden Diener der Kirche derart ausrüsten, daß sie willens und fähig werden, wie Missionare ihr Zeugnis abzulegen, auch außerhalb des Kirchenraumes, wie denn selbst ein Wirtshaus unter Umständen zur Kirche werden könne. Ein Paulus, der die Leute gesucht und gefunden habe *allüberall,* sei Vorbild dafür.

Auch die Technik unserer Tage, wie das Radio, brauche nicht ein Werkzeug nur des Satans zu bleiben. Immer komme es darauf an, *wer* auf einem Instrument spiele. Es gelte des weiteren für all die kirchenpolitischen Gruppen, ihr Eigenleben aufzugeben, um die gesamte Kraftentfaltung auf *einen* Punkt, die Gewinnung von Menschenseelen für ihren Heiland, zu sammeln und jeder Korruption zu wehren.

'Wir haben immer wieder und seit langem Protest angemeldet', fuhr der Redner fort, 'gegen die Parlamentarisierung der Kirche und ihren umständlichen Verwaltungsapparat, der so viel Geld verschlang. Es war alles vergeblich.' Der Staat sei schließlich schöpferischer gewesen als die Kirche, die hätte vorangehen müssen. Statt dessen äffte sie die heidnische Demokratie nach. Der ganze kirchliche Wahlapparat wurde einer Kritik unterzogen mit besonderer Betonung der Unwürdigkeit der Pfarrwahl bei uns in Baden, worauf die Schwaben sehr zum Segen ihrer Kirchengemeinden nie hereingefallen seien.

Der Primat des Geistes wurde gefordert. Wie Hitler aus Geist und Glaube Politik getrieben und bewiesen habe mit dem Erfolg seiner Reichstagsrede, daß es höhere Mächte gebe als die Geldschränke der Weltbanken, so müsse auch Glaube und Geist, heiliger Geist, dessen Fest wir demnächst wieder feierten, den Primat haben in der Kirche. Das gleiche gelte von der Übermacht, die für das gepredigte Gotteswort in der Kirche gefordert werden müsse. Hitler sei auch nicht zu einem Bankier oder einem General gelaufen, um sich Autorität zu schaffen, sondern er habe an seine Sendung *geglaubt.* So könne und werde das glaubensstark verkündigte Gotteswort auch wieder die verzagten Herzen froh machen. Nicht theologische Disputationen wolle das Kirchenvolk, nicht Steine, sondern Brot tun not. Auch die Akademiker müßten

wieder mehr Beziehungen gewinnen zum wirklichen Leben und 'Erde riechen'. Das gebe dann 'fruchtbare' Wissenschaft.
Schließlich kam der Redner auch noch auf die Symbole der Sakramente zu sprechen, die man wieder besser verstehen lernen müsse, was er am Rot der Hakenkreuzfahne analysierte, das eben auf Revolution und nicht bloß Restauration deute. Ebenso schilderte er die Bedeutung der *Autorität*, ohne die es keine Erziehung gebe. Unter dem vergangenen 'Unstaat', der Angst vor sich selber gehabt habe, hätten Pfarrer und Lehrer viel Sisyphusarbeit leisten müssen. Gottlob, daß das vorüber ist! Vor allem aber müsse die Ehrfurcht vor dem Heiligen wieder in die Herzen gepflanzt werden. Der Staat ist ohne Macht, wenn nicht seine Glieder auf dem unbeweglichen Grund der Ewigkeit stehen. Der Staat braucht uns, und er will den Wächterdienst der Kirche. Die Kirche bietet sich ihm an: 'Willst Du mich, ich suche dich.'
Anknüpfend an die mit großer Zustimmung aus der Versammlung heraus aufgenommene erste Rede betonte nun auch Pfr. *Gässler* in seinen Ausführungen, daß es eine Glaubensnötigung sei, die ihn und seine Freunde auf den Plan gerufen habe. Und nur im *Glauben* könne man die vorliegende Aufgabe mit Erfolg durchführen. Dabei unterschied er zwischen Reformation, die allein Gottes Werk sei, und Reformen, um die es sich jetzt für uns handle. Die *Reichskirche* müsse geschaffen werden, um der schädigenden Zersplitterungen willen, die uns der jetzige Zustand in den 29 Landeskirchen Deutschlands gebracht habe. Hieraus käme die bisherige politische Bedeutungslosigkeit des evangelischen Bevölkerungsteils, der doch zwei Drittel der Gesamtbevölkerung ausmache. So habe uns der politische Katholizismus speziell in unserem Heimatland aus fast allen bedeutenden Schulstellen beseitigen können, und in den Kommunen zurückgedrängt, wie die Statistik beweise. Auch die in die Gemeinden hineingetragenen theologischen Richtungsunterschiede und kirchenpolitischen Gruppen wurden als schädlich bezeichnet; ebenso die Vielheit der Jugendverbände, die trennen, statt zu einen, überhaupt die Individualisierung und Atomisierung unseres kirchlichen Lebens. Ein Bischof als Führer der Reichskirche sei keine katholische Forderung, sondern biblisch begründet, auch von Luther angeregt.
In Zusammenhang damit wird eine *Umgestaltung der kirchlichen Verfassung* verlangt, wo jetzt noch die von 1919 in Geltung ist.
Auch eine Neuordnung bezüglich der Prälatur und des Dekanats im Sinne des Führergedankens und der lebendigeren Verbindung der Männer der Kirchenleitung mit den Kirchengemeinden wird erstrebt. Ebenso die Mitwirkung des Laienelements in der Wortverkündigung und eine gewisse Lehrzucht, die der Willkür wehrt, damit nicht geradezu Gegensätzliches auf ein und derselben Kanzel vorgetragen werden kann.

Das und Ähnliches sei freilich totes Werk, wenn nicht die neue Belebung von innen und von oben dazu komme. Daher müssen wir wieder *betende* Menschen werden, und namentlich in den Familien soll der Gebetsgeist neu eine Stätte gewinnen. Der verbinde auch Eltern und Kinder stärker miteinander, als es gegenwärtig zumeist der Fall sei. Den Kindern und der Liebe zu ihnen, die den Jungbrunnen der Volkserneuerung darstellen, galt die Schlußerinnerung des Redners.

Mit einem Appell an das in *Gottes Wort gebundene Gewissen* jeden einzelnen Kirchengliedes, wie es Luther mit seinem Beispiel uns vorgelebt hat, ließ der Redner seine Darbietungen ausklingen in den alten Väterspruch: 'Gottes Wort und Luthers Lehr, vergehen nie und nimmermehr.' Stehend sang die ganze Versammlung dann noch: Ein' feste Burg ist unser Gott, worauf man auseinanderging – nicht ohne daß da und dort noch Gruppen beisammenstanden, die bewegt sich gegenseitig über das Gehörte weiter miteinander besprachen."

432 Pfr. Gustav Fr. R. Hack an Pfr. Spies: Widerspruch gegen Diffamierung der Liberalen

Tegernau, 1. Juni 1933; LKA GA 8088 – Original[*])

„... Ich komme gerade von Schopfheim. wo uns Hptl. S. über die Himmelfahrtsbesprechung berichtet hat. Alle Nachrichten überstürzen sich heute, und bis gar wir im kleinen Wiesental etwas hören, ist die Zeit bereits wieder ein Stück weitergeschritten. Ich dachte gestern an Dich, daß Du nun in Frankfurt sein wirst. Was habt Ihr dort beschlossen? Interessiert Dich der Bericht über die Versammlung von Bürck und Gässler in Freiburg? Heute erzählte mir Hugo Specht, daß auch [Paul] Jaeger eine Ehrenkarte zu der Versammlung zugeschickt bekommen hatte, die er aber wieder zurückgab, ohne zu erscheinen, weil in der Breisgauer Zeitung oder sonst wo die unverschämte Bemerkung gestanden habe, daß der Liberalismus die Gottlosenbewegung vorbereitet und gefördert habe. Das ist doch ein starkes Stück. Auch in Schopfheim bezeichnete Gässler den Liberalismus als Dekadenz und Sumpf geistiger Auflösung, in dem man gewatet wäre. Es ist überhaupt lächerlich, wie diese Herren sich drehen können. Einmal nannte Bürck die vox populi als vox Rindvieh, dann nachher wieder als vox dei, wie es ihnen eben paßt. Ich schreibe Dir das nur, damit Du weißt, wie die beiden Gauredner des Oberlandes agitieren. Es ist zum ...!

Was wird werden? Ich bin der Ansicht, daß wir unsere Gruppe nicht völlig aufgeben dürfen und daß wir unbedingt als Gesinnungsgemeinschaft zusammenbleiben müssen. Es muß das möglich sein. Hier bei uns unter der Bevölkerung interessiert man sich kaum für diese aktuellen Kirchen-

---

[*] Dieser Brief wurde vom Empfänger mit der Auflage „vertraulich" LKR Voges zur Kenntnis gebracht.

fragen. Die Leute wissen gar nicht, um was es dabei geht. Die Leute sind zu stumpf dazu. Ich habe mir schon Gedanken gemacht, wie man das ändern könnte, aber vorerst weiß man ja selbst noch nicht, was da geboren wird..."

433   Pfr. Spies an LKR Voges: „Aufruhr im Oberland"

Pforzheim, 2. Juni 1933; LKA GA 8088

„... Zu Hause fand ich allerlei vor: 1.) Einen Herrn aus der Ortsgruppe Lörrach, dann 2.) einen Brief aus Tegernau von unserm Freund Hack dort (mit Zeitungsausschnitt). Das Oberland kocht über vor Aufregung. Gässler und Bürck machen die Leute ganz durcheinander. Ich gebe zur Orientierung noch das Schreiben der Ortsgruppe Freiburg und Barck von Malterdingen mit. Also von Schopfheim über Lörrach, Freiburg bis Emmendingen ein Aufruhr. Namen wie Paul Jaeger z.B. sind nicht geringzuschätzen. Ich bitte Sie *dringendst*, den zwei Herren Gässler und Bürck ihre 'Volksmissionen' einzudämmen, weil ich sonst für nichts garantieren kann. Hack und Barck sind seit langem Mitglieder der NSDAP und haben den Zusammenschluß sehnlichst gewünscht. Hack ist zudem Ortsgruppenleiter seiner Gemeinden, Arbeitslagerführer – mein treuster Freund. Sein Brief ist nur zur Illustration beigegeben. Ich bitte, ihn mir wieder zurückzustellen. Der Mann hat schon allerlei erlebt und darf nicht durch eine Unvorsichtigkeit von Bürck oder so bloßgestellt werden. Also, – seien Sie, bitte, da stramm. Es wäre zu schade, wenn an dem unnötigen Kräfteverbrauch und falschangewandten Idealismus die Sache dort oben schief ginge."

434   Pfr. Bürck an die Leitung der Glaubensbewegung DC Gau Baden: „Entweder – Oder"; Führung der DEK

Steinen, 4. Juni 1933; LKA GA 8088 – Durchschrift mit hds. Zusätzen

„Herren Landeskirchenrat Voges, Pfr. Rössger, Gässler, Prof. Brauß, Pfr. Kiefer, Lic. Rose, Pfr. Bartholomä, Albert und Sauerhöfer

Liebe Freunde!

Es muß jetzt Klarheit werden. Keine Woche länger ertrage ich die Ungewißheit, ob Müllers Opposition rein kirchliche oder machtpolitische Hintergründe hat.

Aus zuverlässiger Quelle höre ich, daß Hossenfelder über Müller sagt, er sei ein ehrgeiziger Stellenjäger.

Ist das wahr, dann ist Müller völlig unmöglich, nicht nur als Reichsbischof, sondern auch als 'Schirmherr'.

Ist aber Hossenfelders Urteil Klatsch, dann *muß* dieser Mann sofort und für immer oben verschwinden.
Die vorschnelle Festlegung auf v. Bodelschwingh durch den Kaplerausschuß war ein Fehler, aber ein noch größerer war die vorschnelle Opposition Müllers und das Mitmachen dieser Opposition durch Voges. — Gässler und ich haben sie natürlich *nicht* mitgemacht.
Nach Andeutungen meines Freundes L. Weichert, den ich wegen seines Austritts hart tadelte, ist sich er und seine Freunde ihrer Sache sehr sicher.
Wir in Baden verlieren in kurzer Zeit alles Vertrauen unserer wertvollsten Freunde aus den Positiven, Jungreformatorischen und erwachten Liberalen, wenn wir sie über unsere Haltung zu Müllers Opposition länger unklar lassen.
Meine Hoffnung und zugleich sehnlichster Gebetswunsch ist: Hitler setzt Hossenfelder und Müller als ungeeignete Makler sofort ab und bestimmt einen Mann von der Art Fezers, Weichert, Althaus etc.! V. Bodelschwingh wird anerkannt. Das Anliegen der Glaubensbewegung Deutsche Christen wird gewahrt durch den stellvertretenden Reichsbischof aus ihren Reihen, der zugleich den Vorsitz im geistlichen Ministerium führt.
Ich hoffe doch sehr, daß Dr. Kapler oder einer seiner Mitarbeiter besonders in Erinnerung an das erfreuliche Gespräch mit Hitler, inzwischen briefliche Schritte in dieser Richtung getan hat.
Für mich — und wie ich hoffe für alle klar stehenden Freunde, d.h. in Distanz von der Politik stehenden Freunde! — ist es unmöglich, mit Hilfe des politischen Parteiapparates und der politischen Macht- und Masseninstinkte einen Machtkampf gegen die hinter v. Bodelschwingh stehenden Kirchenmänner zu entfesseln. Wenn das geblasen wird, trete ich ab. Aber mit mir nicht wenige!
Mit wem und gegen wen aber will dann die badische Gauleitung kämpfen? O unseliger echt dumm-deutscher Bruderzwist!
Von den an Voges und Rössger übersandten Richtlinien zur Stunde weiche ich keinen Schritt. Es geht hier um das Letzte, um alles: um den uns von Gott gegebenen Auftrag, unsere Kirche zu entpolitisieren, ihrem eigentlichen Wesen gemäß neu zu gestalten und in Tätigkeit zu setzen. Sollte in allzu rascher Anlehnung an die Berliner tatsächlich unser Gauleiter Voges einen entscheidenden Fehler in der Führung gemacht haben, müßte auch er die Konsequenzen ziehen. Rössger oder Brauß müßten dann sofort die Leitung übernehmen, evtl. auch Gässler oder Bartholomä.
Wir müssen endlich rücksichtslos klar werden in unserer Führung. Längeres Zaudern zerstört das, was wir zusammen auf dem Boden unseres badischen Gaues aufgebaut haben! — Ich erwarte in den nächsten

Tagen auch ausführliche Antwort von L. Weichert. Bis spätestens Ende dieser Woche muß bei uns in Baden Klarheit sein.
Wir stehen im badischen Oberland ganz unmittelbar vor günstigen Einigungsverhandlungen mit den restlichen Positiven. Die Laien marschieren schier restlos mit. Alles dies reißt jäh und radikal ab, wenn machtpolitisch gegen v. Bodelschwingh Stimmung gemacht wird.
Warum genügen denn die mit Fezer entwickelten neuen Richtlinien zusammen mit dem Loccumer Bekenntnis nicht? Das wäre eine geradezu ideale Lösung, die uns einigen würde. Meine Forderung: Deutscher Gau Baden der Glaubensbewegung Deutsche Christen stellt sich hinter und unter diese wirklich religiöse kirchliche Parole. Dann ist in wenigen Wochen die Sammlung Tatsache!
Gewiß muß auch kirchlich die alte, bewährte Kerntruppe der Kämpfer um die Neugestaltung erhalten und beisammen bleiben – aber mit rein kirchlicher Lösung! –
V. Bodelschwingh ist heute Vormann von Hunderttausenden mit Gebet und Vertrauen als Reichsbischof freudig begrüßt worden. Nachdem so hier der werdende Leib der Deutsch-evangelischen Kirche zum ersten Mal stark und deutlich in Funktion trat, ist es Sünde, gegen die werdende una sancta deutscher Art weiter zu opponieren! Gewiß fehlt uns bei v. Bodelschwingh das Charisma der Führung und des Geisteskampfes; aber dies kann übernommen werden durch entsprechende Männer seines geistlichen Stabes (analog Goebbels und Göring). Seine Mängel in dieser Richtung aber sind weit ausgeglichen durch den Segen des größeren Vaters und die universale, warme Geltung seines Namens im In- und Auslande.
Es ist tragikkomisch, trotz allem berechtigten Widerstand, wenn Müller mit Wahlkampf droht. In der kommenden Kirche *muß jede* Opposition mit kirchlichen Waffen ausgefochten werden. Es hieße, Gott versuchen, wenn wir durch parlamentarische Machtprobe unsere Forderungen durchsetzen wollten. Das kann der Staat tun – aber nie mit Segen der Kirche.
Wenn Müller befehlen und führen will, dann hätte er folgende Weisung für die Glaubensbewegung Deutsche Christen geben müssen: Wir sagen ja zu v. Bodelschwingh. – Unsere *Glaubens-* und Kirchenanliegen sind *sachlich* garantiert durch den geschichtlichen Auftrag und die innere, unwiderstehliche Kraft unserer Bewegung; *persönlich* durch Männer von Führerqualität unserer Bewegung mit entscheidendem Einfluß sowohl im Aufbau der neuen Verfassung, als auch mit dem Recht der Besetzung entscheidender Machtpositionen im geistlichen Ministerium der endgültigen obersten Führung der Reichskirche.
Gegen eine solche Stellungnahme hätte Hitler bestimmt nichts eingewendet! Man mißbraucht doch nicht die Person des Führers für kirch-

liche Machtpolitik! Hitler denkt und fühlt klarer und reiner über die total verschiedenen Lebenssphären von Kirche und Staat als manche seiner enthusiastischen kirchlichen Paladine!
Es mag etwas anmaßend *scheinen*, daß ich nach so kurzer Mitgliedschaft solch tiefgreifende Forderungen erhebe. Gerade weil ich in der Zusammenarbeit mit Gässler und in der uns so frohgemut machenden Volksmission der letzten Wochen klar und stark die vom Herrn der Geschichte uns gestellte Aufgabe der Erweckung und Sammlung des Kirchenvolkes erkannt und erlebt habe, nehme ich wie Freund Gässler damals mir den Mut und das Recht zu sagen: Entweder – oder!
Warum gehen wir als Gau Baden nicht selbständig vor und reißen dann die anderen Gaue mit auf die kirchliche religiöse Linie? Etwa so wie ich oben mir eine kirchliche Lösung aus dem Munde Müllers gedacht habe! Dann – und nur dann, stehen wir im lebendigen schöpferischen Strom des Glaubens und der Fürbitte – der ewigen, unsichtbaren Kirche.
Gott helfe uns, etwas Ganzes und Tapferes zu tun."

435 LKR Voges an Pfr. Bürck: Ausschluß aus der Glaubensbewegung DC, Gau Baden
Karlsruhe, 7. Juni 1933; LKA GA 8088 – Durchschrift

„Ihre reichlich sprunghaften und wankelmütigen Meditationen in Korrespondenzform und Ihre glatte Weigerung, sich den Anordnungen der Reichsleitung zu unterstellen, zeigen mir deutlich, daß Sie vom nationalsozialistischen Führerprinzip keine Ahnung haben. Sie werden es verstehen müssen, wenn ich Sie mit sofortiger Wirkung aus der Glaubensbewegung Deutscher Christen ausschließe."

436 Pfr. Rössger an LKR Voges: Bedenken gegen Eigenmächtigkeiten von Pfr. Streng und Verleger Hirsch
Ichenheim, 8. Juni 1933; LKA GA 8088

„Anbei das Gilbert'sche Schreiben[*] an Dich, das Dir sicher schon bekannt sein wird. Ich bin der Meinung, daß – unbekümmert darum, ob Streng Unrecht getan hat oder nicht – ihm von uns gleichwohl ein Redeverbot aufgehängt wird. Ich bin erstaunt, daß der Mann noch im Amt ist und Vorträge hält. Er belastet uns derart, daß wir ihn nicht tragen können. Weise ihn scharf in die nötigen Schranken.
Hattet Ihr eine Pressekonferenz? Durch die Möglichkeit oder Notwendigkeit eines Verlagswechsels leidet unsere Werbung sehr not, wie wohl jetzt, wo in den Städten von uns überall Versammlungen stattfinden, die beste Gelegenheit wäre. Im übrigen freut sich die Schriftleitung, wenn man sie etwas informiert über das, was so geht. So wie ich jetzt meine Tätigkeit betreiben muß, ist das ein unhaltbarer Zustand. Ich habe auf die Gestaltung des Blattes kaum mehr Einfluß. Hirsch macht ja, was er will. Genug."

* nicht auffindbar

437 LKR Voges an Pfr. Gässler: Rechtfertigungsversuche
Karlsruhe, 9. Juni 1933; LKA GA 8088 – Durchschrift
„Zu all Deinen Briefen kann ich nur das eine sagen: Du hast Dich verwirren lassen. Ich bitte Dich noch einmal dringend und herzlich als Freund, laß Dich unter keinen Umständen aus der bewährten Linie abdrängen. Daraus mache ich Dir zwar keinen Hehl, daß ich Deine Weigerung meiner Anordnung gegenüber und Deine Unterhaltung mit Weber in Freiburg, die weidlich ausgenützt wird von den Herrn Positiven, als einen Dolchstoß empfinde ...*) Auch ist Deine Behauptung, daß ich im Oberland kein Vertrauen mehr habe, etwas so Unglaubliches, da mich ja die wenigsten dort persönlich kennen. Ob ich das Vertrauen oder Mißtrauen von Männern wie Weber und Konsorten habe, das ist nun bei Gott sehr gleichgültig. Ich gehe meinen Weg, wie ich ihn ganz besonders vor der Reichsleitung zu verantworten habe."

438 Pfr. Krastel an [Pfr. Beisel ?])**: Vortrag von Pfr. Rössger in Lahr**
Lahr, 21. Juni 1933; LKA GA 8087
„Leider komme ich erst heute dazu, Dir beiliegenden Brief von Rössgers öffentlichem Vortrag***) hier bei den 'Deutschen Christen' zu übersenden.
Ich bin Dir im Namen aller hiesigen Freunde dankbar, wenn Du ihm auf den Mund klopfst. Die typisch orthodoxe Verständnislosigkeit für den freien Protestantismus. Und daß der Kirchliche Liberalismus von der französischen Aufklärung komme, ist entweder bodenlose Unwissenheit oder bewußte Verleumdung.
Ich werde mich sehr freuen, wenn Ihr in der Synode etwas habt ausrichten können; man wird ja aus den Berichten das Nötige ersehen.
Zu dem betreffenden Vortrag Rössgers konnte ich nicht, da wir (die Positive Vereinigung) schon vorher eine Versammlung für unsere Mitglieder festgesetzt hatten, die nicht zu verschieben war. Dabei wurde übrigens die Entscheidung über die fernere Zugehörigkeit bis nach Abschluß der Tagung der Landessynode verschoben."

439 Pfr. Beisel an [LKR Voges ?]: Warnung vor Abwertung des kirchl. Liberalismus
Lahr, 21. Juni 1933; LKA GA 8087
„In Lahr, wo ich gerade zu Besuch bin, bekam ich einen Bericht der 'Lahrer Zeitung' über eine Kundgebung der 'Deutschen Christen' mit einem Vortrag des Kollegen Rössger zu lesen. Amtsbruder Krastel sagte mir, daß er Ihnen den entsprechenden Zeitungsausschnitt gesandt hat.
– Es ist mir ein Bedürfnis, Ihnen auszusprechen: Wenn die 'Deutschen

---
* Kürzungen in der Vorlage
** Im Original von Pfr. Spies an LKR Voges weitergeleitet
*** Nicht auffindbar

Christen' künftig das Wesen des bisherigen kirchlichen Liberalismus auch weiterhin in der Öffentlichkeit so abfällig beurteilen, wird es sicher nicht nur mir, sondern auch vielen anderen aus Wahrhaftigkeit nicht möglich sein, der Bewegung anzugehören – trotz aller Sehnsucht nach Überwindung der bisherigen kirchenpolitischen Gegensätze und nach Einheit in deutscher und evangelischer Gesinnung. Abgesehen, daß es für das heutige Geschlecht größtenteils eine Phrase ist, die Confessio Augustana als Ausdruck eigenen Glaubens auszugeben, ist es doch höchst verkehrt, eine Volkskirche (eine solche muß doch unser Ziel sein) auf einer nur für ganz wenige ernsthaft geltenden, für die Mehrzahl aber ganz unlebendigen Grundlage erbauen zu wollen. Sehr wichtig ist Rössgers Satz: 'Wo Bekenntnisse dazu benützt werden, um Volksteile gegeneinander feindselig auszuspielen, ist das große Gebot Gottes, die Liebe, mißachtet.' Wenn man sich nur immer an die Wahrheit dieses Satzes hielte!! – Übrigens halte ich es für eine sehr ernste Pflicht, unser möglichstes zu tun, um ein dem Evangelium schädliches Staatskirchentum abzuwenden."

D Organisation der 'Evang. Nationalsozialisten ...'

440 LKR Voges an RLtr.-DC Hossenfelder: Funktionsträger der Glaubensbewegung DC, Gau Baden
Karlsruhe, 3. Mai 1933; LKA GA 8089 – Durchschrift

„Wir hier im Süden durchschauen die Entwicklung der kirchlichen Dinge nicht mehr ganz nach der Ernennung des Wehrkreispfarrers Müller zum Vertrauensmann zwischen Staat und Kirche. Hat diese Ernennung auch Einfluß gehabt auf die Reichsleitung unserer Glaubensbewegung?
Wir haben in der vergangenen Woche die Gleichschaltung mit der Glaubensbewegung deutscher Christen in Preußen hier in Baden durchgeführt. Ich lege Ihnen unsere Entschließung vor. Die Organisation steht zum größten Teil und ich bitte, daß Sie von ihr Kenntnis nehmen:
Landesleiter und Fraktionsführer: Landeskirchenrat Voges
Organisation: Pfarrer Gässler, Wollbach (Amt Lörrach)
Propaganda: Pfarrer [Friedrich] Kiefer, Mannheim, Körnerstr. 47
Presse und Schriftwart: Pfarrer Rössger, Ichenheim (Amt Lahr)
Personalreferent und Schatzmeister: Pfarrer Ulzhöfer, Flehingen
Personalreferent für Studenten und Vikare: Pfarrer Sauerhöfer, Gauangelloch bei Heidelberg
Kulturreferent: Hauptlehrer Curth, Zwingenberg.
Die Kreiskirchenleiter sind zum Teil schon ernannt, zum Teil werden sie auf und nach der Landeskirchentagung ernannt werden. Unser amtliches Organ für Baden ist ja, wie wir es in Berlin abgesprochen haben, das Blatt 'Kirche und Volk'. Es ist selbstverständlich, daß von nun an die

Amtsverwalter auch 'Evangelium im Dritten Reich' beziehen werden.
Zu den obigen Adressen kommen noch folgende dazu:
Pfarrer Albert, Gundelfingen bei Freiburg
Pfarrer Rose, Kenzingen (Leiter des nationalsozialistischen Pfarrerbundes)
Oberbaurat Dr. Dommer, Karlsruhe, Roggenbachstr. 22
Hauptlehrer Henrich, Sinsheim
Pfarrer Spörnöder, Stebbach (Amt Sinsheim)
Amtsgerichtsrat Reinle, Karlsruhe — Justizministerium
Exzellenz von Reichenau, Schloß Rotenberg bei Wiesloch
Ich bitte, daß an diese Herren ebenfalls die Richtlinien der Glaubenbewegung gesandt werden...
Wer kommt zur Landeskirchentagung nach Karlsruhe, Sie oder Wehrkreispfarrer Müller? Ich bitte um alsbaldige Klärung aller der schwebenden Fragen."

441 LKR Voges an Pfr. Rose: Veröffentlichung des „Organisationsplans"
Karlsruhe, 3. Mai 1933; LKA GA 8089 — Durchschrift

„Nach langem Kampf mit der Schriftleitung habe ich erreicht, daß der Organisationsplan morgen im 'Führer' erscheint. Wir sind hier an der Arbeit, die NS-Pfarrer restlos zu ermitteln, die ersten Karten werden Dir Ende der Woche zugesandt."

442 Glaubensbewegung DC, Gau Baden — gez. Pfr. Rose: Umorganisation der NS-Pfarrerschaft
Kenzingen, 7. Mai 1933; LKA GA 8088 — Rds.

„1) Ich bin am 26. April zum Leiter der nationalsozialistischen Pfarrerschaft Badens ernannt worden cf. 'Führer vom 4. Mai Folge 122 Seite 7.'
2) Die 'Kirchliche Vereinigung für positives Christentum und deutsches Volkstum' hat sich lt. Befehl der Reichsleitung der NSDAP der 'Glaubensbewegung Deutscher Christen' angeschlossen und nennt sich: 'Glaubensbewegung deutscher Christen, Gau Baden'.
3) Nach Anordnung der Reichsleitung haben alle evangelischen Pfarrer, die der NSDAP angehören, zusammengeschlossen im nationalsozialistischen Pfarrerbund, auch Mitglieder der 'Glaubensbewegung deutscher Christen, Gau Baden' zu sein.
4) Wir haben die 10 Leitsätze der Glaubensbewegung deutscher Christen von deren Tagung am 5. April 1933 uns zu eigen gemacht, wie auch den Aufruf der Glaubensbewegung deutscher Christen.

5) Damit sind lt. Anordnung der Reichsleitung unsere badischen Programmsätze vom vergangenen Jahr bis auf weiteres beiseite gestellt.

6) Wir gehorchen!

7) Gegen Mißverständnisse: Auf der Reichstagung der Deutschen Christen vom 5. April 1933 wurde ausdrücklich die Geltung des Alten Testamentes anerkannt. Es behält also seine bisherige Bedeutung uneingeschränkt.

8) Im Mai noch findet in Karlsruhe eine große Tagung der 'Deutschen Christen' statt mit einem Referat des Reichsleiters, Parteigenosse Pfarrer Hossenfelder – Berlin. Alle NS-Pfarrer haben sich für diese Tagung frei zu machen und diese zu besuchen. Auch Laien, Kirchengemeinderäte u.a. sind zur Teilnahme zu veranlassen.

9) Über den Empfang dieses Rundschreibens ist mir auf Karte eine Bescheinigung zu senden. Die Eingänge werden registriert.

10) Auf derselben Karte ist mir anzugeben, wer in den einzelnen Kirchenbezirken (Diözesen) der Leiter des NS-Pfarrerbundes ist oder werden soll."

443 LKR Voges an Pfr. Schairer / Stuttgart-Hedelfingen: Ankündigung der Landeskirchentagung in Karlsruhe

Karlsruhe, 10. Mai 1933; LKA GA 8089 – Durchschrift

„Wir haben am Sonntag, den 21. Mai und am Montag, den 22. Mai unsere Landeskirchentagung in Karlsruhe. Da nun von der Reichsleitung in der öffentlichen Kundgebung am Sonntag abend bereits zwei Herren von der Reichsleitung bestimmt, nämlich Pfarrer Hossenfelder und Bundespfarrer Peter, so bitte ich Sie, am Montag, den 22. Mai die Theologische Schulung der Pfarrer zu übernehmen im Sinne unserer Bewegung. Sie werden sprechen über das Thema Theologie und die deutsche Gegenwart. Ihr Korreferent wird sein Prof. Dr. Brauß, Mannheim. Eine halbe Stunde Zeit haben Sie zu reden.

Da Sie Einfluß auf den Südfunk haben, so bitte ich Sie, zu veranlassen, daß eventuell die öffentliche Kundgebung am Sonntag abend wenigstens zum Teil übertragen wird. Ist dies nicht möglich, so wäre es mir sehr lieb, wenn ich etwa am Samstag, den 20. Mai, 15 bis 20 Minuten Zeit erhielte, um einen kurzen Werbevortrag für unsere Landeskirchentagung und für unsere Glaubensbewegung zu halten.

Ich bitte fernerhin, daß Sie in Württemberg auf unsere Landeskirchentagung die Amtsbrüder aufmerksam machen."

444 RLtr.-DC Hossenfelder an LKR Voges: Organisationsplan der DC für Süddeutschland

Berlin, 16. Mai 1933; LKA GA 8090

„... Organisation IV erhält den Namen Süddeutschland und wird geführt von Landeskirchenrat Fritz Voges, Karlsruhe, Riefstahlstr. 5. In ihm sind folgende Landeskirchen zusammengefaßt:
1. die evang. Landeskirche in Württemberg,
2. die vereinigte evang.-protestantische Landeskirche Badens,
3. die Pfälzische Landeskirche,
4. die evang.-lutherische Kirche in Bayern rechts des Rheins,
5. die evang. Kirche des Landesteils Birkenfeld.

Folgende Herren sind hier von mir ernannt worden:
zu 1 (Württemberg): die Herren Pfarrer Schairer, Stuttgart-Hedelfingen, und Pfarrer Rehm, Simmersfeld/Württ.
zu 2 (Baden): Landeskirchenrat Fritz Voges, Karlsruhe
zu 3 (Pfälz. Landeskirche): Pfarrer Schmidt[*]), Nünschweiler
zu 4 (Bayern rechts des Rheins): Pfarrer Klein, Grafengehaig/Bayern und Pfarrer Putz, München-Sendling
zu 5 (Birkenfeld): noch nicht ernannt ..."

445 N.N.: Glaubensbewegung DC, Gau Baden — „Entschließung" der Synodalfraktion der 'Evangelischen Nationalsozialisten'

SdtschBl. Nr. 5, Mai 1933, S. 41f., vgl. Dok. 500

„Die Glaubensbewegung 'Deutsche Christen' hat das Ziel, aus den unter sich und in sich gespaltenen evangelischen Landeskirchen eine machtvolle Evangelisch-Protestantische Reichskirche, Deutscher Nation, die sich in einzelne, ihre Eigenart wahrende Landeskirche gliedert, zu schaffen. Der Entdemokratisierung dient die Ersetzung der parlamentarischen Kirchengewalten durch Kirchenführer (Landesbischöfe und Reichsbischof). In Verfolg einer Anordnung der Reichsleitung der Glaubensbewegung 'Deutsche Christen' ist die aus den religiösen Kräften der Deutschen Freiheitsbewegung hervorgegangene 'Kirchliche Vereinigung für Positives Christentum und Deutsches Volkstum', die im Vorjahre gegründet und in die badischen, kirchlichen Vertretungskörper eingezogen ist, in den Gau Baden der Glaubensbewegung 'Deutsche Christen' übergeleitet worden. Der evangelische Kirchenreferent der NSDAP, Gau Baden, Landeskirchenrat Pfarrer Voges in Karlsruhe, ist Leiter der Glaubensbewegung 'Deutsche Christen', Gau

---
* Hds. korrigiert in: Diehl, Mackenbuch

Baden. Nach Bestimmung der Reichsleitung sind sämtliche badischen evangelischen Geistlichen, die Mitglieder der NSDAP sind, ohne weiteres Mitglieder der 'Glaubensbewegung', Gau Baden. Die Richtlinien der Glaubensbewegung gelten selbstverständlich auch für den Gau. Ruhend auf den Grundlagen des evangelisch-reformatorischen Glaubens, Bibel und Bekenntnis, legen sie ein glühendes Zeugnis zum deutschen Volkstum und zur Aufgabe der Kirche an der Wiedergeburt der Nation ab. Die Richtlinien sind so gehalten, daß sich alle vom Geist der Nationalsozialistischen Freiheitsbewegung innerlich erfaßten Geistlichen und Laien der Glaubensbewegung anschließen können.
Um das Ziel, eine von Hemmungen kirchenparlamentarischer Art befreite, am Wiederaufbau des deutschen Volkes wirksamst mitarbeitende Landeskirche möglichst rasch zu erreichen, wird gefordert, daß durch kirchliches Not- oder Ermächtigungsgesetz ein oberster Kirchenführer weitgehende Vollmachten erhält. Im besonderen wird verlangt, daß der Kirchenführer alle jene Bestimmungen der Kirchenverfassung, welche zur Zersplitterung unter den Geistlichen und unter den Laien zwangsläufig führen müssen, bis zur endgültigen Formung einer neuen Verfassung außer Kraft setzen und abweichende Vorschriften erlassen darf. Vor allem soll der Kirchenführer die meist zu Verstimmungen und Zerwürfnissen führende Wahl der Geistlichen aufheben und dafür Pfarrer und Dekan ernennen dürfen. Die wertvolle Mitarbeit der örtlichen Kirchenvertretungen soll bestehen bleiben. Angehörige marxistischer Organisationen sollen weder Geistliche noch Laienvertreter der Kirche sein können. Marxistische, kirchliche Vereinigungen sind aufzulösen.
Zur Gleichschaltung des Badischen Pfarrvereins wird angemessene Vertretung der Glaubensbewegung 'Deutsche Christen' in dessen Leitung verlangt.
Die Organisation des Gaues Baden wird auf Anordnung der Reichsleitung der Glaubensbewegung neu aufgebaut. Alle Geistlichen und Laien, die sich mit den großen Zielen der Glaubensbewegung 'Deutsche Christen' verbunden fühlen, werden eingeladen, sich ihr anzugliedern und an der Schaffung einer an der Erneuerung der deutschen Nation in vorderster Front teilnehmenden, geeinten, evangelischen Führerkirche mitzuwirken."

446 N.N.: Unterstellung der 'Evang. Nationalsozialisten' in Baden unter die Reichsleitung der DC
KPBl. Nr. 10, 21. Mai 1933, S. 79f.

„Was man schon lange vorausgesehen hat, ist geschehen:
Wie die Synodalfraktion der Evang. Nationalsozialisten in Baden bekannt gegeben hat, ist in Verfolg einer Anordnung der Reichsleitung der Glaubensbewegung 'Deutsche Christen' die aus den religiösen Kräften der deutschen Freiheitsbewegung hervorgegangene 'Kirchliche Ver-

einigung für Positives Christentum und Deutsches Volkstum' in den Gau Baden der Glaubensbewegung 'Deutsche Christen' übergeleitet worden. Damit hat bedauerlicherweise die Selbständigkeit und Eigenart der seitherigen Vereinigung der evangelischen Nationalsozialisten Badens ein Ende genommen.

Denn das Verhältnis, in dem der Gau Baden der 'Deutschen Christen' zu der Reichsleitung derselben steht, ist das des Gehorsams.

So sagt es ja auch eindeutig die Entschließung: Die 'Richtlinien der Glaubensbewegung' gelten selbstverständlich auch für den Gau. Wenn nun aber in derselben Veröffentlichung auch folgender Satz steht: 'Nach Bestimmung der Reichsleitung sind sämtliche badische evangelische Geistliche, die Mitglieder der NSDAP sind, ohne weiteres Mitglieder der Glaubensbewegung, Gau Baden', so dürfte hier der Versuch einer Nötigung vorliegen, die in direktem Gegensatz zu den einfachen Forderungen persönlicher Freiheit und Willensentscheidung zu stehen scheint.

Die kirchliche Haltung wird hier nicht mehr von kirchlichen, sondern weltlichen Grundsätzen aus entschieden. Das aber würde das Ende dessen bedeuten, was man unter *Selbständigkeit der Kirche* sich vorzustellen pflegte. Dem im Zentrum vertretenen politischen Katholizismus hat man mit Recht den Vorwurf gemacht, daß er staatspolitische Entscheidungen vom kirchlichen 'ultramontanen' Standpunkt aus treffe und damit keine zuverlässige deutsche Politik treiben könne. Man hat diese Haltung als staatsgefährlich bekämpft. So kann aber auch eine Kirche, auch eine Evangelische Kirche deutscher Nation, nur unter Wahrung *kirchlicher* Prinzipien gebaut und erhalten werden."

447 [LKR Voges]*⁾: „Organisation" zum Landeskirchentag der Glaubensbewegung DC, Gau Baden, am 22. Mai 1933

Karlsruhe, o.D.; LKA GA 8088 – masch. Entwurf mit hds. Ergänzungen

„1. Propaganda

a. Presse:

In alle Zeitungen ist womöglich ein Hinweis auf diese äußerst wichtige Tagung zu bringen. Sämtliche nationalsozialistische Zeitungen im Gau Baden bringen noch in dieser Woche eine Voranzeige; in der nächsten Woche müssen mindestens zwei Hinweise gebracht wer-

---

* Da die Organisationsgrundsätze auf einem Kopfbogen des 'Pfarrers der Christuskirche Karlsruhe' verfaßt sind, bietet sich LKR Voges als Muster an.

den, am Samstag der nächsten Woche im Führer und in den wichtigen Karlsruher Zeitungen Anzeigen mit bestimmter Tagesordnung. Vielleicht tut das Pforzheim, Bretten, Bruchsal, Heidelberg, Mannheim, Rastatt ebenfalls.

b. Rundfunk:
Es ist zu erreichen über Pfarrer Schairer/Stuttgart-Hedelfingen, daß uns der Südfunk irgendwie zur Verfügung gestellt wird.

c. Organisation:
1. Plakate (Schriftleitung des Führers)
2. Säle (Festhalle und Rathaussaal)
3. Vorversammlungen Mannheim, Heidelberg, Karlsruhe rufen in den nächsten Tagen ihre Kirchengemeindevertreter zusammen, weisen auf die Gestaltung der Reichskirche hin und laden zur Tagung ein.
4. Die übrigen Führer haben im ganzen Land ebenfalls eifrigst Propaganda zu treiben.

d. Freiquartiere:
1. Aufruf in der Zeitung zur Gestellung von Freiquartieren
2. Errichtung eines Quartierbüros
3. Mitteilung der Teilnehmerzahl und wer Freiquartier wünscht

e. Tagungsgeld

f. Programme

g. Einladungen

h. Festgottesdienst am 22.5., vormittags, 9 Uhr, in der Kleinen Kirche"*)

448 Pfr. Rose an LKR Voges: Bezirksleiter der Glaubensbewegung DC, Gau Baden

Kenzingen, 23. Mai 1933; LKA GA 8090

„Anbei das Verzeichnis der Bezirksleiter, soweit diese ernannt sind, von uns wenigstens.

---

* Hds. zugefügt sind vier weitere Punkte:
    i) Kartenvorverkauf in den einzelnen Ortsgruppen
    k) Flugblätter
    l) Ortsgruppen-Propagandaleiter einladen wegen Verteilung der Flugblätter
    m) Druckerei R e i f f

Kirchenbezirk Adelsheim
„   Baden-Baden, Rud. Löffler/Gaggenau
„   Boxberg, ? (es gehören uns an: Schulz/Unterschüpf und Schimmelbusch/Uiffingen)
„   Bretten, Ulzhöfer/Flehingen
„   Durlach
„   Emmendingen, Rose/Kenzingen
„   Eppingen, Spörnöder/Stebbach
„   Freiburg, Albert/Gundelfingen
„   Heidelberg, Bähr, Hans/Heidelberg-Wieblingen
„   Hornberg, Engler/Kirnbach, Amt Wolfach
„   Karlsruhe, Hemmer
„   Karlsruhe-Land, Deussen/Eggenstein
„   Konstanz, Kühlewein, Wolfgang/Konstanz
„   Ladenburg-Weinheim, Teutsch/Leutershausen
„   Lahr, Kramer/Meißenheim
„   Lörrach, Gässler/Wollbach
„   Mannheim, Kiefer, Friedr.
„   Mosbach, Mampel/Neckarzimmern
„   Müllheim, Teutsch, Fritz/Laufen
„   Neckarbischofsheim, Hopp/Neckarbischofsheim
„   Neckargemünd, Sauerhöfer/Gauangelloch
„   Oberheidelberg, Schenk, Theod./Neulußheim
„   Pforzheim-Land, Neef/Kieselbronn
„   Pforzheim-Stadt, Rössger
„   Rheinbischofsheim, Bartholomä/Renchen
„   Schopfheim /es gehören zu uns: Altenstein/Todtmoos, Hack/Tegernau, Fuchs/Hasel
„   Sinsheim, Schenck, Erwin/Ehrstädt
„   Wertheim (Stadtvikar Scherrer)"

449 LKR Voges an RLtr.-DC Hossenfelder: Übereinkunft mit GauLtr. Wagner über Propaganda-Strategie
Karlsruhe, 9. Juni 1933; LKA GA 8090 – Durchschrift

„... Mit dem Gauleiter Badens, Herrn Reichsstatthalter Wagner, habe ich heute gesprochen und mit ihm die Propaganda festgelegt..."

450 NSDAP-Pressedienst – gez. Ernst D. u. Pfr. Bartholomä: „Abmachung" über Presseveröffentlichungen
Karlsruhe, 20. Juni 1933; LKA GA 8088

„Zwischen dem 'Nationalsozialistischen Pressedienst Baden' Staatsministerium, Erbprinzenstr. 15, Telephonnummer 5022, Schriftleiter Ernst D., und der Glaubensbewegung Deutscher Christen in Baden, vertreten

durch Herrn Pfarrer Bartholomä, werden folgende Vereinbarungen getroffen über die Behandlung von Nachrichten, die die Evangelische Kirche und die Glaubensbewegung Deutscher Christen betreffen.
I. Gauamtliche Mitteilungen der Glaubensbewegung Deutscher Christen Gau Baden gehen grundsätzlich und ausschließlich an den 'Nationalsozialistischen Pressedienst Baden' und werden von diesem an die nationalsozialistische Presse sofort weitergeleitet mit dem Vermerk: 'Von sämtlichen nationalsozialistischen Blättern nachzudrucken.' Drei Stellen sind berechtigt, solche amtliche Mitteilungen herauszugeben, und zwar 1. der Gaukirchenreferent, Herr Landeskirchenrat Voges/Karlsruhe, 2. der Propagandaleiter, Herr Pfarrer Kiefer/Mannheim und 3. der Organisationsleiter, Herr Pfarrer Gässler/Wollbach bei Lörrach.
II. Aktuelle Mitteilungen, die die Glaubensbewegung Deutscher Christen, Gau Baden, an die Presse zu geben wünscht, übergibt sie dem 'Nationalsozialistischen Pressedienst Baden'. In Fällen, in denen eine allgemeine Verbreitung in der gesamten Presse geboten erscheint, wird von Fall zu Fall mitgeteilt, ob eine solche Verbreitung über WTB und TU erwünscht ist.
III. Artikel, auch grundsätzlicher Art, werden durch Herrn Pfarrer Sauerhöfer an den NSPB gegeben. Bei der Formulierung erscheint es zweckmäßig, den zeitungstechnischen Gesichtspunkt zu beachten, daß häufigere, aber kürzere Artikel von den Zeitungen besser verwertet werden können und auch propagandistisch wirksamer sind, als selten erscheinende und sehr umfangreiche Aufsätze."

451 NSDAP-Pressedienst – gez. Ernst D. – an LKR Voges: Einschränkung der Vereinbarung in Dok. 450
Karlsruhe, 22. Juni 1933; LKA GA 8088

„Unsere kürzliche Abmachung über die Zusammenarbeit zwischen der Glaubensbewegung Deutscher Christen, Gau Baden, und dem 'Nationalsozialistischen Pressedienst Baden' muß leider eine Einschränkung erfahren, die sich auf Punkt I bezieht. Wie mir von seiten der Gauleitung mitgeteilt wurde, ist es wohl der Wunsch der Parteileitung, die Glaubensbewegung Deutscher Christen durch unsere Presse in jeder Weise zu unterstützen, jedoch zählt die Glaubensbewegung nicht offiziell zu den parteiamtlichen Abteilungen, kann daher keine parteiamtlichen Mitteilungen herausgeben.
Wie Sie aus dem kürzlich Ihnen zugeleiteten Durchschlag meines Schreibens an die Schriftleitungen ersehen wollen, habe ich veranlaßt, daß die Belange der Glaubensbewegung Deutscher Christen von diesen in gebührender Weise berücksichtigt werden. Ich gebe der Hoffnung Ausdruck, daß künftighin die von Ihnen kritisierten unliebsamen Irrtümer sich nicht wiederholen werden."

452 LKR Voges an DC-LLtr. Bayern, Württemberg u. Pfalz: Solidarität der sdtsch. LLtr. gefordert
Karlsruhe, 27. Juni 1933; LKA GA 8088 – Durchschrift

„... 1. Am 15. d.M. habe ich den Herren Landesleitern die Anordnung der Reichsleitung erteilt, den Organisations- und Arbeitsplan zu melden. Bis heute habe ich allein die Meldung von Württemberg. Ich erbitte die Meldung der übrigen Landesleitungen bis Montag, den 3. Juli.
2. Es ist der Wunsch der Reichsleitung, daß Zustimmungstelegramme an den Kultusminister Rust/Berlin, Unter den Linden, gesandt werden. Ich bitte, dies unverzüglich zu tun, da wir unsere Brüder in Preußen, die leider nicht über so klare kirchliche Verhältnisse verfügen wie bei uns im Süden, mit allen Mitteln unterstützen.
3. Bei einer Theologenbesprechung unter Pfarrer Schairer hier in Karlsruhe hat sich wieder einmal die Unfruchtbarkeit aller theologischen Debatten gezeigt. Darum nur Volksversammlungen..."

453 LKR Voges an GauLtg. der NSDAP: Zusammenarbeit zwischen KrsLtrn. u. Kreiskirchenreferenten
Karlsruhe, 27. Juni 1933; LKA GA 8088 – Durchschrift

„... Nachdem nun die Kirchenreferenten für die einzelnen Kreise von mir ernannt und von den Herren Kreisleitern bestätigt worden sind, bitte ich die Kreise anweisen zu wollen, daß in Zukunft für religiöse Ansprachen zu Fahnenweihen oder Feldgottesdiensten zunächst die Kreiskirchenreferenten in Kenntnis gesetzt werden, um den Redner zu bestimmen. Es ist nämlich vorgekommen, daß zu Veranstaltungen Pfarrer herangezogen wurden, die weder mit dem Nationalsozialismus noch mit der Glaubensbewegung 'Deutsche Christen' etwas zu tun haben. Für eine baldige Regelung wäre ich sehr dankbar.
Weiterhin bitte ich bei der Reichsleitung vorstellig zu werden, daß uns nationalsozialistischen Pfarrern, besonders aber denen, die mit irgend einer Standarte enger verbunden sind, eine Uniform verliehen wird. Ich spreche diese Bitte aus im Namen der gesamten badischen nationalsozialistischen Pfarrerschaft..."

454 N.N.: „Tätigkeitsbericht" der LLtg. der Glaubensbewegung DC, Gau Baden
o.O., Ende Juni 1933; LKA GA 8087 – Durchschrift

„Trotz mancher Hindernisse war die bisherige Tätigkeit eine denkbar intensive.
Es fanden an großen Versammlungen statt:
Ende Mai die Landestagung in Karlsruhe, deren öffentliche Versammlung von an 2000 Personen besucht war, darunter der Prälat der Landeskirche und die Oberkirchenräte, und der Herr Reichsstatthalter.

Am 1. Juni in Mannheim Versammlung mit an 6000 Hörern. Es sprachen dabei die Herren Pfarrer Hossenfelder, Peter und Probst.
Im Juli werden die übrigen größeren Städte des Landes durch Versammlungen erfaßt, anberaumt sind solche bereits für Heidelberg, Freiburg, Pforzheim und Konstanz. In den einzelnen Bezirken wird durch Kreiskirchenkonferenzen gearbeitet, doch soll diese Arbeit noch intensiviert werden.
In besonderem Maß soll die Geistlichkeit erfaßt werden auf Pfarrzusammenkünften mit Vortrag und Aussprache. Es sind solche für jedes Dekanat vorgesehen. Die erste und überaus erfolgreiche konnten wir am 26. Juni in Karlsruhe mit Pfarrer Schairer halten.
Der organisatorische Aufbau, die Bestellung von Bezirksleitern usw. ist inzwischen vollständig durchgeführt.
Die Werbung schreitet emsig fort. Doch ist die Arbeit in der letzten Zeit besonders auf die tagende Landessynode konzentriert gewesen..."

455 RLtr.-DC Hossenfelder an LKR Voges: Aufforderung zum Wahleinsatz
Berlin, 13. Juli 1933; LKA GA 8087

„Ich bitte Sie, dafür zu sorgen, daß für die bevorstehende Wahl alles getan wird, was in unseren Kräften steht, ja darüber hinaus. Sie wollen jetzt fast täglich an Ihre Unterführer die Anweisungen herausgeben, die Sie für notwendig halten. Gegebenenfalls rufe ich Sie in den nächsten Tagen einmal nach Berlin.
Vom Organisationskreis II, den wir bisher selbst geführt haben, habe ich Rheinland und Westfalen abgetrennt und unter die Führung des Parteigenossen Krummacher gestellt. Ostpreußen, Brandenburg, Pommern, Schlesien, Sachsen, Anhalt und Danzig, also der Organisationskreis II, untersteht fortan der Führung des Parteigenossen Pfarrer Freitag/Berlin. Zum stellvertretenden Leiter des Organisationskreises I, den Parteigenosse Aselmann führt, ernenne ich den Parteigenossen Meyer/Aurich. Parteigenosse Aselmann wird sich sofort mit Parteigenosse Meyer in Verbindung setzen. Ich mache es Ihnen noch zur Pflicht, die Wahlpropaganda möglichst positiv und energisch durchzuführen."

VIII *'Kirchlich-Positive' und 'Evang. Nationalsozialisten'*

456 Pfr. Kobe: „Staat, Volk u. Kirche"
KPBl. Nr. 8, 16. Apr. 1933, S. 63f.

„Der März 1933 mit seinen drei entscheidungsvollen Tagen, dem 5., 21. und 23., wird in der deutschen Geschichte als der große Wendemonat fortleben, der dem Deutschland nach dem Weltkrieg ein neues Gesicht gegeben hat. Schon einmal hat der Märzmonat in der deutschen

Geschichte eine Wende herbeigeführt. Zum Unterschied aber von jener von fremdem westlichem Geist entfachten Bewegung nennen die Führer die gegenwärtige Bewegung nicht mit Unrecht die 'nationale Revolution'. Es versteht sich von selbst, daß eine solch tiefgehende und weitreichende Bewegung wie diese auch an der Kirche und den einzelnen Landeskirchen Deutschlands nicht spurlos vorübergehen kann, schon deshalb nicht, weil die jetzt so stark politisch, sozial, vaterländisch und völkisch bewegten Menschen zugleich die Glieder dieser Kirchen sind. Staat, Volk und Kirche – der Zusammenhang dieser drei Größen ist denn auch am 21. März denkbar eindrucksvoll symbolisiert worden, vor allem durch den feierlichen Eröffnungsgottesdienst des neugewählten Reichstages in der Nikolaikirche in Potsdam mit der Predigt des kurmärkischen Generalsuperintendanten unter dem Thema, *Ein Reich, Ein Volk, Ein Gott*', wobei er dies nicht als eine Tatsache, wohl aber als eine Forderung, ja auch als eine Bereitschaft bei Hunderttausenden festgestellt wissen wollte. Daß der nun folgende Staatsakt ebenfalls in einer evangelischen Kirche stattfand, hat seine Begründung bekanntlich darin, daß die Garnisonkirche die geschichtlich geweihte Ruhestätte zweier großer preußischer Könige ist. – Staat, Volk und Kirche! Wie oft hat man sich doch über das Verhältnis dieser drei Größen zueinander in den letzten Jahren – auch diese Blätter sind dafür Zeugen – mit deutscher Gründlichkeit theoretisch auseinandergesetzt! Und nun kommt der Wendemonat März mit der feierlichen Regierungserklärung, in der der neue Reichskanzler auch ein bedeutsames Wort zu der Stellung der Kirche im und zum Staat zu sagen hat, und es folgen dann die Kundgebungen der deutschen Kirchenleitungen zu dem gleichen Gegenstand und bezeugen, daß die Zeit des Theoretisierens vorüber, daß nun die Zeit des praktischen Handelns auf dem Gebiet gekommen ist, auf dem sich Staat, Volk und Kirche berühren und begegnen.
Man könnte fragen, ob unsre 'Positiven Blätter' der passende Ort sind zu solchen Auslassungen? Nun jedenfalls hat der unterzeichnete Herausgeber das Bedürfnis, diese Dinge nicht mit Stillschweigen zu übergehen, nicht nur um der Gegenwart, sondern auch um der Zukunft willen, damit nicht etwa eine spätere Generation von Lesern vergeblich nach der Widerspiegelung der großen vaterländisch-kirchlichen Ereignisse in diesen Blättern sucht.
Staat, Volk und Kirche. Wie die neue *Staatsleitung* darüber denkt, das besagen die bedeutsamen Sätze Adolf Hitlers in seiner Regierungserklärung vom 23. März, die wir hier doch auch festhalten wollen:
'Die nationale Regierung sieht in den *beiden christlichen Konfessionen die wichtigsten Faktoren zur Erhaltung unseres Volkstums*. Sie wird die zwischen ihnen und den Ländern abgeschlossenen *Verträge respektieren*. Ihre Rechte sollen nicht angetastet werden. Sie erwartet aber und hofft,

daß die Arbeit an der nationalen und sittlichen Erneuerung unseres Volkes, die sich die Regierung zur Aufgabe gestellt hat, umgekehrt die gleiche Würdigung erfährt. Sie wird allen anderen Konfessionen in objektiver Gerechtigkeit gegenübertreten. Sie kann aber nicht dulden, daß die Zugehörigkeit zu einer bestimmten Konfession oder einer bestimmten Rasse eine Entbindung von allgemeinen gesetzlichen Verpflichtungen sein können oder gar ein Freibrief für strafloses Begehung oder Tolerierung von Verbrechen.
Die Nationale Regierung wird in Schule und Erziehung den christlichen Konfessionen den ihnen zukommenden Einfluß einräumen und sicherstellen. Ihre Sorge gilt dem aufrichtigen Zusammenleben zwischen Staat und Kirche.
Der Kampf gegen eine materialistische Weltauffassung und für die Herstellung einer wirklichen Volksgemeinschaft dient ebenso sehr den Interessen der deutschen Nation wie denen unseres christlichen Glaubens.'
Unverantwortliche Propagandaredner, besonders nationalsozialistische evangelische Pfarrer, hatten davon gefaselt, daß im dritten Reich die konfessionellen Unterschiede aufgehoben würden, daß unter Hitler die Zeit kommen werde, da die Verheißung in Erfüllung gehe: 'Es wird *eine* Herde und *ein* Hirte werden'.(!) Mit Genugtuung können wir nun nach der Regierungserklärung Hitlers feststellen, daß er sich von derartigen Schwärmereien fernhält, ja daß er, evangelischer Auffassung entsprechend, das Gebiet des Staates und der Kirche sorgfältig auseinander gehalten wissen will, um sie dann doch wieder zu gemeinsamer Arbeit am Aufbau unseres Volkes zusammenzuführen. Die Kirche soll unter dem Schutze des Staates ihre religiös-sittliche Arbeit in eigener Verantwortung und nach eigenen Gesetzen verrichten. Die Früchte aber dieser Arbeit kommen dann von selbst dem Nationalstaat zugute. – Das unnatürliche, aber von der katholischen Kirche sehr gern gesehene Bündnis zwischen Zentrum und Sozialdemokratie hat besonders auch auf dem Gebiet der Stellenbesetzung durch Benachteiligung des evangelischen Bevölkerungsteils der evangelischen Kirche schweren Schaden gebracht. Dieser auch in der politischen Öffentlichkeit der Parlamente so oft beklagte Zustand gehört nun hoffentlich auch der Vergangenheit an.
Was nun die Stellungnahme der evangelischen *Kirchenleitungen* zu der großen Wende in Volk und Reich anbelangt, so ist diese bei gewiß einmütiger und freudig dankbarer Begrüßung der von grundaus veränderten Verhältnisse, vor allem der Abkehr von der materialistischen, nur Genuß und Wohlleben erstrebenden, aber Kampf und Opfer scheuenden Denkweise, doch eine verschiedenartige. So will vor allem die von dem bekannten lutherischen Hauptpastor *D. Dr. Schöffel* in der

Hamburger Synode zum dortigen Regierungswechsel abgegebene Erklärung die Sphäre des Staates und der Kirche streng geschieden wissen. Er sagte etwa:

Die neue Zeit stellt uns das Problem von Kirche und Staat von neuem. Die Lösung aber ist klar. Nur so nämlich werden beide Gewalten zum Segen der ihnen anvertrauten Seelen und Völker wirken, wenn ein Doppeltes, mit tiefstem Ernste beherzigt wird. Einmal nämlich muß die Selbständigkeit der beiden Gewalten klar sein, damit jede in ihrem Bereich wirken kann, wozu sie gesetzt ist. Der Staat hat das Schwert, und das bedeutet die Macht, und die Macht soll dazu dienen, das Recht zu schirmen. Die Kirche aber hat die Schlüssel, nicht den Schlüssel zum Himmel, sondern die Schlüssel des Reiches Gottes, das schon auf Erden ist. Für unsere evangelische Kirche steht im Vordergrunde das Wort Gottes. Versuchen wir also, auch in der kommenden Zeit einer jeden Gewalt zu geben und zu lassen, was ihr gehört: dem Staate das Recht und die Macht und von hier aus den Sieg, − der Kirche aber das geistliche Wirken mit himmlischen Gaben und Kräften. Beide Gewalten führen sich auch heute wie in allen Zeiten auf einen Punkt zurück, und das ist der Wille der Ewigkeit, der sie beide gesetzt hat, den Staat und die Kirche. Von Gott allein haben beide ihre Gewalt.

Im Evangelischen Gemeindeblatt für Stuttgart spricht sich der *Württembergische* Kirchenführer *D. Wurm* zu der neuen Lage aus, indem er vom christlichen Standpunkt aus gesehen die Verdienste der neue Staatsleitung hervorhebt, um dann fortzufahren:

'Gewiß darf man Gott für das Gelingen vaterländischer Arbeit ebenso danken wie für irgend ein anderes Werk, dem er Gedeihen schenkt. Aber in diesen Kämpfen ist die Kirche nicht waffentragender Soldat, sondern mildtätiger Sanitätsmann, der allen hilft und alle „verbindet" im doppelten Sinn des Worts. Gelingt es durch politische Arbeit, aus einer weithin gespaltenen Nation wieder eine einheitliche zu machen, dann wird auch der Kirche ihr Dienst wesentlich erleichtert; solange diese Einheit noch nicht hergestellt ist, muß für die Kirche eine der vornehmsten Aufgaben sein die Pflege des brüderlichen Sinns, der innerhalb der Gemeinde Jesu vermeidet, was dem andern anstößig ist. Inzwischen wollen wir aber im Hinblick auf die ungeheuer schwere Aufgabe, vor der die Regierung steht, insbesondere auch in außenpolitischer Hinsicht, getreu der biblischen Mahnung und in dankbarer Anerkennung der Tatsache, daß ihre Führer Gott die Ehre geben und von ihm seinen Segen erhoffen, unermüdlich für sie einstehen vor dem Angesicht dessen, in dessen Hand auch das Geschick unseres Volkes liegt.'

Sein Schreiben aber an die württembergischen Geistlichen vom Sonntag Lätare schließt D. Wurm also:

'Möge das Wort, in dem das Evangelium des heutigen Sonntags ausklingt, allezeit Ziel und Maß des kirchlichen Wirkens auch für Volk und Vaterland bestimmen: „Wirket Speise, nicht, die vergänglich ist, sondern die da bleibt in das ewige Leben".'
Neben diesen Kundgebungen, denen man die Absicht, zu vermitteln oder geschlagene Wunden zu verbinden, anmerkt, haben wir nun eine ganze Reihe solcher, die sich mit unverhohlener Freude, zum Teil mit zündenden Worten zu der nationalen Volkserhebung stellen. In dieser Art gehören neben dem Hirtenbrief unseres Prälaten *D. Kühlewein* der Aufruf des *Thüringischen* Landeskirchenrats, die Ansprachen der beiden Bischöfe von *Holstein* und *Schleswig,* die Kundgebung des *Mecklenburg-Schwerin'schen* Oberkirchenrats unter Landesbischof *D. Rendtorff* sowie der Aufruf des greisen Landesbischofs *D. Ihmels,* der am 26. März von den Kanzeln des Freistaates Sachsen verlesen wurde. Bei der hervorragenden Stellung, die D. Ihmels im Rate führender deutscher Kirchenmänner einnimmt, sei auch noch sein Hirtenbrief hier festgehalten:
'Dem Grußwort, das die Landessynode vor 14 Tagen an die Gemeinde richtete, bitte ich heute noch ein ganz persönliches Wort folgen lassen zu dürfen. Wir leben in der Gegenwart sehr schnell. Am Schluß der Synode konnte niemand ahnen, daß so bald ein völliges Neuwerden vaterländerischer Gesinnung weiteste Kreise unseres Volkes ergreifen werde. Die Kirche darf unmöglich dazu schweigen. Sie will Volkskirche sein. Als Volkskirche durchlebt sie die tiefen Nöte des Volkes. Als Volkskirche aber darf und soll sie sich auch all der Freude mitfreuen, die Gott ihrem Volke schenkt. Wie sollte sie dann nicht in ehrfürchtiger Dankbarkeit die ungeahnte Wandlung begrüßen, die sich vor ihr vollzogen hat. Sie kann nur den Versuch machen, diese Wandlung durch die Predigt, die ihr befohlen ist, in der Tiefe − in Gott selbst zu verankern. Darum darf es ihr eine besondere Freude sein, daß jene Bewegung selbst schon den Zusammenhang mit Gott sucht und bewußt pflegt. Wir begrüßen mit besonderer Dankbarkeit, daß sie daran arbeitet, den Kindern im Unterricht von frühe an den Weg zum Glauben der Väter zu zeigen. Wir können nur bitten, darin fortzufahren und überhaupt alles zu tun, wodurch für das heutige Geschlecht dem heiligen Willen Gottes und seinem seligen Evangelium die Bahn freigemacht werden mag. Die Kirche kann nur mahnen: *Fröhlich, tapfer vorwärts,* daß das alte Evangelium eine neue Macht im Volksleben werde. In der Tat, es ist eine Stunde höchster Entscheidung, die wir durchleben. Künftige Geschlechter werden von uns hören wollen, wie wir diese Stunde durchlebt haben. Wir reden von versäumten Stunden der Weltgeschichte, von versäumten Stunden, auch in der Geschichte der Kirche. Diese Stunde darf nicht vergeblich gekommen sein. *Wir sind dafür verantwortlich.* In diesem Bewußtsein

müssen wir eins sein. Im einzelnen mag es unter uns mancherlei Unterschiede geben. Von dem Unterschied der Parteien will ich überhaupt nicht reden. Nur daß unser Volk zu gemeinsamer Liebe untereinander sich verbinde! Zu den allerdunkelsten Blättern der Geschichte gehört, was bis auf die jüngste Vergangenheit an Bruderhaß unter uns erlebt ist. Die Kirche will, so viel an ihr ist, alle ihre Glieder zu heiliger Gemeinschaft rufen. Wie sie ihre Glieder zu gemeinsamer Liebe zu unserem Volk rufen möchte, so möchte sie sie auch in der Liebe untereinander verbinden. So laut sie kann, möchte sie gerade auch denen, die heute zur Seite stehen, sagen, daß sie auch zu ihrem Dienst bereit ist. Die Kirche will nach jenem Wort der Schrift eine Stätte sein, da man „zusammenkommt". Ich möchte wohl in großem Ernst bitten, daß alle Glieder unseres Volkes die Kirche in diesem Punkt auf die Probe stellen. Es kann und es soll von allen erlebt werden: In der heiligen Gemeinschaft der Kirche gibt es auch wirkliche Gemeinschaft untereinander. Mit dieser Botschaft tritt die Kirche in die Zeit hinaus. Sie tut es aber in der Gewißheit, daß die Wahrheit zuletzt siegen wird. Sie ruft daher ihre Glieder zu dem fröhlichen, tapferen Glauben, daß Gott uns zu einer neuen Zeit führen will und nur auf uns wartet. *Er warte nicht vergeblich.*'

Auf Grund dieser offiziellen kirchlichen Äußerungen zur politischen Zeitenwende – wir haben sie bewußt und gewollt mehr referierend als kritisierend wiedergegeben – darf nun wohl festgestellt werden, daß der Kirche diesmal nicht der Vorwurf gemacht werden darf, den sie so oft seiner Zeit von seiten des marxistischen Sozialismus und den Bewunderern der römisch-katholischen Kirche und ihrer Politik zu hören bekam, daß sie nämlich 'immer zu spät' oder überhaupt nicht komme. Jetzt, wo sich das Nationale wie das Soziale aus allem Parteiwesen heraus und darüber hinaus erhoben hat, ist sich die evangelische Kirche inmitten der großen Volkserhebung mit Freuden, aber auch mit tiefem Ernst der Verantwortung bewußt geworden, mit der sie ihres heiligen Berufs als Seelsorgerin an unserem deutschen Volk zu walten hat und walten will. Gottes Segen lasse das heilige Wollen zu einem rechten Vollbringen werden.

Diese Zeilen befanden sich bereits unter der Presse, als die ersten Nachrichten von der Reichstagung der auf dem Boden der nationalsozialistischen Weltanschauung stehenden Glaubensbewegung der 'deutschen Christen' im Kriegervereinshause in Berlin eintrafen. Diese Nachrichten lassen erkennen, daß der politische Kampf nun auch tief in das kirchliche Gebiet hineingreift. Die hauptsächlichsten Beschlüsse dieser Tagung, die unter der Leitung des sog. 'Reichsleiters' Pfarrer *Hossenfelder* stand, sind folgende:

'*Gleichschaltung* der Kirche mit dem Volksstaat der nationalen Revolution. Positive Stellung der Führer zur politischen Lage. Geistliche nur rein arischer Abstammung. Von ihnen wird neben tadellosem Wandel kirchliche Aktivität verlangt. Keine Pastorenkirche mehr, sondern Mitarbeit des Kirchenvolks. Gleichstellung des Organisten mit dem Pfarrer; Umgestaltung der Liturgie. Kein Kirchenparlament, aber Beibehaltung des Synodalsystems. *Ziel*: Erfüllung des Volkstums mit den heiligenden Kräften des Evangeliums.

Forderung einer deutschen *Agende:* Lebendige Sprache, in der alles Altertümliche zurücktritt. Das Alte Testament nicht mehr Grundlage, sondern Aufbau auf deutschem Erbgut. Zur Schaffung dieses neuen deutschen Kirchenbundes wird eine Kommission eingesetzt. Auch ein einheitliches Gesangbuch für das Reich ist geplant. Im *Religionsunterricht* ist artgemäßes Christentum zu lehren; also Ausschaltung des Alten Testaments. Statt dessen Anlehnung an Sage und Märchen; die Stelle des Propheten nehmen Persönlichkeiten des deutschen Geisteslebens aus Philosophie und Kunst ein.

Die ins *Ausland* entsendeten Pfarrer sollen Träger dieser Glaubensbewegung werden; sie haben sich zuvor von nationalsozialistischen Amtsbrüdern beraten zu lassen. Die Reichsleitung ernennt Auslandsreferenten.'

Dazu kommt dann noch die in allen Tageszeitungen bekannt gegebene '*Entschließung*', in der es zuletzt heißt: Das Ziel der Glaubensbewegung 'Deutscher Christen' ist eine *evangelische deutsche Reichskirche.* Der Staat Adolf Hitlers ruft nach der Kirche, die Kirche hat den Ruf zu hören. – Dazu sei heute nur so viel bemerkt: Die Kirche hat den Ruf der nationalen Bewegung schon gehört, bevor die 'Deutschen Christen' sehr wenig geschmackvoll kommandieren: 'Die Kirche hat den Ruf zu hören'. Und sie hat ihn nicht bloß gehört, sondern ist ihm, wie wir glauben oben genügend gezeigt zu haben, auch freudig, soweit es ihr zukommt, nachgekommen. Die Forderungen der 'Deutschen Christen' aber lassen eine nicht zu unterschätzende Gefahr für den Bestand des ganzen derzeitigen deutschen evangelischen Kirchenlebens heraufdämmern. Einstweilen ist nur zu hoffen, daß die deutsche Staatsleitung den Grundsätzen treu bleibt, die sie in ihrer oben wiedergegebenen Regierungserklärung vom 23. März über das Verhältnis des neuen Staates durch den Mund des Reichskanzlers bekannt gegeben hat. Es ist weiter zu erwarten, daß die offiziellen Vertreter und die geistigen Führer der evangelischen Kirche alle Kräfte aufwenden und alle Möglichkeiten ausschöpfen, die unveräußerlichen Grundlagen unserer Kirche gegen den Ansturm der 'Deutschen Christen' zu schützen, die sich anschicken, auch noch die weltliche Macht zur Eroberung unserer evangelischen Kirche aufzubieten. Hier gibt es nämlich von dieser Seite her nichts zu erobern, sondern nur zu zerstören. 'Aufbau auf deutschem Erbgut' – 'artgemäßes Christentum' – 'Ausschaltung des Alten Testaments' –

'Anlehnung an Sage und Märchen' – bei diesen Kirchenbauplänen ist jedenfalls der Geist Martin Luthers, des Vaters unseres evangelischen Glaubens, nicht Pate gestanden. In richtiger Erkenntnis dieses Sachverhalts schloß dann auch die Reichstagung der Glaubensbewegung der 'deutschen Christen' nicht mit einem Lutherlied, sondern mit dem Horst Wessels."

457 Pfr. Dürr: „Die vor uns liegende Aufgabe", Vortrag
o.O., 19. Apr. 1933; Nachlaß Dürr D 3/3 – masch. hektogr.

„ist eine ausschließlich *kirchliche*. Es geht uns in der kirchlich-positiven Vereinigung um nichts, als um die Kirche. Diese Kirche, der unsere Arbeit gehört, ist die evangelisch-protestantische Landeskirche in Baden. Daß diese unsere geschichtlich gewordene 'Kirche' immer mehr Kirche im neutestamentlichen Sinne werde, ist letztes Ziel unserer Bemühungen.

Die Arbeit zur Verwirklichung dieses Zieles ist sowohl eine *theologische* als auch eine *praktisch* gestaltende.

Es ist ein Geschenk Gottes, daß die letzten Jahre die theologische Bemühung um die Frage nach der Kirche, ihrem Wesen und ihrem Beruf so ernsthaft erweckt haben. Die darauf gefundenen Antworten haben wir gehört und werden nicht mehr aufhören dürfen, die Frage immer wieder neu zu hören und uns vom Neuen Testament in persönlichstem Hörenwollen neu beantworten zu lassen.

Bleibt auch das Wesen der Kirche, auf deren Verwirklichung wir hinzuarbeiten haben, für alle Zeiten dasselbe, so ist doch immer *neu* zu erfassen ihr göttlicher Auftrag in der bestimmten geschichtlichen Lage der Gegenwart. Hat sie doch (die deutsche Kirche) dem deutschen Menschen zu künden, was Gott ihm als Gabe und Gebot bereitet hat.

Damit ergibt sich als vordringliche Aufgabe eine klare Stellungnahme zu dem unser Volk z.Zt. aufs stärkste bewegenden und gestaltenden *völkischen* und *nationalen* Wollen.

Wir in der kirchlich-positiven Vereinigung sind in der glücklichen Lage, daß es bei uns von jeher zu den undiskutierten und undiskutablen Selbstverständlichkeiten gehörte, mit Herz und Kopf und Hand hingebungsvolle und glühende Vaterlandsfreunde und Deutsche zu sein. Wir gehorchten dabei mit gutem Gewissen der Stimme des Blutes, weil uns Volkstum und Vaterland göttliche Schöpfergabe und Aufgabe bedeuten, für die wir dem Geber aller guten Gabe dankbar sind und auch dann waren, wenn wir die Not und Sünde unseres Volkes mitzutragen und zu verantworten aufgerufen waren.

Christen sind wir freilich dadurch noch nicht; das wurden wir nicht durch die Schöpfergabe unseres ....*⁾, sondern erst durch den Christus, der für uns persönlich, wie für unseren Anteil an unserem Volkstum Gericht

---
* Lücke im hektogr. Text

und Gnade zugleich geworden ist und fortwährend bleiben wird. Seitdem anerkennen wir für unser Leben und für alle Beziehungen, in die wir von Gott hineingestellt sind, die Forderung: *Das ist der Wille Gottes, eure Heiligung!* Das ist aber nichts anderes als die Bereitschaft, uns in allen Dingen unter den Gehorsam Jesu Christi zu stellen. Über der durch die Sünde verdorbenen Stimme des Blutes steht darum für uns die Stimme des Geistes Gottes, wie er uns im Offenbarungswort Alten und Neuen Testaments anspricht.

Für diesen Gehorsam verlangen wir um des Gewissens willen zu Gott völlige Freiheit der Kirche von jeglicher staatlichen Bevormundung. Wir wollen eine Kirche, deren Botschaft und Dienst allein von dem lebendigen, erhöhten Herrn der Kirche bestimmt wird. Wir lehnen jegliche Religion, die der Staat erzeugen oder mit den ihm von Gott für seinen weltlichen Dienst gegebenen Macht- und ......*⁾ mitteln verwirklichen wollte oder nach der Meinung mancher verwirklichen sollte, als vollendete Gottlosigkeit ab.

Eine staatsfreie Kirche verlangen wir sowohl um der Kirche als auch um unseres Volkes und Staates willen. Wir stehen vorbehaltlos zu Jesu Wort: 'Gebt dem Kaiser, was des Kaisers ist und Gott, was Gottes ist.' Was des Kaisers ist, bestimmt aber Gott und nicht der Mensch – jede Obrigkeit ist von Gottes Gnaden. Erst recht vollends hat der Mensch nicht zu entscheiden, was Gottes ist. Neben Gottes absolutem Majestätsrecht gibt es keine (kontrollierende) überwachende Instanz!

Damit ist unsere Stellung zu der 'Glaubensbewegung deutscher Christen' hinlänglich eindeutig bestimmt. Nicht der Gedanke einer deutschen Reichskirche ist uns anstößig. Im Gegenteil: wir glauben mit Generalsuperintendent D. Zoellner, dessen Aufruf wir offenes Gehör schenken zu müssen überzeugt sind, daß die politische Entwicklung für uns eine gottgeschenkte Stunde bedeutet. Mit einiger Aussicht auf Erfolg arbeiten wir an der Gestaltung einer innigeren Verbindung der einzelnen Landeskirchen im Sinne einer evangelisch-protestantisch bekenntnismäßig gebundenen Reichskirche. Wir legen dabei selbstverständlich den ganzen Nachdruck auf 'Kirche' und nicht auf 'Reich'.

Die Zoellner'sche Reichs*kirche* unterscheidet sich wesenhaft von der *Reichs*kirche der 'deutschen Christen', der Pfarrer Hossenfelder das 'hohe Ziel' gesteckt hat, mit dem Volk in dem neuen, Dritten Reich, zusammenzuklingen, und die nach einem Satz von Dompfarrer Wienecke/Soldin, an die Stelle der 29 Landeskirchen als 'mächtige evangelische Reichskirche' zu treten habe, eine Kirche, deren Verfechter ihre erste Reichstagung offenbar sinngemäß mit dem Horst-Wessel-Lied und einem Sieg Heil auf – beachten Sie auch die Reihenfolge! – Hitler, das Dritte Reich und die Kirche des Dritten Reiches, geschlossen haben.

---
* Lücke im hektogr. Text

Wir werden alle im Blick auf diese Vorgänge dem Herausgeber unserer Kirchlich-positiven Blätter zustimmen, wenn er in der letzten Nummer – S. 64 – schreibt: Die Forderungen der 'deutschen Christen' lassen eine nicht zu unterschätzende Gefahr für den Bestand des ganzen derzeitigen deutschen evangelischen Kirchenlebens heraufdämmern. Gegenüber einer solchen Vermählung von Blut und Geist, die nur ein Verrat am Heiligen Geist sein kann, erwächst unserer positiven Vereinigung in der nächsten Zukunft zweifellos eine der folgenschwersten Aufgaben und Verpflichtungen. Es wird dabei unerläßlich sein, daß wir für diese Auseinandersetzung schnellstens gründliche Vorarbeit leisten, die nur in der Form einer überaus aktiven und opferbereiten Arbeitsgemeinschaft lösbar sein wird.

Wir werden bei der theologischen Seite dieser Arbeit in eine neue Auseinandersetzung mit dem kirchlichen und theologischen Liberalismus hineinkommen, denn die in Männern wie Hossenfelder und Wienecke zu Wort kommende Theologie ist, wenn es überhaupt noch möglich ist, von Theologie zu reden, ein Rückfall in einen theologischen Liberalismus, von dem wir, ohne sonst zu rosig zu sehen, doch gemeint hatten, ihn zu den überwundenen Rückständigkeiten rechnen zu dürfen.

Auch aus der Aprilnummer der Süddeutschen Blätter gewinnt man den Eindruck, daß man im liberalen Lager, wohl unter dem Eindruck der deutschkirchlichen Bewegung, Frühlingswind zu verspüren glaubt.

Es dürfte Sie wohl interessieren, einige Sätze aus einem kurzen Artikel von Pfarrer Steidle/ Asbach, zu hören, der unter der bezeichnenden Überschrift 'Auf dem Marsch' u.a. folgendes schreibt [vgl. Dok. 411]:

Neben der eben genannten Aufgabe, die uns aus dem von uns im übrigen freudig bejahten Aufbruch völkischer und vaterländischer Neuwerdung erwächst, stehen noch eine ganze Reihe von anderen, nach neuer Lösung drängenden Fragen – wie Neugestaltung der Verfassung von innerstem Verständnis der Kirche und ihres Auftrags aus mit all den damit zusammenhängenden Unterfragen der Führung, der Überwindung des Parlamentarismus ohne Zerstörung der notwendigen Mitwirkung kirchlicher Glieder beim Aufbau und bei der Verwaltung der Gesamtkirche wie der Einzelgemeinde, Pfarrerwahl u.a. Fragen. Ferner: Die zu schaffende 'Lebensordnung' der Kirche. Auch für diese Aufgaben gilt die Forderung, daß unsere Freunde sich nicht damit getrösten: Unsere Führer werden das schon richtig machen; daran müssen wir mitarbeiten nach Anregungen und Weisungen, die zu geben, Aufgabe der Leitung bzw. des Vorstandes unserer Vereinigung sein wird.

Soll es aber in diesem Stück nicht bei einer bloß platonischen Erklärung bleiben, soll verwirklicht werden, was nicht ungetan bleiben darf, wenn wir als kirchlich-positive Vereinigung nicht unsere Daseinsberechtigung verscherzen wollen, dann ist ein Letztes und Wichtigstes nötig, von dem Sie mir gestatten, noch in Kürze zu reden:

Ich meine dies: Wer Kirche will, muß wissen, wie Kirche entsteht und in beständiger Reinigung sich erhält. Zinzendorf sagte einmal: 'ich statuiere keinen Gott ohne Gemeinschaft.' Und eine Kirche, die zwar Organisation, aber kein geistgewirkter und geistregierter Organismus im Sinne christlicher Gemeinschaft ist, ist tot und unfruchtbar. Die Gemeinde aber im neutestamentlichen Verstand entsteht durch das Amt der Verkündigung. Nicht ist die Gemeinde die Schöpferin des Amtes, sondern das Amt schafft die Gemeinde. Soll aus den Gemeinden Kirche werden – oder vielleicht richtiger gesagt, sollen die Gemeinden Kirche sein und nicht bloß örtlicher religiöser Verein innerhalb eines Landesverbandes, dann müssen die Träger des Amtes, und zwar jedes kirchlichen Amtes, Kirche sein, d.h. Gemeinde im Sinn gliedhafter Zugehörigkeit zu Christus und gliedhafter Dienstgemeinschaft untereinander.

Man wird nicht behaupten können, daß wir innerhalb unserer Vereinigung hierin schon getan hätten, was wir verpflichtet sind, zu tun. Individualistische Eierschalen und, was noch schlimmer ist, unbußfertige Ichheit und fleischliche Trägheit gilt es mit letzter Verantwortung vor dem Herrn der Kirche abzulegen 'ut omnes unum sint' = auf daß sie alle eins seien gleich wie Du Vater in mir und ich in Dir.

Solche Gemeinschaft kann nicht gemacht, sie muß aber so gewollt werden, daß man den einzigen Weg, der dazu führt, entschlossen beschreitet: Pflege der Gemeinschaft am Wort, im Brotbrechen und im Gebet! Daß wir uns dafür Zeit nehmen, gehört zu den wichtigsten und verheißungsvollsten Pflichten unseres Amtes! Diese Kreise müssen in größtmöglichster Zahl gebildet werden, in denen man in brüderlicher Gemeinschaft sich als Hörender unter Gottes Wort stellt. Hier ist der Boden, auf dem wir alle, ob alt oder jung, uns finden können und müssen.

Dann werden wir – das ist nicht Theorie, sondern in persönlicher Erfahrung erhärteter neutestamentlicher Befund – lebendige Gemeinde und lebendige Kirche bekommen, werden auch die Arbeit anfassen und durchführen können, die wir in Baden noch kaum angefaßt haben: unsere Laien so zu schulen, daß sie Mitarbeiter sein können an dem Werk, das weiter und größer ist, als daß die Pfarrer es könnten bewältigen. Wir kämen dann, will's Gott, auch zu einer Erneuerung des Presbyteramtes und des Dekanats in der Kirche. Wir kämen aus der tätigen und nach Arbeit verlangenden Gemeinde oder Kirche heraus auch zur Herausbildung einer kirchlichen Ethik, die eine handelnde und nicht nur redende oder in falschem nicht neutestamentlichem Sinne sich erbauende christliche Kirche braucht, eine Kirche, die allein in der Lage ist, unserem Volk den Dienst zu tun, den niemand sonst tun kann und auf den es einen Anspruch hat, nämlich Licht und Salz zu sein..."

458 Pfr. Rössger an LKR Voges: Tagespolitische Fragen u. Anregungen
Ichenheim, [vor dem 20. Apr.] 1933; LKA GA 8089

„Allerlei plagt mich, was ich gern wissen oder anregen möchte:

1. Ist Dir bekannt, aufgrund welcher Vorkommnisse der Erlaß von D. Wurth über die 'amtliche Betätigung der Pfarrer' [vgl. Dok. 297] zustande kam? Ich glaube und hoffe nicht, daß nationalsozialistische Pfarrer dazu den Anlaß gegeben haben, eher Kollegen, die um einer 'Angleichung' willen meinen, nun in Nation machen zu müssen.

2. Die letzte Nr. 8 der positiven Blätter [vgl. Dok. 456] brachte auf S. 64 am Schluß eine Kobe'sche Ausführung über allerlei Erquickliches von den 'Deutschen Christen'. Da Du von 'Ärger' schriebst, den Du in Berlin u.a. erlebt hattest, nehme ich an, daß Kobes Ausführungen ein berechtigter Anlaß zugrunde liegt. Ich würde Dir empfehlen, bei Hossenfelder selbst anzufragen über die in Frage kommenden gravamina. Ich wäre unbedingt dafür, daß bis in 14 Tagen zu unserer Landestagung unsere Abgrenzung gegen die 'Deutschen Christen' in aller theologischen Sauberkeit klargestellt ist. Führe Du darum umgehend die Entscheidung herbei. Mir schwant: Wir erleben da noch allerlei. Ich prophezeie: Wir kommen im evangelischen Nationalsozialismus nicht darum herum, auf einer allgemeinen deutschen Pfarrerkonferenz – womöglich im Beisein Hitlers – letzte biblisch–theologisch unanfechtbare Richtlinien aufzustellen! Ich verstehe: Die Hossenfelderschen Tendenzen haben bei einigen Pfarrern und Parteigenossen bereits unangenehm gewirkt.

3. An Ostern tagen die Liberalen in Karlsruhe. Weißt Du schon, daß ein jungliberaler Antrag auf Abschaffung des Namens 'liberal' eingebracht ist, der sicher durchgehen wird? Sieh' zu, ob Du auch aus diesem Lager etwas erfährst.

4. Bist Du in der Lage, in allernächster Zeit (!) Deinen versprochenen *Bericht über Berlin* zu bringen? Wenn's nicht geht, dann gib entsprechend Bescheid; dann bring ich die Ausführungen im 'Völkischen Beobachter' zum Abdruck, die ich schon an Hirsch sandte. Derselbe will mich dieser Tage besuchen. Die Leserzahl des Blattes steigt anhaltend. In Ihringen allein 150 etc. Hier 63! Rapide Abnahme des Kirchen- und Volksblattes!..."

459 Pfr. Gorenflo an LKR Voges: Bedenken gegen Polarisierungstendenzen innerhalb der 'Evang. NS'
Waldkirch, 3. Mai 1933; LKA GA 8088

„Als ich kürzlich im 'Führer' las, daß sämtliche badischen evangelischen Pfarrer, die eingeschriebene Mitglieder der NSDAP sind, eben damit auch zur Glaubensbewegung 'Deutsche Christen' gehören, nahm ich keinen Anstoß an dieser Meldung. Die Möglichkeit der Mitarbeit in der von Dir geführten Gruppe war mir erfreulich. Nun aber erfuhr ich gestern durch Rose, daß jeder Pfarrer, der Parteigenosse sei, aus der Partei ausgeschlossen werde, wenn er nicht aus der Kirchlich-positiven, bzw. liberalen Gruppe austrete. D.h. also, wer der kirchlich-positiven Vereinigung angehört, der ist kein rechter Nationalsozialist und in vaterländischer Hinsicht nicht einwandfrei. D.h. die kirchlich-positive Vereinigung gehört ebenfalls zu denjenigen Gemeinschaften, die verschwinden müssen oder doch wenigstens mit Hilfe der NSDAP dezimiert werden müssen, so daß die 'Deutschen Christen' die Diktatoren der deutschen evangelischen Kirche werden. Ich bin also ein von der Partei Verworfener, wenn ich nicht das Band brüderlicher Gemeinschaft, das mich mit vielen Kirchlich-Positiven verbindet, zerreiße.
Ich fürchte, daß dieser Weg Hossenfelders und seiner Anhänger nicht aus dem Glaubensgehorsam gegenüber dem Christus der Schrift kommt, sondern aus taktischen, machtpolitischen Beweggründen. Die Idee ist glänzend und wird wohl entscheidend mithelfen, daß die Führung der Kirche in Euere Gewalt kommt. Aber ob reichsgottesgeschichtlich betrachtet ein Segen aus diesem klugen Schachzug herauskommen wird, das bezweifle ich füglich. Die Glaubensmänner der Kirche des 3. Artikels sind solche Wege nie gegangen. Die jungen Theologen, auch wenn sie nicht auf dem Glaubensgrund der Bibel stehen, werden durch den Passus 'Ablehnung unbiblischer Romantik' nicht verhindert werden, in Massen in die Glaubensbewegung hineinzuströmen, und ich glaube nicht, daß dies identisch ist mit einer geistlichen Neuorientierung im Sinne der Schrift. Nein, wenn nicht das pneuma hagion (nicht zu verwechseln mit dem völkischen Erwachen, das Gott uns in diesen Tagen geschenkt hat) in den Herzen des kommenden Pfarrergeschlechts seinen Einzug hält, dann wird eine Fehlentwicklung entstehen, ähnlich verhängnisvoll wie diejenige, die ihren Ursprung hat in der Mischehe zwischen 'nationalliberal und kirchlichliberal'. Ich wünsche der Glaubensbewegung von Herzen, daß diese meine Sorge nicht in Erfüllung geht. Aber ich glaube, daß dieser Wunsch kaum in Erfüllung gehen wird, nachdem Ihr habt Euch hinreißen lassen dazu, Hitler zu bewegen, daß er solche Pfarrer verfehmt und ächtet, die gewissenshalber das Bruderband mit alten Kampfgenossen für Christi Ehre und Reich zu zerreißen nicht imstande sind.

Nun bleibt mir nichts anderes übrig, als von der NSDAP, für die ich mich sehr eingesetzt habe und um derentwillen ich nach meinem ersten öffentlichen Eintreten beinah von einer aus dem Hinterhalt auf mich abgeschossenen Kugel getroffen worden wäre, einen Fußtritt zu erwarten von solcher Schmerzhaftigkeit, wie ich bis jetzt noch keinen empfangen habe. Ich fürchte, daß Ihr unserem Hitler, dem Dritten Reich, der Evangelischen Kirche deutscher Nation, dem Reich Christi einen sehr schlechten Dienst durch die ungerechte Härte gegen deutsche evangelische Christen, die vor Gott nicht zu verantworten ist, [erweist]. Unsere kirchliche Gruppe ähnlich zu behandeln, wie der Staat mit Recht die Krankenkasse, die freien Gewerkschaften, das Judentum, die Vorkämpfer des alten Systems usw. behandelt, das ist sicher ein Weg, der in radikalem Gegensatz steht zu den Wegen, die der Herr uns vorangegangen ist, und die eine echte Kirche Christi zu gehen hat. Möge Gott verhüten, daß Ihr gegen Eueren Willen die Väter einer national übermalten Neuauflage des für unsere Kirche so verhängnisvollen Liberalismus werdet! Ich sage das nicht etwa in blinder Verliebtheit in die kirchlich-positive Vereinigung. Ich hüte mich davor, diese Gruppe zu verabsolutieren. Nein, mir geht es ganz allein darum, daß unsere Kirche Botschafterin des gekreuzigten und auferstandenen Christus werde..."

460 Pfr. Rössger an LKR Voges: Keine Führungspositionen für Liberale!
Ichenheim, 4. Mai 1933; LKA GA 8089

„Vertraulich ... Ich bitte Dich inständig, bei Herrn Dr. Dommer jeden Gedanken an einen liberalen Parteigenossen als Oberkirchenrat ein für allemal unmöglich zu machen. Wir sind uns bei der letzten Fraktionssitzung alle einig gewesen darüber, daß wir zwar einstige, d.h. ausgetretene liberale Pfarrer aufnehmen, aber daß sie keine Führung bekommen. Ich lege Dich hiermit auf diese Vereinbarung fest. Ich muß es offen beklagen, daß die Kirchengestaltung durch liberalistische Tendenzen von Herrn Dr. Dommer immer wieder ungünstig und unnationalsozialistisch beeinflußt wird. Wir schlucken einen liberalen 'Parteigenossen' als Oberkirchenrat genau so wenig wie die Positiven! Ich sage Dir im Vertrauen: wenn Du Dich nicht von diesem ungünstigen Einfluß losmachst, wird Dir dies noch einmal schwer zu schaffen machen. Dr. Dommer ist ein erfahrener Mann und ein gewandter Diskutator; aber er gibt Grundsätzliches preis! Keine Sitzung, in der er nicht seine liberalistischen Minen springen ließe und *Du* schweigst dazu! Es tut mir leid, daß ich mit Dir unangenehm werden muß; aber ich sehe schon, daß wir in ein Fahrwasser hineinkommen, das uns einmal festfahren läßt! Du bist Dir wohl auch darüber klar, daß wir bei der jetzt zu lösenden Frage vor der allerletzten Entscheidung stehen, von der ich halte, daß sie 100% im nationalsozialistischen Sinne getroffen werden muß! Daß dies geschieht, dazu will ich Dir noch einmal mein Vertrauen geben – aber diesmal wirklich zum letzten Mal. Nimm's mir nicht übel."

461 LKR Voges an Pfr. Gorenflo: Gehorsamsanspruch der 'Evang. NS'
Karlsruhe, 6. Mai 1933; LKA GA 8089 – Durchschrift

„Deinen Brief [vgl. Dok. 459], für den ich Dir recht herzlich danke, habe ich erhalten und habe auch manches daraus verstanden. Es ist aber nicht ein geschickter Schachzug, der uns zu dieser Anordnung treiben ließ, sondern der eherne und unverrückbare Wille zur Kirche. Du bist Soldat gewesen und Du weißt ebenso gut wie ich, daß im Gehorsam unendlich viel Segen liegt, selbst wenn der Gehorsam durch viel Schmerz hindurchgehen muß. Ich wollte, wir könnten uns einmal in der alten Liebe und Freundschaft, die uns verbindet, gründlich aussprechen."

462 LKR Voges an Pfr. Rössger: Begünstigungen der Liberalen aus taktischen Erwägungen
Karlsruhe, 6. Mai 1933; LKA GA 8089 – Durchschrift

„Wie Dein Brief [vgl. Dok. 460] mich schwer getroffen hat, wirst Du Dir wohl kaum denken können. Ich habe es gewußt, nehm es Dir deshalb auch nicht übel, daß Du mir so schriebst. Der Führer einer Bewegung, die so im Kreuzfeuer steht wie die unsrige, muß aber auch Taktik kennen. Denn nur so läßt sich überhaupt etwas bei diesem üblen Machtkampf erreichen. Wir sind doch nicht verpflichtet, sofort 100%ig den positiven Vorschlägen zuzustimmen. Wo kämen wir da hin? Wir alten ehrlichen Kämpfer sind ja immer leicht geneigt, wenn das Wort Reich Gottes fällt, ja und Amen zu sagen. Mir ist leider aber noch in bitt'rer Erinnerung aus dem vorjährigen Wahlkampf, daß man auch mit frommen Begriffen Machtkampf treiben kann. Ich bitte Dich, am kommenden Donnerstag nach hier zu kommen. Ob ich jetzt schon die Gesamtfraktion einberufen werde, hängt von der Entwicklung der nächsten 48 Stunden ab."

463 LKR Voges an LSynd. Curth: Warnung vor den Absichten der Positiven
Karlsruhe, 6. Mai 1933; LKA GA 8089 – Durchschrift

„Sie haben das letzte Mal in der Fraktionssitzung mir ganz aus dem Herzen geredet. Ich danke Ihnen nochmals dafür. Die Gefahr der positiven Leimung auch in unserer Gruppe ist stärker denn je. Sie müssen am Donnerstag unbedingt dabei sein. Bitte schreiben Sie das auch Henrich. [Karl-Ludwig] Bender drängt sich in den Vordergrund. Wohl genehmigt man uns Brauß als Oberkirchenrat, aber einen zuverlässigen liberal gefärbten Parteigenossen als Oberkirchenrat möchte man torpedieren. Ich befürchte, daß so nicht die Einheit der Kirche geschafft werden kann. Diese Zeilen sind unbedingt *vertraulich* zu behandeln."

464 LKR Voges an Pfr. Rose: Ausschluß von evang. NS-Pfarrern aus der NSDAP
Karlsruhe, 6. Mai 1933; LKA GA 8089 – Durchschrift

„... Es ist ganz klar, daß die Weigerung eines Pfarrers, wenn er Nationalsozialist ist, aus seiner Gruppe auszuscheiden, den Ausschluß aus der Partei zur Folge haben muß.
Ich glaube nämlich, jetzt schon voraussagen zu können, daß wir im Herbst zu Kirchenwahlen kommen werden. Ich möchte dieses Mal nicht dasselbe traurige Schauspiel erleben wie im vorigen Jahr, daß nationalsozialistische Pfarrer sich gegenseitig bekämpfen. Jetzt gilt es, Order parieren, denn jetzt ist der Machtkampf in der Kirche ausgerottet. Von einer Veröffentlichung dieser Anweisung ist noch abzusehen..."

465 Pfr. Fr. Kiefer an LKR Voges: Personelle Besetzung des EOK-Kollegiums
Mannheim, 6. Mai 1933; LKA GA 8088

„Die Dinge drängen. Ich finde, wir dürfen nicht passiv bleiben. Andere Landeskirchen handeln, wir aber warten noch immer. Das darf nicht sein. Es geht nicht an, daß Wurth immer noch sich als Bevollmächtigter aufspielt, um im Sinne des 'Rats der Alten' das Neue zu bewältigen. Ich schlage nach Rücksprache mit Freund Brauß vor:
1.) Wir bejahen die Kandidatur [Karl-Ludwig] Bender, weil nichts anderes übrig bleibt.
2.) Wir fordern Umschreibung der Rechte unseres 'Stellvertreters'. Herr Dommer möchte sich einstweilen Gedanken darüber machen und mit Vorschlägen dienen.
3.) Wir haben uns zu überlegen, wie wir das OK-Kabinett möglichst homogen gestalten.
Das alles, lieber Voges, wird eine Aussprache im kleinen Kreis notwendig machen. Es wäre recht gut, daß wir vor der Einberufung der Fraktion die Dinge miteinander besprechen, vielleicht so, daß Mittwoch vormittag wir (der kleine Kreis) miteinander reden, und nachmittags dann die Fraktionssitzung. Da die Positiven am gleichen Tage ihre Sitzung haben und sich mit uns treffen wollen, müssen wir eine endgültige Erledigung aller Fragen an diesem Tage erstreben. Je länger wir warten, desto größer werden die Schwierigkeiten. Die Zeit zum Handeln ist wohl gekommen. Wir sind es unserer Sache schuldig. Sei so gut und laß mich wissen, ob Du damit einverstanden bist und wann und wo wir zusammenkommen sollen."

466 Pfr. Kobe: „Nach der Landesversammlung" – Bestandsaufnahme einjähriger Tätigkeit
KPBl. Nr. 9, 7. Mai 1933, S. 69

„Wenn wir zurückschauen auf das letzte Jahr unserer Positiven Vereinigung, wenn wir uns erinnern an die Kämpfe, die in diesem bewegten

Zeitraum zu bestehen waren, auch daran denken, wie verschieden manchmal auch innerhalb unsrer Reihen das, was zur Entscheidung stand, beurteilt wurde — ist's dann nicht als ein Wunder anzusehen, daß wir uns nicht nur in solch zahlenmäßiger Stärke, wie es die Landesversammlung gezeigt hat, sondern auch in solch einmütiger Auffassung und Beurteilung der kirchlichen Lage zusammengefunden haben? Gewiß ist's ein Wunder. Und das Wunder, das uns zusammenhielt und auch fernerhin zusammenhalten muß, ist *das Wunder der Kirche, an die wir glauben*, und die *Liebe zu der Kirche, die wir sehen*, und zu deren Dienst wir berufen sind. Daß das die Kirche des 3. Artikels im Apostolikum und des 7. Artikels der Augustana ist, versteht sich für uns von selbst. Was jetzt die Kirchenfreunde aufs tiefste bewegt, wovon auch das Gespräch der Landesversammlung Zeugnis gegeben hat, das ist die Form, innerhalb deren die Kirche ihre gottgewollte Aufgabe zu verrichten hat. Wir kennen wohl den schönen Sang: 'Die Form mag zerfallen, / was hat es für Not? /Der Geist lebt in uns allen, / und unsre Burg ist Gott!' Allein mit dieser Romantik ist nicht gedient. *Für den geist-leiblichen Charakter unsrer Kirche ist die Form nicht Nebensache*. Um diese Formgestaltung ist nun ein leidenschaftlicher Kampf entbrannt. Es ist vor allem der politische Aufbruch der deutschen Nation, der gerade jetzt die Kirchenfrage so brennend gemacht hat; denn *neu* ist diese Frage und das Ringen um ihre Lösung nicht; sie war vielmehr schon immer da und wird auch immer bleiben bis zur Vollendung, die sich der Herr vorbehalten hat. Was wir aber nun wünschen und wollen, ist dies, daß die gegenwärtige Kirchenfrage nicht von außen her und von ihr wesensfremden Rücksichten gelöst werden möchte.

In freier Erkenntnis und durchaus richtiger, man kann sagen evangelischer Beurteilung der Sachlage, hat der verantwortliche Reichskanzler der Kirche ihr *Recht* und ihre *Selbständigkeit* zur Ordnung ihrer Angelegenheiten, zu denen auch ihre Verfassung gehört, feierlich zugestanden. Und wer Augen hat zu sehen und Ohren zu hören, dem konnte es nicht entgangen sein, daß die Kirche und die kirchlichen Vertretungen in Deutschland von der Bereitschaft beseelt waren und es noch sind, dem Ruf zu einem Zusammenschluß des deutschen Volkes auch auf die Kirche, aber in einer ihrem Wesen entsprechenden Weise, stattzugeben. Wogegen sich jetzt die wehren, die für sich in Anspruch nehmen können, für ihre Kirche in biblisch-reformatorischer Auffassung derselben gelebt und gekämpft und unter den ihr zur Seelsorge anvertrauten Menschen ihres Volkes gearbeitet zu haben, das ist die Inanspruchnahme der weltlichen Politik und ihrer Macht zur kirchlichen Formgebung, was nicht anders als eine Vergewaltigung der Kirche angesehen werden kann. Was man geradezu als ein Geschenk der staatlichen Umwälzung von 1918/19 hingenommen hat, nämlich die Befreiung der Kirche von

staatlicher Fesselung – bei uns in Baden waren diese Fesseln ja schon vorher gelockert – jetzt droht diese Fesselung aufs neue. Eine verantwortungsbewußte Staatsleitung – und wir haben nun gottlob eine solche in ganz besonderer Weise – darf gewiß auch daran erinnert werden, daß *das Eingreifen in einen Lebensbereich,* wie ihn die evangelische Kirche darstellt, *mit einem bedenklichen Verlust ihrer Popularität* und, was mehr wiegt, des *Vertrauens verbunden* sein kann.[*] Wir singen mit ganzem Herzen: 'Deutschland, Deutschland über alles, über alles in der Welt', aber gerade darum bleiben wir bei Luthers Erklärung des 1. Gebotes: 'Wir sollen Gott *über alle Dinge* fürchten, lieben und vertrauen'. Und gerade darum gehört auch unsere ganze Liebe unserer evangelischen Kirche, die den Herrn Christum zum Eckstein und Gottes Wort, wie es in der Bibel enthalten und von unsern Reformatoren neu erkannt worden ist, zum Fundament ihres lebensvollen Baues hat.
Die politische Lage des deutschen Volkes machte ein rasches Eingreifen und Handeln nötig. Wir sind alle von Herzen dankbar, daß dies geschehen ist, und stehen ganz auf dem Standpunkt der Kundgebungen unserer evangelischen Kirchenleitungen, die den staatspolitischen Umschwung zum Heil unseres deutschen Volkes begrüßt haben. Die Neuordnung der kirchlichen Verhältnisse könnte unter dem Schutze unseres neugeordneten Staatswesens in wünschenswerter Ordnung und Besinnung verlaufen. Nun aber ist ein Drängen am Werk, das für unsre Kirche und ihr Eigenleben nur als schädlich angesehen werden kann. Was uns auch hier not tut, das ist der wegweisende Hirtenstab – es fehlt uns gottlob nicht an solchen, die ihn in heiliger Verantwortung vor dem Herrn der Kirche handhaben – aber nicht der Stecken des Treibers oder das Schwert der staatlichen Obrigkeit, das für die Bosheit da ist.
Die kirchlichen Ereignisse dieser Tage überstürzen sich fast, so daß man mit der Berichterstattung in einer Halbmonatsschrift immer nur nach-, kaum mehr mitkommen kann. Doch vertrauen wir, daß Weisheit von oben auf dem Plan ist und unsrer Kirche unter Erhaltung ihres inneren auch zur rechten Gestaltung ihres äußeren Wesens verhelfen wird."

467 Pfr. Dürr: „Die Erneuerung unserer Kirche"
MtsBl. Nr. 5, 7. Mai 1933, S. 17

„Ein großes Erwachen geht durch unser Volk. Ein neues Hoffen beseelt uns. Mit starkem Wollen gehen unsere verantwortlichen Staatsmänner an die Reinigung unseres Volkslebens von den unser

---

[*] "Der Artikel wurde mit unter dem Eindruck der Vorgänge in Mecklenburg-Schwerin geschrieben [Der Ministerpräsident hatte dort am 22. Apr. 1933 einen mit legislativer, exekutiver u. judikativer Macht ausgestatteten Staatskommissar für die Kirche eingesetzt, der jedoch vier Tage später wieder zurückgezogen wurde.]   Der Verf."

sittliches und völkisches Leben zerstörenden Mächten, die seit Jahren fast ungehemmt ihr Werk tun konnten. Mit Nachdruck wird am Neubau unseres Staates und Volkes auf allen Gebieten gearbeitet. Arbeit und Brot für unser arbeitsloses Volk, aber auch eine Erneuerung des Denkens und Wollens in der Erziehung der Jugend, in der Verwaltung von Staat und Gemeinden, in Wirtschaft und Kunst; eine Riesenaufgabe ist damit gestellt und in Angriff genommen.

In diesem Ringen um Neuwerdung fällt unserer evangelischen Kirche ein hervorragender Anteil an der zu leistenden Arbeit zu. Und zwar ist unser Anteil der schwerste, aber auch verheißungsvollste. Schwer deshalb, weil sie äußere Machtmittel weder hat noch anwenden darf. Das Wort allein ist ihr gegeben. Freilich kein Menschenwort, sondern Gottes Wort, von dem die Heilige Schrift sagt und die Geschichte der Kirche beweist, daß es 'lebendig ist und kräftig und stärker denn kein zweischneidig Schwert, und dringet durch, bis daß es scheidet Seele und Geist, auch Mark und Bein, und ist ein Richter der Gedanken und Sinne des Herzens.' (Hebr. 4, 12).

Bei der engen Verbundenheit, in der unsere evangelische Kirche mit dem Volk und seinem Schicksal steht, gehen starke Wechselwirkungen zwischen beiden hin und her. Damit ist nicht gesagt, daß die innere und äußere Not unseres Volkes das Leben und den Dienst der Kirche notwendig zum Stillstand bringen müßte. Ist doch unser Herr, der der Herr unserer Kirche ist 'bei uns wohl auf dem Plan mit seinem Geist und Gaben'! Und er kam einst als Arzt zu den Kranken, als Tröster zu den Traurigen, als Helfer zu denen, die in Not und Elend sind. Und ebenso wenig ist sicher, daß das völkische Erwachen auch ohne weiteres ein neues Ernstmachen mit Gott zur Folge haben müßte. Seit 1870 haben wir einen politischen und wirtschaftlichen Aufschwung ohnegleichen erlebt, dem aber gleichzeitig ein religiöser und sittlicher Niedergang zur Seite ging.

Heute aber sprechen manche Anzeichen dafür, daß man wieder neu auf das der Kirche anvertraute göttliche Wort hören will. Damit ist auch unsere Kirche aufgerufen, sich neu ausrüsten zu lassen für den Dienst, den sie unserm Volk zu leisten hat: ihm die Lebenskräfte zuzuleiten, die aus dem Gehorsam gegen Gottes heiligen Willen in der Kraft des Glaubens und der Liebe erwachsen.

Dem Ruf zur Sammlung aller Kräfte, die an der Erneuerung unseres Volkes mitzuarbeiten willens sind, stellen wir als Glieder unserer evangelischen Kirche zur Seite den Aufruf zur Sammlung aller, die ernst machen wollen mit dem Gehorsam Gottes, aller, die es wissen, daß nichts unserm Volke so not tut als Rückkehr zu dem lebendigen Gott in Gottesfurcht und Glaubensgehorsam. 'Ist doch die Gottseligkeit zu allen Dingen nütze und hat die Verheißung dieses und des zukünftigen Lebens!' (1. Tim. 4, 8.)

Mancherlei äußere Hemmungen, die den Dienst der Kirche hindern oder doch schwächen, gilt es zu beseitigen: So bedarf unsere Kirchenverfassung einer weitgehenden Neubearbeitung, die zu gewinnen ist aus dem Verständnis des innersten Wesens der Kirche und dem ihr von Gott gegebenen Auftrag. Der Parlamentarismus, den man in die nach der Revolution entstandenen Kirchenverfassungen hineinbaute, und der der Art wie dem Dienst der Kirche nicht entsprach, muß wieder verschwinden. Die neue Betonung des Führertums auch in der Kirche soll freilich nicht besagen, daß den Gliedern der Kirche keine Aufgabe mehr bliebe. Im Gegenteil. Tätiger noch als bisher müssen wir alle werden. Zeugen und Bekenner unseres Herrn Jesus Christus müssen wir sein in unserem persönlichen Leben wie als Glieder unseres Volkes. Reinigen müssen wir uns lassen durch die Zucht des Geistes Gottes von allem gottwidrigen Wesen. Anerkannt muß werden, was Gottes Wille von den Seinen verlangt: 'Laß dich nicht [durch] das Böse überwinden, sondern überwinde das Böse mit Gutem!' Kampf müssen wir ansagen dem Eigennutz bei uns selbst, der Eigenliebe und dem Stolz, der Lieblosigkeit und dem Haß, der Trägheit und dem Neid, und wie die Feinde jeder wahren und echten Gemeinschaft auch heißen mögen.

Dazu brauchen wir mehr als die Ehrlichkeit eigenen Wollens und die Begeisterung guter Vorsätze. Dazu brauchen wir die ganze Erlösungsmacht des für uns gekreuzigten und auferstandenen Herrn, die Macht seiner Vergebung und seines neuschaffenden Geistes. Dazu brauchen wir die treue Pflege der Gemeinschaft am Wort und im Gebet. Der Gottesdienst im Gotteshaus muß wieder der selbstverständliche Mittelpunkt für unser kirchliches Gemeindeleben werden. Alle, Jugend und Alte, Männer und Frauen und alle Stände unseres Volkes müssen hier sich wieder finden und sammeln in gemeinsamer Beugung unter das Wort unseres himmlischen Führers und Herrn. Eine in Gott geheiligte Bruderschaft muß so wieder erstehen, von der das Wort Zinzendorfs gilt; 'Wir, als die von einem Stamme, stehen auch für *einen* Mann!' Neu werden kann die Kirche nur, wenn wir neu werden! Neu werden muß die Kirche, wenn unserm wiedererwachenden Volk der Segen zuteil werden soll, den nur eine lebendige Kirche weiterzugeben vermag. Neu werden wird die Kirche, wenn das lebendige Wort Gottes in Kraft des heiligen Geistes verkündigt und in gehorsamem Glauben aufgenommen wird. Darum laßt uns beten; dafür laßt uns arbeiten; dazu helfe uns Gott."

468 Pfr. Scheuerpflug: „Die Jahreshauptversammlung der KPV"
MtsBl. Nr. 5, 7. Mai 1933, S. 17–19

„Das Barometer unserer Zeit steht nicht auf 'Kampf', sondern auf 'Sturm' – so kennzeichnete Kirchenpräsident D. Wurth in der Aussprache unserer Hauptversammlung die kirchenpolitische Lage. Wie richtig damit die Zeitlage beurteilt ist, beweisen die täglich sich überstürzenden Ereignisse auch auf kirchlichem Gebiet. Daß eine Vereinigung wie die unsere, der es nur um die 'Kirche' geht, heißesten Anteil nimmt an der Um- und Neugestaltung auf kirchlichem Gebiet, ist selbstverständlich und bewies die Tagung, die, wie üblich, am Mittwoch nach Ostern, den 19. April, in Karlsruhe stattfand, nachdem tags zuvor der Landesausschuß, Vorstand und Fraktion der Vereinigung eingehende Beratungen gepflogen hatten. In Sturmzeiten tut unbedingte Einmütigkeit not; die gab denn auch der ganzen Tagung das Gepräge...

Das Amt des 1. Vorsitzenden war neu zu besetzen infolge der Berufung des bisherigen Vorsitzenden in den Oberkirchenrat. Die 'Jungpositiven', die freilich nicht alle jungen positiven Mitglieder unsrer Vereinigung umfassen, hatten in früheren Vorstandssitzungen für die Stelle des 1. Vorsitzenden Pfarrer Karl Dürr in Pforzheim-Brötzingen vorgeschlagen. Unter Zurückstellung anderer Vorschläge hatte der Vorstand mit Mehrheit diesem Vorschlag zugestimmt. Der Landesausschuß stellte sich einmütig hinter den Vorschlag. So erfolgte denn in der Hauptversammlung die einstimmige Wahl von Stadtpfarrer Dürr zum 1. Vorsitzenden. Wir begrüßen ihn herzlich an dieser schweren Stelle in stürmischster Zeit und erbitten ihm Gottes reiche Gnade zur Führung und Auferbauung unserer Vereinigung! Nachdem der Gewählte für das bewiesene Vertrauen gedankt und Pfarrer Weber/Freiburg dem bisherigen 1. Vorsitzenden, Oberkirchenrat Bender, für seine langjährige, reiche und gesegnete Arbeit im Dienst der Kirche und der positiven Vereinigung wärmste Anerkennung gezollt hatte, erstattete dieser seinen letzten Jahresbericht.

Wie sehr die Ereignisse seit Jahresfrist sich drängen, ja überstürzen, wurde an dem ausgezeichneten Tätigkeitsbericht eindrücklich. Die 'Religiösen Sozialisten' haben als Landesorganisation aufgehört zu existieren, es bestehen nur noch mancherorts ihre Ortsgruppen. Der Vorsitzende, Professor Dr. Dietrich, zog sich rasch zurück. Die religiössozialistischen Pfarrer traten aus, ohne ihren jüngeren Gesinnungsgenossen auch nur Mitteilung davon zu machen. Die Kirchenleitung ließ die sieben religiös-sozialistischen Theologen einen Revers unterschreiben, worin sie sich bindend verpflichten, ihre früheren religiös-sozialistischen Gedanken nicht weiter zu verfolgen. Nicht nur die politische Entwicklung, sondern auch die verderbliche Verkoppelung von Politik und

Religion und der ungenügende religiöse Ansatzpunkt hat diese mehr politische als kirchliche Bewegung in kürzester Zeit liquidiert.

Was auf der letzten Jahresversammlung nicht vorauszusehen war, wurde bald darauf Wirklichkeit: die *Gründung einer evangelisch-nationalsozialistischen Gruppe.* Diese Abspaltung aus unsrer Vereinigung war, wie rückblickend zu sagen ist, unvermeidlich. Die Scheidung vollzog sich unter Schmerzen – auf beiden Seiten. Daß die, welche auf Grund politischer und kirchenpolitischer Erwägungen von uns gingen, bewußt am kirchlichen Bekenntnis und 'positiven Christentum' festhalten wollten, versetzt unsre badische Landeskirche in eine etwas günstigere kirchliche Lage als andere Landeskirchen, wo die 'Deutschen Christen' teilweise von anderen Voraussetzungen ausgingen.

Beim Rückblick auf die *Wahl zur Landessynode* wurde in Dankbarkeit der Treue und Hingabe derer gedacht, die zu dem günstigen Ergebnis mithalfen. Die jetzige Form der *Kirchenregierung* werde wohl im Zug des kommenden Verfassungsumbaus noch zweckentsprechender zu gestalten sein. Zum *Abschluß des Staatsvertrags* hob der Redner noch einmal die offen gebliebenen, gewichtigen Wünsche hervor, um dann abschließend festzustellen, daß man sich, von heute aus gesehen, nur freuen könne, daß der Vertrag seinerzeit angenommen und in Kraft gesetzt wurde. Gewiß kommt das Heil der Kirche nicht von Verträgen, aber die vertragliche Sicherung der Kirche darf nicht gering geachtet werden. Die evangelische Kirche hat nun auch nach außen dieselben Rechte und Sicherungen wie die katholische. Die loyale Achtung der Staatsverträge ist vom Reichskanzler und vom badischen Kultusminister feierlich zugesagt.

In diesen Wochen vollzieht sich ein ungeheurer volks- und kirchengeschichtlicher Umschwung. Auch die Kirche im erneuerten Staat muß die Kirche Jesu Christi bleiben. 'Die freie evangelische Kirche im Nationalstaat' ist zu fordern. Mit dieser Voraussetzung möge uns ein wirkungsvoller Zusammenschluß der deutschen evangelischen Kirchen geschenkt werden. – Daß die 'Kirchlich-Liberalen' nunmehr den eignen Namen verleugnen und ihn ändern wollen, wurde noch vermerkt.

Scheidend aus 29jähriger kirchenpolitischer Tätigkeit, die er stets als Dienst vor Gott betrachtete, warnte der bisherige Vorsitzende eindringlich davor, Kirchenpolitik als etwas Unheiliges anzusehen und Frömmigkeit als unvereinbar mit Kirchenpolitik zu halten. Kirchenpolitik sei not und stets zu treiben aus Glauben und im Glauben. –

Bei seinen Dankesworten an den bisherigen Vorsitzenden betonte der neue Vorsitzende, daß ein – in diesem Zeitpunkt besonders schmerzlicher – Wechsel in der Führung keinerlei Unterbrechung der von Gott gewirkten Geschichte unsrer positiven Vereinigung bedeuten dürfe und

daß weitergeführt werden müsse, was in der positiven Vereinigung bisher erarbeitet wurde.
Über 'die vor uns liegende Aufgabe' machte Pfarrer Dürr bei der Übernahme seines Amts folgende grundsätzliche Ausführungen [vgl. Dok. 457].
Die Aufgabe unsrer positiven Vereinigung ist ausschließlich kirchlich. Daß unsre badische Landeskirche immer mehr Kirche im neutestamentlichen Sinn werde, muß unser theologisches und praktisches Bemühen sein. Das Wesen der Kirche bleibt allezeit gleich, ihr göttlicher Auftrag ist in jeder zeitgeschichtlichen Situation neu zu erfragen. Vordringlich ist heute eine klare Stellung zum derzeitigen nationalen Wollen. Weil uns das Volkstum Gottes Gabe ist, sind wir mit Herz und Hand deutsch. Doch nicht durch das Volkstum wird man Christ, sondern durch Christus, der für uns Gericht und Gnade zugleich ist. In allen Dingen ihm gehorsam werden, bleibt erstes Gebot. Über der Stimme des Bluts steht die Stimme des Geistes Gottes, wie er in Jesus uns gegenwärtig ist. Für diesen Gehorsam gegen Christus fordern wir völlige Freiheit der Kirche von staatlicher Bevormundung. Wir lehnen jede Religion, die der Staat von sich aus setzen wollte, als vollendete Gottlosigkeit ab. 'Gebt dem Kaiser, was des Kaisers ist, und Gott, was Gottes ist.' Gott allein bestimmt, was des Kaisers ist und was Gottes ist. Damit ist unsre Stellung zur 'Glaubensbewegung der Deutschen Christen' gegeben. Nicht der Gedanke der Reichskirche ist uns anstößig. Wir glauben vielmehr, daß die jetzige politische Entwicklung eine gottgeschenkte Stunde sei, an der Neugestaltung der Landeskirchen mit dem Ziel einer bekenntnismäßigen Reichskirche zu arbeiten. Wir haben hier schnellstens gründliche Vorarbeit zu leisten. Daneben ist die Neugestaltung der Kirchenverfassung vom innersten Verständnis der Kirche aus in Angriff zu nehmen. Zu solcher Arbeit ist gliedhafte Zugehörigkeit zu Christus wichtigste Voraussetzung. Unbußfertige Ichheit und fleischliche Trägheit hindern die Gemeinschaft, die nicht 'gemacht', aber gewollt werden kann und in der Gemeinschaft des Brotbrechens, des Worts und des Gebets wächst. Auf diesem Boden müssen wir uns finden. Dann entsteht eine lebendige Gemeinde und lebendige Kirche und eine Erneuerung der kirchlichen Ämter und des kirchlichen Lebens. –
Die Tagung wurde am Nachmittag fortgesetzt. Der Vorsitzende regte die sofortige Bildung von Arbeitskreisen an zur Durcharbeitung der uns heute aufgegebenen Fragen. Kirchenpräsident D. Wurth ergriff das Wort zu längeren Ausführungen, die eine Fülle realer kirchlicher Gegenwartsaufgaben und Schwierigkeiten von der Schau des verantwortlichen Kirchenführers aufzeigten. Der ungeheure, entscheidungsschwere Ernst klang aus den oft mit schlagfertigem Humor durchzogenen Darbietungen. Der Liberalismus suche in neuer Form zu erstehen.

Kirche könne heute nicht geschaut werden ohne Staat. Auch die Frage der kirchlichen Jugendorganisationen erfordere zur Lösung viel Klugheit und Tatkraft. Mit bloßer Bekrittelung der Führung sei weder dieser noch der Sache gedient. Das Verhalten des Einzelnen müsse bestimmt sein von der Einsicht, daß er Glied im Ganzen der Kirche sei. Wir wollen uns erhalten eine freie evangelische Kirche mit evangelischer Schule, und wollen das Evangelium rein erhalten von den mancherlei Trübungen, die aus nationalem Überschwang aufsteigen könnten.

Noch mancherlei Anregung und Meinungsaustausch brachte die Aussprache und stellte die Grundgedanken zu einer 'Entschließung' heraus, die dann nach Abschluß der Tagung in folgender Form den Weg in die Öffentlichkeit fand:

'Die Landesversammlung der Kirchlich-positiven Vereinigung begrüßt alle Bewegungen, die in der neuen Stunde der Nation auch eine neue Stunde der Kirche herbeiführen wollen. Sie anerkennt dankbar die feierlichen Zusicherungen des Reichskanzlers und des badischen Kultusministers, die innere Freiheit der Kirche achten und die abgeschlossenen Kirchenverträge loyal handhaben zu wollen. Nur so kann die Kirche den ihr von Gott aufgetragenen Dienst an unserem Volk ausrichten. Die Kirchlich-positive Vereinigung arbeitet tatkräftig an der Neugestaltung unserer Landeskirche auf dem ihr gegebenen Grund von Bibel und Bekenntnis mit. Sie verschließt sich dabei nicht der Notwendigkeit eines Zusammenschlusses der deutschen evangelischen Kirche zu einer Reichskirche unter starker geistlicher Führung. Auch in ihrer jetzigen Gestalt aber muß die Kirche für sich die Freiheit fordern, lebendiges Gewissen unseres Volkes zu sein, auch da, wo ihre Aufgabe weder leicht noch dankbar ist."

469 Pfr. J. Bender: „Zur Lage"
MtsBl. Nr. 5, 7. Mai 1933, S. 19f.

„Langsam kommt Ordnung in die Bewegungen, die sich im Zusammenhang mit den politischen Ereignissen der letzten Wochen und Monate mit ungeahnter Mächtigkeit in der Kirche und um die Kirche her erhoben haben. Das erste Alarmsignal war die Parole von der Gleichschaltung der Kirche mit dem Staat, eine Parole, die – das muß zu unserer Schande wie zu unserer Beruhigung gesagt werden – nicht vom Staat, sondern von Pfarrern der evangelischen Kirche ausgegeben wurde. Diese Parole stand im Mittelpunkt der vielgenannten 1. Reichstagung der 'Glaubensbewegung der deutschen Christen', die Anfang April in Berlin unter Beteiligung führender politischer Persönlichkeiten stattfand. Was von dieser Tagung in die Öffentlichkeit gedrungen ist, hat alle, die ihre Kirche lieb haben, mit Sorge erfüllt, aber auch zur Abwehr mobilisiert. Beseitigung des Alten Testaments aus dem Religionsunterricht, Aufbau der religiösen Unterweisung auf dem deutschen Märchen- und Sagengut, Ersetzung der altestamentlichen Propheten durch Gestalten des deutschen Geisteslebens (Philosophen, Künstler usw.), das waren Forderungen, die die geflissentliche Rede von der reformatorischen Bekenntnisgrundlage der Kirche des Dritten Reiches Lüge straften. Als dann die Nachricht durch die Lande eilte, daß die Evangelisch-lutherische Landeskirche von Mecklenburg-Schwerin einen Staatskommissar bekommen habe, da konnten sich viele der Sorge um die Zukunft der Kirche als Kirche des Evangeliums nicht mehr erwehren. Aber keine Welle bleibt auf ihrem Gipfelpunkt, auch nicht diese Welle, die gegen das Schifflein unserer Kirche sich erhebt. Man hört doch immer lauter, daß sich innerhalb der 'Deutschen Christen' viele Stimmen gegen den Kurs der offiziellen Leitung wenden und nicht gewillt sind, von Bibel und Bekenntnis zu weichen. Es ist auf die ernsten Christen in jenem Lager die ungeheure Verantwortung gelegt, vor ihrer Partei, ja vor dem ganzen Volk und seiner Obrigkeit die Wahrheit und Unverbrüchlichkeit des biblischen Evangeliums und die innere und äußere Freiheit der Kirche zu bezeugen. Wir haben diese Hoffnung vor allem gegenüber der Gruppe der Evang. Nationalsozialisten in unserer badischen Kirche, daß sie sich mit uns in dem Grundsatz zusammenfinden, daß die Kirche ihre Dinge selbst ordnet.

Daß in unserer evangelischen Kirche vieles einer Neuordnung bedarf, stand und steht außer Zweifel. Die innere Erneuerung, die der Kirche wie jedem einzelnen Glied täglich aufs neue not tut, ist freilich nicht in unsere Hand gegeben, sondern ist und bleibt das Werk, das Gott durch sein Wort und seinen heiligen Geist ausrichtet und das jeder Einzelne an sich persönlich ausrichten lassen muß. Alle Maßnahmen, die die Kirche trifft, bleiben bloße Änderungen ohne reformatorischen Gehalt, wenn nicht die Kirche aus dem Heilsbrunnen trinkt, den Gott in ihrer Mitte sprudeln läßt und dessen Lebenswasser gefaßt sind in Wort und Sakrament. Ohne persönliche Wiedergeburt aus Gottes Gnadenmitteln bleibt der Mensch bei aller Kirchlichkeit außerhalb der Kirche Jesu Christi. Darum müssen wir vor allem um die Erneuerung des Predigtamtes unserer Kirche bitten, daß Gottes heiliges Wort rein und lauter verkündigt werde, denn nur aus dem Wort der Wahrheit, von Herzen geglaubt und mit reinen Lippen bekannt, werden unserer Kirche lebendige Kinder geboren. Das Wort der kirchlichen Predigt mit Leben erfüllen, kann nur Gott selbst, aber darüber wachen, daß die kirchliche Predigt nicht im offenbaren Widerspruch zu Schrift und Bekenntnis steht und das Leben der Prediger nicht den Gemeinden Anlaß zum Ärgernis gibt, ist der Kirche, und zwar dem Kirchenregiment, aufgetragen.

Damit ist die Aufgabe genannt, die von uns getan werden kann und muß, nämlich Sorge dafür zu tragen, daß die von Gott der Kirche eingestifteten Ämter der Kirche voll zu ihrer Auswirkung gebracht werden. Dies zu gewährleisten, ist der Zweck der Kirchenverfassung. Hier muß in unserer Landeskirche Wandel geschaffen werden. Die nach dem Krieg angenommene Verfassung war, scharf gesagt, unkirchlich. Sie hat das Amt der Kirchenleitung in eine Abhängigkeit von der *geleiteten* Kirche versetzt, die das Kirchenregiment zum regierten Teil und den regierten Teil zum regierenden gemacht hat. Jeder Teil sollte bzw. wollte sein, was er nach göttlicher Ordnung nicht sein *konnte*. Durch diese Zerstörung der von Gott gesetzten Beziehungen der Ämter zueinander, vor allem des Amtes der Kirchenleitung zur regierten Kirche, wurde die Kirche um den Segen gerade dieses Amtes gebracht. Darum ist es eine Pflicht der Kirche, nicht das Amt der Kirchenleitung neu zu schaffen, sondern ihm in seiner von Gott gesetzten Gestalt Anerkennung und Raum zu geben. Das muß aber in *evangelischer* Weise geschehen. Geschieht dies, so werden wir mit Ruhe und guten Gründen dem zu erwartenden Geschrei von 'romanisierenden Tendenzen' entgegentreten können.
Wir wollen dankbar sein, wenn Gott die Bewegung unserer Tage nicht nur dazu dienen läßt, daß unser Volk wieder zurückfindet zu der rechten staatlichen Form, nach der es sich gliedert in Obrigkeit und Untertanen, sondern auch dazu, daß die Kirche mit ihren von Christus ihr zugeordneten Ämtern die Verfassung erhalte, die entsprechend der geschichtlichen Lage den kirchlichen Ämtern ihre göttliche Aufgabe an und im Ganzen der Kirche ermöglicht. Zu dieser großen Aufgabe sind alle aufgerufen, die die Kirche der Reformation ihre Mutter nennen! Gott kann die Kirche durch eine Verfassung segnen oder strafen! Wir sind in diese göttliche Entscheidung gestellt!"

470 Pfr. Rössger an LKR Voges: Warnung vor einem „Kulturkampf" in Baden
Ichenheim, 8. Mai 1933; LKA GA 8088

„Besten Dank für Brief und Einladung zur Synodalfraktionssitzung. Der Termin der letzteren scheint mir reichlich spät zu sein, nachdem die Positiven am Montag und Mittwoch schon ihre entscheidenden Zusammenkünfte haben. Sollte unsere Sitzung nur den Sinn haben, Geschehenes und Beschlossenes zur gütigen Kenntnis zu nehmen, so befürchte ich für diesmal das Schlimmste! Ich selbst wenigstens darf mich der Hoffnung hingeben, daß keine letzten Entscheidungen gefällt werden, ohne daß Du mit Deinen beiden *Vorstandsleuten* im Blei bist. Wenn Du willst, stehe ich Dir die ganze Woche in Karlsruhe zur Verfügung. Auf jeden Fall pflegst Du Unterhandlungen, die uns nicht gefallen! Inwiefern Du 'im Kreuzfeuer' stehst, sehe ich nicht ein. Die Fronten

in unserer Kirche sind nach der Kirchenregierungsbildung eindeutig genug. Ich bin auch nicht dafür, daß wir 'die Vorschläge der Positiven 100% annehmen'. Aber Du sollst auch hier keine unnötige Gegnerschaft schaffen! Die Parteigenossenschaft (Karl-Ludwig) Benders gibt uns zu bedenken, während Deine Begründung eines Episkopats Kühleweins mit dem Hinweis auf dessen Vertrauen bei den Liberalen völlig unnationalsozialistisch ist. Du mußt einsehen, daß mit der Übernahme der 10 Berliner Punkte einem liberalen Einbruch faktisch Tür und Tor geöffnet sind. Du weißt doch selbst, daß der badische Bekenntnisstreit jeweils um die *Ausdeutung* des Bekenntnisstandes ging! Wenn es ob unserer verschobenen Bekenntnishaltung zu einem Bruch in der Rechtsfront kommt, erhalten wir eine derartige Verschiebung der kirchenpolitischen Machtgruppierungen, daß Du mit der besten 'Taktik', auf die Du Dich berufst, zuschanden wirst! Was das 'Reich Gottes' anbelangt, so ist dies freilich die Norm aller Positivität. Ich werde nie umhin können, am ersten zu trachten nach dem Reiche Gottes und dann erst nach dem Dritten Reiche und seinen vaterländisch und kirchlichen Notwendigkeiten! Darum war für mich die Äußerung Reinles (zuerst Nationalsozialist und dann Christ) eine unbegreifbare Ungeheuerlichkeit. Selbstverständlich weiß auch ich, was der gute Mann sagen wollte: aber es war eine Schande für uns *Pfarrer*, daß keiner – namentlich nicht der Herr Vorsitzende! – eine freundliche Korrektur gab! Lies doch nur einmal die letzte Nummer von 'Kirche und Volk' mit den drei letzten korrespondierenden Artikeln. Hälst Du es für möglich, daß wir jetzt wieder von dieser Linie abrücken können? Rost hat recht: Du müßtest nicht nur Gässler und mich, sondern unsere ganze nationalsozialistische Glaubenshaltung desavouieren! Wisse: unsre Freunde im Land sind ob der neuen Wendung der Dinge im eigenen Lager in großer Sorge: Gässler hat seine Leute um sich gesammelt; morgen abend tagen die Freiburger, heute abend Pfarrer und Lehrer hier im Ried! Ich bitte Dich in allerletzter Stunde: Lasse Dich belehren und treffe keine Entschließungen, deren Konsequenzen den fürchterlichsten Kulturkampf in Baden auslösen müßten, den *ich* zu führen mich in keiner Minute scheuen werde, wenn es um die letzte Glaubensgrundlage unserer evangelischen Kirche geht. Ich weiß nicht, ob Du die Tragweite dessen siehst, was Du andrehen willst! Was Dich zum Parteigenossen Oberkirchenrat Bender treibt und vielleicht immer wieder treiben wird, ist Dir bekannt nach meinen obigen Ausführungen. Ich werde mich hüten, die Personenfrage des künftigen Episkopats mit ihm zu ventilieren, dazu er sich auch gar nicht hergäbe.
Bitte antworte mir noch auf die Frage: Gedenkst Du am Mittwoch abend nochmals eine Verhandlung mit den Positiven anzubahnen?..."

471 Pfr. Dürr an alle Mitglieder der KPV: „Bekenntnis zur Existenz u. den Zielen der KPV"
Pforzheim, 11. Mai 1933; Nachlaß Dürr D 3/13 – Rds. Nr. 1

„Vertraulich ... Die Veröffentlichung der 'Glaubensbewegung deutscher Christen, Gau Baden', die kürzlich im 'Führer' und andern Tageszeitungen erschien, wonach jeder Pfarrer, der Mitglied der NSDAP ist, damit auch ohne weiteres Mitglied der Glaubensbewegung deutscher Christen, Gau Baden, sei, hat bei vielen unserer Freunde, die eingeschriebene Mitglieder der NSDAP sind, Beunruhigung hervorgerufen. Um hierüber Klarheit zu schaffen, welche Stellung unsere Freunde dazu einzunehmen haben, haben einige Karlsruher Freunde auf 8. Mai eine Versammlung einberufen, die dazu verhelfen sollte, unsere Mitglieder, die Parteigenossen der NSDAP sind, zu stärken, sich nicht beirren zu lassen, sondern unserer Vereinigung die Treue zu halten.

Da Zweifel laut wurden, daß die Verlautbarung der badischen Gruppe der Glaubensbewegung deutscher Christen berechtigt sei, wurde unser Freund, Herr Oberkirchenrat Bender, der Parteigenosse ist, gebeten, sich mit Kreiswehrpfarrer Müller in Berlin persönlich in Verbindung zu setzen, um festzustellen, ob die genannte Verlautbarung im 'Führer' mit der Stellungnahme der Reichsleitung der Glaubensbewegung deutscher Christen übereinstimme, und wenn ja, wie sich der Reichskanzler als allein verantwortlicher Führer der NSDAP dazu stelle. Herr Oberkirchenrat Bender hat fernmündlich mit Kreiswehrpfarrer Müller gesprochen und, wie er mir heute telephonisch mitteilte, beruhigende Erklärungen erhalten. Danach steht zu erwarten, daß in Bälde eine deutliche Klarstellung dieser Frage erfolgen wird.

Auf die Frage, was zu tun sei, wenn wirklich von jedem Pfarrer-Parteigenossen verlangt würde, daß er ohne weiteres der Glaubensbewegung deutscher Christen anzugehören habe, erklärte Herr Oberkirchenrat Bender in der Montagsversammlung: müsse er wählen zwischen der Mitgliedschaft in der NSDAP und in der Kirchlich-positiven Vereinigung, dann müsse er aus innerer Nötigung, so schwer das auch sei, aus der NSDAP austreten. Denn die Überzeugung in Bezug auf Wesen und Aufgabe der Kirche, die ihn in die positive Vereinigung geführt habe, sei nicht von gestern und könne nicht durch Parteibefehl geändert werden. Die Mehrzahl der anwesenden Freunde stimmte denn auch unserm Freund Bender zu.

Ein kleiner Teil unserer anwesenden nationalsozialistischen Freunde nahm eine andere Stellung ein. Bewegt durch die Tatsache, daß in letzter Zeit liberale Pfarrer in größerer Zahl in die NSDAP eintreten und offenkundig auch Einfluß in der kirchlichen Gruppe der deutschen Christen zu gewinnen trachten, meinten sie, es sei notwendig, daß nun auch Pfarrer unserer Vereinigung, die Parteigenossen in der NSDAP sind,

sich der Glaubensbewegung deutscher Christen anschließen, also aus unserer Vereinigung austreten sollten, um den positiven Flügel der dortigen Pfarrer zu stärken, denen es ernst sei mit dem Festhalten an Bibel und Bekenntnis.
Wir können diesen aus der Besorgnis um die Stärkung des positiven Teils jener Gruppe entsprungenen Gedanken sehr wohl verstehen. Dennoch stimmen wir unserm Kirchenpräsidenten D. Wurth zu, der in der Versammlung dazu zu erwägen gab, daß auf jener Seite das Führerprinzip die Bedeutung habe, daß die Entscheidungen durch Führerbefehl fallen, daß ferner bis heute keine Klarheit und Eindeutigkeit über die Haltung und die Ziele der Reichsleitung der Glaubensbewegung bestehe, daß neben manchen auch von uns anerkannten Zielen andere Programmpunkte vorhanden sind, zu denen wir nicht ja sagen können.
War dies die Überzeugung des größeren Teils der Montagsversammlung, so hat der Vorstand unserer Vereinigung in seiner gestrigen Sitzung einmütig beschlossen, unsere Freunde zu bitten und aufzumuntern, im gegenwärtigen Augenblick sich nicht verwirren zu lassen, sondern treu zu unserer Sache zu halten. Es ist in der gegenwärtigen Stunde für unsere Kirche von entscheidender Bedeutung, daß unsere positive Vereinigung, die ohne politische Bindungen nur die Sicht auf die Kirche hat, als möglichst geschlossene und starke Gruppe am Neuaufbau unserer Kirche mitzuarbeiten imstande ist.
In diesem Zusammenhang erscheint es mir freilich erforderlich, auch meinerseits und im Namen des gesamten Vorstands zu erklären, daß wir ohne Vorbehalt zum neuen nationalsozialistischen Staat stehen. Darin gibt es unter uns keine Meinungsverschiedenheit. Mit derselben Klarheit aber stehen wir auch zu einer Kirche, die ihre Angelegenheit in völliger Freiheit und Unabhängigkeit von staatlichen Eingriffen ordnen soll, wie dies auch von unserm Reichskanzler Hitler wiederholt feierlich zugesagt worden ist.
Für die Neuordnung unserer Kirche bedeutet dies, daß sie durch die von der Kirche dazu bestellten Organe auf legalem Weg erfolgen wird. Für die Gestaltung der evangelischen Reichskirche deutscher Nation hat der Präsident des preußischen Oberkirchenrats Dr. Kapler absolute Vollmachten von den Präsidenten der einzelnen Landeskirchen bekommen mit der einen Bestimmung allerdings, daß der Bekenntnisstand der einzelnen Landeskirchen nicht zum Gegenstand der Diskussion gemacht, sondern vorbehaltlos anerkannt wird. Die Selbständigkeit der größeren Landeskirchen, zu denen auch unsere badische gehört, wird dadurch garantiert. Der Neubau unserer Verfassung wird sich den noch nicht bekannt gewordenen Richtlinien, die Dr. Kapler für die Reichskirche auszuarbeiten beauftragt ist, einfügen, im einzelnen jedoch unsere Angelegenheit, also Sache unserer Landessynode sein. Die teilweise

geäußerte Meinung, es würde vorher zu Neuwahlen für die Landessynode kommen, oder solche Wahlen könnten etwa von Seiten der Glaubensbewegung deutscher Christen erzwungen werden, wird von uns nicht geteilt. Wir vertrauen viel zu sehr auf die feierlichen Zusagen Hitlers, als daß wir eine Verletzung der unserer Kirche durch den Staatsvertrag zugesicherten Rechte der Selbstbestimmung befürchteten.

Von der neuen Verfassung unserer Landeskirche kann heute schon dies eine gesagt werden, daß sie einen mit weitgehenden Führervollmachten ausgestatteten Landesbischof an die Spitze unserer Kirche stellen wird. In der Regierung wird der Parlamentarismus verschwinden. Die oberste Kirchengewalt wird nicht mehr bei der Synode, sondern beim Landesbischof liegen. Damit werden dem Einfluß der kirchenpolitischen Parteien heilsame Beschränkungen gezogen werden, worüber sich jeder freuen wird, der der Kirche wohl will. Noch stärker als im Staat wird freilich in der Kirche die Mitarbeit ihrer Glieder angestrebt und verfassungsmäßig eingebaut werden müssen. Im einzelnen kann darüber heute noch nichts gesagt werden. Aber bitten möchten wir unsere Mitglieder, die Neugestaltung unserer Verfassung nicht nur abzuwarten, sondern in ihren Arbeitskreisen um die Klärung der einzelnen Fragen sich zu mühen. In den Grundsätzen des Verfassungsneubaus hoffen wir bei den Vertretern der nationalsozialistischen Gruppe in unserer Landessynode auf weitgehendste Übereinstimmung.

Zum Schluß noch ein anderes Anliegen. Die vor uns liegenden Aufgaben verlangen außer treuer Mitarbeit, daß wir unsere Kasse füllen. Das muß auf folgende Weise geschehen:

1. Wir machen es unsern Pfarrermitgliedern und den Vertrauensleuten in den einzelnen Orten zur Pflicht, unsere Monatsblätter in weitestem Ausmaß zu verbreiten. Es ist unerläßlich, daß unser Kirchenvolk von den brennenden Gegenwartsfragen unserer Kirche Kenntnis erhält und dadurch zur Mitarbeit angeregt und geschult wird. Die Werbung ist gut zu organisieren. Probenummern in jeder gewünschten Zahl können beim Evang. Schriftenverein in Karlsruhe, Kreuzstraße 35, bestellt werden. Das Bezugsgeld, 50 Pfennig im Jahr, muß unbedingt eingezogen und pünktlich an unsern Rechner, Herrn Kirchenrat Renner/Heidelsheim, Postscheckkonto Karlsruhe Nr. 11190, einbezahlt werden. Es kann nicht verantwortet werden und unsere Kasse erträgt es einfach nicht, daß nur ein Drittel der bezogenen Monatsblätter bezahlt wird.
2. Werbt für unsere kirchlich-positiven Blätter. Bestellung durch die Post. Wir haben festgestellt, daß Freunde als Mitglied unserer Landesvereinigung geführt werden, die die kirchlich-positiven Blätter nicht halten. Das geht nicht an. Wir ersuchen die Betreffenden, unverzüglich bei ihrem Postamt unsere Blätter zu bestellen. Das

Bezugsgeld, 5 RM im Jahr, ist zugleich der Mitgliedsbeitrag, der damit bezahlt ist.
3. Arbeitet an unsern Blättern mit! Schreibt!
4. Helft auch mit, daß unser Evang. Kirchen- und Volksblatt noch viel mehr in unsern Gemeinden gelesen wird. Zur Verbreitung unserer kirchlichen Ziele und zur Meinungsbildung in positivem Sinn wird es neben seinem erbaulichen Inhalt immer auch die aktuellen Kirchenfragen volkstümlich behandeln.

Laßt uns treu zusammenstehen! Frisch und mutig gehe jeder ans Werk! Laßt Euch auch nicht verwirren, wenn allerhand Gerüchte umgehen. Wir werden unsere Freunde über wichtige Dinge durch Rundschreiben unterrichten, bitten aber auch, dies dadurch zu ermöglichen, daß diese Rundschreiben vertraulich, d.h. nur für den Gebrauch der Mitglieder behandelt werden..."

472 Evang. Volksverein Leutershausen – gez. K.: Votum für einen christlichen, nationalen und sozialen Staat unter Führung Hitlers, 14. Mai 1933
Evang. VolksBl. Nr. 7, 11. Juni 1933

„Die deutsche Freiheitsbewegung unter ihrem bewährten Führer, dem jetzigen Reichskanzler Adolf Hitler, ist stets zielbewußt gewillt, nicht nur das deutsche Volk aus der Not und dem Elend der vergangenen 14 Jahre herauszuführen, sondern auch eine echte und wahre Volksgemeinschaft zu errichten. Die nationale Regierung bekundet, daß Klassen- und Standesunterschiede in unserem Volk keinen Raum mehr haben, daß dagegen Gottesfurcht, christliche Religion, gesittetes Wesen, Zucht und Ordnung wieder Gemeingut unseres Volkes werden sollen. Die nationale Regierung ist ferner mit ernstem und heiligem Willen bestrebt, die soziale Frage dahin zu lösen, daß auch die irre geführten und der deutschen Nation bisher entfremdeten Volksgenossen wieder als gleichberechtigte und ebenbürtige Glieder in die Volksgemeinschaft eingereiht werden und ihnen das Recht auf Freiheit und Arbeit und Brot zuteil werden soll. Zu diesem christlichen, nationalen und sozialen Staat unter der Führung des Volkskanzlers Adolf Hitler bekennt sich der Volksverein Leutershausen und gelobt feierlichst dieser Regierung treue Gefolgschaft. Der Volksverein gibt mit dieser Entschließung dem Wunsche Ausdruck, daß der evangelische Volksbund in Baden auch seinerseits sich das Bekenntnis voll und ganz zu eigen macht und umgehend seinen Mitgliedern hiervon Kenntnis gibt."

473 LKR Voges an RLtr.-DC Hossenfelder: Ausschluß der RS zwecks Erhaltung der „kirchl. Reaktion"
Karlsruhe, 16. Mai 1933; LKA GA 8089 – Durchschrift

„... Die Positiven werden in Gestalt des Oberkirchenrat [Karl-Ludwig] Bender in Berlin bei Müller selbst vorsprechen oder vielleicht schon vor-

gesprochen haben, um sich aus der Schlinge zu ziehen. Auf alle Fälle verlange ich, daß ich ebenfalls gehört werde. Die positiven Herren hier in Baden haben, ich wiederhole es nochmals, nicht anderes im Sinn, als die kirchliche Reaktion zu stärken. Ich darf Ihnen mitteilen, daß die liberale Synodalfraktion mit uns sich gleichschalten wird. Damit nun die altpositive Vormacht erhalten bleibt, wird voraussichtlich uns in der Kirchenregierung ein Gesetz vorgelegt werden, das die Religiösen Sozialisten aus der Synode hinauspfeffert. Ein feiner Schachzug!
Nach außen hin die nationale Geste, in Wirklichkeit ein gemeines Schwindelmanöver. Denn wenn bisher von den 63 Synodalabgeordeten nur 29 positiv waren (14 Nationalsozialisten, 1 Liberaler,*) 9 Religiöse Sozialisten), so stünde es nach dem Hinauswurf der Religiösen Sozialisten 29 zu 26.
Damit hätten die Positiven die absolute Mehrheit und könnten u.U. ihre Macht stabilisieren wie ein rocher de bronce. Wir werden u.U. schon übermorgen aus der Kirchenregierung ausscheiden müssen, auf Einberufung der Landessynode dringen, um diese Intrige zu hintertreiben, wenn nicht noch vorher die Vernunft siegt. Dann könnte sein, daß Sie am Sonntag hier Kampfesstimmung antreffen.
Das alles richtet sich nicht gegen den Kaplerausschuß, dessen Arbeit wir in Ruhe und soldatischem Gehorsam abwarten. Bitte machen Sie keinen Hehl daraus, daß wir zu Ihnen in Treue stehen."

474   N.N.: Bedauern über Unterstellung der badischen DC unter die RLtg.; Befürwortung einer Reichskirche
KPBl. Nr. 10, 21. Mai 1933, S. 79 f.

„*'Glaubensbewegung Deutscher Christen, Gau Baden.'* Was man schon lange vorausgesehen hatte, ist geschehen: Wie die Synodalfraktion der evang. Nationalsozialisten in Baden bekanntgegeben hat, ist 'in Verfolg einer Anordnung der Reichsleitung der Glaubensbewegung 'Deutscher Christen' die aus den religiösen Kräften der deutschen Freiheitsbewegung hervorgeganene 'Kirchliche Vereinigung für Positives Christentum und Deutsches Volkstum' in den *Gau Baden* der Glaubensbewegung 'Deutscher Christen' übergeleitet worden'. Damit hat bedauerlicherweise die Selbständigkeit und Eigenart der seitherigen Vereinigung der evang. Nationalsozialisten Badens ein Ende genommen ...
Kirchlich Positive zur kirchlichen Lage.**) Die in breitester Öffentlichkeit in den Tageszeitungen geführte Diskussion über die Neugestaltung der evangelischen Kirche im neuen Reich veranlaßte den Zusammentritt zahlreicher kirchlich Positiver unseres Landes zu einer Aussprache in Karlsruhe. Es stellte sich völlige Einmütigkeit darüber heraus, daß man jetzt mit Vertrauen das Ergebnis der Arbeit abzuwarten habe, mit

---
*   Die Liberalen stellten 12 Abgeordnete.
** Anmerkung der Schriftleitung: Manche Tageszeitungen brachten diesen Bericht, leider mit mannigfachen Entstellungen.

der Präsident *D. Dr. Kapler* mit einem ganz kleinen Kreis von berufenen Kirchenmännern (darunter auch der Vertrauensmann des Reichskanzlers, Wehrkreispfarrer *Müller*) zur Durchführung der Verfassungsreform vom Deutschen Evangelischen Kirchenbund betraut worden ist. In diesem Kirchenbund ist bekanntlich auch unsere badische Landeskirche vertreten. Dieses Vertrauen ist gegründet in der Gewißheit, daß diese Arbeit in völliger Freiheit und kirchlicher Selbständigkeit zustande kommt. Ebenso einmütig ist das freudige Vertrauen zu der wiederholt von unserem Reichskanzler Adolf Hitler gegebenen Zusage, daß die Staatsleitung in die um die Neugestaltung der evangelischen Kirche gehenden Arbeiten nicht eingreifen werde. Die kirchlichen Verhältnisse in Baden sind bis zur Neuordnung durch die zu Recht bestehende Verfassung bestimmt, die unter dem Schutz auch der staatlich gegebenen Garantie von unserer Kirchenleitung gehandhabt wird.

Über das Verhältnis der Mitglieder der NSDAP, der viele kirchliche Positive angehören, zu der 'Glaubensbewegung Deutscher Christen' besteht infolge parteioffizieller Auslassungen des Gaues Baden dieser Bewegung Unklarheit bzw. Sorge um die kirchliche Freiheit und Willensentscheidung der Einzelnen. Hierüber soll alsbald Klarheit herbeigeführt werden.

Die Schaffung einer evangelischen Kirche deutscher Nation (Reichskirche) auf klarer Bekenntnisgrundlage wird von den Positiven freudig begrüßt und erstrebt."

475 Pfr. Sauerhöfer an LKR Voges: Intrigen in der bad. DC
Gauangelloch, 26. Mai 1933; LKA GA 8087

„Erfreuliches kann ich Dir nicht mitteilen, aber *Wissenswertes*. Die Mannheimer suchen Dich weiterhin zu stürzen. Brauß und Kiefer arbeiten unentwegt in dieser Richtung. Voraus: 1. Gestern traf ich bei meinem Onkel in Mannheim zufällig Pfarrer [Karl Wilhelm] Gänger/Neckarau, der mir unvorsichtigerweise Aussprüche von Hauptlehrer Brauß/Neckarau, dann wieder des Professors erzählte. Es ist die alte Leier, Unfähigkeit usw. Man müsse Dich deshalb entfernen! 2. Heute erfuhr ich in Heidelberg aus direkter Quelle, daß Brauß hier mit den Positiven verhandelte und Dein Haupt anbot, falls sie sich den Deutschen Christen anschlössen. Das 'unglaubliche Angebot' an Spies spielt hier die Hauptrolle. Du bist also im besten Zuge, Dir mit dem 'Prälaten*⁾ Br.' eine Schlange an der Brust großzuziehen. Es ist mir unbegreiflich, daß man nach einer solch erhebenden Landestagung, wie wir sie erleben durften, auf solch' geradezu beelendende Weise weiter intrigieren kann. Ich bitte Dich, den Saboteuren vorzubauen. Behandle die Sache bitte vorerst vertraulich. Es nützt weder Deiner Autorität noch der unserer Gruppe, wenn Angehörige unserer Vereinigung Dich heruntersetzen –

---
*⁾ Eine Warnung vor Prof. Brauß als Prälat

und zwar bei den Gegnern, zumal wenn sich dies allmählich im ganzen Land herumspricht. Ich teile Dir dies mit aus aufrichtiger Freundschaft und Besorgnis...
Gänger teilte mir als *ausgemachte Sache* mit, daß Kiefer Prälat wird! Der Mannheimer Hauskreis schließt sich also. Ihre erste Aufgabe sehen die beiden Prälaten allem Anschein nach in Deinem Sturz."

476 Prof. Brauß an LKR Voges: Aufforderung zum Handeln
Mannheim. 28. Mai 1933; LKA GA 8088

„... nun sind die Würfel ja gefallen in Berlin! Für Baden nicht von Vorteil, fürchte ich. Indes: Das Gebot heißt: Handeln, vorwärts schreiten! Ich würde an Deiner Stelle mit Prälat K[ühlewein] reden, ihm sagen, welch' weitherziges Angebot wir zu machen gewillt seien usw., ihn bitten, er möge um der Kirche willen und um der Schaffung sachlicher Verhältnisse ja sagen zu unserem kirchlichen Wollen. Natürlich wirst Du nicht versäumen, darauf hinzuweisen, daß wir vor dem Lande die Positiven für alle Unruhe und allen kirchlichen Kampf verantwortlich machen müßten, wenn sie sich weigerten, auf unseren Kompromiß einzugehen.
Nun los! Es kann so nicht fortgehen."

477 N.N.: „Organisatorisches aus unserer Vereinigung"
MtsBl. Nr. 6, 4. Juni 1933, S. 21

„Mitglied unserer 'Kirchlich-positiven Vereinigung' wird, wer sich als solches beim Vorsitzenden, Pfarrer Karl Dürr in Pforzheim-Brötzingen, oder beim Bezirks-Obmann anmeldet. Eine Zusammenstellung unserer Bezirks-Obmänner wird demnächst in den 'Monatsblättern' veröffentlicht. Wer sich als Mitglied anmeldete, hat bei der Post die 'Kirchlich-Positiven Blätter', Halbmonatsschrift für kirchliches Leben in Baden, zu bestellen. Der Bezugspreis beträgt jährlich 5,-- M. und wird durch die Post vierteljährlich mit 1,25 M. zuzüglich 12 Pfg. Zustellgebühr eingezogen. Der Jahresbezugspreis von 5,-- M. gilt zugleich als Mitgliedsbeitrag zur Kirchlich-Positiven Landesvereinigung. Wer die 'Kirchlich-Positiven Blätter' nicht bezieht, gilt nicht als Mitglied unserer Positiven Landesvereinigung. Ebenso nicht, wer zwar die 'Kirchlich-Positiven Blätter' bezieht, aber sich nicht als Mitglied angemeldet hat. Den Beziehern der 'Kirchlich-Positiven Blätter' werden die vierseitigen 'Monatsblätter' umsonst mitgeliefert.
Wer nur Mitglied einer positiven Ortsgruppe ist, bezieht allein die 'Monatsblätter', die nicht durch die Post, sondern durch örtliche Verteiler oder Vertrauensleute zugestellt werden und wofür jährlich nur 50 Pfg. zu zahlen sind. Bestellungen auf die 'Monatsblätter' sind bei den Ortsgruppenleitern oder Vertrauensleuten oder beim 'Evang. Schriften-

verein Karlsruhe, Kreuzstr. 35' zu bewirken. – Die Ortsgruppenleiter werden herzlich und dringend gebeten, kirchlich interessierte und positiv gerichtete Gemeindeglieder zum Bezug der 'Monatsblätter' zu ermuntern. Der Zustand, daß in ganzen Gemeinden mit starken positiven Wählergruppen die 'Monatsblätter' nicht bekannt sind und nicht gehalten werden, ist betrüblich und unerträglich – um der positiven Sache willen..."

478 Pfr. Scheuerpflug: Appell zur Geschlossenheit innerhalb der KPV
MtsBl. Nr. 6, 4. Juni 1933, S. 24

„Das Einigungswerk der deutschen evangelischen Landeskirchen schreitet rüstig fort. Die letzten Wochen brachten den *Zusammenschluß sämtlicher lutherischen Landeskirchen* 'zu einem lutherischen Zweig innerhalb der werdenden deutschen evangelischen Kirche', übrigens 'unter Vorbehalt der Zuständigkeit der einzelnen (Landes-)Kirchen'. Am 27. Mai wurden in Berlin Verhandlungen gepflogen über den entsprechenden *Zusammenschluß der 'unierten' Landeskirchen,* wozu unsere badische Kirche gehört. Das Ergebnis liegt im Augenblick der Drucklegung unseres Blatts noch nicht vor.
Inzwischen kam auch der *Verfassungsentwurf der kommenden evangelischen Reichskirche* zu einem vorläufigen Abschluß. In der Stille des alten Klosters Loccum hatten sich die Bevollmächtigten des Deutschen Evang. Kirchenbundes (D. Kapler – D. Marahrens – D. Hesse) zusammen mit anderen kirchlichen und theologischen Persönlichkeiten und unter Fühlungnahme mit dem Bevollmächtigten des Reichskanzlers, Wehrkreispfarrer Müller, der inzwischen die Oberleitung der 'Deutschen Christen' übernahm, zu diesem wichtigen Werk zusammengetan. Bereits sind die Vertreter der Landeskirchen zusammengetreten, um zu dem Ergebnis Stellung zu nehmen. Auch der Reichskanzler wird über den Fortgang der Verhandlungen auf dem Laufenden gehalten.
Auch über die Persönlichkeit des *'Reichsbischofs'* wurde man sich erfreulich rasch einig. Pastor D. Friedrich von Bodelschwingh in Bethel wurde von dem oben genannten 'Dreimänner-Ausschuß' dazu ausersehen und unter freudigster Zustimmung aus dem evangelischen In- und Ausland am 27. Mai zum ersten deutschen 'Reichsbischof' ernannt. Wir begrüßen die Wahl des Vorgeschlagenen aufs dankbarste. Kaum ein zweiter Theologe des evangelischen Deutschlands genießt solch allgemeines Vertrauen. Als jüngster Sohn des bekannten Begründers der Betheler Anstalten leitet der 55-jährige Pastor F. von Bodelschwingh seit 1910 jene 'Stadt der Barmherzigkeit' in reichem Segen. Auf dem Gebiet des Pfarramts, der Inneren und Äußeren Mission, der Diakonie, der Siedlung, aber auch der theologischen Wissenschaft und Praxis als

Leiter der Theologischen Schule in Bethel hat er Hervorragendes geleistet und den Glauben, der in der Liebe tätig ist, allezeit vorbildlich bewährt. Durch seine Arbeit steht er in lebendigster Beziehung zum Volkstum. – Die 'Deutschen Christen' verlangten ihren Führer Wehrkreispfarrer Müller als Reichsbischof. Wegen seiner Nichternennung sagten sie schärfsten Kampf an. *Jedenfalls haben die Kirchen den Mann ihres Vertrauens durchgesetzt und bestimmten nicht politische Gesichtspunkte die Wahl des ersten deutschen Reichsbischofs.*
Die bisherigen kirchenpolitischen Gruppen sind durch das Auftreten der 'Deutschen Christen', das durch die politischen Zeitverhältnisse ebenso begünstigt wie durch das Beitreten einzelner führender Theologen, wie D. Fezer/Tübingen, innerlich verstärkt wird, in eine neue Lage versetzt. Die kirchenpolitischen Gruppen der Altpreußischen Union ('Positiv-kirchliche Vereinigung', 'Volkskirchliche Vereinigung', 'Freunde der freien Volkskirche') nahmen unter Wahrung der vollen Selbständigkeit jeder Gruppe in einer gemeinsamen Erklärung Stellung zu den kirchlichen Problemen, worin es u.a. heißt:

Wir danken Gott, daß er uns den neuen auf christliche Grundlage gestellten Staat geschenkt hat und wollen mit Hingabe an seinem Aufbau mitarbeiten. Wir werden jeden Versuch, die Staatspolitik in die Kirche hineinzutragen, entschlossen abwehren. Die für den 31. Oktober 1933 geforderten Urwahlen lehnen wir ab. Wir bejahen die 'Evangelische Kirche deutscher Nation' und fordern, daß sie aus ihrem eigenen Wesen auf Gottes Wort und reformatorisches Bekenntnis aufgebaut wird. Wir treten ein für die Erhaltung der synodalen und Gemeindekörperschaften, verlangen die geistliche Führung in Kirche und Gemeinde. So wichtig Verfassungsfragen sein mögen, so betonen wir doch mit allem Nachdruck, daß das Leben der Kirche aus Gottes Wort und Sakrament erwächst. Dienst in der Gemeinde und an der Gemeinde ist die Hauptforderung, die an jede kirchliche Bewegung gestellt werden muß.

Unsere 'Kirchlich-positive Vereinigung' hat sich sowohl in ihrer Synodalfraktion wie im Vorstand eingehend mit der derzeitigen Lage beschäftigt. In der Stellung zu Volk und Vaterland, im unentwegten Stehen zu Bibel und Bekenntnis hat sie nichts umzulernen und nichts hinzuzulernen. Sie läßt sich darin in den 82 Jahren ihres Bestehens von niemand übertreffen. Die Gefahr einer Politisierung der Kirche hat sie von jeher erkannt und abgewehrt und wird um der Reinheit des Evangeliums willen diesen Weg auch weiterhin gehen. Mit weitester und willigster Aufgeschlossenheit steht sie allen Bestrebungen gegenüber, das deutsche evangelische Volk auch in seinen kirchenfremd gewordenen Kreisen für die Kirche Jesu Christi zu gewinnen. Daß dies nicht von der Politik her, sondern allein durch das Wort Gottes geschehen kann, ist

uns unveräußerliche Gewißheit. Die notwendig werdende theologische Auseinandersetzung mit den 'Deutschen Christen' darf keinesfalls anknüpfen an gelegentliche und unmaßgebliche Äußerungen einzelner Vertreter dieser 'Glaubensbewegung', sondern nur an die Verlautbarungen ihrer amtlichen Leitung (vgl. oben 'Die neuen Richtlinien der Deutschen Christen'). Wo es um Glauben und Volk geht, kann die Aussprache nicht gewissenhaft und edel genug geführt werden auf der Grundlage des biblischen Evangeliums.
In den Vorstand unserer Vereinigung wurden zugewählt Pfarrer Braun/ Karlsruhe, Pfarrer Koch/Achern und Landesjugendpfarrer Dr. Schilling/Karlsruhe. Diese Zuwahl bestätigt aufs neue, daß die Kirchlich-positive Vereinigung Badens der Verschiedenartigkeit des politischen Standpunkts ihrer Mitglieder voll und ganz Rechnung trägt und die verantwortungsbereite Mitarbeit der jüngeren Generation jetzt in der Stunde des Aufbruchs und Umbruchs der Nation dringend wünscht und erstrebt.
Jeder Positive hat als Staatsbürger die Freiheit und die Pflicht, beim Aufbau des Staats an der Stelle zu stehen, an der ihn seine gewissensmäßige politische Überzeugung zu stehen heißt. Wo er als Christ zu stehen hat, weiß er: im Glauben an den ewigen Gottessohn und in der Liebe, die den Bruder sucht und des Volkes Heil erstrebt und erbetet.
Es ist für uns Positive jetzt nicht die Zeit, bedenklich oder gar ängstlich zu werden, sondern fester zu stehen denn je auf dem Grund, der unsere Arbeit bisher trug und segnete, weil er der Grund Gottes ist. Die Zukunft unserer evangelischen Kirche braucht unseren Dienst nötiger denn je. So schließen wir unsere Reihen und marschieren in unentwegter Treue hinter unseren bewährten alten und neuen Fahnen, die unsere Kirche in die neue Zeit hineinführen werden unter der Leitung dessen, der unser einiger Meister ist: Jesus Christus."

479 Pfr. Dürr an alle Mitglieder der KPV: Gegen Doppelmitgliedschaft bei KPV u. DC
Pforzheim, o.D.; Nachlaß Dürr D 3/4 – Rds. o.Nr.
„Die gegenwärtige kirchliche Lage und die verantwortungsvollen Aufgaben, die durch den kirchlichen Neubau uns erwachsen, verpflichten uns, unsere Reihen zu stärken und unsere Vereinigung innerlich und äußerlich zu einer geschlossenen arbeitsfähigen Gemeinschaft zu gestalten. Durch die Werbung der 'Glaubensbewegung deutscher Christen', deren einige unserer früheren Mitglieder und Freunde sich angeschlossen haben, wissen wir nicht mehr, wer unbedingt und sicher zu uns gehört. Dies zu wissen ist aber notwendig. Ich habe die Absicht, in freier Folge vertrauliche Rundschreiben an unsere Mitglieder zu senden, die über die Vorgänge in unserer Kirche unterrichten und unsere Stellungnahme als Kirchlich-positive Vereinigung kennzeichnen. Zugleich soll auf diese Weise die Gemeinsamkeit unserer Arbeit geleitet und sichergestellt werden. Diese Rundschreiben werden in Zukunft nur an diejenigen verschickt, welche die beiliegende Mitgliedskarte ausgefüllt mir

zurückschicken. Ich bitte, dies postwendend zu tun, damit die Mitgliedskartothek so schnell wie möglich fertiggestellt wird. Künftige Veränderungen der Anschrift bitte ich mir jeweils mitzuteilen.
Ich weise noch einmal darauf hin, daß die Mitgliedschaft der Landesvereinigung durch schriftliche Anmeldung beim Landesvorsitzenden erworben wird, was also jetzt durch diese Karte geschieht. Die Mitgliedschaft verpflichtet zum Bezug der Kirchlich-positiven Blätter, die durch die Post zu bestellen sind. Durch das Bezugsgeld ist der Mitgliedsbeitrag entrichtet. Im Fall wirtschaftlicher Notlage wird auf schriftliche Mitteilung hin, die aber unbedingt erwartet wird, Befreiung vom Bezug der Kirchlich-positiven Blätter gewährt.
Eine doppelte Mitgliedschaft bei uns und den 'Deutschen Christen' *ist nicht zulässig*. Dies muß ausdrücklich betont werden, weil feststeht, daß eine Anzahl von seitherigen Mitgliedern unserer Vereinigung ihren Beitritt zu den 'Deutschen Christen' erklärt hat, ohne sich bei uns abzumelden. Es wird von jedem, der sich künftig zu einem solchen Schritt veranlaßt sehen sollte, erwartet, daß er mir seinen Austritt aus unseren Reihen meldet.
Die Mitglieder, die in den letzten Wochen sich neu angemeldet haben, heiße ich bei dieser Gelegenheit herzlich willkommen."

480 Pfr. Rössger an LKR Voges: Presseforum für die Glaubensbewegung DC, Gau Baden
Ichenheim, 5. Juni 1933; LKA GA 8088

„Gestern schrieb mir Ulzhöfer, daß Hirsch am 1. Mai 'Himmelan' verkauft hat und ob der neuen Lage noch in dieser Woche eine Pressebesprechung mit Vogelmann stattfindet. Muß Dich dazu wissen lassen, daß es mir in dieser Woche nicht möglich ist, nach Karlsruhe zu kommen. Was eine evtl. Verschmelzung mit dem Kirchen- und Volksblatt betrifft, begrüße ich eine solche grundsätzlich; kann mir aber eine solche nur denken unter der Bedingung, daß a) eine kirchenpolitische Vereinigung mit den Positiven kommt in ähnlicher Art wie die mit den ehemaligen Liberalen, b) daß unser Anteil an der Redaktion eindeutig gesichert ist. Auf jeden Fall müßten dann zweideutige Artikel wie der letzte 'Einig im Glauben' (S. 180) unterbleiben. Sollte die Verhandlung kritisch sich gestalten, würde ich bitten, von einer Beschlußfassung abzusehen und bei anderer Gelegenheit in meinem Beisein nochmals zu verhandeln. Der jetzige Schwebezustand der Blätterfrage ist für den Schriftleiter alles andere als angenehm. Mit Rücksicht auf meinen bevorstehenden Urlaub habe ich Sauerhöfer gebeten, sich für meine Stellvertretung bereitzuhalten. Kommt derselbe übrigens nach Bretten? Wie ich höre, soll für dort ein Pfarrer St[upp] vorgesehen sein. Ferner ist mir bekannt geworden, daß Präsident D. Wurth bereits meinen Nachfolger ins Auge gefaßt habe, ohne irgend einem Kollegen in der Behörde den Namen genannt zu haben. Das läßt uns hier vermuten, daß er nicht nur – was sein Recht ist – für seine Dundenheimer sorgen will, sondern daß hier

Einflüße Greiners im Spiel sind, die *hier* von der gesamten Gemeinde restlos abgewiesen werden. Laßt Euch nicht überrumpeln. Ein Pfarrer hier muß einmal natürlich gut positiv sein, mit Verständnis für die Gemeinschaft, ohne sich jedoch an sie zu verkaufen! (Die in Dundenheim macht nur ein Viertel der ganzen Gemeinde aus, die in Ichenheim ist unbedeutend und klein.) Ferner, wenn möglich ein Parteigenosse, auf jeden Fall kein Mucker. Hier tut es not, die Fäden der evangelischen politischen Gemeinde in die Hände zu bekommen, weil ohne dies unsere Konfession an sich selbst auseinanderfällt. Und die Mehrheit der Katholiken regiert! Behalte dies ein wenig im Auge. Eine fortlaufende Orientierung betreffend des Bischofsstreites täte uns not."

481   Pfr. Gässler an LKR Voges: Erfolge für die Glaubensbewegung DC, Gau Baden
Wollbach, 6. Juni 1933; LKA GA 8088

„... Bürck und ich haben seit drei Wochen eine große Versammlungstätigkeit hier im Oberlande begonnen. Wir waren in Binzen, Steinen, Brombach, Hauingen, Haagen-Rötteln-Tumringen, Lörrach, Weil a.Rh., Grenzach, Wyhlen, Rheinfelden, Kandern, Schopfheim, und dann hatten wir noch eine Riesenkundgebung in Freiburg vor 1500 Menschen. Unsere rein sachliche volksmissionarische Tätigkeit hat uns gezeigt, was hier an ganz Großem zu erreichen ist. Wir haben allein im Bezirk Lörrach die besten positiven Pfarrer auf unsere Seite gebracht und hier oben eigentlich den Positiven schon in Praxi den Boden als kirchenpolitische Gruppe entzogen. Pfarrer Proß/Wyhlen; Pfarrer Schüsselin/Weil; Pfarrer Bauer/Kandern; Pfarrer Fetzner/Brombach; Pfarrer Siefert/Schopfheim (obwohl er sehr ängstlich war!); Schröder/Schallbach. Dann die Vikare restlos. So ist die Lage. Nun platzte für uns wie ein Reif in der Frühlingsnacht (man lächle ja nicht über dieses poetische Gleichnis, es ist mir tödlich ernst damit!) diese blödsinnige Personalfrage betr. Reichsbischof in unsere so hoffnungsvolle Arbeit hinein. Natürlich ist auch uns ganz klar, daß die überalterten Kräfte der Landeskirchen hier ein taktisch blitzschnelles Prävenire gespielt haben, natürlich ist es uns klar, daß die Gefahr einer Restaurationspolitik der Altpositiven in Nord- und Süddeutschland groß ist, wozu noch kommt, was man uns immer vorwirft, daß ja auch hinter den Altpositiven in Norddeutschland eine politische Partei steht, nämlich die Deutschnationalen!!! Aber kann man diesen überständigen Herrschaften mit solchen beschämenden Händeln in der Personalfrage beikommen?? Wehrkreispfarrer Müller muß ja de facto doch zurückzucken und willst Du in diesen Dingen mit Hossenfelder etc. hitlerischer sein als Hitler? Warum ist es in der Presse schon so merkwürdig still geworden von den Protesten Müllers. Meine Meinung ist die, daß Hitler auch einem Wehrkreispfarrer Müller einmal dick kommen kann, wie er es einem so alten Mitkämpfer wie Gregor Strasser gegenüber getan hat!! Und ich glaube, daß Müller schon seinen 'Wischer' von Hitler bekommen hat!! Was will denn Hitler? Er will audrücklich eine geschlossene evangelische Reichskirche als Einheitsfront gegen die immer noch akute Gefahr des Zentrums. Die Händeleien der letzten Tage sollen wohl der nächste Weg dazu sein?? Pfui Teufel! Wie wird sich Rom an unserer 'Evangelischen einheitlichen Reichskirche' gefreut haben. Wir haben in der Glaubensbewegung wahrhaftig Wichtigeres zu tun. So verzetteln wir nur unsere beste Kraft an peripherische Angelegenheiten. Diese Personalfragen gehen mich vorläufig in meiner praktischen Propagandatätigkeit gar nichts an. Statt daß wir ruhig weiter geworben hätten und so unsere Stellung überall als die einzig mögliche Kirchenfront für alle Lager ausgebaut hätten, verzetteln [sich] die Reichs- und Landesleitungen der Glaubensbewegung an Personalfragen.

Was uns das schon geschadet hat im Reich und in den Auslandskirchen, von Roms Schadenfreude ganz zu geschweigen, das merken wir hier am allerbesten. In Baden hätten wir in kurzer Zeit auch die Positiven bei uns gehabt; so haben die verbissenen Engstirnigen in deren Reihen wieder neuen Auftrieb bekommen, wie wir an Weber/Freiburg jetzt spüren müssen; der sonst nie gewagt hätte, noch einmal nach Lörrach zu kommen, um die Altpositiven gegen die Glaubensbewegung scharf zu machen.

Wir fordern zunächst und ich betone, daß ich nicht nur im eigenen Namen, sondern im Namen all der genannten Pfarrer und Vikare und ungezählter positiver Laien spreche, – also wir fordern zunächst: Schärfsten Protest gegen diese offenbaren Fehler der Reichsleitung; denn der Schaden dieses unglückseligen Kampfes ist hundertmal größer als etwa der auch noch immer zweifelhafte Gewinn eines Reichsbischofs unserer Richtung (oder ist Müller gesehen von der Glaubenslinie und der Kirche her so etwas unverhältnismäßig Besseres als Bodelschwingh?) Wer gibt Euch da die Garantien, wenn in Karlsruhe Hossenfelder gesagt hat, daß Müller ein 'unerträglicher Stellenjäger' sei? Entweder ist Hossenfelder ein Lügenbeutel oder ein Quatschweib gewesen, wenn er das von dem 'Schirmherrn' [sagt] (übrigens auch ein ziemlich verrückter Name!!; Meinungsfreiheit ist doch noch gestattet nach der Reichsverfassung, nicht wahr? Es wird doch noch nicht so weit sein, daß wir vor lauter Führerprinzip alles, was von der Reichsleitung kommt, nur mit lauter 'Achs und Ohs' wie bei einem Feuerwerk zu bestaunen haben. Hoffentlich kommt unsere Glaubensbewegung nicht in einen verderblichen Kadavergehorsam hinein; dann ist's besser, sie geht so schnell wie möglich wieder kaputt!) Oder Hossenfelder hat recht gehabt, was dann? Wenn in der Reichsleitung solche Bemerkungen

gegenüber den anderen Führern möglich sind, dann sind das gefährliche Gradmesser der inneren Qualitäten dort!
Es wäre bei diesem Protest aufs äußerste zu betonen, daß wir unter allen Landeskirchen die organisierteste Glaubenbewegung haben; daß wir ferner das Erstgeburtsrecht haben, da wir zuallererst zu einer Wahl damals antraten. Ferner haben wir das Programm vor einem Jahr verkündigt, das ja jetzt doch Reichsprogramm geworden ist. Aber die Reichsleitung wollte uns unser Programm doch nehmen, ja sogar unser Blatt. Als ich das letzte Mal gegen jene ersten ominösen 10 Punkte Hossenfelders protestierte, da war die Mehrzahl gegen mich. Also schärfsten Protest. Anerkennung Bodelschwinghs als vorläufigen Bistumsverweser! Und dann arbeiten und unsere gesamte immer größer werdende Einheitsfront mit aller Wucht bei Bildung der Reichskirchenverfassung und Landeskirchenverfassungen eingesetzt.
Dir muß ich im Namen aller Freunde noch einmal dasselbe erklären, daß Du bei uns im Oberland, wo wohl kirchlich der schwerste Boden in ganz Baden ist, kein Vertrauen mehr genießest, weil Du nachweisbar Fehler gemacht hast und zu schnell und kritiklos auch in dieser Reichsbischofsfrage gefährliche Schüsse 'losgebrannt' hast. Schon deshalb muß ich auf einer Landeszusammenkunft der Fraktion und aller wirklichen Mitarbeiter bestehen (vielleicht 2 Tage vor Zusammentritt der Landessynode! Da dann die meisten doch nach Karlsruhe müssen!)
Im übrigen in Baden den ja jetzt schon aussichtslosen Personenkampf in der Reichsbischofsfrage sofort begraben und dafür alle vorhandenen Kräfte ausnützen und restlos einsetzen zur Gewinnung des viel, viel Wichtigeren, nämlich der Bildung einer kirchlichen Einheitsfront!
Als Grundlage für alle Kundgebungen: Die 'Loccumer Sätze' und die neuen Fezer-Müller'schen Richtlinien der Glaubensbewegung; dazu als zweiter Teil Darstellung der Forderungen in Bezug auf äußere Umgestaltung der deutschen Kirchen. Wo bleiben die Propagandaanweisungen von Kiefer/Mannheim??
Abschrift geht an: Albert, Rose, Rössger, Bartholomä, Brauß, Kiefer, Ulzhöfer, Sauerhöfer."

482 RLtr.-DC Hossenfelder an LKR Voges: DC-Vertreter für Bischofskandidat J. Kühlewein
Berlin, 6. Juni 1933; LKA GA 8088

„Die Lage in Baden ist also jetzt so, daß mit Ihrer Zustimmung Kühlewein Landesbischof von Baden werden soll. Vorauszusetzen ist aber immer noch, daß die Synode ihre Zustimmung dazu gibt. Kühlewein hat die Vollmacht, seine Stellvertreter und die beiden Oberkonsistorialräte selbst an seine Seite zu rufen. Wir dürfen dem natürlich nur zustimmen, wenn Kühlewein sich verpflichtet, zu seinem Stellvertreter einen Deutschen Christen zu berufen. Diese Linie müssen Sie unbedingt ein-

halten, sonst hat unser Kampf für den Reichsbischof in Baden keinen Sinn mehr. Auf der einen Seite kämpfen wir für einen Reichsbischof, der Deutscher Christ ist, und auf der anderen Seite geben wir zu, daß zwei Leute, die eventuell für Bodelschwingh die Landeskirche Badens führen. Ich darf annehmen, daß Sie alles tun werden, um eine solche Zusicherung Kühleweins zu erhalten. Andernfalls werden wir ihm den Kampf ansagen müssen. Wer käme nun für diesen Stellvertreter in Frage? Ich betone noch einmal, daß es für mich selbstverständlich ist, daß Sie in diese Stelle einrücken.
Aber grundsätzlich ist immer noch zu erwägen, ob die Landessynode ihre Zustimmung zu Kühlewein geben soll. Könnten Sie nicht eine Führertagung in Baden berufen? Aus dieser Zusammenkunft, die von dem Ernst der Verantwortung getragen sein muß, können Sie dann am besten ersehen, ob Kühlewein wirklich das Vertrauen Ihrer Unterführer hat. Falls das nicht der Fall ist, würde ich so arbeiten, daß die Landessynode Kühlewein nicht zum Landesbischof wählt, sondern einen Deutschen Christen."

483 LKR Voges an RLtr.-DC Hossenfelder: Voraussetzungen für die Wahl J. Kühleweins; Ausschluß zweier Pfarrer in Südbaden
Karlsruhe, 7. Juni 1933; LKA GA 8090 − Durchschrift

„Ihren Brief habe ich heute erhalten und habe ihn mit Brauß, der zufällig hier war, offen und im freundschaftlichen Geist durchgesprochen. Sie dürfen versichert sein, daß ich unbedingt in Baden den rechten Kurs steuern werde. Die Lösung, die wir gefunden haben − und darin stimmt mir Brauß auch heute zu −, ist im gegebenen Augenblick die einzig Mögliche. Nach unserer Kirchenverfassung bedarf es in der Synode einer Zweidrittelmehrheit, um den Kirchenpräsidenten zu stürzen. Diese Zweidrittelmehrheit erlangen wir nicht, da wir mit den zu uns gestoßenen Liberalen und den Religiösen Sozialisten, mit denen ich nicht offen paktieren möchte, nur 34 Sitze haben gegenüber 29 Positiven. Da der jetzige Kirchenpräsident freiwillig selbst bei einem Mißtrauensvotum der Mehrheit, nicht gegangen wäre, er aber für uns geradezu eine Gefahr geworden wäre, so mußte ich nach einer Lösung suchen, die seinen Sturz herbeiführte. Das war nur möglich mit Kühlewein ... [vgl. Dok. 517]
Was nun meine Person anbetrifft, so bitte ich von mir Abstand zu nehmen. Ich möchte nicht in den Verdacht kommen, ein Postenjäger zu sein. Ich glaube auch, daß ich unserm Wollen mehr dienen kann, wenn ich in der Bewegung bleibe. Braußens Name ist nun einmal genannt und ich möchte ihn nicht beiseite schieben. Die Stellvertretung habe ich heute für Brauß gefordert, ebenso einen zweiten Oberkirchenratsposten für uns.

In Baden wird augenblicklich ein Flugblatt*⁾ verbreitet, das ich Ihnen beilege. Ich wünsche, daß so bald als möglich von der Reichsleitung mir eine Gegenschrift zugesandt wird, die ich allen badischen Pfarrämtern übermitteln will ...
Vielleicht kann dasselbe auch mit der Pfalz und Württemberg geschehen. Ich mache noch darauf aufmerksam, daß der Name B[odelschwingh] bereits am Himmelfahrtstag in den Süddeutschen Blättern bekannt gegeben wurde. Ich las die Conti-Notiz, daß Müller zum Reichsbischof ausersehen sei, allein in der Frankfurter Zeitung. Es erhellt also daraus, daß noch am Mittwoch nachmittag der Dreimännerausschuß, als Holland in Nöten war, rasch den Namen B[odelschwingh] der Presse mitteilte. Die Karlsruher Presse ist bereits bis 11 Uhr nachts gedruckt. Man hat also meines Erachtens Müller düpiert, hat seine Zusage, den Namen nicht zu nennen, dazu benützt, um die letzte Galgenfrist, die den drei Männern blieb, weidlich auszuschlachten. Ich bedaure es deshalb heute noch, daß wir in unserer Anständigkeit nicht schon am Dienstag, den 23. Mai unmittelbar nach unserer Sitzung den Namen Müller in die Presse gaben. Dies zur Geschichte Reichsbischof.
In Südbaden muß ich einen Pfarrer ausschließen, der mit Weichert und der jungreformatorischen Bewegung konspiriert und in einem unflätigen Brief, den er an mehrere Pfarrer schrieb, gegen die Reichsleitung und gegen mich Stellung genommen hat. Wir werden es ja erleben, daß jetzt im heißesten Ringen eine Reihe von Pfarrern Gregor Strasser gleichen werden. Wie mir heute Kiefer durch Brauß mitteilen ließ, wird Peter am 7. Juli in Heidelberg, am 8. in Pforzheim, und am 9. in Freiburg reden. Ich lege Ihnen ein Schreiben der Heidelberger Studentenschaft bei, woraus Sie den dringenden Wunsch der Akademiker, in unserm Sinne zu wirken, ersehen können."

484   Pfr. Bossert an LKR Voges: Vorbehalte gegen J. Kühlewein als Landesbischof
Schönau b.H., 8. Juni 1933; LKA GA 8088

„Sauerhöfer berichtete uns gestern im engeren Freundeskreis über die Lage. Wir hörten, daß eine Kompromißlösung geplant sei mit Kühlewein als Landesbischof. Das ist eine bedenkliche Sache – wie mit Bodelschwingh. Wir sind der Ansicht, daß ein neuer Mann her muß. Wir bitten Sie, weigern Sie sich nicht und nehmen Sie das Amt an. Wenn wirklich solche Schwierigkeiten von anderer Seite gemacht würden, daß das jetzt nicht geht, dann sollte man lieber warten und die Bischofsfrage vertagen. Aber wir glauben, daß hinter Ihnen eine solche Mehrheit steht, daß die Sache geht. Im Auftrag der Kollegen unseres Bezirks, die zu den Deutschen Christen gehören, teile ich Ihnen dies mit und bitte Sie

---
* Nicht zu verifizieren

freundlich, sich nicht durch Bedenken beirren zu lassen. Bei einer Wahl
– dessen dürfen Sie sicher sein – würden Sie von dem Volk mit erdrückender Mehrheit gewählt werden. Darum nur keine Schwachheit
und Nachgiebigkeit. Jetzt muß ein Führer her, der mit der bisherigen
Kirchenpolitik nichts zu tun gehabt hat. Ich habe mich bisher um die
Kirchenpolitik nichts bekümmert. Aber jetzt freue ich mich, daß endlich
die Kirchenparteien verschwinden, die unsere Kirche ruiniert haben.
Gott helfe uns, ein Neues zu bauen."

485 Pfr. Albert an LKR Voges: Charakteristik der Pfarrer Bürck u. Gässler; Appell an die Führungsqualitäten des LLtrs.
Gundelfingen, 8. Juni 1933; LKA GA 8088

„Als Ergänzung zu unserer telefonischen Unterredung habe ich Dir folgendes mitzuteilen:
I. In der Annahme, daß die von Bürck und Gässler erhobenen Beschuldigungen wegen Hossenfelder auf dem Irrtum beruhr, daß man *meine* lediglich aus Besorgnis mitgeteilte und nur für unseren engeren Kreis bestimmte – Äußerung Münchmeyers über Müller für eine Äußerung Hossenfelders hielt, habe ich Gässler sofort telefonisch verständigt und die Berichtigung, die er inzwischen losließ, verlangt. Trotzdem halte ich es für nicht ausgeschlossen, daß der Irrtum weitergetragen wird, da immerhin 24 Stunden verflossen sind, bis die Berichtigung die Empfänger der 1. Schreiben von B[ürck] und G[ässler] erreicht hat. So entstehen 'Latrinengerüchte'. Und unter uns Pfarrern schwätzt man halt auch gern!
II. Weber/Freiburg hat die von mir – allerdings auf ihr Bitten hin – bestellten Redner B[ürck] und G[ässler] vor unserer großen Kundgebung in Fr[ei]b[ur]g zu sich geladen und sie regelrecht ausgequetscht. Mir haben B[ürck] und G[ässler] davon nichts *vorher* mitgeteilt, sonst hätte ich gebremst. Jetzt erlebe ich schon den 'Erfolg'. Weber geht von Haus zu Haus – ja sogar zu unseren eigenen Ausschußmitgliedern – und quatscht ihnen etwas vor, daß *wir* unter uns uneinig wären und noch mehr und Schlimmeres, mit dem ich Dich verschonen will. Von Bürck will ich nicht reden: er war schon immer ein guter Kerl, auch ehrlich und aufrichtig, aber ein Feuerwerker, der gern Raketen schießt und darum überall zeitweise Erfolg hat. So hat er bei seiner Kongenialität oder besser glänzenden Assimilationsgabe auch in Freiburg durchaus bei seiner Rede gut abgeschnitten. Ihm gegenüber blieb Gässler gleichsam im dunkeln Hintergrund. Hier fehlt dem lieben Gässler, der sich von dem Feuerwerker noch immer blenden läßt, die Nüchternheit und vor allem das Stück Ehrgeiz, das bis zu einem gewissen Grade durchaus seine Berechtigung hat. Dazu kommt, daß nun im Oberland (d.h. also südlich Freiburg) eine Poussiererei mit den Positiven angefangen hat, die für uns

nach meiner Meinung geradezu verhängnisvoll werden kann. Es ist nur gut, daß Weber dem Frieden nicht traut, solange ich hier in der Gegend bin. Bürcks Enthusiasmus ging gar soweit, daß er über meinen Kopf hinweg einen Brief an mich, Weber und Schäfer schrieb mit der Bitte, eine Aussprache mit etwa 30-40 von den Pos[sitiven] und uns herbeizuführen, wozu Schäfer einladen solle. O sancta simplicitas! Selbstverständlich lehne ich solche Annäherungsversuche ab und habe dementsprechend meine Leute instruiert. Ich hoffe, daß Gässler inzwischen das Schreiben des Kirchenbundesamtes aufmerksam gelesen und aus dieser gewundenen Erklärung, die nicht Fisch noch Fleisch ist, den wahren Sachverhalt zwischen den Zeilen durchschaut hat und aus den Wolken in die Wirklichkeit herabgestiegen ist.

III. Lieber Voges, es ist einfach, mit großen Worten vom Führerprinzip zu reden und den Märtyrer seiner Überzeugung zu spielen und dafür Dankesworte von der Landesleitung einzustecken. Also war es bei Gässler in der Herbsttagung der Synode. Aber ich merke nichts von Disziplin, wenn man weiter stänkert, trotzdem man genug Gelegenheit gehabt hat, vor uns allen seinen Kropf zu entleeren, und man zur Einigung gekommen ist. (Und mancher Vorwurf gegen Dich – das wirst Du mit einem pater peccavi zugeben – war ja berechtigt, abgesehen davon, daß ich bis heute noch keine große Veränderung gespürt habe: Der Herr Propagandaleiter Kiefer schweigt sich, wie Du im vorigen Jahr, *auch aus!* (Vielleicht hat er auch noch keine Schreibmaschine!) *Das muß anders werden!* Und zwar alsbald! Da gibt es – leider – nun kein anderes Hilfsmittel mehr als das, daß Du als Führer

1. jeden andern aus der *Fraktion* rausschmeißt, der nicht drin ist (also auch der Konsequenzen wegen und des Präzedenzfalles wegen den Bartholomä, gegen den ich nicht das geringste habe, aber der 'der Zeiten Lauf' auch ohne Teilnahme an unseren Fraktionssitzungen schreiben kann),
2. jeden einzelnen *schriftlich* verpflichtest, kein Versteckspiel mehr zu treiben, sondern den in der Fraktionssitzung beschlossenen *geraden* Weg zu gehen und demgemäß zu arbeiten.
3. Mehr als bisher müssen unsere Sitzungen und Besprechungen mit Adjutanten zur Aufzeichnung der Wortmeldungen, daß auch die dran kommen, die im Hintergrund und ohne vorlaute Zwischenrufe auszurufen, drankommen, sich gemeldet haben. Ich persönlich habe x-mal auf meine Wortmeldung verzichten müssen, weil andere enthusiastisch sich den Vorrang erwarben. Auf alle Fälle dürfte eine Sitzung von Nationalsozialisten von jeden Zwischenrufen à la Gässler usw. befreit werden können. Wenn die Herrschaften warten müssen, bis sie drankommen, wird mit mehr Überlegung und objektiver gesprochen. Ich kann mir vorstellen, welch erbärmlichen Eindruck

unsere Aussprache mit Hossenfelder und Peter bei diesen preußischen Herren gemacht hat. Also: Landgraf werde hart!

IV. Wenn ich mir z.B. Rössger als den Verbindungsmann zwischen uns und den Positiven vorstelle, habe ich immer wieder den Eindruck, daß diese Leute ihre positiven Eierschalen noch immer am H[aar] kleben haben. Obwohl *ich* doch eigentlich mehr Grund hätte, mich an die Positiven gebunden zu fühlen, so glaube ich doch, daß ich trotz Präsident und Schwiegermutter*) freier dastehe. Nun ja, ich habe auch einen Weber erlebt und durchschaut und kenne die 'Reaktion' besser vielleicht, als die andern. Eher kommt ein 'Altliberaler' durch's Nadelöhr, als ein Altpositiver ins Dritte Reich!

V. An den Präsidenten habe ich die Mitteilung über [Dekan] Schäfers Taufe weitergegeben. Damit aber der nötige Druck dahinter kommt, sei auch Du informiert: …"

[Es folgen die Angaben über die Taufe von Heinz Günther Ernst W. am 18. Mai 1933

Vater: praktischer Arzt – 'konfessionslos', Mutter: Milly W., geb. N. – 'israel[itisch]'

'Die Taufe wurde vollzogen durch: Dekan Schäfer']

„So macht man aus Judensetzlingen Arier und sorgt für die so sehr gefährdete Zukunft. Giftig könnte man dazu fragen, was das wohl gekostet hat. Denn der eigentlich zuständige Täufer ist doch der Diakonissenhauspfarrer, der sich m.E. mitschuldig gemacht hat. Wäre die Sache nicht für die Synode zur Behandlung reif und geeignet? Würde ein solcher Dekan nochmals bestätigt werden? Schäfer ist ein Schaukler. Bei dieser Gelegenheit wäre es an der Zeit, endlich auch mal den Gehaltsempfang dieses Herrn zu untersuchen. Denn nach alten, in der Freiburger Gemeinde nicht zum Verstummen zu bringenden Gerüchten bezieht Schäfer: 1. das Ruhegehalt eines Divisionspfarrers, 2. den vollen Gehalt eines Pfarrers und Dekans (und zwar nach einem gegen die Kirche geführten Prozeß! Was nachzuforschen wäre!)

So – jetzt Schluß! Mit herzlichen Grüßen und Heil Hitler!

Dein Albert

P.S. Ich erwarte übrigens die Auflösung der Synode und Neuwahl à la 5.III. Der Parlamentarismus [muß] endgültig auch in der Kirche durch den Parlamentarismus geschlagen werden."

---

* A. war mit einer Tochter des Freiburger Dekans Otto Ludw. Seitz verheiratet. Letzter wiederum war ein Schwager des Kirchenpräsidenten Wurth. Beide, Seitz und Wurth, hatten eine Tochter des Pfarrer Karl Eb. Bering geheiratet.

486 LKR Voges an Pfr. Rössger: Differenzen um die Person von Bodelschwinghs
Karlsruhe, 9. Juni 1933; LKA GA 8088 – Durchschrift

„Ich muß nach Deiner heutigen Karte schon eimal sehr deutlich fragen, wo das Vertrauen in den Wert unserer Sache bei Dir geblieben ist? Glaubst Du denn im Ernst daran, daß der Kampf gegen Bodelschwingh nur aus reiner Oppositionslust von uns geführt wird? Die Ernennung B[odelschwinghs] sollte doch eine sehr saftige Ohrfeige für Hitler sein. Das Schreiben Niemöllers ist eine lendenlahme Entschuldigung der reaktionären Kreise. Nie wird der Kampf gegen B[odelschwingh] abgeblasen wie Ihr es wünscht. Ich muß mir jetzt endlich einmal eine zielbewußte Fahrt auch im Oberland ausbitten. Es geht doch nicht anders, daß ich heute für Müller und morgen für B[odelschwingh] bin.

Von der Reichsleitung der Partei ist ein vierwöchentlicher Kampf gegen die Kirchenreaktion angeordnet, dem unbedingt Folge zu leisten ist. Ich war heute morgen beim Reichsstatthalter, der mir jede Unterstützung in der Presse zugesagt hat. Nun gibt es keine wenn und aber mehr, sondern allein ein klares Einhalten der von der Reichsleitung vorgeschriebenen Linie.

Daß ausgerechnet Du, der Du Dich doch wohl auch aus einer inneren Not heraus wegen des Grußwortes an mich gewandt hattest, mir nun schreibst, daß meine Anordnung sich nicht günstig auf meine Führung auswirke, ist mir unfaßlich. Ich hätte es tausendmal bequemer gehabt, da ich am Pfingstsonntag nicht zu predigen hatte, Euch zu sagen, ich überlasse die Lesung oder Nichtverlesung der Entscheidung eines jeden Einzelnen. Das wäre aber doch ein sehr feiges Ausweichen des Führers gewesen. Ich habe Mut genug, mich für die Meinen einzusetzen, aber ich darf dann verlangen, daß Ihr auch dann geschlossen hinter mir steht und nicht wie Gässler, der durch den Wirrkopf Bürck verwirrt worden ist, aus der Reihe tanzt.

Du beklagst Dich über mangelnde Informierung. Ich darf Dir sagen, daß ich oft ebenso wenig informiert bin wie Du, denn die Reichsleitung kann nicht jeden Tag an mich schreiben: Wir müssen uns eben auf gut Glück als an der Front stehend betrachten, da wir oft auf eigene Faust und eigene Verantwortung zu handeln haben. Eine Pressekonferenz hat bis jetzt noch nicht stattgefunden, wird aber doch in Bälde bitter notwendig sein, da ich der Auffassung bin, daß wir in Baden zu einem Kirchenblatt kommen müssen.

Die Landesbischofsfrage ist geklärt, aber immer noch ringen wir um die Oberkirchenräte. Und daran kann noch manches scheitern. Ich bitte, daß der Name Kühlewein unter keinen Umständen in unserm Blatt genannt wird.

Ich war gestern in Pforzheim und habe zu meiner Freude eine sehr günstige Stimmung für Dich auch bei den Liberalen angetroffen. Die Liberalen erkennen ohne weiteres Dich als ihren Kreisleiter an."

487 Pfr. Fr. Hauß an LKR Voges: Angebot zur Mitarbeit bei den DC
Heidelberg, 10. Juni 1933; LKA GA 8088

„Nachdem nun die Kirchlich-Liberale Vereinigung eines seeligen Todes verschieden ist und ich den 'Gau Baden für entschiedenen Protestantismus' ebenfalls für ein totgeborenes Kind halte, das im Sande verläuft, frage ich an, ob die Deutschen Christen mich haben wollen. Ich hoffe, dadurch nicht in den Verdacht des Konjunkturvikars zu kommen. Du weißt, daß ich gerade aus diesem Grunde bisher gezögert habe. Ferner kennst Du meine 'deutsche' und meine 'christliche' Einstellung genügend und weißt, daß meine diesbezügliche Gesinnung sich seit Jahren in derselben Linie bewegt. Wollt Ihr mich nicht haben, so bilde ich eine Bande für mich ganz allein. In eine der alten Parteien oder in eine ihrer Fortsetzungen werde ich nicht eintreten.
Mit viel Interesse und Freude habe ich Euer neues Gesetz gelesen. Das ist ein Weg, der zu dem Ziel führen kann, das uns beiden als letztes vorschwebt. In unserer mündlichen Aussprache neulich habe ich Dir ja schon meine Bereitwilligkeit zur Mitarbeit erklärt, wenn Du sie haben willst. (Ich bitte diesen Satz aber ja nicht falsch zu verstehen, um ein Ämtlein ist's mir nicht zu tun, aber um die über alles wichtige Arbeit und das schöne immer noch ferne, sehr ferne stehende Ziel!)
Ich freue mich ferner um Kühleweins willen, der hoffentlich der *Mann* sein wird, den wir jetzt an dieser Stelle brauchen. Seid um Gottes willen vorsichtig in der Auswahl seines Collegiums!..."

488 Pfr. Rössger: „Ein wichtiger Schritt zur Entpolitisierung der Kirche"... [Anfang vgl. Dok. 419]
Kirche u. Volk Nr. 20, 18. Juni 1933, S. 197f.

„Mit der Auflösung der ehemals kirchlich-liberalen Vereinigung und ihrer Sammlung bei den 'Deutschen Christen' sind wir aber erst auf der Hälfte des Weges zur Entpolitisierung der Kirche. Es ist undenkbar, daß eine *kirchliche Rechte* etwa als Oppositionsgruppe gegen die 'Gruppe' der Deutschchristen stünde. Das empfinden wir in Baden besonders deutlich, weil wir uns anfänglich gesammelt haben unter der Losung: für positives Christentum und deutsches Volkstum. Und wir sehen auch als 'Deutsche Christen' bis auf den heutigen Tag die vornehmste Aufgabe unserer Glaubensbewegung gerade darin, unserm Volk in seiner ernsten Zeit zu positivem Glauben in bestem biblisch-kirchlichem Sinn zu verhelfen, dadurch, daß wir es 'unter das unverkürzte Evangelium als eine objektive Lebensmacht' führen. Nur verzichten wir auf die unfruchtbare Diskussion zwischen Schöpfung und Pneuma (Heiliger Geist). Wir wissen um das 'eine, das not ist' und wehe dem Pfarrer, der in seiner Ver-

kündigung die Gemeinde nicht immer wieder hinführt zu eben diesem
'Einen': Es sei denn, daß jemand von neuem geboren werde ...!*⁾ Aber wir
wissen heute ebenso sehr, daß dieses beste positive Christentum weithin
in eine für Kirche und Volk gleich große Gefahr der 'Privatisierung des
Glaubens' gekommen ist. Ja gerade dort, wo die Erkenntnis des 'Einen,
das not' vielleicht am größten ist, in unsern gläubigen Gemeinschaftskreisen, ist zugleich infolge einer unseligen Vereinseitigung des im Neuen
Testament freilich enthaltenen Auswahlsgedankens auch die Gefahr des
'Kultes der Einzelseele' am größten. Pfarrer Schairer schreibt in seinem
Buch 'Volk – Blut – Gott' die beachtenswerten Sätze: Mit Jesu Sendung war wohl das Ringen um die Persönlichkeit ins Licht getreten.
Aber eine Gefahr blieb unvermeidlich: so, wie das Christentum sich
durch die Völkerwelt hin auf neuen Bahnen bewegte und ausbreitete,
war die einzige Möglichkeit zunächst einzelne 'herauszurufen' und von
ihnen aus neu die Gemeinschaft aufzubauen. So kam es, daß die Einzelpersönlichkeit wähnen konnte, sie allein sei gemeint. Und bis heute
bewegt sich das Christentum auf der sehr gefährlichen Bahn, das Individuum ganz in den Mittelpunkt zu schieben ... Das Verhältnis der Seele zu
Gott bekam als ein Privatverhältnis in allerlei Schattierung das Übergewicht. Ausleseseelen erheben sich in seligem Gefühle über die 'Unruhe',
werden von nichts mehr bekümmert und gerührt, lassen in allem 'den
Herrn walten', sind für diese Welt verloren – ob für die andere gerettet?
Der Einwand, daß jene 'Einzelnen' doch wiederum in eignen Gemeinschaften verfaßt leben, vermehrt nur den Schmerz des völkisch empfindenden Christen. Ist dadurch etwas gebessert, wenn nicht die einzelnen,
sondern kleinere oder größere Gruppen hoch erhaben, abgetrennt über
der Allgemeinheit schweben? Weithin treffen wir in der Tat die Auffassung als die christliche: 'Der Bekehrte begibt sich weg von der Welt' in
neue Gemeinschaften, von denen er nun wie von einer Mauer umhegt
sich fühlt. Die Nöte des Lebens läßt man andere ausfechten, trägt auch
ohne Murren, was von der argen Zeit unvermeidlich einem auferlegt
wird. Jedoch im übrigen wendet man alle Kraft und Liebe der Erhaltung
und Pflege jener Sondergruppe zu. Das Verhältnis zu den 'Andern' trägt
grundsätzlich den Ton der Absonderung (hebräisch: paras = absondern,
vergl. Pharisäer), der Unterscheidung der betonten Andersartigkeit bis
in die Kleidung und Benehmen; also durchaus verneinender Zug. Dazu
kommt die vielfach negative Einstellung zu den natürlichen Grundlagen
des Daseins. Da das gesamte Erdengebiet für sündig erklärt wurde,
schied es aus der frommen Betrachtung aus. Man schuf eine Extramoral,
in der die Nichtbeachtung des Natürlichen als Hauptpunkt galt. Alles,
was Blut, Rasse, Stamm und Volk heißt, verschwand hinter dem Nebel
der Unwichtigkeit. Die Fortpflanzung und Erhaltung des Volkstums
überließ man, überläßt man bis heute weithin einem dumpfen mit

---
* Sämtliche Kürzungen in der Vorlage

Schuldgefühlen belasteten, unsicheren Triebwesen, hütet sich aber, an all das zu rühren, weil – nach christlicher Lehre – der Schmutz der Sünde an dem allem klebt. So wundere man sich nicht, wenn heute die *Fäulnis im Natürlichen*, die Zersetzung und Haltlosigkeit heftiger auftritt, denn je...

Schairer hat in seinem Buch für solche Art das Wort 'negatives Christentum' geprägt; manches ist darin stark ausgedrückt, doch die Hauptsache sieht er richtig. Wir müssen heute es immer wieder fordern, daß man positiv-gläubiges Christentum von seinen Verpflichtungen nicht löst, die es ja nur innerhalb der natürlichen Schöpfungsordnung Gottes erfüllen kann. Ich kann Gott nur lieben im Nächsten – das ist der religiöse Kern des sozialen Gedankens, dem aber ein 'privatisierter Glaube' zuwider ist. – Oder muß das *Bekenntnis* geschützt werden? Auch der Positivste wird sagen müssen, daß die Zeit eines Bekenntnisstreites noch nie so fern war, wie heute. Nicht nur daß die Satzung der NSDAP erklärt, das christliche Bekenntnis anzuerkennen und zu schützen – auch in den Richtlinien der 'Deutschen Christen' ist immer wieder darauf hingewiesen worden, daß nie und nimmer an eine Preisgabe des kirchlichen Bekenntnisses gedacht ist. Wir weisen hin auf den *Aufruf,* den unsere Bewegung nach ihrer ersten Landestagung in Karlsruhe erließ, und wo es heißt: Wir gründen uns auf *Bibel und Bekenntnis.* Dabei wissen wir diese Formulierung getragen von der besten positiven Tradition. Wir wissen aber noch mehr, daß es heute bei der Lage unseres Volkes an der Zeit ist, positives Bekenntnischristentum noch ganz anders wie bisher zu leben und zu bestätigen. – Oder ist's unser Verhältnis zum gegenwärtigen *Staat*, um dessentwillen man vielleicht eine positive Selbständigkeit für nötig erachtet? Sieht man 'die Herrlichkeit der selbständigen freien Kirche des Glaubens verdunkelt?' Möglich, daß sich hier die Besorgnis berührt mit der Ängstlichkeit der 'entschiedenen Protestanten' um die Gemeinde. In jener 'Erklärung' ist ja sehr deutlich auf die Bedeutung und das Recht der 'Gemeinde' abgehoben. Aber was bedeutet die Gemeinde, wenn ein Volk zugrunde geht!? Wer die Größe des Zieles erkannt hat, um das es dem Nationalsozialismus zu tun ist – die nationale Volkseinheit, der weiß, daß in einem so geeinten Volksstaat die Kirche weder in der Erfüllung ihrer ureigensten Aufgaben an den Gliedern des Volkes behindert, geschweige denn in ihrer Existenz bedroht ist. Meinen nicht manche, die heute um die Selbständigkeit der Kirche im Dritten Reich bangen, letzten Endes nur eine *Selbstmächtigkeit*, die sich ihrer selbst genug sein will? Fühlen sich nicht viele verpflichtet, für die 'Unabhängigkeit' der Kirche zu sorgen und betonen doch immer wieder den *Dienstcharakter der Kirche* im Volk? Gerade, weil es heute für die Kirche des Glaubens gilt, in der Liebe die rechte Beziehung zu unserm Volk zu finden, bleibt Luthers Wort auch für sie wahr: ein

Christenmensch ist ein Knecht aller Dinge und jedermann (die Kirche auch dem Volk) untertan in der Liebe! Und wer liebend dient, begibt sich immer in die 'Abhängigkeit'! – Wo bleiben also 'die religiösen Ausweise' der alten kirchenpolitischen Gruppen? Wenn in dieser hochbewegten Zeit nicht die Einigung unserer Kirche kommt, dann kommt sie überhaupt nicht mehr. Weil es uns ums Ganze geht, darum überschätzen wir auch nicht die Tragik des gegenwärtigen Bischofsstreites. Wir stehen zu fern, um das Recht des Für oder Wider mit dem eigenen Gewissen zu decken. Aber: Der weiß, um welch' großes Ziel es im Dritten Reich geht, hätte auch in dieser Frage das Walten einer entgegenkommenden verständnisvollen und suchenden Liebe erwarten dürfen. Wir glauben aber nicht, daß das Werk der Einigung unserer deutschen Kirche an der Frage einer menschlichen Person scheitert. Es steht zu viel auf dem Spiel. Komm Heil'ger Geist und erleuchte Deine Christenheit, daß uns werde klein das Kleine und das Große groß erscheine!"

489 Pfr. Bürck an LKR Voges: Voraussetzungen für den Wiedereintritt in die Glaubensbewegung DC, Gau Baden
Steinen, 20. Juni 1933; LKA GA 4928

„ Es freut mich, zu hören, daß die Gauleitung zugibt, daß die Art und Weise meiner Ausweisung aus der Glaubensbewegung Deutscher Christen zu Unrecht erfolgt ist. Bevor ich mich jedoch entscheiden kann, wieder einzutreten, müssen folgende Punkte geklärt sein:
1. Ist es vereinbar mit dem Charakter einer kirchlichen Glaubensbewegung, daß der Ausschluß aus ihr durch Berufung auf das politische Führerprinzip auf dem Briefbogen einer politischen Partei folgt?
2. Wie stellt sich die badische Gauleitung zu dem vertraulichen Schreiben der Reichsleitung jüngster Zeit, wonach die alten 10 Sätze mit dem berüchtigten Ariersatz noch ihre volle Geltung haben?
3. Ist der Zusammenschluß der bisher unter positiver Führung stehenden Deutschen Christen der Glaubensbewegung mit den Liberalen so erfolgt, daß sich die Liberalen freiwillig der positiven Führung in Glaubens- und Bekenntnisfragen unterstellen? Die sehr mißverständliche Pressenotiz hierüber genügte vollständig, um den restlichen Kredit der Deutschen Christen bei den treuesten Elementen unserer Kirche im Oberland zu zerstören. Es sind bereits reichlich Anzeichen dafür da, daß die Taktiker der Liberalen auf diese Weise verlorene Positive wieder zu gewinnen erstreben. Solche Unklarheiten kann ich unmöglich den positiven Freunden aus Kirche und Gemeinschaften gegenüber, deren Vertrauen ich durch die Blaukreuzarbeit, Laienschulung und Vertretung der Basler Mission mit den Jahren hier gewonnen habe, verantworten.

4. Kiefers Richtlinien für Propaganda enthalten in Satz 8 die Forderung, daß der politische Parteiapparat sich zur Verfügung stellen muß. Wiederum muß ich sagen, daß hier die von Adolf Hitler so leidenschaftlich gehaßte und bekämpfte direkte Verkuppelung von Politik und Religion nach Zentrumsart droht. Warum heißt es nicht: Träger der Propaganda sind unsere kirchlichen Freunde? Die allererste Durchbruchsschlacht mit Hilfe des politischen Parteiapparats war zur Not schließlich ertragbar, aber eben nur als vorübergehender Notbehelf. Eine auf lange Sicht nun einsetzende volksmissionarische Propaganda darf nur kirchliche Kräfte und glaubensmäßige Methoden benutzen, wenn sie mit den Mächten von oben im Bunde bleiben will."

490 L'Synd. Pfr. Vogelmann[*]): Werbung für die Evang. Kirche
LSyn., 23. Juni 1933; LKA GA 4928

„Hohe Synode! Im Blick auf die Fülle der Aufgaben, die der Kirche von heute gestellt sind, gestatte ich mir, die Aufmerksamkeit des hohen Hauses auf eine besonders wichtige und unaufschiebbare Aufgabe der Kirche zu lenken, nämlich auf die Forderung einer *zeitgemäßen regen Werbetätigkeit* unserer evangelischen Kirche. Wenn ich sehe, mit welchem Nachdruck die katholische Kirche diesen Zweig kirchlicher Arbeit berücksichtigt, wenn ich weiter darauf schaue, mit welchem Eifer die Sekten sich gerade in der Gegenwart propagandistisch betätigen, kann ich nicht umhin, die dringende Bitte auszusprechen, daß auch unsere evangelische Kirche in viel stärkerem Maße als bisher die kirchliche Propaganda im besten Sinne des Wortes betreibt und zeitgemäß und *volkstümlich* ausgestaltet. Wenn unsere Kirche das sein soll, was sie zu sein vorgibt, nämlich eine Volkskirche, dann darf sie in unserer Zeit kein Mittel unversucht lassen und keinen Weg scheuen, den kirchlichen Gedanken und evangelisch-kirchliches Bewußtsein ins Volk hineinzutragen, zu wecken und zu fördern. Das muß geschehen auf dem Wege des Rundfunks, der Presse, der Organisation, der Initiative zur Ausgestaltung wichtiger kirchlicher Feste, besonderer kirchlicher Verlautbarungen und dergleichen. Sie soll das alles tun vom Evangelium her, ohne jeden Abstrich an Bibel und Bekenntnis, in volkstümlicher Form, in einer Weise, daß das Kirchenvolk den Eindruck bekommt: sie hört das Herz des Volkes schlagen, sie versteht uns, sie spricht zu uns, nicht aus der Ferne, sondern in engster Fühlung, in wahrhaft christlicher, kirchlicher Volksgemeinschaft: Volksmann zu Volksmann. Ich hätte am liebsten gewünscht, es wäre eine besondere Stelle für kirchliche Propa-

---

[*] Pfr. Vogelmann/Heidelberg-Handschuhsheim fungierte u.a. als Herausgeber des Evang. Kirchen- und Volksblatts

ganda geschaffen worden, und ich hätte auch einen entsprechenden Antrag gestellt, wenn die Finanzlage der Kirche das auch nur einigermaßen zugelassen hätte. Aber ich gebe mich mit weiten Kreisen des Kirchenvolkes der bestimmten Hoffnung hin, daß, wenn nun wirklich eine neue geistliche Stelle im Oberkirchenrat errichtet werden will, unseren Wünschen nach Ausgestaltung einer besonders rührigen, einheitlich geführten kirchlichen Propaganda im Sinne meiner Ausführungen Rechnung getragen wird. Das Kirchenvolk wartet darauf, die Zeit ist reif. Was wir brauchen, ist ein – verzeihen Sie den trivialen Ausdruck! – kirchlicher Trommler im edelsten Sinne des Wortes; wenn Sie so wollen, eine Art kirchlicher Goebbels – zum Segen unserer teueren evangelischen Kirche, in der tiefsten Ehrfurcht vor dem alleinigen Herrn und Führer der Kirche, Jesus Christus, im engsten Anschluß an unser geliebtes deutsches Vaterland und seine Regierung, in reinster und ungekürzter Ausprägung des Evangeliums, in heißer Liebe zu unserem badischen Kirchenvolk in allen seinen Schichten und Ständen. Die Losung für diese Arbeit aber möge sein und bleiben: *Alles und in allem Christus! Vom Evangelium her zum Volke hin!*"

491 Pfr. Dürr an alle Mitglieder der KPV: Eigenständigkeit der KPV gegenüber der Glaubensbewegung DC
Pforzheim, 12. Juli 1933; Nachlaß Dürr D 3/19 – Rds. Nr. 3

„Die Anmeldungen der letzten drei Wochen haben so viele Beweise treuer Verbundenheit gebracht, daß es mich drängt, Ihnen allen herzlich Dank zu sagen. Wenn auch einige der Meinung Ausdruck gaben, eine Verbindung mit der 'Glaubensbewegung deutscher Christen' sei das Gebot der Stunde, so ist doch weitaus die Mehrzahl unserer Mitglieder mit mir darin einig, daß eine solche Verbindung nicht möglich sei. Zwar wollen wir unsererseits ihnen von Herzen die Hand reichen, wo gemeinsame Arbeit innerhalb unserer Kirche möglich ist; aber solange die 'Glaubensbewegung deutscher Christen' als kirchenpolitische Partei besteht und ihre Theologie und kirchenpolitische Praxis so aussieht, wie dies im Kampf um die preußische Kirche offenbar wurde, müssen wir unsere eigenen Wege gehen. Die beiden Rundschreiben der 'Glaubensbewegung deutscher Christen', die von Karl *Eckert* und *Hossenfelder* unterzeichnet sind, und die ich Ihnen hiermit in Abschrift mitteile, werden Ihnen allen begreiflich machen, was uns von dieser 'Glaubensbewegung' trennt. Diese Gewaltmethoden haben mit *Glauben* nichts mehr zu tun. Wir müssen gegen die Reichsleitung der 'Deutschen Christen' den Vorwurf erheben, daß sie die Freiheit der Evangelischen Kirche in Preußen zerstört hat. Durch die Staatskommissare und den Staatsbevollmächtigten sind sämtliche leitenden Stellen der Preußischen Kirche in die Hände der 'Deutschen Christen' gekommen. Damit ist der Kirche die Möglichkeit des öffentlichen Wortes genommen.

Die in Druckschrift beigelegte Wiedergabe des ursprünglich für den Herrn Reichskanzler bestimmten Schreibens ist nicht in dieser Weise abgegangen, sondern inzwischen durch Vermittlung des Generalsuperintendenten D. *Karow* dem Herrn Reichsinnenminister Dr. *Frick* zugeleitet worden. Auch wurde Sorge getragen, daß der Herr Reichskanzler vom Inhalt dieses Schreibens Kenntnis erhält. Der Brief ist ein erschütternder Gewissensappell.

Ich bin der Überzeugung, daß der Herr Reichskanzler diese Dinge nicht kennt. Wenn wir dagegen protestieren, so tun wir es um der Kirche und des Gewissens, aber auch um des Staates willen. Es liegt uns alles daran, daß unserem Herrn Reichskanzler bei der Erfüllung der von ihm in Angriff genommenen gewaltigen Erneuerungsaufgabe unseres Volkes, eine starke *durch Glauben* geeinte Evangelische Kirche zur Seite steht. Darum müssen Gewaltmaßnahmen in der Kirche unterbleiben, die wohl für den Staat zu gewissen Zeiten unumgänglich nötig sein können, *nie aber in einer Evangelischen Kirche.*

Es wird unsere Aufgabe als Kirchlich-positive Vereinigung bleiben, in vermehrter Treue uns ins ewige Wort der Schrift zu vertiefen, aus seiner Quelle für unsere Verkündigung und unseren Wandel eifriger zu schöpfen, und an der Ausgestaltung unserer Kirche und ihres Dienstes *vom Wort und vom Glauben her*, mitzuarbeiten, unbekümmert um die Frage, ob man uns höre oder nicht.

Ich ermuntere Euch zu aushaltender Treue!"

492 KPräs. i.R. Wurth an Pfr. Dürr: Selbstüberschätzung der DC; Daseinsberechtigung der KPV

Karlsruhe, 13. Juli 1933; Nachlaß Dürr D 3/14

„... Schau' oder höre ich auf das, was heute als Größe des Augenblicks gepriesen wird, so habe ich eigentlich meine Zeit verschlafen und man muß nur gespannt sein auf das große Erwachen, das jetzt kommt. − Aber es wird notwendig sein, daß der positive Kreis am Leben bleibt und sich nicht einfangen läßt. Eben erhebt sich ein groß Geschrei, was alles die Herren in Berlin in ein paar Tagen fertiggebracht hätten! Ja, diese Verfassung war am 20. Juni fertig bis auf die Frage, was der Reichsbischof etwa anderen Landeskirchen zu sagen oder befehlen habe. Die ganze Sache ist jetzt ohne wesentliche Änderung angenommen − und dann heißt's: Was haben die deutschen Christen doch so rasch gearbeitet! Welch eine Täuschung der Öffentlichkeit. Welch eine Schande für die evangelische Kirche, der man in Preußen alle prominenten Männer abgetan hat und v. Bodelschwingh schlecht gemacht, während der katholischen Kirche kein einziger Mann kaltgestellt wurde!! Und das alles durch die politischen evangelischen Pfarrer. Gott besser's."

493 KPräs. Wurth: Rücktrittserklärung, 30. Juni 1933
Evang. KuVolksBl. Nr. 30, 23. Juli 1933, S. 241

„*Kirchenpräsident D. Wurth*
hat sich von den Geistlichen unserer Landeskirche mit einem herzlichen und inhaltsreichen Schreiben, das von einer hohen Warte aus die Dinge sieht, verabschiedet. Wir halten es für unsere Pflicht, diesen gehaltvollen Abschiedsgruß unseres um die badische Landeskirche so hochverdienten Herrn Kirchenpräsidenten zur Kenntnis zu bringen. Er lautet:
Liebe Brüder!
Beim Antritt meines hohen Amtes erlaubte ich mir, ein paar Worte an Sie zu richten. So mag es schicklich sein, auch beim Abschied nicht ganz zu schweigen.
Aber, was soll ich sagen, wo das Herz voll ist, die Gnade Gottes zu preisen, der mir bis hierher geholfen? – Gewiß, ich stehe noch zu meinen Worten vom 15. Oktober 1924; ich habe auch redlich versucht, mein gegebenes Versprechen einzulösen, und meine damalige Bitte an die Brüder im geistlichen Amt ist weithin erfüllt worden. Für alle Liebe und Freundlichkeit, die ich dabei erfahren habe; für den Gehorsam, dem ich begegnet bin; für die Geduld, die mich getragen hat, sage ich herzlichen Dank.
Welch eine Fülle von Geschehen in unserer Kirche enthüllt sich doch beim Rückblick auf die 8 3/4 Jahre meiner Tätigkeit! Im Auf und Ab des gewaltigen Kampfes unseres Volkes um seinen Bestand und des zähen Ringens unserer Kirche um ihre Selbständigkeit innerhalb des Staates, in dem ernstlichen Streben nach geistiger Hebung und wirtschaftlicher Sicherung unserer Pfarrerschaft erwuchs eine Aufgabe um die andere. Ob die erreichten Lösungen werden Bestand haben, weiß gerade jetzt niemand, wo eine Zeit radikalen Umbruchs gekommen ist, da an Sie, meine lieben Brüder, noch größere Ansprüche als bisher an Verbundenheit mit dem ganzen Volk und an Gebundenheit an Gottes Wort gestellt werden. Darum bitte ich Sie: Weichen Sie nie von dem Einen, Jesus Christus, gestern und heute und derselbe in Ewigkeit; bleiben Sie unverrückt bei dem köstlichen Gut der Reformation; halten Sie das Panier hoch von der 'Freiheit eines Christenmenschen'. Sie haben eine große Verantwortung!
Nun trete ich als ältester unter den aktiven Geistlichen in den Ruhestand; ich gehe nicht hochgemut und tief befriedigt von dem, was ich in meinem Amt getan und gelassen habe; mich verlangte auch nie, ein geruhiges und stilles Leben zu führen. Vielmehr gehe ich in die Stille, ergriffen von dem Worte Gottes an den Propheten Hesekiel, Kap. 3, V. 17-21, und erschüttert von der Frage: Werde ich meine Seele erretten? In diesem Sinne bitte ich Sie, meiner gedenken zu wollen und Ihr heiliges Amt auch weiterhin in göttlichem Gehorsam zu führen. Gott behüte Sie!
Karlsruhe, den 30. Juni 1933"

IX Badische Stimmen zu Reichskirche und Reichsbischof

494 Pfr. Spies an LKR Voges: Gespräch mit Wehrkreispfarrer L. Müller
Berlin, 27. Apr. 1933; LKA GA 8089
„Vertraulich... Ich schreibe Ihnen von Berlin aus, wo ich an einer Sitzung des Centralvorstands des 'Entschiedenen (früher freien) Protestantismus' teilnahm. Diese Gelegenheit nahm ich wahr, um mich bei Wehrkreispfarrer Müller, dem persönlichen Mittelsmann des Reichskanzlers bei der Evang. Kirchenleitung, melden zu lassen. Er nahm mich an und gab mir den Auftrag, mich mit Ihnen direkt ins Benehmen zu setzen. Ich muß Sie also notwendig sprechen. Ich halte es aber für unumgänglich nötig, daß wir zuerst unter vier Augen das durchsprechen, was Pfarrer Müller mir zuerst sagte. Ebenso, daß mein Besuch dort vorerst völlig vertraulich bleibt. Könnten Sie nicht einmal zu Beginn der kommenden Woche nach Pforzheim kommen, wo wir wohl ungestörter sind? Jedenfalls müssen wir so schnell als möglich die Verbindung bekommen. Ich komme morgen (Freitag) mit dem letzten Zug heim. Unter Umständen wäre also schon am Samstag eine Unterredung möglich. Pfarrer Müller, dem ich Ihren Namen als Führer der Evang. Nationalsozialisten nannte, sagte mir zum Schluß nochmals: Reden Sie rasch mit Pfarrer Voges. Ich werde dann einmal nach dem Süden kommen. Telefonieren Sie mich an, wann und wo wir uns treffen."

495 Pfr. Albert an LKR Voges: Ruf nach Auflösung der Landessynode u. Neuwahlen
Gundelfingen, 29. Apr. 1933; LKA GA 8089
„... nach reichlichen Überlegungen über unsere Aussprache am Mittwoch, sehe ich Dein Vorgehen vollkommen ein und bitte Dich, konsequent weiter zu marschieren. Und die einzige Konsequenz, die ich gegenwärtig für richtig halte, ist die: Sofortige Auflösung der Synode und Neuwahlen! Nur auf diesem Wege kann die 'Gleichschaltung' durchgeführt werden, nur auf diesem Wege habe ich Hoffnung, daß wir den Gefahren, von denen ich damals gesprochen habe, mit Erfolg entgegentreten können. Schmiedet das Eisen, solang es warm ist! Wenn nicht sofort zugepackt wird, wird jede Maßnahme gefährlich. Sollte der Präsident nicht wollen, so wäre der Rücktritt der Kirchenregierungsmitglieder unserer Gruppe 1. der schnellste Weg und 2. das beste Propagandamittel. Jetzt heißt es: handeln!
Ich sehe diesen Weg als den uns von Gott gegebenen durchaus an und glaube, daß dabei auch der gefährliche Liberalismus seinen endgültigen Todesstoß erhält.
Ich bitte Dich, dem Präsidenten gegenüber diesen meinen Vorschlag streng vertraulich zu behandeln."

496 N.N.: „Die evang. Reichskirche im Werden"

Der Führer Nr. 118, 29. Apr. 1933; LKA GA 4913

"Es ist in Deutschland das Bestreben vorhanden, zur evangelischen Reichskirche durchzustoßen. Aus diesem Grunde hat die Synodalfraktion der evangelischen Nationalsozialisten in Baden nachstehende Entschließung gefaßt, der wir gerne Raum geben: ..."

[Es folgt der Text von Dok. 500 ohne den letzten Absatz, Datum und Verf.]

497 Pfr. W. Ziegler jun.: „Evang.-Protestantische Kircheneinheit"

Der Führer Nr. 121, 3. Mai 1933; LKA GA 4913

"In der letzten Sonntagsausgabe erschien als Zuschrift mit Vorbehalt der Redaktion unter obiger Überschrift ein Artikel im 'Karlsruher Tagblatt', dessen erster Eindruck der ist: So geht es jedenfalls nicht. Eine kommende Reichskirche wird weder 'auf dem weitherzigen Christentum der Bergpredigt', noch auf 'der hehren Geisteswelt der deutschen Geisteshelden des 18. und 19. Jahrhunderts' aufbauen. Ihre Grundlage wird, will's Gott, die sein, die überhaupt nur Grundlage einer evangelischen Kirche sein kann: Bibel und Bekenntnis. Das hat weder mit finsterem Mittelalter, noch mit unduldsamer Engstirnigkeit etwas zu tun, das dient vielmehr nur klarer Orientierung.

Gottlob hat das junge Geschlecht wieder Verständnis für solche klare Orientierung: Nach der Zeit des uferlosen Individualismus, der bei Millionen auch das Glaubensgut in lauter Einzelmeinungen und 'Ansichten' aufgelöst hat, ist das Bedürfnis nach festem Halt, nach klarer Wegweisung, nach ewiger, unerschütterlicher, objektiver Wahrheit wieder groß geworden (ebenso wie das Verlangen nach kirchlicher Ordnung). Da wird es auch Zeit, mit dem Unfug eines falsch verstandenen und falsch gebrauchten Begriffs von 'protestantischer Gewissensfreiheit' gründlich aufzuräumen. Evangelische Gewissensfreiheit bedeutet, daß in Glaubensdingen das 'in Gottes Wort gebundene Gewissen' zu entscheiden habe; ich betone: in Gottes Wort gebunden. Und dies hat man weithin vergessen. Man hat gemeint: 'In Glaubensdingen entscheidet mein Gewissen'. Und was hat man alles unter Gewissen verstanden? Zuletzt blieb übrig: Meine Meinung, meine Ansicht! Man hat daher das Glaubensgut in lauter Einzelansichten und -meinungen aufgelöst, und für viele war evangelische Kirche — man verzeihe den harten Ausdruck —

eine Art Debattierklub über religiöse Fragen. Jeder verstand unter Gott, Christus, Sünde, Gnade usw. etwas anderes, eine Auflösung und Verwirrung der Begriffe ist gefolgt, die Gemeinden wurden zerstört und das Gemeindebewußtsein, das Bewußtsein der Zusammengehörigkeit und der Gemeinschaft zerschlagen. Das 'Ich' des Menschen war die letzte Instanz in Glaubensdingen geworden, das ganze unerlöste, sündige 'Ich' mit all' seinen Irrtümern und Irrtumsmöglichkeiten.

Das hat die falschverstandene 'protestantische Gewissensfreiheit' angerichtet. Wäre sie geblieben, was sie war, als sie einst verkündigt wurde: Die Freiheit nicht des natürlichen 'Gewissens', sondern des in Gottes Wort gebundenen, von ihm gelehrten, geläuterten und erfüllten Gewissens, wäre das alles nicht möglich gewesen. In Gottes Wort gebundene Gewissen hätten nur innere Einheit und Lebendigkeit der Evangelischen Kirche geschafft und sie bewahrt vor der heute so schmerzhaft empfundenen Zerrissenheit, Gegensätzlichkeit und Schwachheit. Darum Schluß mit falsch verstandener Gewissensfreiheit und zurück zur Gebundenheit des Ich, der Einzelpersönlichkeit, in Gottes Wort und Wollen, daß daraus 'das in Gottes Wort gebundene Gewissen werde', das allein eine rechte tatkräftige, lebendige 'Deutsche Evangelische Kirche' schaffen wird. Von da aus ist es selbstverständlich, daß sichtbare Grundlage solcher Kirche nur sein kann: Bibel und Bekenntnis. Auf solchem Grund kann unsere Sehnsucht nach einer evangelischen Kirche deutscher Nation allein in Erfüllung gehen. Es entspricht – um nun weiter kurz auf den Artikel in der Sonntagsausgabe einzugehen – einer so fundierten Kirche kein Parlamentarismus in der äußeren Leitung und Verwaltung der Kirche. Ich denke, wir haben genug vom Kirchenparlamentarismus, besonders wir in Baden. Eine Vertretung des Kirchenvolkes muß es natürlich geben, aber nicht so, daß 'von vornherein jeder Richtung die gleiche Zahl von Vertretern zugebilligt wird'. Dann fehlen bloß noch die 'Mehrheitsbeschlüsse' und das, was hinter den Kulissen vorgehen muß, um sie zustande zu bringen; dann haben wir wieder das, was wir eben nicht haben wollen. Auch in der Frage der Pfarrwahl kann ich Herrn Dr. Längin nicht recht geben. Es ist für Kirche und Gemeinde viel besser, wenn die Kirchenleitung, aus ihrer genauen Kenntnis von Pfarrern und Gemeinden heraus, die Pfarrer ernennt und versetzt! Ich bin überzeugt, daß unser Kirchenvolk einer solchen Regelung freudig zustimmt. Es wird hoffentlich in einer neu gestalteten Evangelischen Kirche dem Prinzip der Führung im *weitesten Maße Rechnung* getragen werden, dem Prinzip der Führung, das ja auch im Staat so lange Zeit verschüttet war, nun aber aus Staub und Asche sich leuchtend wieder erhoben hat. Geisterfüllte, in Gottes Wort verwurzelt und von ihm geläuterte Führer werden einer Evangelischen Kirche deutscher Nation allein angemessen sein. Ihnen muß dann aber auch die Führung wirklich in die Hand gegeben werden ohne die Hemmungen eines überlebten parlamentaristischen Apparates."

498 LKR Voges an Pfr. Rössger: Dok. 497 sollte publiziert werden
Karlsruhe, 3. Mai 1933; LKA GA 8089 – Durchschrift

„... Ich halte es für notwendig, daß dieser Artikel [vgl. Dok. 497], von einem Außenseiter geschrieben, bei uns erscheint, weil er der Stimmung des Kirchenvolkes weithin Rechnung trägt..."

499 Pfr. Zier/Pforzheim: Votum für eine Reichskirche
Evang. VolksBl. Nr. 5, 14. Mai 1933

„Die Vorgänge in unserem deutschen Vaterland, die große nationale Bewegung, in der wir stehen, haben auch in unseren Vereinen einen Widerhall gefunden und mancherlei Gefühle und Fragen ausgelöst. Einig sind wir alle in der Freude, daß die jämmerliche Zerrissenheit in unserem Volke nun ein Ende haben soll, daß das zersetzende Gift der marxistischen Welt- und Wirtschaftsanschauung aus dem deutschen Volkskörper ausgeschieden wird und daß die neue Führung gewillt ist, einen heiligen Kampf zu führen gegen alles Unreine, Undeutsche in Kunst, Schrift und Kino. Unsere Vereine, die meist von der ehemaligen Evang. Arbeiterbewegung herkommen, haben diesen Kampf auf Einigung, Reinigung und Festigung in unserem Volkstum stets geführt. In den Fragen des kirchlichen Lebens, die uns evangelische Volksvereinler ja ganz besonders berühren, bejahen wir alles, was zur Stärkung unseres evangelischen Glaubenslebens dienen kann. Einer Einigung der deutschen Landeskirche zu einer starken Reichskirche wird man gern zustimmen, wenn dabei eine gewisse Eigenart der mit Landschaft und Volksstamm verbundenen Einzelkirchen gewahrt bleibt. Es kann nicht unsere Sache sein, zu diesen Fragen in Verlautbarungen Stellung zu nehmen. Wir haben das Vertrauen zu unserer badischen Kirchenleitung, wie zu der Gesamtleitung des deutschen Kirchenbundes, daß sie einen Weg finden, die kirchlichen Belange mit denen der Volksbewegung der nationalen Erhebung in Einklang zu bringen und können nur wünschen und bitten, daß unser treuer Gott allem guten Wollen in Volk, Staat und Kirche zu einem gesegneten Vollbringen durchhelfe. Fürbittend unserer Regierung, unseres Volkes, unserer Kirche und deren Leitung vor Gott zu gedenken, erscheint uns jetzt erste Pflicht aller treuen Kirchenglieder zu sein – auch einer Kerntruppe der Kirche, wie es unsere Vereine gerne sein möchten."

500 Synodalfraktion der 'Evang. Nationalsozialisten', Gau Baden: Schaffung einer „machtvollen evang.-prot. Reichskirche deutscher Nation"
Kirche u. Volk Nr. 20, 14. Mai 1933, S. 157

„*Vorwort der Schriftleitung*
Nachdem die Idee des Nationalsozialismus sich in der Staatsgestaltung siegreich durchgesetzt hat und fortwachsend alle Geistesgebiete ergriffen hat, kann auch die Kirche sich diesem Umschmelzungsprozeß nicht entziehen. Ihre Wege sind in der großen Reichstagung der Glaubensbewegung 'Deutsche Christen' in Berlin kürzlich umrissen worden. Die Synodalfraktion evangelischer Nationalsozialisten Badens hat sich in ihrer Beratung vom 26. April d.J. in Karlsruhe jene Zielsetzung zu eigen gemacht mit folgender Erklärung: [vgl. Dok. 445]
Die Glaubensbewegung 'Deutsche Christen' hat das Ziel, aus den parlamentarisierten evangelischen Landeskirchen eine machtvolle evangelisch-protestantische Reichskirche deutscher Nation, die sich in einzelne, ihre Eigenart wahrende Landeskirchen gliedert, zu schaffen. Der Entdemokratisierung dient die Ersetzung der parlamentarischen Kirchengewalten durch Kirchenführer (Landesbischöfe und Reichsbischof). In Verfolg einer Anordnung der Reichsleitung der Glaubensbewegung 'Deutsche Christen' ist die aus den religiösen Kräften der deutschen Freiheitsbewegung hervorgegangene 'Kirchliche Vereinigung für positives Christentum und deutsches Volkstum in Baden', die im Vorjahre gegründet und in die badischen kirchlichen Vertretungskörper eingezogen ist, in den Gau Baden der Glaubensbewegung 'Deutsche Christen' übergeleitet worden. Der evangelische Kirchenreferent der NSDAP, Gau Baden, Landeskirchenrat Pfarrer Voges in Karlsruhe, ist Leiter der Glaubensbewegung 'Deutsche Christen', Gau Baden.
Nach Bestimmung der Reichsleitung sind sämtliche badischen evangelischen Geistlichen, die Mitglieder der NSDAP sind, ohne weiteres Mitglieder der Glaubensbewegung 'Deutsche Christen', Gau Baden. Die Richtlinien der Glaubensbewegung gelten selbstverständlich auch für den Gau. Ruhend auf den Grundlagen des evangelisch-reformatorischen Glaubens, auf Bibel und Bekenntnis, legen sie ein glühendes Zeugnis zum deutschen Volkstum und zur Aufgabe der Kirche an der Wiedergeburt der Nation ab. Die Richtlinien sind so gehalten, daß sich alle vom Geist der nationalsozialistischen Freiheitsbewegung innerlich erfaßten Geistlichen und Laien der Glaubensbewegung anschließen können.
II. Um das Ziel, eine am Wiederaufbau des deutschen Volkes wirksamst mitarbeitende Landeskirche, die möglichst rasch von Hemmungen kirchenparlamentarischer Art befreit ist, zu erreichen, wird gefordert, daß durch kirchliches Not- oder Ermächtigungsgesetz ein oberster Kirchenführer weitgehende Vollmachten erhält. Im besonderen wird verlangt, daß der Kirchenführer alle jene Bestimmungen der Kirchen-

verfassung, welche zur Zersplitterung unter den Geistlichen und unter den Laien zwangsläufig führen müssen, bis zur endgültigen Formung einer neuen Verfassung außer Kraft setzen und abweichende Vorschriften erlassen darf. Vor allem soll der Kirchenführer die meist zu Verstimmungen und Zerwürfnissen führende Wahl der Geistlichen aufheben und dafür Pfarrer und Dekane ernennen dürfen. Die wertvolle Mitarbeit der örtlichen Kirchenvertretungen soll bestehen bleiben. Angehörige marxistischer Organisationen sollen weder Geistliche noch Laienvertreter der Kirchen sein können. Marxistische kirchliche Vereinigungen sind aufzulösen.

Zur Gleichschaltung des Badischen Pfarrvereins wird angemessene Vertretung der Glaubensbewegung 'Deutsche Christen' in dessen Leitung verlangt.

Die Organisation des Gaues Baden wird auf Anordnung der Reichsleitung der Glaubensbewegung neu aufgebaut. Alle Geistlichen und Laien, die sich mit den großen Zielen der Glaubensbewegung 'Deutsche Christen' verbunden fühlen, werden eingeladen, sich ihr anzugliedern und so an der Schaffung einer an den Erneuerung der deutschen Nation in vorderster Front teilnehmender, geeinter evangelischer Führerkirche mitzuwirken.

Das für Geistliche und Laien bestimmte Organ der Glaubensbewegung 'Deutsche Christen', Gau Baden, ist die seit einiger Zeit im Verlag Carl Hirsch, Konstanz, erscheinende kirchliche Wochenschrift 'Kirche und Volk', das von allen geistlichen Mitgliedern zu halten ist.

Karlsruhe, 26. April 1933[*])"

501 LKR Voges: „Durchstoß zur Reichskirche"
Kirche u. Volk Nr. 20, 14. Mai 1933, S. 158

„Seit einem Jahrhundert war die breite evangelische Öffentlichkeit an der Kirche und ihrer Gestaltung noch nie so interessiert wie in diesen Tagen und Wochen. Die völkische Freiheitsbewegung mit ihrem steten Rufen und Mahnen zur politischen Einheit und Einigung hat auch ein lebhaftes Echo geweckt in den Herzen all derer, die ihre evangelische Kirche lieb haben, aber doch auch weithin in den Herzen derer, die ihr gleichgültig, ja ablehnend gegenüberstanden. Was unserer Väter Sehnen vor hundert und vor achtzig Jahren war, in der Union 1817-1821 und im Kirchentag zu Wittenberg 1848, und was schüchterne Anfänge zeigte nach dem Weltkrieg in der Schaffung eines Kirchenbundes, soll nun endgültig Wirklichkeit werden. –

Ja, wir wollen durchstoßen zur Evangelischen Reichskirche mit einem Reichsbischof an der Spitze, dem die Landesbischöfe der einzelnen Landeskirchen, die durchaus ihre Eigenart behalten sollen, unterstellt sind.

---
[*] Vorlage irrtümlich: „1932"

Es gilt jetzt klare Fronten zu schaffen! Es geht nicht mehr an, daß 29 evangelische Landeskirchen mit all ihren Sonderwünschen mit dem Staat verhandeln, während in der katholischen Kirche eine einheitliche Führung die Situation beherrscht.

Man bedenke auch fernerhin, wie *eine* evangelische Kirche etwa dem evangelischen Auslandsdeutschtum Kraft und Ansehen verleihen würde.

Badisches evangelisches Volk, an Dich wende ich mich zuerst. Richte den erwachten Kirchenwillen mit aller Kraft hin auf die Reichskirche! Brich ihr Bahn mit reformatorischer Wucht und Leidenschaft! Haben wir bisher gerufen: Deutschland, erwache, so brande ein unerhörtes Brausen gen Himmel: *Kirche erwache!*

An Euch, Ihr meine Amtsbrüder, wende ich mich nun. Ich bitte Euch: Stellt hintan all Eure theologischen Bedenken; es geht jetzt nicht um Bibel und Bekenntnis – sie bleiben der Grund der Kirche – es geht nicht um die Kirche des Glaubens – auch sie übersteht alle Stürme, sondern es geht um die sichtbare und geschichtliche Kirche unserer Gegenwart, die inmitten des deutschen Volkes auch eine völkische Aufgabe hat! Diese ihre völkische Aufgabe heißt: Geistliche Führerin des Volkes zu sein! Führen kann sie aber nur, wenn sie in sich geschlossen ist und *eine* Führung und Leitung hat. Ich ermahne Euch, Ihr meine Amtsbrüder: Verderbt die große Idee nicht, es ist ein Segen drin! Nicht daß uns der Fluch unserer Nachfahren dermaleinst treffe, weil wir in einer großen Zeit uns klein erwiesen haben!

Laßt Euch rufen und sammeln, Laien und Pfarrer! Auf denn gemeinsam zur Evangelischen Reichskirche deutscher Nation!"

502 Pfr. E. Schenck: „Forderungen betr. Gleichschaltung der Evang. Kirche"

Ehrstädt, 16. Mai 1933; LKA GA 8088

„An die NS-Fraktion der Landessynode!

An die kirchliche Vereinigung für positives Christentum und deutsches Volkstum!

1. Bildung einer Reichskirche deutscher Nation
    Es geht nicht an, in einer Zeit, wo durch unseren Führer ein nationales, kulturelles und wirtschaftliches Einheitswerk geschaffen worden ist, an 28 deutschen Einzelkirchen festzuhalten.

2. Schaffung des Amtes eines Reichsbischofs und der Landesbischöfe (Reichspräsident und Reichsstatthalter).

3. Kontrolle sämtlicher kirchlicher Behörden, Vertretungen, Synoden, Bezirkskirchenräte, Kirchengemeinderäte, Dekanate, Pfarrämter usw. betr. Einstellung im Sinn der Glaubensbewegung.
4. Desgleichen sämtlicher Kirchenblätter, Gemeindeboten usw.
5. Berücksichtigung der Frontsoldaten unter den Geistlichen.
6. Berücksichtigung derjenigen Geistlichen, die schon vor dem 30. Januar 1933 aktiv im Stahlhelm oder in der SA gekämpft und Opfer aller Art für den deutsch-christlichen Geist in Kirche und Staat gebracht haben.
7. Berücksichtigung derjenigen Geistlichen, die jahrelang auf abgelegenen Landorten ihren Dienst versehen haben.
8. Berücksichtigung derjenigen Geistlichen auf dem Land, die Kinder haben, die die Höhere Schule in der Stadt zu besuchen haben.
9. Anwendung des neuen deutschen Beamtengesetzes auch auf die Geistlichen
10. Abschaffung des Patronats
11. Abschaffung der Gemeindepfarrwahl
12. Alleinige Ernennung der Geistlichen durch den Landesbischof
Nationalsozialistische Amtsbrüder und Laien, mit Adolf Hitler ist auch für die Kirche die Zeit des Handelns gekommen; die gegenwärtige Zeitlage erfordert gebieterisch die Tat! *Ein* Reich, *ein* Geist, *ein* Wille! Ein nationales Volk, eine nationale Volkskirche!"

503 N.N.: „Die evang. Kirche im neuen Staat"
Bad. Presse Nr. 235, 21. Mai 1933; LKA GA 4913

„Der evangelische Akademikerverband hatte die sehr dankenswerte Aufgabe übernommen, einen Vortragsabend über das allen Evangelischen am Herzen liegende kirchliche Einigungswerk zu veranstalten. Die kommende Reichskirche ist beschlossen, aber vieles ist weiten Kreisen noch unbekannt. So hatte sich ein zahlreiches interessiertes Publikum im Rathaussaal versammelt, um die Darlegungen des Herrn Oberkirchenrats Dr. *Friedrich* zu hören, der von Dr. *Weckesser* mit herzlichen Dankesworten bewillkommnet wurde.
Der Redner führte etwa folgendes aus:
Der evangelischen Kirche ist oft der Vorwurf gemacht worden, daß sie in der Öffentlichkeit nicht genügend hervortrete. Sie trat hervor, als vor einigen Jahren ein starker marxistisch-sozialistischer Ansturm auf die Kirche abzuwehren war. Zuletzt ist sie hervorgetreten in den Verhandlungen um den evangelischen Kirchenvertrag. Der Redner begründete nochmals eingehend die Notwendigkeit jenes Vertragswerks mit dem damaligen Parteienstaat. Inzwischen sind in Deutschland ungeheure Umwälzungen geschehen. Aber durch ausdrückliche Erklärung des

Herrn Reichskanzlers sind die vertraglichen und gesetzlichen Rechtsgrundlagen erhalten und gesichert geblieben. Es gibt keine Staatskirche. Die Kirchen sind Körperschaften des öffentlichen Rechts. Sie haben das Recht der Selbstbesteuerung. Damit ist der Lebensraum der Kirche im Staat umschrieben.

Das Wesen der evangelischen Kirche ist im Augsburgischen Glaubensbekenntnis so beschrieben: Sie ist die Versammlung der Gläubigen, in der Gottes Wort rein verkündigt und die Sakramente nach Christi Einsetzung verwaltet werden. An diesem Wesen hat man festgehalten, so lange das landesherrliche Kirchenregiment bestand, d.h. seit der Reformation bis 1918. Dann fiel die Bindung an den Staat, und die Kirchen mußten sich neue Verfassungen schaffen. Als erste hat das die badische Landeskirche 1919 getan. Dabei hat man sich begreiflicherweise an die damaligen parlamentarisch-demokratischen Formen gehalten und ein wenig vergessen, daß die Kirche ja Gemeinschaft der *Gläubigen* ist und daß die Kirche Führerin sein soll. So wie der Pfarrer – auch nach der bisherigen Verfassung – *Führer* der Gemeinde ist, so muß an der Spitze der Landesgemeinde ein Landesbischof stehen.

Schon 1848 trat ein evangelischer Kirchentag zusammen und beschloß eine kirchliche Einigung des deutschen Protestantismus. Seit 1852 trat alle 2 Jahre die Eisenacher Konferenz zusammen, aus der der deutsche evangelische Kirchenausschuß entstand, der 1905 öffentlich rechtliche Form erhielt. 1919 traten die Einigungsbestrebungen wieder deutlicher hervor. 1922 wurde am Himmelfahrtstag am Grab Luthers der Deutsche evangelische Kirchenbund gegründet, der nicht selbst Kirche ist, sondern Zweckverband zur Wahrung gemeinsamer Interessen. Seit dem März 1933, seit Beginn der nationalen Revolution, geht wiederum durch das deutsche Volk ein Wille von Einigungsbewegung, die nun durchringen will vom Zweckverband zur Einheitskirche. Dabei sind zwei Wege möglich: Schaffung der Einheitskirche unter Zuschlagung der bisherigen 28 verschiedenen Kirchen – oder unter Erhaltung der bestehenden Einzelglieder, die nur mehr und mehr ihre Kompetenzen an die entstehende Reichskirche abtreten. Nach Auffassung des Redners ist nur der zweite Weg gangbar. Diese Meinung stützt sich auch auf die vorhandene Verschiedenheit der Bekenntnisse sowie auf die Tatsache, daß Staatsverträge mit den wichtigsten evangelischen Kirchen geschlossen sind, in die die Reichskirche nicht ohne weiteres als Rechtsnachfolgerin treten könnte.

Der Redner schloß seine klaren Ausführungen, die ausschließlich von kirchlichen Gesichtspunkten ausgingen mit dem Wunsch, daß das schwierige Werk mit Gottes Segen gelingen möge."

504 Prof. Soellner: „Evang. Reichskirche"
LKBl. Nr. 7, 21. Mai 1933, S. 50f.

„Im § 1 unserer Kirchenverfassung von 1919 (und ganz ähnlich im § 2 der K.V. von 1861) steht zu lesen, daß unsere badische Kirche nach einer organischen Verbindung mit den übrigen evangelischen Kirchen Deutschlands strebt, aber in sich selbst ein Ganzes bildet.
Darin liegt ein gewisser Widerspruch, und dieser Widerspruch hat es verhindert, daß es jemals zu einer wirklich organischen Verbindung gekommen ist. Ich kann sehr wohl verstehen, daß es einst in der Zeit der Reformation nicht möglich war, eine evangelische Reichskirche zu schaffen. Das Gegenstück zum Territorialstaat der Vergangenheit war die Territorialkirche. Heute ist aber der Wunsch und die Hoffnung so vieler Generationen nach dem deutschen Einheits*staat* verwirklicht oder doch der Verwirklichung ganz nahe gebracht. Und ganz automatisch taucht nun der Gedanke der deutschen Einheits*kirche* auf.
Bedauerlich ist nur, daß es nicht die Vertreter der deutschen evangelischen Kirchen im evangelischen Kirchenbund oder im evangelischen Kirchensenat waren, die *von sich aus* dieses Ziel ins Auge faßten und die notwendigen Schritte taten, sondern daß erst die 'Deutschen Christen', d.h. die Organisation der evangelischen Nationalsozialisten, sozusagen von außen her den Stein ins Rollen bringen mußten. Das mag nun sein, wie es will; aufzuhalten ist auf jeden Fall die nach der deutschen Einheitskirche hinzielende Bewegung nicht mehr.
Zwei Ziele sind es, die unmittelbar erreicht werden sollen: Einheit in den Kirchen und dann die *einheitliche Reichskirche*.
1. Es müßte eigentlich das Herz jedes alten 'Landeskirchlers' mit Freude erfüllen, wenn er sieht, wie jetzt neue Kräfte am Werk sind, um das zu verwirklichen, wonach wir einst als Gesinnungsgemeinschaft, dann in der äußeren Form einer Kirchenpartei und endlich wieder als Gesinnungsgemeinschaft so heiß und so vergeblich gestrebt haben: Beseitigung des Parteihaders aus der Kirche. Wir haben es ja immer gewußt und oft genug ausgesprochen, daß durch unsere unglückliche Kirchenverfassung das Parteiwesen geradezu verewigt wurde. Diese sklavische Anpassung an überlebte Formen staatlichen Lebens muß und wird verschwinden. Darum wundere ich mich sehr über die Auslassungen unseres Freundes Schlusser in Nr. 6 unserer Blätter, in denen er davon spricht, daß die 'Deutschen Christen die Brandfackel der Zwietracht' in unsere evangelische Kirche hineinwerfen. Nein! Gerade die ewige Zwietracht wird beseitigt werden, der schrankenlose zersetzende Individualismus hat ausgespielt! Es zeigen sich klare Linien, feste Ziele und Hoffnung erfüllt wieder weiteste Kreise unseres Kirchenvolkes, die sich bisher ihrer nach innen und außen gleich kraftarmen evangelischen Kir-

che schämten. Als Beispiel, das auch für uns Evangelische erstrebenswert wäre, schwebt Freund Schlusser die Neugründung Papens 'Kreuz und Adler' vor in ihrer kirchlich klaren und politisch überparteilichen Haltung. Sollte also unsere Kirche im gegenwärtigen Augenblick von neuem ihre überparteiliche Haltung proklamieren? Das wäre das Verkehrteste, was sie tun könnte. Denn die Voraussetzung eines solchen Verhaltens wäre, daß tatsächlich eine Mehrzahl von ideenmäßig gleichberechtigten, lebenskräftigen Parteien vorhanden wäre. Aber von Tag zu Tag wird es deutlicher, daß dies nicht mehr der Fall ist. Ein kurzer Überblick über die Parteien zeigt, daß der Parteienstaat der Vergangenheit angehört. Vom Zentrum dürfen wir dabei wohl absehen. Nur seine verbohrtesten Anhänger stehen heute noch dem Deutschland Adolf Hitlers feindlich gegenüber. Die Interessenvertretungen der sogenannten bürgerlichen Mitte sind in voller Auflösung. Die kirchenfeindliche KPD scheidet selbstverständlich aus der Betrachtung aus. Ihr gegenüber konnte es niemals Neutralität geben! Auch die SPD ist in völliger Auflösung. Scharenweise laufen ihre Anhänger über. Es bleibt also einzig die 'Deutschnationale Front'. Aber auch diese Front ist zermürbt. Schon hat sich ihre Kerntruppe im Wahlkampf, der Stahlhelm, Adolf Hitler unterstellt. Weite Kreise der Partei haben sich unter der zwingenden Gewalt der nationalsozialistischen Idee von ihrem alten konservativen Nationalismus zum sozialen Nationalismus Hitlers bekehrt, wie zahlreiche Übertritte beweisen. Was übrig bleibt, ist ein kleiner Rest unbekehrbarer Monarchisten und Legitimisten führender Finanz- und Industrieleute und insbesondere aristokratischer und nicht aristokratischer Großgrundbesitzer und ihr Anhang, die um die Vorrechte ihrer Geburt oder ihrer Bildung besorgt sind. Auch hier gibt es keine Neutralität. So bleibt schließlich und endlich *nur eine Partei* übrig, die nach Aufsaugung und Vernichtung der anderen aufhört, selbst Partei zu sein, und allumfassende *Volksbewegung* wird. Schon haben alle erdenklichen Standesorganisationen, Bauern, Handwerker, Kaufleute, ja sogar die getreueste Garde der erbärmlich zerbrochenen SPD, die freien Gewerkschaften, sich in diese Volksbewegung eingegliedert. Und da sollte die evangelische Kirche, ängstlich auf ihre Überparteilichkeit bedacht, vorsichtig abseits bleiben? Nein, Freund Schlusser, solche 'Schlauheit' überlassen wir der Fuldaer Bischofskonferenz und den Herren Zentrumspolitikern, die es jetzt meisterhaft verstehen, ihren Rückzug, ihre Verbeugung vor der Macht zu bemänteln und eine Gesinnungsänderung auf der Gegenseite zu konstruieren. Der deutsche Mensch muß wissen, daß er zwei Reichen angehört, dem Reich Gottes, zu dem er durch das Evangelium Jesu berufen ist, und dem irdisch-menschlichen Reich, in das ihn Gott blutsmäßig eingegliedert hat. Diese beiden Reiche dürfen sich nicht vorsichtig 'neutral' gegenüberstehen; sie müssen vielmehr, unbeschadet ihrer grundsätzlich verschiedenen Aufgaben, die sie aber an *denselben Menschen* zu erfüllen haben, mit bestem Willen in voller Ehrlichkeit und hingebender Treue für einander eintreten. –

Dazu ist aber zu allererst notwendig, daß die kirchenpolitischen Gruppen innerhalb der evangelischen Kirche verschwinden. Und sie werden verschwinden, so sehr sie sich auch heute noch sträuben, denn es wird ihnen der Boden entzogen werden. Das Kirchenvolk hat ohnedies von sich aus nichts von theologischen Auseinandersetzungen wissen wollen. Es hat nie etwas anderes gewollt als ein einfaches biblisches Evangelium, ein klares Bekenntnis und eine eindeutige Führung durch seine Kirche in all seinen seelischen Nöten. In diesen kurzen Sätzen ist das ganze Programm der innerkirchlichen Einheit enthalten. Es wird sich verwirklichen lassen, wenn an die Stelle des ewigen Machtkampfes kirchenpolitischer Gruppen mit all seinen unerfreulichen Nebenerscheinungen eine 'Führung' durch glaubensvolle, geistbegnadete evangelische Kirchenmänner treten wird, der sich das Kirchenvolk *und die Pfarrer* willig fügen. Wer da ängstlich auf die mögliche Beeinträchtigung der evangelischen Gewissensfreiheit verweist, der lese einmal bei Luther nach, was *er* unter der Freiheit des in Gottes Wort gebundenen Gewissens verstanden hat. –

Soviel von der *inneren* Einheit der Kirche.

2. Mehr ins Auge fällt im Augenblick das andere Ziel, äußere Vereinheitlichung oder Vereinigung der 22 evangelischen Landeskirchen.

Am 25. April wurde durch eine Pressenotiz der Öffentlichkeit als Ergebnis der Beratungen des deutschen Evangelischen Kirchenausschusses mitgeteilt: 'Der Deutsche Evangelische Kirchenausschuß bekannte sich zu der Notwendigkeit einer neuen Verfassung des deutschen Protestantismus mit dem Ziel der Schaffung einer Deutschen Evangelischen Kirche auf der Grundlage des vorhandenen Bekenntnisstandes...'

Es gibt in Deutschland zur Zeit neben ca. 20 Millionen Unierten ungefähr 17 Millionen Lutheraner und 1 Million Reformierte. Wie die in den verschiedenen Bekenntnissen liegende Schwierigkeit überwunden wird, steht noch nicht fest. Daß an ihr aber das Einheitswerk nicht scheitern darf, ist sicher. Das würde das Kirchenvolk niemals verstehen. Die in der 'Glaubensbewegung deutscher Christen' vereinigten evangelischen Nationalsozialisten sind heute kein kleiner Kreis mehr, sondern eine machtvolle Durchbruchsarmee geworden. Durch Anordnung der Leitung gehören alle Evangelischen, soweit sie nationalsozialistisch organisiert sind, insbesondere die Pfarrer, ohne weiteres dazu. Und wer auch nur annähernd die in der nationalsozialistischen Bewegung herrschende Disziplin richtig einschätzt, der weiß, was das zu bedeuten hat.

Man muß nicht ängstlich und nicht empfindlich sein. Manches Wort, das auf der Berliner Tagung der 'Deutschen Christen' im Übereifer gesagt wurde, will gar nicht als unumstößliches Gesetz gewertet werden, sondern vielmehr als in voller Öffentlichkeit stattfindende Proklamation neuer Ziele und Richtlinien. Ich habe das feste Vertrauen, daß unsere evangelische Kirche an innerer Kraft und äußerem Einfluß nur gewinnen kann, wenn sie sich von diesem Kraftstrom erfassen, durchfluten und neu beleben läßt."

505 N.N.: Verlautbarung der KPV zur kirchl. Lage
Evang. KuVolksBl. Nr. 21, 21. Mai 1933, S. 166

„Die kirchlich Positiven in Baden erlassen zur kirchlichen Lage nachstehende Verlautbarung: Die in breitester Öffentlichkeit in den Tageszeitungen geführte Diskussion über die Neugestaltung der evangelischen Kirche im neuen Reich veranlaßte den Zusammentritt zahlreicher kirchlich Positiver unseres Landes zu einer Aussprache in *Karlsruhe*. Es stellte sich völlige Einmütigkeit darüber heraus, daß man jetzt mit Vertrauen das Ergebnis der Arbeit abzuwarten habe, mit der Präsident D. Dr. *Kapler* mit einem ganz kleinen Kreis von berufenen Kirchenmännern (darunter auch der Vertrauensmann des Reichskanzlers, Wehrkreispfarrer *Müller*) zur Durchführung der Verfassungsreform vom Deutschen Evangelischen Kirchenbund betraut worden ist. In diesem Kirchenbund ist bekanntlich auch unsere badische Landeskirche vertreten. Dieses Vertrauen ist gegründet in der Gewißheit, daß diese Arbeit in völliger Freiheit und kirchlicher Selbständigkeit zustande kommt. Ebenso einmütig ist das freudige Vertrauen zu der wiederholt von unserem Reichskanzler Adolf Hitler gegebenen Zusage, daß die Staatsleitung in die um die Neugestaltung der evangelischen Kirche gehenden Arbeiten nicht eingreifen werde. Die kirchlichen Verhältnisse in Baden sind bis zur Neuordnung durch die zu Recht bestehende Verfassung bestimmt, die unter dem Schutz auch der staatlich gegebenen Garantie von unserer Kirchenleitung gehandhabt wird.

Über das Verhältnis der Mitglieder der NSDAP, der viele kirchlich Positive angehören, zu der 'Glaubensbewegung Deutscher Christen' besteht infolge parteioffizieller Auslassungen des Gaues Baden dieser Bewegung Unklarheit bzw. Sorge um die kirchliche Freiheit und Willensentscheidung der Einzelnen. Hierüber soll alsbald Klarheit herbeigeführt werden.

Die Schaffung einer evangelischen Kirche deutscher Nation (Reichskirche) auf klarer Bekenntnisgrundlage wird von den Positiven Badens freudig begrüßt und erstrebt."

506 LKR Voges an die Organisations-, Propaganda- u. Schriftleiter: Propagandafeldzug für L. Müller
Karlsruhe, 29. Mai 1933; LKA GA 8090 – Rds.

„1. Die Ernennung Bodelschwinghs zum Reichsbischof bedeutet eine Brüskierung unserer Bewegung, aber auch des Reichskanzlers Adolf *Hitler*. Wir stehen vor sehr schweren Kämpfen. Wehrkreispfarrer Müller muß Reichsbischof werden.
2. Die Glaubensbewegung muß bis ins letzte Dorf vorgetragen und zugleich organisiert werden. Es sind überall Kreiskirchenkonferenzen *sofort anzusetzen*.
3. Es gilt, die bisher marxistischen und kirchenfeindlichen Kreise zurückzugewinnen. Die Redner haben daher volkstümlich zu reden.
4. Die Persönlichkeit des Wehrkreispfarrer Müller ist nach folgenden Gesichtspunkten zu schildern:
   a) Er ist ein deutscher Mann, der in den allerschwersten Kampfesjahren treu zum Führer gestanden hat, einer unserer großen nationalsozialistischen Männer, zu denen das Volk aufschaut.
   b) Er ist ein Seelsorger von Gottes Gnaden und großer Herzensgüte, der die Sprache des schlichten Mannes zu sprechen versteht.
   c) Seine Kraft ist das unerschütterliche Gottvertrauen.
   d) Er ist dem Evangelium gehorsam, er steht im Glauben an Gott, den Vater, unseren allmächtigen Schöpfer und Herrn, an Jesus Christus, den Sohn Gottes, der Mensch geworden ist und sich für uns am Kreuze geopfert hat und auferstanden ist, um unter uns lebendig zu sein; an Gott, den Heiligen Geist, der uns zu Glaube und Gebet entzündet und unserer Kirche diese Stunde schenkt.
5. Im Kampf ist darauf hinzuweisen, daß der Tapferkeit der braunen Armee mit dem deutschen Volk die Kirche ihr Leben heute verdankt, daß aber nun die reaktionären Kräfte versuchen über dem Rücken der völkischen Freiheitsbewegung in die Sessel kirchlicher Macht hineinzusteigen.
6. Kirchliche Urwahlen für den Reichsbischof sind zu fordern.
7. Im Kampf ist die Person des Pfarrers Bodelschwingh unbedingt zu schonen, wie auch die Gegner nicht verunglimpft werden dürfen. Christliches Verantwortungsbewußtsein, ein heißes Herz für die Sache und evangelische Glaubenstreue müssen das Ganze tragen."

507 Pfr. Bürck an LKR Voges: Kritik an Führungsqualitäten von Bodelschwinghs
Steinen, 30. Mai 1933; LKA GA 8088

„Soeben mit Rössger in Freiburg nach unserer Kundgebung (überfüllter Paulussaal 1500 Personen) Albert und Gässler zusammengewesen und die neue Wendung in Berlin gehört und in der Presse gelesen.

Also Gegenkandidat der Deutschen Christen. Es wird jetzt ein Abschwenken mancher Positiven erfolgen wegen F. v. Bodelschwingh, und *wir* auch in Baden werden die nächste Woche als Führer einen einsamen Weg durch ungebahntes, dunkles Land gehen müssen. 'Aber durch die dunklen Fenster des Glaubens läßt Er sich sehen (Luther).'

Nicht die Person an sich, sondern die kreierenden Kreise und die allzu schnell jetzt beglückwünschenden Gruppen und Personen haben im letzten Grunde die gute und richtige Absicht Hitlers, wenn er uns eine einheitlich geführte Reichskirche wünscht, mißverstanden.

Aber auch die heutige Erklärung Bodelschwinghs, daß er nur Diakon sein wolle, ist Bankrotterklärung seiner Führersendung. Wenn v. Bodelschwingh nicht den Mut und Willen hat zu führen, hätte er ablehnen müssen.

Einheit von Führer und Diener! Das muß ein reformatorischer Reichsbischof heute sein.

Also handelte auch hier in der Frage der Kirchenführung wie ein Heinrich VIII. und der Große Kurfürst – Adolf Hitler geschichtlich sub specie aeternitatis frommer und schöpfungsgemäßer als die gewiß betenden Kirchenmänner. *Aber* er wird, d.h., die von ihm inspirierten Führer der Glaubensbewegung Deutsche Christen, den Werten in ihrer Absage an den von allen gutkirchlich positiven und liberalen Kreisen so warm begrüßten *Einheits*bischof zunächst und vielleicht noch lange nicht verstanden werden. Jetzt wird's auf uns niederprasseln: ihn politisiert und zerreißt die Kirche.

V. Bodelschwingh ist kirchliche Saturierung! Alle, die Angst vor Revolutionierung haben, atmen beruhigt auf.

Nun habe ich eine dringende, heiße Bitte zusammen mit Gässler: Bitte allen nur möglichen Druck bei Müller und der Reichsleitung dahin ausüben:

Aufstellung eines bewährten Lutheraners, der selbstverständlich Nationalsozialist sein muß, aber zugleich kirchlich-positiv-lutherisch einwandfrei – nicht Müller – sondern ein Mann von der Art Klingenmanns (Stockholm) Zoellners, Rendtorffs etc.

Dann wird *bestimmt* v. Bodelschwingh als Gegenkandidat zurücktreten, und wir haben am 31.10. nicht Wahlkampf um den Bischof – was ein *entsetzliches* Unglück würde! – sondern *Zustimmungserklärung* zu dem *einen* vorgeschlagenen Reichsbischof.

Bitte halten Sie jetzt durch kurze Rundschreiben Gässler und mich *stets* auf dem laufenden. Es wird evtl. *sehr einsam* um uns werden...

Bitte diesen Brief zur Kenntnis an Rössger und Brauß."

508 Glaubensbewegung DC, Gau Baden: „Die Stellung der 'Deutschen Christen' zur Reichsbischofswahl"

o.O., Mai 1933; LKA GA 8090 — masch. hektogr.

„Seit Jahrzehnten ist im deutschen evangelischen Volk die Sehnsucht nach einer Reichskirche wach, die Kraft zur Gestaltung aber wurde durch die steten Parteizwistigkeiten und Eifersüchteleien gehemmt. Die Glaubensbewegung 'Deutsche Christen' hat vom ersten Tag ihres Bestehens an diese Idee auf ihr Panier geschrieben und trotz des Widerspruchs weiter theologischer Kreise und der alten kirchlichen Gruppen unentwegt, heiß und scharf dafür gekämpft und gerungen. Die deutsche Revolution erzwang auch die Umstellung der ablehnenden Kreise in der Frage der Reichskirche.

Nun ist eines gewiß: Der Kampf der braunen Armee, der Hunderttausende von tapferen SA- und SS-Leuten, hat mit dem deutschen Volk auch die Kirche vor dem bolschewistischen Untergang gerettet. Statt diese Tatsachen freudig anzuerkennen, haben die heutigen Kirchenbehörden, die das Vertrauen des Volkes weithin nicht mehr besitzen, geglaubt, in der Wahl des Reichsbischofs einen eigenen Weg gehen zu müssen. Damit versuchen sie, den Gedanken der Reichskirche gegen die Träger dieser Idee zu wenden.

Die Glaubensbewegung 'Deutsche Christen', Gau Baden, stellt sich einmütig hinter ihren Schirmherren und den Vertrauensmann des Führers der deutschen Freiheitsbewegung, Wehrkreispfarrer Müller, in dem Bewußtsein, daß nur er allein die Kirche aus der Erstarrung und der Zerrissenheit herausführen und sie zu einer einigen deutschen evangelischen Kirche gestalten kann, in der das gesamte, ums tägliche Brot so schwer ringende Volk Heimatboden und Heimatrecht findet. Um diese gewaltige historische Stunde, die Gott, der Herr, der Kirche noch einmal geschenkt hat, nicht ungenützt vorbeigehen zu lassen, wenden wir uns an Theologen und Laien gleichmäßig mit dem Ruf zum Zusammenschluß aller evangelischen Kräfte. Unser Ziel bleibt in allen Kämpfen unverrückbar: Volk zur Kirche und Kirche zum Volk! Nur der Vertrauensmann des Volkes und des Volkskanzlers kann dieses Ziel verwirklichen."

509 EOK: Verlesung der Ansprache von Bodelschwinghs
Karlsruhe, 1. Juni 1933; LKA GA 1235 – Rds.

„Die anliegende Ansprache*⁾ des Herrn Reichsbischofs v. Bodelschwingh ist im Anschluß an die Predigt am Pfingstsonntag im Hauptgottesdienst zu verlesen. Als Kanzelvers wird empfohlen Lied Nr. 148 Vers 8 oder Nr. 154 Vers 6."**⁾

510 Pfr. Rössger an LKR Voges: Gewissenskonflikt durch Verlesung der Ansprache von Bodelschwinghs
Ichenheim, 2. Juni 1933; LKA GA 8088

„Krisis über Krisis! Das heutige Verordnungsblatt [vgl. Dok. 509] befiehlt die Verlesung des höchst dürftigen Aufrufes des neuen Reichsbischofs. Tun wir 'Deutsche Christen' dies in Baden, hat es keinen Sinn, weiter in Opposition zu bleiben. Ich glaube, durch die Verordnung kommen viele von uns in Gewissenskonflikte. Ich für meine Person halte es so, daß ich den Aufruf verlese, wenn nicht von Dir in letzter Stunde (Eilkarte etc.) eine anderweitige Entscheidung kommt. Ich glaube, unsere Leute warten auf eine solche Deinerseits. Frage in Berlin an, ob dort man den Aufruf verliest. Daß ein Reichsbischof auf sein Gehalt verzichtet, ist edel; daß er aber zu einer Sammlung aufruft zwecks Gründung seines Reisefonds – ist zwar echt Bethel – aber für eine Reichskirche

---
* LKA GA 4920:
„*Grußwort* an die *Gemeinden* von Pastor D. v. Bodelschwingh aus Anlaß seiner Bestimmung zum Reichsbischof der künftigen deutschen evangelischen Kirche
'Der wahre Schatz der Kirche ist das allerheiligste Evangelium der Herrlichkeit und Gnade Gottes.' Dieses Wort D. Martin Luthers beschreibt den Reichtum und die Verantwortung der Gemeinde Jesu. Sie darf glauben: das ist ihre Freude. Sie darf dienen: das ist ihre Kraft. Der Dienst der Kirche soll nichts anderes sein als die Ausbreitung des Evangeliums durch Wort und Tat. Das Evangelium aber kann und will uns frei und selig machen.
In der Wende der Zeit, die unserem Volk und Vaterlande geschenkt worden ist, schickt sich unsere deutsche evangelische Kirche an, ihre äußere Gestalt zu erneuern und sich fester als bisher zusammenzuschließen. Daraus kann nur dann bleibender Segen erwachsen, wenn wir uns alle miteinander demütig beugen vor der Majestät unseres Gottes, miteinander lauschen auf die Stimme des guten Hirten, der für uns gestorben und auferstanden ist, miteinander dem Geist gehorchen, der uns beten und lieben lehrt. Als die miteinander und füreinander Betenden laßt uns Pfingsten feiern! Der ewig reiche Gott aber wolle Gnade geben, daß jede einzelne Gemeinde wie ein grünender Garten sei, der gute Früchte trägt, und wie eine frische Quelle, die viele erquickt. Er schenke unserer ganzen Kirche, daß sie ihr neues Haus auf den festen Grund baut, der in den Stürmen der Zeit allein Bestand hat. Einen andern Grund aber kann niemand legen, als den, der gelegt ist, Jesus Christus, hochgelobt in Ewigkeit!
Gebet
Komm, Heiliger Geist, erneuere und belebe Deine Christenheit auf Erden!
Wir bitten Dich heute insonderheit für die evangelische Kirche unseres deutschen Vaterlandes: Hilf ihr, daß sie von Deiner Gnade zeuge und Deinem Willen Bahn mache! Segne in ihr jede Verkündigung des Wortes, jeden Dienst der Liebe, jedes Amt der Leitung! Schenke für die Neugestaltung unserer Kirche Weisheit, Zucht und Frieden! Dir aber, Herr, allein sei Ehre in der Gemeinde, die in Christo Jesu ist, zu aller Zeit, von Ewigkeit zu Ewigkeit! *Amen!*"
** Im Evang. Kirchengesangbuch, Ausgabe Baden 1951: Nr. 105, 13 oder Nr. 108, 7

mehr als schofel −! Rom lacht darüber! Ein Beweis, daß der Mann den Sinn seines neuen Amtes nicht erfaßt hat.
Im übrigen schleunigst die Reverse heraus, daß wir die Neulinge an die Hand bekommen, wenn wir den Bischofskampf weiter durchführen müßten! Ich hielte es für das beste − habe auch Brauß geschrieben − wenn wir zu einem ehrenvollen Waffenstillstand kämen. Ich glaube nicht, daß es gelingt, die Wahl Bodelschwinghs ungültig zu machen. Weicherts Rücktritt stimmt manche bedenklich..."

511 KGR Asbach: Protest gegen die Ernennung von Bodelschwinghs zum Reichsbischof
Asbach, 2. Juni 1933; LKA GA 8090 − Durchschrift mit Original-Unterschriften

„An den Herrn Reichskanzler ...
Wir protestieren gegen die Benennung des Pastors Bodelschwingh zum Reichsbischof, weil dieser
1. nicht der persönliche Vertrauensmann des Kanzlers ist,
2. nicht aus den Reihen der Deutschen Christen stammt,
3. weil das Kirchenvolk bei seiner Benennung völlig übergangen worden ist.
Wir fordern von den Kirchenregierungen die Wahl des Wehrkreispfarrers Müller zum Reichsbischof.

Evang. Kirchengemeinderat	Stützpunkt Asbach der NSDAP
Asbach (Baden)	gez. K. SA und SS Asbach
gez. Steidle, Pfarrer	gez. W. NS-Bauernschaft Asbach
gez. G.	gez. Sch. NSBO Asbach
gez. St.	gez. E.

Obiger Protest ging heute mit Eilbrief entsprechend der Weisung der Reichsleitung der Deutschen Christen, Abteilung Propaganda und Schulung (Rundschreiben Nr. 4), ab an:
1. den Präsidenten des Kirchenbundesamtes D.Dr. Kapler, ...
2. Wehrkreispfarrer Müller, Reichsinnenministerium, ...
3. den Herrn Reichspräsidenten, ...
4. den Herrn Reichskanzler ..."

512 LKR Voges an EOK: Mißachtung des Erlasses in Dok. 509
Karlsruhe, 3. Juni 1933; LKA GA 8088

„Unter Beilage eines Durchschlages meines Einspruches vor dem kirchlichen Verwaltungsgericht und eines Exemplares meiner Aufforderung an die badischen Pfarrer der Glaubensbewegung 'Deutsche Christen'*)

---

* Der Text lautet:
„Liebe Parteigenossen!
Da dem Erlaß des Kirchenpräsidenten, das Grußwort des Pfarrer Bodelschwingh an Pfingsten zu verlesen, die rechtliche Ermächtigung fehlt, bitte ich von einer Verlesung abzusehen. Gleichzeitig wird von mir der Kirchenpräsident benachrichtigt und vor dem kirchlichen Verwaltungsgericht Einspruch erhoben.
Heil Hitler!" [LKA GA 8088; Karlsruhe, 3. Juni 1933]

erlaube ich mir, dem Oberkirchenrat höflichst zur Kenntnis zu bringen, daß ich den Kirchenpräsidenten zu dem Erlaß die Verlesung betr. nicht berechtigt halte und daher nicht Folge leisten werde."

513 LKR Voges an kirchl. Verwaltungsgericht: Einspruch gegen Erlaß in Dok. 509
Karlsruhe, 3. Juni 1933; LKA GA 8088 – Durchschrift

„Vor dem hohen Verwaltungsgericht der evangelisch-protestantischen Landeskirche Badens erhebe ich gegen den Erlaß des Kirchenpräsidenten unter Nr. A 9553 Einspruch.

Begründung: In dem Grußwort des Pfarrer Bodelschwingh kommt seine Stellung als Reichsbischof zum Ausdruck. Diese Stellung wird nur von einem kleinen Teil des Kirchenvolkes anerkannt und ist bis heute noch nicht rechtskräftig. Der Kirchenpräsident ist zu einem Erlaß nicht berechtigt, in dem ein Rechtsstandpunkt vertreten wird, der nur einem Ausschnitt aber weder dem Standpunkt der rechtsgültigen Kirchenregierung noch dem der Gesamtheit des Kirchenvolkes entspricht."

514 LKR Voges an GauLtr. Wagner: Informationen bezügl. Dok. 509 u. 513
Karlsruhe, 3. Juni 1933; LKA GA 8088 – Durchschrift

„Ich habe heute die Verlesung des Grußwortes des Pfarrer Bodelschwingh den der Glaubensbewegung 'Deutsche Christen' zugehörigen Pfarrern in Baden verboten, da ich der Ansicht bin, daß der derzeitige Kirchenpräsident kein Recht hat, einen solchen Erlaß herauszugeben. Meine Gesinnungsfreunde aus dem ganzen Land haben schwerste Bedenken gegen die Verlesung geäußert. Gerade wir als Nationalsozialisten stehen in schwerem Gewissenskonflikt, da wir einerseits bei der Ordination der Kirche und andererseits mit der Aufnahme in die Freiheitsbewegung dem Führer Treue gelobt haben. Nun ist es unserer Ansicht nach geradezu ein Akt der Dankbarkeit gegenüber dem Führer, der als ein Werkzeug Gottes die Kirche mit dem deutschen Volk vor dem bolschewistischen Chaos gerettet hat, daß die Kirche an ihrer Spitze als Reichsbischof den Vertrauensmann des Führers sieht.

Wir erblicken fernerhin in der Ernennung Bodelschwinghs zum Reichsbischof das Mächtigwerden der Reaktion. Aus diesen Gründen sehen wir nationalsozialistischen Pfarrer und ganz besonders ich als Landesleiter uns veranlaßt, der kirchlichen Anordnung keine Folge zu leisten.

Ich habe beim kirchlichen Verwaltungsgericht Einspruch erhoben."

515 Dr. Alfred Rapp: „Evangelische Reform"

Neue Bad. L.Ztg. Nr. 277, 4. Juni 1933; LKA GA 4913

„Pfingsten 1933 ist für den deutschen Protestantismus ein historisches Datum. An diesem Pfingsten hält der *erste evangelische Reichsbischof* in Deutschland seine erste Predigt. Noch an den Ostertagen dieses Entscheidungsjahres des deutschen Protestantismus gibt es in Deutschland mehr denn zwanzig evangelische Landeskirchen; an diesen Pfingstagen tritt die Deutsche Evangelische Kirche, die *Reichs*kirche, zum erstenmal in der Person des Reichsbischofs in Erscheinung und die Prophezeiung kann ruhigen Sinnes gewagt und gesagt werden, daß von diesem Pfingsten 1933 ab eine neue Epoche des deutschen Protestantismus begonnen hat. Zwischen Ostern und Pfingsten liegt eine Kirchenrevolution. Niemals hat bisher der deutsche Protestantismus eine Massenbewegung des Kirchenvolkes erlebt, wie sie die Glaubensbewegung Deutscher Christen darstellt; eine völlige Neuheit in seiner Geschichte sind die Massenversammlungen der Deutschen Christen geworden und wenn bislang die deutsche Kirchenverfassung nur Revolutionen von oben, die Kirchenreformen der Landesfürsten, erlebt hat, kennt sie von nun ab auch eine Kirchenrevolution von unten. Die Deutschen Christen sind 'Revolutionäre des Protestantismus' geworden; die einige deutsche evangelische Kirche ist ihr Werk und in ihrem Bannkreis haben die Kirchenbehörden den Bau der Reichskirche begonnen.

Diese Tatsache muß am Beginn jeder Diskussion über die Diskussion stehen, die nach der allgemeinen Anerkennung des Prinzips des Reichsbischofs um die Person entbrannt ist. Die Versammlung der Vertreter der Landeskirchen hat Friedrich von *Bodelschwingh* zum Reichsbischof nominiert; die Deutschen Christen haben sich zu Wehrkreispfarrer *Müller* als ihrem Kandidaten bekannt, als die Väter der Reichskirche beanspruchen sie einen Reichsbischof aus ihren Reihen; sie haben die Wahl der Kirchenvertreter nicht anerkannt und scheinen entschlossen zu sein, einen Volksentscheid des Kirchenvolks über die Person des Reichsbischofs am Reformationstag 1933 zu beantragen. Eine bedauerliche Spaltung zwischen der zweifellos stärksten Bewegung im evangelischen Kirchenvolk und den Kirchenleitern ist entstanden; ein Mißton ist beim Bau der Reichskirche erklungen und der Reichsbischof ist noch nicht zum Repräsentanten der protestantischen Einigung geworden, deren Sinnbild er darstellt.

Ist dieser Mißton nicht zu harmonisieren? Ist der Streit um Bischof Bodelschwingh nur durch eine Urwahl zu beenden, die auch bei Zurück-

haltung auf allen Seiten Risse in die Reichskirche bringen und Gegensätze im Protestantismus gebären wird? Dies ist die Pfingstfrage für den Protestantismus in Deutschland.
Die Wahl Bodelschwinghs durch die Kirchenvertreter hat den Willen der Kirchenleiter gezeigt, einem Mann des kirchlichen Friedens und einem Mann über allen kirchlichen Parteien die Führung der geeinten Kirchen anzuvertrauen. Friedrich von Bodelschwingh ist kein kirchlicher Würdenträger; er ist der *Diakon von Bethel* und er will als Reichsbischof der *Reichsdiakon* werden. Nicht im Berliner Dom, nicht in der Kaiser-Wilhelm-Gedächtniskirche, in einer Kirche im Berliner Norden wird heute Bischof Bodelschwingh seine Antrittspredigt halten. Der erste Mann der evangelischen Caritas ist der erste Mann der evangelischen Kirche geworden; die Kirche der Liebe und der Versöhnung ist sein Programm und die verschiedensten Kreise des Protestantismus haben sich mit gleicher Freude zu ihm bekannt.
Die Ortsgruppe Gladbeck der Deutschen Christen hat Bodelschwingh beglückwünscht; die westfälischen Kreise des Evangelischen Bundes haben seine Wahl begrüßt; die Leute der Inneren Mission, von jeher gewohnt, nach Bethel zu blicken, freuen sich über Bodelschwinghs Berufung und der Kölner Superintendent, ein Vormann des reformierten Protestantismus, schreibt: 'Wir Rheinländer, mit uns unsere westfälischen Brüder, sagen: *persona gratissima*; als Mensch und Christ hochwillkommen', vor allem willkommen, weil der rheinische Reformismus in Bodelschwingh einen Treuhänder aller Richtungen in der Reichskirche sieht. Denn die deutsche evangelische Kirche bedeutet eine Einheit verschiedener Bekenntnisse; *Lutheraner* und *Reformierte* und *Unierte* stehen in ihr zusammen und bei dem Bau der Reichskirche hat es nicht an Stimmen gefehlt, die hoffend oder fürchtend den Vorrang *eines* Bekenntnisses in der Reichskirche prophezeiten. Man hat da und dort von der Sendung des Luthertums an Kirche und Volk und Staat geschrieben; man hat mancherorts geäußert, die Zeit sei gekommen, den 'Mangel der Reformation vor vierhundert Jahren', ihre Doppelgestalt, auszugleichen und die Reichskirche zur lutherischen Kirche auszugestalten, in der die Reformierten gewissermaßen Minderheitsschutz zugebilligt erhielten, und auf diese Äußerungen aus lutherischen Kreisen sind dann scharfe Abwehrworte aus reformiertem Mund gefallen, die Diskussion verirrte sich zu unnötigen und störenden Dissonanzen und mit diesem Mißklang im Ohr haben viele deutsche Protestanten in der Wahl Bodelschwinghs die Anerkennung des Geistes von Bethel begrüßt, der zwischen den Bekenntnissen nicht scheidet.
Diese *Bekenntnisfrage* im *deutschen Protestantismus* ist eine Kernfrage der Reichskirche. Sie ist kein Theologengezänk; es geht hier nicht so sehr um die Kirchendogmen als um das Kirchengefühl. Kein deutscher

Protestant, der nicht Theologie studiert hat, sorgt sich um die Unterschiede zwischen der Augsburger Konfesssion, dem lutherischen Bekenntnis und dem Heidelberger Katechismus, dem Lehrbuch der Reformierten, und braucht sich um diese Verschiedenheiten zu kümmern; aber jeder deutsche Protestant wird alsbald die verschiedene Atmosphäre eines lutherischen und eines reformierten Gottesdienstes fühlen und erkennen, daß sich hier echter Protestantismus in zweierlei Gestalt zeigt. Reformierte und Lutheraner wurzeln im gemeinsamen reformatorischen Bekenntnis; aber sie wurzeln in verschiedener kirchlicher Tradition, und es hat das Gesicht dieser Bekenntnisse gestaltet, daß das Luthertum von Anbeginn an Staatskirche geworden ist, die reformierte Kirche als 'Gemeinde unter dem Kreuz' oftmals gegen die Staatsgewalt sich behaupten mußte und in ihrer hugenottischen und niederländischen, ihrer presbyterianischen und in allen ihren angelsächsischen Formen Freikirche geblieben ist. Die Luther-Kirche ist immer Bischofskirche, die reformierte Kirche immer Synodalkirche gewesen und noch heute hat für den reformierten Protestanten das Wort 'Bischof' irriger- aber begreiflicherweise katholischen Klang. Dies sind Verschiedenheiten, die aus Jahrhunderten gewachsen sind. Ein Umstand, der nicht bedeutet, daß sie noch Jahrhunderte dauern sollen, der aber erkennen läßt, daß hier ein Grundproblem der Reichskirche liegt, bei dessen Lösung der Einheitswille nicht zum Willen zum Einerlei werden darf. Die neue evangelische Reichskirche wird keine lutherische und keine reformierte Kirche sein dürfen; sie wird eine wahrhaft unierte Kirche sein; die Kirche aller evangelischen Bekenntnisse, wie sie die Kirche aller evangelischen Deutschen und aller Schichten des evangelischen Kirchenvolks sein wird.
Evangelische Reichskirche — Evangelische Volkskirche! Dies ist der Pfingstspruch 1933 für den deutschen Protestantismus!"

516 Erw. OKR[*], Prot.: Auseinandersetzung über die Wahl von Bodelschwinghs
Karlsruhe, 7. Juni 1933; LKA GA 4892

„... Landeskirchenrat Dittes bedauert, daß hier im Erweiterten Oberkirchenrat noch gar nicht gesprochen worden sei über die Frage der Reichskirche und des Reichsbischofs, die draußen im Kirchenvolk die Gemüter sehr bewege; unverständlich ist es ihm, daß die Kundgebung des Reichsbischofs F. von Bodelschwingh nicht auf allen Kanzeln verlesen wurde. Der Kirchenpräsident berichtet nun eingehend über den Verlauf der Beratungen in Berlin, die schließlich zur Bestimmung F. von Bodelschwinghs zum Reichsbischofs führten und über die in Aussicht genommenen Grundlinien der künftigen Organisation der 'deutschen evangelischen Kirche', besonders auch über die Befugnisse des 'Reichsbischofs'. Die inzwischen eingegangene offizielle Darstel-

---
[*] Dieses Organ trat an die Stelle der „Kirchenregierung" seit 1. Juni 1933

lung der Vorgänge in Loccum und Berlin wird auf Antrag von Pfarrer Rost allen Pfarrämtern zugehen. Anschließend macht der Kirchenpräsident einige erläuternde Bemerkungen zu der weithin beanstandeten Tatsache, daß das Grußwort des Reichsbischofs F. v. Bodelschwingh trotz der Anordnung des Kirchenpräsidenten auf Weisung der Gauleitung des Gaues Baden der Glaubensbewegung 'Deutsche Christen' von vielen Pfarrern nicht verlesen wurde. Hierzu bemerkt Dr. Dommer, die Wahl von Bodelschwinghs hätte nicht so übereilt durchgedrückt werden dürfen, die Vollmachten, aufgrund deren man glaubte, dies tun zu können, gründeten sich auf Kollegien, die im Kirchenvolk gar nicht mehr verankert seien. Das jetzige offene Zerwürfnis hätte vermieden werden können.

Oberkirchenrat Bender weist auf den schlechten Eindruck hin, den in weiten Kreisen der Öffentlichkeit die Tatsache gemacht habe, daß zahlreiche Pfarrer glaubten, die Anordnung der Kirchenbehörde mit Füßen treten zu dürfen, und daß zu solchem Ungehorsam sogar noch aufgefordert worden sei. Die Art, wie gegen von Bodelschwingh gekämpft werde, sei schändlich und erinnere an Eckerts Zeiten; auch sei diese Art des Kampfes das Gegenteil von dem von Wehrkreispfarrer Müller versprochenen ehrlichen Kampf nur mit geistlichen Waffen. Wie dieser Kampf in Wirklichkeit aussehe, das zeige am besten der Verlauf einer Versammlung in Mannheim, deren man sich schämen müsse. – Landeskirchenrat Voges bemerkt, daß er als Führer sich hinter seine Leute habe stellen müssen. Von Bodelschwingh sei noch gar nicht rechtmäßig zum Reichsbischof bestellt. In keinem Verordnungsblatt sei bis jetzt noch amtlich etwas veröffentlicht worden über die Bestellung von Bodelschwingh zum Reichsbischof und über die Verfassung der 'deutschen evangelischen Kirche'. Die Verlautbarung von Bodelschwinghs sei eine Propaganda für sich selbst gewesen. Letzteres unterstreicht auch Dr. Dommer; diese Majorisierung der 'Deutschen Christen' hätte in Berlin vermieden werden müssen. Der Kirchenpräsident stellt fest, daß bei der Ernennung des Reichsbischofs in Berlin alles legal zugegangen sei aufgrund der dem Dreimännerkollegium erteilten Vollmachten. Dieser Standpunkt werde auch von prominenten Kirchenrechtslehrern wie Heckel vertreten. Die Eigenständigkeit des kirchlichen Lebens, die der Reichskanzler selbst zugesagt habe, müsse gewahrt werden."

517 LKR Voges an RLtr.-DC Hossenfelder: Prälat Kühlewein steht gegen von Bodelschwingh
Karlsruhe, 7. Juni 1933; LKA GA 8090 – Durchschrift

„...Ich habe heute mit Kühlewein eingehend gesprochen und ihm unsere Wünsche vorgetragen. Bei dieser Gelegenheit kamen wir auch auf die

Reichsbischoffrage zu sprechen, deren jetzige Lösung er für unmöglich hält. Er sagte Dr. Dommer und mir frei und ohne Aufforderung heraus, daß er die Entscheidung der bisherigen Kirchenfürsten für eine sehr voreilige hielt. Sie sehen also daraus, daß der kommende Landesbischof Badens gegen Bodelschwingh stehen wird. Als ich ihm noch sagte, daß Bodelschwingh eine theologische Null sei, hat er auch dieses nicht in Abrede gestellt. Auch verschloß er sich nicht unserer Ansicht, daß Kapler in einer sehr verdächtigen semitischen Hast sich für Bodelschwingh entschied, nur deshalb, weil er in Bodelschwingh einen zugkräftigen Namen zu haben glaubte. Also Kühlewein wird uns nicht in den Rücken fallen im Kampf gegen Bodelschwingh..."

518 Kirchl. Verwaltungsgericht — gez. Dr. Schneider — an LKR Voges: Widerspruch in „Klage"-Form
Karlsruhe, 8. Juni 1933; LKA GA 8088

„Ihr Einspruch vor dem kirchlichen Verwaltungsgericht gegen den Erlaß des Kirchenpräsidenten vom 1. Juni 1933 Nr. A 9553 ist mir durch Vermittlung des Sekretariats des Evang. Oberkirchenrats heute zugegangen. Ich mache darauf aufmerksam, daß nach § 137a der Kirchenverfassung Entscheidungen kirchlicher Behörden von den Beteiligten nur durch *Klage* vor dem kirchlichen Verwaltungsgericht angefochten werden können, wenn die Klage auf Verletzung einer Rechtsvorschrift oder darauf gestützt wird, daß die obwaltenden tatsächlichen Verhältnisse die Berechtigung der Behörde zu der angefochtenen Verfügung ausschließen. Nach Art. 2 Abs. 2 des Gesetzes vom 25. Mai 1928 über die Errichtung eines kirchlichen Verwaltungsgerichts muß die gegen kirchliche Entscheidungen zu erhebende Klage enthalten:
a) die Bezeichnung des Klägers und seines etwaigen Vertreters,
b) die Bezeichnung des Beklagten, das ist der Behörde sowie ihrer angefochtenen Entscheidung,
c) eine Darstellung des Tatbestandes unter Bezeichnung aller Beweismittel, die Anführung der gesetzlichen Rechtsvorschrift und eine Begründung für die behauptete Rechtsverletzung,
d) einen bestimmten Antrag.
Die Klage ist bei Verlust des Klagerechts innerhalb einer Frist von 2 Wochen vom Zugehen der Entscheidung an bei der Geschäftsstelle des Gerichts (Sekretariat des Evang. Oberkirchenrats) einzureichen. Die Erfordernisse unter c) und d) können nachgeholt werden, wenn dies innerhalb weiterer 2 Wochen geschieht.
Die Klage mit ihren Anlagen ist in 5facher Fertigung bei der Geschäftsstelle des kirchlichen Verwaltungsgerichts einzureichen (§ 3 des genannten Gesetzes).
Ich gebe anheim, falls Klage bei dem kirchlichen Verwaltungsgericht mit dem dortigen Einspruch erhoben werden wollte, Ihren Schriftsatz innerhalb der im Gesetz bestimmten Frist entsprechend zu ergänzen."

519 EOK, Prot.: Klage von LKR Voges ist abzuwarten
Karlsruhe, 9. Juni 1933; LKA GA 3479

„Landeskirchenrat Voges teilt mit, daß er beim Kirchlichen Verwaltungsgericht Einspruch erhoben habe gegen die Anordnung des Kirchenpräsidenten, die Pfingstverlautbarung des Reichsbischofs D. Bodelschwingh zu verlesen und daß er die nationalsozialistischen Pfarrer aufgefordert habe, diese Kundgebung nicht zu verlesen. Vom Vorsitzenden des Verwaltungsgerichts ist die Entscheidung nun eingegangen, daß eine Einsprache nicht zulässig sei, sondern nur eine Klage. Bevor vom Oberkirchenrat weiteres unternommen wird, ist abzuwarten, ob die Klage erhoben wird und wie sie ausgeht."

520 Prof. Soellner: „Die kommende Reichskirche"
LKBl. Nr. 8, 11. Juni 1933, S. 58

„Wer hätte noch vor einem Jahr, ja noch im vergangenen Herbst zu hoffen gewagt, daß die Einigung des deutschen Protestantismus so nah vor der Tür steht? Wer hätte geglaubt, daß an Stelle der freidenkerischen Bekämpfung der Kirche eine erhöhte Wertschätzung von Christentum und Kirche in der Öffentlichkeit eintreten würde, an Stelle der bolschewistischen Kirchenaustritts- eine Wiedereintrittsbewegung großen Umfangs? Wenn wir ehrlich sein wollen: kein Mensch!

Wem ist aber einzig und allein diese überraschende Wendung zu verdanken? Den jungen, kampferprobten und sieggewohnten Kräften des evangelischen Nationalsozialismus, der 'Glaubensbewegung der deutschen Christen'.

Umso schmerzlicher ist die Enttäuschung, die diese Millionen erleben müssen, wenn sie sehen, was der deutsche evangelische Kirchenausschuß tut. Dieselben Vertreter der deutschen evangelischen Landeskirchen, die seit einer ganzen Reihe von Jahren in der Sache der Kirchenvereinigung kaum einen Schritt vorwärts gekommen sind, haben sich für befugt gehalten, *ohne Befragung* des Kirchenvolks in ganz auffälliger Eile in geheimer Sitzung (Pfr. D. A. Freitag spricht im 'Führer' vom 1.4.33. von einem evangelischen Conclave) den Reichsbischof der erst zu schaffenden Reichskirche zu wählen und alsbald mit seinem Amt zu betrauen und zwar unter völliger Nichtachtung der Kräfte, denen *allein* die Abwendung der bolschewistischen Gefahr und der Auftrieb zum Einigungswerk zu danken ist. Noch einmal, und ausgerechnet in der geschichtlichen Stunde, wo man unbedingt im Sinn und in der Richtung des jungen aktiven deutschen Protestantismus das Steuer der Kirche herumwerfen mußte, haben es die herrschenden Konservativen unter geschickter Ausnützung der in ihren Händen befindlichen Macht-

mittel verstanden, das Steuer festzubinden und ihren Kurs zu halten. Wie lange noch? Und unter welchem Prestigeverlust der Kirche?
Freilich glaubt man mit der Persönlichkeit Bodelschwinghs ein gewaltiges Plus zu haben. Und man muß zugeben: Das war ein *sehr* kluger Schachzug, der sehr lebhaft an die Reichspräsidentenwahl erinnert, als Hindenburg von denjenigen Parteien aufgestellt wurde, die Gegner des heutigen Deutschlands sind.
Der Name Fr. von Bodelschwinghs hat im In- und Ausland hervorragenden Klang. Aber er ist zu seinem hohen und verantwortungsvollen Amt nicht als Exponent derjenigen Kräfte gekommen, die unbedingt die Kirche in den nächsten Jahrzehnten tragen müßten.
Noch existiert die Reichskirche nicht als Wirklichkeit. Sie ist bis jetzt nur eine unmittelbar zur Verwirklichung drängende Idee. Hoffen wir, daß dieser Prozeß zu einem allseits befriedigenden Abschluß kommt."

521 Pfr. W. Kühlewein an LKR Voges: DC-Veranstaltung erbeten
Konstanz, 11. Juni 1933; LKA GA 8088

„... Gestern hat Hermann Schneider hier, der ja vernarrter Volksdienstler ist, über die Reichsbischofsfrage einen Vortrag gehalten. Deshalb muß ich hier *noch in diesem Monat* einen Redner unserer Bewegung herbekommen, der unsern Standpunkt klar macht.
Wir hätten, da wir überhaupt noch keinen Vortrag oder öffentliche Versammlung hier gehabt haben, gern Sie selbst hier gehabt. Dieser Wunsch ist hier allgemein, und es würde eine große Versammlung werden ... Darum bitte ich Sie, wenn Sie nicht selbst können, uns irgend einen guten Redner zu schicken, der ganz in unserer Gesinnung drin steht ...
Ich bin so froh, daß mein Vater unserer Bewegung so nahe steht. Ich habe früher so viele erbitterte Kämpfe für unsere Sache daheim durchgekämpft, auch gegen meine Brüder (und seit ich mich vor Krankheit und Schmerzen [kaum] bewegen kann auch brieflich), daß ich einmal beinahe hinausgeflogen wäre. Jetzt heute schrieb er mir, er stehe jetzt der Glaubensbewegung innerlich sehr nahe. Ich weiß, was das heißt bei ihm. Auch in der Reichsbischofsfrage steht er auf unserer Seite. Ich habe in den letzten Jahren viel gekämpft und gelitten. Aber wenn man dann langsam Erfolg sieht, dann freut man sich und behält den Kopf oben..."

522 Pfr. Bartholomä: Argumente für Müller u. gegen von Bodelschwingh
Kirche u. Volk Nr. 24, 11. Juni 1933, S. 189

„*Ein Kapitel Kirchengeschichte.* Das ist es doch, was wir eben um die Frage der Ernennung des evangelischen Reichsbischofs erleben – aber es ist kein erfreuliches Kapitel, weder für die evangelische Kirche noch

für unsere Glaubensbewegung. Das Kapitel ist so delikat, daß der Chronist es gar nicht gewagt hat, darüber in der letzten Nummer zu schreiben, ehe die Sache nicht einen – vorläufigen – Abschluß gefunden hatte. Nun will und muß er den Hergang der 'Bestimmung' Bodelschwinghs zum Reichsbischof im Zusammenhang schildern.
Seit einer Reihe von Jahren haben wir einen Deutschen Evangelischen Kirchenbund. Das ist gut und nützlich. Aber: er schwebte etwas stark über dem Volk und war in dessen Bewußtsein nicht gar sehr verankert. Hand aufs Herz: Wer von den Lesern hat von ihm gewußt, wer seine Tätigkeit verspürt? Das ist Zeichen genug dafür, daß er noch nicht die Verwirklichung des Einheitsgedankens der evangelischen Reichskirche war, eines Gedankens, der im Kirchenvolk ungeheuer lebendig ist. Man hätte von dieser Stelle aus aber die deutsche evangelische Reichskirche schaffen können – der Kirchenbund war die dazu befugte und verpflichtete Stelle! Er hat jedoch in unserem Sinne nichts derartiges durchschlagend getan. Nun kamen wir mit unserer Glaubensbewegung und erhoben die Forderung nach der evangelischen Reichskirche und dem evangelischen Reichsbischof. Vor einem Jahr zum erstenmal. Im Kirchenbund regte sich nichts, die Kirchenregierungen regierten ungerührt weiter. Die mächtige nationale Erhebung unseres Volkes schien uns nun der rechte Zeitpunkt zu sein zur Schaffung der evangelischen Reichskirche. Wir begannen das Werk. *Jetzt* wachte der Kirchenbund auf, er ward lebendig und nahm auch seinerseits die Sache in die Hand. Darüber ist schon früher berichtet worden.
Als nun unsere Gauleiter kürzlich zusammentraten, um die Angelegenheit noch weiter vorwärts zu bringen und die Sache in das Stadium der Personenfrage kam – da wandten sich die kirchlichen Stellen, das sind die im Kirchenbund zusammengeschlossenen Kirchenregierungen, als erste an die Öffentlichkeit und nannten Bodelschwingh als ihren Kandidaten. Dann kam natürlich unser Gegenzug: Wir lehnten diesen Kandidaten ab und nannten Wehrkreispfarrer Müller als unsern ausersehenen Mann. Eine Befragung der Öffentlichkeit wurde abgelehnt vom Kirchenbund – man wollte wegen Entscheidung der Frage aber zum Reichskanzler. Dieser hat die Audienz nicht gewährt. Schließlich hat man Bodelschwingh 'bestimmt'. Die Wahl soll nicht einstimmig gewesen sein und sogar in einer Vorabstimmmung unter dem Eindruck einer Rede des Wehrkreispfarrers Müller zu dessen Gunsten ausgegangen gewesen sein. Uns blieb dagegen vorläufig nur der Protest. Diesen wird der Leser ja bereits zur Kenntnis genommen haben. Wir beharren auf unserem Standpunkt und müssen es auf einen Kampf ankommen lassen, der bereits angesagt ist.
Haben wir das Recht dazu? Der Chronist sagt natürlich: ja. Es ist an sich schon ein Unding, wenn die Kirchenregierungen, die selber in der näch-

sten Zeit teilweise umgebildet werden, noch schnell vorher eine solche Hauptaktion vornehmen. Zum Chronisten hat einer gesagt, ihm käme das gerade so vor, wie wenn die alte badische Regierung noch vor dem 5. März schnell als zukünftigen Statthalter für Baden den Staatspräsidenten Schmidt bestellt hätte. Das bleibt eine mindestens sehr peinliche Geschichte. Aber weiter: Bodelschwingh kann uns nicht als der rechte Mann erscheinen. Wir anerkennen sein Werk in Bethel und seine Gesinnung, wenn wir auch nicht begreifen können, daß er angenommen hat, angesichts der bestehenden Sachlage; deshalb ist noch nicht gesagt, daß er als Reichsbischof am Platz ist. Er hat in seiner ersten Äußerung ein nachdenklich machendes Wort gesprochen: er wolle lieber Reichsdiakon als Reichsbischof heißen. Das sieht gerade so aus, als ob er den Akzent legt auf die Liebestätigkeit. Wir aber wissen aus unserer Arbeit, daß unser Volk heute hungert nach dem *Wort*. Darauf legen *wir* die Betonung, ohne die tätige Liebe gering zu achten. Wir können erzählen von übervollen Versammlungen nach dem Wort Hungernder! Darum hätte der Reichsbischof in Wittenberg über Luthers Grab ausgerufen werden müssen! Dort hätte er das erste Mal predigen müssen. Statt dessen wird er das nur tun in der Zionskirche in Berlin unter absichtlicher Vermeidung der Berliner Prunkkirchen – uns ein Beweis, daß er über die Repräsentation seines Amtes anders denkt als wir! Er will was anderes wie wir. Da sind tiefe Unterschiede der Auffassung! Aber man wollte eben jene junge Generation der Kämpfer nicht zu Wort kommen lassen, die im Grunde diese Sache des Reichsbischofs zur Verwirklichung gebracht haben! Das *wird* sich rächen.
Bodelschwingh selbst hat gesagt, daß er auf eine vertrauensvolle Zusammenarbeit mit uns hoffe. Das ist eine Einstellung, die dem Chronisten in letzter Zeit öfters vorkommt: erst schlägt man gegen uns, dann bietet man uns die Hand. Wehe, wenn wir nicht einschlagen! Dann sind wir die 'Unchristlichen'. Nein: *Das* liegt *anders!* – Der Chronist selber hat als Diasporamann zu Anhängern der Kandidatur Bodelschwinghs gesagt: 'Vor welchem Reichsbischof wird die katholische Kirche mehr – Angst haben? Vor dem Reichsbischof Bodelschwingh oder dem Reichsbischof Müller?' Da wurden die Befragten sehr nachdenklich!
Vor Abschluß dieses Berichts läuft noch eine Meldung ein. Wehrkreispfarrer Müller war bei Hitler. Es wurde Übereinstimmung der Auffassungen beider festgestellt. Das bedeutet doch wohl: auch bei der Wahl katholischer Bischöfe wird vom Staat vorher die Bestätigung eingeholt, ob der Kandidat diesem genehm ist. Nach dieser Meldung zu schließen, ist diese Bestätigung in unserm Fall nicht gegeben. Man hat ohne sie gehandelt. Das würde gegebenenfalls zu Folgen führen müssen, an denen *wir* nicht die Schuld trügen, sondern die, die ohne solches Einvernehmen handelten.

Wir erleben ein himmeltrauriges Kapitel evangelischer Kirchengeschichte. Wir können nicht schweigen. Um des Zieles willen, das wir im heiligen Eifer für unsere Kirche verfolgen, müssen wir lauten Ruf erheben."

523 Pfr. Rössger an LKR Voges: Unsicherheit in der Reichsbischofsfrage
Ichenheim, 12. Juni 1933; LKA GA 8088

„... Zu meiner Auffassung zur Bischofsfrage Dir folgende Ergänzung: Ich habe nie das Vertrauen zu dem 'Wert unserer Sache' verloren.
Ich vertrete nach wie vor die Stellung, die meine Anfrage bei Dir betr. des Grußwortes präzisiert. Über das Grundsätzliche meiner resp. unserer Haltung war ich nie im Zweifel. Nur war die Lage vor 8 Tagen die, daß ich keinerlei Gewähr sah – namentlich was die kirchenrechtliche Seite betrifft –, daß wir in Berlin mit Erfolg fechten könnten. Für *diesen* Fall habe ich Dir geraten: Waffenstillstand! – besonders um der unsagbaren Schmach der Kirche willen, die gerade in unserem gutkirchlichen und nationalsozialistisch positiven Ried als eine ungeheure Tragik empfunden wurde, namentlich weil wir hier mit guten katholischen Gemeinden zusammenwohnen! Über meine Haltung, selbst Dir nur zur Kenntnis, daß ich eo ipso den Betheler Gruß nicht verlas und dies auch in den anderen Orten des Bezirks, da nationalsozialistische Pfarrer sind, veranlaßte, was auch geschah, d.h. unterblieb. In den letzten 2 Tagen ist die Lage in der Presse auch wesentlich geklärter: Eine Unterredung mit dem Redakteur M. (Parteigenosse) der 'Lahrer Zeitung', wo ich heute 2 Stunden lang meinen letzten öffentlichen Vortrag in die Maschine tippte, hat mir neue wertvolle Aufschlüsse gebracht. Von der letzten Gernsbacher Pfingstkonferenz in Nonnenweier hat man teils sehr unliebsame Töne zur Bischofsfrage gehört: Folge: Mein Vikar ging zu den Positiven.
An Bürck schrieb ich heute, er möge abwarten lernen. Ich habe den Eindruck, daß er seine Vorträge nicht ganz so aufzieht, wie wir die Dinge sehen. Er betont mehr das Volksmissionarische ohne sehr auf die Ziele unserer Bewegung einzugehen und sie auf die praktische Lage anzuwenden. Ich mache wieder mal die Wahrnehmung, daß neu hinzugekommene Parteigenosssen, die führend geworden sind, nicht klar das herausstellen, was das Wesentliche ist. Man kann ja ein und denselben Satz sagen und durch Nuancierung der Betonung allerlei daraus machen. Wir werden dies auch bei ehemaligen liberalen Parteigenossen erleben, die jetzt vielleicht bei uns aktiv mitmachen. Ich hielte es für nötig, daß Kiefer Richtlinien für unsere Redner herausgäbe, wie es die NSDAP auch gemacht hat, wo alle heute zur Frage stehenden Punkte eindeutig herausgearbeitet sind. Wenn er will, kann ich ihm meinen in

der 'Lahrer Zeitung' gedruckten Vortrag als unmaßgebliche Norm zur Verfügung stellen. Im übrigen bezweifle ich auch Kiefers Erkenntnistiefe. Ich weiß, daß eine Predigt kein Vortrag ist; aber seine Predigt in der kleinen Kirche*⁾ hat mich samt anderen etwas enttäuscht; ich sage gar nichts gegen sie als ein sehr beachtenswertes persönlich frommes Christuszeugnis, um dessentwillen sie einen charakter indelebilis besaß. Aber diese Predigt hätte genau so auch auf einer Landestagung des Evangelischen Volksdienstes gehalten werden können. Es fehlte ihr das 'deutschchristliche' Spezificum. Wenn das am grünen Holz geschieht ..?-! Ein Beweis, wie schwer es sein wird, die Predigt der deutschchristlichen Pfarrer in eine einheitliche Richtung zu bringen! Pfingsten hat uns ja auch wieder gezeigt, wie unsere Aufgabe wirklich nicht leicht ist, wenn wir mehr als 'Volks'-prediger sein wollen. Aus den 'Süddeutschen Blättern' entnehme ich, daß unsere (liberalen) Parteigenossen in unserem Landesvorstand eine Vertretung haben (Spies?). Wenn dem so ist, gib bitte Nachricht betr. der Bekanntgabe im Blatt um der Neuhinzugekommenen willen. Nun liegt auch die Visitation hinter mir. Ab Dienstag bin ich kurz im Urlaub in Freiburg-Maltererstr. 1. Sende dahin bitte auch möglichst früh die Einladung zu der der Synode vorangehenden Fraktionssitzung, von der ich nach Umhauers Schreiben zu folgern, annehme, daß sie schon evtl. Sonntag stattfinden muß. Mögen diese Zeilen mich Dir wieder etwas mehr gezeigt haben: im Grundsätzlichen unbedingt firm; in Fragen des Modus nicht immer ganz mit allem einverstanden."

524 Bez.KRef. Pfr. Gässler an LKR Voges: Widerspruch gegen den Ausschluß von Pfr. Bürck und die „Schaukelpolitik" der RLtg.
Wollbach, 12. Juni 1933; LKA GA 8088

„Der Unterzeichnete hat als Antwort auf sein Schreiben vom 6. Juni 1933 von dort ein Schreiben erhalten etwa des Inhalts, daß meine Tätigkeit und meine Äußerungen dort als 'Dolchstoß' empfunden werden und daß es dem Landesleiter 'nun bei Gott sehr gleichgültig sei, ob er im Oberland das Vertrauen habe' [vgl. Dok. 437]. Mir ist das freilich nicht gleichgültig! Es ist mir auch nicht gleichgültig, daß durch ein Schreiben des Landesleiters der Pg. Pfarrer Bürck/Steinen [vgl. Dok. 435] kurzer Hand aus der Glaubensbewegung hinausgeworfen wurde, weil er sich weigerte, einen Kampf mitzumachen, der unserer Kirche letzten Endes nur inneren Schaden bringen muß und zwar selbst dann, wenn dieser Kampf äußerlich von höchstem Erfolg gekrönt sein würde. Ich lege gegen diesen 'mit sofortiger Wirkung' erfolgten Ausschluß meines Parteigenossen Bürck aus der Glaubensbewegung Verwahrung und Beschwerde ein, ebenfalls mit sofortiger Wirkung. Und ich möchte Landesleiter Voges warnen, auf diese Weise weiterhin vorzugehen. Es ist doch selbst in der

---
* Karlsruhe

politischen Hitlerbewegung denn doch noch immer so, daß gegen den Ausschluß eines Parteigenossen durch einen Ortsgruppen-, Kreis- oder Gauleiter das Beschwerderecht beim Uschla besteht. Ich bitte hiermit um sofortige Zusammensetzung eines Untersuchungsausschusses, der am besten aus den Synodalen bestehen dürfte. Wenn schon in der politischen Bewegung das Führerprinzip keine päpstliche Machtvollkommenheit bedeutet, so noch viel weniger in einer kirchlich-evangelischen Bewegung, wo denn doch immerhin das Recht der 'Protestation' nicht ganz in Vergessenheit geraten sein dürfte (!!). Ich habe zwei große Versammlungen für diese Woche (Konstanz und Rheinfelden), die bereits seit 10 Tagen vorbereitet wurden, telephonisch abblasen müssen, da sie unter den Namen Parteigenosse Bürck und Parteigenosse Gässler angekündigt waren und nun Parteigenosse Bürck wegen 'Ausschlusses' nicht mehr im Auftrag der Glaubensbewegung sprechen kann. Sollten von Rheinfelden und Konstanz durch die Ortsgruppenleiter Kostenanrechnungen für Zeitungsannoncen und Handzetteldruckkosten an mich eingehen, so werde ich mir die Ehre geben, dieselben an den Herrn Landesleiter zu Begleichung einzusenden.
Soweit zum Falle Bürck. Nun aber möchte ich auch für mich selber zu Worte kommen. Das Rundschreiben des Herrn Landesleiters Voges an die Herren Bezirkskirchenreferenten, welches ich am Sonntag 11. Juni erhielt, 'verpflichtet jeden Bezirkskirchenreferenten zum schärfsten Kampf gegen die völlig unmögliche Lösung der Reichsbischofsfrage' und zwar unter der Losung 'Wer mit Bodelschwingh zu paktieren glaubt, ist gegen Hitler'. Dieser 'Verpflichtung' kann ich mich nicht unterziehen! Denn die in Mannheim ausgegebene Losung ist eine Unwahrheit! Es ist eine Gemeinheit gegen meinen geliebten Führer Hitler, wenn sein Name hier hereingezogen wird, wo er bis zur Stunde noch keine Äußerung betr. Bischofsfrage von sich gegeben hat. Ich werde im Kirchenbezirk Lörrach keine solche 'Kampf'-Versammlungen halten, sondern höchstens wie bisher sachliche volksmissionarische Arbeit treiben; diese Personalfragen werde ich nicht in der Öffentlichkeit spazieren tragen.
Nun müßte ja eigentlich diese meine klare Weigerung, wenn es recht zuginge, genügen, um auch mich 'mit sofortiger Wirkung' aus der Glaubensbewegung auszuschließen. Denn was bei Bürck recht ist, wäre ja bei mir nur billig. Damit wäre aber die tragende glaubensmäßige Front der Pfarrer im Oberland für Euch verloren! Im Lörracher Kirchenbezirk hättet ihr dann nur noch den liberalen Märzkonjunkturhasen Pfarrer Mölbert, der aus früherer Gehässigkeit gegen die nationalsozialistische Bewegung als Parteigenosse von der Ortsgruppe Wollbach nicht aufgenommen wurde. Parteigenosse Proß, Parteigenosse Görcke, Parteigenosse Schüsselin, Parteigenosse Bürck und alle, die

wirklich angesehenen Pfarrer unseres Bezirks, die Anhänger unserer Glaubensbewegung sind Pfarrer Fetzner/Brombach, Pfarrer Schröder/Schallbach, Vikar Kumpf/Lörrach würden mit Entrüstung eine solche Art der Landesleitung der Glaubensbewegung ablehnen.
Landesleiter Voges schreibt an Parteigenosse Bürck unter anderem folgendes:
'Ihre glatte Weigerung, sich den Anordnungen der Reichsleitung zu unterstellen, zeigen mir deutlich, daß Sie vom nationalsozialistischen Führerprinzip keine Ahnung haben.' Fast will es mir scheinen, daß Landesleiter Voges auch keine völlige Ahnung davon habe. Ich darf mich wohl rühmen, einer der ältesten national-revolutionären Kämpfer in Baden zu sein. Im Januar 1919 begann meine Mitarbeit und unvergeßlich ist mir die Gründung des Tübinger Studentenbataillons mit dem ebenso unvergeßlichen Kameraden (jetzigen Obergruppenführer) von Jagow. Fragt einmal die ganz alten SS und SA Veteranen, ob sie meinen Namen erst von gestern her kennen. Und aufgrund dieser alten Erfahrung laßt mich die Mahnung geben: macht aus dem Führerprinzip keinen Popanz!! In den Spartakusunruhen da galten in den gefährlichen Kampfbünden, denen anzugehören der Stolz meines Lebens bleiben wird, Führerprinzipien so scharf, daß auf Ungehorsam der Tod durch Erschießen von seiten der eigenen Kameraden stand. Aber keiner wurde ungehört vom Führer allein gerichtet, sondern immer durch das Thing oder Ehrengericht.
Warum wird uns von Landesleiter Voges immer das Schreckgespenst 'Reichsleitung' vorgehalten? Dem wir unbedingt zu gehorsamen hätten? Rössger hat in einem Brief an mich unter anderem die hochinteressante Stelle: Wie ich höre, bestehen die evangelischen Nationalsozialisten in Sachsen und anderen Orten nach wie vor weiter unter dem alten Namen: 'Für Kirche und Volkstum!' und sind trotzdem der Glaubensbewegung angeschlossen. Ja, warum ging's denn dort und bei uns Badenern nicht? Warum haben jene sich nicht einfach unter jeden Spruch der Reichsleitung gebeugt? Ist's denn so, daß es nur heißen kann: Berolina locuta, causa finita! Berlin hat sich in den letzten Monaten genug geirrt und es ist klar und am Tage, daß die Concilien und die Päpste (Hossenfelder etc.) sich *auch* irren können und nachweisbar schon zu mehrmalen sich widersprochen haben. Und wir haben in Baden unter der Ägide der Landesleitung hin schon zweimal unser Programm gewechselt und alles das, nur, um schließlich inhaltlich bei unserem guten alten evangelischnationalsozialistischen Programm vom Mai 1932 wieder zu landen. Wie habe ich Euch damals beschworen, daß Ihr es bei unserem gut bekenntnismäßigen alten Programm lassen möget; nein, die Hossenfelderschen 10 Punkte mußten her und 3 Wochen später waren diese 10 Punkte schon wieder Heidi. *Das ist Schaukelpolitik!*

Und auch die Geschichte mit dem Konkordat kann und kann ich noch immer nicht vergessen; gewarnt hatte ich genug, genau wie Exzellenz und Kiefer und Albert! Deswegen ist mir allmählich das Vertrauen gegen die Landesleitung immer mehr geschwunden! Auch die Geschichte mit dem Vorschlag eines liberalen Oberkirchenrats durch die Landesleitung hat mir die größten Knüppel in meiner Arbeit im Oberland zwischen die Beine geworfen und hat überall höchstens Mißtrauen ausgelöst bei Pfarrern und Laien! – Genug davon! Alles andere mündlich im Untersuchungsausschuß, bei dem ich als Beschwerdeführender ja sowieso gehört werden muß! Freiwillig lege ich meine Ämter nicht nieder; einmal war ich dazu willig und Ihr selbst habt mich gebeten, zu bleiben; ebenso die, die mich gewählt haben. Ich werde im Namen meiner Wähler und Freunde im Oberland weiter protestieren!! Und ich hoffe, daß wir noch nicht so weit sind, daß 'der kühne Mut und der Zorn der freien Rede' der Landesleitung gegenüber sofort mit Hinausschmiß geahndet wird..."

525 KPräs. Wurth an Pfr. Albert: Keine Beteiligung an Aktionen gegen von Bodelschwingh!
Karlsruhe, 12. Juni 1933; LKA GA 8088 – Abschrift

„Im dortigen Kirchenbezirk (Freiburg) soll eine öffentliche Agitation gegen die Wahl Bodelschwinghs angekündigt sein; eine Sache, die ich nicht recht glauben kann und gerade in Freiburg ein Hohngelächter der Römischen auslösen würde. Sollte die Sache aber wirklich ins Werk gesetzt werden, so würde ich sofort jeden Geistlichen, der sich daran beteiligte, disziplinarisch belangen, wer er auch wäre. Ich erwarte bestimmt, daß Du Dich von solchen Dingen fernhältst, auch wenn ein 'Befehl' von 'oben' vorliegen sollte. An meiner Anordnung würde das nichts ändern. In Hessen ist bereits der Reichsbischof ins Kirchengebet eingeschlossen; so werden wir kein Schisma machen.
Die Arbeiten der Synode sind fertig; sie werden Dir längstens bis übermorgen zugehen. Wirtschaftlich wird immer mehr zugebuttert; was eingespart wurde als Betriebsfonds ist bald zu Ende und dabei will man immer mehr noch das Kirchgeld hinausschieben."

526 KPräs. Wurth an Dekanat Freiburg: Verbot jeglicher Agitationen gegen von Bodelschwingh
Karlsruhe, 12. Juni 1933; LKA GA 4920 – Durchschrift

„Das Evang. Dekanat Freiburg wird hiermit beauftragt, den ihm unterstellten Geistlichen jegliche Agitationen gegen den erwählten Reichsbischof oder dessen Wahl und die Teilnahme eines Geistlichen an solcher Agitation bzw. Agitationsversammlungen unverzüglich zu untersagen." -

527 Dekan Walther an EOK, LKR Voges, Burckhardthaus/Berlin u. Evang. Presseamt/Karlsruhe: Vertrauenskundgebung der Geistlichen des KBez. Durlach für von Bodelschwingh
Weingarten, 12. Juni 1933; LKA GA 4920 – Durchschrift

„Erklärung.

Nachdem Dr. von Bodelschwingh von den Vertretern der Evangelischen Landeskirchen zum Reichsbischof erwählt worden ist, stellen sich die zu einer nicht amtlichen Konferenz zusammengekommenen Geistlichen des Kirchenbezirks Durlach (Baden) im Interesse der Einheit und Selbständigkeit der neu errichteten Evangelischen Reichskirche hinter den ernannten Reichsbischof."

528 Pfr. Albert an LKR Voges: Widerstand gegen die Anordnungen in Dok. 526
Gundelfingen, 13. Juni 1933; LKA GA 8088

„... das ist das Ergebnis meines ersten Ansturms nach einer Pfarrkonferenz in Freiburg. Ich wurde zu einer Äußerung anschließend an die Besprechung herausgefordert. 'Man habe erfahren, daß Protestversammlungen gegen Bodelschwingh geplant seien. Das dürfe unter keinen Umständen geduldet werden usw.' sagte Schäfer. Das war alles an meine Adresse gerichtet. Ich antwortete kurz und bündig und pointiert: 'Wenn von unserer Leitung das angeordnet wird, dann wird uns nichts und niemand hindern, wir werden zur gegebenen Zeit den Protest durchführen bis ins letzte Dorf!' Darauf großes Hallo, Schreierei, wütende, ausfällige Angriffe, Hohngelächter von Weber. Ich antwortete nichts mehr. Scheinbar hat sich Schäfer gestern abend noch an Wurth telephonisch gewandt, sonst könnte ich nicht heute morgen diesen obigen Brief erhalten haben. Du siehst, es geht hart auf hart! Wie stellt sich Kühlewein dazu? Wie wär's, wenn unsere ganze Fraktion, soweit wir Pfarrer sind, diszipliniert würden? Mich reizt die Kampflust, die uns im politischen Kampf zum Sieg gebracht hat. Aber ich glaube nicht, daß alle unsere eigenen Fraktionsgenossen den Mut hätten, mitzumachen.
Es ist scheußlich, daß diese Schweinerei jetzt in diesem 'Einigungs'-bestreben unserer Kirche gekommen ist. Hoffentlich findet die Sache bald ihre Lösung. Wohl ist es ja keinem von uns dabei.
Vorläufig hat in meinem Kirchenbezirk mein Trompetenstoß gewirkt. Die Angst des Dekans und die Schreier um ihn herum haben ja gewissermaßen den Protest nun selber losgelassen. Wurth wird für die Eisenacher Sitzung die nötigen Eindrücke aufnehmen. Denn es ist doch dort eine Sitzung des Kirchen-Bundes, nicht wahr?
Die Artikel von Hirsch usw. aus dem Reichsboten habe ich dem Alemannen übergeben. Hoffentlich nimmt er sie auf. Der Redakteur

macht übrigens Schwierigkeiten. Er sagt, daß die letztjährige Verordnung der Gauleitung bei den Kirchenwahlen noch nicht widerrufen sei und daß darum innerkirchliche Dinge nicht veröffentlicht werden dürften. Wie steht's damit?"

529 EOK, Prot.: KPräs. Wurth informiert über das Verbot in Dok. 526
Karlsruhe, 13. Juni 1933; LKA GA 3479

„Der Kirchenpräsident teilt mit, daß er das Dekanat Freiburg beauftragt habe, den Geistlichen des Kirchenbezirks die *Abhaltung von Agitationsversammlungen gegen den Reichsbischof D. v. Bodelschwingh* und die Teilnahme an solchen Versammlungen zu verbieten."

530 EOK, Prot.: Disziplinarverfahren gegen LKR Voges vorbehalten
Karlsruhe, 13. Juni 1933; LKA GA 3479

„Landeskirchenrat Voges wird mitgeteilt, daß der Oberkirchenrat sich vorbehalte, das *Disziplinarverfahren* gegen ihn zu eröffnen, weil er die der Glaubensbewegung 'Deutsche Christen' angehörigen Pfarrer aufgefordert habe, die *vom Kirchenpräsidenten angeordnete Verlesung der Kundgebung des Reichsbischofs zu unterlassen*. Doch wird damit noch zugewartet, solange das verwaltungsgerichtliche Verfahren schwebt."

531 EOK an LKR Voges: Disziplinarmaßnahmen bis zum Ausgang des Verwaltungsgerichtsverfahrens, vgl. Dok. 512—514, ausgesetzt
Karlsruhe, 14. Juni 1933; LKA GA 4920 — Durchschrift

„Ich habe davon Kenntnis genommen, daß Sie die der Glaubensbewegung 'Deutsche Christen' angehörenden Pfarrer unserer Landeskirche aufgefordert haben, die in meinem Erlaß vom 1.6.1933 Nr. A 9553 angeordnete Verlesung der Ansprache des Herrn Reichsbischofs von Bodelschwingh nicht durchzuführen und daß Sie selbst diese Anordnung für sich nicht für verbindlich erachteten, weil Sie die Kirchenbehörde zu einer solchen Anordnung nicht für berechtigt halten. Ich halte Ihre Einstellung für unrichtig und muß Ihr Verhalten als eine Verletzung Ihrer Dienstpflicht ansehen. Da Sie aber die Verfügung der Kirchenbehörde vom 1. Juni 1933 mit der verwaltungsgerichtlichen Klage anzufechten beabsichtigen [vgl. Dok. 509], werde ich die Entscheidung, inwieweit gegen Sie dienstpolizeilich vorzugehen ist, bis zur Erledigung dieser Klage aussetzen."

532 N.N.: „Entspannung in der Reichsbischofsfrage?"
Bad. Presse, 14. Juni 1933; LKA GA 4913

„... Der Reichsbischof von Bodelschwingh hat am Dienstag eine Unterredung mit dem Reichsinnenminister Frick gehabt. In evangelischen Kreisen herrscht allgemein die Auffassung vor, daß die Verhandlungen zur Entspannung der entstandenen Schwierigkeiten in bestem Fluß sind ..."

533 KGR – gez. Pfr. Treiber – an EOK: Eintreten für von Bodelschwingh

Bahlingen, 17. Juni 1933; LKA GA 4920

„*Eilt,* daher unmittelbar!

Der Evang. Kirchengemeinderat hat in seiner Sitzung vom 16. Juni d.J. das beiliegende Begrüßungs- und Anerkennungsschreiben an den Herrn Reichsbischof Pastor D. von Bodelschwingh einstimmig und einmütig beschlossen und bittet, daß der Evang. Oberkirchenrat dieses Schreiben nach Kenntnisnahme und Genehmigung an das Deutsche Evangelische Kirchenbundesamt weiterleiten möge.

Gleichzeitig bittet der Evang. Kirchengemeinderat, daß der Evang. Oberkirchenrat in einem aufklärenden Schreiben an die einzelnen Gemeinden der badischen Landeskirche zur Reichsbischofsfrage Stellung nimmt und vor allem verhindern möge, daß etwaige Protestversammlungen gegen die Wahl des Herrn Pastor D. von Bodelschwingh zum Reichsbischof in den einzelen Gemeinden der badischen Landeskirche stattfinden, wie auch mit aller Entschiedenheit dagegen Stellung genommen werden möge, daß, nachdem die Wahl des Reichsbischof von den einzelnen Landeskirchen rechtsgültig vorgenommen wurde, die Reichsbischofsfrage durch eine evtl. Urwahl des ganzen deutschen evangelischen Volkes gelöst werden soll."

534 KGR – gez. Pfr. Treiber u. acht KGRäte – an RB von Bodelschwingh: Gratulation zur Wahl

Bahlingen, 17. Juni 1933; LKA GA 4920 – Original [Anlage zu Dok. 533; nicht weitergeleitet]

„Der Evang. Kirchengemeinderat der Kirchengemeinde Bahlingen (Breisgau/Baden) hat in seiner Sitzung vom 16. Juni d.J. einstimmig und einmütig beschlossen:

Wir begrüßen freudigen und dankbaren Herzens Ihre Wahl zum Reichsbischof der Deutschen Evangelischen Kirche und bitten, daß Sie Ihr Hohes Amt, trotz mancherlei Unstimmigkeiten und Gegenerklärungen weiterführen, in der Gewißheit, daß der weit überwiegende Teil des evangelischen Kirchenvolkes mit Vertrauen und betendem Herzen hinter Ihnen steht. – Möge Ihnen Gott der Herr stets die Kraft und Gnade schenken, daß Sie seine Kirche so leiten und führen, daß sie eine Kirche des reinen und wahren Evangeliums bleibe, lebend in der Kraft des gekreuzigten und auferstandenen Christus, dann wird Ihr Hohes Amt zum Segen und Heil des einzelnen wie des ganzen deutschen evangelischen Volkes sein und auf dem Grund allein dennoch zur erstrebten Einigkeit führen!"

535 Pfr. Kobe: „Der Reichsbischof der Deutschen Evang. Kirche"
KPBl. Nr. 12, 18. Juni 1933, S. 95f.

„Ein Tag besonders starker Spannung und Erwartung pflegt in der katholischen Kirche der Tag der Papstwahl zu sein. Tausende von Römern, in diesem Fall die Vertreter des ganzen katholischen Kirchenvolkes der Erde, finden sich auf den Straßen und Plätzen vor dem Vatikan ein, um dann mit dem Beginn der Papstwahl ihre Augen auf die kleine Öffnung oben am Vatikan zu richten, durch die das Aufsteigen des kleinen Rauchwölkchens, der 'fumella', zu erwarten ist, das von der Verbrennung der bei einem Wahlgang im Conclave abgegebenen Stimmzettel der Kardinäle herrührt. Jede neu aufsteigende fumella wird mit lebhaften Stimmen und Gebärden begrüßt, in denen die Freude an dem Fortschritt der Wahl sich kundgibt, bis dann der Herold des Kardinalkollegiums erscheint und dem Volk das 'Papam habemus' und dessen Namen verkündigt. So waren nun auch in den Wochen vor Pfingsten, besonders in der Woche des Himmelfahrtsfestes, die Gedanken des evangelischen Deutschlands voller Spannung und Erwartung nach Loccum in Hannover gerichtet, wohin sich das sogen. Dreimännerkollegium mit anderen kirchlichen und theologischen Persönlichkeiten zurückgezogen hatte, um hier zusammen mit dem Bevollmächtigten des Reichskanzlers möglichst ungestört von fremden Einflüssen und mit gesammelter Kraft die Entscheidung vorzubereiten. Ob hier schon auch eine Nominierung des künftigen *Reichsbischofs* der evangelischen Kirche Deutschlands erfolgen werde, wußte man nicht. Da kam anfangs der Woche vom Himmelfahrtsfest die Nachricht, daß diese grundlegenden Arbeiten zum Neubau der Deutschen Evangelischen Kirche zum Abschluß gekommen seien, und alsbald erschien nun auch das Manifest von Loccum*⁾ in der Öffentlichkeit. Gewiß hätte diese Kundgebung das kirchliche Interesse des gesamten evangelischen Deutschlands in Anspruch genommen, wenn nun nicht eine andere Nachricht alles andere in den Hintergrund gedrängt hätte, nämlich die vom Mittwoch, den 24. Mai, mittags unmittelbar vor dem Himmelfahrtsfest, daß sich die Bevollmächtigten des Kirchenbundesamtes über die Person des künftigen Reichsbischofs einig seien; die erste fumella über Loccum! Und noch am gleichen Tage stieg eine zweite auf: in der letzten Tagesstunde erfuhren die Rundfunkhörer, daß der Pastor *D. Fr. von Bodelschwingh* in Bethel als Reichsbischof ausersehen sei. Allerdings mußte nun der Electus, der von dem Dreimännerkollegium Erkorene, noch einen Wahl- und Definitivprozeß durch das Kollegium der landeskirchlichen Bevollmächtigten Deutschlands durchmachen. Aber auch dieser

---
* K.D.Schmidt, Die Bekenntnisse des Jahres 1933, Göttingen 1934, S. 153f.

fiel für Bodelschwingh günstig aus, so daß der drahtlose Dienst am Abend vor Exaudi urbi et orbi die Wahl des im 55. Lebensjahr stehenden Sohnes des Begründers der weltbekannten Anstalten in Bethel, deren Leitung er selbst seit 1910 in Händen hat, bekannt geben konnte: die dritte fumella war aufgestiegen. Wer aber an diesem Abend die Rundfunknachrichten bis zu Ende anhörte, der wurde zuletzt durch eine Sondermitteilung überrascht: der kirchliche Vertrauensmann des Reichskanzlers, Wehrkreispfarrer Müller/Königsberg, legte in leidenschaftlich erregten kurzen Sätzen Verwahrung gegen die Wahl von Bodelschwinghs zum evangelischen Reichsbischof ein. Damit war aus der fumella ein fumus geworden, d.h. Rauchdampf und Rauchwolke, ein fumus, der seitdem den ganzen Kirchenhimmel des evangelischen Deutschlands bedeckt, dem Kirchenvolk in die Augen beißt und die freudige Spannung, die dieses gerade in diesem Jahr vor Pfingsten und auf Pfingsten erfaßt hatte, in tiefe Niedergeschlagenheit verwandelte. *Ein Konflikt ist ausgebrochen, in dem sich die Umrisse eines förmlichen Schismas, einer Kirchenspaltung abzeichnen,* indem nun dem offenbar rite, d.h. ordnungsmäßig zum Reichsbischof erwählten D. v. Bodelschwingh der Wehrkreispfarrer Müller als Bischofskandidat der 'Deutschen Christen' gegenübersteht. So ist z.B. heute, wo diese Zeilen geschrieben werden, die kirchliche Lage in Deutschland so, daß in der gleichen Tageszeitung, in der der begeisterte Bericht von dem ersten Gottesdienst, den der neue Reichsbischof in der Zionskirche in Berlin gehalten hat, zu lesen ist, berichtet wird, daß Wehrkreispfarrer Müller sich nach einem Gottesdienst in der Kirche zu Wang im Riesengebirge zur Reichsbischofswahl dahin geäußert hat, daß die 'Deutschen Christen' jetzt ins Volk gingen und der Sieg auf ihrer Seite sein müsse. Das mag sein! Aber wie? – *wenn dieser Sieg der 'Deutschen Christen' eine Niederlage der evangelischen Kirche bedeutete?* wenn das völkische Urempfinden maßgebend für die Fundamentierung und Leitung einer evangelischen Kirche sein würde, in der doch nur das Evangelium von Christus maßgebend sein kann? – Wer wird, wer kann diesen Konflikt lösen? Der Reichskanzler Adolf Hitler, der bis jetzt völlig unanfechtbar auch in dieser kirchlichen Bewegung geblieben ist, der der Kirche ihre Freiheit zugestanden und gelassen hat, der aber auch seine ihm wieder in rein politischer Beziehung nahestehenden Freunde nicht im Stiche lassen wird? Nach allem, was Adolf Hitler bisher auch über kirchliche Dinge geredet und geschrieben hat, hat er auch hier ein feineres und besseres Empfinden, andere sagen 'Fingerspitzengefühl', bewiesen, als manche evangelische Pfarrer, die heute mehr treiben als führen. Darum darf man auch in dieser schweren Lage volles Vertrauen zu seiner Haltung haben. – *'Reformation an Haupt und Gliedern!',* in dieser Forderung scheint man sich nach den programmatischen Erklärungen sowohl der Landeskirchen, vertreten durch das Manifest von Loccum, wie der freien sonstigen Bewegungen in unserer Kirche durchaus einig zu sein. Aber wie, wenn die Reformation nun auch zu einer Spaltung in, sagen wir einmal, klein und groß geschriebenen deutschen Christen in der evangelischen Kirche führen würde? Heute, wo diese Zeilen geschrieben werden (9.5.33), ist die Lage jedenfalls noch so, daß man mit Walther von der Vogelweide klagen muß: 'O weh, immer mehr o weh!' – Wir geben aber die Hoffnung nicht auf, daß man in kurzem doch noch unter dem Walten des Kirche gründenden und Kirche leitenden Geistes von Pfingsten vorwärts schreiten wird *von der Klage zur Kraft!*"

536 Pfr. Pfannstiel an GauLtr. Wagner: Ruf nach „Entpolitisierung des Pfarrstandes"
Fahrenbach, 23. Juni 1933; LKA GA 8087 – Original

„Gestatten Sie, daß ich, nachdem Sie von dem Brief an den Herrn Reichskanzler in Betreff der Kirchenfrage Kenntnis erhalten haben, diesen in Hinsicht auf unsere badischen Verhältnisse noch in einigem ergänze.

Aus Gesprächen mit nationalsozialistischen Unterführern in meinem Bezirk und aus dem Gespräch, das ich gestern mit Ihrem Herrn Adjutanten führen durfte, habe ich den Eindruck gewonnen, daß die Kirchenfrage weithin in nationalsozialistischen Kämpferkreisen teils überhaupt nicht ernst genommen und vielfach mit ganz phantastischen Hoffnungen verknüpft, teils aber auch als ganz ernste Not empfunden zu werden scheint. Das Letztere ist namentlich bei strenggläubigen Evangelischen und notwendig natürlich bei Katholiken der Fall.

Die Stellung des Führers und damit des Nationalsozialismus zu Religion und Kirche war einst sonnenklar und durchsichtig. Ich frage mich, wie es kommt, daß sie heute so verworren und dunkel geworden ist, daß es oft den Anschein hat, als bestünde die Gefahr einer restlosen Aufspaltung gerade des deutschen Protestantismus, d.h. des in seiner überwiegenden Mehrheit den Nationalsozialismus tragenden Volksteils, und dies unter nationalsozialistischer Führung. Wenn man sich überlegt, seit wann die klare Stellung des Nationalsozialismus zur Kirchenfrage getrübt worden ist, so kommt man immer wieder auf jenen Punkt zurück, an dem der Nationalsozialismus es zuließ, daß sich in seiner Mitte ein konfessioneller Sonderbund bildete, vielleicht aus bestem nationalsozialistischen und evangelischen Wollen heraus, aber in Verkennung der Tatsache, daß Nationalsozialismus eine von Konfession völlig unabhängige Wirklichkeit ist, an die Konfessionsfragen nur künstlich herangetragen werden können, und daß man ihm mit der Bildung konfessioneller Sonderbünde eine Aufgabe stellt, die für ihn seinem Wesen nach gar nicht besteht, ja daß man ihn damit u. U. bei den nur Deutschland eigenen Konfessionsverhältnissen mitten ins Herz treffen kann. Es scheint, daß die Kirchenfrage für den Nationalsozialismus erst dann ihre sonnige Klarheit wieder erhalten kann, wenn er zu der ihm als interkonfessionell deutsch-völkischer Bewegung allein zustehenden rücksichtslosen Unterdrückung aller konfessionellen Sonderbündelei innerhalb der Bewegung zurückkehrt.

Ich glaube, es ist eine Gefahr im Verzuge, die viel größer ist als die ahnen können, die die Religions- und Kirchenfrage nicht ernst nehmen. Es war bestimmt von vorneherein unvorsichtig, daß man es einem anfangs zahlenmäßig äußerst geringen Zweig der Bewegung überließ, diese Fragen ernst zu nehmen, der obendrein in dreierlei Hinsicht schwer belastet ist: 1) besteht er nur aus Angehörigen der einen Konfession, 2) verdankt er seine Entstehung nicht einem ursprünglich nationalsozialistischen Bedürfnis, sondern einer kirchenpolitischen Konjunkturposition, 3) kann er nur in beschränktem Umfang der Leitung des obersten Führers unterstehen, da dieser der anderen Konfession angehört. Die Behauptung, daß die Parteidisziplin auch dann noch gewahrt werden könne, wenn man gleichsam einen Vertrag darüber abschließt, wieweit sie geht, ist doch wohl in nationalsozialistischem Sinn noch mehr eine Illusion als ein Experiment! Es wird also schließlich der Führung kaum etwas anderes übrigbleiben, als die Deutschen Christen machen zu lassen, was sie wollen, besonders wenn einmal die Zeit der ersten Liebe vorüber ist. Das aber ist Nationalsozialismus-Dämmerung! Ist es aber nicht bereits heute so, daß dieser Konfessionsverein, sei er nun mehr positiv und strenggläubig oder mehr liberal und leichtgläubig, dem Führer die kulturpolitische Arbeit ungeheuer erschwert? Ich mache den Deutschen Christen aller Richtungen den Vorwurf, daß sie dies tun und immer tun werden, solange sie existieren, allein durch ihre Existenz.

Nun zeigt sich, da ein konfessioneller Sonderbund innerhalb der Partei notwendig bis zu einem gewissen Maße der Parteidisziplin nicht untersteht, daß dieser Mangel auf der ganzen Linie hinsichtlich der 'Deutschen Christen' dadurch auszugleichen versucht wird, daß die Partei entgegenkommt und das Hörigkeitsverhältnis in dem Maße des verbleibenden Restes umkehrt und den 'Deutschen Christen' hörig wird. Besonders kraß wirkt sich dies in Baden aus, da Sie, hochverehrter Herr Reichsstatthalter, zufällig evangelisch sind, daher diese Umkehr in der Disziplin ohne innere Hemmungen vornehmen können. Nicht allen evangelischen Nationalsozialisten Badens ist dies möglich. Sie sind aber dadurch, daß sie diese innere Inkonsequenz der Haltung gegenüber dem natürlichen Hörigkeitsverhältnis im Nationalsozialismus nicht mitmachen können, zu Nationalsozialisten zweiten Grades gestempelt, solange dieses geschilderte Mißverhältnis besteht, das ja nun dazu geführt hat, daß in Unterwerfung unter die 'Deutschen Christen' der Nationalsozialismus in Baden praktisch der Schirmherr des kirchlich-evangelischen Liberalismus geworden ist, ja sogar des religiösen Sozialismus, seines gefährlichsten Gegners. Damit wurde die dem Nationalsozialismus eigentümliche Linie bezüglich der Behandlung der Religion in ihr vollendetes Gegenteil verkehrt. Es ist der paradoxe Zustand geschaffen, daß die evangelischen Nationalsozialisten zweiten Grades in Baden, die eigentlich die ersten Grades sein sollen, notwendig in eine gebrochene Stellung zur Partei gedrängt werden, wenn sie ihrer nationalsozialistischen Gesinnung treu bleiben wollen.

Ich sehe keinen anderen Ausweg aus dieser Sackgasse, als unter dieses Kapitel der konfessionellen Sonderbündelei im Nationalsozialismus einen dicken Strich zu ziehen, die völlige Entpolitisierung des Pfarrerstandes alsbald herbeizuführen und damit das evangelische Kirchenvolk aus der religiös-politischen Verwirrung herauszureißen, in die es der Nationalsozialismus unter der Tyrannei der 'Deutschen Christen' immer tiefer hineinstößt. Es ist Gefahr im Verzuge!"

537 N.N.: „Erklärung des deutschen Bundes für 'entschiedenen Protestantismus', Gau Baden" [vgl. Dok. 414]
LKBl. Nr. 9, 26. Juni 1933, S. 69

„Wir begrüßen die Einigung der deutschen evangelischen Landeskirchen und bekennen dankbar, daß durch die nationale Bewegung Wille und Weg zur Fortsetzung und Erfüllung der deutschen Reformation bereitet worden ist. Wir freuen uns, daß die verantwortlichen Führer des deutschen Protestantismus den Ruf der Stunde gehört und das Einigungswerk entschlossen in die Hand genommen haben. Wir erwarten, daß dieses Werk in voller Freiheit aus evangelischem Geist vollendet wird. Wir erbitten vom Staat, daß er den aus evangelischem Wesen heraus gestalteten Lebens- und Verfassungsformen der deutschen evangelischen Kirche seinen Schutz gibt, und daß er der Kirche im deutschen Lande den freien Lebensraum für ihren Dienst am deutschen Menschen und am deutschen Volke sichert.

Wir billigen es, daß als höchster Vertreter und Führer der deutschen evangelischen Kirche ein Reichsbischof ernannt wird. Wir erwarten, daß der zu diesem Amt Berufene sein Bischofsamt mit evangelischem Sinn erfüllt, daß er nicht ein Herr des Glaubens, sondern Helfer des Glaubens und Diener der gläubigen Gemeinde ist.

Die Gemeinde ist Träger der göttlichen Vollmacht, Stätte des lebendigen Gotteswortes. Aus der Gemeinde wachsen die Träger der kirchlichen Ämter und Dienste hervor, vor allem diejenigen, welchen die Verkündigung des göttlichen Wortes anvertraut ist. Aus den in der

Gemeinde Bewährten werden die kirchlichen Vertretungen (Synoden) gebildet, werden auch die Führer der Gesamtkirche berufen. Durch die Gemeinde baut sich die Kirche als lebendige Kirche ins Volk hinein. Sie tut diesen Dienst, indem sie den ganzen Ernst der Forderung Christi und die ganze Größe der göttlichen Gnade uneingeschränkt und in Verantwortung nur vor Gott verkündigt. Das Bekenntnis der Gemeinde muß der feste Halt im Seelenleben unseres Volkes sein. Es muß geschöpft und geformt sein vom lebendigen Gotteswort in der Heiligen Schrift, muß aber gegenwartsnahe sein und darf nicht vorübergehen an dem, was ernstes Ringen des deutschen Geistes im Verständnis des Evangeliums Jesu Christi neu gewonnen hat. Der Bau der Kirche soll nicht auf Grund starrer Lehrgesetze, sondern im Vertrauen auf den lebendigen Geist Jesu Christi errrichtet werden."

538 EOK an LKR Voges: „Verwarnung" wegen Verletzung der Dienstpflicht
Karlsruhe, 30. Juni 1933; LKA GA 8087 – Konzept

„Beschluß:
Pfarrer Fritz Voges wird gemäß § 1,8 I 1,9 des Dienstgesetzes mit der Ordnungsstrafe der Verwarnung bestraft. Gegen diesen Beschluß steht ihm gemäß §§ 129, 137 KV das Rechtsmittel der Beschwerde innerhalb einer Frist von einer Woche an den Erweiterten Oberkirchenrat zu.
Gründe:
Mit Schreiben vom 31. Mai 1933 RB 66 hatte der evangelische Reichsbischof an die obersten Kirchenbehörden die Bitte gerichtet, ein Grußwort den Pfarrern zuzuleiten und darauf hinzuweisen, daß dieses Grußwort zur Verlesung von den Kanzeln, das Gebet zur Einfügung in das allgemeine Kirchengebet bestimmt ist. Mit Erlaß vom 1. Juni 1933 [vgl. Dok.509] hat der Kirchenpräsident sämtliche Pfarrämter, Diasporapfarrämter und selbständigen Vikariate angewiesen, daß die genannte Ansprache des Reichsbischofs von Bodelschwingh im Anschluß an die Predigt am Pfingstsonntag im Hauptgottesdienst zu verlesen sei. Unterm 3. Juni d.J. hat Pfarrer Voges mitgeteilt, daß er den erwähnten Erlaß des Kirchenpräsidenten nicht für rechtmäßig erachte und deshalb 'Einspruch' dagegen vor dem Kirchlichen Verwaltungsgericht erheben und zugleich an die badischen Pfarrer der Glaubensbewegung 'Deutsche Christen' einen Runderlaß habe ergehen lassen, wonach dem Erlaß des Kirchenpräsidenten, das Grußwort des Pfarrers Bodelschwingh an Pfingsten zu verlesen, die rechtliche Ermächtigung fehle und er deshalb bitte, von einer Verlesung abzusehen. Bei dem Kirchlichen Verwaltungsgericht hat Pfarrer Voges tatsächlich einen entsprechenden Einspruch eingereicht, mit Schreiben vom 24. Juni 1933 dem Evang. Oberkirchenrat aber mitgeteilt, daß er ohne Anerkenntnis der Rechtmäßig-

keit der Berufung des Reichsbischofs auf die Klage beim Kirchlichen Verwaltungsgericht verzichte.
Der Evang. Oberkirchenrat ist der Auffassung, daß der Erlaß des Kirchenpräsidenten vom 1.6.1933 Nr. A 9553 rechtswirksam erlassen war und deshalb von den Geistlichen auch befolgt werden mußte. Pfarrer Voges hat gegen den Erlaß selbst nicht gehandelt, da er am Pfingstsonntag einen Gottesdienst nicht abzuhalten hatte. Da aber unter den der Glaubensbewegung 'Deutsche Christen' angehörenden Pfarrern, die die Berufung des Pastors von Bodelschwingh zum Reichsbischof nicht für rechtmäßig hielten, über die Anordnung der Kirchenbehörde starke Erregung entstanden war, glaubte sich Pfarrer Voges als Führer der Glaubensbewegung 'Deutsche Christen' verpflichtet, die infrage stehenden Geistlichen anzuweisen, der Anordnung der Kirchenbehörde nicht nachzukommen, um so als berufener Führer die Verantwortung für einen etwaigen Ungehorsam der der Glaubensbewegung 'Deutsche Christen' angehörenden Geistlichen auf sich zu nehmen. Mag ein solches Verhalten von der ethischen Seite gesehen verständlich sein, so muß es rechtlich betrachtet doch als eine Verletzung der Dienstpflicht des Geistlichen erscheinen. Für einen rechtlichen Organismus, der die Kirche doch auch ist, ist es unerträglich, daß nachgeordnete Organe der Weisung der vorgesetzten Dienststelle nicht nachkommen. Von einer Gehorsamspflicht kann ein Pfarrer nur dann befreit sein, wenn die an ihn ergangene Weisung rechtswidrig erfolgt ist. Dies ist hier nicht der Fall. Pfarrer Voges hat zwar die Rechtswidrigkeit behauptet, hat aber das ihm zur Verfügung stehende Mittel der Klage an das Kirchliche Verwaltungsgericht nicht angewendet. Wenn er bei dem Verzicht auf die Klage auch darauf hinweist, daß er die Berufung des Pastors von Bodelschwingh nicht als rechtmäßig anerkennen könne, so vermag diese persönliche Auffassung die Rechtmäßigkeit der Anordnung der Kirchenbehörde nicht zu erschüttern. Pfarrer Voges hat demnach gegen die Anordnung seiner Kirchenbehörde, die zu befolgen zu den Obliegenheiten seines Amtes gehört, gehandelt und damit seine Dienstpflicht verletzt.
Unter Berücksichtigung der Besonderheiten des Falles glaubt der Oberkirchenrat bei der Zumessung der Strafe es bei der zulässig geringsten Ordnungsstrafe, der Verwarnung, bewenden lassen zu können."

539 Pfr. Merkel: Grußadresse von 35 Pfarrern an von Bodelschwingh
KPBl. Nr. 13, 2. Juli 1933, S. 102

„... Die innere Geschlossenheit der Tagung wurde nach außen hin dokumentiert in einem Telegramm an den neuen Reichsbischof D. v. *Bodelschwingh*, in dessen Wahl man das Zeichen für das Selbstbestimmungsrecht der Kirche und die feste Garantie für ihre evangeliumsgemäße geistliche Leitung erblickt. Das Telegramm hatte folgenden Wortlaut:

35 junge badische Pfarrer, die auf einer Arbeitstagung im Diakonissenmutterhaus Nonnenweier über die Kirche und ihre Verkündigung sich ausgesprochen haben, entbieten Ihnen als Reichsbischof herzlichen und ehrerbietigen Gruß."

540 Pfr. Dürr: „Der Kampf um den Reichsbischof"
KPBl. Nr. 13, 2. Juli 1933, S. 98f.

„... wie er seit der Wahl D. von Bodelschwinghs durch die bevollmächtigten Vertreter der deutschen evangelischen Landeskirchen von seiten der 'Deutschen Christen' geführt wird, gehört mit zum Traurigsten, was wir in diesen Tagen erleben müssen. Schon die Darstellungen, die über den Hergang der Ernennung von Bodelschwinghs gegeben werden, widerstreiten einander. Damit unsere Mitglieder sich ein klares Bild von den Vorgängen bei der Reichsbischofswahl machen können, verweise ich auf die dieser Nummer unserer Blätter beigelegte 'Darstellung der Vorgänge zur Reichsbischofswahl' des Deutschen evangelischen Kirchenbundesamtes.

Was am Kampf der 'Deutschen Christen' gegen die Ernennung D. v. Bodelschwinghs auffällt (oder: auffällig ist), ist die Tatsache, daß hierfür der Apparat der politischen Bewegung des Nationalsozialismus eingesetzt wird. Als Beweis dafür, daß hier nicht mehr in einer Weise gekämpft wird, wie sie innerhalb der Kirche und in kirchlichen Fragen tragbar ist, sei ein Abschnitt aus einem vertraulichen Rundschreiben der Reichsleitung der 'Deutschen Christen' (Propaganda-Abteilung) wiedergegeben, das genau Anweisungen für den Kampf gegen den Reichsbischof von Bodelschwingh enthält:

'...*) Es müssen folgende propagandistische Maßnahmen für den Gesamtbereich der Glaubensbewegung Deutscher Christen angeordnet und ihre Durchführung allen Amtswaltern zur strengsten Pflicht gemacht werden:

1. Es ist mit allen Dienststellen der politischen Bewegung so *schnell wie möglich* eine Vereinbarung dahingehend zu treffen, daß der Organisationsapparat der politischen Bewegung unseren Kampf fördert und unterstützt.
2. Es ist durchzusetzen, daß alle SA, SS, NSDAP und sonstige Formationen der nationalsozialistischen Bewegung, soweit ihre evangelischen Mitglieder in Frage kommen, sofort Protesttelegramme absenden. Je eher die Absendung erfolgt, desto besser ist die Wirkung. Die Gegenseite darf keine Zeit behalten, die Volksstimmung zu ihren Gunsten zu bearbeiten. Die Protesttelegramme sind zu adressieren

---
* Kürzungen in der Vorlage

a) an den Präsidenten des Kirchenausschusses, D. Dr. Kapler, Charlottenburg 2, Marchstr. 2;
b) an den Wehrkreispfarrer Müller, Reichsinnenministerium, Berlin NW 40, Königsplatz 6;
c) an den Herrn Reichspräsidenten, Berlin W 8, Wilhelmstr.;
d) an den Herrn Reichskanzler, Berlin W 8, Wilhelmstr.

Die Absendung des Telegramms an den Wehrkreispfarrer Müller ist zu Kontrollzwecken unerläßlich. Es genügt, wenn dieses Telegramm seinem Wortlaut nach im Brief an Wehrkreispfarrer Müller mitgeteilt wird. Der Inhalt des Telegramms muß etwa folgendermaßen lauten:

'Wir protestieren gegen die Benennung des Pastors Bodelschwingh zum Reichsbischof, weil dieser

1. nicht der persönliche Vertrauensmann des Kanzlers ist,
2. weil er nicht aus den Reihen der Deutschen Christen stammt,
3. weil das evangelische Kirchenvolk bei seiner Benennung völlig übergangen worden ist.

Wir fordern von den Kirchenregierungen die Wahl des Wehrkreispfarrers Müller zum Reichsbischof.' [vgl. Dok. 511]

Vorstehender Wortlaut soll nur ein Beispiel sein, und nicht eine wortgetreue Vorlage.

3. Überall ist eine Versammlungswelle stärkster Art bis ins kleinste Kirchspiel hinein zu organisieren. Von allen Pfarrern der Bewegung wird erwartet, daß sie sich als Redner restlos zur Verfügung stellen. Es können auf diesem Gebiet nicht alle Einzelmaßnahmen von der Zentrale her veranlaßt werden, jeder handelt im Rahmen der allgemeinen Richtlinien vollkommen selbständig nach dem Grundsatz, besser unrichtig handeln, als überhaupt nicht handeln. Grundsatz bei allem Kampf muß sein: offener, ehrlicher anständiger Kampf. Gehässigkeiten haben zu unterbleiben.

4. Die lokale und regionale Presse ist weitgehend und laufend mit Nachrichten zu versehen. Jeden Tag muß durch eine kurze Notiz die Erinnerung an den Kampf der Deutschen Christen lebendig erhalten bleiben.

5. Jedes Glied der Glaubensbewegung muß sich jetzt als ein Apostel fühlen, der unseren Kampf voranzutragen hat. Von den Pfarrern muß erwartet werden, daß sie in enger Zusammenarbeit mit dem Kreisleiter in ihrem Bezirk Schulungsabende einrichten, in denen Laienredner für unsere Bewegung planmäßig geschult werden. Unter den sich Meldenden ist ein besonderes Augenmerk auch auf solche zu richten, die in einer binnen kurzer Frist einzuleitenden volksmissionarischen Arbeit nutzbringend verwendet werden können.

6. Gemeindekirchenräte, kirchliche Körperschaften und Synoden, in denen die Deutschen Christen maßgeblichen Einfluß besitzen, des-

gleichen kirchliche Vereine aller Art, senden ebenfalls sofort Entschließungen gegen die Benennung des Pastors Bodelschwingh und für die des Wehrkreispfarrers Müller an die oben genannten Adressen. Hierbei sind auch die nicht zu unserer Glaubensbewegung gehörenden Kreise eindringlich darauf hinzuweisen, wie sie unter dem bisherigen System als einziges reales Recht eigentlich nur das Recht der Kirchensteuerzahlung besitzen, in allen entscheidenden Fragen aber so gut wie ausgeschaltet sind.

7. Da die Gefahr besteht, daß kirchlich-amtliche Stellen mit der gleichen Geschwindigkeit, wie sie den Reichsbischof benannten, auch versuchen könnten, durch eine binnen kürzester Frist vorzunehmende Willensäußerung des Kirchenvolkes den benannten Reichsbischof zu untermauern, darf die Inangriffnahme der Gegenaktion nicht um einen Tag verschoben werden. Schon vor Pfingsten müssen die Protesterklärungen in Berlin größtenteils eingegangen sein. Für die Versammlungs- und sonstige propagandistische Tätigkeit verbleiben insgesamt aus Gründen, die hier nicht näher erörtert werden können, nur 3 Wochen Zeit.

Angesichts der Größe und Wichtigkeit der Aufgabe erwarte ich von allen kirchlichen Gauführern mit aller Bestimmtheit, binnen 14 Tagen, also bis Mitte Juni, eine kurz gefaßte Meldung über:
 a) Zahl der im Gau veranstalteten Versammlungen,
 b) Art der Pressearbeit,
 c) Anzahl der abgesandten Proteste,
 d) gemachte Erfahrungen.'

Diese Anweisungen bedürfen keiner weiteren Auslegung. Sie zeigen, daß trotz der Mitarbeit von Männern wie Professor D. Fezer und trotz der neuen Richtlinien der radikale und theologisch liberale Flügel um Hossenfelder unumschränkt die Führung in der Glaubensbewegung deutscher Christen an sich gerissen hat, trotzdem es schon seit Wochen nicht an Versuchen aus den Reihen der Deutschen Christen heraus gefehlt hat, den Einfluß Hossenfelders und seiner liberalen Freunde zu brechen. Mit Hossenfelder ist zugleich der Mann in der Führung, der nicht nur für die politische Art des Kampfes verantwortlich ist, sondern am liebsten den Arm der politischen, staatlichen Macht zur Entscheidung dieser kirchlichen Frage in Bewegung gesetzt sehen möchte. Es kann nur traurig stimmen, daß ausgerechnet evangelische Pfarrer das fordern, was der Reichskanzler wiederholt und feierlich abgelehnt hat: daß er als Politiker in kirchliche Angelegenheit sich mische. Selbst ein Mann wie Pfarrer Bürck schreibt in der letzten Nummer von 'Kirche und Volk' Glaubensbewegung 'Deutsche Christen' Gau Baden:
'Wir glauben, daß Eingriffe einer sich bewußt vor Gott verantwortlichen Staatsgewalt in den irdischen Leib der Kirche zu gegebener Zeit eine

frömmere Tat sein könen, als offene oder verborgene kirchliche Restaurationspolitik der wohlmeinendsten Kirchenbehörden und durchaus nicht das Eigenwesen der Kirche anzutasten brauchen.'
Wir lehnen die Art des Kampfes, wie er von der Reichsleitung der Deutschen Christen geführt wird, als für die Kirche unwürdig und untragbar ab. Wir müssen verlangen, daß die kirchlichen Fragen und erst recht die Frage der Reichsbischofswahl der Atmosphäre politischer Instinkte und Agitationsmethoden entnommen werden. Die Vermengung von Kirche und politischem Machtanspruch, die Inanspruchnahme parlamentarischer Methoden von einer Seite, die sonst so energisch den Führergedanken vertritt, ist nicht zu verantworten. Weil wir wollen, daß die Kirche ohne Druck von außen in Freiheit ihre eigensten Angelegenheiten ordne, stellen wir uns hinter den von den kirchlichen Bevollmächtigten fast einstimmig gewählten Reichsbischof D. von Bodelschwingh.
Wir tun das nicht als Protest gegen Wehrkreispfarrer Müller, erst recht nicht aus politischer Reaktion. Es gehört mit zum Gehässigsten am Kampf der Deutschen Christen, daß immer wieder gerade dieser Vorwurf politischer Reaktion erhoben wird, gegen den sich von Bodelschwingh in der Presse entschieden verwahrt hat. Er schreibt: 'Die immer wieder erhobenen Vorwürfe, daß die Reaktion sich hinter mir verstecke, erkläre ich in allem Ernst vor der deutschen Öffentlichkeit als unwahr. Wer mich kennt, weiß, daß ich mit Reaktion nichts zu tun habe. Die bisher von mir vertretene Arbeit hatte darin ihr Merkmal, daß sie für alles Neue offen war und entschlossen, es in den Dienst unseres Volkes zu stellen. In diesem Sinn werde ich vorwärts schauend auch mein jetziges Amt führen.'
Hören wir endlich die jüngst veröffentlichten Gründe der 'Deutschen Christen', warum sie gegen D. v. Bodelschwingh sind, und die wir für unsere Leser niedriger hängen wollen:

'6. weil die alten Kirchenregierungen, die längst keinen Boden im Volk mehr haben, kein inneres Recht haben, eine solche Entscheidung vorwegzunehmen, die nur aus Gegensatz gegen die nationale Freiheitsbewegung getätigt wurde. Das evangelische Kirchenvolk ist der alten Gruppen überdrüssig geworden und strömt in steigendem Maße der Glaubensbewegung Deutsche Christen zu; Beweis: Die Brandenburgische Provinzialsynode, deren Urwahl am 13.11.1932 stattfand (damals erhielten wir ca. 30% der Stimmen), hat 77 Deutsche Christen gegen nur 73 aller anderen Gruppen zusammen gewählt, und damit haben 51,3%, also die absolute Mehrheit, uns gewählt.

7. weil hinter D. v. Bodelschwinghs Aufstellung nur die kümmerlichen Reste des alten Bürgertums und des Christlichen Volksdienstes und

ein kleiner Klüngel sogenannter jungreformatorischer Pastoren stehen, die in verdächtiger Hast die Aufstellung Bodelschwinghs schoben, weil sie wußten, daß schon in ganz kurzer Zeit die Wahl eines Mannes dieser Haltung infolge der Fortschritte der Deutschen Christen unmöglich wurde.

8. weil D. v. Bodelschwing, dessen persönliche Lauterkeit wir nicht anzweifeln, in seiner Anstalt Bethel über dem Christlichen Volksdienst die Hand gehalten hat und die nationale Freiheitsbewegung in Bethel unter seiner Duldung unterdrückt wurde.

9. weil die Arbeit an geistig, körperlich und sozial Minderwertigen noch nicht die Eignung zur Führung der Deutschen Evangelischen Reichskirche beweist.

10. weil wir nicht wollen, daß eine Reihe von Geschäftsführern der Inneren Mission, die durch Devaheim- und andere Skandale in den letzten Jahren belastet ist, die Leitung der Kirche übernimmt (Lic. Künneth vom Zentralausschuß, Pastor Niemöller bis vor zwei Jahren Geschäftsführer der westfälischen Inneren Mission, Pastor Stratenwerth von Bethel und D. Jeep vom Zentralausschuß der Inneren Mission). Wir wünschen, daß die Führer der Kirche aus der kirchlichen Gemeindearbeit, die vor der Inneren Mission den Vorrang hat, oder aus dem Dienst an der Jugend unseres Volkes kommen und mit ihr in lebendiger Fühlung stehen, hervorgehen.

Aus diesen und noch vielen anderen Gründen lehnen wir die Aufstellung D. von Bodelschwinghs als Reichsbischof ab und fordern die Ernennung unseres Schirmherrn Wehrkreispfarrer Müller zum 1. Reichsbischof der deutschen Evangelischen Kirche.

Glaubensbewegung 'Deutsche Christen'.'

Solche 'Gründe' können bei vielen treuen Gliedern der Kirche nur Kopfschütteln und Widerwillen erwecken und dienen dazu, uns in der Zustimmung zum Vorgehen der Kirchenleitungen zu bestärken.

Es ist an der Zeit, daß man auf seiten der Deutschen Christen erkenne, daß eine solche Art des Kampfes nicht zur Einigung, sondern nur zum Gegenteil dienen kann. Wir haben lange, für das Empfinden vieler unserer Freunde viel zu lange, dazu geschwiegen, weil wir es verurteilten, daß man durch diese Aufpeitschung des 'Kirchenvolks' die Frage des Reichsbischofs zu einer Machtfrage macht. Daß überdies in den Reihen der 'Deutschen Christen' auch solche Wortführer sind, die den Geist des Evangeliums und das klare Zeugnis der heiligen Schrift verleugnen, sei an folgender Notiz aus den Nachrichten der 'Jungreformatorischen Bewegung' gezeigt:

In allen bewußt kirchlichen Kreisen müssen die Sätze in einem Leitartikel der Täglichen Rundschau vom 7.6.1933 einen Entrüstungssturm auslösen: 'Gott will heute im Hintergrund bleiben. Nicht der

beste Christ und erste Diakon paßt für diese rauhen Zeitgenossen, sondern der erste Held und todgetreue Führer ...*⁾ Deshalb kann unsere Zeit Christus überhaupt nur als ethischen Helden oder religiösen Führer begreifen. Die einzig mögliche Form der Religion ist heute der Glaube an Führer ... Die verantwortlichen Staatsführer aber sollen auch in kirchlichen Fragen so sicher und entschieden handeln wie in politischen. Die Entscheidung liegt heute bei ihnen.' Die Verwechslung von Kirche und Staat ebenso wie die Tendenz zu einer völkischen Religiosität sind offenkundig.
Nicht weniger verdienen die Äußerungen von Pfarrer Kuptsch/Westpreußen ernsthafterer Beachtung: 'Man muß auch die Kirche ähnlich aufbauen, wie Hitler das Deutsche Reich aufgebaut hat. Zuerst muß man nach dem Kirchenvolk fragen, dieses erst sammeln und hinter sich haben und dann mit seiner Hilfe die neue Kirche aufbauen ... In eine Kirche, in der noch das Alte Testament in bisheriger Weise als heilige Schrift konserviert werden soll und alle alten Bekenntnisse gewahrt bleiben, wie das die eben am Werk befindlichen Kirchenbaumeister immer wieder betonen, gehen wir alten Nationalsozialisten nicht hinein. Diese Kirche bleibt ganz bestimmt ohne die deutsche Nation'... 'daher haben wir das größte Interesse daran ... daß unsere Kirche uns anstatt von Wahrung der Bekenntnisse und des Alten Testamentes etwas von der Wahrung der neu errungenen Volksgemeinschaft des deutschen Volkes erzählt. Das letztere wäre m.E. viel wichtiger und viel christlicher als das erstere.' Wir fragen an, was die Theologen Professor Fezer und Professsor Hirsch hierzu sagen und was die Reichsleitung der Deutschen Christen zu tun gedenkt, um einen solchen zersetzenden Einfluß in der Kirche auszuschalten.
Diesem Urteil eines Führers der 'Jungreformatorischen Bewegung' können wir nur zustimmen. Wir Kirchlich-Positive lassen uns aber nicht darin beirren, uns für die Einigung und Einheit unserer evangelischen Kirche einzusetzen. Wir verlangen jedoch, daß die Einheit nicht erkauft werde weder durch Auslieferung der Kirche an den Staat noch durch Verrat am bekenntnismäßig verkündigten Evangelium Alten und Neuen Testaments.
VB. Beim Lesen der Korrektur höre ich, daß Herr D. v. Bodelschwingh sein Amt als Reichsbischof niedergelegt habe. Wenn das wahr ist, dann haben die 'Deutschen Christen' einen Sieg errungen, um den sie nicht zu beneiden sind. Sie haben damit dem Einigungswerk der deutschen evangelischen Kirche einen schlechten Dienst getan. Der vorstehende Artikel soll dennoch, wenn auch zu spät, Kunde geben von der Art des gegen v. Bodelschwingh geführten Kampfes."

---
* Sämtliche Kürzungen in der Vorlage

541 Prof. Odenwald/Heidelberg: „Die Lage der evang. Kirche in der Gegenwart"[*]
Bad. PfVBl. Nr. 6/7, 5. Juli 1933, S. 61-69

„Heute, beinahe wie über Nacht, ist die evangelische Kirche zu einem Mittelpunkt der Erörterungen geworden. Massenversammlungen werden abgehalten, deren Thema die evangelische Kirche ist. Die Tagespresse als Spiegel der öffentlichen Meinung gibt für die Frage nach der evangelischen Kirche, ihrem Bekenntnis, ihrer Gestaltung wie nie zuvor Raum. Man spricht von einer protestantischen Bewegung, wartet brennend auf die Neugestaltung der evangelischen Kirche. Man horcht auf kirchliche Verlautbarungen.
Worin hat dieses Fragen, Tasten, Suchen, sich Bemühen und Warten auf die evangelische Kirche seinen Grund?
Es muß zunächst in aller Eindeutigkeit gesagt werden. Der Anstoß zu dieser evangelischen Bewegung, das erwachende Fragen und das aufhorchende Wollen geht nicht auf die Pfarrer, nicht auf die Professoren, nicht auf die Kirchenleitungen, nicht auf das Kirchenvolk im engeren Sinne zurück. Der Anstoß geht auch nicht zurück auf die literarischen, ästhetischen, philosophischen Bildungskreise, die ihre eigene Substanzlosigkeit wohl immer stärker spüren, die aber keinen Sprung auf die andere Ebene, auf die Ebene des Glaubens wagen. Der Anstoß kam und geschah aus der nationalen und sozialen Revolution. Der neu werdende deutsche Geschichtsraum stieß auf die Kirche, und seine Führer warfen die Frage nach der evangelischen Kirche in das deutsche Volk. Das sich unter Hitlers Führung gründende dritte Reich, das Neue Deutschland, und besonders sein Reichskanzler sucht die Tiefenverankerung des deutschen Volkes in der Einigung des Nationalen, Kulturellen, Religiösen, will die Substanz des Volkes, das woraus und worauf hin unser Volk lebt, in der Einigung des Nationalen, Kulturellen, Religiösen gefunden wissen.
Von diesem Wollen aus, das deutsche Volk in und aus dem Nationalen, Kulturellen, Religiösen zu formen und zu verwurzeln, ergeht an die Glieder der evangelischen Kirche, aber auch an alle deutsche Männer, die dieser Kirche bisher in Neutralität und offener Gegnerschaft gegenüberstanden, die Frage, sich zu besinnen, was die evangelische Kirche ist, wo und wie sie in unserem Volke steht, was sie unserem Volke nutzt und frommt?
Der Anstoß kam von außen, vom Politischen, aus der nationalen Erhebung des Volkes. Aber es muß hinzugefügt werden, daß vom kirchlichen Leben aus die Möglichkeit für eine Tiefenbesinnung, was Kirche ist, vor-

---
[*] „Vortrag gehalten auf der Landestagung des Evang. Pfarrvereins Baden am 6. Juni 1933."

bereitet war, es muß gesagt werden, daß die Lage innerhalb der Kirche diesem Anstoß von außen entgegenkam. Diese Vorbereitung innerhalb der Kirche geht freilich wieder nicht auf die Kirchenleitungen zurück und auch nicht auf das Kirchenvolk im engeren Sinne, erst recht nicht auf die kirchenpolitischen Parteien, sondern in ausschlaggebender Weise auf die Arbeit der dialektischen Theologie. Hier wurde gegenüber allem kirchlichen Betrieb die Frage aufgeworfen, was eigentlich Kirche ist, hier wurde das Wort von der Sünde und der Schöpfung neu gesagt, hier wurde an einer Vergegenwärtigung biblischer Zeugnisse gearbeitet, hier wurde auf theologische Linie, die in der biblischen Sache ihre Ausrichtung hat, gesehen.

Der Aufbruch im Bereich der evangelischen Kirche war durch dieses theologische Bemühen vorbereitet. Es war eine Lage geschaffen, die den Anstoß von außen aufnehmen, ihn hören, auf ihn reagieren konnte, und in der man aber trotzdem weiß, daß das Leben allein der im Bekenntnis der Kirche gegenwärtige Christus und nur er schenkt.

Weil aber der Anstoß von außen, aus politischer Sphäre kam und weil das Volk den religiösen Aufruf zugleich mit dem nationalen und sozialen vernimmt, ist die heutige Frage nach der Lage der evangelischen Kirche umgriffen von der Frage: Glaube und Politik, Staatsvolk und Gottesvolk.

Wir können zu der Lage der evangelischen Kirche in der Gegenwart nur dann etwas sagen, wenn wir wissen, von woher wir Stellung zu nehmen haben, wenn wir wissen, wo der Ort unserer Besinnung auf die Sache liegt, wenn wir wissen, wo wir stehen. Unser eigener Standort gibt für den zu betrachtenden Gegenstand die Perspektive.

Wir fragen also zunächst: wohin wir als deutsche evangelische Männer uns wenden wollen, wenn wir zu wissen begehren, wie es mit uns und der Welt, mit unserem Leben und unserem Tode steht. Wen wollen wir befragen, wenn wir Klarheit über den Sinn unseres Lebens haben wollen? Wo soll uns Antwort werden, wenn wir fragen: Wer wir sind und was wir im Leben wollen, was dieses Rätsel Leben will. Wo liegt die Norm für jedwedes Handeln und Gestalten? Welches sind die letzten Wirklichkeiten für unser Volk, insofern und soweit es sich ein christliches nennt?

Wenn wir als evangelische Christen so fragen, scheiden alle Möglichkeiten einer Antwort, wie sie in Philosophie und weltanschaulichem Denken gegeben werden, aus. Ferner scheidet aus die Wirklichkeitswelt des humanistisch-schöpferischen Individualismus, die Wirklichkeitswelt rationaler Vernünftigkeit, das rationalistische Glückseligkeitsstreben des Sozialismus und seiner Utopien. Es scheiden aber auch aus alle Formen der Ersatzreligionen, seien sie sozialistischer, nationalistischer, künstlerischer Art — sondern unsere Entscheidung als evangelische

Christen kann und darf nur so fallen: daß für alles Tun und Wollen Gottes Wort das Kriterium ist.

Dieses Wort Gottes finden wir in den Zeugnissen der beiden Testamente. Der Glaube und er allein weiß, das ist sein Charakteristikum, daß das in der Bibel von Gott zeugende Menschenwort auf Gott selbst zurückgeht, auf das geschehene, Gott kundtuende Ereignis in Christo, auf die geschehene göttliche Handlung der richtenden und versöhnenden Gnade.

Von diesem biblischen Kanon her bis auf uns reicht die Tradition christlicher Geschichte, deren Anfang Christus in der Geschichte ist. Von diesem Kanon her hat die alte Kirche in ihren Bekenntnissen, als Abgrenzung gegenüber Häresie und als Fixierung des Eigenen, immer nur bezeugen wollen, daß die Welt Gottes Welt ist, daß der Weg zum Allschöpfer über den Christus als dem Einzigen geht und daß in der Zeit zwischen Sündenfall und Ende Gott durch seinen Geist unmittelbar da ist, als Geschehnis in der Wortverkündigung der Kirche. Von diesem Kanon her hat die Reformation die katholische Kirche als Häresie erkannt, haben Luther und die ihm folgenden Reformatoren wie die Hauptbekenntnisse dieser Zeit immer nur wieder bezeugen wollen: Gottesoffenbarwerden geschieht im Christusereignis, das die Evangelien bezeugen. Gottesoffenbarwerden geschieht nicht aus dem Blut, nicht in und durch menschlichen Geist, verlangt von jedem Blut und Geist die Preisgabe der Eigenmächtigkeit, um ihm durch die Preisgabe hindurch Vergebung, Leben zu schenken. Hier ist allein Leben und ist der Tod überwunden. Hier ist der Grund unseres Stehens in der Welt.

In dieser Kette des Bezeugens steht die Christenheit, steht die evangelische Kirche. Von einem jeden aber will das Erbe im Hier und Jetzt erworben, das Zeugnis angeeignet sein. Überall, wo dieses Christuszeugnis im Glauben bezeugt wird, ist die verborgene Kirche, die heimliche Kirche, *communio sanctorum*, deren Glieder nur Gott kennt, ist Volk Gottes. Das Gottesvolk, das um Leben und Tod vom Schöpfer her weiß, das in der Offenbarung den Einbruch in die Geschöpflichkeit sieht, die Alleinmächtigkeit Gottes anerkennt.

Dieses Zeugnis von Gott, durch das uns Gott ergreift, daß wir glaubend seine Verheißung erkennen, auf uns gekommen in unserem Erbe, jeweilig im Heute neu zu erwerben, ist das Grundgeschehnis unseres Lebens. Es stellt uns Menschen in die Welt, die Gott erhält, so lange es ihm gefällt, stellt uns in unser Volk, das dem Erhaltungswillen Gottes untersteht, stellt uns in die Welt, an der Aufgabe der Weltgestaltung und der Volksgestaltung zu wirken.

Damit wäre unser Orientierungspunkt aufgezeigt, unser Standort umrissen. Hier ist auch der Ort für das Richtmaß und die Fragemöglichkeit nach der Lage der Kirche in der Gegenwart.

Die gestaltende Kirche, und nur nach ihrer Lage in der Gegenwart kann gefragt werden, die öffentliche Kirche ist wie das Zeugnis von Gott, wie das Bekenntnis, wie Theologie, Liturgie, Kult, Unterricht menschlicher Dienst vor Gott. Die Kirche steht in der Relativität wie alles in der Geschichte. Sie ist aber als Kirche von allen anderen Gestaltungsformen der Welt: Staat, Schule, Bund, Gilde konkret unterschieden, daß die Menschen dieser Kirche gegenüber eine Erwartung haben, die sie keiner sonstigen Gestaltungsform entgegenbringen. Sie erwarten, daß ihnen in der Kirche Gottes Wort und sonst nichts gesagt wird. Der Politiker, der Intellektuelle, der Arbeitgeber und der Arbeitnehmer will, wenn er in die Kirche geht, das andere hören, wovon ihm sein Lebensbereich nichts sagt. Wir haben genügend Zeugnisse dafür, daß auch der SA-Mann in der Kirche nichts vom Gleichschritt hören will, sondern das andere. Und die öffentliche Kirche unterscheidet sich dadurch von allen anderen Rechtsinstitutionen, daß sie den Anspruch erhebt, Gottes Wort zu sagen. Mit welchem Recht dies geschieht, mag hier unerörtert bleiben.
Uns soll in dieser Stunde die Lage unserer evangelischen Kirche beschäftigen. Sie ist dadurch zu charakterisieren, daß die Glieder unserer Kirche, vorbereitet durch das theologische Bemühen und unter dem Anstoß von außen, eine Reformation der Kirche an Haupt und Gliedern verlangen. Wir wollen eine Einheitskirche statt der 28 Landeskirchen. Wir wollen eine Volkskirche statt der Superintendenten- und Pastorenkirche. Wir wollen einen Reichsbischof als geistlich Haupt statt des Vorsitzenden des Kirchenbundestages. Wir wollen Bischöfe statt Präsidenten. Wir wollen statt der Zerreißung des Kirchenvolkes durch die kirchenpolitischen Parteien eine gemeinsame evangelische Front. Wir wollen Disziplin und Ordnung in dieser Kirche statt des Klüngels eines jeden, der es besser zu wissen meint. Wir wollen eine Kirche auch der Männer und der Jugend, statt nur der Frauen und der Menschen, deren Lebenskraft schon auf dem Abwärtsgang sich befindet. Wir wollen lebendige Gemeinden, die um Lebenszucht und Kirchenordnung wissen, die sich mit Rat und Tat im Kirchenraum einsetzen, die ihre Pfarrer entlasten, daß diese wieder zu ihrem eigentlichen Amt: der Seelsorge, der Predigt und der Unterweisung, zurückkehren können, daß es ihnen wieder möglich wird, das theologische Geschäft zu betreiben, statt Kleider und Scheine auszugeben, Rechnungen auszustellen. Wir wollen *eine evangelische Kirche*, statt einer lutherischen, reformierten, unierten. Wir wollen auf der biblischen Grundlage wenige große Linien in der Ausgestaltung statt logischer Haarspaltereien. Wir wollen gerade von der Kirche her, um dahin den Dienst am deutschen Volk zu tun, eine Reform des theologischen Studiums, in der die Theologie um ihr eigentliches Geschäft weiß und die Ausbildung des Studenten in wesensmäßiger Bezogenheit auf das Leben und durch das konkrete Leben hin-

durch gegeben wird. Wir wollen wirklich eine Neugestaltung der öffentlichen Kirche von unten nach oben und von oben nach unten.

Wir sind der Meinung, daß uns die Vorsehung Gottes in eine Stunde geführt hat, in der wir uns in aller Ernsthaftigkeit die Frage vorlegen, was evangelische Kirche ist, um ihren Bauplan durchzuführen.

Wenn wir eine Reformation der evangelischen Kirche an Haupt und Gliedern verlangen, so kann das nicht heißen, daß wir die kirchliche Verkündigung befragen, ob ihr Inhalt heute noch paßt, ob er der Zeitbildung entspricht, ob er für oder wider gegen diese oder jene Gesellschaftsstruktur ist, ob er für oder gegen das wissenschaftliche Denken unserer Zeit ist, ob ästhetische Geschmacksbildung sich an ihm stößt, ob er politischem Willen paßt oder nicht. Wenn wir uns evangelische Christen nennen, prüfen und befragen wir alles Geschehen in der Welt von unserer Verkündigung her und gestalten auch die öffentliche Kirche aus dem Inhalt christlicher Verkündigung.

So wäre zunächst grundlegend festzuhalten: die notwendige Reformierung der evangelischen Kirche an Haupt und Gliedern hat die Norm für die neue Gestaltung der heimlichen Kirche zu entnehmen. Nicht der Staat, nicht die Politik kann aus ihrem Bereich die Kirche gestalten. Der Maßstab für den Bauplan der öffentlichen Kirche ist die Tradition des neutestamentlichen Zeugnisses, weitergeführt in den Bekenntnissen der Kirche.

Diese Norm hat ihre Unerbittlichkeit und Schärfe im *recte docetur et recte administrantur sacramenta*. Das *recte docetur* ist die Grundstruktur des Bauplanes der öffentlichen Kirche. Es gibt dem, was die Kirche sagen darf und muß, hier und jetzt den Inhalt. Es entläßt aus sich die Missionsaufgabe der Kirche an dem Kirchenvolk wie an den Heiden. Für die Durchführung der Missionsaufgabe sind Zweckmäßigkeiten und nicht göttliche Normen zu berücksichtigen. Ein Beispiel hierfür: Der Ruf der Kirche: laßt euch versöhnen mit Gott, hat seine Gewißheit und Wahrheit, wenn er in Echtheit erklingt, ob 28 Landeskirchen mit ihren Verwaltungen vorhanden sind oder eine Einheitskirche mit ihrem Bischof. Aber im Massenangebot der Weltanschauungen und Ersatzreligionen, in der Auseinandersetzung mit dem Katholizismus, in der Regelung der Frage Kirche, Staat, Schule, in der Frage der einheitlichen Lehre und Unterweisung der Kirche und der einheitlichen Erziehung der Gemeinden, in der Frage des Angriffs der Kirche auf die Welt, in der Frage, daß es der Kirche nicht gleichgültig ist, was in der Welt geschieht, wie die Frage nach dem Nächsten, z.B. im Wirtschaftssystem, beantwortet wird, wäre die Forderung nach einer Einheitskirche deutscher Nation aus der missionarischen Aufgabe der Kirche schon längst am Platze gewesen.

Diese Forderung wurde auch immer ab und zu erhoben. Ich erinnere an Fichte, Jahn, Hase, Weinel. Die Gründung des Deutsch-Evangelischen Kirchenbundes nach dem Kriege ist aber nur eine kümmerliche Wirklichkeit dessen, was sein muß.
Die Einheitskirche ist bisher nicht geschaffen worden. Warum eigentlich? Theologisch können als Hinderungsgrund doch nur die zwei Bekenntnisprägungen der Lutheraner und Reformierten angesehen werden. Daß sie kein wirklicher Grund sind, zeigt das jetzige Geschehen. Ich nenne 4 Gründe, die bisher die Gestaltung der Einheitskirche verhinderten: 1. Die politische Gestaltung der Länderregierung in ihrer Herausbildung des Verhältnisses von Thron und Altar. 2. Die Mainlinie, die trotz 1870, trotz 1914-18 nicht nur politisch das deutsche Volk zerschnitt, sondern auch religiös, kulturell, ja die protestantische Kirche noch einmal in Nord und Süd spaltete. 3. Die Eigenbrötelei und Eigenrechthaberei jeweiliger Leitung einer Landeskirche duldete nur Landesaspekte und wußte gut, eigene Horizontlosigkeit durch Rückgriff auf Sitte und Gebrauch des Landes zuzudecken. 4. Die parlamentarisch aufgebauten Kirchen konnten so wenig wie das Deutschland der Weimarer Verfassung auch bei bestem Willen durch das Gestrüpp der Meinungen, durch das Ballspiel der Parteien untereinander zu keinem einheitlichen, in die Tat umzusetzenden Willen durchstoßen.
All diese Scheingründe, und es sind solche, weil sie ihr Dasein in glaubensfremden Motiven haben, sind dank der nationalen und sozialen Revolution gefallen. Die Reichskirche kann werden, sie ist im Werden. Aber sie birgt noch ungeklärte Fragen in sich. Es ist noch nicht herausgetreten, ob sie nur eine Verwaltungsvereinfachung sein will, wie 1817 schon einmal eine durchgeführt wurde. Es ist noch nicht sichtbar, ob sie nur eine Verfassungsreform in monarchischer Richtung sein will. Man weiß nicht, ob und mit welchem Recht die Herausstellung des Reichsbischofs vonstatten ging. Für die badische Regelung munkelt man sogar von einer Kompromißlösung. Dazu ist aber zu sagen: jetzt ist der Kairos der öffentlichen Kirche, aus ihm ist zu handeln. Der Bauplan ist jetzt durchzuführen. Wenn man jetzt nur zu einem Kompromiß kommt, was soll denn dann geschehen, wenn der Chronos und die Alltäglichkeit wieder die Zeit prägen. Wie wollen die Verantwortlichen vor ihrer Mitwelt, die um das Jetzt der Stunde weiß, bestehen, wenn sie uns einen Kompromiß statt einer Lösung geben?
Was jetzt nicht aus der Reife heraus geschieht, geschieht nimmer. Ob Gott der evangelischen Kirche noch einmal eine Stunde gibt, weiß nur er allein.
Was soll nun aber geschehen? Ich will nur drei Fragen herausgreifen.
Die Reformation soll durchgeführt werden, im deutschen Schicksalsraum soll die deutsche Kirche werden. Wir wollen aber die deutsche

evangelische Kirche nicht nur dartun durch den Briefkopf und die Repräsentationsfiguren eines Bischofs und nicht nur darstellen durch Verfassungs- und Verwaltungsreform, sondern sie erbauen auf einer ihr eigentümlichen Ordnung. Wir lehnen den parlamentarischen Aufbau als unbiblisch ab. Sagen mit Recht, daß die evangelische Kirche 1918 für ihren Aufbau dem staatlichen Usus verfallen ist. Wir bezeichnen den katholisch-hierarchischen Aufbau als Irrweg, weil sein Legalismus unbiblisch, weil in ihm der Mench der persönlichen Entscheidung entbunden ist. Wir können aber auch nicht den politischen Führergedanken für den Aufbau der Kirche gebrauchen. Das Wort Gleichschaltung kennt die Kirche nicht. Ein Pfarrer, ein Bischof ist kein Führer. Geistlicher 'Führer' der Kirche ist doch allein Jesus Christus, der in seinem Wort allgegenwärtig ist. Er beruft, trägt, regiert seine Kirche. Aus ihm lebt sie. Ein evangelischer Reichsbischof ist nicht sein Statthalter. Und doch kann nur ein zäher Willensmensch, ein Unerbittlicher und Harter, ein Mensch deutscher Gegenwart und deutscher Geistigkeit auf biblischer Grundlage heute evangelischer Bischof sein. Ein Mann kann nur Bischof werden, wenn er das Placet des evangelischen Glaubens hat. Das ist selbstverständlich. Aber es ist ebenso selbstverständlich, daß dieser heute herauszustellende Bischof kein Mann sein kann und darf, der durch kirchliche, politische, theologische Vergangenheit belastet ist. Solche Männer hat das evangelische Deutschland. Es gehört politische Abwegigkeit und kirchenpolitische Gaunerei dazu, einen solchen Mann nicht finden zu wollen.

Innerhalb dieser Frage nach der Kirchenordnung, in der es um die Spitze der Kirche geht, gibt es noch andere, viel schwierigere Aufgaben. In der evangelischen Kirche muß die Gemeinde als Aktivum erhalten und in eben dieser Kirche muß aber autoritativ von oben nach unten die Gliederung durchgeführt werden. Weder das Oben noch das Unten darf der Verantwortung für das Ganze enthoben werden. Ein Beispiel: Die Pfarrwahl mit ihren Allzumenschlichkeiten ist kein Ruhmesblatt der Gemeinden. Die Pfarrsetzung nur von oben ist aber auch keines der Behörden. Die Gemeinde, vertreten durch die kirchlichen Körperschaften (Innere Mission, kirchliche Vereine usw.), soll die Verantwortung übernehmen dafür, wer ihr Pfarrer ist, ebenso soll die Behörde die Verantwortung tragen, wer in dieser Gemeinde kirchlichen Dienst tut. Daher haben diese zwei Partner verantwortlich miteinander zu beraten. Das bedarf keiner zentnerschweren Aktenbündel, sondern einsatzbereite, die Dinge überblickende Menschen. Das verlangt von der Gemeinde, daß sie selbst in kirchlicher Lebenszucht steht und um kirchliche Unterweisung weiß und verlangt nichts anderes von der Behörde. Denn das Planen des Baues hat zum Gerippe die Unterweisung.

Damit stehen wir vor der zweiten Frage, zu der einiges gesagt werden soll. Die Einheitskirche ist zu gründen auf dem *recte docetur*. Dabei handelt es sich nicht um Ketzergerichte. Es ist nicht im Sinne der Schrift, daß wir die Möglichkeit für Pharisäer und Märtyrer schaffen. Es ist aber im Sinne der Schrift, daß wir *ad fontes* gehen. Das Ziel dieses Weges ist nicht, in der Schrift das freischöpferische Individuum zu finden, durch unsere Vernunft noch einmal zu beweisen, was schon gegen ihre Eigenmächtigkeit bezeugt ist. Das Ziel ist vielmehr: unser Volk zu unterweisen, was dort über jedwedes menschliche Leben, insofern es hier seinen Gott gefunden hat, gesagt ist. Diese Unterweisung hat im Jetzt und Hier zu geschehen, nicht in den Aspekten der Vergangenheit. Wenn das aber geschehen muß, ist die Frage nach einem neuen Bekenntnis eine Lebensnotwendigkeit unserer evangelischen Kirche. Wir brauchen ein neues Bekenntnis, nicht um die alten Bekenntnisse aufzuheben, sondern um ihr Wollen bis auf das Heute durchzuführen. Bei der Fixierung der reformatorischen Bekenntnisse stehenbleiben wollen, heißt nicht sehen, daß die Abgrenzungen ganz andere sein müssen. In der Zwischenzeit sind neue Anfechtungsmomente für den evangelischen Glauben im Idealismus, historischen Materialismus, Anthroposophie usw. entstanden. Wenn die großen Worte evangelischen Glaubens: Offenbarung, Rechtfertigung, Sünde und was sie für das Leben sagen im Heute verkündigt sein sollen, so muß ihr Inhalt in unsere Lage, in unsere Gegenwart, die durch unsere Revolution das Morgen des deutschen Volkes gestaltet, gesagt sein. Es nützt nichts und bezeugt nur unsere Trägheit, zu sagen: wenn christliche Unterweisung unser Leben regeln würde, würde uns alles zufallen, würde Herrschsucht, Pharisäertum, Gleichgültigkeit, das Allzumenschliche niedergeschlagen werden, würde der Bauplan der Kirche, in dem es um Einordnung, Beiordnung, Überordnung geht, gelingen. Die neu werdende Zeit verlangt von uns das alte Bekenntnis; aber so gesagt, daß sein Inhalt gegenwartsmächtig in der neuen Zeit vernommen werden kann. Ein Beispiel: Das, was Luther in biblischer Tradition, und hier ist wohl zu sagen, in deutscher Geistigkeit auf biblischer Grundlage unter der Freiheit eines Christenmenschen verstanden hat, daß er wirklich ein Herr aller Dinge ist, muß jetzt nach der Umbiegung seit der Aufklärung in die Freiheit des selbstmächtigen Menschen und nach der Umbiegung durch das alles verschlingende technische Zeitalter in die Freiheit der jeweils herrschenden Schicht, als eine im Glauben gesetzte Freiheit ergriffen und erörtert und gegen alle Mißverständnisse geschützt werden.

Unser Arbeitsziel, gerade wenn wir den Bauplan der Kirche herstellen wollen, ist die Herausarbeitung kirchlicher Lehre und Unterweisung. Nur so wissen wir, was die Kirche heute sagen darf und muß, und welche Gestalt sie nicht annehmen darf.

Drittens soll die Reformierung durchgeführt werden in der Klärung dessen, von woher der Anstoß zur Gestaltung der Kirche kam.
Nach menschlichem Ermessen ist zu sagen: Wenn einer Deutschland von Grund aus neu aufrichtet und ausrichtet, wenn einer wieder Zucht, Ordnung, Lebenssitte, Ehrbarkeit, Anstand, Wissen um Recht und Gerechtigkeit, Wissen um Oben und Unten in unseren jetzigen Volkskörper bringt, ist es Hitler. Nüchtern, illusionslos muß der Weg gegangen werden. Vom Heute ist die Bereitschaft und der Einsatz zu verlangen. Das Ziel liegt im Morgen, vielleicht Übermorgen. Der Weg ist dornig. Großsprecherisches Pathos paßt nicht in diese Nüchternheit.
Es ist weiter nach menschlichem Ermessen zu sagen: Wenn es der jetzigen Regierung nicht gelingt, das deutsche Volk auf diesen Weg zu führen, so kann kein Mensch sagen, was überhaupt aus dem deutschen Volk werden soll.
Der Politiker Hitler will nun seinen Plan, Deutschland aufzubauen, nicht im Gegensatz zu der evangelischen Kirche und nicht in Neutralität zu der evangelischen Kirche verwirklichen. Dies ist nicht gleichgültig für die öffentliche Kirche. Denn es bedeutet, daß ihr der deutsche Missionierungsraum zuerkannt und ihre Missionsaufgabe am deutschen Volk anerkannt, ja verlangt wird. Weil dem so ist und wir es dankbar anerkennen und den Staatsmann preisen, der weiß, daß der Bestand, die Kraft, die Leistung unseres Volkes von der Tiefenversenkung seiner Wurzel abhängt, muß sowohl die Kirche als auch der Politiker um die Reinheit des Politischen und des Glaubens – die Tiefenverwurzelung kann nur im biblischen Glauben bestehen – ringen.
In einer klaren Herausschälung des Politischen und des Glaubens ist es grundsätzliches Anliegen des Glaubens, politische Überfremdung abzuweisen. Politische Überfremdung des Glaubens heißt dabei: Politik verlangt vom Glauben nur Weihe und Bestätigung dessen, was sie getan. Das aber ist restlose Verkennung des Glaubens. Denn der Glaube selbst will dem politischen Denken und Handeln seinen Grund geben, seine Grenze zeigen. Das heißt nicht die Politik utopisch und unreal machen, sondern gerade ihren Ernst, ihre Wirklichkeit, ihre Echtheit, daß es dem deutschen Politiker um das deutsche Volk geht, herstellen.
Der biblische Glaube, wo er auch gelebt wird, hätte zum Beispiel schon längst ein unüberhörbares Wort zu Versailles, zum Tun des Völkerbundes sprechen müssen. Die christlichen Kirchen aller Welt hätten schon längst auf die Dämonisierung der Politik so hinweisen müssen, daß auch der einfältigste Christ wüßte, was gemeint ist. Es scheint aber, daß die christlichen Kirchen hinter der Synthese von Glaube und Politik sich gerne verstecken und damit ihren Glauben und ihr Bekenntnis preisgeben. Auch für die deutsche evangelische Kirche ist die Gefahr groß, dieser Synthese zu verfallen. Wollen wir das nicht, so muß der

Politik ihre realistische Nüchternheit, auch im prinzipiellen Aufgreifen der Rassenfrage, gelassen werden. Das Prinzip billigen heißt jedoch nicht, jeder Methodik der Verwirklichung zustimmen. Es ist restlos anzuerkennen, daß ein Volk, um sich zu formen, auch auf seine biologische Basis zurückgreift. Und es ist ebenso restlos anzuerkennen, daß ein getaufter Jude ein Christ ist. Die Taufe ändert aber nicht unser Blut und unsere Rasse. Sie stellt vielmehr jedwedes Blut und jede Rasse mit ihrer *superbia* und ihrer *hybris* des *sicut eritis deus* unter Gottes Zorn und Vergebung. Hier sollte es keine Pharisäer, sondern nur Zöllner geben. Wenn das deutsche Volk den Einfluß der jüdischen Rasse ganz stark reduziert, so ist das im Ringen um eine geschlossene Volkseinheit zu verstehen und zu fordern. Wenn aber das deutsche Volk sich pharisäerhaft von anderen Völkern und Rassen unterscheiden wollte, so wäre es wohl daran zu erinnern, daß es ein Wort gibt, das heißt: wer sich selbst erhöht, der wird erniedrigt werden. Erkennen wir so den politischen Gestaltungs- und Erhaltungswillen des deutschen Volkes an, so ist aber im Blick auf den Grund und die Grenze des Politischen zu sagen: Das politische Tun vollzieht sich zwischen Fall und Ende. Wo die Politik das höchste Glück der Menschenkinder anbietet, wo sie ein Reich Gottes auf Erden gründet, wo sie in den Religionsersatz des Utopischen ausweicht, muß der Glaube sie zur Realität ihres Geschäftes zurückrufen.

Ein christlich übertünchter Staat ist eine wissentliche Gotteslästerung. In ihm soll die Erhaltungsordnung Gottes durch den Erhaltungswillen des Politikers ersetzt werden. Ein solcher Staat will sich der Sphäre absoluter Vergänglichkeit entziehen, indem er Gottesvolk und Staatsvolk identifiziert. Aber das Gottesvolk muß an die heimliche Kirche gebunden bleiben und kann seinen Ort nicht wechseln, ohne sich aufzugeben. Nur die radikale Aufreißung der Kluft zwischen Glaube und Politik kann den Bereich der Politik in Nüchternheit bestehen lassen und kann uns evident machen, daß wir als Deutsche deutsche Politik zu treiben haben.

Bei Hitler selbst besteht, soviel ich sehe, keine Gefahr, daß Politik und Glaube verwechselt wird. Wohl aber in den Massen des deutschen Volkes. Daß dem so ist, liegt nicht an Hitler, sondern trifft die kirchliche Unterweisung, die die Masse keine klare Linienführung gelehrt hat.

Es muß für uns bestehen bleiben: Wir haben uns ganz einzusetzen, daß der Geschichtsraum des deutschen Volkes, den die nationale und soziale Revolution schaffen will, Wirklichkeit wird. Hier werden die Wurzeln unseres Volkes in seine eigene Tiefe versenkt, daß neues Wachstum im Inneren und Gleichwertigkeit in der Völkerwelt werden kann. National gereinigter Wille, national gereinigte Kultur, die in Echtheit und Wahrheit ihren Beitrag dem Ganzen der Weltkultur gibt, sind echte, notwendige, wünschenswerte Wirklichkeiten des deutschen Volkes. Sie sind aber vorletzte Wirklichkeiten da, wo christlicher Glaube einen Menschen und ein Volk gefordert hat. Das Dringen auf soziale Gerechtigkeit nicht als Nivellierung und Gleichmacherei und nicht als groß auszuposaunendes Programm, sondern als Schaffung menschenwürdigen Lebensraumes, daß Menschen Menschen werden können, kann Gott nur wohlgefällig sein.

Christus bedeutet eine Verwandlung des Politischen. Durch das Offenbarwerden des Gottesreiches in ihm können Politik und Glaube nicht mehr identisch sein, sondern treten so einander gegenüber, daß der Glaube der Politik sowohl die Grenze setzt, als auch ihr wahres Recht aufzeigt. Zusammenfassend und zurückblickend möchte ich sagen: jeder, der sich als Glied seiner evangelischen Kirche weiß, sieht auch in dieser Zeit Gottes Vorsehung, der seine Völker und seine Kirche führt. Daß die deutsche Revolution eine bis in alle Volksteile reichende Besinnung auf die evangelische Kirche ausgelöst hat, kann nur dankbar begrüßt werden. Das Kirchenvolk und seine Leitung stehen in schweren Entscheidungen, aus dem Gestern in ein Morgen hinüberzuführen, in dem die Kirche Kirche bleibt und deutsche Volkskirche wird. Ein jeder von uns muß an seinem Ort und in seinen Grenzen mitarbeiten, daß dieses Werk gelinge. Denn nur so wird die letzte Tiefensteuerung aus der nur politischen Sphäre in die Sphäre echter evangelischer Menschlichkeit hinübergeführt. Aber jeder von uns muß wissen: unsere Arbeit, die das Heute von uns verlangt, liegt in Gottes Hand. Wo Gott nicht das Haus baut, bauen wir umsonst. So steht unser Tun unter der Verantwortung Gott gegenüber gerade da, wo es in Härte und Unerbittlichkeit geschehen muß. Er möge uns lenken, daß alles, was geschieht, ein Segen für unser Volk, ein Segen für seine Völker werde.

Wir bauen auf das Morgen und empfangen vom Morgen Lob oder Fluch. Gott übersieht das Ganze und hat schon über uns entschieden, ehe unsere Entscheidungen fallen. Wenn es ihm gefällt, bestehen wir vor ihm. Wir haben weder unsere Vergangenheit zu richten, noch unsere Gegenwart zu loben. Wer aber der Vorsehung dankt, daß diese Stunde der Besinnung der evangelischen Kirche und die Angriffnahme ihre Bauplanes kam, der soll wirken, solange es Tag ist."

542 Pfr. Albert: „Der Rücktritt von Bodelschwinghs"
Kirche u. Volk Nr. 28, 9. Juli 1933, S. 221

„*1. Die Einsetzung des Kirchenkommissars in Preußen.*

Die unselige, verfrühte Ernennung Pastor D. von Bodelschwinghs zum Reichsbischof durch die Kirchenregierungen brachte im Reiche und vor allem in Preußen den bedauerlichen Kampf, der das Werk der Einigung der evangelischen Kirche zu zerstören drohte. Es darf uns darum nicht wundern, daß die Staatsgewalt aufgrund der politischen Klausel im Staatsvertrag der Evangelischen Kirche mit Preußen eingriff, um dem unhaltbaren Zustand ein Ende zu bereiten. So kam es am 24. Juni zu folgender Verfügung des preußischen Kultusministeriums:

> Die Lage von Staat, Volk und Kirche verlangt Beseitigung der vorhandenen Verwirrung. Ich ernenne deshalb den Leiter der Kirchenabteilung im preußischen Kultusministerium, *Jaeger,* für den Bereich sämtlicher evangelischer Landeskirchen Preußens zum Kommissar mit der Vollmacht, die erforderlichen Maßnahmen zu treffen.

2. *Bodelschwinghs Erklärung.*
'Die Hoffnung auf eine im Glauben und Dienst geeinte evangelische Kirche bewegt die ganze deutsche Christenheit. Die ersten Schritte zu diesem Ziel sind getan. Zu ihnen sollte die Schaffung eines Reichsbischofsamtes kommen. Durch die Bevollmächtigung des Kirchenbundes wurde ich zu diesem Amt bestimmt. Nur im Gehorsam gegen Gott habe ich es übernommen.

Durch die heute erfolgte Einsetzung eines Staatskommissars für den Bereich sämtlicher evangelischer Landeskirchen Preußens ist mir die Möglichkeit genommen, die mir übertragene Aufgabe durchzuführen. Dadurch wurde ich genötigt, dem heute hier versammelten Kirchenausschuß den mir von seinen Bevollmächtigten erteilten Auftrag zurückzugeben.

Damit ist aber nicht der Auftrag hinfällig geworden, den ich aus Gottes Hand übernommen habe. Ich scheide nicht aus der innersten Verpflichtung, die mir die vergangenen Wochen auferlegt haben. Ich will gern in diesem Sinn ein 'Bischof und Diakon', das heißt ein 'Aufseher und Diener' der deutschen evangelischen Kirche bleiben.

Auf den brandenden Wogen der Zeit schwankt ihr Schiff; und manches, was morsch in ihr war, wird vom Sturm zerschlagen. Wir wollen uns vor diesem Sturm nicht fürchten, durch den Gott alte Formen vergehen läßt, um Neues zu gestalten.

Wir wünschen uns eine junge, lebendige Kirche, in der geistliche Dinge geistlich behandelt werden und in der Bekenntnis und Verkündigung frei bleiben von allen politischen Machtmitteln.

Der Kampf um diese innerlich freie Kirche des Evangeliums geht weiter. Er ist zugleich der Kampf um die Seele und um die Zukunft unseres Volkes.

Bei diesem Kampf sehe ich um mich her eine große Bundesgenossenschaft. Ungezählte haben sich während der vergangenen Wochen mit ihrer Arbeit und ihrem Gebet hinter mich gestellt. Ihnen allen reiche ich in dankbarster Treue die Hand. Ich bitte sie, nicht zu verzagen, sondern

im Glauben und Bekennen nur desto fester zu werden. Die Gemeinden und Vereinigungen, die mich durch ihre Kundgebungen gestärkt haben, rufe ich auf, im Ringen um die Zukunft der Kirche nicht müde zu werden.
Dabei wollen wir mit Ernst von der Oberfläche dieses Kampfes in die Tiefe steigen. Das erbitte ich besonders von allen Brüdern im Amt. Je weniger wir übereinander schelten und je mehr wir füreinander beten, desto eher können wir Führer unserer Gemeinden und unserer Kirche, auch auf neuen Wegen, sein. Ich rufe auf, überall Kreise zu sammeln, die zu gemeinsamer Arbeit und gemeinsamem Gebet willig sind. Unsere Hoffnung steht nicht bei Menschen, sondern bei dem lebendigen Gott; und der Grund unserer Kirche bleibt unerschüttert. Denn der Herr Christus ist unter uns mit Seinem Geist und mit Seinem Wort. Das macht uns getrost und, wenn es sein soll, auch zum Leiden bereit. Was in den letzten Wochen gelitten und gekämpft wurde, ist gewiß nicht umsonst gewesen. Was aber menschlicher Irrtum war und menschliche Schuld, das stellen wir unter Gottes vergebende Gnade.
Ich traue auf den allmächtigen Herrn und Gott, daß Er unserem geliebten Vaterland durch diese Stürme hindurchhilft. In diesem Glauben rufe ich auf, miteinander dafür einzustehen, daß unsere evangelische Kirche erhalten bleibe als ein Werkzeug Seines Segens für unser Volk und für die Welt. Wenn wir aber dunkle Wege geführt werden, so steht darüber die leuchtende Gewißheit:
    Gott wird sich so verhalten,
    Daß du dich wundern wirst.'
Diese Erklärung hat D. von Bodelschwingh am Abend des 24. Juni in Eisenach vor den versammelten Mitgliedern des Deutschen Evangelischen Kirchenausschusses abgegeben. Wir erkennen an, daß die religiöse Persönlichkeit dieses Mannes unantastbar und von reinen Motiven erfüllt ist, aber wir entnehmen gerade auch aus diesen Äußerungen, daß sein Wollen auf den falschen Voraussetzungen, die zu dem Kampf und der Ablehnung der 'Deutschen Christen' geführt haben, aufgebaut ist. Durch seine Rücktrittserklärung hindurch geht ein gewisser Leidenszug und eine Ängstlichkeit vor dem Kommenden, die mit dem frohen Optimismus der 'Deutschen Christen' nichts gemein hat. Wir haben keine Angst vor der Staatsgewalt und vor dem Nationalsozialismus. Uns ist nicht bange um die Freiheit der Kirche im neuen Staat. Wir bekennen uns rückhaltlos zu unserem Volkskanzler und sind der unerschütterlichen Überzeugung, daß Adolf Hitler uns den Weg freimacht, an das deutsche Volk mit der Botschaft des wahren und unverfälschten Evangeliums heranzukommen. Auch die Einsetzung eines Kirchenkommissars in Preußen bedeutet nicht etwa, daß der Staat der Kirche die Freiheit in der Verkündigung des Evangeliums nehmen wollte. Der Grund zu diesem Eingriff war durch die äußere – nicht innere – Uneinigkeit in

der preußischen Landeskirche gegeben. In einer Zeit, in der das Ziel der Totalität des Staates erstrebt und erkämpft wird, durfte nicht noch länger zugewartet werden. Es mußte ein Machtwort gesprochen werden, bevor weiteres Unheil für die Kirche und damit aber auch für unser ganzes deutsches Volk eingetreten war. Unsere Zeit braucht glaubensstarke Menschen, die Gottes Wort und Wirken und Wege in unserem erwachten deutschen Vaterland erkennen und sich hundertprozentig hinter den Mann stellen, den uns Gott gesandt hat. *Darum hat die Glaubensbewegung 'Deutsche Christen' als ihren Kandidaten für das Reichsbischofsamt den Bevollmächtigten des Reichskanzlers, Wehrkreispfarrer Müller, aufgestellt, weil er die Voraussetzungen für dieses hohe Amt erfüllt.* Auch wir rufen auf zum Gebet. Auch wir wollen nichts anderes und nichts Geringeres, als das eine, daß unsere liebe und teuere evangelische Kirche das Werkzeug des lebendigen Gottes bleibe und in treuer, selbstloser Arbeit die Verkündigung des innerlich freimachenden Evangeliums treibe. Wir wissen, daß unser Volk der inneren Genesung bedarf und daß allein die Botschaft von dem gekreuzigten und auferstandenen Herrn die deutsche Seele von den inneren Knechtungen lösen und erlösen kann. Wir schauen aber nicht mutlos, sondern freudig in die Zukunft unserer Kirche, weil Christus die Kirche regiert und weil heute das große Missionsfeld des deutschen Volkes offen vor uns liegt. Mit Gott wollen wir Taten tun."

X *'Führerprinzip' und Verfassungsänderung in der Badischen Landeskirche: Wahl eines Landesbischofs*

543 KReg., Prot.: „Entwurf*⁾ eines vorläufigen kirchl. Gesetzes betr. den vorläufigen Umbau der Kirchenverfassung"
Karlsruhe, 12. Mai 1933; LKA GA 4892

„Hierüber berichtet zunächst eingehend OKR Dr. Friedrich. Er verbreitet sich in längeren Darlegungen über das Wesen der Kirche und die Grundsätze, aus denen heraus der Entwurf geboren sei; worauf der Kirchenpräsident einen kurzen Rückblick auf die Geschichte unserer Landeskirche seit 1919 gibt und bemerkt, daß über den Entwurf heute wohl keine endgültige Abstimmung erfolgen könne, da noch Ergänzungen und wohl auch Änderungen aufgrund der heutigen Aussprache zu erwarten seien. Zu dem Wunsch von LKR Voges, die Debatte um acht

---

* Dieser erste Entwurf ist in den betr. Akten nicht auffindbar. Er wäre jedoch anhand der endgültigen Fassung [vgl. Dok. 547] sowie der Monita in Dok. 544 u. 546 zu rekonstruieren.

Tage zu verschieben, bemerkt der Kirchenpräsident, man möge sich wenigstens einmal allgemein und grundsätzlich äußern, damit man sehe, ob die dem Entwurf zugrunde liegenden Gedanken und Absichten eine Resonanz finden. Hierauf äußert sich zuerst LKR Pfr. Rost. Er kann den dem Entwurf zugrunde liegenden Hauptgrundsatz einer starken leitenden Spitze, die von den Fesseln des Parlamentarismus befreit ist, also dem Gedanken der Führerpersönlichkeit, nur zustimmen. Auch mit der vorgesehenen Abgrenzung der Arbeitsgebiete ist Pfr. Rost einverstanden. Ebenso finde weitgehend seine Zustimmung das, was über die Erneuerung der Dekane und die Besetzung der Pfarrstellen durch den Landesbischofs vorgesehen ist. Daneben aber sieht Pfr. Rost auch eine Reihe offener Fragen; namentlich sagt ihm die Verzahnung von Landesbischof und Oberkirchenrat nicht zu; er möchte gerne die absolute Stellung des Landesbischofs noch stärker unterbaut wissen und schlägt vor, den Landesbischof auch an die Spitze des Oberkirchenrats zu stellen, ihm aber die Befugnis zu geben, auch eine andere Persönlichkeit mit der Leitung der Geschäfte des Oberkirchenrats zu beauftragen. Dem § 4 bittet Pfr. Rost noch besondere Aufmerksamkeit zu widmen. Zu § 5 wünscht Pfr. Rost, daß der Landesbischof in den erweiterten Oberkirchenrat auch geeignete Persönlichkeiten, die nicht Mitglieder der Synode sind, berufen darf; auch möchte er in dem Entwurf noch eine Art Rahmen haben, in den man später etwa die Kreisdekane oder Prälaten, ähnlich wie man sie in Württemberg habe, einbauen könnte.

LKR Voges erinnert daran, daß die nationalsozialistische Gruppe schon letztes Jahr sich darüber klar war und dies auch aussprach, daß die gegenwärtige Verfassung unbedingt umgeändert werden müsse. Aber ob man gerade jetzt, mitten in der Umgestaltung der Nation, eine so fundamentale Änderung der KV vornehmen könne, wie sie der Entwurf darstelle, sei doch sehr fraglich. Wir wüßten ja noch gar nicht, was die Berliner Beratungen über die Reichskirche bringen. Unter Umständen würden wir hier eine Verfassung machen, die dann gar nicht in das, was von Berlin kommt, hineinpaßt. Die Evang. Nationalsozialisten wünschten zunächst eine interimistische Lösung nicht unten, sondern nur oben; für sie stehe im Vordergrund der Führergedanke, und zwar so, daß man den 'Führer' auch wirklich Führer in allen Stücken sein lasse. Der § 4 des Entwurfs werde den ganzen Widerstand der nationalsozialistischen Gruppe finden, denn er lenke wieder zurück zu einer liberalistischen Methode.

Demgegenüber bemerkt der Rechtsreferent, daß die Ankündigung des Widerstandes gegen den § 4 seinen Mut erst recht stärken werde. Mit dem Verlangen, daß der künftige Führer, der Landesbischof, für alles und jedes, also auch für alle rein äußerlichen und weltlichen Dinge der Kirche die Entscheidung und Verantwortung haben solle, schlage die

nationalsozialistische Gruppe zum Schaden der Kirche ins gerade Gegenteil von dem um, was sie eigentlich wolle, nämlich eine unabhängige, starke geistliche Führung. Gerade weil er, der Rechtsreferent, eine solche unabhängige, starke, wahrhaft geistliche Führung der Kirche wünsche, möchte er dem Landesbischof keine Omnipotenz in dem Sinne zuweisen, daß er auch noch belastet sein soll mit alledem, was im § 3 der Zuständigkeit des Oberkirchenrats zugewiesen ist.
Hier wird die Sitzung abgebrochen und auf 15.30 vertagt. Nach Wiederaufnahme der Sitzung erhält LKR Dr. Dommer das Wort. Der Entwurf bedeute einen außerordentlichen Eingriff in die Kirchenverfassung; er wolle das Führerprinzip verwirklichen, bringe aber in Wirklichkeit wieder eine Trennung; denn er stelle neben den Landesbischof als Parallele den Oberkirchenrat, in welchem der Landesbischof nicht die Entscheidung habe. Hier würden Kompetenzkonflikte nicht ausbleiben. Eine solche Trennung statt der einheitlichen Führung könne er nicht mitmachen. Damit würde ja wieder vom Führerprinzip abgewichen. Auch sollte man nicht so viele Details, wie sie z.B. die Kataloge im § 1 und 3 enthalten, in eine Verfassung hineinbauen. Diese Dinge könnte man durch eine Art Dienstweisung oder durch einfaches Gesetz regeln.
Ferner bringe der Entwurf eine Wiedereinschaltung des parlamentarischen Systems der Synode in das Führerprinzip. Eine Art ständiger Ausschuß, ähnlich wie in Württemberg, würde genügen. Im übrigen glaube er, daß heute noch alles viel zu sehr im Fluß sei, als daß man schon etwas Festes formen könne. Zudem stehe man vor dem Kommen der Reichskirche; unter Umständen müßten wir dann wieder Änderungen vornehmen. Er halte heutzutage den Zeitpunkt zu einer Änderung unserer Kirchenverfassung in so wesentlichen Teilen für verfrüht und bittet, von der Durchbringung des Gesetzes absehen zu wollen.
Auf die Ausführungen Dr. Dommers antwortet OKR Dr. Friedrich. Man mache dem Oberkirchenrat oft den Vorwurf, wir handeln nicht rasch genug; und nun, jetzt haben wir ja rasch und rechtzeitig gehandelt; jetzt war es auch wieder nicht recht. Mit der Vorlage habe der Oberkirchenrat gerade so gehandelt wie die Reichsregierung, die aus der Reichsverfassung zunächst einzelne Stücke herausbrach, die den Verhältnissen nicht mehr entsprechen. Für den Widerstand gegen die Vorlage seien wahrscheinlich noch andere Gründe maßgebend. Ein Ermächtigungsgesetz könne auch nicht viel kürzer sein. Was Dr. Dommer vorgebracht habe, spreche eigentlich *für* den Entwurf, der im Grunde auch ein Ermächtigungsgesetz sei. Allerdings, wenn man das Gesetz jetzt erließe und annehmen müßte, daß es in vier Wochen von der Synode abgelehnt würde, dann hätte es keinen Sinn, jetzt noch weiter zu disputieren. – LKR Dittes begrüßt in dem Entwurf vieles, was längst seinen und seiner Freunde Wünschen entsprochen hätte, vor

allem das Führerprinzip. Was von Berlin zu erwarten sei, könne auch nicht viel anders sein; und wenn nötig, könne man ja dann später noch dies und jenes hineinbauen. Am meisten habe er sich an § 5 aufgehalten. Müssen dann gerade synodale Mitglieder dabeisein und mitstimmen? Nach seiner Ansicht würde es genügen, wenn der Landesbischof alle paar Monate einige geeignete Männer einlüde, um ihre Ansichten und Wünsche zu hören. Damit wäre *auch* eine Verbindung mit dem Volke, die allerdings nötig sei, vorhanden. Auf den Titel 'Landeskirchenrat' sollte man verzichten. Er stimme grundsätzlich dem Entwurf zu und wünsche, daß man es wage und ihn zum Gesetz mache. Pfr. Rost bemerkt, er sei freudig überrascht gewesen über den Entwurf; denn er verwirkliche das Führertum, schalte den Parlamentarismus aus und bringe den kirchlichen Willen, der Jetztzeit Rechnung zu tragen, zum Ausdruck. Auch sei der Entwurf durchaus sub specie der Kirche gehalten. Er nehme an, daß die nationalsozialistischen Mitglieder doch wohl auch einen Vorschlag machen wollen. Wie sollen wir uns da die nächste Zukunft denken? Auf alle Fälle müsse doch eine Vorlage kommen, die uns zusammenbringt.

Dr. Dommer bemängelt an dem Entwurf das Nebeneinander von Landesbischof und Oberkirchenrat, das einen Dualimus darstelle. Es gehe nicht an, daß auf der einen Seite der Landesbischof die Geistlichen ernenne und auf der anderen Seite der Oberkirchenrat die dienstpolizeiliche Aufsicht über die Pfarrer übe. Die Dekane dürften nicht nur auf sechs Jahre ernannt werden, sondern müssen sicher sitzen, wenn sie autoritativ wirken sollen. Auch sollte die Kirche nach außen viel mehr in Erscheinung treten. Die Gemeinden müßten die Oberen viel mehr sehen. Die württembergischen Prälaten z.B. müßten jährlich fünfundzwanzigmal draußen in ihrem Bezirk predigen. Man sollte auch bei uns die Außenprälatur einführen. – Zur Frage eines Ermächtigungsgesetzes zwischen Staat und Kirche; letztere sei etwas eigenes und anderes. Übrigens hätten wir schon etwas Ähnliches wie ein Ermächtigungsverfahren in Gestalt des Rechts der Kirchenregierung, vorläufige kirchliche Gesetze zu erlassen. Auf den Unterschied zwischen dem, was in der Kirche möglich ist und was im Staat, weist auch der Kirchenpräsident hin. Im Staat sei eine Diktatur möglich, ja unter Umständen nötig, in der Kirche aber nicht. Hier müsse der legale Weg eingehalten werden. Zu der Kritik Dr. Dommers am Entwurf bemerkt der Kirchenpräsident, in der Zeit seines Hierseins sei vieles an ihn herangetreten, Geistliches und Weltliches, und er habe es erfahren, wie schwer es sei, für beides die Verantwortung zu tragen. Gerade auf die Teilung der Verantwortung, wie sie der Entwurf vorsehe, lege er daher viel Gewicht. – OKR Bender äußert sich zu § 5. Nach seiner Ansicht wäre es vielleicht eine glücklichere Lösung, zu sagen, 'von vier durch den Landesbischof zu berufenden Persönlichkeiten'. Damit wäre eine größere Bewegungsfreiheit gegeben, und der Landesbischof könnte auch andere bedeutende Persönlichkeiten außerhalb der Synode berufen. Jedenfalls hänge er nicht an dem § 5. Auch gegen eine Streichung des Titels 'Landeskirchenrat' hätte er nichts einzuwenden. In § 4 scheint ihm die Stellung des Landesbischofs innerhalb des Oberkirchenrats nicht ganz geklärt. Bei dieser Fassung wäre der Landesbischof doch auch wieder ein Glied in der Kette des kirchlichen Verwaltungsbetriebs. Vielleicht könnte man dem Landesbischof ein Vetorecht geben. An und für sich wäre dies möglich und erwägenswert. Im übrigen sei aber schließlich der § 4 nicht so gefährlich, daß man darüber nicht zu einer Einigung kommen könnte. Ein Ermächtigungsgesetz ohne umschriebenen Inhalt, wodurch die Kirche ins Leere hineingestellt würde, halte er für kirchlich unmöglich. Die Kirche befinde sich nicht in einer derartigen Revolution, daß man mit solchen Gesetzen ohne Inhalt arbeiten müsse. Er wünsche die Kirche nicht in diese Spanne der Krisen und der Revolution hineingestellt zu sehen. Ein Ermächtigungsgesetz würde mehr Schaden anrichten als gut machen. Wir wollen froh sein, daß wir eine Ordnung mit festem Inhalt haben. Für die Institution der Kreisdekane, oder wie man's sonst nennen möge, habe er viel Verständnis, doch müsse dies nicht gerade in diesem Augenblick kommen. Zur Frage der Kreisdiakone bemerkt der Kirchenpräsident, daß wir dafür z.Z. auch gar keine Leute und kein Geld hätten. Mit Bezug auf das Ganze des Entwurfs fragt der Rechtsreferent die nationalsozialistischen Mitglieder, was denn eigentlich nach ihrer Ansicht nun geschehen solle; er habe den Eindruck, als ob gar nichts geschehen solle. Er gebe aber doch zu bedenken, daß jetzt die Möglichkeit, den Landesbischof zu bekommen, gegeben sei; ob in einem halben Jahr das Eisen noch so gut geschmiedet sei, sei fraglich. Bei einem sog. Ermächtigungsgesetz komme schließlich auch nichts anderes heraus als bei dem vorliegenden Entwurf. Im Staate sei die Diktatur unter Umständen notwendig. Man müsse sich aber immer noch vor Augen halten, daß der Staat eine Zwangsanstalt sei, aus der man nicht heraus könne; die Kirche dagegen sei immer auch eine Gemeinschaft der Überzeugung, aus der man jederzeit heraus könne. Wollte man da die Diktatur errichten, so könnten wir etwas Schönes erleben; ganze Verbände könnten sich separieren.

Hierzu erklärt LKR Voges, daß er und seine Freunde keineswegs alles beim Alten lassen wollten. Aber sie hätten die Befürchtung, es würde sich, wenn man die vorgeschlagene Änderung der Verfassung durchführe, an verschiedenen Punkten des Entwurfs bald zeigen, daß es so nicht gehe. Dagegen wäre seine Gruppe für ein Ermächtigungsgesetz und eine Dienstweisung für den Oberkirchenrat.

Diesem Plan tritt Pfr. Rost nachdrücklich entgegen und bemerkt: Wir als größte Gruppe können nicht die Katze im Sack kaufen, ohne zu wissen, was kommt. Die von nationalsozialistischer Seite befürchtete Konfliktsmöglichkeit innerhalb der Behörde sei nicht so schlimm. In der Kirche müsse man wissen, worum es geht. *Den* Führer müssen wir erst kennen, dem man einfach blindlings einen Blankowechsel auszustellen sich getraute. – Diese Ausführung ergänzt OKR Bender mit dem Bemerken, daß doch die Geschichte unserer Kirche nicht erst jetzt mit 1933 anfange; vielmehr hätten wir viel bewährtes Gut. Wolle man in der Kirche Organe schaffen, dann müsse man auch sagen, was sie zu tun haben. Was die Dienstweisungen betr., so hätte der Rechtsreferent nichts dagegen, sie durch einfaches Gesetz zu erlassen; ja er würde sich sogar bereitfinden, den § 4 so zu ändern, daß dem Landesbischof auch noch der Vorsitz im Oberkirchenrat übertragen wird, daß der Landesbischof aber vertreten werden kann durch einen von ihm Beauftragten. OKR Dr. Doerr schlägt vor, die grundlegenden Neuerungen, nämlich den Landesbischof und seine Stellung neben dem Oberkirchenrat sowie die Bestimmungen über die Ernennung der Dekane und über die Abschaffung der Pfarrwahl sowie über den erweiterten Oberkirchenrat durch verfassungsänderndes Gesetz festzulegen, alles andere aber in Form von Dienstweisungen. Jedenfalls müsse man dem Rechtsreferenten ganz bestimmte Weisungen mitgeben. Zur Frage der Dekane erklärt OKR Dr. Doerr, daß er unbedingt für die Einführung des Berufsdekanats sei, das würde dem Dekan eine ganz andere Stellung geben; auch wäre dadurch eine viel wirkungsvollere Kontrolle des Religionsunterrichts gewährleistet. – Die Debatte schließt damit ab, daß der Rechtsreferent beauftragt wird, unter Berücksichtigung der vorgebrachten Wünsche einen abgeänderten Entwurf vorzulegen, der dann aber in der nächsten Sitzung, wie der Kirchenpräsident bemerkt, zur entscheidenden Abstimmung gebracht werden soll."

544 KReg., Prot.: „Entwurf eines vorläufigen kirchl. Gesetzes betr. den vorläufigen Umbau der Kirchenverfasung"
Karlsruhe, 19. Mai 1933; LKA GA 4892

Hierüber berichtet zunächst der Rechtsreferent. Der der Kirchenregierung ursprünglich vorgelegte Entwurf hatte Punkt 2 und 3 der Tagesordnung in *einem* Gesetz zusammengefaßt. Jetzt ist die Materie in zwei Gesetze auseinandergenommen. Auch sind eine Reihe von Änderungen, die in der letzten Sitzung gewünscht wurden, vorgenommen worden. U.a. enthält der nunmehrige Entwurf auch die Bestimmung, daß der erweiterte Oberkirchenrat aus den Mitgliedern des Oberkirchenrats und vier durch den Landesbischof zu berufenden Mitgliedern besteht. Letztere brauchen also nun nicht der Landessynode entnommen zu werden.

Zu dieser Änderung bemerkt OKR Dr. Friedrich, daß er sie nur auf Weisung vorgenommen habe und daß sie seinen Ansichten und Anschauungen nicht entspreche; denn *er* habe eine unmittelbare Verbindung mit der Vertretung des Kirchenvolks gewollt. Das habe durchaus nichts mit Parlamentarismus zu tun. Er gebe dringend zu bedenken, ob man nicht doch besser wieder in diesem Stück den ursprünglichen Entwurf herstelle, d.h. die vier zu berufenden Mitglieder des erweiterten Oberkirchenrats aus der Landessynode nehmen sollte. Pfr. Rost teilt mit, daß die positive Fraktion am letzten Mittwoch den Entwurf durchgesprochen und u.a. gerade auch bei diesem Punkt die Besorgnis geäußert habe, ob nicht die Landessynode doch allzusehr ausgeschaltet werde und dann nur noch eine Art Statistenrolle spiele. Wahrscheinlich werde sich seine Fraktion dafür entscheiden, daß der Synode doch ein etwas stärkerer Einfluß gegeben werden soll. Der Rechtsreferent habe schließlich doch recht, wenn er auf die ursprünglich vorgesehene Verbindung zwischen der Kirchenbehörde und der Synode als der Vertretung des Kirchenvolkes großen Wert lege.

Auch Pfr. Voges äußert sich ähnlich. Als seinerzeit gesagt worden sei, daß die vier Männer nicht gerade der Synode entnommen zu werden bräuchten, habe dieser Gedanke anfangs etwas Bestechendes gehabt. Nach längerer reiflicher Überlegung halte nun auch *er* es doch für nötig und besser, daß sie aus der Synode berufen werden, um eine unmittelbare Verbindung zwischen Behörde und Synode und damit eine Brücke zum Kirchenvolk herzustellen, ohne die der Geschäftsgang doch unter Umständen sehr behindert sein könnte. Mit den Darlegungen von Pfr. Rost und Pfr. Voges geht auch LKR Dittes einig. Zu der von ihm in der letzten Sitzung getanen Äußerung, daß der Titel 'Landeskirchenrat' vielleicht abgeschafft werden könnte, bemerke er, daß er damit nur *seinen* Empfindungen Ausdruck gegeben habe, ohne damit den Ansichten der anderen Mitglieder vorgreifen zu wollen, die diesen Titel vielleicht doch für angebracht halten.

OKR Bender war von Anfang an für eine Berufung der vier Mitglieder des erweiterten Oberkirchenrats aus der Landessynode; nur sei er gegen ein 'muß' gewesen. Gegen eine Wiederherstellung des ursprüngliches Entwurfes in diesem Stück habe er nichts einzuwenden. In § 4 des Gesetzes über den Umbau der Kirchenverfasung bitte er auch einzufügen: 'Bei Stimmengleichheit entscheide die Stimme des Landesbischofs.' Der Antrag wird angenommen.

Auf Anregung von Dr. Dommer enthält Abs. 1 des § 1 folgende Fassung: 'An der Spitze der Vereinigten Evang.-protestantischen Landeskirche Badens steht ein Geistlicher, der Landesbischof der Vereinigten

Evang.-protestantischen Landeskirche Badens.' Der letzte Teil des Abs. 2 des § 1 erhält nach längerer Aussprache folgenden von OKR Bender vorgeschlagenen Wortlaut: '... unterstützt. Aus deren Mitte ernennt für den Verhinderungsfall der erweiterte Oberkirchenrat nach dem Vorschlag des Landesbischofs dessen ständigen Stellvertreter.'

Zur geschäftlichen Behandlung gibt Pfr. Voges für sich und Dr. Dommer die Erklärung ab, daß sie zwar die einzelnen Paragraphen mitberaten und annehmen könnten, dagegen über das ganze Gesetz entscheidend abzustimmen, sähen sie sich heute außerstande. Dasselbe bemerkt auch Pfr. Rost.

Bei § 2 Abs. 2 fragt Pfr. Rost, ob auch eine Abberufung des Landesbischofs möglich sei; dies wäre eine Konzession an den Parlamentarismus. Der Rechtsreferent beantwortet diese Frage mit 'nein'. Doch werde ein zu erlassendes Beamtengesetz für die Fälle von Krankheit, Alter und dgl. alles Nötige regeln.

Den § 4 Abs. 1 hält OKR Dr. Doerr für nicht ganz klar; namentlich sei der Unterschied zwischen 'Vorsitz' und 'Leitung' nicht recht durchsichtig. Er schlägt vor, den zweiten Teil des Abs. 1 folgendermaßen zu fassen: 'Den Vorsitz in den Sitzungen der Behörde führt der Landesbischof. Die Verantwortung für den geordneten Geschäftsgang der Behörde trägt ein weltlicher Oberkirchenrat, der auch ihre Willenserklärungen nach außen abzugeben hat.' – Angenommen –

Bei Ziffer 2 des § 4 wird angefügt: 'Bei Stimmengleichheit entscheidet die Stimme des Landesbischofs.'

In § 5 wird, entsprechend den schon erwähnten Ausführungen des Rechtsreferenten und verschiedener Mitglieder hinter den Worten 'durch den Landesbischof' wieder eingefügt: 'Aus der Landessynode.'

In § 7 ist vor 'Oberkirchenrat' einzufügen: 'erweiterten ...'.-

Bei § 8 bemerkt OKR Dr. Friedrich, daß das später zu erlassende Pfarrbesetzungsgesetz ein Anhören der Wünsche der Gemeinden vorsehen werde, wie dies ähnlich schon in Württemberg der Fall ist; auch etwaige Unklarheiten, die sich hinsichtlich des Ternawahlverfahrens ergeben könnten, würden durch das Pfarrbesetzungsgesetz ihre Klärung und Regelung finden.

Bei IV Übergangsbestimmungen wird auf Anregung von OKR Dr. Doerr ein Abschnitt 1 noch eingefügt: 'Das Amt des derzeitigen Stellvertreters des Kirchenpräsidenten erlischt mit dem Inkrafttreten dieses Gesetzes.'

Die Frage des Inkrafttretens selbst wird der Rechtsreferent noch genau prüfen und seine Vorschläge machen."

„Entwurf eines vorläufigen kirchlichen Gesetzes betreffend die Zuständigkeit des Landesbischofs, des Oberkirchenrats und des erweiterten Oberkirchenrats:

Bei § 1 lit. d bemerkt der Rechtsreferent, daß das in § 106 KV Abs. 2 der Landessynode vorbehaltene Recht der Genehmigung neuer Lehr-, Gesang- und Kirchenbücher aus der KV herausgenommen werden müsse; nach dem vorliegenden Entwurf ist die Landessynode nur noch anzuhören. Dazu erklärt OKR Bender, daß das bisherige Recht der Landessynode nicht als ein Überparlamentarismus anzusehen sei, vielmehr wollte der betreffende Passus des § 106 KV nur ein Mitbestimmungsrecht der Synode festlegen. Die jetzt im Entwurf vorgesehene Änderung bedeute eine Entscheidung von weittragender Bedeutung. Die jetzige Neuerung bringt, wie OKR Dr. Friedrich bemerkt, rein lutherisches Recht, während die Bestimmung im § 106, 2 KV rein reformiertes Recht war.

OKR Dr. Doerr würde es begrüßen, wenn man der Landessynode etwas mehr Mitwirkungsrecht auf diesem Gebiete geben würde; es würde dies mit dazu beitragen, die Synode wieder mehr auf ihre eigentliche Aufgabe zurückzuführen. Eine Rückkehr zu dem Modus des § 106, 2 KV hält Pfr. Rost für untragbar, was auch der Kirchenpräsident bestätigt, der auf die Schwierigkeiten hinweist, mit denen man bei den Beratungen der Synode über Lehr- und Kirchenbücher stets zu tun hatte; alles, was hier die Synode geschaffen habe, trage das Stigma des Kompromisses an sich. Das solle in Zukunft vermieden werden, ohne damit die Synode und die Gemeinden mundtot zu machen. Nachdem Pfr. Rost noch darauf hingewiesen hatte, daß ein geistlich gerichteter Bischof wisse, was er dem Volke schuldig ist, wird beschlossen im § 1d die Worte 'nach Anhörung der Landessynode' stehenzulassen.

Bei § 1g wird aus der Mitte der Kirchenregierung angeregt, dem Landesbischof weitergehende Rechte, auch solche disziplinärer Art, zuzugestehen. Doch wird hiervon Abstand genommen auf den dringenden Rat des Rechtsreferenten; der Landesbischof solle unter keinen Umständen Ankläger und Richter sein. Übrigens gereiche eine strenge Handhabung der dienstpolizeilichen Judikatur durch den Oberkirchenrat dem geistlichen Stande nur zum Segen. Den Landesbischof aber, der Seelsorger und Berater sein soll, solle man nicht in innere Konflikte bringen, indem man ihm auch noch die dienstpolizeiliche Aufsicht über die Geistlichen auflade. Darum habe man ja, wie der Prälat hinzufügt, auch ihn aus der Reihe der Richter des Dienstgerichts herausgenommen. Und aus denselben Gründen bittet der Rechtsreferent auch von der Erteilung eines weitgehenden Begnadigungsrechts an den Landesbischof, wie es Oberkirchenrat Dr. Doerr vorschlägt, abzusehen, um den Landesbischof von so weitgehender Verantwortung und Entscheidung freizuhalten. Es bleibt also bei g der Wortlaut des Entwurfs.

Bei § 1f werden die Worte 'und kirchliche Beamten' gestrichen, da man überzeugt ist, daß die Ernennung der kirchlichen Beamten besser durch den Oberkirchenrat geschieht.

§ 1h erhält folgende Fassung: 'Die oberste Leitung des Religions- und Konfirmandenunterrichts.'
Bei k wird eingefügt: 'und das Recht für sich und die geistlichen Oberkirchenräte, in jedem Gemeindegottesdienst zu predigen.'
Bei n wird der erste Halbsatz bis 'Seminar und' gestrichen; dagegen wird am Schluß des Passus ein Komma gesetzt und folgendes gem. § 127 Abs. 2 Ziffer 9 angefügt: 'sowie die Ausübung der Befugnisse, die der Kirche in bezug auf das praktisch theologische Seminar zustehen.'
Zu § 2 wird als lit. c eingefügt: 'Die Ernennung der kirchlichen Beamten.' Dementsprechend sind dann bei den weiteren Punkten des § 2 die Buchstaben zu ändern: c wird d, usw.
In § 3 wird bei a hinter 'der Landessynode' eingefügt: 'die Ernennung seines Stellvertreters'.
Bei b wird vor 'Vorsitzenden' eingefügt: 'geschäftsleitenden'.
Bei c werden die Worte 'der Kirchenbeamten und' gestrichen."

545 [Pfr. Rössger?]: Denkschrift zur bevorstehenden Verfassungsänderung
Kirche u. Volk Nr. 21f., 21./28. Mai 1933, S. 166–168 u. S. 175f.

"Zur bevorstehenden Verfassungsänderung ist uns von einem Mitglied unserer Bewegung folgende Denkschrift eingereicht worden:

A.

Die Notwendigkeit einer neuen Verfassung der Evang. Landeskirche Badens ist bereits erwiesen durch die mannigfachen Vorschläge über eine Abänderung der Kirchenverfassung und die Verhandlungen des Verfassungssonder-Ausschusses seit 1924.
Die bisherigen Verhandlungen konnten zu keinem greifbaren Resultat gelangen, wie dies auch in der Entschließung des Verfassungssonder-Ausschusses vom 15. Januar 1930 zum Ausdruck kam, weil es unmöglich war, einheitliche Grundsätze aufzustellen. Diese Unmöglichkeit, eine Änderung durchzuführen, hat ihrerseits ihren Grund damit, daß man etwas Bestehendes eben 'ändern' wollte. Die Kirchenverfassung von 1919 ist aber so aus dem Geist jener Zeit herausgewachsen, daß man auf sie nicht völlig andersartige verfassungsrechtliche Gedanken aufbauen kann. Diese Verfassung ist nicht abzuändern und in eine von ihrer Grundrichtung abweichende neue Richtung umzubiegen. Die Verfassung von 1919 ruht nun einmal auf der Überzeugung, daß die Kirche und ihre Leitung von der Summe der in ihr zusammengefaßten Kirchenglieder bestimmt werde. Es ist das demokratische Prinzip, welches hier auf die Kirche angewandt ist und seinen Ausdruck in dem Kirchenparlamentarismus gefunden hat. Die Landessynode, durch direkte Wahl des Kirchenvolkes berufen, ist die Trägerin der obersten Gewalt, und alle Leitung der Kirche (Kirchenregiment und Oberkirchenrat) sind nur ihre

Beauftragten und ihr, der Landessynode als der erwählten Vertretung des Gesamtkirchenvolkes verantwortlich.

Auf diesem Boden ist nur nach *einer* Seite eine Weiterentwicklung möglich, nämlich nach der Seite der Demokratisierung, wie solches folgerichtig vom Volkskirchenbund der Sozialisten betrieben wurde, welche die Kirche gänzlich unter die Herrschaft des Laienelements zu stellen bestrebt war, welche schließlich die ganze Kirchenleitung nur auf Zeit (9 resp. 3 Jahre) von der Synode ernannt wissen wollten.

B. I.

Sollen die Schwierigkeiten möglichst behoben werden, welche zu den Verhandlungen im Verfassungs-Sonderausschuß führten und jene anderen, welche dort nicht zur Sprache kamen, aber das Kirchenvolk bedrücken und der Kirche nach außen ihr Ansehen und ihre Kraft schädigen, so kann nicht mehr von einer 'Änderung' bestehender Paragraphen die Rede sein, sondern die Verfassung muß auf ganz anderem Boden neu gebaut werden.

Nach unserer Ansicht ist eine christliche Kirche nicht auf dem Grundsatz der Demokratie und des Parlamentarismus, sondern vielmehr auf dem Grundsatz der *Autorität* aufzubauen. Das demokratische Prinzip hat sich mit seiner Forderung einer Kirchenleitung, die nur auf Zeit (einige Jahre) von der Synode gewählt werden sollte und der Bestimmung, daß die Kirchenleitung nach Mehrheitsbeschluß der Landessynode zum Rücktritt gezwungen werden solle, selbst ad absurdum geführt. Wenn diese Gedanken auch nur in den Entwürfen der Änderung der Verfassung innerhalb des Ausschusses zur Sprache kamen, so zeigt dies doch klar den Weg, auf welchem die Kirche in ihr Verderben getrieben würde.

Nie kann eine ersprießliche Leitung durchgeführt werden, wenn die einzelnen leitenden Persönlichkeiten stets wechseln und damit notwendige Kursänderungen gezeigt werden, nie kann eine auf längere Sicht unternommene Arbeit durchgeführt werden, wenn die Leitung von den wechselnden Stärkeverhältnissen der Landessynode abhängig ist. Darum muß die Spitze der Landeskirche jeglichem Parlamentarismus entrückt, mit autoritärer Machtbefugnis ausgestattet und auf Lebenszeit im Amt sein. Daß an der Spitze einer Kirche *nur* ein Theologe (Geistlicher) stehen kann, ist u.E. eine Fundamentalwahrheit. Ein Laie mit der Vorbildung zum höheren Justiz- und Verwaltungsdienst hat durch seine wissenschaftliche Vorbildung doch eine dem kirchlichen Bedürfnis fremdartige Ausbildung, dazu kommt noch, daß durch die Wahl eines anderen Studiums oft auch eine andersartige innere Einstellung zum Ausdruck kam, sonst hätte dieselbe Persönlichkeit doch nicht Jura, sondern Theologie studiert. Ein noch anders gebildeter Laie, vielleicht aus dem Gebiet der Wirtschaft, vermag ebenfalls schwerlich sich in die theologische Gedankenwelt einzuarbeiten, welche nun einmal die Voraussetzung ist, um die Leitung einer Kirche ausüben zu können. Es ist damit kein Urteil über die persönliche Frömmigkeit solcher Männer ausgesprochen, aber weil immer wieder die Forderung erhoben wird, daß Weltliche an der Spitze der Kirche stehen sollten, mußte dem einmal entgegengetreten werden. Ist an der Spitze der Kirche unbedingt ein Theologe nötig, so ist umgekehrt gar keine Frage, daß in der Leitung der Kirche auch ein Verwaltungs-, ein Justiz- und ein Finanzfachmann sein müssen. Die Kirche als rechtliche Organisation im Staat muß sich nach dessen Ordnungen und Gesetzen richten, gebraucht diese, um sich innerhalb des Staates zur Geltung zu bringen und ihr Recht zu behaupten, dazu sind mit dem entsprechenden Fachwissen ausgerüstete Persönlichkeit in ihrer Leitung notwendig. Gerade an diesem Punkt ist auch die weitere Mitarbeit und vielleicht Mitbestimmung des Laienelementes berechtigt. Die in das Gebiet des Weltlichen sich erstreckenden Fragen wie besonders die Finanzierung und Haushaltungsfragen, an welchen das Kirchenvolk passiv beteiligt ist, gibt ihm auch ein Recht zu aktiver Mitbestimmung und Kontrolle darüber, was mit den aufgebrachten Mitteln geschaffen wird. Es wird sich also unter einheitlicher Leitung in jeder Kirche doch eine Gliederung in zwei, voneinander unabhängigen Teilen der Verwaltung ergeben. Der Teil der Finanzverwaltung und vielleicht noch der Rechtsverwaltung in seiner Beziehung zum Staat (z.B. Konkordat) hat das größere Mitbestimmungsrecht des Kirchenvolkes, wird synodal auszubauen sein, wie bisher. Der andere Teil aber, der die eigentlichen Belange umfaßt, wird autoritativ auszugestalten sein. Bei diesen Bestrebungen lassen wir uns von Schlagworten, wie 'Klerikalisierung der Kirche' u.a.m., nicht irre machen.

B. II.

Auf Grund dieser Erwägungen denken wir uns den verfassungsmäßigen Aufbau der künftigen Landeskirche wie folgt:

1. *Der oberste Leiter der Landeskirche.* Dieser ist ein Geistlicher und führt den Titel 'Landesbischof', er hat sein Amt auf Lebenszeit, ist aber zum Rücktritt berechtigt, wenn der Oberkirchenrat seine Gründe anerkennt und billigt. Die Befugnisse des Landesbischofs:
    a) er führt den Vorsitz in allen Sitzungen des Oberkirchenrates, im Verhinderungsfall ernennt er für geistliche Belange ein geistliches, für weltliche Belange ein weltliches Mitglied dieser Behörde zu seiner Vertretung; dieses ist ihm zum Bericht über die betreffende Sitzung und ihre Beschlüsse verpflichtet;
    b) in geistlichen Dingen steht ihm nach Beratung innerhalb des Oberkirchenrates die alleinige Entscheidung zu. In weltlichen

Dingen (des Rechts und der Finanzen) erfolgt Abstimmung innerhalb des Kollegiums, bei Stimmengleichheit gibt seine Stimme den Ausschlag.
c) er vertritt die Kirche nach außen, nötigenfalls hat er den Juristen oder Finanzmann als Berater zur Seite;
d) er fertigt alle Beschlüsse des Oberkirchenrats aus, die erst durch ihn rechtskräftig werden;
e) er beruft die Landessynode ein und eröffnet dieselbe, wie er diese auch aufzulösen berechtigt ist und Neuwahlen anordnen kann;
f) er ist der Vorsitzende bei den theologischen Prüfungen, hat das Aufsichtsrecht über das praktisch–theologische Seminar, er ernennt die Geistlichen und stellt die Ernennungsurkunden aus;
g) im Einvernehmen mit dem Oberkirchenrat und dem Landessynodalausschuß ernennt er bei einem Ausfall eines Mitgliedes dieser Behörde ein neues und fertigt dessen Ernennungsurkunde aus. Auch hier steht ihm die Entscheidung zu, so daß er nicht gezwungen werden kann, irgend eine Persönlichkeit aufzunehmen, die er beanstandet;
h) er ist als oberster Geistlicher berechtigt, in alle geistlichen Angelegenheiten der ganzen Landeskirche einzugreifen, allerdings nach Rücksprache oder Benachrichtigung der betreffenden Dienststellen;
i) er erläßt die Hirtenbriefe für die Landeskirche, wenn nur für einen besonderen Bezirk, dann im Einvernehmen und Mitunterzeichnung des betreffenden Leiters dieses Bezirkes;
k) in Disziplinarfällen entscheidet ein Richterkollegium, das sich aus den drei geistlichen Mitgliedern des Oberkirchenrates *ohne* den Landesbischof und drei Juristen zusammensetzt.; es sind dies die Juristen im Oberkirchenrat, und wenn nötig, wird von dem Landesbischof aus dem Synodalausschuß oder den Landessynodalen noch ein oder mehrere Juristen hinzugezogen. Den Vorsitz führt ein Jurist. Das Urteil wird dem Landesbischof zugestellt, der es zu vollziehen hat. Über dies Richterkollegium und seine Geschäftsordnung ergehen besondere Bestimmungen.
2. *Der Oberkirchenrat*: Er ist die Verwaltungsbehörde der Landeskirche und der ständige Berater des Landesbischofs. Der Oberkirchenrat besteht aus 3 Geistlichen, welche den Titel 'Prälat' haben und 2 bis 3 Juristen oder Finanz- und Verwaltungsbeamten, die den Titel 'Oberkirchenräte' führen. Die Letzteren müssen die Befähigung zum höheren Justiz-, Verwaltungs- und Finanzdienst haben; die Geistlichen natürlich die Befähigung zum Pfarrdienst in der evangelischen Landeskirche Badens. Alle diese Beamte sind haupt-

amtlich und lebenslänglich angestellt. Sie sind zum Rücktritt berechtigt, wenn das Kollegium ihre Gründe anerkennt. Sollte der Fall eintreten, daß ein Mitglied sich dauernd als unfähig erweist, diesen Posten auszufüllen, so kann er zum Rücktritt in ein anderes Amt (Geistliche ins Pfarramt) veranlaßt werden, im Notfall kann auch hier die Entscheidung des Dienstgerichtes (Disziplinar-Gerichtes) eingeholt werden.

Der Oberkirchenrat hat die *Beschlußfassung* über:
a) Verwaltung und Aufsicht sämtlicher kirchlichen Stiftungen und Kassen einschließlich der Pfründen;
b) die Aufstellung des Haushaltsplanes der Landeskirche und Feststellung der Landeskirchensteuer als Vorlage an die Landessynode;
c) die Anordnung von Landeskollekten;
d) das kirchliche Bauwesen;
e) die kirchliche Armenpflege;
f) die laufenden Rechtsverhältnisse der Landeskirche nach außen (Staat, private u.a.m.);
g) alle Rechtsstreitigkeiten und Rechts-Verhältnisse innerhalb der Kirche (Geistliche und Gemeinden usw.)
h) die Wahrung und Weiterbildung der gesamten kirchlichen Ordnungen im Rahmen der Verfassung und der Kirchengesetze;
i) die Pflege und Förderung einer organischen Verbindung mit den übrigen evangelischen Kirchen Deutschlands, soweit diese Fragen sich auf das Gebiet des Rechtes erstrecken;
k) die Rechtsverhältnisse des religiösen Unterrichts in Kirche und Schule, insofern sie sich mit den Rechtsanschauungen und Verordnungen des Staates berühren;
l) Nachsichten-Bewilligung in Rechts- und Finanzfragen der Kirchenglieder.

Der Oberkirchenrat hat die *Beratung* über:
a) die Gestaltung des religiösen Unterrichts in Kirche und Schule;
b) die Anordnung außerordentlicher Gottesdienste;
c) die Kirchenvisitationen, Anordnung von außerordentlichen Visitationen und von Dekanatsvisitationen, und von Bezirkssynoden der Dekane unter den Prälaten;
d) die Bezirks- und Schulsynoden;
e) Ausübung der Befugnisse auf das praktisch-theologische Seminar;
f) die Abhaltung der theologischen Prüfungen und die Aufnahme unter die Geistlichen der Landeskirche nach bestandener Prüfung;
g) Lebenswandel und Fortbildung der Kandidaten und der Geistlichen;
h) Vorbereitung der Vorlagen und Berichte an die Landessynode;

i) Lehrerbildung und Lehrbücher für den Religionsunterricht der Landeskirche;
k) kirchliches Vereinswesen, kirchliche Mission, Sektenwesen;
l) Statistik der Landeskirche, Presse u.a.m.;
3. *Sonderbefugnisse der drei Prälaten:*
Das Gebiet der Landeskirche ist in drei Prälaturen eingeteilt (entsprechend des Vorschlags von Oberkirchenrat K. Bender). An der Spitze eines jeden Kreises steht je ein Prälat. Er hat das kirchliche und religiöse Leben in diesem Kreis zu leiten und zu beobachten, eine persönliche Beziehung zu den Geistlichen des Bezirks und zu den Gemeinden zu pflegen und darüber dem Landesbischof laufend Bericht zu erstatten. Zu diesem Zweck hat er:
a) jährlich mindest eine Versammlung aller Dekane seines Bezirks zu veranstalten, an welcher die Angelegenheiten und Erfahrungen des Bezirks besprochen werden und nach jeder Richtung Anregungen gegeben werden, die er dann wieder zur Behandlung an den Oberkirchenrat weiterleitet oder mit dem Landesbischof erörtert. Nach Bedürfnis kann er auch mehrere solcher Versammlungen einberufen. Diese sollen wechselnd an Orten innerhalb des Bezirkes stattfinden. (Ausgestaltung und Diätenordnung, besonders Verordnungen.)
b) die Aufsicht über Lebenswandel und Fortbildung der Geistlichen, Religionslehrer (Professoren an Mittelschulen) und der Kandidaten, soweit solche in seinem Bezirk sind. Er ist der seelsorgerliche Berater aller Geistlichen und hat als solcher auch das Recht, Warnung und Rügen zu erteilen, ist somit eine Disziplinarinstanz in solchen Fällen, die noch nicht an das Dienstgericht weitergehen;
c) in Verbindung mit dem jeweiligen Dekan bei Streitigkeiten untereinander oder Geistlichen und Gemeinden die ersten Schlichtungsverhandlungen zu führen;
d) den gesamten Religionsunterricht in seinem Bezirk durch unangesagten Schulbesuch zu betreuen;
e) in Verbindung mit dem jeweiligen Dekan und Diözesanausschuß Untersuchungen bei Unwürdigkeit von Kirchenältesten durchzuführen und nach Beratung das Urteil zu fällen. Einsprache gegen ein solches Urteil ist nur bei dem Landesbischof zu erheben, welcher durch den juristischen Oberkirchenrat den Fall noch einmal behandeln lassen kann. Gegen sein Urteil gibt es dann keine Einspruchsmöglichkeit mehr;
f) die Ordinationen und Einführungen der Geistlichen in seinem Bezirk, mit welchen er jedoch auch den betreffenden Dekan betrauen kann;

g) die Weihungen aller kirchlichen Gebäude seines Bezirks, mit welchen er ebenfalls den betreffenden Dekan betrauen kann;
h) Aufsicht über Bezirks- und Schulsynoden und die Verbescheidung derselben. Bei seiner Teilnahme an derselben hat er beratende Stimme. Die Beschlußfassung über die Anträge dieser Synode steht ihm zu;
i) die Dekanatsvisitationen in seinem Bezirk;
k) er kann Versammlungen der Geistlichen einer Diözese oder seines ganzen Bezirks einberufen zur Behandlung kirchlicher und theologischer Fragen;
l) er kann Versammlungen der Religionslehrer, der Organisten und kirchlichen Musiker einberufen, um mit diesen ihre Fachfragen zu besprechen, ihre Wünsche entgegenzunehmen und deren Berechtigung zu prüfen;
m) Urlaub, der über die gesetzlich geordnete Zeit hinausgeht, zu gewähren und dann die Vertretung zu regeln.

4. *Die Dekane* werden vom Landesbischof gesetzt, die Geistlichkeit einer Diözese hat zusammen mit den Mitgliedern der Diözesansynode das Recht, Wünsche betr. der Persönlichkeit vorzutragen. Die Dekane sind die direkten und nächsten Vorgesetzten der Geistlichen ihrer Diözese. Als solche haben sie:
a) den persönlichen Verkehr mit den Geistlichen zu pflegen, und deren Berater in allen Angelegenheiten persönlicher Natur wie der Gemeinde, des Pfarrdienstes, Schuldienstes, der Gemeindeverwaltung zu sein;
b) er hat die ordentlichen Visitationen in den Gemeinden vorzunehmen und über deren Ergebnis dem Prälaten zu berichten, welcher dann den vom Dekanat ausgefertigten Visitationsbericht verbescheidet;
c) er hat die ordentlichen Prüfungen des Religionsunterrichts vorzunehmen und den Bericht darüber auszuarbeiten und ebenfalls dem Prälaten vorzulegen zur Verbescheidung;
e) er hat auf die wissenschaftliche Weiterbildung der Geistlichen zu achten und ihnen geeignete Vorschläge zu machen;
f) er hat die für Synoden angefertigten wissenschaftlichen Arbeiten der Geistlichen auf diesen zu besprechen und weitere Anregungen zu geben;
g) bei entstehenden Streitigkeiten sowie bei Amtsvernachlässigung der Geistlichen oder Ältesten und kirchlichen Angestellten hat er die ersten Erhebungen zu machen und die Mißstände auf gütlichem Weg beseitigen zu versuchen.
Die Urlaubsbewilligung der Geistlichen und die Vertretung innerhalb der gesetzlichen Ordnung;

Die Dekane sind die Leiter des kirchlichen Wesens und Lebens des Bezirks, als solche haben sie:
h) die Aufsicht über die ordnungsgemäße Ausgestaltung der Gottesdienste und sonstigen kirchlichen Feiern und Handlungen;
i) die Aufsicht über das kirchliche Gemeinschaftswesen in ihrem Bezirk und die genaue Beobachtung des nichtkirchlichen Sektenwesens. Zur Überwindung des letzteren haben sie auf geeignete Mittel zu sehen und dem Prälaten zu berichten;
k) das kirchliche und sittliche Leben in den Gemeinden zu beobachten und im Einvernehmen mit dem Ortsgeistlichen geeignete Anregungen zur Beseitigung von Schäden und zur Hebung des Lebens zu machen;
l) die Beaufsichtigung des kirchlichen Armenwesens und Unterstützungswesens auch von ganzen Gemeinden in ihrem Bezirk und darüber gutscheinliche Berichterstattung an den Prälaten;
m) die Vorbereitung und Leitung aller Versammlungen und Synoden des Bezirks;
n) Weihen und Ordinationen in dem Bezirk als Vertreter des Prälaten vorzunehmen.

In seinen Obliegenheiten wird der Dekan unterstützt und beraten von dem Diözesanausschuß, der aus zwei Geistlichen und zwei Weltlichen besteht. (Einzelbestimmungen.)
(Die Bestimmungen über die Einzelgemeinde und deren Verwaltungsrecht sowie der Ortsgeistlichen bleiben.)
(Die Bezirkssynode und ihr Wirkungskreis bleiben: nur in § 79, II statt 'Anordnung' ist 'Beratung' und 'Anregung' zu setzen.)
(Bezirkskirchenrat: ist nur die den Dekan beratende Instanz und hat einzig betreff Bezirkskasse und deren Umlegung auf die Gemeinden die Beschlußfassung.)

B. III. *Wahlen*

1. Die Pfarrwahl fällt weg. Die Pfarrer werden durch den Landesbischof nach Beratung im Oberkirchenrat ernannt, er fertigt auch die Ernennungsurkunde aus. Den Gemeinden steht das Recht zu, ihre Wünsche dem Landesbischof direkt vorzutragen, und sie haben das Recht, wenn stichhaltige Gründe geltend gemacht werden können, einen Geistlichen abzulehnen (Vetorecht).
2. Die Gemeinden wählen in direkter geheimer Wahl ihren Kirchengemeindeausschuß.
3. Der Ausschuß wählt seinerseits die Ältesten, sowie einen Abgeordneten (oder mehrere, nach der Zahl der Stimmberechtigten) für die Bezirkssynode.
4. Die Bezirkssynode wählt aus ihren Mitgliedern den Bezirkskirchenrat, und die Abgeordnete für die Landessynode.

5. Die Landessynode wählt mit einfacher Mehrheit den Landesbischof. Jedoch so, daß ihr von dem Oberkirchenrat drei Persönlichkeiten vorgeschlagen werden und die Synode aus diesen einen wählt.
6. Die Landessynode wählt aus sich einen Ausschuß, welcher als ehrenamtliche Erweiterung des Oberkirchenrates gilt und diesen bei seinen Beratungen unterstützt, von Fall zu Fall einberufen wird.

B. IV. *Die Landessynode hat:*
a) die Genehmigung des Haushaltungsplanes der Landeskirche und die Festsetzung der Landeskirchensteuer;
b) die Oberaufsicht über alle kirchlichen Stiftungen und Pfründen; ihr ist hierüber ein Rechenschaftsbericht vorzulegen;
c) die Genehmigung der rechtlichen Verträge, welche die Kirche eingeht;
d) die Weiterentwicklung des kirchlichen Rechts und der Verfassung zu beaufsichtigen und hierüber die letzten Entscheidungen zu treffen, wobei Zwei-Drittel-Mehrheit erforderlich;
e) ihr gibt der dienstälteste Prälat im Auftrag des Landesbischof einen Bericht über den Stand der Landeskirche und die Tätigkeit der obersten Organe. Abstimmung über diesen Bericht und Beschlußfassung hierüber gibt es jedoch nicht;
f) Wünsche und Beschwerden der Gesamtlandeskirche mit eingehender Begründung vorzutragen, über welche dann wieder das Dienstgericht zu entscheiden hat;
g) die Wahl des Landesbischofs."

546 Erw. OKR, Prot.: Beratung des Gesetzentwurfs, vgl. Dok. 544
Karlsruhe, 1. Juni 1933; LKA GA 4892

„Fortsetzung der Beratungen über die Gesetzentwürfe, die schon der letzten Sitzung vorlagen.
Eine nochmalige Durchberatung des Entwurfs eines vorläufigen kirchlichen Gesetzes 'den vorläufigen Umbau der Verfassung der Vereinigten Evang.-protestantischen Landeskirche Badens betreffend' und eines vorläufigen kirchlichen Gesetzes 'die Zuständigkeit des Landesbischofs, des Oberkirchenrats und des erweiterten Oberkirchenrats betreffend' wird nicht gewünscht.
Zu diesen beiden Gesetzen teilt Pfr. Rost mit, da die Fraktion der 'kirchlich-positiven Vereinigung' und der 'Glaubensbewegung Deutsche Christen Gau Baden' sich geeinigt hätten, dem Gesetz in ihrer nunmehrigen Gestalt zur Annahme zu verhelfen unter den Voraussetzungen, die in einer zwischen den beiden Fraktionen vereinbarten Erklärung[*]) nieder-

---
[*] Von der Hand des Registraturleiters Huber erscheint hier folgende Marginalie: „Die Erklärung kam *nicht* zur Registratur." – Sie ist auch in anderen Akten nicht auffindbar.

gelegt sind. Diese Erklärung verliest Pfr. Rost und übergibt sie dem Kirchenpräsidenten. Die Erklärung darf nicht veröffentlicht werden und soll auch nicht ins Protokoll aufgenommen, vielmehr demselben nur beigegeben werden.

Der in der Erklärung vorgesehene Antrag, in den Übergangsbestimmungen zu dem Gesetz über den vorläufigen Umbau der KV den Nebensatz 'ohne die Amtsbezeichnung Landesbischof zu führen' zu streichen, ebenso den Antrag des Rechtsreferenten, auf Seite 4 der Vorlage noch in Zeile 1 den Satz einzufügen 'die synodalen Mitglieder der Kirchenregierung und ihre Stellvertreter bleiben als Mitglieder des erweiterten Oberkirchenrats in ihrem Amt', werden angenommen. Hierauf wird das ganze vorläufige Gesetz ... angenommen und gleichzeitig beschlossen, daß sie 'ohne Rücksicht auf die Verkündigung' am 1. Juni 1933 in Kraft treten. Dadurch geht nunmehr, wie OKR Dr. Doerr bemerkt, die Zuständigkeit der bisherigen 'Kirchenregierung' sofort auf den 'Erweiterten Oberkirchenrat' über, nachdem noch OKR Dr. Doerr beantragt hatte, in die Übergangsbestimmungen des Gesetzes eine Bestimmung aufzunehmen, daß in allen Fällen, in denen nach Gesetz oder Verordnung die Zuständigkeit der Kirchenregierung vorgeschrieben sei, vom Inkrafttreten des Gesetzes an die Zuständigkeit des Erweiterten Oberkirchenrats gegeben sei.

Nach Annahme der Gesetze erklärt Pfr. Voges in seinem und Dr. Dommers Namen, sie fühlten die Größe und Schwere der Verantwortung dieses Augenblicks und könnten, so revolutionär auch ihr Vorgehen in den letzten Wochen erschienen sein möge, doch versichern, daß sie dabei immer nur eines im Auge hatten, die Kirche."

547 KReg.: „Vorläufige kirchl. Gesetze — den vorläufigen Umbau der Verfassung der Vereinigten Evang.-protestantischen Landeskirche Badens betr.", 1. Juni 1933
KGVBl. Nr. 10, 8. Juni 1933, S. 69—72

„Die Kirchenregierung hat gemäß § 120 KV als vorläufiges kirchliches Gesetz beschlossen, was folgt:

I. Die Leitung der Landeskirche.

A. Der Landesbischof.

§ 1.

1. An der Spitze der Vereinigten Evang.-protestantischen Landeskirche Badens steht ein Geistlicher, der 'Landesbischof der Vereinigten Evang.-protestantischen Landeskirche Badens.'

2. Der Landesbischof ist der geistliche Führer der Landeskirche und handelt in diesem Wirkungskreis selbständig mit eigener Verantwortung. In seiner Amtsführung wird er von den geistlichen Mitgliedern des Oberkirchenrats unterstützt. Aus deren Mitte ernennt für den Verhinderungsfall der Erweiterte Oberkirchenrat nach dem Vorschlag des Landesbischofs dessen ständigen Stellvertreter.
3. Der Umfang seiner Zuständigkeit wird durch einfaches Gesetz bestimmt.

§ 2.
1. Die Ernennung des Landesbischofs hat der Erweiterte Oberkirchenrat zu vollziehen auf Grund eines durch Mehrheitswahl zu bewirkenden Vorschlags der Landessynode.
2. Der Landesbischof wird auf Lebenszeit ernannt; eine Abberufung durch die Landessynode ist unzulässig.

B. *Der Oberkirchenrat.*

§ 3.
1. Der Oberkirchenrat ist die oberste Behörde zur Regierung und Verwaltung der Landeskirche, soweit dazu ein anderes Organ nicht ausdrücklich für zuständig erklärt ist.
2. Der Umfang seiner Zuständigkeit wird durch einfaches Gesetz bestimmt.
3. Der Landesbischof ist berechtigt, in den Fällen, in denen er selbständig handelt (§ 1), die gutachtliche Äußerung des Oberkirchenrats zu erfragen. Durch diese Äußerung ist er in seiner Entscheidung nicht gebunden.

§ 4.
1. Dem Oberkirchenrat gehören an der Landesbischof und die erforderliche Anzahl geistlicher und weltlicher Räte, die die Amtsbezeichnung 'Oberkirchenrat' führen. Den Vorsitz in den Sitzungen der Behörde führt der Landesbischof. Die Verantwortung für den geordneten Geschäftsgang der Behörde trägt ein weltlicher Oberkirchenrat, der auch ihre Willenserklärung nach außen abzugeben hat.
2. Der Oberkirchenrat faßt seine Entschließungen durch Mehrheitsbeschluß der anwesenden Mitglieder. Bei Stimmengleichheit entscheidet die Stimme des Landesbischofs.
3. Die Oberkirchenräte werden auf Lebenszeit ernannt; ihre Abberufung durch die Landessynode ist unzulässig.

C. *Der Erweiterte Oberkirchenrat.*

§ 5
Für die Erledigung der durch ein besonderes einfaches Gesetz zu bestimmenden Gegenstände erweitert sich der Oberkirchenrat durch Zuzie-

hung von 4 durch den Landesbischof aus der Landessynode zu berufenden Mitgliedern. Die Berufung erfolgt jeweils für die Dauer der Amtsperiode der Landessynode. Für jedes Mitglied ist ein Stellvertreter zu bestellen.

D. Die Landessynode.

§ 6.

§ 93 Abs. 1 der Kirchenverfassung wird aufgehoben. In Abs. 2 erhält die erste Zeile folgende Fassung:
'Die Landessynode besteht'
§ 105 Abs. 1 der Kirchenverfassung erhält folgende Fassung:
'Die Landessynode kann alle Angelegenheiten der Landeskirche in den Kreis ihrer Beratung ziehen und dementsprechend Wünsche und Anregungen an die Kirchenbehörde richten.'

II. Das Dekanat.

§ 7.

Der Dekan und der Stellvertreter des Dekans werden auf 6 Jahre vom Landesbischof nach Anhörung des Erweiterten Oberkirchenrats ernannt.

III. Das Pfarramt.

§ 8.

Die Besetzung aller Pfarrstellen erfolgt unbeschadet der Patronatsrechte durch den Landesbischof nach Maßgabe der Bestimmungen des Pfarrbesetzungsgesetzes, das kein Teil der Kirchenverfassung ist.

IV. Übergangsbestimmungen.

§ 9.

1. Bis zur Besetzung der Stelle des Landesbischofs nimmt der derzeitige Kirchenpräsident die Aufgaben dieses Amtes wahr. Der derzeitige Prälat behält seine Amtsbezeichnung. Das Amt des derzeitigen Stellvertreters des Kirchenpräsidenten erlischt mit dem Inkrafttreten dieses Gesetzes. Die synodalen Mitglieder der Kirchenregierung und ihre Stellvertreter bleiben als Mitglieder des Erweiterten Oberkirchenrats in ihrem Amt. Soweit nach der Kirchenverfassung, anderen Gesetzen und Verordnungen die Evangelische Kirchenregierung zuständig ist, geht diese Zuständigkeit auf den Erweiterten Oberkirchenrat über, es sei denn, daß durch dieses Gesetz oder das vorläufige kirchliche Gesetz, die Zuständigkeit des Landesbischofs, des Oberkirchenrats und des erweiterten Oberkirchenrats betr., vom 1. Juni 1933 (VBl. S. 71) andere Organe der Landeskirche für zuständig erklärt sind.

Die Einkommensverhältnisse des derzeitigen Kirchenpräsidenten und der derzeitigen Mitglieder des Oberkirchenrats werden durch dieses Gesetz nicht berührt.
2. Soweit dieses Gesetz im Widerspruch zu Bestimmungen der Kirchenverfassung steht, werden diese Bestimmungen außer Kraft gesetzt.
3. Dieses Gesetz tritt am 1. Juni 1933 ohne Rücksicht auf den Zeitpunkt seiner Verkündung in Kraft. Soweit es zu seiner Durchführung weiterer gesetzlicher Bestimmungen bedarf, tritt es erst nach Verkündung dieser Gesetze in Kraft.
Der Oberkirchenrat wird mit dem Vollzug dieses Gesetzes beauftragt.
Dieses Gesetz wird hiermit verkündet.
Karlsruhe, den 1. Juni 1933.
Evang. Kirchenregierung:
D. Wurth.

Vögelin

Die Zuständigkeit des Landesbischofs, des Oberkirchenrats und des Erweiterten Oberkirchenrats betr.

Die Kirchenregierung hat gemäß § 120 KV als vorläufiges kirchliches Gesetz beschlossen, was folgt:

§ 1.

Die Zuständigkeit des Landesbischofs (§ 1 Abs. 3 des vorläufigen kirchlichen Gesetzes, den vorläufigen Umbau der Verfassung der Vereinigten Evang.-protestantischen Landeskirche Badens betr., vom 1. Juni 1933 VBl. S. 69) umfaßt:
a) die Vertretung der Landeskirche, soweit hierzu der Oberkirchenrat nicht zuständig ist;
b) die Führung des Vorsitzes in den Sitzungen des Oberkirchenrats und des erweiterten Oberkirchenrats sowie die Dienstaufsicht über die Oberkirchenräte;
c) die Vollziehung und Verkündung der kirchlichen Gesetze;
d) die Anordnung der Einführung von Lehr-, Gesang- und Kirchenbüchern nach Anhörung der Landessynode;
e) die Erlassung von Hirtenbriefen;
f) die Ernennung der Pfarrer in Verbindung mit den dazu vorgesehenen Organen;
g) die seelsorgerliche Beaufsichtigung und Beratung aller Geistlichen;
h) die oberste Leitung des Religions- und Konfirmandenunterrichts in Kirche und Schule;
i) die Überwachung der kirchlichen Armenpflege;

k) die Anordnung außerordentlicher Gottesdienste und das Recht für sich und die geistlichen Oberkirchenräte, in jedem Gemeindegottesdienst zu predigen;
l) die Aufsicht über die Kirchenvisitationen und die Anordnung von außerordentlichen Kirchenvisitationen und von Dekanatsvisitationen;
m) die Oberaufsicht über die Tätigkeit der Bezirks- und Schulsynoden;
n) die Ausübung der Befugnisse, die der Kirche in bezug auf das Praktisch–theologische Seminar zustehen, und die Ausübung der der Kirche nach dem Kirchenvertrag vom 14.11.1932 zustehenden Mitwirkungsrechte bei der Besetzung der theologischen Lehrstühle der Universität Heidelberg;
o) die Oberaufsicht über die Fortbildung der Geistlichen;
p) die Entscheidung über die Zulassung zur theologischen Prüfung, die Leitung dieser Prüfung und die Aufnahme der Prüflinge unter die Geistlichen der Landeskirche;
q) die Aufträge zur Ordination und Verpflichtung der Geistlichen, zur Einführung der Pfarrer in ihr Amt und zur Einweihung von Kirchen.

§ 2.

Zur Zuständigkeit des Oberkirchenrats (§ 3 Abs. 2 des vorläufigen kirchlichen Gesetzes, den vorläufigen Umbau der Verfassung der Vereinigten Evang.-protestantischen Landeskirche Badens betr., vom 1. Juni 1933 VBl. S. 69) gehört insbesondere:
a) die Vertretung der Landeskirche in allen Rechts- und Vermögensangelegenheiten;
b) die Wahrung und Weiterbildung der gesamten kirchlichen Ordnungen im Rahmen der Verfassung und der Kirchengesetze;
c) die Ernennung der kirchlichen Beamten;
d) die dienstpolizeiliche Aufsicht über die Amtsführung und den Wandel der Geistlichen und der Kirchenbeamten mit Ausnahme der Oberkirchenräte, die dem Landesbischof unterstehen;
e) die Erkennung von Dienststrafen einschließlich der Dienstentlassungen gegen unständige Geistliche;
f) die Aufsicht über die Verwaltung des örtlichen Kirchenvermögens und das Recht der Vertretung der Kirchengemeinden im Falle ungenügender Wahrung der Rechte durch dieselbe;
g) die Verwaltung des Vermögens der Landeskirche und der sogenannten unmittelbaren Fonds wie auch der Pfründen;
h) die Anordnung von Landeskollekten;
i) das kirchliche Bauwesen;
k) die Entscheidung über Beschwerden gegen Verfügungen der unteren Kirchenbehörden;
l) die Vorbereitung der Landessynode und die Ausarbeitung der Gesetzesentwürfe.

§ 3.
Zur Zuständigkeit des Erweiterten Oberkirchenrats gehört: (§ 5 des vorläufigen kirchlichen Gesetzes, den vorläufigen Umbau der Verfassung der Vereinigten Evang.-protestantischen Landeskirche Badens betr., vom 1. Juni 1933 VBl. S. 69)
a) die Ernennung des Landesbischofs auf Vorschlag der Landessynode, die Ernennung seines Stellvertreters und die Ernennung der Oberkirchenräte auf Vorschlag des Landesbischofs;
b) die Ernennung des geschäftsleitenden Vorsitzenden des Oberkirchenrats;
c) die Abgabe von Vorschlägen über die vom Landesbischof zu vollziehende Ernennung der Dekane sowie der Pfarrer nach Maßgabe des Pfarrbesetzungsgesetzes;
d) die Ernennung der nach den kirchlichen Gesetzen von der Kirchenbehörde zu berufenden Abgeordneten zur Landessynode;
e) die Feststellung von Amtsbezeichnungen und die Verleihung kirchlicher Titel;
f) die Begnadigung der vom kirchlichen Dienstgericht Bestraften;
g) die Erlassung vorläufiger kirchlicher Gesetze und kirchlicher Rechtsordnungen;
h) die Vorlage von Gesetzesentwürfen, des Voranschlags, des Hauptberichts und der Nachweisung über die Verwaltung des Kirchenvermögens und die Verwendung der allgemeinen Einnahmen an die Landessynode.
Dieses Gesetz tritt am 1. Juni 1933 ohne Rücksicht auf den Zeitpunkt seiner Verkündung in Kraft.
Der Oberkirchenrat wird mit dem Vollzug dieses Gesetzes beauftragt.
Dieses Gesetz wird hiermit verkündet.
Karlsruhe, den 1. Juni 1933.
Evang. Kirchenregierung:
D. Wurth
Vögelin"

548 N.N.: „Evang. Landesbischof in Baden. Grundlegende Verfassungsänderungen — vor der Wahl eines selbständigen geistlichen Führers der Landeskirche"
Bad. Presse, 9. Juni 1933; LKA GA 966
„Vom Evangelisch-Sozialen Presseamt wird uns geschrieben:
Als 1919 mit dem Ende der Monarchie auch die Evang. Landeskirche Badens ihren Landesbischof verlor (es war der jeweils regierende Großherzog. Anm.d.Red.), versuchte sie in ihrem rechtlichen Aufbau die dadurch entstandene Lücke in geeigneter Weise zu schließen. Entsprechend der herrschenden Auffassung jener Jahre geschah dies in starker

Anlehnung an staatliches Verfassungsrecht. Sehr bald wurde aber erkannt, daß das parlamentarisch-demokratische Grundprinzip, besonders wenn es in radikaler Weise zur Auswirkung kommt, für die rechtliche Gestaltung einer wesensmäßig kirchlichen Verfassung sich nicht eignet, und es wurde deshalb schon seit Jahren erwogen, in welcher Weise die *Kirchenverfassung umzubauen* sei, um ein geeigneteres Gefäß zur Wahrung und Förderung regen kirchlichen Lebens abzugeben. Nachdem die Synodalwahlen im vorigen Jahr den kirchlichen Richtungen, die für solche Verfassungsänderungen eintraten, die erforderliche Mehrheit brachten und die bekannten Ereignisse im Reiche einen erneuten Anstoß für den längst als notwendig erkannten Verfassungsumbau und zugleich auch einen Beleg für seine Richtigkeit erbrachten, hat die Evang. Kirchenregierung durch *Notgesetz vom 1. Juni 1933* den vorerst dringendsten Bedürfnissen Rechnung getragen.

Künftig wird an der Spitze der Badischen Evangelischen Kirche der '*Landesbischof der Vereinigten Evangelisch-protestantischen Landeskirche Badens*' stehen. Er ist der *geistliche Führer der Kirche und handelt in diesem Wirkungskreis selbständig mit eigener Verantwortung.* Er wird von der Landessynode gewählt; seine Abberufung durch die Landessynode ist aber nicht zulässig.

Neben dem Landesbischof steht der *Evang. Oberkirchenrat als Kollegialbehörde,* der der Landesbischof auch angehört. Die bisherige parlamentarische Abhängigkeit der Behörde von der Landessynode ist aufgehoben. Während dem Landesbischof die Repräsentation und geistliche Führung der Landeskirche zukommt, hat der Oberkirchenrat denjenigen Teil der Regierung und Verwaltung der Landeskirche zu erledigen, der außerhalb der geistlichen Führung liegt, also insbesondere die Rechts- und Vermögensverwaltung zu betreuen. Zur Entscheidung gewisser grundsätzlicher Fragen erweitert sich der Oberkirchenrat durch Zuziehung von vier vom Landesbischof zu berufenden Mitgliedern der Landessynode.

In dem Gesetz ist weiterhin vorgesehen, daß die *Dekane* nicht mehr wie bisher von den Bezirkssynoden gewählt, sondern *vom Landesbischof* nach Anhörung des Erweiterten Oberkirchenrats *ernannt* werden.

Schließlich stellt das Gesetz die *Aufhebung der Pfarrwahl* in Aussicht. Das Nähere wird durch ein noch zu erlassendes Pfarrbesetzungsgesetz geregelt werden, das ein Mitwirkungsrecht der Gemeinden (wenn auch nicht in der Form der Wahl) vorsehen wird.

In einem zweiten Gesetz vom gleichen Tage ist die Zuständigkeit des Landesbischofs, des Evang. Oberkirchenrats und des Erweiterten Oberkirchenrats im einzelnen genau umschrieben.

Es darf gehofft werden, daß durch diese schon längst als erforderlich empfundenen Verfassungsänderungen Hemmnisse und Beschwerungen

regen evangelisch-kirchlichen Lebens behoben und beseitigt sind, so daß der auch für unser Volksleben unentbehrlichen Botschaft des Evangeliums eine immer kraftvollere Verkündigung ermöglicht wird.
Wie wir hierzu noch erfahren, wird es sich bei dem Landesbischof um ein Amt auf Lebenszeit handeln. Nach einer Information des Bad. Landespressedienstes wird seine Wahl durch die Landessynode mehr einem Vorschlag gleichkommen, aufgrund dessen dann der erweiterte Oberkirchenrat die eigentliche Ernennung vollzieht. Es ist selbstverständlich, daß das evangelische Kirchenvolk in Baden mit außergewöhnlichem Interesse die weitere Entwicklung der Dinge – namentlich hinsichtlich der Person des zukünftigen Landesbischofs – verfolgen wird. Es ist kaum anzunehmen, daß endgültige Entscheidungen über die Personenfrage schon getroffen sind, weil ja erst die kirchlichen Gruppen der Landessynode unter sich eine Fühlungnahme über diesen Punkt herstellen müssen. Immerhin ist die bedeutungsvolle Sitzung der Landessynode, in der der Landesbischof durch Mehrheitswahl festgestellt wird, in *Bälde* zu erwarten..."

549 LSynd. Fitzer: „Umbau der Verfassung der evang. Landeskirche Badens"
Kirche u. Volk Nr. 29f., 16./23. Juli 1933, S. 230–232 u. 239f.

„Unmittelbar nach dem bedeutungsvollen Tage von Potsdam (21. März 1933) brachte die Glaubensbewegung Deutscher Christen, welche die Frage der Schaffung einer deutschen evangelischen Reichskirche überhaupt angeschnitten hat, in verstärktem Maße in Gestalt bestimmter Forderungen diese Angelegenheit in der breitesten Öffentlichkeit zur Erörterung. Dem Drängen nach einer Geschlossenheit des gesamten deutschen Protestantismus unter Einschaltung des Führergrundsatzes und Abschaffung des nach staatlichem Vorbilde im Jahre 1919 eingeführten Parlamentarismus in den evangelischen Landeskirchen Deutschlands konnten sich die Leitungen derselben nicht verschließen. Die Ausführungen des Reichskanzlers Adolf Hitler vom 23. März 1933 im Reichstag über die Stellung des neuen nationalen Staates zu den beiden christlichen Konfessionen in Deutschland und ihre sinngemäße Mitarbeit an der nationalen und sittlichen Erneuerung unseres Volkes, sowie die Zustimmung der verschiedenen Landeskirchen durch den Mund ihrer Führer zu den grundsätzlichen Darlegungen des Reichskanzlers waren neben dem Plane der Schaffung einer Reichskirche der Anlaß zum Beginn einer entsprechenden Umstellung der Verfassungen der einzelnen Landeskirchen.
Auf Grund dieser Tatsache erließ die Kirchenregierung unterm 1. Juni 1933 ein vorläufiges kirchliches Gesetz über den einstweiligen Umbau der Verfassung der vereinigten evangelisch-protestantischen Landeskirche

Badens, über dessen Weitergeltung oder Aufhebung die Landessynode zu entscheiden hatte. Bei der Umgestaltung handelt es sich in erster Linie um die Schaffung des Amtes des Landesbischofs als Führers der Landeskirche, dessen Stellung nicht einfach dem weltlichen Vorbild gleichgeschaltet werden kann, sondern der Wesensart der Kirche entsprechen muß. So wie in der Kirchengemeinde der Pfarrer der geistliche Führer ist und in keiner Weise auf diesem Gebiet von dritter Seite eingeschränkt wird, steht an der Spitze der Landeskirche von nun an der Landesbischof als der geistliche Führer der Landeskirche und handelt in diesem Wirkungskreis selbständig mit eigener Verantwortung. Auf die weltlichen Angelegenheiten der Landeskirche dagegen erstreckt sich diese Führermacht des Landesbischofs nicht. Die Regierung und Verwaltung der Landeskirche kommt dem Oberkirchenrat zu, soweit nicht andere Organe damit betraut sind. In seiner Amtsführung wird der Landesbischof von den geistlichen Mitgliedern des Oberkirchenrates unterstützt. Die Wahl des Landesbischofs erfolgt durch die Landessynode. Da aber nach den Abmachungen der Landeskirche mit dem Staat im Kirchenvertrag das Plazet der Staatsregierung vor der Bestellung eingeholt werden muß, wurde dem erweiterten Oberkirchenrat der formale Vollzug der Ernennung des Landesbischofs zugewiesen, damit nach der Wahl und vor der eigentlichen Bestellung das Einvernehmen mit der Staatsregierung herbeigeführt werden kann. Die Befugnis dieser Ernennung ist aber nicht etwa so aufzufassen, als ob sie im Belieben des erweiterten Oberkirchenrates stünde. Dieser hat sie vielmehr nach ordnungsmäßiger Wahl und Zustimmung der Landesregierung ohne weiteres zu vollziehen.

Seiner Stellung entsprechend kann der Landesbischof von der Landessynode nicht abberufen werden, was durchaus dem Führergrundsatz entspricht. Bei der Unmöglichkeit weiteren Zusammenarbeitens mit der Landeskirche sind aber anderweitig die Mittel einer Lösung wohl gegeben. Die Ernennung des Landesbischofs erfolgt auf Lebenszeit, sofern nicht in dem Dienstgesetze oder anderweitig eine Altersgrenze festgesetzt ist oder wird. Der ständige Stellvertreter des Landesbischofs wird auf dessen Vorschlag von dem erweiterten Oberkirchenrat aus der Mitte der geistlichen Mitglieder desselben ernannt.

Die Befugnisse des Landesbischofs sind in einem besonderen Gesetze über dessen Zuständigkeit festgelegt. Neben anderen weniger wichtigen Aufgaben ist dem Landesbischof insbesonders die Vertretung der Landeskirche, die Führung des Vorsitzes im Oberkirchenrat, die Dienstaufsicht über die Oberkirchenräte, die Vollziehung und Verkündigung der kirchlichen Gesetze, die Erlassung von Hirtenbriefen, sowie die Ernennung der Dekane und Pfarrer und die seelsorgerliche Beaufsichtigung und Beratung der Geistlichen zugewiesen. Die Zuständigkeit des Landesbischofs umfaßt auch die Anordnung und Einführung von Lehr-, Gesang- und Kirchenbüchern. Nach dem vorläufigen Gesetze der Kirchenregierung sollte es genügen, dazu vorher die Landessynode zu hören. Gegen diese weitgehende einzigdastehende Befugnis des Landesbischofs wandte sich eine Eingabe des Evangelischen KGR Unteröwisheim [vgl. Dok. 553], der sich 25 weitere Kirchengemeindevertretungen anschlossen mit der Bitte, einer derartigen Machteinräumung an den Landesbischof nicht zuzustimmen. Zur Begründung wurde darauf abgehoben, daß bei der Zulassung dieses Rechtes auf Einführung von Lehrbüchern usw. durch den Landesbischof die ganze 'Gestaltung des gottesdienstlichen Lebens einschließlich der Sakramentsverwaltung, wie auch des Religions- und Konfirmandenunterrichts einer ganzen Kirche entscheidend in die Hand eines einzigen Menschen gelegt werde und dann kein verfassungsmäßiges Mittel mehr besteht, die Landeskirche in ihren heiligsten Anliegen und Pflichten vor der menschlichen Fehlbarkeit dieses Amtsträgers zu schützen'. Die Einräumung einer solchen Machtbefugnis in Gestalt eines Lehrdominates finde weder in der Bibel noch in der Geschichte der evangelischen Kirche eine Begründung und neige in bedenklicher Weise nach der katholischen Seite hin. Die gleichen Bedenken wurde auch von Mitgliedern der Landessynode selbst erhoben. Von einer Seite wurde zur Einschränkung der vorgeschlagenen Befugnisse des Landesbischofs der Antrag gestellt, die Anordnung der Einführung von Lehrbüchern usw. von der Zustimmung der Landessynode abhängig zu machen und deshalb die Worte 'nach Anhörung' durch 'im Einvernehmen mit' der Landessynode zu ersetzen. Diese Änderung hätte zur Folge gehabt, daß der Landesbischof wieder wie bisher in allen und jedem an die Mitwirkung der Landessynode gebunden wäre, während man Wert darauf legte, die Herausgabe solcher Werke einheitlich einer überragenden Persönlichkeit zu übertragen. Dieser weitgehende Antrag fand darum auch keine Annahme, dagegen die vermittelnden Vorschläge, daß die Schaffung solcher Bücher 'im Benehmen mit der Landessynode unter Wahrung des Bekenntnisstandes zu erfolgen habe'. Damit ist auf der einen Seite erreicht worden, daß der Landesbischof bei diesen Arbeiten in eingehende Verhandlungen mit der Landessynode über die Stoffe zu treten hat und auf diese Weise über die Meinungen des Kirchenvolkes dazu unterrichtet wird, über die er sich nicht ohne weiteres hinwegsetzen kann. Andererseits ist aber auch dafür Sorge getragen, daß kein unglückliches Kompromißwerk mit allen seinen Schattenseiten zustande kommt, sondern ein von einheitlichem Geist getragenes Werk aus einem Guß geschaffen wird. Damit dürfte auch diese bedeutungsvolle Frage im Sinne des Einigungsgedankens eine befriedigende Lösung gefunden haben.

Der mit der Regierung und Verwaltung der Landeskirche betraute Oberkirchenrat setzt sich aus dem Landesbischof und der erforderlichen Zahl geistlicher und weltlicher Oberkirchenräte zusammen. Im Gegensatz zu dem bisherigen Zustande, wonach dem Kirchenpräsidenten in allen zur Zuständigkeit des Oberkirchenrates gehörenden Angelegenheiten die Entscheidung zustand, faßt nach dem vorläufigen Gesetze der Oberkirchenrat jetzt seine Entschließungen durch Mehrheitsbeschluß der anwesenden Mitglieder und entscheidet bei Stimmengleichheit die Stimme des Landesbischofs. Beachtlich ist also, daß in diesen weltlichen Angelegenheiten – von der letztgenannten Ausnahme abgesehen – die autoritative Macht des Landesbischofs nicht Platz greift. Ob sich die Aufziehung des Oberkirchenrates als Kollegialbehörde bewähren wird, muß erst die Erfahrung zeigen. Den Vorsitz in den Sitzungen des Oberkirchenrates führt der Landesbischof. Dagegen trägt die Verantwortung für den geordneten Geschäftsgang ein weltlicher Oberkirchenrat, der auch diese Behörde rechtswirksam nach außen vertritt. Die beamtenrechtliche Stellung der Oberkirchenräte ist in dem entsprechenden Dienstgesetze geregelt. Nach der Vorlage sollte die Abberufung durch die Landessynode unzulässig sein. Wenn man auch diese parlamentarische Möglichkeit nicht beibehalten wollte, hielt man es doch für geboten, eine solche für den Landesbischof einzuführen. Deshalb hat die Landessynode der Gesetzesvorlage den Zusatz gegeben, daß die Oberkirchenräte ohne ihr Ansuchen aus Rücksichten des Dienstes durch den Landesbischof zur Ruhe gesetzt werden können.

Aus der Übertragung der Regierung und Verwaltung der Landeskirche an den Oberkirchenrat ergibt sich dessen Zuständigkeit, die sich insbesondere erstreckt auf die Vertretung der Landeskirche in allen Rechts- und Vermögensangelegenheiten, die Ernennung der kirchlichen Beamten, die dienstpolizeiliche Aufsicht über die Amtsführung und den Wandel der Geistlichen und Kirchenbeamten (die Oberkirchenräte ausgenommen, die dem Landesbischof unterstehen). Die Aufsicht über die Verwaltung des örtlichen Kirchenvermögens, die Verwaltung des Vermögens der Landeskirche, der unmittelbaren Fonds und Pfründen, das kirchliche Bauwesen und die Entscheidung über Beschwerden gegen Verfügungen der unteren Kirchenbehörde.

Der bisherigen Einrichtung der Kirchenregierung entsprechend ist der Erweiterte Oberkirchenrat vorgesehen, dem neben den Mitgliedern des Oberkirchenrates noch vier vom Landesbischof ernannte Abgeordnete der Landessynode angehören. Ihm steht in wichtigeren Angelegenheiten, soweit sie nicht andern Organen vorbehalten sind, die Entscheidung zu. Neben den bereits erwähnten Befugnissen kommen dem Erweiterten Oberkirchenrat die Ernennung der Oberkirchenräte auf Vorschlag des Landesbischofs und des geschäftsleitenden Vorsitzenden des Oberkirchenrates zu, sowie die Vorschläge über die Ernennung von Dekanen, Pfarrern und der zur Landessynode zu berufenden Abgeordneten, die Erlassung vorläufiger kirchlicher Gesetze und die verschiedenen Vorlagen an die Landessynode.

Mit Rücksicht auf die dem Landesbischof auf Kosten der Landessynode eingeräumten Führerrechte mußte deren Befugnis, wonach sie bisher über alle Angelegenheiten der Landeskirche beraten und entschließen konnte, entsprechend eingeschränkt werden in dem Sinne, daß sie diese Dinge in den Kreis ihrer Beratungen ziehen und dementsprechend Wünsche und Anregungen an die Kirchenbehörde richten kann.

Dabei ist aber zu beachten, daß die bisher sonst der Landessynode durch die Verfassung vornehmlich in § 105 Abs. 2 zugewiesenen Rechte erhalten bleiben, also insbesondere die Gesetzgebung im ganzen Gebiete des Kirchenwesens, wodurch immer die Möglichkeit gegeben ist, daß sie bei dem Vorhandensein der Zweidrittelmehrheit jederzeit die Kirchenverfassung zu ändern in der Lage bleibt.

Der Verwirklichung des Führergedankens auch auf kirchlichem Gebiet entspricht künftighin die Ernennung des Dekans und seines Stellvertreters auf sechs Jahre durch den Landesbischof nach Anhörung des Erweiterten Oberkirchenrates. Man erwartet auch von dieser Neuregelung eine günstige Auswirkung in der Frage der Auswahl wirklich für diese Stelle vereigenschafteter Persönlichkeiten.

Wesentlich bedeutungsvoller und in die bisherigen Rechte der Kirchengemeinden eingreifend ist die neue Vorschrift über die Besetzung aller Pfarrstellen durch den Landesbischof unter Wahrung der Patronatsrechte. Die näheren Einzelheiten darüber werden in einem Pfarrbesetzungsgesetze geregelt, das voraussichtlich in diesem Herbst der Landessynode vorgelegt werden wird. Nach den bisherigen Verlautbarungen ist bei den engen persönlichen Beziehungen des Geistlichen zu seiner Gemeinde nicht etwa beabsichtigt, ihr ohne weiteres rein beamtenmäßig einen beliebigen Pfarrer zu setzen, sondern man denkt daran, ein ähnliches Verfahren, wie in Württemberg geübt, einzuhalten, wonach eingehende Besprechungen oder eine sonstige Fühlungnahme seitens der Kirchenleitung mit den Kirchengemeindevertretungen der Ernennung vorausgehen sollen, bei denen die Wünsche der Gemeinde weitgehendst vorgebracht werden können. Ganz zufriedenstellend wird ja wohl auch dieses Verfahren nicht sein können. Immerhin aber dürfte es der bisherigen Art der Durchführung der Pfarrwahlen vorzuziehen sein, bei denen es doch manchmal unliebsame Vorkommnisse absetzt, die nicht dem kirchlichen Frieden dienten.

Alle diese Änderungen der Kirchenverfassung bilden nur einen Ausschnitt aus der geplanten Umarbeitung derselben als Folge der auch in der Kirche notwendigen Umstellung auf Grund der nationalen Erhebung und der engen Schicksalsverbundenheit von Volk und Kirche. Mit Rücksicht jedoch auf die Schaffung einer Reichskirche und die damit verbundene Möglichkeit der Auswirkung ihrer Verfassungsmaßnahmen auf die Gestaltung der Landeskirchen trotz der Wahrung ihrer Eigenart, hat man im Augenblick davon abgesehen, mehr als die jetzt an der Verfassung der badischen Landeskirche durchgeführten Änderungen vorzunehmen. Um aber die Gedanken der Herbeiführung eines geschlossenen, geeinten Protestantismus und eines starken Führertums unter Beseitigung des ungesunden Parlamentarismus zu verwirklichen, bedarf auch die Verfassung unserer badischen Landeskirche in allen Teilen einer grundlegenden Durcharbeitung, die erfolgen wird, sobald die derzeitigen Verhältnisse auch auf dem Gebiet der evangelischen Kirche in Deutschland geklärt sind."

550 LSynd. Fitzer an LKR Voges: Wahlmodus für den Stellvertreter des Landesbischofs
Freiburg, 14. Juni 1933; LKA GA 8088

„Die Schwierigkeit in der Auswahl des Stellvertreters des Landesbischofs läßt sich vielleicht auch dadurch beheben, daß auch er von der Landessynode gewählt wird. Bei der Bedeutung, die wir nach unseren gestrigen Besprechungen auch dem Vertreter des Landesbischofs beimessen, läßt sich dieses Verlangen durchaus rechtfertigen. Denn zur bischöflichen Spitze gehört eben auch der Stellvertreter, und es kann der Landessynode nicht einerlei sein, ob der Landesbischof oder der Erweiterte Oberkirchenrat oder sie selbst diesen wichtigen Posten besetzt. Ich halte es gerade zur Herstellung des Gleichgewichts für geboten, daß der Stellvertreter des Landesbischofs bei den verschiedenen Strömungen in der Kirche nicht in dasselbe Horn wie der Spitzenleiter stößt. Man hat ja auch im Reiche bei der Besetzung des Vizekanzlerpostens Rücksicht darauf genommen. Dieser Vorschlag hat aber nur eine Bedeutung, wenn die zweitgrößte Gruppe mit entsprechender Unterstützung ihre Absicht verwirklichen kann. – Je mehr ich mir auch nach den Ergebnissen unserer gestrigen Unterredungen die kirchliche Umgestaltung durch den Kopf gehen lasse, desto mehr komme ich zu der Überzeugung, daß wir in unangebrachter Eile handeln. 1919 haben wir als erste Landeskirche eine neue Verfassung herausgebracht, ohne abzuwarten, wie die anderen großen Landeskirchen sich einrichteten. Das Ergebnis war, daß wir in vielem danebengriffen und die Verfassung fortgesetzt ändern mußten. Jetzt sollte Rücksichtnahme noch viel mehr am Platz sein, weil wir doch eine tunlichste Einheit wünschen müssen. Haben wir denn von der Reichskirchenleitung her keine Richtlinien zu erwarten, die wir beachten sollten? Vielleicht schaffen Sie auch darüber neben der Zusammenfassung mit der Pfalz noch vor der Tagung Klarheit. Bejahendenfalls hätte man dann allen Grund, die Sache nicht übers Knie abzubrechen und brauchte nicht in der nächsten Woche schon Verhältnisse schaffen, die für uns in der Personenfrage auf sehr lange Zeit bindend sind..."

551 LLtr.-DC Voges an Pfr. Kühlewein: Prälat Kühlewein soll Landesbischof werden!
Karlsruhe, 16. Juni 1933; LKA GA 8088 – Durchschrift
„Ich danke Ihnen aufs herzlichste für Ihren lieben Brief, der mir besonders aufschlußreich gewesen ist. Aus den Gesprächen mit Ihrem Herrn Vater hatte ich selbst schon den Eindruck gewonnen, daß er innerlich uns schon sehr nahesteht. Ich wünsche nur eines, daß er auch unser Landesbischof wird. Mit aller Macht werde ich darum kämpfen. Ich habe mit dem Herrn Reichsstatthalter dieser Tage darüber gesprochen, und meinen Vorschlag gutgeheißen. Die Positiven agitieren neuerdings wieder für Wurth, der aber für uns untragbar ist. Es wird ein heißes Fechten in der Synode geben.
Im Juli will ich nach Konstanz kommen, um dort zu reden. Gott gebe Ihnen viel Kraft, daß Sie mit uns den Tag der Befreiung von reaktionären Banden recht bald erleben werden..."

552 Pfr. Th. Jäger an LKR Voges: Kritik am Gehalt der „vorläufigen kirchlichen Gesetze", vgl. Dok. 547
Unteröwisheim, 17. Juni 1933; LKA GA 8088
„In der Anlage [vgl. Dok. 553] erlaube ich mir, eine Eingabe, die der Evang. Kirchengemeinderat Unteröwisheim an die Landessynode gerichtet hat, zu Ihrer freundlichen Kenntnisnahme zu übergeben. Sie hatten in Ihren freundlichen Antwortzeilen der Zuversicht Ausdruck gegeben, daß keine römische Mischform des Bischofsamtes werde zustande kommen. Wie Sie aus der Eingabe erkennen können, kann ich den Weg der 'vorl. kirchlichen Gesetze' nicht anders als römisch nennen. Ja, wenn man will, kann man den Ausdruck wagen; in einer Beziehung sogar mehr als römisch! Der römische Papst ist, soweit ich weiß, gehalten, sich einen Beichtvater zu wählen. Und wir wissen doch, daß an eines Beichtvaters Absolution die Seligkeit hängt. Der evangelische Landesbischof der 'vorl. kirchlichen Gesetze' aber hat schlechterdings niemand mehr über sich. Der Führer vom 1.6.1933 hatte einen Artikel: Conclave in evangelischen Kirche! darin hieß es: 'Was im katholischen Kirchentum mit seiner Hierarchie einen guten Sinn hat, ist in der Kirche Luthers mit ihrem Grundsatz des allgemeinen Priestertums ebenso unweigerlich völlig fehl am Ort.' Ich möchte jetzt gar nicht auf die Fragen der Wahl des Reichsbischofs eingehen. Die zitierte und dort fettgedruckte Stelle an sich scheint mir richtig, zugleich aber auch das Gericht über die 'vorl. kirchlichen Gesetze', welches das zitierte Wort in sich schließt.

Ich möchte nichts mehr hinzufügen. Es ist eine Stunde gekommen, wo es Besseres als Schreiben gilt. Der Herr bewahre in Gnaden seine evangelische Kirche! Er bewahre auch in Gnaden den Fuß aller derer, die zum Dienst als Synodale berufen sind! Er bewahre auch Sie!"

553 KGR Unteröwisheim an LSyn.: Antrag auf Abänderung von § 1 d des „vorläufigen kirchl. Gesetzes", vgl. Dok. 547
Unteröwisheim, 16. Juni 1933; LKA GA 8088 − Druck

„An *Hohe Synode* erlaubt sich der *Evang. Kirchengemeinderat Unteröwisheim* zwei dringendste Bitten zu richten:
1. Hohe Synode wolle zum wenigsten dem § 1d des vorläufigen kirchlichen Gesetzes, die Zuständigkeit des Landesbischofs, des Oberkirchenrats und des Erweiterten Oberkirchenrats betr., in gar keinem Falle zustimmen.
2. Hohe Synode wolle im Falle einer Annahme der vorläufigen kirchlichen Gesetze vom 1. Juni 1933 oder inhaltlich ähnlicher Gesetze ausdrücklich bestätigen oder beschließen, daß auch Landesbischof und geistliche Oberkirchenräte als geistliche Diener der Kirche mit den Geistlichen zusammen unter ein Dienstgesetz im Sinne des bisherigen Dienstgesetzes fallen.

Zur Begründung:
zu 1.
Nach § 1d gehört zur Zuständigkeit des Landesbischofs die Anordnung der Einführung von Lehr-, Gesang- und Kirchenbüchern nach Anhörung der Landessynode. Damit ist die prägende Gestaltung des gottesdienstlichen Lebens einschließlich der Sakramentsverwaltung wie auch des Religions- und Konfirmandenunterrichts einer ganzen Kirche entscheidend in die Hand eines einzigen Menschen gelegt. Sollte einmal bei einem Landesbischof, was nach Ausweis der Kirchengeschichte durchaus möglich ist, nach seiner Wahl eine katholisierende oder rationalisierende oder anthropologische oder sonstwie geartete unbiblische innere Entwicklung einsetzen und sich auch in der Führung seines Dienstes auswirken, so besteht nach den vorläufigen kirchlichen Gesetzen vom 1. Juni 1933 kein verfassungsmäßiges Mittel mehr, die Landeskirche in ihren heiligsten Anliegen und Pflichten vor der menschlichen Fehlbarkeit dieses Amtsträgers zu schützen.
Die vereinigte Evang.-protestantische Landeskirche Badens kann auch nicht darin Beruhigung suchen, daß sie ja auf Jesu Weg in jedem Fall Jesu Schutz habe. Es läßt sich nämlich nicht erweisen, daß dieser Weg Jesu Weg ist, vielmehr das Gegenteil!
Jesus hat Auftrag und Verheißung nicht einem einzelnen, etwa dem einen Petrus, gegeben. Er gibt vielmehr das Amt der Schlüssel an alle Apostel (Matth. 18,19). Ebenso den Missionsbefehl (Matth. 28,19).

Entsprechend lauten die Verheißungen; Wo *zwei oder drei* versammelt sind in meinem Namen, da bin ich mitten unter ihnen (Matth. 18,20) und: Siehe, ich bin bei *euch* alle Tage (Matth. 28,20). Auch die Mahnung an Petrus: Wenn du dermaleinst dich bekehrst, so stärke deine Brüder (Lk. 22,32) stellt ihn ja ausdrücklich als Bruder unter Brüder. Gerade der Petrus, der das nicht verstand, sondern sich in jener Stunde seinen Mitjüngern überlegen und gar einer Sonderaufgabe fähig glaubte, gerade er wurde wenige Stunden darnach durch die Verleugnung über das Irrige seiner Meinung erschütternd aufgeklärt. Jesu ganz einheitliche Stellung in dieser Frage wird durch die weiteren Zeugnisse des Neuen Testaments bestätigt. So heißt es Apg. 15, 22 23: Es deuchte gut die Apostel und Ältesten samt der ganzen Gemeine ... 15,28: Es gefällt dem heiligen Geiste und uns. Daß insbesondere dem Petrus ein Lehrdominat nicht eignete, geht ganz deutlich aus Gal. 2, 11ff. hervor, wo Paulus 'vor allen öffentlich' mit Petrus in eine Aussprache über Glaubensfragen eintritt und sich der von Petrus vorher gezeigten Auffassung nicht beugt. Petrus selbst kennt sich 1. Petr. 5,1 nicht als den Übergeordneten und Ausschlaggebenden, sondern als den Mitältesten. Er stellt sich zu denen, die nach 5,3 nicht übers Volk herrschen, sondern seine Vorbilder sein sollen. Auch Paulus nimmt dieselbe Stellung ein. Er weist Gal. 2,9 ausdrücklich darauf hin, daß Jakobus und Kephas und andere mit ihm eins geworden sind.

Der biblische Befund zeigt also, daß Jesus keinem Menschen eine solche einzigartige Befugnis gegeben hat, wie es § 1d tut. Es hat aber auch gar niemand in der ersten Gemeinde geglaubt, eine solche Befugnis zu haben, wie es der Landesbischof der 'vorläufigen kirchlichen Gesetze' wird glauben müssen, und zwar als eine Befugnis nicht nur aus der Menschen, sondern aus Jesu Hand.

Eine evang.-protestantische Landeskirche hat aber auch ausdrücklich nach der Stellung der Reformation und der Bekenntnisschriften bei wichtigsten Entscheidungen zu fragen. Luthers Stellung ergibt sich klar schon aus dem Titel der dieser Frage gewidmeten Schrift. Er lautet: 'Daß eine christliche Versammlung oder Gemeinde Recht und Macht habe, alle Lehre zu beurteilen und Lehrer zu berufen, ein- und abzusetzen: Grund und Ursache aus der Schrift — Martinus Luther.' Aus seiner großen Zahl biblischer Beweise sei nur angeführt Joh. 10, 4.5.14: (Die Schafe) kennen seine Stimme usw. Hierzu sagt Luther: 'hier siehst du ja klar, wer das Recht hat, die Lehre zu beurteilen. Bischof, Papst, Gelehrte und jedermann hat Macht, zu lehren: aber die Schafe sollen urteilen, ob sie Christi Stimme oder der Fremden Stimme lehren usw.' Weiter sagt Luther z.B. zu 1. Thess. 5, 21: Prüfet aber alles und das Gute behaltet. 'Siehe, hier will er keine Lehre und keinen Satz gehalten haben, wenn er nicht von der Gemeinde, die ihn hört, geprüft und für

gut erkannt ist. Denn dies prüfen geht ja nicht die Lehrer an, sondern die Lehrer müssen zuvor das sagen, was man prüfen soll. Also ist auch hier das Urteil den Lehrern unter den Christen genommen und den Schülern gegeben, so daß es unter den Christen ein ganz und gar ander Ding ist als in der Welt. In der Welt gebieten die Herren, was sie wollen, und die Untertanen nehmen es auf. Aber unter euch, sagt Christus, soll es nicht so sein. Sondern unter den Christen ist ein jeglicher des andern Richter und wiederum auch dem anderen unterworfen usw.' Dieselbe Stellung nehmen die Bekenntnisschriften selbst, insbesondere die schmalkaldischen Artikel mit ihrem Anhang: Von der Gewalt und Obrigkeit des Papstes ein. Es muß also festgestellt werden, daß § 1d für die in ihm geregelte Frage geradezu die Trennung von der Reformation bedeutet, der Grundlage unserer vereinigten evang.-protestantischen Landeskirche.
Mit § 1d lösen wir uns aber auch von einem Grundsatz unserer Kirche, dem erst noch in der 8. Sitzung der Landessynode 1930 Gegenwartsgeltung ausdrücklich zugesprochen wurde. Dort wurde in ausdrücklicher Erklärung der Kirchenregierung gesagt: 'Damit ist die Gemeinde geschützt gegen schrankenlose Willkür oder ein sogenanntes Lehrdominat ihres Geistlichen.' Wie die Einzelgemeinde gegen ein Lehrdominat ihres Geistlichen, so muß aber auch in unausweichlicher Folgerung eine ganze Kirche gegen ein Lehrdominat ihres Landesbischofs geschützt sein.
Mit der Annahme des § 1d würde unsere Kirche aber auch dem deutschen Gesamtprotestantismus gegenüber einen Sonderweg einschlagen und damit das Gegenteil von dem bewirken, was die deutschen evangelischen Kirchen heute erstreben. Die Annahme des § 1d wäre ein römischer Weg, aber ohne innere Folgerichtigkeit. Der Papst hat zu seiner Befugnis, in Sachen der Lehre *ex cathedra zu sprechen*, nach der Lehre der katholischen Kirche durch die *successio* besondere Beauftragung und Ausrüstung mit besonderer und unbedingter Amtsgnade. Die evangelische Kirche kennt dies in dieser Weise nicht. Die Macht, die dem Landesbischof durch § 1d verliehen wird, ist also nicht unterbaut und in sich unmöglich. Würden die vorläufigen kirchlichen Gesetze vom 1. Juni 1933 von Hoher Synode angenommen, so würde sich wohl Roms Stimme verführerisch erheben und zu manchem unserer Kirchenglieder sagen: Wenn ihr nun auch einen Bischof habt, in dessen Hand eure Kirche gelegt ist, so kommt doch gleich zu dem richtigen, wahren, dem römischen Bischof. § 1d ist also auch im Blick auf die römische Kirche schlechterdings untragbar, denn er macht unser Schwert ihr gegenüber stumpf.
zu 2.
Da keinem Menschen Schwachheit und Anfechtung erspart bleibt und keiner glauben darf, er könne nicht in Irrtum und Sünde fallen, so kann

auch kein einziger Diener der Kirche aus dem Dienstgesetz herausgenommen werden.
Es ergehen somit unsere Bitten um Ablehnung zum wenigsten des § 1d und bei evtl. Annahme der Gesetze um Ergänzung derselben im Sinne der 2. Bitte aus Gewissensbedrängnis heraus als ganz dringende an Hohe Synode..."

554 EOK an Minister des Kultus, des Unterrichts und der Justiz: Unbedenklichkeitserklärung für Prälat Kühlewein
Karlsruhe, 21. Juni 1933; LKA GA 966

„Die Evang. Kirchenregierung hat durch vorläufiges kirchliches Gesetz vom 1.6.1933 [vgl. Dok. 547] die Verfassung der Vereinigten Evangelisch-protestantischen Landeskirche nach der Richtung hin abgeändert, daß künftighin an der Spitze der Landeskirche der 'Landesbischof der Vereinigten Evangelisch-protestantischen Landeskirche Badens' stehen wird ...
Die zur Zeit tagende Landessynode, die das vorläufige kirchliche Gesetz als endgültiges genehmigen wird, beabsichtigt, den derzeitigen Herrn Prälaten D. Kühlewein zum Landesbischof zu wählen.
Prälat D. Julius Kühlewein ist geboren am 18.1.1873 zu Neunstetten (Baden) als Sohn des Pfarrers und Dekans Ludwig Kühlewein. Im Juli 1890 erlangte er am Gymnasium zu Wertheim das Reifezeugnis und studierte an den Universitäten Erlangen, Halle und Heidelberg Theologie. Im Herbst 1893 legte er die erste und nach einem Jahr die zweite theologische Prüfung ab, war von Spätjahr 1894 bis Frühjahr 1895 Vikar an der deutschen Gemeinde in Genua und von Frühjahr 1895 an ununterbrochen im Pfarrdienst der Evangelischen Landeskirche tätig, zuerst in Mauer bei Heidelberg, dann am Diakonissenhaus in Mannheim, in Karlsruhe an der Altstadtgemeinde und in Freiburg an der Christuskirche. Im Herbst 1924 wurde er zum Prälaten der Evangelischen Landeskirche ernannt, 1925 wurde ihm der Doktor der Theologie ehrenhalber von der evang.-theologischen Fakultät zu Heidelberg verliehen. Er war von 1914-1924 Mitglied der Landessynode unserer Kirche.
Mit Bezug auf Artikel II Abs. 2 des Vertrags zwischen dem Freistaat Baden und der Vereinigten Evangelisch-protestantischen Landeskirche Badens vom 14. November 1932[*)] bitte ich den Herrn Minister, beim Badischen Staatsministerium eine Erklärung herbeizuführen, daß gegen die Person des zum evangelischen Landesbischof zu bestellenden Herrn Prälaten D. Kühlewein Bedenken allgemein-politischer Art nicht bestehen und mir diese Erklärung zugehen zu lassen. Da die Tagung der Landessynode im Laufe dieser Woche zu Ende geht und die Ernennung des Landesbischofs gemäß § 2 des obenerwähnten kirchlichen Gesetzes

---
* Vgl. Dok. 277, Anm.

alsbald erfolgen sollte, wäre ich dem Herrn Minister zu Dank verpflichtet, wenn mit größter Beschleunigung die erbetene Erklärung des Staatsministeriums mir alsbald zugehen könnte."

555 Präsident der LSyn. Umhauer an die Fraktionsvorsitzenden der LSyn.: Modalitäten der Landesbischofs-Wahl
Karlsruhe, 22. Juni 1933; LKA GA 8088 – Original [an LKR Voges]

„Die Wahl des Landesbischofs am Samstag, den 24.d.M. vormittags, 11 Uhr, wird in der Weise vor sich gehen, daß der Gewählte nach der Wahl vom Regierungszimmer durch die beiden Vizepräsidenten der Synode in den Sitzungssaal geleitet wird. Hier wird ihm der Präsident der Synode das Ergebnis der Wahl mitteilen und die Frage an ihn richten, ob er die Wahl annehme. Ist dies der Fall, so wird die Sitzung der Landessynode auf kurze Zeit unterbrochen und der Erweiterte Oberkirchenrat im Regierungszimmer zu der Beschlußfassung über die Ernennung zusammentreten. Während dieser Beratung spielt im Sitzungssaal ein Quartett des Badischen Staatstheaters (2 Geigen, 1 Cello und 1 Bratsche).

Nach der Ernennung des Landesbischofs durch den Erweiterten Oberkirchenrat gibt der Präsident des Oberkirchenrats den Beschluß bekannt. Der Präsident der Synode begrüßt den Landesbischof und dieser wird sodann vom Rednerpult aus eine Ansprache an die Synode halten. Nach der Ansprache werden gemeinsam alle 3 Strophen des Liedes 'Nun danket alle Gott' gesungen, worauf der Landesbischof den Segen spricht. Damit ist die Sitzung beendet.

Der Landesbischof wird darauf vom Präsidenten der Synode und den beiden Vizepräsidenten in das Zimmer Nr. 109 im II. Stock des Landtagsgebäudes geleitet werden, wo er die Glückwünsche zu seiner Wahl entgegennehmen kann. Hierzu sollen die einzelnen Fraktionsführer mit je zwei Mitgliedern ihrer Fraktion erscheinen.

Zu der Feier ist der Reichsstatthalter und die gesamte Staatsregierung eingeladen.

Der Sitzungssaal wird eine gärtnerische Ausschmückung erhalten. Zu beiden Seiten des Saales wird die Kirchenfahne angebracht werden."

556 EOK an KGRäte: Anordnung von Glockengeläut und Kirchenbeflaggung
Karlsruhe, 22. Juni 1933; LKA GA 1235 – Rds.

„Am Samstag, den 24.d.M., vormittags 11 Uhr, findet die Wahl des künftigen Landesbischofs durch die Evang. Landessynode statt. Die Kirchengemeinderäte (Kirchenvorstände) werden angewiesen, die Kirchen an diesem Tage zu beflaggen und zwischen 11 und 11 1/2 Uhr die Glocken läuten zu lassen."

557 Erw. OKR, Prot.: Pensionierung von KPräs. Wurth
Karlsruhe, 23. Juni 1933; LKA GA 4892

„Hierauf teilt Oberkirchenrat Bender ein Schreiben des Kirchenpräsidenten D. Wurth mit, in welchem dieser um seine Zurruhesetzung auf 1. Juli d.J. nachsucht.*⁾ Pfarrer Rost bemerkt hierzu, ob nicht nach Lage der Dinge eine Beurlaubung des Kirchenpräsidenten von morgen ab bis 1. Juli zu erwägen sei. Doch bittet Oberkirchenrat D. Dr. Friedrich, davon abzusehen, vielmehr morgen den Landesbischof mit Wirkung vom 1. Juli an zu wählen; bis dorthin könne Oberkirchenrat Bender den Vorsitz führen; man solle dem scheidenden Herrn Kirchenpräsidenten keine Schwierigkeiten mehr bereiten wegen der paar Tage, die man auch ohne eine streng rechtliche Lösung durchbringen werde. – Hierauf wird Kirchenpräsident D. Wurth, seinem Ansinnen entsprechend, durch einstimmigen Beschluß auf 1. Juli d.J. in den Ruhestand versetzt und beschlossen, daß der Präsident der Landessynode von dieser Entscheidung dem Hause alsbald Mitteilung machen solle."

558 KPräs. Wurth an EOK: Vertretung im deutsch-evang. Kirchenausschuß
Karlsruhe, 22. Juni 1933; LKA GA 4135 – Konzept

„Die morgen und übermorgen in Eisenach stattfindenden Verhandlungen des deutsch-evangelischen Kirchenausschusses und Kirchenbundesrates sind auch für unsere Landeskirche von so ausschlaggebender Bedeutung, daß unsere Kirche nicht unvertreten bleiben darf. Zu den Verhandlungen unserer Landessynode habe ich nichts mehr beizutragen. Was meinen Rücktritt und die Wahl des Landesbischofs betrifft, so habe ich alles Erforderliche in die Hand des Präsidenten der Synode gegeben und alles so geordnet, daß keinerlei Schwierigkeiten oder unguter Schein entstehen kann. Auch hinsichtlich meiner Zurruhesetzung ist gesorgt. Ein Gesuch kann ebenso schriftlich erledigt werden. Dies liegt auch an."

559 LKR Voges an Wehrkreispfr. L. Müller; Telegr. Warnung vor KPräs. Wurth
Karlsruhe, 22. Juni 1933; LKA GA 8088 – Konzept

„Badischer Kirchenpräsident, welcher morgen zurücktritt, nach Eisenach gefahren, Vorsicht!"

560 Erw. OKR, Prot.: Kein Stimmrecht für KPräs. Wurth in Eisenach
Karlsruhe, 23. Juni 1933; LKA GA 4892

„Oberkirchenrat Dr. Doerr teilt mit, daß Kirchenpräsident D. Wurth gestern abend zu einer Sitzung des Deutschen Evang. Kirchenausschusses und des Evang. Kirchenbundesrats abgereist ist und infolgedessen an den weiteren Verhandlungen der Landessynode nicht teilnehmen kann.

---
* Vgl. Dok. 567

Der Erweiterte Evang. Oberkirchenrat faßte daraufhin folgenden Beschluß: Es wird folgendes Telegramm an Kirchenpräsident D. Wurth abgelassen:
'Kirchenpräsident D. Wurth, Pflugensberg (Kirchenbundesamt) *Eisenach.*
Der Erweiterte Evang. Oberkirchenrat beschließt, daß der Herr Kirchenpräsident in der Sitzung des Kirchenausschusses und des Bundesrates am 23. und 24.6. für die Badische Landeskirche in der Frage der Reichskirche und des Reichsbischofs keine Stimme abgibt und sich auch jeder Stellungnahme enthält.
Erweiterter Evang. Oberkirchenrat'.
Oberkirchenrat Dr. Doerr wird beauftragt, dem Direktor des Kirchenbundesamts von dem Wortlaut des Telegramms fernmündlich Mitteilung zu machen und ihn zu bitten, dem Leiter der Verhandlungen in Eisenach hiervon Kenntnis zu geben."

561 Fraktion der KPV — gez. LSynd. Camerer: Wille zu Frieden und Einmütigkeit
LSyn., 23. Juni 1933, S. 57f.

„Werte Herren! Liebe Freunde! Gestatten Sie mir als einem Synodalen, der von 1909 ab ununterbrochen der General- und Landessynode angehört und somit das geistige Ringen, das Sichauseinandersetzen zwischen den verschiedenen Richtungen und Gruppen der Synode in guten und schweren Tagen miterlebt hat, nicht nur in meinem Namen, sondern auch für meine positive Gruppe ein aus freudigem und dankbarem Herzen kommendes Wort innerster Befriedigung über die Übereinstimmung der Meinungen auszusprechen, die sich in den Ausschüssen wie im Plenum unserer jetzigen Synode gezeigt hat. In Ernst und Sachlichkeit, in Brüderlichkeit und Herzlichkeit und wahrhaft kirchlicher Haltung sind alle die schweren Fragen, die uns bewegten, behandelt worden. Wir freuen uns daher von ganzem Herzen und erklären in aller Öffentlichkeit, daß es auch für die Zukunft eine unserer vornehmsten Aufgaben sein soll, uns mit allen, die sich auf den Boden der Heiligen Schrift und der reformatorischen Bekenntnisse stellen, immer wieder in brüderlicher Weise zusammenfinden zu fruchtbarer und gesegneter Arbeit für unsere Kirche. Wir würden uns freuen, wenn dieser ernste Wille auf allen Seiten lebendig bliebe. Eine auf diese Weise geeinte Kirche wäre u.E. auch das würdigste Geschenk für den ersten geistlichen evangelischen Landesbischof, der von dieser Synode noch gewählt werden soll.
Wir wünschen und erbitten, daß dieser Geist der Einigkeit, der die Tagung unserer Landessynode beherrscht, nun auch draußen bei den kirchlichen Körperschaften der einzelnen Gemeinden und bei unserem

ganzen deutschen evangelischen Kirchenvolk einkehren möge. Bei den unübersehbaren Aufgaben und Arbeitsmöglichkeiten, die sich aus dem geistigen Umbruch der Zeit ergeben, zu dem wir uns mit einem rückhaltlosen Ja bekennen, darf es keinen anderen Streit mehr geben als den Kampf darum, daß unserem deutschen Volk die Kräfte des Evangeliums durch unsere Kirche unverkürzt vermittelt werden."

562 DC-Fraktion – gez. LKR Voges: Positive Reaktion auf Dok. 561
LSyn., 23. Juni 1933, S. 58

„Meine sehr verehrten Herren! Liebe Brüder! – so darf ich Sie doch wohl ansprechen in einer kirchengeschichtlich so überaus wichtigen Stunde. Der Appell zum Frieden, der eben aus dem Munde eines unserer ältesten Synodalen erklang, klingt weiter und erweckt in unseren Herzen ein freudiges Echo. Sie, meine Herren, wissen alle miteinander und werden es uns bezeugen, die wir uns Deutsche Christen nennen, daß unser kirchenpolitisches Streben immer dahin ging, die Kirche der Einheit und des Friedens zu schaffen. Mein Grundsatz als Führer dieser Gruppe, aber auch als Pfarrer und als Christ ist immer der gewesen: Haltet Frieden mit jedermann, soviel an Euch liegt. Wir wollen ja doch alle miteinander nichts anderes als die Kirche für unser Volk bauen, die Kirche, die sich gründet auf Bibel und Bekenntnis."

563 OKR Doerr u. LSyn.-Präs. Umhauer: Glück- und Segenswünsche für LB Kühlewein
LSyn., 24. Juni 1933, S. 62f.

„Hohe Synode! Auf Vorschlag der Landessynode hat der Erweiterte Evang. Oberkirchenrat mit Entschließung von heute Herrn Prälat D. Kühlewein zum Landesbischof ernannt, nachdem das Badische Staatsministerium mit Entschließung vom 23. Juni 1933 mitgeteilt hat, daß Bedenken allgemein-politischer Art gegen die Person des zu Ernennenden nicht bestehen.
Wir grüßen den ersten Landesbischof der Badischen Evang.-protestantischen Landeskirche.
Präsident *Dr. Umhauer:*
Ich bitte die beiden Herren Vizepräsidenten, den Gewählten und Ernannten in den Saal zu geleiten.
Herr Prälat! Die Landessynode hat einstimmig Sie für das Amt des Landesbischofs vorgeschlagen, und der Erweiterte Oberkirchenrat hat, nachdem die Landesregierung ihre Zustimmung erteilt hat, Sie zum ersten Landesbischof der Evang.-protestantischen Landeskirche Badens ernannt. Ich überreiche Ihnen die Ernennungsurkunde. – –

Hochverehrter Herr Landesbischof! In Ehrerbietung und Herzlichkeit
begrüße ich Sie namens der Landessynode und beglückwünsche Sie zu
dem hohen Amte, das Ihnen soeben übertragen worden ist. Es ist ein
Augenblick von größter Bedeutung, in dem die Evang.-protestantische
Landeskirche sich befindet, ein Augenblick, der seine Bedeutung behalten wird, solange von einer evangelischen Landeskirche Badens die
Rede sein wird.
Die Kirchenverfassung vom 24. Dezember 1919 hat die Landessynode
als kirchliche Volksvertretung zur 'Inhaberin der der Landeskirche inne-
wohnenden Kirchengewalt' gemacht. Von dieser überragenden Stellung
tritt die Landessynode nunmehr zurück und übergibt die oberste
Kirchengewalt Ihnen, Herr Landesbischof, und dem Oberkirchenrat.
Sie behält im wesentlichen nur die kirchliche Gesetzgebung, die Bewilli-
gung der allgemeinen Ausgaben und Einnahmen und das Recht, Sie und
den Oberkirchenrat zu beraten und Wünsche und Anregungen an Sie zu
richten.
Ihr Amt, Herr Landesbischof, wird von dem neuen Grundgesetz dahin
umschrieben, daß Sie 'der geistliche Führer der Landeskirche' seien,
und daß Sie 'in diesem Wirkungskreise selbständig und mit eigener Verantwortung' handeln. Eine so weit gesteckte Aufgabe, eine so weitreichende Befugnis war vor Ihnen noch keinem Leiter der badischen
Landeskirche übertragen, und es gehört ein gewaltiges Vertrauen dazu,
einem Manne so weitgehende Vollmachten zu geben. Daß Sie, Herr
Landesbischof, dieses Vertrauen der zur Bischofswahl berufenen
Synode in höchstem Maße besitzen, beweist Ihnen die Einstimmigkeit,
mit der Sie erkoren worden sind. Sie haben dieses Vertrauen in langer
Arbeit in der Kirche und für die Kirche durch Ihre Persönlichkeit, durch
die Art Ihres Wirkens und durch den Erfolg Ihrer Arbeit erworben, und
wir sind der festen Überzeugung, daß es Ihnen in kurzem gelingen wird,
dieses Vertrauen der Landessynode zu einem Vertrauen des ganzen
Kirchenvolkes zu erweitern, des Kirchenvolkes, das Sie bereits in den
mehr als acht Jahren Ihres Wirkens als Prälat und erster Geistlicher des
Landes verehren gelernt hat.
Daß dies geschehe und daß Ihr Wirken der Landeskirche zum Segen
werde, erbitten wir von Gott. Er schenke Ihnen die Kraft und die Freudigkeit zur Erfüllung Ihrer hohen Aufgabe! Seine Gnade und sein Segen
walte über Ihnen und Ihrem Wirken! Das ist unser Gebet."

564 LB Kühlewein: Ansprache an die Landessynodalen
LSyn., 24. Juni 1933, S. 63f.

„Hohe Synode! Meine sehr verehrten Herren und Brüder! Vor allen
Dingen danke ich Ihrem Herrn Präsidenten herzlich für die freundlichen

Worte, mit denen er in Ihrem Namen mich begrüßt hat, und ich danke Ihnen allen, meine Herren, für das große Vertrauen, das Sie mir durch Ihre einmütige Willenskundgebung entgegengebracht haben.
Glauben Sie ja nicht, daß mir der Entschluß, Ja zu sagen, leicht geworden ist. Leicht ist es mir nicht, schon im Blick auf den Mann, der während eines Jahrzehnts nahezu mit ebenso starker Hand wie mit reicher Erfahrung und Kunst der Leitung die Zügel unserer Landeskirche geführt hat. Einen Mann von seinem Format ersetzen zu sollen, ist nichts Leichtes. Ihn ersetzen zu wollen in jeder Hinsicht – dieser Gedanke liegt mir vollständig fern. Und dann: das neugeschaffene Amt, das mit einer so weitgehenden Verantwortung und mit so schweren Aufgaben belastet ist, wie sie keiner der führenden Männer bisher in unserer Landeskirche gehabt hat – ich möchte den sehen, der ohne Bangen die Liste der Aufgaben und besonders der Verantwortung durchsieht, die dem Landesbischof auferlegt sind. Wenn ich Ihrem Rufe dennoch folge, so geschieht es nicht im Vertrauen auf meine eigene Kraft, sondern einzig und allein im Glauben an unseren himmlischen Herrn und aus der Liebe zu unserer Kirche, die gebieterisch verlangt, daß einer in die Bresche tritt. Ich sehe aus Ihrer Abstimmung, daß Sie mich dazu bestimmt haben, und dem entziehe ich mich nicht. Denn die Lage unserer evangelischen Kirche verlangt es, daß keinerlei Rücksicht auf den eigenen Willen oder gar auf die eigene Bequemlichkeit, sondern einzig und allein die Rücksicht auf das Wohl unserer Kirche und ihre Zukunft entscheidet.
Gestatten Sie mir in dieser Stunde ein Wort über die gegenwärtige Lage unserer Kirche, so wie ich sie sehe, und über die Aufgabe, die daraus entspringt. Vor allen Dingen möchte ich sagen – und ich weiß, daß ich darin Ihrer aller Zustimmung habe –, wir stellen uns voll und ganz mit freudigem Herzen auf die Seite unseres neuen Staates. Denn dieser Staat will ein deutsches und ein christliches Volk, und darum will er auch die Kirchen; er will sie nicht als ein Werkzeug, mit dem er machen kann, was er will, sondern er will sie, weil er weiß, daß der christliche Glaube das Fundament unseres Volkes ist, und daß die innere Erneuerung, die unserem Volk nottut, nur aus den Kräften kommen kann, die in der Kirche und im Evangelium von Jesus Christus wirksam sind. Die Mächte der Entchristlichung und der Gottlosigkeit, die die Kirche bisher bekämpft hat, bekämpft auch der neue Staat. Dem furchtbaren Klassenkampf, unter dem nicht nur unser Volksleben, sondern auch unsere kirchliche Arbeit von Grund aus gefährdet und zerstört wurde, haben die Führer unseres neuen Staates ein Ende bereitet und wollen ihm endgültig ein Ende bereiten. Es ist ihnen gelungen, unser zerklüftetes Volk um einen neuen großen Gedanken und um ein Ziel zu einigen. Das danken wir ihnen. Darum ist es auch unsere Pflicht, ihnen zu helfen, daß sie die Ziele, die sie erkannt und mit durchgreifender Energie in Angriff

genommen haben, vollenden können. Das ist unsere Pflicht um des Evangeliums, um unserer Kirche und um unseres Volkes willen. Darin sehe ich die Aufgabe, die unsere Kirche jetzt hat. Es sind ihr dadurch neue Möglichkeiten gegeben, aber allerdings auch neue, schwere und ernste Aufgaben, an die wir alle ohne Ausnahme Hand anlegen müssen, wenn das Werk gelingen soll. Wir stellen uns damit keineswegs in den Dienst des Staates, denn die Kirche hat ihre eigene Art und Gestalt, ihr eigenes Recht und Gesetz von Gott her und ihre eigene Verantwortung vor ihrem himmlischen Herrn. Wohl aber stellen wir uns mit dem Staat zusammen in den Dienst unseres Volkes. Der Dienst, den die evangelische Kirche an unserem Volk zu tun hat, kann kein anderer sein, als daß wir die Gotteskraft des unverkürzten ewigen Evangeliums auf neue Weise und mit neuer Tatkraft in unser Volk hineinstellen, und daß wir unserem Volk aus dem Evangelium heraus Gottes Willen verkündigen, denn ohne Gottes Willen kann kein Volk und kein Reich bestehen.
In diesem Sinne, Hohe Synode, fasse ich auch das Amt auf, das Sie mir übertragen haben, und so hoffe ich es zu führen, wenn Gott und solange Gott mir Gnade schenkt. Ich würde es nicht wagen, die Hand an den harten Pflug zu legen, den Sie mir reichen, wenn ich nicht in Ihrem Ruf zugleich den Ruf Gottes zum Dienst an unserer badischen Landeskirche im Glauben ergreifen könnte. Ich möchte es auch nicht wagen, wenn ich nicht hoffen könnte, daß ich auch künftighin von Ihrem Vertrauen, von Ihrer freudigen Mitarbeit und von Ihrer Fürbitte getragen sein werde.
Verehrte Herren und Freunde! Lassen Sie uns darum im Glauben und im Gebet fest zusammenstehen, damit Gottes Werk in unserer Kirche geschehe und damit in unserem durch Gottes Gnade wieder geeinten Volk auch eine neue einige starke Kirche werde, auf dem Grund, der von Gott gelegt ist, Christus und das Evangelium, zum Segen für unser heißgeliebtes deutsches evangelisches Volk, zum Wohl unserer Gemeinden und unserer evangelischen Glaubensgenossen und zur Ehre Gottes."

565 Prof. Soellner: „Zur Neuordnung der bad. Kirchenverfassung"
LKBl. Nr. 9, 26. Juni 1933, S. 68

„Durch vorläufiges Kirchengesetz vom 1. Juni 1933 hat die Kirchenregierung unsere Landeskirche, um ein bereits übel mißbrauchtes Wort richtig anzuwenden, 'gleichgeschaltet', d.h. vom parlamentarischen auf das Führerprinzip umgeschaltet [vgl. Dok. 547].
Nicht nur dem *Namen* nach, sondern mit allen Rechten und Vollmachten tritt an die Stelle des Kirchenpräsidenten der *Landes*bischof der vereinigten evangelisch-protestantischen *Landes*kirche *Badens*. Hier ist einstweilen der Territorialismus stark betont. Der Landesbischof steht in keinem bestimmten Verhältnis zum Reichsbischof. Er kann, nachdem

er vom 'erweiterten Oberkirchenrat' auf Lebenszeit gewählt ist, jeden kirchlichen Beamten ein- und absetzen, vom Vikar bis zum Oberkirchenrat. Synode und Oberkirchenrat haben im wesentlichen nur noch zu beraten, nicht mehr zu beschließen. Der Unterschied zwischen der Verfassung vor und nach dem 1. Juni 1933 ist ungefähr gerade so groß, wie zwischen einer demokratischen Republik und einem absoluten Königtum.

Diese Neuordnung bringt die stärkste Umwälzung, die in dem Verfassungsleben unserer badischen Kirche jemals vorgekommen ist. Aber sie ist notwendig, um durch straffe Zusammenfassung der gesamten Gewalt in einer Hand, der Kirche die Schlag- und Stoßkraft zu geben, deren sie in den gegenwärtigen Auseinandersetzungen dringend bedarf. –

Inzwischen, während diese Zeilen schon gesetzt waren, kommt die Nachricht, daß die Synode diesem vorläufigen Gesetz zugestimmt und am 24. Juni 1933 einstimmig den Herrn Prälaten D. Kühlewein zu ihrem ersten Landesbischof vorgeschlagen hat, der dann vom erweiterten Oberkirchenrat gewählt wurde. Unsere Vereinigung hat tiefsten Grund, sich über die Überwindung des Parteihaders zu freuen und dem neuernannten Bischof ihre ehrfürchtigsten Glückwünsche darzubringen."

566 Prof. Knevels: „Prälat D. Kühlewein zum Landesbischof erwählt"
LKBl. Nr. 9, 26. Juni 1933, S. 68

„Am Samstag, 24. Juni, wurde Prälat D. Kühlewein einmütig zum Landesbischof unserer evangelisch-protestantischen Landeskirche von der Synode erwählt. Wir freuen uns sowohl über die Erwählung dieser Persönlichkeit, die wir stets besonders hochgeschätzt und hinter die wir uns immer gestellt haben, als auch über die Einmütigkeit der Erwählung, die einen Sieg des landeskirchlichen Gedankens und der landeskirchlichen Gesinnung bedeutet. Wo innerste Gründung im Evangelium mit heißer Liebe zum Volk – wie bei Landesbischof Kühlewein – verbunden ist, da *müssen* die Gegenkräfte überwunden und die Spaltung beseitigt werden. Das hoffen wir auch zu Gott für die so schmählich zerrissene und zerstrittene deutsche evangelische Kirche."

567 Pfr. Dürr: Würdigung von KPräs. i. R. Wurth, Bericht über die Wahl des Landesbischofs
MtsBl. Nr. 7, 2. Juli 1933, S. 27f.

„Am Freitag, den 23. Juni, wurde das Gesetz zur Umgestaltung der Verfassung angenommen. An die Spitze unserer Landeskirche tritt damit als der geistliche Führer ein Landesbischof, der 'in diesem Wirkungskreis selbständig und mit eigener Verantwortung' handelt. Damit wird auf den Landesbischof die oberste Kirchengewalt, die nach der seitherigen Verfassung die Landessynode innehatte, übertragen. Der Anfang zur Beseitigung des kirchlichen Parlamentarismus ist damit gemacht.

Nach der Annahme dieses Gesetzes verlas der Präsident der Synode ein *Schreiben des Herrn Kirchenpräsidenten D. Wurth,* der durch die Einberufung der evangelischen Kirchenführer zur Sitzung des Evangelischen Kirchenausschusses nach Eisenach am persönlichen Erscheinen in der Synode verhindert war, welches folgenden Wortlaut hatte:

Ich habe meine Zuruhesetzung auf 1. Juli d.J. bei dem Erweiterten Evangelischen Oberkirchenrat beantragt und nehme hiermit die Gelegenheit wahr, Gott meinen demütigen Dank auszusprechen für seinen mir bis ins Alter verliehenen so gnädigen Beistand, zugleich aber auch aufrichtigen Dank zu sagen meiner Kirche, der ich so lange dienen durfte, und die mich bis hierher getragen hat, und endlich herzlich zu danken allen meinen Mitarbeitern, die in bewährter Treue ihre Kraft einsetzen in gemeinsamer Arbeit für unsere Landeskirche.

In diesem Augenblick entscheidender Bedeutung für unsere evangelische Kirche erflehe ich für sie Gottes reichen Segen und seinen allmächtigen Schutz, daß sie in Wort und Tat stets bleiben möge bei dem Bekenntnis zu Jesus Christus, unserem gekreuzigten und auferstandenen Herrn und Heiland.

Den an meine Stelle tretenden Landesbischof aber möge der gnädige Gott ausrüsten mit all den Kräften des heiligen Geistes, die nötig sind, das Schifflein unserer geliebten Kirche sicher zu führen durch alle Gefahren, die ihr drohen, so lange sie eine kämpfende sein wird.

Ich gehe aus der Arbeit in den Ruhestand mit der Versicherung: Es sei ferne von mir, daß ich ablassen sollte, für die Kirche zu beten, und in dem unerschütterlichen Glauben an das Wort des Apostels Paulus: Gott ist getreu! (1. Kor. 10,13).

Nach der Bekanntgabe dieses Schreibens richtete der Präsident der Landessynode, Herr *Dr. Umhauer,* folgende Worte an die Synode:

'Mit tiefer Bewegung vernehmen wir soeben den Entschluß unseres verehrten Herrn Kirchenpräsidenten, in den Ruhestand zu treten. Dies ist ein für die Geschichte unserer Landeskirche hochbedeutender Augenblick. Nicht etwa nur deshalb, weil jetzt eine Periode kirchengeschichtlicher Entwicklung abschließt und ein neuer Abschnitt beginnen soll, sondern vor allem um des willen, weil der gegenwärtige Augenblick Anlaß gibt, rückschauend die Lebensarbeit eines um die Vereinigte Evangelisch-protestantische Landeskirche Badens hochverdienten Mannes zu würdigen und sich darüber klar zu werden, was von ihm, durch ihn und mit ihm für die Kirche geleistet und erreicht worden ist.

Zunächst einige Daten über den äußeren Verlauf des Lebens unseres bisherigen Herrn Kirchenpräsidenten.
Er wurde am 1. Dezember 1861 in Dundenheim geboren als Sproß eines alten Bauerngeschlechts. In engster Heimatverbundenheit, die markige Stammesart selbst in sich verkörpernd, wuchs er unter dem Einfluß eines frommen kirchlichen Elternhauses auf. Das Werden des geeinten Deutschen Reiches und die ihm vorausgehenden Kämpfe hat er mit heißer Begeisterung miterlebt; Vaterlandsliebe und nationaler Sinn ist neben tiefinnerlicher Frömmigkeit die Grundlinie seines Wesens geblieben. Nachdem er in Straßburg das Reifezeugnis zum Übergang auf die Hochschule erlangt hatte, widmete er sich fünf Semester lang mathematischen und naturwissenschaftlichen Studien. Allein, von Kind auf in der Welt frommen Väter-Glaubens zu Hause, war D. Wurth auch in den Jahren der Reife innerlich so unlöslich mit ihr verbunden, daß er in tiefem Glaubensdrang das fast zu Ende gebrachte Studium der Mathematik und Naturwissenschaft mit dem der Theologie vertauschte, um ein Prediger des Evangeliums zu werden. Später als andere, aber auch vielseitiger gebildet als die meisten, trat er deshalb erst als ein 30jähriger ins Amt. Er war als Vikar verwendet 1891 in Epfenbach, wo ihm der ganze Pfarrdienst oblag; von 1892 an in Weingarten, zunächst zur Vertretung des leidenden Pfarrers und nach dessen im folgenden Jahre eingetretenen Tod als Pfarrverwalter. 1894 wurde er Pastorationsgeistlicher in Triberg, im gleichen Jahre Pfarrverwalter in Liedolsheim, und von 1895 ab Pfarrer daselbst.
Im Jahre 1894 vermählte er sich mit der Pfarrerstochter Hildegard Bering; der Ehe wurden zwei Töchter geschenkt.
1906 wurde er Pfarrer der oberen Pfarrei in Bretten. Nachdem er schon während seiner Liedolsheimer Pfarrzeit der Kirchenpolitik sich zugewandt hatte, trat er in der Kirchlich-Positiven Vereinigung bald führend hervor. Zunächst teilte er die Arbeit mit den Pfarrern Gleis und Mühlhäußer, trug aber dann, nachdem diese beiden Baden verlassen hatten, die Arbeit im wesentlichen selbst. In seiner Brettener Zeit wurde er Führer der Kirchlich-Positiven Vereinigung und Herausgeber der Kirchlich-Positiven Blätter, von denen 20 Jahrgänge auf ihrem Titelblatt ihn als Herausgeber nennen. Während des Krieges hatte er eine ungeheure Arbeitslast zu tragen; durch fast zwei Jahre versah er beide Pfarreien in Bretten und ließ außerdem wöchentlich den 'Kriegstrost' erscheinen. Als wohlverdiente Anerkennung seiner Tätigkeit während des Krieges wurde ihm im Jahre 1916 das Kriegshilfekreuz verliehen.
Im Jahr 1914 wurde er Mitglied der Landessynode und war nach dem Kriege am Neubau der Kirchenverfassung mitführend beteiligt. 1920 wurde er zum Mitglied der Kirchenregierung gewählt. Am 11. Oktober 1921 fanden seine Verdienste um die Landeskirche kirchlicherseits die

Anerkennung durch seine Ernennung zum Kirchenrat und am 6. November 1921 folgte seine akademische Ehrung durch Verleihung der theologischen Doktorwürde seitens der Universität Heidelberg.
Wohl schon seit 1920 war er als der eigentliche Führer der Landeskirche anzusehen. Zu den krisenhaften Stunden des Jahres 1924, in denen die führenden Männer der Landeskirche ausgewechselt wurden, erschien er ganz selbstverständlich als für die Leitung der Kirche berufen. Er wurde von der Landessynode zum Kirchenpräsidenten gewählt, denn er allein schien imstande, den Kurs zu bestimmen und einzuhalten, der durch den Strudel sicher hindurchführte. Er war der dritte Theologe an der Spitze der Landeskirche. Aber er trug eine ungleich schwerere Last als seine Vorgänger. Dr. Ullmann und D. Helbing, die den Landesherrn als Landesbischof über und hinter sich hatten, während D. Wurth diese historisch gewordene und in das Volksbewußtsein eingewurzelte Autorität entbehren mußte. Er konnte seine Autorität nicht von einem andern, höher gestellten, ableiten, sondern mußte sie, auf sich selbst gestellt, sich auch selber schaffen. Es ist ihm gelungen, dieses Ziel zu erreichen, und umso gewichtiger ist die vollbrachte Leistung und das Werk unseres Kirchenpräsidenten, dem, wie in einer Würdigung seiner Persönlichkeit anläßlich seines 70. Geburtstages mit Recht ausgeführt wurde, *Gott* die hohe Gnade gab, Lob und Tadel der Menschen auf sich beruhen zu lassen, nicht aus Selbstsicherheit, sondern aus dem demütigen Glauben eines Paulus: 'Mir ist es ein Geringes, daß ich von euch gerichtet werde – aber darum bin ich nicht gerechtfertigt – *Gott* ist's, der mich richtet.'
Es ist fast unmöglich, die Lebensarbeit und Bedeutung eines Mannes erschöpfend zu würdigen, der bis zu diesem Augenblick im Brennpunkt des kirchlichen Geschehens steht. Dies zu tun, ist auch hier weder der Ort noch die Zeit. Ich muß mich darauf beschränken, gewissermaßen stichwortmäßig einige der wichtigsten Werke hervorzuheben, die unter seiner Leitung vollendet wurden. Unter diesen nehmen den ersten Platz ein der neue Kathechismus und die Agende, Aufgaben, die längst fällig gewesen, aber vor der Amtszeit des Herrn Kirchenpräsidenten nicht zur Vollendung kommen konnten. Dazu kommt aus den letzten Monaten der Staatsvertrag zwischen der Evangelischen Kirche und der Badischen Landesregierung, der die Selbstverwaltung der Kirche im Staate sichert und das Interesse des Staates an der Tätigkeit der Kirche gewährleistet. Neben diesen in die Geschichte eingegangenen Werken verdient besonders hervorgehoben zu werden seine Mitarbeit am Umbau der Kirchenverfassung, sein tapferes und zuverlässiges ununterbrochenes Festhalten des Steuers in sturmbewegter Zeit und die unendlich mannigfaltige Alltagsarbeit, die er als Leiter der Landeskirche geleistet hat und durch die er in engste Verbundenheit nicht nur mit der

Geistlichkeit und der kirchlichen Beamtenschaft, sondern auch mit dem evangelischen Kirchenvolk Badens selbst trat. Mit Recht wird gesagt, Herr D. Wurth habe das hohe Amt des Kirchenpräsidenten populär gemacht. Kein Weg war ihm zu weit, kein Ort zu klein, kein Anlaß zu gering, wenn es galt, die Gemeinden hier und dort im Lande aufzusuchen und zu grüßen. Darum wird aber auch sein Scheiden aus seinem hohen Amte nicht nur von seinen engeren Mitarbeiten und von uns Synodalen als schmerzliche Lücke erfühlt, sondern auch im ganze Lande mitempfunden. Mit dem Ausdruck allerherzlichsten Dankes für seine Lebensarbeit und mit der Versicherung bleibender Verehrung sehen wir ihn vom Amte scheiden, herzlichst hoffend und wünschend, daß er uns als Mensch und Freund nahe bleiben und der Kirche seinen wertvollen Rat und seine Unterstützung auch weiterhin leihen möge und daß Gottes Gnade und Segen ihm einen sonnigen Lebensabend schenke.'

Wir Positive verehren in ihm zugleich unsern langjährigen tatkräftigen Führer und Freund, dem wir in Dankbarkeit verbunden bleiben.

Am Samstag vormittag um 11 Uhr, während alle Kirchenglocken unseres Landes zusammenläuteten, fand dann *die feierliche Wahl des Landesbischofs* statt. Die einstimmige Wahl fiel auf den bisherigen Prälaten der Landeskirche, Herrn D. Kühlewein. Im Anschluß an diese Wahl zog sich der Erweiterte Oberkirchenrat zu einer kurzen Sitzung zurück, während ein Quartett während der unterbrochenen Sitzung musizierte. Nach kurzer Zeit kehrte der Erw. OKR zurück, um durch Herrn Oberkirchenrat Dr. Doerr der Synode die Ernennung des gewählten Landesbischofs mitzuteilen. Die beiden Vizepräsidenten der Landessynode geleiteten darauf den Herrn Landesbischof in den Sitzungssaal, wo ihn Synodalpräsident Dr. Umhauer nach Übergabe der Ernennungsurkunde mit herzlichen Worten begrüßte, während die Synode stehend und in Ergriffenheit ihre Zustimmung zu folgenden Worten ihres Präsidenten zum Ausdruck brachte: [vgl. Dok. 563]

Die Ansprache, mit welcher der neugewählte Landesbischof seinen Dank zum Ausdruck brachte, und in der er ein Wort über die Lage und Aufgabe der Kirche sprach, werden wir in der nächsten Nummer unseren Lesern mitteilen. Er schloß mit der Aufforderung: 'Lassen Sie uns im Glauben und im Gebet fest zusammenstehen, daß in unserem wiedergeeinten Volk auch eine einige und starke evangelische Kirche werde auf dem Grund, der von Gott gelegt ist, Christus und das Evangelium, zum Segen für unser geliebtes deutsches Volk, zum Heil unserer Gemeinden und unserer Glaubensgenossen, zur Ehre Gottes.'

Die Landessynode sang darauf gemeinsam die drei Strophen des Liedes 'Nun danket alle Gott'. Die feierliche Sitzung schloß mit Gebet und Segen des Landesbischofs.

Die feierliche Einführung in sein Amt wird, wie wir hören, voraussichtlich am Sonntag, den 23. Juli, stattfinden. Wir wollen uns betend hinter unsern Landesbischof stellen, daß Gott ihm die Kraft und die Freudigkeit zur Erfüllung seiner hohen und verantwortungsvollen Aufgabe schenke und ihn unserer Kirche zum Segen setze."

568 N.N.: „Zur Kirchenfrage" — Befriedigung über Verlauf und Ergebnis der Bischofswahl
Evang. KuVolksBl. Nr. 29, 16. Juli 1933, S. 234

„Die jetzt in der Öffentlichkeit viel ventilierte *Kirchenfrage* ist in *unserer badischen Landeskirche* durch die letzten Synodalbeschlüsse und insbesondere durch die einmütige Wahl eines Landesbischofs in *vorbildlicher Weise* gelöst worden. Einen Streit zwischen Staat und Kirche hat es nicht gegeben und wird es, wie wir zuversichtlich hoffen, auch nicht geben, wenn nur alle berufenen Faktoren unserer Kirche und insbesondere die Geistlichen den festen Willen haben, unserem geliebten deutschen Volk mit dem Evangelium zu dienen und jederzeit das Beste unseres Volkes zu suchen. Mit seinen Worten richtet darum der neue Landesbischof an die Geistlichen den Appell: 'In guter Zuversicht versehe ich mich zu euch, meinen Mitarbeitern der Kirche und Dienern des Wortes, daß ihr euch mit aller Freudigkeit und mit vollem Vertrauen zu den Führern unseres Volkes stellt, damit der begonnene Kampf zu einem guten Ende geführt und unser Volk den Mächten der Finsternis entrissen werde. Laßt allen Streit der Parteien und Richtungen begraben sein. Wir wollen nur *eine* Richtung kennen auf Christus den Gekreuzigten und auferstandenen Heiland der Welt hin. Er muß unserem wissenschaftlichen Forschen, unserer Verkündigung und unserem ganzen Dienst an den Gemeinden und am Volk Richtung, Inhalt und Ziel geben. Ihn wollen wir mit aller Kraft und Hingabe unseres Lebens unseren Gemeinden bezeugen und durch Wort und Sakrament bekennen, daß in keinem andern Heil ist...' Wenn das allenthalben von den Trägern des Amtes beachtet wird, haben wir sicherlich freie Bahn für ein gesegnetes Wirken unserer Kirche an unserem geliebten Volke..."

569 Erw. OKR, Prot.: Ernennung von Oberkirchenräten und des Stellvertreters des Landesbischofs
Karlsruhe, 24. Juni 1933; LKA GA 4892

„Ernennung von den geistlichen Mitgliedern des Oberkirchenrates. Der Landesbischof schlägt vor, die Herren Pfarrer Rost/Mannheim, Prof. Dr. Brauß/Mannheim und Pfarrer Voges/Karlsruhe zu geistlichen Mitgliedern des Oberkirchenrats zu ernennen. Der Vorschlag wird einstimmig angenommen. Pfarrer Rost und Pfarrer Voges werden hereingerufen und erklären sich auf Befragen des Vorsitzenden bereit, die

Ernennung anzunehmen. Oberkirchenrat Bender begrüßt sie herzlich und wünscht, daß Gott ihre Arbeit unserer Kirche möge zum Segen gereichen lassen. Das Amt der neuen Oberkirchenräte beginnt mit dem 1. Juli 1933.

Ernennung des Stellvertreters des Landesbischofs. Als seinen Stellvertreter schlägt der Landesbischof im Einvernehmen mit den beiden großen Gruppen Oberkirchenrat Bender vor. Der Vorschlag wird einstimmig angenommen, und Oberkirchenrat Bender erklärt sich bereit, dieses Amt anzunehmen und bedankt sich für das ihm entgegengebrachte Vertrauen."

570 EOK: Amtseinführung des Landesbischofs — Terminplan

Karlsruhe, 5. Juli 1933; LKA GA 1235 – Rds.

„Es ist beabsichtigt, die kirchliche Amtseinführung des ersten badischen evangelischen Landesbischofs am Sonntag, den 23. Juli d.J. durch einen Gottesdienst in der Stadtkirche und durch einen Begrüßungsakt im städtischen Konzerthaus feierlich zu begehen.

Der Festzug in die evangelische Stadtkirche stellt sich in der Zeit von 7.40 bis 8.10 Uhr beim Evang. Oberkirchenratsgebäude und in den benachbarten Straßen auf und trifft um 8.30 Uhr vor der Stadtkirche ein, woselbst um 8.40 Uhr der feierliche Gottesdienst beginnt. Nach Schluß desselben setzt sich der Zug zum städtischen Konzerthaus fort. Hier ist um 11 Uhr eine Begrüßungsfeier, bei der Vertreter kirchlicher und weltlicher Behörden sprechen.

Die Herren Geistlichen, die sich an diesem Tag dienstfrei machen können, sind zu der Beteiligung an der Feier freundlichst eingeladen. Wer teilnimmt, hat im Ornat zu erscheinen.

Geistliche, die schon am Samstag abend in Karlsruhe anwesend sind, werden sich um 20 Uhr in der Schloßkirche zu einer stillen Abendmahlsfeier vereinen.

Im Gottesdienst am Sonntag, den 23. Juli 1933, ist in der Predigt und im Gebet der Amtseinführung unseres ersten Landesbischofs zu gedenken.

Den Geistlichen, die sich im Hauptgottesdienst nicht vertreten lassen können, aber nach der Teilnahme an der Karlsruher Feier nachmittags ihren Dienstort noch erreichen könnten, ist gestattet, den Hauptgottesdienst auf den Abend zu verlegen."

571 KPräs. i. R. Wurth: „Ansprache über 1. Kor. 1, 9"
Evang. kirchl. Nachr. – Sondernummer, 29. Juli 1933

„Denn Gott ist treu, durch welchen ihr berufen seid zur Gemeinschaft seines Sohnes Jesu Christi, unseres Herrn.

Der heutige Tag setzt einen Markstein in der Geschichte unserer Landeskirche. Zweierlei ist auf diesem Stein geschrieben: Die Botschaft vom ersten Landesbischof und die Verheißung von Gottes Treue! Zum erstenmal wird in unserer Kirche ein Bischof in sein Amt eingeführt. So vollzieht sich hier mehr als ein Wechsel in der Leitung der Kirche; es legt nicht nur ein Alter den Stab nieder und der Jüngere ergreift ihn, vielmehr tritt an die Spitze unserer Kirche ein Hirte, mit größerer Vollmacht ausgestattet als je ein Haupt in unserer badischen evangelischen Kirche seit der Reformation.

In den vergangenen Jahrhunderten sind politische Umwälzungen selten ohne bedeutsame Folgen an der Kirche vorübergegagnen. Als das Großherzogtum erstand, forderte das Vielerlei der kirchlichen Verhältnisse eine neue Gestaltung und fand in der Union 1821 die abschließende Form. Als die Revolution 1918 unserer Kirche den fürstlichen Landesbischof wegnahm, wurde eine neue Form der Leitung nötig, und alle deutschen evangelischen Landeskirchen vereinigten sich zu einem Kirchenbund. Die Gegenrevolution von heute drängte wiederum zu engerem Zusammenschluß, zu kraftvoller Einheit, zu strafferer Leitung, zu mächtigerer Wirksamkeit.

Unter dem Zeichen eines neutestamentlichen und altkirchlichen Titels soll nun das alles verwirklicht werden. Ausgerüstet mit einer in unserer Kirche nie gesehenen Machtfülle soll der Landesbischof nicht nur die Aufsicht über das ganze Kirchenwesen führen, sondern die Weckung und Förderung des gesamten evangelischen Glaubenslebens wird auf seine Seele gebunden, ja, die Erneuerung der Kirche will man von ihm fordern. Wer aber bereit ist, Hand anzulegen zu solchem Werk, der vermag das nicht aus eigener Kraft; denn es bewährt sich immer wieder der lutherische Satz: 'Mit unsrer Macht ist nichts getan, wir sind gar bald verloren.' Darum eben sind wir versammelt, Gottes Segen zu erflehen, daß unsere Kirche geleitet werde in der Kraft des Heiligen Geistes, und der Bischof stehe und wirke als der lebendige Zeuge unseres Herrn Jesu Christi und als Mann Gottes.

Dazu bedarf es mehr als des guten Willens der Geistlichen und der eifrigen Mithilfe der Glieder unserer Kirche. Zur rechten Ausübung eines so hohen Amtes kann nur der Herr Christus selbst die volle Ausrüstung schenken. Das will auch der Apostel Paulus bezeugen, wenn er schreibt: 'Gott ist getreu, der euch berufen hat.' Dies soll in Deinem Amt, lieber

Bruder, Dein letzter und höchster Trost sein. Wohl ist es ein köstlich Ding, treue Menschen um sich zu wissen; aber wer sich auf Menschen verläßt, ist oft genug verlassen. Um so mehr gilt es, sich an das Wort zu halten: Gott ist getreu!

Darum rufe ich Dir die große Verheißung zu: Gott ist getreu, der Dich berufen hat zum Bischofsamt; darum ermahne ich die Gemeinde: haltet treu zu dem, der euch verordnet ist; darum bitte ich Dich: Sei getreu bis an den Tod; denn nur, wer bewährt ist, wird die Krone des Lebens empfangen! Amen."

572 Ministerpräsident Köhler: Grußwort

Evang. kirchl. Nachr. – Sondernummer, 29. Juli 1933

„Hochwürdigster Herr Landesbischof!

Deutsche Frauen und deutsche Männer!

Ich habe den ehrenvollen Auftrag, namens der badischen Regierung der evangelisch-protestantischen Landeskirche und Ihnen, Herr Landesbischof, die besten Wünsche zum heutigen Tage zu überbringen.
Der heutige Tag ist für die evangelisch-protestantische Kirche ein historischer Tag. Die gewaltige revolutionäre Umwälzung, die in den letzten Monaten über unser deutsches Vaterland hinweggebraust ist, hat auch vor Ihrer Kirche nicht haltgemacht und hat Veränderungen bedingt, die von einschneidender Bedeutung sind. Es ist schon vorhin gesagt worden, daß der Weg hinweggeht von Demokratie und Parlamentarismus und hin zu einem wahren Führertum. Wir glauben, daß dieser Weg der richtige und der gute ist, und daß auf diesem Wege die Kirche in eine bessere Zeit hineinkommen wird.

Es ist aber auch der Ort hier, als Vertreter der badischen Staatsregierung ein Wort zu sagen über das Verhältnis zwischen dem Staat einerseits und der Kirche andererseits. Wenn wir die Geschichte der Völker und die deutsche Geschichte zurückverfolgen, so erkennen wir, daß das Verhältnis zwischen Kirche und Staat nicht immer ein harmonisches gewesen ist; und wenn wir nach den Gründen forschen, warum diese beiden wichtigen Gebiete unseres Lebens so oft in der Geschichte aufeinandergeprallt sind unter schweren Kämpfen und Schäden für Volk und Vaterland, so müssen wir wohl sagen, daß es darauf beruht, daß der Staat sich in kirchliche Dinge einmischte und daß die Kirche Positionen erringen wollte, und Aufgaben bewältigen wollte, die an sich Staatsaufgaben gewesen sind. Und so begrüßen wir es in der heutigen Zeit, daß der Führer es unternommen hat, für die Zukunft diese Konfliktstoffe aus der

Welt zu schaffen, daß er die Aufgabengebiete klar abgrenzen will: Hier die Kirche mit ihrem Aufgabengebiet einerseits, und hier der Staat mit seinem Aufgabengebiet andererseits. Wir glauben, daß aus einer solchen klaren Abgrenzung sowohl für die Kirche wie für den Staat nur Segen wird herauswachsen können; denn letzten Endes dienen ja beide nur Einem, dem Volk, ob es nun Kirche oder Staat ist. Deshalb muß alles vermieden werden, was bewirkt, daß diese beiden großen Organe im Kampf gegeneinanderstehen; es muß alles getan werden, damit sie in gemeinsamer Arbeit ihre großen Aufgaben erfüllen können.

Es soll auch hier wieder betont werden, daß die Regierungen des Reichs und der Länder auf christlichem Boden stehen. Das haben allerdings andere Regierungen vor uns auch schon gesagt. Aber wir lassen es nicht genug sein mit dem Lippenbekenntnis. Wir sind der Meinung, daß es nicht angeht, daß man erklärt, man sei ein christliches Regiment, – und auf der anderen Seite mit dem Antichrist an einem Tisch sitzt und ihm Tür und Tor öffnet, sondern wir sind der Meinung, daß eine Regierung, die sich christlich nennt, auch zugleich die Aufgabe hat, den Kampf gegen das Unchristentum auf der ganzen Linie mit der größten Brutalität und Schärfe zu führen. Wir werden uns von diesem Weg, den wir beschritten haben, nicht abbringen lassen und werden diesen Kampf bis zum bitteren Ende durchkämpfen. Wir sind ferner der Meinung, daß eine christliche Regierung es nicht damit genug sein lassen kann, daß sie diejenigen anklagt, die das Volk ausplündern und aussaugen, sondern wir sind der Meinung, daß eine christliche Regierung die Pflicht hat, die Wucherer, wie einst Jesus getan, aus dem Tempel hinauszujagen und mit dem Schwert gegen diejenigen vorzugehen, die das Wohl des Volkes gefährden.

In diesem Sinne sehen wir Männer des neuen deutschen Regimes unsere Aufgabe, und wir glauben, daß wir so unsere Aufgabe auch im christlichen Geist und im christlichen Sinn verstehen.

Das deutsche Volk hat schwer darunter zu leiden, daß zu all den Schwierigkeiten seiner politischen Lage auch noch die Tatsache hinzutritt, daß dieses Volk in zwei konfessionelle Hälften auseinandergespalten ist, und viele Leiden und viele Tränen, die unsere Ahnen vergossen haben, kommen aus diesem Ursprung heraus. Eine Regierung, die es gut mit dem Volke meint, muß deshalb alles tun, damit nicht aus der Verschiedenheit der Glaubensauffassung heraus Kämpfe erwachsen, die Unfrieden und Unsegen über das Volk bringen. Deshalb ruft die Regierung alle diejenigen, die es mit dem Volk gut meinen, auf zu dem Bekenntnis: Wir haben ein Vaterland auf dieser Welt, und das heißt Deutschland, und wir haben einen Gott im Himmel. Ich glaube, daß alle christlichen Männer aller Konfessionen sich auf diesem Boden sammeln können und sich die Hand reichen können.

Und wenn ich zum Schluß einen guten Wunsch dem Herrn Landesbischof mit auf den Weg geben darf, so will ich folgendes sagen: Mit dem 19. November 1918 ist der Begriff des Gottesgnadentums aus dem deutschen Sprachgebrauch herausgenommen worden. Die Regierungen nach jenem Zeitpunkt waren auch keine Regierungen von Gottes Gnaden! Die Regierungen, die mit der nationalen Revolution die Macht in die Hand genommen haben, hoffen, daß sie Regierungen von Gottes Gnaden sein werden. Ich gebe dem hochwürdigsten Herrn Landesbischof den Wunsch mit auf den Weg: Möge er ein Landesbischof von Gottes Gnaden sein!"

573 Prof. Andreas/Heidelberg: Grußwort
Evang. kirchl. Nachr. – Sondernummer, 29. Juli 1933

„Herr Ministerpräsident!
Deutsche Volks- und Glaubensgenossen! ...

Hochschule und Kirche, sie stehen heute vor der Entscheidung über Sein oder Nichtsein schlechthin! ...

Die Zeitenwende, die auch weiterhin Abgestorbenes wegfegen, die revolutionäre Bewegung, die Staat und Gesellschaft, die Wirtschaft und Bildungswesen unerbittlich bis in die Wurzeln hinein umformen wird, sie ruft uns alle gebieterisch auf zum Dienst an unserem Volkstum. Und wer sollte berufener sein in diesem alles ergreifenden Planen und Bauen, diesem Zerstören und Schaffen, den Deutschen zu den urtümlichen Quellen seines Seins zurückzuführen, den irdischen Weg unserer Volksgenossen auszurichten nach ewigen Sternen, nach den überzeitlichen Werten von Christentum und von Nation – wer sollte dazu berufener sein als Kirche und Schule?! Sind wir doch Träger des Wortes, Verkündiger des Geistes – des Geistes, der Erlösung spenden und Tat werden will. Das Ziel ist ein gleiches in diesem Deutschland unserer Tage, wenn auch für Kirche und Hochschulen der Auftraggeber ein verschiedener sein mag.

Mit Riesenschritten haben die neuen Gewalten die Vereinheitlichung des Reiches vorwärtsgetrieben und endlich auch dem durch eigene Kräftezersplitterung schwergefährdeten protestantischen Kirchentum eine einheitliche Ordnung und eine geschlossene Lebensform gegeben. Die Reichskirche, meine Damen und Herren, einer der großen unerfüllten Träume der deutschen Geschichte, ist in vollem Werden!

Möge nun auch die Staatsgewalt, je kräftiger sie sich in ihren eigenen Herrschaftsbezirken durchbildet, in allen Bereichen des Geistes, im Kirchen- und Schulwesen die Mäßigung weiser Staatsmannschaft walten lassen. Ist die Einheit der letzten völkischen Zielsetzung erreicht und gesichert, dann darf auch die historisch erwachsene Mannigfaltigkeit angemessenen Spielraum beanspruchen. Ist die Unterordnung unter das Ganze nicht mehr in Frage gestellt, dann sollte man die genossenschaftliche Schaffensfreude in Kirchen und Hochschulen vertrauensvoll sich entfalten lassen. Es sind Eigenschaften, die tief im germanischen Wesen begründet sind!

Möchten unsere politischen Führer aber auch – freimütig es gesagt – den Kirchen und Hochschulen beistehen in der Abwehr gegen unbegründete Vorwürfe, und namentlich dann, wenn solche Angriffe, die mitunter weit über das gerechte Maß hinausschießen, aus innerer Unbeteiligung an wissenschaftlichen und kirchlichen Dingen oder aus Mangel an Sachkunde stammen.

Freudig werden die deutschen Hochschulen zur inneren und äußeren Neuordnung unseres akademischen Lebens schreiten und sie unter das höchste Gebot der Volksgemeinschaft stellen. Der evangelischen Kirche aber wünschen wir zu ihrer Reformarbeit an Haupt und Gliedern, daß sie ihre Sendung erfülle, und daß das umwälzende Geschehen, an dem wir teilnehmen, inneres Ereignis werde. Denn wir sind uns dessen bewußt, daß alle Veränderungen dieser irdischen Welt nur ein Trugspiel wären, wenn nicht Sinneswandlung und seelische Erneuerung des Menschen damit einhergingen. Ihrer bedürfen Reich und Volk, ihrer bedürfen Hochschule und Kirche. In Ihrem Bereich, Herr Landesbischof, beruht die Wiedergeburt auf der göttlichen Kraft des Evangeliums. Im Bereich der Universitäten vollzieht sie sich aus dem Geiste der Wahrhaftigkeit, die nach dem Worte der Bibel allein uns freimacht, aus den Tiefen deutscher Volkheit, die rein zu erhalten wir als Hüter bestellt sind..."

574 Prof. Hupfeld/Heidelberg: „Wesen und Aufgabe des evang. Bischofsamtes"

Evang. kirchl. Nachr. – Sondernummer, 29. Juli 1933

„In der grundlegenden Verordnung über die Einsetzung des Landesbischofsamts wird gesagt: *Der Landesbischof ist der geistliche Führer der Landeskirche.* Wollen wir diesen Satz verstehen, dann müssen wir die Aufgabe der Kirche in unserer Zeit uns klarmachen, dann müssen wir die gegenwärtige Lage uns kurz verdeutlichen.

Unser Volk ist durch die Art, wie wir in den letzten Jahrhunderten unser Leben haben gestalten lassen, in eine schwere Krisis hineingeraten. Man hatte einem fröhlichen Optimismus gehuldigt. Man ging von der Voraussetzung aus: der Mensch, das Volk, die Menschheit ist im Grunde gut. Es muß alles in Ordnung kommen, wenn man die im Menschen liegenden Kräfte frei walten läßt. Und deshalb wurde das Volksleben so aufgebaut, daß man möglichst wenig Zügel anlegt: man ließ die Kräfte spielen und meinte, dann würde von selbst das Gute sich durchsetzen. So hat man den Staat gestaltet. Auf den Volkswillen baute man ihn auf, wie er sich aus dem Kräfteverhältnis der Parteien von selbst ergab. Je demokratisch-parlamentarischer die Staatsverfassungen wurden, desto mehr meinte man sich auf dem Wege des Fortschritts zu befinden. So überließ man die Wirtschaft dem freien Spiel der Kräfte. So ließ man auch auf dem geistigen Gebiet alle Meinungen sich frei äußern, alle geistigen Bewegungen ließ man gewähren.

Das Ergebnis ist ein katastrophales gewesen. Überall ist dabei nur Schwäche und Verfall herausgekommen. In dem wilden Kampf um die Macht haben die Parteien den Staat um jede einheitliche Geschlossenheit gebracht. Die Wirtschaft versank in ein Chaos; ein Kampf aller gegen alle entstand und weil man die Maschine, die Technik, die eigentlich dazu dienen sollte, den Menschen zum Herrn über die Natur zu machen, ihrer Eigengesetzlichkeit überließ, weil man sie ohne jede Bindung sich austoben ließ, wurde sie zum Herrn über den Menschen. Vor allem aber zersetzte sich auch der Geist des Volkes. Zu einer kraftvollen Gegenwehr gegen Erscheinungen, die die Ehe und Familie zerstörten, raffte man sich nicht auf. Man ließ alle Bewegungen, und wenn sie noch so sehr zersetzend wirkten, gewähren. Auf dem Wege der Presse- und Versammlungsfreiheit wurde eine verwirrende Fülle von widerspruchsvollsten Gedanken über das Volk ausgeschüttet. Man sah mit Entsetzen ein schreckliches Ende sich nahen. Irgendwie ging es dem Sieg dessen entgegen, was am wenigsten von der Masse verlangte, was den Trieben des einzelnen den freiesten Spielraum gab, was alle menschliche Gemeinschaft und das Einzelleben radikal zerstörte. Inmitten von alledem war auch die Kirche macht- und einflußlos. Auch sie war zum Schauplatz freiringender Kräfte geworden, zur Parteienkirche. Das hatte den Erfolg, daß ein geschlossener Wille und eine geschlossene Wirkung nicht mehr von ihr ausgehen konnten. Überall in den Gemeinden erlebten wir ein Gegeneinander, das uns schwach und mutlos machte.

Ein Erwachen ist über uns gekommen. Wir haben es gemerkt, so kann es nicht weitergehen. Das ist der Sinn des großen politischen Geschehens, das wir erleben. Es handelt sich wirklich um eine Zeitenwende. Erst wurde es einzelnen, dann immer mehr dem Volke klar, daß unser Volk nur zu retten sei, wenn einheitliche *Führung* da ist. Es ist falsch zu denken, der Mensch sei von selbst auf dem rechten Wege. Im Menschen lebt neben manchem Guten auch Böses und Selbstsüchtiges, das gezügelt werden muß, wenn es nicht verderbend wirken soll. Es ist falsch zu denken, die in der Wirtschaft wirkenden Kräfte hätten von selbst die

Tendenz, sich so auszuwiegen, daß alles sich zum allgemeinen Besten wendet. Eine feste planmäßige Führung ist für die Wirtschaft notwendig, damit sie wirklich dem Volk zu seiner Existenz verhilft. Es ist gefährlich, allen geistigen Bewegungen Freiheit zu geben. Nur die sind zu gestatten, von denen wirklich eine innere Gesundung, ein Entgegenwirken gegen alle zersetzenden Gifte erwartet werden kann.

Im Augenblick dieses Erwachens wird die *Kirche* gerufen. Hier muß ja doch das Entscheidende für die Gesundung des Volkes geschehen. Von Wiedergeburt des Volkes kann erst da geredet werden, wo im *Innersten* ein neuer Geist erwächst, wo vom Geist Christi her ein Befreitwerden von all dem egoistischen Wesen, wo unter dem Kreuz Christi ein Erkennen unserer Sünde, ein Überwältigtwerden von seiner Liebe, ein neues Dienenmüssen entsteht, wo über alle Klassen- und Bildungsgegensätze hinweg eine innerste Gemeinschaft sich bildet in gemeinsamem Bekennen und Tragen der Schuld, in gemeinsamem Danken für Gottes Gnade, in gemeinsamem Sichbekennen zu Christus als dem Haupt, wo so aus dem, was größer ist als wir, heilige Volksgemeinschaft erwächst.

Soll die Kirche das wirken können, dann muß sie sich eine *geschlossene Gestalt* geben. Sie darf nicht selbst zersetzt oder zersplittert sein. Sie darf nicht auf parlamentarisch-demokratischer Grundlage aufgebaut werden. Es genügt auch nicht, daß sie an der Spitze eine Behörde hat, die im wesentlichen nur verwaltet, sondern so muß sie gestaltet werden, daß an der Spitze jemand steht, der für zusammenfassendes Wirken sorgt. *Das ist der Sinn des neuen Amtes.* Schon lange hat man in der Kirche davon gesprochen, daß die Not der Zeit und die Größe der Aufgabe der Kirche in unserer Zeit ein starkes geistliches Führeramt notwendig machten. Auch wir in Baden haben mit dem Umbau der Kirche schon vor dreiviertel Jahren begonnen, als der Oberkirchenrat einheitlich gestaltet wurde. Schon damals stand dahinter der Wille, im Blick auf unser zersplittertes Volk und auf seine große geistliche Not eine einheitlich geführte Kirche zu schaffen. Das haben wir jetzt zu Ende geführt. Wir haben damit wirklich etwas Neues getan. Daß wir dabei von dem staatlichen Geschehen etwas gelernt haben, ist keine Schande. Die Kirche hat allen Grund dazu, hörbereit zu sein auf alles, was zum Besten unseres Volkes dienen kann. Sie hört den Ruf des neuen Staates, ihm in seiner volkserneuernden Arbeit zu helfen. Für die große innere Aufgabe, unserm Volk mit dem Entschiedendsten, was es braucht, mit dem Evangelium zu dienen, bereitet sie sich heute, indem sie dieses neue Amt schafft. Um dieser Aufgabe gerecht zu werden, gibt sie sich eine neue Form.

Das muß in dieser Stunde auch die Gemeinde erkennen und begreifen. Sie wird selbst heute mit aufgerufen, sich diesem entschlossenen Dienstwillen am Volk in freier Gefolgschaft einzuordnen. Nicht ein Amt der Herrschaft haben wir geschaffen, sondern ein Amt des Dienstes, des Dienstes am Volk, das das Volk ruft, an sich selbst mitzuarbeiten und mitzudienen."

575   LB Kühlewein: Grußwort an die Geistlichen der Landeskirche
Kirche u. Volk Nr. 30, 23. Juli 1933, S. 237

„Liebe Brüder!
Am 1. Juli habe ich das von der Landessynode und vom Erweiterten Oberkirchenrat mir übertragene Amt des Landesbischofs angetreten. Das einmütige Vertrauen, das mir dabei entgegengebracht wurde, hat mir den Entschluß erleichtert. Wohl ist mir bewußt, daß schwere Aufgaben meiner warten. Aber wer gerufen wird, darf sich nicht versagen. *Audendum est aliquid in nomine Christi*. Nur im Aufblick zu ihm und im Vertrauen auf seine Gnade, aber auch im Gehorsam gegen sein Gebot folge ich dem an mich ergangenen Ruf. Unter seine Führung will ich mich stellen und sein Kreuz soll der Leitstern alles meines Wirkens sein.
Mein erstes Wort soll meinen Mitarbeitern gelten, mit denen ich mich in der Liebe zu unserer Kirche und in der Arbeit am Reiche Gottes verbunden weiß. Wir leben in einer Zeit, die für eine Botschaft des Evangeliums weithin aufgeschlossen ist. Unser bisher so zerrissenes und zerklüftetes Volk hat sich um seine großen Führer geschart und in einer Weise geeinigt, die wir noch vor kurzer Zeit nicht für möglich gehalten hätten. Es wartet nun auch auf das Wort und die Tat seiner Kirche. Der Boden ist aufgelockert und harrt des Samens. Ihr aber sollt die Säeleute sein und die von Gott geschenkte Stunde wahrnehmen, um den guten Samen des ewigen Evangeliums auszustreuen, damit unser national wiedererwachtes und geeinigtes Volk auch zu einer inneren Wiedergeburt und Erneuerung komme. Diese kann nicht von außen, sondern nur von innen her kommen durch die Gotteskraft des Evangeliums. Laßt unser Volk nicht vergeblich warten. Reicht ihm das rechte Brot des Lebens. Kaufet die Zeit aus. Seid lebendige Zeugen Christi mit Wort und Tat. Sein Licht lasset ungetrübt in euern Gemeinden leuchten und von seiner Liebe laßt euch in allen Stücken dringen.
Die Erschütterungen anderer Landeskirchen sind uns durch Gottes Gnade erspart geblieben. In voller Einmütigkeit hat die Landessynode ihre für die äußere und innere Gestaltung unserer Kirche entscheidenden Beschlüsse gefaßt. Einen Streit zwischen Staat und Kirche kennen wir nicht, sondern nur den einmütigen Willen, unserem Volk zu dienen und sein Bestes zu suchen. In guter Zuversicht versehe ich mich auch zu euch, meinen Mitarbeitern der Kirche und Dienern des Wortes, daß ihr euch mit aller Freudigkeit und mit vollem Vertrauen zu den Füh-

rern unseres Volkes stellt, damit der begonnene Kampf zu einem guten Ende geführt und unser Volk den Mächten der Finsternis entrissen werde. Laßt allen Streit der Parteien und Richtungen begraben sein. Wir wollen nur *eine* Richtung kennen auf Christus den Gekreuzigten und auferstandenen Heiland der Welt hin. Er muß unserem wissenschaftlichen Forschen, unserer Verkündigung und unserem ganzen Dienst an den Gemeinden und am Volk Richtung, Inhalt und Ziel geben. Ihn wollen wir mit aller Kraft und Hingabe unseres Lebens unsern Gemeinden bezeugen und durch Wort und Sakrament bekennen, daß in keinem andern Heil ist.

Euch in allem ein Führer, Helfer und Berater zu sein, wird mir stets am Herzen liegen. Ich bitte euch um eure treue Gefolgschaft und um eure stete Fürbitte, damit ich meines Amtes mit Freudigkeit walten und der Dienst der Kirche unserem evangelischen Volk zum Segen werden kann."

576 LB Kühlewein: Hirtenbrief*⁾
KGVBl. Nr. 13, 18. Juli 1933, S. 87–90

„Liebe Gemeinden, evangelische Glaubensgenossen!

Die Vertreter unseres evangelischen Kirchenvolks in der Landessynode sind einmütig zu dem Beschluß gekommen, die Leitung unserer evangelischen Landeskirche in die Hände eines Landesbischofs zu legen. Damit ist auch in unserer badischen evangelischen Kirche ein Gedanke verwirklicht worden, der bisher durch die Ungunst der Zeiten aufgehalten worden war, und dem nun der politische Umschwung und die nationale Erhebung unseres Volkes zum Leben geholfen hat, der Gedanke einer einheitlichen geistlichen Führung unserer Kirche. Dadurch soll unsere Kirche aus verkehrten Bindungen und aus unheilvollem Parteiwesen befreit und dem Ziel der Einigkeit im Geist näher geführt werden. Denn die Kirche ist nicht eine Gründung von Menschen, sondern eine Schöpfung Gottes, des heiligen Geistes. Er hat sie durch das Wunder des ersten Pfingstfestes in diese Welt hineingestellt und durch sein allmächtiges Wort erhalten und erleuchtet. Er hat auch seiner Kirche das Amt gegeben, Wort und Sakrament zu verwalten und dadurch jedem Volk, jedem neuen Geschlecht die Gnade und Versöhnung zu verkündigen, die durch Christus gestiftet ist. Und wie nun jeder einzelnen Gemeinde ein Hirte gegeben ist, der den göttlichen Auftrag hat, die Herde Christi zu weiden, so soll der Bischof der geistliche Führer, der Hirte sein, der mit dem Worte Gottes, in der Kraft der Liebe Christi und im Gehorsam

---
* „Der nachstehende Hirtenbrief des Landesbischofs ist am *Sonntag, den 23. Juli,* im Gottesdienst vor oder nach der Predigt oder auch anstelle der Predigt zu verlesen."

gegen seinen Auftrag die Herde weidet, die ihm auf Herz und Gewissen gelegt und seiner Leitung anvertraut ist.

Im Namen dessen, der seinen Hirtenstab über uns alle hält, vor dem wir alle uns zu beugen, und dem wir zu gehorchen haben, grüße ich heute die evangelischen Gemeinden unserer lieben badischen Heimat, denen ich von nun an durch mein Hirtenamt dienen soll, und denen ich ja kein ganz Fremder bin. Es wird mir ein herzliches und ernstes Anliegen sein, alle meine Kraft an das Amt zu setzen, das mir anvertraut ist, und so viel an mir liegt, dafür zu sorgen, daß unsere Kirche auf dem Grunde ihre Arbeit tut, außer dem kein anderer gelegt werden kann, Jesus Christus. Sein Wort und sein Geist soll in unserer Kirche gelten, sein Kreuz, in dem allein unsere Hoffnung und auch die Hoffnung für unser deutsches Volk liegt, soll den Gemeinden verkündigt werden. Das ist der Dienst, den die Kirche unserem evangelischen Volk schuldig ist und durch den wir mithelfen wollen zum Aufbau und zur inneren Erneuerung unseres ganzen Volkslebens. Darin wollen wir Hand in Hand gehen mit den von Gott uns geschenkten Führern unseres Volkes, die sich dessen bewußt sind, daß unser Volk ein Recht hat auf seine Kirche, und daß das Werk des Wiederaufbaues unseres Volkes nur gelingen kann durch die ewigen Gotteskräfte, die im Evangelium und in unserem christlichen Glauben und Bekenntnis beschlossen sind. Mit dem Evangelium wollen wir kämpfen gegen alle verheerenden Mächte der Gottlosigkeit, der Finsternis und des Unglaubens und mit aller Kraft ringen um die Seele unseres Volkes, um seine besten und höchsten Güter, um seine Reinheit, seine Treue, seine Gottesfurcht, um die Gewinnung eines neuen Lebenssinnes und Zieles aus den Tiefen des ewigen Evangeliums heraus.

Mit dem Evangelium wollen wir um die völlige Überwindung der Parteien- und Klassengegensätze kämpfen, die unser Volk bisher unheilvoll auseinandergerissen haben. Unterschiede zwischen den Menschen müssen sein, auch soziale Unterschiede werden nicht aufhören. Sie liegen in der Schöpfungsordnung Gottes begründet. Nicht in der Ordnung Gottes aber liegt der Eigennutz, der nur den eigenen Vorteil kennt, und der Hochmut, der den Stand des andern verachtet. Dadurch erst entsteht ein großer Teil der wirtschaftlichen und sozialen Not, unter der wir leiden, und die tiefe Kluft zwischen den Menschen, die doch nach Gottes Willen zusammengehören, und die Christus gleicherweise erlöst hat.

Deshalb müssen wir dafür kämpfen, daß Christus und sein Evangelium auch im wirtschaftlichen Leben wieder zur Geltung kommt und die einander Entfremdeten in ihm sich zusammenfinden. Der erhebende erste Feiertag der gemeinsamen nationalen Arbeit hat gezeigt, ein wie starker Wille zur Einigung in unserem Volk vorhanden ist. Sollte unser christlicher Glaube nicht die Kraft haben, diesen Willen zu stärken und die Brücke zu schlagen, auf der die Menschen zusammenkommen können? Wer sich mit uns auf diesen Grund stellt und in diesen Kampf einsetzt, der soll uns willkommen sein, und dem reiche ich heute die Hand in herzlicher Verbundenheit.

Darum rufe ich alle evangelischen Gemeinden zur tätigen Mitarbeit in der Kirche auf. Die bewußten Glieder der Gemeinde müssen mittragen an der Aufgabe und Verantwortung, die unsere Kirche gegen unser Volk hat. Das Evangelium von Christus muß nicht nur mit aller Freudigkeit, wie sich's gebührt, gepredigt werden, sondern es gilt ebenso für alle, die sich evangelisch nennen, auch ihren Glauben freudiger und entschlossener vor aller Welt zu bekennen. Auch der Besuch unserer Gottesdienste ist ein Bekenntnis und ein Dienst, den wir nicht allein uns selbst, sondern auch den andern schuldig sind. Die Gemeinden selbst müssen an die Front zum Kampf für Recht und Gerechtigkeit, für Wahrheit und Glauben und müssen zeigen, daß in ihnen der Glaube lebt, der die Welt und die Macht der Finsternis überwindet. Vor allem sind die Ältesten und Vertreter unserer Gemeinden dazu berufen. Sie müssen heraus aus ihrer Reserve und Vorkämpfer werden für das Evangelium, das uns geschenkt ist, für kirchliches Leben, für kirchliche Zucht, Ordnung und Sitte und ebenso für die Erziehung unserer Jugend zu bewußtem, freudigem evangelischem Glauben und Leben.

Die evangelische Jugend rufe ich auf. Wie sie sich in ihrer großen Mehrheit mit heller Begeisterung und froher Zukunftshoffnung der nationalen Erhebung unserer Tage angeschlossen hat und sich rückhaltlos in ihre Reihen stellt, so möge sie auch dem ewigen und unvergänglichen Reiche Christi ihre Herzen wieder freudig und willig öffnen und als junge Kämpfer sich unserer evangelischen Kirche einfügen. Hier steht der große Vorkämpfer, der Anfänger und Vollender unseres Glaubens, der Herzog unserer Seligkeit auf dem Plan. Für ihn kann und darf sich die Jugend wohl auch begeistern. 'Mir nach, spricht Christus, unser Held.' Diesen Kampfruf muß auch unsere Jugend wieder neu verstehen lernen und ihn aufnehmen. Die Jugend, die Christus kennt, kann sich ihm nicht entziehen und gleichgültig und blasiert zur Seite stehen. Denn hier handelt es sich nicht um eine engherzige, wirklichkeitsferne, jugendfremde oder selbstsüchtige Frömmigkeit, sondern um eine immer wieder aus den Lebensquellen des Evangelium sich erneuernde, ewig junge Bewegung, die uns von uns selbst und unseren eigensüchtigen Zielen gerade loslösen und freimachen will zu seinem Dienst und damit auch zum Dienst an unserem Volk. Christus, unser Herr, führt uns in den Kampf gegen alles selbstsüchtige, unwahre, unsaubere Wesen, in den Kampf für alles, was gut und recht und rein, was ewig und unvergänglich ist. Dieser Kampf aber ist des Schweißes und der Begeisterung auch unserer Jugend wert. Lange genug hat sie sich von der Kirche ferngehalten, als ob hier für sie nichts zu hören, nichts zu suchen und zu tun wäre. Es ist Zeit, daß sie sich aufmacht und sich mit in unseren Kampf stellt um die höchsten Güter, die es gibt, und ohne die auch ein Volk zuletzt untergehen muß.

Wohlan, deutsches Volk, du hast durch Gottes gnädige Führung dich wieder zurückgefunden von den Irrwegen der vergangenen Jahre auf den Weg wahrer Freiheit, Einigkeit und nationaler Würde. Du evangelisches Volk, laß dich auch wieder zurückführen zum freudigen Glauben an Christus, der mit der Geschichte unseres deutschen Volkes unauflöslich verbunden ist, zum Evangelium, für das unsere Väter einst gekämpft und gelitten haben, das einem Martin Luther wert erschien, um sein ganzes Leben dafür einzusetzen, das auch einmal in unserer badischen Heimat weithin seinen Siegeszug gehalten hat. In diesem Evangelium von Christus, dem gekreuzigten Heiland, ist auch heute das Heil unserer Seele und das Heil unseres Volkes beschlossen. Ihm Bahn zu machen und den Weg zu bereiten in unserer Kirche, in unseren Gemeinden, in unserem evangelischen Volk, das soll mein höchstes Ziel und mein einziger Ehrgeiz bei der Führung des mir anvertrauten Bischofsamtes sein. Ich gedenke dabei an das Wort des Apostels Paulus an die korinthische Gemeinde: 'Nicht daß wir Herren seien über euren Glauben, sondern wir sind Gehilfen eurer Freude.' (2. Kor. 1,24). Kein Bischof wird mit gutem Gewissen je etwas anderes sein wollen und können als ein Diener und Wegbereiter des Herrn Christus in unserer Kirche, in unseren Gemeinden, in unserem Volk. Ihm allein sei Ehre in Ewigkeit."

Chronologisches Verzeichnis der Dokumente

(Es werden angegeben: Dokument / Seite.)

1923

7. Juni	„Vertretung der bad. Landeskirche im DEK-Kirchenausschuß"	371/575

1931

4. Jan.	„Was heißt 'Kirchlich Positiv'?"	120/184−187
4. Jan.	„Kirche und Volk (Volkstum)"	121/187−190
27. Febr.	NS-Agitationen	66/129
11. März	NS-Symbole im Kirchengebäude	67/130
20. März	Verbot von parteipolitischen Symbolen in kirchlichen Räumen	68/130
April*)	„Parteipolitische Betätigung der Geistlichen"	51/88−91
5. Apr.	Die politische Tätigkeit des „deutschnationalen" Bad. KPräs. Wurth	65/126−129
5. Mai	Friedhofsschändung	347/547 f.
10. Mai	„Die Kirche ist für die Faschisten reserviert!"	69/131 f.
28. Mai	Nationalsozialistisch geprägte Amtshandlungen	70/132
4. Juli	„Pfarrer, Kirche und Politik"	64/122−126
19. Juli	„Die Jahresversammlung der LKV, 29. Juni 1931 in Karlsruhe", Bericht	62/119−121
21. Juli	Politische Zurückhaltung der Geistlichen	50/87
	„Politische Betätigung der Pfarrer"	51/91−93
2. Aug.	Kritik an dem Erlaß über 'Politische Zurückhaltung der Geistlichen'	53/93
6. Aug.	Pressestimmen zum Übertritt von Pfr. [H.] Teutsch zu den NS − lt. Evang. Volksdienst Nr. 25	13/37 f.
16. Aug.	„Kundgebung über die parteipolitische Betätigung der Pfarrer"	63/121 f.
	„Staat und Kirche" − ihre Trennbarkeit und Untrennbarkeit" − eine programmatische politische Studie	1/7−12

---

* Dokumente mit unvollständigen Zeitangaben werden der Wahrscheinlichkeit ihrer Abfolge nach, im Zweifelsfalle jedoch am Monatsanfang eingeordnet.

1931

	Grundsätze evang.-ns. Pfarrer. Auseinandersetzung mit dem 'Christlichen Volksdienst'	2/12–19
	Organisationsfragen des NS-Pfarrerbundes	6/29 f.
	„Organisation des NS-Pfarrbundes, Gau-Baden"	4/26 f.
	„Arbeitsanweisung für die Bezirksleiter des NS-Pfarrerbundes"	5/27–29
4. Sept.	Entwurf eines Mahnschreibens an Pfr. [H.] Teutsch	14/38
18. Sept.	Nominierung der Funktionsträger des NS-Pfarrerbundes	7/30 f.
	Mitgliederwerbung des NS-Pfarrbundes	9/32 f.
	Pfarrerbundsblätter	8/31 f.
24. Okt.	Aufruf gegen antisemitische Ausschreitungen	348/548 f.
30. Okt.	Bestrafung von Pfr. Streng	71/133–135
	„Unsere Tagung in Freiburg [2. Nov. 1931], Ein Wort zu den Kirchenwahlen 1932, Christentum und Obrigkeit"	3/19–26
29. Nov./ 3. Jan. 1932	„Warum Kirchenpolitik?"	54/94–103
2. Dez.	Ermahnung wegen politischer Tätigkeit	15/38 f.
2. Dez.	Anhörung von Pfr. Streng	72/135
10. Dez.	Sachliche und personelle Überlegungen unter 'Evang. NS'	10/33 f.
16. Dez.	Pfr. [H.] Teutsch: Rechtfertigung seiner politischen Tätigkeit	16/39–41
17. Dez.	Abgrenzung gegenüber Deutschkirche und Liberalismus	11/34 f.
22. Dez.	Vorwürfe gegen die AB-Gemeinschaft; Wahltaktische Überlegungen	12/35–37
22. Dez.	Reaktionen auf das Redeverbot für Pfr. [H.] Teutsch bei politischen Veranstaltungen	17/41
28. Dez.	Benachrichtigung über staatliches Redeverbot für Pfr. Streng; Stellungnahme des Dekans (29. Dez. 1931)	73/135 f.

1932

4. Jan.	Bedauern über Redeverbot für Pfr. [H.] Teutsch	18/41 f.

1932

8. Jan.	„Erklärung" zum Strafmaß für Pfr. Streng	**74**/136–138
17. Jan.	Angriffe gegen RS, SPD u. KPD	**55**/103–106
19. Jan.	Antrag auf Verschiebung des LSyn.-Wahlen	**104**/162
24. Jan.	„Macht geht vor Recht"	**136**/212 f.
27. Jan.	Moderates Auftreten von Pfr. Streng als Redner des Evang. Bundes gefordert	**75**/138
7. Febr.	„Der Kirchenkampf in Baden – unser Recht und unser Glaube"	**137**/213–216
11. Febr.	Urlaubsgesuch von Pfr. Streng zu einer Führertagung der NSDAP (Stellungnahme des Dekans)	**76**/138 f.
19. Febr.	Pfr. Kappes als Wahlredner; Terminplanung	**97**/157
20. Febr.	Einigungsversuch sämtlicher kirchenpolitischer Gruppen	**40**/81 f.
23. Febr.	Ausnahmegenehmigung für Pfr. [H.] Teutsch	**98**/158
26. Febr.	Ablehnung des Antrags in Dok. 104	**105**/163
28. Febr.	„Neue Sozialisten-Verfolgung in der bad. Landeskirche"	**101**/158 f.
28. Febr.	„Pfr. Kappes wird bestraft"	**102**/159–161
1. März	Intervention zugunsten von Pfr. [H.] Teutsch	**41**/82 f.
2. März	Beurlaubung von Pfr. Streng für „bevorstehenden Freiheitskampf"	**77**/139
7. März	Aufhebung des Redeverbots für Pfr. [H.] Teutsch	**42**/83
13. März	Überlegungen zur Reichspräsidentenwahl	**21**/42 f.
20. März	„Evangelische, wehrt euch! Evangelische, seid auf der Hut!", Leserbrief	**22**/43–45
20. März	„Kirchendämmerung?" – Zerstörung der Kirche(n) durch Politisierung	**28**/56–66
nach dem 20. März	Offener Brief an Pfr. Greiner gegen den Artikel „Kirchendämmerung"	**35**/74
28. März	Beschwerde gegen den Leserbrief in Dok. 22	**23**/45 f.
	„Rednermaterial für die Vereinigung für positives Christentum und deutsches Volkstum"	**26**/48–55
	Prof. Brauß: „Die große Illusion"	**31**/68–71
3. Apr.	'Evang. NS' – eine neue kirchenpolitische Gruppe?	**25**/46–48

1932

5. Apr.	Entrüstung über den Artikel von Pfr. Greiner, vgl. Dok. 28	**29**/66 f.
6. Apr.	Zurückweisung der Beschwerde in Dok. 23	**24**/46
7. Apr.	Tagesordnung für die Landesvorstandssitzung der 'Evang. NS'	**30**/67 f.
10. Apr.	„Politisierung des bad. 'Evang. Kirchen- und Volksblattes'?"	**58**/112
17. Apr.	„Die Jahreshauptversammlung der Kirchlich-positiven Vereinigung", 29./30. März	**122**/190–192
18. Apr.	Landesvorstandssitzung der 'Evang. NS'	**32**/71 f.
22. Apr.	Getrennte Wahllisten von KPV u. 'Evang. NS'	**33**/73
22. Apr.	Gegen die Kirchenpolitik der RS	**59**/112 f.
22. Apr.	Gegen die Ideologie der RS	**138**/216–221
23. Apr.	„Der 'Bombenwurf' in der Badischen Landeskirche"	**143**/235–239
26. Apr.	Anschuldigungen der Staatsanwaltschaft Heilbronn gegen Pfr. Streng	**78**/139
	Organisatorische Vorbereitungen der Gründungsversammlung für den 'Bund Evang. Nationalsozialisten'	**160**/264–270
	„Richtlinien für unsere Redner …"	**164**/276–280
	Wahltaktische Überlegungen an die Kreis- u. Bezirkswahlleiter	**165**/280 f.
	Planspiele am Beispiel des KBez. Lahr	**161**/270–273
	„Vertrauliche Voreinladung" zur Landestagung der 'Evang. NS' [10. Mai 1933]	**43**/84
1. Mai	Rechtfertigung von Pfr. Streng gegen die Vorwürfe in Dok. 78	**79**/139–141
3. Mai	Haussuchung bei Pfr. Streng	**80**/141
4. Mai	Beflaggung der Kirche in Berwangen	**92**/154
5. Mai	„Hitlertag in Waldwimmersbach"	**82**/142 f.
8. Mai	„Unsere Antwort an Herrn Dr.-Ing. Schmechel …" auf Dok. 138	**139**/221–224
10. Mai	Positiv – liberal – nationalsozialistisch: Abgrenzungen	**34**/73 f.
10. Mai	Verschiebung der LSyn.-Wahlen	**106**/163 f.
13. Mai	Kritik an dem Artikel „Kirchendämmerung", vgl. Dok. 28	**36**/75
13. Mai	Festsetzung des Wahltermins auf 10. Juli 1932	**107**/164

1932

15. Mai	„Zur Frage der Politisierung der Kirche"	60/113–115
15. Mai	„Unsere Antwort an Herrn Dr.-Ing. Schmechel", vgl. Dok. 138 f.	140/224–231
17. Mai	Aufgaben des Landespropagandaleiters	37/75 f.
17. Mai	Kandidaten für die LSyn.-Wahlen	156/260
19. Mai	Funktion der Wahlkreisleiter	159/262–264
22. Mai	„Die Politisierung der Kirche"	56/106–111
22. Mai	„Kirchenwahlen in Baden"	141/231 f.
23. Mai	„Schlageterfeier in Schönau i. W."	88/151
23. Mai	Personaldiskussion	157/260 f.
23. Mai	Tagung der Wahlkreis- u. Bezirkswahlkreisleiter in Karlsruhe	158/261 f.
25. Mai	„Kundgebung der Kirchlich-positiven Vereinigung"	27/55 f.
26. Mai	„Unsere [KLV] Landesversammlung 1932"	115/176 f.
29. Mai	„Merkpunkte und Richtlinien" für die Ortsgruppen der NSDAP	163/274–276
29. Mai	„Vorpostengefecht zum 10. Juli!"	142/233–235
	„Einweihung unseres braunen Landheimes"	84/144–146
	„Zur Wahl bereit?"	113/167–173
	„Zu den Landeskirchlichen Wahlen"	114/173–176
	„Zur Kirchenwahl am 10. Juli"	124/193
	„Zu den evang. Kirchenwahlen"	178/293–295
1. Juni	Vorbereitung der LSyn.-Wahlen	44/84 f.
3. Juni	Wahrung der Würde des geistlichen Amtes im Wahlkampf	111/166 f.
4. Juni	Unterstützung der Kirchenwahlen seitens der NSDAP	162/274
5. Juni	„Die nationalsozialistischen Sonderlisten bei den Syn.-Wahlen"	38/76–78
5. Juni	„Was wollen wir Positive?"	123/192 f.
5. Juni	Anregungen für den Wahlkampf	166/281 f.
6. Juni	Wahlvorbereitungen	45/85
6. Juni	„An sämtliche Sektionsführer der Ortsgruppe Karlsruhe": Arbeit in den „Sektionen"	168/284 f.
7. Juni	„NS-Treffen in Waldwimmersbach"	83/143 f.
7. Juni	Verwarnung für Pfr. Simon	57/111
7. Juni	Absage an KPV und Nationalsozialisten	144/239 f.
8. Juni	Vorladung von Pfr. [H.] Teutsch beim EOK	19/42
10. Juni	Aufhebung des Redeverbots für Pfr. [H.] Teutsch	20/42

1932

10. Juni	„An alle evang. Parteigenossen!": Wahlaufruf	169/285 f.
12. Juni	Ideologische Überfrachtung von Taufnamen	89/152
12. Juni	Sarkastische Kritik an einer Taufhandlung	90/152
12. Juni	„Zwei Aufrufe zur badischen Kirchenwahl"	145/240–242
12. Juni	„Ruhe dem Kirchenvolk"	146/242–245
13. Juni	„Gemeinsame Wahlversammlungen"	133/206 f.
15. Juni	„Kirchenwahlen"	112/167
16. Juni	„An sämtliche Ortsgruppen des KBez. Karlsruhe-Land": Organisation von Wahlversammlungen	170/286 f.
17. Juni	Propagandamaterial der 'Evang. NS'	46/85 f.
17. Juni	NS-Symbole in Sondergottesdiensten	85/146 f.
17. Juni	KPräs. Wurth weist Angriffe der RS gegen KPV zurück	103/161
18. Juni	Wahlkampf im Wahlbez. Pforzheim	171/287 f.
19. Juni	„Die Politisierung der Kirche"	61/115–119
19. Juni	„Zur badischen Kirchenwahl am 10. Juli"	147/245–247
19. Juni	„Ist Religion Privatsache?"	148/247–250
19. Juni	„Ein Arbeitsloser schreibt zu den Kirchenwahlen"	149/250–252
19. Juni	Strategie der KPV im Wahlbez. Pforzheim	172/288
20. Juni	Aktivitäten im Wahlbez. Pforzheim	173/288 f.
20. Juni	Kritik am System der Wahlvorschlagslisten	174/289 f.
22. Juni	Druckerlaubnis durch GauLtr. Wagner	47/86
23. Juni	Ablehnung der Rechtfertigung von Pfr. Streng	86/147–149
23. Juni	Absage einer Wahlveranstaltung	175/290
23. Juni	„Placet" für den „Aufruf" in Dok. 177	176/290 f.
23. Juni	„Aufruf – Evangelische Volksgenossen!"	177/291–293
26. Juni	Redeverbot für Pfr. Voges vom Dekanat	96/155–157
26. Juni	Bedenken gegen Wählerliste	179/295
27. Juni	Rechtfertigung der Haussuchung bei Pfr. Streng	81/141 f.
28. Juni	„Evangelische Nationalsozialisten" innerhalb der NSDAP	48/86
28. Juni	Rechtfertigung des Aufrufs in Dok. 124	125/193 f.
28. Juni	Abgrenzung der 'Evang. NS' gegen die KPV	180/296
28. Juni	Versammlung der 'Evang. NS' in Ettlingen	181/296

1932

30. Juni	Wählerlisten; Rechtsbelehrung	108/164 f.
30. Juni	Aktives kirchliches Wahlrecht	109/165 f.
	„Was wollen wir Kirchlich-Liberalen?"	116/177 f.
	„Evangelische Kirchenwahlen"	117/178–181
	Wahlaufruf der KLV	119/182–184
	Wahlempfehlung zugunsten der KPV	132/205 f.
1. Juli	NS-Wimpel	93/154
1. Juli	Beschwerden gegen Pfr. Löw	99/158
2. Juli	Ausschluß vom kirchlichen Stimmrecht	110/166
3. Juli	„Was fordern die Kirchenwahlen von uns?"	126/194 f.
3. Juli	„Was trennt uns Positive vom Religiösen Sozialismus?"	127/195–197
3. Juli	„Unsere Pflicht angesichts der bevorstehenden Landessynodalwahlen"	128/197 f.
3. Juli	„Allerlei zu den Wahlvorbereitungen"	129/198–202
3. Juli	„Bemerkungen zur journalistischen Wahlvorbereitung"	130/202–205
3. Juli	„Vor den Kirchenwahlen"	134/207–211
3. Juli	„Zur Ethik und Christlichkeit des Kirchenwahlkampfs"	135/211 f.
3. Juli	„Kirchenwahlen und Klassenkampf"	150/252–254
3. Juli	„Klasse und Stand – Gedanken zum Klassenkampf"	151/254 f.
3. Juli	„Spiegel der Positiven und der Sozialisten!"	152/255–258
5. Juli	Kirchliche Veröffentlichungen in 'Der Führer'	49/86
5. Juli	*Kirchliche* Trauung	94/154 f.
6. Juli	Beschwerde über eine Wahlveranstaltung	182/296–298
8. Juli	Trauung in Parteiuniform	95/155
8. Juli	„Bindung oder Freiheit?"	118/181 f.
9. Juli	„Evangelische Kirchenwahlen" – Wahlaufruf	183/298
10. Juli	„Nationalsozialistisches in der bad. Kirche"	91/153
10. Juli	Wahlaufruf der KPV	131/205
10. Juli	„Zur badischen Kirchenwahl am 10. Juli" – Flugblatt	153/258 f.
10. Juli	„Die Kirche ist neutral"	154/259
10. Juli	Dank eines „Pg."	184/298 f.
	Wahlergebnis – Graphik	186/301
15. Juli	„Landesversammlung des LKV"	191/306–309
17. Juli	„Weg mit den Kirchenwahlen!"	188/302–304

1932

19. Juli	Protest gegen ein Wahlflugblatt der NSDAP	**185**/299 f.
23. Juli	Negative Auswirkungen der LSyn.-Wahl	**189**/304 f.
24. Juli	Konträre kirchenpolitische Standpunkte	**167**/282–284
24. Juli	„Zur LSyn.-Wahl"	**192**/309 f.
27. Juli	Schärfste Mißbilligung der Sondergottesdienste von Pfr. Streng	**87**/149 f.
27. Juli	„Kirchengemeinderatswahlen"	**232**/416
29. Juli	Maßregelung von Pfr. Löw	**100**/158
29. Juli	„Morgenfeier" für RS	**155**/259
29. Juli	Angebot eines ns. Sonntagsblattes	**253**/437 f.
30. Juli	Rechtfertigung des Wahltermins	**190**/305 f.
30. Juli	„Die kirchlichen Gemeindewahlen"	**233**/417
	„Die Kirchenwahlen 1932"	**194**/313–315
2. Aug.	„Warum keine Vertretung in der evang. LSyn.? Zum Ausgang der Kirchenwahlen"	**193**/310–313
14. Aug.	„Berufe der neuen Synodalen"	**187**/302
20. Aug.	Anspruch auf 'Providenz' in Heidelberg	**239**/424
22. Aug.	Organisation der örtlichen Kirchenwahlen	**234**/418
22. Aug.	Örtliche Kirchenwahlen	**235**/419
25. Aug.	Angebot parteiamtlicher Tätigkeit an Pfr. Voges	**221**/403
	„Gewissensfreiheit! – Eine Erinnerung an die Aufgabe des Liberalismus"	**198**/320–324
4. Sept.	„Was nun? – Das Werden und Vergehen kirchenpolitischer Richtungen"	**197**/319 f.
4. Sept./ 2. Okt.	„Christentum und Volkstum"	**209**/369–381
5. Sept.	Pfr. Kölli: Kandidat für 'Providenz'	**240**/424
10. Sept.	Forderung verstärkter Mitsprache der 'Evang. NS' Heidelbergs	**241**/425
12. Sept.	Intervention zugunsten von Pfr. Kölli	**243**/427
13. Sept.	Konkurrenz unter Führung der 'Liberalen'	**242**/425–427
13. Sept.	Zuständigkeit des 'Kirchenreferenten'	**244**/427 f.
13. Sept.	Überführung des NS-Pfarrerbundes in AG der Kirchenreferenten?	**245**/428
25. Sept.	„Das Programm der Landeskirchlichen Vereinigung"	**195**/315 f.
25. Sept.	„Die Konsolidierung der bad. evang. Landeskirche"	**196**/316–319
25. Sept.	„Der Nationalsozialismus am Scheidewege"	**218**/398 f.

1932

25. Sept.	Bedarf an „evang. Blättern"	254/438 f.
29. Sept.	Gefahren für die evang. Kirchen	210/381 f.
2. Okt.	„Der Traum von der Reichskirche"	211/382–384
3. Okt.	Bitte um Beiträge gegen Honorar	255/439
4./5. Okt.	„Die Verhandlungen über den Staatsvertrag"	281/475–478
4./5. Okt.	„Aus der Landessynode"	202/353–356
4./5. Okt.	Tagung der Landessynode	203/356 f.
5. Okt.	Antrag über die Ernennung von Abgeordneten zur Landessynode	199/324–337
5. Okt.	Antrag der Abgeordneten Bender und Genossen – Änderung der KV	200/337–352
5./6. Okt.	„Die erste Tagung der neuen Landessynode"	204/357–360
5./6. Okt.	„Ein schwarzer Tag der badischen evangelischen Landeskirche"	205/360–363
6. Okt.	Überlegungen zur Änderung der KV	201/352 f.
7. Okt.	Pfr. Schenk: Mein Weg zum Nationalsozialismus	212/384
9./15.Okt.	„Christentum und Politik"	213/384 f.
9./15.Okt.	„Die Neuentdeckung der Kirche"	214/386 f.
15. Okt.	Mitgliedschaft in NS-Pfarrerbund *und* NSDAP	222/403 f.
16. Okt.	„Pharisäertum der positiven Führer"	206/363 f.
19. Okt.	Eintreten für Deutsches Volkstum – trotz Verbots parteipolitischer Tätigkeit	223/404 f.
23. Okt.	„Der 5. Oktober in der badischen Landeskirche"	207/364–367
23. Okt.	Protest und Polemik gegen 'Himmelan' Nr. 44	256/439 f.
24. Okt.	Kandidatur Pfr. Rössgers an 'Providenz'	246/428
24. Okt.	Zurückweisung „ungerechter Anfeindungen" in Dok. 256	257/440–442
24. Okt.	Aufforderung zur Mitarbeit bei 'Himmelan'	258/442 f.
25. Okt.	Informationen über Proteste gegen 'Himmelan' Nr. 44 f.	259/443
26. Okt.	Resignation von Pfr. Streng	224/405
27. Okt.	Intensivierung der Geschäftsbeziehungen zu dem Verleger C. Hirsch	260/443 f.
28. Okt.	Verbindungen zum 'Braunen Haus'; Agitationen im Sinne der NSDAP	261/444–447
	„Unsere [KLV] Herbstversammlung"	208/367 f.
	„Die notwendigste Aufgabe der Kirche"	216/388–396
1. Nov.	Wird 'Himmelan' d a s „evang.-ns. Blatt"?	262/447 f.

1932

2. Nov.	Ängste und Hoffnungen evang. Christen	215/387 f.
6. Nov.	„Ist unsere badische Landeskirche wirklich Volkskirche?"	217/396–398
12. Nov.	Eingriffe in kirchliche Personalpolitik	225/405 f.
12. Nov.	Anregungen zur Umgestaltung von 'Himmelan'	263/448 f.
12. Nov.	Werbung für evang. Sonntagsblätter durch 'Himmelan'	264/449 f.
14. Nov.	Aufgaben der evang. Kirchenreferenten	226/406 f.
15. Nov.	Protest aus dem Landeskirchenamt Darmstadt	265/450
20. Nov.	Warnung vor parteipolitischer Propaganda	266/450–452
25. Nov.	Trauung in Parteiuniform	227/407 f.
27. Nov.	Leseproben aus 'Himmelan' Nr. 44 f.	267/453 f.
29. Nov.	Regelung von ns. Forderungen in der Lebensordnung	228/408
30. Nov.	Pfr. Fritz Hauß von „Liberalen und Sozialisten" nominiert	247/429 f.
	„Der Nationalsozialismus am Scheidewege	219/399
2. Dez.	Die Rolle der „Neutralen"	248/430 f.
4. Dez.	Vorwürfe gegen Pfr. Goldschmit	229/408
4. Dez.	Spekulationen über Mehrheiten im Kirchenausschuß Heidelberg	249/431 f.
4. Dez.	„Kirche und Hitlerbewegung ... Prof. Knevels Mahnruf an die Nationalsozialisten"	320/400–403
10. Dez.	Besetzung der Pfarrei Rinklingen	230/409
22. Dez.	Wahlanfechtungsgründe: 'Providenz' Heidelberg	250/432–434
26. Dez.	Enttäuschung über Wahlkampf	251/434 f.
vor dem 28. Dez.	Bericht über die Bestattung eines überzeugten Nationalsozialisten	236/419–422
28. Dez.	Entrüstung über die Vorgänge in Dok. 236	237/423
30. Dez.	Bestattung von Parteigenossen	238/423
30. Dez.	Perspektiven für Heidelberg	252/435 f.

1933

	„Positive Arbeit in der Evang. Landeskirche"	276/468–470
1. Jan.	„Von den Grundlagen des Dritten Reiches"	231/409–416

1933

1. Jan.	Hirtenbrief des Prälaten	271/456–459
1. Jan.	„Die Kirche in bewegter Zeit"	272/459–462
1. Jan.	„Rückblick und Ausblick" 1932/33	273/462–465
8. Jan.	„Der Neujahrshirtenbrief unseres Herrn Prälaten D. Kühlewein"	274/465 f.
8. Jan.	„Unsere bad. Landeskirche im neuen Jahr"	275/466–468
9. Jan.	Aufruf zur Mitarbeit	268/454
10. Jan.	Vorbehalte gegen Verleger C. Hirsch	269/454 f.
15. Jan.	„Programm der kirchlichen Vereinigung für positives Christentum und deutsches Volkstum"	39/78–81
22. Jan.	„Aus der Landessynode" – Verkleinerung der KReg.	277/470 f.
29. Jan.	„Zeitenwende in Volk und Kirche!"	278/471–473
31. Jan.	Erwartungen nach der Machtergreifung	282/478
	„Die Not der Autoritätslosigkeit in ihrer besonderen Auswirkung für unsere Kirche"	286/483–487
	„Pastor und Politik"	287/487 f.
	„Aufruf an die vormals liberalen Mitglieder" der 'Evang. NS'	405/621
	Unterschriftenaktion gegen 'Evang. NS'	406/622 f.
1. Febr.	„Zusammenkunft der kirchlich-liberalen Freunde"	279/473 f.
2. Febr.	SA-Uniform im „Gemeindehauptgottesdienst"	299/506 f.
5. Febr.	„Christentum und Obrigkeit"	283/478–480
5. Febr.	Abrechnung mit „dunklen Mächten"	284/480–482
6. Febr.	Kirchgang „geschlossener SA-Formationen"	300/507
10. Febr.	Möglichkeiten und Grenzen des geistlichen Amtes	285/482 f.
12. Febr.	Bezirksversammlung der KPV im KBez. Neckargemünd	280/474
12. Febr.	Hoffen auf Reichskanzler A. Hitler	288/488 f.
12. Febr.	Befremden über Teilnahme uniformierter Gruppen an kirchlichen Handlungen	301/507
15. Febr.	Dekan Maier wird denunziert.	289/489 f.
16. Febr.	EOK: Mahnung zu politischer Zurückhaltung	290/490 f.

1933

16. Febr.	EOK: Ablehnung „politischer Demonstrationen in der Kirche"	302/507 f.
17. Febr.	NS-Nachfolger für Pfr. Kölli	291/491
24. Febr.	Organisationsfragen; Diffamierung Hitlers durch die RS	292/491 f.
25. Febr.	Störung von Gottesdiensten	303/508
26. Febr.	„Deutschland, wohin? – Weckruf eines alten Nationalsozialen an das Gewissen der deutschen Nation"	293/492–494
28. Febr.	Auflösung des Bundes Religiöser Sozialisten	321/525
1. März	Umgestaltung des Zeitschriftentitels 'Himmelan'	270/455
5. März	„Christentum und Politik – Ein Wort zur bevorstehenden Reichstagswahl"	294/494 f.
5. März/ 23. April	„Kirche und Nationalsozialismus"	298/500–506
6. März	'Centralverein deutscher Staatsbürger jüdischen Glaubens': Appell zu gegenseitiger Toleranz	349/549
10. März	Hakenkreuzbanner – „Parteifahne oder Signum der deutschen Freiheitsbewegung?"	304/508–510
10. März	Hakenkreuzfahnen in kirchlichen Räumen	305/510 f.
12. März	„Die geschichtliche Stunde unserer Kirche"	295/495–497
14. März	„Politische Fahnen im Gottesdienst"	306/511
17. März	Reichsrechtliche Regelung der Flaggenfrage	307/511
19. März	„Ein Nachklang zum 5. März 1933" [Reichstagswahl]	296/497–499
19. März	Predigt von Pfr. Pfefferle	313/515–517
20. März	Gottesdienstbesuch uniformierter SA-Gruppen am Volkstrauertag	308/512
22. März	Erbitterung über Haussuchungen	310/512–514
22. März	Aufnahmeantrag eines Israeliten	381/587
24. März	Einwände gegen ein Verbot des RS; „Christl.-Sozialist." Grundsätze	322/525–528
26. März	Predigt von Pfr. Pfefferle	314/517 f.
27. März	Beschwerden über Predigtinhalte in Dok. 313 f.	311/514
30. März	Einvernahme von Pfr. Pfefferle	312/514 f.

1933

30. März	„Angebliche deutsche Greueltaten gegen Juden"	350/549
31. März	Schutz jüdischer Schüler vor Beschimpfungen	352/550
	„Auf dem Marsche!"	411/629 f.
1. Apr.	Anschuldigungen gegen Pfr. Pfefferle	315/518–522
1. Apr.	Entwurf eines Schreibens an das Innenministerium wegen Haussuchungen	316/522
2. Apr.	Rechtfertigung des Boykotts jüdischer Geschäfte	353/550 f.
3. Apr.	Beteiligung an Haussuchungen	317/522 f.
3. Apr.	Indiskretion als Anlaß für Dok. 350	351/550
5. Apr.	Warnung vor „Mißbrauch des geistlichen Amtes"	297/499
5. Apr.	Was tut die Landeskirche gegen die „Judenhetze?"	368/572 f.
6. Apr.	Entfernung der Juden aus dem bad. Staatsdienst	389/591 f.
7. Apr.	Dr. G. als Initiator der Beschwerdeführung gegen Pfr. Pfefferle	318/523
7. Apr.	Haltung der KReg. gegenüber rel.-sozialist. Pfarrern	323/528–530
7. Apr.	Vorladung der rel.-sozialist. Pfarrer	324/530
7. Apr.	Christen – Juden – Judenchristen	370/573 f.
8. Apr.	Fürsprache für einen Konvertiten	382/587 f.
9. Apr.	„Von der goldenen Internationale"	354/551 f.
9. Apr.	„Der letzte Feind"	355/552–554
9. Apr.	„Martin Luther über die Jüden"	356/555 f.
9. Apr.	„Kauft nicht beim Juden"	357/556 f.
9. Apr.	„Judenmission?"	358/557 f.
9. Apr.	„Ein Brief aus den Kreisen der Judenchristen"	359/558 f.
10. Apr.	Warnung vor Aktivitäten von Pfr. Rössger	425/648 f.
11. Apr.	„Keine Antwort" seitens des EOK auf aktuelle Fragen	309/512
11. Apr.	Ignorieren von staatlichem Beamtenrecht	367/572
	„Erklärung": Verzicht auf marxist.-soziallist. Ziele	325/530
12. Apr.	Aufforderung zur Unterzeichnung der „Erklärung", vgl. Dok. 325	326/530 f.

863

1933

13. Apr.	Widerspruch gegen die Angriffe und Beleidigungen in Dok. 410	407/623–625
16. Apr.	Befriedung der Gemeinde Kirchardt; Stellungnahme des Dekans	319/523 f.
16. Apr.	„Geschieht den Juden ein Unrecht?"	360/559–561
16. Apr.	„Liberale Rettungsversuche mit untauglichen Mitteln!"	410/672–629
16. Apr.	„Staat, Volk und Kirche"	456/672–679
17. Apr.	Einschränkungen der „Erklärung" in Dok. 325	327/531–533
18. Apr.	Rücknahme der Beschwerden gegen Pfr. Pfefferle in Dok. 311 u. 315	320/524
19. Apr.	„Die vor uns liegende Aufgabe", Vortrag von Pfr. Dürr	457/679–683
vor dem 20. Apr.	Tagespolitische Fragen und Anregungen	458/683
22. Apr.	Lehrerin Lilli R. bittet um Fürsprache.	390/592
23. Apr.	„Religiös-sozialistische Theologie"	330/534 f.
23. Apr.	Bericht über Verlauf und Fortgang der „Boykottbewegung"	361/561 f.
25. Apr.	Votum zu Dok. 368 in Vorbereitung	369/573
26. Apr.	Sitzung des DEK-Ausschusses – Vorlage: „Die evangelische Kirche und ihre Judenchristen"	372/575 f.
26. Apr.	Protokollauszug von der Sitzung des DEK-Ausschusses	373/577–582
27. Apr.	Gespräch mit Wehrkreispfarrer L. Müller	494/727
29. Apr.	Ruf nach Auflösung der Landessynode und Neuwahlen	495/727 f.
29. Apr.	„Die evang. Reichskirche im Werden"	496/728
30. Apr.	„Dämmerung oder Konjunktur?"	412/630 f.
30. Apr./ 7. Mai	„Zur theologischen Grundlage unserer ['Evang. NS'] Vereinigung"	398/597–603
	„Entschließung" der LSyn.-Fraktion der 'Evang. NS'	445/665 f.
	„Die Stellung der Deutschen Christen zur Reichsbischofswahl"	508/742
2. Mai	KPräs. Wurth befürwortet Aufschub „etwaiger Maßnahmen", vgl. Dok. 390	391/593
3. Mai	„Aufruf" von Pfr. Steidle zur Beilegung der Differenzen	408/625 f.

1933

3. Mai	Funktionsträger der Glaubensbewegung DC, Gau Baden	440/662 f.
3. Mai	Veröffentlichung des „Organisationsplans" der 'Evang. NS'	441/663
3. Mai	Bedenken gegen Polarisierungstendenzen innerhalb der 'Evang. NS'	459/684 f.
3. Mai	„Evang.-Protestantische Kircheneinheit"	497/728–730
3. Mai	Dok. 497 sollte publiziert werden.	498/730
4. Mai	Empörung über die Angriffe von Pfr. Rössger in Dok. 412	409/626 f.
4. Mai	Zweifel an Führungsstil und –qualitäten des Landesvorsitzenden der 'Evang. NS'	426/649 f.
4. Mai	Keine Führungspositionen für Liberale!	460/685 f.
5. Mai	Intervention zugunsten von Prof. W.	393/594
6. Mai	Gehorsamsanspruch der 'Evang. NS'	461/686
6. Mai	Begünstigung der Liberalen aus taktischen Erwägungen	462/686
6. Mai	Warnung vor den Absichten der Positiven	463/686
6. Mai	Ausschluß von Evang. NS-Pfarrern aus der NSDAP	464/687
6. Mai	Personelle Besetzung des EOK-Kollegiums	465/687
7. Mai	„Gesetz gegen die Überfremdung deutscher Schulen und Hochschulen"	362/562
7. Mai	„Kirche und Nationalsozialismus – Unsere Stellung zum kirchlichen Bekenntnis"	399/603–606
7. Mai	„Bekenntnisfreiheit oder Bekenntnisgebundenheit?"	400/606–610
7. Mai	Umorganisation der NS-Pfarrerschaft	442/663 f.
7. Mai	„Nach der Landesversammlung" [der KPV], Bestandsaufnahme einjähriger Tätigkeit	466/687–689
7. Mai	„Die Erneuerung unserer Kirche"	467/689–691
7. Mai	„Die Jahreshauptversammlung der KPV"	468/692–695
7. Mai	„Zur Lage"	469/695–697
8. Mai	Warnung vor einem „Kulturkampf" in Baden	470/697 f.

1933

9. Mai	Zurückweisung der „Einschränkungen", vgl. Dok. 325 f.	328/533 f.
9. Mai	Wenig Hoffnung angesichts reichsrechtlicher Rassegesetze	392/593
10. Mai	Ankündigung der Landeskirchentagung der DC in Karlsruhe	443/664
11. Mai	Judenchristen im Spannungsfeld von Rasse und Religion	394/594 f.
11. Mai	„Bekenntnis zur Existenz und den Zielen der KPV"	471/699–702
12. Mai	RS in kirchlichen Gremien	331/535 f.
12. Mai	„Entwurf eines vorläufigen kirchl. Gesetzes betr. den vorläufigen Umbau der Kirchenverfassung"	543/789–794
14. Mai	Votum für eine Reichskirche	499/730
14. Mai	Schaffung einer „machtvollen Evang.-prot. Reichskirche deutscher Nation"	500/731 f.
14. Mai	„Durchstoß zur Reichskirche"	501/732 f.
16. Mai	Ausschluß der RS aus der LSyn.	332/536
16. Mai	Organisationsplan der DC für Süddeutschland	444/665
16. Mai	Ausschluß der RS zwecks Erhaltung der „kirchlichen Reaktion"	473/702 f.
16. Mai	„Forderungen betr. Gleichschaltung der Evang. Kirche"	502/733 f.
19. Mai	Ausschluß der RS [Dok. 332] vertagt	333/536
19. Mai	„Entwurf eines vorläufigen kirchl. Gesetzes betr. den vorläufigen Umbau der Kirchenverfassung"	544/794–798
21. Mai	KPräs. Wurth fordert Rücktritt der RS-Mitglieder der LSyn.	334/536 f.
21. Mai	„Der Christ und die Judenfrage"	363/563–565
21. Mai	Unterstellung der 'Evang. Nationalsozialisten' in Baden unter die RLtg. der DC	446/666 f.
21. Mai	Bedauern über Unterstellung der bad. DC unter die RLtg.; Befürwortung einer Reichskirche	474/703 f.
21. Mai	„Die evang. Kirche im neuen Staat"	503/734 f.
21. Mai	„Evang. Reichskirche"	504/736–739
21. Mai	Verlautbarung der KPV zur kirchlichen Lage	505/739
21./28.Mai	Denkschrift zur bevorstehenden Verfassungsänderung	545/798–806

1933

22. Mai	„Aufruf der Glaubensbewegung 'Deutsche Christen', Gau Baden", verfaßt auf der ersten Landestagung in Karlsruhe"	403/614 f.
22. Mai	„Organisation" zum Landeskirchentag der Glaubensbewegung DC, Gau Baden	447/667 f.
23. Mai	Verzeichnis der Bezirksleiter der Glaubensbewegung DC, Gau Baden	448/668 f.
26. Mai	Intrigen in der bad. DC	475/704 f.
28. Mai	„Gottes Gericht über das Frevelregiment"	401/610–612
28. Mai	„Die Haltung der Kirche im alten und neuen Staate"	402/612–614
28. Mai	Aufforderung zum Handeln	476/705
29. Mai	Protest gegen einen Artikel in der 'Breisgauer Zeitung'	427/650
29. Mai	Propagandafeldzug für L. Müller	506/740
30. Mai	„Nachrichten aus Baden"	415/636 f.
30. Mai	Informationen über eine Gegendarstellung an die 'Breisgauer Zeitung'	428/650 f.
30. Mai	Vorzensur von DC-Artikeln durch Pfr. Albert oder Pfr. Rose?	429/651 f.
30. Mai	Kritik an einer DC-Veranstaltung in Freiburg	430/652
30. Mai	Zweifel an den Führungsqualitäten von Bodelschwinghs	507/740–742
31. Mai	„Aufnahme in die Evang. Landeskirche"	383/588 f.
31. Mai	„Die evangelische Reichskirche – Kundgebung der 'Deutschen Christen' im Paulussaal in Freiburg"	431/652–656
	„Mitteilungen des Bad. Bundes für entschiedenen Protestantismus"	413/631–634
	„Erklärungen des Bad. Bundes für entschiedenen Protestantismus"	414/634–636
	Gegen Doppelmitgliedschaft bei KPV u. DC	479/708 f.
1. Juni	Kein Mandatsverzicht	335/537 f.
1. Juni	Widerspruch gegen die Diffamierung der Liberalen	432/656 f.
1. Juni	Verlesung der Ansprache von Bodelschwinghs	509/743
1. Juni	Beratung des Gesetzentwurfs betr. den vorläufigen Umbau der Kirchenverfassung, vgl. Dok. 544	546/806 f.

1933

1. Juni	Wortlaut der „vorläufigen kirchl. Gesetze — den vorläufigen Umbau der Verfassung der Vereinigten Evang.-prot. Landeskirche Baden betr."	547/807—812
2. Juni	EOK insistiert auf Rücktritt von LSynd. Dietrich	336/538 f.
2. Juni	„Aufruhr im Oberland"	433/657
2. Juni	Gewissenskonflikt durch Verlesung der Ansprache von Bodelschwinghs	510/743 f.
2. Juni	Protest gegen die Ernennung von Bodelschwinghs zum Reichsbischof	511/744
3. Juni	Mißachtung des Erlasses in Dok. 509	512/744 f.
3. Juni	Einspruch gegen Erlaß in Dok. 509	513/745
3. Juni	Informationen bez. der Dok. 509 und 513	514/745
4. Juni	„Erste Landestagung der Glaubensbewegung 'Deutsche Christen' (Evang. NS), Gau Baden"	404/615—621
4. Juni	„Entweder — Oder"; Führung der DEK	434/657—660
4. Juni	„Organisatorisches aus unserer [KPV] Vereinigung"	477/705 f.
4. Juni	Appell zur Geschlossenheit innerhalb der KPV	478/706—708
4. Juni	„Evangelische Reform"	515/746—748
5. Juni	Pressereform für die Glaubensbewegung DC, Gau Baden	480/709 f.
6. Juni	Erfolge für die Glaubensbewegung DC, Gau Baden	481/710—712
6. Juni	DC-Vertreter für Bischofskandidat J. Kühlewein	482/712 f.
7. Juni	Konsequenzen einer Mandatsniederlegung in der LSyn.	337/539
7. Juni	Ausschluß von Pfr. Bürck aus der Glaubensbewegung DC, Gau Baden	435/660
7. Juni	Voraussetzungen für die Wahl J. Kühleweins; Ausschluß zweier Pfarrer in Südbaden	483/713 f.
7. Juni	Auseinandersetzung über die Wahl von Bodelschwinghs	516/748 f.
7. Juni	Prälat Kühlewein steht gegen von Bodelschwingh	517/749 f.
8. Juni	Warnung vor den Liberalen; Protest gegen Pfarrstellenbesetzung an der Christuskirche in Mannheim	416/637 f.

1933

8. Juni	Bedenken gegen Eigenmächtigkeiten von Pfr. Streng und Verleger Hirsch	436/660
8. Juni	Vorbehalte gegen J. Kühlewein als Landesbischof	484/714 f.
8. Juni	Charakteristik der Pfr. Bürck u. Gässler; Appell an die Führungsqualitäten des LLtr.	485/715–717
8. Juni	Einspruch von LKR Voges formal unzulässig	518/750
9. Juni	Erklärungen und Beschwichtigungen zu Streitigkeiten innerhalb der 'Evang. NS'	417/638 f.
9. Juni	LKR Voges rechtfertigt Anordnungen	437/661
9. Juni	Übereinkunft mit GauLtr. Wagner über Propaganda-Strategie	449/669
9. Juni	Differenzen um die Person von Bodelschwinghs	486/718
9. Juni	Klage von LKR Voges ist abzuwarten.	519/751
9. Juni	„Evang. Landesbischof in Baden. Grundlegende Verfassungsänderungen – vor der Wahl eines selbständigen geistlichen Führers der Landeskirche"	548/812–814
10. Juni	Angebot von Pfr. Fr. Hauß zur Mitarbeit bei den DC	487/719
11. Juni	Votum für einen christlichen, nationalen und sozialen Staat unter Führung Hitlers, 14. Mai 1933	472/702
11. Juni	„Die kommende Reichskirche"	520/751 f.
11. Juni	DC-Veranstaltung in Konstanz erbeten	521/752
11. Juni	Argumente für Müller und gegen von Bodelschwingh	522/752–755
12. Juni	Vorbehalte gegen die Argumentation des LSynd. Dietrich in Dok. 322	338/539–542
12. Juni	Unsicherheit in der Reichsbischofsfrage	523/755 f.
12. Juni	Widerspruch gegen den Ausschluß von Pfr. Bürck und die „Schaukelpolitik" der RLtg.	524/756–759
12. Juni	Keine Beteiligung an Aktionen gegen von Bodelschwingh!	525/759
12. Juni	Verbot jeglicher Agitationen gegen von Bodelschwingh	526/759
12. Juni	Vertrauenskundgebung der Geistlichen des KBez. Durlach für von Bodelschwingh	527/760

1933

13. Juni	Widerstand gegen die Anordnungen in Dok. 526	**528**/760 f.
13. Juni	KPräs. Wurth informiert über das Verbot in Dok. 526	**529**/761
13. Juni	EOK behält sich Disziplinarverfahren gegen LKR Voges vor.	**530**/761
14. Juni	Disziplinarmaßnahmen gegen LKR Voges bis zum Ausgang des Verwaltungsgerichtsverfahrens, vgl. Dok. 512–514, ausgesetzt	**531**/761
14. Juni	„Entspannung in der Reichsbischofsfrage?"	**532**/761
14. Juni	Wahlmodus für den Stellvertreter des Landesbischofs	**550**/819 f.
16. Juni	Prälat Kühlewein soll Landesbischof werden.	**551**/820
16. Juni	Antrag auf Abänderung von § 1 d des „vorläufigen kirchl. Gesetzes", vgl. Dok. 547	**553**/821–824
17. Juni	Zweifel an der Loyalität der Liberalen	**418**/639 f.
17. Juni	Eintreten für von Bodelschwingh	**533**/762
17. Juni	Gratulation zur Wahl zum Reichsbischof	**534**/762
17. Juni	Kritik am Gehalt der „vorläufigen kirchlichen Gesetze", vgl. Dok. 547	**552**/820 f.
18. Juni	„Ein wichtiger Schritt zur Entpolitisierung der Kirche"	**419**/640–642
18. Juni	„Ein wichtiger Schritt zur Entpolitisierung der Kirche" (Forts. von Dok. 419)	**488**/719–722
18. Juni	„Der Reichsbischof der Deutschen Evangelischen Kirche"	**535**/763–765
20. Juni	„Abmachung" zwischen NSDAP-Pressedienst und Glaubensbewegung DC in Baden	**450**/669 f.
20. Juni	Voraussetzungen für den Wiedereintritt in die Glaubensbewegung DC, Gau Baden	**489**/722 f.
21. Juni	Vortrag von Pfr. Rössger in Lahr	**438**/661
21. Juni	Warnung vor Abwertung des kirchlichen Liberalismus	**439**/661 f.
21. Juni	'Unbedenklichkeitserklärung' für Prälat Kühlewein	**554**/824 f.
22. Juni	Einschränkung der „Abmachung" in Dok. 450	**451**/670
22. Juni	Modalitäten der Landesbischofs-Wahl	**555**/825
22. Juni	Anordnung von Glockengeläut u. Kirchenbeflaggung zur Landesbischofs-Wahl	**556**/825
22. Juni	Vertretung im DEK-Ausschuß	**558**/826
22. Juni	Telegr. Warnung vor KPräs. Wurth	**559**/826

1933

23. Juni	Werbung für die Evang. Kirche	490/723 f.
23. Juni	Ruf nach „Entpolitisierung des Pfarrstandes"	536/765–767
23. Juni	Pensionierung von KPräs. Wurth	557/826
23. Juni	Kein Stimmrecht für KPräs. Wurth in Eisenach	560/826 f.
23. Juni	Wille zu Frieden und Einmütigkeit	561/827 f.
23. Juni	Positive Reaktion auf Dok. 561	562/828
24. Juni	Glück- u. Segenswünsche für LB Kühlewein	563/828 f.
24. Juni	Ansprache an die Landessynodalen	564/829–831
24. Juni	Ernennung von Oberkirchenräten und des stellvertr. Landesbischofs	569/837 f.
26. Juni	Einspruch der NSDAP gegen Einladung der RS	339/542
26. Juni	„Erklärung des Deutschen Bundes für Entschiedenen Protestantismus', Gau Baden"	537/767 f.
26. Juni	„Zur Neuordnung der bad. Kirchenverfassung"	565/831 f.
26. Juni	„Prälat D. Kühlewein zum Landesbischof erwählt"	566/832
27. Juni	Vorbehalte gegen die Liberalen	420/642 f.
27. Juni	Solidarität der sdtsch. LLtr. gefordert	452/671
27. Juni	Zusammenarbeit zwischen Krs.Ltrn. und Kreiskirchenreferenten	453/671
28. Juni	Widerspruch gegen parteiamtliche Bevormundung	340/542–544
28. Juni	Mißtrauen gegen die Liberalen	421/643
29. Juni	Bitte um Unterstützung gegen KrsLtg. der NSDAP	341/544 f.
30. Juni	Staatl. Beamtenrecht findet keine Anwendung.	379/584
30. Juni	Rücktrittserklärung von KPräs. Wurth	493/726
30. Juni	„Verwarnung" wegen Verletzung der Dienstpflicht für LKR Voges	538/768 f.
Ende Juni	„Tätigkeitsbericht" der LLtg. der Glaubensbewegung der DC, Gau Baden	454/671 f.
2. Juli	Grußadresse von 35 Pfarrern an von Bodelschwingh	539/769 f.
2. Juli	„Der Kampf um den Reichsbischof"	540/770–775
2. Juli	Würdigung von KPräs. i. R. Wurth	567/832–837
5. Juli	„Die Lage der evangelischen Kirche in der Gegenwart"	541/776–786
5. Juli	Amtseinführung des Landesbischofs – Terminplan	570/838

1933

6. Juli	Angriffe gegen Pfr. Maas	374/582
6. Juli	Bitte um Entscheidung über Aufnahmegesuche von Israeliten	384/590
9. Juli	„Der Rücktritt von Bodelschwinghs"	542/786–789
12. Juli	Eigenständigkeit der KPV gegenüber der Glaubensbewegung DC	491/724 f.
13. Juli	Ausschluß der RS aus kirchlichen Gremien	342/545
13. Juli	Aufforderung zum Wahleinsatz seitens der RLtg.-DC	455/672
13. Juli	Selbstüberschätzung der DC; Daseinsberechtigung der KPV	492/725
14. Juli	„Gesetz über die Verfassung der DEK"	343/545
14. Juli	Eintreten für Pfr. Maas	375/582 f.
14. Juli	„Strengste Zurückhaltung" für Pfr. Maas	376/583
16. Juli	„Unsere Stellung zum Bekenntnis der Kirche" – Glaubensbewegung, DC	422/643–645
16. Juli	„Zur Kirchenfrage" – Befriedigung über Verlauf und Ergebnis der Bischofswahl	568/837
16./23.Juli	„Umbau der Verfassung der evang. Landeskirche Badens"	549/814–819
18. Juli	Verbot des Bundes der RS und seiner Monatsschrift	344/545 f.
18. Juli	Hirtenbrief des Landesbischofs „Feststellungen und Forderungen zur inneren Lage und Organisation der Glaubensbewegung Deutscher Christen, Gau Baden	576/847–850
		423/645 f.
23. Juli	Grußwort an die Geistlichen der Landeskirche	575/846 f.
28. Juli	Hinweis auf Auflösungsverfügung der RS in Dok. 344	345/546
28. Juli	Zurückweisung parteiamtlicher Kompetenzüberschreitung	346/546 f.
28. Juli	Zuständigkeit des KGR für die Aufnahme von Israeliten	385/590
29. Juli	„Ansprache über 1. Kor. 1,9" von KPräs. i. R. Wurth	571/839 f.
29. Juli	Grußwort von Ministerpräsident Köhler	572/840–842
29. Juli	Grußwort von Prof. Andreas/Heidelberg	573/842 f.

1933

29. Juli	„Wesen und Aufgabe des evang. Bischofsamtes"	574/843–846
2. Aug.	Forderung nach Versetzung von Pfr. Maas	377/583
3. Sept.	„Die Juden im Dritten Reich"	366/567–572
3. Sept.	DC-Kundgebung in Mosbach	364/565 f.
5. Sept.	Zurückweisung der NSDAP – Forderung in Dok. 377	378/583 f.
22. Sept.	„Übertritt von Nichtariern"	386/591
24. Sept.	Versailler Vertrag, internationales Judentum und Bolschewismus	365/566 f.
	„Ein letztes Wort" zur Auflösung der KLV	424/646–648
30. Okt.	Nivellierung der „Erklärung" von Pfr. Kappes durch „Einschränkungen"	329/534
10. Nov.	Nicht-arische Pfarrfrau als Leiterin des Evang. Frauenvereins Tennenbronn	395/595 f.
13. Nov.	Rücktritt von der Ltg. des Evang. Frauenvereins Tennenbronn	396/596
19. Nov.	Verurteilung des Antisemitismus	380/584–586

1934

14. Apr.	Unzureichende Motive für Übertritte von Nichtariern	387/591
16. Apr.	Voraussetzungen für die Aufnahme eines Konvertiten	388/591

Verzeichnis der Personen

Nachstehend nicht aufgeführt sind Personen, die nur als 'Postempfänger' für Behörden, Vereine und andere Gremien fungierten, ebensowenig wie solche, die lediglich „Im Auftrag" derartiger Institutionen zeichnungsberechtigt waren.

Ahlfeld, Johann Friedrich   96
Albert, Georg Wilhelm   643, 645, 652 f., 657, 663, 669, 712, 715, 717, 727, 740, 759 f., 786
Alexander d. Große   462
Altenstein, Wilhelm August   151, 406, 669
Althaus, Paul   658
Andreas, Willy   843 f.
Arndt, Ernst Moritz   377
Asal, K., Oberregierungsrat   529
Aschoff, Ludwig   641
Aselmann, – [DC-] Pfr.   672
Askani, Friedrich Wilhelm   157
Axenfeld, Theodor   180

Bach, Johann Sebastian   473
Bähr, Gustav Ludwig Christian   156
Bähr, Johann (Hans) Martin   427, 669
Balzer, Friedrich Martin   156
Barck, Ferdinand Paul   623, 650, 657
Barmat, –   564
Barth, Karl   477, 600, 641
Bartholomä, Otto Helmuth   280, 289, 551, 597, 603, 657 f., 712, 716, 752
Bauer, Johannes Christian   133 f., 147, 152, 236, 324, 355, 362
Bauer, Walter Heinrich Wilhelm   710
Bausch, Paul   16–18
Bechdolf, Wilhelm   154, 514
Becker, Albert Ernst Otto   308, 429
Beisel, Erwin Edmund   661
Bender, Karl Ludwig   36, 49, 66–68, 71–73, 75 f., 135, 146, 160 f., 163, 198, 201, 214 f., 221 f., 231, 233 – 236, 239, 261, 289, 331, 337, 342, 347 f., 352, 356, 359, 364, 417 f., 508, 536–538, 650, 686 f., 692, 693, 698 f., 702, 749, 792, 794 – 797, 803, 826, 838
Bender, Ferdinand Julius   18, 36, 71, 113, 695
Berggötz, Heinrich   45
Bering, Hildegard   834
Bering, Karl Eberhard   717, 834
Bernert, Adolf   435, 648

Bernewitz, – Bischof der evang.-luth. Kirche in Braunschweig 580
Bezzel, Hermann 461
Bismarck, Otto von 377, 412, 489
Blum, Kurt Robert Hans 642 f.
Blumhardt, Christoph 224
Blumhardt, Johann Christoph 224
Bodelschwingh, Friedrich von 658 f., 706, 711–714, 718, 725, 740 f., 743– 754, 757, 759, 764, 768–775, 786–788
Boeckh, Helmut Alexander Wilhelm 82, 259
Bollmann, Wilhelm Hermann Friedrich 528, 530
Bossert, Friedrich 714
Braun, Heinrich Julius 708
Brauß, Heinrich 49, 68, 73, 75, 84, 86, 261, 265 f., 279, 288, 293, 638, 657 f., 664, 686 f., 704 f., 712–742, 744, 837
Brecht, Hermann 573
Brüning, Heinrich 15–19, 140, 412, 467
Brombacher, Kuno 455
Brunner, Emil 620
Brunstäd, Friedrich 227
Bucharin, Nikolaus 218, 230
Bürck, Max 82, 304 f., 307, 487 f., 653, 656 f., 660, 710, 715 f., 718, 722, 740, 755, 757 f., 772
Buttmann, Rudolf 503

Camerer, Johann Ludwig 827
Cavert, Mac Crea 578
Cerff, Karl 296
Claudius, Matthias 377
Clormann, Friedrich Wilhelm 591
Cranach, Lukas d. Ä. 101
Curth, Johannes 620, 662, 686
Curtius, Julius 15, 19

Dahlhausen, Carl 439, 441, 442, 452 f.
Daiber, Albert Wilhelm 594
Dante, Alighieri 317
Daub, Guido 31
Dehn, Günther 49
Deussen, Emil Ernst 403 f., 669
Diehl, Wilhelm 665, 671
Diemer, Hans-Karl 433
Dietrich, Heinrich 103, 129 f., 133–135, 144, 146 f., 152, 161, 202 f., 212, 233, 240, 310, 352, 364, 525, 528, 531, 533, 536–539, 541, 692
Dietz, Eduard 125, 223

Dietrich, Otto 44 f.
Dittes, Friedrich 71, 356, 508, 748, 791, 795
Dittmann, – M. d. R. 117, 127
Döring, Emil 430
Doerr, Emil 153, 353, 357, 359, 361, 368, 469, 474, 508, 794, 796 f., 807, 826–828, 836
Doerr, Friedrich Emil 216, 367 f., 388, 394
Dommer, Johannes 84, 157, 290, 356, 359, 404, 435, 474, 508 f., 529, 537, 574, 663, 685, 687, 749 f., 795 f., 807
Doxie, Julius Karl 67
Dürr, Karl 4, 542, 546, 679–683, 689, 699, 705, 708 f., 724 f., 770, 832
Duhm, Andreas 97 f.

Ebert, Friedrich 127
Eckert, Alois 573
Eckert, Georg Richard Erwin 4, 12, 14, 22, 35–37, 41, 102–104, 116, 121, 127–129, 132 f., 136–138, 156, 168, 190, 193, 198 f., 208–210, 212–215, 221, 229, 234, 236, 285, 303, 334, 525, 535, 538–541, 639, 749
Eckert, Karl 724
Ehringhaus, August 563
Eichin, Johann Friedrich Helmut 308
Einwächter, Erwin 324, 337
Einwaechter, Hans Eugen 17 f.
Emerson, Edwin 444
Engels, Friedrich 217, 223
Engler, Hermann Hugo 669
Erbacher, Hermann 258 f., 291, 301
Erhardt, Theodor Wilhelm 247, 530
Erkelenz, Anton 493
Erzberger, Matthias 16

Fendt, Leonhardt 469
Fetzner, Hermann Adolf 710, 758
Fezer, Karl 658 f., 707, 772, 775
Fichte, Johann Gottlieb 781
Figge, Emil 229
Fitzer, Eugen 331, 814
Fraenkel, Michael 547
Freitag, Albert 672, 751
Freyberg, – Ministerpräsident von Anhalt 409, 413, 416
Freytag, Gustav 460
Frick, Wilhelm 140, 579, 725
Fried, Ferdinand 243

Friedrich II., Großherzog von Baden   397
Friedrich, Otto   83, 133 f., 146 f., 152, 157, 159, 408, 470, 482, 508 f., 522, 529 f., 543 f., 574, 592, 734, 789 – 797, 826
Friedrich Wilhelm, Kurfürst von Brandenburg   741
Frischmann, Walter Karl Emil Johann Friedrich   445
Fritsch, Theodor   535 f.
Frommel, Karl Otto   120, 131, 135, 306, 426, 430–432
Fuchs, Emil   103
Fuchs, Herbert Albert Heinrich   46
Fuchs, Wilhelm Hermann   669

Gänger, Karl Wilhelm   704 f.
Gärtner, Karl   20, 30, 35, 41, 67, 73, 76, 84, 86, 260–262, 269 f., 280, 405, 428
Gässler, Paul Richard   31, 266, 455, 642, 649, 653, 655–658, 660–662, 669 f., 698, 710, 715 f., 718, 740–742, 756 f.
Gebhard, Viktor Friedrich   288 f., 299
Geiger, Wilhelm   528
Geyer, Florian   390
Gilbert, Ernst Karl Johann   660
Gleis, Johann Gottfried   834
Goebbels, Josef   659, 724
Göler, Albrecht Freiherr von   359
Goens, – Feldoberpfarrer   117
Görcke, Paul Moritz Wilhelm   757
Göring, Bernhard   103, 541
Göring, Hermann   388, 544, 551, 659
Goethe, Johann Wolfgang von   50, 601, 606, 618
Gogarten, Friedrich   12, 469
Goldschmit, Bruno   408 f.
Gorenflo, Eugen Oskar   18, 46, 73, 381, 387, 684, 686
Gorki, Maxim   218
Graf, Albert   289
Greiner, Hermann Friedrich Theodor   36, 49, 56, 69, 72, 74, 75, 103, 106–111, 115 f., 209, 214, 260, 261, 276 f., 435, 710
Groß, Karl Ludwig   125
Gustav Adolf, König von Schweden   81, 279, 294, 342, 439, 451–454

Haag, Friedrich Julius Michael   433
Haase, – M. d. R.   127
Hack, Gustav Fritz Richard   623, 656 f., 669
Hahnstein, Wolf von   390
Hanfstaengl, Ernst   444 f.

Hartwig, Emil 19
Hase, Karl August von 781
Hassler, Hermann 261
Haueisen, Oskar 632
Hauß, Fritz Hermann 429, 321–433, 435 f., 642, 719
Heckel, Johannes 749
Hegel, Erwin 388
Hegel, Georg 7, 88
Heimann, Eduard 225, 228
Heinrich VII., Graf von Luxemburg 317
Heinrich VIII., König von England 741
Heinsius, Friedrich Wilhelm Kurt Paul 82, 307
Helbing, Albert 835
Hellinger, Friedrich 324, 337
Hemmer, Hans Friedrich 669
Henneberg, Wilhelm von 390
Henrich, Eduard 663, 686
Henriod, P. 578
Herrmann, Gustav Adolf 235
Herrmann, Ludwig Samuel 639
Herz, Johannes 581
Hesse, Hermann Albert 706
Hesselbacher, Karl 360, 408
Heun, Friedrich 270
Hindenburg, Paul von 42 f., 140, 377, 412, 493, 512, 584, 614, 744, 752, 771
Hirsch, Carl 437, 439 f., 443 f., 448, 450–455, 470, 660, 683, 709
Hirsch, Emanuel 7 f., 775
Hitler, Adolf 7 f., 20 f., 32 f., 38, 42 f., 47, 50, 55, 62 f., 72, 79, 239, 278, 381, 382, 387, 399–402, 407, 411–415, 438–440, 442, 444 f., 447, 451, 453 f., 467, 472, 478, 488, 492–495, 498, 501, 505, 512, 515, 518, 521, 524, 543, 552, 554, 561, 564, 579, 584, 601, 604, 613, 614, 616 f., 619, 627–629, 638 f., 643 f., 653 f., 658–660, 673 f., 678, 680, 683–685, 688, 693, 695, 699 f., 701 f., 704, 706, 710 f., 718, 723, 725, 727, 734 f., 737, 739–741, 744 f., 749, 754, 757, 763–766, 775 f., 784 f., 788, 814
Höfer, Karl Theodor Gabriel 181
Holdermann, Friedrich 130, 134 f.
Hopp, Otto Wilhelm 669
Hossenfelder, Joachim 382, 503, 615 f., 657, 658, 662–665, 669, 672, 677, 680 f., 683 f., 702, 710–713, 715, 717, 724, 749, 758, 772
Huber, Gustav 806
Hugenberg, Alfred 412, 493

Hundt, – Vizepräsident im Kirchenbundesamt Berlin   578
Hupfeld, Renatus   324, 369, 381, 384–387, 844–847
Huß, Johannes Gustav Wilhelm   420–422

Ihmels, Ludwig   460, 580, 676
Ilg, – Kreisleiter   542, 545 f.

Jaeger, August   787
Jaeger, Paul Martin   178, 656 f.
Jäger, Theodor Friedrich   820
Jagow, – von, Obergruppenführer   758
Jahn, Friedrich Ludwig   781
Janson, Maria   308
Jeep, Walter   774
Jones, Stanley   280
Jüchen, Aurel von   230
Jundt, Ernst Berthold   121, 306–308
Jundt, Karl Wilhelm   317 f.
Jung, G.   623

Kaas, Ludwig   17, 140
Kahl, W.   610
Kampp, Heinrich Philipp   429–432
Kapler, Hermann   547, 549–551, 577, 578, 581, 658, 700, 704, 706, 739, 744, 750, 771
Kappes, Martin Heinrich (Heinz)   4, 112, 122–125, 157–161, 213–216, 219, 221, 224, 235, 237, 239, 326, 333–336, 340, 528–531, 534, 536 f., 542
Karcher, Karl   324, 336
Karl der Große, Kaiser   249
Karle, Wilhelm   595 f.
Karow, Emil   725
Kast, Augustin   420–423
Kattermann, Philipp Friedrich   652
Krautsky, Karl   218, 230
Katz, Hans Gotthilf   195
Kiefer, Friedrich (Fritz)   73, 267, 620, 637, 657, 662, 669 f., 687, 704 f., 712, 714, 716, 723, 755 f.
Kittel, Gerhard   571
Klein, Johann Jakob Paul   306, 308
Klein, Friedrich – Pfr. in Grafengehaig (Bayern)   665, 671
Klingenmann, – luth. Theologe   741
Klotz, –   382
Knapp, Albert   244

Knevels, Wilhelm 82, 211, 307 f., 382, 398, 400–403, 429–431, 434, 832
Kobe, Friedrich (Fritz) Wilhelm 93, 95, 115, 170 f., 193, 202, 357, 450, 459, 672, 683, 687, 763,
Koch, Adolf 25, 479
Koch, Hans Karl 295, 708
Köberle, Adolf 459
Köhler, Walter 37, 387, 491, 841–843
Kölli, Johann Fritz 424, 427, 491
Köllner, Wilhelm Friedrich 435
Kopp, Albert Christian 157
Kopp, August 125
Kramer, Albert 30, 66, 85 f., 155, 262, 269 f., 280, 296, 405, 669
Krastel, Richard Otto 435, 633, 634–636, 647, 661
Kreitmayr, Artur 419–422
Kremers, Hermann 33
Krieger, Konrad (Kurt) Hermann Maximilian 28, 30
Krummacher, Gottfried 672
Kühlewein, Julius Walter Wolfgang 4, 38, 134, 166, 195, 211, 314, 330, 336, 353, 357, 361, 456, 459, 465–467, 482, 508 f., 529, 572 f., 575, 582–584, 595 f., 622, 638, 643, 671, 676, 698, 705, 712–714, 718 f., 749 f., 752, 760, 797, 820, 824, 828 f., 832, 836 f., 841, 843 f., 847, 851
Kühlewein, Ludwig 824
Kühlewein, Wolfgang 642, 644, 669, 752, 820
Künneth, Walter 774
Kumpf, Wilhelm 758
Kuptsch, Julius 502, 775
Kutisker, – 564
Kutter, Hermann 334

Längin, Theodor 729
Laible, W. 383, 571
Lammers, Hans 579
Landfried, – Staatssekretär im preußischen Staatsministerium 579
Lassalle, Ferdinand 558
Lehmann, – Verlagsbuchhändler 117
Lehmann, Ernst Joseph 212, 214, 247, 492–494
Lehmann, Kurt Gustav Ernst 81 f., 168, 203 f., 206, 307 f., 320, 399
Leisinger, – Hauptlehrer 623
Lenin [Uljanow], Wladimir Iljitsch 224, 229 f.
Leonhard 140
Leser, Hermann 167
Lettow-Vorbeck, Paul von 411
Löbe, Paul 15, 18 f.

Löffler, Rudolf 669
Löw, Kaspar Johann (Hans) 157 f., 237, 407 f., 528, 531
Lorenz, Eckehart 4
Ludin 508
Ludwig XIV., König von Frankreich 248
Luther, Käthe 617
Luther, Martin 26, 32, 39, 48, 51–54, 57, 62, 66, 69–71, 94, 101, 119, 186, 188, 198, 276, 279, 292, 294 f., 322, 380, 415, 438, 440 f., 443, 453, 473, 480, 486, 535, 553, 555, 599, 600–602, 604, 607, 609, 613, 615, 617 f., 619, 643, 654–656, 679, 689, 721, 738, 741, 743, 754, 778, 783, 820, 822, 851

Maas, Hermann Ludwig 426, 430, 582–584
Maier, Georg 136, 138, 489 f.
Mampel, Georg Friedrich Ernst 669
Mandel, Hermann 395
Marahrens, August 706
Marx, Karl 217 f., 223, 224, 225–229, 481, 558
Mayer (II), Friedrich 324
Mayer, Theodor Friedrich 128 f., 214
Mayer-Ullmann, Oskar Renatus 312, 430
Melanchthon, Philipp 599
Menge, Hermann 101
Merkel, Adolf Hermann 769
Metternich, Klemens Fürst von 412
Metzger, Eduard Friedrich 18
Metzler, Theodor 41, 280
Meyer, – Pfr. in Aurich 672
Meyfarth, Albert 307, 316
Michaelis, – Pastor in Bethel 579 f.
Michel, Wilhelm 320
Modersohn, Ernst 277
Mölbert, Karl Friedrich (Fritz) 757
Mommsen, Theodor 619
Mondon, Karl Friedrich 67, 75, 407 f.
Mordhorst, Adolf 676
Morehead, John Alfred 580
Morgenstern, Christian 466
Mott, John 551
Mückenmüller, Philipp 250, 363
Mühlhäuser, Ludwig 834
Müller, Andreas 71
Müller, Hans Michael 462

Müller, Ludwig 637, 657–660, 662 f., 699, 702, 704, 706 f., 710 f., 713, 714 f., 718, 727, 739–742, 744, 746, 749, 753 f., 764, 771, 773 f., 789, 826
Müller, Walter Wilhelm 296
Münchmeyer, Friedrich 715
Münzel, Hugo Robert 405
Müntzer, Thomas 195

Napoleon I., Kaiser von Frankreich 414
Nathusius, – 451
Naumann, Friedrich 92, 124, 492 f.
Neef, Gustav 669
Nerbel, Karl Hermann Friedrich 524
Niemöller, Martin 718, 774
Nötges, – S. J. 15

Oberacker, Karl Heinrich 193, 205
Odenwald, Theodor 776
Östreicher, Theodor 71, 425, 429, 434 f.

Papen, Franz von 404, 406, 412, 440 f., 452, 467, 493, 579, 737
Paret, Julius 155
Passy, Paul 325
Paulus, Apostel 364, 479
Pechmann, Wilhelm Freiherr von 577 f., 580 f.
Peter, Friedrich Franz 615, 617, 620, 637, 664, 672, 714, 717
Pfannstiel, Georg Hermann 765
Pfeil, – 298
Pfefferle, Theodor 514 f., 517 – 524
Philipp I., d. Großmütige, Landgraf von Hessen 563
Plechanow, Geogij Walentinowitsch 218, 230
Plutarch 413
Pothoff, Heinz 493
Probst, – 672
Proß, Karl Georg 710, 757
Putz, Eduard 665, 671

Ragaz, Leonhard 196, 229, 240, 325 f., 334, 542
Rahm, Otto 435, 648
Rais, Karl 103
Ranke, Leopold von 414
Rapp, Alfred 746 – 748
Rapp, Heinrich Georg 129, 352, 405
Reber, Christoph 324
Reck, Ludwig 128

Rehm, Wilhelm   443 f., 665, 671
Reichenau-Rotenberg, Franz von   310, 663
Reinbold, Georg   525
Reinle, Heinrich   359, 663, 698
Remmele, Adam   303
Rendtorff, Franz   581
Rendtorff, Heinrich   487, 580, 594, 676, 741
Renner, Johannes Friedrich Karl   71 f., 184, 187, 474 f., 483
Renner, Karl Viktor Johannes   71, 260, 261, 289, 405 f., 408, 701
Renner, Viktor Immanuel   33, 76, 157, 260, 262, 264, 270, 405 f.
Ritter, Gerhard   594
Röhm, Ernst   382, 388
Rössger, Paul Alfred Ehregott   12, 30 f., 33, 41, 49, 66 f., 71, 73, 75, 84, 157, 260, 262, 266, 270, 277, 289, 359, 404, 423 f., 428, 431−435, 442, 444, 446 f., 454, 475, 480, 491, 500, 534, 552, 603, 621, 626 f., 630, 640, 648 f., 657 f., 660−662, 669, 683, 685 f., 697, 709, 712, 717 f., 719, 730, 740, 742 f., 755, 758, 798
Röwe, −   388
Roon, Albrecht Graf von   489
Roosevelt, Franklin   567
Roscher, Wilhelm   414
Rose, Karl Theodor Joseph   36, 85, 396, 403, 443, 650 f., 657, 663, 668 f., 684, 687, 712
Rosenberg, Alfred   62, 278, 388, 400 f., 503
Rost, Gustav Adolf   71, 112, 221 f., 231, 236, 359, 528, 574, 698, 749, 790, 792, 794−797, 806 f., 826, 837
Rothe, Richard   88
Rückert, Friedrich   187
Rust, Bernhard   671

Sauerhöfer, Heinrich Friedrich   25, 31, 76, 203, 241 f., 267, 423 f., 427, 430, 455, 468 f., 470, 471, 478, 489, 494, 514, 612, 621, 623−625, 627, 657, 662, 669 f., 704, 709, 712, 714
Schäfer, Gerhard   3
Schäfer, Theodor   716 f., 760
Schafft, Hermann   328
Schairer, Immanuel   620, 664 f., 668, 671 f., 720 f.
Scharf, Karl Arthur   429
Scheidemann, Philipp   16
Schemm, Hans   502
Schenck, Theodor   34 f., 152 f., 200, 384, 669
Schenk, Friedrich Erwin   515, 669, 733
Schenkel, Gotthilf   480, 541

Scherrer, Hans-Karl 669
Scheuerpflug, August Karl Heinrich 76, 157, 282, 382, 567, 692, 706
Schiller, Friedrich von 316, 410 f.
Schilling, Ernst Otto 190, 708
Schilpp, Peter 324
Schlageter, Albert Leo 151
Schlatter, Adolf 188, 600, 643
Schleicher, Kurt von 412, 467, 484
Schleiermacher, Friedrich Daniel Ernst 88, 461
Schlusser, Gotthold Theodor 119, 306, 736 f.
Schmechel, Max 17, 36, 216, 221 f., 224 f., 236
Schmidt, Josef 754
Schmidt, Kurt Dietrich 4, 763
Schmidt, – Pfr. in Münchweiler (Pfalz) 665
Schmitt, – Pfr. in Kaiserslautern 637
Schmitthenner, Karl Ludwig Wilhelm 551
Schmitthenner, Walter 514
Schnebel, – 19
Schneider, Hermann 752
Schneider, Karl 750
Schöffel, Simon 674
Schoell, Jakob 581
Scholder, Klaus 3
Schröder, Paul Friedrich 710, 758
Schück, Hermann 324
Schüsselin, Max Eugen 506, 512, 710, 757
Schulz, Ernst Julius 435, 634–636
Schulz, Heinrich 669
Schulz, Wilhelm Valentin 353
Schulz-Hausmann, – 21
Schumann, Friedrich Karl 600
Schweikhart, Karl 439 – 443, 445
Seifert, – Leiter der Kulturabteilung beim Gau Schlesien 59
Seith, – 656
Seitz, Otto Ludwig 710
Senn, Wilhelm Maria 13
Seufert, Johann (Hans) Wilhelm Theodor 633, 634–636, 646
Siefert, Ludwig Friedrich 710
Simon, Ludwig Wilhelm 106, 111, 115–119, 242, 528, 530 f.
Simpfendörfer, Wilhelm 15, 17–19
Sklarek, – 564
Söderblom, Nathan 92, 187

Soellner, Otto Heinrich   121, 207, 309, 317, 319, 356, 396, 398, 466, 736, 751, 831
Sokrates   506
Sombart, Werner   225, 227
Specht, Hugo Reinhold Eduard   91, 289, 656
Spengler, Oswald   103
Spiecke, Dr. –   19
Spies, Karl Georg Friedrich   73, 176, 289, 313, 346, 355, 367, 384, 468, 473, 631, 638 f., 645, 651, 656 f., 661, 704, 727, 756
Spörnöder, Friedrich Franz   31, 73, 267, 288, 606, 663, 669
Stange, Erich   551
Stapel, Wilhelm   24, 34, 505 f.
Stark, Johannes   140
Steger, Johann   643
Steidle, Friedrich Alfred   176, 621–623, 625 f., 629, 681, 744
Stein, Karl Freiherr von und zu   40, 410, 414
Stöcker, Adolf   16, 334, 416
Strasser, Gregor   388, 411, 413, 455, 460, 711, 714
Stratenwerth, Gerhard   774
Strathmann, Hermann   15
Streicher, Julius   585
Streng, Emil Oskar Karl Christof   31, 33, 35, 121, 129–136, 138 f., 141–150, 259, 404 f., 660
Stresemann, Gustav   140
Stupp, Karl Heinrich   42, 488, 550, 561 f., 566

Teutsch, Friedrich   409–416
Teutsch, Hermann Gustav   12 f., 15, 17–19, 27–32, 37–39, 41 f., 82 f., 121, 155, 157 f., 201, 239, 287, 289 f., 437 f., 442 f., 445–447, 669
Teutsch, Johann Friedrich (Fritz)   34, 669
Teutsch, Walter   31
Titius, D. –   578
Treiber, Philipp Adam   512, 514, 762
Treitschke, Heinrich   410
Troeltsch, Ernst   469, 600

Ullmann, Karl   835
Ulzhöfer, Georg August   85, 260, 265, 275, 286–288, 290, 300, 324, 384, 408, 662, 709, 712
Umhauer, Erwin   238, 756, 825 f., 828 f., 833, 836
Urban, Johann M.   193

Vögelin, Theodor   810, 812
Vogelmann, Heinrich Wilhelm   238, 429, 709, 723

Voges, Fritz Karl Robert   4, 7, 21, 23 f., 31, 33, 41, 66, 84−86, 155 f.,
194, 260, 262, 264, 274, 279, 289−291, 296, 298 f., 339, 345, 349, 355 f.,
359, 403, 418 f., 427 f., 439, 442, 462, 497, 508 f., 530, 536−538, 565, 574,
614 f., 623−626, 632−634, 637 f., 642, 645, 649 f., 656−658, 660−665,
669 f., 672, 685−687, 697 f., 702−705, 709 f., 712−716, 718 f., 722, 727,
730 f., 732, 740, 743−745, 749, 751 f., 755−758, 760 f., 768 f., 789 f., 793,
795 f., 807, 819 f., 828, 837
Voltaire, François   414

Wacker, Otto   529
Waeltner, Emil Karl   632
Wagner, Robert   14, 26, 67, 72−74, 76, 81−86, 157, 239, 260−262,
274, 282, 289 f., 295 f., 404−407, 409, 420, 423, 425, 427 f., 438, 445,
447 f., 491, 616, 639, 669, 671, 718, 745, 765 f., 820, 825
Wahl, − Konsistorialrat im Kirchenbundesamt Berlin   577
Walther, Ludwig   760
Walther von der Vogelweide   765
Washington, Georg   414
Weber, Ernst Hermann   71 f., 661, 692, 711, 715−717, 760
Weber, Friedrich Wilhelm   511, 637 f.
Weckesser, Albert   734
Weichert, Ludwig   658 f., 714, 744
Weinel, Heinrich   781
Weiß, Maximilian (Max) Christof Karl   88, 426, 430
Wessel, Horst   497
Westmann, Knut   578
Wichern, Johann Heinrich   92
Wienecke, Friedrich   680 f.
Wilhelm I. von Hohenzollern, Kaiser   489
Wilhelm II. von Hohenzollern, Kaiser   109
Wilson, Thomas Woodrow   483
Winnecke, Ernst August Friedrich   491
Wirth, Josef   15, 19, 140
Wittemann, Joseph   133
Wolf, Erik   594 f.
Wünsch, Georg   103, 227, 525, 542
Wurm, Theophil   675
Wurth, Nikolaus (Klaus)   3 f., 34, 38, 41 f., 82 f., 102, 126−132, 147,
152, 158, 160 f., 163, 211, 214, 236, 238 f., 242, 288, 299 f., 332, 340, 346,
352 f., 357, 360 f., 405, 421, 424, 477, 499, 509 f., 512, 514, 518 f., 521 f.,
528 f., 533 f., 536−538, 548−550, 574 f., 577, 587, 592−594, 683, 687,
692, 694, 700, 709, 713, 717, 725−727, 744 f., 748−751, 759−761, 789 f.,
792−794, 797, 807, 810, 812, 820, 826 f., 833−836, 838−841

Ziegler, Friedrich Wilhelm Heinrich Hermann   74 f., 728−730
Zier, Jakobus   384, 730
Zinzendorf, Nikolaus Ludwig Graf von   682, 691
Zoellner, Wilhelm   94, 100, 598, 606, 680, 741

Ortsregister

Sofern eine Ortsbezeichnung lediglich als Absenderangabe oder Sitz einer Behörde bzw. Dienststelle steht, ist sie nicht in das Verzeichnis aufgenommen; ebensowenig erscheint das Land 'Baden' darin, weil sich die publizierten Dokumente nahezu ausschließlich auf die Evangelische Landeskirche in Baden beziehen.

Achern   39, 41, 282, 295
Adelsheim (KBez.)   301, 310, 669
Allmannsweier   270–272
Altenheim   270
Anhalt   409, 672
Asbach   744

Bad Boll   229
Bad Dürrheim   31, 33
Baden-Baden   282
Baden-Baden (KBez.)   282, 301, 311, 669
Badenweiler   591
Bahlingen   512 f., 762
Bayern   446, 665
Berlin   461, 469, 562, 569, 677, 706, 754, 764
Berwangen   154
Binzen   710
Birkenfeld   665
Blankenloch   275
Boxberg (KBez.)   240, 301, 310, 669
Brandenburg   672, 773
Breslau   469
Bretten   126, 128, 288, 668, 709, 834
Bretten (KBez.)   289, 301, 311, 669
Brötzingen   543, 546
Brombach   710
Bruchsal   561, 668
Buchen   32
Büchenbronn   528, 530, 534
Büchig   275
Bühl   282

Dänemark   570
Danzig   672
Diersburg   270
Dundenheim   834

Durlach (KBez.) 289, 301, 311, 669, 760 f.
Durmersheim 282

Eberbach 155, 408
Eggenstein 275, 450, 508
Ehrstädt 512
Eichstetten 404
Emmendingen (KBez.) 301, 311, 403, 651, 657, 669
England 566
Epfenbach 834
Eppingen (KBez.) 31, 289, 301, 311, 669
Erlangen 824
Ettlingen 296, 419, 422 f.

Finnland 566
Forbach 282
Frankreich 566, 570
Freiburg 18 f., 34, 36, 120 f., 586, 594, 652, 672, 710, 714 f., 740, 759, 824
Freiburg (KBez.) 301, 311, 645, 657, 669, 759−761
Friedrichstal 275

Gaggenau 282
Gengenbach 270
Genua 824
Gernsbach 282
Gladbeck 747
Graben 156, 275
Grenzach 710

Hagen-Rötteln-Tumringen 710
Halle 824
Hamburg 591
Handschuhsheim 429
Hauingen 710
Heidelberg 20, 120, 129, 131 f., 143, 145 f., 157, 162, 424 f., 427, 429−432, 447, 468 f., 582 f., 648, 668, 672, 714, 824
Heidelberg (KBez.) 301, 311, 669
Hessen-Nassau 56, 759
Hochstetten 275
Hornberg (KBez.) 301, 311 f., 669

Ichenheim 649
Italien 16

Jerusalem 565

Kandern 710
Karlsruhe 14, 17, 84, 86, 239, 284, 507, 528, 549, 615, 631 f., 640, 668, 671, 703, 824, 839
Karlsruhe-Land (KBez.) 31, 193, 261, 301, 311, 669
Karlsruhe-Stadt (KBez.) 84, 261, 301, 311, 669
Kehl 125
Kiel 561
Kirchardt 514 f., 517 f., 522−524
Knielingen 156, 275
Knittlingen 126−128
Köndringen 443
Konstanz 155, 408, 672, 757, 820
Konstanz (KBez.) 301, 310, 312, 645, 669
Kork 445
Kürnbach 429

Ladenburg-Weinheim (KBez.) 31, 301, 311, 669
Lahr 13, 592, 661
Lahr (KBez.) 301, 311, 587 f., 669
Langenalb 288 f., 300
Lausanne 187
Leopoldshafen 275
Leutershausen 41, 83, 702
Lichtenau 39, 41
Liedolsheim 275, 834
Linkenheim 156, 275, 291
Linx 587
Litauen 595
Loccum 763, 765
Lörrach 710
Lörrach (KBez.) 301, 311 f., 645, 657, 669, 710, 757

Mannheim 73, 143, 158−160, 163−165, 212−214, 221 f., 233, 236, 247, 507, 525, 528, 531, 636 f., 668, 672, 757, 824
Mannheim (KBez.) 31, 301, 311, 645, 669
Mannheim-Neckarau 590
Mannheim-Waldhof 591
Mauer 824
Mecklenburg-Schwerin 689, 696
Meißenheim 261, 405
Memel 575, 595
Mexiko 480
Mosbach 565
Mosbach (KBez.) 301, 311, 669

Moskau   595
Müllheim (KBez.)   31, 301, 311 f., 669
München   561

Neckarbischofsheim (KBez.)   301, 311, 669
Neckargemünd   154
Neckargemünd (KBez.)   31, 200, 301, 311, 474, 489, 669
Neckarsulm   139
Neulußheim   152 f.
Neunstetten   824
Neureut s. Teutsch-Neureut u. Welsch-Neureut
New York   561
Nicäa   504

Oberheidelberg (KBez.)   301, 311, 669
Offenburg   270, 492, 587
Oos   282
Ostpreußen   672

Palästina   369, 568, 582
Pfalz   125, 240, 665, 714, 819
Pforzheim   14, 288, 542 f., 668, 672, 714, 718
Pforzheim-Land (KBez.)   289, 311, 325, 669
Pforzheim-Stadt (KBez.)   288 f., 301, 311, 669
Philippsburg   275
Polen   570
Pommern   672
Potsdam   673
Prag   575, 595
Preußen   16, 240, 498, 787 f.

Rastatt   282, 668
Reichartshausen   154
Rheinau   259
Rheinbischofsheim (KBez.)   280, 301, 311, 645, 669
Rheinfelden   710, 757
Rheinland-Westfalen   672
Riga   481, 575
Rinklingen   408 f.
Rintheim   157, 535
Ruit   158
Rußheim   275
Rußland s. Sowjetunion

Sachsen   672, 758
St. Georgen   511

Scheuern 282
Schlesien 57, 672
Schönau i. W. 151
Schopfheim 656, 710
Schopfheim (KBez.) 301, 311 f., 657, 669
Schweiz 562
Schwetzingen 150
Sinsheim (KBez.) 200, 301, 311, 669
Sowjetunion 103, 133, 137, 322, 461, 566 f., 575, 595, 618
Spanien 16
Spöck 275
Staffort 275
Staufenberg 282
Steinen 710
Stockholm 187
Straßburg 834

Tennenbronn 595 f.
Teutsch-Neureut 157, 275
Thüringen 56, 122 f., 207
Triberg 834
Tschechoslowakei 595

Unteröwisheim 820 f.
USA 567

Waldwimmersbach 129, 131–135, 139, 141–150, 155, 259, 405
Wang i. Riesengebirge 764
Weil a. Rh. 506 f., 512, 710
Weingarten 834
Weinheim 37, 572 f.
Welsch-Neureut 275
Wertheim 824
Wertheim (KBez.) 301, 311, 669
Wittenberg 754
Wollbach 757
Württemberg 141, 240, 279, 664 f., 714, 790–792, 796, 818
Wyhlen 710

Zaisenhausen 288, 290

Veröffentlichungen des Vereins für Kirchengeschichte in der Evangelischen Landeskirche in Baden

Lieferbare Bände   Ladenpreis DM

1. Kobe, Fritz: Eine alte handschriftliche Agende mit der ältesten Kirchenordnung in badischen Landen. 1928. 40 S.   1.50

2. Liermann, Hans: Staat und evangelisch-protestantische Landeskirche in Baden während und nach der Staatsumwälzung von 1918. 1929. 87 S.   3.30

3. Fecht, Johannes: Magister Johannes Gebhard, Superintendent von Rötteln. Oratio in memoriam Joannis Gebhardi theologici, 1688. Aus d. Lat. übers.u. gek. von Albert Ludwig. 1930. 52 S.   2,00

4. Winkler, L: Präsident [Eduard] Uibel. 1930. 128 S.   4,80

5. Hauß, Fritz: Zuchtordnung der Stadt Konstanz 1531. 1931. 144 S.   5,80

6. Lang, Theophil: Welche Leistungen des Badischen Staates an die Vereinigte evang.-prot. Landeskirche Badens genießen den Schutz der Artikel 138, 173 der Reichsverfassung? 1931. 212 S.   6,30

7. Fehr, Otto: Das Verhältnis von Staat und Kirche in Baden-Durlach in protestantischer Zeit (1556–1807), vornehmlich im 19. Jahrhundert. 1931. 130 S.   3,80

8. Kobe, Fritz: Die erste lutherische Kirchenordnung in der Grafschaft Wertheim (aus der Zeit 1526–1530). 1933. 31 S.   1,50

9. Ludwig, Albert: Die evangelischen Pfarrer des badischen Oberlandes im 16. und 17. Jahrhundert. 1934. 212 S.   6,00

10. Schneider, Jörg: Die evangelischen Pfarrer der Markgrafschaft Baden-Durlach in der 2. Hälfte des 18. Jahrhunderts. 1936. 293 S.   7,70

11. Kattermann, Gerhard: Die Kirchenpolitik Markgraf Philipps I. von Baden (1515–1533). 1936. 199 S.   3,00

15. Wesel-Roth, Ruth: Thomas Erastus. Ein Beitr. zur Geschichte der ref. Kirche und zur Lehre von der Staatssouveränität. 1954. 167 S.   9,80

16. Die Kirchenordnungen von 1556 in der Kurpfalz und in der Markgrafschaft Baden-Durlach, hrsg. von Fritz Hauß u. Hans Georg Zier. 1956. 162 S.   10,80

17. Steigelmann, Helmut: Des Herrn Wort bleibt in Ewigkeit. Die Reformation in der Grafschaft Eberstein im Murgtal. 1956. 95 S.   5,70

18. Erbacher, Hermann: Die Innere Mission in Baden. Ein Beitr. zur Geschichte des 19. u. 20. Jahrhunderts der Evang. Landeskirche in Baden. 1957. XVI, 157 S.   9,80

19. Zahn, Eberhard: Die Heiliggeistkirche zu Heidelberg. 1960. XII, 197 S. 53 Abb., 1 Faltbl.   13,80

20. Merkel, Friedemann: Geschichte des evangelischen Bekenntnisses in Baden von der Reformation bis zur Union. 1960. 189 S.   10,80

21. Erckenbrecht, August: Geschichte des kirchl. Unterrichts und s. Lehrbücher in d. Markgrafschaft Baden (1556–1821). 1961. 88 S.   7,80

22. Beiträge zur badischen Kirchengeschichte. Sammelband I. 1962. 134 S.   9,80

23. Schulze, Wilhelm August: Zwei baden-durlachische Kirchenordnungsentwürfe, 1728 und 1743. 1963. 132 S.   13,20

24. Scultetus, Abraham: Die Selbstbiographie des Heidelberger Theologen und
Hofpredigers A. Scultetus (1566–1624), hrsg. von G. A. Benrath. 1966. 152 S.   16,50

25. Kohls, Ernst Wilhelm: Evangelische Bewegung und Kirchenordnung. Studien
u. Quellen zur Reformationsgeschichte der Reichsstadt Gengenbach. 1966.
VI, 68 S.   9,60

26. Steigelmann, Helmut: Die Religionsgespräche zu Baden-Baden und
Emmendingen 1589 und 1590. 1970. 116 S.   24,00

27. Rublack, Hans Christoph: Die Einführung der Reformation in Konstanz. 1971.
X, 415 S. (zugl.: Quellen u. Forschungen zur Reformationsgeschichte, Bd. 40)   58,00

28. Schmidt, Martin: Kirchengeschichtliche Wissenschaft in Baden im frühen
19. Jahrhundert. 1975. 109 S.   15,60

29. Pfisterer, Hans: Carl Ullmann (1796–1865). Sein Weg zur Vermittlungstheologie. 1977. 269 S.   29,80

30. Baden-Württembergisches Pfarrerbuch. Band I: Cramer, Max-Adolf:
Kraichgau-Odenwald. Teil 1. 1979. 252 S.   Lw. 27,40

31. Erbacher, Hermann: 100 Jahre Landesverband evangelischer Kirchenchöre
in Baden. 1980. 155 S.   24,00

32. Mayer, Traugott: Kirche in der Schule. Evang. Religionsunterricht in Baden
zwischen 1918 und 1945. 1980. 397 S.   Lw. 48,00

33. Rückleben, Hermann: Deportation und Tötung von Geisteskranken aus den
badischen Anstalten der Inneren Mission Kork und Mosbach. 1981. 104 S.   25,80

34. Erbacher, Hermann: Die Evangelische Landeskirche in Baden in d. Weimarer
Zeit u. im Dritten Reich, 1919–1945. 1983. 104 S.   10,00

35. Erbacher, Hermann: Die Gesang- und Choralbücher der lutherischen
Markgrafschaft Baden-Durlach 1556–1821. 1984. 324 S.   57,90

36. Heinsius, Wilhelm: Aloys Henhöfer und seine Zeit. Neu hrsg. von
Gustav Adolf Benrath. 1987. 320 S., Abb., 1 Kt.   24,80

37. Baden-Württembergisches Pfarrerbuch. Band I: Cramer, Max-Adolf:
Kraichgau-Odenwald. Teil 2. 1988. XVI, 981 S.   Lw. 39.00

38. Rückleben, Hermann: Evangelische „Judenchristen" in Karlsruhe 1715–1945.
Die badische Landeskirche vor der Judenfrage. 1988. 127 S.   24,90

39. Beiträge zur kirchlichen Zeitgeschichte der Evangelischen Landeskirche
in Baden. Preisarbeiten anläßl. des Barmenjubiläums 1984. Hrsg. von
Hermann Erbacher. 1989. 375 S.   26.50

40. Schwinge, Gerhard: Katalog der Henhöfer-Bibliothek in der Landeskirchlichen Bibliothek Karlsruhe. 1989. 127 S., Abb.   24,60

41. Cramer, Max-Adolf: Die ersten evangelischen Pfarrer in Badisch und
Württembergisch Franken. 1990. 180 S.   22.70

42. Die Erweckung in Baden im 19. Jahrhundert. Vorträge und Aufsätze aus dem
Henhöfer-Jahr 1989, hrsg. von Gerhard Schwinge. 1990. 207 S., Abb.   39,80

Bestellungen an: Evang. Presseverband für Baden e.V., Postfach 2280,
Blumenstraße 7, 7500 Karlsruhe 1, Telefon (07 21) 147-408